浙江舟山群岛新区地图

舟山市
浙江舟山群岛新区

- 全国双拥模范城
- 省级文明城市
- 全国首批AAAAA级景区（普陀山）
- 中国渔都
- 中国优秀旅游城市
- 中国旅游竞争力百强城市
- 中国海鲜之都
- 国家森林城市
- 全国社会治安综合治理优秀城市，中国最具安全感十大城市之一
- 海洋综合开发试验区
- 国家卫生城市
- 江海联运服务中心
- 绿色石化基地
- 海上花园城市
- 舟山港综合保税区
- 波音737完工和交付中心
- 自由贸易试验区

2018
ZHOUSHAN
YEAR BOOK

舟山年鉴

舟山市史志办公室　编

方志出版社
Publishing House of Local Records
2018・12

图书在版编目（CIP）数据

舟山年鉴.2018 / 舟山市史志办公室编. —北京：方志出版社，2019.1

ISBN 978-7-5144-3744-7

Ⅰ.①舟… Ⅱ.①舟… Ⅲ.①舟山市—2018—年鉴 Ⅳ.①Z525.53

中国版本图书馆CIP数据核字（2019）第090066号

舟山年鉴（2018）

编　　者： 舟山市史志办公室

责任编辑： 李志瑜

出 版 者： 方志出版社

地址　北京市朝阳区潘家园东里9号（国家方志馆4层）

邮编　100021

网址　http://www.fzph.org

发　　行： 方志出版社图书经销中心

电话（010）67110500

经　　销： 各地新华书店

印　　刷： 舟山市定海同润图文印刷中心

开　　本： 889×1194　1/16

印　　张： 47.5

字　　数： 1303千字

版　　次： 2019年1月第1版　2019年1月第1次印刷

印　　数： 001～800册

ISBN 978-7-5144-3744-7　**定价：** 298.00元

舟山年鉴

《舟山年鉴》(2018)编纂委员会暨编辑部人员名单

《舟山年鉴》编辑部

4月1日，中国（浙江）自由贸易试验区挂牌暨建设动员大会召开。会上，省委书记夏宝龙为中国（浙江）自由贸易试验区揭牌，省委副书记、省长车俊为中国（浙江）自由贸易试验区管理委员会揭牌。

图一：夏宝龙为“中国（浙江）自由贸易试验区”揭牌　（沈磊/摄）

图二：车俊为中国（浙江）自贸区管委会揭牌　（沈磊/摄）

5月11日，波音737完工和交付中心项目开工仪式在舟山朱家尖航空产业园举行。

图一：波音737完工和交付中心项目开工仪式 （沈磊/摄）

图二：波音737完工和交付中心项目奠基 （沈磊/摄）

9月18日，首届世界油商大会在杭州国际博览中心开幕。42个国家和地区参会。共有美国杜邦公司与浙江自贸区战略合作项目、英国BP公司与浙能集团战略合作协议项目等20个项目在仪式上签约，协议涉及总金额573.7亿元。

图一：首届世界油商大会开幕　　　　（李中一/摄）

图二：首届世界油商大会重大项目签约仪式　　　　（李中一/摄）

9月21—23日，2017国际海岛旅游大会在舟山召开。45个海岛国家(地区)和城市的55个代表团，1300余名中外嘉宾参会。“世界海岛·Family”活动在靠泊舟山群岛国际邮轮港的歌诗达·大西洋号邮轮上启动。并启用了国际海岛旅游大会永久会址。

图一：2017国际海岛旅游大会开幕　　（沈磊/摄）

图二：2017国际海岛旅游大会签约　　（沈磊/摄）

（沈磊/摄）

图三：停靠在朱家尖国际邮轮码头的歌诗达·大西洋号邮轮

图四：国际海岛旅游大会永久会址　（沈磊/摄）

11月2日，省委副书记、省长袁家军（中）考察调研绿色石化基地　（沈磊/摄）

5月17日，市委书记，新区党工委书记、管委会主任，浙江自贸区管委会主任俞东来（中）在普陀东极岛考察　（沈磊/摄）

2月28—3月3日，中国共产党舟山市第七次代表大会在市行政中心举行。

图一：2月28日，中共舟山市第七次代表大会开幕　　（李中一/摄）

图二：3月3日，中共舟山市第七次代表大会代表参加选举　　（李中一/摄）

4月19日，“江海直达1”号正式开工建造；12月8日，“江海直达1”号在位于定海的浙江增洲造船有限公司举行下水仪式。

（沈磊/摄）

图一：4月19日，江海直达首制船开建仪式

图二：12月8日，国内2万吨级江海直达首制船成功下水　（沈汝汝/摄）

2月12日，平太荣远洋渔业集团有限公司旗下6000吨级、零下55℃超低温金枪鱼冷藏运输船“平太荣冷1”“平太荣冷2”，在岱山蓬莱船厂完工下水。

图一：“平太荣冷1”号　　（沈磊/摄）

图二：“平太荣冷2”号　　（沈磊/摄）

第四届中国海员技能大比武于6月25—29日在浙江舟山举行，活动吸引全国46家航海院校和航运企业参加，其中来自港澳台的5支队伍为首次参加。大比武期间，举办了“江海联运船员服务论坛”。

图一：6月25日，第四届中国海员技能大比武开幕式 （沈磊/摄）

图二：6月25日，江海联运服务论坛举行授牌仪式 （沈磊/摄）

9月29日，浙江省第三届体育大会在舟山体育场开幕　　（沈磊/摄）

11月8日，位于朱家尖观音文化园内的普陀山观音法界居士学院举行开工典礼　　（市民宗局提供）

12月27日，宁波舟山港年吞吐量全球首破十亿吨　　（沈磊/摄）

编辑说明

一、《舟山年鉴》是集资料、信息、知识为一体的大型年度资料性文献。旨在全面、系统、真实地记载舟山市上一年度政治、经济、文化、社会的基本面貌和发展状况，为各级领导资政决策提供依据，为社会各界了解舟山提供信息，为研究市情和编修续志积累资料；既服务当代，又为后人提供存史和借鉴。1997年，第一部《舟山年鉴》出版，到2018年是第十九部；前二部均为六年鉴，从2002年起，每年编辑出版一部。

《舟山年鉴(2018)》以马克思列宁主义、毛泽东思想、邓小平理论、“三个代表”重要思想、科学发展观、习近平新时代中国特色社会主义思想为指导，坚持辨证唯物主义和历史唯物主义的立场、观点和方法，全面记载2017年，舟山人民在舟山市委、市政府和浙江舟山群岛新区党工委、管委会领导下，面对复杂的宏观环境和新区建设繁重任务，贯彻落实习近平新时代中国特色社会主义思想，实施“五大会战”，建设“四个舟山”，保持全市经济平稳较快增速，协调发展各项社会事业，不断完善民生建设，全面推进浙江舟山群岛新区建设的新动态、新事物、新成就。

二、《舟山年鉴(2018)》采用分类法编辑，设类目、分目、条目三个层次。全书42个类目，分别为特载、专记、市情综述、大事记、浙江舟山群岛新区党工委(管委会)、中共舟山市委员会、舟山市人大常委会、舟山市人民政府、政协舟山市委员会、新任市级领导简介、新区(市)直机关及县(区)负责人名录、民主党派和工商联、群众团体、法治、军事、海洋与渔业、农业、工业、商贸、旅游、城乡建设、经济开发与产业集聚、水利水务围垦、环境保护、交通、港务、口岸、邮政、无线电管理·通信、财政税务、金融、经济管理、教育、科技与气象、文化体育、新闻媒体、卫生和计划生育、人力资源和社会保障、民政、社会生活、县(区)综情、先进集体与先进人物。设分目327个，条目1916个；引用图表81张，彩色图照326帧。

三、编纂体例

1.记述时限,从2017年1月1日至12月31日止。特载之市委讲话和政府工作报告选用2018年,以更突出年鉴时效性。部分新增单位和机构改革后职权变动单位,或跨年事件,为说明事物因果,适当追溯历史。

2.记述范围,以2017年行政区划为界,以市区为重点,兼顾各县,并按事物分类法作城乡一体记述。

3.记述体例,采用记、述、图、表、录等形式,除特载、专记外,一般采用记叙体,力求结构严谨、文风朴实、语言简洁。

4.本年鉴所用数据,以统计部门提供为准,统计部门没有的,则以职能部门提供为准。

5.文中标点、称谓、数字、纪年、计量单位等,均按国家有关标准和规定书写。

6.文中有关"是年""全年""一年来"等记述,及未作特别说明的时间,均指2017年;货币单位不作说明的均指人民币;同一条目多次出现的领导人名,首次冠以职务,后均省略,职务有变动的除外。

目　录

特　载

专　记

市情综述

大事记

浙江舟山群岛新区党工委、管委会

中共舟山市委员会

舟山市人大常委会

舟山市人民政府

政协舟山市委员会

新任市级领导简介

市(新区)直机关及县(区)负责人名录

民主党派和工商联

群众团体

法　治

人民防空·武警

海洋与渔业

农　业

工　业

商　贸

旅　游

城乡建设

经济开发与产业集聚

水利水务围垦

环境保护

交　通

港　务

口　岸

邮　政

无线电管理·通信

财政税务

金　融

经济管理

教　育

科技与气象

文化体育

新闻媒体

卫生和计划生育

人力资源和社会保障

民　　政

社会生活

县（区）综情

先进集体与先进人物

索　　引

Contents

Special Reports

Monographs

General Survey of Zhoushan

Events

Working Committee of the CPC and Management Committee of Zhoushan Archipelago New Area of Zhejiang

Zhoushan Municipal Party Committee of the Communist Party of China

Standing Committee of Zhoushan Municipal People's Congress

Zhoushan Municipal Government

Zhoushan Municipal Committee of the Chinese People's Political Consultative Conference

Brief Introduction to the New Municipal Leaders

Leaders of Zhoushan Archipelago New Area and the Municipal Institutions, Departments and Counties

Democratic Parties and Federation of Industry and Commerce

Mass Organizations

Rule of Law

People's Air Defense and Armed Police

Ocean Administration and Fishery

Agriculture

Industry

Commerce and Trade

Tourism

Constructions of Urban and Rural Areas

Economic Development and Industry Cluster

Water Conservancy, Water Business and Reclamation

Environmental Protection

Transportation

Harbor

Zhoushan Port

News Media

Hygiene and Family Planning

Human Resource and Social Security

Civil Affairs

Social Life

General Remarks about the Districts and Counties

Advanced Groups and Figures

Index

以党的十九大精神为指引 全面开创新时代“四个舟山”建设新局面

——在市委七届三次全体（扩大）会议上的报告

俞东来

（2018年1月3日）

2018年1月3日，市委书记、新区党工委书记俞东来作报告（李中一 摄）

这次市委七届三次全体（扩大）会议的主要任务是：深入学习贯彻党的十九大精神，按照省委部署，总结去年工作，部署今年任务，团结带领全市党员和干部群众，打好“五大会战”，建设“四个舟山”，奋力谱写“两个高水平”的舟山篇章。

一、2017年工作的回顾

去年以来，在省委的领导下，新一届市委常委会坚持以习近平新时代中国特色社会主义思想为指导，坚定不移沿着“八八战略”指引的路子走下去，迎难而上，开拓进取，推动经济社会全面发展。预计地区生产总值增长9%以上；一般公共预算收入增长10.6%；城乡居民人均可支配收入分别增长8%和8.5%左右。

（一）深入学习贯彻党的十九大精神，落实省委各项工作部署。我们把学习宣传贯彻十九大精神作为首要政治任务，及时召开全市领导干部会议，通过多种形式研读十九大报告和新修改的党章，市委常委和市委宣讲团赴基层宣讲，组织县处级干部集中轮训，全面准确领会十九大精神的思想精髓，带领全市党员干部在学深学透上下功夫，真正以十九大精神武装头脑、指导实践。市委认真贯彻省委部署，各项工作得到了及时有效落实。

（二）谋划实施“五大会战”、建设“四个舟山”。我们全面推动市第七次党代会决策部署的落实，聚焦自由贸易港、海上花园城，科学谋划发展路径。开展系列国家战略落地、城乡环境综合整治、招商引资、综合交通建设、“五水共治”5个大会战，先后召开“五大会战”5个动员会和3次推进会，各项工作全面发力。市委认真调研，积极查找全市发展不平衡、不充分问题，并在市委七届二次全会上提出建设创新舟山、开放舟山、品质舟山、幸福舟山，制定实施“四个舟山”建设三年行动计划，理清了当前及今后一个时期全市的发展思路、工作抓手。

（三）中国（浙江）自贸试验区良好开局。我们把建设自贸试验区作为系列国家战略落地大会战的关键之举，全市“一盘棋”高效推进。自贸试验区总体方案获批，管委会挂牌运行，自贸试验区条例出台，自贸试验区法庭和检察部获批设立。围绕挂牌一周年，全力攻坚40项重点任务。积极研究申报自由贸易港。以油品为核心，先行先试推动制度创新。复制推广前两批自贸试验区改革创新经验118项，系统推进改革创新任务，形成创新案例21个。试点运行国际贸易“单一窗口”，外企设立即时即办，证照联办流程压缩至7个工作日。首发5张供油牌照，保税燃料油跨关区港区直供、不同税号下混兑实现阶段性突破，预计全年供油18万吨，增长69.8%。自贸试验区挂牌以来，新增注册企业4112家、注册资本2159亿元，其中油品企业809家、注册资本491亿元，浙江省石油公司注册落户。成功举办首届世界油商大会。绿色石化基地建设积极推进，顺利通过环评和项目核准，一期项目开工，完成投资359亿元。波音737完工和交付中心项目超常规速度推进，舟山港综保区空港分区通过国家验收。鼠浪湖40万吨矿砂船实现常态化靠泊。小干岛开发加快推进。

（四）力促经济平稳发展。我们切实加强对经济工作的领导，牢牢把握发展主动权。开展招商引资大会战，去年预计引进市外资金635亿元，增长20%；浙商回归省外到位资金230亿元，增长15%；实际利用外资4.05亿美元，增长93%。积极扩大有效投资，抓好29个“三重”项目、155个省市重点项目，固定资产投资增长15.1%。支持发展实体经济。召开工业发展大会，建立市领导联系重点工业企业制度。高度重视企业上市工作，出台了三年行动计划。深化供给侧结构性改革，做好减成本降负担工作，全年为企业减免各类税费22.8亿元。防范化解企业“两链”风险，不良贷款率2.16%，比年初下降0.53个百分点。全市土地出让金收入143.79亿，增长374%。促进房地产健康稳定发展，去库存成效显著，商品房消化周期缩短到7.3个月。大力实施智能制造、机器换人和企业上云等工程，加快传统制造业转型升级，船舶修造、石油化工、水产加工、机械制造、塑机汽配等行业保持平稳增长。发展海洋电子、新能源、新材料等产业，世界领先的林东大型海洋潮流能发电机组首套1兆瓦模块并网发电。加快港航产业发展，舟山江海联运服务中心加快建设，江海直达首制船成功下水，金塘集装箱吞吐量突破100万标箱，全市港口货物吞吐量达到4.55亿吨，为宁波舟山港货物吞吐量突破10亿吨作出重要贡献。提升旅游业发展，加快建设观音文化园，创建国家全域旅游示范区，举办2017国际海岛旅游大会，全年接待游客量和旅游收入分别增长19%和21%。推进渔农业转型，加快国家远洋渔业基地全产业链发展，远洋水产品捕捞量稳步增长，国家绿色渔业实验基地获批，省级现代农业园区加快建设，民生农业、景观农业、特色农业有序发展。实施创新驱动战略。重视人才工作，出台人才新政和行动计划，新引进“5313”领军人才（团队）22个，入围省“千人计划”专家6名，国家“百千万人才工程”实现零的突破。获批国家知识产权试点城市。加强海洋科学城等平台建设，全年新增高新技术企业37家，新培育省级科技型中小微企业162家。高新技术产业、战略性新兴产业和新产品产值增幅均高于规上工业。3个省级特色小镇加快建设，嵊泗十里金滩小镇列入第二批省级特色小镇培育名单。

（五）加快重大基础设施建设。我们着眼长远，集中攻坚城市交通瓶颈，实施“1128”工程，打响综合交通大会战。决策上马甬舟铁路，项目工可等前期工作快速推进。普陀山机场新国内航站楼基本建成，旅客吞吐量首破100万人次。舟岱大桥、富翅门大桥、鱼山大桥、长白大桥和秀山大桥等5座跨海大桥加快建设。定沈快速路、陆岛交通和百里滨海大道等项目积极推进。全年完成综合交通投资110亿元。大陆引水三期全面开工，500千伏联网输变电工程抓紧建设，岱西盐场5700亩耕地垦造全面推进，提标改造污水处理厂5座，新建污水管网62.1公里，城市基础设施保障能力得到巩固。

（六）强势推进城乡环境整治。我们花大力气向城市一切脏乱差开刀，一仗接着一仗打，开展城乡环境综合整治大会战。依法全面整治户外广告、“两非”车辆、马路市场、运输车辆“滴漏抛洒”、废品收购点、不礼让斑马线、巡游出租车不打表、路牌标识、甬舟高速入城口，城市管理上各种乱象得到积极改变。狠抓治堵保畅，打通了27条城市断头路、瓶颈路。实施园林绿化、景观亮化、亲水绿道和综合管廊建设，建成翁浦公园、新城亮灯工程、新城体育路精品示范路。首批13个小城镇环境综合整治成效明显。全面启动城中村改造攻坚战，去年启动改造36个，完成18个，拆迁住户10122户。持续推进“三改一拆”，拆除违法建筑200.43万平方米，改造旧住宅区、旧厂房等432.08万平方米，是我市拆迁总量最大、推进速度最快的一年。完成危房治理任务。深入推进“四边三化”。倾力打造美丽海岛，抓好“五个一批”美丽建设项目，打造美丽景观带，嵊泗县荣膺省级“美丽乡村”示范县。打好环境治理“组合拳”，顺利通过中央环保督察和国家海洋督察。铁腕推进“五水共治”，按期消除劣Ⅴ类水体，县级以上饮用水源水质全部达标，250个村污水治理设施纳入第三方专业运管。“一打三整治”成果得到有效巩固。加强大气污染防治，空气质量稳居全国前列。能源“双控”处于历史最好水平。

（七）以“最多跑一次”撬动全面改革。我们坚持从群众和企业最渴望解决、最难办的事情改起，推动改革落地生根。市级实现“最多跑一次”事项878项，覆盖率达到97.7%，企业和群众满意率达到97.9%。聚焦一窗受理、网上办理、数据孤岛等改革痛点，通过容缺预审、联合审图、多评合一、证照联办、全城通办等措施，实行投资项目“一站式”服务。针对市区体制碎片化、建设管理分散化的现状，下决心推进市、区一体化。理顺城市管理体制，成立市城市管理局，城市管理迈向“大城管”时代；理顺市、区教育管理体制，形成市主办高中、区主办义务教育和学前教育的体制；理顺市、区社保体制，市、区两级基本养老保险基金合并运作；理顺市、区交警管理体制，全面实施市、区交警一体化管理。理顺新城区域行政管理体制，撤销甬东管理处和勾山管理处，调整设立临城街道、千岛街道。推进渔农村“三位一体”改革，健全渔农合联服务体系。

（八）切实增进民生福祉。我们坚持以人民为中心的发展思想，把群众所思所盼所需放在首位。坚持教育优先发展，率先在全省实现教育基本现代化。推行学前教育“服务区”制度，普惠化幼儿园覆盖面达到87.9%。扩大教育优质资源供给，民办绿城育华学校建成开学。重视卫生事业发展，健全“双下沉、两提升”长效机制，舟山医院与浙江大学合作办医，“打造远程医疗协作网为海岛群众建设家门口的医院”获国办通报表扬。建设健康舟山，成为国家首批健康旅游示范基地。提高就业创业服务水平，打造网上“淘就业”平台，城镇新增就业1.64万人，城镇登记失业率控制在2.62%。社会保险精准扩面，异地就医实现全国联网结算。发展文化体育事业，省第三届体育大会在新落成的市体育场成功举办。抓好“菜篮子”工程。档案、史志、慈善、养老、红十字、残疾人等事业取得新进展。倾力打造最安全城市，做好十九大等重大活动信访维稳安保工作，牢牢守住社会稳定防线。信访工作连续两届荣获全国先进。压实安全生产责任制，安全生产三项指标实现“零增长”。地质灾害实现隐患清零。加强基层社会综合治理，完成镇街“四个平台”建设，推进“美丽群岛、幸福社区”示范区建设。落实寄递物流、旅客购票等6项实名制措施。全年刑事案件立案数下降31.9%，命案、“五类”恶性案件破案率达到100%。夺得“平安金鼎”，荣获全国综治最高奖“长安杯”。

（九）坚决扛起全面从严治党的主体责任。我们坚持全面从严治党，突出抓好党的政治建设，牢固树立“四个意识”。强化思想引领，加强对意识形态工作的领导，推进“两学一做”学习教育常态化制度化，巩固壮大健康向上的主流思想舆论，培育社会主义核心价值观，精神文明创建水平明显提升。全面加强干部队伍建设，重视选拔年轻后备干部，选派160名干部到一线墩苗历练，出台加强市管领导班子建设的若干意见。顺利完成市县乡换届和城乡社区、经济合作社换届。加强党支部规范化建设，发挥党支部教育管理党员的主体作用。推广项目党建工作，加强国企、机关党建，实施“补短板、强百村”计划，深化“整乡推进、整县提升”。深入推进党风廉政建设和反腐败斗争，出台清廉新区建设实施意见，完善容错免责机制，创新开展“两个责任”线上线下记实管理。积极稳妥推进监察体制改革试点，完成市、县（区）两级监察委员会组建和人员转隶，制定监察留置管理暂行办法，监察留置措施全面运用。对9家市属部门开展巡察，推进巡察“回头看”和成果应用。驰而不息正风肃纪，对“四风”问题露头就打，推动党风政风持续向好。深入实践监督执纪“四种形态”，按照“四种形态”处理党员干部416人次。保持惩治腐败高压态势，各级纪检监察机关立案185件，营造了风清气正的良好政治生态。

新一届市委常委会高度重视自身建设，自觉为全市各级党组织做好表率。增强政治领导本领，始终与党中央保持高度一致，发挥市委总揽全局、协调各方的领导核心作用，先后8次组织集中学习和专题交流。增强改革创新本领，着眼大局谋划舟山发展，勇于变革、勇于创新、勇于破难。增强狠抓落实本领，对看准的事，果断决策、强力推进，要么不干，干就干好。增强团结干事本领，严格执行新形势下党内政治生活若干准则，带头执行民主集中制，带头加强班子团结，做到以上率下、示范引领。支持市人大及其常委会依法行使职责，推行政府民生实事项目代表票决制，制定《舟山市文明行为促进条例》《舟山市城市绿化条例》两部地方性法规。推进协商民主，支持政协积极建言献策、民主监督，统筹推进政党协商。支持“一府两院”履职担当，推进司法体制改革，完成法官、检察官员额制改革任务。积极推动群团改革，群团服务大局水平不断提升。重视决策咨询和智库建设。民族宗教、非公经济、香港联谊、新社会阶层统战等工作取得新进展。在市委的带领下，全市上下形成了心齐、气顺、劲足、实干的喜人局面。

这些成绩的取得，是省委坚强领导的结果，是全市党员干部激情创业、拼搏赶超的结果，是全市人民共同努力的结果。在此，我代表市委常委会，向各位委员、向全市广大党员干部群众，表示衷心的感谢！

二、把握新时代新使命新要求

党的十九大对全面建成小康社会、建设社会主义现代化强国作出了全面部署，开启了中国特色社会主义新时代。我们要深入学习贯彻十九大精神，以习近平新时代中国特色社会主义思想为指导，树立雄心壮志，坚定跨越关口的紧迫感和责任感，锐意进取、埋头苦干，全面开创“四个舟山”建设新局面。

——必须拉高标杆，勇当新征程的排头兵。根据党的十九大精神和省委“两个高水平”建设的部署，对接新区发展规划，进一步科学谋划，描绘舟山未来发展蓝图。市委的计划是：第一步，从现在到2020年，持续打好“五大会战”，完成“四个舟山”建设三年行动计划，高水平全面建成小康社会。第二步，从2020年到2035年，基本建成“四个舟山”和自由贸易港、海上花园城，高水平基本实现社会主义现代化。第三步，从2035年到本世纪中叶，全面建成“四个舟山”，全面建成高度开放富有特色的自由贸易港、群岛型国际化高品质的海上花园城，在我国建成富强民主文明和谐美丽的社会主义现代化强国的新征程中，走在前列、勇立潮头。

——必须聚焦矛盾，深入查找发展不平衡不充分的问题。当前，舟山发展已进入结构调整、动力转换的关键阶段，正处在赶超发展、跨越奋进的重要时刻，面临发展不平衡不充分的问题和挑战很多。主要表现为：经济总量还比较小，重大项目储备不足；一些制约发展的“坛坛罐罐”依然存在，新旧动能转换不快，科技人才支撑不足，发展质量和效益还不高，产业迈向中高端任重道远；市、区管理碎片化较为突出，资源统筹使用不充分，改革创新力度还需要加大；基础设施建设相对滞后，对外交通存在明显短板；城市规划建设管理水平与先进城市相比还有较大差距，老旧城区历史欠账较多，改变城市"脏乱差"、治水治污、保护生态环境等仍面临较大压力；社会事业特别是离岛的教育、医疗等公共事业，难以满足群众日益增长的美好生活需要；人才总量不足，结构相对单一，人才不够用、引不进、留不住问题比较突出；一些领导干部的思想理念、能力素质、工作作风与新区改革发展的要求还有差距。这些问题必须引起高度重视，我们要增强"坐不住、等不起、慢不得"的紧迫感，以改革创新的精神抓重点、补短板、强弱项，努力推动各项工作不断取得新突破。

——必须科学实践，一以贯之打好"五大会战"、建设"四个舟山"。打好"五大会战"、建设"四个舟山"，是市委的重大工作部署，要保持战略定力，持之以恒，以钉钉子的精神抓好落实。全面实施"四个舟山"建设三年行动计划，把系列国家战略落地、城乡环境综合整治、招商引资、综合交通建设、治水治污（五水共治和污染防治）五大会战作为主战场，围绕全市发展重大问题，全力以赴攻坚，以重点突破带动全局工作。通过连续几年的攻坚突破，推动全市经济实现较快增长，产业结构实现战略性调整，系列国家战略取得突破性进展，海陆空一体的现代综合交通体系基本建成，城市建设管理水平实现质的提升，社会事业发展等实现全方位深刻变化。

——必须干字当头，始终保持抓铁有痕、踏石留印的韧劲。学习贯彻十九大精神，关键要转变作风、"干"字当头。要增强责任意识，敢于担当，让想干事、能干事、干成事成为舟山干部的鲜明标签。增强全局意识，正确处理局部和全局的关系，在服从全局中找准定位，在融入全局中形成合力，同心同德、步调一致，推动全市赶超发展、加快发展。增强务实意识，坚持求真务实、埋头苦干，把工作做实，把数字搞实，坚决杜绝统计掺水。不玩虚功不要花招，察实情、出实招、办实事、求实效，沉下身子拼命干，努力干出经得起实践、历史和人民检验的一流业绩。

三、激情创业、拼搏赶超，全力做好2018年的工作

今年，是贯彻党的十九大精神的开局之年，是改革开放40周年。做好今年工作，对于加快赶超发展、决胜高水平全面建成小康社会具有决定性意义。根据中央、省委经济工作会议精神和我市发展实际，坚持稳中求进总基调，围绕推动经济高质量发展，确定今年主要预期目标为：地区生产总值增长8%；固定资产投资增长10%；一般公共预算收入增长8%；社会消费品零售总额增长8.5%；城乡居民人均可支配收入分别增长8%和8.3%。这样的安排，主要考虑到十九大后更强调经济发展质量，我们要的是有质量的速度，要把水分挤干，同时也为调结构腾出一定空间。既积极有为，又留有余地。实际工作中，我们要争取完成得更好一点。

重点抓好七个方面工作：

（一）建设自贸试验区、争创自由贸易港，全面形成对外开放新格局。建设自贸试验区、争创自由贸易港，是落实国家战略、加快舟山发展的头等大事，是建设开放舟山的主要目标。

高质量高标准推进自贸试验区建设。以挂牌一周年国家督查考核为契机，抓好自贸试验区改革试点，全力推进123项建设任务，形成一批突破性的重要成果。以新加坡为标杆，推进国际海事服务基地建设，力争保税燃料油供应有大的突破，在全国确立领先地位；做大外轮物资供应、国际船舶保税维修等业务，力争外轮供应货值达到5亿美元；培育发展海事金融、保险、信息、仲裁等服务业。推进国际石化基地建设，确保一期工程建成投产。推进国际油品储运基地建设，加快黄泽山、双子山等油品储运项目进度，进一步增加全市商储油容量。推进国际油品交易中心建设，打造专业化大宗商品交易平台，集聚油品行业大企业，推动首家非国营贸易进口经营企业资质及配额等政策落地。推进国际农产品贸易中心建设，发展进境水产品、粮油、果蔬等加工贸易集散，启动建设国际远洋水产品贸易中心，确保澳牛进境加工一期项目建成。探索建设人民币国际化示范区，争取在油品等大宗商品跨境贸易中使用人民币计价结算，争取外资银行设立分支机构。

积极谋划申报自由贸易港。争取国家部委的支持，对标国际标准，认真谋划高水平、有特色的舟山自由贸易港建设方案，努力申报自由贸易港。

全面加强对外开放合作。推进舟山江海联运服务中心建设,谋划多式联运体系,打造陆海统筹、双向开放的综合港航枢纽。加快建设铁矿石储运加工、煤炭中转储运、液化天然气供应、集装箱中转物流等七大基地。建设亚太铁矿石分销中心。加强与长江沿线港口城市的战略合作,完善江海联运信息平台,发展江海联运船队,推进江海直达运输发展。加强与上海的合作,推进小洋山北侧开发,深入研究大洋山综合开发。主动融入大湾区大花园大通道大都市区建设,促进城市、产业、基础设施等联动发展。以"一带一路"为重点,加强国际经贸、旅游和人文合作与交流,引导扩大对外投资和国际技术合作。要抓好外贸工作,扩大有效出口。拓展跨境电商,发展外贸综合服务平台企业,推动外贸主体上规模、强实力。

(二)加快转型升级,推动经济高质量发展。新时代我国经济发展的特征是,由高速增长阶段转向高质量发展阶段,推动高质量发展是遵循经济规律发展的必然要求,是当前和今后一个时期确定发展思路、制定经济政策、实施宏观调控的根本要求。要贯彻落实新发展理念,以供给侧结构性改革为主线,推动理念转换、动能转换、结构转换、效率转换、环境转换,走出具有舟山特色的经济高质量发展之路。

坚定不移抓高质量项目。坚持以增量调结构促转型,实施招商引资"一号工程",深入开展招商引资大会战,健全"一把手"亲自抓工作机制,营造浓厚氛围。推动首届世界油商大会成果落地,举办第二届世界油商大会,争取举办波音全球供应商大会,努力引进一批跨国公司和行业领先企业。抓好市县长项目工程,按省政府要求,落实市长、相关副市长每年谋划、招引一个50亿元新项目;县区长每年谋划、招引一个20亿元新项目。各平台在招引大项目、好项目上要有新突破,主要负责人要谋划、招引一个20亿元新项目。争取引进市外资金660亿元,浙商回归省外到位资金235亿元,实际利用外资5亿美元以上。重视税源招商,提升招商引资质量。发挥投资对经济增长和优化结构的关键性作用,举全市之力推进一批事关长远的重大项目,推进"三重"项目和省市重点项目,推进重大基础设施投资、高新技术产业投资、环境保护投资和民间投资,挂图作战、压茬推进。今年重中之重要抓好石化一期、波音飞机等大项目,确保按期投产。要全力破解拆迁、审批、土地、资金等制约,推进项目早开工、早建成、早投产。开展供而未用闲置土地集中整治,加快岱西、双塘等盐田复垦造地,切实解决耕地占补平衡。

深化供给侧结构性改革。坚持破立结合,大力破除无效供给,促进生产要素向优质高效领域流动。严格执行质量、环保、能耗、安全等法规,严格治理各类违法违规行为,加快淘汰落后产能,加大僵尸企业处置力度。稳定骨干企业运行,降低实体经济生产成本,降低制度性交易成本,全面清理乱收费乱摊派。实施小巨人培育计划、小微企业提质行动,建设小微企业园,加快推动市场主体转型升级。加快各类园区提升,对闲置厂房、低效益的企业,要积极开展腾退,实现"腾笼换鸟""腾园换企"。加大经营性土地出让力度,全市今年起全面实施商品住宅全装修成品交付,完善促进房地产平稳健康发展的长效机制。

加快产业结构优化。联动实施培育新动能和改造提升传统产业行动计划,打造现代海洋产业集群。实施"大数据+""互联网+""机器人+""标准化+""品牌+"等工程,推动传统制造业创新发展。支持船舶企业向邮轮制造等高端领域进军,推动军民融合产业深度发展。发挥龙头项目带动作用,建设世界级绿色石化基地、航空制造基地,打造临港先进制造强市。大力发展现代服务业,培育共享经济、数字经济、创意经济等新模式,发展总部经济、楼宇经济。培育新的消费热点,促进消费升级,创建放心市场、放心商店、放心餐饮、放心景区。加快港贸物流产业发展,培育冷链物流,引导储运企业拓展贸易功能,提升附加值,发展生产性服务业。建设国家全域旅游示范区,打造观音文化圣地,谋划申报国际旅游岛,促进国际邮轮港常态化运行,加快香格里拉等一批酒店建设,培育禅修体验、海上运动、免税购物等新业态,提高旅游业竞争力。大力发展新兴产业,努力在大数据、大健康、海洋电子、新能源、新材料等领域培育新的增长点。

深入实施创新驱动战略。下决心弥补科技、人才短板,加快打造区域创新高地，确保成功创建国家高新区。构筑良好创新创业生态系统，加快海洋产业集聚区、海洋科学城、大学科技园等平台建设，打造高新技术主题产业园、省级“千人计划”产业园，提升各类创新载体和众创平台。大力引进培育高新技术企业、科技型中小企业，打造一批具有创新能力的排头兵。成立市科技成果交易中心，加强科技与产业的融合对接，促进成果转化。优化创新创业环境，启动“创新舟山”建设促进条例立法。制订大学生就业创业专项政策，实施重点产业精准引才行动，引进一批高端紧缺人才和高素质劳动力，营造“引得进、留得住、用得好”的人才环境。实施企业经营管理者素质提升计划，培育壮大优秀企业家和新生代企业家队伍。

防范化解重大风险。金融和债务风险是经济运行的最大风险。要强化属地责任，坚决守住金融稳定底线。加大银行不良资产处置力度，在舟各银行要积极向上争取不良贷款核销指标，坚决打击逃废债，切实压降不良贷款率。打击违法违规金融活动，坚决整治互联网金融、资产管理、金融资产类交易等领域的金融乱象，严厉打击非法集资，防止出现群体性事件。有效防控政府债务，制订实施防范化解地方政府债务风险行动计划，确保地方政府债务安全运行。积极防范养老保险金支付风险，全面分析养老金支付能力现状，严格规范征地农民转入职工养老保险，确保基本养老保险基金支付能力总体稳定。

（三）以综合交通建设为重点，加快完善重大基础设施。补齐基础设施短板，是加快舟山发展的迫切需要。要牢固树立“交通先行”理念，深入实施综合交通“1128”工程，打好综合交通大会战，统筹抓好重大基础设施建设，夯实发展基础。

加快推进甬舟高铁工程。把甬舟高铁作为综合交通建设的头号工程，举全市之力超常规推进。制订周密的作战图，尽快完成工可报审、征地拆迁、投融资等各项前期工作，争取早日开工建设，实现海岛交通的“第二次飞跃”。

加快完善综合交通体系。推进国际空港建设，确保国际航站楼一期工程如期交付验收，实现航空口岸对外开放，增加国内新的航线，推进通航基地建设。推进宁波舟山港主通道建设，完成富翅门大桥、鱼山大桥主体工程，加快舟岱大桥施工进度，推进北仑至舟山水陆联合通道建设，深化北向大通道研究。加快定沈快速路建设，确保年内改扩建段建成通车，所有新建隧道全线贯通。加密完善市区路网，加快百里滨海大道建设。改造全市28个主要陆岛码头，加快公共交通车船更新，逐步推进海上航线整合，积极争取设立水上飞机航线。完善城际交通网络，实现与周边城市高铁站、机场的无缝对接。

加快各类基础设施建设。全面实施大陆引水三期工程，深化研究引进大陆优质水源方案，推进本岛水库拓库扩容、库库联网，开展全国海水淡化试点工作，提升水资源保障能力。强化用电保障，确保建成500千伏联网输变电工程。加快通信基础设施规划建设。

（四）加快提升城市品质，打造最干净最美丽的海上花园。城市品质决定区域发展竞争力。要全面落实“品质舟山”建设三年行动计划，打好城乡环境综合整治大会战，实现城市面貌一年一个样、五年大变样。

加快城中村改造。城中村改造是海上花园城建设的关键之举。按照省委对全省建成区范围内城中村改造基本完成的要求，今年要确保完成32个城中村改造任务，实现征迁住户14420户，并落实各项安置计划。坚持成片改造、大区块推进，以城中村改造带动老城区改造、带动低小散落后企业淘汰、带动违法建筑拆除、带动环境综合整治、带动城市功能完善和业态生成。编制实施城中村改造规划技术导则，强化城中村改造全过程管理。充分利用国家棚户区改造政策，争取政策性银行资金支持，有序推进拆后土地利用，妥善解决城中村改造资金保障。高质量建好安置房。

加强城市规划建设。以高品质规划引领城市高质量发展，启动城市总体规划中期实施评估和局部调整工作，启动城市轨道交通研究及规划编制，完成普陀山风景名胜区详规报批。继续做好定海、新城、普陀分区规划编制，开展规划设计试点工作。做好高铁新城规划。高水平推进城市项目建设，推进重点区块开发，启动新城商业三期综合体项目。启动建设城市中部快速通道，改造提升昌洲大道、新城大道、临长路等城市主干道，完成一批断头路、瓶颈路改造及新建城市道路工程。完成主要入城口改造提升工程。推进城市景观亮化,实施新城行政中心二期亮化项目。加快市植物园建设进度,建设一批城市公园、口袋公园,加强城市绿化、彩化。出台规范性文件,加强城市地下空间综合开发利用。

深化城乡环境综合整治。增强全民参与意识,实施新一轮整治行动,创建一批精品示范街,对路牌标识、城区停车秩序、交通隔离设施、背街小巷、城市生活垃圾分类处置、公共厕所、城市公园、社区菜店等开展专项整治。去年尚未完成到位的整治项目今年要继续推行。持续抓好"三改一拆"和小城镇环境综合整治,创建"基本无违建市"。加大老旧小区改造力度,治理危旧房,深化背街小巷改造。清洁城乡环境卫生。把集中整治与长效治理有机结合起来,巩固整治成果,坚决防止反弹回潮。出台户外广告、市容市貌、园林绿化等系列管理制度,推动城市环境整治由治标转向治本,不断提升城市管理精细化水平。深化"礼让斑马线"行动,做好文明城市创建各项基础性工作。

大力实施乡村振兴战略。全面建设国家绿色渔业实验基地,统筹陆海资源,组织实施渔业管理改革创新、资源养护生态修复、海洋牧场建设、渔船改造装备升级等10项工程。推进渔农村三次产业深度融合,实施绿色农业发展、国家森林城市创建、重点农业乡镇建设、景观农业建设等攻坚行动。推进全域美丽乡村建设,高水平编制新一轮美丽乡村建设规划,推进美丽乡村建设三年攻坚行动,实施"个百千万"工程,建设一批国际化美丽小岛、乡村振兴示范村、美丽乡村精品村。制定美丽乡村建设标准,以景区标准建设村庄,建设和保护一批历史文化村落。实施农村人居环境整治三年行动,深入推进整洁家园、整洁田园、整洁水源等专项整治,开展厕所革命、垃圾革命。推动农旅深度融合,发展特色休闲渔农业,支持、规范民宿发展,做活渔农村电商,打造定海现代农业园区和普陀展茅田园综合体。推进农村土地制度和集体产权制度改革,加快形成资源要素城乡双向流动的体制机制,激发农村发展活力。全面消除集体经济薄弱村,创建10个集体经济发展示范社区。健全自治、法治、德治相结合的乡村治理体系,培养一支懂农业爱农村爱农民的"三农"队伍。

加大治水治污力度。下更大决心、采取更有力举措,开展治水治污(五水共治和污染防治)大会战。以创建国家园林城市和生态文明建设示范区为抓手,促进生态环境质量总体改善。坚决抓好中央环保督察组、国家海洋督察组反馈意见的整改落实,对污染问题零容忍、出重拳,打造最严环保执法监管城市。实施"品质河道·碧水行动"三年计划,巩固剿灭劣V类水成果,全面创建"污水零直排区"。开工建设岛北30万吨污水处理中心,全市现有污水处理厂出水达到地表水准四类水标准,建好工业企业污水预处理设施,严格执行城市排水许可制度,争取尽快全面根治市区污水处理问题。全面推进生活垃圾分类处理,开工建设垃圾焚烧发电三期工程并争取试运行,全市从今年起全域消灭垃圾填埋,成为无垃圾填埋城市。开工危废处理项目,扩大油泥处理能力。协调推进治水治土治气,加强近海海域污染整治,启动海岸线修复整治,全面消灭污水直排。

(五)全面深化重点领域改革,进一步激发发展活力。发展无止境,改革不停步。要拿出更大的勇气和智慧,深化改革,激发活力。

深化"最多跑一次"改革。我市"最多跑一次"改革必须要在全省做到最好,打造全省"审批事项最少、办事效率最高、政务环境最优、群众和企业获得感最强"城市。在打破信息孤岛、推进数据共享上持续发力,全面实现"一窗受理""一证通办""一次办结",确保"最多跑一次"改革覆盖全部民生事项和企业事项。围绕"最多100天"目标,全面推进企业投资项目审批制度改革,实行职能部门代理代跑代办制度。以"最多跑一次"倒逼要素配置市场化改革,倒逼中介服务和公共服务体制改革。坚持"亩均论英雄",推进"标准地"供给。统筹推进各类改革,继续抓好重大改革试点落地见效,复制推广改革试点经验。

推进市区一体化。强化市级统筹,加快市、区融合发展。制订城市建设管理导则,全面有效指导城市建设。完善市、区一体的基础设施,对市区市政设施、城市家具、标识标牌等,由市级实行统一规划设计,各区、功能区不要再自搞一套。优化市区一体的公共服务，推进教育、卫生、科技、文化、体育等公共服务设施共建共享。完善市、区分级办学机制，全面落实市、区教育管理体制一体化。建立市区联通共享的智慧城管指挥中心。实施巡游出租车行业管理改革，有序发展共享单车。完成市区交警管理一体化。

深化其他重点领域改革。整合提升国资平台，推动市属国有企业不断做强做优做大。实施凤凰行动，抓好企业上市，大力支持有实力的企业开展并购重组。丰富直接融资手段，灵活运用企业债、公司债、中票、短融、非公开定向发行等方式拓展融资渠道。强化资金筹措，把握重大工程建设节奏，谋划实施好甬舟铁路等一批PPP项目。做大融资租赁业，引导已引进企业开展业务。加大政府购买服务力度，有效引入社会力量参与城市管理和公共服务。

在发展中改善民生，不断满足人民日益增长的美好生活需要。树立"幸福"导向，抓住人民群众最关心最直接最现实的利益问题，尽力而为、量力而行，切实增强人民群众的获得感。

提高公共服务水平。发展公平而有质量的教育，全面实施新一轮学前教育发展行动，扩大义务教育优质资源供给，提高民办民工子弟学校办学标准。促进职业教育多元互补、产教融合，加强高等教育统筹管理和校地融合。推进健康舟山建设，深化公立医院综合改革，深化"双下沉、两提升"，建设高水平的区域医疗联合体，深化舟山群岛网络医院建设，提高医疗保障水平。研究出台倾斜性政策，破解离岛教育、卫生等社会事业发展难题。积极引进优质民办教育、优质医疗机构，满足人民群众多元化需求。加强公共文化设施建设，推进海洋文化艺术中心二期等工程。广泛开展全民健身活动，培育舟山马拉松等品牌，扩大中国海洋文化节影响力。

完善社会保障体系。打好低收入百姓增收攻坚战，确保80%的重点帮扶低收入家庭年人均纯收入达到1.2万元以上。聚焦因病致贫等突出问题，做好帮扶工作。加大就业创业帮扶力度，努力缓解招工难、就业难结构性矛盾。抓好社保基金市区一体化运行，推进参保扩面。深化"幸福养老"工程，加快形成以居家为基础、社区为依托、机构为补充的养老服务体系。关心群众冷暖安危，扎实办好"关键小事"，切实抓好菜篮子工程等民生实事。加强人口问题研究，出台鼓励生育二孩的地方性政策。

深化平安舟山建设。加强信访工作，完善社会治理，推进市级综治中心平台建设，形成共建共治共享的社会治理格局。深入推进"雪亮工程"，全面升级立体化社会治安防控体系，依法打击违法犯罪活动，加强反恐防暴工作，做好重大活动安保，打造全国最安全城市。健全守信激励和失信惩戒机制，争创国家社会信用体系建设示范城市。加强公共安全和安全生产，着力解决企业主体责任不落实问题，强化重点领域安全监管，坚决防范重特大安全事故。支持国防建设和军队改革，做好双拥优抚安置等工作。

加强民主法治建设。深化法治舟山建设，全面推进依法执政、科学立法、严格执法、公正司法、全民守法。全面落实司法体制综合配套改革。进一步教育引导全社会尊法学法守法用法。支持人大及其常委会依法履行职责，发挥好地方国家权力机关作用。完善政治协商制度，支持政协履行好政治协商、民主监督和参政议政职能。

（六）坚定不移全面从严治党，自觉扛起新时代新使命。办好舟山的事，关键在党。各级党组织要牢牢把握新时代党的建设总要求，肩负主体责任，建设清廉新区，推进党的建设各项工作，为"四个舟山"建设提供坚强保证。

加强党的政治建设。以政治建设为统领，以党章为根本遵循，进一步规范党内政治生活，提高党员干部政治觉悟和政治能力。推进"两学一做"学习教育常态化制度化。按照中央部署，精心组织开展"不忘初心、牢记使命"主题教育。广泛开展社会主义核心价值观宣传教育，抓好各类重大主题宣传活动。牢牢掌握意识形态工作领导权，统筹抓好理论舆论、网上网下等宣传工作，唱响主旋律，提振精气神，激发正能量。

加强干部队伍建设。坚持党管干部、党管人才，落实好干部标准，加强好班长好班子好梯队建设。加强市管领导班子建设，提高领导班子执政能力和领导水平。各级领导干部要以高素质专业化为方向，加强学习和实践，培养专业能力，弘扬专业精神，努力克服本领恐慌、知识恐慌,不断提高适应新时代、实现新目标、落实新部署的能力。加强后备干部和优秀年轻干部队伍建设,提升干部梯队建设实效。打破区域和部门壁垒,推动科级干部横向交流。大兴调查研究之风,找准短板弱项,努力解决实际问题。坚持严管与厚爱相结合,构建干部考察量化体系,完善容错纠错机制,表彰“五大会战”好干部,提振干事创业激情。开展“为官不为”专项整治,推进干部能上能下常态化。

加强基层组织建设。牢固树立“一切工作到支部”的鲜明导向,压实基层党建工作责任。深化“整乡推进、整县提升”,统筹推进项目、社区、国企、两新组织等党建工作,加强区域性党群服务中心建设,培树基层党建示范点,打造基层党建综合体。以基层党建引领基层统战工作,积极引导宗教与社会主义社会相适应。实施“党员先锋工程”,深化“网格化管理、组团式服务”“在职党员进社区”等载体。重视镇街、村社干部队伍建设,开展村级换届工作“回头看”,坚决调整不称职的村社班子和干部。健全激励关怀机制,让基层干部安身安心安业,更好地在基层一线建功立业。

加强党风廉政建设。全面加强纪律建设,进一步压实主体责任和监督责任。制定落实中央八项规定实施细则的具体措施,认真查找整改“四风”突出问题,防止官僚主义、形式主义和其他作风不细不实问题。深化监察体制改革,高水平实现对所有行使公权力的公职人员监察全覆盖。运用监督执纪“四种形态”,加大案件查办力度,巩固反腐败斗争压倒性态势。落实市委巡察工作五年规划,推进市县两级巡察机构建设,构筑上下联动监督网。完善重大项目廉洁督查机制,加强工程项目资质资格审批、招投标、土地出让等重点环节治理。规范小微权力运行,深化渔农村巡察工作,严查群众身边的不正之风和腐败问题。倡导清廉文化,在全社会营造以清为美、以廉为荣的价值取向。

政府工作报告

在舟山市第七届人民代表大会第三次会议上

2018 年 2 月 27 日

舟山市代市长　何中伟

2018 年 2 月 27 日，市委副书记、代市长何中伟作政府工作报告(李中一　摄)

各位代表：

现在，我代表市人民政府向大会报告工作，请予审议，并请市政协委员和其他列席会议的同志提出意见。

一、2017 年工作回顾

2017 年是新一届政府的开局之年。市政府以习近平新时代中国特色社会主义思想为指引，深入贯彻党的十九大精神，全面落实省委、省政府决策部署，在市委的坚强领导下，在市人大、市政协的监督支持下，紧紧团结和依靠全市人民，激情创业，拼搏赶超，打好“五大会战”，建设“四个舟山”，实现经济社会平稳健康发展，较好地完成了市七届人大一次会议确定的各项目标任务。

(一)经济发展稳步提质增效。全年实现地区生产总值 1219 亿元，同比增长 8.8%。完成财政总收入 187.2 亿元，其中一般公共预算收入 125.8 亿元，分别增长 8% 和 10.6%。规模以上工业战略性新兴产业产值增长 20.7%，高于规上工业总产值增速 10.3 个百分点。完成固定资产投资 1450 亿元，增长 15%。168 个省市重点项目完成年度投资 830.5 亿元，完成年度计划的 110.9%。重大产业项目、高新技术产业、生态保护和环境治理投资分别增长 56%、115.3% 和 87.8%。实际利用市外资金 636.6 亿元，增长 24.7%；浙商回归省外到位资金 234.9 亿元，增长 15%；实际利用外资 4.05 亿美元，增长 92.8%。全市单位 GDP 能耗下降 3.8%，节能减排各项指标完成省下达任务。

(二)重大战略加快落地实施。浙江自贸试验区总体方案获批，管委会挂牌运行，组建了国际咨询委员会和自贸试验区研究院。加快制度创新，复制落地前两批改革试点经验 119 项，争取国家和省级部门出台支持政策 291 条，形成制度创新成果和创新案例 21 项。浙江自贸试验区条例获省人大常委会审议通过。深化重大改革，建成自贸试验区综合服务大厅，开通 6 个“一口受理”综合窗口，对外资全面实施准入前国民待遇加负面清单管理模式。大力发展油品全产业链,突破保税油跨关区、跨港区直供等业务,出台国际航行船舶保税油经营管理暂行办法和业务操作规范,新批保税油经营资质企业5家,保税油供应量达到182.8万吨,增长71.8%;保税油结算量480.8万吨,占全国近50%。大力发展大宗商品贸易交易,成品油贸易交易突破1000万吨,保税油交易突破300万吨,天然气交易达到138万吨;混配矿突破800万吨,成为长江以南地区最大的混配矿基地。成功举办首届世界油商大会,签约重大项目20个,涉及总金额573.7亿元。区内新增企业4167家,注册资本2173亿元,企业平均注册资本大幅领先第三批其他自贸试验区。油品贸易企业大量集聚,浙江省石油公司注册落户。加快国际油品储运基地建设,黄泽山一期储罐项目完工,地下洞库和双子山项目前期工作有序推进。加快小干岛开发。启动舟山自由贸易港建设研究。舟山江海联运服务中心加速推进,累计投资突破500亿元,舟山港域江海联运量达到1.91亿吨。江海直达运输规范管理体系基本形成,填补国内空白。2万吨级江海直达首制船接水。国家交通运输公共信息平台江海联运信息中心获批运行。鼠浪湖40万吨矿石中转码头投入运行,铁矿石交易中心投入试运营。外供服务中心加快建设,供应货值突破4.5亿美元。全国首家海事法律服务中心成立运行。舟山绿色石化基地4000万吨/年炼化一体化项目通过环评和项目核准,一期项目全面开工。波音737完工和交付中心建设超常规推进,项目整体形象初步显现,舟山港综保区空港分区通过国家验收,舟山波音完工中心有限公司签约揭牌。中澳现代产业园澳牛进境加工项目开工建设。

(三)产业转型升级精准发力。工业发展稳步推进。召开全市工业发展大会,全面推进十类重大工业项目,完成工业投资450亿元左右。加快转型升级步伐,百项"机器换人"计划进展顺利,淘汰落后产能企业30家,整治低小散企业(作坊)170家,为企业减负22.8亿元。海洋电子信息、新能源、新材料等新兴产业加快发展,中船工业集团等一批央企和行业龙头企业注册落户,六横风电项目首台机组并网发电。成功纳入国家智慧海洋建设规划。获批省级军民融合创新示范区。现代服务业不断发展。全年港口货物吞吐量达4.58亿吨,占宁波舟山港的45%;金塘港区集装箱吞吐量突破100万标箱;普陀山机场旅客吞吐量首破100万人次。启动创建国家全域旅游示范区,成功举办2017国际海岛旅游大会,实现旅游总收入807亿元,增长21.9%。实现社会消费品零售总额506亿元,增长10.6%;网络零售额增长68.2%,增幅居全省第一。引导建筑和房地产业健康发展,商品住房库存消化周期缩短至7.3个月。引进租赁企业31家。渔农业加快转型升级。国家绿色渔业实验基地获农业部批复,国家远洋渔业基地获"国家科技兴海示范基地"称号,"中国鱿鱼交易中心"挂牌运行,建立全国首个海外远洋渔业流动基地,完成养殖塘生态化改造2310亩。全市渔业总产值达159亿元,增长7.4%;远洋渔业占渔业总产值的比重提升到32%。定海现代农业园区、普陀展茅田园综合体和3个特色农业强镇列入省级创建名单。普陀佛茶等一批农产品列入国家及省名特优新农产品目录。

(四)重点改革走在全省前列。深化"最多跑一次"改革,市级实现"最多跑一次"事项覆盖率达到97.7%,80%常办事项实现"办事不出岛",取消社区证明153项。深入推进口岸通关机制改革,试点国际贸易"单一窗口"国家标准版,创造了船舶申报总量等3个全国第一。深化国资国企改革,组建市财金投资控股有限公司,城投和普发集团完成重组。出台企业上市挂牌三年行动计划,7家企业实质性启动上市工作。获批国家知识产权试点城市。加快建设特色小镇,嵊泗十里金滩小镇进入第二批省级特色小镇培育名单。推进渔农村产权制度改革,股改完成率达到99.2%,建立县、乡两级渔农村产权交易平台,全面完成三级渔农合联组建。36个乡镇(街道)基层治理体系"四个平台"建成运行,380个村(居)民委员会完成换届。探索实施聘任制公务员试点,在全省率先出台机关事业单位紧缺高端人才引进管理办法。完善人才政策体系,新引进海外院士1名、国家"千人计划"专家5名,国家"百千万人才工程"实现零突破,新引进"5313"领军人才(团队)26个。

(五)城乡建设管理统筹推进。加快城市设施建设。实施综合交通“1128”工程，加快开展甬舟铁路及高速公路复线前期工作，宁波舟山港主通道、普陀山机场改扩建、本岛定沈快速路顺利推进，新建停车泊位2673个，新增更新公交车100辆。实施海上花园城市建设攻坚行动，加快市政设施建设，大陆引水三期加快推进，新增地下空间74万平方米，建成综合管廊6.45公里，提标改造污水处理厂5座，新建污水管网62.1公里，建成城市公园、街头游园5个，新增绿色游步道140公里，新增绿化面积40万平方米。提升城市管理水平。理顺城市管理体制，成立市城市管理局。实施城乡环境综合整治十大行动，拆除违法建筑200多万平方米、户外广告牌1.5万块，取缔马路市场15个，关停并转废品收购站477家，248家无照经营点全部取缔。基本完成城中村改造18个，拆除10122户。改造完成C、D级城镇危房146幢和农村危房1084户。首批14个小城镇环境综合整治通过验收。深化美丽海岛建设。建成美丽海岛示范线5条、美丽渔农村5个、美丽家庭5000户，完成69个渔农村生活垃圾分类处理，嵊泗县成功创建省美丽乡村示范县。持续改善生态环境。全面实施《舟山市国家级海洋特别保护区管理条例》，出台全国首个海钓管理办法。打好“幼鱼资源保护战、伏休成果保卫战、禁用渔具剿灭战”，创新实施“滩长制”“湾长制”，放流鱼苗13.45亿尾(粒)。打好水气土污染防治攻坚战，剿灭426处劣Ⅴ类小微水体，县级以上集中式饮用水水源地水质全部达标，空气质量保持全国前列。嵊泗县获评首批省级生态文明建设示范县。

（六）社会民生事业持续发展。全市财政民生支出占一般公共预算支出的68.8%，增长4.6%。城乡居民收入分别增长8.5%和8.8%。十方面44项民生实事基本完成。“菜篮子”工作成效明显，基本品种价格与宁波市场差距控制在5%以内。打造“淘就业”平台，新增就业1.65万人，城镇登记失业率控制在2.7%以内。推进市区社保一体化改革，养老保险和医疗保险参保率分别达到86.72%和98.87%，异地就医实现全国联网结算。优化养老服务，新建居家养老照料中心20家，三级养老机构医养结合实现全覆盖。全面实施残疾人意外伤害保险政策，建成投运残疾人庇护性就业机构7家。完善住房保障体系，基本建成保障性住房6199套。率先在全省实现全域教育基本现代化，完成新高考改革试点，普惠性幼儿园覆盖面、义务教育标准化学校比例分别达到88%和95%，绿城育华学校建成开学，浙江国际海运职业学院岱山校区正式启用，新区旅游与健康职业学院波音员工培训中心加快建设，舟山职业技术学校(舟山技师学院)获评省首批“中职名校”。实施健康舟山2030行动，获批国家首批健康旅游示范基地，“双下沉、两提升”加快推进，“舟山群岛网络医院”建设受国办通报表扬，远程医疗服务超过25万人次。举办省第三届体育大会、2017舟山群岛马拉松赛，建成省级小康体育提升工程100个。渔农村文化礼堂社区覆盖率达70%，广电、新闻出版、档案、史志、文物和非遗保护等事业全面发展。认真做好信访工作，民族、宗教、国安、外事、侨务、老龄、儿童、红十字、慈善等事业取得新进步，工青妇等群团组织改革顺利推进。国防海防、民兵预备役、人民防空和双拥优抚等工作进一步加强。加强社会治安综合治理，圆满完成“平安护航十九大”工作，安全生产事故起数和死亡人数同比分别下降37.4%和20.9%，荣获全国综治最高奖“长安杯”和省“平安金鼎”。

（七）政府自身建设切实加强。注重加强政府系统思想和政治建设，推进“两学一做”学习教育常态化制度化，进一步增强“四个意识”。推进服务政府建设，加快实施“1113行动计划”，优化政务服务移动客户端平台功能，实现834项公共服务事项在线办理；推进新区“12345”平台与统一政务咨询投诉举报平台融合，完成政务服务网“一窗受理”系统，推动公共服务事项库、电子证照库、公共信用信息库开发。推进创新政府建设，充分发挥新区决策咨询委等智库作用，深化审计管理体制改革，率先推进“民生实事项目代表票决制”工作三级全覆盖，创新“自贸通才”培养机制。推进高效政府建设，推行“立等可取”“容缺受理”，市本级现场或当天办结率达88.9%；实现“五小行业”一窗受理5个工作日内办结，自贸试验区外贸企业“证照联办”压缩至7个工作日。推进法治政府建设，提请市人大常委会审议地方性法规2件，制定出台政府规章2部、规范性文件87个；自觉接受人大、政协和社会各界监督，承办的223件人大代表建议、275件政协提案全部办复;完善府院联席会议制度,成立行政复议局;加强政府学法,在全省率先启动公务员“学法用法三年轮训”。推进廉洁政府建设,坚决贯彻落实中央“八项规定”精神,全面启用电子招投标系统,实现重大项目全程电子化招标,审计、监察全流程跟踪,一般公共预算“三公”经费支出同比减少8.3%。

各位代表,过去的一年,我们取得了一些成绩。这是党中央国务院关怀厚爱、省委省政府和市委正确领导的结果,是全市百万军民凝心聚力、共同奋斗的结果。在此,我代表市人民政府,向在各行各业辛勤劳动的全市人民,致以崇高的敬意!向人大代表、政协委员,向驻舟人民解放军和武警部队官兵,向在舟部省属单位,向各民主党派、工商联、人民团体和社会各界人士,向所有投资者、建设者,向关心和支持我市现代化建设的港澳台同胞和海内外朋友们,表示衷心的感谢!

回顾一年的工作,我们也清醒地看到,还存在不少的问题和困难:经济基础弱、总量小,落地和储备的大项目、好项目缺乏;新兴产业尚处于起步阶段,传统产业转型升级压力大,环境污染、产能落后、管理碎片化等问题制约高质量发展;综合交通等基础设施、公共配套设施建设水平滞后,城市规划建设管理与先进地区还存在不少差距,国际化短板十分突出;人才、资金等要素保障瓶颈依然明显;城乡、区域之间发展不够平衡,教育、医疗、养老等资源供给不够充分,与人民群众对美好生活的期望还有差距;政府职能转变还不到位,庸政、懒政、怠政现象还不同程度存在。对此,我们一定采取更加有效的举措,努力加以解决。

二、2018年总体思路和主要任务

2018年,是贯彻党的十九大精神的开局之年,是改革开放40周年,是舟山实现赶超发展、决胜高水平全面建成小康社会的关键之年。做好2018年工作,必须高举习近平新时代中国特色社会主义思想伟大旗帜,全面贯彻党的十九大精神,坚持稳中求进工作总基调,认真落实省委省政府和市委决策部署,按照“早日通高铁、插上金翅膀、牵好牛鼻子、做大油文章、加快国际化、争创自贸港”的要求,不忘初心、牢记使命,聚焦重点、全力攻坚,一以贯之打好“五大会战”,加快推动我市经济社会向高质量发展迈进,全面开创“四个舟山”建设新局面。

综合考虑宏观形势和我市经济社会发展实际,建议全市经济和社会发展的主要预期目标为:地区生产总值增长8%;一般公共预算收入增长8%;固定资产投资增长10%,其中交通投资、生态环境和公共设施投资、高新技术产业投资、民间投资均增长10%以上;社会消费品零售总额增长8.5%;城乡居民人均可支配收入分别增长8%和8.3%;节能减排降碳指标完成省定任务。

根据目标要求,重点做好五方面工作:

(一)聚焦开放水平抓国家战略。坚定不移打好系列国家战略落地大会战,全面实施“开放舟山”三年行动计划,积极融入“一带一路”、大湾区大花园大通道建设,主动接轨上海、宁波都市圈,加快把舟山建设成为在“一带一路”中居于枢纽位置的开放城市,争当我国全面开放排头兵。

全力建设自由贸易试验区。以挂牌一周年督查考核为契机,全力推进123项建设任务,全面复制推广前两批自贸试验区经验,形成制度创新成果和创新案例35项;进出口总额突破450亿元;铁矿石配矿贸易量力争达到1000万吨。大力发展油品全产业链,推进国际油品交易中心建设,推动大宗商品交易模式创新,加强与上海期货交易所合作,探索开展期现结合。推进国际海事服务基地建设,全面突破不同税号下保税油混兑,力争成为国内第一大加油港;加快发展船舶保税维修业务,做大做强船配交易市场,打造外供服务中心,外轮供应货值达到6亿美元。推进国际油品储运基地建设,加快推进黄泽山、双子山等离岛片区大型油品储运项目,全市形成2700万方储油能力。探索建设人民币国际化示范区,建立适合油品贸易的专用账户,推动油品等大宗商品现货贸易使用人民币计价结算。深化商事制度改革,全面实施“证照分离”改革试点。深化口岸通关便利化改革,全面启用国际贸易“单一窗口”。完善事中事后监管体系,出台外商投资等事中事后监管实施办法。加快落实首届世界油商大会成果,办好第二届世界油商大会。加快小干岛开发,开工建设自贸中心大厦、综合管廊设施等项目。力争突破首单飞机融资租赁业务。在加快建设自贸试验区的同时，全力争创自由贸易港。

加快建设舟山江海联运服务中心。建成投运光汇油品码头、实华二期、新奥LNG接收及加注站等一批重大项目，争取启动小洋山北侧集装箱内支线泊位、马迹山三期等项目，加快大洋山综合开发前期工作。实现港口货物吞吐量5亿吨，其中江海联运运量2.1亿吨。大力发展江海直达运输，完成商品汽车滚装等概念船型研发，组建江海联运船队。加快江海联运公共信息平台推广应用，完善信息互联标准规范，拓展航运电商等功能。加强与重庆、武汉、马鞍山等沿江港口城市合作，谋划推动一批合作项目落地。

加速建设国际农产品贸易中心。推进“一核心一平台四基地”建设，实现农产品贸易额160亿元。以国际高端动物蛋白加工贸易为核心，加快中澳现代产业园建设，打造金塘等国际农产品进口贸易加工示范区。以大宗商品交易中心为平台，拓展粮油、水产品等农产品上线品类，年交易量达到10万吨。建设国际高端动物蛋白冷链物流配送基地，完善冷链物流配送体系，拓展进口业务。建设国际远洋水海产品加工贸易基地，启动建设国际远洋水产品贸易中心，加快国家远洋渔业基地和国际水产城发展，做强“中国鱿鱼交易中心”品牌，培育围网金枪鱼交易中心，全年实现水产品贸易额65亿元。建设进境粮油保税交易加工基地，力争实现国际粮油交易中心基本运行，粮油贸易额达到60亿元。建设高端进口果蔬食品集散基地，发挥浙台经贸合作区作用，深化与中国台湾及东南亚国家和地区贸易合作。

(二)聚焦高质量抓创新发展。全面实施“创新舟山”三年行动计划，推动经济发展质量变革、效率变革、动力变革，不断增强我市经济创新力和竞争力。

创新项目推进机制。全力打好招商引资大会战，全面推进“市县长项目工程”，持续实施“2553”计划，争取引进市外资金660亿元，浙商回归省外到位资金235亿元，实际利用外资5亿美元以上。完善项目中心制，大力推进161个市重点项目建设，完成投资684亿元。强化要素保障，积极争取耕地跨省占补国家统筹政策，科学开发海域海岛资源，探索破解环境容量制约的有效途径。

全力攻坚产业创新。大力发展四大千亿和若干百亿产业，构建现代化海洋经济体系。加快建设绿色石化基地，力争一期项目年底建成。高质量推进波音737完工和交付中心项目，确保年底交付首架飞机。力争波音全球供应商大会在舟山召开，拓展航空高端制造和配套服务产业链。推动船舶与海工装备业智能化生产改造与应用，加快绿色节能、高技术高附加值船舶和海洋工程装备研发制造，突破军船及辅助船制造、维修，加快重点船企重整重组。推进国家全域旅游示范区创建工作，争创全国邮轮旅游发展实验区，谋划申报国际旅游岛，旅游总收入突破900亿元，旅游业增加值占全市GDP比重达8.5%以上。发展国际海事服务业，建设新城航运服务集聚区，积极推进燃供企业结算中心落户，培育海事金融、保险、信息、仲裁等服务业。推动水产品加工、机械汽配制造、螺杆等特色产业向“高新优”方向发展。建设国家智慧海洋产业示范区，全面落实产业培育实施方案，推进智慧海上国防动员平台等项目。发展大健康产业，建设国家健康旅游示范基地，引进高端特色健康旅游服务项目，支持普陀大健康产业园建设。加速金融集聚区建设，完善融资租赁业发展政策扶持体系，加快民营银行筹建步伐。加快现代渔业发展，建设国家绿色渔业实验基地，推进海洋经济创新示范城市建设，开展渔业产权化改革，实施海洋牧场、渔船和装备提升等十大工程，促进休闲渔业转型升级。

提升科技创新水平。全力创建国家高新技术产业开发区。大力发展科技企业，新增高新技术企业40家，培育科技型中小微企业144家。大力促进科技成果转化，实现技术成果交易额4.5亿元以上。加快国家知识产权试点城市建设。实施“高精尖”海洋创新人才引进计划，引进培育20人以上。深入实施“5313”行动计划升级政策，引进科创领军人才(团队)企业20家。落实鼓励大学生来舟就业创业政策，壮大基础人才队伍。

(三)聚焦市场活力抓重大改革。坚持以供给侧结构性改革为主线，深化简政放权，加快重点领域和关键环节改革，完善法治化、国际化、便利化营商环境，不断激发市场活力和社会创造力。

深化供给侧结构性改革。坚持“亩均论英雄”,完善要素市场化配置,建立产业结构调整创新、民间资本吸纳等体制机制。推进小微企业园区建设,开展“低小散企业”专项整治,加快“僵尸企业”市场出清。实施“机器换人”“智能制造”项目100项以上。推进“三强一制造”工作,推动企业加强质量提升示范和品牌培育。促进建筑业和房地产业平稳发展,商品住宅价格、去化周期控制在合理范围。推动重大项目、重点领域信贷投放,增加金融有效供给。

做实“最多跑一次”改革。全面推进“最多跑一次”改革标准化、规范化建设,力争年底前覆盖所有民生事项和审批事项,其中50%以上的民生事项实现“一证通办”。全面打破信息孤岛,以政务服务网为平台加快公共数据整合共享,推进政府数字化转型。推进“标准地+承诺制”改革,实施“区域能评、环评+区块能耗、环境标准”制度。实现一般企业投资项目开工前审批“最多跑一次”、最多100天,力争实现竣工验收前“最多跑一次”。推动涉政中介机构市场化改革,提升中介服务效率和水平。深化商事登记领域改革,统筹推行“多证合一、证照联办”。攻坚“办事不出岛”,基层便民服务中心全部实现“一窗受理”。深入开展多部门、多层级“一件事”梳理工作,推动“一件事”一窗办。完善统一政务咨询投诉举报平台,提高群众诉求一次性解决率。

加快推动重大领域改革。强化市级统筹,深化城市规划建设管理等领域市区一体化改革。实施“凤凰行动”,加大国有企业资产证券化力度,新增上市挂牌企业4家以上。加强金融风险防范,深化互联网金融整治,严密防控关注类贷款比例和不良贷款率。加快13个省市特色小镇建设。争创国家军民融合创新示范区。探索产业创新综合体建设。

(四)聚焦品质提升抓环境优化。全面实施“品质舟山”三年行动计划,加快推动城市面貌“一年一个样、五年大变样”,打造最干净最美丽的海上花园城。

提升城市国际化水平。塑造国际花园城形象,启动城市总体规划局部调整,编制定海、普陀、新城分区规划,加强城市建设管控和引导,推进定海“花园式国际人文港城”、普陀“海上花园会客厅”、岱山“全域全景海上花园城”和嵊泗“美丽海岛　花园微城”建设,聚力打造新城“中国海上花园城市样板区”。提升城市通达水平,打好综合交通建设大会战,加快推进甬舟铁路及高速公路复线、舟山至上海跨海大通道前期工作,加速宁波舟山港主通道等工程建设,如期建成鱼山大桥。加快普陀山机场改扩建工程,完成国际航站楼一期建设。加速城市中部快速通道建设,启动城市轨道交通建设方案策划研究。提升建设18座陆岛交通码头,开通水上飞机航线。打造宜居宜业宜游的国际化环境,加快国际化街区、国际化社区建设。探索国际化合作办医、办学、办赛机制。实施自贸区人才签证制度。培养多语种行业服务人才。加快双语标识标牌改造。加强国际友好合作,办好“一带一路”国际海岛旅游发展舟山论坛等国际会议,做大国际海岛旅游博览会等国际会展,办好世界海洋日活动暨中国海洋文化节,做精舟山群岛马拉松、国际自行车赛等赛事,密切与国际友好城市的交流合作。

加快城市高品质发展。完成32个城中村治理改造任务,加强拆后土地规划利用。打好城乡环境综合整治大会战,重点实施城区停车秩序、交通隔离设施等整治行动。推进“三改一拆”和小城镇综合整治,拆除违法建筑100万平方米,力争完成20个小城镇达标验收,创建“基本无违建市”。完善城市基础设施建设,大力推进16个城市公园建设,打通、拓宽断头路、瓶颈路12条,新增城区公共停车泊位1500个。推进厕所革命,新、改建公厕120座。打造城市核心景观带,加快百里滨海大道建设,美化滨海廊道沿线景观,新增城市绿道20公里、公共绿地10万平方米。改造提升城市入城口8个,打造精品示范街(路)10条,继续推进中心城区、重要节点景观亮化。出台市容市貌、园林绿化等管理制度。加快智能城市建设,建成投用城市管理“一中心四平台”。

全面实施乡村振兴战略。编制好乡村振兴战略规划,实施美丽乡村建设三年攻坚行动,启动建设2个美丽小岛和4个乡村振兴战略示范村,打造4条美丽景观线,创建18个美丽精品村,提升500家精品民宿,培育3900户美丽庭院。实施美丽农业发展攻坚行动,推进省级现代农业园区和田园综合体发展,抓好重点农业乡镇建设,提高粮食保障水平,新认证绿色食品基地2000亩。发展休闲景观农业，打造本岛北向疏港公路沿线景观农业示范带。发展壮大集体经济，力争全市三分之一以上渔农村社区集体经济年收入达到30万元以上，全面消除集体经济薄弱村。开展农村人居环境整治三年行动，推进整洁家园、整洁田园、整洁水源等专项整治。深化农村土地和集体产权制度改革，引导土地经营权流向新型农业经营主体。

打造更优质生态环境。创建国家生态文明建设示范区。打好治水治污大会战，实施"品质河道·碧水行动"三年计划，固化剿劣治水防反弹长效机制，深化河长制，创建"污水零直排区"；全面实施污水处理厂提标改造，开工建设舟山市污水处理中心，新建、改造污水管网72公里。深化研究引进大陆优质水源方案，推进本岛水系连通、库库联网，开展全国海水淡化试点工作。加快工业固废、危险废物处理设施建设，实现危废处理全覆盖。加大大气污染治理力度，深化挥发性有机物治理。全面推进生活垃圾分类处理，加快垃圾焚烧发电项目三期建设，城市生活垃圾无害化处理率达到99%，建成渔农村生活垃圾分类处理村88个。创建国家森林城市和国家园林城市，实施森林抚育2.1万亩，建设彩色健康森林5000亩，完成破损山体修复17.44公顷，治理废弃矿山15处以上。加强近岸海域污染整治，深化滩长制，实施海洋生态整治修复工程，整治修复海岛岸线30公里。

（五）聚焦幸福导向抓民生改善。全面实施"幸福舟山"三年行动计划，补短板、促均衡、提质量，持续增强人民群众获得感、幸福感、安全感和自豪感。

共创文明家园。深化全国文明城市创建，认真实施《舟山市文明行为促进条例》，培育践行社会主义核心价值观，争创国家社会信用体系建设示范城市。优化公共文化设施布局，推进市海洋文化艺术中心二期、定海图书馆、普陀美术馆等建设，新增城市书房5家、小城镇文体休闲广场（公园）6个。完善渔农村文化礼堂长效机制，新建文化礼堂18家。实施文化惠民工程，全面升级"淘文化"公共服务平台，推动各类公共文化设施向公众开放。推进优秀传统文化传承发展，加强文化遗产保护。倡导全民健身、全民阅读，提升全民文化素养。

共建平安家园。深入推进"雪亮工程"，全面升级立体化社会治安防控体系，完善基层治理体系"四个平台"，探索建立新区社会动员体系和社会心理服务体系，优化矛盾纠纷多元化解机制，打造全国最安全城市。完善安全生产体制机制，落实企业主体责任，抓好重点领域专项整治，完善防灾减灾体系建设，坚决遏制重特大安全事故发生。继续推进"无欠薪市"创建、"最安全旅游岛（景区）"创建、"两非"车辆专项治理等工作。

共享幸福家园。坚持示范引领，新增幸福社区34个。大力推进就业创业，完善智能化人力资源市场平台建设，升级打造"淘就业"品牌。新增城镇就业1.2万人，城镇登记失业率控制在3%以内。推动社保基金市区一体化运行，基本养老保险和基本医疗保险的参保率分别稳定在86%和98.5%以上。关注低收入困难群体，开展低收入渔农户十大帮扶行动，实现80%重点帮扶的低收入家庭年人均纯收入达到1.2万元以上。构建多元化养老服务体系，推进医养护一体化，鼓励社会力量参与，建成示范型居家养老服务照料中心5家。发展残疾人事业，加强残疾预防和康复服务，新建残疾人庇护性就业机构5家。深化教育综合改革，稳妥实施中考改革，理顺市、区高中教育和学前教育管理体制，确保特色示范高中比例达到80%以上。实施中心城区中小学（幼儿园）专项规划，开展新一轮学前教育发展行动，建成小学3所、幼儿园4所，新建初中1所。积极创建国家义务教育优质均衡县（区），推行新城义务教育集团化办学，加大偏远海岛地区教育扶持力度。促进职业教育产教融合和校企深度合作，加强高等教育统筹管理和校地融合发展。推进健康舟山建设，顺利通过国家卫生城市第二轮复评。深化医药卫生体制改革，完善"双下沉、两提升"长效机制，建设高水平的区域医疗联合体。深化"舟山群岛网络医院"应用，实现有基层医疗机构的岛屿全覆盖。健全基层医疗服务体系，开展责任医生签约服务精细化试点，加强全科医生培养。出台鼓励生育二孩的地方性政策，实施妇女儿童健康关爱工程，建成规范化母婴室50个。扎实推进援疆援藏援青援川工作，加强与松原市对口合作。大力发展红十字、慈善、志愿服务等公益事业，支持工会、共青团、妇联、科协等群团改革与发展。支持驻舟部队建设，抓好国防动员和后备力量建设，推动双拥工作创新发展。

各位代表，今年，我们继续按照民生实事“群众提、大家定、政府办”的理念，经过广泛征集和充分讨论，梳理形成了市政设施、教育发展、医疗卫生、社会保障等方面24项候选项目，提请各位代表票决。我们将根据票决结果，认真组织实施，确保全面完成，让全市人民共享发展成果。

各位代表，做好2018年各项工作，必须以“不忘初心、牢记使命”主题教育为主抓手，全面加强政府自身建设。新的一年，我们提高站位，聚焦系列国家战略落地实施，做好“十三五”规划中期评估工作，集中力量谋路径、抓落实，以更大的气魄、更宽的视野、更高的标准，全力提升推动改革发展的能力。我们依法行政，健全重大事项决策前向人大报告制度，充分发挥政协民主协商作用，自觉接受监督，加强政府内部审计，全力提高履职能力和履职科学化水平。我们实干为民，牢固树立“群众利益无小事”理念，聚焦群众关切，攻坚民生短板，让所有工作都充分体现人民意愿、维护人民利益、接受人民监督，以实实在在的工作和成效，全力赢得党和人民的信任。我们廉洁奉公，牢记作风建设永远在路上，巩固拓展落实中央“八项规定”精神成果，持之以恒正风肃纪，全面营造政府系统风清气正的政治生态，全力打造一支激情创业能打胜仗全面过硬的新区铁军。

各位代表，新时代要有新作为，新作为更需新担当。让我们紧密团结在以习近平同志为核心的党中央周围，在省委省政府和市委的坚强领导下，紧紧依靠全市人民，紧紧围绕“自由贸易港、海上花园城”目标，干字当头，接力攻坚，为加快“两个高水平”建设、实现全市人民对美好生活的向往而努力奋斗！

《舟山市文明行为促进条例》出台纪实

创建全国文明城市的应时之需

舟山群岛新区经济社会高速发展，人民群众物质生活水平飞跃提升，文明素质与道德水平亦随之提高。2015 年 2 月，舟山市获“全国文明城市提名城市”资格，文明城市是反映一座城市综合实力和核心竞争力的“全能指标”。市第七次党代会强调，要加快建设群岛型、国际化、高品质的海上花园城市。随着海上花园城市建设和全国文明城市创建的深化和升级，通过制定文明行为方面的地方性法规，进一步规范和引导市民文明行为，是促进精神文明建设法治化的需要，是落实市委两大战略决策部署的需要，是舟山群岛新区全面大开发大开放的需要，是提升舟山城市发展软实力的需要。

为引导和规范文明行为，弘扬社会主义核心价值观，推进精神文明建设，提升公民文明素质与社会文明水平，舟山市将《舟山市文明行为促进条例》（下称《条例》）列入 2017 年地方性法规立法计划。作为 2017 年的正式立法项目，市人大常委会坚持科学立法、民主立法，主导立法全过程。市人大教科文卫委采取提前介入的方式，与市文明办等单位联系，开展立法可行性研究，就《条例（草案）》征求各方意见建议。2017 年 3 月份始，市人大教科文卫委会同市文明办、市人大常委会法工委组成联合调研组，通过学习湖北武汉、山东青岛、省内的杭州、宁波等城市立法经验，召开旅游、城管、交警、交通等市属有关部门座谈会，公开征集市民意见等多种形式，就《条例》的指导思想、框架结构和主要内容等深入开展立法调研。在此基础上，市文明办起草并形成《条例》初稿。市法制办就《条例》初稿进一步征求有关部门和部分县（区）意见，形成《条例（草案）》。

《条例（草案）》分总则、文明行为基本规范、文明行为的鼓励与促进、保障与监督、法律责任、附则 6 章，共 40 条。全文囊括 50 余种文明行为规范，旨在通过建立对文明行为倡导和促进为主、对不文明行为法律惩戒为辅的制度理念，禁止和疏导舟山市存在的突出不文明行为。《条例（草案）》还明确要完善爱心椅、母婴室、公厕建设等做法，加强文明行为促进工作的基础设施保障。其中，将公民的文明行为与个人社会信用相结合，属于立法的创新。

《条例》获省十二届人大常委会第四十五次会议批准

市政府第四次常务会议于 2017 年 6 月 6 日审议并原则通过《舟山市文明行为促进条例（草案）》。会议指出，出台该条例是全市创建文明城市和建设海上花园城市的迫切所需，各级各部门要加强联动配合，营造齐抓共管、合力推进的良好工作氛围。起草单位要广集众智、广纳群言，不断完善条例内容，加快制定配套措施，以条例实施效果，推动公民文明素质和社会文明水平的提升。6 月 15 日，市人大教科文卫委召开全体会议对《条例（草案）》进行审议，充分听取教科文卫专委会委员、部分立法专家的意见建议。6 月 27 日，市人大常委会主任会议通过关于提请审议条例草案的议案，提交市七届人大常委会第四次会议进行第一次审议。6 月 29 日至 30 日，舟山市七届人大常委会第四次会议对《条例（草案）》进行第一次审议。

6 月 29 日下午，市七届人大常委会第四次会议在听取市政府关于条例草案起草说明和市人大教科文卫委关于条例草案审议意见报告后，采取分组讨论的形式，对条例草案进行审议发言。在分组讨论中，就条例的立法目的、适用范围、机构职责、文明行为基本规范、条例的鼓励与促进、保障与监督、法律责任等方面，21名委员提出意见建议83条，5名列席人员提出意见建议11条。

委员们就进一步提高条例的前瞻性、重点性、特色性、用语规范性、可操作性等提出部分修改意见和建议。根据地方立法工作规则要求，条例草案将结合常委会组成人员提出的意见建议和市人大教科文卫委提出的审议意见，再次修改，之后提交市七届人大常委会第五次会议第二次审议。

经历10余次修改，9月29日《舟山市文明行为促进条例》经市七届人大常委会第六次会议审议通过后，报请省人大常委会批准。11月30日，《条例》获省十二届人大常委会第四十五次会议批准。自2018年3月1日起施行。

首度为文明行为立法　促进全市文明素质提升

《舟山市文明行为促进条例》共7章44条，重点明确政府的相关职责，提出六条鼓励行为和十二条提倡行为，并在公共环境、公共秩序、交通文明、社区公共文明、旅游文明等方面划出三十一条“红线”，规定相应的法律责任。这是全市首度为文明行为立法，是浙江省继杭州、宁波之后，省内第三个就文明行为立法的城市，也是全省地级市中首个。立法适应舟山群岛新区改革发展需要，文明行为是人类进步开化的体现，是有益他人、符合公德的社会行为。

《条例》明确景观河内钓鱼、携犬只出门不牵领、室内公共场所吸烟等不文明行为的行政主体和法律责任，为相关部门执法提供法律依据。《条例》内容禁止与鼓励倡导分设、惩戒与奖励并举，既重点列出公共环境文明、公共秩序文明、交通文明和社区公共文明、旅游文明“五大类文明行为规范”，并对市民反映最强烈的部分不文明行为做出相应的处罚规定，也对应着力倡导的文明行为设置鼓励措施和保障条款。《条例》对市民行为进行全面规范，促进全社会文明素质的提升。《条例》的出台，将使法治与德治互为支撑、相向而行，推动核心价值观内化于心、外化于行，为深化文明城市创建、打造品质舟山提供有力法治保障。《条例》所规定的内容是市民素质提升的准绳和依据，深化文明城市创建、打造品质舟山。

宣传贯彻　详细解读

2018年2月9日，市人大常委会召开宣传贯彻《舟山市文明行为促进条例》座谈会，市人大常委会法工委就《舟山市文明行为促进条例》的贯彻执行进行解读。

体系完整，亮点突出　《条例》法规体例完整、结构清晰，亮点凸显、重点突出，地方特色显著。

从内容的完整性上看，《条例》不仅涵盖了政府及其相关行政管理部门、单位在文明行为促进工作中承担的鼓励引导、违法惩戒、宣传教育、保障监督等职责，也包含了市民群众参与文明行为促进工作的方式、途径以及相关权利与义务，体现全市文明行为促进工作主体的广泛性、方式的多样性、措施的实效性。

《条例》最大的亮点是建立“禁止与倡导分设”的文明行为基本规范体系和与之相对应的“惩戒与奖励并举”的处置措施。重点对市民普遍关注的31类不文明行为、6类鼓励性文明行为和12种提倡行为作了分类列举。第三章中明确规定，公民不得实施公共环境、公共秩序、交通出行、社区管理和旅游文明五个方面的不文明行为。

公共环境方面包括不得实施乱涂写和张贴、随地吐痰便溺乱扔废弃物、不得在室内公共场所和公共交通工具内吸烟等7种不文明行为。

公众秩序方面包括不得实施从建筑物内向外抛撒物品、使用音响器材产生过大音量干扰周围生活环境、占道经营或者采用高音量音响促销、饲养宠物干扰他人正常生活等7种不文明行为。

交通出行方面包括不得实施不停车让行、驾驶机动车时抽烟打电话、向车外抛掷物品、非机动车违规载人载物或不按照规定车道行驶、在车行道兜售发送物品妨碍交通安全等7种不文明行为。

社区公共文明方面包括不得实施乱搭乱建、擅自改建占用物业共用部位、违规饲养家禽家畜信鸽等动物等7种不文明行为。

旅游文明方面包括不得实施毁损旅游设施，在景物上刻画、涂污，不服从景区安全管理等4种不文明行为。

政府主导，各方协同　文明行为促进工作牵涉面广，既需要在政府统筹领导下形成各部门和单位之间的工作合力，也需要各部门和单位权责清晰、执行到位。

在涉及文明行为促进工作统

筹领导方面,规定市、县(区)精神文明建设委员会统一领导本行政区域内的文明行为促进工作。《条例》还明确了市、县(区)人民政府及其有关部门、乡(镇)人民政府、街道办事处、社区、村(居)民委员会的职责。

在涉及部门职责分工落实方面,明确了公安、环境保护、城乡建设、交通运输、卫生、旅游、城市管理等行政主管部门建立和完善检查监督、投诉举报、教育指导、奖励惩戒机制以及共同参与、协同配合的违法行为信息共享和执法合作等工作机制的职责,明确了新闻宣传、信息管理等主管部门和公共新闻媒体在文明促进工作中的宣传教育、舆论引导等职责。

在加强文明基础设施保障方面,规定市、县(区)人民政府应当加强文明基础设施的规划、建设和管理,为文明行为促进工作提供保障。

弘扬正气,鼓励先进 对具有社会正能量的道德文明行为,采取多种鼓励和提倡措施,提高公民实施文明行为的积极性,形成文明行为的社会示范效应。引导更多市民崇德向善,激发市民文明行为的热情和积极性。

《条例》对五类具有高尚道德品质的文明行为作了特别的规定,并规定了表彰、奖励等鼓励措施,规定市、县(区)人民政府及其有关行政主管部门应当按照规定对见义勇为人员实行精神奖励和物质奖励,保障其合法权益,并在其需要时提供法律援助。对紧急现场救助中做出突出贡献的公民,市、县(区)人民政府及其有关行政主管部门应当按照规定给予表彰、奖励。对慈善公益活动中表现突出的单位和个人,市、县(区)人民政府及其有关行政主管部门应当给予表彰、奖励。对表现突出、成绩显著的志愿者,市、县(区)人民政府及其有关行政主管部门应当按照有关规定给予表彰、奖励。志愿者本人或者家庭需要帮助时,优先获得志愿服务。

《条例》还规定市、县(区)应当建立文明行为记录制度,由有关单位和组织对公民参加慈善公益、志愿服务等活动予以记录,并作为实施荣誉表彰奖励、居住证积分等措施的依据。

明确惩罚力度与范围 在建筑物、构筑物、电杆、树木或者其他设施上任意刻画、涂写和张贴、挂置宣传物品,由综合行政执法部门责令限期清除;逾期不清除的,处50元以上300元以下罚款。

在室内公共场所或者公共交通工具内吸烟的,由卫生行政主管部门责令改正,处50元以上200元以下罚款。

在市、县(区)人民政府公告确定的水库、山塘、景观河道内洗涤、游泳、捕(钓)鱼的,由综合行政执法部门责令改正,处50元以上200元以下罚款。

在建筑物的阳台外、窗外、屋顶、平台、外走廊等空间堆放、悬挂危及安全的物品的,由综合行政执法部门责令限期改正;逾期不改正的,处50元以上500元以下罚款。

携犬只出户时不牵领或由无民事行为能力人牵领的,由综合行政执法部门责令改正,处50元以上500元以下罚款。

机动车行驶过程中驾驶人向车外抛掷物品的,由公安机关交通管理部门处200元罚款;乘车人向车外抛掷物品的,由公安机关交通管理部门处50元罚款。

采取威胁、侮辱、殴打等方式打击报复劝阻人、举报人的,由公安机关依照《中华人民共和国治安管理处罚法》的规定予以处罚;构成犯罪的,依法追究刑事责任。

惩戒并重,以"戒"为主 为强化对不文明行为的教育、警示作用,在不违反法制统一原则下,除了设置必要的行政处罚措施,采用处罚之外的多样化"惩戒"措施。

《条例》对"举报投诉平台""曝光平台""信用平台"分别作出了规定。

对不文明行为的举报投诉,要建立统一的工作平台、公布统一的投诉举报电话、建立相应的工作机制等。

信用信息记录。获得县级以上道德模范、文明市民、优秀志愿者等荣誉称号,或者文明行为受到县级以上人民政府表彰的,记入个人社会信用档案。

不文明行为曝光。违反《条例》规定的,一个年度内因同一违法行为受到3次以上行政处罚或者情节严重、社会影响恶劣的,有关行政主管部门可以将违法行为采取适当方式在适当范围和时限内予以曝光。有关部门和单位未按照本条例规定履行文明行为促进工作职责,情节严重、社会反响强烈的,可以对其不履行职责的情形采取适当方式予以曝光。

另外,参加社会服务可以依法从轻、减轻或者免除罚款。违法行为人可以向行政主管部门申请参加相关社会服务,行政主管部门可以根据违法行为和社会服务岗位设置的实际情况,安排其参加相应的社会服务,违法行为人参加并完成相应的社会服务,经相关行政主管部门认可的,可以依法从轻、减轻或者不予罚款处罚。

(市史志办整理)

舟山市获全国社会治安综合治理最高奖项"长安杯"纪实

连续三届获评全国社会治安综合治理优秀市

2004年5月,浙江省委作出《关于建设"平安浙江"促进社会和谐稳定的决定》,全市启动"平安舟山"建设。各地各部门以综合治理为手段,以责任落实推动工作落实,明确"主要领导亲自抓、分管领导协同抓、责任领导一线抓"的综治工作格局。建立平安建设重点工作清单、问题整改责任清单和督考问责清单"三张清单",创新实施"清单管理、挂图作战",形成责有所归、重点重抓的有效工作推进机制。探索实施项目治理,每年确定一批社会治理重点项目,由市领导领衔,落实牵头单位和主抓责任,通过建立完善工作例会、专题会商、重点调研、指导督办等机制,确保按进度完成。2008年,在全国率先推行"网格化管理、组团式服务",全面创新管理服务理念,完善管理服务机制,提升社会管理、公共服务的能力和效率。2009年,首次夺得2005—2008年度全国社会治安综合治理优秀市称号。

2011年6月,浙江舟山群岛新区批准设立。新区规划明确提出"加强社会治安综合治理,进一步健全社会治安防控体系,扎实推进平安海区建设,依法严厉打击各种犯罪活动,维护国家安全和社会稳定,保障人民群众安居乐业。"重大项目相继落地,建设发展提速。面对日趋复杂的社会环境,在全省首推重大决策社会稳定风险评估机制。2013年,再次获评2009—2012年度全国社会治安综合治理优秀市。

2015年,在全省率先试点并推广多元化矛盾纠纷解决机制平台建设。在护航重点项目上,围绕江海联运服务中心建设等国家战略,推行重大项目治安问题、稳定问题、安全问题工单制,实行政法领导干部联系包干责任制,全程跟踪保障服务,确保重点项目平稳快速推进,绿色石化基地建设等国家重大项目建设中未发生一起因项目推进引发的群体性事件。在优化发展环境中,开展"法治护航""快反应快执行、优服务优环境"、严打"三强三霸"等专项行动,结合社区(村)换届工作,组织开展依法惩治"村霸"及宗族恶势力违法犯罪活动。助推"五水共治""三改一拆"等重点工作,提升新区发展软实力。2017年全市刑事案件同比下降31.9%,"五类"恶性、侵财、"两抢"、诈骗、盗窃案件分别下降29.6%、34.9%、58.5%、23.2% 38.7%,命案、"五类"恶性案件破案率100%。同时,公共安全体系更趋完善,食品药品和安全生产监管力度继续加大,安全生产事故总量、死亡人数和受伤人数三项指标连续12年保持"零增长",人民群众安全感满意率处在全省前列。全市连续12年被省委、省政府命名为平安市,夺得"平安金鼎"。2017年5月,市委书记、新区党工委书记、管委会主任、自贸试验区管委会主任俞东来在平安舟山建设"十二连冠"总结表彰大会上提出,全市上下要紧盯争创平安浙江示范区、打造全国最安全城市这一目标,翻篇归零再出发,激情创业、拼搏赶超,建设更高水平的平安舟山。2017年9月19日,第三次获评2013—2016年度全国社会治安综合治理优秀市,并被授予全国社会综合治理工作的最高奖项"长安杯"。

在"四个舟山"建设和"五大会战"中,全市政法综治部门走中国特色社会主义社会治理之路,打造公共安全新体系、构建社会治理新模式、开辟平安建设新阵地、完善社会动员新机制,为确保人民群众安居乐业、社会安定有序、新区长治久安创造新的更大的成绩。

做好治安隐患防控工作

全省首创重大事项风险评估机制　随着经济大发展、社会大开放、人员大流动,群众需求多样化、群众利益多元化、群众复杂化,影响社会和谐稳定的新情况新问题不断显现,在全省率先推出重大事项风险评估机制,每一个提请评估的事项,必须经过提交申请、调研审查、初审会审、作出评定、反馈意见、制定措施等6个环节,因重大事项未进行稳定风险评估或对评估出的不稳定因素化解不力的有关责任单位,实行"一票否决"。该机制实施以来,全市经风险评估后实施的709个重大事项无一引发不稳定事件。2010年全省重大决策社会稳定风险评估现场会在舟山召开，推广工作经验。

推进矛盾纠纷多元化解机制　每年组织开展矛盾纠纷专项排查调处行动，推动实现矛盾不出社区(村)、不上交、就地化解。建立集信访、调解、仲裁、司法等为一体的多渠道、多元化矛盾纠纷解决机制，在全省率先试点并推广。自2013年以来，全市排查发现的各类矛盾纠纷调处成功率始终保持在97%以上，进京非访人数、批次两项指标均为全省最低。2015年，全省矛盾纠纷多元化解决机制建设现场会在舟山召开。

打造社会治安防控体系升级版　结合舟山独特的地理环境，公安机关在2002年启动"铁桶工程"。随着舟山跨海大桥通车等各种条件变化，打造立体化社会治安防控体系升级版，在确保全市治安形势稳定的基础上，完成G20杭州峰会、世界互联网大会、厦门金砖国家峰会、国际海岛旅游大会等重大维稳安保任务。在防控体系升级中，通过完善"囤警街面、动态备勤"工作机制，做到所队联动、线块结合、勤务衔接；通过重点拓展智能卡口、视频监控等"四大系统"，建成视频图像信息实战应用、移动警务应用等"四个平台"；通过推动公安部"国家战略物资储备基地反恐防暴关键技术应用试点项目"正式落地，打造重点部位反恐防范"舟山标准"；通过推进实战型指挥中心全省试点建设和组建合成作战中心，实现情报、指挥、行动的一体化运作。实战型指挥中心、合成作战中心建设的有效做法和成功经验在全省范围内推广。

创新打造全国工地治安管理样板　国家战略项目舟山绿色石化基地落户岱山鱼山岛，项目施工场面大、人员流动多、治安管理压力大。岱山县公安局以打造"全国工地治安管理样板"为目标牵引，组织实施外来务工人员"连队化＋科技化"管理工作，把每一位上岛的人编入一个类军事化组织，进连、进排、进班，实行类军事化管理，设立连队矛盾纠纷调解室。进驻鱼山岛的施工企业，首先到警务站接受"连队化"培训。中标单位负责人为连长，分包单位负责人为排长，施工队负责人为班长，各宿舍设寝室长。连排班建制，层级清晰，归属明确。出了问题找班长，班长不行找排长，排长不行找连长，确保"小事不出连，大事不出岛"。此外，进岛三天之内必须办理"鱼山建设基地通行证"，内存持证人的身份、单位、联系方式等信息。进出岛除了通行证，还要通过指纹识别或人脸识别。鱼山工地外来人员登记率100%，至今未发生一起重大刑事治安案件，3500多辆车未发生一起严重交通事故。

严厉打击各类犯罪违法行为

严厉打击违法犯罪　2014年，市委政法委牵头启动严打"三强三霸"专项行动。2015年，全市打掉"三强三霸"团伙32个，涉案人员189人。全市刑事发案数呈逐年下降态势，其中命案、"五类"恶性案件降幅更大。2016年，群众治安安全感满意率97.73%，居全省第一；群众总体安全感满意率97.75%，居全省第二。2016年8月26日被省公安厅确定为全省实战型指挥中心建设市级试点单位，市公安局以"打造全省乃至全国治安最好城市"为目标，按照"联勤联动、合成作战"的要求，推动资源整合、警种联合、机制融合，打造集指挥调度、合成实战、服务支撑于一体的实战中枢，并以专项打击为牵引，重点预防和打击暴力犯罪。2017年1—8月，处置重大复杂警情86起，核查紧急案线323条，破获"1·07"王某故意杀人未遂案等案件。2017年2月市中级人民法院依法对"渔船命案"罪犯方忠岳执行死刑。

严打通讯(网络)诈骗　2016年3月中旬，公安、银行、通信等多部门联合成立市反虚假信息欺诈中心。当接到诈骗警情，中心就会启动紧急处置，将涉案账户、通信工具信息推送至银行工作组和通信运营商工作组，银行工作组立即对涉案账户采取多级查询、止付冻结等，全面封堵资金链，通信运营商工作组则对涉案通讯号码第一时间采取关停、封堵，避免其继续行骗。除对已发案件的欺诈电话、短信、银行账户等进行紧急拦截、封停、止损、冻结外，市反虚假信息欺诈中心还会同市级公安机关开展专业侦查打击。2016年，中心接警980起；成功紧急止损70余起案件，止损资金600余万元；银行查询涉案银行账户4400余个；通信运营商拦截诈骗电话1000余个；警方破获通讯(网络)诈骗案件数和抓获人员数分别上升428%和295%。

创新平安管理机制

全国首推"网格化管理、组团式服务"　把全市划分为2143个管理服务网格，每个网格配备相对固定的管理服务团队，管理服务团队“走村入户全到位、联系方式全公开、反映渠道全畅通、服务管理全覆盖”。2008年始,全市在全国首创市、县(区)、乡镇(街道)、社区(村)、网格五级管理服务体系,并逐步形成以网格化为基础、扁平化为要求、信息化为支撑的社会治理舟山模式,成为浙江品牌、全国经验。该项工作先后荣获“首届全国基层党建创新最佳案例”“2010中国全面小康十大民生决策”“浙江省公共管理创新案例特别贡献奖”。推进网格、平安信息系统“两网”深度融合,构建全市基层治理“一张网”,开展“全科网格”建设,以网格为单元,通过群众的自治和社会单元的管理,实现网格管理;通过干部上门服务、群众自我服务、社会志愿服务,实现组团服务。全市网格化工作成为基层不会撤离的工作组、基层干部明确的责任田和反应最快的应急机制,成为社区群众“家门口”的自治和自我服务方式。

推进“雪亮工程”建设　新建和改造治安监控探头2318个,接入社会面视频监控探头16907个,实现在市、县(区)、乡镇(街道)综治中心即可调用本辖区内各类视频监控资源。2017年,全市各级公安机关依托“雪亮工程”抓获犯罪嫌疑人员36名,其中杀人逃犯2名。把视频监控与人脸识别、电动车RFID防盗感应和二代身份证采集等物联网技术融合对接,实现信息数据智能采集、联网共享,视频监控从传统的治安防控建设领域走向服务民生等领域。2017年10月,台风“卡努”袭击舟山期间,救援部门依托“雪亮工程”及时获取信息资源,迅速驰援,使群众转危为安。通过“雪亮工程”寻回走失人员41名,找回失物115件。

全面实行六项实名制　2016年G20杭州峰会期间,全省在交通等社会治理领域实施实名制,通过实名制管理,遏制、打击不法分子利用非实名登记进行违法犯罪活动,维护社会稳定和公共安全。2017年8月31日,市委政法委召开新闻发布会,宣布从9月1日起,全市在寄递物流办理、客运购票(长途客运、部分水路客运)和货物运输、瓶装燃气灌装、散装汽油灌装、手机卡办理、出租房屋等提供住宿的场所六项社会事务中全面实行实名制,固化G20安保措施常态化。

打造“海上枫桥”　升级版推动海上打防合力、平台建设、基层基础提档升级,打造“海上枫桥”升级版。通过划分“海上平安网格”,把8000多艘渔船按编组划分进网格,配好人民调解员、综治信息员、法治联络员和社区矫正员。挑选网格内船老大素质好、船体大、抗风力等级强的渔船作为网格带头船,船老大为网格长,落实隐患排查、矛盾调解、安全管理、抢险救助等职能。2016年始,调解海上矛盾纠纷719起,调处成功率96.5%。另外,以海洋与渔业部门为龙头,以公安、海警、边防、港航、海事等涉海执法部门为主力,组成海上联合执法船队,加强重点港岙口、航道锚泊点、纠纷多发海域、治安乱点部位等的巡查,建立海、陆、空一体化的立体快速处警网络。海上案件、群体性事件、各类矛盾均大幅度下降,海上治安环境持续向好。“平安”创建离不开群众的参与。在重点渔区,打造“东海渔嫂”品牌,组建渔嫂协会、阿嫂联谊会、渔嫂自助组等队伍,引导广大渔嫂将“平安海区”理念带入千家万户。自创建活动开展以来,海上各类刑事案件同比下降60.5%和10.7%,海事渔事纠纷同比下降66.4%,安全生产事故同比下降60.7%。这是一种“互联网+海上治理”新模式,通过人防技防结合,依靠多种手段管控渔船,实现海上安全事故可防、可控;依靠专群结合化解海上纠纷,实现矛盾纠纷就地化解、不上交;通过部门协作,依靠专门力量打击海上违法犯罪,实现海上治安由乱到治、由治到好;通过群防群治,依靠渔区群众自治自管,实现海上平安人人参与、人人共享。“海上枫桥”工作分别在全国纪念“枫桥经验”50周年和全省综治创新会议上被确定为典型案例。

推进特殊人群关爱工程　重视严重精神障碍患者的服务管理工作,加大救助救治力度,探索为全市200余名严重精神障碍患者购买监护人责任险。在日常排查中发现的患者,相关部门进行风险评估,为其建立电子健康档案,并将严重精神障碍患者服务管理纳入“网格化管理、组团式服务”工作内容,实行重点监测。同时,建立关爱帮扶小组,对患者进行督导服药、健康教育等。为加强未成年人权益保护,通过成立青少年法制讲师团,强化法制教育,并通过设立校园综治警务室,强力整治学校周边环境。“关爱青少年彩虹行动”人生导师项目是全市开展闲散青少年服务管理和预防犯罪工作全国试点以来实施的一个重要项目,全市累计帮助实现就业270余人、重返校园12人，实施行为干预80余人、技能培训300余人，并长期为200余名智残青少年提供家庭困难帮扶。2012年全省预防青少年违法犯罪现场会在舟山召开，推广相关工作经验。

推进社区矫正工作　教育人、挽救人、防止重新犯罪是社会治安综合治理一项必不可少内容。2016年8月，全市首个"关心桥驿站"社区矫正服务项目落户定海区昌国街道香园社区。自此，香园社区不仅能为社区矫正人员提供服务，而且能为青少年社区服刑人员提供帮扶服务。这是浙江关心桥教育公益基金会与基层司法行政机关共同创建的社区矫正专业性社会组织。自2006年开展社区矫正以来，全市矫正已连续10年达到省规定的"四无一控制"考核指标，接收社区服刑人员3718人，解矫3144人，无漏管现象发生，亦无社区矫正人员严重刑事犯罪。2016年2月，市矫正办被评为首批浙江省社区矫正工作特二级安全单位。

培育平安细胞

平安志愿者守护和谐　2016年3月21日，"迎接G20人人讲文明——做文明有礼舟山人"在全市同步启动，志愿者走上街头，劝导不文明行为。在G20峰会安保实战阶段，每天有万余名平安志愿者在全市40多个车站码头、144个治安重点区域、283个基层社区，参与水陆客运安检、治安巡逻等维稳安保工作，维护新区社会和谐稳定。在岱山，有一支由当地渔嫂组成的平安志愿者服务队，亦可称"平安使者""爱心使者""禁毒使者"，配合镇、村和派出所参与治安巡逻，主动引领村民维护治安、守护渔村，形成岱山独有的"渔嫂"品牌。全市平安志愿者、群防群治队伍等社会力量不断壮大，全市已有注册平安志愿者2.2万余人。

三社联动推进基层自治　探索法治德治自治相结合的基层社会治理模式，推进社区、社会组织和社工"三社联动"。2015年始，全市累计投入370万元用于支持24个城乡社区开展"三社联动"工作，推出"70后服务社""健康360"等免费服务项目，推动建立"舟山市社区治理创新示范园区"，培育、引导、调动各类社区社会组织与群众活动团体50余个，直接服务社区居民超过6万余人次，夯实平安建设根基。

"三金"合力助依法维权　帮助困难群体走上依法维权的道路是全市综治工作的一个亮点。2009年底，全市在全国首创法律援助周转救助金制度，2013年，在法律援助周转救助金的基础上，建立法律援助救助金、法律援助慈善金，"三金"并轨，构建一个多层次、立体式、全纵深的法律援助"三金"救助体系，维护社会的和谐稳定。该项制度被评为"第二届浙江省公共管理创新十佳案例"。

平安创建夯实基层基础　基层稳则社会安。"110"与"12345"双平台、双热线互补机制，进一步完善应急救援与公共服务联动体系；全市海上联动搜救体系2017年救助船舶55艘、遇险人员563名，人命救助成功率94.5%；全面落实各项防汛防台防旱责任，完善三防应急救援机制、推行防汛管理APP，2017年全市未发生人员伤亡情况；全市36个乡镇（街道）全部设立食安委及食安办，2017年查处各类食品违法行为151起；落实基本公共卫生服务项目，处置3起登革热输入性疫情，成为全省唯一无人感染H7N9禽流感病例的地级市和唯一一个乙肝监测范围全覆盖的地级市。全市在不断探索社会治安综合治理新做法、新经验的同时，建立完善平安建设重点工作清单、问题整改责任清单和督考问责清单，不断夯实基层，有力提升强基础、基础强的整体实效。通过组织行业（系统）创安竞赛、"十大平安民生工程"评选，提高行业、部门管理服务质效，提升平安创建整体水平；通过平安航道、平安渔场、平安海岸线、平安星级船等系列创建，推行定人联船、编组生产、动态报告、安全值班、一船一档等管理制度，保障海上生产安全；通过全面推进平安校园、平安家庭等系列"微平安"创建以及反邪教宣传"八进"活动等，以点带面、积小平安成大平安。

（市史志办整理）

中国（浙江）自由贸易试验区发展纪实

建立自贸试验区是国家战略的一部分

舟山港区位条件优越，并已融入上海、杭州三小时经济圈。水上交通远洋运输直达韩国、日本、新加坡等国港口，民航普陀山机场空中航线通达北京、上海、厦门等10多个大中城市。其特殊地理位置便于监管，便于国家先行先试特殊政策，且舟山港域适宜开发建港的深水岸段54处，总长282千米，占全国的18.4%，理论上港口资源可建码头泊位年吞吐量超过10亿吨。港域内万吨级航道36条，其中30万吨级3条，15万吨级11条，锚泊水域面积超过390平方千米。舟山创新通关和口岸监管模式，承接国际贸易“单一窗口”落地，探索推动舟山港综保区功能拓展；推动江海联运中心建设取得新进展，推动宁波舟山港通关监管一体化，实现信息互换、监管互认、执法互助，强化江海联运信息化建设；探索重点产业转型升级新路径；探索助推船舶工业转型升级新举措，深化远洋渔业发展创新。

2016年6月3日，国家发改委发布长江三角洲城市群发展规划，要依托舟山港综合保税区和舟山江海联运服务中心建设，探索建立舟山自由贸易港区，率先建立与国际自由贸易港区接轨的通行制度。8月，中共中央、国务院决定在浙江省设立自由贸易试验区，落实中央关于“探索建设舟山自由贸易港区”的要求，就推动大宗商品贸易自由化，提升大宗商品全球配置能力进行探索，规划建设舟山自贸港区工作由此迈出关键一步。9月9日，新区党工委书记、管委会主任、市委书记周江勇主持召开舟山自贸港区规划建设专题会议，传达贯彻省政府专题会议精神，研究部署舟山自贸港区规划建设工作。9月29日，海关总署副署长孙毅彪考察舟山自贸港区申报和建设工作，指出要全力推进舟山自贸港区建设，更好地服务改革发展大局。10月5—8日，周江勇率市代表团赴新加坡，与新加坡相关政府部门及专业公司洽谈交流，进一步推动对舟山自贸港区的功能定位、运行模式、政策体系和产业发展、招商引资等的深化研究和对外合作，更好地推进舟山自贸港区的谋划、建设。

建设自贸试验区，是全国全面深化改革和扩大开放的重要路径，事关浙江和新区的开发开放。2017年2月27日，市行政审批服务中心部分窗口搬迁至中国(浙江)自由贸易试验区综合服务大厅，按期投入运行。大厅成为自贸试验区制度创新的重要平台和窗口，为全市经济发展创造最优投资软环境。

设立“中国(浙江)自由贸易试验区”

2017年3月15日，国务院批复设立“中国(浙江)自由贸易试验区”。3月31日下午，国务院新闻办公室举行新闻发布会，正式宣布在辽宁、浙江、河南、湖北、重庆、四川、陕西等7省市设立“自由贸易试验区”，并公布详细方案。根据《中国(浙江)自由贸易试验区总体方案》，实施范围119.95平方千米，由陆域和相关海洋锚地组成，涵盖三个片区：舟山离岛片区78.98平方千米(含舟山港综合保税区区块二3.02平方千米)；舟山岛北部片区15.62平方千米(含舟山港综合保税区区块一2.83平方千米)；舟山岛南部片区25.35平方千米。按区域布局划分，舟山离岛片区鱼山岛重点建设国际一流的绿色石化基地，鼠浪湖岛、黄泽山岛、双子山岛、衢山岛、小衢山岛、马迹山岛重点发展油品等大宗商品储存、中转、贸易产业，海洋锚地重点发展保税燃料油供应服务；舟山岛北部片区重点发展油品等大宗商品贸易、保税燃料油供应、石油石化产业配套装备保税物流、仓储、制造等产业；舟山岛南部片区重点发展大宗商品交易、航空制造、零部件物流、研发设计及相关配套产业，建设舟山航空产业园，着力发展水产品贸易、海洋旅游、海水利用、现代商贸、金融服务、航运、信息咨询、高新技术等产业。方案还提出浙江自贸区要建设国际海事服务基地。对照国际通行税收政策，增强国际竞争力，探索研究推动油品全产业链发展的政策措施。建设东北亚保税燃料油加注中心。建设国际油品储运基地。依托中国(浙江)大宗商品交易中心，开展原油、成品油、保税燃料油现货交易，条件成熟时开展与期货相关的业务。

2017年4月1日，中国(浙江)自由贸易试验区挂牌暨建设动员大会在省人民大会堂举行。会上，省委书记夏宝龙为中国(浙江)自由贸易试验区揭牌，省委副书记、省长车俊为中国(浙江)自由贸易试验区管理委员会揭牌，副省长朱从玖、梁黎明分别为浙江海港大宗商品交易中心、东北亚保税燃料油交易中心揭牌，与会领导向首批入驻自贸试验区的企业代表颁发营业执照。舟山市委书记、新区党工委书记俞东来作表态发言：中国(浙江)自贸试验区，将勇当探索自贸政策的“排头兵”，实施“放管服”和“最多跑一次”改革，建立与国际接轨的自由贸易规则体系，营造法治化、国际化、便利化的市场环境，为全面深化改革和扩大开放探索新途径、积累新经验；将全力推动自由贸易实践创新，围绕油品全产业链投资便利化和贸易自由化，加快重大项目谋划、招引和建设，在油品炼制加工、储运中转、贸易交易、通关便利、金融配套等领域大胆创新，为海洋强国战略作出更大贡献；将聚焦自贸试验区建设目标挂图作战，确保每天有行动、每月有成效、每季有突破、每年有跨越，力争尽快启动一批可看的项目，创造一批可学的经验，形成一批可展示的试点，加快建成政策领先、监管便利、制度创新的开放高地。

浙江自由贸易试验区建设实施方案

2017年7月30日，省政府印发《浙江自由贸易试验区建设实施方案》，目标明确：力争到2020年，达到“两个4000万吨”，4000万吨油品储存规模和4000万吨年炼油能力。

方案提出浙江自贸试验区要建成“三基地一中心”：国际海事服务基地，浙江独有，以保税燃料油供应为突破口。类似海上“加油站”，只有来加油的船多了，基地的后续外轮配套、船舶修造和特色航运等一系列业务才能跟着风生水起。国际油品储运基地，坐拥多个30万吨级油品码头，成为全国最大的油品仓储和调拨中心，全国进口的原油一半以上通过舟山入关。国际绿色石化基地，以大、小鱼山岛为核心进行围垦，规划总面积41平方千米，分近、中、远三期开发。近、中期将重点开发25平方千米，建成具有4000万吨/年炼油规模及中下游精细化工产业的炼化一体化项目，总投资约1730亿元，预计投产后年工业总产值将达到约4120亿元。国际油品交易中心，到2020年年贸易额突破3000亿元，参与油品贸易的规上企业达到300家。

优化保税燃料油供应通关监管流程，在符合监管条件前提下，允许注册在浙江自贸试验区的企业开展不同税号下保税油品混兑调和业务。创新通关监管服务模式，建立涵盖商务、海关、检验检疫、海事等管理部门的国际贸易“单一窗口”，简化和加快加油的船舶船员进出自贸试验区的通关手续，在工作日基本可以做到“今天下单，明天供油”。浙江自贸试验区作为国际贸易“单一窗口”标准版第一批试点地区，于5月中旬正式上线试运行。试运行工作开展以来，在全国试点地区先后创造三个第一。在杭州海关为浙江自贸试验区“量身定制”的15项举措中，有5项直接与保税燃料油贸易有关。

深化金融领域开放创新，到2020年，形成以服务油品、铁矿石等大宗商品自由贸易为主的金融服务体系，以及支持金融创新、有效防范风险的金融监管机制。其中主要包括加快银行业、证券业、融资租赁业发展，完善保险产业链，促进贸易与投融资便利化，深化跨国公司本外币资金集中运营管理改革等。金融专题工作组落实完成的任务有30项，占了近四分之一。浙江自贸试验区落地的关键在于金融创新。目前已有多家银行在浙江自贸试验区设立分支机构，还有多家银行的自贸试验区分支机构正在筹备、报批过程中。浙银金融租赁公司落户，成为舟山首家金融租赁公司。

出台《中国(浙江)自由贸易试验区条例》

《中国(浙江)自由贸易试验区条例》(下称《条例》)于2017年12月27日经浙江省第十二届人大常委会第四十六次会议审议通过，于2018年1月1日起正式施行。本《条例》是浙江自贸试验区的“基本法”，是第三批自贸试验区中最早出台的地方性法规。制定《条例》既是落实总体方案的要求，也是省委、省政府举全省之力推进自贸试验区建设的重要举措。

《条例》共8章59条，涵盖自贸试验区的管理体制、投资开放与贸易自由、大宗商品贸易与高端产业促进、交流合作与航运服务、金融服务与财税管理、综合监管与法治环境等方面的制度。《条例》在落实总体方案的基础上，重点突出浙江区域特色，围绕油品全产业链、大宗商品贸易便利化和自由化、保税燃料油加注以及服务“一带一路”战略等内容，进行设计制度；重点突出制度创新，自贸试验区肩负着为全面深化改革和扩大开放探索新途径、积累新经验的重要使命，为鼓励“大胆试、大胆闯、自主改”，建立改革创新容错机制，为改革创新提供法制保障；重点突出便民惠企，围绕省“最多跑一次”改革，推进简政放权、放管结合、优化服务，形成清单式行政管理模式，实行外商投资准入“负面清单”管理制度，推行经营场所申报承诺制和部分行政许可告知承诺制。

《条例》的出台，在明确有关各部门在浙江自贸试验区建设中承担职责的同时,进一步细化总体方案的政策措施,发挥立法引领、制度设计和措施保障的作用,让自贸试验区建设和各项改革创新措施于法有据。

设立自贸试验区的发展与展望

新使命　油品等大宗商品的投资和贸易事关国家经济安全和战略布局。浙江自贸区肩负推动以油品为核心的大宗商品投资便利化、贸易自由化,提升国家大宗商品全球配置能力的使命,通过建设国际海事服务基地、国际油品储运基地,推动对外贸易发展。浙江检验检疫局多次去上海学习考察,复制推广上海等现有自贸区检验检疫政策,为浙江自贸试验区"量身订制"26条支持举措。海关总署、杭州海关先后出台支持自贸试验区建设的25条、15条举措。2017年4月26日,浙江自贸试验区管委会印发《关于复制推广前两批自贸试验区可复制改革试点经验的通知》,正式发布已在前两批自贸试验区获准实施并可在浙江自贸试验区复制推广的改革试点经验。自贸试验区管委会以制度创新为核心,简政放权、放管结合、优化服务,推动自贸试验区在投资、贸易、金融、事中事后监管等多个领域进行大胆探索,形成新一批改革创新成果。首批复制推广的内容96项,主要涉及投资管理、贸易便利化、金融、服务业创新、事中事后监管等五大领域。同日,制定出台《关于协调推进自贸试验区各区块工作的若干意见》,主要明确建立自贸试验区区块管理运行体系,单独或挂牌设置区块综合工作机构,明确机构工作职责;健全自贸试验区统计监测工作体系,由市统计局统筹区内统计监测工作,制定实施统计方案,建立部分区块统计机构或实行属地统计,全面掌握自贸试验区相关统计数据;建立自贸试验区管委会与各区块的任务清单、联席会议、信息发布及评估考核等各项工作机制。

新变化　舟山利用自身特色,探索出一条契合实际、因地制宜的发展之路。油品产业交出亮丽答卷,油品企业快速集聚。至2017年底,落户浙江自贸区的新增注册企业达到4167家,注册资本超过2173亿元,其中油品企业812家。油品等大宗商品交易势头良好。至2017年底,保税燃油供油量达到182.83万吨,同比增长超七成,跃居成为国内第一大供油港口。通过自贸区口岸,累计进口原油324批次,货值99.8亿美元,比上年增长15.9%,油品贸易的"舟山指数""舟山价格"正在加快形成。2017年6月1日,《中国(浙江)自由贸易试验区国际航行船舶保税油经营管理暂行办法》正式实施。6月8日,向首批4家保税燃料油供应企业颁发许可证照,涵盖世界五百强企业、省属大型能源国企、国内民营企业和具备产业链整体优势的舟山本土企业。7月28日,首批被授予保税油经营资质的四家企业之一的舟山港综合保税区能源化工有限公司在舟山港综合保税区配套码头完成首次保税油供应作业。油品储备能力超过2160万吨,获批在建储备能力约1000万吨。9月17日浙江省人民政府举办首届世界油商大会,舟山得到大量世界级石油公司的关注,现场签约项目20个。再加上"跨关区供油"等一系列重大政策得到突破,浙江自贸试验区大有作为,未来将建设以原油、成品油、保税燃料油现货交易为重点的国际油品交易中心,以保税燃料油加注为切入点的国际海事服务基地,以石油商业储备为核心的国际油品储运基地和以环杭州湾石化产业集群为引领的国际石化基地,建成大宗商品跨境贸易人民币国际化示范区。

新动力　舟山战略地位、区位优势明显,却也面临经济体量相对较小、产业转型较难等问题,浙江自贸试验区为当地发展注入动力。首先是让舟山进一步发挥离岛优势,舟山离岛片区鱼山岛、鼠浪湖岛、黄泽山岛、双子山岛、衢山岛、小衢山岛、马迹山岛等等,都被纳入自贸区的区域规划,或打造绿色石化基地,或重点发展油品等大宗商品储存、中转、贸易产业,迎来新的发展机遇期,进一步发挥出得天独厚的深水港口和航道资源优势。制度创新也是新动力的一大来源,结合全省"最多跑一次"改革,制定实施《浙江自贸试验区企业注册登记管理暂行办法》。改革后,建设用地审批、立项审批、项目报建可根据需要同步进行、并联推进;外贸企业"证照联办"全流程压缩至7个工作日;油品贸易企业可以通过招商平台代办登记注册,等等。浙江省工商局、浙江省国税局先后出台支持自贸试验区建设8条意见、10项创新举措。

新起点　打造系列基地、产业园。推进绿色石化基地建设,鱼山国际绿色石化基地炼化一体化项目总投资金额达1730亿元。打造国际油品储运基地，在离岛片区规划建设油品总库容5500万立方米、6个30万吨级以上泊位和151千米输油管线。在舟山海洋产业集聚区，投资58亿建设的新奥（舟山）液化天然气接收及加注站，一期项目预计2018年6月底投产，实现年销售额100亿元的目标。建设舟山航空产业园，美国波音公司首个海外工厂——波音737完工和交付中心项目于2017年5月11日正式开工，计划2018年底交付第一架飞机，到2020年形成年交付飞机100架的能力。2017年9月13日，国务院批复同意设立舟山港综合保税区空港分区，12月28日，通过国家部委正式验收。以"自贸商务岛，海上花园城"为发展目标的千岛中央商务区，是自贸区的重要组成部分，总投资约500亿元人民币，其中基础设施建设投资不低于100亿元人民币。商务区将以建设金融、航运服务、总部经济、商业商贸、会议会展、邮轮旅游等项目为主，成为推动舟山新区发展的"新引擎"。

2017年10月24日下午，中国（浙江）自由贸易试验区研究院成立暨揭牌仪式在浙江海洋大学举行。下设五个研究中心，研究院主要承担决策咨询、学术研究、人才培养和品牌传播四大任务。研究院运行采取协同创新模式，由浙江大学、浙江海洋大学牵头，联合境内外高校、科研机构、金融机构、企业和省市相关部门协同建设。研究院作为中国（浙江）自由贸易试验区管委会的日常决策咨询机构，受管委会直接领导，在浙江大学、浙江海洋大学都设有办公场地，日常办公地点设在浙江海洋大学。研究院的成立，标志着浙江省对自贸试验区建设的理论和实践研究工作正式迈入国际化、市场化、开放式的新阶段。

（市史志办整理）

首届世界油商大会纪实

契机

2014年始，在有关国家部委的支持下，舟山开始探索保税燃料油供应业务。2017年3月15日，国务院在批复浙江自贸试验区总体方案中，明确给予一系列保税燃料油加注的政策。按照总体方案任务要求，推进保税燃料油加注各项工作：加快保税燃料油政策突破，在全国首创推行"外锚地供油""一船多供、一船多能""跨关区直供""不同税号下保税油品混兑调和"等多项改革举措；完善保税燃料油加注行业制度规范，制订出台《浙江自贸试验区国际航行船舶保税油经营管理暂行办法》《浙江自贸试验区国际航行船舶保税油供应业务操作规范》，暂行办法填补了国内保税油行业的制度空白，《业务操作规范》是全国保税燃料油供应领域的首个行业规范标准；推进服务便利化，提升保税燃料油加注"一站式"通关服务水平，实现工作日"今天下单，明天供油"的高效服务；首批4家获批企业全部开展供油业务，进入常态化供油阶段。2017年，舟山口岸保税油供应量全年达182.8万吨，同比增长71.6%，成为全国增长最快的口岸。

4月1日，以舟山119.95平方公里为实施范围的中国（浙江）自由贸易试验区正式挂牌成立。按区域布局划分，舟山离岛片区鱼山岛重点建设国际一流的绿色石化基地，鼠浪湖岛、黄泽山岛、双子山岛、衢山岛、小衢山岛、马迹山岛重点发展油品等大宗商品储存、中转、贸易产业，海洋锚地重点发展保税燃料油供应服务；舟山岛北部片区重点发展油品等大宗商品贸易、保税燃料油供应、石油石化产业配套装备保税物流、仓储、制造等产业；舟山岛南部片区重点发展大宗商品交易、航空制造、零部件物流、研发设计及相关配套产业。舟山承担起了以油品为核心的大宗商品投资便利化、贸易自由化的重任。浙江自贸试验区发展油品全产业链具备良好的产业基础。油品储备方面，舟山群岛油品储备能力已超过2160万吨，预计"十三五"末油品储备能力可以超过3000万吨，超过美国墨西哥湾、欧洲鹿特丹等地，成为全球规模最大、最具竞争力的石油仓储物流基地。油品加工方面，总投资1730亿元，总规模4000万吨/年炼油、800万吨/年对二甲苯、280万吨/年乙烯的国际绿色石化基地炼化一体化项目，计划到2020年二期建成投产运行。当前浙江正面临着"一带一路"、长江经济带以及自贸试验区建设等难得的重大战略机遇，正处在改革转型的关键时期。特别是自贸试验区建设，为浙江能源领域的改革发展注入了新动能、拓展了新空间。探索以油品为核心的大宗商品投资和贸易便利自由化，是中国（浙江）自由贸易试验区的首要任务。7月30日，浙江省政府发布《中国(浙江)自由贸易试验区建设实施方案》,目标明确:力争到2020年,达到“两个4000万吨”,4000万吨油品储存规模和4000万吨年炼油能力。

为进一步扩大浙江自贸试验区的对外影响力,加快建设“国际大宗商品贸易自由化先导区和具有国际影响力的资源配置基地”,浙江省政府决定举办首届世界油商大会。

蓄势待发

筹备工作领导小组(扩大)会议召开 2017年5月始,浙江自贸试验区建设领导小组及管委会贯彻落实省委省政府和首届世界油商大会组委会指示精神,围绕“办出成果,办出特色”的目标要求,坚持高标准、高规格、高质量,确保各项筹备工作务实高效推进。成立首届世界油商大会筹备工作领导小组,梳理制定大会主要工作安排表,明确责任单位和完成时限,挂图作战,对账销号。在全市范围内抽调优秀干部集中办公,全面统筹协调大会筹备日常事务。研究制定大会总体方案,制定完成《首届世界油商大会方案》。依托多种渠道,开展嘉宾邀请。协助做好国际咨询委员会组建和委员邀请工作。8月8日,舟山市首届世界油商大会筹备工作领导小组(扩大)会议召开,舟山群岛新区党工委副书记、市委副书记、市长、浙江自贸试验区管委会常务副主任温暖就推进大会筹备工作作部署动员。市领导傅良国、夏文忠出席大会。大会听取首届世界油商大会筹备工作汇报,与会单位进行讨论交流。

召开新闻发布会 9月11日,省政府召开新闻发布会通报,首届世界油商大会将于17日至19日在杭州召开。新华社、人民日报、浙江日报、舟山日报等市内外媒体应邀参加发布会。浙江省人民政府副秘书长、首届世界油商大会执委会常务副主任陈宗尧向记者介绍大会总体筹备情况。首届世界油商大会由浙江省人民政府主办,中国(浙江)自由贸易试验区领导小组办公室、中国(浙江)自由贸易试验区管委会、中国石油流通协会承办,并得到商务部、国家能源局、中国石油和化学工业联合会等国家有关部门的支持。

大会召开

9月17日参会嘉宾签到注册,省领导会见重要嘉宾,同时举行中国(浙江)自由贸易试验区国际咨询委员会第一次会议,并向首批咨询委员会委员颁发聘书。参加大会的嘉宾涉及沙特、科威特、阿联酋、文莱、新加坡、俄罗斯、英国等40多个国家和地区,其中大部分是“一带一路”沿线国家和地区。石油输出国组织的14个成员中有8个到会,全球产油最多的沙特、石油储量最多的委内瑞拉均有代表参会。同时,世界前10大石油公司中的6家参会,世界前30大石油公司近一半参会,全球500强企业中有38家参会,其中国外21家,国内17家。埃克森美孚、英国石油公司、荷兰皇家壳牌、道达尔、雪佛龙等“五大石油巨头”,及维多、嘉能可、摩柯瑞、托克、贡渥等全球五大石油交易商均派代表参会。

9月18日上午,以“共商油品、共享机遇——油品全产业链投资便利和贸易自由”为主题的首届世界油商大会在杭州国际博览中心开幕。42个国家和地区的嘉宾齐聚一堂,共谋石油行业发展大计。省委书记、省人大常委会主任车俊,国家发展改革委副主任、国家能源局局长努尔·白克力,商务部副部长钱克明先后致辞。浙江是中国原油加工和石油贸易的重要省份,舟山是重要的石油中转储运基地、战略储备基地,落地舟山的中国(浙江)自由贸易试验区发展油品全产业链具备良好的基础。当前,“一带一路”倡议为浙江打造全球油品交易主体的集聚地提供了难得机遇。探索以油品全产业链为核心的大宗商品投资便利化和贸易自由化,全面深化在储备、中转、加工、交易和补给配套服务等油品全产业链上的对接合作,共同推动油品贸易和金融服务创新。召开首届世界油商大会,主要目的是贯彻落实习近平总书记“一带一路”国际合作高峰论坛重要讲话精神,坚持共商、共建、共享,搭建世界油商沟通交流平台,切实推进石油行业国际合作与发展,推进中国(浙江)自贸试验区的建设。围绕建设以石油储备为核心的国际油品储运基地,以舟山鱼山岛炼化项目为核心的国际绿色石化基地,以保税燃料油供应为核心的国际海事服务基地,以油品交易为主线的国际油品交易中心,着力打造国际一流营商环境,与世界油商携手开展全方位深层次合作。

省委副书记、省长袁家军和国内外油企代表负责人围绕大会主题分别作主旨演讲。从浙江自贸试验区油品全产业链建设与展望、“一带一路”倡议下中国石油贸易格局变化及企业战略发展展望、全球原油定价机制的变化与趋势、全球原油供需变化的动力与挑战等方面发表观点与看法。

18日下午，系列平行论坛紧扣大会主题，围绕油品全产业链的4个重点领域进行设计。平行论坛一：“一带一路”倡议下全球油品贸易新趋势。邀请全球五大石油交易商之一的摩科瑞能源贸易（美国）有限公司董事总经理David Tucker、麦肯锡亚洲区负责人Antonio Della Pelle等嘉宾，就“一带一路”下中国石油改革的发展方向、全球石油和成品油贸易的格局和发展趋势等主题进行讨论。舟山具有优越的自然条件和区位优势，浙江自贸试验区又带来了政策红利，舟山建设全球油品自由贸易港和能源大宗商品交易中心可谓得天独厚。平行论坛二：国际海事服务的创新与发展。邀请来自国际油商嘉能可集团、波罗的海国际航运公会、中国船舶燃料有限公司等国内外大型海事服务企业的嘉宾参加，围绕国际航运的新挑战和机遇、全球保税燃料油供应业发展等议题进行探讨。平行论坛三：油品贸易与金融服务创新。汇聚了中国人民银行货币政策委员会副秘书长潘宏胜等众多国内外知名经济学家，就发挥人民币国际化使用在大宗商品中的重要作用，国际油品市场发展与汇率变动等议题进行探讨。油品全产业链投资便利化和贸易自由化，是浙江自贸试验区建设的核心内容和重中之重。融资支持、交易结算、风险管理等金融服务创新，都是油品交易的有力支撑和重要保障。平行论坛四：石化产业的绿色发展与未来。邀请中国中化集团，BP英国石油公司、霍尼韦尔环球油品公司、美国杜邦公司、浙江石油化工有限公司的高层代表，围绕中国石油石化企业国际化发展之路、石化产业的绿色可持续发展等主题进行讨论。

9月19日，由石油输出国组织重量级成员国驻华使节、国际国内油商巨头企业高管、石油行业知名研究机构代表等60余人组成的嘉宾团，实地考察浙江自贸试验区。众多油商携项目有备而来，舟山美好的发展前景更坚定了投资者的信心。此次考察过程中，20余家企业达成落户意向，当天即有5家企业办理落户手续，注册资本总计1.8亿元。

此次大会不仅为世界石油行业的交流合作提供有效平台，为全国油品全产业链发展提供动力。对浙江而言，更能通过此次大会，让“一带一路”沿线国家甚至全世界石油巨头企业深入了解以“油品全产业链投资便利化贸易自由化”为核心的浙江自贸试验区，进一步扩大浙江自贸试验区对外影响力，推动能源国际合作，吸引集聚更多的国际著名企业前来投资合作，加快建设“国际大宗商品贸易自由化先导区和具有国际影响力的资源配置基地”，同时，推动浙江与有关国家与地区的交流与合作，提升对外开放水平。

首届世界油商大会奉上实质性成果，举行重大项目签约仪式。签约仪式上签约项目20个，协议涉及总金额573.7亿元，其中外资项目14个，占项目总数的70%，协议利用外资48亿美元，占计划投资总额的56.1%；涉及油品产业项目16个，占项目总数的80%，协议涉及金额371亿元人民币，占协议涉及总金额的64.7%。本次签约项目涉及油品储运、油品贸易、油品加工、总部经济、国际金融、航空等自贸区重点发展产业。项目涉及世界500强企业有10家，包括美国雪佛龙公司、美国杜邦公司、美国霍尼韦尔公司、美国PHILLIPS 66国际贸易公司、英国BP公司、挪威国家石油公司、中国中化集团、中国石化等企业。这些项目建成投产后，将释放出巨大的经济效益和社会效益，为确保全国能源战略安全、加快油品全产业链发展，激活能源产业体制机制活力，推动能源领域供给侧结构性改革提供动力。

成果转化

按照省委、省政府提出的“大力推动油品全产业链投资便利化和贸易自由化，建设三基地一中心，实现三个一亿吨目标”的部署要求及有关指示精神，全市抓住首届世界油商大会成功举办的契机，突出重点、趁势而为，持续发力促成大会各项成果转化。截至2017年11月，通过首届世界油商大会在舟山市新注册的各类油品企业有95家、总注册资金106亿元；自贸试验区2017年挂牌以来新增各类油品企业812家、注册资本总计706.9亿元，油品企业累计1311家。油商大会现场签约项目中，物产中大牵头组建的原油贸易公司、中长燃华东结算中心、美国APA公司、中国华信、中燃油品、联彩石油、加拿大斯图尔特能源集团等企业均已完成注册,法国外贸银行已完成对万向油储的授信手续,浙石化配套项目广东德美化工集团也已完成公司注册。油商大会开幕前夕完成注册的浙江省石油股份有限公司,已于9月29日正式揭牌成立。该公司由浙江省能源集团有限公司控股、浙江石油化工有限公司参股共同设立,注册资本110亿元,时为浙江自贸试验区挂牌以来引进落户的最大的一家油品企业。浙石油计划未来五年内在自贸试验区投资逾600亿元,构建1000万吨的原油储备设施、1500万立方米能力的成品油储存中转设施、1000公里的油品运输管道、100万吨能力的燃油加注设施以及700座综合能源供应站。美国霍尼韦尔与浙石化合作建设研发中心项目于11月正式签约。瑞士摩科瑞能源集团董事会已原则同意在舟注册公司,瑞士维多集团也计划年内注册落户。此外,中化集团正与自贸试验区管委会、省海港集团就油品储运基地项目合作细节进行深入对接,中远海运与自贸试验区共同成立六大方面合作项目对接工作组。荷兰壳牌公司驻中国机构多次与自贸试验区管委会、舟山港综保区管委会等就石油、天然气、化工产品的相关合作进行对接,埃克森美孚公司就大型炼化乙烯项目合作事宜派员前来进行了面谈。

同时,在首届世界油商大会的推动下,自贸试验区高端智库建设达到新高度。首届大会邀请14位国内外相关专业人士和权威专家组建成立"浙江自贸试验区国际咨询委员会",进一步聚合业内顶尖专家,打造自贸试验区建设高端智库,及时研究借鉴国内外自贸区建设的好经验、好做法,为浙江自贸试验区建设发展提供更多的智慧成果。

为加快大会成果转化,管委会将加强与国际国内油品贸易交易行业领军企业间的交流合作,推进舟山大宗商品交易平台建设,继续对标国际通行贸易交易惯例,深化大宗商品贸易交易一体化发展路线,加快实现国家级大宗商品交易中心、信息中心、价格发现中心和资源配置中心的目标。在进一步降低燃料油成本、扩大供油规模、提高供油效率、丰富海事服务内涵、延伸海事服务产业链等方面实现突破,力争打造保税燃料油加注效率最高、服务最优、成本最低的港区。重点盯牢世界500强涉油企业、全球排名靠前油商等,引入到舟山来寻求具体的合作平台和项目,促使大会成果的实质转化,同时抓紧编制完善浙江自贸试验区油品全产业链发展实施方案,把大会成果体现到方案中,进而描绘出自贸试验区面向全球的招商图,不断推进项目落地生效。

展望未来

首届世界油商大会的开幕式上,一段中国(浙江)自由贸易试验区的推介视频引"燃"全场。令与会嘉宾们惊叹的,不仅是因为其精良的制作、磅礴的气势,更因为浙江自贸试验区关于"国际油港"的光荣梦想。于是,全世界的目光在锁定杭州之后,又开始投向舟山,投向浙江自贸试验区,自动进入世界油品全产业链的"舟山时刻"。

在这次首届世界油商大会上,与会的国内外"石油大亨"共同分享了全球石化产业的新观点、新思路,认为此次盛会将逐步释放出巨大的经济效益和社会效益,并将对浙江自贸试验区的油品全产业链发展产生深刻影响。世界油商大会为全球石油行业搭起了发展的新平台,接下来就靠企业自己去"拼",浙江自贸试验区的油品产业链要参与世界的分工,竞争与合作是最终的落脚点。企业必须要有国际视野,不断突破,只有自身具备了强大的能力,才能参与世界的分工协作。此次大会对油品全产业链贸易、交易、储运会产生良好助推,华东地区也能通过这个平台,在原油价格、全球交易当中形成一个"舟山指数"。舟山在利用原油等大宗商品推动人民币国际化方面独具优势,在现货交易的基础上,浙江自贸试验区要进一步探索发展期货交易市场,推出以人民币计价的原油期货合约,推动形成大宗商品人民币计价体系。舟山要利用自贸试验区建设发展大宗商品贸易市场,引进国际领先的油企、石油贸易商,以及金融、法律咨询等专业服务机构,参与搭建国际化的大宗商品交易平台,优先发展现货交易,丰富市场主体,鼓励竞争,使市场充分反映中国原油的供求关系。

(市史志办整理)

责任编辑:徐飞舟　童涵

市情综述

历史沿革

舟山市在浙江省东北部的舟山群岛。千岛之城历史悠远，文化底蕴丰厚。自2001年起，有关部门相继在舟山海域经四年时间的打捞和征集，发现在海底沉睡了几万年的各类晚更新世哺乳动物骨骼化石300余件，并发现4万年前原始人类使用的木制棍棒工具。哺乳动物骨骼化石经中科院古脊椎动物与古人类研究所鉴定确认，分别是2.5万年前的大型动物古棱齿象牙齿、德氏水牛下颌骨、犀牛下颌骨、水鹿部分头骨和角等4种骨骼。原始人类使用的木制棍棒工具，成为舟山在距今4万多年前有古人类活动的可靠的物证。证明4万~5万年前，各类晚更新世哺乳动物和古人类在此共同繁衍生息。

据1975年定海白泉十字路、1978年岱山衢山孙家山和1979年定海马岙唐家墩等地考古发现表明，远在5000年前的新石器时代，就有人类在这里繁衍生息。

春秋时属越，称“甬东”。战国时楚灭越，遂属楚。秦王政二十五年（前222）甬东为会稽郡鄮县东境地。两汉、三国（吴）、晋、宋（南朝）、齐、梁、陈因之。隋开皇九年（589）废会稽郡，并鄞、鄮、余姚三县为句章县，甬东随鄮县并入句章县。

唐武德四年（621）以句章、鄞、鄮地置鄞州，甬东归鄞州。八年（625），又废鄞州置鄮县，甬东属之。开元二十六年（738），江南东道采访使齐澣奏请，析越州鄮县地，置鄮、慈溪、奉化、翁山（今定海）四县。古甬东境始置翁山县，下辖富都、安期、蓬莱三乡。鄮县县令王叔通兼翁山县第一任县令。宝应元年（762）翁山设富都监，隶朝廷盐铁使。袁晁率起义军占翁山。大历六年（771）翁山县废，属鄮县。五代后梁开平三年（909），升明州为望海军，改鄮县为鄞县。原翁山地域析出复翁山县，隶于望海军。

北宋太平兴国三年（978）废翁山入鄞县。端拱二年（989）置巡检司。熙宁六年（1073）七月，应原鄞县令王安石奏，析鄞县之富都、安期、蓬莱三乡，建县治，名昌国。

元至元十五年（1278），因“海道险要”和“户口倍万”，升县为州。

明洪武二年（1369），改昌国州为县。十二年（1379），置昌国守御千户所。至十七年（1384）置昌国卫。二十年（1387）六月，废昌国县，置昌国乡。徙昌国卫于象山县南天门山。舟山置中中、中左两千户所，隶昌国卫，二十五年（1392）改隶定海卫。此后，史书始称昌国为舟山。

清康熙二十三年（1684），朝廷颁“展海令”，开海禁，舟山开始展复，渔业农业渐兴。移定海镇于舟山，称舟山镇。二十六年（1687）五月，康熙帝以“山名为舟，则动而不静”，诏改“舟山”为“定海山”，并题“定海山”匾额。二十七年（1688），建定海县（原定海县改为镇海县）。

道光二十年（1840），鸦片战争爆发，定海陷落。二十一年（1841）二月，英军自定海撤退。定海镇总兵葛云飞、寿春镇总兵王锡朋、处州镇总兵郑国鸿率兵3000人重建定海防务。四月，定海县升为直隶厅。

宣统三年（1911），辛亥革命后，定海光复。旋改定海直隶厅为定海县。

1949年7月，中共定海县委、定海县人民政府在宁波庄桥成立。1950年5月17日，定海解放后，定海县人民政府迁至定海城关。1953年2月27日，中央同意设立舟山专区。据此，中共浙江省委决定成立舟山地委。3月，中共浙江省委通知成立舟山专员公署。6月10日,中央同意舟山专区辖原定海县分析定海、普陀、岱山3个县,连同从江苏省划入的嵊泗县。1967年3月,舟山专区改称舟山地区。1978年9月,成立舟山地区行政公署。1987年1月,撤销舟山地区,建立舟山市,辖定海、普陀两区和岱山、嵊泗两县。2011年6月30日,国务院正式批准设立浙江舟山群岛新区。2013年3月27日,中共浙江舟山群岛新区工作委员会、浙江舟山群岛新区管理委员会挂牌成立。

地理概况

舟山市位于长江口南侧、杭州湾外缘的东海海域。舟山群岛由嵊泗列岛、马鞍列岛、崎岖列岛、川湖列岛、中街山列岛、浪岗山列岛、七姊八妹列岛、火山列岛和梅散列岛组成。地理坐标北纬29°32′—31°04′、东经121°30′—123°25′。东濒太平洋,南接象山县海界,西临杭州湾,北与上海市海界相接。处中国沿海南北航线与长江水道交汇点,北靠长三角经济区,是中国南北海运和远东国际航线的主通道之一。境域东西长182千米,南北宽169千米,总面积2.22万平方千米,其中海域面积2.08万平方千米。4696个岛礁陆地总面积1440.2平方千米,有岛屿1390个,住人岛103个。人口、资源发展主要集中在一本岛(舟山本岛包括朱家尖岛)、两县城(岱山县城所在地岱山岛和嵊泗县城所在地泗礁岛)、三大岛(金塘、六横、衢山三个乡镇大岛)。

市境地质构造复杂。地层大部分为中生界侏罗系、白垩系火山灰——沉积岩所覆盖,偶见上古生界变质岩系露头,新生界第四系分布在各岛边缘。

境内广布巨厚的中生代火山岩,有火山喷岩、侵入岩、变质岩三大类。

群岛呈西南—东北走向排列,地势由西南向东北倾斜,南部岛大,海拔高,排列密集;北部岛小,地势低,分布稀疏。岛上丘陵起伏,高丘占9%,低丘占61%,平原30%,形成不同土壤类型及农作利用格局。桃花岛对峙山为最高峰,海拔544米。多数岛屿山峰在海拔200米以下,南半地势差400米。

海岸线总长2444千米,其中基岩海岸1855千米,人工海岸(海塘)530千米,沙砾海岸50千米,泥质海岸(涂)13千米。水深15米以上岸线200.7千米,水深20米以上岸线103.7千米。

舟山本岛东西长44.3千米,南北宽18千米,面积502.65平方千米(不包括朱家尖岛),是中国第四大岛,浙江第一大岛。水资源总量11.78亿立方米,其中地下水总量1.97亿立方米。

特色资源

浙江素称“文物之邦”。而舟山群岛虽悬水于海中,但历代人才辈出,文化积淀深厚,拥有丰富独特的海洋经济和文化资源。定海古城是浙江省历史文化名城。舟山市集港、渔、景为一体,全市综合实力现已跻身全国地级市百强,成为全国海洋经济比重最高的城市和具有独特海洋文化特色的花园式城市。

境域港湾众多,航道纵横,水深浪平。舟山港港域面积1000平方千米,已发展成为以水运中转为主,集大宗物资中转储备基地和大型船舶服务基地于一身的深水良港。

舟山群岛“得海独厚”,舟山渔场面积10.6万平方千米,外侧是浩瀚的东海洋面,大陆架渔场面积为57.29万平方千米,是中国最大的渔场,素有“东海渔仓”和“中国渔都”之美誉。也是世界著名渔场,与千岛渔场、加拿大纽芬兰渔场和秘鲁的秘鲁渔场齐名为世界四大渔场。沈家门渔港与挪威的卑尔根港和秘鲁的卡俄亚港

舟山群岛(局部)(迟名尊　摄)

并称为世界三大渔港。

舟山群岛有普陀山、嵊泗列岛两个国家级风景名胜区，和桃花岛、岱山岛两个省级风景名胜区。普陀山佛教旅游的文化内涵，吸引着众多海内外弟子、佛教信徒、香客游人聚缘“海天佛国”。2007年5月，舟山市普陀山景区被国家旅游局评为“全国首批AAAAA级景区”。嵊泗列岛是全国唯一的国家级列岛风景名胜区，海光山色壮美，岛屿星罗棋布，奇岩异石、摩崖石刻点缀青山碧海之间，渔场风情浓郁。

（撰稿：施梓）

气象特征

【概况】 2017年，舟山市全年平均气温比常年偏高，降水量偏多，日照时数接近常年，大风和霾出现偏少，降水日数稍少，雾日略多。主要灾害性天气有高温、寒潮、狂风、浓雾、暴雨等，其中高温和暴雨带来灾损较重。本岛降水酸化状况稳定。全年受“泰利”“卡努”两个台风外围影响。

2017年主要天气现象日数

表1

县(区)	降水	大风	雾	霾
定海	139	6	21	10
普陀	144	23	52	4
岱山	133	28	15	14
嵊泗	117	83	46	6

【气温】 全市气温变化呈现寒不见寒，热则炽热，气温之高仅次于2007年；除6月和12月平均气温略比常年偏低，其他月份都偏高。全市年平均气温为17.6℃，相比常年偏高0.9℃。四县(区)年平均气温为17.3℃（嵊泗）~ 17.8℃（定海、岱山），相比常年，偏高0.9℃（嵊泗）~ 1.1℃（定海）。1月、7月和8月全市平均气温各为8.3℃、28.9℃和28.8℃，分别比常年偏高2.3℃、2.1℃和1.6℃，都为历年同期之最高。4月和5月气温比常年偏高1.8℃和1.4℃，其他月份气温偏高1.0℃。

全市于3月26日入春，比常年延迟11天；5月30日入夏，比常年提前9天；10月12日入秋，比常年延迟10天；12月5日下一年度入冬，比常年提前4天。

全市极端最高气温为39.3℃，出现在8月7日(定海)；全年35℃高温日，定海、普陀、岱山、嵊泗各出现23天、5天、12天和5天；定海出现的高温日数为历年之最多。年极端最低气温为-1.7℃，出现在2月12日(定海)。

【降水】 全年，全市年降水量平均为1411.8毫米，相比常年偏多15%。四县(区)年降水量为1291.5毫米(嵊泗)~1551.1毫米(普陀)，相比常年，定海偏少3%，其他县(区)偏多17%（嵊泗）~32%（岱山）。全年降水分布从时间发生上分析，表现为冬雨和夏雨偏少，梅雨与秋雨偏多；1月、2月、12月和7月、8月降水量相比常年各偏少22%、73%、42%和78%、54%，6月、10月、11月各比常年偏多54%、222%、107%，幅度普遍较大；4月份降水偏多43%，其他月份增减10%。6月和10月的降水量200.0毫米；最大10月份降水量285.6毫米，为历年同期最多。月降水量＜100.0毫米的有1月、2月、7月、8月、12月，最小2月为19.0毫米。降水分布从空间发生分析，区域差异较小。普陀、岱山全年降水较多，嵊泗、定海较少；年降水量最多的普陀比最少的嵊泗也只偏多一成。

5月19日中午11时左右，出现日晕天象(沈磊　摄)

【日照】 全市年日照时数平均为1980.3小时,相比常年偏多1%。四县(区)年日照时数为1905.4小时(岱山)~2073.2小时(普陀);相比常年,定海、普陀略偏多,岱山、嵊泗稍偏少。全市日照在时间分布上,春季日照多,梅期光照少,盛夏多晴天,秋季少阳光。相比常年,6月、9月、10月和11月的日照时数分别偏少34%、26%、17%和32%,1月份略偏少,其他月份为偏多。3月和12月稍偏多,其余月份偏多16%~26%。5月、7月、8月的日照超过200小时,最多7月为291.2小时。6月、11月日照不足100小时。

【寒潮强冷空气】 1月29—30日,受寒潮影响,全市各县(区)降温9.5~10.6℃,沿海出现9级偏北大风。9级大风从29日22时至30日20时,持续23小时;8级大风,从29日17时至31日1时,持续33小时。

11月17—19日,受强冷空气影响,全市降温明显,舟山本岛降温8~9℃,岱山、嵊泗降温7~8℃,沿海出现8~10级偏北大风,并伴随中到大雨。10级大风从17日22时至18日18时,持续21小时;9级大风从17日21时至18日21时,持续25小时。

【梅雨】 全市6月9日入梅,30日出梅,均较常年提前6天;梅雨期共21天。梅雨期长同常年,因出现的强降水过程较多,全市平均梅雨量236.1毫米,比常年偏多40%。梅雨期降水阶段性特征明显,出现了两个阶段的降水集中期和2次暴雨过程。第一阶段降水集中期在6月9—13日,11日傍晚到13日降水较明显,其中12日白天普陀、岱山、定海北部和东部、嵊泗西部出现暴雨,13日早晨到上午普陀南部岛屿出现暴雨,普陀站日降水量为74.6毫米。第二阶段降水集中期在19—29日,有3次较明显降水过程。21日下午到夜里出现中到大雨,局部暴雨;24日白天嵊泗区域出现暴雨;29日夜里定海、普陀、岱山出现雷阵雨,雨量中到大。梅雨期间的6月下旬,连续阴雨,21—28日全市多数区域未见光照,时值本地晚稻杨梅的采摘旺季,杨梅的产量和质量受到严重影响,蔬菜生产也极其不利。

【高温干旱】 7月全市平均气温为28.9℃,为历年同期最高,比常年偏高2.0℃。中旬和下旬,全市平均气温各为29.0℃和29.9℃,均为历年同期最高,高温日数也相对较多。12—29日,全市连续晴天,平均日照时数195.4小时,日平均光照10.9小时。该时段各县(区)均出现高温日,定海高温日达11天,且18—26日出现连续9个高温日,历年仅见。7月、8月持续晴热,致旱情严重,土壤墒情不良,水库蓄水不足。

【台风暴雨】 全市先后受台风“泰利”和“卡努”外围影响。台风“泰利”外围影响,沿海风力较大;“卡努”结合冷空气,全市大暴雨。10月14日起受位于南海台风“卡努”倒槽和弱冷空气共同影响,小雨转中雨,15日出现大到暴雨,定海、普陀、岱山、嵊泗的降水量各为81.5毫米、96.5毫米、62.8毫米、46.7毫米;15日夜里到16日出现大暴雨,16日的降水量依次为182.5毫米、190.3毫米、170.8毫米、192.3毫米。14—15日沿海出现10级大风,16日出现10~11级东北大风。暴雨造成公路、供电等中断,海塘、堤防等损坏。据市三防办统计,农作物受

10月16日,台风卡努影响舟山普降暴雨(沈磊　摄)

灾面积9.28万亩(6186.67公顷),倒塌房屋9间,受灾人口22.887万人,转移人口5137人,直接经济损失100508.60万元。

(撰稿:林丰富　谢蕾)

经济与社会发展

【概况】 2017年,全市上下以习近平新时代中国特色社会主义思想为指导,贯彻落实市委市政府决策部署,全力打好“五大会战”,加快建设“四个舟山”,主动把握和引领经济发展新常态,推进供给侧结构性改革,加快新区和自贸区建设,经济运行持续稳定较快增长,社会发展和谐稳定。

据2017年全市5‰人口抽样调查推算,年末全市常住人口116.8万人,比上年末增加约1万人,城镇化率为67.9%,比上年提高0.4个百分点。全市家庭总户数36.9万户,户籍人口97.1万人,其中,男性人口为47.9万人,女性人口为49.3万人,分别占总人口的49.3%和50.7%。全年出生人口7285人,出生率为7.5‰;死亡人口8790人,死亡率为9.0‰;自然增长率为-1.55‰。全年新增城镇就业1.65万人,年末城镇登记失业率为2.62%,比上年下降0.36个百分点。

全年地区生产总值1219.8亿元,按可比价格计算,比上年增长8.8%(根据统计方法制度,统计口径范围及核算方法变化,2017年地区生产总值等数据已作相应调整)。其中,第一产业增加值140.5亿元,第二产业增加值402.9亿元,第三产业增加

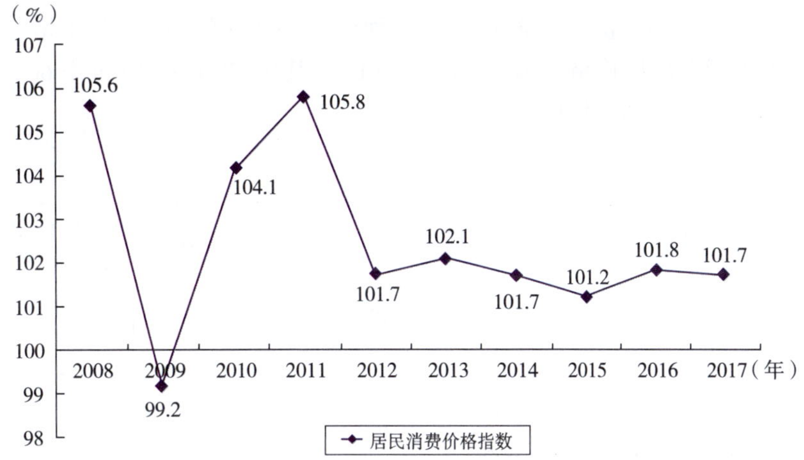

图2:2008—2017年居民消费价格指数

2017年末舟山市户籍人口数及其构成

表2

指　　标	年末数(人)	比重(%)
全市总人口	971491	100.00
其中:男性	478873	49.29
女性	492618	50.71
其中:0～17岁(含不满18周岁)	114772	11.81
18～59岁(含不满60周岁)	599866	61.75
60周岁及以上	256853	26.44

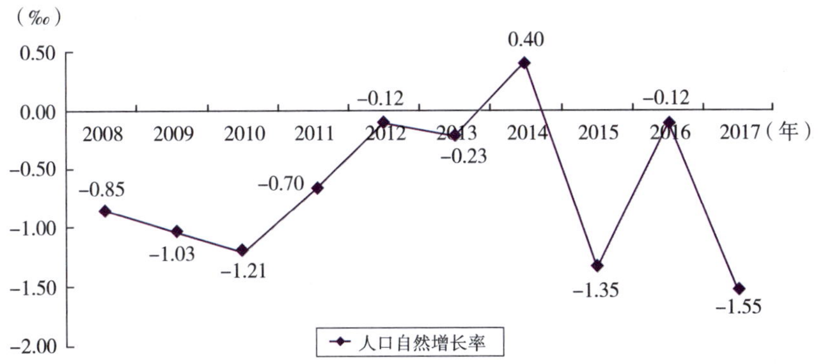

图1:2008—2017年人口自然增长情况

2017年舟山市分大类居民消费价格比上年涨跌幅度

表3

类　别	比上年增长(%)
居民消费价格	1.7
食品烟酒	0.2
衣着	2.1
居住	3.6
生活用品及服务	0.9
交通和通信	0.8
教育文化和娱乐	1.9
医疗保健	4.1
其他用品和服务	0.8

值 676.4 亿元，分别增长 5.2%、9.5%和 9.1%。一、二、三产业增加值占地区生产总值的比重分别为 11.5%、33.0%、55.5%。按常住人口计算，人均地区生产总值 104882 元，增长 8.0%。

全年居民消费价格比上年上涨 1.7%，其中食品类价格下降 0.3%。商品零售价格上涨 1.7%。工业生产者出厂价格上涨 3.1%。12 月新建住宅销售价格同比上涨 7.3%，全年新建住宅销售价格比上年上涨 5.0%。

全年财政总收入 187.2 亿元，比上年增长 8.0%；财政一般公共预算收入 125.8 亿元，同口径增长 10.6%。在一般公共预算收入中，国内增值税 19.4 亿元，增长 4.6%；改征增值税 17.3 亿元，下降 3.6%；企业所得税 9.9 亿元，增长 3.7%；个人所得税 5.2 亿元，增长 24.9%。一般公共预算支出 258.6 亿元，增长 3.2%。其中，社会保障与就业支出增长 20.8%，一般公共服务支出增长 20.5%，公共安全支出增长 16.2%，教育支出增长 13.7%。

全年新设企业 6518 户，比上年增长 39.7%；新设个体工商户 11346 户，增长 21.3%。年末在册市场主体 9.9 万户，增长 9.9%，其中企业 3.2 万户，增长 16.7%。

【农林牧渔业】 全年农作物播种面积 16200 公顷，比上年增长 0.1%；其中，粮食播种面积 6600 公顷，增长 1.0%。粮食总产量 2.5 万吨，增长 0.5%。油菜籽产量 1448 吨，增长 11.0%；蔬菜 13.4 万吨，增长 2.5%；水果 7.6 万吨，增长 5.5%；茶叶 77 吨，下降 9.4%。年末生猪存栏 4.4 万头，比上年末下降 27.2%；家禽存栏 29.3 万只，下降 42.0%。全年肉类总产量 6658 吨，下降 40.6%；其中，猪肉产量 5557 吨，下降 42.5%。鸡鸭鹅蛋产量 2462 吨，下降 41.1%。全年水产品总产量 167.3 万吨，增长 7.0%。其中，远洋渔业产量 38.9 万吨，增长 34.9%。全市年末海水养殖面积 4377 公顷，增长 2.9%；海水养殖产量 24.2 万吨，增长 59.6%。

2017 年舟山市渔农业主要产品产量

表 4

农产品	产量(万吨)	比上年增长(%)	水产品	产量(万吨)	比上年增长(%)
粮食	2.55	0.5	水产品	167.25	7.0
晚稻	1.39	2.4	贝类、头足类	51.71	44.8
水果	7.62	5.5	虾类	21.86	−12.1
蔬菜	13.44	2.5	蟹类	14.48	0.1
油菜籽	0.14	11.0	带鱼	11.48	−4.1

全年新建省级现代农业园区 1 个，核心区面积 2.5 万亩(1666.67 公顷)，累计建成粮食生产功能区 3 万亩(2000 公顷)。累计土地流转面积 7.75 万亩(5166.67 公顷)，比上年增长 3.1%，农地流转率 56.0%。年末全市有市级以上农业龙头企业 85 家。无公害农产品 102 个(国家级)、无公害养殖水产品 35 个(国家级)、绿色食品 28 个。全市有省级无公害农产品产地 79 个，面积 10.86 万亩(7240 公顷)；省级无公害水产品基地 34 个，面积 1.27 万亩(846.67 公顷)。

全年开展农村生活污水治理

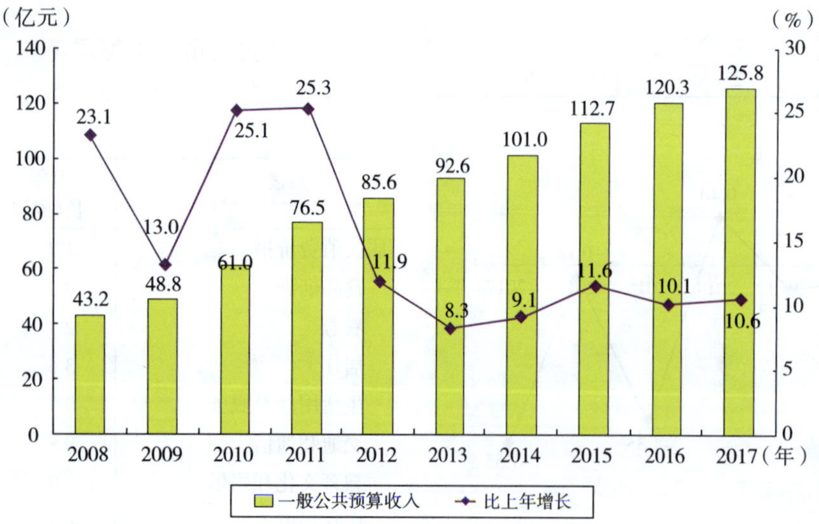

图 3:2008—2017 年一般公共预算收入及其增长速度

村296个，开展农村垃圾减量化资源化处理试点村49个。至年底，100%建制村实现生活垃圾集中收集有效处理。在建历史文化村落保护利用重点村6个，创建省级美丽乡村示范乡镇10个、特色精品村28个。渔农家乐特色村37个，经营农户2861户，直接从业人员7322人，接待游客10.6万人次，全年营业收入26.2亿元。

【工业、盐业和建筑业】 全年规模以上工业增加值比上年增长11.0%。规模以上工业中，高新技术产业总产值增长15.8%，产值占规模以上工业的32.1%；装备制造业总产值增长12.6%，产值占规模以上工业的45.4%；战略性新兴产业总产值增长20.7%，产值占规模以上工业的37.7%。规模以上工业新产品产值率18.6%，比上年提高2.3个百分点。

全年盐田生产面积765.9公顷。全年生产原盐3.2万吨，比上年下降8.1%；销售原盐3.3万吨，下降15.5%。

年末全市具有资质等级的总承包和专业承包建筑业企业157家，比上年增加4家，实现总产值311.2亿元，增长16.3%；建筑（房屋）施工面积1301.1万平方米，下降6.6%，其中新开工面积323.8万平方米，下降19.1%。

【固定资产投资、房地产开发与国内外贸易】 全年固定资产投资1450亿元，比上年增长15.0%。商品房销售面积218.3万平方米，增长43.1%。其中，住宅销售203.5万平方米，增长49.1%；商业营业用房8.0万平方米，下降31.7%；办公楼4.9万平方米，增长54.3%。年末商品房待售面积108.5万平方米，下降9.1%。

全年社会消费品零售总额505.7亿元，比上年增长10.6%。全年货物进出口总额783.0亿元，比上年增长12.4%。其中，出口384.2亿元，下降7.2%；进口398.9亿元，增长41.0%。规模以上工业出口交货值同比增长11.4%。全市国际经济合作营业额49166万美元，增长15.2%；国际服务贸易进出口145.7亿元，增长18.9%，其中出口109.8亿元，增长13.3%，进口35.9亿元，增长40.3%。

全年全市引进外资合同项目56个，同比增长124.0%；实际利用外资40518万美元，增长92.8%；实际利用市外资金636.6亿元，增长24.7%；浙商回归到位资金234.9亿元，增长15.0%。

国外经济合作完成营业额4.9亿美元，比上年增长15.2%。其中，对外承包工程完成营业额4.1亿美元，增长16.6%，占全市外经合作营业额的83.5%，较上年提升1个百分点；派出各类劳

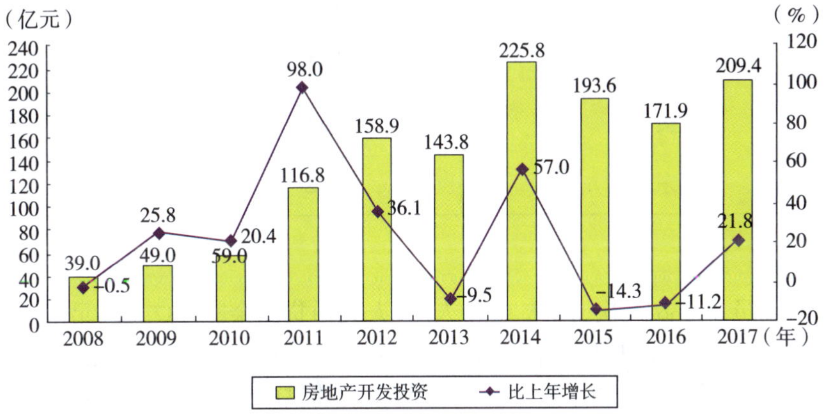

图4:2008—2017年舟山市房地产开发投资及其增长速度

图5:2008—2017年舟山市社会消费品零售总额及其增长速度

2017 年舟山市外贸出口总额及其增长速度

表 5

指标	出口额(亿元)	比上年增长(%)
出口总额	384.19	-7.2
其中:水产品	67.62	15.5
造船	105.12	-24.3
修船	36.12	16.5
油品	113.82	32.7
其中:一般贸易	144.77	-15.3
加工贸易	118.20	-18.8
其中:日本	41.31	15.5
韩国	18.26	-23.5
欧盟	74.64	15.2
美国	15.34	-21.2
东盟	41.82	9.1

务人员 10266 人次,期末在外人数 14104 人,期末在外各类人数较上年同期增加 2501 人。

全年舟山口岸进出口货运量 13119 万吨,比上年增长 10.3%。其中,进口货运量 12561 万吨,增长 11.4%;出口货运量 558 万吨,下降 10.1%。年末舟山口岸对外开放陆海域面积 1344.8 平方千米,与上年持平。

自 4 月 1 日中国(浙江)自由贸易试验区挂牌以来至年底,自贸试验区新设立企业 4167 家,注册资本 2173 亿元;其中油品企业 812 家,注册资本 706.9 亿元;外商投资企业 59 家,合同外资 88873 万美元,实际利用外资 30488 万美元,固定资产投资 256 亿元。人民币贷款余额 587.7 亿元,跨境人民币结算金额 17.4 亿元。全年保税油供应量达到 182.8 万吨,增长 71.8%;保税油结算量 480.8 万吨,达到全国 45%左右。自贸试验区新增专利申请 269 件,专利授权 145 件。新增高新技术企业 8 家,营业收入 25.0 亿元。

【交通、邮电和旅游业】 全年全市水路货运量 23245 万吨,比上年增长 11.0%,水路货运周转量 2972.7 亿吨千米,增长 11.0%;水路客运量 2806 万人,增长 8.4%,水路客运周转量 4.9 亿人千米,增长 8.7%。公路货运量 8460 万吨,增长 9.8%,公路货运周转量 150.1 亿吨千米,增长 10.0%;公路客运量 2629 万人,增长 6.7%,公路客运周转量 10.5 亿人千米,下降 2.8%。普陀山机场全年完成客运量 102 万人次,增长 27.7%;货邮运量(不包括行李)197 吨,下降 38.3%。年末全社会民用车辆拥有量 20.1 万辆,比上年末增长 16.3%,其中,小型客车拥有量 15.1 万辆,增长 15.3%;摩托车拥有量 3.8 万辆,增长 24.8%。

年末,全市有海上运输船舶 1528 艘,运力 608.4 万载重吨,比上年末增长 9.7%。其中,万吨级以上船舶 150 艘,比上年末增加 13 艘,运力 343.1 万载重吨,占全

图 6:2008—2017 年舟山市港口货物吞吐量及其增长速度

市总运力的56.4%。年末全市有舟山户籍运输船海员4.0万人，比上年末增长1.8%。

全年舟山港域港口货物吞吐量45782万吨，比上年增长7.5%；其中，外贸货物吞吐量14327万吨，增长8.8%。从主要品种看，石油及天然气吞吐量6994万吨，增长9.3%；金属矿石吞吐量15852万吨，增长10.4%；粮油类吞吐量828万吨，下降4.5%；煤炭及制品吞吐量2485万吨，下降4.5%。全年集装箱吞吐量104.1万标箱，增长19.8%；其中出口53.0万标箱，增长19.7%。年末全市有生产性泊位291个，其中万吨以上深水泊位65个。

全年邮电业务收入15.0亿元，比上年下降0.5%。年末全市固定电话用户26.8万户，比上年末下降17.5%；移动电话用户178.5万户，增长10.6%；年末邮路长度1789千米，增长56.1%；宽带网用户52.0万户，增长18.1%。

图7:2008—2017年舟山市旅游接待人数及其增长速度

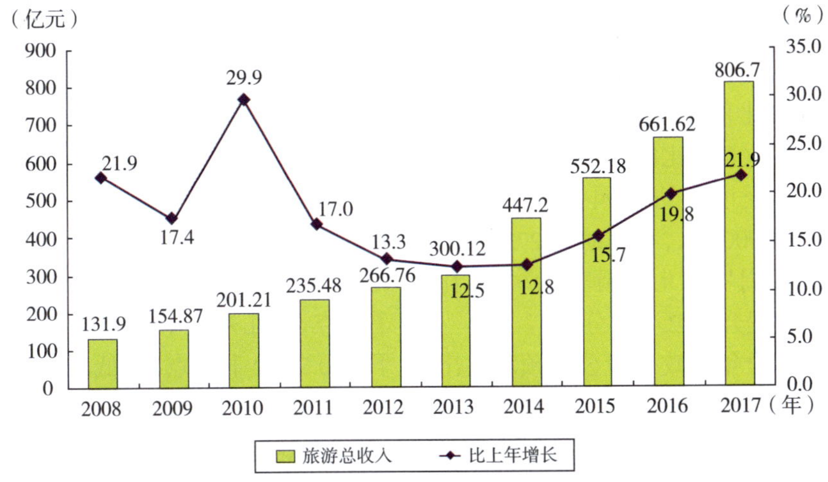

图8:2008—2017年旅游总收入及其增长速度

全年实现旅游总收入806.7亿元，比上年增长21.9%。旅游接待人数5507.2万人次，增长19.4%，其中，接待国际游客34.4万人次，增长1.5%，实现旅游外汇收入17631万美元，增长1.7%。从主要景区看，普陀山景区接待游客857.9万人次，增长14.4%；朱家尖景区接待游客764.9万人次，增长18.1%；桃花岛景区接待游客280.9万人次，增长10.6%。

年末，全市有旅行社153家，比上年末增加5家。全市有星级宾馆27家，客房2796间，床位4879张，星级宾馆客房入住率为51.5%。全市有A级景区31个，其中，AAAAA级景区1个，AAAA级景区3个。

【金融和保险业】 年末全市有各类金融机构69家。其中，银行业机构27家，保险业机构23家，证券业营业部9家，小额贷款公司10家。年末全部金融机构本外币各项存款余额2008.5亿元，比上年末增长4.8%。全部金融机构本外币各项贷款余额1721.6亿元，增长13.1%。金融机构融资总量余额3048.5亿元，比年初新增354.8亿元。其中，市内银行融资总量余额1935.0亿元，比年初增加182.3亿元；市外金融机构融资余额1113.6亿元，比年初新增172.5亿元。

全年保险业实现保费收入32.1亿元，比上年增长9.8%。

2017 年末舟山市金融机构人民币存贷款及其增长速度

表 6

指　　标	年末数（亿元）	比上年末增长（%）
金融机构人民币存款余额	1943.7	7.5
住户存款	755.0	5.5
金融机构人民币贷款余额	1693.7	14.1
工业贷款	247.4	15.3
建筑业贷款	80.6	14.0
交通运输、仓储和邮政业贷款	213.4	-11.7
个人贷款	495.0	20.0

其中，财产险保费收入 13.1 亿元，增长 7.3%；人身险保费收入 19.0 亿元，增长 11.5%。保险公司赔款支出 9.9 亿元，增长 5.7%；保险公司给付支出 2.5 亿元，下降 14.0%。

【科学技术和教育】 年末全市有小学 57 所，招生 8202 人，在校生 48222 人，比上年增长 0.2%，小学学龄儿童入学率为 100%。小学生均校舍建筑面积 11.2 平方米，生均图书 41.9 册，每百名学生拥有计算机 24 台，小学体育运动场（馆）面积达标的学校比例为 98.25%，比上年提高 1.82 个百分点。有初中 27 所，招生 7412 人，在校生 20607 人，比上年增长 1.5%，小学毕业生升学率为 100%。初中生均校舍建筑面积 14.6 平方米，生均图书 47 册，每百名学生拥有计算机 28 台，初中体育运动场（馆）面积达标的学校比例为 100%，比上年提高 3.57 个百分点。

全市各类中等职业教育学校 4 所，招生 2291 人，在校生 7964 人，毕业生 2098 人；普通高中 15 所，招生 3811 人，在校生 11281 人。全市有普通高等院校 4 所，招生 8108 人，在校生 25285 人，毕业生 7183 人；成人高校 1 所，招生 587 人，在校生 1534 人，毕业生 789 人。高等教育毛入学率为 78.25%。义务教育中小学专任教师 5494 人，比上年下降 1.1%。中等职业教育专任教师 583 人，增长 3.2%。普通高等学校专任教师中副高职称以上教师所占比例为 48.1%，具有硕士以上学位教师比例为 73.1%。

全市有幼儿园 130 所，全年招生 9002 人，在园幼儿 27243 人；3~5 周岁幼儿入园率 99.97%，比上年提升 0.22 个百分比。

全年财政一般公共预算支出中科技支出 5.6 亿元，比当年预算多支出 3.2%。2016 年全社会研究和发展（R&D）经费支出 19.0 亿元，相当于地区生产总值的比例为 1.54%，比上年提高 0.13 个百分点。

全年组织实施各级各类科技项目 543 项，其中，国家级 54 项，省级 260 项。申请专利 3649 件，授权专利 1920 件；其中，申请发明专利 1778 件，授权发明专利 501 件。年末全市有高新技术企业 101 家，省级创新型试点、示范企业 13 家，省级科技型企业 626 家，省级农业科技企业 90 家，省级高新技术研发中心 49 家，省级农业科技企业研发中心 38 家。

年末全市有浙江名牌 34 个，其中，工业名牌 15 个，农业名牌 11 个，服务名牌 7 个。至年末，全市拥有各类注册商标 6280 件，其中，中国驰名商标 11 件，省著名商标 93 件，市著名商标 138 件，地理标志（包括证明、集体）商标 19 件。

【文化、卫生和体育】 年末全市有卫生机构 700 个（含村卫生室），其中，医院 30 个，社区卫生服务中心（卫生院）39 个，社区卫生服务站 138 个。卫生技术人员 9232 人，比上年末增长 4.1%，其中，执业医师 3581 人，注册护士 3512 人，分别增长 4.6% 和 4.9%。医疗卫生机构开放床位 5723 张，增长 3.9%。全年累计报告传染病（甲乙丙类）7179 例，报告发病率 619.95/10 万。5 岁以下儿童死亡率 2.25‰，同比下降 0.62 个千分点，婴儿死亡率 1.20‰，同比下降 0.55 个千分点，均低于全省平均水平。免费婚检率 87.13%，孕产妇住院分娩率 100%，一孩率 64.81%，二孩率 34.42%。

年末全市有文化艺术表演团

体933个，艺术表演场所7处，文化馆5个，文化站35个，公共图书馆5个，藏书192.7万册。年末全市有线电视用户数33.4万户，其中数字电视用户数33.3万户。广播人口综合覆盖率100%，电视人口综合覆盖率100%。

全年全市新建全民健身路径55条，各类体育健身场所22个；开展群众体育活动482次，参加体育活动14.95万人次。在省级以上比赛获得奖牌49枚，其中金牌16枚，银牌17枚，铜牌16枚。

【人口、人民生活和社会保障】 全年全体常住居民人均可支配收入45195元，比上年增长8.7%。城镇常住居民人均可支配收入52516元，增长8.5%；城镇常住居民人均生活消费支出32218元，增长4.7%。全年渔农村常住居民人均可支配收入30791元，增长8.8%；渔农村常住居民人均生活消费支出20472元，增长5.2%。城镇、渔农村居民收入比为1.71∶1。城镇居民恩格尔系数为30.8%，比上年下降0.3个百分点；渔农村居民恩格尔系数为33.5%，比上年下降0.5个百分点。年末城镇居民人均现住房建筑面积35.34平方米，渔农村居民人均现住房建筑面积52.18平方米。

年末全市参加基本养老保险人数（包括职工和城乡居民）83.1万人，基本医疗保险参保人数（包括职工和城乡居民）96.7万人，失业保险参保人数22.3万人，工伤保险参保人数35.8万人，生育保险参保人数22.0万人。

年末全市有敬老院31所，社会福利院10所，有床位数4704张。城镇"三无"对象集中供养率100%，渔农村"五保"老人集中供养率98.74%，比上年提升0.66个百分点。城乡居民得到政府最低生活保障人数13144人，比上年增长1.4%；其中，城镇低保对象1912人，渔农村低保对象11232人。城乡低保对象最低生活补助标准每人每月664元（其中，普陀山镇低保对象最低生活补贴标准为每人每月700元）。

【城市建设和新渔农村建设】 年末全市城市建成区面积74.4平方千米，实有城市道路面积1408.9万平方米，建成区绿地率36.5%，人均公园绿地面积13.8平方米。城市生活垃圾无害化处理率100%，全年新建污水管网102.6千米，河湖库塘清污（淤）量178.3万方，城市污水处理率95.2%。全年城区排水管道长度1201千米，供水总量6038万立方米，液化石油气供气总量3.4万吨，天然气供气总量3860万立方米。全年完成治理改造C级危房95幢，9.5万立方米；D级危房40幢，4.8万立方米。

实施美丽海岛"五个一批"项目，完成定海区天籁路美丽风景示范线等5条美丽示范线、普陀区虾峙镇河泥漕村等5个美丽渔农村、10个美丽村口、5000户美丽家庭创建工作。嵊泗县成功创建全市首个省美丽乡村示范县。新创建省美丽乡村示范乡镇4个、特色精品村14个。全年全市完成渔农村生活垃圾分类处理村69个、生活垃圾有效集中处理提升改造村31个，为年度任务的172.5%和100%。

基本完成全市土地承包经营权确权登记颁证工作。完成全市528家村集体经济组织换届工作。21个试点村社开展股权质押贷款工作，全年发放贷款1183万元。定海区成立农民资金互助会并实质运行，完成小沙－马岙等5个乡镇（街道）级渔农合联示范典型建设。完成新一轮低收入渔农户认定，开展十大帮扶救助活动，是年在册的低收入渔农户（不含低保、低边户）88%家庭人均年收入达到1.1万元以上。

【能源、环境和公共安全】 全年规模以上工业单位工业增加值能耗降低率为10.4%。全社会用电量52.5亿千瓦时，比上年增长7.4%。其中，工业用电24.4亿千瓦时，增长3.9%；城乡居民生活用电9.6亿千瓦时，增长4.5%。

全年PM2.5年平均浓度为25微克/立方米（$\mu g/m^3$），日空气质量（AQI）优良天数比例92.1%，列全国各大城市第三位。全市县级以上集中式饮用水源水质达标率100.0%，水环境功能区水质达标率95%。区域环境噪声平均等效声级51.9分贝。全年有效灌溉面积15600公顷，节水灌溉面积7900公顷。全市新植珍贵树41.84万株，建设珍贵彩色健康森林2.32万亩（1546.67公顷），实施平原绿化1695亩（113公顷）、人工造林1589亩（105.93公顷），均超额完成省定目标任务；创建嵊泗县省级森林城市，定海区金塘镇、岱山县长涂镇省级森林城镇和6个省级森林村庄。

全市达到一、二类海水水质标准的海域面积占34.0%，比上年下降4.4个百分点;四类和劣四类海水海域面积占57.2%,与上年持平;近岸海域环境功能区达标率14.6%,比上年提升4.6个百分点。全年舟山海域发生赤潮15次,累计赤潮面积605平方千米。

全年全市发生各类生产安全事故67起,比上年下降37.4%,亿元GDP生产安全事故死亡率0.059,比上年降低0.015。全年发生道路交通事故459起,死亡人数120人,交通事故损失额178.3万元。全年发生火灾事故41起,损失额835.5万元。

根据2017年度“平安浙江”建设人民群众安全感调查结果显示,舟山市人民群众安全感满意率为97.38%,知晓率为85.50%,参与率为50.56%。

(撰稿:金颖)

责任编辑:徐飞舟

大事记

1月

1日　舟山市第三次渔农业普查进入登记阶段，登记对象为全市行政区划范围内所有渔农业经营户、渔农业经营单位、居住在渔农村且有确权（承包）土地的住户、渔业船舶和渔业从业人员，5月全部完成登记。

3日　浙江省举行扩大有效投资重大项目集中开工仪式，舟山分会场同步开工建设宁波舟山港主通道等25个重大项目，总投资568亿元。

同日　由舟山中远船务和上海中远船务联合为巴西国家石油公司建造的P69 FPSO项目在舟山中远正式交付。该项目是舟山船务迄今建造并成功交付的尺度最大、产值最大的FPSO项目。

3—4日　中共舟山市委六届十一次全体（扩大）会议在新城举行。全会学习中共十八届六中全会精神，听取和讨论周江勇受市委常委会委托作的工作报告，部署全年工作目标和任务；审议通过《中共舟山市委关于新区时代全面从严加强干部队伍建设的决定》《中国共产党舟山市委员会工作规则》。

1月3日，在市行政中心举行的中共舟山市委六届十一次全体（扩大）会议场景（沈磊　摄）

4—5日　副省长孙景淼率省发改、海洋与渔业、旅游、信访等部门负责人到舟山调研人大和政府工作。

5日　市政府与杭州钢铁集团公司在市行政中心签订战略合作协议，双方将在节能环保、高等职业教育、第三方检测等领域开展合作。

同日　省委常委、省军区政委王新海率省慰问组到舟山走访慰问困难党员、群众和驻舟部队，送上新年祝福。

9日　在2016年度国家科学技术奖励大会上，由浙江海洋大学、浙江省海洋科学开发研究院等单位，联合浙江兴业集团有限公司、海力生集团有限公司等舟山市水产龙头企业完成的舟山“金枪鱼质量保真与精深加工关键技术及产业化”项目，获国家科技进步二等奖，为海洋渔业领域唯一的国家科技进步奖。

同日　浙江石油化工交易中心交易系统正式上线运营。

10日　由市人才办、市经信委、中国（舟山）海洋科学城与中国移动舟山分公司联合主办的“‘开放＋共享＋共赢’ICT生态链主题大会”在新城举行。舟山移动分公司分别与市经信委、中国(舟山)海洋科学城就“智慧企业”“梦想小船双创计划”“明星企业入驻”等内容签署战略合作协议,并与华为等ICT合作伙伴签署战略合作协议。

12日　中交舟山千岛中央商务区开发有限公司挂牌成立。公司于上年8月由市政府与中国交通建设股份有限公司共同组建,一次性注册资本20亿元,作为千岛中央商务区项目投资开发和运营管理的主体。

13日　大型时尚购物中心定海凯虹广场正式开业,总营业面积12万平方米。

15日　金海重工与新加坡莱佛士航运集团(Raffles Shipping International Pte. Ltd.)签署6艘19700吨Ⅱ类化学品船建造合同,系2017年全球首份化学品船订单,也是金海重工首次建造该类型化学品船。

19日　位于定海盐仓街道的匈牙利国际广场正式启用,总用地面积10956平方米,总建筑面积8196.7平方米。

22日　按照中央、省委总体要求和部署,市委常委会举行“两学一做”专题民主生活会,重点对照《关于新形势下党内政治生活的若干准则》和《中国共产党党内监督条例》进行党性分析,开展批评和自我批评。市人大常委会和市政协主要负责同志列席,省纪委和省委组织部派员到会指导。

23日　市委宣传部、舟山日报社、舟山广播电视总台主办的“最美舟山人——舟山魅力2016年度最具影响力人物”颁奖典礼在舟山剧院举行,武夏琴、“花鸟岛人”等10名个人和群体受到表彰。

2月

3日　市行政中心召开“树标杆、补短板、求突破、走前列”大行动总结表彰暨再动员部署大会,总结成绩,表彰先进,并全面部署2017年大行动工作。

4日　宁波舟山港六横公路大桥工程可行性研究报告获省发改委批复同意。

7日　《舟山市志(1989—2005)》首发式在市行政中心举行。该书由商务印书馆出版,分上、中、下三卷,约350万字。

8日　全市开展渔业安全生产大检查。检查对象主要为10人以上帆张网、蟹笼、深水流网、涉氨冷藏船等作业渔船,以及渔业辅助船和休闲渔船。

同日　在市行政中心举行自贸试验区工作汇报会,副省长梁黎明听取中国(浙江)自由贸易试验区建设重点工作等事宜的汇报。

10日　舟山市首批市级特色小镇创建和培育名单公布。其中创建市级特色小镇5个:岱山浪漫海岬小镇、嵊泗离岛·十里金滩小镇、海洋产业集聚区的全球购·冰雪小镇、新城长峙岛养生小镇、普陀六横深蓝小镇;培育特色小镇5个:普陀展茅海创小镇、东港海上小镇、桃花侠岛小镇、岱山东沙汽船配小镇、定海金塘螺杆小镇。

12日　平太荣远洋渔业集团有限公司旗下6000吨级、零下55℃超低温金枪鱼冷藏运输船“平太荣冷1”“平太荣冷2”在岱山蓬莱船厂完工下水。此两艘冷藏船为全国首批自主研发,补齐了金枪鱼捕捞海上中转运输和后勤补给的短板。

同日　40万吨级新加坡籍矿砂船“SHANDONG DACHENG”(山东大成)靠泊鼠浪湖矿石中转码头。

14—16日　市委副书记、新区党工委副书记、市长温暖率外侨办、招商局等部门负责人赴香港开展联络联谊和经贸交流,宣传推介舟山。先后拜会全国政协副主席董建华及东方海外(国际)有限公司主席董建成,拜访在港各同乡社团,并与香港相关经贸机构和企业进行对接洽谈。

16—17日　副省长高兴夫在舟山调研,实地考察舟山航空产业园项目和鼠浪湖矿石中转码头。

17日　中英(舟山)海洋能交流活动在舟山举行。英国驻上海总领事吴侨文率队参加,与中国长江三峡集团公司、中电建华东勘测设计研究院、浙江大学、舟山联合动能新能源开发有限公司等中方参会人员就中英海洋能政策技术、市场等问题开展交流对话。

同日　市中级人民法院根据最高人民法院死刑核准裁定,对曾杀5名船员、轰动一时的“普陀渔船命案”罪犯方忠岳执行死刑。

18日　中国最大、世界第二的10万吨级半潜船——“新光华”号与国内首座圆筒型FPSO“希望6号”,在舟山嵊泗绿华锚地完成潜水装载作业。(2月25日驶离嵊泗前往英国北海)

20日　凌晨2时28分,市海上搜救中心接报东极东福山附近船舶碰撞事件,经查系“鲁荣渔58999”轮与不明船舶碰撞,船上

19人全部弃船登上救生筏。遂启动应急预案，凌晨4时15分左右，“舟山群岛东福”轮率先抵达现场搜寻遇险船员。4时55分，19名船员被安全营救。

同日　市委召开领导干部会议，宣布省委关于舟山市委主要领导调整的决定。省委决定，俞东来任中共舟山市委委员、常委、书记，浙江舟山群岛新区党工委委员、书记；免去周江勇中共舟山市委书记、常委、委员及浙江舟山群岛新区党工委书记、委员职务，调任中共温州市委委员、常委、书记。

同日　舟山交通投资集团有限公司发行2017年第一期10亿元超短期融资券，票面利率4.3%，发行期限60天，由浙商银行承销。

22日　黄泽山油品储运贸易基地开工仪式在岱山县黄泽山岛举行。

24日　市政府审批制度改革领导小组办公室公布首批952项“最多跑一次”清单，占市级行政审批管理服务事项的59.5%。

同日　宁波舟山港岱山港区鱼山作业区航道工程初步设计通过专家组评审。该工程分南、北部作业区航道。一期鱼山南部作业区航道为5万吨级船舶全潮双向通航、北部作业区航道为2万吨级船舶乘潮双向通航，其中南部作业区航道炸礁区按10万吨级航道一次炸礁到位，同时建设6个配套锚地和2个锚位。

25日　舟山市与贵州黔西南州在普陀签订旅游友好城市合作协议，围绕两地旅游业发展建立合作关系，实现两地旅游业互促共赢。

27日　市人力社保局联合市委组织部等六部门发布《关于实施全市公务员“学法用法三年轮训行动”计划的通知》，部署启动全市公务员“学法用法三年轮训”工作。

2月28—3月3日　中国共产党舟山市第七次代表大会在舟山市行政中心举行。大会于2月28日上午9时开幕，3月3日闭幕。俞东来代表中共舟山市第六届委员会向大会作题为《牢记势在必行　敢于勇立潮头　为早日建成自由贸易港区海上花园城市而努力奋斗》的报告。大会通过关于中共舟山市第六届纪律检查委员会工作报告的决议；选举产生中国共产党舟山市第七届委员会委员48人，候补委员8人；选出中共舟山市纪律检查委员会委员29名；选举产生24名舟山市出席中国共产党浙江省第十四次代表大会的代表。

是月　朱家尖小学获“国际生态学校绿旗荣誉”，跻身国际生态学校行列。

3月

1日　省教育厅、省发改委联合下发《关于同意设立浙江国际海运职业技术学院岱山校区的批复》，浙江国际海运职业技术学院岱山校区获批。（5月13日，揭牌成立，同时挂牌成立浙海职院石油化工学院，浙江石油化工有限公司职工培训学院与岱山产学研基地落户该校区）

5月13日，浙江国际海运职业技术学院岱山校区揭牌成立（沈磊　摄）

同日　舟山市获地方立法权后制定的第一部地方实体法《舟山市国家级海洋特别保护区管理条例》正式实施。自此，在嵊泗马鞍列岛和普陀的中街山列岛两个国家级海洋特别保护区内进行海钓或者贝藻类捕捞都需办理许可证。对生产性捕捞贝藻类实行许可制度，在全国尚属首次。

同日　从天津港始发的地中海邮轮公司旗下“地中海抒情号”豪华邮轮靠泊舟山群岛国际邮轮港。这是国内首条“环中国海”

3月1日，从日本长崎起航的“地中海抒情号”邮轮靠泊舟山群岛国际邮轮港(姚峰　摄)

邮轮航线，途经日本、韩国、中国，国内包含舟山、天津、香港、厦门四大邮轮母港，覆盖渤海、黄海、东海及南海。

同日　省人民政府办公厅公布第二批省重要湿地名录，嵊泗马鞍列岛海洋特别保护区入选。

3日　中国共产党舟山市第七届委员会第一次全体会议在市行政中心举行。选举产生了中国共产党舟山市第七届委员会常务委员会委员，俞东来当选书记，温暖、徐旭当选副书记。会议通过了中国共产党舟山市第七届纪律检查委员会第一次全体会议选举结果。

4日　团市委联合市委组织部、市文明办、新区志愿者协会主办的“同心共创文明城、志愿服务我先行”——“3·5”学雷锋志愿服务月启动暨新区党员志愿者总队成立仪式在定海文化广场举行。

3月8日，舟山市与浙能集团在市行政中心签约(沈磊　摄)

5—8日　省人大常委会副主任、省综治委副主任厉志海带考核组到舟山考核检查平安建设和综治工作。

6日　舟山中远船务工程有限公司建造的系列3600TEU集装箱船首制船(N688)下水。该轮是马士基航运公司在华建造的首个集装箱船项目，也是舟山中远船务建厂承建的首艘集装箱船，设计装载约3600集装箱，入级LR船级社。

7—8日　副省长孙景淼率省委第十一检查组到舟山检查2016年度全面从严治党主体责任、意识形态主体责任落实情况。

8日　舟山市与浙能集团合作座谈会暨签约仪式在新城举行。根据协议，浙能集团将按照浙江省及舟山市在舟山自贸港区发展上的统一部署，建立浙能舟山产业发展基地，投资煤炭及运输产业、油品产业、能源及基础设施、金融领域等。

10日　浙江舟山群岛新区航空产业对接会在新城举行。中国航空工业集团等75家境内外航空装备及零部件制造企业、航空产业协会组织、投融资机构、航空科研机构等共百余人参加。

11日　最高人民法院与新华社在北京公布了“2016年全国法院十大执行案件”评选结果。由舟山市中级人民法院和宁波市中级人民法院承办、省高级人民法院报送的“运用联动执行机制合力腾退易爆厂房案”名列其中，为浙江省唯一入选的案例。

14日　省政协副主席王建满带队到舟山督查剿灭劣Ⅴ类水工作。

15日　国务院批复在舟山建立中国（浙江）自由贸易试验区，并印发《中国（浙江）自由贸易试验区总体方案》，明确自贸试验区将建设成为东部地区重要海上开放门户示范区、国际大宗商品贸易自由化先导区和具有国际影响力的资源配置基地。

16日　舟山市经济和信息化委员会、国脉海洋信息发展有限公司主办的数据基因与大数据产业发展战略研讨会在舟山举行，研究、探讨数据基因和大数据产业发展问题。其间举行“数据基因工程研发中心”揭牌仪式和数据基因网站开通仪式，其中数据基因工程研发中心由国脉海洋信息发展有限公司发起成立，主要从事全国大数据基因产品研发（面向城市、政府、园区、行业、平台等）、数据标准规范制定、数据价值挖掘、大数据发展研究和咨询服务等工作。

16—17日　舟山大陆引水二期工程黄金湾水库下闸蓄水暨机组启动和通水阶段通过省水利厅专家组验收，标志着大陆引水二期工程全面建成。

20日　在上海举行的2016中国马拉松年度盛典上，舟山群岛马拉松获2016中国田径协会铜牌赛事，并与其他5个赛事获2016中国马拉松最美赛道特色赛事。

同日　赴利比里亚执行维和任务的23名舟山武警官兵凯旋（2016年3月，参加由浙江公安边防总队单独组建中国第四支赴利比里亚维和警察防暴队，也是中国派出的第一支成建制维和警队，共140名队员）。

21日　《浙江省航空产业“十三五”发展规划》发布，舟山航空产业园列入规划重点实施战略。

22日　舟山海事局与市港航、安监、边防共同发起的为期一个月的海上联合执法行动“利剑2017”正式启动，执法组先后赴舟山海域东南部和西北部港域，对各港域的锚地、矿业码头、砂石宕口、临时黄沙过驳点等重点区域进行检查。

23日　伊朗航运船公司的“吐司”号集装箱轮在宁波舟山港大浦口集装箱码头进行1870标准箱的装卸作业，标志着大浦口码头新增一条“一带一路”中东航线。

25日　全市首家“菜篮子”惠民店在定海城西路开张。惠民店通过对接市内外生产基地等措施，减少采购环节和经营成本，降低零售价格，并长期保持一定品种的蔬菜以低于市场价20%及以上的价格供应。

27日　全国人大常委会委员、财经委主任委员李盛霖率全国人大调研组一行到舟山调研加快制造业转型升级工作，实地考察舟山万邦永跃修造船有限公司和浙江欧华造船有限公司。参加调研的还有全国人大财经委副主任委员邵宁等。

同日　金海重工举行9400箱集装箱船“MSC ROMANE”命名交船仪式。这是该厂向全球第二大集装箱船东——地中海航运MSC交付的第三艘同类型船舶，适合于装运9440个标准集装箱，入DNV·GL船级社。

28日　观音文化园观音法界地标性建筑——观音圣坛主体结构封顶。

同日　世界最高输电铁塔舟山500千伏联网输变电工程380米高塔正式开建。

同日　全省首届“浙江制造”大工匠名单发布，舟山市正源标准件有限公司董事长林仲岳上榜。

28—29日　第二十五届太平洋海洋科学技术大会在舟山召开。大会以“全球变革时代的跨太平洋合作”为主题，设10个分论坛。中国、美国、俄罗斯、日本等10多个国家和地区的200多名海洋科学技术领域的专家学者参加，围绕海洋资源、海洋生态灾害、海洋渔业、海洋工程、海洋法等领域，开展交流和成果展示等活动。

29日　省委常委、组织部部长任振鹤在舟山考察调研。

同日　普陀山机场新增舟山—山东济南航线，由山东航空公司承运，每天1班。

同日　由公安部治安管理局、公安部办公厅新闻中心、公安部宣传局、人民公安报社主办的“情满万家·派出所好民警”颁奖仪式在公安部举行，舟山市民警王延强、张润良获此称号。

31日　在杭州举行的全省平安浙江建设工作会议上，舟山市在蝉联了十二年的“平安市”后，

3 月 29 日，省委常委、组织部部长任振鹤（左一）考察定海新建社区（沈磊　摄）

被授予“平安金鼎”。

同日　国务院新闻办举行新闻发布会，第三批自贸试验区总体方案正式发布，其中中国（浙江）自由贸易试验区实施范围全部在舟山。

同日　舟山群岛新区阿尔法游艇文化旅游股份有限公司获批在全国中小企业股份转让系统（新三板）挂牌上市，成为全市首家在“新三板”上市的旅游企业。

是月　国家海洋局发布通知，批复增设普陀中街山列岛国家级海洋特别保护区为普陀国家级海洋公园。

是月　普陀警方捣毁一个横跨湘浙两省的特大贩毒集团，抓获贩毒犯罪嫌疑人 7 人、吸毒人员 5 人，缴获冰毒 4.4 千克、麻古 1900 多粒、毒资 3 万多元、作案汽车 1 辆。

是月　舟山医院正式通过美国 JCI 认证，成为浙江省首家通过 JCI 国际医院评价体系认证的地市级三级甲等综合性医院。

4 月

1 日　在杭州举行的中国（浙江）自由贸易试验区挂牌暨建设动员大会上，省委书记、省人大常委会主任夏宝龙为中国（浙江）自由贸易试验区揭牌，省委副书记、省长车俊为中国（浙江）自由贸易试验区管理委员会揭牌，省领导朱从玖、梁黎明分别为浙江海港大宗商品交易中心、东北亚保税燃料油交易中心揭牌，首批入驻自贸试验区的企业代表获颁营业执照。会议以视频会议形式召开，舟山市设分会场。

同日　保税燃料油、天然气在中国（浙江）大宗商品交易中心有限公司挂牌上线，为该公司第一批上线产品。

同日　按照财政部、国家发改委《关于清理规范一批行政事业性收费有关政策的通知》，是日起，舟山市停征婚姻和收养登记费，至此全市民政行政事业性收费全部取消。

2 日　由市民政局和香港绿郡恒业集团有限公司主办的市首届公益生态树葬安放仪式在普陀山易德园举行，免费为舟山 10 位逝者提供安葬场所。

6 日　中国（浙江）自由贸易试验区舟山国际志愿服务基地成立，基地依托舟山高校，由大学生志愿者成立服务队，为波音等在舟山的外企和市对外交流提供志愿服务。

7—11 日　市政协七届一次会议在市行政中心召开，大会听取六届市政协常务委员会工作报告及五年来提案工作情况的报告，讨论政府工作报告、两个常委会报告，审议市政协七届一次会议决议；选举产生政协第七届舟山市委员会主席、副主席、秘书长、常务委员等，江建国当选为主席，忻海平、夏文忠、蒋志伟、道慈、谢永和、邵振悦、孙小晓、张伟平为副主席。

8—12 日　市第七届人民代表大会第一次会议在市行政中心召开。大会通过关于舟山市人民政府工作报告的决议、关于舟山市 2016 年国民经济和社会发展计划执行情况与 2017 年国民经济和社会发展计划的决议、关于舟山市 2016 年全市和市本级预算执行情况及 2017 年全市和市本级预算的决议、关于舟山市六届人大常委会工作报告的决议、关于舟山市中级人民法院工作报告的决议、关于舟山市人民检察院工作报告的决议。依法选举钟达为市第七届人民代表大会常务委员会主任，温暖为市人民政府市长，周峰为市监察委员会主任，孙公幸为市中级人民法院院长，黄辉为市人民检察院检察长，选举苗振清、钱军、李善忠、张明、周松宽、夏亚红、徐良波为市第七届人民代表大会常务委员会副主任，选举周伟江、许小月、傅良国、姜建明、蔡洪、方维为市人民政府副市长。

13日 舟山市文化广电新闻出版局（体育局）与浙江省黄龙体育中心战略合作暨舟山市体育场体育馆委托浙江黄龙体育发展公司经营管理签约仪式在舟山市体育场举行，舟山市体育场体育馆挂牌为黄龙体育中心舟山分中心。

14日 《普陀山建筑艺术与宗教文化》举行首发式。该书是市档案馆翻译出版的第一本舟山海外档案史料文献，由商务印书馆出版。原著德国建筑师恩斯特·柏石曼。

17日 在市行政中心举行全市交通大会战动员大会，同时授牌成立甬舟铁路建设指挥部。根据《舟山群岛新区交通建设大会战实施方案（2017—2021）》，五年内实施推进“1128”工程，即开工建设宁波至舟山铁路，全面建成一个国际空港，重点攻坚20个以上主要项目，累计完成综合交通基础设施建设投资880亿元。

同日 鱼山大桥施工栈桥全线贯通。

18日 中国最大规模跨海输电高塔群——220千伏岱山输电线路改造工程灌门大跨越高塔群正式投运，塔群均高192.8米。

同日 省编办批复同意组建浙江舟山群岛新区航空产业园管委会，同时挂舟山市民用航空管理局牌子，为正局级事业单位，主要负责航空产业园开发、建设和管理，以及机场管理、空域协调和安全运营等。

17—19日 市委宣传部、市自贸办、市港航局联合举办“国家战略与舟山实践”大型媒体采访活动，主题聚焦中国（浙江）自由贸易试验区和舟山江海联运服务中心获批一周年暨舟山江海直达首制船开建。人民日报、新华社等国家级、省级及境外媒体记者组成采访团，首站走进舟山港综合保税区衢山分区的鼠浪湖矿石中转基地采访。

19日 国内首艘2万吨级江海联运直达船在浙江增洲造船公司开建。

同日 晚，中国作协副主席叶辛在定海迟留书店，主讲“从《蹉跎岁月》到《孽债》——我的创作和知青生涯”。

20日 由《人民文学》杂志社、浙江省作协、定海区委区政府主办的首届三毛散文奖颁奖典礼在三毛祖居举行。该奖项于上年10月26日启动征集，2017年4月6日终评揭晓，9部散文集、9篇散文获奖。

同日 舟山市举行招商引资大会战动员大会，会议确定舟山群岛新区2017年投资主攻方向（绿色石化、船舶与海工装备、港贸物流、海洋旅游、现代航空、海洋电子信息等产业）和目标任务。

同日 全国政协副秘书长、台盟中央常务副主席黄志贤率全国政协调研组到舟山市调研江海联运服务中心建设及港航发展等相关工作。省台盟副主委胡亚芳参加调研。

同日 长368米的“登明”号集装箱轮靠泊宁波舟山港金塘港区大浦口码头。

21日 省属国企参与中国（浙江）自贸试验区建设对接会在杭州举行。省国资委与舟山市政府签订全面合作战略框架协议，

4月17日，全市交通大会战动员大会中授牌成立甬舟铁路建设指挥部（沈磊 摄）

22个省属国企及金融机构与舟山市政府签约合作共建项目。

同日　中国(浙江)大宗商品交易中心有限公司与省能源集团有限公司煤炭及运输分公司签署正式战略投资协议,共建华东煤炭交易中心。

同日　下午,由中央网信办主办,浙江省网信办、舟山市委宣传部(市网信办)承办的网络名人助力“一带一路”战略主题活动在浙江海洋大学启动。中央网信办网络社会工作局局长章勋宏、中国互联网新闻中心主任兼中国网总编辑王晓辉等出席。

23—24日　全国政协特邀常委视察团一行30多人到舟视察,重点了解舟山市落实创新驱动发展战略情况。视察团成员包括全国政协人口资源环境委员会副主任齐让,全国政协教科文卫体委员会副主任陈小娅,全国政协提案委员会副主任王国卿,中国科学院院士田刚、高鸿钧,中国工程院院士李卫,国家工商行政管理总局副局长甘霖,北京市政协副主席傅惠民,浙江省政协副主席张泽熙以及中国佛教协会副会长道慈等。

26日　新加坡文化、社区及青年部兼贸工部高级政务部长沈颖、新加坡驻沪总领事馆总领事罗德伟带领的新加坡商务代表团到访舟山。

同日　舟山市胸痛诊疗中心成立,同时成立舟山市胸痛诊疗中心联盟,市妇幼保健院、市中医院等16家医疗单位加入该中心联盟。

27日　舟山市召开系列国家战略落地大会战暨自贸试验区建设动员大会,围绕加快推进系列国家战略落地进行再动员、再部署,确保系列国家战略快出成效、出好成效。

同日　第二十七届“普陀山之春”启动,并在普陀山举行“为爱行脚”禅行普陀户外慈善徒步活动。

28日　舟山职业教育集团成立,由舟山职业技术学校、舟山市技工学校和48家企业组成,以非企业法人形式运营。

29日　由舟山宁泰远洋渔业合作社和舟山瑞洋船舶代理有限公司共同组建的舟山市远洋渔船第一支境外专业维修队,抵达秘鲁钦博特港,为前期到港的19艘舟山远洋渔船提供陆域和海上跟踪服务。

是月　加拿大康斯坦汀·波利柯罗纳克斯的“胰岛素依赖型糖尿病的基因型诊断及治疗”项目团队获评2017年度舟山新区“5313”领军人才项目C类团队,获500万元科技创业补助资金。该团队是首个落户舟山的院士级科技创业领军团队,将在5年内在舟山建立集糖尿病诊断、分型、测序、风险评估和个性化治疗为一体的服务平台,为临床医师提供权威的第三方诊疗依据及个性化治疗方案。

5月

1日　中午12时起,全市5595艘渔船进入伏季休渔。休渔时间比往年提前1个月。

2日　浙江荣舟海洋产业股份有限公司在全国中小企业股份转让系统挂牌上市。

3日　舟山首家“国际青年(志愿者)社区”和“天使国际青年志愿者服务基地”揭牌成立,在重大项目、重点工程一线的6支青年突击队同时成立。

同日　舟山在修最大矿石船——载重40万吨的香港籍“PACIFIC WARRIOR”(太平洋武士)散货船在舟山长宏国际船舶修造有限公司经6天维修后出坞。

4日　“2017中国·浙江舟山群岛新区全球海洋经济创业大赛”在上海启动,面向全球征集海洋经济领域的创业项目。大赛分智慧海洋、蓝海智造、生命健康三个行业赛。

8日　舟山和泰船舶修造有限公司建造的浙江省首艘专业渔业资源调查船“浙渔科2”号正式交付船东浙江海洋大学,总投资2400万元。

10日　省委书记车俊到中国(浙江)自由贸易试验区综合服务大厅调研“单一窗口”建设和“最多跑一次”改革。

同日　市委、市政府发出《中共舟山市委舟山市人民政府关于抓好五大会战的通知》,要求全市各级各部门把五大会战作为一个时期的工作主线、工作重点,动员全市干部群众打好系列国家战略落地、城乡环境综合整治、招商引资、综合交通建设、“五水共治”五大会战。

11日　波音737完工和交付中心项目开工仪式在舟山航空产业园举行,省委书记车俊宣布开工,省委副书记、代省长袁家军致辞。省政府、美国波音公司、中国商飞公司代表正式签署投资协议，国家发展改革委副主任林念修、美国波音公司副董事长雷·康纳、中国商飞公司董事长金壮龙、美国驻沪总领事史墨客、舟山市委书记俞东来分别致辞。科技部副部长李萌、工信部副部长辛国斌、国土资源部副部长赵龙、交通运输部副部长刘小明、工商总局副局长马正其等国家部委领导，陈金彪、梁黎明省领导参加开工仪式。

16—27日　舟山群岛新区党工委副书记、市委副书记、市长温暖率舟山代表团先后赴美国、格林纳达、乌拉圭，开展友好访问交流活动。

18日　新城登山健身步道项目竣工，全长67.5千米，与定海200千米和普陀110千米健身步道对接，形成400千米舟山本岛登山健身步道大贯通。

25日　深圳光汇石油集团股份有限公司申请舟山—上海港开展第一票直供业务，从万向油库出库3200吨5-7号燃料油，以一船多供模式前往上海港，为国际航行船舶提供保税燃油加注服务，成为继中国船舶燃料、中石化浙江舟山石油有限公司后第三家开展舟山—上海港直供业务企业。

5月11日，波音737完工和交付中心项目开工（沈磊　摄）

12日　市政府与物产中大集团签订战略合作协议。双方将在大宗商品交易平台建设、油品国际贸易、项目集成服务、公用事业、融资租赁、PPP项目、养生养老项目、跨境电商等方面展开深入合作。

15日　全市工业发展大会在新城召开，12个工业项目现场签约，总投资额158亿元。

同日　舟山—阜阳—重庆航线开通，每周4班，华夏航空公司承运。

25—27日　全国政协副主席卢展工率全国政协"推进海洋救助保障体系建设"专题调研组到舟山考察调研。

28日　2017第十届浙江省青少年体育舞蹈锦标赛（浙北赛区）在舟山开赛。来自浙北6个地市和高等院校的48支代表队、1400多名选手参赛。舟山市有11支代表队488名选手参加，获135块金牌、133块银牌、100块铜牌。

29日—6月1日　市委书记、新区党工委书记、新区管委会主任俞东来率团在香港访问，拜会全国政协副主席董建华，应邀参加香港舟山同乡会庆祝候任行政长官林郑月娥当选酒会，拜访香港贸易发展局、招商局集团等，开展商务推介和经贸合作交流活动。

31日—6月1日　中国（浙江）自由贸易试验区建设领导小组常务副组长、副省长梁黎明在舟山市调研。

是月　普陀区沈家门渔港小镇通过浙江省旅游区（点）质量等级评定委员会AAAA级景区景观资源评定，列入创建AAAA级旅游景区的预备名单。

6月

1日　舟山市"文明礼让斑马线　共建海上花园城"活动正式开启，舟山市所有高清探头将全时段抓拍不礼让斑马线的交通违法行为。

同日　《中国（浙江）自由贸易试验区国际航行船舶保税油经营管理暂行办法》正式实施。舟山成为全国唯一可承接国际航行船舶保税油加油许可权的地方。

2日　宁波舟山港蛇移门航道及相关配套锚地由浙江海事局正式对外公布，标志着该航道被写入国家海图并启用。这是国内首条公布启用的最大通航等级航道,总长164.1千米,可满足30万吨级散货船双向、兼顾40万吨散货船乘潮通航。

5日 省委常委、纪委书记刘建超在舟山调研。

7日 国家卫生计生委规划与信息司公示全国首批13家健康旅游示范基地名单,浙江舟山群岛新区名列其中。

同日 以市国有资产投资经营有限公司为基础组建的舟山市财金投资控股有限公司注册成立,公司由市财政出资,注册资本30亿元。

8日 副省长孙景淼率省调研组到舟山调研“三战”“三防”及重大项目用地和地质灾害防治等工作。

同日 中国(浙江)自由贸易试验区国际航行船舶保税油经营资质颁证仪式在自贸试验区综合服务大厅举行。浙江省能源集团有限公司下属舟山浙能石油化工有限公司、中国华信集团下属华信国际(舟山)石油有限公司、中油泰富船舶燃料有限公司、和润集团下属舟山港综合保税区能源化工有限公司4家企业获首批国际航行船舶保税油经营资质。

同日 由人民日报、新华社等10家中央媒体组成的采访团到舟山开展专题采访报道,实地采访定海东河南路横河路的“断头路”改造工程、普陀朱家尖樟州渔业村捕捞渔民养老保障情况等。全国人大新闻局副局长钟雪泉等陪同指导。

8—12日 在宁波举行的第十九届中国浙江投资贸易洽谈会上,舟山市有6个项目签约,总投资200多亿元。

9日 文莱、坦桑尼亚、斯里兰卡、巴基斯坦等国驻华使领馆官员组成的代表团一行21人到舟山考察,实地参观浙江欧华造船股份有限公司。

同日 金海重工与美国船级社(ABS)再签战略合作协议,围绕产品质量、技术设计、市场开拓、智能制造、船型研发和无人船开发等方面进行合作。

10日 浙江舟山群岛新区与中关村股权投资协会项目对接会在普陀东港举行。市政府与中关村股权投资协会、三盛宏业投资集团签订战略合作框架协议。

同日 舟山市代表团24人抵达杭州参加中国共产党浙江省第十四次代表大会。

14日 经国家卫生计生委会同国家发改委、财政部、国家旅游局、国家中医药局研究,浙江舟山群岛新区成为国家首批13家健康旅游示范基地之一。

15日 《舟山市国家级海洋特别保护区海钓管理暂行办法》正式实施,普陀区海洋与渔业局行政审批中心办理发放了全国首本“海钓许可证”。

同日 舟山港综保区配套码头进口肉类指定口岸通过国家质检总局组织的现场验收。(9月8日正式运行)

同日 市委书记、新区党工委书记、管委会主任俞东来和嵊泗县初级中学教师范群在省第十四次党代会第三次全体会议上当选为中共十九大代表。

16日 “2017舟山群岛·中国海洋文化节暨休渔谢洋大典”在岱山鹿栏晴沙海坛举行。

18日 副省长成岳冲到舟山调研,考察渔民画非遗教学传承基地开展等情况。

19日 舟山市委召开领导干部会议,传达学习省第十四次党代会精神,部署贯彻落实工作。

同日 召开市属部门巡察工作动员部署会,标志着新一届市委对市属部门的巡察工作全面启动,首轮对6个市属部门进行巡察。

20日 舟山国家远洋渔业基地招商(合作)项目集中签约暨发展平台授牌仪式在新城举行。现场签约项目21个,总投资额69亿元,主要涉及远洋捕捞、冷链物流、水产品精深加工、远洋装备技术研究、船舶研发修造、海洋生物研究开发、特色小镇合作建设、旅游等领域。同时授牌成立国家远洋渔业工程技术研究中心舟山分中心和舟山国家远洋渔业基地产业联盟。

21日 省委常委、组织部部长任振鹤到舟山指导学习贯彻省第十四次党代会精神。

同日 正式启用的舟山市体育中心体育场迎来首秀之战——杭州绿城队和上海申鑫队的2017中国足协杯第四轮比赛。体育场总占地面积11.2万平方米,总建设面积1.7万平方米,总投资约2.5亿元,总座席数20805座。

22日 市委、市政府在市行政中心召开舟山市企业上市工作推进会。

23日 舟山海事局组织启动交通运输部国家溢油应急设备库物资和应急队伍力量,在宁波舟山港衢山港区鼠浪湖矿石中转码

6月20日，国家远洋渔业工程技术研究中心舟山分中心授牌成立（沈磊 摄）

头水域举行2017年度大规模综合联动演习，耗时4个多小时，80多人参加。

25日 舟山市首家以海洋影视文化为主题的科技创新产业园——中国海莱坞影视文化科创园开园，首个运营项目"中国海莱坞影视文化艺术团"同步上线。

25—29日 第四届中国海员技能大比武在舟山举行，46个参赛队的500多名选手参加。

27日 根据省委统一部署，舟山市举行省第十四次党代会精神宣讲报告会。

28日 商务部副部长王受文率队到舟山督察调研浙江自贸试验区建设工作。副省长梁黎明等陪同考察。

同日 舟山市举办"2017船舶管理技术高峰论坛"，国内200多名船舶海机务、设计院、船级社和海事院校等船舶技术专家及市相关部门参加论坛。

同日 是日起，为加强电动自行车管理，推进"平安舟山"建设，市公安机关引入物联网技术，开展电动自行车智能防盗备案登记及智能防盗装置安装工作。

29日 舟山市卫生与健康大会召开。会议提出，到2020年，全面建立覆盖全体居民的基本医疗卫生制度，健康舟山发展评价指标持续改进，人群主要健康指标达到高收入国家水平；到2030年，目标居民人均期望寿命达到82.5岁，健康预期寿命持续提高。

30日 浙江大学舟山医院挂牌成立，并签订浙江大学和市政府医学合作协议、浙江大学医学院与舟山医院的院院合作协议及11个重点对接学科协议。

7月

3日 新区海洋产业集聚区市场监管分局为新设立的舟山市宏舟物流有限公司发出自7月1日全省实施"多证合一、一照一码"改革后舟山首张"多证合一"营业执照，执照上涵盖该公司住房公积金缴存登记与船舶代理、水路运输代理业务经营备案等信息。

3—5日 省政协副主席吴晶

7月9日，"向阳红10"完成科考任务后返回长峙岛科考码头（姚峰 摄）

到舟山调研“最多跑一次”改革工作。

7日 浙江自贸试验区实施七项出入境新政,主要服务外籍高层次人才、外籍华人、外籍留学生和长期在华工作人员等群体。

8日 中国作家协会副主席、著名作家张抗抗携《北方》《白罂粟》《诗性江南》等代表作,在定海区的岛上书店参加舟山读者见面签售会。

9日 “向阳红10”科考船历时230天,完成中国大洋第43航次各项科考任务后,返回国家海洋局第二海洋研究所长峙岛科考码头。

10日 2017年下半年全省扩大有效投资重大项目集中开工舟山分会场活动在普陀区鲁家峙至东港公路工程项目现场举行。舟山市有11个重大项目同时开工建设,项目总投资970亿元。

同日 舟山中远船务公司为马士基航运公司建造的系列(第三艘)3600TEU(标准箱)集装箱船(N690)下水,入籍LR船级社。

12—13日 2017海岛旅游投资大会暨旅游上市公司高峰论坛在舟山希尔顿酒店举办。大会发布了《旅游产业一二级市场分析报告》和《旅游新三板企业成长性报告》,并向相关企业颁发“2017最具成长性旅游上市公司”“2017最具成长性旅游新三板企业”“2017最具成长性旅游创新企业”“2017最佳旅游投资机构”“2017最具战略眼光旅游集团”5大奖项。

13日 泰国驻沪总领馆总领事巴丽彩到舟山访问。

同日 中国(浙江)自贸试验区管委会主办、中国(舟山)大宗商品交易中心协办的中国(浙江)自由贸易试验区推介会在广州召开,华信石油(广东)有限公司、广东易贝能源有限公司等近100家企业参会。会议全面解读浙江自贸区战略规划、资源优势以及大宗商品交易中心发展方向,3家企业现场通过名称预核准,近20家企业在会场达成注册意向。

14日 市政府在西安市主办波音项目介绍暨舟山航空产业对接会,现场签约8个项目。

15日 中国社会科学院马克思主义研究院、浙江省中国特色社会主义理论体系研究中心、浙江海洋大学等联合主办的习近平系列重要讲话学术论坛(2017)——“让海洋成为财富”学术研讨会在浙江海洋大学国际学术交流中心召开。

18日 美国温德克(中国)飞机制造有限公司总裁厉宁到舟山考察。

18—19日 省委常委、省公安厅厅长徐加爱到舟山调研公安工作。

19日 全市渔业大会在新城召开,宣布成立中国工程院院士潘德炉等15位专家组成的市政府海洋与渔业发展顾问团,表彰全市渔业先进集体、十佳渔民老大及渔业战线先进人物。

同日 舟山重点海蜇捕捞村落——金塘镇和建社区近20艘渔船出海开始海蜇捕捞。这是中国伏季休渔以来第一年允许伏休期捕捞海蜇,开捕期为7月20—31日,可捕捞范围包含临城、定海、嵊泗、岱山等地方的部分海域。

20日 舟山市海岛旅游警察新标识启用仪式在朱家尖南沙景区举行,标志着浙江省首批海岛旅游警察专业队伍正式登场。

22日 2017全国沙滩(海岛)露营大会暨岱山听海节在鹿栏晴沙景区开幕。

25日 12时19分,舟山岛城电网负荷首破百万千瓦。

26日 同日,和平方舟号医院船从舟山起航,赴非洲执行“和谐使命-2017”任务。

同日 全市启动开展文明礼让斑马线集中统一行动,对不礼让斑马线2次以上的违法车辆列入“黑名单”。(活动持续到年底)

同日 市人民政府教育督导委员会成立。

27日 省委常委、统战部部长冯志礼代表省委、省政府到舟山慰问部队官兵、退役士兵及优抚对象。

同日 市委、市政府召开全市“五大会战”第一次工作推进会,首次公布首战成果,并继续发出动员令。

同日 省商务厅、中国(浙江)自贸区管委会、舟山市人民政府在舟山联合举办中国(浙江)自贸试验区融资租赁产业推进大会。

28日 舟山港综合保税区能源化工有限公司供油船“润吉17”号在舟山北部海域成功完成向香港海吉利国际航运有限公司“海吉利”轮的保税燃油输送,这是舟山市首批获保税油经营资质企业的首单供油,标志着新入列保税油供应行列的4家企业开始转入供油运营阶段。

同日 舟山群岛新区旅游与

7月27日，省委常委、统战部部长冯志礼（前右一）在舟山慰问部队官兵（沈磊　摄）

同日　《中国（浙江）自由贸易试验区建设实施方案》出台。

3日　亚洲洁能资本－常石集团19兆瓦分布式屋顶光伏发电项目并网运营，标志着世界最大光伏建筑一体化电站正式运行。

4日　全市最大规模城中村改造——沈家门城区旧城改造项目（包括墩头区块、教场区块、蒲湾区块）征收启动，涉居民3500多户，征收土地面积约57万平方米，总建筑面积35万平方米。

7日　尼日利亚驻华大使馆高级参赞穆罕穆德·射虎到舟山访问。

7—8日　省人大常委会党组书记、副主任王辉忠率省人大调研组到舟山调研人大工作，先后赴金塘、六横等地考察小城镇综合治理、重点项目建设和五水共治情况。

8日　省第九个“全民健身日”活动启动仪式在普陀举行。

9日　舟山波音737完工与

健康职业学院的波音员工培训中心破土动工。作为波音737系列飞机完工和交付中心项目的重要配套工程，将为波音舟山项目培育大量人才。

31日　中共舟山市委七届一次全体（扩大）会议在新城举行。全会审议通过《中共舟山市委关于贯彻省第十四次党代会精神，建设创新舟山、开放舟山、品质舟山、幸福舟山的决定》。

同日　民建浙江省委会舟山市工作委员会成立。

8月

1日　舟山新城区域街道行政区划调整大会在新城召开。经市政府批准同意，临城街道分为两个街道，以千岛路西侧—329国道南侧—临长路、尖峰岗隧道西侧为界，以东区域命名为千岛街道，以西区域设新的临城街道；同时撤销新城管委会甬东管理处和普陀区东港街道勾山管理处。

2日　2017中国（舟山）大数据科技创新高端研讨会暨国脉集团大数据产业对接会在舟山召开，大数据产业相关主管领导、行业权威专家及企业高管等百余人出席。

8月9日，全国人大环资委副主任委员夏宝龙（前右二）在定海调研（沈磊　摄）

交付中心普陀山机场飞行区配套改扩建工程初步设计及概算通过评审咨询公司评审，标志该工程基本具备开工条件。

同日　全国人大环资委副主任委员夏宝龙带队到舟山调研，先后考察观音文化园和航空产业园项目，察看东港武岭湿地景观河治理、白泉方岭下池塘改造、展茅干施岙村环境整治、新建社区环境整治、定海虹桥水厂自来水深度处理工程等。省人大常委会副主任袁荣祥等陪同调研。

10日　舟山群岛国际邮轮码头一期工程通过竣工验收。工程位于沈家门港区朱家尖岸段，设计建造10万GT（总吨位）（水工结构按靠泊15万GT客船设计）邮轮码头一座及相应配套设施。定位为国际邮轮航班的母港及挂靠港，码头长356米，设计年客运通过能力57万人次。2014年9月完工。

11日　舟山市捐献造血干细胞志愿者李盛姿为广州籍13岁白血病患者捐献215毫升造血干细胞混悬液，成为全省第362例、舟山市第12例造血干细胞捐献者。

14日　国家体育总局公布2013—2016年度全国群众体育先进单位和全国群众体育先进个人名单，舟山市9家单位获评全国群众体育先进单位，7人获评全国群众体育先进个人。

19日　为引导青年在自贸区背景下更好地创新创业，“新青年·创未来”舟山群岛新区青年创新创业论坛暨第三届新区电商创业节下午启动。启动仪式上，舟山群岛新区青创学院同时成立。

20日　中午11时45分，东极东福山实现联网通电，并入大电网（国网）。至此，舟山所有住人海岛均告别柴油机组发电。

21—22日　金塘大浦口码头相继开通“马士基非洲7线”“中远海西非5线”2条非洲航线。至此，固定挂靠该码头的国际集装箱班轮航线增至13条。

23日　舟山市举行创建国家全域旅游示范区动员大会。

24日　全国工商联公布中国民营企业500强和2017年中国民营企业制造业500强，舟山的和润集团和中浪环保两家企业分别位居民营企业第113位和第289位，并与金海重工分别位居民营企业制造业第60位、167位和474位。

24—25日　省人大常委会副主任刘力伟率队到舟山市就《中国（浙江）自由贸易试验区条例（草案）》开展立法调研。

26日　岛城地标级生活综合体，位于普陀东港的杉杉普陀天地正式开业。开业首日客流量突破10万人次，销售额突破800万元。

28日　在挪威举行舟山与北挪威省合作协议签署仪式，浙江大洋世家股份有限公司与挪威第二大三文鱼公司赛马克渔业股份公司签署三文鱼中国销售经营权和贸易合作协议，舟山国际水产城与前进海洋公司签署贸易合作协议，两份协议价值总计约2亿美元。

31日　由香港贸易发展局、浙江省人民政府港澳事务办公室、中国香港（地区）商会、中国（浙江）自由贸易试验区管委会主办的“一带一路”舟山香港合作发展研讨会在新城举行，全市修造船、海运、大宗商品储运等工商界的代表200多人参加。

同日　舟山市首个民办国际化学校舟山绿城育华（国际）学校开学，首批进驻学生294人。

是月　舟山市同时出台《中国（浙江）自由贸易试验区关于加快发展总部经济暂行办法》和《中国（浙江）自由贸易试验区重点产业培育和扶持暂行办法》，对在自贸区注册的境内外大中型企业给予重金奖励。

是月　市中级人民法院与市检察院、市公安局联合出台《关于人民警察出庭作证若干问题的意见（试行）》。

9月

1日　教育部公布2017年全国教书育人楷模名单，舟山职业技术学校教师张赛芬入选，为浙江省唯一入选者；张赛芬同时入选“全国十大最美教师”。

同日　是日起，全市实行六项社会事务实名制，实施范围包括寄递物流办理、客运购票（长途客运、部分水路客运）和货物运输、瓶装燃气灌装、散装汽油灌装、手机卡办理、出租房屋等提供住宿的场所（包括民宿、渔农家乐、寺庙、足浴洗浴场所等）。

4日　农业部发布《关于原则同意浙江省舟山市开展国家绿色渔业实验基地建设的函》，同意舟山市开展首个国家绿色渔业实验基地建设，作为国内首个获批的国际级绿色渔业实验基地。

8日 舟山市首个专利导航项目——“海洋生物医药产业专利导航分析”正式实施，着重对南极磷虾海洋生物医药加工产业链各个层级开展核心技术专利挖掘分析和专利侵权风险分析。

13日 国务院批复同意设立舟山港综合保税区区块三(空港分区)。(12月28日，空港分区通过海关总署、国家发展改革委、财政部等部委联合验收)。

16日 中国(浙江)自由贸易试验区油品产业重点招商引资企业浙江石油股份有限公司获营业执照。该公司由浙江省能源集团有限公司和浙江石油化工有限公司共同出资成立，注册资本110亿元。

17日 中国(浙江)自由贸易试验区国际咨询委员会成立。

17—19日 首届世界油商大会在杭州国际博览中心举行。大会举行重大项目签约仪式，美国杜邦公司与浙江自贸区战略合作项目、英国BP公司与浙能集团战略合作协议项目等20个项目集中签约，总金额约573.7亿元。

18日 国家交通运输物流公共信息平台管理中心复函，同意舟山市设立国家交通运输物流公共信息平台江海联运信息中心。

18—19日 国家发展和改革委员会副主任、国家能源局局长努尔·白克力到舟山调研，实地考察LHD海洋发电项目研发中心、舟山国家战略石油储备基地、舟山绿色石化基地、新奥舟山液化天然气接收及加注项目等。

19日 在全国社会治安综合治理表彰大会上，舟山被评为2013—2016年度全国社会治安综合治理优秀市，并被授予全国社会治安综合治理工作的最高奖项——“长安杯”。定海区香园社区被评为2013至2016年度全国社会治安综合治理先进集体。

20日 新城隧道复线工程完工试通车，总长1487米，其中隧道长702米，工程造价6638.87万元。

21日 省委副书记、省长袁家军在舟山朱家尖会见前来参加国际海岛旅游大会的由罗伯特·纳古利带领的太平洋岛国政治家联合考察团一行。副省长梁黎明等参加会见。

21—22日 国家民委副主任石玉刚率全国少数民族参观团到舟山，开展以喜迎中共十九大召开、纪念中国人民解放军建军90周年为主题的考察活动。

21—23日 2017国际海岛旅游大会在舟山召开，45个国家、地区和国际组织及55个代表团参加。大会以“海岛愿景：新丝路、新机遇、新旅程”为主题，先后举办了2017国际海岛旅游博览会、“一带一路”国际海岛旅游发展舟山论坛、“世界海岛·Family”嘉年华等活动，签约项目6个，总投资额174.5亿元。

22日 舟山市新的社会阶层人士联谊会成立，浙江星岛律师事务所律师徐舟波推荐为会长。

9月23日，在歌诗达大西洋号邮轮举行“世界海岛·Family”嘉年华活动(沈磊 摄)

同日 2017浙江·台湾合作周项目签约活动在杭州举行，新城管委会与台湾乡林集团签署战略框架协议，共同开发建设新城舟山涵碧紫金海上花园文旅金融项目。

22—24日 2017“嵊山杯”第七届全国海钓精英赛在嵊山举行，27支海钓队伍81位队员参赛。24日举行的颁奖仪式上，嵊山镇被中国休闲垂钓协会授予

"中国嵊山休闲海钓基地"称号。

23 日　根据国家行政学院安排,马尔代夫公务员公共管理研修班 30 名学员到舟山市学习职业技术培训工作。

同日　央视新闻频道《新闻直播间》报道了舟山"最多跑一次"破解海岛办事难。时长 1 分 41 秒。

同日　第七届"岱山杯"全国海洋文学大赛颁奖典礼暨全国作家"蓬莱仙岛"采风活动在岱山举行。大赛由中国散文学会、浙江省作家协会、岱山县人民政府主办,3 月 15 日启动,收到参赛稿 2300 多篇(组)。58 位参赛者获得各项荣誉。

25 日　小干二桥全桥贯通,全长 1455.2 米,其中桥梁长 1246 米。

同日　中交(舟山)浚航工程有限公司正式注册落户千岛中央商务区,成为商务区首家外资企业,注册资金 800 万美元。

25—26 日　国家发展改革委在浙江舟山群岛新区组织召开第三次国家级新区工作经验交流会暨新区工作推动会。国家发展改革委党组书记、主任何立峰,国家发展改革委党组成员、副主任林念修,省委常委、常务副省长冯飞等出席会议。

26 日　波音公司与中国商飞合资的舟山波音完工中心有限公司(筹)及波音·商飞联合项目中心在舟山签约揭牌。

同日　在金华举行的第十届中国商品市场峰会上,舟山国际水产城获由中国社会科学院财经战略研究院和中国商品市场峰会组委会联合颁发的"中国商品市场百强"称号。

27 日　岱山自贸片区首家油品储运企业浙江海港黄泽山油品储运有限公司落户衢山黄泽山岛自贸试验区,主要从事石油储运设施、输油管道设施建设,综合物流服务及增值服务等业务,注册资本 10 亿元。

28 日　舟山市公共法律服务中心鱼山工作室挂牌成立。

29 日　浙江省第三届体育大会在舟山市体育场开幕。省委副书记唐一军宣布开幕。大会以"海洋、运动、休闲、快乐"为主题,突出绿色休闲、海岛特色。10 月 28 日闭幕,舟山获 12 金 13 银 22 铜。

是月　经省编办批复同意,在市科技局增挂市知识产权局牌子。

10 月

10 日　全市"五大会战"第二次工作推进会在新城举行,全面部署城中村改造攻坚行动。

11—12 日　省人大常委会副主任姒健敏到舟山调研食品安全、信访和中央及省委有关文件的贯彻落实情况。

12—14 日　舟山大厨郭金伟在"中国非遗美食峰会暨八大菜系大师师徒传承峰会"上获 2017 年度"中华金厨奖",该奖项是全国烹饪饮食的最高荣誉。

14 日　2017 年中国·岱山岛国际风筝节在岱山县鹿栏晴沙景区开幕,国内外 45 支风筝代表队参加国际运动风筝赛暨全国风筝锦标赛。

14—17 日　受第 20 号台风"卡努"倒槽和北方弱冷空气共同影响,舟山现罕见狂风暴雨。14 日 8 时至 17 日 8 时,全市平均雨量 284.8 毫米,其中最大雨量站点出现在普陀区展茅干施岙,达 754 毫米,堪为百年一遇。

19 日　绿色石化基地围填海工程初步设计通过专家审查。

20 日　中国人民对外友好协会、舟山市文学艺术界联合会、舟山市人民对外友好协会和加拿大国际文化交流协会共同主办的第 16 届环太平洋国家艺术展在舟山市美术馆开幕,中国、加拿大、美国、英国、荷兰、日本、韩国、波兰等 8 个国家的 120 件艺术家作品参展,其中舟山本土海洋题材作品 12 件。11 月 18 日展会结束。

24 日　副省长孙景淼一行在舟山调研现代农业园区建设情况。

同日　中国(浙江)自由贸易试验区研究院在舟山揭牌成立。

25 日　农业部办公厅公布 2017 年休闲渔业品牌创建主体认定名单,普陀区白沙岛基地二期获 2017 年度全国精品休闲渔业示范基地(休闲渔业主体公园)称号。

26 日　上海佘山—东极的空中直升机航线开通,途经上海松江、航头、临港和嵊泗,这是舟山市继普陀山机场至东极、桃花岛之后的第三条空中直升机航线。

同日　海洋科学城成立全市首个园区党委,选举产生园区党委第一届委员会委员。

同日　舟山市申报的"金塘李"通过农业部专家评审委员会评审,成为继"舟山晚稻杨梅""普陀佛茶”后，第三个获农业部农产品地理标志认证的舟山特色农产品。

27日　中共舟山市委印发《关于推进“清廉新区”建设的实施意见》，打造“清廉浙江”的舟山样板。

同日　大型油品企业卡斯特岱山能源有限公司注册落户衢山六条溪，公司注册资本50亿元。

31日　舟山—西安航线完成首飞，经停福建泉州。至此，舟山与18个城市通航。每周3班，由福州航空公司承运。

同日　中国社会科学院发布《生态城市绿皮书：中国生态城市建设发展报告（2017）》，舟山列全国生态城市综合排名第三。

同日　浙江海港大宗商品交易中心启动试运营。中心由省海港集团、宁波舟山港集团联合中国工商银行、南华期货共同组建的大宗商品现货交易平台。

是月　国家质检总局批准舟山口岸设立进境水果指定口岸。

11月

1日　中国人民银行杭州中心支行出台《关于金融支持中国（浙江）自由贸易试验区建设的指导意见》，围绕促进自贸试验区大宗商品贸易和投融资便利化、支持自贸试验区实体经济发展，重点聚焦促进贸易、投资与融资便利化，提升资金运用效率与规避汇率波动风险，支持油品全产业链建设，推进人民币国际化战略，防范金融风险等五大方面，提出33条意见与举措。

同日　全省首宗海陆联合招拍挂网上交易在岱山县挂牌。该地块位于综保区衢山分区衢山岛东侧，鼠浪湖岛东南侧和小鼠浪山岛之间，宗海（宗地）面积38.47万平方米，拟出让年限50年，用途为仓储用地。

1—3日　省长袁家军在舟山考察，并宣讲十九大精神。

3日　上海威尔森华洋国际船舶代理有限公司舟山分公司注册落户舟山千岛中央商务区，成为自交通部发布《关于在国家自由贸易试验区试点若干海运政策的公告》以来，首家落户浙江自贸试验区的中外合资国际船舶代理企业。

5日　全美浙江总商会代表团考察座谈会在舟山举行，会上世界两大拥有顶级潮流能技术的美国Verdant新能源公司和LHD新能源公司签订战略合作协议，共同开发中美潮流能市场。

7日　市公安局拍摄的微电影《那海那岛那警——危情时刻》获第五届亚洲微电影艺术节“金海棠奖”。

同日　普陀山观音法界居士学院开工。

9日　以“军民融合谋转型，创新驱动促发展”为主题的第四届浙江船舶产业协同发展高峰论坛在定海举行。

同日　省重点项目六横小郭巨二期围垦工程完成海堤龙口合龙，标志着该项目完成主体工程。

10日　全市文化产业发展大会在新城举行。会议表彰首批舟山市成长型文化企业和文化产业创新人才。

12日　“神行定海山”2017年国家登山健身步道联赛总决赛在定海开跑，国内1600多名参赛选手及登山运动爱好者展开竞速组、团队接力组、徒步体验组、家庭亲子组4个组别的比拼。

14日　普陀湾众创码头入选省人力资源和社会保障厅公布的第三批“省级创业孵化示范基地”。

15日　副省长梁黎明在市信访局现场接访，受理上访群众诉求并当场予以解决落实。随后，梁黎明来到新区社会公共服务与监督中心，考察“12345”平台建设运行情况。

16日　在全省美丽乡村和农村精神文明建设现场会上，舟山6村庄获评浙江省首批AAA级景区村庄名单，嵊泗县获评市首个省美丽乡村示范县。

17—19日　以“自在人生·慈悲情怀”为主题的第十五届普陀山南海观音文化节在普陀山举行。

18日　中国文明网发布第五届全国文明城市、文明村镇、文明单位等获评名单。舟山港海通轮驳有限责任公司、舟山出入境检验检疫局、嵊泗县国家税务局获评第五届全国文明单位；定海区岑港街道册北社区村、金塘镇柳行社区村，普陀区展茅街道横街社区村，岱山县长涂镇倭井潭社区村、东沙镇泥峙社区村获评第五届全国文明村镇；定海小学获评第一届全国文明校园，南海实验学校获评第四届全国未成年人思想道德建设工作先进单位。

19日　“中国银行杯”2017舟山群岛马拉松开赛，来自国内外的万余名选手参赛。

22日　沙特阿美公司亚洲副总裁穆莎巴·卡塔尼到舟山考察。

23日　市政府在杭州举办首届舟商西湖论坛，邀请600多名在杭舟商代表及嘉宾参加。论坛以"新时代·新未来"为主题，共商舟山建设发展大计。

24—25日　舟山市与吉林省松原市开展对口合作，双方签署合作协议及两市旅游合作框架协议和东北大米合作经营协议。

24—28日　2017浙江农业博览会在杭州举行。舟山60多家企业的500多种渔农产品参展，5个产品获金奖，9个产品获优质奖。

25日　国家重点研发计划项目"水下直升机"启动会在浙江大学舟山校区举行。该项目是2017年国家重点研发计划"深海关键技术与装备"重点专项之一，由浙江大学牵头，三亚深海科学与工程研究所、中国科学院沈阳自动化研究所、南京邮电大学、河海大学等共同参与承担。

同日　迁址重建后，泉芽公司进行试生产。迁建总投资300多万元，采用全自动生产线，日生产豆芽约20吨。(12月正式投运)

26日　宁波舟山港大浦口集装箱码头的年集装箱吞吐量首次突破100万标箱。

同日　第三届国家级新区发展论坛在舟山举行。

同日　普陀海洋生态创新谷启动，位于普陀北部展茅区域，规划总面积8平方千米，是普陀海洋产业发展的主阵地。

27—29日　市第七届人民代表大会第二次会议在新城召开。会议选举产生18名舟山市出席省第十三届人民代表大会代表。

同日　世界海上施工行业第一艘半潜式起重船"赫蒙德号"，由迄今世界上最大的半潜重型运输船"尖兵号"从荷兰鹿特丹运输到舟山海域后成功卸载靠泊舟山港。

28日　舟山7支业余文艺团队在中央电视台演播厅录制了《群英汇》舟山专场。

同日　浙江大学、印尼万隆理工学院共建的中国－印尼海洋科学与技术中心揭牌成立，落址浙江大学舟山校区。

同日　世界海上施工行业第一艘半潜式起重船"赫蒙德号"，由迄今世界上最大的半潜重型运输船"尖兵号"从荷兰鹿特丹运输到舟山海域后卸载靠泊舟山港。

同日　宁波舟山港主通道舟岱跨海大桥施工作业许可证获批下发，标志着舟岱跨海大桥建设工程正式启动。大桥起于马目斧双头山，止于岱山双合码头附近，全长16347米。

29日　全市"五大会战"第三次工作推进会在新城举行。

同日　市委宣传部、市自贸办、舟山日报社、舟山广电总台联合主办"东西南北　问道自贸"融媒体新闻行动启动，组成记者采访团，赴上海、天津、广东、重庆自贸试验区开展立体式、综合性的自贸试验区报道。

同日　市政府主办的"2017中国石化行业高峰论坛"在南京举行。

是月　舟山市警方破获浙江席琳贸易有限公司特大虚开增值税专用发票案，涉案金额120多亿元，涉及20多个省市800多家企业，是市公安局经侦支队1997年成立以来破获的案值最大案件。

12月

1日　浙江自贸区保税燃料油调度服务中心正式运行。

4日　国家海洋督察组(第四组)督察下沉舟山组进驻舟山，开展为期5天的海洋督察工作。

4—5日　宁波舟山港六横公路大桥工程初步设计接受省发改委专家组审查并通过。

6日　鑫亚船舶修造有限公司与世界500强企业——MAN股份公司签订合作协议，MAN将在鑫亚公司建立定点维修服务站，为该公司在中国设立的唯一定点维修服务站。

同日　省质量技术监督局发文批准舟山市成立浙江省大宗航运物流产业计量测试中心，为全省首家产业计量测试中心。

7日　市检察院驻市环保局检察官办公室、市法院驻市环保局环境执法与司法协调联动办公室揭牌成立，正式启动市环境行政执法与刑事司法联动机制。

同日　舟山市海洋科学城与俄罗斯圣彼得堡国立海洋技术大学签署合作备忘录。双方将在船舶设计和制造、海洋新能源和新材料研究、海洋新技术应用、工业4.0在船舶修造和海洋工程中的应用、激光技术、3D打印技术、海洋生态环境保护以及人才培养等方面加强交流合作。

8日　浙江增洲船厂建造的

舟山江海直达船型首制船——“江海直达1”号举行接水仪式。

同日 普陀鲁家峙至东港公路项目主体工程开工，全长约2.23千米，总投资11.27亿元，是浙江省唯一一个列入2017年中央预算内投资补助的项目，获中央预算内投资1.32亿元。

12月23日，金叶蔬菜批发市场开业（沈磊 摄）

10日 全球最大的单体全自动化码头洋山港区第四期工程开港试生产。

11日 浙江金鹰股份有限公司与湖南瑞翔新材料股份有限公司合资组建的浙江金鹰瑞翔新材料有限公司正式投产。公司主导产品为三元锂电池正极材料，项目总投资5亿元。

12日 舟山市第七次归侨侨眷代表大会在新城召开，参会代表近260人，选举产生市侨联第七届委员会，陆意当选为主席。

同日 舟山海洋大数据中心（一期）——舟山城市数据大脑基础平台项目通过专家组验收。

13日 宁波舟山港衢山港区鼠浪湖矿石中转码头工程通过竣工初步验收。

13—14日 中央书记处书记、中央纪律检查委员会副书记赵洪祝在舟山考察。

17日 在上海举行的“2017中国最美村镇”颁奖典礼上，普陀区展茅街道干施岙村获“2017中国最美村镇——宜居奖”，定海区干磁镇新建社区及该社区党支部书记余金红分获“中国最美村镇50强”奖和“中国最美村镇50人”奖。

18日 经省十二届人大常委会第四十五次会议批准，市人大常委会正式公布《舟山市文明行为促进条例》，条例分总则、鼓励与提倡、基本行为规范、支持与保障、实施与监督、法律与责任、附则7章，44条，囊括文明行为规范50多种。2018年3月1日起正式施行。

同日 市行政服务中心（自贸区综合服务大厅）正式启用。

同日 市教育局发布《新城义务教育招生办法》，从2018年1月1日起开始施行。

22日 国家知识产权局确定舟山市为国家知识产权试点城市，试点周期为2017年12月至2020年12月。

23日 位于定海双拥路的金叶综合市场正式启用，总投资5100万元，建筑面积近万平方米。

25日 省政府复函，原则同意《浙江国际农产品贸易中心建设方案》。中心建设将立足于中国（浙江）自由贸易试验区，发挥舟山海洋经济的独特优势，形成区域性的农产品加工贸易中心，并逐步向内陆地区辐射，成为服务于全国的农产品贸易中心。

同日 22时30分，央视《我有传家宝》栏目之《绿水青山画舟山》上集在央视一套播出，节目以《还它一波碧水》《嵊山的水奇迹》《舟山旅游农业》《绿色银行万花谷》《渔民画出新气象》5个篇章展示舟山“传家宝”故事。

25—26日 六横日产5万吨大型反渗透海水淡化关键技术及装备研究与示范项目通过科技部组织的专家组验收。

27日 上午9时许，宁波舟山港年货物吞吐量首次突破10亿吨，标志着宁波舟山港成为全球首个年货物吞吐量超10亿吨的大港，且连续九年位居世界第一。

同日 省十二届人大常委会第四十六次会议审议并表决通过《中国（浙江）自由贸易试验区条例》。

同日 下午，普陀山机场产生2017年第100万名旅客，机场年旅客吞吐量首次突破100万人次,比上年增长25%以上。

29日　嵊泗县政务服务中心不动产登记中心颁发全市首本海域使用权《不动产权证书》。

同日　市第七届人民代表大会常务委员会第九次会议审议并表决通过《舟山市城市绿化条例》。

是月　全市最低月工资标准提高到1800元。

是月　东部战区批复同意扩大对外开放舟山港口岸马岙、白泉、金塘、岱山、衢山港区共计141.02平方千米水陆域范围。

是年　舟山市依托旅游形象门户中心(A类)、交通集散中心(B类)、景区游客中心(C类)、社会宣传网点(D类)和市外形象店(E类)五类旅游咨询服务平台,基本建立起覆盖各县(区)、功能区的旅游宣传体系。

(撰稿:施梓)

责任编辑:刘娟芬

浙江舟山群岛新区党工委、管委会

新区党工委领导

书　记：周江勇（续—2017.02）
　　　　俞东来（2017.02—）
副书记：温　暖（续—）
　　　　徐　旭（续—2017.07）
　　　　马国华（续—）
委　员：忻海平（续—2017.02）
　　　　周伟江（续—）
　　　　张明超（续—）
　　　　徐张艳（续—）
　　　　周　峰（续—）
　　　　魏　明（续—）
　　　　冯皇营（续—2017.02）
　　　　王　伟（2017.02—）
　　　　刘永艺（2017.02—）
　　　　李　岩（2017.07—）

新区管委会领导

主　任：周江勇（续—2017.02）
　　　　俞东来（2017.02—）
副主任：温　暖（续—）
　　　　马国华（续—）
　　　　周伟江（续—）
　　　　沈仁华（续—2017.02）
　　　　徐燕峰（续—2017.02）
　　　　许小月（续—）
　　　　傅良国（2017.04—）
　　　　黄国华（续—）
　　　　姜建明（续—）
　　　　蔡　洪（续—）
　　　　方　维（2017.04—）
　　　　李　岩（2017.09—）

新区政策研究工作

2017年，组织起草、修改各类文稿300余篇。包括市第七次党代会、市委七届一次、二次、三次全会、2017年政府工作报告、省市“两会”“五大会战”、政府次、二次全体会议、政府有关常务会等综合性会议材料的起草；“五大会战”历次动员大会及推进会、十九大精神宣讲会、自贸试验区挂牌、国家级新区工作经验交流会、第三届国际海岛旅游大会、首届世界油商大会、工业经济发展大会、卫生与健康大会、渔业大会、城乡环境综合整治专题汇报会、“最多跑一次”改革推进会、全域旅游示范区动员大会、经济形势分析会和舟山江海联运服务中心建设、治危拆违、小城镇环境综合整治等各类专题会议重要讲话稿；全省市长座谈会、浙东经济合作区第二十四次会议市长座谈会、省领导到舟山调研汇报材料和自贸试验区、江海联运服务中心、“最多跑一次”改革、油品全产业链打造等多篇省领导专报及专题汇报材料，受到省主要领导批示20余次。

组织开展调查研究。牵头完成年度外包课题7个，其中《自贸区时代背景交通大格局构建研究》《新加坡油品贸易案例分析及山东地炼贸易潜力调研》列为市委书记、市长年度重点课题，编印市级重点调研课题文集（2016），收录市领导调研文章19篇。组织或参与全域旅游、城市管理体制、教育管理体制、江海联运服务中心、舟山市试行容错免责机制、降低企业成本、产业发展等多个专题调研，撰写调研成果、报告近30篇，上报省2017年舟山党政系统调研成果4篇，完成《“十三五”时期新区跨越发展短板问题研究》等调研报告4篇。做好《舟山政研》《新区发展研究》《专家建议》专报编辑刊发工作和“新区政策研究室（发展研究院）”网站运维工作。

做好新区全面深化改革领导小组办公室日常事务工作，发挥改革办统筹、协调、督促、推进作用。梳理完善2017年度新区全面深化改革领导小组工作要点及37项市重点突破改革项目、各改革专项小组年度改革工作计划，

"全面启动中国(浙江)自由贸易试验区建设""加快舟山江海联运服务中心建设"2项改革项目被列入省重点突破改革项目。做好省对全市改革工作考核工作,汇编《浙江舟山群岛新区全面深化改革工作台帐》,首次获评优秀组织奖,4个案例入选全省第四届公共管理创新案例,舟山市考核综合排名由全省后列上升至第6位。做好设区市改革满意度迎评工作,组织召开市委全面深化改革领导小组会议、改革满意度评估迎评专题部署会,制定印发"设区市改革满意度评估"迎评工作任务分解表,加大8个改革测评项目宣传工作力度。

搭建市内外研究合作平台。整合全市政研系统研究力量,组织召开首次由市委名义组织的"全市政研工作会议",建立政研系统业务培训会议、县区(功能区)政研室主任例会、全市和在舟研究机构协作机制、优秀课题成果分享会等会议制度和工作机制。搭建新区研究机构合作平台,与浙江大学海洋学院等单位主办第三届国家级新区发展论坛,邀请国家发改委、中国对外贸易大学、国经中心资深专家作主旨演讲,19个国家级新区的代表参会。组织省内研究合作模式,牵头组建浙江省旅游联合会海洋旅游分会,会同新区旅游与健康职业学院等单位举办省海洋旅游分会第一次会员代表大会,杭州、宁波、温州等六市及省属的83家单位参会,《中国旅游报》《中国海洋报》《浙江在线》等传媒给予报道。

(撰稿:周凡璐)

新区督查考核工作

【概况】 2017年,开展巡查督导9次,督查重大决策和重要工作299个;组织及联合部门开展各项督查26次,完成情况通报26期;配合协助上级党委政府完成各类专项督查、督办任务6次,形成督查信息情况6期;跟踪督办重要媒体曝光问题77次,形成督查专报87期;完成市领导批示件办理51件,报送情况专报40余期。协调组织落实建议提案550件,办结率和满意率均为100%;完成4个县(区)、5个功能区和74家市级机关单位综合考核工作。

【抓好各项决策部署的贯彻落实】 专项督查和跟踪问效中央八项规定、环境保护工作、省党代会、省两会、省政府全体会议等重要会议精神、省政府涉及舟山重点工作任务、省政协民主监督中关于道路两侧和四边三化工作存在问题、"五水共治""三改一拆"、浙商回归等决策部署和政策措施在全市的贯彻落实进展情况。围绕市委全会、市委常委会议、市"两会"、市政府全体会议等重要会议安排部署的目标任务和中心工作,组织开展市政府重点工作清单落实情况及"134"机制落实情况、三重项目、为民实事项目、"最多跑一次"改革推进情况、河长制落实情况、菜篮子推进情况、特色小镇建设情况、城乡环境综合整治、美丽乡村建设、交通大会战、自贸区建设、无违建县创建、企业税收落地和企业上市情况、直升机停机坪建设情况、出租车运营整治等工作的专项督查。

【抓好巡查督导工作】 实施巡查督导工作制度,将五大会战作为巡查督导工作切入点,制定实施方案、月督查计划,开展督促检查和反馈工作,抓好整改落实反馈。全年开展巡查督导9次,督查重大决策和重要工作299个,发现问题382个,提出建议267个,完成督查专报和督查通报9期,下发督查交办单39件,其中完成14件,基本完成11件,正在推进中10件。

【抓好媒体曝光问题的跟踪督办】 规范《今日聚焦》《新区聚焦》等媒体曝光问题的工作流程,做好媒体曝光问题的"回头看"工作,对尚未落实的时限长、难度大、易反弹的督办事项开展持续追踪督查,推动曝光问题的整改措施落实到位。全年督查媒体曝光问题77次,60个问题基本完成整改,其余问题继续整改,完成督查专报87期,组织开展"回头看"2次。浙江卫视《今日聚焦》栏目曝光舟山市问题7个:1月6日,新城生活污水污染茶山浦河;4月13日,定海区大洋水产公司偷排废水;6月2日,朱家尖海特力水产公司清洗废水外排入河;7月20日,嵊泗县枸杞岛大王村部分生活污水排入近海;7月26日,岱山县高亭镇雨水管口排放污水;11月28日,定海区国裕公司超标废水排入近海;12月13日,朱家尖鱿鱼加工户违规生产排放污水。

【抓好民生实事项目的跟踪落实】 加强2017年度省、市政府为民实事项目督查考核力度，并作为每月巡查督导的重点内容之一，进行常态化督查。10月底，组织市政府主要领导和分管领导实地督查调研2017年为民实事项目，了解各项目的进展情况、存在问题，围绕难点协调突破，确保按时保质完成。做好2018年为民实事项目编制工作，通过舟山日报、舟山晚报、舟山电视台及舟山政府门户网站等媒体网络向市民征集意见建议；向市人大代表、政协委员征集意见建议。在各方意见建议的基础上，筛选出一批与群众生产生活密切相关、群众受益面广的项目，提请市人民代表大会会议审议票决。

【强化目标管理发挥综合考核“指挥棒”作用】 落实督考联动方式和捆绑考核机制，坚持基础工作日常化管理，着力对各任务目标的全程跟踪督查，发挥督考的导向助推作用，确保完成各项年度目标任务。3月23日，市党政联席会议听取2016年度全市考核工作情况汇报。3月30日，新区党工委管委会、市委市政府印发《关于2016年度全市综合考核一等奖单位的通报》，通报表彰2016年度全市综合考核一等奖单位。6月7日，市党政联席会议听取2017年度全市综合考核和经济发展水平考核实施方案。6月8日印发《关于印发2017年度全市考核内容的通知》，明确2017年全市综合考核内容。12月14日，印发《关于组织实施2017年度全市综合考核的通知》，2017年度全市综合考核正式开始。12月15日，召开2017年度全市综合考核工作动员会，市委常委、市委秘书长、新区办主任刘永艺出席会议并作动员讲话。

（撰稿：洪卡达）

接待工作

【概况】 2017年，市接待办服务江海联运服务中心、自贸试验区、绿色石化、波音完工和交付中心等重大战略和项目，完成各项接待任务。市本级承接任务704批、14029人，接待量37392人次，批次比上年减少18%，接待量同比增长11%。其中，警卫任务5批，部级（以上）领导178人次，增幅29%；厅局级领导652人次，与上年持平；商务团组151批、3814人，批次同比减少17%，人次同比增长15.6%。全年承接的任务批次比上年回落明显，接待量比上年增长45%。

警卫任务接待基本持平。是年，承接各级警卫任务5批260人，与上年持平。原中纪委副书记赵洪祝二级警卫任务1批，全国政协副主席卢展工、何厚铧等三级警卫任务4批。

因系列国家战略落地，重大项目考察接待稳中有升。围绕自贸试验区、新区江海联运服务中心、绿色石化项目、波音完工与交付中心及航空产业园、国家远洋渔业基地等重大项目的调研考察活动，承接国家发改委调研组、自贸区课题调研组、交通部专家组、绿色石化围海评估专家组、商务部、国家海洋局、海关总署、波音商飞公司专家组、埃克森美孚公司考察组、中国电建集团、中交集团、荣盛集团、吉祥航空等围绕重大项目的调研考察组35批，比上年略有增加。

承办新区重大会议接待活动增多。重点做好首届世界油商大会、第三届国际海岛旅游大会、第三次国家级新区工作交流会、波音完工与交付中心开工仪式、浙东第24次市长联席会议等重大会议会务保障工作，协助做好第四届中国海员大比武活动、浙江省第三届体育运动大会、江海直达船开工仪式、自贸区海洋金融论坛等会议活动有关的会务接待工作等12批。

中央机关、国家部委及省内公务团组接待有所增长。完成国家部委、省领导和省级部门到舟视察调研的接待服务，接待全国人大、全国政协、国务院安委会、国家发改委、交通部、财政部、商务部、农业部、海关总署、工商总局、工信部、国土资源部、科技部、中科协、国家旅游局、国家海洋局等中央机关、国家部委考察组112批，与上年基本持平；接待省领导到舟山视察调研46批，同比增长31%；省发改委等省级部门、人民团体等155批，同比增长9%。

商务团组接待回落。先后承接汇金公司、中银投资公司、中燃集团、上海复星集团、嘉里集团、正大集团、维多集团、农资集团、武钢集团、亲和源股份公司、赛伯乐集团、浙能集团、香格里拉集团、华创集团、沙特阿美公司、马来西亚云顶集团、聚贸控股集团等商务团组151批，同比减少17%，接待人数增加15.6%。

各类检查督查调研团组接待保持稳定。接待中央环保督察组、国家海洋督察组、国务院第八督查组、国务院安委会第三巡查组、外交部社会调查组、国土部专项督察组、省委主体责任检查组、省委第十一检查组、省组部考核组、省平安考核组、省粮食安全考核组、省五水共治督查组24批,与上年持平。

外事和港澳台团组接待有所减少。承办外事和港澳台团组到舟山接待活动,美国波音公司考察组、新加坡企业考察团、乌拉圭代表团、驻华使领馆官员代表访问团、中东欧国家代表团、韩国驻沪总领事访问团、尼日利亚大使馆访问团、吉布提共和国代表团等境外团组38批及2017香港青少年学子游学团、浙港青年庆祝香港回归20周年舟山行等港澳台来访团组40批,合计78批。

接待山西省政府考察团、吉林松原、新疆阿克苏、西藏那曲等考察团10余批,接待北海舰队、东海舰队、省军区、省边防总队等部队8批次,服务本市党政代表团赴海南考察等。

市接待办获第三届国际海岛旅游大会先进集体,1人获国际海岛旅游大会先进个人,1人申报省体育大会先进个人。

【适应形势抓好改革整合】 因新区建设发展需要,开展体制调整。4月起,市接待办主任和副主任先后被市委任命为市机关事务管理局局长和副局长。局、办和市编委探讨研究体制格局调整方案,形成合署办公的最终方案,提交市委市政府研究通过,于10月正式实施。撤销秘书处,职能与局办公室职能合并,保留接待一处、接待二处。全办人员整体划入市机关事务管理局,采用两块牌子、一套班子运作模式。12月,实施全局包括办里的科级中层干部聘任工作。

【注重内涵抓好品牌打造】 向省申报舟山接待品牌,创新各类载体,推进接待精品化。加强接待基地建设。争取市领导重视,谋划市级公务接待基地。启动机关食堂一楼风味餐厅、二楼素食餐厅、三楼接待包厢的设计改装;把绿城玫瑰园大酒店、普陀开元大酒店、高佳庄长峙岛香樟店、妙有茶室等符合条件的接待点纳入接待范畴。做精海鲜特色餐饮。在用餐安排上,通过外引内练,在主要接待点——机关食堂,组织开展厨艺大比拼活动,推出系列具有浓郁海岛风味的特色菜肴,同时兼顾杭帮特色菜肴,提升和丰富舟山海鲜美食的文化品位。开发海岛特色接待宣传精品。加强与民间工艺的合作,注重突出舟山海洋风情特色、佛教文化特色、新区开发开放特色元素的体现,开发舟山贝雕、船木镇纸等宣传用品。

【夯实基础抓好规范保障】 按照接待规范制度运作。坚持来客接待报告单制度、接待方案审批制度、接待任务交办制度等,加强与相关单位的配合,搞好接待衔接工作。按照节俭廉洁安全要求落实。在接待活动中做到合理安排,厉行节约。年初与全办干部职工签订廉政建设责任书、廉洁自律承诺书、保密工作承诺书等,开展日常的谈话谈心提醒等活动,要求全体接待人员遵守财经制度,遵守廉政规定,遵守保密规定,确保接待安全。按照公务用车制度执行。和机关公务用车中心理顺关系,明确责任,规范派车程序,做好市主要领导调研、接待用车的调度保障。同时,按照接待任务要求有序落实保障车辆,确保接待用车的应急、时效和安全,保障公务接待活动的开展。

(撰稿:夏鹭)

责任编辑:李馨桐　童涵

中共舟山市委员会

市委领导

书　记:周江勇(续—2017.02)
　　　　俞东来(2017.02—)
副书记:温　暖(续—)
　　　　徐　旭(续—2017.07)
常　委:马国华(续—2017.02)
　　　　忻海平(续—2017.02)
　　　　周伟江(续—)
　　　　张明超(续—)
　　　　徐张艳(续—)
　　　　周　峰(续—)
　　　　魏　明(续—)
　　　　冯皐营(续—2017.02)
　　　　王　伟(2017.02—)
　　　　刘永艺(2017.02—)
　　　　李　岩(2017.09—)
秘书长:刘永艺(续—)
副秘书长(专职):赵利平(续—)
　　　　郑华卫(续—2017.04)
　　　　任爱珍(续—)
　　　　张　立(2017.06—)

概　述

2017年,中共舟山市委学习贯彻中共十九大精神,落实省委各项工作部署。召开全市领导干部会议,通过多种形式研读十九大报告和新修改的党章,市委常委和市委宣讲团赴基层宣讲,组织县处级干部集中轮训。

谋划实施"五大会战",建设"四个舟山"。推动市第七次党代会决策部署的落实,聚焦自由贸易港、海上花园城,科学谋划发展路径。开展系列国家战略落地、城乡环境综合整治、招商引资、综合交通建设、"五水共治"5个大会战,先后召开"五大会战"5个动员会和3次推进会。开展调研,查找全市发展不平衡、不充分问题,并在市委七届二次全会上提出建设创新舟山、开放舟山、品质舟山、幸福舟山,制定实施"四个舟山"建设三年行动计划,理清发展思路、工作抓手。

把建设自贸试验区作为系列国家战略落地大会战的关键之举。自贸试验区总体方案获批,管委会挂牌运行,自贸试验区条例出台,自贸试验区法庭和检察部获批设立。围绕挂牌一周年,攻坚40项重点任务。研究申报自由贸易港。以油品为核心,先行先试推动制度创新。复制推广前两批自贸试验区改革创新经验,系统推进改革创新任务。试点运行国际贸易"单一窗口",举办首届世界油商大会。推进绿色石化基地建设,通过环评和项目核准。波音737完工和交付中心项目超常规速度推进,舟山港综保区空港分区通过国家验收。

力促经济平稳发展。加强对经济工作的领导,把握发展主动权。开展招商引资大会战,支持发展实体经济。召开工业发展大会,建立市领导联系重点工业企业制度。重视企业上市工作,出台三年行动计划。深化供给侧结构性改革,做好减成本降负担工作。促进房地产健康稳定发展。实施智能制造、机器换人和企业上云等工程,加快传统制造业转型升级,船舶修造、石油化工、水产加工、机械制造、塑机汽配等行业保持平稳增长。发展海洋电子、新能源、新材料等产业,世界领先的林东大型海洋潮流能发电机组首套1兆瓦模块并网发电。加快港航产业发展,舟山江海联运服务中心加快建设,江海直达首制船成功下水。提升旅游业发展,加快建设观音文化园,创建国家全域旅游示范区,举办2017国际海岛旅游大会,全年接待游客量和旅游收入分别增长19%和21%。推进渔农业转型,加快国家远洋渔业基地全产业链发展,远洋水产品捕捞量稳步增长,国家绿色渔业实验基地获批,省级现代农业园区加快建设,民生农业、景观农业、特色农业有序发展。实施创新驱动战略。重视人才工作,出台人才新政和行动计划,新引进"5313"领军人才(团队)22个,入围省"千人计划"专家6人,国家"百千万人才工程"实现零的突破。获批国家知识产权试点城市。加强海洋科学城等平台建设。3个省级特色小镇加快建设,嵊泗十里金滩小镇列入第二批省级特色小镇培育名单。

加快重大基础设施建设。实施"1128"工程,决策上马甬舟铁路,推进项目前期工作。普陀山机场新国内航站楼基本建成,旅客吞吐量首破100万人次。舟岱大桥、富翅门大桥、鱼山大桥、长白大桥和秀山大桥等5座跨海大桥加快建设。定沈快速路、陆岛交通和百里滨海大道等项目积极推进。大陆引水三期全面开工,500千伏联网输变电工程抓紧建设,城市基础设施保障能力得到巩固。

推进城乡环境整治。开展城乡环境综合整治大会战。依法全面整治户外广告、"两非"车辆、马路市场、运输车辆"滴漏抛洒"、废品收购点、不礼让斑马线、巡游出租车不打表、路牌标识、甬舟高速入城口,城市管理上各种乱象得到改变。狠抓治堵保畅,打通27条城市断头路、瓶颈路。实施园林绿化、景观亮化、亲水绿道和综合管廊建设,建成翁浦公园、新城亮灯工程、新城体育路精品示范路。首批13个小城镇环境综合整治成效明显。启动城中村改造攻坚战,持续推进"三改一拆",拆除违法建筑,改造旧住宅区、旧厂房等。完成危房治理任务。深入推进"四边三化"。打造美丽海岛,抓好"五个一批"美丽建设项目,打造美丽景观带,嵊泗县获省级"美丽乡村"示范县。打好环境治理"组合拳",通过中央环保督察和国家海洋督察。推进"五水共治",按期消除劣V类水体,县级以上饮用水源水质全部达标,250个村污水治理设施纳入第三方专业运管。"一打三整治"成果得到巩固。加强大气污染防治,空气质量稳居全国前列。能源"双控"处于历史最好水平。

以"最多跑一次"撬动全面改革。坚持从群众和企业最渴望解决、最难办的事情改起,推动改革落地生根。市级实现"最多跑一次"事项878项,覆盖率达97.7%,企业和群众满意率97.9%。聚焦一窗受理、网上办理、数据孤岛等改革痛点,通过容缺预审、联合审图、多评合一、证照联办、全城通办等措施,实行投资项目"一站式"服务。针对市区体制碎片化、建设管理分散化的现状,推进市、区一体化。理顺城市管理体制,成立市城市管理局,城市管理迈向"大城管"时代;理顺市、区教育管理体制,形成市主办高中、区主办义务教育和学前教育的体制;理顺市、区社保体制,市、区两级基本养老保险基金合并运作;理顺市、区交警管理体制,全面实施市、区交警一体化管理。理顺新城区域行政管理体制,撤销甬东管理处和勾山管理处,调整设立临城街道、千岛街道。推进渔农村"三位一体"改革,健全渔农合联服务体系。

切实增进民生福祉。坚持以人民为中心的发展思想,把群众所思所盼所需放在首位。坚持教育优先发展,率先在全省实现教育基本现代化。推行学前教育"服务区"制度,普惠化幼儿园覆盖面87.9%。扩大教育优质资源供给,民办绿城育华学校建成开学。重视卫生事业发展,健全"双下沉、两提升"长效机制,舟山医院与浙江大学合作办医,"打造远程医疗协作网为海岛群众建设家门口的医院"获国办通报表扬。建设健康舟山,成为国家首批健康旅游示范基地。提高就业创业服务水平,打造网上"淘就业"平台。社会保险精准扩面,异地就医实现全国联网结算。发展文化体育事业,举办省第三届体育大会。抓好"菜篮子"工程。档案、史志、慈善、养老、红十字、残疾人等事业取得进展。打造最安全城市,做好十九大等重大活动信访维稳安保工作。信访工作连续两届获全国先进。压实安全生产责任制,安全生产三项指标实现"零增长"。地质灾害实现隐患清零。加强基层社会综合治理,完成镇街"四个平台"建设,推进"美丽群岛、幸福社区"示范区建设。落实寄递物流、旅客购票等6项实名制措施。夺得"平安金鼎",获全国综治最高奖"长安杯"。

扛起全面从严治党的主体责任。坚持全面从严治党,突出抓好党的政治建设,树立"四个意识"。强化思想引领,加强对意识形态工作的领导,推进"两学一做"学习教育常态化制度化,巩固壮大健康向上的主流思想舆论,培育社会主义核心价值观,精神文明创建水平明显提升。加强干部队伍建设,重视选拔年轻后备干部,选派干部到一线墩苗历练,出台加强市管领导班子建设的若干意见。完成市县乡换届和城乡社区、经济合作社换届。加强党支部规范化建设，发挥党支部教育管理党员的主体作用。推广项目党建工作，加强国企、机关党建，实施"补短板、强百村"计划，深化"整乡推进、整县提升"。推进党风廉政建设和反腐败斗争，出台清廉新区建设实施意见，完善容错免责机制，创新开展"两个责任"线上线下记实管理。推进监察体制改革试点，完成市、县（区）两级监察委员会组建和人员转隶，制定监察留置管理暂行办法，监察留置措施全面运用。对9家市属部门开展巡察，推进巡察"回头看"和成果应用。正风肃纪，对"四风"问题露头就打，推动党风政风持续向好。

重要会议

【市委六届十一次全体（扩大）会议】 1月3—4日，中共舟山市委六届十一次全体（扩大）会议在新城举行。全会学习贯彻中共十八届六中全会精神，听取和讨论周江勇受市委常委会委托作的工作报告，部署工作目标和任务，审议通过《中共舟山市委关于新区时代全面从严加强干部队伍建设的决定》《中国共产党舟山市委员会工作规则》。周江勇就《决定（讨论稿）》和《工作规则（审议稿）》向全会作说明。

【"树标杆、补短板、求突破、走前列"大行动总结表彰暨再动员部署大会】 2月3日在新城召开，新区党工委书记、管委会主任、市委书记周江勇出席会议并讲话。新区党工委副书记、市委副书记、市长温暖主持会议。钟达、江建国、徐旭、马国华等市四套班子领导出席会议。

【领导干部会议】 2月20日，市委在市行政中心召开领导干部会议，宣布省委关于舟山市委主要领导调整的决定。省委决定，俞东来任中共舟山市委委员、常委、书记、浙江舟山群岛新区党工委委员、书记；免去周江勇中共舟山市委书记、常委、委员、浙江舟山群岛新区党工委书记、委员职务，周江勇同志任中共温州市委委员、常委、书记。省委组织部副部长邹晓东宣读省委有关决定并讲话。

2月20日，市委在市行政中心召开领导干部会议，市委主要领导交接（沈磊　摄）

【中国共产党舟山市第七次代表大会】 2月28日至3月3日在新城举行。参加会议的正式代表310人，列席代表199人，邀请代表17人。俞东来代表中国共产党舟山市第六届委员会作题为《牢记势在必行，敢于勇立潮头，为早日建成自由贸易港区海上花园城市而努力奋斗》的报告。中国共产党舟山市第七次代表大会第三次全体会议选举中共舟山市第七届委员会委员、候补委员，中共舟山市第七届纪律检查委员会委员和舟山市出席中共浙江省第十四次代表大会代表。中国共产党舟山市第七届委员会第一次全体会议选举产生中共舟山市第七届委员会常委、书记、副书记。俞东来当选书记，温暖、徐旭当选副书记。会议通过中国共产党舟山市第七届纪律检查委员会第一次全体会议选举结果。3月3日下午，中国共产党舟山市第七次代表大会第四次全体会议暨大会闭幕式在市行政中心举行。会议通报中共舟山市第七届委员会和中共舟山市第七届纪律检查委员会第一次全体会议选举结果；通过关于中共舟山市第六届委员会工作报告的决议；通过关于中共舟山市第六届纪律检查委员会工作报告的决议。

【全市小城镇环境综合整治工作"比学"现场会】 4月5日在普陀举行。市委书记、新区党工委书记俞东来出席会议并讲话。市委副书记、新区党工委副书记徐旭主持会议，市领导刘永艺、苗振清、蒋志伟等出席，新区总规划师周建军作工作部署。

【全市交通大会战动员大会】 4月17日在市行政中心举行。市委书记、新区党工委书记俞东来出席会议并讲话。市委副书记、市长温暖主持会议。市四套班子和新区党工委领导江建国、徐旭、马国华、周伟江、徐张艳、魏明、王伟、刘永艺等出席。受省交通运输厅厅长郭剑彪委托，副厅长赵雁出席会议并讲话。省交投集团副总经理陈江、省海港集团副总经理倪成钢应邀出席。

【全市招商引资大会战动员大会】 4月20日在市行政中心举行。市委书记、新区党工委书记俞东来出席会议并讲话。市委副书记、市长温暖主持会议，并颁发2017年度招商引资工作责任书和扩大有效投资工作责任书。市四套班子领导钟达、江建国、徐旭、周伟江、徐张艳、周峰、魏明、王伟、刘永艺等出席，副市长许小月宣读2016年度招商引资工作先进单位和个人表彰文件。

【系列国家战略落地大会战暨自贸试验区建设动员大会】 4月27日在市行政中心举行。市委书记、新区党工委书记、自贸试验区管委会主任俞东来出席会议并讲话。市委副书记、新区党工委副书记、市长温暖主持会议，并宣读省编办关于批准设立中国（浙江）自贸试验区管委会下属机构的文件。市四套班子和新区党工委领导钟达、江建国、马国华、周伟江、张明超、徐张艳、周峰、魏明、王伟、刘永艺等出席。

【平安舟山建设"十二连冠"总结表彰大会】 5月3日在市行政中心举行。市委书记、新区党工委书记俞东来出席会议并讲话。市委副书记、市长温暖主持大会，市党政军领导钟达、江建国、周伟江、张明超、徐张艳、魏明、冯皇营、傅良国等出席。市委副书记、新区党工委副书记、市委政法委书记徐旭宣读命名表彰决定。

5月3日，平安舟山建设"十二连冠"总结表彰大会在新城召开（沈磊　摄）

【城乡环境综合整治大会战暨海上花园城市建设动员大会】 5月4日在市行政中心举行。市委书记、新区党工委书记俞东来出席会议并讲话。新区党工委副书记、市委副书记、市长温暖主持会议。市四套班子领导钟达、江建国、周伟江、张明超、徐张艳、周峰、魏明、王伟、刘永艺等出席。俞东来为舟山市城市管理局揭牌，温暖宣读成立文件，并向11家单位颁发工作责任书。

【中共舟山市委七届二次全体（扩大）会议】 7月31日在新城举行。市委委员、候补委员等出席会议。市委常委会主持会议。全会审议通过了《中共舟山市委关于贯彻省第十四次党代会精神建设创新舟山、开放舟山、品质舟山、幸福舟山的决定》。市委书记、新区党工委书记俞东来代表市委常委会向全会作报告，并在全会结束时作总结讲话。

【舟山市创建国家全域旅游示范区动员大会】 8月23日在新城举行。市委书记、新区党工委书记俞东来出席会议并讲话。市领导钟达、江建国、刘永艺等出席，副市长蔡洪主持会议。

【首届世界油商大会】 9月18日在杭州国际博览中心开幕。省委书记、省人大常委会主任车俊，国家发改委副主任、国家能源局局长努尔·白克力，商务部副部长钱克明先后致辞。省委副书记、省长袁家军和国内外油企代表负责人分别作主旨演讲。冯飞、朱从玖出席，梁黎明主持。市四套班子主要领导俞东来、温暖、钟达、江建国，新区党工委副书记马国华和市四套班子相关领导、海洋产业集聚区管委会主要领导等出席。是日下午，首届世界油商大会重大项目签约仪式在杭州国际博览中心举行，市委书记、新区党工委书记、自贸试验区管委会主任俞东来，省商务厅厅长、省自贸办主任孟刚致辞。市领导钟达、江建国、张明超、魏明、王伟、刘永艺、许小月、蔡洪，海洋产业集聚区管委会主任陈麟，以及国内外油企代表负责人等共同见证签约。新区党工委副书记、自贸试验区管委会副主任马国华主持签约仪式。

【2017国际海岛旅游大会】 9月22日，以“海岛愿景:新丝路 新机遇 新旅程”为主题的2017国际海岛旅游大会在朱家尖开幕。省委副书记、省长袁家军，国家旅游局副局长杜江，太平洋岛国政治家联合考察团团长罗伯特·纳古利，欧洲小岛屿联盟副主席埃莱夫塞里奥斯·凯查格鲁，亚太旅游协会前主席安德鲁·琼斯和著名文化学者余秋雨在开幕式上致辞。副省长梁黎明和香港凤凰卫视资讯台副台长吴小莉共同主持。省政府秘书长李卫宁，市四套班子主要领导俞东来、温暖、钟达、江建国，新区党工委副书记马国华及市四套班子其他领导出席。

【第三次国家级新区工作经验交流会暨新区工作推动会】 9月25—26日，国家发改委在舟山群岛新区组织召开第三次国家级新区工作经验交流会暨新区工作推动会，国家发改委党组书记、主任何立峰对大会作出指示要求。国家发改委副主任林念修讲话，省委常委、常务副省长冯飞致辞，国家发改委地区经济司司长郭兰峰主持。市委书记、新区党工委书记、管委会主任俞东来和陕西西咸新区、贵州贵安新区、青岛西海岸新区代表作交流发言。19个国家级新区负责人及有关省(市)发改委负责人，国家开发银行有关司局负责人，国家发改委地区司、办公厅相关负责人，市领导周伟江、刘永艺等参加会议。

【浙江省第三届体育大会】 9月29日在新城开幕。省委副书记唐一军宣布开幕。市委书记、新区党工委书记俞东来，省“三体会”组委会执行主任、省体育局局长孙光明致辞。组委会执行主任、省政府副秘书长李云林，市领导钟达、江建国、周伟江、张明超、刘永艺、李岩等出席。组委会执行副主任、副市长方维主持开幕式。

【浙东经济合作区第二十四次市长联席会议】 11月20日，以“立足海上丝路，聚力湾区经济，共建浙江自贸，同塑开放浙东”为主题的浙东经济合作区第二十四次市长联席会议在舟山市举行。市委书记、新区党工委书记俞东来致欢迎辞，市委副书记、市长温暖及宁波、绍兴等地市政府负责人在会上讲话。市委常委、常务副市长周伟江主持会议，市委常委、秘书长刘永艺，合作区五市经合部门、部分专业组成员单位、应急办、企业代表和浙东办、兄弟经济区代表等有关负责人参加会议。

9月19日，首届世界油商大会嘉宾到舟山考察(沈磊 摄)

重大决策

【制定《中国共产党舟山市委员会工作规则》】 根据《中国共产党章程》和《中国共产党地方委员会工作条例》,参照《中国共产党浙江省委员会工作规则》,制定《中国共产党舟山市委员会工作规则》,并于2017年1月4日中国共产党舟山市第六届委员会第十一次全体会议通过。

【全面从严加强干部队伍建设】 1月4日,中国共产党舟山市第六届委员会第十一次全体会议通过《中共舟山市委关于新区时代全面从严加强干部队伍建设的决定》。决定提出,围绕中央、省委决策部署,持续落实全面从严治党要求,以领导干部为重点,从严教育培养、从严选拔任用、从严监督管理,努力打造一支政治强、能力强、作风强的新区铁军。

【制定《健康舟山2030行动纲要》】 1月24日,下发《健康舟山2030行动纲要》。纲要提出,牢固树立创新、协调、绿色、开放、共享的发展理念,转变发展方式,以增进人民福祉作为出发点和落脚点,始终坚持新时期卫生与健康工作方针,加快建立党政主导、部门协同、全社会参与的大健康格局,围绕普及健康生活、优化健康服务、完善健康保障、建设健康环境、发展健康产业、弘扬健康文化等重点,把健康融入所有政策,实施重大国民健康行动,着力形成有利于健康的体制机制、经济发展方式、社会治理模式和生产生活生态环境,显著提升群众健康水平、生活品质和健康公平,把健康舟山作为全市建设发展的重大战略,区域一体、岛际联动、城乡统筹、抱团发展,把舟山建设成为幸福和谐宜居、富有健康活力、海洋特色浓郁的健康城市。

【继续开展"树标杆、补短板、求突破、走前列"大行动】 4月12日,印发《2017年"树标杆、补短板、求突破、走前列"大行动实施方案》。实施方案提出,聚焦市委、市政府工作重点,突出招商引资和项目建设大会战、自贸试验区建设大会战、城乡环境综合整治大会战、交通建设大会战和剿灭劣V类水大会战,把握新区发展的阶段特征、历史机遇,把艰巨挑战、战略任务、目标责任传递给全体干部和全市人民,营造实干快干、早出成效的良好氛围,提振各级干部精气神,推动新区又好又快发展。

【掀起新区交通大会战】 市第七次党代会和市七届人大一次会议提出早日建成自由贸易港区和海上花园城市的奋斗目标。交通建设要为舟山经济社会发展提供有力保障,更要为加快新区建设提供重要支撑。市委、市政府决定,把握中国(浙江)自由贸易试验区挂牌成立和海上花园城市建设的重要契机,以最大的信心和决心,自2017—2021年在全市掀起一场交通大会战。4月19日,市委、市政府印发《舟山群岛新区交通大会战实施方案(2017—2021年)》。

【加快推进舟山市群岛型、国际化、高品质海上花园城市建设】 为贯彻落实《中共中央国务院关于进一步加强城市规划建设管理工作的若干意见》《中共浙江省委浙江省人民政府关于进一步加强城市规划建设管理工作加快建设现代化城市的实施意见》精神,依据《浙江舟山群岛新区发展规划》和《浙江舟山群岛新区(城市)总体规划(2012—2030)》,市委、市政府决定加快推进舟山市群岛型、国际化、高品质海上花园城市建设。坚定以人民为中心的发展思想和"创新、协调、绿色、开放、共享"的发展理念,牢记"势在必行",敢于勇立潮头,发挥海岛区位优势和资源特色。走海洋、海岛特色的新型城市化道路,加强城乡规划、城市建设和管理工作,提升城市现代化、国际化功能品质和公共服务水平,整体提升城市形象,实现新区华丽转身,提高人民群众的获得感和幸福感。

【开展"五大会战"】 根据市党代会和市"两会"精神,市委、市政府相继召开动员大会,决定自2017年起开展系列国家战略落地、城乡环境综合整治、招商引资、综合交通建设、"五水共治"等五个大会战。"五大会战"既是贯彻落实中共中央、国务院和省委、省政府重大决策部署的具体实践,也是推进舟山跨越发展、呼应群众强烈期望的必要举措,更是聚力自贸试验区建设、打造海上花园城的现实需要,是涵盖方方面面、牵一发动全身的全市工作大局。

【推进“中国制造 2025”进一步发展壮大工业经济】 贯彻落实“中国制造 2025”和浙江行动纲要，推动舟山制造业加快创新发展，发展壮大工业经济，市委、市政府于5月12日下发《关于推进“中国制造 2025”进一步发展壮大工业经济的若干意见》。

【建设“四个舟山”】 7月31日，中国共产党舟山市第七届委员会第二次全体会议通过《中共舟山市委关于贯彻省第十四次党代会精神 建设创新舟山、开放舟山、品质舟山、幸福舟山的决定》。建设“四个舟山”，是践行习近平总书记系列重要讲话精神和治国理政新理念新思想新战略的政治自觉和行动自觉，是贯彻落实省第十四次党代会精神、找准舟山历史方位的战略举措，是顺应人民群众过上更好生活新期待的内在要求。

【推进“清廉新区”建设】 10月27日，印发《中共舟山市委关于推进“清廉新区”建设的实施意见》。推进“清廉新区”建设，是“清廉浙江”建设在舟山的具体实践，有利于从更高的站位、更宽的视野、更系统的思维推动全市党风廉政建设和反腐败工作迈上新台阶，为打好“五大会战”、建设“四个舟山”提供根本保障。

【学习宣传贯彻中共十九大精神】 下发《关于认真学习宣传贯彻党的十九大精神的通知》，明确学习宣传贯彻中共十九大精神的重大意义和总体要求，要求以中共十九大精神为引领推进全市各项工作。

【推进海洋文化产业融合发展】 11月28日，下发《关于进一步推进海洋文化产业融合发展的实施意见》。实施意见提出，坚持以邓小平理论、“三个代表”重要思想、科学发展观、习近平新时代中国特色社会主义思想为指导，坚持“五位一体”总体布局、“四个全面”战略布局和“五大发展理念”，按照建设文化浙江和建设“四个舟山”的新要求，巩固海洋优势、注重提质增效、加快融合创新，使舟山的海洋文化产业成为满足人民群众多元化多层次多方面精神文化需求的重要途径，成为浙江舟山群岛新区经济发展方式转变的重要着力点，成为贯彻落实新区发展规划、推动自由贸易港区和海上花园城市建设的重要内容。

【推进安全生产领域改革发展】 12月13日，下发《关于推进安全生产领域改革发展的实施意见》。实施意见提出，贯彻落实习近平新时代中国特色社会主义思想和中共十九大精神，树立安全发展理念，弘扬生命至上、安全第一的思想，遏制重特大事故这根主线不放松，以更严密的责任制、更严格的监管执法、更有效的风险预防控制和更有力的基础保障，全面深化安全生产领域改革发展，提升安全生产保障能力，降低事故起数、死亡人数和单位生产经营活动死亡率，加快实现全市安全生产形势根本性好转。

【加强县（区）、功能区、市（新区）直属部门领导班子建设】 12月14日，下发《关于加强县（区）、功能区、市（新区）直属部门领导班子建设的若干意见》。意见提出，加强领导班子政治建设和思想武装，健全领导班子规范运行机制，推进领导班子激情创业、拼搏赶超，持续优化领导班子结构和功能，增强领导班子执政本领，从严管理监督领导班子和领导干部，加强领导班子和领导干部考核管理，压实党委（党组）抓班子建设主体责任。

【推进新时代机关党建工作】 落实全面从严治党要求，加强和改进新时代机关党的建设，根据党章、《中国共产党党和国家机关基层组织工作条例》和《中共浙江省委关于深入贯彻全面从严治党要求推进新时代机关党的建设的意见》，于12月14日下发《关于进一步推进新时代机关党建工作的若干意见》。

重要活动

1月3日，省委、省政府举行扩大有效投资重大项目集中开工仪式，舟山分会场位于岱山双合码头宁波舟山港主通道工程项目现场。新区党工委书记、管委会主任、市委书记周江勇向省主会场报告舟山重大项目开工情况并在全市集中开工仪式上宣布开工，市委副书记、市长温暖讲话。钟达、江建国、徐旭、马国华等市四套班子领导、省交投集团副总经理李雪平、省海港集团副总经理倪成钢及市

1月3日,全省扩大有效投资重大项目集中开工活动中,宁波舟山港主通道集中开工仪式在岱山举行(沈磊　摄)

中级人民法院院长、市检察院检察长、新区总规划师等参加。周伟江主持集中开工仪式。宁波舟山港主通道工程项目指挥部负责人介绍项目有关情况。

2月25日,舟山市与黔西南州在普陀签订旅游友好城市合作协议。市委副书记、市长温暖,黔西南州委副书记、州长杨永英在会上致辞并共同签约。副市长徐燕峰,黔西南州副州长黄曼、郭峻等参加仪式。

4月19日,2万吨级江海联运散货船“江海直达1”号船在舟山市浙江增洲造船有限公司正式开工建造。市委书记、新区党工委书记俞东来宣布开建,并和市委副书记、市长温暖,长江航务管理局副局长朱汝明,中国船级社副总裁孙峰一起按下启动球。上海组合港管委会办公室主任徐国毅,浙江省海港委副主任陈伟,市领导许小月、蔡洪等出席开建仪式。

5月10—11日,浙江省委书记车俊到舟山调研,了解舟山江海联运服务中心项目建设、江海通航船舶研发、公共信息平台建设等情况。并主持召开省自贸试验区建设领导小组会议并讲话。省委副书记、代省长袁家军出席会议并讲话。省委常委、秘书长陈金彪,副省长朱从玖、梁黎明、高兴夫,市领导俞东来、温暖、徐旭,新区党工委副书记马国华等陪同调研或参加会议。

5月11日,波音737完工和交付中心项目在朱家尖舟山航空产业园开工,省委书记车俊宣布开工,省委副书记、代省长袁家军致辞,并与嘉宾一道为项目奠基。开工仪式上,省政府、美国波音公司、中国商飞公司签约。美国波音公司副董事长雷·康纳,中国商飞公司董事长金壮龙,国家发展改革委副主任林念修,美国驻沪总领事史墨客,新区党工委书记、管委会主任、市委书记俞东来分别致辞。国家有关部委领导李萌、辛国斌、赵龙、刘小明、马正其,省领导陈金彪、梁黎明,市领导温暖、钟达、江建国、徐旭,新区党工委副书记马国华等参加开工仪式。

6月20日,舟山国家远洋渔业基地招商(合作)项目集中签约暨发展平台授牌仪式在新城举行。市委书记、新区党工委书记俞东来为落户舟山国家远洋渔业基地的“国家远洋渔业工程技术研究中心

6月20日,舟山国家远洋渔业基地招商(合作)项目集中签约暨发展平台授牌仪式在新城举行(沈磊　摄)

舟山分中心”和“舟山国家远洋渔业基地产业联盟”授牌。市委副书记、市长温暖在会上讲话。上海海洋大学校长程裕东，省海洋与渔业局副局长沈仁华，市领导钟达、江建国、徐旭、刘永艺、姜建明，以及浙江大洋世家股份有限公司、上海开创远洋渔业有限公司、大连巨戎远洋渔业有限公司等70余家大型央企国企、民营企业及海外企业代表出席仪式。

6月25日，由交通运输部海事局、中国海员建设工会全国委员会主办，舟山市人民政府、浙江海事局承办的第四届中国海员技能大比武在舟山新城开幕。交通运输部部长李小鹏致信慰问。交通运输部海事局局长许如清、中国海员建设工会全国委员会副主席张景义、国际海事组织秘书处海安司司长阿肖克·马哈帕特拉、浙江海事局局长何易培致辞。市委副书记、市长温暖致欢迎辞。港澳台海员工会负责人、浙江省有关部门领导等受邀出席开幕式。市委常委、组织部部长张明超主持开幕式。

7月4日，由省海洋与渔业局和市政府联合主办的以“放流养护再建东海鱼仓，生态牧渔重振渔都辉煌”为主题的2017舟山渔场增殖放流活动启动仪式在普陀东港海滨广场举行。农业部副部长于康震、副省长孙景淼共同启动增殖放流活动。市委书记、新区党工委书记俞东来，省海洋与渔业局局长黄志平，农业部渔业渔政管理局副局长刘新中致辞。省政府办公厅副主任蒋珍贵参加。市委副书记、市长温暖主持。市领导钟达、江建国、刘永艺、姜建明等参加活动。

7月10日，省委、省政府举行全省扩大有效投资重大项目集中开工活动启动仪式。市委书记、新区党工委书记俞东来在位于杭州的省主会场出席活动。在普陀鲁家峙至东港公路工程建设现场的舟山分会场，市委副书记、市长温暖向省主会场报告舟山重大项目开工情况，随后在集中开工仪式上讲话并宣布开工。钟达、江建国等市四套班子领导出席，周伟江主持仪式，普陀区委负责人作表态发言。

9月26日，由波音公司与中国商飞合资的舟山波音完工中心有限公司(筹)及波音·商飞联合项目中心在舟山签约揭牌。国家发改委副主任林念修，省委常委、常务副省长冯飞讲话，并共同为中心揭牌。波音公司与商飞公司在活动上签约。

办公室工作

【推动学习贯彻中共十九大精神】 在中共十九大开幕前发出通知，要求全市各级各单位组织收看十九大报告；十九大闭幕后组织召开全市领导干部会议传达十九大精神，并下发关于学习宣传贯彻十九大精神的通知，推动全市掀起学习贯彻十九大精神的高潮。协调组织市委常委和市委宣讲团赴基层、高校宣讲，开展县处级干部集中轮训，促进全市党员干部在学懂弄通做实上下功夫。组织市委七届三次全会，就学习贯彻十九大精神作出部署。健全市委理论学习中心组学习制度，印发《2018年市委理论学习中心组学习计划》。市委办公室组织观看开幕式直播并召开全体会议进行学习和交流，发放新修订的《中国共产党章程》《党的十九大报告辅导读本》等书册，组织读原著、学原文、悟原理，增强“四个意识”，坚定“四个自信”。

【服务新区发展大局】 提高综合保障水平，发挥市委办公室的综合协调作用。规范市委主要领导批示件办理落实流程，规范重要会议操作流程，高标准、高效率、高质量地做好市委全会、市委常委会会议、书记专题会议等服务保障工作。健全市四套班子秘书长(办公室主任)联席会议等综合协调机制。大兴调研之风，提高参谋献策水平。紧扣落实大战略、构建大交通、建设大市区、发展大产业、打造大城管、保护大生态、推动大改造、深化大改革、改善大民生、维护大稳定等市委重大决策部署，坚持问题导向，组织开展专题调研。结合市委阶段性重大工作部署，不定期组织办公室力量深入开展督查调研活动，并形成调研报告供领导参阅。做好信息调研工作，组织各处室参加新区办课题调研活动。加强办文办会审核把关，减少文山会海现象。对照已出台的规范办文办会各项制度性规定，严格审核把关，在控制会议、活动、文件数量和提高质量上狠下功夫。加强机要保密工作。开展保密宣传教育培训，提升保密技术检查技能，加大保密督促检查力度，推进定密规范管理，突出抓好定密、网络、涉密人员的管理，做好机要保密等工作，确保密码通信安全畅通和密码管理安全可靠。推进法治新区建设。抓好规范性文件备案审查工作，统筹推进法治新区建设。

【创新精细化服务工作载体】 执行“市委活动(会议)审批制度”，规范审批流程，确保计划周详、调整及时、准备充分、衔接紧密。健全年度、月度和每周工作预安排机制，提高工作规范性、预见性和科学性。制定完善市四套班子领导及各地各部门党政主要负责人外出请假每日汇总报告制度。承担好“五大会战”“四个舟山”建设办公室工作职责，发挥牵头抓总作用，注重面上推进、点上指导，全面加强对接和统筹协调，梳理形成“五大会战”工作清单并上墙公布，加强动态工作督查，组织大会战阶段性工作推进会。

【健全队伍建设机制制度】 建立实施办公室每周工作例会制度，办公室班子成员之间定期交流工作，互通共享信息，明确下步工作任务和要求。建立实施办公室每周工作预安排制度，使各项工作推进有计划、完成有节点。建立实施办公室“零差错”机制，提升工作精细化程度。推进学习型机关建设，倡导经典阅读，每季度发送两本中外经典书籍，营造浓厚学习氛围。建立实施办公室夜课堂制度，开展办文办会办事业务培训，查找短板，推动整改。按照中央八项规定及实施细则和省市具体办法要求，加强党风廉政建设，执行“三重一大”事项集体决策等廉政制度。

（撰稿：徐敏）

纪检监察

【概况】 2017年，全市各级纪检监察机关树立“四个意识”，忠实履行党章赋予的职责，坚持主动担当，强化政治监督和纪律保障；坚持审慎稳妥，以组织和制度创新为核心，完成监察体制改革先行试点任务；坚持全面从严，层层传导压力，推动管党治党“两个责任”落实落细；坚持常抓长管，高标准落实中央八项规定精神，驰而不息正风肃纪；坚持挺纪在前，综合运用监督执纪“四种形态”，巩固反腐败斗争压倒性态势；坚持问题导向，深化政治巡察，发挥巡察利剑作用；坚持从严从实，狠抓纪检监察干部队伍建设，打造执纪铁军。据国家统计局浙江调查总队的民意调查，全市群众对反腐败工作信心度、对执行中央八项规定精神实际效果满意度和党风廉政建设群众满意度三项指标居全省前列。

是年，全市试点监察体制改革，舟山市监察委员会于4月组建，与市纪委合署办公。4月12日，舟山市七届人大一次会议第三次全体会议在新城举行。大会以无记名投票的方式，依法选举周峰为舟山市监察委员会主任。4月13日，舟山市七届人大常委会举行第一次会议。会议经审议并以表决的方式，任命陈宏、张佩飞为舟山市监察委员会副主任，史舟海、杨妙君、郑飞科、侯学钧为舟山市监察委员会委员。市人大常委会任命市监察委员会主任、副主任和委员。4月14日，舟山市监察委员会组建会议召开，市委书记、新区党工委书记、管委会主任俞东来揭牌，舟山市监察委员会成立。

【重要会议】 市纪委六届六次全会 1月22日，中国共产党舟山市第六届纪律检查委员会第六次全体会议在新城召开。出席会议

1月22日，中国共产党舟山市第六届纪律检查委员会第六次全体会议在新城召开(市纪委提供)

的市纪委委员26人,列席185人。新区党工委书记、管委会主任、市委书记周江勇在会上强调,要学习贯彻习总书记重要讲话精神和十八届中央纪委七次全会、省纪委十三届六次全会精神,把思想和行动统一到中央、省委的决策部署上来,坚定政治自觉,增强底气自信,推进党风廉政建设和反腐败斗争,推动全市从严治党向纵深发展。温暖、钟达、江建国等市委常委出席会议,省纪委第七纪检室副主任柳凤辉到会指导。市委常委、市纪委书记周峰在会上代表市纪委第六届常委会作题为《强化政治担当,保障新区建设,推进全面从严治党不断向纵深发展》的工作报告。会议审议通过全会工作报告、全会决议和市纪委常委会向市第七次党代会提交的五年工作报告。市四套班子领导及新区总规划师,市中级人民法院院长,市人民检察院检察长,市纪委委员,市委、市人大、市政府、市政协秘书长,各县(区)委书记、县(区)长,各功能区管委会、新区(市)直属(部省属在舟)单位主要负责人等参加会议。

市纪委常委会　是年,市纪委召开常委会20次,研究召开全市纪委全会、全市纪检监察工作会议事项,讨论有关人事事项,研究党风廉政、宣传教育、调研法规、信访举报、纪律审查、正风肃纪、案件审理、纪检干部监督、监察体制改革、派驻机构改革等工作事项。

【从严治党　护航国家战略】坚持主动担当,强化政治监督和纪律保障,护航国家战略实施。协助市委在全省率先出台清廉新区建设实施意见,明确重点任务责任分工,推动清廉浙江在舟山生动实践。严明纪律,严把干部选拔任用政治关、廉洁关,加强对村社组织换届风气的监督检查。全市8名党员干部因违反政治纪律、组织纪律受到党纪政务处分。建立“三重项目”监管服务机制,开展“剿灭劣V类水”专项巡察、违章建筑失管典型问题督办,督促整改问题157个,党纪政务处分7人。优化新区发展环境,加大“不作为”“慢作为”“中梗阻”的整治力度,督促职能部门推进“最多跑一次”改革,强化对“电视问政”“新区聚焦”曝光问题的跟踪督查。推进改革创新容错免责机制具体化程序化,为132名党员干部澄清问题,促进干部履职担当。

坚持全面从严,层层传导压力,推动管党治党“两个责任”落实落细。协助市委健全完善党委主抓直管机制,督促各地各单位认真落实责任清单、约谈提醒、签字背书、履职情况报告等制度,夯实各级党组织管党治党政治责任。建立上级党委纪委约谈下级党政一把手、履行主体责任情况公示等制度,开展党委(党组)主要负责人向市纪委全会述责述廉工作。创新实施“互联网+两个责任”在线考评,制定出台量化考评标准,实现对74家主体责任单位和32家监督责任单位履责动态留痕管理,相关举措被人民网、新华网等中央媒体报道。落实主体责任报告制度,市纪委常委会面对面听取12家单位主要负责人履行“第一责任人”职责情况报告并现场评议。加强主体责任落实情况检查,市领导带队对5家市属单位进行重点检查。严格执行党内问责条例,贯彻省委实施办法,加大责任追究和通报曝光力度,全市11名领导干部因履行“两个责任”不力被问责。

【“零容忍”正风反腐　常态化巡察整治】把顶风违纪作为执纪审查重点,全市查处违反中央八项规定精神问题25起,给予党纪政务处分21人。抓住节假日、升学季等时间节点,重申纪律要求,狠刹不正之风,先后开展违规收送红包礼金、违规发放福利等专项整治。集中排查整治违规公款购买消费烟酒问题,发现、核查相关问题线索119条并督促整改。全市纪检监察机关开展明察暗访390次,检查窗口单位、景区场所等550家,发现问题线索83个,处理93人;实名通报16起违反中央八项规定精神的典型案件和7起领导干部不如实报告个人有关事项的问题。建立查处“四风”问题联动机制,注重把整治成果固化为制度,推动作风建设长效开展。

发挥监委成立后体制机制方面的新优势,保持惩治腐败力度不减、节奏不变,全市各级纪检监察机关接受信访举报480件(次),处置问题线索419件,立案185件、增长10.8%,其中涉及县处级干部9人,乡科级干部18人。查办浙江大海洋科技有限公司原董事长徐梅英和浙江国际海运职业技术学院海洋旅游学院原院长乐建盛贪污犯罪等案件,配合省纪委省监委查处浙江海洋大学原党委副书记、校长吴某文严重违纪违法案。全市运用“四种形态”处理416人次，同比增长13%，其中第一种形态占60%。在全市开展廉政档案建档工作，对2944名在职市管领导干部和县(区)管领导干部建立廉政档案。做好中共十九大等重要节点信访维稳工作，强化信访举报转送件办理情况的督查。健全完善案件审理提前介入机制，严把案件质量关。发挥市委反腐败协调小组作用，加强防逃和追逃追赃工作，强化公职人员因私出国(境)证照管理情况专项检查，建立干部监督协作联系机制。发挥查案治本功能，开展“以案说纪”“以案促改”，督促相关单位查漏补缺、建章立制。

突出规划先行、重点先行，协助市委制定2017—2021年巡察工作规划，完成9个市属部门党组织的巡察。制定巡察工作流程，建立线索移交、联席会议等制度，推进巡察工作规范化、制度化。突出政治巡察、政治体检，聚焦领导班子和班子成员，紧盯重点对象、关键环节，增强巡察的针对性和威慑力。巡察发现党的观念淡化、组织涣散、纪律松弛和违反中央八项规定精神等各类问题234个，移交问题线索42件，实施诫勉谈话4人，约谈提醒35人，立案查处12件12人，其中县处级干部4件4人，清退个人违规所得58万余元。突出上下联动、压力传导，以渔农村巡察为抓手，加强扶贫领域监督执纪工作，坚决整治侵害群众利益的不正之风和腐败问题，反映渔农村干部违纪违法问题信访件量下降10.1%。深化省委巡视和市委巡察结果运用，开展省委巡视反馈问题整改“回头看”，15类27项具体问题全部通过整改审核。首轮3家市属部门巡察发现的63个问题全面整改。

【先行先试监察体制改革】 建立由党委书记担任组长的改革试点工作小组，逐级落实党委主抓直管监察工作领导机制。按照部署提前完成市、县(区)监察委员会的组建和挂牌。全市从检察机关划转编制62个，实际转隶人员57人。推进人员、机构、业务和感情全面融合、深度融合，对全体转隶人员和新进纪检监察干部开展集中培训，做到思想不乱、队伍不散、工作不断。履行监察职能职责，在全省率先探索由公安机关管理、监察机关使用、管用分离的监察留置舟山样板，得到省纪委领导肯定并在全省推广。出台监察留置管理办法、监察措施审批流程、问题线索处置操作规程，用足用好监察手段，先后对8人采取监察留置措施。对事实清楚、证据确实充分、案情相对简单的案件，探索实施不采取留置、快查快办快结模式。实行市级执纪监督和审查调查部门分设，强化自我监督和约束。结合派驻机构工作机制创新，将各级派驻纪检组更名为派驻纪检监察组，推进统一管理，建立片组协作、交叉检查等机制，强化审查和调查职责。全市派驻机构发挥政治生态“护林员”作用，发现被监督单位党风廉政问题869个，开展提醒谈话1359人次，督促修改完善制度691项，处置线索90件，直接立案审查41件。改革试点要求得到落实，加强党对反腐败工作的集中统一领导，制度优势正在向治理效能转化。

开展“争做岗位模范标兵、争创一流工作业绩”活动，实施“补钙、练兵、修身、筑坝”四大行动，创建“清风卫士”党建品牌，提升干部队伍精神面貌和执行力。坚持“大池子里用人”理念，关心干

4月14日，市监察委员会揭牌(沈磊　摄)

部成长，畅通交流渠道，面向全市公开选调一批优秀干部，促进纪检监察干部队伍结构优化。弘扬纪检监察机关正能量，培树先进典型，1人受到中央纪委监察部嘉奖，1人被评为全省“最美公务员”。强化内部监督管理，落实监督执纪工作规则，制定纪检监察干部行为规范和负面言行清单，开展岗位廉政风险排查，加强内控制度建设，严防“灯下黑”。

（撰稿：彭定友　周英纳）

组织工作

【概况】 2017年，贯彻落实习近平总书记系列重要讲话精神，坚持稳中求进工作总基调，落实全面从严治党要求，以改革创新精神统筹推进组织工作，为打好“五大会战”、建设“四个舟山”提供坚强组织保证。

是年，市委直管地方党委4个（定海、普陀两个区委和岱山、嵊泗两个县委）、市委派出工委2个、市委直属党委5个，市一级机关党组62个。全市有基层党委322个（含市委直属党委8个）、党总支部384个、党支部4027个。全市有党员83044人，其中少数民族党员248人；女党员27010人，占党员总数（下同）32.53%；35岁及以下19402人，占23.36%；36～45岁15097人，占18.18%；46～55岁17506人，占21.08%；56～60岁7464人，占8.99%；61岁及以上23575人，占28.39%；研究生学历2459人；大学本科学历25700人；大学专科学历14657人；中专、高中、中技学历14752人；初中及以下25476名。全市有公务员8380人，其中市本级2649人，县（区）4422人，乡（镇）街道856人；参照公务员法管理的事业单位工作人员2125人；参照公务员法管理的群团机关工作人员232人。市本级研究调配干部13批次672人次，其中提任正县处长级领导干部31人、提任副县处长级领导干部52人、提任县处级非领导职务干部36人；同级交流80人；安置正团职三年以上军转干部16人；转任非领导职务21人，机构更名重新任职17人。

4月13日，全市组织部长会议在市行政中心召开（市委组织部提供）

【学习宣传贯彻中共十九大精神】 按照“传达贯彻、学习讨论、专题党课、集中轮训”四个全覆盖工作要求，通过组织视频点播现场学、理论中心组引领学、巡回宣讲广泛学、专题党日活动体验学、集中轮训系统学、微案例微心得征集感悟学“六学联动”，举办联系领导讲、支部书记讲、专业团队讲、先进典型讲、基层代表讲、普通党员讲等“六讲活动”，将十九大精神和新修改的党章内容传达到每个支部和每名党员。动员收看收听现场直播，通过电视、网络、远教站点等途径，在田间地头、车间船头、项目工地收看十九大开幕式。开展教育培训，分层分类制定教育培训方案，组织开展县处级干部学习贯彻集中轮训，指导各地各单位开展科级干部、村社干部、两代表一委员专题培训。组织宣讲活动，指导推动各级党组织组建“宣讲团”、举办青年干部“微讲堂”、开展十九大应知应会竞赛等活动。

【推进“两学一做”学习教育】 发挥党员先锋模范作用，组织“党旗引领·党徽闪耀·勇立潮头”建党96周年庆祝活动，推进“亮党员身份、树党员形象、展党员风采”行动，开展党员对标争创、亮比创评、挂星亮相等活动。深化96345党员志愿服务，开展党员志愿者“五进社区”活动，新建、改建党员

5月25日,罗家岙边防派出所授称"执法为民模范边防派出所"五周年纪念暨"两学一做"学习教育党支部规范化建设推进会在市行政中心召开(市委组织部提供)

志愿服务队伍2200余支,17235名在职党员加入志愿服务团队,认领社区服务项目1.47万项,开展志愿服务5.36万人次。推进党支部规范化建设实现常态化制度化,贯彻"支部建在连上""一切工作到支部"的要求,召开罗家岙边防派出所授称五周年纪念暨"两学一做"学习教育党支部规范化建设推进会,开展基层党支部规范化标准化建设。开展"四对照两公开"工作,建立问题整改落实清单。

【强化"五大会战"的干部保障】 围绕新区事业发展需要,制定出台《中共舟山市委组织部关于发挥组织优势服务打好五大会战的实施意见》,面向"五大会战",突破地域、体制、条块的壁垒,集中选派100名左右精干力量、专业人才到城中村改造、油品全产业链专业招商组、"三改一拆"等中心工作挂职锻炼,抽调400余名干部开展剿灭劣Ⅴ类水等工作督导,形成"重地重兵、优绩优择"的用人导向。推出15个涉及金融、法律、招商、环保等专业性较强的中层干部岗位,面向机关事业单位和国有企业、规上企业人员开展竞岗交流。实施"四个一批"挂职工程,选派23名干部分赴先进地区进行自贸区建设、石化产业、航空产业、花园城市建设等专项挂职,选派14名干部到省直部门挂职炼,选派59名干部担任渔农村指导员和赴乡镇(街道)挂任班子成员。实施新"百人计划",接收第二批29名干部人才,选派5名舟山干部到省级单位挂职。

【加强干部专业化能力建设】 整合干部教育培训资源,加快培养具有全球视野和战略眼光的专业型干部队伍。全市举办各类报告会11期,参与人数2300人次;主体班次23期,参训县处级干部2160人次;审批、备案市本级各单位培训班207期。实施"全员学习自贸港区知识行动",参训1300余人次;创新实施"自贸通才"培养机制,择优选调60名干部人才,组建金融创新、通关监管、国际贸易、体制改革、法治保障、投资融资等6个专题组,采取"集中授课

选派干部服务绿色石化基地建设(市委组织部提供)

+课题调研+挂职实践+顶岗体验”的方式，重点培养通晓自贸规则、熟悉自贸运作、善于自贸创新的优秀人才。

【从严监督管理干部】 狠抓专项治理，整治超职数配备干部，全年清理消化225名超配的科级以上领导干部职数，公职人员因私持有的出国(境)证照应交尽交。开展领导干部个人有关事项报告工作，按10%的比例集中抽查，处理不如实报告人员。实施“四单”预警法，开展“三不”行为监督预警行动，向16家单位党委(党组)书记发放提醒单，向5名领导干部进行函询。出台《市管领导干部离任经济事项交接办法》，推动“离任交接”制度化，全年开展离任交接8批次，涉及17家单位34名“一把手”。完成领导干部社团兼职清理工作，对全市24名省管干部，119名市管干部的社团兼职按规定规范处置。

【推进项目党建】 制定出台《关于深入推进项目党建工作的实施意见》，组织召开全市项目党建工作推进会。推行“支部建在项目上、党旗插在阵地上、党员冲在火线上”工作，采取联合组建、依托组建、挂靠组建等方式在重大项目建设一线建立各类党组织107个；发挥党员干部示范引领作用，推行清单管理、挂图作战，开展“扎根一线比学赶超、立足岗位争创一流”劳动竞赛等活动；实施党建联建工程，开展党员联系服务群众活动，协同共建单位、项目属地党组织、工青妇等实行多元开放式组团服务工作，以党建带群团组织建设，创树培育一批项目党建工作示范群、示范带。

10月13日，高亭镇城中村改造项目临时党支部成立(市委组织部提供)

6月2日，市管领导干部离任经济事项集中交接会在市行政中心召开(市委组织部提供)

【深化“整乡推进、整县提升”】 加强城市基层党建工作，推动区、街道、社区三级党组织分层次与驻区单位、新兴领域党组织共建共联，构建“区域统筹、资源整合、优势互补、共建共享”的党建工作新格局。狠抓基层党建规范化、品牌化建设，落实渔农村基层党建“浙江二十条”，推进省级远教示范带创建，实施“补短板、强百村”专项行动，推进国企党建“四强四优”活动,深化“网格化管理、组团式服务”“党小组大作用”行动、“五能型”群工能手树培等基层党建品牌。打好消除农村集体经济薄弱村攻坚战,实施“党建富民强村”工程,采取村村联合、村企联合、入股经营等发展模式,推动项目产业融合协调发展,省定集体经济年收入10万元以下的薄弱村全部摘帽。

【推进村社组织换届】 建立“一村一策”的综合分析评估体系和“红黄绿”预警性分析研判制度,推行市、县、乡三级领导分片包干制度,县(区)四套班子领导包村调研督导,每个村社派驻不少于3人的包村蹲点组。以部门交互联审、网状联审、网上联审等方式落实联审联查制度和资格审查清单制度。探索异地同步选举、视频连线唱票模式,提升海岛渔区换届参与率。完成全市296个渔农村社区、84个城市社区以及528个(股份)经济合作社的换届选举,选举产生新一届村社两委班子成员2224人。

【构建“1+10+X”人才政策体系】 以新区人才新政为龙头,制定新区人才认定办法、人才分级服务保障办法、引进培养高层次人才奖励办法、“5313”科技创业升级办法、“三重”项目企业人才专项保障办法等10个配套政策及若干子政策。围绕引育和集聚外籍人才,研究制定自贸区人才专项政策。围绕市委“四个舟山”建设,制定高水平打造海洋经济人才新高地行动计划。

【做大做强人才创业创新平台】 提升人才综合承载能力,推进海洋特色园区平台、高校平台和技术创新平台建设,建设舟山高新技术产业园区、中国(舟山)海洋科学城等重点园区,新打造海洋科学城定海园区、普陀区大健康产业园等科创园区;构建依托高校创新平台的海洋科技人才支撑体系,合作共建浙江海洋大学创新应用研究院,推进浙江省海洋开发研究院、浙大舟山海洋研究中心等建设;打造海洋输电工程技术实验室、临港油气储运技术国家地方联合工程实验室等一批特色鲜明的高端专业平台,形成“一城、二园、三岛、四校、多院”为主的科创服务体系。

【加快紧缺高层次人才集聚】 实施紧缺高端专业人才引进计划和“5313”行动计划,引进紧缺高层次人才57人,“省千”申报人选从上年的20个跃升到50个,新入选“省千”专家6人。新引进加拿大两院院士康斯坦汀,创办全省首个Ⅰ型糖尿病基因和诊疗中心,并在第四届浙商大会上受到省政府主要领导接见。举办新区全球海洋经济创业大赛,注重以赛引才、市场引才,57个项目入围总决赛,3个项目在舟山市注册落户。举办第四届中国海员技能大比武,46支队伍525名选手参赛,港澳台5支队伍首次参赛,首次推出三大系列配套活动。舟山海洋开发研究院郑斌研究员首获国家科技进步二等奖并入选国家百千万人才工程,实现国家科技奖项和国家百千万工程人才的两个“零突破”。全年引进优秀高校毕业生6200余人,储备硕士以上学历紧缺专业高校毕业生33人。

【加强组织部门自身建设】 推进“两学一做”学习教育常态化制度化,加强组织系统党风廉政建设,开展机关固定学习日活动、主题党日活动,学习中共十九大、省第十四次党代会、市第七次党代

高端人才平台——海洋输电实验室(市委组织部提供)

会及七届二次全会等重要会议精神。围绕“五大会战”“四个舟山”建设，制定《关于发挥组织优势服务打好五大会战的实施意见》和《关于实施自由贸易试验区建设干部人才保障专项行动计划的通知》，开展全员大学习、大讨论、大调研活动，引导组工干部激情创业、拼搏赶超。实施组工干部能力素质提升工程，深化“组工论坛”，举办新区组织人事干部业务培训班，提高干部综合素质，打造新区组工铁军。

（撰稿：乐泽彬）

宣传思想文化工作

【深化学习教育研讨】 2017年，抓好习近平新时代中国特色社会主义思想、中共十九大精神等重大理论的学习教育。市委理论学习中心组开展集中学习8次。加强对各级理论学习中心组学习的管理，编印下发理论学习重点提示、《理论学习参阅》、“好书推荐”等学习资料。各级党委（党组）中心组成员在《舟山日报》发表理论文章140余篇。组织举办习近平系列重要讲话学术论坛、首届蓝色经济发展论坛、社科论坛等，创新打造“社科超市”，开展以“‘四个全面’战略和‘八八战略’”为主题的理论征文活动。

【推进基层理论宣讲】 围绕中共十九大、省第十四次党代会、市第七次党代会、“我最喜爱的习总书记一句话”等主题，创新打造“海上讲习所”、理论宣讲“连锁超市”等宣讲阵地，开展宣讲活动8000余场，推动习近平新时代中国特色社会主义思想深入基层、深入人心。组建“潮头新声”“宣讲名嘴工作室”等特色宣讲团队，组织开展以“勇立潮头话担当”为主题的微型党课大赛。

【推动意识形态工作责任制落实落地】 推动意识形态工作责任制考核常态化，连续2年开展党委（党组）意识形态主体责任落实情况检查。督促各级党委（党组）书记履行好意识形态第一责任，班子成员履行“一岗双责”。加强对报告会、研讨会、讲座论坛等社团活动的管控。建立高校思政工作联席会议制度，开展“党报进高校”等活动，确保高校始终成为传播先进理论、弘扬先进文化的阵地。

【服务中心做强新区重大主题宣传】 策划中共十九大、省第十四次党代会、市第七次党代会等重大会议报道，“喜迎十九大”系列报道获省委宣传部表彰。围绕“四个舟山”“五大会战”，推出重大项目、工作举措、先进典型等系列主题报道23项。持续开展“最多跑一次改革”“走进自贸区”“城中村改造”“小城镇环境综合整治”“两非车辆治理”“剿灭劣V类水”“文明礼让斑马线”“改革满意度”等主题报道。以“聚焦城市精细化管理”“东西南北问道自贸”为主题开展异地采访活动，组织市级媒体到杭州、上海、天津等地学习取经。

【提升对外宣传和新闻发布水平】 围绕新区重大工作，联系对接境内外主流媒体，组织自贸试验区挂牌、江海联运服务中心批复一周年、波音项目开工、首届世界油商大会、国际海岛旅游大会等主题外宣活动。联系对接中央主流媒体，光明日报头版头条刊登《帆起共潮生——来自舟山的发展书》长篇报道，央视播出十九大特别节目《还看今朝》《辉煌中

3月21日，全市宣传思想工作会议在新城召开（李中一　摄）

国》,舟山亮相时间8分钟,展现新区建设最新成果。策划实施"国家战略与舟山实践"等大型新闻采访活动,拍摄《老外看舟山》专题节目,播出15集,受到海外华人关注。

是年,接待境内外记者采访500余人次,市外媒体刊登(播)新区相关报道近3000篇(条),其中央视专题片16部,网络和新媒体转载报道数量10余万篇(条)。全年举办新闻发布会43场,涉及经济、文体、招商、旅游等各个领域,媒体参与多,传播效果明显。组织开展"建设海上花园城"领导干部网上直播访谈10场,点击量超过100万人次。

【构建建设性舆论监督新格局】构建电视问政、《新区聚焦》、市民巡访、网络问政四位一体的全媒体问政格局,其中《新区聚焦》播出频率加密到每周2期。全年举办"电视问政"4期,开展市民巡访6次,播出"新区聚焦"节目78期,得到市委市政府主要领导批示30余次。与市纪委、新区督考办组织开展"回头看",加快曝光问题的整改落实,有建筑市场混凝土生产企业非法经营、投资2亿元的小白线工程拆迁等"老大难"问题。

【推进媒体深度融合发展】制定形成新闻单位深化改革和媒体融合发展的实施方案,舟山日报社与舟山报业传媒集团公司组成报业传媒集团联合体,舟山广电总台组建舟山广电传媒集团有限公司,实行集团化管理、企业化运行。与市财政局(市国资委)会商制订市属新闻单位目标责任考核办法和考核细则,对新闻单位开展年度目标责任考核。市级媒体加快推进中央厨房建设,舟山日报社、舟山广电总台先后打造"全媒体快报、全媒体直播""无限舟山·舟山时刻"等融媒体平台。

【以文明城市创建为抓手提升新区文明水平】将全国文明城市创建作为提升城市文明水平的有力抓手,制定出台《舟山市文明行为促进条例》,开展"百万志愿者服务治水"文明行动,完成户外广告专项整治攻坚任务。深化"文明礼让斑马线"活动,处罚5000余起,推动重点斑马线"礼让率"达85%以上。深化小城镇文明建设,出台《小城镇文明行动方案》和《深化移风易俗、树立文明乡风实施方案》。举办"讲文明树新风"公益广告和墙体广告征集评选赛,收到社会各界参赛作品200余件。

【选树培育"最美"典型推动社会主义核心价值观】组织社会主义核心价值观进校园、进企业等主题活动,开展"新区好家风"征文演讲,"我的价值观"黑板报、微视频等比赛。开展"工匠的力量"主题宣传活动,启动寻找"新区最美工匠"新闻采风活动。做好省爱国主义教育基地申报命名工作,舟山市花鸟灯塔入围。开展"最美治水人""最美审批服务人""最美公务员"等评选活动,推进"畅美交通"等主题创建活动,推出"寻找百名治水人""最美好故事"等专版专题报道300余篇。全市11位"最美"人物入选"喜迎十九大——最美浙江人"人物馆。

【打造新区网络宣传品牌】围绕重大主题创新宣传载体,推出《720度VR全景舟山》、沙画版政府工作报告等一批优秀网络作品。强化网络活动品牌建设,深化与腾讯、今日头条等大平台合作,创建网上文化家园,开展"指尖微力 同心同行"网络文化季、"百家政务号·百万粉丝团"、年度互联网风云榜评选等活动,吸引100余万网民关注和参与。

推进政务微平台建设,"舟山发布"政务双微编发图文4000余条,转发阅读量超千万人次,获浙江省第二届"金舆奖·创新案例";网络问政民生在线版块发表主题帖3200余条(篇),回复率99.6%。

【营造风清气正的网络空间】贯彻落实中央《党委党组网络意识形态工作责任制细则》和《党委党组网络安全工作责任制实施办法》,落实互联网属地化管理要求,做好新区重大项目和十九大、世互会等重点时期的网上舆情管控。深化优秀网评人才"五培养工程",加强网络统战和社会组织建设,承办中央网信办主办的"网络名人助力'一带一路'活动",市网信办和普陀区共同推进的"银发好网民"活动得到中央网信办的肯定。健全网络安全体制机制,建立网络安全情报信息共享机制和突发事件应急处置机制,开展网络安全专项检查工作,组织开展网络安全应急演练,确保全市网络安全平稳有序。全年未发生一起有较大影响的负面网络舆情。

【完善公共文化服务体系】 推进海洋文化艺术中心(二期)、舟山广电传媒创意中心、舟山体育综合体等重大公共文化设施。组织开展“文化助力五大会战”和“百名文艺工作者、百支文艺团队赴基层”采风展演行动,开展演出活动180余场,参与人数约3万人次。创新全民阅读活动形式,举办“新区新声音我们一起读好书活动”快闪活动,开展好书分享、阅读大赛等50余场。指导定海区打造富有特色的“全民阅读、全民学艺、全民善行”内生循环机制品牌,实现阅读、学艺、志愿服务间人员、资源流通转化大循环。推进“淘文化”项目,深化供给侧改革,通过提供政府补贴等形式,全面推进均等化。初步建立文化市场综合执法智能监控平台,为综合执法改革提供技术支撑。

【加大海洋文艺精品创作扶持力度】 发挥“五个一”工程的导向和激励作用,歌曲《墨香》获得浙江省第十二届精神文明建设“五个一工程”入选作品奖,舞台艺术《鼓舞大海》和动画片《绿眉毛》入选浙江省文化精品扶持工程第十二批项目名单。加快重大题材、重点项目的创作,增补充实全市文艺精品工程项目库,库容量达30个。推动文艺精品走向海外,在香港举办“中国现代民间绘画”舟山渔民画展,在东京参与日本·浙江文化年——美丽浙江农民渔民画展,扩大舟山海洋文化的影响力。

【做大做强舟山特色的海洋文化产业】 组织召开全市文化产业发展大会,出台《关于进一步推进海洋文化产业融合发展的实施意见》和《舟山市文化产业专项资金使用管理暂行办法》。建立舟山市中小企业“文创贷”合作平台,构建多层次的贷款风险分担和补偿机制。完成“舟山群岛渔民画”集体商标注册,打造“舟山群岛渔民画”品牌。开展首批舟山市成长型文化企业和舟山市文化产业创新人才评选活动,组团参加深圳文博会、义乌文交会等,推动舟山海洋文化走出去。举办第二届舟山市海洋文化衍生品展示会,吸引游客1万余人,市外采购商30余家,现场完成交易额115.6万元,意向协议1020万元。

【推进基层宣传文化阵地建设】 将渔农村文化礼堂建设作为推进基层宣传思想文化工作的主抓手,研究制定《推进渔农村文化礼堂长效机制建设的实施意见》和《全市2017—2020年渔农村文化礼堂发展规划》。新建21个渔农村文化礼堂,覆盖率在全省前列。试行“乡镇(街道)文化礼堂中心站”制度,加强星级管理,评选21家四星级文化礼堂。推进城市文化公园、城市书房、企业文化俱乐部等城市文化阵地建设。

(撰稿:黄雯铮)

统战工作

【加强政治引领】 2017年,全市统战工作抓好学习。引导统战机关和统战组织召开十九大精神学习交流会40余场,参加者近3200人次。组织全市100余名统战成员参加省第十四次党代会精神报告会。举办以“不忘初心、携手共进”为主题的全市统一战线读书会,150名统战成员聆听市委书记的专题报告。协调督促统战组织结合实际,深化各项主题教育活动。指导各民主党派把握成立周年纪念契机,组织开展优良传统教育,400余人参加系列活动。举办党外科级干部等10个培训班,受训420人次,部(局)领导走进课堂带头宣讲,提升党外人士听党话、跟党走的意识。健全市委领导与党外代表人士谈心谈话和统战部门领导约谈党外代表人士等制度,做好常态化思想政治工作,增进友情,凝聚共识。强化依法治理,学习贯彻《宗教事务条例》,组织召开全市宗教工作交流会,研究部署重点工作。指导全市196处宗教活动场所视频联网工作,完成市级视频联网平台系统分控中心平台建设。开展“除隐患、保安全、促转型”治危拆违攻坚战,对排查出的20处危房,现有9处民间信仰场所完成原址重建或局部维修,11处宗教活动场所2处停止使用,其余9处采取修复加固、搬迁、楼道封闭等措施。落实宗教活动场所建设审批制度,督促完成普陀区城北天主教堂立面改造任务。提出市民间信仰事务管理的三年行动方案,制订《舟山市民间信仰场所考核细则》,并与浙江海洋大学联合开展舟山群岛民间信仰与和谐社会建设课题研究。注重合作交流。组织召开全市民主党派工作会议,注重对市属部门民主党派工作的考核。协调制订年度政党协商计划,并就市七次党代会等事项进行4次专题协商,组织4次专题工作情况通报会,督促落实民主党派负责人参与重大内外活动制度,240人次参加各类活动。发挥组统两部联席会议作用,协调党外代表人士安排工作,尤其是协调解决市人大常委会和政协机关党外副秘书长配备问题。构建“亲清”新型政商关系,健全党政领导与非公经济人士联系制度,助推出台《关于进一步支持船舶工业稳定发展的若干意见》《关于推进中小微企业“专精特新”发展的实施意见》等一系列政策。做好香港青少年走进舟山游学团、“四海一家·浙港同行”香港青年交流团、香港舟山同乡会家乡行访问团及全国少数民族参观团等4次500余人参加的大型联谊交友活动,深化各民族和海内外同胞关系。

【围绕发展大局体现应有作为】

围绕“四个舟山”建设建言献策。组织统战组织和成员围绕市委市政府重大决策部署,深入调查研究,建言献策。市“两会”期间,各民主党派提交188件政协提案和31件人大议案,其中重点提案19件,占市政协重点提案86.36%,多数建议获市委市政府领导批示或被有关部门采纳。其中九三学社市委委员耿相魁教授提交的关于健全浙江绿色石化基地建设法治保障的建议,得到省主要领导的批示。围绕“五大会战”献计出力。先后两次组织召开全市统一战线助力“五大会战”工作推进会,明确工作职责,落实相关举措88项,实行挂图作战。指导各民主党派市委会、市工商联(市总商会)发出倡议,采取行动,投身“五大会战”。引导非公企业参与第四次浙商大会和各类洽谈会,开展以商引商工作。协调普陀山佛协捐助善款800万元,用于剿灭劣V类水。围绕“最多跑一次”改革,以“陪着群众跑窗口”等形式,开展系列民主监督和政治协商。围绕岗位职责,引导统战成员立足本职岗位,建功立业,展现应有作为,涌现出以九三学社社员、市海洋与渔业局副局长刘志刚(因公殉职)等为代表的先进人物。服务社会民生。协调普陀山佛协投入2500万元用于社会公益慈善,非公企业全年投入慈善帮扶近600万元,引导舟山籍港台爱心人士每年捐资助学100万元。引导统战组织发挥自身优势,打造社会服务品牌,形成各具特色的服务队、服务点、服务岛、服务基地,扩大统一战线影响。服务统战事业。注重民主党派机关建设。协助选调民主党派机关工作人员8人,提拔县处级领导干部1人。组织民主党派与财政局负责人对话,协商解决民主党派活动经费开支难题。协调推进统战文化建设。启用舟山市民主党派成员之家,指导各类统战文化基地建设,组织开展文化活动,增强统战组织凝聚力。关爱党外人士成长。选送11位优秀党外干部到重点工程和乡镇(社区)挂职锻炼,统筹安排党外市人大代表92人(常委会委员9人),市政协委员187人(常委33人),推荐提拔党外县处级领导干部22人。

【夯实基层基础激发内在活力】

发掘资源。协同民建省委会成立民建舟山市工委,并指导建立基层组织,健全相关工作制度。拓展统战工作新领域,组织召开全市新的社会阶层人士联席会议,成立新的社会阶层联谊会(40余人),指导新的社会阶层人士统战工作试点(科学城),推进新的社会阶层人士统战工作规范化。夯实基础。实现市侨联、市党外知联会、市佛协、市基督教两会换届,指导农工党市委会建立监督委员会,协调民主党派星级创建活动,推进新一轮基层组织规范化建设。推进民族团结进步工作,组织“社区民族兄弟一家亲”等活动。优化环境。加大对外宣传力度,在《中国宗教》杂志、《中国民族报》整版刊登民族宗教领域工作先进经验;加强与市内主要媒体合作,在《舟山日报》和舟山电视台设立统战之窗;注重统战门户网站建设,推进部机关微信公众号不间断推送,提升统一战线知晓度、美誉度。完善县(区)、功能区统战工作年度考核机制,发挥各类领导小组和联席会议作用,营造大统战格局。

【注重品牌创建提升工作水平】

围绕普陀山“五名”(名山、名寺、名僧、名校、名园)工程建设,科学规划普陀山寺院功能布局,实践普陀山佛协“三三制”管理模式,指导实施中国佛学院普陀山学院五年发展规划,探索居士教育路子,保持国内佛教院校的领先地位;推进观音文化园建设,指导监督工程项目有序开展,实现全年12亿的投资计划。推行党外代表人士综合评价制度。深入调查研究，听取意见，完善考评体系，综合评价党外代表人士208人。探索市工商联(总商会)主席(会长)轮值制度。在总结“企业家走企业”活动经验基础上，推出主席(会长)轮值制度，实行2月一次，每次一个活动主题。是年，组织论坛、名家授课等6次活动，250人次参与。加强统战文化基地建设。坚持以统战文化基地建设为载体，推进统战文化与文化统战工作。注重对上年入选的8家统战文化基地的复查，评审通过第二批5家统战文化基地。在总结试点经验基础上，推行基层宗教活动场所巡查制度，加强对民宗工作热点难点问题等情况的搜集汇总，并以月报表形式定期通报，健全民宗领域情报网，强化基层的属地责任。

【注重自身建设优化机关效能】加强领导班子建设。坚持部务会议理论中心组学习制度，做到每月一次。坚持集体领导与个人分工负责制，做到重大问题部务会研究，具体事务分工抓好落实。强化干部队伍建设。完成组织及工会换届工作，创新党建工作载体，丰富党内活动内涵，推进“两学一做”教育常态化、制度化。开展学习型、服务型、效能型机关创建工作，加强机关效能督查。推进党风廉政建设。履行党风廉政建设主体责任，部务会经常听取党风廉政建设情况汇报，研究观音文化园有关重大项目监管等敏感问题。落实党风廉政建设责任制，逐级签订党风廉政建设责任书。督促落实领导干部谈心谈话、述职述廉述法及个人重大事项报告等制度，支持驻部纪检组开展各项工作，改善机关风气和形象。

(撰稿：王少男)

党校工作

【干部教育】2017年，举办主体班次51期，培训、轮训干部5538人次，同比增长13.3%和14.3%。组织教师对外宣讲205场次，宣讲对象15200人次。教学平均分95.12分，优秀课比率93.3%。录制远程宣教片6部。突出理论教育和党性教育主课地位，主体班次理论教育比重70%以上，党性教育比重20%以上。

系统学习习近平总书记系列重要讲话精神和治国理政新理念新思想新战略，深入学习省、市党代会精神。组织各类专题培训班、研讨会和学习论坛，面向全市印发《市委党校十九大宣讲菜单》。把党章、党规、党纪学习教育作为党性教育的重要内容，开展理想信念、党的宗旨、党史国史、革命传统、道德品行、法治思维、反腐倡廉等教育。深化反腐倡廉教育，加强典型示范教育、岗位廉政教育，组织学员到遵义、大别山、兰考等革命老区接受红色教育，到法庭、监狱接受警示教育。

加强学科建设，引进新的师资，优化专兼职教师队伍，提升整体师资建设水平。完善管理制度，向学员传达中组部《关于在干部教育培训中进一步加强学员管理的规定》，落实《党校学员管理规定“十不准”》。严肃讲坛纪律，严格落实新课、新专题试讲制度，在各教研室对教案严格把关的基础上组织试讲，校领导亲自把关，对外请专家授课落实提醒制度。

【教学方法】突出教学创新，增强干部教育培训实效。坚持教学和实践相结合，深化“集中授课、现场教学、专题调研、研讨答辩”四位一体的研究型培训方式，推广讲授式、启发式、案例式、行动式、情景模拟式、研讨式、辩论赛等行之有效的教学方法。开展结构化研讨，组织行动式学习，围绕“五大会战”“四个舟山”建设目标，自主选题，组织调研，开展研讨，形成对策性成果，供有关部门参考。突出自贸通才培训，组织学员边干边学、以学促干，形成“做、学、研、用”一体化链式培养机制，培养一批自贸实务专家。重点打造7条干部教育现场教学精品线(点)，涵盖机关单位、功能区、企业和基层社区，全年接待学员12批次1657人次。坚持开门办学。“走出去”，先后到绍兴、嘉兴、温州、上海浦东等地开展专题调研，学习借鉴各地区党校先进办学经验；“请进来”，加强与各地党校、干部教育学院联系合作，组织学员到温州、宁波、台州、湖州等地开展异地教学，接待国家行政学院马尔代夫公务员公共管理研修班到校访问，提升开放办学水平。全年开发教学新专题23个。

【智库建设】全年19项课题立项，其中省哲学社会科学规划课题、省社科联研究课题、省党校系统重点课题等省级部门课题8项，市社会科学重大研究课题等市级课题6项，全市党校系统课题5

项。另外承接市级部门委托课题3项。全年编印《领导决策参阅》14期,其中4期获市领导批示;在刊物上发表文章46篇,其中20篇在省级以上公开刊物上发表,科研论文获奖项(包括入选)23项,其中省级部门奖项8项;编印《2016年度智库报告》1本。联合市社科联、新区决策咨询委、浙江国际海运职业技术学院共同举办以"自贸区背景下的舟山新区发展"为主题的首届"蓝色经济"发展论坛。主办以"舟山当好海洋强国建设排头兵"为主题的首届"红色智库"论坛。拓展智库建设对外开放合作交流平台,联合宁波、绍兴、珠海、东莞等市党校,发起组建珠三角–长三角城市党校智库合作联盟论坛。邀请市政研室领导作市情研究与决策咨询专题辅导,邀请省委党校专家开展咨政研究专题辅导,组织专兼职教师调研舟山航空产业园。中共舟山市委党校学报调整栏目设置,围绕习近平总书记系列重要讲话、中央全会、省市党代会精神和新区"五大会战""四个舟山"建设等重点、热点问题开辟专栏,提升《学报》服务新区中心工作的针对性。

【对外培训】 全年举办社会培训班次63期,培训学员4747人次,同比增长43.2%,其中承办市外班次9期,培训人数397人次。打造新区培训品牌。根据培训需求,推出六大培训专题,48堂专题课程。利用江海联运服务中心、舟山自由贸易试验区、波音海外完工与交付中心、绿色石化基地、中澳产业园、观音文化园等培训资源,做好"海"字文章、"新"字文章,将党校打造成新区对外交流的重要窗口。拓展对外合作交流。与各地市党校、省委党校干部教育学院、浙江大学、上海海事大学、浙江师范大学等高校建立良好合作关系,主动承接市外班次到舟山现场教学。办好在职研究生教育。与江西华东交通大学合作,设立在职研究生教学点,开展研究生在职教育。高标准做好华东交大2014—2017级70名MBA学员的教学管理工作,做好2018级MBA学员的招生报名工作。

【行政后勤】 打造"大后勤",实施"大保障",改革和拓展服务方式,完善服务制度和标准,提升服务保障能力。强化行政管理。以管理精细化、服务规范化、效率最大化为目标,主动服务教学、服务科研、服务教职工和学员,提升行政管理科学化水平。推进平安校园建设,参与"五水共治",做好老干部服务管理工作。提升信息化服务水平,打造"红色学府网"。建成第二期"浙江舟山群岛新区"特色资源数据库,向省委党校"浙江省情数据库"提供数字资源507篇,提供教学片资源6篇。加强信息化网络安全管理,确保校园安全运行。加强图书馆建设,为教职工、学员服务。强化后勤保障。以管理规范化、服务精细化、流程标准化为目标,提升后勤保障水平。完善基础设施建设,提升后勤服务品质,发挥膳食管理委员会作用,加强伙食管理,重视食品安全。全年接待就餐人数94809人次,住宿人数20661人次,满意率分别达92.3%和90.5%。

【干部队伍】 加强领导班子建设,提高领导干部能力与水平。带头学习领会十九大精神,参加各级各类培训,到县区、部门、基层宣讲,组织全市县处级干部十九大精神学习贯彻轮训班。坚持党内民主,坚持民主决策。加强中层队伍建设,严格选拔制度。加强培养锻炼,选派干部到基层一线。选派1名副科级干部到乡镇挂职锻炼,1名正科级干部到基层社区任渔农村工作指导员。选派1名年轻管理骨干到省社会主义学院学习锻炼。提升教师的教学水平和科研能力,采取进修培训、业务素质提升、名师名课评选、学历学位提升等行之有效的办法,加大师资培训力度。安排1名教学骨干到中央党校培训,组织全市党校系统专兼职教师30余名到浙江省委党校、四川省委党校培训,全年30批次92人次教师参加进修培训。举行全市党校系统以说课形式为载体、现场教学为主题的培训和比武活动,在现场教学方面取得突破。

【机关党建】 重点抓好党委理论学习中心组、中层干部和专兼职教师的政治理论学习,发挥党校在理论学习方面的示范作用。以"两学一做"学习教育常态化制度化为抓手,落实"三会一课"、主题党日、民主生活会、组织生活会、民主评议党员、谈心谈话等制度,开展以"重温入党誓词、重读入党志愿"等为主题的党员活动。推进党支部规范化建设。推进"五大会战建新功,勇立潮头当先锋"

主题活动。推进党风廉政建设。党委班子履行主体责任，班子成员落实“一岗双职”。在人员招聘、干部选拔任用、职称评定、工程建设、节假日等时机，遵守党风廉政建设规定。重大事项、重要决策等及时向纪检组汇报，接受纪检组的检查指导。

【系统建设】 抓业务指导，形成党校系统整体合力。统筹资源，合作共享。建立统一的师资库，实现教师资源共建共享；建立统一的数字资源库，实现信息资源共建共享；建立统一的现场教学基地，实现现场教学基地共建共享。搭建平台，促进发展。支持县（区）党校教师到市委党校跟班学习培训。通过精品课评选、教学比武竞赛等活动，推动县（区）党校整体建设水平。

舟山市委党校、舟山行政学院 2017 年度干部教育培训办班情况

表 7

时　间	班　次	人数(人)
1.09—1.10	定海区科级干部十八届六中全会精神集中轮训班（第一期）	275
1.11—1.12	定海区科级干部十八届六中全会精神集中轮训班（第二期）	277
3.19—3.23	全市乡镇（街道）书记培训班	33
3.23—3.26	全市乡镇长（街道主任）培训班	34
3.23	七届市政协新任委员培训班	260
3.24	2017 年全市公务员面试考官培训班	200
4.12—4.14	2017 年定海区新提任区管领导干部培训班	38
5.02—5.26	2017 年第一期县处级干部综合素质进修班	67
5.22—6.23	2017 年党外科级干部培训班	41
5.22—5.24	2017 年新疆阿克苏地区和兵团第一师中青年干部培训班	55
5.27—12 月	中国（浙江）自贸试验区“自贸通才”培训班	70
5.31—7.14	2017 年定海区年轻干部培训班	40
6.05—6.09	全市天主教爱国会、基督教两会中青年委员培训班	56
6.12	定海区入党积极分子培训班（第一期）	85
6.13	定海区入党积极分子培训班（第二期）	85
6.14	定海区入党积极分子培训班（第三期）	85
6.15	定海区入党积极分子培训班（第四期）	85
6.12—8.04	2017 年全市中青年干部培训二班	43
6.14—6.16	2017 年市直单位公务员学法用法集中轮训（第一期）	301
6.21—6.23	2017 年市直单位公务员学法用法集中轮训（第二期）	299
6.28—6.30	2017 年市直单位公务员学法用法集中轮训（第三期）	299
6.18—6.22	2017 年全市新党员培训示范班	46

续表 7

时　间	班　次	人数(人)
6.19—6.20	2017 年全市侨务干部培训班	70
6.22—6.30	2017 年第一期县处级干部党性教育专题班	48
6.26—6.30	全市乡镇(街道)宣传委员培训班	47
7.31—8.04	2017 年全市基层统战干部培训班	47
7.31—8.02	2017 年定海区属单位公务员“学法用法”专题培训班(第一期)	200
8.03—8.05	2017 年定海区属单位公务员“学法用法”专题培训班(第二期)	200
8.19	2017 年全市军转干部面试	106
8.20 上午	2017 年市纪委公开选调工作人员笔试	75
9.02	2017 年市纪委公开选调工作人员面试	22
9.08 上午	2017 年军转干部笔试	106
9.08—10.13	2017 年第二期县处级干部综合素质进修班	79
9.08—12.08	2017 年全市中青年干部培训一班	46
9.08—9.22	2017 年新提任县处级领导干部专题进修班	52
9.18—9.29	2017 年机关新录用公务员初任培训班	86
9.18 上午	全市非公企业党组织书记班	40
9.23	2017 年马尔代夫公务员公共管理研修班(第二期)赴舟山学习考察	30
9.25—9.29	第十一期定海区副科级领导干部理论研修班	38
10.09—10.13	2017 年粮食产业发展研修班	42
10.16—10.20	全市民主党派骨干成员培训班	49
10.16—10.17	市(新区)属机关事业单位组织人事干部业务培训班	227
10.25—11.03	2017 年第二期县处级干部党性教育专题进修班	57
10.27—10.29	全市基层民宗干部培训班	49
10.30—11.24	2017 年全市军转干部培训班	106
11.19—11.24	2017 年吉林省松原市优秀民营企业家和各开发区(园区)负责人“转变思维方式、提升发展能力”专题培训班	40
12.04—12.08	2017 年全市佛教界代表人士培训班	50
11.28—11.29	舟山市基层科协秘书长培训班	71
12.04—12.08	舟山市县处级干部党的十九大精神学习贯彻集中轮训班(第一期)	229
12.11—12.15	舟山市县处级干部党的十九大精神学习贯彻集中轮训班(第二期)	267
12.18—12.22	舟山市县处级干部党的十九大精神学习贯彻集中轮训班(第三期)	285
全年干部培训 51 期,培训学员 5538 人次		

舟山市委党校、舟山行政学院 2017 年度社会培训办班情况

表 8

时　间	班　次	人数(人)
全年	华东交通大学 2014 级春季 MBA	2
全年	华东交通大学 2014 级秋季 MBA	26
全年	华东交通大学 2015 级秋季 MBA	9
全年	华东交通大学 2016 级秋季 MBA	18
全年	华东交通大学 2017 级秋季 MBA	15
1.21	2017 年新区功能区等单位部分中层干部竞岗交流笔试	200
2.14—2.15	太平洋人寿 2017 第三期转正培训	20
2.18	2017 年新区功能区等单位部分中层干部竞岗交流笔试	86
2.23—2.24	舟山国寿 2017 年第一期签约培训班	40
2.25	舟山德睿忠行信息科技有限公司支部学习	25
2.25—2.26	2017 年度舟山市烟草系统青年员工培训计划	40
3.14—3.15	岱西镇党员培训班	48
3.20—3.21	全市警卫业务培训班	40
3.25—3.26	2017 年度舟山市烟草系统青年员工培训计划	40
3.29—3.30	岱西镇妇女干部培训班	23
4.06—4.07	渔农村指导员培训班	63
4.10	吉林省开发区负责人培训班	65
413.—4.14	太平洋寿险舟山支公司高管培训	60
4.17—4.19	邮储银行十八届六中全会精神学习	58
4.18—4.21	2017 年全市档案业务操作培训班	200
4.25—4.26	2017 年度舟山市烟草系统青年员工培训计划	40
4.26—4.28	全市养老机构负责人培训班	120
5.12—5.13	银河证券宁波分公司党员培训班	38
5.09—5.11	宁波江北区政协委员培训班(第一期)	43
5.16—5.18	宁波江北区政协委员培训班(第二期)	60
5.22	2017 年度舟山市烟草系统青年员工培训计划	40
5.31	市财政局机关党建工作培训班	38
5.31—6.02	岱山县直属机关股所级干部培训班	56
6.03	2017 年舟山市各级机关考试录用公务员面试	138
6.04	选调生村官和人武学员面试	50
6.17—6.18	2017 年度舟山市烟草系统青年员工培训计划	40
6.26	中国水产舟山海洋渔业公司党员培训班	40
7.01	2017 年上半年舟山市属事业单位公开招聘工作人员面试	85
7.03—7.07	舟山市文艺工作专题研修班	45

续表 8

时　间	班　次	人数(人)
7.04—7.07	北京海淀区统战部长培训班	23
7.11—7.13	2017 年入党积极分子培训班	230
7.11—7.13	磐安县人大干部业务培训班	60
7.10—7.14	舟山市首批社会工作领军人才培训班	55
7.25—7.27	嵊泗县基层渔业管理人员培训班	50
7.27—7.28	2017 年度舟山市烟草系统青年员工培训	40
8.07—8.09	2017 年度舟山市烟草系统中层干部培训班	40
8.20—8.23	中邮集团舟山分公司邮储银行全市金融网点营销能力提升班	50
8.28	定海区基层工会干部培训班	150
8.26—8.30	2017 年度舟山市烟草系统青年员工培训	40
8.28—8.29	舟山市计生特殊家庭帮扶项目培训班	45
8.30—8.31	全市基本工会干部培训班	120
9.07	新城管委会入党积极分子培训班	65
9.16—9.26	新疆建设兵团十六团基层组织建设培训班	24
9.23—9.24	2017 年度舟山市烟草系统青年员工培训	40
9.28—9.30	国资委入党积极分子培训班	60
10.10—10.12	义乌市人大干部培训班	43
10.18—10.20	全市银行业党务工作者培训班	31
10.28—10.29	2017 年度舟山市烟草系统青年员工培训	40
10.31—11.01	岱山县妇联维权干部培训班	45
11.04	市行政服务中心管理服务精细化标准化培训班	200
11.10	市就业局创业大讲堂	200
11.11	2017 年上半年舟山市属事业单位公开招聘工作人员面试	100
11.14—11.15	普-朱管委会党务干部班	65
11.15—11.16	新城土地与房屋征收中心中层骨干综合素质提升培训班	31
11.20	市交通运输局系统纪检干部培训班	44
11.23	普朱管委会团干部培训班	43
11.24	市律协十九大精神学习培训班	200
11.29—11.30	普朱管委会入党积极分子培训班	27
11.30—12.01	市(新区)直机关 2017 年度党务干部培训班	250
12.04—12.05	全市涉密人员培训班	250
12.05—12.07	全市审计干部综合素质培训班	90
12.11—12.12	全市公共机构节能管理培训班	100
12.12—12.15	2017 年定海区城市管理局新进执法队员封闭式集训	55
全年社会培训 63 期，培训学员 4747 人次；异地班次 9 期，学员 397 人次。		

（撰稿：李振）

市直机关党的工作

【概况】 2017年，市直机关工委下辖79个机关党组织，其中机关（直属机关）党委47个，党总支13个，党支部19个，合计党员10710人。是年，市直机关工委以创建机关党建核心品牌为抓手，紧扣服务中心、建设队伍两大核心任务，加强机关党的思想、组织、作风、反腐倡廉和制度建设。

【基层组织建设】 是年，围绕市委第七次党代会提出建设自由贸易港区、海上花园城市战略目标，在全市开展"五大会战"战略行动贯彻落实，在市直机关组织开展"机关铁军 潮头先锋"党建品牌创建工作，引导广大党员干部走前列、作表率。创建工作主要围绕素质提升行动、岗位建功行动、固本强基行动、联建联创行动和正风肃纪行动五大行动开展，制定具体实施方案在市直机关全面展开。

是年，突出抓基层支部规范化建设。规范部分基本制度，把"两学一做"学习教育纳入"三会一课"等基本制度，每个党支部每年初制订"三会一课"具体计划报上一级党组织备案，每年底总结落实情况并向上一级党组织报告；坚持每月一次主题党日活动，作为"两学一做"学习教育的基本载体，融入"三会一课"等制度，并规定每逢"七一"、国庆等重大节日必须固定开展主题党日活动；党员参加党内重要活动统一佩戴党徽，增强仪式感；坚持党员领导干部讲党课制度，各单位党组（党委）书记每年至少为基层党员讲1次党课；党员一月一次缴党费；党员每年至少参加一次党员志愿服务。坚持支部活动有计划，"三会一课"制度、民主生活会和组织生活会制度、谈心谈话制度及民主评议党员制度等制度落实情况有台账，党员活动室有规划制度上墙。注重对标先进典型树样板。在基层党支部融入中心、服务中心方面做得相对比较好的单位中，选树5家作为基层组织规范化建设示范点，培育"罗家岙式"机关支部，带动整个机关党支部规范化建设。

是年，推行党建工作任务清单制，围绕市委党建工作领导小组2017年工作要点和年初部署的2017年机关党建工作任务，工委分别列出机关党建工作任务清单，并对每项工作任务明确责任领导、责任人、目标要求及完成时限等，下发基层。各责任处室负责督办基层落实，办公室具体负责督办各处室工作落实，并在每月工作例会上汇报项目进展和落实情况，总结讲评，形成责任落实体系。加强对基层党建工作的督查调研。在岱山衢山镇召开全市机关党建工作座谈会，四个县（区）工委、部分功能区党群部，分别就上半年机关党建工作开展情况特别是推进"两学一做"学习教育常态化制度化支部规范化建设情况等进行交流座谈。工委班子主要领导分别到四个县（区）调研了解机关党建工作落实情况。

【思想政治工作】 是年，把学习宣传贯彻中共十八届六中全会精神和习近平总书记系列重要讲话精神作为党组（党委）中心组、干部理论学习重点内容，在年初全市机关党的工作会议上部署。发挥机关党建网站网上党校作用，及时更新内容。刊登交流各基层党组织和党员干部的经验和体会。督促指导基层属党组织采取集中学习和自学相结合，通过党课、培训班、报告会，大讨论、交流会等形式为党员干部学习搭建平台。抓学习型机关先进集体和个人的评选表彰活动，推动学习教育工作深化落实。

推进"两学一做"学习教育常态化制度化建设。坚持抓好学习部署，印发《新区（市）属机关基层党组织推进"两学一做"学习教育常态化制度化的指导方案》。把开展"两学一做"学习教育纳入市直机关党建责任考核内容和机关党组织书记抓党建工作述职评议内容；将"两学一做"学习教育情况作为学习型机关先进集体和先进个人等评先评优的主要依据；发挥市直机关"网上学堂"作用，将"两学一做"等内容作为市直机关科级干部网上学习培训内容。科级干部网上学习情况，在年底以书面形式通报所在单位，作为单位年度述学和评先评优重要内容。据指导方案的进展情况先后组织二轮督导检查，促进学教活动有效开展。

做好经常性思想政治工作。重视做好意识形态工作。履行意识形态工作主体责任，推动完善意识形态工作体制机制。围绕掌控网络意识形态主动权，加强市直机关网评员队伍培训管理，加强热点敏感问题网络舆情研判，参与和组织重大突发公共事件网络舆论引导,市直机关一批年轻党员、干部已成为市网评员队伍的骨干力量。做好机关党员干部思想状况定期分析,要求基层党组织每季度不少于一次思想分析;落实谈心谈话制度,关心党员干部和职工群众的思想、工作、学习和生活情况,增强机关凝聚力。丰富机关文化生活。组织开展第三届市级机关群体联赛,每两月组织一次;在机关团员青年中开展“绿色新区伴我行”素质拓展系列活动,强化团员青年的环保意识、服务意识等;妇工委在“母亲节”期间举办“舌尖上的感恩”微视频展播会,展播作品70余件。建立健全党内关爱制度,坚持元旦、春节和七一期间走访慰问老党员、困难党员和生病住院党员等,走访730余人,发放慰问金17万多元,同时对党务干部做到两个必看,党务干部生病住院必看望、家有重大特发情况必看望,温情传递组织关爱;坚持为党龄50周年老党员颁发银质纪念章,全年发放21枚。

【教育培训工作】 突出抓好党务干部分类学习培训,重点举办机关党组织书记、党务干部、优秀党员骨干等主体培训班。严抓机关支部的换届及改选工作,建强支部班子。按照公推直选方法,选好配强党支部班子特别是党支部书记,组织对新任机关党支部书记能力素质培训。是年,组织开展“五大会战建新功、勇立潮头当先锋”专题系列活动。开展学习贯彻市委“五大会战”动员大会精神活动,先后开展“五大会战建新功、勇立潮头当先锋”大讨论和“五大会战建新功、勇立潮头当先锋”主题征文活动。

是年,组织指导基层党组织开展“五比三学”活动,即比速度、比质量、比绩效、比干劲、比贡献,学思路、学方法、学作风。推行亮党员身份、承诺践诺、党员设岗定责等制度,在机关设立党员示范岗,督促党员模范履行职责。提倡党员佩戴党徽,推进“亮党员身份、树党员形象、展党员风采”活动。年底评比表彰一批在五大会战中涌现出的先进集体和个人。

3月27日,舟山市第三届市级机关群体联赛启动仪式在新城举行(市直机关党工委提供)

【党风廉政建设】 坚持把党风廉政建设与各项业务工作同部署、同落实、同检查。通过签订“党风廉政建设责任书”,形成集体领导和个人分工负责相结合,层层抓落实的党风廉政建设工作格局。抓好党内监督条例和纪律处分条例等党内有关法规和中央、省、市有关精神的学习、宣传。组织市直机关党员开展“遵守党纪、严守规矩”党纪网上知识大竞测活动,增强廉政教育的针对性、实效性。推进廉政文化进机关活动,创建机关廉政文化示范点。在市直机关科级党员干部中开展主题警示教育活动,组织第三批次重点风险岗位科级干部到警示教育基地进行警示教育。利用单位的廉政文化长廊、短信平台等定期登载或向党员发送廉政警句格言,开展廉政教育活动。抓好机关纪委工作职责落实,督促机关纪检组织适应新的形势和任务变化,认真履职,主动作为。做好机关纪委书记约谈工作,先后对31家单位的机关纪委书记进行谈心谈话。

加强机关作风和效能建设。贯彻落实省工委关于推进“最多跑一次”改革强服务强效能作风建设专项行动方案的通知要求,专门成立领导小组,制定具体实施方案推进工作落实。推动基层党组织把“一推两强”作风建设专项行动，融入到“五大会战建新功、勇立潮头当先锋”大讨论、基层组织民主生活会、批评与自我批评、年度述职报告中。

持续开展正风肃纪监督检查，坚持每月一次检查市直机关效能建设，并就违反中央“八项规定”精神等方面问题，开展明察暗访和各项监督检查活动。全年组织开展19批次各项督查，受检查单位69家次，发现和处理各类问题18个。

【群团组织建设】 加强对群团工作的领导、指导，组织开展各种活动，发挥群团组织在机关建设中的作用。开展机关工会“走基层、访职工、办实事”活动、“机关青年志愿(义工)服务队”建设和机关妇女“美丽自造”品牌创建等工作活动。推动职工大病医疗互助，走访慰问困难干部职工近百人次，发放大病医疗互助金10余万元、慰问金(慰问品)近10万元。先后组织开展“绿色新区伴我行”机关青年户外徒步活动、“青分享·话新区”机关青年文化沙龙、“爱读书·读好书·善读书·乐分享”读书会、“阅读越美丽”微音频分享会、“舌尖上的感恩”微视频展播会及“关爱社会、温暖人心”阳光助残志愿服务活动、“青·公益”现场慈善义卖等活动11场次。

（撰稿：陈平生）

5月5日，举行“绿色新区伴我行”机关青年户外徒步活动(市直机关党工委提供)

老干部工作

【推进离退休干部党工委试点建设】 2017年，学习贯彻中办发3号文件、浙委办发〔2017〕51号文件。组织召开机关干部学习贯彻会，督促机关干部结合业务工作开展。将文件传达到全市各老干部工作部门，要求结合各自工作实际组织专题学习，抓好落实。就“我省《意见》在新区的贯彻落实”专题，进行调研，多方听取相关单位和老同志代表的意见，起草《关于进一步加强和改进离退休干部工作的实施意见》。推进离退休干部党工委试点建设工作，确定在岱山县试点舟山市离退休干部党工委建设。

【引导老干部讲政治】 中共十九大召开当日，组织老干部采用家中自行收看、活动中心集体收看等方式，收看十九大开幕会。改进学习形式，采取每月集中学习、送学上门等，把中央、省市重要会议精神传达到位、解读到位。推进“两学一做”学习教育常态化制度化。加强离退休干部党支部建设，解决党内生活不严格、“三会一课”制度落实不到位、组织设置不科学、活动开展不经常、发挥作用不明显等问题。加强对党支部书记的培训力度，举办政治理论培训班，提高党支部书记的政治和业务素质。

【助力新区发展】 召开专题畅谈建言座谈会，围绕“四个全面”战略布局、“五位一体”总体布局、“五大发展理念”和新区落实国家发展战略、重大项目落地情况等，建言献策。全年组织“畅谈”“建言”座谈讨论6次，参加活动324人次，提出建言12条，涉及环境治理、社会民生、交通发展、基层政权建设等方面。组织离退休党员干部参与“网下我点赞，网上晒风采”支部亮星活动。

引导老干部紧跟中央、省委、市委的决策部署。举办各类培训班、专题讲座等，邀请市内专家讲解新区“十三五”发展重点、新区重大项目建设情况、自贸港区建设进展,组织学习市委市政府提出的“建设四个舟山”“打好五大会战”的总体要求。组织开展“走看促”活动,实地参观29次。

依托全市15支银色人才志愿者队伍,开展法律咨询、义务宣传等各类志愿活动。老年大学的文艺志愿者参与市民大舞台、市“淘文化”服务等,走进企业、社区等。征集老干部摄影、书画作品参加纪念香港回归20周年暨建军90周年、“剿灭劣V类水”“我看浙江新变化”等各类专题书画摄影展览,并送展览进部队、企业、社区,宣传新区发展变化。

11月10日,离休干部参观朱家尖国际旅游大会永久会址(市老干部局提供)

【满足老干部服务保障需要】 与各相关部门协调,落实《关于提高我省生活长期完全不能自理的离休干部护理费标准和高龄护理补贴的通知》,确保护理费、护理补贴发放到位。落实79位进社保专项统筹的企业离休干部2017年公用经费增加部分以及2016、2017年特需经费增加部分,补助资金18.96万元,其中公用经费补助11.06万元,特需经费补助7.9万元。受理各类信访71件,解决老干部离休金、医药费、公用经费、护理费、疗养费等问题。根据车改的精神和老干部用车实际情况,出台关于老干部用车补充规定,解决老干部参加重要会议和活动的用车问题。

在春节、重阳节等重大节日集中走访慰问。为69名生活困难的离休干部及遗属送上慰问金,为43名住院老干部送上精心准备的年夜饭,为269位老同志送上暖心袜,为247位老干部送上消暑用品,为20名90岁高龄老干部上门祝寿送上生日蛋糕等。“四季送温暖”活动持续开展,机关干部包干联系老干部。

完善困难帮扶机制建设,扩大困难帮扶覆盖面,重点帮助因自负医药费支出数额较大、家庭遭遇重大灾害、生活完全不能自理等原因造成生活困难的离休干部及无固定收入的遗属等80余人,发放帮困基金20万元。采取购买社会服务的方式,利用社会服务机构为老干部提供个性化居家养老家政服务。邀请专家开设健康养生讲座,解读饮食养生健康、预防骨质疏松等方面知识。

【深化“团队+党建”丰富老干部生活】 老干部活动中心投入4万元用于更新麻将桌、台球桌等设施,老年大学投入68万余元对部分教室、公共设施进行装修,增添50台电脑及部分投影仪、音响等教学设备,新增国学和茶艺2个专业,普及传统文化。普陀新开设智能手机使用教学、形体班、瑜伽班等课程。

强化党建工作,对活动中心老干部团队中的党员名单进行摸底、登记、造册,为在团队中组建成立临时党组织打下基础。完善老年大学临时党支部,结合“银色人才志愿队”建设情况,设立法律咨询、医疗卫生、助残帮困、家政服务、文体健身、健康保养、环保监督、书画摄影志愿服务8个党小组,把在校党员学员按专业特长编入各党小组,以党小组为单位,开展党内组织生活,增强党员学员的凝聚力。邀请市理论讲师团专家为党员学员讲授中共十九大精神,引导党员学员学习领会习近平新时代中国特色社会主义思想。

坚持思想政治引领与日常活

4月28日，举办老干部政治理论培训班（市老干部局提供）

动学习相结合、养生养老与文化艺术活动相结合、主题活动与日常活动相结合，开展系列多元化精神文化系列活动。老干部活动中心开展象棋、扑克、钓鱼比赛等文体活动。老年大学组织全校师生大联欢、趣味运动会等。组织书法作品展览，展示教学成果，选取楷书、隶书、行书、草书等60余幅学员作品，在定海区文化馆展出。

【加强队伍建设】 推进“两学一做”学习教育常态化制度化。丰富支部主题党日的形式，把党组织生活打造成服务中心工作、落实重点任务、促进科学发展的有效载体，确保支部月月有活动。结合“一推二强”专项行动，以迎“七一”为契机，组织“‘五大会战’建新功勇立潮头当先锋”系列主题活动。开展朗诵会、主题征文、市档案馆《舟山记忆》展厅专题参观、专题讨论等活动。

组织开展党风廉政教育学习。以中心组集体学习、网上课堂学习、专家讲座等形式，组织机关干部深入学习自贸区知识，订购《自贸区打通关》《一带一路战略》两本书，督促机关干部自主学习。

（撰稿：吴建清）

信访工作

【概况】 2017年，贯彻落实中央、省、市有关决策部署，围绕“四个舟山”建设中心大局，推进“法治信访、阳光信访、精准信访、信用信访”。是年，市信访局被人社部、国家信访局评为全国信访先进集体，连续两届获此称号。

【营造良好的信访生态环境】 围绕自贸港区建设、海上花园城市建设十大攻坚行动等全市重大项目，制定工作预案，保障项目推进，巧变“邻避”为“迎臂”。服务全市“最多跑一次”改革，全市信访系统整合全市36条政务热线，多渠道打通网格平台、市民卡管理、审批服务平台等，多方位服务“两非整治”“三改一拆”“四边三化”“劣V类水治理”等重点工作，推动信访“最多投一次”助推“最多跑一次”。抓好信访排查化解工作。以源头预防为重点，以矛盾纠纷排查为入手，以快速推动化解为方法，快速接待处置到市集体上访，妥善处理新区开发建设中引发的各类集体上访，维护全市社会和谐稳定。

【压实立体式信访工作责任】 领导高位推动责任落实。市委、市政府重视信访工作，以制度形式从党委（党组）、领导干部、职能部门、信访工作者等多个维度构建立体式信访工作责任制。2月，市委、市政府“双首长”与各县（区）、功能区签订年度信访工作责任状，压实信访工作责任。市领导对信访工作亲自部署，接待来访群众，抓好积案化解，协调处理各类信访难题。压实初信初访。开展初信初访治理工程，形成以按期告知、按期答复、精准办理、回访核实、群众满意等多项指标为一体的信访办理考核体系。实行“日日查、周周清、月月考”工作机制，制定出台《舟山市初次信访回访核实办法》《舟山市网上信访办理实施意见》等多项规范性、标准化的办理制度。同时，加强对初次信访办理过程中不及时、不规范、不精准问题予以通报，督促事权单位依法规范办理信访事项。因案施策推进积案化解攻坚。

坚持问题导向,查找信访工作短板难题,通过全方位排摸、梳理研判,集中交办各类信访积案,市领导领衔包案督查,并层层压实县(区)、功能区和市属单位领导干部责任,推进积案化解。实行信访积案“挂图作战”,每月定期通报、定期排名,营造积案化解比学赶超氛围。

【推进信访改革创新】 拓宽信访渠道,打造“信、访、网、电”四位一体。5月,按照“整体划归、平稳微调、节约整合、保留个性”的原则,推进新区12345平台移交信访部门管理,实现“信、访、网、电”的全面整合。同时,运用大数据,针对群众反映较多的来电事项,分析研判。在18号台风“卡努”期间,群众对排水问题投诉集中,新区12345平台及时梳理汇总群众诉求,第一时间向市委、市政府提出意见建议。强化回访核实工作。提高群众参评率,多途径邀请群众参与互动点评,通过规范办理、精准答复、督查督办等环节,合理合法化解群众诉求,对在回访期限内需回访的初次信访事项逐一跟踪回访。抓好有效满意度评价结果的运用,通过跟踪督查不满意评价件,压实事权单位主体责任,推动及时、就地、规范办理初信初访。促进信访办理提效增速。健全“简易信访马上办、一般信访精准办、疑难信访合力办”工作机制,并在日常信访业务办理工作中强化,以最简程序、最短时限、最大程度提高群众满意度,发挥党委政府和事权部门在处理信访问题中的主体作用,力求信访事项办理高效、规范、精准,实现群众“最多投一次”目标。

(撰稿:刘黎杰)

精神文明创建工作

【全国文明城市创建工作】 完善创建协作机制,制定印发《舟山市创建全国文明城市任务分工》《全国文明城市创建实操手册》,明确工作任务和工作责任。建立城市文明程度指数定期评估机制,对县(区)开展1次,对街道和社区开展4次第三方测评。建立问题导向机制,将19个方面、67个突出问题列入“负面清单”,并开展“负面清单”清零行动。开展社会监督,组建由人大代表、政协委员、志愿者组成的8个社会督查组,对实地考察项目、“负面清单”所列任务、群众投诉和媒体曝光的问题,每月不少于一次开展专项督查。强化媒体监督,借力舟山电视台“新区聚焦”,连续8期对创建工作老大难问题聚焦报道。结合全市开展的户外广告大整治,利用现有资源,扩大社会面公益广告投放。开展公益广告征集评选工作,评选出各类优秀作品45件,充实公益广告作品库。加大媒体宣传力度,常年在主要新闻媒体开设“创全国文明城市建新区美好家园”主打栏目。

【基层文明创建工作】 出台《舟山市文明单位日常管理考核办法》,建立全市文明单位网上动态管理系统,初步实现文明单位创建活动经常化、制度化和规范化。开展文明单位、文明服务窗口创评活动,是年,创建3家全国文明单位、16家省文明单位,命名表彰20个舟山市文明示范窗口、20个舟山市文明服务标兵。开展“社区文明秀”活动,常态化开展“最美家庭”选树,开展十佳“好婆媳”、十佳“好子女”、十佳“好邻里”等评选活动。是年,全市评选出市级文明家庭100户,省级“最美家庭”13户,全国“最美家庭”2户。开展小城镇文明行动,出台《小城镇文明行动方案》,完成首批16个乡镇(街道)的达标创建。推进渔农村移风易俗,制定《深化移风易俗、树立文明乡风实施方案》,抓好社区移风易俗试点工作。落实文明村镇创建各项任务,全年新增全国文明村5个,省级文明乡镇2个、省级文明社区(村)17个。

【推进文明立法】 开展文明立法调研,先后8次召开政府机关、行业主管部门和社会各界代表的座谈会,听取文明立法意见。面向全社会,组织开展市民出行不文明行为征集活动和“十大文明金点子”“十大不文明行为”调查问卷,听取各方意见。做好《舟山市文明行为促进条例》起草,成立起草领导小组,聘请立法专家全程参与《条例》的起草。坚持以问题为导向,把群众反映最强烈的问题作为立法的依据。

9月29日,舟山市人民代表大会常务委员会第六次会议通过《舟山市文明行为促进条例》。11月30日,浙江省第十二届人民代表大会常务委员会第四十五次会议批准《舟山市文明行为促进条例》。《条例》于2018年3月1日起施行。

【深化“最美”品牌建设】 深化身边好人评选活动，发现、培育群众身边的典型。全年94名个人、9个群体入选“舟山好人”榜，18名个人、1个群体入选“浙江好人”榜。组织开展第六届舟山市道德模范表彰评选活动，评选出道德模范特别奖2人、道德模范10人、提名奖获得者5人，推荐并当选第五届浙江省道德模范2人。落实《舟山市道德模范待遇保障若干规定》，抓好对生活困难道德模范、身边好人及其家属的帮扶工作，形成“好人有好报”的长效机制。结合行业特点和工作特色，开展“最美家庭”“最美人物”“魅力人物”“最美教师”等最美系列评选活动。

11月30日，市委书记俞东来接见第六届全市道德模范代表（沈磊　摄）

【常态开展志愿服务】 推进新区志愿服务管理平台建设，新区志愿服务大平台二期和志愿数据平台建成运行，实现志愿服务信息化、规范化、制度化。健全志愿服务激励机制，实施志愿服务保险制度，探索守信激励社会动员新模式。普陀山“千手公益”“老人与海”志愿服务深入人心，“海的儿女”项目获中国青年志愿服务大赛浙江赛区铜奖。深化“四助四送”志愿服务，持续开展“关爱农民工子女”“关爱孤寡老人”等活动；围绕“五大会战”，开展“河小二”突击队攻坚、“礼让斑马线”文明交通劝导等活动，形成全民动员、广泛参与志愿服务的氛围。是年，全市新增注册志愿者4.9万人，累计15.8万人，占常住人口的13.6%；新增志愿服务组织540余支，注册志愿者组织6255个。

【开展文明主题创建】 围绕文明出行，策划开展“文明礼让斑马线　共建海上花园城”活动。开展文明交通志愿劝导、爱心斑马线认领、张贴礼让标志、热点聚焦报道等“礼让斑马线”主题活动，营造文明交通人人参与、人人共享的氛围。加大现场执法力度，对违法多发路段、路口加强整治；加大科技投入，逐步在重点路段、路口建设一批机动车违法通行人行横道自动抓拍系统，压缩管控盲点。持续开展违法曝光，建立各级党政机关、文明单位公车和私家车信息数据库，对所涉车辆违法行为，抄告违法车辆所在单位。至年底，全市斑马线礼让率总体稳定在85%左右，较整治前提升30余个百分点。同时，围绕“做一个文明有礼的舟山人”，开展文明旅游、文明礼仪、文明服务、文明餐桌等系列活动，弘扬以“我们的节日”为主题的中华优秀传统文化，促进市民文明素质的提升。

【未成年人思想道德建设】 开展“我的中国梦”主题教育，组织开展清明祭英烈、美德少年、童心向党、童谣征集、向国旗敬礼等系列活动，举办全市性活动7次，参与中小学生10万余人次。加快未成年人阵地建设，新建乡村学校少年宫3所，实现全市渔农村全覆盖。巩固提升“春泥计划”实施质量，开展习诵经典、渔歌学唱、未成年人“村晚”等活动，丰富渔农村青少年假期生活。开展文明校园创建活动，定海小学创建成为首届全国文明校园，南海实验学校获全国未成年人思想道德建设工作先进单位。组织公安、市场监督、文广、城管等部门在校园周边开展“双随机执法检查”工作，常态化开展网络环境、网吧、出版物市场治理，保持未成年人成长的良好社会环境。

（撰稿：包剑辉）

档案史志工作

【概况】 2017年,全市各级综合国家档案馆馆藏纸质档案31.73万卷、62.4万件,资料5.22万册,照片档案6.4万张,其中市档案馆馆藏纸质档案9.9万卷、20.37万件,资料2.75万册,照片档案3.2万张。开展档案工作基础业务规范化建设,开展党史研究和党史胜迹保护工程,做好地情基础研究与成果汇编,做好综合年鉴编写与地方志业务逐级指导工作。《舟山市志(1989—2005)》被哈佛大学东亚图书馆收藏。

【服务新区建设】 对"三改一拆""五水共治"、绿色石化基地、世界海岛旅游大会等中心工作做好档案服务。开展渔农村股份制改革、土地承包确权登记颁证、"千村档案""百年百镇百梦"等新农村建设重点工作的档案管理指导,推进村落的实体建档和档案数据库建立工作。全市完成"最多跑一次"行政改革的文件材料归档范围和保管期限的制定和审核、政务网电子文件预归档配置工作。举行《舟山市志(1989—2005)》首发式,出版《普陀山建筑艺术与宗教文化》。

【"智慧档案"建设】 全市各级档案馆完成馆藏档案数字化23.29万卷,35.75万件。全市馆藏档案数字化率达应数字化总数的90.5%。全市273家市、县(区)属单位开展室藏档案数字化,其中140家单位完成室藏档案数字化工作。全市五个综合档案馆门户网站迁移至市政府网站集群平台,四个县(区)数字档案室管理平台完成升级及服务器扩容,实现全市馆室一体应用平台全覆盖。定海区"智慧档案云"民生档案馆室一体化覆盖所有乡镇和区属机关,普陀虾峙镇、岱山衢山镇、秀山乡和长涂镇、嵊泗黄龙乡、枸杞乡、花鸟乡进行试点应用。对70余家市、县(区)属单位进行数字档案室创建指导。是年全市建成省示范数字化档案室21家,规范化数字档案室67家。

【档案资源收管用体系建设】 全市综合档案馆接收纸质档案2651卷7.5万件。市馆开展馆藏国家重点档案保护工作,完成3010张民国档案的修复。完成叶文清照片档案整理及数字化加工项目一期工程。是年"最多跑一次"改革,向社会公开承诺"开放档案查阅服务""开放档案异地跨馆查阅服务""主动公开政府信息查阅"三项档案利用"最多跑一次"。全市6个档案馆接待档案查阅4370人次,提供利用档案资料11733卷(件、册),出具证明2871份,复印、打印档案17.86万张,跨馆利用58例。

【档案安全体系建设】 市馆完成馆库改造工程项目的扫尾验收。嵊泗县档案馆库房扩容改建工程完成并投入使用。浙江海洋产业集聚区管委会档案智能库房启用。对76家市属单位档案管理情况进行年度登记,完成14家单位室藏档案数字化成果的备份,数据容量110GB。指导2017年重点建设项目登记备份工作。完成馆藏档案数字化成果的数据备份14.2TB。与西安市莲湖区档案局建立异地馆藏资源总库备份。

3月7日,全市数字档案室建设推进会在市档案局召开(市档案局提供)

【深化党史研究】 全市各级史志办均完成党史二卷专题的编撰。

市本级编纂并出版《中共舟山地委文件选编(1959—1962年)》和《中共舟山地委文献选编(1962—1966年)》。定海加强党史二卷基础史料整理,指导各单位的专题撰写,20个专题完成初稿。岱山印刷出版14万字的《中国共产党岱山历史大事记(1949—1993)》,《中国共产党岱山历史》第二卷完成试写稿。嵊泗县做好口述历史工作。市本级开展历年来室藏党史资料数字化加工,完成纸质资料20738页、1452个条目,照片资料2306张和2210条目的目录编辑,开发单机版党史资料查阅系统,参加全省党史系统数字化加工及党史资料保管利用规范现场会做经验交流。

【修志编鉴】《舟山年鉴(2017)》调整篇目设置,将"金融"与"保险"合并为"金融",保险由类目改为分目,类目缩减至43个,新增"中小商业银行""村镇银行""融资租赁"等分目,12月正式出版。《普陀年鉴(2015)》在全国地方志优秀成果(年鉴类)评审中获县区级二等综合年鉴。全市二轮综合志书编修工作全面完成。指导服务《舟山市水利志(2003—2016年)》《舟山市水务志》,《舟山市港航志》通过初审。《六横镇志》《普陀地名志》《普陀教育志》进入出版阶段,《朱家尖志》《虾峙镇志》完成总纂,《桃花镇志》启动编纂。完成《浙江通志》方志卷、人物卷舟山材料。《浙江舟山群岛新区纪实(五)》正式出版。完成舟山网上方志馆更新升级。定海区完成《定海区志(1988~2007)》首发式及《定海区志编纂实录》资料收集工作。

【档案史志宣教工作】举办"舟山记忆"第二期纪实摄影大奖赛,参赛作品达1000余幅(组),获奖作品47幅(组)。"6•9国际档案日"和《档案法》颁布30周年纪念宣传活动之际,市馆《宏图渐开——行进中的浙江群岛新区》和《舟山记忆》固定展厅对外开放,全市各级档案部门开展纪念活动,市馆举行"档案伴你成长——档案进校园、学生进档案馆"等宣传教育活动,定海区、普陀区分别举办老定海记忆、《幸福在普陀》等专题展览,全年举办各类主题展览15次,参观人数万余人次。借助舟山日报、舟山晚报及其微信平台广泛宣传舟山档案史志工作30篇次;与舟山晚报合办"一百个人的舟山记忆"栏目,发表48篇。

【干部队伍建设】开展"两学一做"学习教育,推进作风建设,转变档案史志干部形象。实施档案史志干部队伍成才、成名、成果"三成"工程。市局推出全市档案业务培训班、党史二卷编写工作推进会、"最多跑一次"电子化归档培训会,定海区开展四批次档案信息化培训会,岱山开展中层干部竞聘上岗、开展"每月一讲"。高度重视基层档案史志人员的岗位培训和继续教育,加大教育培训力度。全市各级档案史志部门举办档案业务操作、重点工程、乡镇(街道)档案员、家庭档案建档等各类业务培训12期,对农村重点工作、村镇档案建设规范、城市社区档案管理办法等宣传贯彻,提升档案工作人员业务技能和素养。

(撰稿:陈翠)

责任编辑:李馨桐　童涵

杂记(一)

【舟山挖出巨型野生葛根】 1月,据《舟山晚报》记载,朱家尖有人挖出“野生葛根王”,约有一人高,近似人形,又像几个结在一起的红薯。经称量,这株葛根长1.3米多,最粗处“腰围”有75厘米,重47千克多。发现这株巨型葛根的方先生说,如果全部挖出应该会超过50千克,这个野生葛根至少生长了50年。据了解,葛根学名野葛,为豆科植物野葛或甘葛藤萝的块根,是中国南方一些省区的一种常食蔬菜,其味甘凉可口,常作煲汤之用,也可作药物。野生葛根内含12%的黄酮类化合物,如葛根素、大豆黄酮苷、花生素等营养成分,还有蛋白质、氨基酸、糖、和人体必需的铁、钙、铜、硒等矿物质。

【舟山一老人采到一棵大灵芝】 2月15日,普陀区桃花镇的朱秋根老人在对峙村仙人桥一樟树上,采到一棵野生平盖灵芝。该平盖灵芝高34厘米、宽39厘米、重1550克。据了解,平盖灵芝也称树舌灵芝、扁木灵芝、皂菌耳等,子实体多年生,木栓质,无柄,主要成分为灵芝多糖类、二氢麦角甾醇、氨基酸、多肽、腺苷等,具有提高免疫力、消除疲劳、清热化积、保肝护肝、提高睡眠质量等功效。

舟山市人大常委会

市人大常委会领导

主　　任：钟　达（续—）
副 主 任：苗振清（续—）
　　　　　钱　军（续—）
　　　　　李善忠（续—）
　　　　　张　明（2017.04—）
　　　　　周松宽（续—）
　　　　　夏亚红（2017.04—）
　　　　　徐良波（2017.04—）
党组书记：钟　达（续—）
党组副书记：苗振清（续—）
秘 书 长：严济岳（2017.04—）
副秘书长：庄和刚（续—）
　　　　　余华安（2017.04—）

概　述

2017年，舟山市人大常委会召开常委会会议11次，主任会议14次，听取、审议“一府两院”工作报告18项，作出决议、决定8项，任免国家机关工作人员78人次。

助推“四个舟山”建设。加强对推进“五大会战”的监督。关注“五水共治”，对全面剿灭劣V类水工作开展专项评议；关注国家战略落地、重大事项重点工作推进情况，组织三级人大代表对中国（浙江）自由贸易试验区、舟山绿色石化基地、波音完工和交付中心、中澳现代产业园等项目推进情况集中视察；关注品质舟山建设，听取市政府关于海上花园城市建设规划及五年实施行动计划情况的报告，对城乡环境综合整治工作开展专题视察。加强对做好财经工作的监督。就国民经济和社会发展计划执行情况开展监督，听取和审议市政府关于计划、财政等工作报告，深化全口径预决算审查监督，加强对政府重大投资项目、民生政策落实、财政资金绩效等领域的审计监督，调研全市政府性债务使用与管理情况。加强对优化发展环境的监督。关注政府简政放权工作，对“最多跑一次”改革工作开展专项督察，审议政府专项工作报告，组织代表开展电视问政。加强对发展海洋特色产业的监督。对休闲渔业、民宿发展情况进行专题审议，提出针对性意见建议；对船舶企业发展情况进行调研，形成报告供市委决策参考。加强对落实民生实事的监督。关注民生实事项目建设，建立代表票决年初选项目、年中问进度、年底评成效的工作链，通过代表集中视察、专委分工督查、听取专题报告、开展满意度测评等形式推进项目建设；专题审议全市义务教育均衡发展情况，跟踪督查全市现代公共文化设施建设情况。

开展地方立法。制定《舟山市文明行为促进条例》，明确弘扬高尚道德的鼓励行为、体现社会美德的提倡行为、公民不得实施的禁止行为；制定《舟山市城市绿化条例》，规范和解决绿化工作在体制机制、规划建设、执法监督等方面的行为和问题。加强立法调研和法规施行监督。开展法规立项前评估，确定市七届人大常委会立法调研项目库；配合上级人大对10件法律法规立法调研；加强对已出台法规《舟山市国家级海洋特别保护区管理条例》施行的监督。

促进依法行政、公正司法。检查反家庭暴力法律法规、道路交通安全法律法规、动物防疫“一法一条例”的执行情况，审议政府相关工作报告，保障法律有效实施。关注司法体制改革工作，听取市中级人民法院、市人民检察院关于法官检察官员额制改革情况的报告。修订完善规范性文件备案审查办法和工作程序，实现网上报备系统规范化运行，全年对市政府及有关部门87个文件进行备案审查。加强和改进人大信访工作,全年受理人民群众来信来访151件(次)。

依法行使人事任免权。任命新一届市政府工作部门负责人、人大常委会工作机构负责人、监察委员会组成人员,实行拟任干部法律知识考试、任前见面、任后颁发任命书、向宪法宣誓、表态发言等制度。

加强履职能力建设。以能力提升促良好开端。学习中共十九大精神,明确新时代人大工作的职能定位;注重以制度建设指导常委会开展工作,促进新一届常委会各项工作规范有序运行;对中央和省委关于加强县乡人大工作的文件精神落实情况进行督查,提升全市人大工作的整体合力。以作风改进促机关建设。推进"两学一做"学习教育常态化制度化,推动学习教育与人大履职各项工作深度融合;贯彻全面从严治党要求,落实党风廉政建设主体责任,自觉接受派驻纪检监察组监督;充实常委会工作委员会人员力量,注重在人大履职实践中培养、锻炼干部。以工作创新促履职绩效。开展民生实事项目代表票决制工作,制定相关实施办法,在市七届人大一次会议上首次以代表表决方式确定2017年度民生实事项目,并在会后建立项目监督机制;改进电视问政工作,深化专项工作评议和审议意见满意度测评。以宣传交流促风采展示。开展市人大常委会成立30周年系列纪念活动,召开市第四届人大工作理论研究会第一次会员代表大会;加强对人大工作的深度报道,提高《舟山人大》杂志、舟山人大网站、联办栏目和信息采编质量;开展与外地人大及国外议会的友好交往,深化友城交流,发挥人大对外交往的优势和作用。

重要会议

【市七届人大一次会议】 4月7—12日,在新城市行政中心召开。会议应到代表303人,实到最多时代表294人。会议听取和审查市人民政府工作报告、市人大常委会工作报告、市中级人民法院工作报告、市人民检察院工作报告;审查舟山市2016年国民经济和社会发展计划执行情况与2017年国民经济和社会发展计划草案的报告;审查2016年全市和市本级预算执行情况及2017年全市和市本级预算草案的报告;批准舟山市2016年国民经济和社会发展计划执行情况的报告、2017年国民经济和社会发展计划、2016年市本级预算执行情况的报告和2017年市本级预算;选举舟山市第七届人民代表大会常务委员会主任、副主任、秘书长和委员,舟山市人民政府市长、副市长,舟山市监察委员会主任,舟山市中级人民法院院长、舟山市人民检察院检察长,通过舟山市第七届人民代表大会各专门委员会组成人员名单;通过各项工作报告的决议。会上,新当选的市国家机构领导人员举行宪法宣誓仪式。

【市七届人大二次会议】 11月27—29日,在新城市行政中心召开。会议应到代表302人,实到最多时代表292人。会议选举舟山市出席浙江省第十三届人民代表大会代表。

【市六届人大常委会会议】 2月24日,召开市人大常委会第四十三次会议。会议讨论通过召开市七届人大一次会议的决定;审议通过市政府提请的关于免去沈仁华职务的议案,市人民检察院提请的关于黄辉任职的议案、

4月8日,正在新城召开的市七届人大一次会议(沈磊　摄)

关于批准乐志盛等为县、区人民检察院检察长的议案和关于程国剑免职的议案，市人大常委会主任会议提请的关于接受周招社辞职的议案、关于黄辉代理市人民检察院检察长职务的议案、关于邢学旺等任职的议案，市中级人民法院提请的关于奚安娜等免职的议案；听取和初审市政府关于2016年国民经济和社会发展计划执行情况与2017年国民经济和社会发展计划草案的报告，同意将该报告提交市七届人大一次会议审查；听取和初审市政府关于2016年全市和市本级预算执行情况及2017年全市和市本级预算草案的报告，同意将该报告提交市七届人大一次会议审查；听取关于市七届人大代表资格的审查报告，确认代表资格有效，并予以公告。

3月21日，召开市人大常委会第四十四次会议。会议审议通过市政府提请的关于免去徐燕峰职务的议案；听取和初审市政府关于舟山市民生实事候选项目及其形成情况的报告；听取关于市七届人大驻舟山部队代表资格审查情况的报告，确认代表资格有效，并予以公告；讨论提出市七届人大一次会议主席团和秘书长名单(草案)、计划预算审查委员会和议案审查委员会组成人员名单(草案)；讨论提出市七届人大一次会议日程(草案)；讨论提出市七届人大一次会议选举办法(草案)、市人大有关专门委员会组成人员人选通过办法(草案)；讨论提出市七届人大一次会议关于通过各项决议案的表决办法(草案)；讨论提出民生实事项目代表票决办法(草案)；确定市七届人大一次会议列席人员名单；听取市人大常委会秘书长励延年所作的市七届人大一次会议筹备工作情况的汇报。

【市七届人大常委会会议】 4月13日，召开市人大常委会第一次会议。会议审议通过市人大常委会主任会议提请的关于邵姜群等职务任免的议案，市监察委员会提请的关于陈宏等任职的议案。

4月27日，召开市人大常委会第二次会议。会议讨论通过舟山市人民代表大会常务委员会代表资格审查委员会主任委员、副主任委员、委员名单，审议通过舟山市人大常委会2017年4—12月工作要点；审议通过市政府提请的关于黄国华任职的议案和关于沈国通等任职的议案。

5月31日，召开市人大常委会第三次会议。会议审议通过市人大常委会主任会议提请的关于接受丁海鹰辞去浙江省第十二届人民代表大会代表职务请求的议案；补选浙江省第十二届人民代表大会代表，按照选举法和地方组织法有关规定，经过选举，俞东来当选舟山市出席浙江省第十二届人民代表大会代表，选举结果报省人大常委会确认；审议通过市人大常委会主任会议提请的关于撤销市人大常委会两个决定的议案。

6月29—30日，召开市人大常委会第四次会议。会议第一次审议《舟山市文明行为促进条例(草案)》，听取和审议市政府关于全市贯彻落实《中华人民共和国反家庭暴力法》的情况报告，审议通过《舟山市人民代表大会常务委员会规范性文件备案审查办法(修订稿)》。

8月30—31日，召开市人大常委会第五次会议。会议审议通过市人大常委会主任会议提请的关于接受周厚江辞职的议案、关于舒芬芳等职务任免的议案，市政府提请的关于俞连军任职的议案；听取和审议市人大法制委关于《舟山市文明行为促进条例(草案)》审议结果的报告，并对《舟山市文明行为促进条例(草案修改稿)》进行分组审议；听取和审议市政府关于全市休闲渔业发展情况的报告；听取和审议市政府关于2016年度市本级财政决算草案的报告；听取和审议市政府关于舟山市本级2016年度财政预算执行和其他财政收支的审计工作报告；听取市政府关于2017年上半年重大事项、重点工作和民生实事项目推进情况的报告；听取市政府关于舟山市2017年财政预算上半年执行情况的报告；听取和审议市政府关于舟山市2017年国民经济和社会发展计划上半年执行情况的报告(书面报告)。

9月29日，召开市人大常委会第六次会议。会议听取和审议市政府关于市七届人大一次会议代表建议批评和意见办理工作情况的报告；第一次审议《舟山市城市绿化条例(草案)》；听取市政府关于《舟山市城市绿化条例(草案)》的说明和市人大城建环资委关于《舟山市城市绿化条例(草案)》的审议报告》；审议通过市政府提请的关于免去黄国华职务的议案、关于李岩任职的议案和关于王富海、陈麟职务任免的议案，市人大常委会主任会议提请的关于徐剑锋任职的议案;审议通过市政府提请的关于授予肖禄民先生"舟山市荣誉市民"称号的议案;听取市人大法制委关于《舟山市文明行为促进条例(草案)修改情况的报告》,审议通过《舟山市文明行为促进条例(草案)》。

10月30—31日,召开市人大常委会第七次会议。会议讨论通过召开市七届人大二次会议的决定;听取审议市政府关于贯彻执行道路交通安全法律法规情况;听取市政府关于"最多跑一次"改革工作情况的报告;听取和审议市政府关于全市民宿发展情况的报告;讨论通过《民生实事项目人大代表票决制实施办法》;听取市政府关于剿灭劣Ⅴ类水工作情况的报告,并对全市剿灭劣Ⅴ类水工作落实情况进行满意度测评;审议通过市中级人民法院提请的关于柯艳娇等任职的议案;确定舟山市第七届人民代表大会第二次会议列席人员名单;听取市政府关于全市义务教育均衡发展工作情况的报告;听取市人大常委会代表资格审查委员会关于代表补选及代表资格审查情况的报告,确认代表资格有效,并予以公告。

11月21日,召开市人大常委会第八次会议。会议讨论提出市七届人大二次会议主席团和秘书长名单(草案),讨论提出市七届人大二次会议日程(草案),讨论提出市七届人大二次会议选举办法(草案),讨论提出市七届人大二次会议关于通过各项决议案的表决办法(草案),听取市七届人大二次会议筹备工作情况的汇报。

12月28—29日,召开市人大常委会第九次会议。会议审议通过市人民检察院提请的关于邵海凤等任职的议案;讨论通过召开市七届人大三次会议的决定;确定舟山市第七届人民代表大会第三次会议列席人员名单;听取市政府关于市本级2016年度财政预算执行和其他财政收支审计查出问题整改情况的工作报告;听取和审议市人大法制委《〈舟山市城市绿化条例(草案)〉审议结果的报告》,并对《舟山市城市绿化条例(草案修改稿)》进行分组审议;听取舟山市监察体制改革试点工作情况通报;听取和审议市政府关于市政府民生实事项目实施情况的报告,并对市政府民生实事项目实施情况进行了满意度测评;讨论通过市人大常委会2018年工作要点;讨论通过市人大常委会工作报告。

代表工作

【票决民生实事项目】 市七届人大一次会议上,292名与会人大代表以无记名投票方式,票决产生44个项目为2017年度舟山市民生实事项目。

票决产生的44项民生实事项目,遴选自向社会各界广泛征求意见建议后确定的56项候选项目,包括"菜篮子"建设方面的5个项目,社会保障和帮扶方面的5个项目,水环境治理方面的4个项目,医疗惠民方面的4个项目,美丽新区建设方面的3个项目,安居工程建设方面的5个项目,群众出行方面的5个项目,文体与教育方面的5个项目,社会治安与防控体系方面的5个项目,网络惠民及行政审批方面的3个项目。舟山市民生实事项目票决分在代表团会议上差额票选和在全体会议上等额表决两步进行。大会主席团根据各代表团差额票选情况,按照《舟山市第七届人民代表大会第一次会议民生实事项目代表票决办法》规定的差额比例(候选项目原则上按总数不低于20%差额比例确定,每一方面候选实事

4月10日,开展民生实事项目差额票选(定海代表团)(沈汝汝 摄)

项目7项以上的须减去2项，4～6项的须减去1项，3项以内的可以等额），确定舟山市民生实事项目等额候选项目，提请大会全体会议表决，票决结果在全体会议上宣布，并由大会主席团向社会公告。票决未入选的民生实事项目是否继续实施，由舟山市人民政府及相关职能部门按照量力而行和实际需要的原则确定。

【组织代表视察检查】 4月18日，市人大执法调研组赴嵊泗开展反家庭暴力法律法规执法调研。调研组召开座谈会并深入嵊泗县婚姻家庭矛盾纠纷调解中心、反家暴庇护中心实地查看，提出具体建议。5月3日，市人大常委会调研组调研中国（浙江）自由贸易试验区建设进展情况，以听取工作汇报和座谈的形式，针对推动油品全产业链投资便利化和贸易自由化，就制度创新、选商引商等提出建议。7月11—12日，市人大渔农委调研组到嵊泗调研休闲渔业发展情况。8月上旬，市人大常委会调研组就民生实事项目进展情况开展调研，并就民生实事项目实施工作提出意见建议。9月8—12日，市人大常委会督察组就“最多跑一次”改革推进情况开展督察，并就“最多跑一次”改革推进工作提出意见建议。9月27—28日，组织视察组对全市城乡环境综合整治情况开展集中视察。视察组针对整治与规划同步、加强基础设施配套建设、建立长效机制等问题提出相关建议。11月14—15日，组织部分市人大代表分三组对方便群众出行、加快“菜篮子”工程建设、加快文体设施建设、提高教育软硬件设施水平等民生实事项目开展集中视察活动。

【督办代表建议】 健全办理机制，通过推行常委会主任会议成员重点督办、政府领导领办重点建议、评选代表好议案好建议和办理工作先进单位等机制，推动代表建议的解决和落实。加强检查督促，通过听取和审议市政府关于建议办理情况报告，把督办建议同代表专题视察、开展执法检查、听取工作报告等多种形式有机结合起来。强化跟踪督办，通过面上督办、上门督办、重点督办等做法，提高督办工作的实效。市七届人大一次会议代表提出的246件代表议案建议，所提问题和建议得到解决或基本解决的（A类件）157件，占63.8%；正在解决或列入计划解决的（B类件）73件，占29.7%；因条件限制暂不能解决的（C类件）13件，占5.3%。从收到的征询意见表和电话联系反馈来看，代表对办理答复表示满意和基本满意的占100%。

9月27日，市人大常委会组织代表视察城乡环境综合整治情况（王涛 摄）

【开展代表活动】 是年，在市七届人大代表中组织开展“服务自由贸易港区、海上花园城市建设”主题活动，将代表集中视察、定向视察、调查研究、执法检查以及旁听法院庭审等现有各类代表活动载体相结合，发挥好代表议政督政的主体作用。开展“剿灭劣V类水、人大代表在行动”主题活动，坚持快字当头抓部署、问题导向把重点、全员参与严监督、创新举措求实效，各级人大组织听取和审议专项工作报告30余次，开展执法检查40余次，专题调研100余次，查找各类问题500个次，收集汇总意见建议300余次。组织开展代表专题调研，听取群众意见建议和诉求，形成专题调研报告，为常委会审议好相关工作和党委政府决策提供参考。继续开展“菜单式”服务，按照年初代表自行选择的活动，组织300余人(次)代表参加省、市人大常委会开展的视察、调研、执法检查、旁听法庭庭审、市领导信访接待日、各类座谈会、听证会、征求意见会等活动。

信访与宣传信息工作

【信访工作】 是年，市人大常委会受理人民群众来信来访151件次，同比下降22.6%。受理的信访件中，群众来信56件次，占信访总量的37.1%；群众来访79批次(其中5人以上集体上访件9批次201人次)，占信访总量的52.3%；常委会领导下访件16件次，占信访总量的10.6%。在信访件的受理办理中，依法依规按程序办理，坚持属地管理、分级负责、谁主管、谁负责、访诉分离、分类处理的原则，推进“阳光信访、责任信访、法治信访”。提高综合分析质量，加强对信访热点、难点问题的整理和分析，提出改进工作、完善政策的参考建议，为常委会立法选项、监督议题提供有效信息服务。全年梳理出5个群众反映强烈的、带有普遍性的问题，提出16项2018年市人大常委会监督议题建议。联合县(区)开展涉行政诉讼信访情况的调研。会同政府有关部门、市人大相关专委会开展针对社会重点热点问题的调研和督查。

【宣传信息工作】 加大对外宣传力度。6月，邀请由人民日报、新华社、中央人民广播电台等11家中央媒体组成的采访团，对舟山市民生实事项目代表票决制推进情况进行集中采访报道，展示舟山人大工作的新气象、新局面。“好新闻”参评获得历史性突破。在全省宣传人大制度“好新闻”评选中，舟山市3件分获二、三等奖。其中，市广电总台制作的广播作品《舟山市人大重点督办建议，半年内让八万渔民有了养老保险》获第二十七届中国人大新闻奖一等奖。拓宽舆论传播渠道。与舟山广电总台合作的“最多跑一次”人大代表电视问政效果良好，一批久拖未决的行政审批难题得到解决。10月，市人大常委会对剿灭劣Ⅴ类水工作开展专项评议，舟山电视台新闻综合频道、舟山网、无限舟山APP和掌尚舟山APP对专项评议进行现场全程直播。依托《人大代表在行动》栏目，围绕美丽海岛建设、民生实事、行政审批等热点问题，邀请相关人大代表专题督察。依托浙江新闻客户端、舟山网、无限舟山APP、舟山广电微信公众号等新媒体宣传报道人大工作，尝试引入图表解说、VR技术、H5动态描绘等提升转发量和关注度。6月，召开全市人大宣传信息工作会议。市人大常委会和市委宣传部联合出台《关于进一步加强和改进人民代表大会制度和人大工作宣传报道的意见》，为提升新形势下全市人大新闻宣传工作整体水平提供制度保障。是年，全市96篇信息被省人大信息刊物和网站录用，其中2篇稿件被《浙江人大信息》专刊录用。定海区人大机关被评为全省人大信息工作先进单位，市人大机关和岱山县人大机关2名信息员被评为省先进个人。

7月27日，“最多跑一次”人大代表电视问政现场(王涛　摄)

(撰稿：市人大)

责任编辑：李馨桐　童涵

舟山市人民政府

市政府领导

市　长:温　暖(续—)
副市长:周伟江(续—)
　　许小月(续—)
　　傅良国(2017.04—)
　　姜建明(续—)
　　蔡　洪(续—)
　　方　维(2017.04—)
　　李　岩(2017.09—,挂职)
　　沈仁华(续—2017.02)
　　徐燕峰(续—2017.03)
　　黄国华(续—2017.09,挂职)
党组书记:温　暖(续—)
党组副书记:周伟江(续—)
顾　　问:马国华(续—)
浙江舟山群岛新区总规划师:
　　周建军(续—)
秘书长:沈国通(续—)
副秘书长:应亿军(续—)
　　刘丹恺(续—)
　　张雷永(续—)
　　郑　海(2017.03—)
　　金伟民(2017.06—)
　　苗成武(2017.06—)
　　林德伟(2017.06—)
　　陈　伟(2017.09—)
　　杜自力(续—2017.04)
　　周开龙(续—2017.04)
　　蔡志军(续—2017.04)
　　王富海
　　(2017.06—2017.09)
副秘书长(兼职,部门负责人):
　　邱福位(续—)
　　陈　剑(续—)

概　述

2017 年,舟山市人民政府以习近平新时代中国特色社会主义思想为指引,贯彻党十九大精神,落实省委、省政府决策,打好“五大会战”,建设“四个舟山”,实现经济社会平稳发展,完成市七届人大一次会议任务。

促进经济高效发展。全年地区生产总值 1219 亿元,比上年增长 8.8%;财政总收入 187.2 亿元,一般公共预算收入 125.8 亿元,同比分别增长 8%和 10.6%;规模以上工业战略性新兴产业产值增长 20.7%,高于规上工业总产值增速 10.3 个百分点;固定资产投资 1450 亿元,增长 15%;168 个省市重点项目完成年度投资 830.5 亿元,完成年度计划的 110.9%;重大产业项目、高新技术产业、生态保护和环境治理投资分别增长 56%、115.3%和 87.8%;实际利用市外资金 636.6 亿元,增长 24.7%;浙商回归省外到位资金 234.9 亿元,增长 15%;实际利用外资 4.05 亿美元,增长 92.8%;全市单位 GDP 能耗下降 3.8%,节能减排指标完成省任务。

加速战略落地实施。浙江自贸试验区总体方案获国务院批复,条例获省人大常委会审议通过,管委会运行,组建国际咨询委员会和自贸试验区研究院。是年,复制前两批改革试点经验 119 项,争取国家和省级部门支持政策 291 条,制度创新 21 项。建成自贸试验区综合服务大厅,开通 6 个“一口受理”综合窗口,对外资实施准入前国民待遇加负面清单模式。发展油品全产业链,推行保税油跨关区、跨港区直供等业务,出台国际航行船舶保税油经营管理暂行办法和操作规范,新批保税油经营资质企业 5 家,保税油供应量 182.8 万吨,增长 71.8%,结算量 480.8 万吨,占全国近 50%。发展大宗商品贸易,全年交易成品油 1000 万吨,保税油 300 万吨,天然气 138 万吨;混配矿超 800 万吨,成长江以南最大混配矿基地。举办首届世界油商大会,签约重大项目 20 个,总金额 573.7 亿元。油品贸易企业集聚,浙江省石油公司等落户,全年新增企业 4167 家,注册资本 2173 亿元,企业平均注册资本领先同批自贸试验区。加快国际油品储运基地建设,黄泽山一期储罐项目完工,地下洞库和双子山项目前期工作推进。加快小干岛开发。启动舟山自由贸易港建设研究。建设舟山江海联运服务中心,累计完成投资500亿元以上,江海联运量1.91亿吨,江海直达运输规范管理体系形成,2万吨级江海直达首制船接水,国家交通运输公共信息平台江海联运信息中心获批。鼠浪湖40万吨矿石中转码头运行,铁矿石交易中心试运营。建设外供服务中心,供应货值4.5亿美元以上。全国首家海事法律服务中心成立。舟山绿色石化基地4000万吨/年炼化一体化项目通过环评和核准,一期项目开工。推进波音737完工和交付中心建设,舟山港综保区空港分区通过国家验收,舟山波音完工中心有限公司签约。中澳现代产业园澳牛进境加工项目开工。

推进产业转型升级。召开全市工业发展大会,建设十类重大工业项目,工业投资450亿元。推进百项"机器换人"计划,淘汰落后产能企业30家,整治低小散企业(作坊)170家,减负22.8亿元。海洋电子信息、新能源、新材料等新兴产业发展,六横风电项目首台机组并网发电,中船工业集团等企业落户。纳入国家智慧海洋建设规划。获批省级军民融合创新示范区。促进服务业发展,全年港口货物吞吐量4.58亿吨,占宁波舟山港的45%;金塘港区集装箱吞吐量超100万标箱;普陀山机场旅客吞吐量首破100万人次。创建国家全域旅游示范区,举办2017国际海岛旅游大会,旅游总收入807亿元,增长21.9%。全年社会消费品零售总额506亿元,增长10.6%;网络零售额增长68.2%,增幅居全省第一。引导建筑和房地产业发展,商品住房库存消化周期缩短至7.3个月。引进租赁企业31家。加快渔农业转型升级,国家绿色渔业实验基地获农业部批复,国家远洋渔业基地获"国家科技兴海示范基地"称号,"中国鱿鱼交易中心"运行,建立全国首个海外远洋渔业流动基地,改造生态化养殖塘2301亩(153.4公顷)。全市渔业总产值159亿元,增长7.4%;远洋渔业占渔业总产值比重提升到32%。定海现代农业园区、普陀展茅田园综合体和3个特色农业强镇列入省级创建名单。普陀佛茶等农产品列入国家及省名特优新农产品目录。

12月28日,舟山港综保区空港分区通过国家验收(沈磊 摄)

深化重点改革先行。深化"最多跑一次"改革,市级"最多跑一次"事项覆盖率97.7%,80%常办事项"办事不出岛",取消社区证明153项。推进口岸通关机制改革,试点国际贸易"单一窗口",创船舶申报总量等3个全国第一。深化国资国企改革,组建市财金投资控股有限公司,重组城投和普发集团。出台企业上市挂牌三年计划,启动7家企业上市工作。获批国家知识产权试点城市。建设特色小镇,嵊泗十里金滩小镇进入第二批省级特色小镇培育名单。推进渔农村产权制度改革,股改完成率99.2%,建立县、乡两级渔农村产权交易平台,建成三级渔农合联。36个乡镇(街道)基层治理体系"四个平台"建成,380个村(居)民委员会换届。完善人才政策体系,出台机关事业单位紧缺高端人才引进管理办法。新引进海外院士1名,国家"千人计划"专家5名,"5313"领军人才(团队)26个,国家"百千万人才工程"实现零突破。

统筹城乡建设管理。实施综合交通"1128"工程,开展甬舟铁

5月7日，市级各单位开展“最多跑一次”改革宣传活动（市行政服务中心提供）

路及高速公路复线前期工作，宁波舟山港主通道、普陀山机场改扩建、本岛定沈快速路推进，新建停车泊位2673个，新增公交车100辆。实施海上花园城市建设，加快市政设施建设，推进大陆引水三期，新增地下空间74万平方米，建成综合管廊6.45千米，提标改造污水处理厂5座，新建污水管网62.1千米，建成城市公园、街头游园5个，新增绿色游步道140千米，新增绿化面积40万平方米。提升城市管理水平。成立市城市管理局。实施城乡环境综合整治十大行动，拆违200多万平方米、户外广告牌1.5万块，取缔马路市场15个，关停并转废品收购站477家，取缔248家无照经营点。改造城中村18个，拆除10122户。改造完成C、D级城镇危房146幢和农村危房1084户。首批14个小城镇环境综合整治验收。深化美丽海岛建设。建成美丽海岛示范线5条、美丽渔农村5个、美丽家庭5000户，69个渔农村生活垃圾分类处理。嵊泗县获省美丽乡村示范县。改善生态环境。实施《舟山市国家级海洋特别保护区管理条例》，出台全国首个海钓管理办法。打“幼鱼资源保护战、伏休成果保卫战、禁用渔具剿灭战”，实施“滩长制”“湾长制”，放流鱼苗13.45亿尾（粒）。实行水气土污染防治，清除426处劣V类小微水体，县级以上集中饮用水水源地水质达标，空气质量全国前列。嵊泗县获首批省级生态文明建设示范县。

促进社会民生事业发展。全市财政民生支出占一般公共预算支出的68.8%，增长4.6%。城乡居民收入分别增长8.5%和8.8%。十方面44项民生实事基本完成。“菜篮子”工作成效明显，基本品种价格与宁波市场差距小于5%。打造“淘就业”平台，新增就业1.65万人，城镇登记失业率2.7%以内。推进市区社保一体化，养老保险和医疗保险参保率分别达到86.72%和98.87%，异地就医实现全国联网结算。优化养老服务，新建居家养老照料中心20家，三级养老机构医养结合全覆盖。实施残疾人意外伤害保险政策，投运残疾人庇护性就业机构7家。完善住房保障体系，基本建成保障性住房6199套。领先全省实现全域教育基本现代化，完成新高考改革试点，普惠性幼儿园覆

4月18日，市领导调研甬舟铁路工作（沈磊　摄）

盖面、义务教育标准化学校比例分别达到88%和95%，绿城育华学校建成开学，浙江国际海运职业学院岱山校区启用，推进新区旅游与健康职业学院波音员工培训中心建设，舟山职业技术学校(舟山技师学院)获评省首批“中职名校”。实施健康舟山2030行动，获批国家首批健康旅游示范基地，推进“双下沉、两提升”，“舟山群岛网络医院”建设受国办通报表扬，远程医疗服务25万人次以上。举办省第三届体育大会、2017舟山群岛马拉松赛，建省级小康体育提升工程100个。渔农村文化礼堂社区覆盖率达70%，加快广电、新闻出版、档案、史志、文物和非遗保护等事业发展。做好信访工作，民族、宗教、国安、外事、侨务、老龄、儿童、红十字、慈善等事业进步，推进工青妇等群团组织改革。加强国防海防、民兵预备役、人民防空和双拥优抚等工作。加强社会治安综合治理，完成“平安护航十九大”工作，安全生产事故起数和死亡人数同比分别下降37.4%和20.9%，获全国综治最高奖“长安杯”和省“平安金鼎”。

加强政府自身建设。加强思想政治建设，“两学一做”常态化制度化，增强“四个意识”。推进服务政府建设，实施“1113行动计划”，优化政务服务移动客户端平台，实现834项公共服务在线办理；推进新区“12345”平台与统一政务咨询投诉举报平台融合，完成政务服务网“一窗受理”系统，推动公共服务事项库、电子证照库、公共信用信息库开发。推进创新政府建设，发挥新区决策咨询委等智库作用，深化审计管理体制改革，率先推进“民生实事项目代表票决制”工作三级全覆盖，创新“自贸通才”培养机制。推进高效政府建设，推行“立等可取”“容缺受理”，市本级现场或当天办结率达88.9%；实现“五小行业”一窗受理5个工作日内办结，自贸试验区外贸企业“证照联办”压缩至7个工作日。推进法治政府建设，市人大常委会审议地方性法规2件，制定出台政府规章2部、规范性文件87个；接受人大、政协和社会各界监督，办复223件人大代表建议、275件政协提案；完善府院联席会议制度，成立行政复议局；加强政府学法，率先启动公务员“学法用法三年轮训”。推进廉洁政府建设，落实中央“八项规定”，启用电子招投标系统，重大项目全程电子化招标，审计、监察全程跟踪。是年，一般公共预算“三公”经费支出同比减少8.3%。

重要会议

【市政府全体会议】 2017年，市政府召开两次全体会议。5月2日，在新城召开市政府第一次全体会议，会议主要任务：贯彻落实省政府第九次全体会议、市党代会、市“两会”精神，围绕《政府工作报告》任务，落实工作责任，加强新一届政府建设，确保全年目标完成；8月22日，在新城召开市政府第二次全体会议，主要任务是贯彻落实省第十四次党代会、省政府第十次全体会议和市委七届二次全会精神，分析当前新区发展形势和要求，推进各项工作落实，确保全年目标任务完成，推动“四个舟山”建设。

【市政府常务会议】 是年，市政府召开政府常务会议16次，主要议题：听取新奥舟山液化天然气(LNG)接收及加注站连接管道项目情况、2017年市本级政府投资项目年度计划和市重点项目年度安排、2016年舟山市政府质量奖评审情况、2017年市政府为民实事备选项目、舟山市行政规范性文件清理工作情况、全市及市本级2016年财政收支执行情况和2017年财政预算安排、舟山市2016年安全生产工作情况及2017年工作要点汇报；审议《舟山市网上联合审批联合办理实施管理办法(试行)(送审稿)》《关于开展企业投资项目承诺制改革试点的实施意见(送审稿)》《舟山市国家级海洋特别保护区海钓管理暂行办法》，听取推进舟山市城中村改造工作、新城城北区块整体开发招商情况汇报，讨论《政府工作报告(审议稿)》；审议《中国(浙江)自由贸易试验区条例(草案送审稿)》，听取《2017年市政府工作报告重点工作责任分解(征求意见稿)》编制情况汇报；审议《关于进一步支持船舶工业稳定发展的若干意见(送审稿)》《关于建设海上花园城市的指导意见(送审稿)》《舟山市2017年海上花园城市建设攻坚行动实施方案(送审稿)》《2017年舟山市城乡环境综合整治大会战实施方案(送审稿)》，听取本岛20万吨级污水处理厂规划选址有关情况、全市工业发展大会拟表彰的优秀工业企业和优秀工业企业家评选名单汇报；审议《中国（浙江）自由贸易试验区扩大对外开放积极利用外资暂行办法（送审稿）》《中国（浙江）自由贸易试验区国际航行船舶保税油经营管理暂行办法（送审稿）》《关于推进“美丽群岛幸福社区”示范区建设的意见（送审稿）》《关于深入推进新区水利事业改革发展的实施意见（送审稿）》《舟山市盐业体制改革实施方案（送审稿）》，听取新区海洋产业集聚区管委会与上海振华重工（集团）股份有限公司开展合作的汇报；审议《舟山市文明行为促进条例（草案）》《关于加快远洋渔业转型升级的若干意见（审议稿）》；审议《中国（浙江）自由贸易试验区重点产业培育和扶持暂行办法（送审稿）》《中国（浙江）自由贸易试验区关于加快发展总部经济的暂行办法（送审稿）》《舟山市非法上路、非法营运车辆综合整治工作方案（送审稿）》《舟山市国家级海洋特别保护区机动车管理办法（草案）》；审议《舟山市国家知识产权试点城市工作方案（送审稿）》《舟山市城市绿化条例（草案）》《关于舟山市本级2016年度财政预算执行和其他财政收支的审计结果报告》；审议《关于推进国家全域旅游示范区创建的指导意见》《舟山市创建国家全域旅游示范区实施方案》《舟山市智慧城管建设工作方案》《关于促进航运业健康稳定发展的若干意见》《舟山市市区社保管理体系一体化改革实施方案及其配套政策》；听取普陀山机场整合相关协议、浙江澳舟牛业进境肉牛屠宰加工项目投资协议相关情况的汇报；听取关于舟山千岛中央商务区基础设施建设工程EPC总承包方案相关事项、舟山海投公司为浙石化一期项目银团贷款提供担保、浙江澳舟牛业进境肉牛屠宰加工项目投资协议部分条款进行调整的情况汇报；审议《关于进一步扶持企业上市（挂牌）和并购重组的若干意见（送审稿）》《舟山市生态保护红线划定方案（送审稿）》《舟山市全面深化行政复议体制改革实施方案（送审稿）》，听取关于2018年度民生实事项目实施方案的汇报；审议《关于推进安全生产领域改革发展的实施意见（送审稿）》《舟山市人民政府　松原市人民政府对口合作协议（送审稿）》《舟山市全面推进标准化战略实施方案（2017—2020年）（送审稿）》《舟山市市级机关事业单位编外用工管理暂行办法（送审稿）》，听取关于再次要求明确舟山千岛中央商务区基础设施建设工程建设方案相关事项的汇报；审议《舟山市促进互联网租赁自行车规范发展的指导意见（试行）（送审稿）》《舟山群岛新区陆岛交通码头专项提升实施方案（2018—2021年）（送审稿）》《舟山市美丽经济交通走廊创建实施方案（送审稿）》《关于全面建立生态环境状况报告制度的实施办法（送审稿）》《关于进一步促进科创园区发展的若干意见（送审稿）》，听取关于引入互联网租赁自行车以改进完善舟山市公共自行车运营体系方案、2017年度市本级（定海区）部分退役士兵安置计划的汇报；审议《浙江舟山群岛新区海洋产业集聚区关于落实工业用地弹性出让政策操作办法（送审稿）》《舟山市机关事业单位紧缺高端人才引进管理办法（试行）（送审稿）》，听取2017年度市科学技术奖励评选情况，舟山市政府2017年立法工作情况和2018年立法工作计划建议的汇报。

【市政府专题会议】　是年，市政府召开专题会议80次，主要议题：研究市本级剩余保障性安居空置房市场化处置事宜；研究329国道舟山段改建工程岑港至白泉段工程建设相关工作；研究舟山医院感染病大楼等建设项目相关事宜；协调舟山陆港现代物流电商产业园周边道路建设相关事宜；研究舟山群岛旅游咨询服务中心项目建设相关事宜；研究舟山群岛旅游频道运作相关事宜；研究盛海达公司股改上市相关工作；研究统筹解决勾山区域小学入学相关事宜；协调舟山绿色石化基地有关事项；研究加快推进舟山绿色石化基地建设相关事宜；研究协调千岛中央商务区开发建设涉及审批事项相关事宜；研究市海洋文化艺术中心（二期）项目相关事宜；研究嵊泗至定海公路定海环城南路至三官堂至白泉公路工程前期工作相关事宜；研究市治水办（河长制办）成建制划转市环保局相关事宜；研究保税燃料油供应奖励相关事宜；研究舟山国家远洋渔业基地建设发展扶持政策；研究盛海达公司股改上市推进过程中的相关工作；协调澳牛进境加工项目开工建设等相关事宜；协调盐业体制改革相关事宜；研究无军籍职工退休金调整相关事宜；协调东海海域海上油气田开发所产生的危险废物处置有关事宜;协调国际航行船舶保税油加注供应企业资质申请相关事宜;研究浙江石油化工有限公司引进人才相关问题;研究舟山市定海华晟牧场提升改造有关事宜;协调机场口岸监管机构设置相关事宜;研究关于完善教育布局加快新城中小学(幼儿园)建设相关事宜;研究舟山海事局办公大楼搬迁安置相关事宜;协商舟山港口岸国际卫生港创建工作;协调勾山大湾河治劣、治臭等相关事宜;研究推进舟山跨海大桥接线公路(起始段)景观提升改造工程有关事宜;协调舟山港综保区空港分区建设用地事宜;协调舟山普陀山机场国际航站楼建设和口岸开放相关事宜;协调金塘预制场使用事宜;研究盛海达公司股改上市推进过程中的相关工作;协调展茅区域污水调配主管网工程项目推进相关事宜;研究浙江国际海运学院综合体育馆项目用地审批相关事宜;协调市住建局(规划局)与市城市管理局(综合行政执法局)城市管理权责有关事项移交事宜;研究自贸区综合服务大厅(市行政服务中心)建设有关事宜;研究协调勾山污水处理厂纳管企业集中预处理设施建设项目相关事宜;研究协调勾山污水处理厂纳管企业集中预处理设施建设项目相关事宜;协调优化外锚地保税燃油供应边检查验流程相关事宜;研究新城体育路(海天大道至定沈路段)、港岛路(海天大道至定沈路段)两条城市道路改造提升工程建设相关事宜;协调舟山普陀山机场航站区建设相关事宜;协调舟山市城市智慧停车云平台建设相关事宜;协调加快推进新建污水污泥处理项目前期手续审批相关事宜;协调展茅区域污水调配主管网工程设计－采购－施工总承包招标相关事宜;协调秀山东锚地张网综合整治相关事宜;研究协调保税燃料油供应近期相关工作;研究驻舟山部队现役军人办理市民卡有关问题;协调全市城市管理工作中近期急需解决的问题;研究舟山市出租车管理相关工作;研究市属单位在定海区域房产划转相关事宜;研究嵊泗至定海公路定海环城南路至三官堂至白泉公路工程相关事宜;研究市人力社保局相关职能移交定海区管理等事宜;研究因329国道施工临螺线临时封闭导致人员出行困难相关事宜;研究轮修船纠纷处置工作;研究市本级公安警务辅助人员管理有关工作;研究协调保税燃料油供应锚地锚位布局开放使用等相关事宜;研究空港分区及衢山分区(二期)封关验收各项工作;研究市本级2017年公租房分配工作;研究浙江海洋大学东海科学技术学院规范设置事宜;协调原勾山区块工业企业污水集中预处理设施项目建设事宜;研究舟山500千伏联网及220千伏鱼山输变电工程相关事宜;研究全市船舶油泥包处置监管相关事宜;研究市土地储备中心资产和债务处置事宜;研究浙江盛海达有限公司股改上市推进过程中的同业竞争问题;研究澳牛进境加工项目3万吨级配套码头前期工作相关事项;协调解决宁波舟山港主通道项目、新城荷花村供地等事宜。

重要决策

【加快重大战略落地】 5月,印发《关于中国(浙江)自由贸易试验区国际航行船舶保税油经营管理

5月4日,城市环境整治大会战暨海上花园城市建设动员大会在新城召开,舟山市城市管理局揭牌成立(沈磊　摄)

暂行办法的通知》，加快中国（浙江）自由贸易试验区国际航行船舶保税油业务发展。10月，印发《关于深入实施市县长项目工程的通知》，加强重大产业项目谋划盯引工作。11月，印发《关于进一步规范征地补偿工作严厉打击“抢种”等行为的指导意见》。同月，印发《关于进一步加强油品储运行业安全管理的实施意见》，健全以油品全产业链发展为核心的安全基础。12月，印发《关于舟山市参与长江经济带建设工作方案的通知》。

【促进产业转型升级】 稳步推进工业发展 5月，印发《关于进一步支持船舶工业稳定发展的若干意见》，建设国家船舶与海洋工程装备产业示范基地。同月，印发《关于舟山市盐业体制改革实施方案的通知》。8月，印发《关于2017年度舟山市十类重大工业项目（企业）推进工作实施方案的通知》。同月，印发《舟山市传统制造业改造提升实施方案（2017—2020年）》，提高经济发展质量效益。同月，印发《关于促进航运业健康稳定发展的若干意见》，促进航运业竞争发展。9月，印发《市级航运重点骨干企业培育方案》。同月，印发《关于重点航运企业解困帮扶方案的通知》，完善航运企业帮困解难机制。

加快渔农业转型升级 2月，印发《关于加快推进海岛美丽生态畜牧业建设的实施意见》，推进农业供给侧结构性改革，保障畜产品供应。6月，印发《关于加快远洋渔业转型升级的若干意见》。7月，印发《关于进一步加强我市政策性农业保险工作的通知》。

强化金融保障 1月，印发《舟山市“十三五”金融业发展规划》，促进海洋产业增长转型。5月，印发《关于推进中小微企业“专精特新”发展的实施意见》，推进中小微企业特别是制造业企业“专精特新”，培育“隐形冠军”。同月，印发《关于健全政策性融资担保体系建设的意见》，发挥政府引导作用，缓解小微企业融资问题。6月，印发《关于舟山市推进企业上市挂牌三年行动计划（2017—2019年）的通知》，推进企业对接多层次资本市场，增加上市挂牌企业数量，形成集聚效应。同月，印发《舟山农信普惠金融提升工程五年行动计划（2016—2020年）》，推动地方经济转型升级。7月，印发《关于进一步加强地方债务管理的实施意见》，加强政府债务和平台公司融资管理，防范财政金融风险。8月，印发《关于舟山市市级多渠道筹措社会保障风险金管理办法（试行）的通知》，增强支付风险防范，健全资金筹措机制。9月，印发《浙江舟山群岛新区海洋产业集聚区产业引导基金管理暂行办法》。11月，印发《关于进一步扶持企业上市（挂牌）和并购重组的若干意见》，提高直接融资比重，借资本市场推动经济转型升级。

发展现代服务业 8月，印发《关于舟山市创建国家全域旅游示范区实施方案的通知》，打造“全域旅游、全景舟山”，建设海上花园城市。同月，印发《关于推进国家全域旅游示范区创建的指导意见》，把舟山市海洋海岛旅游业打造成千亿产业。9月，印发《舟山市一体化投资项目在线审批监管平台工作实施方案》。

【加速推进重点改革】 2月，印发《舟山市加快推进“最多跑一次”改革实施方案》，推进简政放权、放管结合、优化服务改革。3月，印发《关于舟山市加快推进行政审批“一窗受理、集成服务”改革实施方案的通知》，实现集成高效服务。同月，印发《关于开展企业投资项目承诺制改革试点的实施意见》，探索新型企业投资项目管理框架，建立“轻审批、重监管”新型审批制度，降低制度性交易成本。5月，印发《关于推进基层群众“办事不出岛”的实施意见》，实现“就近就便”。8月，印发《关于贯彻落实“最多跑一次”改革决策部署全面推进施工图联合审查工作方案的通知》，提升图审效率，确保工程质量安全。同月，印发《关于舟山市加快推进企业投资项目“最多跑一次”改革实施方案的通知》。同月，印发《关于舟山市深化医药卫生体制改革2017年重点工作任务的通知》，强化“三医联动”，推进分级诊疗、现代医院管理、全民医保、药品供应保障、综合监管等五项制度建设。同月，印发《关于印发舟山市市、区社会保险管理体系一体化改革实施方案的通知》，提高社会保障统筹层次，加强基金抗风险能力，推进市、区社保经办管理体系建设。12月，印发《关于贯彻落实全面推进城镇住房保障“最多跑一次”改革的实施意见》，提升住房保障审核效率。同月，印发《关于进一步促进科创园区发展的若干意见》。同月，印发《关于舟山市市级机关事业单位紧缺高端人才引进管理办法（试行）的通知》，构建多元化选用机制。

【统筹推进城乡建设管理】 优化城市公共服务 2月，印发《舟山市水利工程建设三年行动计划（2017—2019年）》，加快推进全市水利工程建设，完善水利基础设施体系，增强水利设施保障能力。5月，印发《关于深入推进新区水利事业改革发展的实施意见》，增强水利支撑保障能力。6月，印发《关于舟山市进一步加强饮用水水源保护实施方案的通知》，加强饮用水水源保护，提升饮用水水源水质，确保饮用水水源安全。8月，印发《关于舟山跨海大桥突发事件应急预案的通知》，建立统一、规范、科学、高效的应急救援体系，提高处置突发事件的能力，预防、控制和减少突发事件的发生。8月，印发《关于舟山市危险化学品安全监管联席会议制度的通知》，加强对全市危险化学品安全监管工作的组织领导，提高安全监管工作效率。9月，印发《舟山市危险化学品事故应急救援预案》，加强全市危险化学品事故应急管理工作，建立健全事故应急机制，提高应急处置能力。同月，印发《关于舟山市大面积停电事件应急预案的通知》，建立健全舟山市大面积停电事件应对工作机制，最大程度减少人员伤亡和财产损失。12月，印发《关于推进市区巡游出租车行业改革和品质提升的实施意见》，促进市区巡游出租汽车行业创新发展、提质升级，实现出租汽车行业健康稳定发展。

加强城市管理水平 1月，印发《全市"除隐患、保安全、促转型"治危拆违攻坚战行动方案》，推进"三改一拆"行动，加快实施城乡危旧房治理改造，全面消除房屋安全隐患。6月，印发《关于加强公安基层基础和"雪亮工程"建设的通知》，推动全市公安基层基础工作转型升级，建设更高水平的平安舟山。同月，印发《关于全面实施"放心消费在浙江"行动的意见》，营造安全放心的消费环境，以高质量的产品和服务供给满足需求、促进消费，提高全市经济发展质量和效益。7月，印发《关于开展非法上路、非法营运车辆综合整治的通告》，预防道路交通事故，改善全市道路交通环境，提升城市管理水平。8月，印发《关于全市推进和深化交通客运实名制售票验票工作实施方案的通知》，完善全市社会治安防控网络，加快构建海上花园城市公共安全体系。同月，印发《关于实施六项实名登记管理制度的通告》，加快推进社会诚信体系建设，防范和打击不法分子利用非实名登记进行违法犯罪活动，提升社会治理现代化水平。9月，印发《关于舟山市智慧城管建设工作方案的通知》，全时段、全覆盖实施精细化城市管理。11月，印发《舟山市质量提升工作三年行动方案（2017—2019年）》，提升产品质量、工程质量、环境质量和服务质量，促进全市经济和社会健康发展。同月，印发《关于进一步深化"两非"车辆综合整治的通告》，巩固强化非法上路、非法营运"两非"车辆综合整治工作成效。12月，印发《关于舟山市促进互联网租赁自行车规范发展的指导意见（试行）的通知》，促进全市互联网租赁自行车规范有序发展。同月，印发《舟山市城乡供水管理办法》，加强城乡供水统筹管理，发展城乡供水事业，保障城乡生活、生产和其他用水。同月，印发《舟山市节约用水办法》，促进节约用水管理，提高水资源利用效率，建设节水型社会。同月，印发《关于舟山市建设项目节水设施"三同时"管理办法的通知》，加强建设项目节水管理，配套建设节水设施，节约使用水资源，保障经济社会可持续发展。

深化城乡环境综合整治 3月，印发《舟山市开展剿灭劣V类水提升水环境质量行动方案》，防治新区水污染，实现"决不把污泥浊水带入全面小康"的目标。5月，印发《关于推进"美丽群岛幸福社区"示范区建设的意见》，推动全市城乡社区治理与服务创新，提高居民群众幸福指数，实现新区共建共享。6月，印发《关于舟山市土壤污染防治工作方案的通知》，加大土壤污染防治力度，改善土壤环境质量。12月，印发《关于进一步加强"地沟油"治理工作的实施意见》，加强市"地沟油"整治和餐厨废弃物管理。同月，印发《舟山市油品储运、船舶修造业油类污染物转运、处置联单及监管制度》，加强油品储运、船舶修造业油类污染物转运、处置监管，防止转运、处置过程污染。同月，印发《关于舟山市港口船舶污染物接收、转运、处置联单及联合监管制度（试行）的通知》，加强船舶港口污染控制，防治船舶违法排放和污染物接收、转运、处置过程造成二次污染。

持续改善海岛生态　8月，印发《关于开展第二次全国污染源普查的通知》，掌握各类污染源的数量、行业和地区分布情况，了解主要污染物产生、排放和处理情况。9月，印发《关于舟山市陆域生态保护红线划定工作方案的通知》，保护和改善全市生态环境，维护生态安全。10月，印发《舟山市绿色建筑专项规划（2017—2025年）的通知》，促进资源、能源节约集约利用，提高建筑环境质量和空间舒适度，加快改善城乡人居环境。11月，印发《关于舟山市突发环境事件应急预案的通知》，建立健全应对突发环境事件的应急机制，做好全市突发环境事件防控和处置工作。12月，印发《关于舟山市生态环境监测网络建设方案的通知》，加快推进市生态环境监测网络建设工作。同月，印发《关于舟山市全面建立生态环境状况报告制度实施办法的通知》，建立健全市生态环境状况报告机制，促进政府自觉履行生态环境保护职责。

【社会民生事业持续发展】　1月，印发《舟山市全民健身实施计划（2016—2020年）》，推动全民健身和全民健康深度融合，提升全民健康素养，提高全民身体素质和健康水平。同月，印发《舟山市残疾人事业发展“十三五”规划》，保障和改善残疾人民生，实现全市残疾人全面小康，促进新区残疾人事业与经济社会协调发展。4月，印发《关于舟山市食品安全社会共治工作实施意见的通知》，全面实施食品安全战略，构建严密高效的食品安全治理体系，提升食品安全保障水平。5月，印发《舟山市妇女发展规划（2016—2020年）》，保障妇女权益，提升妇女素质，发挥妇女作用，优化妇女发展环境。同月，印发《舟山市儿童发展规划（2016—2020年）》，提升儿童福利水平，提高儿童整体素质，促进儿童健康、全面发展。7月，印发《关于舟山市竞技体育贡献奖励办法的通知》，加快市体育事业发展，提高竞技体育水平，激发广大体育工作者选拔和培育体育人才的责任心和使命感。8月，印发《关于舟山市自然灾害救助应急预案的通知》，建立健全应对突发重大自然灾害紧急救助体系和运行机制，规范应急救助行为，提高应急救助能力。11月，印发《关于调整全市最低工资标准的通知》。12月，印发《关于舟山市见义勇为人员奖励和保障实施办法的通知》，做好见义勇为行为确认以及见义勇为奖励和保障工作。同月，印发《舟山市职业病防治中长期规划（2018—2027年）》，预防、控制和消除职业病危害，防治职业病，保护劳动者健康及其相关权益。同月，印发《舟山市精神卫生工作规划（2017—2020年）》，加强精神障碍的预防、治疗和康复工作，推动全市精神卫生事业发展。同月，印发《关于加快推进慈善事业发展的实施意见》，坚持政府推动、社会实施、公众参与、专业运作，鼓励支持与完善监管并重，推动慈善事业健康有序发展。同月，印发《关于加快推进残疾人全面小康进程的实施意见》，强化残疾人权益保障和公共服务，促进残疾人就业增收和融合发展。

【政府自身建设切实加强】　推进服务政府建设　8月，印发《关于新区12345平台知识库建设制度的通知》，发挥平台在解答群众和企业办事咨询中的作用。10月，印发《舟山城市交通数据开放制度》，促进交通运输行业科学决策与管理创新，发展多种方式为公众提供出行信息、交通诱导和停车服务。

推进高效政府建设　1月，印发《舟山市审计整改联席会议制度》《关于进一步加强审计整改工作的意见》，推进审计发现问题的整改落实，健全和完善审计整改工作的长效机制与联动机制。3月，印发《舟山市网上联合审批联合办理实施管理办法》，减少审批环节，简化办事程序，规范业务运行，提高行政审批服务效率。10月，印发《关于舟山市利益相关方代表列席市政府有关会议制度（试行）的通知》，增强市政府重大行政决策行为的科学性、民主性。12月，印发《舟山市全面推进标准化战略实施方案（2017—2020年）》，推动标准化与市经济社会发展各领域、各层级的深度融合。

推进法治政府建设　1月，印发《关于公布市政府行政规范性文件清理结果的通知》。2月，印发《舟山市人民政府2017年立法计划》，坚持立法决策与改革决策相衔接，保障和服务新区建设发展大局。同月，印发《舟山市人民政府年度立法计划编制和实施办法》,规范市政府立法工作,增强立法工作的科学性和民主性,提高立法质量和工作效率。7月,印发《关于进一步加强和规范政府信息依申请公开工作》,加强和规范政府信息依申请公开工作,回应社会关切,增强政府公信力。同月,印发《关于建立舟山市公益诉讼联席会议制度的通知》,建立健全行政与检察监督良性互动机制,提高行政执法和行政检察监督水平。同月,印发《关于进一步做好地方性法规、规章、行政规范性文件清理工作的通知》,确保地方性法规、规章、行政规范性文件应改尽改、应废尽废,落实各项改革。8月,印发《关于加强公益诉讼协作配合工作的若干意见(试行)的通知》,促进依法行政,维护司法公正。12月,印发《关于加强政府立法工作的意见》,推进新形势下政府立法工作,提高政府立法质量,发挥立法的引领和推动作用。

推进廉洁政府建设　3月,印发《关于公布舟山市2017年度政府集中采购目录及采购限额标准的通知》,规范采购清单和限额标准。4月,印发《关于舟山市整合建立统一的公共资源交易平台实施方案的通知》,推进公共资源交易法制化、规范化、透明化,提高公共资源配置的效率和效益。9月,印发《关于实施全面推进政务公开专项行动的通知》,加强政策解读、舆情回应、公众参与、平台建设、依申请公开等工作。12月,印发《关于公布舟山市2018年度政府集中采购目录及标准的通知》。

办公室工作

【概况】 2017年,市政府办公室在市委、市政府的领导下,以中共十八届历次全会精神、十九大精神,省第十四次党代会和市第七次党代会精神为指引,围绕市政府中心工作,以"两强三提高"为抓手,增强使命感,提升执行力,注重实效性,参与政务、管理事务,搞好服务工作,发挥参谋助手、综合协调和服务保障作用,较好地完成各项目标任务,推动市政府各项工作高效、有序运转。

【服务重大项目重要事项】 按照"聚焦两重点、实现三提升、争取四翻番"要求,以建成自由贸易港区、海上花园城市为目标,建设"五大会战"和"四个舟山"为重点。强化对自贸区挂牌、油品全产业链、江海联运服务中心、绿色石化基地、波音飞机完工和交付中心等重大项目服务。

【助力产业转型升级和企业帮扶】 围绕企业脱难解困、转型升级和上市工作,加强综合协调。针对部分本地企业经营融资困难等问题,帮助造船企业稳定订单。促进重点船企兼并重组,拓展绿色修船尤其是外轮修理等业务。建立市领导联系重点工业企业制度,支持中小微企业融资。

【保障民生实事项目建设】 做好民生服务保障、督查以及现场督查筹备和协调工作。推进全市民生实事项目。形成各责任单位和县(区)之间联动推进的纵向工作机制。协调做好资金、土地等要素保障工作。

【提升综合文字水平】 强化公文管理,做到格式规范、内容可行、程序合理。强化发文收文工作,全年发文532件,同比增长8%;收文4713件,同比增长11.3%。强化调研文章撰写,全年撰写专题调研报告23篇。落实重要文稿,完成领导讲话、工作汇报、会议材料等各类文稿920余篇。

【增强保障服务能力】 参与组织首届世界油商大会、第三届国际海岛旅游大会、波音737完工和交付中心开工仪式等重大活动。协调组织市政府全体会议、常务会议、重点项目推进会等会议活动,全年主办全市性重大会议(活动)78次。统筹安排市政府领导公务活动,接待各类来访331批(次),安排市政府领导代、参会(活动)83批(次)。全年办理人大议案建议、政协提案件和党代会提案42件,办结率和满意率均达100%。其中省级政协提案1件,市级人大建议议案20件、政协提案17件、党代会提案4件。

【提升执行力】 落实市政府领导指示,全年办理领导批示件(含信访件)1800余件。落实市领导年度牵头重点工作。制定《"134"责任机制》,分解主要经济指标责任,明确县(区)、功能区和市属各部门的任务。落实民生实事项目职能。落实五水共治、三改一拆、中央环保督查、国家海洋督查等重点工作。

【推动电子政务建设】 保障“最多跑一次”改革。推进“1253”公共数据共享体系建设，初步形成全市大数据中心框架。落实政府服务网建设工作。按照“一窗受理、集成服务”要求，完成配套应用系统建设，实现市级自建系统与其他系统的对接。完成市政府网站“三网融合 1+20”项目。

【健全应急管理体系】 组织编制舟山市“十三五”应急体系建设规划，完成市级专项预案修编 4 件。健全社会应急联动救助体系。全市组织开展市级专项应急预案演练 90 余次，接报社会应急联动救助类报警 16486 起，处置所有有效警情。推进浙东经济合作区应急管理合作，签署《浙东五市应急管理区域合作交流协议》。

【拓展政务公开工作】 制定《关于实施全面推进政务公开专项行动》，推进决策、执行、管理、服务和结果“五公开”。完善基本目录和重点目录，开辟重点领域公开专栏。出台《关于进一步加强和规范政府信息依申请公开工作》。完善政策解读、舆情回应、公众参与工作机制。全年在“政府门户网”发布信息 2 万余条，编发政府公报 9 期，公开市政府和市府办文件 98 件。

【保障“菜篮子”工作】 完成蔬菜基地等建设。加强产销对接，提高基地蔬菜直接进场交易比例，稳定菜价。加强“菜篮子”直供店、惠民店和社区菜店建设改造。建设高质量农贸市场，创建省放心农贸市场。落实食用农产品安全责任。

【推动政务服务创新】 深化“互联网 +”思维创新政务服务机制。通过协同办公系统“学习交流”栏目、“微政务”微信、QQ 群等手段，增进情况交流。出台《舟山市人民政府学习制度》《市政府领导 AB 岗工作制度》《市政府秘书长工作例会制度》。出台《市府办中层干部例会制度》《市府办办文办会差错责任追究制度》《退文通报制度和逾期反馈通报制度》。

【提升后勤保障工作】 落实财务管理、保密管理、档案管理、行政接待等制度。遵守“八项规定”。提升财务报销、会议活动、领导出行、公务来访等服务水平，确保市政府和办公室高效运转。

【推进作风建设】 推进“两学一做”常态化制度化学习。通过集中学习，主题党日学习，自学，市府办微信群、QQ 群和“警钟”等形式开展。全年办公室集中学习 10 余次。

【强化业务学习】 发放《全球自贸区发展研究及借鉴》等专业书籍，提高重大建设项目认识水平。创新学习方式，通过协同办公系统、微信群、QQ 群等平台，系统学习“五大会战”“四个舟山”等内容。加强对干部职工尤其是新进人员培训。组织参加档案工作、政务公开、保密工作和国家安全等业务培训。

【推进廉政建设】 将党风廉政建设和反腐败教育融合于日常业务学习和机关支部学习计划中。强化纪律意识，严格遵守《廉政准则》等各项规定。全年未有干部违纪违规现象。

（撰稿：市府办）

经济体制改革

【概况】 2017 年，全市经济体制改革围绕新区海洋经济发展，建设“四个舟山”，打好“五大会战”；围绕国家重大战略、“最多跑一次”、供给侧结构及完善体制机制推进改革。加快自贸区建设、江海联运服务中心建设、浙江（舟山）绿色石化等重大国家战略项目改革，“最多跑一次”改革取得新成效，全社会各项经济体制改革走上新台阶。

【自贸区建设获突破】 3 月，自贸试验区总体方案获批，4 月 1 日自贸区管委会正式挂牌运行。《中国（浙江）自由贸易试验区条例》获省人大常委会审议通过。复制落地前两批改革试点经验 119 项，争取国家和省级部门支持政策 291 条，形成制度创新案例 21 项。建立商事登记“1+N”综合受理服务体系，建成自贸试验区综合服务大厅，开通 6 个“一口受理”综合窗口。实施准入前国民待遇加负面清单模式。外资备案实行全域同权、网上通办。出台国际航行船舶保税油经营管理暂行办法和业务操作规范。向 5 家企业颁发保税油经营资质。实现跨关区、跨港区直供等业务。全年保税油供应量达182.8万吨，增长71.8%；保税油结算量480.8万吨，占全国近50%。举办首届世界油商大会，签约重大项目20个，涉及金额573.7亿元。全年新增企业4167家，注册资本2173.2亿元，企业平均注册资本领先第三批其他自贸试验区。浙江省石油公司注册落户。成品油贸易交易量突破1000万吨，保税油交易突破300万吨，天然气交易达138.3万吨，混配矿量806万吨，成为长江以南最大的混配矿基地。

【建设江海联运服务】 重点实施"7234"工程。全年舟山港域江海联运量达1.91亿吨，江海联运重大项目累计投资超500亿元。鼠浪湖40万吨矿石中转码头投入运行，黄泽山油品储运项目一期基本建成，宁波舟山港主通道等重大项目加速建设。争取交通运输部出台"5+1"系列文件。2万吨级江海直达首制船建成接水。宁波舟山港至武汉1.35万吨散货船和700TEU的集装箱船研发完成。形成分货种江海直达运输模式。成立江海直达散货运输船队公司。获批国家交通运输物流公共信息平台江海联运信息中心，用户量超9万，累计交换数据超60万条。外供服务中心加快建设。累计引进外轮供应、海事服务配套企业230余家，外轮供应货值超4.5亿美元。全国首家海事法律服务中心成立。

【其他国家战略建设】 舟山绿色石化基地4000万吨/年炼化一体化项目通过环评和项目核准，一期项目开工。推进航空产业园波音项目。舟山港综保区空港分区通过国家验收。国家远洋渔业基地完成鱿鱼价格指数平台开发，电子商务园上线营运等工作。澳牛进境加工项目开工，澳洲跨境商品直购体验中心一期建成营业，屠宰厂与隔离场间隔距离、检验消毒处理时间等政策取得突破。

【推进"最多跑一次"改革】 整合审批资源 整合市、县行政服务平台，推行"一窗受理、集成服务"。不动产板块实现全业务、全过程"最多跑一次"。省跑改办政务环境评估中，舟山市不动产"最多跑一次"满意率和实现率分列全省第一和第二。"五小行业"实施一窗受理、联审联办。深化"两集中、两到位"。全年市行政服务中心和分中心事项进驻率达94.12%，容缺受理事项达79.32%，网上申报事项达85.67%。

坚持放管结合"一站式"服务 对省市重点项目实施"项目中心制"，由一名市级领导牵头，全权负责项目协调推进工作。对一般企业项目推行高效审批和"告知承诺"制，实行用地审批、立项审批、项目报建同步进行、并联推进，企业投资全流程审批最快48个工作日，时限全省最短。

实现办事"不出岛" 依托海岛乡镇(街道)行政服务中心和村(社区)便民服务站，对岛屿分类施策，推动审批重心下移。有市、县部门派驻机构的大岛，下放审批事项；未设置乡镇建制派驻机构的"中岛"，公布"不出岛"办理事项189项，涵盖常办事项80%以上；未设立便民服务站的"小岛"，公布"关键小事"89项，通过"海岛流动办证窗口"、审批部门联合现场踏勘、聘请网格员为代办员、预约定期上门服务等方式，方便海岛群众办事。加快基层便民服务平台建设。推动基层"一窗受理、集成服务"。开展基层便民服务中心星级创建活动。健全首问负责、预约服务等制度。取消社区证明154项，保留16项。

推动信息数据建设 全市"一窗受理"平台完成市本级4个部门6个系统与省级19个部门28个系统对接。舟山市数据共享平台实现省级53个部门2978个数据项查调，实现14个证照共享。推进"1113行动计划"和"1253"公共数据共享体系建设。优化浙江政务服务移动客户端(APP)平台功能。实现市、县(区)各级部门行政权力和公共服务事项手机端在线办理。"12345"政务服务热线成为统一政务咨询投诉举报平台。完成政务服务网"一窗受理"系统。完善公共服务事项库、电子证照库、公共信用信息库。公共服务事项梳理并录入省统一权力事项库。完成电子证照库系统开发部署。30余家部门信用信息数据进入信用信息数据库平台。

【推动供给侧结构改革】 开展"三去一降一补" 强化去产能。以"四无"企业(作坊)为重点，整治"低小散"块状行业。淘汰落后产能企业30家，整治低小散企业(作坊)170家。启动5家"僵尸企业"处理，盘活土地52亩(34666.67平方米)，厂房建筑面积18144平方米；化解银行不良资产约17801万元，盘活存量资产8177万元；安置职工419人，新增产值1666万元。强化去库存。商品房开发投资企稳回升。商品住宅库存量继续下降。全市商品住宅库存消化周期缩短至7.3个月。房地产市场平稳发展。强化去杠杆。健全"政府引导、企业自主、市场运作、政策扶持"机制。金融"两链"风险总体可控。不良贷款率2.63%,比年初下降0.06%。降低企业成本。全年企业减负22.8亿元,企业效益有所改善。补齐发展短板。补齐基础设施、公共服务、生态环境、农业农村、科技创新等短板。是年全市工业技改投资194.7亿元,同比增长14.8%。重大基础设施投资、高新技术产业投资、生态保护和环境治理业投资分别增长56.0%、55.9%、1.2倍和87.8%,均大幅快于全部固定资产投资增速。

加快创建特色小镇　完善舟山市特色小镇规划建设联席会议及其办公室职责,建立部门协同推进机制和日常工作联系制度。出台《2017年度舟山市级特色小镇考评办法》,明确奖励与退出机制。是年新增1个省级培育小镇,产生第一批5个市级特色小镇,5个小镇进入培育名单。推进小镇全面建设。6月初举行推进小镇规划建设现场会。全年完成固定资产投资112.49亿元。

推进县域经济体制改革　舟山市4个县(区)均制定工作计划,明确年度内开展改革的项目。完善"重点督查、动态调整、定期报送"工作机制,按时做好各项监测数据季度汇总和上报。各县(区)出台改革实施方案和配套政策,推动项目实施。推进重点领域改革。定海区着力"亩产效益"综合评价、"最多跑一次"改革两项区级重点改革任务。普陀区在资源要素差别化配置机制、正向激励与反向倒逼并用机制、城乡一体化发展创新机制、民间资本吸纳机制、企业投资项目高效审批联动机制等五大方面取得突破。岱山县建立健全"亩产效应"综合评价体系,推进城乡一体化发展创新,推进区域性要素交易综合平台建设。嵊泗县开展企业综合评价工作,深化旅游体制改革,推进渔业发展管理体制改革,完善城乡基本公共服务等。

【推进体制机制改革】　深入实施项目中心制　强化三重项目库动态管理机制。全年新增"三重"项目6个,退出3个,全年底为29个。开展动态监测。推广project软件工程管理方法,开展三重项目动态监测,汇总编辑月报12期。公布《"三重"项目2017年度考核评分办法》。加快推进重大在建项目进度。23个在建三重项目全年完成投资621.46亿元,累计完成投资897.45亿元。

推进新区投融资改革　采用PPP模式试点推进甬舟铁路、市30万吨污水处理中心及相关配套项目落地。引入中国银行、工商银行、建设银行、华夏银行等自贸区支行。推动嵊泗农信社与岱山农信社的股份制改造。4月,舟山市首家非银行法人金融机构"浙江浙银金融租赁股份有限公司"开业。9月,SPV公司暨华融华稳(舟山)船舶租赁有限公司在普陀注册。举办省级金融机构走进浙江自贸区活动。国家开发银行、中国进出口银行等7家金融机构的省级分行与市政府签订全面战略合作协议。华融租赁、永安期货等7家金融机构与市政府签署合作框架协议。举办首届中国(浙江)自由贸易试验区海洋金融高峰论坛,省内金融机构、船舶航运领域相关企业300余人参加。推动直接融资。是年全省仅舟山市获得企业债券"直通车"奖励政策,通过"直通车"机制向国家申报两个企业债券。制定《舟山市推进企业上市挂牌三年行动计划(2017—2019年)》《舟山市人民政府扶持企业上市(挂牌)和并购重组的若干意见》。全年舟山市上市公司1家,8家企业挂牌新三板,91家企业在省股权交易中心挂牌。制定《关于健全政策性融资担保体系建设的意见》。

推进国资国企改革　推动城投集团和普发集团重组工作。推进蓝焰公司股权改革工作。完成机场集团重组、市财金投资控股有限公司组建等工作。交投集团初步提出海陆客运资产整合重组上市总体方案和海陆客运板块整合重组上市实施方案。海投公司完成金融投资控股公司的整合。

深化国税、地税征管体制改革　成立国税、地税征管体制改革工作领导小组,常务副市长任组长。出台《舟山市深化国税、地税征管体制改革实施方案》《舟山市国家税务局　舟山市地方税务局关于贯彻落实〈国家税务局、地方税务局合作工作规范〉的实施意见》《任务分工和时间进度表》《合作事项分类落实清单》等文件。部署77项改革任务,其中15项为自主改革。

健全科研人员长效激励机制　草拟《浙大海洋研究中心科研人员科技成果转化长效激励办法》,推进浙江大学海洋学院(包含浙大海洋研究中心)科技在舟成果转化,设立“市校合作联合专项”。出台《市校合作联合专项管理办法(试行)》。全年提供专项支撑资金200万元。

推进渔农村产权制度改革　构建“三位一体”渔农民合作经济组织体系。全面开展农村土地承包经营权确权登记颁证工作。全市累计成立股份经济合作社506家,股改完成率达99.22%。建立县、乡两级渔农村产权交易平台。推进股权质押贷款工作。定海区荣获全国农村集体“三资”管理示范县称号。组建市、县、乡三级渔农合联,完善渔农合联运作机制,完成15个县、乡渔农合联民政登记,促进渔农合联执委会与供销有机融合。

(撰稿:姚志军)

招商引资与经济合作

【招商引资】 2017年,全市实际利用市外资金636.6亿元,完成目标任务的110.7%,比上年增长24.7%;实际利用外资4.05亿美元,完成目标任务的135.1%,同比增长92.8%。浙商回归到位资金234.9亿元,完成目标任务的127.7%,同比增长15%。自贸区内新增企业4167家,完成目标任务的117.4%。全市实际到位市外注册资金5000万元以上项目64个,市外资金投资额1亿元以上的项目47个。

实施“2553”计划,即接洽200个以上重要客商,达成50个重点项目签约,实现50个重点项目落地,组织3场以上大型招商推介活动。全年接洽埃克森美孚、霍尼韦尔、壳牌集团、维多集团、摩科瑞集团、沙特阿美、云顶集团、海航集团、正大集团、乡林集团、雪松控股、湘电集团、新加坡企业代表团、驻沪日本企业代表团、香港服务业代表团、全美浙江总商会代表团等300多批次重点客商,促成海航集团全面战略合作、正威国际收购世纪太平洋、普陀山莲花湾休闲度假区、厦门宏发产业园、台湾环亚航太FBO等65个重点项目签约,推动浙银金融租赁、大洋世家总部、宇培冷链产业园等53个重点项目注册落地,组织开展新区航空产业对接会、省属国企对接会、新加坡舟山周系列活动、西安航空产业对接会、深圳金融业推介会、天津融资租赁推介会等十多场大型专题招商推介活动。

创新体制机制　开展招商引资大会战行动,出台《关于大力推进招商引资“一号工程”的通知》《2017年招商引资大会战实施方案》等文件。落实重大招商项目领办制度,对重大招商项目落地环节建立以分管市领导为第一责任人、相关单位为工作班子的推进机制。制定重大项目动态任务,汇总百余重点项目清单,实行实时跟踪、动态管理。建立招商工作例会制度,交流汇报各项指标完成进度及重大在谈项目推进情况,分析全市招商引资工作形势,协调解决项目推进中的相关问题,部署下阶段工作。

自贸试验区招商　出台《中国(浙江)自由贸易试验区扩大对外开放积极利用外资暂行办法》《中国(浙江)自由贸易试验区重点产业培育和扶持暂行办法》《中国(浙江)自由贸易试验区关于加快发展总部经济的暂行办法》等系列政策。参加“首届世界油商大会”,促成签约项目20个,涉及资金573.7亿元,其中中燃油品、中长燃、联彩石油等企业均完成注册,推进重点油品项目。自贸试

4月20日,全市招商引资大会战动员大会在市行政中心举行
(沈磊　摄)

验区内实际利用市外资金309亿元，占全市总量的48.5%，自贸试验区内实际利用外资2.7亿美元，占全市总量的66.6%；自贸试验区油品企业集聚，新增各类油品企业812家，注册资金706.9亿元。

加强专业招商　组建航空、油品、PPP等三个专业招商小组并投入运作。航空专业招商小组赴北京与波音（中国）洽谈，了解波音国内供应商现状并建立定期交流机制并上门招商对接，筹备2018波音供应商大会、交付仪式、中国－波音航空工业合作论坛相关事宜。油品专业招商小组召开成员会议，围绕油品产业加工、储运、贸易、交易、服务五大主攻方向开展小分队招商。PPP专业招商小组推进甬舟铁路项目前期工作，寻求项目招投标公司，与中铁工、中铁建、复星集团等多家企业进行对接。

【新区推介】　围绕建设新区、自贸试验区等重大战略实施和新区重点产业发展，策划组织新区航空产业对接会、省属国企参与自贸区建设对接会、新加坡舟山周系列活动，深圳自贸区金融业推介会、天津融资租赁推介会、新区中西部城市专题推介会、“大健康产业高峰论坛”专题推介会、“普陀佛茶文化节”专题推介会、西安航空产业对接会等多场招商推介活动，提升新区的知名度。组织参加中国（浙江）自由贸易试验区海洋金融高峰论坛、全球浙商高峰论坛、甬港经济合作论坛、舟商西湖论坛、上海国际海事展、中国（浙江）自贸试验区融资租赁产业推进大会、国际海岛旅游大会、世界浙商大会、浙洽会、渝洽会、兰洽会、夏洽会、西博会等知名会展并开展招商推介。利用各类活动平台开展推介活动，宣传新区投资环境和重点项目，拜访知名企业，开展招商对接，促成一批项目合作。

【支持浙商创业创新】　全市浙商回归产业项目省外到位资金234.9亿元，完成省定全年任务（170亿元）的138.2%。

开展项目盯引　梳理全市在谈项目，落实专人每周汇总并遴选全市范围内项目洽谈信息，推动项目流转。选择25个省级重点盯引项目，录入省盯引库；选择10个省重点签约落地项目，成立一对一工作促进服务小组，帮助企业落实项目落地；选择5个省重点建设项目，抓资金到位。是年，18个盯引项目实现签约，10个签约项目均落地开工或营业，5个重点建设项目到位资金完成年度目标90%以上。

加强信息宣传工作　开展“五个一”浙商回归宣传活动（即一张蓝图、一次专访、一个窗口、一种情怀、一本记事），联合《浙江日报》、浙江卫视等省级媒体，结合补短板、助推转型升级等主题宣传活动，以开设浙商回归专版、专栏、视频访谈等形式进行报道，在《浙江日报》开展“五个一”系列主题宣传活动。

做好省各项重点工作　做好全省浙商回归项目会审工作。做好省发改委对舟山市浙商回归的督评和调研工作。做好委会协同合作工作，在世界浙商大会上推介舟山市浙商回归项目。完成浙商回归广东专题活动工作，3个项目在活动中签约。做好浙商回归审计回头看，审计整改工作。做好第四届世界浙商大会工作，三个项目在大会开幕式上签约。

【区域合作】　推进浙东合作，作为浙东合作的轮值方，成立应急事

11月20日，浙东经济合作区第二十四次市长联席会议在舟山召开。图为舟山市市长温暖讲话（沈磊　摄）

件处置联盟。新闻联盟组织五市联合宣传活动,宣传舟山市旅游资源。推进15个专项组的活动开展,加快浙东五市一体化进展。《宁波舟山一体化的重大项目推进机制研究》结题,为决策提供参考。召开第二十四次市长联席会议,首次邀请各市15家企业参加企业对接会。参加长三角城市协调会的各项活动。参加长三角秘书长会议。组织参加旅游、品牌、生态、休闲产业、新能源等专业组组建,参与专业组活动论坛。

(撰稿:何骥　周凯罗)

行政审批服务

【概况】 2017年,全面推进“最多跑一次”改革。3次梳理公布群众和企业到政府办事事项清单。878项市级办理事项实现“最多跑一次”,覆盖率达97.66%。建设市行政服务中心和自贸试验区综合服务大厅。多领域开展“一窗受理、集成服务”改革。全年办结各类审批办证事项204378件,其中即办件138521件,承诺件65857件,提前办结率93.48%,提速率66.2%。全市新设内资企业6518户,注册资本(金)1262.23亿元;新设外商投资企业77户(含分支机构15户),注册资本164267万美元;新设个体工商户11346户;新设农民专业合作社29户。根据《浙江省“最多跑一次”改革抽样调查评估专报》,下半年改革的实现率和满意率分别达到89.70%、97.90%,比上半年提升了12.1、11.2个百分点。

【整合建设市行政服务中心和自贸区综合服务大厅】 2月,建成自贸试验区综合服务大厅一期,商事登记板块整体进驻。下半年,整合市行政服务中心、口岸通关中心、出入境分中心和国地税部门办事窗口。12月18日,市行政服务中心(自贸试验区综合服务大厅)建成启用。设商事登记、投资项目、社会民生事项、公安服务(包含出入境)、不动产登记、公共事务、公用事业、国地税联办、口岸通关等9大业务板块。

12月18日,市行政服务中心整体搬迁后对外开展服务(沈磊　摄)

【推出免费“快递送证”服务】 3月15日,市、县两级行政服务中心与浙江省邮政速递物流有限公司舟山市分公司签订协议,推出“快递送证”服务。设立“快递送证”专门窗口。全年,行政服务中心实施免费快递送证服务11000余件次。

【开展“全城通办”工作】 10月,启动“全城通办”试点工作。公布第一批26个部门286个“全城通办”事项清单。群众和企业可就近选择窗口、网络或快递申请办理。受理和实际办理部门按照“审批权属不变、数据网络流转、批件快递送达”模式进行内部流转,并告知结果。

【开展“一把手换位体验”活动】 3月6日起,舟山市在各部门集中开展“一把手换位体验”活动。换位体验方式包括现场看、具体办、跟踪问。3月29日,省长车俊对《舟山市部门“一把手”换位体验“最多跑一次”》(《浙江政务信息(昨日要情)》第56期)作出批示。全年有58个市属部门“一把手”开展交叉体验,并针对18个部门窗口提出41条意见和建议。

【深化“一窗受理、集成服务”改革】 在舟山政务服务网已实现市、县、乡镇、社区四级联网的基础上,升级改造市“一窗受理、集成服务”信息平台,4月起该信息平台在全市部署实施，构建一窗综合受理系统和业务智能分发调度系统。实现全市审批业务数据融合，各服务窗口无差异化受理。7月，市"一窗受理、集成服务"信息平台完成与市级部门自建系统对接，并率先完成与省数据服务平台的接口对接。

【商事登记"一窗受理＋证照联办"】 对企业登记实行一窗接件、一次告知、证照联办。梳理证照联办事项24项。涉及多部门的事项由相关部门联合审批。只涉及工商登记与食品、药品后置审批事项，由市场监督管理局统一受理、出件。"五小行业"实施一窗受理、联审联办。统一受理，相关审批部门联合踏勘，现场出具初审意见，在5个工作日内办结。全年联合现场踏勘44次，服务398家商户。

【不动产登记"一窗受理、一号办结"】 3月，设立不动产交易登记综合窗口。房地产交易、税收、不动产权证办理采用"一窗受理、一次收件、并联审批(核)、限时办结、信息共享、统一归档"模式。6月，实施不动产转移登记与水、电、气、电信、有线电视过户联动，申请人凭"受理通知书"即可直接办理过户登记。全年市本级通过"一窗受理"办理不动产交易登记37348件。

【优化"办事不出岛"模式】 出台《关于推进基层群众"办事不出岛"的实施意见》。对市、县部门有派驻机构的"大岛"，做到审批事项应放尽放；对乡镇建制未设置派驻机构的"中岛"，公布"不出岛"办理事项189项，涵盖常办事项80%以上；对未设立便民服务站的"小岛"，实行免费代办和上门服务。开展基层便民服务平台星级创建活动。建立健全首问负责、预约服务等制度。取消社区证明153项，保留17项。采用"海岛流动办证窗口"、审批部门联合现场踏勘、聘请网格员为代办员、预约定期上门服务等方式。全年为海岛群众直接节约交通成本500余万元。

10月18日，各单位集中开展行政审批便民服务(市行政服务中心提供)

【普陀区首推村(社区)"证明直通车"】 11月，普陀区在全省率先实施村(社区)"证明直通车"网上多级联动工作。设置"证明直通车"专窗。通过后台网上流转，提供加盖电子章的证明给申请人，或直接转交相关审批部门的方式便利群众。首批开通的"证明直通车"涵盖独生子女、生育、业委会开户、事实婚姻情况、不动产(房产)五类证明事项。

（撰稿：袁勇）

招标投标

【概况】 2017年，电子招标投标系统实现招投标业务全流程网上运行。5月份，定海、普陀、岱山、嵊泗上线运行。推进"最多跑一次"改革向公共资源交易领域延伸，取消建设工程项目开标结果公示、中标公告及进场交易确认等审核环节。5月12日，"市招投标中心"更名为"舟山市公共资源交易中心"。全年市公共资源交易中心累计完成场内交易2841项，实际成交271.04亿元，节增资金43.62亿元，平均资金节增率15.51%。建设工程进场交易404项，实际成交

2017 年舟山市公共资源交易情况

表 9

交易类别	项目数（个）	标底金额（万元）	成交金额（万元）	节约资金／溢价(万元）	节约率／增收率
(合计)	2841	2811762.30	2710353.42	436223.68	15.51%
工程建设	404	1923581.50	1663529.20	260052.31	13.52%
政府采购:集中采购	2053	40981.43	35049.58	5931.86	14.47%
分散采购	196	23852.46	21020.34	2832.11	11.87%
土地交易	50	819076.45	984416.16	165339.71	20.19%
产权交易	135	3817.79	5885.49	2067.70	
矿产交易	3	452.66	452.66	0.00	54.16%

166.35 亿元。组织政府采购 2053 次,实际采购金额 3.50 亿元。完成土地出让 50 宗,成交金额 98.44 亿元,同比增加 45.56 亿元。

【完成海洋增殖放流种苗招标项目】 海洋渔业资源增殖放流项目预算 1445 万元。市公共资源交易中心利用节约资金按中标单价增加放流种苗采购。大黄鱼、乌贼、厚壳贻贝、黄姑鱼、海蜇、条石鲷、黑鲷、日本对虾等种苗均超计划采购数量。集中采购选择高质量种苗企业,保障专项资金使用科学化、规范化、透明化,实现公共利益最大化。

【完成年度办公家具定点采购】 9 月 8 日,《2017—2018 年度舟山市本级及定海、普陀区办公家具定点采购》项目在市公共资源交易中心完成。有 10 家家具供应商入围,产品涵盖 8 大类 23 个品目。家具框架性参数标准化,式样、款式以实物照片呈现。引入最高限价范围内议价机制、后期抽查机制和专业检测机构检测报告。

【完成首次“政采云”网上超市供应商征集】 10 月 13 日,舟山市首次“政采云”网上超市供应商征集工作在市公共资源交易中心完成。结合省“政采云”网上超市分类情况及舟山市实际需求,征集 14 大类、近百品目商品网上超市供应商。

【完成“三重”项目的进场交易】 完成市“三重”项目进场交易 64 个,预算金额 111.08 亿元,占总预算金额的 61.26%。宁波舟山港主通道(鱼山石化疏港公路)公路工程施工项目的预算金额达 88.92 亿元,工程创 2017 年单个标段标金额最高、节约资金最高、开评标时间最长“三最”。波音 737MAX 飞机完工及交付中心定制厂房及配套设施建设项目预算金额 8.66 亿元。329 国道改造提升工程预算金额 5.54 亿元。

(撰稿:袁勇)

外事与侨务

【概况】 2017 年,舟山市外侨办安排市委、市政府重要团组 10 批 61 人次赴国(境)外开展推介活动。全年接待国(境)外来访团组 39 批 593 人次,比上年增加 25 批 474 人次。接待外国驻华使领馆团组 18 批 239 人次,友城团组 10 批 63 人次,民间友好团体 8 批

6 月 1 日,在定海香园社区举行“全国社区侨务工作示范单位”授牌仪式(市外侨办提供)

197人次和港澳地区团组4批88人次。全年累计审批因公出国和赴港澳地区团组172批561人次，审批批次和人次分别比上年下降21.1%和22.2%。邀请外国人访问舟山257批455人次，分别比上年减少58.1%和66.0%。

全年办理因公护照签证81批408人次，办理因私签证341人次，分别比上年减少22%和39%。代办民事认证和商务认证566份，同比增长7%。代办APEC商务旅行卡37份。处理各类涉外案(事)件21起，办结18起，其中海外领保事件4起，在舟山外国人死亡事件10起，重病1起。拍发邀请函257批455人次。接待海外重点侨领、侨团到舟山考察369人次，联谊活动13次。接待侨商、海外专业人士194人次，引智引资活动7场。办理华侨回国定居6人次，涉侨身份认定11人，归侨侨眷扶贫122人次，救济资金13.56万元。接受捐赠款物62万元，受理来信来访20件，结案19件。在阿根廷指导设立阿根廷舟山同乡会，设立侨务联络站。

是年，舟山市外侨办被中共舟山市委防范和处理邪教问题领导小组评为“2016—2017年度防范处理邪教工作先进集体”，定海区昌国街道香园社区获“全国社区侨务工作示范单位”。

【重要外事活动】 美丽中国、美丽卡塔尔——中卡文化年两国摄影家作品联展　4月26日正式开展，是全省巡展活动第五站。展出中国摄影家在卡塔尔拍摄的和卡塔尔摄影家在中国拍摄的作品100件，展现两国风土人情、历史和文化传统。市人大常委会主任钟达出席开幕式。

2017世界首届油商大会　9月18日至20日在杭州举行。40多个国家和地区的200余家单位400余位嘉宾出席，包括世界前十大石油公司中的6家，前30大石油公司中的14家，全球五大石油交易商和国内四大油企。20个签约项目协议涉及总金额573.7亿元人民币，全部落户舟山。19日，参加大会近60位嘉宾考察航空产业园和舟山港综保区。

第十九届中国舟山国际沙雕节　9月20日在舟山朱家尖南沙开园，以“一带一路·中国梦”为主题。来自中国、俄罗斯、荷兰、比利时、捷克和加拿大等国的30余名沙雕手，历时20天完成主题沙雕“一带一路”、中国梦、21世纪海上丝绸之路、丝绸之路经济带4个沙雕板块60余座沙雕。用沙约2万立方米，创历届之最。创作难度堪称历史之最。

第三届国际海岛旅游大会　9月21日至23日在舟山召开。45个海岛国家(地区)和城市的55个代表团1300余名嘉宾参与。主题为“新丝路　新机遇　新旅程”。共30余个旅游投资项目签约，意向总投资额698亿元人民币。其间，举行“一带一路”国际海岛旅游发展舟山论坛、国际海岛旅游博览会等12项主体系列活动和4项配套活动。“一带一路”国际海岛旅游发展舟山论坛，亚太旅游协会、欧洲小岛屿联盟分别与舟山市签订《国际海岛旅游战略合作协议》，斯里兰卡旅行社与舟山市旅游委签约推出“从一个圣地到另一个圣地”等国际旅游线路和产品，印度旅行社与舟山市签约合作推出“金砖国度里的黄金线”等旅游产品。国际海岛旅游博览会吸引23个国家与地区的城市和机构及50多个国内滨海城市、重要旅游产品供应商、旅游企业参展，2.8万余人进场参观。海岛旅游产品交易额1.215亿元人民币，其中现场成交额450万元人民币。博览会邀约国内外200多位专业买家，现场促成专业买家配对2800个，意向成交额3000万元人民币。

舟山波音完工中心签约揭牌　9月26日，波音公司与中国商飞合资的舟山波音完工中心有限公司(筹)及波音·商飞联合项目中心在舟山签约揭牌。国家发改委副主任林念修，省委常委、常务副省长冯飞为中心揭牌并讲话。波音公司与商飞公司签约。舟山波音完工中心是波音在美国之外的首个飞机完工中心。

“驻华使节及文化官员中国文化行”舟山站活动　10月18日至22日，肯尼亚驻华使馆参赞约翰·奥迪普率肯尼亚、安哥拉、尼泊尔、缅甸、南非和塔吉克斯坦八国驻华使馆8位文化官员组成的代表团在中国人民对外友好协会文化交流部组织下到舟山开展“中国文化行”活动。活动以参加“2017年环太平洋国家艺术展”开幕式切入，从艺术交流、海岛民俗文化、普陀山佛教文化、渔业经济发展等角度，展现舟山海洋文化的丰富内涵和发展现状。

第十六届“环太平洋国家艺术展”　10月20日在舟山市美术馆开幕。由中国人民对外友好协会、舟山市文学艺术界联合会、舟山市人民对外友好协会和加拿大国际文化交流协会共同主办。中国人民对外友好协会副会长户思社、市人大常委会副主任钱军、加拿大文化交流协会会长胡凯茜出席开幕式并致辞。日本、韩国艺术家,参加“驻华使馆文化官员及外国专家中国文化行”的各国驻华使节及舟山市文化艺术界代表等一百余人出席开幕式。展出来自中国、加拿大、美国、英国、荷兰、日本、韩国和波兰等国艺术作品120件,包括版画、油画、刀势画、压花、水彩画、水墨画、摄影等。舟山本地艺术家的海洋题材作品参展。

2017海外华文媒体浙江行走进舟山　11月10日至11日,由浙江省外侨办主办,海外华文媒体浙江联合会和浙江省侨务文化交流中心承办的“2017海外华文媒体浙江行”活动走进舟山。采访团成员包括美国、加拿大、澳大利亚、日本、英国、意大利、德国、捷克、菲律宾和缅甸等17个国家与地区的26家华文媒体负责人。采访团一行先后考察普陀山、国际海岛旅游大会永久会址、沈家门渔港、舟山城市展示馆等。

【主要出访】 舟山市代表团访问香港　2月14日至16日,舟山市新区党工委副书记、市委副书记、市长温暖率市外侨办、招商局等部门主要负责人一行访问香港,开展联络联谊和经贸交流活动。代表团先后拜会全国政协副主席董建华和东方海外(国际)有限公司主席董建成。拜访在港各同乡社团。与香港相关经贸机构和企业进行对接洽谈。出席香港舟山同乡会2017年春茗晚会,温暖发表致辞。

5月29日至6月1日,舟山群岛新区党工委书记、管委会主任、市委书记俞东来率舟山市代表团访问香港,市委常委、统战部部长王伟随同。开展商务推介和经贸合作交流活动。在港期间,拜会全国政协副主席董建华。参加香港舟山同乡会庆祝候任行政长官林郑月娥当选酒会。拜访香港舟山同乡会、香港贸易发展局、招商局集团、香格里拉酒店集团、太平船务香港公司、香港光汇石油集团。考察香港城市建设相关情况。开展招商引资、商务推介和经贸合作交流活动。

舟山市代表团访问美国、格林纳达和乌拉圭　5月16日至27日,舟山群岛新区党工委副书记、市委副书记、市长温暖率舟山市代表团一行访问美国、格林纳达和乌拉圭。访问期间,分别与美国里士满市市长、波音公司负责人、格林纳达渔业部部长、乌拉圭罗恰省省长、拉帕洛玛市市长及相关企业高层进行会谈。考察舟山市远洋渔业在南美的相关项目,听取舟山市南美远洋渔业基地办事处运行情况汇报。

舟山市代表团访问挪威和葡萄牙　8月25日至31日,舟山群岛新区党工委书记、管委会主任、自贸试验区管委会主任、市委书记俞东来率舟山市代表团访问挪威和葡萄牙。在挪威,代表团先后与北挪威省、罗弗敦地区、西奥伦地区政府部门和企业开展友好交流和经贸合作洽谈,签署有关合作协议。舟山市分别与罗弗敦地区和西奥伦地区签署加强友好合作交流协议。浙江大洋世家股份有限公司(总部舟山)与挪威塞马克渔业股份公司签订三文鱼中国销售经营权和贸易合作协议。舟山国际水产城与挪威前进海洋公司签订三文鱼和鳕鱼贸易合作协议。万邦永跃与挪威有关专业船舶设计公司、航运和渔用设备供应商、专业咨询公司签订渔业船舶开发、近海水产养殖场与水产品加工等项目合作框架协议。在葡萄牙,代表团走访里斯本、辛特拉有关政府机构和企业,开展友好交流和经贸洽谈。

【主要来访】 赤道几内亚教育代表团访问舟山　1月25日,赤道几内亚教育科学部基础教育主管Pio NSUE ENGONGA AKELE(皮奥·恩苏·恩贡加·阿克里)、赤道几内亚国立大学孔子学院中方院长章巧眉率代表团一行11人访问舟山。在舟山,代表团走访普陀区朱家尖小学、新城中心幼儿园和南海实验学校。代表团希望能借助孔子学院这一平台,在赤道几内亚推广汉语教学,传播中国文化,推进双方的教育交流与合作。并表示,在合适之时,选派赤道几内亚的学生到舟山留学。

日本常石造船株式会社副社长访问舟山　3月8日,舟山群岛新区党工委副书记、市委副书记、市长温暖会见日本常石造船株式会社副社长、常石集团(舟山)造船有限公司董事长小叶竹泰则一行。新区海洋产业集聚区管委会主任傅良国等参加会见。

希腊雅典技术教育学院代表团访问舟山　3月9日至12日,希腊雅典技术教育学院院长迈克尔·布拉塔克斯一行7人访问舟山。代表团与浙江海洋大学交流洽谈，双方表达继续进行深入交流的意愿，并参观南洞艺谷。迈克尔·布拉塔克斯与市摄影家协会进行摄影专题交流，市摄影家协会20多位会员参加。希腊雅典技术教育学院副教授康艾斯作摄影与视觉艺术专题讲座。

外交部社会调查团到舟山考察 3月15日至16日，外交部外管司司长廖力强率外交部社会调查团一行33人到舟山考察。市长温暖代表市委、市政府接待。调查团考察舟山市城市展示馆、舟山港综合保税区、中澳现代产业园和甬舟集装箱码头。参观文化创意小镇——“南洞艺谷”，实地了解“渔文化”。副市长许小月等陪同。

3月16日，外交部社会调查团一行考察甬舟集装箱码头（市外侨办提供）

印度驻沪总领事访问舟山 3月24日，舟山群岛新区党工委副书记、市委副书记、市长温暖在市行政中心会见印度驻沪总领事古光明一行。双方就如何利用各自优势，开展双边经贸投资和文化旅游交流等事宜进行座谈。古光明表示，将积极推动印度企业到舟山开展经贸交流，在舟山举办印度文化活动，深化双方各领域合作。副市长许小月参加会见。

新加坡商务代表团访问舟山 4月26日，新加坡文化、社区及青年部兼贸工部高级政务部长沈颖，新加坡驻沪总领事罗德伟率新加坡商务代表团一行访问舟山。随团到访的还有太平洋船务、伊顿国际教育集团、凯发集团、盛裕集团、凯德置地、吉宝集团、M-DAQ金融科技等新加坡知名企业负责人。新区党工委副书记、市委副书记徐旭会见代表团一行，副市长傅良国参加会见。在舟期间，代表团考察舟山城市展示馆，了解舟山的历史、区位、自然环境、重大事件、经济社会发展情况及新区、自贸区批复以来的重点工作。在舟山港综合保税区，代表团观看港区宣传片，了解港区封关运作来的贸易、仓储、加工等情况。参观万邦永跃船舶修造有限公司的船坞、码头和生产车间，并与公司负责人进行座谈。

乌拉圭罗恰省代表团访问舟山 5月2日，舟山群岛新区党工委副书记、市委副书记、市长温暖会见乌拉圭罗恰省省长阿尼巴尔·佩雷拉为团长的罗恰省代表团一行。双方就开展双边经贸投资和渔业旅游合作等事宜进行座谈。乌拉圭罗恰省旅游厅厅长安娜·嘉兰、乌拉圭驻沪总领事莱昂纳多·奥力维拉，副市长姜建明参加会见。

驻华使（领）馆官员访问舟山 6月9日，文莱、坦桑尼亚、斯里兰卡、加拿大、巴基斯坦等国驻华使（领）馆官员代表团一行24人访问舟山。走访浙江欧华造船股份有限公司，了解企业历史、技术创新和生产经营情况，并与企业负责人进行交流。副市长方维陪同考察。

韩国驻沪总领事访问舟山 6月28日，副市长许小月会见韩国驻沪总领事卞永台率领的代表团一行。双方就如何利用各自优势，开展双边经贸、投资、文化、旅游等事宜进行座谈交流。

诺贝尔物理学奖得主访问舟山 7月6日，诺贝尔物理学奖得主乔治·斯穆特教授一行访问舟山。先后考察大健康产业园、普陀医院、全民健身中心、普陀仁济医院，并与普陀区委书记张立军进行座谈交流。

韩国木浦市代表团访问舟山 7月6日至7日，韩国全罗南道木浦市市长朴洪律、副议长金贵喜率代表团一行访问舟山。7日，副市长许小月会见代表团一行，双方签订两市友好交流意向书。市人大常委会副主任夏亚红参加会见。

泰国驻沪总领事访问舟山 7月13日，舟山群岛新区党工委

6月28日，韩国驻沪总领事卞永台访问舟山(市外侨办提供)

副书记、市委副书记、市长温暖会见泰国驻沪总领事巴丽彩一行，双方就加强多边领域合作进行座谈。

日本文部科学省前科技审议官访问舟山 7月31日，日本文部科学省前科技审议官冲村宪树一行访问舟山。在舟山期间，冲村宪树一行主要考察舟山在科技方面的发展情况，并寻求日本与舟山在科技方面的合作包括科技人才交流。参观舟山港综合保税区、舟山城市展示馆和朱家尖航空产业园，顺访普陀山。

美国驻沪总领馆领事访问舟山 8月9日至10日，美国驻沪总领事馆领事、外联处处长费曼舒一行3人访问舟山。访问期间，费曼舒一行与市旅委、市妇联、舟山航空产业园、市青洋社工研究发展中心等进行交流，参观舟山城市展示馆、舟山博物馆、舟山港综合保税区、南洞艺谷等。

加拿大驻沪商务领事访问舟山 9月11日至12日，加拿大驻沪总领事馆商务领事石凯群和商务专员张申文一行访问舟山，寻求加拿大与舟山在海洋科技和海洋产业上的合作。石凯群一行与舟山市科技局、舟山市海洋与渔业局、舟山市外侨办等就渔业和海洋科技进行座谈交流，并就多个海洋产业合作交换意见。参观浙江海洋大学校史馆和海洋馆、浙江大学海洋学院的海洋科技实验馆和舟山城市展示馆。

马来西亚华人公会新村代表团访问舟山 11月14日至15日，马来西亚华人公会新村代表团一行30人，在拿督李煌治率领下访问舟山。在舟山期间，代表团赴市海洋与渔业局了解舟山渔业经济现状和渔村经济转型升级情况，参观舟山城市展示馆、舟山博物馆，考察朱家尖樟州村，并顺访普陀山。

美国加州西康校区教育代表团访问舟山 11月28日，美国加州西康校区国际部主任埃里克·彼得森率教育代表团一行5人访问舟山。分别与舟山市教育局、舟山群岛新区旅游与健康职业学院、长峙岛绿城育华学校进行交流洽谈，就学生短期交流和教师互派达成一致，并就学生一年以上长期交流达成意向。与舟山群岛新区旅游与健康职业学院签订战略性合作意向书。

【友好城市交流】 **定海区举行匈牙利国际广场启用仪式** 1月19

1月19日，定海区举行匈牙利国际广场启用仪式(市外侨办提供)

日，主题为“美丽匈牙利·魅力定海山”的匈牙利国际广场正式启用仪式在定海区举行。匈牙利驻沪总领事馆文化和教育领事辛莉薇、领事安德烈·拉尤西，及定海区委相关领导等出席。

澳大利亚杰尔顿文法学校师生交流团访问普陀二中　4月21日至29日，澳大利亚杰尔顿文法学校师生交流团一行11人访问舟山普陀二中，开展“Home-Stay”文化交流体验活动。该活动是普陀二中与澳大利亚杰尔顿文法学校自2014年7月签订友好合作协议以来开展的第三批交流互访活动。

岱山县与希腊阿利莫斯市、意大利阿金塔里奥市签署友好城市备忘录　6月25日至7月2日，岱山县政协主席陈雅君率代表团一行访问希腊和意大利。访问期间，代表团与希腊阿利莫斯市、意大利阿金塔里奥市签署友好城市备忘录，双方一致同意加强互访，促进旅游、经贸等方面交流合作。

韩国谷城郡中学生友好交流团访问舟山普陀　8月8日至11日，以谷城郡玉果中学校长李永洙为团长的韩国全罗南道谷城郡中学生友好交流团一行32人访问舟山普陀。访问期间，交流团与普陀二中、沈家门一初学生家庭开展为期4天的住家式交流活动。该活动是2007年7月双方开展中学生“Home-stay”活动以来第八批结对交流。

新西兰费尔菲尔德中学师生团访问舟山普陀　10月12日至15日，新西兰汉密尔顿市姊妹学校费尔菲尔德中学校长克劳福德率1名教师和22名学生访问舟山市普陀中学，开展友好交流。师生团一行开展“Home-stay”文化交流体验活动。走访沈院、沈家门渔港、展茅五匠馆、富丹旅游食品公司等。融入普陀中学美术、体育等特色课堂，并与普陀中学师生进行篮球、足球和拔河友谊赛。

【侨务工作】 美国东部地区纽约三江慈善公所第53届职员就职典礼　1月8日在美国纽约华埠公所会址举行。吴恺连任主席，舟山市外侨办致电祝贺。中国驻纽约总领事馆领事彭玉英、杨博，纽约市议员陈倩雯及侨社嘉宾近百人出席。公所现有会员1000余人，其中舟山籍会员占三分之二。

阿根廷舟山同乡会成立　1月18日，阿根廷舟山同乡会在阿根廷首都布宜诺斯艾利斯成立。7月12日，成立庆典在布宜诺斯艾利斯举行。舟山市政协港澳台侨委主任陈惠芳率代表团一行出席，旅阿侨团侨领及侨胞代表100余人参加。

首期浙江省海外示范性侨团侨领高级研修班学员考察团访问舟山　4月21日至22日，首期浙江省海外示范性侨团侨领高级研修班学员考察团一行访问舟山。在舟山期间，考察团参加舟山产业推介会，与新区招商局、市旅游委等相关单位进行座谈，考察参观舟山城市展示馆、中国（舟山）海洋科学城、舟山海洋产业集聚区、舟山国家远洋渔业基地、社会主义新农村南洞艺谷。

开展“送医进海岛，侨法进社区”活动　6月10日，舟山市外侨办、嵊泗县外侨办联合浙江省外侨办、致公党浙江省委会组织“侨界医疗专家服务队”，到嵊泗县嵊山镇开展医疗义诊、健康咨询和侨法宣传等活动。浙一医院和杭州市中医院的7位专家参加义诊和健康咨询，涵盖内科、皮肤科、耳鼻喉科、中医科、泌尿科、妇科、全科等专业。省、市、县三级侨务部门联合设立侨法咨询台，现场发放《涉侨服务指南》等宣传资料。从华侨回国定居、华侨归侨侨眷身份认定、三侨生身份

7月26日，旅美高层次人才交流参访团与相关单位人员进行座谈交流（市外侨办提供）

确认等方面为归侨侨眷提供法律帮助。

2017年海外华裔青少年“中国寻根之旅”夏令营——浙江舟山营 7月24日在舟山开营。来自美国、加拿大的31名华裔青少年及领队进行中华文化传承之旅。8月4日举行闭营仪式。

高层次人才访问舟山定海 7月25日至26日,由10位美籍华人组成的“旅美高层次人才舟山群岛新区定海行”暨人才交流参访团一行访问定海。参访团成员分成城市建设规划、国际金融、国际商务三个组,分别与相关单位人员进行座谈交流。赴新区海洋产业集聚区、中国(舟山)海洋科学城定海园区、定海工业园区、舟山长宏国际船舶修造有限公司等进行考察,与相关负责人就项目、人才引进与合作等进行交流。

香港服务业代表团走进自贸区活动 8月30日至31日在舟山举行。来自香港的服务业代表30余人和舟山市150余家相关部门(单位)、企业、商协会等参加活动。香港服务业代表团考察新区城市规划、综合保税区、自贸区综合服务大厅、航空产业园和波音737完工及交付中心项目。

迎中秋·庆国庆——县(区)外侨办在行动 9月26日下午,定海区昌国街道侨台联合会在刘鸿生故居开展“迎中秋·庆国庆侨台一家亲”联谊活动,街道辖区内50余名侨台胞及眷属参与活动。28日下午,嵊泗县外侨办、台办、侨联联合举办“浓情中秋欢度国庆”2017嵊泗县港澳侨台庆国庆迎中秋联谊会。50多位侨眷和留学生眷属参加联谊会。

省外侨办副主任陈江风一行在舟山慰问困难归侨侨眷 12月26日,浙江省外侨办副主任陈江风一行在舟山调研外侨工作。其间走访慰问普陀区困难归侨侨眷,并送上慰问金和慰问品。

(撰稿:张璐璐)

台湾事务

【舟台经贸】 2017年,推进舟山市与台塑集团交流合作,引荐台企参与上下游产业链打造。促成浙江新一海公司与台企油品运输合作。5月,2017年海峡(浙江普陀)文创论坛在普陀区举办,140余名两岸文化创意界专家学者参加。9月,台湾乡林集团等与新城管委会在2017年浙台合作周项目签约仪式上签署协议,共同开发舟山新城涵碧楼紫金湾海上花园文旅金融项目。10月,浙台(舟山普陀)经贸合作区开港仪式在朱家尖西岙举行。

【舟台交流】 4月,邀请台湾南投县国姓乡国姓小学师生一行32人与舟山市的定海小学开展三天校际交流。6月,举办国台办重点交流项目——2017年浙台邻里节暨第三期海相连心相印舟山籍台湾家庭寻根之旅活动,台湾台北、桃园、基隆等地10对舟山籍台湾家庭与定海、普陀、岱山8对家庭共同参加。7—8月,开展“台湾大学生来舟暑期实习活动”,18名台湾大学生在舟山市海中洲国际大酒店参与实习。11月,举办“台湾两岸姐妹交流互助协会”业务培训,台湾基隆、桃园等地的14位代表参加该活动。全年接待台湾有关人士合计329人次到舟山参访交流。

【对台宣传】 加强与台湾中评社、联合报系等台媒合作。做好首届“三毛散文奖”在台湾的征文活动。重视网络宣传,继续做好“舟台微讯”微信公众平台工作,完成舟山市台办工作网站改版工作。

【涉台事务】 全年市台办处理各类涉台事务、涉台信访件31起,处理海基会转海协会有关纠纷信函2起,保障涉台领域安全稳定。

【因公赴台】 是年舟山市因公赴台团组合计29批,220人次。其中,交流团组20批,178人次;经贸、商务团组9批,42人次;副厅级以上团组5批,32人次。

5月14—20日,舟山群岛新区管委会一行7人就城市规划及垃圾无害处理赴台考察。

6月12—18日,浙江国际海运职业技术学院一行6人就浙江国际海运职业技术学院相关事宜赴台交流洽谈。

9月20—26日,舟山市政协一行3人就文化交流、水产品收购赴台考察。

10月30日—11月5日,舟山市人民政府一行9人就学习全民健身保健经验及交流观摩文创产业赴台考察。

11月6—12日,舟山市人大常委会一行7人就学习社区教育赴台考察。

(撰稿:陈徐艳)

决策咨询

【概况】2017年，舟山群岛新区决策咨询委(下称“新区咨询委”)以中共十九大精神为指导，围绕新区中心工作，开展课题研究，撰写委员建议，做好专业咨询，主动参与新区重大事项讨论和规划的修改。全年完成课题报告9个，刊发委员建议11篇，对多个项目或专题进行讨论并提出专项咨询意见。

【课题研究】 就市委、市政府作出建设“四个舟山”、打好“五大会战”的重要决策，从舟山的长远发展大局出发，新区咨询委会同浙海大经管学院，围绕提升舟山城市国际化水平问题，进行专题调研，并在此基础上，形成研究报告，提出一套符合舟山市情的指标体系。对如何充分发挥市传统产业产能潜力，加速推进老企业与国家战略项目对接发展开展研究，就如何加快新旧动能接续和转换，在推进重大项目建设的同时，借力带动传统产业转型升级，推动经济持续稳定健康发展提出意见和建议。开展关于加快推进市旧城改造的调查研究，对旧城改造的现状进行详细考察，从规划、实施、资金、机构、制度、举措五方面剖析改造中面临的重要问题，提出市旧城改造的总体要求和实施路径，并就如何进一步加快推进旧城改造工作提出意见建议。就振兴舟山渔场，重铸舟山渔业辉煌，并同时养护好舟山渔场海域的生态资源，开展关于在舟山沿岸渔场创建现代化海洋牧场的专题调研，提出若干先行先试的设想。

【专题调研】 参加“深化浙沪合作”“浙江生态高效现代农业实现路径”等课题研究，协助省咨询委做好《舟山重大产业项目布局》《关于推进全省产业集聚区建设》《浙沪合作开发大小洋山》等课题调研。与省咨询委建立战略合作关系，助推新区建设。加强与浙海大等高校合作，通过共同开展自贸区背景下“绿色石化管理体制创新”“提升舟山城市国际化水平”等课题研究，实现优势互补。与市社科联等单位联合举办新区“十三五”发展研讨会和蓝色经济发展论坛。

【委员建议】 姚德隆、王捷等新区咨询委委员根据市经济社会发展实际，结合本职工作和业务专长，就社会关注、群众关心的热点、难点、疑点问题，提出看法建议，呈报市委、市政府领导参阅。全年刊发《舟山咨询》11期，主要就绿色石化产业安全发展、涉海类人才培养、海洋能源开发等方面提出看法意见。

【咨询服务】 新区咨询委按新区领导批办意见或应市有关部门要求，开展多项咨询服务工作。为市委市政府制定重要文件和政策措施提出咨询意见，主要对《政府工作报告(征求意见稿)》开展专题咨询服务。并为职能部门的有关工作提供专项咨询服务。

(撰稿：杨超)

开发海洋振兴舟山促进会

【联谊活动】 2017年1月8日，舟山市开发海洋振兴舟山促进会(下称市海促会)北京商会在京召开年会，副市长徐燕峰、市海促会会长徐显伏等，与近百位舟山籍在京人士共同出席。著名经济学家、中国人民大学校长刘伟教授作主旨演讲。

2月26日，宁波市舟山商会举行二届二次会员大会。副市长许小月和徐显伏等相关领导与在甬舟山籍会员200余人参会。会上公布新增副会长和理事名单。

3月21日，“浙江大学海洋学院－杭州市舟山商会奖学金”颁奖仪式在浙江大学(舟山校区)举行。杭州市舟山商会常务副会长、杭州促进会副会长陈沸，常务副会长徐艳等出席并为获奖学生代表颁发荣誉证书。

3月25日，舟山在深(深圳)企业联合会举行会员大会暨春茗晚宴。徐显伏等参加。

6月10日，举行由上海舟山商会会长单位三盛宏业投资集团承办的“2017年中关村股权投资协会会长会走进舟山”活动。许小月，中关村股权投资协会联席会长陈建铭等30余位协会会长出席。舟山市政府、中关村股权投资协会、三盛宏业投资集团签署三方战略合作框架协议，在特色小镇、海洋开发、城市基础设施建设(PPP项目)、大数据产业园和科创园以及文化旅游产业等方面展开合作。

9月18—19日,徐显伏和上海舟山海促会会长傅元安一行,与上海舟山商会常务副会长、上海大润港务建设集团董事长刘海忠进行互访交流,就上海舟山商会青年委员会筹建事宜、商会近期组织去嵊泗投资考察事宜进行交流。

11月22日,舟山诸暨乡友联谊会召开第二十二次联谊大会,70余位乡友共谋两地发展。

12月15日,市内外异地商会、海促进会工作会议召开。市内外各商会、促进会会长、秘书长及市发改委、工商联、民政局50余人参加。会议表彰2017年度市内外先进商会,上海市舟山商会等7个商会获通报表彰,上海市舟山商会会长陈建铭,普陀商会执行会长郭跃等获2017年度异地舟商回乡投资贡献奖。许小月到会祝贺。

12月16日,上海海促会2017年义诊活动在普陀仁济医院举行。本次义诊团由消化内科、妇科、口腔科等多科资深专家组成,义诊人数达346人次。

【组织建设】 1月9日,定海广东商会在深圳成立,商会第一届会员企业50家。深圳市巨龙塑胶光电有限公司董凤军当选会长,毛旭东、王祖晓、朱伟发、鲍苗锋等10人当选常务副会长,鲍苗锋兼秘书长,聘请深圳市佳明实业有限公司董事长戚征宇为名誉会长。

7月15日,定海上海商会第三届会员大会召开。林小平当选为新一届商会会长,聘请庄继艳、严荷芝等7人为名誉会长,陈聪道、傅元安等4人为顾问。

6月25日,宁波促进会第五届会员大会在宁波召开。市政协主席江建国、副市长方维、市海促会会长徐显伏等出席。会议选举产生宁波促进会第五届理事会理事78人,常务理事47人。陈飞龙当选为会长,庄明国当选为常务副会长,孔志平等12人当选为副会长,密佳芬当选为秘书长,聘请肖群等18人为顾问。

8月6日,宁波舟山商会青年委员会成立。商会会长郑嘉丰,常务副会长庄明国等出席。受聘张海光、胡鸥翔、邵永富等6人为名誉顾问,宁波市衢诚知识产权代理有限公司总经理高磊为主任。

8月13日,舟山市湖南商会举行成立庆典,全市湖南籍商企32家会员单位代表及嘉宾200余人参加。

12月8日,举行上海市舟山商会第一届会员代表大会第一次会议暨一届一次理事全体会议。上海海促会会长傅元安等参会。大会选举理事会成员,推选三盛宏业投资集团董事长陈建铭为上海商会会长。

【会员成就】 1月5日,第十届浙商女杰创新引领宣传活动在杭州举行。杭州市舟山商会会长夏赛丽获"浙商女杰·创业导师"称号,常务副会长徐艳获"浙商女杰·行业领军人物"奖。

3月1日,北京促进会常务副会长林维荣获第八届全国十大杰出青年法学家称号。

3月23日,北京促进会副会长果壳网分答创始人姬十三(本名:嵇晓华)出席2017博鳌CCTV青年领袖圆桌会议并作专题演讲。

7月12日,省委书记车俊和省长袁家军在沪会见优秀浙商代表,上海商会会长陈建铭和常务副会长虞建珍参加。

8月9日,公布2017宁波市综合百强企业榜单。宁波市舟山商会副会长单位远大物产集团有限公司、浙江科信联合工程项目管理咨询有限公司、金辉江海物流股份有限公司被授予"2017年宁波市服务业百强企业"称号。远大物产集团有限公司在2017年宁波服务业排行榜上名列第一,营业收入达75.7亿元。

8月24日,杭州市舟山商会常务副会长、杭州促进会副会长、建纬律师事务所主任陈沸受聘担任第19届亚运会组委会法律顾问,为杭州亚运会提供法律服务。

9月2日,"广告人商盟峰会暨ADMEN国际大奖颁奖盛典"上,北京促进会常务副会长、蓝色光标董事长兼CEO赵文权被授予"广告先生"称号。蓝色光标首登2017年《财富》中国500强企业排行榜,成为唯一一家进入榜单的营销传播企业。

【传播乡讯】 9月28日,杭州舟山商会文化顾问、著名表演艺术家何赛飞,杭州市舟山商会会长、赛丽正宏集团董事长夏赛丽为故乡岱山带来2场公益戏曲。"舟山市海促会"微信群,一年来起到提供信息交流,宣传联络乡情的作用。是年起每期增发《振兴舟山》杂志200本,全年发行4

期，发行7200余份。编写印发《振兴舟山信息》2期，发行80余份。

（撰稿：周霞）

机关事务管理工作

【确保公务用车规范管理】 2017年，推行公务用车集中管理，公务用车标识化管理。11月，全省公务出行“四个一”保障工作会议在舟山举行。打造公务出行“一张网”，建设覆盖市及县（区）的公务用车管理平台，将市本级与四县（区）公车管理平台进行全单位、全窗口开放，在全省率先完成“一张网”管理平台系统建设。市公务用车管理中心制定《驾驶员使用手册》和《中心制度汇编》，实行“一车一档”。统一驾驶员着装、上岗牌、静音设备和私人围挡，注重驾驶员队伍建设。发挥多级联动的作用，与市车改办协调，指导县（区）公车管理工作。11月，实现与省公务用车管理平台的对接，实现省内公务出行“一张网”的建设目标。完成市级跨部门综合行政执法平台系统建设，将23家单位73辆综合执法车纳入市级公务用车管理平台系统统一管理，并与市级机关一般公务用车管理平台双轨运行。全年重要公务出行派车5708次，安全行驶99.26万千米。

【健全机关事务规章制度】 保障机关房产有序管理　落实直管公房“五统一”管理，重修《舟山市本级行政事业单位非经营性房屋和土地资产集中管理办法》。至12月，市机关事务管理局纳入集中管理非经营性房产230处，约7.5万平方米；新接收67处，约1万平方米。是年，统一调配8家市级机关单位办公用房需求。统一实行办公用房维修30万元以上大中修工程项目集中立项和资金安排，定期检查各单位办公用房按标准配置的落实情况。加强对出租出借房屋管理，配合旧城改造工作，协调定海城区12处市属房产的划转和移交工作。

创建绿色公共机构　制定《舟山市公共机构“十三五”节能规划》，强化公共机构绿色节能管理，三季度，市本级公共机构人均综合能耗、单位建筑面积能耗和年人均水耗同比分别下降8.35%、3.99%和增长0.2%。

搭建经济业务内控体系　开展经济业务领域内部控制制度建设任务，从预算管理、收支业务、政府采购管理、资产管理、建设项目管理和合同管理六方面对本单位的经济活动进行流程梳理和风险评估，对原有的经济管理制度加以完善和修订，完成分事行权、分岗设权和分级授权的建设目标，制定内部制度标准化操作手册。

规范后勤服务操作流程　推进法治后勤建设，形成《舟山市机关事务工作规章制度文件选编》；重新修订《舟山市机关事务管理局内部工作制度》，制定机关餐饮、保洁、设备、保安、派车等项目岗位职责、服务标准和操作规范，形成《舟山市机关事务工作服务标准化操作手册》。出台《舟山市机关事务系统工作考核办法》，首次将各县（区）局、新区功能区纳入考核监督范围。

【推进事务管理平台建设】 探索“互联网+”在机关事务工作中的运用，搭建后勤智慧服务平台。完善办公用房、节能监测、安防监控、公车管理和餐饮配送等五大工作平台系统功能。

完善办公用房系统管理　扩充办公用房管理系统基础数据库，录入非经营性直管公房出租出借信息，实现市本级办公用房使用图形化管理目标。健全市级公共能耗监督平台数据分析制度，加强数据采集信息的运用。

促进节能监管和安防平台建设　完成市行政中心安防监控系统升级改造任务，实现高清晰、数字化、全覆盖的建设目标。推进市级机关单位重要设备设施基础数据库建设，收集整理直管办公大楼的重要设备设施基础数据与管理维护信息，实施精细化管理。

打造“微后勤”服务平台　运用“互联网+”和移动通信技术，联合中国电信、移动等企业共同开发“舟山市行政中心微后勤服务平台”。通过移动手机端、电脑端和服务热线三种途径，打造“微服务”，提供全景导航、信息推送、便民服务、网上订餐等功能服务。借助“翼支付”“舟山行”等网上支付平台，服务机关工作人员。

【推进机关服务保障建设】 市行政中心多途径开展主题宣传活动。是年，开展专题宣传30余次，播放各类宣传图片210余幅、视频20余条。完成行政中心展示窗图片更新工作，挑选专业摄影作品72幅，反映新区建设新成就。

创新公务接待 坚持来客接待报告单制度、接待方案审批制度、接待任务交办制度等。推进接待精品化,做精海鲜特色餐饮,开发海岛特色接待宣传精品,提升舟山新区对外宣传的形象和品位。9月,市机关事务管理局与市委市政府接待办公合署办公。是年公务接待693批13798人次,接待量37095人次,接待人数同比增长12.9%。

提升机关后勤服务 市机关服务中心实施"名家"工程,依托"郭金伟技能大师工作室",组建7人创新团队,先后推进本帮"土家菜"、堂做"特色菜"和"舟山海鲜"等菜肴,郭金伟获"中华金厨奖"。投资140余万完成行政中心机关食堂一楼风味特色餐厅、二楼餐厅素食自助餐厅升级改造工作。强化食品监管,规范物资采购和管理,确保食品安全,定期组织民主监管会成员对各食堂进行季度考核,提升餐饮服务满意度。全年完成理发服务16043人次,同比增加9.3%;医疗服务9781人次。以"工作零失误、细节零缺陷、服务零缝隙"为目标,完成中国(浙江)自贸试验区挂牌、波音737完工和交付中心项目开工、首届世界油商大会、第三次国家级新区工作经验交流会、2017年国际海岛旅游大会、浙江省第三届体育大会、第四届中国海员技能大比武、浙东经济合作市长联席会议等服务保障20余项,承担各项会议服务985场次,8.37万人次,同比增长9.7%。

稳固安全保卫管理 完成市行政中心安防监控系统升级改造任务。安全保卫处与市行政中心区域内19家重点单位签订《舟山市行政中心治安与消防安全工作责任书》。召开两次行政中心安全管理分析会,落实安全管理责任制和岗位安全责任制。构建"大安全"管理平台,建立市行政中心警务联席会议制度。开展办公室备用钥匙核对工作,健全备用钥匙使用登记制度。全年市行政中心保安队开展应急拉动4次,组织安全检查22次,排除各类安全隐患30起,责令整改消防隐患2起,纠正违规停放车辆688车次,处置消防火警、故障信息607次,参与各类大型活动安保任务102次,行政中心各门岗接访9862批15030人次,处置异常上访313批1085人次。

推进设备维护精细化 推进市级机关单位重要设备设施基础数据库建设,将直管办公大楼的重要设备设施基础数据与管理维护信息收集整理,实施精细化管理。是年,市本级行政事业单位办公用房较大维修改造工程6项约600万元,机关单位日常零星维修68项约61.39万元。全年完成较大设备工程5项,日常设施设备维护4837次。

强化财务资产管理 完成全市13家会计服务单位财务服务,全年累计会计结算1.37万次约3.51亿元,同比增加3.79%。控制"三公"经费,提高财政资金使用效益,是年局本级"三公"经费大幅缩减,公务接待费、公务用车运行维护费、会议费同比分别减少82.62%、63.57%、89.88%。遵守采购管理规定,列入市政府集中采购目录的建设项目全部进入统一采购平台运作。全年完成政府集中采购64项约1734.63万元,节省采购资金63.54万元;局本级集中采购项目48项约120.15万元,节省资金17.48万元,采购项目备案结报率100%。

(撰稿:市机关事务管理局)

责任编辑:李馨桐 童涵

政协舟山市委员会

市政协领导

主　　席:江建国(续—)
副 主 席:沈　旺(续—2017.04)
张永奎(续—2017.04)
黄洁明(续—2017.04)
陈松菊(续—2017.04)
夏文忠(续—)
蒋志伟(续—)
道　慈(续—)
王　伟(续—2017.04)
忻海平(2017.04—)
谢永和(2017.04—)
邬振悦(2017.04—)
孙小晓(2017.04—)
张伟平(2017.04—)
党组书记:江建国(续—)
党组副书记:沈　旺(续—2017.04)
忻海平(2017.03—)
秘 书 长:乐海华(续—)
副秘书长:陶松珠(续—)

概　述

2017年,中国人民政治协商会议舟山市委员会(下称“市政协”)内设八个专门委员会:提案委员会、委员工作委员会、经济科学技术委员会、人口资源环境委员会、教育文化卫生体育委员会、社会法制委员会、文史和学习委员会、港澳台侨委员会。2月,人口资源环境委员会更名为渔农业渔农村和资源环境委员会,社会法制委员会更名为社会法制和民族宗教委员会,文史和学习委员会更名为文史资料委员会,港澳台侨委员会更名为港澳台侨和外事委员会。

是年,新一届市政协常委会,以习近平新时代中国特色社会主义思想为指引,把握团结和民主两大主题,履行政治协商、民主监督、参政议政职能,统筹推进政协协商民主建设,助力“五大会战”和“四个舟山”建设,推动新区经济社会全面发展。

加强政治建设,凝聚思想共识　提高政治站位,学习贯彻十九大精神。组织召开党组扩大会、理论学习中心组学习会,以及市、县(区)两级政协委员共同参加的专题学习会等,理解“新时代”“新思想”,准确把握“新目标”“新要求”,把习近平新时代中国特色社会主义思想转化为政治灵魂,转化为增强“四个意识”、坚定“四个自信”的高度自觉,转化为推进政协工作的强大动力。把

7月26日,庆祝市人大、市政协成立30周年座谈会在市行政中心召开(沈磊　摄)

学习贯彻中共中央和省、市委重要会议精神与舟山实际相结合，把握新区发展的新形势新任务，贯彻落实中共舟山市委各项决策部署。

强化主题教育。推动“两学一做”学习教育常态化制度化。把学习教育与政协全局工作一起部署、落实、考核，促进政协各项工作开展。党员干部学习党章党规党纪，查找自身短板，改进作风，提升形象。通过学习教育实践，深化党风廉政建设。

凝聚发展合力。举办全体新委员素质提升培训班，和以界别召集人为主体的履职能力培训班，引导委员增强履职尽责的使命感。举行系列通报会，邀请市领导和市属有关部门就全市经济社会发展、自由贸易试验区建设、“最多跑一次”改革等工作通报情况。组织委员列席市政府全体会议、市政协常委(扩大)会议，凝聚共识。举办舟山市政协成立30周年系列活动，通过学习讨论、座谈交流，引导委员懂政协、会协商、善议政。

深入协商议政，推动新区发展 围绕打好“五大会战”，建设“四个舟山”，协商建言，精准履职。先后召开5次常委会，组织开展8次专题协商、11次对口协商、13次界别协商、11次提案办理协商。

围绕“第一要务”献计出力。关注全市经济形势和经济运行新情况、新问题，对产业转型升级和经济结构调整过程中的重大问题开展研究，发出政协声音，提供政协智慧。组织开展“加快智慧海洋建设”常委会专题调研，提出“建设一个中心、健全一条产业链、打造一个示范区、建立一个特色小镇”的目标建议及12条具体措施，被市政府及有关部门采纳吸收在《舟山市智慧海洋建设三年行动计划》和《舟山市海洋电子信息产业培育发展三年行动计划》中。连续跟踪交通大会战，开展调研协商，助推重大交通项目建设，许多建议转化为相关职能部门的工作措施。深入五大功能区，对重点项目的开工建设和生产经营情况进行专项视察，为功能区创新发展议政建言。

围绕改革开放聚智献策。把服务系列国家战略作为助推新区改革发展的重要抓手，组织开展调研和视察活动。围绕自贸试验区工作，开展涉外法律服务业常委会专题调研及企业信用分类监管、打造良好营商环境等专委会专题调研。其中，《关于加快培育自贸试验区涉外法律服务业的调研报告》提出完善涉外法律服务体制机制的工作思路和举措，为促进自贸试验区建设提供参考。针对全面两孩政策实施以来存在的问题开展调研，市政府协调卫计、财政、教育等部门进行专题会商研究。关注绿色石化基地建设、油品储运安全、鼠浪湖矿山中转码头建设等工作，组织开展各个层面的委员视察活动。

围绕决策落实监督助推。突出监督重点、完善监督机制、提高监督实效。提升城市品质，组织委员开展民主监督活动。根据省政协的统一部署和要求，持续开展全面剿灭劣V类水和小城镇环境综合整治专项集体民主监督，通过委员联村助推剿灭劣V类水、小城镇环境综合整治回头看、生活垃圾分类处理专题调研、委派委员暗访小分队等方式，推动有关职能部门解决环境整治难题。助推落实市委市政府城乡环境综合整治大会战重大决策部署，组织近150名市政协委员通过分组视察、集中建言、统一答复的形式，开展专项视察活动，并向市委、市政府递交视察报告。配合省政协委员舟山联络组，开展“最多跑一次”改革举措落实情况专项集体民主监督，通过体验、随访等“五个一”活动，助力舟山新区“三最”城市打造。

关注群众期盼，促进民生改善 围绕与民生息息相关的热点难点问题，多角度切入、多形式参与，促进民生事业发展。

强化提案功能。市政协七届一次会议以来，收到委员以提案形式提出的意见建议347件。经审查，立案330件，作为来信转送有关部门参考17件，至年底，提案全部办结。经民主测评，委员满意和基本满意率100%。夯实提案办理的工作机制和方法，重点围绕办理实效，对事关发展大局的重点提案和群众普遍关注的热点、难点提案加大督办力度，采取党委政府领导领办、市政协领导督办、各专委会共同参与的方式，实现提案办理“一追到底见实效”。

畅通民意渠道。聘请新一批30名特邀信息员，发挥示范带动作用。完善市政协社情民意联络点建设，畅通社情民意收集、报送和反馈渠道，强化激励机制，多出精品信息。全年编印《政协专报》35期，转送有关部门(单位)153

篇，被全国和省政协采用5篇。专报反映的一些问题和建议，得到市委市政府领导和部门(单位)的认可与采纳。

丰富为民举措。深化“政协委员与新区同行”实践活动，发挥政协委员联系广泛和自身岗位优势，引导委员开展扶贫济困、捐资助学、法律援助等慈善惠民活动。是年，组织市政协委员专家服务团开展“文化、卫生、科技、教育、法律、体育”下乡服务活动8次，受惠群众7000余人次。市政协委员县(区)工作室引导政协委员投身公益事业，组织开展“爱献老人”“文明礼让斑马线”“走进基层、走进群众”等活动。

发挥独特优势，增进广泛团结 发挥政协统战功能，加强团结联谊，为新区改革发展凝心聚力。

注重发挥协调关系作用。搭建政协协商平台，支持各民主党派、人民团体、工商联和社会各界人士开展各种调研视察活动，在全体会议、常委会上作重点发言，营造合作共事氛围。通过调研和视察等活动，反映民情民意，维护社会稳定。推进平安舟山建设，组织开展主席会议成员关于法院执行情况专题视察和全市检察工作知情调研，解决存在的问题，提出意见建议。班子成员定期参与信访接待，完善政协委员参与市领导信访接待日制度。

注重开展团结联谊活动。发挥界别在团结联谊中的作用，丰富界别活动载体，强化界别民意通道功能。做好新形势下的政协港澳台侨和外事工作，赴台开展联谊活动；做好香港同乡会、港澳华侨委员、海(境)外重点人士回乡参访和商务考察的接待工作。走访异地舟山同乡会、企业和其他组织。发挥市政协之友联谊会、舟山书画院、“振兴舟山、开发海洋”促进会等社团组织在团结联谊中的作用。加强与兄弟省市政协的联络联系，受邀参加在广西召开的26城市政协“一带一路”建设协商合作联盟第三次会议，宣传推介舟山。

注重推进政协文史工作。重视文史资料的“存史、资政、团结、育人”作用。组织召开本届全市政协文史工作会议，编发纪念舟山市政协成立30周年文集《舟山政协记忆》，编辑出版《定海名门》和《文史天地》(第五部)，扩大政协自身宣传，促进政协文化的发展与繁荣。启动“亲历舟山改革开放40年”文史资料征编工作。完成省政协交付的“浙江古村落楹联集萃”征编任务，报送5篇楹联诗文历史痕迹介绍。

实践创新，深化协商民主 推进政协协商民主建设，拓宽协商的渠道和途径，丰富协商的内容和形式。

强化界别协商。改进界别协商中存在的短板问题。新增中国民主建国会界别。开展界别专题活动，丰富活动内容。是年，17个界别先后到市公安局、舟山国际粮油产业园区、小干岛商务开发区、新城怡岛路文化一条街等地开展视察活动，社会福利界别围绕民办养老机构运行和社会化服务展开协商；妇女界别针对家庭教育与市妇联、市教育局共议对策，经济界别与交通部门就省运会交通安排进行沟通。

推动基层协商。探索政协基层协商民主的平台和渠道，健全市政协委员县区工作室工作机制，推动相关工作的规范化、制度化。新城工作室组织委员就甬舟铁路选址、329国道改建项目等开展专项调研、专题视察；嵊泗工作室围绕“以渔稳县”“省美丽乡村示范县”创建组织委员进社区、进渔农村基层，了解情况，积极建言。基层委员围绕人民群众普遍反映的热点难点问题，通过实地查看、现场问诊、座谈交流、协商论证、众人商议，探索政协协商民主向基层延伸的方法途径。

传播协商文化。加强政协协商民主理论与实践研究。全年征集理论文章22篇，3篇入编全国政协理论研究会年度论文集。推进协商民主理论进高校工作，与浙江海洋大学联合开设人民政协与协商民主课程，创新大学生“两课”制度，在市政协七届一次会议召开期间，挑选16名大学生担任全会助理联络员。通过委员履职活动、新闻宣传等形式，开展协商成果的公开化、透明化工作，扩大政协协商民主的影响力。

固本强基，提升履职水平 加强自身建设，适应新形势新任务的要求，为政协履行职能提供保障。

加强委员履职管理。突出政协常委会建设的引领作用，修订完善市政协常委会议事规则等工作制度，规范常委会议事的民主程序。组织开展新区政协委员能力素质架构研究，举办主席读书会专题研讨。加强委员履职管理考核，完善委员基本信息库，开展优秀提案、优秀委员、反映社情民意信息工作先进个人、先进界别活动组评选活动。

发挥专委会专业优势。重新调整本届政协专委会的名称和职能。换届以来,各专委会在完成常委会、主席会议调研任务的同时,分别选择学前教育招生“服务区”制度推进、文化产业健康发展、非物质文化遗产保护、侨商企业发展、观音文化园、体育场建设等9项专题,组织委员开展调研视察活动,提出意见建议。

提高机关服务能力。推进“学习型、服务型、创新型、和谐型”机关建设,调整机关内设工作机构,加强政协机关干部培养。推动机关办公自动化建设,提高办文办会办事效率,强化综合协调、信息沟通、后勤保障等工作,提升政协机关服务水平。加强与各类新闻媒体的合作与配合,宣传政协履职成果,讲好委员履职故事,提升稿件数量和质量。全年在各级媒体刊播政协新闻稿件2000余条次。

4月7日,舟山市政协七届一次会议开幕(李中一　摄)

重要会议

【市政协七届一次会议】 2017年4月7—11日在新城举行。会议应到委员301人,实到295人。在舟山的全国、省政协委员,六届市政协常委会组成人员,市级各民主党派、工商联、有关人民团体主要负责人,各功能区管委会、新区(市)直属有关单位负责人,驻舟部队、部省属在舟有关单位负责人及其他有关方面同志列席会议。会议首次邀请新区(市)直属各单位主要负责人列席开幕、闭幕会。

会议听取并审议六届市政协主席江建国所作的六届市政协常委会工作报告和六届市政协副主席沈旺所作的六届市政协常委会提案工作情况的报告;与会人员列席市七届人大一次会议,听取新区党工委副书记、市委副书记、市长温暖所作的《政府工作报告》,并与其他报告一起讨论;选举产生七届市政协主席、副主席、秘书长、常务委员;听取本次会议提案初审情况的报告;审议通过大会决议。

【市政协常委会议】 全年召开8次常委会议。

1月20日,召开六届三十二次常委会议。会议审议通过有关人事事项,听取市政府关于市政协六届五次会议提案办理工作情况的通报,审议通过政协第六届舟山市委员会常务委员会工作报告和政协第六届舟山市委员会常务委员会关于五年来提案工作情况的报告。

2月24日,召开六届三十三次常委会议。会议审议通过有关人事事项、关于召开政协第七届舟山市委员会第一次会议的决定、关于政协舟山市委员会专门委员会设置变动的决定。

3月20日,召开六届三十四次常委会议。会议审议通过七届市政协委员名单和六届市政协常务委员会工作报告报告人和六届市政协常务委员会关于五年来提案工作情况的报告报告人名单;审议七届市政协主席、副主席、秘书长和常委候选人建议人选名单(草案),市政协七届一次会议议程(草案)和日程(草案),市政协七届一次会议主席团、秘书长名单(草案)、主席团会议主持人名单(草案)、主席团常务主席名单(草案)、各次大会执行主席和主持人名单(草案)、副秘书长名单(草案)、预备会议主持人名单、提案审查委员会主任、副主任及委员名单(草案)、选举办法(草案)。

4月11日，召开七届一次常委会议。会议审议通过政协第七届舟山市委员会常务委员会关于政协第七届舟山市委员会专门委员会设置的决定，审议通过有关人事事项。

5月15日，召开七届二次常委会议。会议听取中国(浙江)自由贸易试验区有关情况通报。审议通过市政协提案委员会关于七届一次会议提案审查情况的报告和市政协常委会议事规则。

7月21日，召开七届三次常委(扩大)会议。会议听取市政府领导关于新区上半年经济社会发展情况的通报。审议通过有关人事事项和《关于推进我市全面两孩政策实施的调研报告》。

9月27日，召开七届四次常委会议。会议听取全市交通大会战工作推进情况的通报。审议通过《加快智慧海洋建设　全力服务国家战略　助推舟山加速发展》的调研报告。审议通过《关于加快培育自贸试验区涉外法律服务业的调研报告》。审议通过有关人事事项。

11月17日，召开七届五次常委会议。会议学习中国共产党第十九次代表大会精神，听取市审招委关于“最多跑一次”改革工作情况通报，审议通过有关人事事项，审议通过《关于加快推进生活垃圾分类处理的调研报告》。

委员调研视察、民主监督、参政议政

【关于推进全市全面两孩政策实施的调研】 5—6月，市政协常委会组织开展全市全面两孩政策实施成效的专题调研，形成《关于推进我市全面两孩政策实施的调研报告》。提出建议：完善具体政策及配套措施，维护女性就业和生育权益，增加妇幼保健医疗资源供给，统筹加强各阶段教育资源配备。

【关于舟山市“智慧海洋建设”情况的调研】 6月以来，市政协专题调研组围绕“智慧海洋建设”展开重点课题调研。形成《加快智慧海洋建设　全力服务国家战略　助推舟山加速发展——对舟山开展智慧海洋建设工作的调研与思考》。提出对策建议：统一思想，顶层设计，明确战略定位、强化组织领导、加大改革力度；创新机制，改革实践，建立舟山智慧海洋大数据管理中心、打造舟山智慧海洋小镇、注重全面融合发展；注重牵引，推动发展，打好精品项目牌、招商引智牌、产业基地牌；拓展应用，实现“数字海洋”向“智慧海洋”全面发展、“智慧海洋”向“智慧城市”全面覆盖、“智慧海洋”向“海洋经济”全面渗透。

【关于加快培育自贸试验区涉外法律服务业的调研】 5—7月，调研组就加快培育自贸试验区涉外法律服务业进行专题调研，形成《关于加快培育自贸试验区涉外法律服务业的调研报告》。提出对策建议：加强机制创新，健全司法仲裁服务保障，组建涉外法律服务专业机构，建立涉外法律事务联席会议制度，搭建涉外法律服务大数据信息平台；加快市场培育，提倡涉外商务谈判本地律师前期介入，落实涉外单位法律顾问制度，启动政府采购涉外法律服务，深化涉外法律服务业高端研究；加紧人才引培，制定中长期涉外法律人才发展规划，优化涉外法律人才培养模式，加强高端法律专业人才引进力度；加大政策扶持，激励律师事务所创新发展，完善法律人才政策，建立律师事业发展基金。

【关于加快推进生活垃圾分类处理的调研】 7—9月，市政协常委会组织部分委员，就全市生活垃圾分类处理进行专题调研，形成《关于加快推进生活垃圾分类处理的调研报告》，提出对策建议：强化政府主导，做实分类引导，注重工作统筹，抓规范运作，发挥市场作用。

【关于“推进自贸试验区企业信用分类监管”的调研】 9—10月，市政协经科委组织开展推进自贸试验区企业信用分类监管的调研，形成《关于加强自贸区背景下企业信用分类监管的几点建议》。建议提高思想认识，加大体制创新，健全信用系统，完善信用制度，加大联合惩戒。

【关于2017年全市经济工作情况的调研】 为全面了解全市经济工作现状，掌握企业发展实情，查找分析当前经济运行困难及问题，11月以来，调研组对全市经济工作开展专题调研，形成《2017年全市经济工作调研报告》。提出意见建议：加强统筹规划，树立“一盘棋”思想；坚持陆海统筹，重视发展舟山海洋经济；紧贴国家战略;加大重点特色企业发展;注重创新突破,加快高新绿色产业发展;强化风险防控,保障全市金融安全。

【关于开展油品储运安全专题调研】 7月5日,市政协组织主席会议成员开展油品储运安全专题视察,形成《关于我市油品储运安全情况的视察专报》。对策建议:强化规划管控,形成油品储运企业的安全集聚;完善体制机制,提升油品安全监管的工作效能;加强应急联动,加快提升突发应急救援处置能力;突出源头防范,确保企业主体责任严格落实到位;加强队伍建设,提高安全监管的专业化水平。

【关于全市法院执行工作专题视察】 9月7日,市政协主席会议成员对全市法院执行工作进行专题视察,形成《关于我市法院执行工作的视察专报》。专报建议:强化党委统一领导,推动形成综合治理执行大格局;注重大数据应用,提高执行工作智能化水平;加大依法执行力度,提高有效执行率;讲究执行策略方法,实现法律效果和社会效果的有机统一;加强执行队伍建设,确保执行公正、高效、廉洁。

【关于城乡环境综合整治大会战工作情况和综合交通建设大会战进展情况的视察】 10月,组织委员分成五个视察组,对全市下辖两区、五个功能区的城乡环境综合整治大会战工作情况和综合交通建设大会战进展情况进行专项视察,形成《关于城乡环境综合整治、综合交通建设大会战工作情况的视察报告》,就城乡环境综合整治提出建议意见:创新理念,持久推进城乡环境综合整治;着眼品质,提升城市统筹规划水平;把握关键,全域推进城乡环境综合整治;挖掘历史,促进城市文化融合发展;强化保障,探索建立资金多元投入模式;加大宣传,推动全民参与环境综合整治。就综合交通建设大会战提出建议意见:打造品质交通工程,化解征地拆迁矛盾,破解建设资金难题,完善监管协调机制。

【关于全市小城镇环境综合整治的专项集体民主监督】 4—10月,以省政协相关监督调研组到舟督查调研为契机,省、市、县(区)三级政协联动,现场监督调研全市列入全年整治计划的10个乡镇(街道),形成《舟山市小城镇环境综合整治专项集体民主监督情况报告》。提出下步工作建议:攻坚克难抢进度,打造样板促实效,多措并举增支撑,建章立制重长效,加大宣传强氛围。

【关于剿灭劣V类水等的专项集体民主监督】 4—8月,开展"聚焦全面剿灭劣V类水,联动开展'五水共治'决战治污水、大战防洪水排涝水"为主题的专项集体民主监督,形成《2017年舟山市政协聚焦全面剿灭劣V类水开展"五水共治"专项集体民主监督的报告》。提出意见建议:压实保护水环境的责任,加强日常巡查监管,加强涉水执法监管,做实截污纳管工作,重视再生水利用工作。

提案工作

【概况】 2017年,收到政协委员、政协各参加单位和各专门委员会,以提案形式提出的意见建议347件(其中大会闭幕以后收到3件)。经审查,立案330件,并案处理后为303件,由76个市属部门、功能区管委会和县(区)政府承办,全部办复。其中,所提问题已解决或基本解决的158件,占52.1%;正在解决或已列入解决计划的130件,占42.9%;因条件限制暂不可行而留作参考的15件,占5.0%。提案者对办理表示非常满意的191件,占63.0%;满意的107件,占35.3%;基本满意的5件,占1.7%。提案涵盖全市经济和社会发展的各个方面。

【有关经济建设方面的提案】 委员们在经济建设方面提出提案62件。主要涉及加快自贸试验区建设、提升江海联运服务能力、培育航空产业与军民融合产业、加快打造休闲旅游目的地、推进"智慧海洋"示范工程、推进渔农村电子商务发展等方面。关于自贸试验区建设方面的提案,其中夯实特色产业基础、加强体制机制创新等建议,被市自贸办采用。关于推进智慧海洋建设的提案,加大政策争取力度等意见被吸收到市经信委的下一步工作安排中。关于全域旅游发展的提案,在推进全域机制的建立、发展空间的多规融合、旅游公共服务体系的建设等方面,为市旅游委提供参考。关于推进军民融合发展的提案,从军民融合政策保障体系、协同创新体系以及产业基地建设等三个方面建言,市发改委等相关部门进行回应,将利用好国防科工优势,合力促进"创新舟山"建设。

【有关政治建设方面的提案】 在政治建设方面提出提案56件。主要涉及强化政府审批服务、畅通部门信息共享、完善公共法律服务体系、优化营商环境、完善人才引进培养机制等方面,许多意见建议转化为党委、政府的工作部署和工作措施。市审招委采纳关于"最多跑一次"改革方面的提案,强化政府审批服务供给、提升"互联网+"政务服务能力。关于当好"店小二"优化人才服务保障工作的提案,市委组织部在出台的《鼓励高校毕业生来舟就业创业的若干政策》中,吸纳政策支持、使用环境等方面的建议。关于进一步优化营商环境的提案,对于提升政府公共服务水平、降低企业经营成本、改善企业营商环境等,向市府办提供思路建议。

【有关文化建设方面的提案】 在文化建设方面提出提案33件。主要涉及文化研究工作与文化抢救工程、挖掘家风家训文化、加强古建筑保护力度、推进城市书房建设、强化幼小教育衔接、加快建设少体校、撤并小规模高中学校等方面,为政府部门研究制定政策提供重要参考。关于尽快实施全市文化研究工程的提案,市委宣传部在本土文化研究载体和研究课题的创新落实中予以采纳。关于加快全市城市书房建设的提案,在城市书房引导、管理、评估和共享等方面提出意见,使市文广新闻出版局的实事项目贴近民生。关于加快推进小规模普通高中整合撤并的提案,聚焦全市普通高中布点与规模,为市教育局理顺高中教育管理体系起到借鉴作用。

【有关社会建设方面的提案】 在社会建设方面提出提案129件。主要涉及提高城市数字化管理水平、完善小城镇整治、深化城乡危房治理、推进责任医生签约服务、加快居家养老医养融合、完善二孩政策配套措施、提升公共交通保障能力等方面,助推民生事业的发展。关于提高城市数字化管理水平的提案,从整合信息资源、创新管理手段等方面提出建议,市城市管理局吸收采纳到智慧平台建设与管理中。关于在城市建成区设置智能停车诱导系统的提案,相关意见列入市公安局年度重点工作内容,停车场所诱导系统得到提升完善。关于责任医生签约服务方面的提案,为签约医疗服务在工作联动、队伍建设、信息互动、媒体宣传等方面提供对策路径,深化市卫生和计生局的基层签约服务工作。

【有关生态建设方面的提案】 在生态建设方面提出提案24件。主要涉及保护优质港湾、开发利用海洋能、建设滨海湿地、加强景区环境治理、推进垃圾分类处理、完善城市污水管网系统、全面剿灭劣V类水等方面,助推市委市政府在生态文明建设中重大部署的实施。关于加快特色小镇建设引领群岛新区美丽经济新常态的提案,市发改委在特色小镇建设工作中突出产业特色、突出科技创新、突出重大项目、突出功能融合、突出深化改革。关于加快推进剿灭劣V类水的提案,为市环保局制定全面剿灭劣V类水行动方案献计,促进如期完成剿灭劣V类水目标任务。关于建立海岛渔农村生活垃圾分类处理长效机制的提案,提出渔农村生活垃圾分类处理相关建议,在市农林与渔农村委制定的《舟山市渔农村生活垃圾分类处理三年行动实施方案(2017—2019年)》中体现,政府安排落实专项资金,制定实施考核办法。

【市委市政府领导重视支持政协提案工作】 市委市政府主要领导阅批市政协报送的各民主党派、工商联、各人民团体重要提案,市委市政府班子成员分别领办重点提案。市政协领导班子将提案工作列入重要工作议程,常委会全年四次、主席会议每月一次听取提案工作汇报,研究部署加强提案工作制度建设、提高提案及其办理质量等,主席会议成员分工督办重点提案,开展督办调研和协商督查,推进提案意见的充分吸纳和采用落实。

【政协常委会重视提案工作】 常委会重视发挥提案在促进经济发展、社会进步和民生改善中的作用,加强对提案工作的组织领导。讲求质量,加强对提案工作的引领。做好提案征集服务工作,发挥提案线索的引领作用。围绕党委政府的中心工作和群众关注的热点难点问题,搜集提案征集线索,在新一届委员名单确定后及时发动提案征集。加强与党派团体的沟通联络,发挥党派团体组织的整体优势,推进集体提案、界别提案、联合提案,打造精品提案。推行“三关预审”,严把审查立案关,对拟并案或拟不立案的提案,做好细致沟通说明,促进提案整体质量的提高。开展民主评议优秀提案,发挥高质量提案的示范引领作用。注重实效,加强对提案办理的督查。加强承办过程管理服务,会同新区督考办开展办前会商,在预交办基础上推进承办单位落实,提高提案交办的实效;开展办中面商,促进提办双方协商沟通,采取措施完成高质量的提案办理答复件;重视办后协商,梳理提案者意见反馈,督促承办单位深化落实。跟踪提案办理进程,了解提案办理过程,重点关注承办大户及网络平台提案办理情况,督促提案办理。开展提案办理情况专题跟踪督办,组织提案者、专委会、有关政协委员及主办协办单位,对部分重要提案落实情况开展调查研究,推动办理工作的持续推进和各项答复意见的更好落实。优化管理,加强对提案工作的服务。加强学习培训,学习贯彻提案工作有关文件精神及提案工作理论要求,组织本届新进委员、工作人员进行提案业务培训。走访基层提案委及委员工作室,组织调研外地先进的提案工作经验,丰富提案工作的理论与实践。重视流程管理,探索建立督办活动联系协商机制,推进提案协商办理流程规范,提高提案协商督办效率。注重提案工作经验总结和交流,注重重点、热点提案办理过程媒体宣传,注重提高提案工作服务水平,选编《优秀提案优秀承办件》。

(撰稿:唐益鸣　陈礼松　韩小飞)

责任编辑:李馨桐

新任市级领导简介

市委书记、新区党工委书记、管委会主任、自贸区管委会主任俞东来简介

俞东来　男，1963 年 10 月出生，浙江杭州人。1981 年 11 月参加工作，1986 年 11 月加入中国共产党，中央党校经济管理专业毕业，中央党校大学学历。

1981 年 11 月，杭州印染厂工作；1984 年 5 月，杭州第二印染厂经营办公室统计员、人保科副科长、厂长办公室副主任、生产办公室干部（其间：1985 年 9 月至 1988 年 7 月省广播电视大学党政管理干部专修科学习）；1988 年 10 月，杭州市江干区委办公室秘书、调研科科长（其间：1992 年 2 月至 1993 年 2 月挂职担任笕桥镇镇长助理）；1993 年 3 月，杭州市江干区委办公室副主任、政研室副主任；1996 年 4 月，杭州市江干区委办公室主任、政研室主任；1997 年 10 月，杭州市江干区委办公室主任；1997 年 11 月，杭州市江干区委常委、组织部部长（其间：1998 年 3 月至 1999 年 9 月浙江大学行政管理专业研究生课程进修班学习；1999 年 8 月至 2001 年 12 月中央党校经济管理专业本科班学习）；2002 年 5 月，杭州市拱墅区委副书记、代区长，2003 年 3 月区长（2002 年 3 月至 2002 年 7 月省委党校中青班学习）；2006 年 11 月，杭州市拱墅区委书记（其间：2010 年 9 月至 2010 年 10 月省委党校领导干部进修班学习）；2011 年 11 月，杭州市政府副秘书长（副厅长级），2012 年 1 月提名副市长候选人；2012 年 4 月，杭州市副市长；2013 年 5 月，杭州市委常委、萧山区委书记，2013 年 12 月任杭州大江东产业集聚区管委会党工委书记（兼）；2016 年 10 月，杭州市委副书记、萧山区委书记，杭州大江东产业集聚区管委会党工委书记（兼）；2016 年 11 月，杭州市委副书记、市委政法委书记；2017 年 2 月，浙江舟山群岛新区党工委书记、管委会主任，市委书记；2017 年 8 月，浙江舟山群岛新区党工委书记，管委会主任，自贸区管委会主任，市委书记。

2017 年 6 月起当选为中共浙江省第十四届委员会委员。

市委常委、新区党工委委员徐张艳简介

徐张艳　女，1972 年 7 月出生，浙江舟山人。1993 年 8 月参加工作，1991 年 12 月加入中国共产党，中央党校经济学（经济管理）专业、上海交通大学公共管理专业毕业，中央党校研究生学历，公共管理硕士学位。

1990 年 9 月，舟山师范专科学校政史专业学习；1993 年 8 月，舟山师范专科学校团委干事，政史系秘书、政治辅导员、团总支书记；1996 年 12 月，舟山师范专科学校团委副书记（主持工作）；1998 年 2 月，共青团舟山市委常委，1998 年 6 月市青联秘书长（1995 年 9 月至 1998 年 8 月浙江师范大学政治和思想品德教育专业在职大学学习；1997 年 10 月至 2000 年 3 月同济大学 MBA 课程进修班学习）；2000 年 6 月，共青团舟山市委副书记、党组成员；2003 年 2 月，共青团舟山市委书记、党组书记兼市青联主席；2005 年 6 月，共青团舟山市委书记、党组书记兼市青联主席，舟山市定海区委副书记；2005 年 9 月，舟山市定海区委副书记（正县处长级）；2007 年 1 月，舟山市定海区委副书记（正县处长级）兼区委政法委书记；2007 年 6 月，舟山市定海区委副书记、副区长（正县处长级）兼区委政法委书记；2007 年 10 月，舟山市定海区委副书记、代区长，2008 年 1 月区长（2007 年 3 月至 2009 年 6 月上海交通大学公共管理专业在职学习，获公

共管理硕士学位);2011年3月，嵊泗县委书记，定海区委副书记(2011年5月免)、区长;2011年4月，嵊泗县委书记，2012年1月县人大常委会主任;2012年2月，舟山市委常委，嵊泗县委书记、县人大常委会主任;2013年4月，舟山市委常委、嵊泗县委书记、县人大常委会主任，浙江舟山群岛新区党工委委员〔2011年3月至2014年1月中共中央党校经济学(经济管理)专业在职研究生学习〕;2014年2月，舟山市委常委、嵊泗县委书记，浙江舟山群岛新区党工委委员;2016年10月，舟山市委常委，浙江舟山群岛新区党工委委员;2017年3月，舟山市委常委、宣传部部长，浙江舟山群岛新区党工委委员。

2002年4月至2007年3月当选为舟山市四届政协常务委员;2012年6月起当选为中共第十三、十四届浙江省委候补委员。

市委常委、新区党工委委员王伟简介

王伟 男，1965年2月出生，山东菏泽人。1982年9月参加工作，1990年1月加入中国共产党，省委党校区域经济学专业毕业，省委党校研究生学历。

1982年9月，嵊泗县财税局嵊山财税所干部;1983年3月，嵊泗县财税局泗礁财税所干部;1984年7月，嵊泗县财税局稽征所干部;1986年1月，嵊泗县财税局人秘股干部(其间:1987年9月至1989年7月上海财经大学财税专业大专班脱产学习);1989年7月，嵊泗县财税局稽征所副所长;1991年12月，舟山市财税局预算科干部;1994年1月，舟山市财税局预算科副科长;1996年9月，舟山市财税局基建处处长、预算处副处长;1998年5月，舟山市财政(地税)局局长助理、基建处处长、预算处副处长;1998年7月，舟山市财政(地税)局局长助理、预算处(税政处)处长;1998年9月，舟山市财政局党组成员、局长助理、预算处(税政处)处长;1999年10月，舟山市财政局副局长、党组成员(其间:2000年9月至2002年6月浙江财经学院财政学专业在职大学学习);2002年12月，舟山市财政局副局长、党组成员兼市社科联副主席;2003年12月，岱山县委副书记;2004年7月，岱山县委副书记、副县长，2004年12月代县长，2005年3月县长;2008年9月，舟山市财政局局长、党组书记，2008年10月市地税局局长;2010年11月，岱山县委书记，舟山市财政局局长、党组书记，市地税局局长;2010年12月，岱山县委书记，2011年2月县人大常委会主任;2012年1月，岱山县委书记，2013年12月提名市政协副主席候选人，2014年1月市政协党组成员(2009年9月至2012年7月省委党校研究生班区域经济学专业学习);2014年2月，舟山市政协副主席、党组成员，岱山县委书记;2015年10月，舟山市政协副主席、党组成员，岱山县委书记，舟山绿色石化基地管委会党组副书记(兼);2016年10月，舟山市政协副主席、党组成员，舟山绿色石化基地管委会党组副书记(兼),2017年2月浙江舟山群岛新区党工委委员;2017年3月，舟山市委常委、统战部部长，新区党工委委员，市政协副主席、党组成员;2017年4月，舟山市委常委、统战部部长，新区党工委委员。

2007年3月至2017年3月当选为中共舟山市第五、六届委员会委员。

市委常委、秘书长、新区党工委委员刘永艺简介

刘永艺 男，1964年10月出生，浙江舟山人。1982年9月参加工作，1986年2月加入中国共产党，中央党校函授学院经济管理专业毕业，中央党校大学学历。

1982年9月，普陀县虾峙黄石中学教师;1984年12月，普陀县蛟头中心学校教师;1985年4月，普陀县(区)蛟头镇统计员，1988年12月镇团委书记;1990年1月，舟山市六横团区委书记，1992年1月普陀团区委常委;1992年6月，舟山市普陀区台门镇党政办主任，1992年9月镇党委委员;1995年3月，舟山市普陀区蛟头镇党委委员，1995年11月镇党委副书记(1994年8月至1997年6月中央党校函授学院经济管理专业在职大专学习);1998年7月，舟山市普陀区台门镇党委副书记、政府主要负责人，1999年1月镇长;2001年6月，舟山市普陀区虾峙镇党委书记，2001年10月人大主席(2000年8至2002年12中央党校函授学院经济管理专业在职大学学习);2002年12月，舟山市普陀区政府副区长;2008年8月，舟山市普陀区委常委、副区长;2011年5月，舟山市六横开发建设管委会主任、党委

书记兼普陀区委副书记(2011年12月免)、市六横跨海大桥建设指挥部副总指挥;2012年1月,舟山市发改委党组书记、2012年3月主任;2013年9月,舟山市发改委主任,市发改委(统计局)党组书记;2016年3月,舟山市委秘书长,舟山群岛新区党工委管委会办公室主任、党组书记;2017年2月,浙江舟山群岛新区党工委委员,市委秘书长,舟山群岛新区党工委管委会办公室主任、党组书记,2017年3月市委常委。

2012年2月至2017年3月当选为中共舟山市第六届委员会委员。

市人大常委会副主任张明简介

张明　男,1961年3月出生,浙江杭州人。1975年12月参加工作,1982年7月加入中国共产党,中央党校经济管理专业毕业,中央党校大学学历。

1975年12月,37502部队工程处轮机工;1979年12月,普陀县朱家尖区朱家尖乡文书、团委书记、党委宣传委员(其间:1983年9月至1984年8月在普陀中学高中班学习;1984年9月至1986年7月在舟山市委党校大专班学习);1986年7月,普陀县农村工作组成员;1986年12月,普陀区(县)朱家尖区顺母乡党委书记;1988年11月,舟山市普陀区朱家尖区朱家尖乡党委书记;1992年5月,舟山市普陀区朱家尖镇党委副书记、镇长(其间:1993年3月至1994年10月兼朱家尖开发建设管委会副主任);1994年10月,舟山市普陀区沈家门镇党委书记;1996年5月,舟山市工商行政管理局副局长、党委委员(党组成员)(1995年8月至1997年12月在中央党校经济管理专业本科班学习);1999年10月,舟山市普陀山管理局副局长、党委委员,2001年10月党委副书记(其间:2001年9月至2001年12月在省委党校中青班学习);2002年6月,舟山市政府副秘书长;2003年4月,舟山市城乡建设委员会主任、党委书记(其间:2003年12月至2004年5月兼市住房公积金管理中心主任);2004年7月,舟山市城乡建设委员会主任、党委书记,市新城管理委员会副主任、党委副书记;2005年3月,舟山市城乡建设委员会主任、党委书记,市新城管理委员会主任、党委书记;2006年10月,岱山县委书记,2007年2月县人大常委会主任;2010年6月,舟山市委常委(省援青指挥部领队,兼任青海省海西蒙古族藏族自治州州委常委、副州长);2013年6月,省海洋与渔业局副局长、党组成员;2017年2月,舟山市人大常委会党组成员,提名为市人大常委会副主任候选人;2017年4月,舟山市人大常委会副主任、党组成员。

市人大常委会副主任夏亚红简介

夏亚红　女,1961年10月出生,浙江舟山人。1981年8月参加工作,无党派,浙江财经学院会计专业(自考)毕业,在职大学学历。

1979年9月,浙江省金华粮食学校会统专业学生;1981年8月,舟山(鱼粉)饲料厂(公司)会计、财务科长〔其间:1986年4月至1989年6月杭州电子工业学院会计专业在职大专学习(自考);1990年10月至1991年4月借调舟山市粮食局财务科会计〕;1991年4月,舟山市粮食局会计;1991年10月,舟山市粮食局财务科副科长;1993年12月,舟山市粮食局财务(科)处(科长)处长(其间:1995年11月至1996年4月挂任市进出口公司轻工纺织服装公司副经理;1996年4月至1998年4月挂任市进出口公司总经理助理、综合进出口部副经理;1997年10月至1998年1月参加省委党校中青年干部培训二班学习);1998年9月,舟山市粮食局局长助理、财务处处长(1996年4月至2002年6月浙江财经学院会计专业〔自考〕在职大学学习;2003年9月至2004年11月挂任市城建委信访办公室主任);2004年11月,舟山市二轻工业(集团)总公司副总经理;2007年4月,舟山市二轻工业(集团)总公司总经理、市手工业合作联社主任,2017年2月提名为市人大常委会副主任候选人;2017年4月,舟山市人大常委会副主任。

市人大常委会副主任徐良波简介

徐良波　男,1962年10月出生,浙江舟山人。1979年12月参加工作,1992年9月加入中国共产党,中央党校函授学院经济管理专业毕业,中央党校大学学历。

1979年12月,普陀县啤酒厂

工人(其间:1982年9月至1985年8月浙江广播电视大学汉语言文学专业在职大专学习);1985年12月,舟山市普陀区(县)人民检察院干部,1988年9月助检,1993年5月副主任科员(其间:1988年7月至1991年12月浙江广播电视大学法律专业在职大专学习);1993年9月,舟山市普陀区委组织部组织干事;1995年9月,舟山市普陀区委组织部部务会议成员、组织科科长;1998年5月,舟山市普陀区委组织部副部长;2001年9月,舟山市普陀区委办公室主任(其间:2001年9月至2001年12月舟山市委党校中青年干部培训班学习)(1999年8月至2001年12月中央党校函授学院经济管理专业在职大学学习);2002年12月,岱山县委常委、组织部部长;2006年5月,岱山县委副书记、组织部部长兼县委党校校长;2006年11月,岱山县委副书记兼县委政法委书记、县委党校校长;2007年6月,舟山市委组织部副部长;2009年5月,舟山市委组织部副部长,舟山医院(筹)党委书记;2010年3月,舟山市委组织部副部长,舟山医院党委书记;2011年6月,舟山市卫生局局长、党委书记兼舟山医院党委书记;2013年9月,舟山市卫生和计划生育局局长、党委书记兼舟山医院党委书记;2014年8月,舟山市卫生和计划生育局局长、党委书记(其间:2015年3月至2015年5月浙江省委党校领导干部进修二班学习);2017年4月,舟山市人大常委会副主任、党组成员。

2011年6月至2017年5月兼任舟山市红十字会副会长;2014年1月兼任舟山市计划生育协会副会长;2012年2月至2017年3月当选为中共舟山市第六届委员会委员。

副市长傅良国简介

傅良国 男,1964年7月出生,浙江舟山人。1983年8月参加工作,1988年6月加入中国共产党,中央党校函授学院经济管理专业、厦门大学高级管理人员工商管理硕士专业毕业,中央党校大学学历,高级管理人员工商管理硕士学位。

1981年9月,浙江省金华供销学校计划统计专业学习;1983年8月,普陀县芦花供销社职工;1985年4月,普陀县(区)统计局办事员、科员,1987年11月副股长,1990年11月股长(其间:1986年4月至1988年4月浙江省高等教育自学考试统计学专业学习);1991年12月,舟山市普陀区委办公室秘书;1993年5月,舟山市普陀区委办公室副科级秘书;1994年10月,舟山市普陀区委办公室副主任(1994年9月至1996年7月中央党校函授学院经济管理专业在职大学学习);1997年1月,舟山市普陀区委办公室主任;1998年11月,舟山市普陀区沈家门镇党委书记、人大主席;2001年2月,舟山市普陀区委常委,朱家尖镇党委书记、人大主席,朱家尖旅游风景管委会主任;2003年12月,舟山市普陀区委常委、副区长兼区委政法委副书记、区审批办证服务中心主任;2006年10月,舟山市普陀区委副书记兼区委政法委书记、区委党校校长;2008年4月,舟山市金塘开发建设管委会主任、党委书记兼定海区委副书记;2009年7月,舟山港务管理局局长、党委书记兼舟山港务集团有限公司董事长、党委书记;2010年1月,舟山市港航管理局局长、党委书记兼舟山港务集团有限公司董事长、党委书记;2011年2月,舟山市港航管理局局长、党委书记兼舟山港务集团有限公司董事长、党委书记、中国(舟山)大宗商品交易中心管委会党组书记;2011年5月,舟山市港航管理局局长、党委书记兼中国(舟山)大宗商品交易中心管委会党组书记、舟山港务投资发展有限公司党委书记、舟山港股份有限公司党委书记;2011年11月,舟山市定海区委书记(2006年7月至2011年12月在厦门大学高级管理人员工商管理硕士专业学习,获高级管理人员工商管理硕士学位);2012年1月,舟山市定海区委书记兼市金塘开发建设管委会主任、党委书记;2013年8月,舟山市定海区委书记、新区金塘管委会党委书记;2014年3月,舟山市政府党组成员,新区海洋产业集聚区管委会(舟山经济开发区管委会)、舟山港综合保税区管委会党委书记,2014年4月新区海洋产业集聚区管委会主任,新区金塘管委会党委书记,定海区委书记;2014年8月,舟山市政府党组成员,浙江舟山群岛新区海洋产业集聚区管委会(舟山经济开发区管委会)、舟山港综合保税区管委会党委书记,浙江舟山群岛新区海洋产业集聚区管委会主任,定海区委书记;2016年10月,舟山市政府党组成员,浙江舟山群岛新区海洋产业集聚区管委会

(舟山经济开发区管委会)、舟山港综合保税区管委会党委书记，浙江舟山群岛新区海洋产业集聚区管委会主任，2017年4月副市长、新区管委会副主任；2017年6月，新区管委会副主任，舟山市政府副市长、党组成员，新区海洋产业集聚区管委会(舟山高新技术产业园区管委会)、舟山港综合保税区管委会党委书记，新区海洋产业集聚区管委会主任(2017年7月免)；2017年8月，新区管委会副主任，自贸区管委会副主任，市政府副市长、党组成员。

2012年2月起当选为中共舟山市第六、七届委员会委员。

副市长方维简介

方维　女，1972年3月出生，浙江奉化人。1991年8月参加工作，九三学社，杭州大学汉语言文学专业(自考)、浙江海洋学院农村与区域发展领域农业推广专业毕业，在职大学学历，农业推广硕士学位。

1989年9月，舟山师范专科学校中文专业学习；1991年8月，舟山市普陀区鲁家岙中学语文教师(其间：1992年9月至1995年6月杭州大学汉语言文学专业在职大学学习〔自考〕)；1995年9月，普陀中学语文教师、校长办公室副主任、校团委副书记；2000年12月，舟山市普陀区妇联副主席；2002年10月，舟山市普陀区政府区长助理；2004年5月，舟山市普陀区政府副区长；2009年10月，舟山市旅游局副局长；2010年12月，舟山市旅游委副主任，舟山海洋旅游综合改革试验区管委会副主任；2012年4月，舟山市政府外事与侨务办公室主任(2010年3月至2012年6月浙江海洋学院农村与区域发展领域农业推广专业学习，获农业推广硕士学位；2013年2月至2013年6月浙江省委党校中青班培训学习)；2015年9月，舟山市政府外事与侨务办公室主任，九三学社市委副主任委员；2016年8月，舟山市政府外事与侨务办公室主任，九三学社市委主任委员；2017年4月，舟山市副市长、管委会副主任，2017年8月自贸区管委会副主任，九三学社舟山市委主任委员，2017年5月市社会主义学院院长(兼)，2017年5月市红十字会会长(兼)。

新区管委会总规划师周建军简介

周建军　男，1965年11月出生，湖南张家界人。1987年7月参加工作，1987年7月加入中国共产党，同济大学城市规划与设计专业毕业，在职研究生学历，工学博士学位。

1984年9月，湖南城市建设专科学校城规系城市规划专业学习；1987年7月，湖南城市建设专科学校教师(其间：1987年9月至1988年7月在重庆建筑工程学院建筑系进修学习)；1992年9月，同济大学城市规划与设计专业硕士研究生学习；1995年3月，湖南城市建设专科学校教师；1995年9月，湖南城市建设专科学校城规系副主任、规划研究所所长；1996年6月，湖南省益阳市城市规划局党组成员、副局长(其间：1997年5月至1997年10月在山东省青岛市城阳区挂职任区长助理)；1997年12月，湖南省益阳市城市规划局党组副书记、副局长(主持行政工作)；1999年3月，湖南省益阳市城市规划局党组书记、局长；2000年4月，上海市宝山区规划局副局长；2001年10月，上海市宝山区规划局党组副书记、副局长(主持行政工作)；2002年11月，上海市宝山区规划局党组副书记、局长(其间：2004年4月至2005年8月在复旦大学公共管理核心课程研修班脱产学习)；2006年11月，上海市宝山区建设交通委党委副书记、主任(其间：2002年3月至2008年10月在同济大学城市规划与设计专业在职研究生学习，2009年5月获工学博士学位；2007年3月至2007年7月在上海市委党校第33期中青年干部培训班学习)；2014年7月，浙江舟山群岛新区管委会总规划师(2017年8月起为副厅级)、市政府党组成员。

2017年3月起当选为中共舟山市第七届委员会委员。

市政协副主席忻海平简介

忻海平　男，1960年5月出生，浙江舟山人。1977年10月参加工作，1979年6月加入中国共产党，中央党校政治经济学专业、中国地质大学(北京)资源产业经济专业毕业，在职研究生学历，工学博士学位。

1977年10月，普陀县芦花公社插队知青务农；1979年12月，普陀县医药公司统计员；1984年

6月，舟山市(地区)统计局统计员(其间:1985年8月至1987年7月中国人民大学计划统计学院统计学专业专修科学习);1988年3月，舟山市统计局统计科副科长;1989年4月，舟山市统计局综合科副科长、科长;1991年2月，舟山市统计局综合统计科科长(其间:1991年7月至1992年7月下派任普陀印刷厂厂长助理);1992年10月，舟山市统计局副局长、党组成员;1994年9月，舟山市统计局局长、党组书记;1995年3月，舟山市统计局局长、党组书记，市城调队队长(兼);1997年7月，舟山市统计局党组书记，市城调队队长(兼);1997年9月，嵊泗县委副书记、副县长、代县长;1998年3月，嵊泗县委副书记、县长(1997年3月至1998年9月杭州大学研究生院研究生课程进修班经济管理专业在职学习;1998年8月至2000年12月中央党校函授学院经济管理专业在职大学学习);2002年6月，嵊泗县委书记;2003年3月，嵊泗县委书记、县人大常委会主任(其间:2003年3月至2003年6月在中央党校进修班学习;2004年3月至2006年1月中央党校研究生班政治经济学专业学习);2006年1月，舟山市委常委、秘书长，办公室主任(兼)，嵊泗县人大常委会主任(2006年2月免);2007年2月，舟山市委常委、秘书长(2005年9月至2008年7月中国地质大学资源产业经济专业在职研究生学习，获工学博士学位);2012年2月，舟山市委常委、秘书长，市委统战部部长;2013年4月，舟山市委常委、秘书长，市委统战部部长，浙江舟山群岛新区党工委委员;2013年8月，舟山市委常委、统战部部长，浙江舟山群岛新区党工委委员;2014年3月，舟山市委常委、宣传部部长、统战部部长，浙江舟山群岛新区党工委委员;2017年3月，舟山市政协党组副书记，2017年4市政协副主席。

2002年3月至2006年1月当选为中共舟山市第四届委员会委员。

市政协副主席谢永和简介

谢永和 男，1967年3月出生，江西寻乌人。1990年7月参加工作，民盟，上海交通大学船舶与海洋结构物设计制造专业毕业，在职研究生学历，工学博士学位。

1986年9月，西北工业大学工程力学系工程力学专业学习;1990年7月，贵航集团飞机所结构室设计员，1996年2月工程师(其间:1994年9月至1997年3月在北京航空航天大学飞行器设计与应用力学系飞机设计专业研究生学习，获工学硕士学位);1998年4月，浙江水产学院教师;1998年8月，浙江海洋学院教师，1999年7月讲师，2001年11月副教授，2005年11月教授(其间:2002年2月至2005年6月在上海交通大学船舶与海洋结构物设计制造专业博士研究生学习，获工学博士学位);2006年7月，浙江海洋学院船舶与建筑工程学院副院长(主持工作);2007年7月，浙江海洋学院船舶与建筑工程学院院长(其间:2007年9月至2007年11月在浙江省社会主义学院党外中青年干部培训班学习;2010年3月至2010年5月在国家教育行政学院第三十三期高校中青年干部培训班学习;2011年10月至2012年1月挂职担任华东理工大学研究生院副院长);2012年12月，浙江海洋学院船舶与海洋工程学院院长;2014年3月，浙江海洋学院科研处处长、船舶与海洋工程学院院长;2014年5月，浙江海洋学院科研处处长;2016年5月，浙江海洋大学副校长;2017年4月，浙江海洋大学副校长，舟山市政协副主席。

省政协第十届、十一届委员，第五届舟山市政协常委，第六届舟山市政协委员，2011年7月至2017年11月民盟舟山市委副主委，2017年11月民盟舟山市委主委。

市政协副主席邬振悦简介

邬振悦 男，1962年6月出生，浙江舟山人。1981年8月参加工作，1984年11月加入中国共产党，中央党校函授学院经济管理专业毕业，中央党校大学学历。

1979年10月，浙江省公安学校公安专业学习;1981年8月，嵊泗县公安局刑事侦察员;1984年3月，嵊泗县公安局副局长;1985年9月，中国人民公安大学干部专修科公安管理专业学习;1987年7月，嵊泗县公安局副局长;1992年3月，舟山市公安局治安科副科长;1993年2月，舟山市公安局治安科科长;1994年9月，舟山市公安局治安科科长兼巡特警支队支队长;1995年2月，舟山市公安局刑侦支队支队长;1995年11月，舟山水产联合公司总经理助理(下派挂职);1997年11月,舟山市公安局工作;1998年2月,中共岱山县委常委,县公安局局长(其间:1998年8月至2000年12月中央党校函授学院经济管理专业在职大学学习);2001年11月,舟山市公安局副局长、党委委员,2004年7月正县(处)级治安员;2007年6月,舟山市公安局党委副书记、副局长、正县(处)级治安员;2009年10月,舟山市公安局常务副局长(正县处长级)、党委副书记;2011年2月,中共舟山市委副秘书长(兼),市委政法委专职副书记,2012年3月兼市社会管理综合治理委员会办公室主任,2012年4月委务会议召集人,2015年7月兼市委防范和处理邪教问题领导小组办公室主任;2016年7月,中共舟山市委副秘书长(兼),市委政法委专职副书记兼市社会治安综合治理委员会办公室主任、委务会议召集人;2016年11月,中共舟山市委副秘书长(兼),市委政法委专职副书记兼委务会议召集人,2017年2月提名为舟山市政协副主席候选人;2017年4月,舟山市政协副主席、党组成员。

2012年2月至2017年3月当选为中共舟山市第六届委员会委员。

市政协副主席孙小晓简介

孙小晓 女,1969年9月出生,浙江永嘉人。1992年8月参加工作,农工党,上海交通大学公共管理硕士专业、新加坡国立大学公共行政与管理专业毕业,在职研究生学历,公共管理硕士、公共行政与管理硕士学位。

1987年9月,浙江医科大学临床医学专业学习;1992年8月,舟山人民医院临床医师;2002年10月,舟山市卫生局副局长(2002年7月至2003年12月浙江大学临床医学研究生课程进修班学习;2004年7月至2006年3月挂职任定海区白泉镇副镇长);2005年12月,舟山市人口计生委副主任、市计生协会副会长;2007年4月,舟山市人大教科文卫侨委员会副主任委员(2007年3月至2009年6月上海交通大学公共管理硕士专业在职学习,获公共管理硕士学位;2010年3月至2010年12月新加坡国立大学公共行政与管理专业在职研究生学习,获公共行政与管理硕士学位);2012年3月,提名舟山市科协主席;2012年6月,舟山市科协主席;2016年1月,舟山市科协主席,农工党市委副主任委员;2016年8月,舟山市科协主席,农工党市委主任委员,2017年2月提名市政协副主席候选人;2017年4月,舟山市政协副主席,农工党市委主任委员。

2007年4月至2012年2月当选为舟山市第五届人大常委会委员。

市政协副主席张伟平简介

张伟平 男,1970年10月出生,浙江舟山人。1991年8月参加工作,民革,浙江大学行政管理专业、宁波大学教师教育学院教育硕士专业毕业,在职大学学历,教育硕士学位。

1989年9月,浙江法律学校法律专业学习;1991年8月,舟山市定海区计生委政策法规股办事员、副股长,1994年4月股长;1994年8月,舟山市计生委科员〔1991年10月至1996年4月杭州大学法律专业在职大专学习(自考)〕;1998年5月,舟山市计生委业务处副处长(主持工作);2001年12月,舟山市计生委政策法规处(流动人口计生管理处)处长(1999年9月至2002年6月浙江大学行政管理专业在职大学学习);2002年10月,舟山市司法局副局长(其间:2003年12月至2004年3月,2004年8月至2005年2月舟山市普陀区展茅镇新农村建设指导员;2004年4月至2004年6月上海市黄浦区民政局挂职);2006年9月,舟山市司法局副局长、民革市委副主任委员,2007年5月兼市政协社会法制委副主任(其间:2007年3月至2008年1月普陀区新农村建设指导组组长、普陀区新农村建设工程副总指挥);2008年7月,岱山县副县长、民革市委副主任委员兼市政协社会法制委副主任(其间:2010年6月至2010年12月挂职任省教育厅基础教育处副处长;2010年9月民革中央第六期中青年干部培训班学习);2011年11月,舟山市定海区副区长,民革市委副主任委员(其间:2013年9月至2013年11月中央社会主义学院第30期民主党派干部培训班学习);2014年3月,舟山市档案局局长、市史志办公室副主任,民革市委副主任委员(2012年4月至2015年6月宁波大学教师教育学院教育管理研究领域教育硕士专业学习,获得教育硕士学位);2016年8月,舟山市档案局局长、市史志办公室副主任,民革市委主任委员,2017年2月提名市政协副主席候选人;2017年4月,舟山市政协副主席,民革舟山市委会主任委员。

2002年4月至2012年2月为四届、五届舟山市政协常务委员。

市人民检察院检察长黄辉简介

黄辉 男,1968年1月出生,浙江平阳人。1985年8月参加工作,1996年12月加入中国共产党,浙江大学宪法学与行政法学专业毕业,在职研究生学历,法学博士学位。

1982年9月,浙江省卫生学校卫生检验专业学习;1985年8月,浙江省医学科学院职防所实验员、助理实验师、实验师(其间:1987年9月至1990年7月在杭州大学夜大学生物与生物技术专业学习,获大专毕业证书);1995年8月,云南大学法律系经济法专业硕士研究生;1998年7月,杭州市中级人民法院书记员、助理审判员;2001年2月,杭州市西湖区人民法院院长助理、审判员;2002年12月,衢州市柯城区副区长;2007年3月,省政府打击走私与海防口岸办人事秘书处处长(2004年2月至2008年3月在浙江大学法学院宪法学与行政法学专业学习毕业,获法学博士学位);2009年11月,省政府研究室人事秘书处正处长级干部(2009年9月至2010年9月在美国伊利诺伊理工大学商学院公共管理专业学习,获公共管理硕士学位);2010年9月,省政府研究室人事秘书处处长;2013年5月,省政府研究室人事秘书处处长、社会发展处处长;2013年12月,省政府研究室社会发展处处长;2015年11月,省政府研究室党组成员、人事秘书处处长;2017年2月,舟山市委政法委委员,市人民检察院副检察长、代检察长、党组书记,2017年4月检察长。

2017年3月起当选为中共舟山市第七届委员会委员。

新区海洋产业集聚区管委会主任陈麟简介

陈 麟 男,1962年11月出生,浙江岱山人。1979年12月参加工作,1990年12月加入中国共产党,南京政治学院经济管理专业毕业,在职大学学历。

1979年12月,舟山地区气象台报务员;1982年2月,浙江气象学校气象专业学习;1984年1月,舟山地区气象台测报员;1987年1月,舟山二轻工业公司科员;1988年5月,舟山市监察局科员(1988年9月任)(1987年8月至1990年6月中央党校函授学院经济管理专业在职大专学习);1991年7月,舟山市监察局监察科副科长,1992年8月科长;1993年5月,舟山市纪委(市监察局)执法监察室主任(其间:1995年11月至1997年5月挂职任舟山洛达轮船公司副经理兼办公室主任);1997年5月,舟山市纪委常委、执法监察室主任(1997年12月免);2001年6月,舟山市纪委常委兼市审批办证服务中心副主任,2002年6月市监察局副局长(其间:2002年8月至2002年12月浙江省委党校中青一班学习);2002年12月,舟山市委政法委副书记;2003年8月,舟山市委政法委专职副书记(2002年9月至2005年6月南京政治学院经济管理专业在职大学学习);2007年8月,舟山市委副秘书长(兼),市委政法委专职副书记(其间:2007年9月至2007年11月舟山市委党校第十期县处级干部进修班学习);2011年2月,舟山市民航局局长、党组书记(2011年5月起任舟山民航集团有限公司董事长、经理、普陀山机场有限公司经理);2013年9月,舟山市市场监督管理局局长、党组书记兼市食品药品监督管理局局长,2013年10月市工商行政管理局局长;2013年12月,舟山市市场监督管理局局长、党委书记兼市食品药品监督管理局局长、市工商行政管理局局长;2017年8月,舟山市政府党组成员,新区海洋产业集聚区管委会主任,新区海洋产业集聚区管委会(舟山高新技术产业园区管委会)、舟山港综合保税区管委会党委书记,市市场监督管理局局长、党委书记兼市食品药品监督管理局局长、市工商行政管理局局长(2017年9月免)。

2012年2月起当选为中共舟山市第六、七届委员会委员。

(撰稿:许伊娜)

责任编辑:徐飞舟

市（新区）直机关及县（区）负责人名录

新区工作部门及直属单位

新区党工委管委会办公室

主任、党组书记　刘永艺（续—）
党组副书记、副主任　沈国通（续—）
　　赵利平（续—）
副主任　应亿军（2017.04—）
　　任爱珍（女，续—）
　　蔡朝才（兼，续—）
纪检组长　汤武君（续—2017.02）
　　陈建庆（2017.02—）

新区督查考核办公室

由新区办公室管理的副县（处）级行政机构，挂市委市政府督查考核办公室牌子。

主　任　蔡朝才（续—）

新区口岸与海防管理办公室

由新区办公室管理，挂市口岸与海防管理办公室牌子。

主任、党组书记　薛剑波（续—2017.04）
　　郑方斌（2017.04—）
副主任　魏芳军（续—2017.08）
　　王满央（续—）
　　沈军恩（续—）
　　林海伟（2017.08—）

新区政策研究室（新区发展研究院）

2017年5月，将新区发展研究院由新区办公室管理调整为由新区政策研究室管理。调整后，新区发展研究院与新区政策研究室实行合并运作，其机构规格、单位性质及人员编制等维持不变。

政研室主任　郑学军（续—）
副主任　孙建军（续—）
　　戎其跃（续—2017.06）
　　李　湛（挂职，续—2017.04）
　　章军志（续—）
发展研究院院长　李　湛（挂职，续—2017.04）
副院长　解延海（续—2017.08）
　　何　军（续—）

新区招商局

由市发改委统筹管理。

局长、党组书记　李方军（续—）
副局长　孙世华（续—）
　　周敏华（续—）
　　高　元（挂职，2017.11—）

舟山绿色石化基地管理委员会

主任、党组书记（兼）　周伟江（续—）
党组副书记（兼）　周松宽（续—）
　　王　伟（续—2017.03）
党组副书记　迟祖民（续—）
常务副主任　胡国祥（续—）
副主任　项存平（兼，续—）
　　郑　海（兼，续—2017.03）
　　王存璋（续—）
　　冯连芳（挂职，2017.11—）

新区航空产业园管委会（市民用航空管理局）

2017年9月，设立浙江舟山群岛新区航空产业园管理委员会，为浙江舟山群岛新区管理委员会直属的相当于正县（处）级公益一类事业单位，原舟山市民用航空管理局调整为在航空产业园管委会挂牌。

航空产业园主任　李友国（2017.04—）
副主任　刘生波（2017.04—）
　　戎其跃（2017.06—）

费　翔（挂职，2017.11—）
民航局局长、党组书记 李碧清（续—2017.06）
李友国（2017.06—）
副局长 张伟堂（续—）
陈伟康（续—）
陈建炳（续—）
傅其海（续—）
王怀金（续—）

新区海洋产业集聚区管委会

舟山高新技术产业园区管委会、舟山港综合保税区管委会与海洋产业集聚区管委会合署办公，实行“三块牌子、一套班子”。

主任、党委书记 傅良国（续—2017.07）
陈　麟（2017.08—）
党委副书记、副主任 李友国（续—2017.04）
韦晓红（女，2017.06—）
王平伟（2017.06—）
夏远翔（续—）
副主任 林剑彪（兼，续—）
范静慧（女，挂职，2017.11—）
纪检组长 王惠国（续—）

舟山经济开发区管委会——舟山高新技术产业园区管委会

2017年6月，舟山经济开发区管委会更名为舟山高新技术产业园区管委会，仍与新区海洋产业集聚区管委会合署办公。

主　任 李友国（续—2017.06）
王平伟（2017.06—）
副主任 刘生波（续—2017.06）
陆平跃（续—）
王平伟（续—2017.06）
叶同杰（续—）
许　焱（续—）

舟山港综合保税区管委会

主　任 韦晓红（女，2017.06—）
副主任 陈　健（挂职，续—2017.11）
董飞锡（挂职，续—2017.11）
徐洪刚（挂职，2017.11—）

新区新城管委会

党委书记 缪和平（续—2017.04）
董文平（2017.04—）
主　任 董文平（续—）
党委副书记 董文平（续—2017.04）
邬剑波（续—）
党委副书记、副主任 刘　涛（续—）
副主任 王　涛（续—）
徐朝斌（续—）
黄圣亚（女，续—）
蒋文昌（续—）
王洪波（续—）
杨　健（兼，续—）
廖　婕（女，2017.06—）
纪委书记 王　彦（续—）

中国（舟山）海洋科学城建设管理局

由新区新城管委会管理的相当于正县（处）级事业单位，挂中国海洋科技创新引智园区管理中心、国家海洋科技国际创新园、市科技创意研发园区管理中心牌子。

党组书记 缪和平（续—2017.04）
邬剑波（2017.04—）
局　长 邬剑波（续—）
副局长 叶亚君（女，续—2017.04）
周朝阳（续—）
张谷燕（女，续—）
何　军（续—）
李　明（续—）

市新城公用事业管理中心

为新城管委会管理的相当于副县（处）级事业单位。

主　任 徐朝斌（续—）

新区普陀山-朱家尖管委会（市普陀山风景名胜区管委会）

党委书记（兼） 马国华（续—）
主任、党委副书记（兼） 蒋志伟（续—）
党委副书记（兼） 张立军（续—）
党委副书记、常务副主任 刘明永（续—）
副主任 丁宏斌（续—）
金伟民（续—2017.06）
王富强（续—）
孙军尔（续—）
蒋文昌（续—2017.11）
张　晖（2017.06—）

刘方晖（续—）
乐　添（续—）
张宏华（兼，续—）
郭涤寰（续—）
纪检组长　余忠恩（续—）

新区金塘管委会

党委书记　庄继艳（女，续—）
主任、党委副书记　张　捷（续—）
党委副书记、副主任　张　立（续—2017.06）
副主任　齐友国（续—）
林旭波（续—）
韦华舟（续—）
丁水华（续—）
黄江荣（续—2017.02）
纪检组长　林备瑜（续—）

新区六横管委会

党委书记　张立军（续—）
主任、党委副书记　徐炜波（续—）
党委副书记、副主任　陈春汉（续—）
副主任　吴子奇（续—）
林　文（续—）
李广东（续—）
吕　辉（2017.06—）
忻丁世（2017.06—）

纪检组长　俞志良（续—）

市委工作部门及直属单位

市纪律检查委员会监察委员会机关

市监委与市纪委合署办公。

市纪委书记　周　峰（续—）
常务副书记　陈　宏（续—）
副书记　张佩飞（2017.03—）
常　委　张佩飞（续—2017.03）
史舟海（续—）
杨妙君（女）（续—）
郑飞科（续—）
赵　峰（2017.03—）
市监委主任　周　峰（2017.04—）
副主任　陈　宏（2017.04—）
张佩飞（2017.04—）
杨亚儿（女，续—2017.04）

市委办公室

主　任　赵利平（续—）
副主任　任爱珍（女，续—2017.06）
胡志军（2017.06—）
莫瑞安（2017.06—）

市委直属机关工作委员会

与市委办公室合署办公。

书　记　张伟存（续—2017.04）
陈　涛（2017.04—）
纪工委书记　王裕存（续—）

市委台办工作办公室（市政府台湾事务办公室）

市委台湾工作办公室与市委办公室合署办公，同时挂市政府台湾事务办公室牌子。

主　任　郑方斌（续—）
副主任　丁　涛（续—2017.06）

市档案局（史志办公室）

市史志办公室与市档案局合署办公，由市委办公室管理。

市档案局局长、史志办副主任
张伟平（续—2017.04）
市档案局副局长、史志办主任
包江雁（续—2017.04）
局长（主任）　刘旭军（2017.04—）
党组书记　刘旭军（续—）
副局长（副主任）　张　浩（续—2017.09）
胡　光（续—）
周国洪（续—）

市委机要局

由市委办公室管理的副县（处）级行政机构，挂市密码管理局牌子。

局　长　徐国芳（续—）

市委组织部

部　长　张明超（续—）
常务副部长　张剑波（续—2017.09）
副部长　陈芬芬（女，续—）
苏　玳（女，兼，续—）
冯敏刚（续—）
戴灵芝（女，续—2017.03）
赵全军（续—）

张　未（女，2017.03— ）
纪检组长　严雅萍（女，续—2017.02）
陈　翔（2017.02— ）

市委老干部局

由市委组织部管理。
局　长　苏　玳（女，续— ）
副局长　金　军（续— ）
陈敏刚（续— ）

市委新经济与新社会组织工作委员会

挂靠市委组织部。
书记　戴灵芝（女，续—2017.03）
张　未（女，2017.03— ）
副书记　王行跃（续— ）
陈军民（兼，续— ）

市委宣传部

部　长　忻海平（续—2017.03）
徐张艳（女，2017.03— ）
常务副部长　王　辉（续—2017.04）
张跃良（2017.04— ）
副部长　章隽达（续— ）
施宏斌（续— ）
薛剑平（兼，续—2017.04）
毛松国（兼，续—2017.04）
张品方（兼，续— ）
罗岱生（兼，2017.04— ）
纪检组长　俞敏明（续—2017.02）
鲍永清（2017.02— ）

市精神文明建设委员会（市创建文明城市指挥部）办公室

由市委宣传部管理。
主　任　毛松国（续—2017.04）
罗岱生（2017.04— ）
副主任　李　杰（续— ）
郑军伦（续— ）
陈　泽（续— ）

市委市政府新闻办公室

挂靠市委宣传部。
主　任　胡海光（续— ）

市委统一战线工作部

部　长　忻海平（续—2017.03）
王　伟（2017.03— ）
常务副部长　何　伟（续—2017.02）
徐智忠（2017.02— ）
副部长　邱平海（续— ）
徐智忠（续—2017.02）
王行跃（兼，续— ）
陈宏成（2017.08— ）
余良峰（挂职，2017.11— ）
纪检组长　奚跃武（续—2017.02）
沈剑岳（2017.02— ）

市委政法委员会

书　记　徐　旭（续—2017.07）
专职副书记　邬振悦（续—2017.04）
副书记　周伟江（兼，续— ）
魏　明（兼，续— ）
吴国员（续—2017.04）
夏凯慧（续— ）
林群珠（女，续— ）
孔双龙（2017.04— ）
纪检组长　刘　峰（续— ）

市社会治安综合治理委员会办公室

与市委政法委员会合署办公。
主　任　夏凯慧（续— ）
专职副主任　杨宏伟（续— ）
副主任　乐松杰（兼，续— ）

610 办公室

与市委政法委员会合署办公。
主　任　林群珠（女，2017.04— ）
副主任（主持工作）林群珠（女，续—2017.04）

市流动人口服务管理局

由市委政法委员会管理。

2017 年 6 月，将市流动人口服务管理局由相当于正县（处）级事业单位调整为相当于正科级事业单位，并更名为舟山市综治中心。调整后，市综治中心为市委政法委管理的相当于正科级公益一类事业单位。

副局长　乐松杰（续—2017.05）

市机构编制委员会办公室

主　任　冯敏刚（续— ）
副主任　夏学忠（续— ）
林德伟（续—2017.06）
虞卓华（2017.06— ）

市委市政府信访局

局长、党组书记　陈　刚（续—）
副局长　朱红儿（女，续—）
邵　军（续—）
张　晖（续—2017.06）
徐国华（2017.07—）
张文光（2017.09—）

市委教育工作委员会

与市教育局合署办公。
书　记　祝幸安（续—）
副书记　李晓东（续—）

市委党校

校　长　张明超（兼，续—）
党委书记、副校长　张跃良（续—2017.04）
张伟存（2017.04—）
副校长　徐文平（续—）
高会峰（续—）
张信国（续—）

舟山日报社

社长、党委书记　石焕斌（续—）
总编辑、党委副书记、副社长　黄忠海（续—）
党委副书记　卢云星（续—2017.06）
副总编辑　杨　敏（续—2017.06）
来　其（续—）
刘雨业（续—）
副社长　周贤侠（续—）

市人大各专委会及常委会工作部门

办公室

机关党组书记　励延年（续—2017.04）
严济岳（2017.04—）
主任、机关党组副书记　庄和刚（续—）
副主任　邵姜群（女，续—2017.04）
钱海玲（女，续—）
徐剑锋（2017.09—）
纪检组长　单阿忠（续—）

研究室

主　任　郑耿德（续—2017.04）
邵姜群（女，2017.04—）
副主任　冯国海（续—）

代表工作委员会

主　任　王永国（续—2017.04）
邢学旺（2017.04—）
副主任　毛国锋（续—）
王伟苗（2017.04—）

信访办公室

为市人大常委会副县（处）级办事机构
主　任　叶劲松（续—2017.08）
舒芬芳（女，2017.08—）

法制委员会

主任委员　张光明（续—2017.04）
郑耿德（2017.04—）
副主任委员　罗锡炎（续—）

法制工作委员会

主　任　张光明（续—2017.04）
郑耿德（2017.04—）
副主任　罗锡炎（续—）
徐艾青（女，2017.04—）

内务司法委员会

主任委员　马　麟（续—）

内务司法工作委员会

主　任　马　麟（续—）
副主任　黄世忠（2017.04—）
罗和平（续—）

财政经济委员会

主任委员　何　军（续—2017.04）
余本年（2017.04—）
副主任委员　王忠达（续—2017.04）
翁满芬（女，续—）

财政经济工作委员会

主　任　何　军（续—2017.04）
余本年（2017.04—）
副主任　翁满芬（女，2017.04—）
史伟忠（2017.04—）

城乡建设环境资源保护委员会

主任委员　陆松潮（续—2017.04）
缪和平（2017.04—）
副主任委员　余华安（续—2017.04）
杨莺莺（女，2017.04—）

城乡建设环境资源保护工作委员会

主　任　陆松潮（续—2017.04）

缪和平(2017.04—)
副主任 余华安(续—2017.04)
杨莺莺(女,2017.04—)
章毓法(2017.04—)

渔农业和渔农村委员会

主任委员 徐荣木(续—2017.04)
薛剑平(2017.04—)
副主任委员 王忠达(2017.04—)

渔农业和渔农村工作委员会

主　任 徐荣木(续—2017.04)
薛剑平(2017.04—)
副主任 王忠达(2017.04—)
陆文武(2017.04—)

教育科技文化卫生委员会

主任委员 周　汉(续—)
副主任委员 孙景良(2017.04—)

教育科技文化卫生工作委员会

主　任 周　汉(续—)
副主任 李敏霞(女,续—2017.04)
孙景良(2017.04—)
郭建民(2017.04—)

民族宗教华侨外事委员会

主任委员 李　瑛(女,续—2017.04)
毛松国(2017.04—)
副主任委员 鲍新华(续—2017.04)
李敏霞(女,2017.04—)

民族宗教华侨外事工作委员会

主　任 李　瑛(女,续—2017.04)
毛松国(2017.04—)
副主任 鲍新华(续—2017.04)
李敏霞(女,2017.04—)

市政府工作部门及直属单位

市政府办公室

党组书记 沈国通(续—)
主任、党组副书记 应亿军(2017.04—)
副主任 顾建斌(续—)
洪祝华(续—)
张　磊(续—)

市政府法制办公室

与市政府办公室合署办公。

主任、党组书记 李东明(续—)
副主任 徐艾青(女,续—2017.03)
李　蓓(女,2017.07—)
林海江(2017.07—)

市人防办(市民防局)

由市政府办公室管理。

主任(局长)、党组书记 徐剑波(续—)
副主任(副局长) 沈国忠(续—)

市金融工作办公室

由市政府办公室管理的相当于正(县)处级事业单位。

主　任 林仙云(续—2017.09)
许奇挺(挂职,2017.09—)
副主任 张　曙(续—)
王义中(挂职,续—2017.11)
董红苗(挂职,续—)

新区管委会驻北京联络处

挂招商引资服务中心牌子,由市政府办公室管理。

主任、党组书记 邱福位(续—)

新区管委会驻上海联络处

挂招商引资服务中心牌子,由市政府办公室管理。

主　任 张　群(续—)

新区管委会驻杭州联络处

挂招商引资服务中心牌子,由市政府办公室管理。

主任、党组书记 朱杰成(续—)
副主任 王智仡(续—)

市发展和改革委员会(统计局)

挂市经济合作与投资促进局、市物价局牌子,市统计局与市发展和改革委员会合署办公。

主任、党组书记 於树波(续—)
党组副书记、副主任 张欣南(续—)
李方军(续—)
党组副书记 韦建华(续—)
副主任 倪福堂(续—)
周之翔(续—2017.04)
郑　海(续—2017.03)
戴曙洲(续—)
郑飞芬(女,续—)

沈室渊(续—)
应仲民(续—2017.05)
叶　菲(挂职,续—2017.11)
杨理想(挂职,续—2017.11)
张　翼(2017.07—)

纪检组长　胡海涛(续—)

市统计局局长　张欣南(续—)

副局长　陈忠年(续—)
孔海英(女,续—)

市经济和信息化委员会

主任、党组书记　苏为泽(续—)

党组副书记、副主任　王夕华(续—)

副主任　王素清(女,续—)
史伟忠(续—2017.04)
康　专(续—)
陈远东(挂职,续—2017.11)
方伟定(挂职,续—2017.11)
陈通平(2017.09—)
祝　健(挂职,2017.11—)

纪检组长　施胜强(续—)

市教育局

局长、党组书记　祝幸安(续—)

党组副书记　李晓东(续—)

副局长　毕　云(续—)
王伟苗(续—2017.04)
曾时尚(续—)

纪检组长　王和芬(女,续—)

市科学技术局

挂市地震局牌子。

局长、党组书记　郭力泉(续—)

副局长　石兆文(女,续—2017.09)
潘祖平(续—)
陈文斌(续—)
袁　嵘(续—)
沈方英(女,挂职,2017.11—)

省海洋开发研究院

由市科技局管理。

院　长　郭力泉(兼,续—2017.04)
郑　斌(2017.04—)

副院长　郑　斌(续—2017.04)
施亚平(续—2017.06)
胡　骏(2017.09—)

浙江大学舟山海洋研究中心

主任、党委书记
胡富强(浙大委派,续—2017.09)
徐　文(浙大委派,2017.09—)

副主任　翁永孟(续—)
赵川平(浙大委派,续—)

市民族宗教事务局

与市委统战部合署办公。

局　长　邱平海(续—)

副局长　袁德新(续—2017.07)
陈宏成(续—2017.09)
郭纪兵(2017.07—)

市公安局

局长、党委书记　魏　明(续—)

常务副局长、党委副书记　姚国平(续—)

副局长　陈优凤(女,续—)
刘岳康(续—)
於石头(续—)
周四海(续—)

纪检组长　马远辉(续—)

市监察局—市监察委员会

与市纪委机关合署办公。

主　任　周　峰(2017.04—)

副主任　陈　宏(2017.04—)
张佩飞(续—)
杨亚儿(女,续—2017.04)

市民政局

局长、党组书记　张　锦(女,续—2017.04)
徐爱华(女,2017.04—)

副局长　余海刚(续—2017.07)
陈军民(续—)
李　昌(续—)

纪检组长　傅　明(续—)

市司法局

局长、党组书记　俞连军(续—2017.04)
郑华卫(2017.04—)

副局长　徐　烈(续—)
何伟平(续—)
贺永明(续—)

市强制隔离戒毒所

第一政委　俞连军(兼,续—2017.04)
郑华卫(兼,2017.04—)

所　长　　虞仙平(续—)
政　委　　钱世军(续—)

市财政局(市地税局)

挂市国有资产监督管理委员会牌子。

局长、党委书记　　顾央军(续—)
党委副书记、副局长　　曹国英(女,续—)
副局长　　江立安(续—)
王海平(续—)
韦晓红(女,续—2017.07)
宁小军(2017.09—)
纪检组长　　陈建庆(续—2017.02)
市地税局局长　　顾央军(续—)
市地税局副局长　　王志杰(续—)
邬传统(续—)

市人力资源和社会保障局

局长、党组书记　　陈芬芬(女,续—)
副局长　　金　涛(续—)
邬扬全(续—2017.04)
於立斌(续—)
边雅丽(女,2017.09—)
张　建(挂职,2017.11—)
纪检组长　　沈剑岳(续—2017.02)
许佰军(2017.08—)

市社会保险事业管理局

由市人力资源和社会保障局管理的副县(处)级事业单位。

局　长　　陈　翔(续—2017.02)
阎英群(女,2017.03—)
副局长　　李冬梅(女,续—)
阮剑鸿(续—2017.09)

市就业管理服务局

挂舟山海员就业服务中心牌子,由市人力资源和社会保障局管理。

局　长　　阎英群(女,续—2017.09)
阮剑鸿(2017.09—)

市住房和城乡建设局(规划局)

挂市测绘与地理信息局牌子,市规划局与市住房和城乡建设局合署办公。

局长、党委书记　　王飞跃(续—)
副局长　　李天富(续—)
余淳舟(续—2017.06)
林伟国(续—)
罗岱生(续—2017.04)
傅继昂(2017.07—)
纪检组长　　鲍永清(续—2017.02)
冯海波(2017.08—)

市小干岛商务区开发建设指挥部

由市住房和城乡建设局管理的副县(处)级事业单位。

常务副总指挥长　　李　军(续—)
副总指挥长　　姚品军(续—)

市住房保障和房产管理局

由市住房和城乡建设局管理的相当于副县(处)级事业单位。

局　长　　余淳舟(兼,续—2017.06)
陈丽娜(女,2017.07—)

市公共项目建设中心

由市住房和城乡建设局(规划局)管理的相当于副县(处)级事业单位。(负责人暂缺)

市建筑业管理局

由市住房和城乡建设局(规划局)管理的相当于副县(处)级事业单位。

局　长　　黄林伟(续—)

市交通运输局

局长、党委书记　　余本年(续—2017.04)
全世国(2017.04—)
党委副书记　　张胜利(续—)
梁　栋(续—)
副局长　　蒋海平(续—)
黄先永(2017.06—)
方志浩(续—)
邱一虹(女,续—)
陈仁军(续—)
朱　宏(兼,续—)
纪检组长　　邓兆俊(续—)

市大桥建设管理局(舟山跨海大桥管理局)

由市交通运输局管理的相当于正县(处)级事业单位,舟山跨海大桥管理局与其合署办公。

党组书记　　张胜利(续—2017.08)
张雷永(2017.08—)
局　长　　张胜利(续—)
党组副书记　　张胜利(2017.08—)

王南宙(续—)
副局长　王南宙(续—)
翁军杰(宁波市委派,续—2017.11)
顾伟存(2017.11—)
董海明(续—)
赵志军(2017.09—)
陈伟君(宁波市委派,兼,续—)

市公路管理局

由市交通运输局管理。
局长、党委书记　苗成武(续—2017.06)
邬勤平(2017.09—)

市道路运输管理局

由市交通运输局管理。
局长、党委书记　黄先永(续—2017.06)
陆斌海(2017.06—)

市水利水务围垦局

局长、党组书记　王　勇(续—)
副局长　朱通永(续—)
孔双龙(续—2017.04)
虞定武(续—)
纪检组长　兰保卫(续—)

市农林与渔农村委员会

挂市委渔农村工作办公室牌子。
主任、党组书记　严济岳(续—2017.04)
夏仁康(2017.04—)
副主任　陆文武(续—2017.04)
黄义盛(续—2017.05)
薛余斌(续—2017.08)
翟金强(续—)
徐有清(挂职,续—2017.11)
李鸿斌(续—)
叶维寅(2017.09—)
包青春(挂职,2017.09—)
纪检组长　刘天宝(续—)

市商务局

挂市粮食局牌子。与市贸促会成立联合党组。
局长、党组书记　干松章(续—)
党组副书记　宋晓滨(续—)
副局长　张民富(续—2017.09)
盛惠敏(女,续—2017.08)
陈国强(续—)
陈　锋(续—)
陈建设(续—)
周志国(续—2017.09)
薛余斌(2017.09—)
黄红华(挂职,2017.11—)

市海洋与渔业局(海洋行政执法局)

市海洋行政执法局与市海洋与渔业局合署办公。
局长、党组书记　戴登禄(续—)
党组副书记　孙景良(续—2017.04)
刘舜斌(2017.06—)
副局长　刘舜斌(续—)
刘志刚(续—2017.09)
陆斌海(续—2017.06)
王晓波(2017.06—)
楼加金(续—)
王　彬(续—)
李增辉(2017.07—)
纪检组长　司　勇(续—)

市文化广电新闻出版局(体育局)

市体育局与市文化广电新闻出版局合署办公。
局长、党组书记　陆深海(续—)
党组副书记　李国芳(续—)
副局长　钱　军(续—2017.09)
王骏涛(续—2017.08)
郭建民(续—2017.04)
刘志勇(续—)
周　波(续—)
陶慧芳(女,2017.09—)

市卫生和计划生育局

局长、党委书记　徐良波(续—2017.04)
杜自力(2017.04—)
党委副书记　方　涛(续—)
副局长　胡本祥(续—2017.04)
夏前峰(续—)
厉仁军(续—)
楼世峰(续—)
何静兵(续—2017.09)
张　萍(女,挂职,续—2017.11)
王　臻(挂职,2017.05—)
金秀国(2017.07—)
王淑芬(女,2017.07—)

纪检组长　岑慧丰(女,续—)

市审计局

局长、党组书记　陆沧波(续—)
副局长　刘晓国(续—2017.09)
钱　宁(2017.09—)
翁维波(2017.09—)

市旅游委员会(舟山海洋旅游综合改革实验区管理委员会)

主任、党组书记　徐爱华(女,续—2017.04)
党组书记　周开龙(2017.04—)
主　任　曹　泓(女,2017.04—)
党组副书记、副主任　戎平娟(女,续—2017.06)
副主任　曹　泓(女,续—2017.04)
郭文杰(续—)
林卫兴(挂职,续—2017.11)
徐　海(2017.07—)
纪检组长　郑方胜(续—)

市环境保护局

局长、党组书记　全世国(续—2017.04)
张　锦(女,2017.04—)
党组副书记　於敏峰(2017.06—)
副局长　邵君波(续—)
於敏峰(续—)
洪圣军(续—)
洪志标(2017.06—)
纪检组长　黄世忠(续—2017.04)
虞国海(2017.06—)

市国土资源局

局长、党委书记　虞国平(续—)
党委副书记、副局长　蒋志龙(续—)
副局长　於颖颖(女,续—2017.03)
邵志坚(续—)
纪委书记　雷小斌(续—)

市安全生产监督管理局

局长、党组书记　张友华(续—2017.04)
蔡志军(2017.04—)
党组副书记、副局长　竺学平(续—)
副局长　章毓法(续—2017.04)
贺贤锋(续—)
张　均(2017.09—)

市政府外事与侨务办公室

党组书记　陈利文(续—)
主　任　方　维(女,续—2017.04)
陈利文(2017.04—)
副主任　刘　宁(续—)
庄海波(续—)

市市场监督管理局

挂市工商行政管理局、市质量技术监督局、市食品药品监督管理局、市食品安全委员会办公室牌子。

局长、党委书记　陈　麟(续—2017.09)
王富海(2017.09—)
党委副书记　戎建军(2017.08—)
副局长　戎建军(续—)
俞　斌(续—2017.05)
王富海(续—2017.06)
孙海芬(女,2017.09—)
卢　波(续—)
柴正其(续—)
汪志宏(2017.09—)
纪检组长　郑玉宽(续—)

市食品药品检验检测研究院

市政府直属的相当于副县(处)级事业单位,由市市场监督管理局管理。

党委书记　梅宏辉(续—)

市综合行政执法局—市城市管理局(综合行政执法局)

2017年6月,设立市城市管理局,市综合行政执法局与市城市管理局合署办公。

局长、党组书记　夏仁康(续—2017.04)
俞连军(2017.06—)
党组副书记、副局长　陈　涛(续—2017.04)
余淳舟(2017.06—)
副局长　胡雄伟(续—)
夏朝军(续—)
邱郁青(2017.06—)
鲍国庆(2017.09—)

市人才工作领导小组办公室

挂靠市委组织部。(负责人暂缺)

新区决策咨询委办公室

主　任　胡　骏(续—2017.08)
王骏涛(2017.08—)

市审批服务与招投标管理委员会

主任、党组书记　孙丹燕(女,续—)
副主任　鲍福林(续—)

孙晓华（女，续—）

市招投标中心——市公共资源交易中心

2017年5月，将市招投标中心更名为市公共资源交易中心，其他维持不变。

主　任　陆赛波（续—）

中国（浙江）自由贸易试验区综合服务中心

2017年6月，设立中国（浙江）自由贸易试验区综合服务中心，为中国（浙江）自由贸易试验区管理委员会直属的相当于正县（处）级公益一类事业单位。

主　任　黄义盛（2017.05—）
副主任　丁　涛（2017.06—）

中国（浙江）自由贸易试验区综合协调局

2017年6月，设立中国（浙江）自由贸易试验区综合协调局，为中国（浙江）自由贸易试验区管理委员会的工作机构，机构规格相当于市政府工作部门。

局　长　俞　斌（2017.05—）
副局长　冯必君（2017.06—）

中国（浙江）自由贸易试验区政策法规局

2017年6月，设立中国（浙江）自由贸易试验区政策法规局，为中国（浙江）自由贸易试验区管理委员会的工作机构，机构规格相当于市政府工作部门。

局　长　应仲民（2017.05—）
副局长　陈华清（2017.06—）
　　　　朱海洋（挂职，2017.11—）

舟山广播电视总台、编委会

台长、党委书记　颜兆祥（续—）
总　编　颜兆祥（续—2017.08）
总编、党委副书记　钱　军（2017.08—）
副台长、副总编　林海峰（续—2017.08）
　　　　史　军（续—）
　　　　欧阳晓明（续—）
　　　　李信平（续—）

市港航管理局

局长、党委书记　徐全昌（续—）
党委副书记、副局长　张军华（续—）
副局长　邵剑平（续—）
　　　　黄海运（续—）
　　　　郭　波（续—）
　　　　锁旭东（续—）
纪检组长　周　辉（续—）

舟山引航站

由市港航管理局管理。

站　长　陈伟丰（续—）
党委书记　李培年（续—）

市机关事务管理局（市委市人民政府接待办公室）

2017年8月，将市委市人民政府接待办公室调整为与市机关事务管理局合署办公，实行“两块牌子、一套班子”运作模式。

局长、党组书记　邢学旺（续—2017.04）
　　　　陈海波（2017.04—）
副局长　夏忠刚（2017.06—）
　　　　周　炯（续—）
　　　　刘海斌（2017.09—）
市接待办主任、党组书记　陈海波（续—）
副主任　夏忠刚（续—2017.06）

市供销合作社

主任、党委书记　严国强（续—2017.06）
　　　　李碧清（2017.06—）
副主任　徐　敏（续—）
　　　　魏芳军（2017.09—）

中国（舟山）大宗商品交易中心—中国（舟山）大宗商品交易管理委员会

2017年8月，将中国（舟山）大宗商品交易中心更名为中国（舟山）大宗商品交易管理委员会，为市政府直属的相当于正县（处）级公益一类事业单位。

党组书记　於树波（续—）
主　任　贝璐国（续—）
副主任　王海明（续—）
　　　　陈　伟（续—2017.09）
　　　　林振宇（续—）
　　　　陈　洁（女，续—）

市住房公积金管理中心

主　任　张　伟（续—）

上海船舶工艺研究所舟山船舶工程研究中心

主　任　朱晨东
（上海船舶工艺研究所委派，续—）

省舟山连岛工程建设指挥部

总指挥、党委书记　沈　旺（兼，续—2017.04）
副总指挥　张胜利（续—2017.08）

浙江国际海运职业技术学院

党委书记　陈松华（续—）

院长、党委副书记　王　捷(续—)
党委副书记　陈定樑(续—)
　胡国光(续—)
副院长　张新杰(续—)
　孔志光(续—)
　李　丽(女,续—)
纪委书记　江爱芬(女,2017.08—)

浙江舟山群岛新区旅游与健康职业学院

党委书记　陈仕俊(续—)
院长、党委副书记　郑能波(续—)
党委副书记　王旭光(续—)
副院长　何岳成(续—)
　杨建华(续—)
　陈爱国(续—)
纪委书记　夏良峰(续—)

舟山教育学院

由市教育局管理的相当于副县(处)级事业单位。
院长、党委书记　邱军峰(续—2017.08)
　江　平(2017.08—)

舟山蓉浦学院

由市教育局管理的相当于副县(处)级事业单位。
院长、党委书记　周建军(续—)

舟山航海学校

校　长　李增蔚(续—)
副校长　钟继雷(续—)
　邹学伟(续—)

舟山中学

校长、党委书记　唐　华(续—2017.08)
　方　军(2017.08—)
副校长、党委副书记　方　军(续—2017.08)
副校长　李任文(续—)
　翁志龙(续—)
　陈　钢(2017.08—)
副校长、纪委书记　汪尧坤(续—)

南海实验学校

校长、党委书记　徐铁骏(续—)
副校长　俞宏伟(续—)
　季　刚(续—)
副校长、纪委书记　陆　熊(续—)

舟山职业技术学校

校长、党委书记　杨永明(续—)
党委副书记、纪委书记　苏启军(续—)
副校长　丁　峰(女,续—)
　朱信标(兼,续—)
　许　猛(续—)
　祁中伟(续—)

舟山技师学院(筹)

与舟山职业技术学校实行两块牌子,一套班子。
院长、党委书记　杨永明(兼,续—)
副院长　丁　峰(女,兼,续—)
　朱信标(续—)
　许　猛(续—)
　祁中伟(续—)

舟山医院

党委书记　陈　腊(续—)
院长、党委副书记　张国强(续—)
党委副书记、纪委书记　徐方明(续—)
副院长　丁贤君(续—)
　乐涵波(续—)
　王忠岳(续—)
　林鸣国(续—)
　袁惠萍(女,续—)

政协舟山市委员会工作机构

办公室

机关党组书记　乐海华(续—)
主任、机关党组副书记　陶松珠(女,续—)
副主任　苗定夫(续—)
　唐益鸣(续—)
纪检组长　夏龙义(续—)

提案委员会

主　任　韩贤清(续—2017.04)
　张友华(2017.04—)
副主任　陈礼松(2017.01—)
　林　伟(续—)
　韩建成(兼,续—2017.04)
　刘丹恺(兼,续—2017.04)

委员工作委员会

主　任　刘美娣(女,续—2017.04)
　陈惠芳(女,2017.04—)

副主任　林燕敏（女，续—）
　　　　卢　竑（女，续—）

经济科学技术委员会

主　任　庄智君（女，续—）
副主任　张善丰（续—2017.04）
　　　　戴晓忠（续—2017.04）
　　　　蔡志军（兼，续—2017.04）
　　　　石兆文（女，兼，续—2017.04）
　　　　周之翔（2017.04—）
　　　　邬扬全（2017.04—）

人口资源环境委员会——渔农业渔农村和资源环境委员会

主　任　乐蓉英（女，续—2017.04）
　　　　吴国员（2017.04—）
副主任　戴晓忠（2017.04—）
　　　　宋贤斌（续—）
　　　　邵君波（兼，续—2017.04）

教育文化卫生体育委员会

主　任　韩立群（续—2017.04）
　　　　包江雁（2017.04—）
副主任　姜　敏（续—）
　　　　刘兴国（兼，续—2017.04）
　　　　胡本祥（兼，续—2017.04）
　　　　李莹梅（女，2017.01—）

社会法制委员会——社会法制和民族宗教委员会

主　任　胡燕萍（女，续—2017.04）
　　　　严国强（2017.04—）
副主任　刘英凡（女，续—）
　　　　刘建伟（兼，续—2017.04）
　　　　余海刚（兼，续—2017.04）

文史和学习委员会——文史资料委员会

主　任　金　宁（续—2017.04）
　　　　王　辉（2017.04—）
副主任　冯迎丰（续—）
　　　　孙建军（兼，续—2017.04）
　　　　汪朝柱（2017.04—）

港澳台侨委员会——港澳台侨和外事委员会

主　任　陈惠芳（女，续—2017.04）
　　　　蔡志军（2017.04—）
副主任　张海军（续—）

市级群团组织

市总工会

主　席　周松宽（兼，续—）
党组书记、副主席　郑　洪（续—）
党组副书记、副主席　汪朝柱（续—2017.04）
副主席　孙海芬（女，续—2017.09）
　　　　杜方友（续—）
　　　　盛惠敏（女，2017.09—）
　　　　刘银涛（2017.09—）
　　　　王　珺（女，挂职，2017.09—）
　　　　唐进伟（兼，2017.09—）
　　　　丁兆冈（兼，2017.09—）

共青团舟山市委

书记、党组书记　黄江荣（2017.02—）
副书记　余　凯（续—）
　　　　陈　涛（续—）
　　　　邵东春（挂职，2017.08—）
　　　　金可泽（兼，2017.08—）
　　　　刘豪伟（兼，2017.08—）

市妇女联合会

主席、党组书记　张　未（女，续—2017.02）
　　　　於颖颖（女，2017.02—）
副主席　邵　情（女，续—）
　　　　刘晓芬（女，续—）
　　　　胡一燕（女，挂职，2017.08—）
　　　　邬玮玮（女，兼，2017.08—）
　　　　吴素月（女，兼，2017.08—）

市文学艺术界联合会

主席、党组书记　薛剑平（续—2017.04）
党组书记　张跃良（2017.04—）
主　席　杨亚儿（女，2017.04—）
副主席　张　辉（续—）
　　　　戎际双（2017.01—）
　　　　王　颖（兼，续—）
　　　　王志良（兼，续—）
　　　　来　其（兼，续—）
　　　　邬传统（兼，续—）
　　　　丁宏斌（兼，续—）

陈娜君(女,兼,续—)
王敏杰(兼,续—)
周　波(兼,续—)

市科学技术协会

主　席　孙小晓(女,续—2017.04)
叶亚君(女,2017.05—)
党组书记　郭力泉(续—2017.04)
叶亚君(女,2017.04—)
副主席　吴瑜良(续—)
赵　峰(2017.05—)
任林盛(女,挂职,2017.10—)
虞聪达(兼,续—2017.12)
王　捷(兼,续—)
林　涛(兼,续—2017.12)
郁惠民(兼,续—2017.12)
徐汉祥(兼,2017.12—)
郑　斌(兼,续—)
张国强(兼,2017.12—)
宋金宝(兼,2017.12—)
王加斌(兼,2017.12—)
杨　东(兼,2017.12—)
林　东(兼,2017.12—)

市归国华侨联合会

主　席　徐智忠(兼,续—2017.07)
陆　意(女,2017.07—)
党组书记　詹志军(续—2017.06)
陆　意(女,2017.06—)
副主席　傅伊云(2017.12—)
邬传统(兼,续—)
包江雁(兼,续—2017.12)
於立斌(兼,2017.12—)
李灵萍(女,兼,2017.12—)
翁志龙(兼,2017.12—)
陆效军(兼,续—)
夏增富(兼,续—2017.12)
缪艳萍(女,兼,续—2017.12)
陶性于(兼,2017.12—)

市贸促会

会　长　宋晓斌(续—)
副会长　王洛松(续—)

市残疾人联合会

理事长、党组书记　张友定(续—)
副理事长　杨康星(续—)
毛海东(续—)

市社会科学界联合会

主席、党组书记　韩建成(续—)
副主席　王文涛(女,续—)
王晓波(续—2017.07)
黄建钢(兼,续—)
赵利平(兼,续—)
张新杰(兼,续—)
孙建军(兼,续—)

市红十字会

会　长　徐燕峰(女,兼,续—2017.05)
方　维(女,2017.05—)
党组书记、常务副会长
陆　意(女,续—2017.06)
余海刚(2017.06—)
副会长　叶跃胜(续—)
许　平(续—)
祝幸安(兼,续—)
陆沧波(兼,续—2017.05)
徐良波(兼,续—)
杜自力(兼,续—)
张国强(兼,续—)
袁德新(兼,续—)
余海刚(兼,续—2017.07)
韦晓红(女,兼,续—)
惟　航(兼,续—)
马震州(兼,续—)
史宁健(兼,续—)

市计划生育协会

会　长　徐　旭(兼,续—)
副会长　徐燕峰(女,续—)
徐良波(兼,续—)
专职副会长　夏前峰(续—)

市青年联合会

主　席　黄江荣(2017.12—)
副主席　刘雨业(兼,续—2017.12)
林仙云(兼,续—2017.08)
余　凯(2017.12—)
陈　涛(2017.12—)
陈华清(2017.12—)
徐向东(2017.12—)

张　杰（2017.12—）
王佳佳（女，2017.12—）

民主党派与工商联

市工商业联合会

党组书记、副主席　王行跃（续—）
主　席　庄伟意（续—）
副主席　刘银涛（续—2017.12）
林海峰（2017.12—）
吕茂兴（续—）
俞　斌（续—2017.08）
陈建铭（兼，续—）
林坚定（兼，续—）
金虹芸（女，兼，续—）
李国锋（兼，续—）
马震洲（兼，续—）
董伟国（兼，续—）
陈惠龙（兼，续—）
周亚国（兼，续—）
张志加（兼，续—）
李忠峰（兼，续—）
袁海波（兼，续—）
武　平（兼，续—）

民革舟山市委

主任委员　张伟平（续—）
专职副主任委员　俞意萍（女，续—）
副主任委员　潘祖平（续—）
刘勇平（续—）

民盟舟山市委

主任委员　徐燕峰（女，续—2017.10）
谢永和（2017.11—）
专职副主任委员　任珊红（女，续—）
副主任委员　谢永和（续—2017.11）
沈万祥（2017.11—）
郑　斌（续—）

民进舟山市委

主任委员　贝璐国（续—）
专职副主任委员　汤赛虹（女，续—）
副主任委员　张波涛（续—）
王敏杰（续—）

农工党舟山市委

主任委员　孙小晓（女，续—）
专职副主任委员　鲍红璐（女，续—）
副主任委员　刘奋伟（续—）
王淑芬（续—）

九三学社舟山市委

主任委员　方　维（女，续—）
专职副主任委员　陈康翔（续—）
副主任委员　余华安（续—）
杨莺莺（女，续—）

市中级人民法院

院长、党组书记　孙公幸（续—）
党组副书记、副院长　董凯友（续—）
副院长　杨海涛（续—）
宋存国（续—）
周红兵（续—）
纪检组长　陈　里（续—）

市人民检察院

检察长、党组书记　周招社（续—2017.02）
黄　辉（2017.04—）
党组副书记、副检察长　王良军（续—）
副检察长　虞英波（续—）
王　彬（续—）
纪检组长　张信昌（续—2017.06）
卢云星（2017.06—）

省部属驻市机构

市国家安全局

局长、党委书记　王国芳（女，续—2017.06）
李　达（2017.08—）

市国家税务局

局长、党组书记　王金武（续—）

副局长、党组副书记 王岳峰(续—)
副局长 郑茂元(续—)
罗列民(续—)
唐维维(女,续—)
纪检组长 毕韶峰(女,续—)

市烟草专卖局(省烟草公司舟山分公司)

局长(经理)、党组书记 林勇刚(续—)
副局长、党组副书记 夏欣荣(2017.10—)
副局长 贺国飞(续—2017.04)
副经理 宋晓峰(续—)
纪检组长 王家侃(续—2017.10)

浙江省盐业集团舟山市盐业有限公司

董事长、总经理 娄 栋(续—)
副总经理 陆国良(续—)

市气象局

局长、党组书记 刘爱民(续—)
副局长 何文岳(续—)
黄 辉(续—)
纪检组长 吴清林(续—)

国家统计局舟山调查队

队长、党组书记 王海斌(续—)
副队长 贺金昌(续—)
洪传东(续—)
纪检组长 丁亚芬(女,续—)

中国邮政集团公司舟山市分公司

总经理、党委书记 滕伟建(续—2017.04)
顾忠民(2017.04—)
副总经理 陈国尧(续—)
毛亨森(续—2017.07)
纪委书记 陈国尧(续—2017.07)
孔卫红(2017.07—)

市邮政管理局

局长、党组书记 朱 宏(续—)
副局长、纪检组长 王海月(女,续—)

中国电信股份有限公司舟山分公司

总经理、党委书记 陆献民(续—2017.11)
副总经理 傅舟迪(续—2017.11)
夏海伦(续—)
副总经理、纪委书记 殷武伟(续—)

中国移动通信集团浙江有限公司舟山分公司

总经理、党委书记 徐向东(续—)
副总经理 孙岱象(续—)
汪益军(2017.05—)
副总经理、纪委书记 张武忠(续—)

中国联通网络通信有限公司舟山分公司

总经理、党委书记 曾国峰(续—2017.06)
林华奇(2017.8—)
副总经理、党委副书记、纪委书记
林华奇(续—2017.08)
副总经理 余志跃(续—)
徐焱巧(续—)
郭飞英(女,2017.08—)

中国铁塔股份有限公司舟山市分公司

总经理、党委书记 沃松国(2017.06—)
副总经理 戴智恩(续—)

舟山海洋生态环境监测站

站 长 全世国(续—2017.04)
邵君波(2017.04—)
副站长 邵君波(续—2017.04)
唐静亮(续—)
方 杰(续—)

浙江大学海洋学院

党委常委、院长 王立忠(2017.10—)
党委书记 陈 鹰(2017.10—)
党委副书记、纪委书记、副院长(兼)
阮 啸(续—)
副院长 韩喜球(女,续—)
徐 文(2017.08—)
王晓萍(女,2017.08—)
陶向阳(2017.08—)

浙江海洋大学

党委书记 刘宏明(续—)
校长、党委副书记 吴常文(续—2017.05)
严小军(2017.11—)
党委副书记 吴中平(续—)
虞聪达(续—)
副校长 徐士元(续—)
张元龙(续—)
徐汉祥(续—)
谢永和(续—)
纪委书记 裘愉萍(续—)

中华人民共和国舟山海关

关长、党组书记 冯仲良(续—)
第一副关长 宋亚武(续—)

副关长　俞永谷(续—)
朱　刚(续—)
王　杨(续—2017.10)

中华人民共和国舟山出入境检验检疫局

局长、党组书记　丁艺宏(续—2017.03)
宋海龙(2017.03—)
副局长　王晓萍(女,续—)
孟　军(续—)
谭青安(续—)
徐南方(挂职,2017.09—)

中华人民共和国嵊泗出入境检验检疫局

局长、党组书记　郑志斌(续—)
副局长　沈志章(续—)
沈伟忠(续—2017.11)
周向阳(2017.11—)

中华人民共和国舟山海事局

局长、党委书记　池方庆(续—)
政委、党委副书记、纪委书记　施海平(续—)
副局长　徐　进(续—)
唐飞斌(续—)
黄　岩(挂职,续—2017.08)
麻亚东(2017.08—)

中国水产舟山海洋渔业公司

董事长　宗文峰(续—2017.06)
董恩和(2017.06—)
总经理　董恩和(续—2017.06)
周张帆(2017.06—)
党委书记　董恩和(续—)
副总经理、党委副书记　熊　贞(续—2017.05)
党委副书记　周张帆(2017.06—)
副总经理　王政耀(续—)
李飞龙(续—2017.07)
周张帆(续—2017.06)
石胜旗(续—)
张宝泉(2017.12—)
纪委书记　翁伟虎(续—)

农业部东海区渔政渔港监督管理局沈家门渔政站

站　长　陈国光(续—)

中国船级社舟山办事处

主　任　崔玉伟(续—2017.01)
裘学峰(2017.01—)
副主任　傅　斌(续—)
梁海鹏(续—2017.06)
夏普镇(2017.09—)

市级金融机构

中国人民银行舟山市中心支行

行长、党委书记　陆志红(女,续—)
副行长　谢海潮(续—)
邬群珊(女,续—)
刘海应(续—)
纪委书记　钱　辉(续—)

中国银行业监督管理委员会舟山监管分局

局长、党委书记　蒋照辉(续—)
副局长、党委副书记　王宁舟(续—)
副局长　刘屿峰(续—)
纪委书记　吕永香(续—)

中国工商银行股份有限公司舟山分行

行长、党委书记　陈　坚(续—2017.01)
黄振宇(2017.01—)
副行长、纪委书记　李松国(续—)
副行长　黄　辉(续—)
虞英松(续—)
许劲松(续—)
柴志安(续—)

中国农业银行股份有限公司舟山分行

行长、党委书记　郑方彪(续—)
副行长、党委副书记　任海涛(续—)
副行长、纪委书记　陈礼岳(续—2017.02)
副行长　陈克勇(续—2017.02)
陈家道(续—)
应万军(续—)
纪委书记　詹云国(2017.02—)

中国银行股份有限公司舟山市分行

行长、党委书记　蒋红权(续—)
副行长　曾小海(续—)
冯存军(续—)
应美根(续—)
韩　森(续—2017.09)
纪委书记　徐国勤(续—2017.06)
沈万里(2017.06—)

中国建设银行股份有限公司舟山分行

行长、党委书记 徐　刚(续—)
副会长、党委副书记 潘鹏年(续—)
副行长、纪委书记 夏文浩(续—)
副行长 陈　涛(续—2017.04)
金伟强(续—)
马依群(女,续—)

中共农业发展银行舟山市分行

行长、党委书记 陈　彪(2017.04—)
副行长 冯　雅(续—)
胡舟军(续—)

中国人民财产保险股份有限公司舟山市分公司

总经理、党委书记 沈承章(续—2017.02)
李　盛(2017.05—)
副总经理、纪委书记 谢秉国(续—)
副总经理 阙定杰(续—)
王立军(续—)
王　哲(2017.06—)

中国太平洋财产保险股份有限公司舟山中心支公司

总经理、党委书记 阴海燕(女,续—2017.03)
郑　杰(2017.03—)
副总经理 沈安平(续—)
副总经理、纪委书记 庄晓波(续—)

中国太平洋人寿保险股份有限公司舟山中心支公司

总经理、党委书记 陈海陆(续—)
副总经理 刘　峰(续—)

各县(区)党政机构

中共定海区委

书　记 庄继艳(女,续—)
副书记 侯富光(续—)
周军刚(续—)
张　捷(兼,续—)
常　委 何徐华(女,续—)
毛铁年(续—)
顾飞舟(续—)
陈　剑(兼,续—)
林世军(续—)
汪勇健(续—)
陈海平(续—)
林剑彪(续—)
邵　辉(续—)

定海区人大常委会

主　任 余河通(续—)
副主任 郝理金(续—2017.02)
林伟康(2017.02—)
范　纲(续—)
张伟旭(续—)
孙忠定(续—)
王华杰(2017.02—)
王金康(2017.02—)

定海区人民政府

区　长 侯富光(2017.02—)
代区长 侯富光(续—2017.02)
副区长 毛铁年(续—)
王树辉(续—)
应朝阳(续—)
陈海平(续—2017.02)
唐小明(挂职,续—2017.08)
鲍瑞安(挂职,续—2017.11)
吴红卫(2017.02—)
夏　泉(2017.02—)
屠定玉(女,续—)
刘　波(挂职,2017.07—)

政协定海区委员会

主　席 车志宽(续—)
副主席 方家慧(续—)
柳跃军(续—)
夏江龙(续—)
林志刚(续—)
陆翰恺(2017.02—)

定海区人民法院

院　长 赵　晖(续—)

定海区人民检察院

检察长 乐志盛(续—)

中共普陀区委

书　记 张立军(续—)
副书记 潘晓辉(续—)
洪　碧(女,续—)
徐炜波(兼,续—)

刘明永(兼,续—)
常　委　李　升(续—)
王引权(续—)
马春雷(续—2017.02)
吴向鹏(挂职,续—)
张文科(续—)
虞万军(续—)
徐俊军(续—)
张海斌(续—)
诸葛明海(续—)
陈　蔚(女,挂职,2017.06—)

普陀区人大常委会

主　任　丁海鹰(续—2017.02)
戴灵芝(女,2017.02—)
副主任　范国成(兼,续—2017.02)
焦兰萍(女,续—2017.02)
刘健民(续—2017.02)
张伟国(2017.02—)
陈春汉(2017.02—)
陈国法(续—)
王洲琼(续—)
顾志月(2017.02—)
陈　红(女,2017.02—)

普陀区人民政府

区　长　潘晓辉(2017.02—)
代区长　潘晓辉(续—2017.02)
副区长　张文科(续—)
虞万军(续—2017.02)
韩常灿(挂职,续—2017.08)
丁伟民(续—)
吴向鹏(挂职,续—)
贺邵兵(续—)
杨海滨(2017.02—)
郑　珽(2017.02—)
李　莉(女,续—)
陈　蔚(女,挂职,2017.08—)

政协普陀区委员会

主　席　杨小毛(续—2017.02)
张禾波(2017.02—)
副主席　张伟国(续—2017.02)
焦兰萍(女,2017.02—)
孙德明(续—)
沈　聪(续—)
吴壮青(2017.02—)
杨建华(兼,2017.02—)

普陀区人民法院

院　长　冯曙波(2017.02—)
代院长　冯曙波(续—2017.02)

普陀区人民检察院

检察长　王旭征(女,续—)

中共岱山县委

书　记　毛江平(续—)
副书记　周国岭(续—)
胡国祥(兼,续—)
孙志龙(续—)
常　委　张军海(续—)
包于宏(续—)
朱今飞(续—)
朱永华(续—)
陈琳尹(女,续—)
周国宏(续—)
施静海(续—)
方海英(女,续—)

岱山县人大常委会

主　任　俞福达(续—)
副主任　袁忠扬(续—2017.02)
李跃建(续—2017.02)
沈兆幸(2017.02—)
蔡松岳(2017.02—)
夏红艳(女,2017.02—)
王雅珠(女,续—)
邬建芬(女,续—2017.02)
童信宇(2017.02—)

岱山县人民政府

县　长　周国岭(2017.02—)
代县长　周国岭(续—2017.02)
副县长　周国岭(续—2017.02)
张军海(续—)
赵丁义(续—)
童信宇(续—2017.02)
俞赛飞(女,续—2017.02)
刘奋伟(续—)

徐伟军(挂职,续—2017.08)
郁曙军(续—)
李青绵(女,挂职,续—)
吴志琴(女,2017.02—)
庄晨辉(续—)

政协岱山县委员会

主　席　陈雅君(女,续—)

副主席　蔡松岳(续—2017.02)
赵加平(续—)
夏红艳(女,续—2017.02)
俞赛飞(女,2017.02—)
方信伦(2017.02—)
夏　昊(2017.02—)
邬建芬(女,兼,2017.02—)

岱山县人民法院

院　长　金旭光(续—)

岱山县人民检察院

检察长　卢宏辉(续—)

中共嵊泗县委

书　记　方　敏(续—)

副书记　邵　雷(续—)
杨　松(续—)

常　委　刘永革(续—)
马海龙(续—)
包正东(续—2017.02)
胡志平(挂职,续—2017.08)
林　静(女,续—)
方顺红(续—)
何国忠(续—)
郑晓红(女,续—)

嵊泗县人大常委会

主　任　李亚舫(续—2017.02)
周振海(2017.02—)

副主任　陈忠祥(2017.02—)
虞曙红(女,续—)
唐金吉(2017.02—)
李锡年(续—)
范富强(续—2017.02)
潘浙海(2017.02—)

嵊泗县人民政府

县　长　邵　雷(2017.02—)

代县长　邵　雷(续—2017.02)

副县长　邵　雷(续—2017.02)
唐金吉(续—2017.02)
傅雅芳(女,续—2017.02)
何国忠(续—)
徐嵊军(2017.02—)
胡志平(挂职,续—2017.08)
楼玉华(女,挂职,续—)
刘立峰(2017.02—)
陈完章(2017.02—)
林　琳(女,2017.02—)
温正胞(挂职,2017.02—)

政协嵊泗县委员会

主　席　周振海(续—2017.02)
狄承勇(2017.02—)

副主席　陈忠祥(续—2017.02)
梁咪菊(女,兼,续—2017.02)
沈　军(续—)
傅雅芳(女,2017.02—)
黄迎春(女,续—)
徐嵊军(续—2017.02)
方延安(2017.02—)
孙雪梅(女,2017.02—)

嵊泗县人民法院

院　长　徐文斌(续—)

嵊泗县人民检察院

检察长　寿利根(续—)

(撰稿:许伊娜)

责任编辑:徐飞舟

民主党派和工商联

中国国民党革命委员会舟山市委员会

【概况】 2017年,中国国民党革命委员会舟山市委员会(下称“市委会”)下辖6个支部、9个专门委员会,发展党员7人。至年底,有党员136人,平均年龄52岁,其中女党员57人,离退休党员34人,中级以上职称78人,有民革特色48人。党员中担任省十一届政协委员1人;第七届市人大代表2人,其中常委1人;第七届市政协委员16人,其中副主席1人,常委4人;第十七届定海区人大代表1人,其中常委1人;第六届定海区政协委员7人,其中常委2人;第五届普陀区政协委员8人,其中常委1人。

是年,市委会被民革中央评为“民革全国社会服务工作先进集体”、2012—2016年“民革全国参政议政工作先进集体”;市委会机关被民革浙江省委会评为2012—2016年度先进集体。是年,1位党员被民革省委会评为第五届“浙江民革骄傲人物”,3位党员获“浙江民革带头人”称号,1位党员被民革省委会评为2012—2016年度机关工作先进个人,3位党员获“全省民革党史竞赛”二等奖。

【参政议政】 “两会”期间,市委会和党员中的16位市政协委员,提交大会发言8篇,集体提案13件,个人提案34件;2位市人大代表提交个人建议3件。市委会集体提案《全力推进“智慧海洋”舟山示范工程建设的若干建议》得到市长批示。2个提案被列为重点提案。在省政协十一届五次会议上,省政协委员张永奎提交个人提案1件。在定海区政协六届一次会议上,定海区支部提交大会发言1篇,集体提案7件,个人提案9件;在普陀区政协五届一次会议上,普陀区支部提交大会发言1篇,集体提案7件,个人提案6件。

是年,有34篇社情民意信息被市政协采用。其中《关于建立公安案件管理中心　提升办案服务质量的建议》获市领导批示。2位党员撰写的信息被《联谊报》录用。5位党员撰写的信息被《舟山日报》录用。

推行课题招投标制度,收到课题15个。市委会开展成品油贸易交易集聚区建设和自贸区多元纠纷解决机制调研;开展生活垃圾分类调研,形成《关于加快推进生活垃圾分类处理的调研报告》,获市委书记批示。召开参政议政特聘专家工作会议,借助党外智力,促进参政议政。2位党员撰写的理论调研文章《浅析政协委员工作室在推进基层协商民主中的作用发挥——以舟山市刘勇平委员工作室为例》获市政协2017年度理论调研重点课题立项。

开展“小城镇环境综合整治”民主监督工作,赴9个乡镇开展小城镇环境综合整治专项集体民主监督。市委会联合新闻媒体,开展城乡环境综合整治、剿灭劣Ⅴ类水监督暗访,“智慧民生”视察和“最多跑一次”等监督活动。党员中的行风监督员履行行风监督职能。俞意萍被省司法厅授予省优秀人民监督员称号,刘勇平参加“阳光热线”直播节目10期,“电视问政”直播节目4期,以地方立法专家身份参与《舟山市文明行为促进条例》立法修订工作等。

是年,市委会相继参加全市党风廉政建设和经济情况通报会、《市政府工作报告》意见征求会、全市交通大会战和小城镇环境综合整治大会战情况通报会、市法院和市检察院工作情况通报会、市政协重点提案协商座谈会,以及中共舟山市委七届三次全会政党协商会等,提出的多条协商意见被采纳。同时,市委会高度重视提案办理工作,集体提案面商率100%。

响应中共舟山市委号召,由市委会牵头,各民主党派发出联合倡议,市各民主党派组织和成员要争当“五大会战”的宣传员、战斗员、参谋员和监督员,助推“五大会战”。印发《民革舟山市委会助力“五大会战”行动计划的通知》,组织党员参加各级“五水共治”等调研和监督活动;开展“海上花园城”建设专项民主监督回头看行动;开展劣Ⅴ类水整治民主监督工作。

【祖统联谊】 做好台胞来访接待工作,完成“台湾青商总会特友会”参观访问接待任务。开展台湾同胞法律援助工作。2位党员中的律师作为辩护人分别为2名台湾籍诈骗案犯罪嫌疑人提供法律援助。加强与台办等对口单位的联系与互动,市委会祖统联谊委员会赴浙台(舟山普陀)经贸合作区及相关台资企业开展调研活动,提出相关建议。党员撰写的课题《自贸区背景下舟山涉台旅游研究》为加强两岸民间互动交流提供意见建议。定海区支部与区台办、区法律援助中心合作,在工农路旧城改造项目中,为7户侨台胞产权过户提供法律帮助;重阳节前夕,定海支部为滞留台胞开展医疗服务和慰问工作。市委会引导党员加强与台港澳及海外亲友沟通联络,扩大“反独促统”“朋友圈”。

4月22日,民革市委会接待台湾青商总会特友会参观访问(民革市委会提供)

【社会服务】 市委会社会服务专委会赴定海育才学校,市属第三支部赴临城养老院,普陀区支部赴普陀育才学校,新城支部赴市儿童福利院和新城区域困难家庭,定海支部赴育才、蓝天、海润等民工学校送慰问品和各种帮扶服务献爱心。

由市委会牵头,市民主党派“同心”文化艺术团助力”五大会战“送戏下乡到白泉镇河东社区,市民主党派“社会服务讲师团”走进鱼山大桥项目工地。市委会下属各支部开展各类社会服务走基层活动。市属第二支部赴结对的马岙三星社区开展送医送药送保健课下乡活动;定海支部组建“博爱”党员服务队,开展送医送法送教育各类服务40余场次;普陀区支部赴交通岗亭开展“夏日送清凉”,赴东福山海防连开展文艺联欢;联合“治水办”开展“五水共治”成果摄影展;为环卫工人送爱心早餐。新城支部开展为建筑工人冬日送汤圆、夏季“送清凉”活动。

市博爱法律咨询公益服务中心开展系列公益活动,有“学雷锋送健康送法律”“送法进校园”;预防诈骗法律讲座,“博爱在心 法律随行”青少年法制军事夏令营,青少年私人法律顾问签约活动等。2位党员受邀参加《FM97海味舟山》节目直播,专题宣传市委会法律公益服务。以市委会社法委为主要骨干力量的民革法律援助中心、驻海洋学院学生帮扶维权指导中心、驻团市委法律服务中心开展法律公益服务。党员中的律师在普陀安康社区成立全市首个“律师会客厅”,每月2次为社区群众进行法律公益服务。

【学习宣传】 以建设学习型参政党为目标,以坚持和发展中国特色社会主义学习实践活动为主线,以“不忘合作初心,继续携手前进”为主题,多渠道、多形式开展思想政治教育活动。组织党员学习贯彻中共十九大会议精神和习近平新时代中国特色社会主义思想，民革十三大和民革省委会有关会议精神，学习贯彻中共舟山市委七届二次、三次全会精神等。继续开展“观故居，走多党合作之路”活动。市委会组织第五届、六届市委委员、定海区支部、市属第三支部走访各地民革前辈故居，直接感受与中国共产党风雨同舟、荣辱与共的光荣传统。

围绕纪念民革组织成立70周年主题，开展党史知识提升系列活动。举办“喜迎中共十九大暨纪念民革组织成立70周年”党员暑期读书会，邀请省委会副巡视员俞建民作民革党史知识讲座，举行“纪念民革组织成立70周年”知识竞赛和征文比赛，参加全省“民革党史知识竞赛”并获二等奖。

9月18日，张永奎获“浙江民革骄傲人物”称号(民革市委会提供)

8月12日，民革市委会召开2017年度暑期学习会(民革市委会提供)

【组织建设】 是年，市委会发展新党员7人，下属的6个支部全部被市委统战部评为“五好”基层组织。市委会重视党员的走访慰问工作，组织老党员开展有益的活动。1位党员获“浙江民革骄傲人物”称号，3位党员获“浙江民革带头人”称号。至年底，党员中有省政协委员1人；市人大代表3人，其中常委1人；市政协委员16人，其中副主席1人，常委4人；两区人大常委1人，政协委员15人，其中常委3人。一年来市委会组织领导班子成员、骨干党员20余人次参加各级各类学习会和培训班，党员综合素养与履职能力不断提升。

是年，各支部开展多项支部活动。市属第一支部坚持开展“每月一活动”。市属第二支部全年活动10次，开展水库河道水质检测调研。市属三支部开辟“小小农场”。定海区支部打造“博爱”名片，除“博爱”党员服务队外，还设立了定海区政协民革“博爱”委员工作室和民革定海区支部“博爱”党员之家。普陀区支部全年开展各类活动22次，开展考察等。新城支部开展“春风十里为你读诗”三八节庆祝活动。

市委会机关新增机关工作人员1名。1位机关工作人员被民革省委会评为2012—2016年度机关工作先进个人。完成党派轮值年各项工作,做好市民主党派成员之家运行管理。“舟山民革”微信公众号完成更新改版,并正式开展定期推送,成为民革对外宣传重要平台。做好舟山民革网站建设,实时更新。抓好《舟山民革》杂志、民革e家等思想宣传理论工作平台建设。市委会活动多次被舟山电视台报道,多篇文章在《联谊报》《舟山日报》《舟山晚报》等刊载。

(撰稿:寿似波)

中国民主同盟舟山市委员会

【概况】 2017年,中国民主同盟舟山市委员会(下称“市委会”)下辖1个总支,12个支部,发展盟员18人,其中硕士3人,副高级职称5人,平均年龄36岁。至年底,全市有盟员276人,其中博士6人,硕士37人,副高级以上职称156人。盟员中担任省十二届人大代表1人,省十一届政协委员3人(其中常委1人)。市七届人大代表3人(其中常委1人),市七届政协委员18人(其中副主席1人,常委5人)。各县(区)人大代表2人(其中副主任1人),各县(区)政协委员13人(其中副主席2人,常委1人)。盟员中担任副处级以上干部13人,各级各类特约员7人。

是年,有86人次获得市级以上奖励或荣誉,在国家级专业期刊上发表文章23篇,授权各类专利19项。盟员郑斌入选“国家百千万人才工程”,并被授予“国家有突出贡献中青年专家”称号;沈万祥被民盟省委会评为本职工作类民盟榜样人物;余全介获省微课比赛一等奖;傅世伟获省技工院校省级专业(学科)带头人,辅导学生参加2017年全国职业院校技能大赛获“机械装配技术”项目全国一等奖。

【学习宣传】 重视政治理论学习,通过开展集中专题讲座、开设学习专栏、编发学习资料等方式,多维度组织全市各基层组织和广大盟员学习中共十八届六中全会、十九大精神和习近平总书记系列重要讲话精神,学习中共舟山市第七次代表大会和七届二次全会精神。中共十九大开幕之际,组织盟员收看开幕式,通过民盟微信群对开幕式盛况和习总书记工作报告进行图文直播,市委会、各基层组织、市委会机关等组织开展各种形式的专题学习会。传达学习民盟十二大会议精神。全年市委会和各基层组织召开各种形式的学习会46次,参加人员1000余人次。

开展“追寻足迹 不忘初心”学习考察活动。3月,组织盟员骨干赴江苏吴江费孝通江村纪念馆参观考察。5月,召开陈淑芳先进事迹学习会。8月,召开暑期读书会,开展民盟榜样人物宣讲。11月,组织盟员赴乐清仇岳希故居旧址、平阳苏步清励志教育馆等盟员传统教育基地参观学习。是年,开展口述盟史活动,走访记录4位老盟员的民盟故事。新城、定海、文艺、直属、普陀、浙海大、旅健学院等各基层组织也开展形式多样的主题学习活动。

3月27日,民盟市委会骨干参观江苏吴江费孝通江村纪念馆(民盟市委会提供)

是年,通过“舟山盟员之家”微信公众号发布盟务动态、基层动态、盟员风采、助力“五大会战”专栏信息等108余条,浏览量超过1万。舟山民盟网站发文126篇,访问量40341次。向上级盟组织、市政协、市委统战部报送盟务动态、盟员履职风采等文章53

篇,被盟中央采用5篇、盟省委采用40篇。《舟山日报》统战之窗专栏登载《同心同行铸辉煌——舟山民盟成立30周年综述》。“民盟·同心名医服务站”成立、“同舟·名医大讲堂”健康舟山行、“烛光”行动、“盟员之家”公益书画沙龙、企业创新转型课题调研等20余次参政履职实践活动被舟山电视台、《舟山日报》《联谊报》等新闻媒体报道。

【成立30周年纪念活动】 是年,开展民盟舟山市级组织成立30周年系列纪念活动。6月,在新城召开民盟舟山市级组织成立30周年纪念大会。副省长、民盟省委会主委成岳冲,市委常委、统战部部长王伟出席会议并致辞。民盟省委会专职副主委、民盟舟山市委会主委徐燕峰回顾民盟舟山市级组织成立30年历程。全省各民盟市委会,全市各民主党派市委会、工商联、党外知识分子联谊会,定海、普陀区委统战部,各有关高校党委统战部,市委会对口联系单位领导,基层组织所在单位党组织负责人等应邀出席大会。全市200余位盟员参加纪念大会。同月,举办“与梦·同行”大型主题文艺演出,文艺演出完全由盟员自编自导自演,拍摄22名盟员代表、12个基层组织祝福视频和每位盟员的笑脸。在舟山美术馆、舟山中学美术馆、财富大酒店等地举行“梦圆舟山情——纪念民盟舟山市级组织成立30周年书画摄影作品巡展”,12位盟员的40余幅书画摄影作品参与展览。编撰《舟山民盟30年》和《梦圆舟山情——纪念民盟舟山市级组织成立30周年书画摄影作品集》。开展“我与民盟”主题征文活动,收到征文44篇。

【组织建设】 加强队伍建设 严格按程序做好候选人民主推荐等前期筹备工作,经市委会七届九次全体会议选举,谢永和、沈万祥当选为市委会主委和副主委,完成市委会届中调整。1月,完成定海区支部换届工作。5月,举办参政议政培训班,邀请民盟省委会巡视员徐向东作《提案和信息工作》专题讲座。10月,组织12名盟员参加全市民主党派骨干成员培训班。11月,配合省委会开展后备干部队伍建设“大走访、大调研”活动。选派8名盟员参加民盟中央、民盟省委会在中央社院、省社院举办的“双百人才”、基层支部主委、参政议政、思想宣传理论等培训班学习。推荐3位盟员赴市外、市属部门和市重点项目进行挂职锻炼。

强化组织建设 开展支部量化考核工作,鼓励基层组织参与“五好基层组织”“五星基层组织”和“双十佳支部”的创建工作。是年,市委会被市委统战部评为2014—2016年推动开展全市民主党派“五好基层组织”创建工作先进市委会,新城支部、直属支部分别被民盟省委会评为“十佳规范支部”“十佳特色支部”,科技支部被评为2014—2016年度“五好”基层组织,文艺支部被评为2014—2016年度民主党派“五好”基层组织创建工作先进单位。开展横向结对共建、合作调研、学习交流等活动。2月,市委会与民盟黔西南州委会缔结友好委员会,并签订协议书。5月,直属支部与省直四总支三支部开展学习交流活动。7月,浙海大总支与省直二总支海洋二所支部开展盟务交流活动。11月,新城、直属、旅健联合开展学习培训活动。

推进“舟山盟员之家”建设 4月,市委常委、统战部部长王伟考察民盟舟山市直属支部盟员之家。6月,新建民盟浙江海洋大学总支“盟员之家”,民盟省委会专职副主委徐燕峰出席揭牌仪式,至此,全市有“盟员之家”4家。8月,民盟省委会主委成岳冲先后到新城“盟员之家”和浙海大“盟员之家”考察指导。是年,四川乐山、广东等地民盟组织先后到舟山考察盟员之家建设,“盟员之家”开展各类活动60余次,新城“盟员之家”每周三晚上的“公益书画沙龙”活动,受到盟员和社区居民的欢迎。市委会编印的《我们的“家”事——“舟山盟员之家”活动实录》被列为全盟盟员之家工作交流会材料。“舟山盟员之家”被市委统战部确定为舟山市首批统战文化基地。

【参政议政】 是年,参加中共舟山市委组织的政党协商会议5次,围绕中共舟山市第七次代表大会、七届二次、七届三次工作报告,“最多跑一次改革”等重大议题进行协商建言。在各级人大政协会议上,提交大会发言材料6篇,集体提案18件,提交个人议案和提案51件。提案《建议加快远洋渔业基地建设促进我省远洋渔业健康发展》得到副省长孙景森批示,集体提案《以海岛旅游示范岛建设为抓手 加快推进海岛休闲旅游目的地打造》得到市长批示，提案《关于加强教育和惩处力度，杜绝校园暴力事件的建议》被列为省政协重点提案，《关于加快推进我市公共法律服务体系建设的建议》等4件提案被列为市委领导领办的重点提案。《深入开展社区减负　完善城市社区服务体系》等2件提案被评为2016年度市政协优秀提案。

助力“五大会战”。成立由各支部主委组成的助推“五大会战”工作领导小组和办公室，制定助推“五大会战”实践活动实施方案，实施一份倡议、一批专项督查、一堂科普讲座、一个建议、一个专栏等“十个一”助推计划。4月，开展基层法制宣传活动。6月，邀请专家为明珠学校的学生作“剿灭劣V类水”科普知识讲座。6月和10月，分别与各民主党派市委会联合举办“同心同行　助力五大会战”送戏下乡和送医送药送服务活动。是年，组织盟内政协委员、各支部开展剿灭劣V类水、海上花园城市建设、小城镇环境整治等专项集体民主监督活动11次，对18条河流、30个小微水体、26条城镇道路进行巡查，提出问题和建议60余条。

开展助推“最多跑一次”改革集体专项民主监督活动。7月，召开“最多跑一次”专题座谈会。8月，与盟省委联动开展省市民主监督调研活动，分别到金塘、岱山、市审批办证中心等地进行专题民主监督调研。组织开展“最多跑一次　我来提建议”的金点子征集活动和“最多跑一次”服务体验活动。全面发动各基层组织、广大盟员深入到市(县、区)审批办证服务中心、各分中心、各乡镇社区便民服务中心等，围绕“最多跑一次”改革事项清单，以普通群众的身份体验办事办证的效率和质量。有73人次参与活动，收到体验记录单28件，建议信4封。向市政协报送“最多跑一次”社情民意信息6篇，录用4篇，并转送给相关部门办理。在调研基础上，形成《关于推进“一窗受理、集成服务”改革的几点建议》调研报告，并在“最多跑一次”改革专题政党协商会上建言。

8月3日，省市联动开展“最多跑一次”专题民主监督调研(民盟市委会提供)

开展重点课题调研。是年两次召开参政议政工作会议，围绕舟山群岛新区发展大局，结合市委市政府的重点工作，确定年度重点调研课题，并明确课题的牵头领导和责任单位。各课题组在牵头领导带领下，围绕小微企业发展、航空产业发展、海洋科考船母港基地建设、渔民转产转业等方面问题深入部门和实地开展调研，并形成调研报告14篇。12月，提出“促进企业创新转型　提升企业竞争力　建设‘创新舟山’”调研课题，此调研课题由民盟市委会牵头，民革市委会、民进市委会、农工党市委会、九三学社市委会、市政协经科委、市工商联、民建工作委员会共同参与调研。先后实地走访市经信委、市商务局、市科技局、海洋科学城建设管理局、浙江华源电器有限公司，听取各部门、企业领导有关企业创新转型方面的情况汇报。组织召开企业家座谈会，听取森森集团、海力生集团、凯虹集团等企业代表的意见建议。并赴宁波开展调研，考察宁波在促进企业创新转型、提升企业竞争力方面的成功经验。最后形成调研报告，被市政协作为七届二次会议现场办理提案。

反映社情民意信息。全年市委会收到各类社情民意110条，盟员参与率26%，报送信息数、参与人数都比上年有明显提高。上报盟省委、市政协、市委统战部74条，录用40条，其中《进出价格“一升一降”使小微螺杆制造企业经营压力陡升》《关于建立政府科创投资类基金容错机制的建议》《关于打造新城区域公共法律服务平台的建议》等4条社情民意信息获市领导批示。市委会荣获“民盟省委会参政议政工作先进单位”。

【社会服务】 深化传统品牌社会服务活动。开展“烛光行动”，6月，通过争取民盟省委会“博爱基金”，向市明珠学校捐赠价值12万元的电脑设备。10月，组织盟内优秀教师到学校开展教学研讨周活动，同时组织学校的年轻教师到盟员所在的学校随堂听课。组织律师盟员为学生们举办青少年法律知识专题讲座。推进社区结对工作。2月，分别赴文昌社区、绿岛社区开展迎新春送春联活动。7—8月，为星岛、文昌等社区儿童开展儿童绘画、硬笔书法、泥塑等3期暑期公益培训，近百名儿童参加。9—11月，分别赴岱山、桃花为社区居民开展医疗义诊服务。开展“黄丝带”帮教活动。9月，组织盟内外医疗专家为市强制戒毒所学员进行义诊。

成立舟山民盟志愿者服务队。3月，市委会组织成立舟山民盟志愿者服务队，成立以来，募集盟员会员110人，组织举办一堂院前急救知识讲座，开展义诊、送教、送文化等各类志愿者服务活动5次，惠及民众1000余人次。

新建“民盟同心·名医服务站”。6月，全省第三家“民盟同心·名医服务站”在朱家尖街道社区卫生服务中心成立。成立期间，组织开展“同舟·名医大讲堂”健康舟山行大型医疗服务活动。举办8堂继续教育、学术报告、健康教育等大型讲座，并通过社区义诊、教学查房、疑难病例讨论、小讲课及咨询等方式，与基层医生和百姓开展面对面的交流，惠及医生和百姓1000余人。成立由20余位市级名医、副主任医师、主任医师等组成的名医服务团，每月定期轮流到服务站蹲点工作，开展免费义诊，下到社区卫生服务站和村卫生室，将医疗服务送到村民的身边，不定期地开展健康讲座，接诊群众200余人。

（撰稿：王立平）

6月3日，民盟同心·名医服务站揭牌成立（民盟市委会提供）

3月11日，舟山民盟志愿者服务队成立（民盟市委会提供）

中国民主促进会舟山市委员会

【概况】 2017年，中国民主促进会舟山市委员会（下称“市委会”）下辖6个支部，1个支部筹备小组，4个专门工作委员会。年内发展新会员8人，平均年龄40.3岁，其中具有乡科正级行政职务

2人,高级职称2人,博士1人,硕士1人。

至年底,有会员138人,平均年龄54.1岁,其中女会员61人,离退休会员43人,中高级职称会员113人;教育界占40.6%,政府机关占18.8%,医卫界占12.3%,公有制经济界占11.6%,另有会员系新的社会阶层人士或分布在其他界别。会员中担任省十一届政协委员1人,市七届人大代表4人(其中常委1人),市七届政协委员14人(其中常委4人),区人大代表2人(其中常委1人),区政协委员11人(其中常委2人)。

11月1日,举行同心·同行——民进舟山市委会成立20周年纪念活动(民进市委会提供)

【参政议政】 是年,市委会领导参加由中共舟山市委、市政府、市政协、市委统战部等组织的协商会、征求意见会、情况通报会9次,就市委市政府工作报告、"最多跑一次"改革、美丽乡村建设、新区人才工作等建言。

以"全面剿灭劣V类水"和"小城镇环境综合整治"为监督重点,3次到新城、岱山等地开展"海上花园城"建设专项集体民主监督活动。通过实地察看、现场体验等形式,对"最多跑一次"改革开展民主监督,推动改革深入。

"两会"期间,市委会向政协大会提交大会发言材料4篇,其中《举全市之力,加快推进舟山自贸港区建设》《关于推进舟山全域旅游深入发展的建议》被选为口头发言;《关于加快打造舟山国际船配交易市场的建议》《提高市民素质,强化城市管理水平》被选为书面发言。提交集体提案9件,分别就休闲渔业多元融合发展、旅游公共交通建设、渔农村生活垃圾分类等问题提出建议,2件提案分别由市委副书记、市长和市政协主席领衔督办,1件得到市长批示,3件被评为重点提案。提交个人议案建议10件,个人提案26件,其中《关于加强治理我市城市道路交通拥堵问题的议案》《关于加强城乡结合部环境卫生综合治理的议案》《关于对校外民办教育培训机构实施有效监管的议案》被评为重点议案。会议选举产生舟山市七届人大常委会和政协七届舟山市委员会常委会。

开展年度课题招投标、一支部一调研、"我为建设'四个舟山'献一策"活动。全年市委会向民进浙江省委会(简称省委会)、市政协、市委统战部提交社情民意信息48篇,其中《关于我省边远地区贫困人口精准扶贫的建议》被省委会评为参政议政优秀成果三等奖;《关于加强我市冬季旅游供给侧能力建设的建议》在《舟山信息》上刊登,得到市委副书记、市长批示;《关于将房屋交易职责划归不动产登记机构的建议》被《政协专报》录用,得到市委副书记、市长批示;《关于酌情保护开发新城拆迁区块内古井的建议》等10余篇社情民意被《政协专报》或《政协信息》录用。

【学习宣传】 开展主题教育,组织会员集中学习中共十九大及各次会议精神、习近平总书记系列重要讲话精神。为全体会员征订民进中央会刊《民主》杂志,连续五年被《民主》杂志社评为发行工作优秀集体;组织市委会领导班子成员赴重庆特园开展"不忘合作初心,携手前进"主题学习教育活动;组织新会员参观嘉兴南湖革命纪念馆等教育基地。

全年刊印《舟山民进》4期,推出舟山民进微信公众号并推送信息51条。突出亮点工作和典型报道,89篇稿件被《民主》杂志、团结网、舟山日报等刊用。其中关于民进服务岛成立的信息被人民政协网、民进中央网、团结网等多家网站、杂志刊登，舟山民进开明大讲堂和“为百名河长画像”活动在舟山晚报、舟山网上专版专栏刊登。

是年，普陀支部刘习渊因在中国特色社会主义学习实践活动中表现突出，获民进中央表彰。

【组织建设】 举办市委会成立20周年纪念活动和美术作品展，邀请四套班子和对口联系单位领导出席，展出中国书画界名家吴山明等创作的作品80余幅；召开新老会员座谈会，为舟山民进创始人夏德懿庆祝百岁寿辰；开展“我的民进情缘”“身边的先进”主题征文，编印《同舟·同行——民进舟山市委会成立20周年专刊》。

新一届市委会领导、政协委员及骨干会员参加省委统战部、省委会、市政协、市委组织部、市委统战部等组织的2017年民主党派中青年骨干培训班、新任省市委员培训班、市政协委员素质提升培训班、全市党外科级干部培训班等学习。1名会员被推荐到中央财政部挂职，2名会员推荐到重点工作领域锻炼。

实施《民进舟山市委会基层组织达标、创优考评办法(试行)》。参与市委统战部牵头的“五好支部”创建工作。是年，普陀支部创建“五好支部”，定海支部通过“五好支部”复评。落实省委会《关于加强基层组织活动场所建设的意见》，推进活动场所建立。新城支部、医卫支部分别在新城城市驿站、星岛卫生服务站建立组织活动场所，全市民进有5个支部建立活动场所。

是年，会员方晓华获加入中国美术家协会会员资格，其作品《岛蚀·红礁》获浙江省第十五届水彩·粉画作品展学术奖；李军伟的作品《鱼》入选省第十五届水彩·粉画作品展；会员倪志伟被省总工会命名为“浙江工匠”，其工作室被省教育厅确立为浙江省中职教育大师工作室建设单位。

【社会服务】 组织送医送药下海岛活动2次，服务渔农村群众500余人次；开展“海岛光明行”“校园光明行”活动，到海岛和校园为渔农民群众、学生进行免费视力筛查；开展“书香彩虹——安龙行动”图书捐赠活动，定向为贵州省黔西南州安龙县栖凤第二幼儿园捐赠图书。定海支部、普陀支部开展送教活动。

舟山开明画院开展“春联万家”进社区活动，送出春联和福字300余幅；两次组织开展“五水共治”采风活动，采风作品入选市委宣传部、浙江省美协等组织举办的“浙水千秋·最美舟山”美展；联合市环保局、舟山报业传媒集团开展“为百名河长画像”活动，并举办画展，用画笔直接助力“五大会战”。

在普陀虾峙启动民进服务岛，以“常态化帮扶、多部门融合、全方位参与”为特色，在岛上建立市小记者实践基地、市美术家采风基地、市海钓基地和市户外运动基地，整合会内外资源拉长社会服务链条，助推“五大会战”背景下基层海岛的转型发展。省政协副主席、省委会主委蔡秀军出席服务岛的启动仪式。民进服务岛启动后举行首场服务活动，向虾峙群众赠送总价值数万元的书籍、药品和蔬菜种子。

开办舟山民进开明大讲堂，并与舟山晚报联合推出首期讲座，邀请省委会副主委、镇海中学校长吴国平讲授“教育——追求自觉的境界”，近千名学生、家长、

7月27日，民进“社会服务岛”在普陀虾峙举行启动仪式(民进市委会提供)

教育工作者现场聆听讲座,6万余名市民通过点击舟山晚报公众号进行收听。

出台舟山民进名家名师名医工作室机制。1月20日,王敏杰、余王波、方晓华共同成立名家工作室。6月26日,名医工作室在新城星岛卫生服务站成立,每月26日开展诊疗服务。

(撰稿:周永伟)

中国农工民主党舟山市委员会

【概况】 2017年,中国农工民主党舟山市委员会(下称“市委会”)下辖3个总支、5个支部,新发展党员12人,离世4人。至年底,全市有党员237人,其中高中级职称217人,占91.6%;医药卫生、人口资源和生态环境领域主体界别130人,占54.9%;平均年龄54.9岁。党员中担任省人大代表1人,省政协委员1人;市人大代表7人(其中常委1人),市政协委员17人(其中副主席1人,常委5人);县区人大代表2人(其中常委1人),县区政协委员28人(其中副主席2人,常委5人)。党员中有16人次被各单位聘为特约监督员。

市委会团结带领全市党员,围绕中共舟山市委、市政府中心工作,纵深推进坚持和发展中国特色社会主义学习实践活动,加强自身建设,履行参政党职能,为经济社会科学发展献计出力。被农工党中央授予全国“学习实践活动先进集体”,被农工党浙江省委会授予“参政议政先进集体”称号。

【参政议政】 在市政协七届一次会议期间,市委会提交发言材料4篇、集体提案9件。其中《加快特色小镇建设 引领群岛新区美丽经济新常态》在会上作口头发言,集体提案《落实责任医生签约服务 推进健康舟山建设》获市长批示,《关于强化渔业安全生产的建议》被确定为副市长领办件。3件集体提案被确定为市政协领导督办的重点提案。其中《关于加快推进我市军民融合产业发展的建议》被市经信委、市发改委等相关部门采纳并制定出台相关实施意见;《抓住波音入驻机遇,将航空产业培育成舟山支柱产业的建议》引起市政府和相关部门重视,市政协专门组织政协委员到航空产业园调研座谈;《加快特色小镇建设,引领群岛新区美丽经济新常态》得到市政府和相关部门重视,相关建议被采纳。集体提案《关于推进舟山石化产业安全健康发展的建议》《关于大力发展中医药健康产业的建议》《关于进一步加强舟山本岛饮用水源头保护和深度处理的几点建议》被市政协评为2016年度优秀提案。

党员中的人大代表和政协委员共向省“两会”提交议案建议4件,提案3件;向市“两会”提交议案建议10件,提案34件。其中2件议案被确定为副市长领办件,同时被列为市人大领导督办的重点议案;1件个人提案被确定为副市长领办件;1件个人提案被市政协列为重点提案。定海区总支、普陀区总支、嵊泗县支部共向县(区)“两会”提交集体提案16件,个人提案、建议23件,其中4件集体提案被县(区)政协列为重点提案。

是年,编发社情民意信息60余件,被采用32件。其中,《建议立即纠正中央各大媒体在全国两会直播节目错误使用政协会徽的行为》《推广沈家门渔港“海上停车场”管理模式》被全国政协采用;《关于严格管控中印争端报道信息中地图使用的建议》《〈辉煌中国〉纪录片所运用中国地图有严重错误建议停止播放》被中共中央统战部录用;《建议修改网购火车票出票后只能在火车站退票窗口退票的规定》等4件被中共浙江省委办公厅、省委统战部采用;《关于做好波音入驻后外籍员工宗教需求研究的建议》等7件被编为市政协专报,《关于加快推进“最多跑一次”改革的几点建议》等2件获市领导批示。

市委会强化参政议政工作领导机制,完善市委委员课题领衔机制和激励机制,推进参政议政向更高水平迈进。围绕健康城市建设、海上花园城建设、推进全域旅游、谋划自贸港建设等调研重点,组织课题调研,完成12个调研报告,其中“加快特色小镇建设”“强化渔业安全生产”“推进责任医生签约服务”等为政府有关部门科学决策生成提供支撑。各基层组织参政议政,上报各类调研课题16个,普陀区总支部被农工党中央授予全国“参政议政基层组织先进集体”。

【协商监督】 是年,市委会主要领导参加中共舟山市委、市委统战部等组织的政党协商会议5

次，围绕中共舟山市第七次代表大会、七届二次全会、七届三次全会，“最多跑一次”改革等重大议题进行协商建言。市委会多次组织党内市政协委员和相关专家赴岱山、金塘、定海等地，对海上花园城建设、小城镇环境综合整治、“剿灭劣Ⅴ类水”等工作进行明查暗访，全年提出整改建议30余条。开展助推“最多跑一次”改革专项民主监督活动，组成专项民主监督组，由主委带队赴嵊泗县开展专项民主监督，通过调研查访、实地督察、部门座谈等方式进行专题监督，撰写调研报告《关于完善基层便民服务中心建设的建议》，市委会主要领导在“最多跑一次”民主监督专题政治协商会上作交流发言。

【社会服务】 发挥“舟山群岛渔农民流动医院第七分院”品牌效应，开展“送医送药送健康”巡回服务。5月，组织党员到岱山开展义诊服务，服务群众千余人次，免费送药1.5万元。

打造服务新平台。10月，市委会在新城社区卫生服务中心成立健康服务基地。创设“前进讲堂”，首期邀请省委会副主委蔡宛如在“前进讲堂”开展健康养生知识讲座；创设“名医志愿服务室”，将健康服务资源下沉到社区。10月，市委会举行同心·前进慈善基金捐赠仪式，和市慈善总会签署设立同心·前进慈善基金协议，并捐赠首笔款项42万元，基金主要用于全市范围内未成年人扶贫济困专项公益事业。制定《同心·前进慈善基金管理使用办法》，规范基金运作。是月，市委会成立农工党志愿者服务队，组织开展各类志愿服务活动。重阳节前夕，市直属综合支部组织志愿者到朱家尖街道中欣社区开展关爱农村老年人志愿服务活动，赠送生活日用品和法律书籍。普陀区总支部同普陀志愿者之家联合举办“助力剿灭劣Ⅴ类水志愿服务行”活动，组织志愿者到沈家门育才学校开展关爱小候鸟活动。嵊泗支部组织医卫界党员到花鸟乡开展送医送药送健康志愿服务活动。

10月20日，农工党舟山市委员会健康服务基地和舟山农工党志愿者服务队在新城举行成立仪式（农工党市委会提供）

开展结对帮扶共建。新城支部于立夏节组织党员陪护彩虹堂自闭症儿童参观画展、乘公交车等体验活动，开启“社会融合教育”之旅。市中医院总支部与市福利中心签署结对服务协议，组织党员为福利院老人开展体检、陪护服务。定海区总支部与城东街道结对，举办暑期海洋生物标本展览，丰富青少年暑期生活。普陀区总支部和区妇联开展创业联盟合作关爱项目。嵊泗支部与嵊泗中学一名贫困生结对助学，并赠送慰问金。

【组织建设】 是年，召开农工党舟山市组织成立30周年纪念大会，开展“30年30人”评选表彰活动，编写《同行撷英》一书，举办“不忘初心 同心同行”书画、摄影展，党员才艺秀等系列纪念活动，增强组织凝聚力。响应中共舟山市委共建“海上花园城”决策部署，组织党员开展“共建海上花园城、同心同行”徒步活动。

推进组织规范化建设。成立市委会监督委员会，通过民主生活会、谈心、走访、调研等，对本市党员、基层组织和市委会领导班子成员加强党内监督。7月，召开创建“星级”基层组织现场推进会，对基层组织开展“星级”创建工作进行详细指导。市直属综合支部和市中医院总支部被省委会评为全省先进基层组织。

加强人才队伍建设。选派65名党员参加全省新任委员、县（区）基层组织负责人培训班及市各民主党派骨干培训班等，引导党员增强履职意识，提高履职本领。做好党员干部对外推荐和使用，为党员干部拓展政治舞台，创造学习、锻炼、使用和成长的机会。

10月29日，农工党舟山市组织成立30周年纪念大会在新城举行（农工党市委会提供）

【学习和宣传】 是年，舟山农工党在省、市媒体发稿40余篇（件）；通过农工党省委会、市政协、市委统战部网站和微信公众号发布各类消息50余条，舟山农工党网站发布百余条；加强策划力度，突出期刊主题，提高《舟山农工》发行时效和稿件质量，加大对重点党务工作和优秀党员的宣传。拓展思想宣传工作新渠道，开通"舟山农工党"微信公众号。

（撰稿：邵燕娜）

九三学社舟山市委员会

【概况】 2017年，九三学社舟山市委员会（下称"社市委"）下辖8个支社、5个专门委员会、1个理论研究小组、1家诊所、1个艺术团。发展新社员10人，均为大学以上学历，其中高级职称2人。至年底，全市有社员194人，比上年底净增10人，平均年龄53.24岁，其中高级职称101人（含正高21人），中级职称77人，科技、高教、医卫界社员共129人，占65.5%。社员中，省十三届人大代表1人，省十二届政协委员1人；市七届人大代表4人（其中常委1人），市政协七届委员13人（其中常委5人）；区人大代表5人（其中常委1人），区政协委员13人（其中常委3人）。

【思想建设】 组织学习中共十八届六中全会、十九大和省市党代会精神，社十一大和社省委第八次代表大会精神，中共市委"五大会战"动员大会等系列会议精神。9月，组织举办九三学社舟山市委会成立三十周年纪念活动和《你我同心》主题朗诵会。发挥专委会作用，组织社员活动。老龄工作委员会3次组织召开退休社员茶话会、座谈会，通报市"两会"、市党代会、社省委换届、社市委工作等事项。社市委妇女工作委员会、老龄工作委员会、青年工作委员会分别组织参观G20会场、交通大会战现场、王选事迹陈列馆和周培源故居。社市委获评九三学社浙江省委员会学习实践活动先进集体。

【组织建设】 社市委动员各支社做好"五好"基层组织评比工作，新城、定海2个支社创建"五好"支社，科技、普陀支社通过复评，3名社员获2014—2016年度"五好"基层组织创建工作先进个人。开展"星级"基层组织创建工作，召开组织工作会议，开展专题培训，促进支社工作规范化。重视后备队伍培养。先后选派2人参加社省委参政议政骨干培训班，10人参加全市新任人大代表政协委员培训，8人参加市民主党派骨干成员培训班。

【政治协商】 利用中共舟山市委、市政协、市委统战部等组织召开的政治协商会、政党协商会、专题协商会等平台，先后就市第七次党代会报告（征求意见稿）、市委七届二次全会《关于建设创新舟山、开放舟山、品质舟山、幸福舟山的决定》(讨论稿)、全市“最多跑一次”民主监督情况、助力“五大会战”等议题,建言献策。围绕建设“创新舟山”“开放舟山”,提出要创新“云上舟山”平台建设,深化“最多跑一次”改革,以先进、高水平的国际化城市为标杆,加快舟山融入全球的国家化进程。

【参政议政】 在市“两会”上,社内人大代表提交议案、建议6件,社市委提交大会发言4篇、集体提案12件,社内政协委员提交发言1篇、个人提案28件。《提升城市发展软实力 推进舟山国际化进程》《提升城市品味 打造魅力新城》作大会口头发言。《关于加强城乡结合部环境卫生综合治理的议案》被列为重点建议,《关于提高数字化城市管理水平的建议》获市领导批示并确定为市政协重点提案。《强化审批服务政府供给 办事“最多跑一次”》《关于提高城市数字化管理水平的建议》等2件提案获评市政协2017年度优秀提案。

【民主监督】 是年,3次组织社内市政协委员和相关专家赴普陀区沈家门、东港、展茅、朱家尖、六横等地,对海上花园城市建设、小城镇环境综合整治、“五水共治”、剿灭劣V类水等工作进行明查暗访,全年提出整改建议50余条。发动社员参加市委统战部组织的“最多跑一次”改革专项监督活动,实地了解“一窗受理 集成服务”进展和基层服务中心建设、便民服务措施完善、窗口人员服务提升等情况,提出“进一步推进审批事项标准化、进一步推进信息数据共享化、进一步推进审批服务整合化、进一步推进审批工作特色化”四大建议。

8月17日,九三学社舟山市委员会组织社内政协委员赴普陀展开专项民主监督和调研活动(王建华 摄)

【信息宣传】 围绕社会民生热点、难点问题,提出意见建议60余条。《健全舟山绿色石化基地法治保障的建议》经《浙江社科要报》刊发后,获省委书记、省长的批示,得到市委市政府和省发改委、浙石化集团等部门的重视。《关于尽快落实施工图联合审查“最多跑一次”改革措施的建议》获常务副市长批示,加快《舟山市贯彻落实“最多跑一次”改革决策部署 全面推进施工图联合审查工作方案》颁布实施。社市委全年编印《舟山九三》4期,开通“舟山九三”微信公众号,在《浙江日报》《联谊报》《团结网》《舟山日报》《舟山晚报》等公开媒体发表作品45篇,在《浙江九三》《舟山政协》等内部刊物发表作品15篇。社市委获评九三学社浙江省委员会2017年度新闻宣传先进集体。

【社史理论】 社市委编印《不懈的追求(二)》深度挖掘社市委和各支社创建和发展的历史,多方联系,邀请重大事件的亲历者撰写回忆文章,反复核实,整理出大量数据详实、图文并茂的珍贵史料,理清舟山市各级社组织三十年的发展脉络,特别展示近十年的发展成果。组织社员向社中央、省政协理论研究会、社省委、市政协、市委统战部等部门投稿,提升理论水平。社市委理论研究小组撰写理论研究文章5篇,完成课题1项。《中国共产党领导的多党合作制度法制化建设的问题与对策》和《以民主党派为主体推进政协协商民主制度机制创新》

分获社中央理论研究与社史研究征文二等奖和省政协理论研究会优秀论文三等奖。

【社会服务】 社市委组织社员参加市科技活动周活动，开展“百名专家下海岛”等活动，发放科普资料1200余份，接受咨询服务600余人次，诊疗群众300余人次，开具处方150余份，推出灯谜100余条，赠送药品价值近万元，奖品价值500余元，发放蔬果种子、苗木、农具总价值近5000元。开展“九地”合作，发挥省海研所支社海水养殖技术智力密集优势，向社中央申报“多党合作社会主义新农村建设”项目，6月20日，九三学社中央九舟水产养殖科技帮扶基地在登步岛普陀优辰水产专业合作社隆重揭牌，争取到10余万元扶持资金用于“渔用配合饲料网箱喂养大黄鱼”试点，社员专家开展项目跟踪并提供保姆式服务20余人次。社市委多方筹措援藏资金，为那曲地区市政市容管理委员会和2所学校捐赠30万元。组织社员开展向那曲地区捐书活动，捐助各类书籍500余册。组织社员参加市民主党派“同心”文化艺术团活动、市民主党派“同心”讲师团“同心同行　助力‘五大会战’”活动，举办英仙座流星雨观测体验暨天文知识科普活动。

【科研成果】 是年，全市社员完成市级以上科研课题18项，其中4项课题获评市级以上科技进步奖。发表学术论文53篇，获得新技术专利（标准）15项，出版著作4本，12篇论文获省部级或地厅级优秀论文奖。

（撰稿：九三学社市委员会办公室）

中国民主建国会舟山市工作委员会

【概况】 2017年7月31日，中国民主建国会浙江省委会舟山市工作委员会（下称“市工委”）成立。民建市工委下辖1个支部、2个组，即定海区支部、新城组、普陀组。至年底，全市有会员59人，平均年龄43.46岁，经济界会员占62.71%，大专以上学历占95%，其中博士6人，硕士9人。中级职称21人占35.59%，副高职称11人占18.64%，正高职称2人占3.39%。其中企业高级管理人员38人，政府机关公务员13人（正科级干部2人），科研院所8人。会员中担任市七届人大代表3人（其中常委1人），市七届政协委员7人（其中常委2人），县（区）政协委员3人。

【学习宣传】 是年，组织全体会员开展形式多样的政治理论学习，提高会员政治理论素养。通过市工委会议、观看中共十九大开幕式、十九大精神专题学习会、支部（组）学习会，参加省委会组织的2017年度民建全省机关干部暑期读书会，市政协组织的政协委员培训会、市政协理论研究会2017年年会暨第二次理论研究会，市委统战部举办的骨干成员培训班、统一战线读书会等形式，领会中共十九大、中共浙江省第十四次党代会、中共舟山市第七次党代会和民建十一大等重要会议精神，凝聚多党合作政治共识。是年，市工委和各基层支部（组）开展各类学习活动10次，参加会员112人次。

深入开展学习实践活动。10月，组织会员参加省委会举办的“不忘合作初心、继续携手前进”主题演讲比赛，新城组会员戴锋辉获三等奖；9月，组织会员参加

6月20日，九舟水产养殖帮扶基地揭牌成立（徐晓蓝　摄）

省委会组织的第五期民建青年企业家培训班，提升会员业务素质和综合素养。12月，组织会员赴嘉兴南湖开展主题教育活动，参观“中共一大”会址南湖红船和南湖革命纪念馆，并与民建嘉兴市委会就会员发展、支部活动、机关建设等进行交流探讨。12月，组织会员赴朱家尖考察国际海岛旅游大会永久会址，了解舟山旅游尤其是国际海岛旅游大会的意义。11月，参加市委统战部组织的十九大精神辅导暨学习实践活动总结交流会、全市民主党派及知联会工作恳谈会。

【组织建设】 7月31日，在新城成立民建舟山市工委，省政协副主席、民建省委会主委陈小平，市委常委、统战部部长王伟等领导出席大会并作重要讲话。召开工委一次会议，对工委委员进行工作分工，明确工作职责，并成立参政议政组、民主监督组、社会服务组三个专项工作组。与市委统战部、定海区委统战部多次对接，于9月2日成立定海区支部，并选举产生第一届支部班子。

【参政议政】 是年，参与政党协商、政治协商、专题协商，参加各类协商会、情况通报会、座谈会等协商会议15次。围绕市第七次党代会报告、市委七届二次全会报告、市委七届三次全会报告、全市“最多跑一次”改革专项民主监督工作、市委市政府2018年工作等议题，建言献策，在政党协商会议提出关于推进舟山保税燃料油加注“一口受理”改革等建议，助推“五大会战”“最多跑一次”改革等市级重点工作。

围绕重点工作，开展民主监督。4月，根据民建省委会和市委关于剿灭劣Ⅴ类水和“五水共治”大会战工作要求，开展“五水共治”专项民主监督行动，赴普陀、定海等地开展5次专题民主监督和调研活动，助力“五大会战”。通过开展不定期暗访等形式，为“五水共治”工作建言献策。10月，分赴新城管委会、海洋集聚区等地，参加市政协组织的海上花园城市建设、城乡环境综合整治及交通大会战情况专项民主监督活动，助力海上花园城市建设顺利推进。12月，参加市法院、市检察院两院工作通报会，全市党风廉政建设及经济情况通报会等会议，确保民主监督效果。

反映社情民意。市工委借助多级平台，发动会员围绕社会民生热点，广泛收集信息，提出意见建议。《关于及时修剪遮挡旅游和交通指示牌绿植的建议》《关于在部分区域设置电瓶车停车位的建议》《实施白沙洛迦山大陆饮水工程》《建立一站式旅游服务平台》4篇社情民意信息被市政协录用。其中《关于在部分区域设置电瓶车停车位的建议》第一时间得到落实，市城管局作出《关于合理规设文化路电瓶车停车区域工作报告》，舟山日报头版刊登《文化路新增5个非机动车停放区域，总计可停放自行车、电瓶车近200辆》文章。

整合资源优势，深入开展调研。全年召开2次参政议政工作会议，围绕舟山群岛新区发展大局，结合市委市政府的重点工作，确定年度重点调研课题。10月，通过实地走访、座谈、暗访等多种形式，对舟山保税燃油料加注“一口受理”工作进行专项调研，提出关于推进舟山保税燃料油加注“一口受理”改革的建议，在政党协商会议上作交流发言；11月，组织会员对休闲渔业发展和健康旅游示范基地建设进行调研，形成调研报告；12月，在对舟山海运业情况深入调研的基础上提出对全市海运业发展的建议；12月，组织会员赴苏州市开展“两非”车辆整治专题调研，与苏州市邮管局、中通快递等相关单位对快递电动车的先进管理经验和实施细则进行探讨交流，并形成调研报告，为舟山快递电动三轮车使用管理建言献策。

【社会服务】 坚持以“思源工程”为载体，开展“思源扶贫”“思源敬老”“思源助学”等活动。在服务社会方面，根据省委会关于帮扶贵州黔西县脱贫攻坚的工作要求，募集善款44800元；组织会员到盐仓福利院送温暖，与展茅贫困学生结对，逢年过节助学费送衣物；号召舟山青企协会员参加全省老会员扶贫、施复亮故居修缮捐款。服务会员方面，依托省民建企业家协会和省青年企业家工作委员会平台，服务引领会员企业健康发展。组织会员企业参加省委会组织的浙江理工大学校园招聘会，为会员企业发展提供服务。发挥经济界党派特色，帮助2家会员企业引进中电科（浙江）海洋通讯有限公司、浙江金家乐科技公司两家公司落户舟山。

（撰稿：洪玲）

舟山市工商业联合会

【概况】 2017年，市工商联围绕市委、市政府的重大决策部署，促进非公有制经济健康发展和非公有制经济人士健康成长，发挥桥梁纽带和助手作用。在实现全市“五好”县级工商联全覆盖的基础上，定海区工商联和普陀区工商联完成全国“五好”县级工商联和省“五优”工商联创建工作，岱山县工商联获省工商联系统县级先进单位称号。至年底，全市有各类商会组织75个（新增9个），其中行业商会18个，异地商会20个，乡镇街道商会31个，其他组织6个，会员总数4688家，会员数比上年增长6%以上。

【教育引导】 2月25—26日，邀请省新企联近100名新生代企业家走进舟山，参观考察舟山联合动能新能源开发有限公司和朱家尖观音文化园、综保区等新区重大项目，省新企联副会长、绿盛集团董事长林东为200余人作专题讲座。3月26日，联合舟山医院举办“服务舟山新区关爱企业家身心健康”医学报告会，邀请全国心血管病首席专家胡大一教授作主讲嘉宾，国内多位心血管病医学专家为300多名企业家及其家属现场指导咨询；5月8—11日，在浙江大学举办全市非公企业经营管理者素质培训班，多位浙大教授、资深企业顾问给60余名企业管理者传经送宝，期间参观考察佑康食品、商源集团等企业，拓展企业家的思维和眼界；9月25—28日，举办全市非公经济人士理想信念教育培训班，采用现场教学和流动培训的方式受到50余位基层商会工作人员的好评。

10月27日，市工商联组织召开全市非公经济人士贯彻十九大精神专题学习会，20余位企业家交流学习体会；并在10月30日的舟山日报上开辟专栏，刊登市工商联党组下步学习贯彻十九大精神的部署和10余位企业家的交流发言。12月11日，邀请中共十九大精神民营企业家宣讲队队员省商会副会长、万事利集团有限公司董事长屠红燕为100余位非公经济人士宣讲十九大精神。

2017年初，成立舟山市总商会会长公益基金，并于8月28日，举行“爱、再行动”捐赠仪式，将首笔40万元善款捐赠给舟山市好人基金。

加强与舟山日报社、舟山电视台、舟山网等市内主流媒体合作，加大对非公经济人士中典型事迹宣传力度，发挥企业家引领作用。利用《舟商》《浙江工商》等杂志宣传庄伟意、马震洲、夏增富等一批具有行业代表性的企业家。

【助推载体】 围绕全市五大会战，以市工商联和市总商会的名义向全市非公经济人士发出《满腔热忱投身五大会战　为建设自由贸易港区海上花园城市再立新功》倡议书，借助执常委会议、工商联网站、微信公众号等途径学习五大会战、全市工业发展大会会议精神，以及自由贸易港区等相关政策。1月12日，邀请市总规划师周建军给企业家介绍海上花园城市的具体规划、建设情况及下步举措，凝聚企业家们的发展共识。

深化与普陀农商行等金融机构合作，重点对符合舟山产业政策，生产经营符合环保、安全等要求，运营正常，信誉良好的企业提供转贷扶持。全年向156家企业

8月28日，市总商会会长公益基金将首笔40万元捐赠给舟山市好人基金（市工商联提供）

发放转贷资金181笔，累计转贷4.87亿元，转贷率、转贷总额和受惠企业均比上年提高150%以上。联合市邮政储蓄银行开展“金融服务进民企”活动，先后赴定海、普陀、岱山等地走访30余家企业，现场解决3家企业融资问题。针对舟山小微企业“数量多、融资难”等特点，3月3—5日，会同定海工商联组织企业和商会赴石家庄学习考察金融服务小微企业的经验做法，探索服务小微企业新模式，实施精准服务。

市总商会专门聘请法律顾问，为全市会员企业提供日常法律咨询服务，利用微信群在线帮助企业解疑释惑。5月24日，与市检察院召开第二次联席会议。建立检察官对口联系重点企业，联合调研等机制，并出台《服务非公经济十一条措施》，保障和促进全市非公经济健康发展。联合市司法局组织开展法律“三进”活动，围绕“如何让企业获得更好的法律服务”赴县(区)工商联、基层商会进行调研。

搭建交流联络平台。8月10—11日，邀请广州揭阳市工商联到舟山考察，组织参观大宗贸易交易中心；9月19—21日，吉林松原市工商联(总商会)到舟山考察和润集团、海力生集团等；8月16日，接待新疆生产建设兵团第一师十六团等到舟山考察，和舟山企业家座谈交流，介绍舟山自由贸易港、江海联运服务中心、绿色石化基地等建设情况，推介舟山重点项目，并组织本市企业家参与座谈交流，促进合作。组织本地企业家于5月、7月、9月先后赴杭州、温州、金华、台州、绍兴等地参观考察智能模具小镇、黄酒小镇、报喜鸟集团、佑康食品等，学习省内企业的先进管理理念和创业创新精神。为引导民营企业参与“一带一路”建设，11月2—9日，组织企业家随同省工商联考察团赴英国、意大利等地开展“携手浙商——欧洲行”经贸活动，拓展视野，寻求商机。

【参政议政】 调动非公经济人士中市政协委员和副会长以上企业家参政议政积极性，在组织参加各类政治协商会、情况通报会的基础上，通过组织开展视察、调研、座谈等活动形成建议提案20件，其中在市政协七届一次会议上提交《关于继续扶持我市航运业稳定发展的若干建议》等团体提案3件，个人提案17件，并作《关于持续改善营商环境的建议》的大会发言。

着眼非公企业健康发展和非公人士健康成长，深入商会、企业，梳理汇总企业的想法与要求，借助《民企反映与要求》等渠道报送给市相关领导，包括《部分企业界委员讨论意见摘要》《关于建设六横国际海员服务基地的建议》《新生代企业家座谈意见建议摘要》等。

围绕市委、市政府的中心工作，采取登门拜访、同行交流、座谈讨论、发放问卷等形式，开展调查研究。减轻企业负担，省、市、县三级联动开展为企业减负担降成本和行业商(协)会涉企收费情况的专题调研，形成《舟山市行业商(协)会涉企收费情况调研报告》上报市政府和省工商联，撰写《以“五优、四好”为抓手加强和促进新形势下基层工商联(商会)工作》《加强新生代企业家培育的思考与建议》等调研文章。配合省、市有关部门开展“最多跑一次”调研，促进企业审批办证流程实现最大便利化。组织开展2017年上规模民营企业调研工作，申报全国500强民营企业，和润集团、中浪环保继续上榜，金海重工进入制造业500强。

【自身建设】 年初，创新推出主席(会长)轮值制度。实行2月轮

7月18日，走进温州——舟山市工商联与温州市工商联合作签约(市工商联提供)

一次,每次一个活动主题,每次由2名副会长以上企业家共同担任轮值主席(会长)。至年底,开展外出考察、走访企业、组织论坛、名家授课等活动6次,250人次参与。聚焦船舶修造业——走进六横,聚焦市重点项目——走进岱山,聚焦市制造业——再进华业,学习先进谋发展——走进温州,商会大讲堂——走进集聚区商会,得到广大企业家响应和好评。

推进商会组织凝聚力建设。5月15日,召开创建"五优"县级工商联和争创"四好"商会推进会,各县(区)工商联主要负责人及50余个基层商会的会长或秘书长参加。四县(区)工商联就创建"五优"工作进行汇报,舟山温州商会、盐仓街道商会、虾峙海运商会、衢山镇商会、菜园镇商会就创"四好"商会进行交流发言。加强对市直属商会党建工作的指导,成立专门领导小组及出台相关的文件,明确商会党建的具体目标、要求、举措,通过商会党组织的建设,将党员吸引到党组织,将企业吸引到商会组织;联合市委组织部共同推动"两新"组织党建工作示范点创建;9月25—28日,举办基层商会党务工作者培训班,专程赴金华律师协会、酥饼行业商会党支部等学习交流,增强商会组织的吸引力和凝聚力。

1月19日,召开民主生活会,党组成员对照《关于新形势下党内政治生活的若干准则》和《中国共产党党内监督条例》的规定和要求,进行批评和自我批评。是年市工商联党组,组织召开党风廉政专题会议4次,集中学习12次,开展"点对点"谈心8次,签订《市工商联党风廉政建设责任书》10份。

(撰稿:赖小洁)

责任编辑:李馨桐

群众团体

舟山市总工会

【概况】 2017年，舟山市总工会贯彻落实市委和省总工会决策部署，围绕市委市政府中心工作，动员全市广大职工群众投身“五大会战”和“四个舟山”建设。发动各级工会履行工会基本职能，规范基层组织建设，创新工会服务载体；深化职工普惠服务，加大对困难职工的帮扶，构建较为完善的工会困难职工医疗救助体系，推进品质舟山、幸福舟山建设。加强工会自身组织建设，推进全市工会改革，增强工会组织的政治性、先进性、群众性。年底，全市建有基层工会组织3957个，其中独立基层工会3512个，联合基层工会445个，涵盖单位12841家；职工40多万人，工会会员39.2万人。

【推进工会改革创新】 贯彻落实中央和省、市委关于群团改革部署要求，稳步推进工会改革，全面创新工会组织的领导体制、运行机制、机构设置和工作方式，科学合理设置工会机构，配备工会干部，做到上下工作有机衔接，机构精简，运转高效。是年，市、县（区）两级工会均建立专、兼职相结合的领导班子体系，领导班子中挂职、兼职的领导干部均不少于50%。延伸改革触角，完善功能区、产业系统工会设置，推进乡镇（街道）工会改革试点。至年底，14个换届的乡镇（街道）总工会基本配备兼职副主席，建立“专、兼、轮”职干部配备体系，工会组织体制、管理模式、运行机制和活动方式进一步优化。

【规范基层工会组织建设】 围绕建设乡镇（街道）–村居（社区）–基层企业工会的“小三级”组织网络，完善功能区、园区工会组织筹建和管理关系调整。以小微单位工会组建为重点，在城区三产服务业、有雇工的渔业作业单位、船舶修造承揽业务作业队、建设工地施工队等领域建立社区联合工会、新居民工会、区域性行业联合工会、商业楼宇商圈联合工会等，覆盖职工8.71万人，工会会员7.58万人。开展政府专职消防队员入会与货运物流单位工会组建专项行动，推进船舶、建筑、临港等行业的农民工入会工作。建立舟山绿色石化基地鱼山现场指挥部工委，下设7个联合工会。推进乡镇（街道）、村（社区）、企业工会规范化建设，充实基层工会干部队伍，探索基层工会特别是基层联合工会经费保障模式，建立区片工作交流与活动联办制度，促进基层工会经验互享、资源互助、活动联办。是年选树市“六有”示范工会28家，评比表彰市级模范职工之家10个；和润集团有限公司、森森集团有限公司2家非公企业工会和舟山中远船务工程有限公司分承包方联合工会、普陀区六横镇总工会（社区工会联合会部分）、定海工业园区工会工作委员会3家联合工会被省总工会评为全省百家示范基层工会。

【强化工会阵地建设】 在全市职工集聚的区域，打造点状分布、共建共享的区域性职工活动中心，完善组织建设、维权帮扶、技能培训等职能，健全文体活动设施和后勤生活保障，形成对职工需求快速响应和有效服务机制，凝聚职工向心力。是年，全市新建、改造区域性职工文化活动中心10个。依托工会“两微一端”，拓展线上入会、法律援助、困难帮扶、医疗互助、文体活动等网上服务功能，全年通过网上平台申请入会流动职工500多人。以微信公众号为载体，制定职工普惠化服务活动方案；通过网上知识竞赛等形式，宣传“五大会战”政策措施、普及职工法律知识、开展农民工专项服务行动。建设工会会员实名制数据库,探索与市民卡相对接的数字化、功能化会员卡服务平台,工会会员实名制数据库建设被纳入省总工会网上工会建设试点。是年,市总工会官方 APP 被评为全国百强工会新媒体,综合实力在全国各级工会 APP 中排名第三。

6 月 20 日,举行重大项目立功竞赛推进会(市总工会提供)

【开展立功竞赛活动】 围绕新区重点工程、重大项目、重要领域、新经济业态,开展以"比学赶超争领先,撸起袖子加油干"为主题的立功竞赛活动,全年确定 25 个市级示范项目,按照"有组织、有制度、有载体、有活动、有成效"的要求,组织干部职工开展大比武、大练兵、大培训、大献计等多形式、多层次的劳动竞赛活动,全市职工参与率达 75%。编制《重大项目劳动竞赛指南》,建立机关干部联系工作制度,加强对重大项目劳动竞赛的跟踪、服务和指导。6 月,召开全市重大项目劳动竞赛推进会,对宁波舟山港主通道富翅门大桥、大小鱼山围垦项目等 5 个重大项目劳动竞赛示范点进行表彰和奖励。紧扣市委市政府城中村改造攻坚行动,10 月起至 2019 年 6 月,在全市 10 个有改造任务的镇(街道)、49 个村(社区)以及参与改造工作的各级干部职工中,部署开展以"比进度,赛工作实际;比规范,赛机制创新;比干劲,赛工作氛围;比和谐,赛社会稳定;比安全,赛文明管理"为主要内容的城中村改造专项立功竞赛活动,调动干部职工参与城中村改造工作的积极性和主动性,是年,新城管委会千岛街道、普陀区沈家门街道、岱山县高亭镇 3 家单位和邱建军等 50 人分别被评为城中村改造立功竞赛第一赛季优胜单位和先进个人。

【职业技能比武培训】 围绕全市"三重"项目和"千亿""百亿"产业集群发展,在港贸物流、城市建设、旅游健康等 5 个行业板块开展一类技术大比武。全年,与市人力社保局等有关单位联合开展港航物流、船舶焊工、汽车维修工、智能楼宇管理师、茶艺师、金牌导游、美容美发等具有本地产业特色的技能比武 26 项,各级工会组织各类技能竞赛 230 多场次,参与职工达 2.5 万多人次。组织参加省级比赛项目 62 个,取得 2 个第二名、3 个第三名以及 2 人获得操作优秀选手的成绩。完成第四届中国海员技能大比武活动组织服务工作,组织全市航运企业、

6 月 25 日,第四届中国海员技能大比武开幕式现场(市总工会提供)

航海院校和广大海员参与海上项目比赛,并与首次参赛的港澳台海员工会代表团交流,探索建立长效合作机制,共同服务江海联运。健全职工职业技能培训体系,组织5.8万名职工参与岗位练兵、技能比武、技术培训、发明创造、技术交流、合理化建议等活动,为船舶修造、临港石化、大宗商品贸易等重要行业领域企业提供技术服务,并通过开展各类活动帮助2873名职工提升技能技术等级。

【职工技术创新】 完善职工技能培育、技能竞赛和创新成果激励等体系,推动全市高技能人才队伍建设,是年评选全市首批职工创新成果奖26项,发放奖金40万元。鼓励倡设高技能人才(劳模)创新工作室,发挥劳模和高技能人才在推动职工创业创新、企业转型升级中的引领作用,是年命名第三批市级高技能人才(劳模)创新工作室13个。5月,组织各级职工技术服务队、职工实用技术讲师团开展"工会职工技术服务月"活动,为中小困难企业提供技术援助,破解生产难题。全年职工技术服务队、职工实用技术讲师团等技术协会(团体组织)为企业提供技术服务259次,提出合理化建议2580多条,为企业创造直接经济效益1420多万元。开展"安康杯"竞赛活动,全市参赛单位2026家,参赛职工14.67万人,同比分别增加10.8%和5.75%,实现国有及国有控股企业和已建工会规模以上企业"安康杯"竞赛活动全覆盖。

【构建和谐劳动关系】 开展工资集体协商提质增效示范点建设,26家省级以上劳动关系和谐企业经过验收达到示范标准。制定《舟山市创建"双爱"活动综合试验区实施方案》,全面深化企业关爱职工、职工热爱企业的"双爱"活动,2017年度全市劳动关系和谐指数继续位列全省第三。加强工会劳动法律监督,开展职工队伍稳定和劳动关系状况调查,突出一线职工、农民工、劳务派遣工、困难职工等重点群体的维权需求,先后开展"春查劳动合同、夏查劳动安全保障、秋查社保缴纳、冬查工资报酬支付"活动,监督检查企业500多家,发现各类问题89个,协调解决86件,并建立督查整改意见书、建议书"两书"制度。规范企业民主管理工作,组织开展全市企业民主管理与"六有"工会建设互检、互学、互比活动,全面推行基层职代会呈报制度,提高职代会建制率。

【职工普惠服务】 探索"互联网+"服务职工体系,运用工会网站、APP客户端、微信公众号等平台,为职工提供各项服务,实现"信息多跑路,职工少跑腿"的目标。针对海岛交通不便实际,建立基层巡回服务制度,全年开展各类职工巡回服务36次,免费发放"七五"普法宣传资料及职工普法读本1.85万册,专项灯谜竞猜上万条,为职工提供各项服务5000多人次。开展技能培训促就业行动,全年开展相关培训201期,参加培训1.78万人次,帮助实现就业1963人,其中农民工1132人。完善职工医疗互助保障市级统筹,通过简化报销手续,优化服务流程,开启异地报销"直通车",推行延时服务、预约服务、上门服务等措施,完善经办服务体系。2017年度全市参保人数10.63万人,参保单位1377家,同比分别增长4%和3%,实现新年度"保基数稳增长"的参保目标。加强职工疗休养管理,对2017—2018年度市本级机关企事业单位职工疗休养承办机构实行公开招投标,是年组织市属优秀职工240人免费赴庐山、武夷山疗休养。开展青年职工婚恋服务,全市各级工会举办各类交友联谊活动100多场,为5000多名单身职工牵线搭桥。

【困难职工帮扶救助】 加大对困难职工的帮扶,特别帮助解决患重大疾病职工的家庭困难,构建较为完善的工会困难职工医疗救助体系,提高工会帮扶的精准性。9月,出台《舟山市困难职工特殊病种医疗专项救助办法》,全市已建工会组织的机关、事业、企业及其他单位的在职职工,符合救助条件的,根据社保结算后医疗费用自负情况给予救助,自负5000~10000元(含)、10000~20000元(含)及20000元以上的分别给予2000元、3000元及4000元的救助金。全年专项救助87人,发放救助金25.3万元。10月,印发《关于进一步加强困难职工档案管理工作的意见》,明确全国级、省级和市级三级建档标准,对困难职工实行分级管理、精准帮扶,帮助困难职工家庭解困脱困。开展"春送岗位、夏送清凉、秋送助学、冬送温暖"系列帮扶活动,全市各级工会组织帮扶困难职工、困难农民工6422人次，发放帮扶资金1015.61万元。整合社会资源，加大对困难职工子女的就学资助，全年筹集助学资金50万元，发放助学款32.1万元，资助困难学子79人。针对舟山海运企业不景气现状，拨专款12万元走访慰问海运困难企业。组织开展农民工“送知识、送文化、送礼包”三送活动和“平安返乡”行动，受到广大农民工一致欢迎。

4月27日，举办全市庆“五一”文艺晚会暨先进表彰大会(市总工会提供)

【基层职工文体活动】 举办全市庆“五一”文艺晚会暨先进表彰大会，弘扬工人阶级在生产活动中涌现出来的正能量。建立健全市、县(区)、乡镇(街道)工会定期开展大型文体活动工作机制，市级层面先后组织开展全市职工羽毛球、微电影创作、全国灯谜比赛等活动10多次。各级工会组织依托职工活动中心、职工文化家园、职工书屋等阵地，举办棋类比赛、书画展览、科技周宣传等活动，丰富职工精神生活。拓展文化服务内涵，开展“送文化进企业”活动，组织职工文体兴趣团队深入基层工会和重大项目建设现场举行巡回文艺演出，向一线工人送去书籍、电影、文体设施等。全年，市县(区)两级工会为重点工程、重点项目、重点企业送演出53场，赠送文体器材157套，赠送图书杂志近3万册。

【劳模选树宣传】 是年，推荐全国、省五一劳动奖状、奖章9个，全国、省工人先锋号5个，其中中化兴中石油转运(舟山)有限公司、舟山引航站2家单位及蒋海云、程斌等2人分别获评全国五一劳动奖状、奖章。组织开展舟山群岛新区五一劳动奖状、奖章推荐评选活动，全市10个单位获五一劳动奖状，20名个人获五一劳动奖章。“五一”期间，各级工会通过先进表彰、文艺汇演、主题宣讲等形式，对各个行业、各条战线涌现的先进职工进行表彰，弘扬劳动精神、劳模精神。同时在《舟山日报》开辟“新区工会”专版、在舟山电视台开设“寻找老劳模”专栏，在公交车上滚动播放劳模宣传片等，全方位、立体化宣传基层一线劳动者、劳模、工匠先进事迹，展示新时期职工形象。

【女职工工作】 开展女职工建功

3月16日，开展女职工维权行动月活动(市总工会提供)

立业工程，组织女职工参与新区重点工程、重大项目劳动竞赛。推进女劳模、女性高技能人才工作室创建，组织开展"名师带徒"等活动，引导广大女职工钻研业务、岗位成才，是年新建嵊泗县初级中学范群劳模创新工作室。2名女职工获评浙江省五一劳动奖章。至年底，全市有以女劳模、女性技能带头人命名的创新工作室5个。开展女职工素质提升活动，举办茶道、香道、瑜伽、女子形体、中医养生保健等培训班和讲座，参与女职工1000多人。打造维护女职工合法权益和特殊利益工作品牌，推进"妈咪暖心小屋"建设，有3家"小屋"获评省级示范小屋。开展女职工关爱行动，做好困难女职工帮扶以及女职工专项集体合同签订工作，女职工专项集体合同签订率保持在98%以上。

（撰稿：蒋海凤）

共青团舟山市委

【概况】 2017年，贯彻中央、省委、市委党的群团工作会议精神，以"服务五大会战、深化改革攻坚、全面从严治团"为主线，发动团员青年投身全市中心工作。是年，组织全市团员、青年开展"百团联战"助力全市剿灭劣V类水行动；助推"最多跑一次"改革，开展争创青年文明号、组织志愿者巡访活动；助力"五大会战"，组建鱼山项目建设青年突击队、交通大会战环境整治专业志愿服务队等；助力舟山人才招引行动，开展"家燕归巢"2017新区学子暑期实习和"博硕报告团"走进舟山等活动，吸引舟商回归。鼓励更多青年加入志愿者行列，参与志愿服务活动，是年设立"关爱'好人'专项资金"、出台《志愿服务激励嘉许制度》、推行"时间银行·爱心兑现"措施；组织做好首届世界油商大会、国际海岛旅游大会、省第三届体育运动会等大型赛会志愿服务工作，志愿服务渗透率列全省第四。举办第三届新区电商创业节和创新创业论坛、成立青创学院，指导和服务青年成长成才，创新创业。

加强对团员、青(少)年的教育，组织开展"青春喜迎十九大 不忘初心跟党走""收看十九大 话使命担当 共筑中国梦""重走总书记视察之路"等主题团日活动，将学习宣传贯彻十九大精神和习近平新时代中国特色社会主义思想作为重大政治任务。开展"寻找身边的美德少年""成人礼"等活动，倡导青少年发扬优秀品德不断完善自己，坚定听党话、跟党走的信心和决心。深化"青马工程"，推进全市青年马克思主义思想培养工作，在广大青年团员中培养和造就一批具有坚定信念的青年马克思主义者。

加强共青团组织建设，实施基层团干部素质提升工程，推进微信"双轮驱动"联系青年行动，组织开展基层共青团"一团一品"优秀项目评选，完善青年联系走访机制，落实专职团干部"1+100"直接联系青年制度，夯实团的基础。是年，全市有14～28周岁团龄青年105465人，其中团员36038人；基层团组织2315个，其中基层团委120个、团工委57个，团总支82个，团支部2056个；有专职团干部102人。

【深化共青团改革】 贯彻落实中央关于群团改革要求，4月4日，印发《舟山市共青团改革实施方案》，并制定《舟山市共青团改革统筹推进总体方案》。根据总体方案，市、县两级全面完成班子兼职挂职副书记配备和部门整合优化，三个县(区)团委按要求完成换届，全市乡镇团委班子平均人数2.7人，团委委员平均人数9.1人，较改革前均有较大比例增加。建立团建工作项目化机制，市本级组建婚恋交友、创业创新、新媒体3个重点项目组开展运行，其中婚恋交友项目组创新开展的婚恋交友O2O模式经验被《中国共青团》杂志刊登介绍。7月，开展"舟山共青团改革攻坚"暨"一团一品"优秀项目评选，征集到改革项目54个，并通过媒体宣传、流动展板巡展等途径，展示共青团在投身"四个舟山"、奋战"五大会战"中呈现出来的比学赶超、改革攻坚、服务中心的良好形象。

【基层团组织建设】 是年，增设兼职、挂职团干部，推进"团干部+社工+志愿者"基层队伍建设；实施"成长在路上"基层团干部素质提升工程，全年市、县两级共开展团干部培训班11场，培训团干部700多人次。响应共青团中央提出的开展"三百三万"工程的号召，实行"1+100"(1名团干部联系100名基层青年)常态化联系，指导推动全市百余个"青年之家"团属阵地和"青年之声"线上平台的深度对接，是年完成50家"青年之家""志愿者之家"等团属阵地建设,参与和服务人数10万人次以上。推进在互联网、产业领域、商圈、社会组织和渔农村的特色团建,在绿色石化基地和交通大会战工地开展项目团建试点,分别成立鱼山现场指挥部青年共建委员会、交通大会战青年突击队,有4000多名青年投入“五大会战”。实施全省基层团建“双百双提升”五年攻坚行动计划,在乡镇(街道)、中学等领域相对薄弱基层团组织实施整顿、巩固、提升,推进区域化团建和基层服务型团组织建设,重点对10个软弱涣散团组织实施整改提升,补齐团建短板,以探索海上团建、互联网团建等新模式,深化区域化团建工作。

【“微信双轮驱动”创新项目】 抓住共青团改革契机,围绕“构建共青团新媒体工作新格局”目标,创新联系青年的方式方法,以“团市委微信公众号+团舟舟个人号”双轮驱动模式,推进“舟山新区新青年”微信公众号平台建设,年底全市用户总量达22570人。提升“团舟舟个人号”服务力度,实现青年引导工作由“被动供应”向“主动需求”转变,四个县(区)相继推出团定定(定海)、团普普(普陀)、团小岱(岱山)和萌宝(嵊泗)等一批有影响力、受青年欢迎的团属微信个人号,通过与青年形成朋友圈的模式,形成全市共青团微信朋友圈“塔”,至年底已形成8000多人的朋友圈,其中“团舟舟”与青年互动4万多人次,2次进入全国地级市团委微信公号WCI周排行前50强,多次进入全省前三。

【深化“创青春”品牌】 在自贸区背景下引导青年创新创业,通过打造服务舟山青年创业的实体阵地,培养创业青年人才,培育优质创业项目。8月19日,启动“新青年·创未来”舟山群岛新区青年创新创业论坛暨第三届新区电商创业节活动,同时成立由团市委联合市商务局、市人力社保局(市就业局)、海洋科学城建设管理局、浙海大创新创业学院等单位筹建的舟山群岛新区青创学院,学院集研究、培训、孵化、社群为一体,挖掘、吸纳市内外优秀企业家、学者、知名人士、成功创业青年等为“青创导师”,为创新创业青年和企业提供各项指导帮扶。是日,聘任杭州拓逊信息科技有限公司创始人兼副总裁傅海姣等9名创新创业领域的优秀青年为青创导师,浙商创投联合创始人、行政总裁华晔宇等3人为青创学院特聘顾问。

重视青年创业队伍建设,组织青年企业家赴杭州娃哈哈等知名企业考察,组织农村青年赴宁波、绍兴开展农业考察,提升创业经验。全年全市各级团组织累计创业培训(考察)15场(次),覆盖青年2000多人次。

【实施“青马工程”】 “青年马克思主义者培养工程”是团中央开展引导青年工作的重要载体,以“青年人才学院”为平台,引领青年学生骨干进行马克思主义的理论学习和成长实践。12月2日,在浙江国际海运职业技术学院举办浙江舟山群岛新区2017—2018学年“青马工程”培训班暨十九大精神学习会,50名参训学员和高校学生代表共同观看由浙江省委宣传部、浙江广播电视集团联合推出的微视频《红船缘》。组织学联委员团体单位代表24人赴嘉兴南湖开展“不忘历史跟党走”红色主题教育活动。

【完善企业共青团联席会议轮值主席制】 在连续三年召开企业共青团工作联席会议的基础上,建立联席会议轮值主席制,企业共青团工作实行轮值主席负责制,即由6家2017年联席会议轮值主席团单位分别牵头,结合团工作要求和青年职工需求开展团的工作。是年,策划开展新区青年职工联谊会、企业青年篮球联赛及“新区青年上一线”之走进鱼山、走进军营、走进波音等活动5场。

【建团95周年主题团日活动】 5月3日,举行纪念建团95周年暨“不忘初心跟党走 勇立潮头建新功”主题团日活动,来自机关、企业、学校等全市各个领域、各条战线的近450名团员青年、青年工作者代表参加。大会通过一封来自99岁老团干王家恒老人的信,回顾共青团走过的95年光辉历程,展望美好明天;表彰10名“新区建设一线青年标兵”;围绕全市重大项目成立交通大会战、百团联战“河小二”、鱼山项目建设、行政审批服务“最多跑一次”改革、小城镇环境综合整治、舟山500千伏联网输变电工程等6支青年突击队。会上,普陀区东港街道兴普社区、舟山医院分别被授牌成立“国际青年(志愿者)社区”和“天使国际青年志愿者服务基地”。

【青少年思想引领】 5月，以习近平到舟视察两周年为契机，组织团员青（少）年开展“重走习总书记舟山考察之路”“我与团旗合个影”“点亮团徽”“如何做一名合格团员”等活动，2400多人次参加。10月，开展“青春喜迎十九大　不忘初心跟党走”“收看十九大　话使命担当　共筑中国梦”等主题团日活动，举办各类主题宣讲、网络直播、微型党课比赛等活动130多场，覆盖团员青（少）年8.3万多人次。开展“新区建设一线青年标兵评选”“寻找身边的美德少年”“青春故事汇”“成人礼”等活动，参加青少年6800多人次。举办座谈会、“朗读者”等形式，组织团员青年学习《习近平的七年知青岁月》《习近平关于青少年和共青团工作论述摘编》，3100多人次参与学习。

【青少年权益维护】 深化“关爱青少年彩虹行动”项目，全市76位人生导师带领46个志愿服务团队为本年度182名重点青少年实施生活帮助、能力提升、观念转变和行为干预等个案化帮扶服务，累计开展走访1550人次，提供帮扶资金20多万元，帮助18人实现就业，开展行为干预250多人次，心理帮扶90多人次，引导帮扶对象参与社会公益活动460多人次。推进特殊群体青少年关爱行动，全年开展各类流动青少年宫进社区活动20多场次，服务青少年2800多人次。深化“共青团与人大代表、政协委员面对面”活动，提交涉及青少年权益的提案议案30多个。开展青少年心灵花园主题志愿服务行动，全年12355青少年服务台所属4个团队60多名持证专业志愿者为370多名有需求的青少年提供个体心理咨询和团队心理辅导等服务。开展中高考阳光行动、流动少年宫活动、安全自护教育活动等各类志愿活动160多场，服务超过3万多人次。开展青少年平安行动，全年开展各类较大规模自护训练活动200多场，参与青少年4万多人次。

4月9日，召开“共青团与人大代表、政协委员面对面”座谈会（团市委提供）

5月3日，举行纪念建团95周年暨“不忘初心跟党走　勇立潮头建新功”主题团日活动（团市委提供）

【第六次少代会召开】 10月31日，中国少年先锋队舟山市第六次代表大会在新城召开，全市近

200名少代会代表和共青团、教育局及其有关部门领导、学校少先队员参加大会。会议听取市第五届少工委工作报告,回顾和总结过去五年全市少先队工作的主要成绩,提出当代少年儿童的时代使命和少先队组织的光荣任务,明确今后五年少先队工作的总体要求和工作重点,号召全市各级少先队组织和广大少年儿童,在中国共产党指挥下,时刻准备着,为加快建设自由贸易港区、海上花园城市贡献智慧和力量。会议选举产生新一届少工委委员。

【助推"最多跑一次"改革】 4月,在全省率先成立"行政审批'最多跑一次'改革市民巡访志愿者服务队",以承接项目的形式,每年将为50个以上的办证点开展主题宣传、现场体验、意见反馈、满意度测评等服务,是年累计开展专项服务600多场次。发动"青年文明号"参与"最多跑一次"改革,开展亮品牌,亮承诺,亮主题,实践"制定一张服务指南、选树一批岗位能手、开展一次公益行动、提交一个合理化建议"等"六个一"行动,树立青年文明号新形象。

【志愿服务双"闭环"】 探索志愿服务社会动员"O2O闭环"和"价值传播闭环"的双"闭环"模式,发动社会公众参与社会治理。在全国志愿服务平台基础上,形成志愿服务管理系统、服务时数积分系统和志愿者社交系统"三系统"和手机端APP、市民卡端、POS机端和云端多终端的综合平台,通过平台,社会公众在线上注册志愿者和供需对接,在线下开展服务和累积时数,服务时数和星级晋升又在线上汇总并反馈,实现志愿服务O2O(Online to Offline)闭环;同时围绕志愿服务价值传播,依托"互联网+"、激励嘉许等制度,推动志愿服务动员模式由行政主导向社会化动员转变,管理模式由传统式管理向信息化数据管理转变,服务模式由运动式服务向项目化实施转变,形成"社会公众-注册成为志愿者-志愿者服务社会-社会提供激励嘉许-保障机制回馈社会公众"的"价值传播闭环",并形成良性循环。是年,平台注册志愿者人数达全市户籍人口的11.9%,注册志愿者组织增长200%以上。

【推出志愿者激励嘉许办法】 12月,团市委(市志愿者协会)联合多部门印发《舟山市(浙江舟山群岛新区)志愿者激励嘉许办法》,按照志愿服务时数对舟山全体注册志愿者进行星级评定、评选宣传、嘉许回馈,其中星级志愿者的认定,根据舟山群岛新区志愿服务管理平台(志愿家)内录入的志愿服务时数来区分,志愿服务时数总和满100小时、300小时、600小时、1000小时、1500小时的,分别授予一星、二星、三星、四星和五星志愿者荣誉称号。年底,全市注册志愿者16.3万多人,累计贡献志愿服务时数超过369万小时,其中星级志愿者4908人。

【建立关爱"好人"基金】 3月5日,团市委(市志愿者协会)推出"浙江舟山群岛新区关爱'好人'基金",其专项资金除为舟山"好人"群体购买志愿服务期间的人身意外伤害险、表彰奖励道德模范、组织道德模范疗休养等活动外,重点对年迈生活困难的道德模范和优秀志愿者、已故道德模范家庭、其他特殊情况的志愿者等生活困难的舟山"好人"群体,根据其困难程度给予适当帮扶,并在春节等重要节庆假日期间给予慰问。至11月底,"好人"专项资金1000万元(原始本金)全部到位,统一存入市慈善总会账户的"'好人'专项资金"专户,由团市委(市志愿者协会)负责管理和使用。按照"本金不动"原则,每年增值部分用于舟山"好人"群体的保障、帮扶、慰问、奖励及培育,以此进一步引领全社会崇尚守法重德、无私奉献的社会新风尚,促进新区"好人"事业全面发展。

【新区党员志愿者总队成立】 深化党员志愿服务工作,健全党员志愿服务体系。3月4日,团市委与市委组织部、文明办、新区志愿者协会在定海文化广场联合举办"同心共创文明城　志愿服务我先行"——"3·5"学雷锋志愿服务月启动暨新区党员志愿者总队成立活动,来自机关事业单位、企业、社区、高校和社会组织的各行业系统的专业志愿服务团队和年度先进志愿者代表等450多人参加成立仪式和广场服务活动,现场授牌成立舟山群岛新区党员志愿服务总队及支队10个、首批党员志愿服务示范站10个。是日,服务群众2000多人次。

【"小水滴"服务大型赛会】 5月,启动2017国际海岛旅游大会、首届世界油商大会、浙江省第三次体育运动会等重大赛会招募“小水滴”（学生志愿者）服务大型赛会的筹备工作，累计招募志愿者800多人（主要来自浙江海洋大学、浙江国际海运职业技术学院、新区旅游与健康学院的学生），并开展礼仪、接待、会务、治安和突发事件应对等培训工作，在9月陆续召开的上述赛事活动中，完成一系列志愿服务保障工作。

【“汽车·人”总动员活动】 8月24日起，围绕“文明礼让斑马线”专项志愿服务行动，在全市范围启动“汽车·人”总动员大型公益活动，通过招募“汽车·人”志愿者、开展“汽车·人”主题实践活动、打造礼让模范“汽车·人”、完善“汽车·人”志愿者激励保障运行制度等，在全社会倡导“汽车礼让，行人礼行”理念。其间，面向全市车主分发“汽车礼让、行人礼行”车贴；招募“汽车·人”志愿者，开展礼让模范争创活动，鼓励贴上“汽车·人”车贴的车主注册报名加入“汽车·人”志愿者服务队，引导车主主动礼让，至年底招募注册志愿者2700多人。开展“我与‘汽车·人’合个影”“文明‘汽车·人’微课堂”“‘汽车·人’微论坛”“打造‘汽车·人’志愿车队”等活动10多场，覆盖青年1200多人。

【“河小二”百团联战大行动】 动员团员青年、少先队员、青年职工成为“河小二”，并于4—7月，开展“百团联战”助力剿灭劣Ⅴ类水大行动。期间组织成立“河小二”突击队，与周边重点河道或劣Ⅴ类小微水体建立一对一结对关系，通过划分作战区、制定作战表、打好联合战、哨兵护水战等措施，以全市50条重点河道和426处劣Ⅴ类小微水体为剿劣重点，组织发动全市170多个共青团、少先队和青年社会组织，开展治水宣传、小鱼治水、水资源保护、水环境改善、水污染防治等活动，建立突击队471个，招募突击队员4012人，开展各类活动400多次，参与志愿者2.8万多人次。

项目启动仪式暨岗前培训会，完成岗位对接的107名舟山学子参加培训。

【舟山-香港青联签约建立友好单位】 4月14日，在新城举行“舟山与香港浙籍青年交流座谈会”暨舟山新区青联与香港舟山新区青联友好单位签约仪式。通过建立友好单位，密切交往交流，加快舟山新区招才引智，为香港和内地的稳定繁荣发展作贡献。

4月14日，舟山－香港青联签约建立友好单位（团市委提供）

【开展“家燕归巢”项目】 由共青团舟山市委联合市内多家机关企事业单位共同推出，主要招纳舟山籍在外学子和在舟高校大学生到舟了解新区发展变化，鼓励舟山籍在外学子返乡发展，引导在舟高校大学生留在舟山、扎根舟山，为新区、自贸区建设吸引、留住人才。全年项目推出实习岗位130多个，约560名在外舟山学子报名，完成岗位对接107人，其中不少来自国内知名高校，更有海外知名学府。7月7日，举行“家燕归巢”2017新区学子暑期实习

【第二届新区大中学生校园文化节】 10月，与浙江舟山群岛新区学生联合会联合举办以“铭记青春使命”为主题的第二届新区大中学生校园文化节，活动内容包括思想引领类、精品艺术进校园类、文艺竞演类、体育健身类等四大类，培育文化艺术、体育健身等项目精品，弘扬社会主义核心价值观。整个活动将于次年5月结束。

【婚恋交友O2O模式】 探索打造青年交友阵地、加强组织建

设、丰富形式设计等做法,总结出从线上到线下的青年婚恋交友O2O模式,开辟近100个青年婚恋交友线下阵地,同时招募"公益红娘""公益月老",组成一支服务青年婚恋交友的专业团队,为青年牵线搭桥。全年全市各级团组织开展各类青年婚恋交友活动约80场,参与青年数7000多人次,促成约90对青年牵手热恋。

【"十八岁成人节"主题教育实践活动】 3月、12月,先后在南海实验高中、定海第一中学分别举办以"树立远大志向 放飞青春梦想"和"青春飞扬 筑梦启航"为主题的舟山市"十八岁成人节"主场活动,全市10多所高中的1600多名高三年级学生、班主任及家长代表们参加活动。活动围绕流金岁月(成长篇)、与爱同行(感恩篇)和共续华章(励志篇)三大篇章,举行宣誓、加冠、成人代表发言、赠送成人礼、家长与孩子交换书信、班长上台领取《宪法》并宣誓等环节,引导广大青少年积极践行社会主义核心价值观。

【助力精准扶贫脱贫】 根据共青团组织助力精准扶贫脱贫工作,市青联与新疆阿克苏地区建立结对帮扶,是年完成2个贫困村和20户贫困户的排摸,并发动青联委员与贫困户结对,资助贫困户在校学生,帮助其完成当前教育阶段学业。同时设立"爱心图书"捐赠、"快乐运动 助力成长"运动器材捐赠、"爱心书包"捐赠等。

(撰稿:童丹)

舟山市妇女联合会

【概况】 2017年,舟山市妇女联合会(下称市妇联)以"激情创业、拼搏赶超、成就美丽"为主线,全面推进妇联改革,加强基层组织建设,提高妇联执行力。团结动员全市妇女统一思想、真抓实干,投身"四个舟山"建设,先后开展"巾帼虹"系列活动及"阿拉娘家人"的服务工作,做强做好"巾帼文明岗"创建、"平安家庭"创建、"最美家庭"创建等活动,助推自由贸易港区和海上花园城建设。

是年,市公安局定海区分局城东派出所民警王英被授予全国三八红旗手,於燕芬等6人及定海区人民法院分别被授予省三八红旗手和省三八红旗集体。浙江国际海运职业技术学院海洋旅游学院学生管理组等18个岗被认定为省巾帼文明岗,舟山港海通客运公司普陀山客运站综合服务台等3个岗被认定为全省首批"旅游系统"巾帼文明岗,周江凤等8人被认定为省巾帼建功标兵。黄雪芬家庭等13户家庭获省级最美家庭,陈芝芬家庭等16户家庭获省级绿色家庭,鲁旭婷家庭等4户家庭获省书香家庭。

是年底,市妇联下辖县(区)妇联组织4个,管委会妇工委4个,机关事业单位妇委会(妇工委)41个,乡镇妇联22个,街道妇联13个,社区(村)妇工委(妇联)396个,下属团体会员3个。

【推进妇联改革】 围绕组织建设,推进从市、县(区)、乡镇(街道)到村(社区)的全市四级妇联改革。健全乡镇(街道)妇联执委会制度,将村"妇代会"改设为村"妇联";面向社会各界优秀女性选配为妇联副主席和执委,全市四级妇联组织增配副主席401位,增配执委2874人,分别比上年增加155%和451%。推进"网格型+功能型+网络型"的妇女组织建设,以妇联为优质资源中转及配置中心,构建与体制环境、产业布局、妇女流向相协调的条块结合的枢纽型妇联组织,建成"网格型+功能型+网络型"妇女组织4000多个。推动村(社区)妇联

2017年舟山市省级以上三八红旗集体(个人)

表10

荣誉称号	获授单位(个人)
全国三八红旗手	王　英　市公安局定海区分局城东派出所
省三八红旗手	於燕芬　岱山县高亭镇爱国卫生运动委员会
	刘静依　普陀区妇联
	洪水萍　嵊泗县五龙乡田岙村
	陶慧芳　市司法局
	金海风　定海区临城街道办事处
	孙勤霞　普陀区环卫管理服务有限公司
省三八红旗集体	定海区人民法院

主席100%进村(社区)班子,是年渔农村村党组织中女书记、村委会女主任占比分别为10.1%、11.1%。加强对女性社会组织及其带头人的政治引领和组织吸纳,在条件成熟的女性社会组织中建立妇联,通过选派党建指导员、党建联络员、党建宣传员和开展党建结对活动等,强化党建在女性社会组织建设中的引领作用,拓展在新领域新群体的组织覆盖。12月,定海区美之声演唱团妇女联合会成立,为全市首个社会组织妇女联合会。

12月15日,美之声演唱团妇女联合会成立揭牌(市妇联提供)

【“巾帼虹”活动助力新区建设】 团结引领广大妇女参与全市“五大会战”、建设“四个舟山”行动,先后开展“巾帼虹”助力“剿灭劣V类水”“义甬舟大通道建设”“城中村改造”“环境综合整治”“最多跑一次”“服务人才婚恋”等系列活动。在剿灭劣V类水大会战中,发动并组建以女性、家庭、新居民为主的“七邻八舍、姐妹妯娌、快乐亲子、乡里乡亲”等民间护河队79支,设立“巾帼虹”护河岗26个,招募志愿者近千人次,在67条河道开展护河等活动千余次,分发宣传册3万多份。在交通建设大会战中,各基层妇联配合政府做好宣传、解释与引导,在重点区片协同做好维稳工作。发挥妇联组织的作用,配合政府推进“城中村改造”,岱山高亭镇大岙二社区村妇联班子,实行全体执委牵头挂联、一包到底,组织成立“巾帼虹·旧城改造娘子军”,推动该村征迁工作,在一个月里完成首批两个地块的征迁。在窗口单位开展巾帼文明岗“最多跑一次”内部技能比武助力“最多跑一次”改革工作。

【创设“阿拉娘家人”品牌】 推进幸福社区建设,建设“幸福舟山”。2月,市妇联发起“暖暖的新家”公益项目,对贫困家庭的儿童房实施家庭环境改造,打造学习生活的温馨空间。至5月,完成全市8户贫困家庭10个儿童房的家庭环境改造。7月,在全市8个幸福社区建设推进工作中开展“阿拉娘家人”服务品牌建设,通过整合职能,梳理出5类20个方面的服务项目,其中维权关爱、家庭文化、纠纷协调、创业扶持、女性课堂、家庭亲子等均融入社区“阿拉娘家人”服务体系,定海塔山社区、新城金鸡山社区、嵊泗东海社区等首批12个社区率先示范创建,开展各类服务,将“阿拉娘家人”服务项目打造成为本社区家门口宣传政策的阵地、传播知识的课堂、维护权益的娘家、科学教子服务妇女的窗口和联系群众的桥梁。8月,市妇联发布“阿拉娘家人”交友联谊服务站项目、贫困儿童关爱项目、婚姻家庭辅导室项目,均由女性社会组织承接实施。

【做强“TA为她”联盟】 继续做好“TA为她”女性小微创业者联盟,以创业妇女需求为导向,多方链接资源,为联盟成员落实创业品牌提升项目、免费公益通讯包项目和活动场地,通过网络推送,设立众创集市、联盟网络(实体)超市等形式,帮助创业妇女逐步实现产品销售从网下到网上的延伸,打开产品销售渠道。三八节期间,开展“她创”公益助力项目征集、发布、认领等活动,为创业妇女提供产品宣传包装、推介营销及导师扶持等服务,全年举办“TA为她”众创集市活动3场。完善和丰富网上、线下联盟超市,做好“卖舟山”文章,扩大舟山影响力,是年在线上新开辟民宿类产品40多家,线下新挂牌联盟实体超市3家;至年底,“TA为她”众创空间和公益空间共有成员140多个,覆盖种养殖业、手工制作、电商微商、民宿、教育培训、健康养生等产业和涉及文艺、助老、助学、助医、公共救援、文化传承等领域。

3月4日,举行“TA为她”三八妇女节大型公益活动(市妇联提供)

【深化巾帼文明岗创建】 以督导“最多跑一次”改革为契机,在全市各级巾帼文明岗中推行“最多跑一次”改革,实现100%覆盖,提升巾帼文明岗围绕中心开展服务能力。是年,全市妇联调研走访巾帼文明岗526人次,编制办事指南服务基层群众事项655个。加强对全国巾帼文明岗创建工作的指导,组织26个巾帼文明岗负责人参加全省巾帼文明岗创建培训,加强与宁波、杭州等外地市妇联间的学习,交流巾帼文明岗的创建经验,舟山6个创岗单位创评为全国级巾帼文明岗。

【最美家庭创建】 联合市文明办开展“最美家庭”创建、市级文明家庭评选活动,全年创建全市最美家庭20户,评选出市级文明家庭100户。开展“好家风家训”评选,评选出100条好家风家训、10个好家风家训故事,并将好家风家训故事刊登在《舟山晚报》,传播广大妇女和家庭践行社会主义核心价值观的正能量。联合浙江日报报业集团舟山群岛新区分社开展十佳“好婆媳”、十佳“好子女”、十佳“好邻里”评选活动。

推进家庭教育指导服务体系建设。1月11日,与市慈善总会等联合推动设立的全市首个留守儿童之家示范点——定海区金塘大浦社区“关爱儿童之家”正式授牌成立,主要开展为留守儿童学习辅导、生活关怀、爱心帮扶、家长互动等服务。开展市级示范家校创评,组织舟山市家庭教育创新与发展论坛及“最美·家”读书分享会,举办大型家庭教育讲座,编印《智慧爸妈 优秀家教》等,开展“智慧爸妈”课堂活动,促进科学家教的传播。全年全市进基层送家教活动100多场,受益家长上万人次。

【维护妇女儿童合法权益】 是年,颁布《舟山市“十三五”妇女儿童发展规划》,贯彻实施男女平等基本原则和儿童优先发展原则,保障妇女儿童权益,优化妇女儿童发展环境,促进妇女儿童全面发展。妇联界市政协委员在全市“两会”上专门提交《关于整合社会资源 维护妇女合法权益的建议》。制定《舟山市妇联系统开展法治宣传教育的第七个五年规划(2016—2020年)》,力争到2020年,全市县(区)级以上妇联组织新媒体普法栏目开设率、维权干部专业化率、婚姻家庭纠纷调解队伍专业化率均达到100%。

开展“法律主题教育万家行”活动,宣传《中华人民共和国反家庭暴力法》,组织反家暴执法培训、宣传489次,印发资料13.37万份;举办各类法治文化、现场咨询服务、普法讲座等活动1765次,覆盖妇女群众17万多人次,发放反家暴告诫书23份。推动建立反家暴工作联动机制,年初,以定海为试点,由区妇联联合区人民法院提议建立反家暴联动机制,推进家事纠纷化解。是年11月,定海区人民法院首次受理女性关于申请人身安全保护令案,并在

24小时内作出裁定、送达，制止施暴方（配偶）继续施暴。完善妇联系统四级信访投诉网络，畅通信访诉求渠道，市及县（区）妇联均建有婚姻家庭矛盾纠纷调解中心，全年受理和调解家事纠纷类等信访件169件。推进网上议事工作，重点建成网上议事会20个。

【关爱行动】 开展对全市老年村妇代会主任、困境妇女儿童的慰问，全年慰问912人，发送慰问金100多万元。实施女性安康保险项目，全市筹资24.56万元购买女性安康保险，惠及妇女2049人。开展城乡妇女免费“两癌”检查项目，全市有129名贫困“两癌”母亲得到救助，救助金额逾22万元。开展“暖秋关爱计划”，有20名贫困母亲得到母亲邮包。在定海区看守所建立“阳光心情”工作室，为被羁押的女性提供心理辅导等服务，并在母亲节送去礼物和书籍。

（撰稿：金静娜）

舟山市科学技术协会

【概况】 2017年，市科协按照习近平提出的建设“三型”（开放型、枢纽型、平台型）科协组织要求，强化科技工作者思想引领，推进科协改革，提升服务能力。开展高端智力引进，助力舟山新兴产业发展，引导科技工作者参与新区经济社会发展工作中。发挥高端决策咨询作用，广泛开展调查研究，完善科技智库网络，当好党委政府参谋者。推进科普信息化、科普社会化、科普精准化，全年举办科普节、全国科普日等主题活动100多项。举荐宣传优秀科技工作者，加强科技工作者之家建设，做好科技工作者服务工作。至年末，有市属学会41家，会员10128人。

【强化思想引领】 组织开展“5·30”全国首届科技工作者日、“12·15”会员日等主题活动，以及以“精忠报国、敢为人先、拼搏奉献”为主题的“创新争先行动”，全年召开座谈会10多次，倡议广大科技工作者“勇于担当、激情创业、全力投身五大会战”，激发广大科技工作者的积极性和创造力，引导科技工作者贯彻落实中央、省委、市委重大决策部署。

【推进科协改革】 完善科协组织的代表、委员结构，扩大基层一线代表的名额比例，听取基层代表的建议意见。是年，来自基层科协的代表、委员、常委占比分别从上年的65.3％、55.2％、44.8％提升至84％、81％和76％，在浙大海洋学院、海洋科学城等新兴产业科技人员比较集中的区域增加兼职副主席3人，选取任林盛等优秀后备干部担任挂职副主席，启动兼职副主席所在单位轮流派人驻会制，为打造“三型”科协提供组织保障。

【提升服务能力】 3月13—15日，承办省科协工作专题座谈会，以“创新驱动助力新区发展”为主题，探讨交流科协改革、科技创新等内容，学习借鉴全省科协系统的实践经验，助力新区创新驱动发展。建立科协常委“四服务”（服务科技工作者、服务创新驱动发展、服务全民科学素质提升、服务党和政府科学决策）工作委员会制度，加大在创新引领、建言献策、科学普及、精准服务等方面的力度。11月28—29日，举办基层科协秘书长培训班，各县（区）及功能区管委会、市级各学会（协会、研究会）、各企业及高校、乡镇（街道）科协秘书长70多人学习创新驱动助力工程建设、自贸区建设知识，学习十九大报告，通过学习提升科协服务能力。

【召开市科协第九次代表大会】 12月30日，召开舟山市科协第九次代表大会，大会通过《不忘初心 凝智聚力 团结带领全市广大科技工作者为建设“四个舟山”贡献智慧和力量》的工作报告，全面回顾总结五年来科协工作，部署未来五年工作任务。完成第九届市科协领导班子换届工作，叶亚君当选为主席，选举副主席3人，产生兼职副主席8人，授予舒兴田、宫先仪、杨小牛、张东辉为名誉主席。

【举办全国首个科技工作日活动】 5月下旬起，面向广大科技工作者和社会公众组织，开展首届全国科技工作者日（5月30日）活动，以“精忠报国、敢为人先、拼搏奉献”为主题，先后举办2017舟山首届“全国科技工作者日”活动启动仪式暨“两奖”（全市优秀青年科技人才奖、全市杰出科技人才奖）表彰大会，宣传全市科技成就，弘扬科技工作者精神；联合市科技局召开科技工作者座谈会，引导科技工作者肩负起时代

5 月 30 日，开展舟山首届“全国科技工作日”活动启动仪式暨“两奖”表彰大会(市科协提供)

赋予的历史重任，在服务自贸区科技创新发展中彰显作为。其间，共举行首届“全国科技工作者日”系列活动 10 多场。

【高端智力引进】 6 月，新建中科立德新材料有限公司钱逸泰院士专家工作站，为舟山科创领军人才企业成立的首家院士工作站，由中国科学院院士钱逸泰领衔，开展锂离子电池专用海洋生物基超分子水凝胶固态电解质、石墨烯复合水性黏合剂、CNT 复合水性黏结剂和硅负极专用水性黏结剂四个项目的应用研究，为企业研发具有国际先进水平的水性黏结剂市场技术提供支撑。9 月，成立浙江麦大基因科技有限公司 Constantin（康斯坦丁）院士专家工作站，由加拿大康斯坦丁院士领衔，开展胰岛素依赖型糖尿病的基因型诊断及治疗等方面的研究和合作。全年新引进院士专家 22 人，开展项目合作 16 项。是年，浙江欧华造船有限公司吴有生院士专家工作站被评为省第八批院士专家工作站，全市省级站达 5 家。对建站满一年的 3 家院士专家工作站进行考核，给予资金补助 110 万元，同时推进现有 22 家院士专家工作站的提质增效。

【完善科技智库网络】 建立与中国石油化工学会、中国电子信息学会、中国宇航学会等国家级学会的联系，依托院士工作站、学会服务站以及全市 95 家市、县二级学(协)会、16 家企业和高校科协，逐步构建起开放协同、资源集成的科技智库网络。联合浙江大学海洋学院，开展智慧海洋发展战略和顶层设计策略项目研究，并得到省科协的立项资助。

【助力新兴产业发展】 推进省、市、县三级学会联动，举办“中国科协船舶行业企业科协创新联盟工作会议”“浓海水资源化专家舟山行”“绿色石化专家咨询服务”“千人计划专家舟山行”“五水共治专家舟山行”“西班牙、俄罗斯专家舟山行”等院士专家舟山行活动 10 多次。邀请杨千里、戚发轫等专家到舟山指导企业发展，并就打造海上卫星应用示范基地、绿色石化基地炼化项目海水取排水、船舶行业转型升

9 月 6 日，第三届中国海上卫星应用研讨会在舟山召开(市科协提供)

级等问题开展咨询服务。针对国家在新区实施的重大战略项目和市委、市政府重点工作，举办“海上卫星应用院士专家舟山行”院士高端论坛（咨询会）10多场，其中《发展海上卫星应用产业，服务“创新舟山”建设》咨询报告被《领导参阅》（市）录用。发挥科技工作者专业优势，开展调研活动，形成调研报告10多篇，其中《关于进一步发展舟山远洋渔业的几点建议》《石油化工行业产业链介绍》得到市政府肯定。

【推进科普信息化】 不断延伸海陆科普信息触角，推进科普信息化。在海上，出海渔船安装“海洋通”1000台，开设“阿拉柯鱼人”科普APP；在陆上，面向社区、学校安装“群岛通”400台。以“大舟山”平台为依托，重新打造“阿拉讲科学”微信订阅号。

【推进科普社会化】 联合全民科学素质工作各成员单位，围绕公众需求和社会关切，开展各类群众性科普活动，相继举办科普节、全国科普日、舟山群岛新区科技（科普）活动周、“四品一械　安全为先”食品药品安全科普宣传活动、青少年科技创新大赛等主题活动100多项。是年，组织参加省31届青少年科技创新大赛，获一等奖7项。推进渔农民科学素质提升，培育推荐省级科普示范户35个，新建基层科普示范单位13家，与市公安消防支队、市消防协会联合命名全市消防科普教育基地2家（定海区双桥中心小学消防科普教育基地，岱山县东沙古镇消防教育馆）。

舟山群岛新区科技（科普）活动周　5月20—31日，由市科协、市科技局、市委宣传部主办。围绕“科技强国、创新圆梦”主题，集中展示与百姓生活密切相关的科技创新成就，推动科技（科普）进企业、进校园、进乡镇、进社区，激发全社会创新创业活力。市和普陀区30多家单位共推出科技宣传活动60多项，向市民分发科普宣传手册、书籍、科普类日用品，为市民提供专家义诊、市民卡现场办理、防震减灾和食品安全咨询等服务，邀请全市企业、高校和科研院所展示船模、蔬菜水培种植模式等创新产品和科技发明成果，普及科学知识和技术方法。活动周首日展出各类展板200多块，发送资料1.5万多份，接受服务咨询6000多人次，参与活动的群众达上万人次。其间，举办全国科技工作者日座谈会、粮食科技宣传、博士教授论坛、浙江海洋大学海洋渔业科技（科普）展等活动4场。

全国科普日宣传　9月23日，在定海文化广场举行。由市全民科学素质工作领导小组办公室、市科协及定海区全民科学素质工作领导小组办公室、定海区科协主办，市、区全民科学素质工作领导小组成员单位，各学会（协会、研究会）、企业及高校科协共同承办。60余家单位联合设摊，发放科普资料、提供科技咨询、展示科普画板、开展科普谜语、义诊等，向群众宣传自然科学、防震减灾、食品安全等方面的知识，倡导科学生活方式，普及科学知识。期间，穿插科普文艺表演和科普知识抢答，吸引市民观看、参与。整个活动发放、赠送科普书籍及手册1万多册，环保袋1000多只，展出科普画板80多块，义诊服务人数1200多人次，提供教育、医疗卫生、室内空气质量鉴别、生活健康、蔬菜种子、环保知识等各类咨询服务2000多条，科普谜语有奖竞猜500条，受众2000多人次。

【开展学术交流】 是年，“世界头足类渔业学术大会”“长三角海洋生物医药产学研科技论坛暨第二届浙江省海洋药物学术会议”“海洋生物蛋白新技术与应用发展论坛”“中国海洋生态经济发展舟山论坛”“中国港航发展论坛学会年会”等国际性、全国性、区域性学术活动在舟举办。全年，市属各学会开展学术活动140多项，参加交流活动的科技工作者6048人次。

【在省青少年科技创新大赛中获佳绩】 4月21—23日，第31届浙江省青少年科技创新大赛在永康市举行。大赛分竞赛和展示两大板块，竞赛活动包括小学生科技创新成果竞赛和中学生科技创新成果竞赛等，展示活动包括少年儿童科学幻想绘画比赛、青少年科技实践活动比赛等。舟山市选送作品46项，其中舟山中学何子颖的“磁浮式声音传播条件演示仪”、沈家门第一小学夏睿遥的“遥控自动作圆仪”、朱家尖小学谢子扬的伙伴机器人（家用可以监控、浇花，外出可以负重、代步）等7项获省一等奖，另获11项二等奖、22项三等奖，有10件作品选送全国第32届青少年科技创新大赛。

【举荐宣传优秀科技工作者】是年,表彰奖励舟山市优秀青年科技工作者10人和优秀自然科学论文55篇,在市科协第九次代表大会上表彰32家先进集体、56名先进个人、50名优秀科普工作者,35户优秀科技示范户获评省级科技示范户。在舟山电视台《科学时刻》专栏,专题宣传舟山市十佳青年科技奖、科普带头人等50余期,利用《舟山日报》、舟山科协网、舟山科协微信订阅号等平台,开展先进典型宣传,为科技工作者创新创业营造良好氛围。

【科技工作者之家建设】聘请科技工作者法律顾问,建立科技工作者活动中心,开展"科技工作者道德行为自律规范"活动,竭力服务好科技工作者。加强学会组织建设,完成市级学会清理规范整改,督促学会做好年检和换届,开展星级学会考核评比活动,至年末,市属41家学会中已有8家达到五星级学会,13家达到四星级学会,6家达到三星级学会。

【舟山市青年科技人才协会成立】1月13日在新城召开。首届青年科技人才协会会员代表150多人参加。选举金可泽为理事长。协会由市科协、市博士(后)联谊会、市民营科技实业家协会等三家单位共同发起,旨在凝聚青年科技人才,搭建学术交流、联谊互动和成长成才的良好平台。

(撰稿:陈凤武)

舟山市社会科学界联合会

【概况】2017年,舟山市社会科学界联合会以习近平新时代中国特色社会主义思想为指导,完善工作机制,推动社团改革;团结带领全市社科工作者,围绕新区发展大局,开展中共创新理论研究与宣传以及重点课题研究、学术研讨、社科普及等工作。是年,立项课题90项,举办"蓝色经济发展"论坛等学术研讨活动3场;组织开展舟山市第16届"社科普及周"和科普基层行活动。年底,所属学会、协会、研究会45家,会员9000多人。

【课题研究】在全市社科系统探索"三位一体"(决策者点题、管理者出题、研究者报题)课题研究运行机制,打造"社科超市"平台,以"领导点题、部门出题、基层报题"的运行模式,规范课题立项、实施、评审、资助等程序,打造社科学术精品,提供高质量的社科理论"商品"。是年,立项社科研究重大课题7项,重点课题16项,一般课题70项,委托课题7项,结题率100%;申报省级课题30多项,《海洋经济发展的"浙江样本"研究》《基于风险分级的浙江省食品安全监管重点研究》等13项课题被省社科规划办和省社科联立项。首次开展社科重大课题的立项研究工作,将市委、市政府选定的《舟山航空全产业链发展思路研究》《浙江自由贸易试验区制度创新研究》等7项课题列为年度重大课题,向社会公开招标。

2月,推出《社科要报》,重点登载社科工作者对舟山新区建设中的一些重大问题的研究成果,供市领导参考,促进研究成果及时转化应用。其中"健全舟山绿色石化基地法治保障的建议""切实规范基层小微权力的对策建议""完善舟山渔民养老保障的几点建议""加强舟山远洋渔业基地建设的金融支持"得到省领导的批示肯定,"舟山建设东北亚保税燃料油供应中心对策研究""建立水环境治理效果维护的长效机制""舟山航空全产业链发展思路研究""掀起新一轮交通建设高潮""探索社会组织参与渔农村居家养老的新路径"等课题得到市领导的批示肯定。

2017年度舟山市社会科学重大研究课题

表11

研究项目	负责人	单位
"五位一体协同,三生、三乐"全域旅游背景下的舟山海上花园城建设路径研究	王旭光	浙江舟山群岛新区旅游与健康职业技术学院
完善舟山与长江沿岸港口城市物流体系研究	王　芬	浙江海洋大学
全域旅游背景下舟山海上花园城建设的途径与策略	黄蔚艳	浙江海洋大学

续表 11

研　　究　　项　　目	负责人	单　　位
浙江自由贸易试验区制度创新研究	林群珠	市法学会
舟山石油化工全产业链发展研究	郑忠义	浙江国际海运职业技术学院
舟山航空全产业链发展思路研究	顾自刚	市委党校
制度供给下舟山保税燃料油供应发展研究——基于细分市场的竞争策略选择	陈　晟	市委党校

2017 年度舟山市社会科学研究重点课题

表 12

研　　究　　项　　目	成果形式	负责人	单　　位
新区发展与大学生思想道德建设契合研究	调研报告	张跃良	市委宣传部
中国(浙江)自贸区离岸金融业务发展对策研究	调研报告	刘海应	市金融学会
绝代禅僧一山一宁简历和相关高僧研究	论文	王志良	市文联
彻底剿灭劣Ⅴ类小微水体与建立健全“五水共治”长效机制研究——以浙江舟山群岛新区为例	研究报告	夏凯慧	市法学会
幸福普陀建设路径与指标评价体系研究	调研报告	张立军	普陀区委
习近平海洋战略思想与舟山实践	研究报告	王建友	浙江海洋大学
舟山自由贸易港区背景下的油品交易规则体系研究	研究报告	叶　芳	浙江海洋大学
舟山海岛型石化园区重特大事故防控机制构建研究	研究报告	郭　健	浙江海洋大学
掀起新一轮交通建设高潮	论文	王晓华	市交通运输局
全域旅游背景下舟山旅游交通发展研究	研究报告	段学成	浙江舟山群岛新区旅游与健康职业技术学院
城市国际化背景下舟山新区人才发展问题研究	论文	张春晓	市委党校
自由贸易试验区建设背景下舟山航空产业链发展对策研究	论文	黄正光	市委党校
舟山传统家训与海岛乡风文明建设创新性结构研究	论文	翁源昌	浙江国际海运职业技术学院
关于开展舟山渔场国家绿色渔业示范基地建设的思考	论文	刘舜斌	市海洋与渔业经济学会
完善舟山与长江沿岸港口城市物流体系研究——以粮食物流体系为例	研究报告	陈定樑	浙江国际海运职业技术学院
舟山市文明行为促进条例研究	条例草案	高　猛	浙江海洋大学

2017 年度舟山市社会科学研究一般课题

表 13

研　　究　　项　　目	成果形式	负责人	单　　位
金融创新支持舟山文化产业发展的对策研究	调研报告	施宏斌	市委宣传部
关于民生实事项目代表票决在我市的实践和思考	调研论文	冯国海、王涛	市人大工作理论研究会
舟山发展新格局下市妇联改革创新路径探索	研究报告	於颖颖	市妇女研究会
利用地方资产管理公司防范区域金融风险的几点思考	论文	陆志红	市金融学会
探索舟山自由贸易试验区责任清单制度创新研究	论文	杨国祥	嵊泗县法学会
舟山市可移动文物保护现状调查	论文	乐　艳	市博物馆协会

续表 13

研　究　项　目	成果形式	负责人	单　位
博物馆青少年教育功能的开发与实话	论文	陈彩波	市博物馆协会
职业教育与海洋区域经济协同发展路径探究	论文	杨永明	舟山技师学院
《唐大和上东征传》和《参天台五台山记》所载浙江地名考释	论文	王建富	市地名学研究会
舟山市食品安全城市创建路径研究	研究报告	吕煜昕	浙江大学舟山海洋研究中心
舟山群岛游击支队的战斗历程	专著	胡亦男	市新四军历史研究会
开展舟山群岛新区国际志愿服务，助推中国(浙江)自贸试验区建设	研究报告	冯淑仙	市志愿者协会(团市委)
深入推进我省农业供给侧结构性改革研究——以“三渔”问题为视角	研究报告	杨金明	市法学会
江海联运背景下舟山航运金融发展路径研究	研究报告	林仙云	市金融工作办公室
海洋非物质文化遗产的空间拓展与活化	调研报告	朱永华	岱山县委宣传部
舟山自贸区建设中的政府治理能力现代化探索——基于上海自贸区经验的对比	论文	李　蓉	岱山县委党校
关于以特色小镇下集与方式，打造岱山县绿色石化配套园区的对策建议	论文	刘珍燕	岱山县委党校
“双创”背景下青年创业扶持政策实施效果分析——以浙江舟山群岛新区为例	研究报告	王旭明	浙江海洋大学
高校志愿服务组织参与舟山居家养老服务途径研究	研究报告	闫海强	浙江海洋大学
古琴音乐文化在舟山市中小学校园传承发展的可行性研究	研究报告	郑雯嫣	浙江海洋大学
基于大数据分析的舟山民宿旅游发展研究－情报学应用	研究报告	陈　玲	浙江海洋大学
基于供给侧改革思路的舟山淡季旅游拓展研究	研究报告	胡高福	浙江海洋大学
基于青少年研学旅行背景的舟山海岛研学旅行产品开发对策研究	研究报告	胡卫伟	浙江海洋大学
基于全产业链的舟山国际油品交易中心建设研究	课题报告	夏良康	浙江海洋大学
基于中国(浙江)自贸试验区视域下的舟山参与全球资源配置研究	论文	张永辉	浙江海洋大学
清代学术与定海黄氏父子经学思想研究	专著	余全介	浙江海洋大学
生态文明视阈下浙江舟山“沉寂渔村”保护性开发利用研究	调研报告	刘　煜	浙江海洋大学
一带一路背景下的舟山新区文化产业发展路径研究	研究报告	秦良杰	浙江海洋大学
在舟高校研究生培养与舟山主要产业人才需求精准对接机制研究	研究报告	傅爱萍	浙江海洋大学
浙江省海洋港口一体化对策研究	研究报告	徐士元	浙江海洋大学
舟山自由贸易港区背景下的陆上和海洋综合行政执法体系改革研究	研究报告	杨锐荣	浙江海洋大学
中国(浙江)自由贸易试验区临港产业发展与提升研究	研究报告	冯曦元	浙江海洋大学
舟山地区城镇宗教生态与社会影响研究	论文	张　伟	浙江海洋大学
舟山海外高层次人才现状调查与对策研究	研究报告	林　静	浙江海洋大学
舟山江海联运直达运输发展关键问题研究	调研报告	叶　俊	浙江海洋大学
舟山民营远洋渔业企业转型升级研究	研究报告	赵海峰	浙江海洋大学
经济责任审计服务于舟山群岛新区跨越式发展对策研究	研究报告	黄月眉	浙江海洋大学
舟山渔船事故调查及控制路径研究	研究报告	艾万政	浙江海洋大学
舟山自由贸易港区背景下营商环境评价体系研究	研究报告	俞树彪	浙江海洋大学
舟山自由贸易港区建设背景下应用型外语翻译人才培养途径研究	研究报告	汤　艳	浙江海洋大学

续表13

研究项目	成果形式	负责人	单位
自贸区框架下舟山航运金融支持及创新研究	研究报告	刘　洋	浙江海洋大学
晚清民国舟山历史文献辑要	著作	方胜华	浙江海洋大学
舟山市公共数字文化服务体系构建研究——以图书、档案一站式平台建设为例	研究报告	邵　艳	浙江海洋大学
基于审计视角下的舟山养老事业发展研究	研究报告	杨绍义	市审计学会
定海区关于加强与改进理论中心组学习的实践与思考	研究报告	曾莉群	定海区委宣传部
定海核心区的古城遗迹及其对策研究	研究报告	金　涛	定海海洋历史文化研究会
打造海洋经济转型升级先导区税收政策研究	论文	王臻祥	定海区国家税务局
小城镇综合整治思路和突破路径研究(以马岙街道为例)	研究报告	严　华	定海区马岙街道
全域旅游背景下舟山康养旅游基地建设研究	论文	李晓光	浙江舟山群岛新区旅游与健康职业技术学院
"海上花园城市"视阈下生态人格培育的研究	论文	张　毅	浙江舟山群岛新区旅游与健康职业技术学院
舟山涉外酒店从业人员英语学习动机研究	论文	张喜来	浙江舟山群岛新区旅游与健康职业技术学院
舟山电子商务从业者职业素养调查及人才培养方案构建	调研报告	殷好好	浙江舟山群岛新区旅游与健康职业技术学院
自贸区背景下舟山法律服务业建设发展研究	研究报告	林　巧	市委党校
"放管服"背景下行政审批前置中介服务类事业单位改革研究——以舟山市本级十二家相关单位为例	论文	季扬沁	市委党校
舟山市非物质文化遗产代表性传承人现状调研	调研报告	沈奕汝	市群众文化学会
舟山新区发展:经济运行与阶段研究	研究报告	张欣南	市统计学会
城市社区科普工作存在的问题及对策	研究报告	陈燕芳	定海区昌国街道文昌社区科普基地
舟山地方传统文化对大学生思想政治教育的涵养作用机制及路径选择研究	研究报告	刘笑菊	浙江国际海运职业技术学院
江海联运视野下舟山油品储运服务体系研究	研究报告	刘训文	浙江国际海运职业技术学院
舟山市剿灭劣V类水公众参与机制研究	论文	戴智明	浙江国际海运职业技术学院
全域旅游背景下舟山群岛新区公民生态文明素养培育路径研究	研究报告	李文文	浙江国际海运职业技术学院
"自由贸易试验区"背景下舟山海事法律服务环境综合评价研究	研究报告	汪益兵	浙江国际海运职业技术学院
服务"自贸试验区"建设的航运代理服务发展对策研究	研究报告	李子强	浙江国际海运职业技术学院
关于近代伟人孙中山与舟山的史料整理	研究报告	周　勤	浙江国际海运职业技术学院
民国时期舟山地方文献总目题要	研究报告	孙　峰	浙江国际海运职业技术学院
基于自贸区背景下舟山大宗商品(矿、煤)贸易自由化研究	研究报告	李宇宏	浙江国际海运职业技术学院
医院第三方满意度测评与精细化评估实践——以舟山医院为例作相关性研究	研究报告	张国强	舟山医院
新区建设中民营企业档案的现状与对策研究	调查研究	曹国伟	市档案学会
舟山自由贸易港区背景下保税燃油贸易航运服务体系研究	论文	张毅肄	舟山港口协会
红十字博爱家园参与居家养老服务	调研报告	叶跃胜	市红十字会

2017 年市社科联委托课题

表 14

研　究　项　目	成果形式	负责人	单　位
清廉新区的理论构建和实践路径	研究报告	沈佳强	浙江海洋大学
舟山清廉新区建设的评估指标体系构建研究	研究报告	全永波	浙江海洋大学
自贸区清廉机制研究	研究报告	徐文平	市委党校
清廉新区大数据库指标体系研究	研究报告	张新杰	浙江国际海运职业技术学院
规范基层小微权力研究	研究报告	周学锋	浙江海洋大学
舟山群岛新区重大工程项目清廉建设研究	研究报告	夏良峰	浙江舟山群岛新区旅游与健康职业技术学院
舟山群岛新区清廉文化建设研究	研究报告	黄建钢	浙江海洋大学

舟山市 2017 年度被省社科规划办立项课题

表 15

研　究　项　目	成果形式	负责人	单　位
优秀传统文化融入大学生社会主义核心价值观教育研究	研究报告	刘笑菊	浙江国际海运职业技术学院
海洋经济发展的“浙江样本”研究	研究报告	叶　芳	浙江海洋大学
舟山群岛布袋木偶戏的民俗学调查和研究	研究报告	毛久燕	浙江海洋大学
马克思国际价值理论在世界经济中的运用与发展	研究报告	张永辉	浙江海洋大学
浙江自由贸易试验区制度创新研究	研究报告	俞树彪	浙江海洋大学
美丽乡村建设背景下历史文化村落保护与利用研究——以舟山群岛为例	研究报告	王文洪	市委党校
大数据视域下的政府统计创新研究	研究报告	殷好好	浙江舟山群岛新区旅游与健康职业技术学院
舟山海洋旅游政策体系构建研究	研究报告	杨奇美	浙江舟山群岛新区旅游与健康职业技术学院
浙江省海岛型石化园区重特大事故防控的分析	研究报告	郭　健	浙江海洋大学
舟山群岛新区参与全球资源配置的思考	研究报告	顾自刚	市委党校

舟山市 2017 年度省社科联立项课题

表 16

研　究　项　目	成果形式	负责人	单　位
基于风险分级的浙江省食品安全监管重点研究	研究报告	吕煜昕	浙江大学舟山海洋研究中心
基于宗教文化意象的佛教文化翻译研究——以庄士敦《佛教中国》为例	研究报告	翁洁静	浙江国际海运职业技术学院
“五调联动”架构下基层矛盾多元化解决机制研究——以普陀区为例	研究报告	林　巧	市委党校

【学术研讨活动】 4 月 19 日，举办“社科讲坛”，邀请专家介绍舟山群岛新区开发建设情况，并对社科研究如何融入新区发展进行重点辅导，浙江海洋大学、浙江国际海运职业技术学院、浙江舟山群岛新区旅游与健康职业技术学院、浙江大学、县(区)社科联及相关学会(协会、研究会)等 120 多人参加讲座。7 月 11 日，与新区决策咨询委、浙江国际海运职业技术学校、市委党校联合举办首届“蓝色经济”发展论坛，围绕“自贸区背景下的舟山新区发展”主题，进行探讨交流，营造投身新区、参与新区建设的社会氛围，市委及市政府相关部门、新区决策

咨询委、市委党校、县(区)社科联、在舟高校及各学会、协会160多人参加论坛。

【社科普及工作】 9月23—30日，举办以“弘扬科学精神，全力助推五大会战”为主题的社科普及周活动，发动学会和科普基地举办各类科普讲座、报告会、学术沙龙等10多场，制作板报300多块，印发宣传资料2万多份，30多家学会和科普基地的100多名社科工作者参与活动，受众达1万人次。10月，与市科协联合举办“科普月”活动，组织市法学会、市新四军历史研究会及市社科联本级机关，在定海文化广场摆摊设点面对面为市民义务提供政策、法律等咨询服务。11月，与市教育局等单位联合举办“全民终身学习周”活动，组织市法学会、嵊泗海洋文化研究会等四家单位在嵊泗海洋文化广场举行科普宣传。

加强对社科普及示范基地管理和指导，是年完成对市级社科普及示范基地的评估，14家社科普及示范基地全部达标。年底，全市有省级科普基地6家，市级社科普及示范基地14家，县级科普基地18家，社科普及示范基地网络基本成形。

【理论阵地建设】 办好核心期刊《舟山社会科学》，在办刊内容上强化舟山地方特色的调查研究和对新情况新问题的科学总结及提炼，在稿源管理上，加强重大问题的约稿和重点课题的选登，强化精品意识、服务意识。全年出版《舟山社会科学》4期，刊登文章80篇。加强“舟山社科网”的建设和管理，网站实行专人负责，及时更新内容，给予经费保障，确保网络平台正常运转。

资助出版社科工作者理论专著，根据《舟山市社会科学著作资助办法》规定，审定《海岛遗韵 舟山传统老屋》(翁源昌，浙江国际海运职业技术学院)、《舟山市地方文献研究》(黄洁清，浙江海洋大学)、《非遗之旅——海洋非遗文化撷英》(朱秀华，市文化广电新闻出版局)、《海上丝绸之路浙江段地名考释》(王建富，市地名研究会)等6部著作列为2017年舟山市社会科学著作资助项目，拨付资助出版经费7万元。启动浙江文化研究工程(第二期)——《舟山改革开放四十年》一书的编写工作，是浙江省哲学社会科学规划重大课题——“浙江改革开放40年系列研究”地方篇之一，3月启动。

11月12日，社科普及周活动现场(赵芝云 摄)

【学会工作】 3月，组织召开市社科联六届三次理事(扩大)会议。依据《浙江省社团管理办法》《浙江省学术活动管理暂行办法》，结合实际，加强对学会的指导和管理，先后参与和指导市图书馆学会、市收藏家协会等学会的换届工作和学术活动。同时按照市委统一部署，是年，对社团组织进行清理整顿，注销长期不开展活动的市预算会计研究会、市金融会计学会、市价格协会、市劳动和保障学会、市金融支付协会、市地方志研究会、市党史学会、市档案学会、市粮食经济学会、市经济学会等10家团体会员。

(撰稿：赵芝云)

舟山市文学艺术界联合会

【概况】 2017年，加强对各文艺团体和文艺会员的思想引领，学习贯彻习近平在全国文联十大、中国作协九大上的重要讲话和十九大报告,统一思想,坚持文艺为人民服务、为社会主义服务,多创海洋文艺精品。是年,迎接中共十九大召开,举办“喜迎十九大,书写正能量——舟山市首届正书大展”以及“‘党旗引领新区　共建美好家园’献礼十九大”等文艺活动。服务全市“建设四个舟山,打好五大会战”中心工作,组织文艺工作者举办“助力五大会战　全市音乐舞蹈文艺节目公益惠民展示”等系列文艺活动以及“聚焦五大会战采风摄影展”“绿水载千舟”摄影采风展、“浙水千秋、最美舟山——舟山美术作品展”等;组织开展为“河长”画像主题美术采风活动、新区重点项目建设现场文学采风及采风成果朗诵等主题活动。

11月5日,市文联携“献礼十九大、助力五大会战——音乐舞蹈文艺节目公益惠民演出”开展乡村巡演(李姿娴　摄)

围绕城市文化品质提升,策划开展多个文艺门类、多种形式及内容的文艺活动。是年,参与承办由中国人民对外友好协会和加拿大国际文化交流协会在舟山共同举办的“2017环太平洋国家艺术展”,参与组织“畅美交通”主题全市征文大赛、“体彩大乐透杯”全民阅读征文大赛、全市中小学音乐教师音乐技能比赛(声乐专场)、“2017激情千岛——舟山星路国际首届少儿模特大赛”等;组织举办舟山市第七届本土海洋影视艺术展映、2017“迎新春”舟山市第六届合唱音乐会、舟山群岛新区海韵摄影新作展、“一山一宁暨昌国宋元高僧墨迹文献图片评展”等展览展演活动以及“舟山群岛新区·当代与传统——舟山群岛民间曲艺戏剧艺术·历史与现状”论坛等理论研讨活动,为“幸福舟山”建设营造健康向上的文艺氛围。是年,新增设市舞蹈教育委员会、市青年戏曲家协会、海莱坞影视文化艺术团等二、三级学会。年底,市文联有10个直属市级文艺家协会,有市本级各类文艺家协会会员1798人,国家级文艺家协会会员114人,省级文艺家协会会员600人。全年全市会员在省级以上文艺展(赛)入选(展)作品303件,获奖作品55件,出版发行图书作品10部。

【文艺精品创作】 市文联各团体会员把主旋律与原创性作为重要标准,组织开展一系列海洋文艺精品的创作,并多有在省级以上刊物、赛事等发表、入选或获奖。文学方面,会员创作的作品在省级以上刊物发表200多篇(首),省级以上文学赛事获奖18件,出版著作6部。美术方面,有100多件作品在第二届全国综合材料双年展等国家级、省级各类美术展赛事上入选。影视方面,开发爱国主义革命历史题材,以舟山籍百岁老革命王家恒抗日战争时期的革命斗争故事为题材,开拍纪录片《百年追梦》,并创作完成电影剧本《潜海》;会员参与创作的微电影《那海那岛那警——危情时刻》获亚洲微电影艺术节“金海棠奖”。摄影方面,打造“海韵摄影”品牌,协助中国摄影出版社落实开展《中国岛屿影像志》舟山部分岛屿的摄影组稿;联系并申报会员作品参加全国重大赛事,任齐俊摄影作品《革家的婚礼》入选第26届全国摄影艺术展。音乐方面,组织开展新区组曲《筑梦舟山》原创音乐会的创作,并完成多次修改研讨;会员创作、表演的歌曲《墨香》,获浙江省第十三届精神文明建设“五个一工程”入选作品奖。

2017年市文联各文艺家协会会员作品省级以上发表、获奖、入选情况

表 17

艺术门类	作者	作品名称	发表、获奖情况
	作品发表情况		
文学	赵悠燕	小小说《海滩边》	发表于《小小说选刊》2017 年第 3 期
		小小说《唐风里和他的女人》	发表于《黄河文学》2017 年第 7 期
			发表于《小小说选刊》2017 年第 16 期
		小小说《姚明的口福》	发表于《微型小说月报》2017 年第 5 期
		小小说《海滩边》	发表于《南方农村报》2017 年 6 月 10 日
			发表于《中学生阅读初中版》2017 年第 7 期
		小小说《我的邻居是凶手》	发表于《微型小说选刊》2017 年第 14 期
		小小说《兄弟》	转载《故事会》2017 年 9 月上
		散文《它的名字叫岱山》	发表于《散文百家》2017 年第 2 期
	洛　华	小小说《目的地》	发表于《当代文学》2017 年海外版
		小小说《见面》	
		小小说《半个吻》	
		小小说《扶自行车的人》	发表于浙江省警营文化网 2017 年 3 月 13 日
		散文《那一年,离家》	
		小小说《见面》	发表于《小小说选刊》微信平台 2017 年 3 月 10 日
		小小说《愚人节的 9 路车》	发表于《小小说选刊》微信平台 2017 年 4 月 1 日
		小小说《恋爱这件小事》	发表于《小小说选刊》微信平台 2017 年 6 月 9 日
	李慧慧	小小说《爷爷是水手》	发表于《黄河文学》2017 年第 7 期
		散文《海岛姑娘不会游泳》	发表于《散文百家》2017 年第 2 期
		散文《黄沙村的艺术仓库》	发表于《中国海洋报》2017 年 2 月 23 日
		散文《海石花》	发表于《中国海洋报》2017 年 4 月 5 日
		散文《石花》	发表于《天津日报》2017 年 4 月 27 日
		散文《花中栀子》	发表于《天津日报》2017 年 7 月 6 日
		随笔《盛夏去秀山玩海泥》	发表于《中国海洋报》2017 年 7 月 26 日
		散文《爸爸从海上回来了》	发表于《中国海洋报》2017 年 10 月 12 日
		诗《故乡的渔港》	发表于《中国海洋报》2017 年 9 月 7 日
	立　夏	小小说《一起去看海》	发表于《中国海洋报》2017 年 8 月 17 日
	阎受鹏	散文《风雪小山村》	发表于《羊城晚报》2017 年 1 月 27 日
		散文《晚秋》(外一篇)	发表于《散文百家》2017 年第 1 期
		散文《故乡三题》	发表于《文学港》2017 年第 4 期
		散文《怒海狂澜救英俘》	发表于《联谊报》2017 年 6 月 5 日
		散文《草篷》	发表于《联谊报》2017 年 7 月 15 日
		散文《悠悠登溪水》	发表于《浙江日报》2017 年 9 月 25 日
		散文《回梦忆斯人》	发表于《中国文化报》2017 年 10 月 10 日

续表 17

艺术门类	作者	作品名称	发表、获奖情况
	汪国华	散文《余味难觅鲞烤肉》	发表于《中国海洋报》2017 年 3 月 22 日
		散文《宁静的河泥槽》	发表于《中国海洋报》2017 年 3 月 29 日
		散文《舌尖上的乡愁》	发表于《中国海洋报》2017 年 10 月 18 日
		散文《陶恭与〈形胜赋〉之漫笔》	发表于《中国散文家》2017 年第 1 期
		散文《老家的味道》	发表于《中国散文家》2017 年第 2 期
		散文《1938 年,依然行走的沈毅》	发表于《文存阅刊》2017 年第 2 期
	姚崎峰	散文《我们的仪式》	发表于《中国船舶报》2017 年第 1 期
		散文《冬天》	
		散文《回家的礼物》	发表于《中国船舶报》2017 年第 6 期
	厉　敏	散文《海边的树》	发表于《散文百家》2017 年第 2 期
		散文《飘洋过海去洋山》	发表于《安徽文学》2017 年第 6 期
		诗《老船》	发表于《作品》2017 年第 5 期
		组诗《古海新韵》10 首	发表于《文学月刊》2017 年第 7 期
		诗《夜宿海边也是一种旅行》	发表于《岁月》2017 年 10-11 月诗歌专号
		诗《剖鱼刀、群岛、上船跳、漂流瓶》	
	许成国	散文《姐姐的桐庐》	发表于《西部散文选刊》2017 年第 3 期
		散文《沿着钱塘江去看水》	发表于《文学港》2017 年第 8 期
	毛文伟	散文《海边往事》	发表于《散文百家》2017 年第 2 期
		散文《1980 年代的海岛记忆》	发表于《联谊报》2017 年 9 月 9 日
		《穿过记忆的河流》	发表于《联谊报》2017 年 9 月 12 日
	傅世女	散文《守望爱情的石头》	发表于《西部散文选刊》2017 年第 3 期
	周海鸟	散文《难忘的年夜饭》	发表于《西部散文选刊》2017 年第 2 期
	徐琦瑶	散文《海岛风情》	发表于《散文百家》2017 年第 2 期
	郑　淑	散文《风一样的小东子》	
	裴驰宇	散文《海岛小屋随想》	
	王兰飞	散文《故乡那条通往海口的路》	发表于《文学港》2017 年第 9 期
	韩萍波	散文《那片海》	发表于《连云港文学》2017 年第 1 期
	谷　频	诗《夜晚的车渡》《小满》《给梦打开一扇门》	发表于《扬子江诗刊》2017 年第 2 期
		诗《决定》《阅读的夜晚》《岛》《潮流抑或方向》《遗忘》《河姆渡古井》	发表于《解放军文艺》2017 年第 4 期
		诗《狩猎者》	发表于《作品》2017 年第 5 期
		诗《诉说》《傍晚的花园》《大悲山的渔民画》《鼠浪岛》《潮湿》《感激》《掌上的河流》《缺陷》《航行》《大西寨岛》	发表于《安徽文学》2017 年第 6 期
		诗《无月之夜》《在岛上》《简单的场景》《体温》《旧信》《罗家岙》《台风博物馆》《二月的岱山岛》	发表于《海燕》2017 年第 7 期

续表 17

艺术门类	作者	作品名称	发表、获奖情况
		组诗《谷频的诗》(7 首)	发表于《文学港》2017 年第 8 期
		诗《流经我们身边的瓯江》	发表于《诗刊》2017 年第 8 期
		组诗《提灯的人》(6 首)	发表于《福建文学》2017 年第 9 期
		组诗(《怀旧》等 4 首)	发表于《岁月》2017 年 10—11 月诗歌专号
		诗《涛声是无处不在的》《江南岛》《横街鱼市》	发表于《文学报》2017 年 10 月 26 日
		组诗《谷频的诗》	发表于《诗刊》2017 年第 11 期
	俞复达	散文《沉浸在紫菜的鲜香里》(外一篇)	发表于《福建文学》2017 年第 4 期
		散文《向大海索要鱼群》	发表于《安徽文学》2017 年第 5 期
		散文《月山圆月》	发表于《当代人》2017 年第 7 期
		散文《海不扬波》	发表于《中国海洋报》2017 年 5 月 18 日
		散文《在海岬走走停停》	发表于《中国海洋报》2017 年 8 月 24 日
		散文《一座寺院的落寞》	发表于《福建文学》2017 年第 11 期
	袁敏敏	诗《一本诗集的页码问题》《永别》	发表于《北京文学》2017 年第 1 期
		诗《七郎自悼词》	发表于《草堂》2017 年第 2 期
		诗《人像·赵》《人像·钱》《人像·孙》《人像·李》	发表于《大画诗游》2017 年 3 月
		诗《静物:苹果》	发表于《作品》2017 年第 5 期
		诗《啊呜的诗》(5 首)	发表于《青春》2017 年第 6 期
		诗《登岱山岛磨星山》	发表于《钱江晚报》2017 年 8 月 6 日
		散文诗《私语》(三章)	发表于《散文诗世界》2017 年第 10 期
	孙海义	诗《东海谣》	发表于《作品》2017 年第 5 期
		组诗《舟子十四行一组》	发表于《安徽文学》2017 年第 10 期
		诗《天空这么空我要释放身体里的波浪》	发表于《中国诗歌》2017 年第 6 期
		组诗《湖光山色》	发表于《岁月》2017 年 10—11 月诗歌专号
	林明忠	诗《衢山岛在继续修建码头》(3 首)	发表于《城市诗人》2017 年卷
		诗一首	发表于《汉诗选刊》2017 年 3 月 13 日公众号
		诗《饭盒》	发表于《作品》2017 年第 5 期
		诗《倒影不是一个影》	发表于《中国诗歌》2017 年第 6 卷
		诗《百年新诗流派大系》	发表于《诗歌周刊》2017 年第 4 期
		组诗《我们一直受困于出行》(14 首)	发表于《江南诗》2017 年第 4 期
		组诗《林明忠的诗》(9 首)	发表于《星河》2017 年第 4 期
	李　越	组诗《宣叙调》	发表于《飞天》2017 年第 4 期
		诗《献给大海,或兄弟们》	发表于《作品》2017 年第 5 期
		诗《划桨手》《赶着潮水的父亲》	发表于《中国诗歌》2017 年第 6 期
		组诗《献给大海,或兄弟们》	发表于《安徽文学》2017 年第 8 期

续表 17

艺术门类	作者	作品名称	发表、获奖情况
	姚碧波	诗《坐在街头看手机视频的环卫女工》	发表于《作品》2017 年第 5 期
		组诗《日常片断》(共 10 首)	发表于《文学月报》2017 年第 6 期
		诗《对鱼的某种研究》	发表于《长江诗歌》2017 年第 7 期
		诗《雪》	
		诗《面对钻台》《油井》	发表于《石油文学》2017 年第 5 期
	是　枝	组诗《岛人》	发表于《文学港》2017 年第 9 期
		组诗	发表于《星河》2017 年夏季卷
	陈桂珍	诗《我只想在阳光里无所事事》(3 首)	发表于《中国江海诗歌》2017 年第 2 卷
		诗《石艾草》《我那半高的紫罗兰雨靴》《菩提》	发表于《星河》诗刊 2017 年夏季卷
	徐嘉和	组诗	发表于《星河》2017 年夏季卷
	幼　子	诗《衰老的声音》	发表于《中国诗歌》2017 年第 6 期
	谷　均	诗《幸福表情》	发表于《浙江日报》2017 年 10 月 4 日
	侯宏琦	诗《稻汁是红的》	发表于《作品》2017 年第 5 期
	缪　韬	诗《秋意中的一株植物》	
	王磊斌	散文《我的公务员考试之路》	发表于《中国研究生》2017 年第 7 期
		童话《种子的故事》	发表于《成才与就业》2017 年第 2 期
	李　强	网络小说《特战狂龙》《特种兵之最强荣耀》	在咪咕阅读文学网连载
	刘胜勇	诗《腊月之城市》	发表在《中国网络诗歌》2017 年 1 月 24 日
		诗《风说(外二首)》	发表在《中国网络诗歌》2017 年 2 月 8 日
		诗《走马观花青之岛》	发表在《中国网络诗歌》2017 年 4 月 8 日
		诗《与阳光同在的纳木错(外一首)》	发表在《中国网络诗歌》2017 年 5 月 8 日
		诗《这个夏天,再也没有雨季》	发表在《中国网络诗歌》2017 年 5 月 28 日
		诗《自在　观海》	发表在《中国网络诗歌》2017 年 8 月 22 日
		散文《神奇九寨》	发表于《中国散文网》2017 年 3 月 2 日
		散文《美哉,河泥漕港》《三月三上山去摘“乌米饭”》《磨盘神仙谷　安期浮海去》	发表于《中国散文网》2017 年 3 月 22 日
		散文《登佛顶山之缘》《聆听大海的心跳》	发表于《中国散文网》2017 年 4 月 9 日
		散文《南洞有个太阳谷》《浪舞白沙岛》	发表于《中国散文网》2017 年 4 月 21 日
		文学评论《当诗歌凝结成画面》	发表于《中国散文网》2017 年 4 月 28 日
		散文《“巡幸”木渎》《阿六头》《雾醉大青山》	发表于《中国散文网》2017 年 5 月 2 日
		散文《读茶》《百步沙观海市蜃楼和夜潮》《春到西湖》《回味东沙角渔市集》	发表于《中国散文网》2017 年 5 月 3 日

续表 17

艺术门类	作者	作品名称	发表、获奖情况
	作品获奖情况		
	周　波	小小集《镇长东沙》	获 2016 年全国小小说年度优秀图书奖
		小小说《走走走走啊走》	获第 16 届《小小说选刊》优秀作品奖
	洛　华	闪小说《珍珠》	获首届金凤凰闪小说大赛银奖
		闪小说《更夫子沐》	获“梦蝶杯”全国寓言·闪小说大赛银蝶奖
	李慧慧	散文《离岛》	获第七届全国海洋文学大赛优秀奖
	厉　敏	散文《渔人码头》	获第七届全国海洋文学大赛三等奖
		散文《孔子的音乐人生》	获中国(曲阜)孔子文化节“孔子文学奖”
	王磊斌	散文《八月前的“死海”》	获第七届“包商银行杯”全国高校文学征文散文组优秀奖
		组诗《海罼》	获由 2017 年“面向大海——一千个海的故事”海南省原创诗歌有奖大赛三等奖
	许成国	散文《争渡,争渡》	获第七届全国海洋文学大赛一等奖
	金　瑛	散文《百年风雨说枸杞》	获第七届“岱山杯”全国海洋文学大赛三等奖
	刘胜勇	散文《季节·春日读茶》	获中国网络诗歌网 2017 年“季节”散文大赛优秀奖
	孙海义	组诗《就像岛屿对大海的眷恋》	获第七届全国海洋文学大赛三等奖
	孙海义	诗集《风吹波浪》	获第三届浙江电力文学奖(2012—2016)
	何依娜	诗集《伊莲的步》	获第三届浙江电力文学奖(2012—2016)
	朱红萍	诗《手机里的春天》	获“舜韵杯”浙江省第八届乡村诗歌大赛兰花铜奖
	作品入选情况		
	赵悠燕	小小说《丙尧的眼泪》	入选《活字纪 2016 佳作选》由团结出版社出版
		小小说《一双不听使唤的手》	入选《2016 中国微型小说年选》由花城出版社出版
		小小说《青花瓷瓶》	入选《2016 中国微型小说精选》由长江文艺出版社出版; 入选《2016 中国年度微型小说》由漓江出版社出版
		小小说《一双不听使唤的手》	入选《2016 小小说选粹》由北岳文艺出版社出版
		小小说《心意》	入选《2016 中国小小说年选》由花城出版社出版
		小小说《一个破纪录的男子》	入选小小说美文馆《传奇·每天送你一片菩提叶》由郑州大学出版社出版
		小小说《落拱》	入选小小说美文馆《涉世·长途跋涉的苹果》由郑州大学出版社出版
		小小说《余婆婆的岛》	入选《2016 中国年度作品小小说》由现代出版社出版
	李慧慧	小小说 4 篇	入选《2016 浙江“新荷十家”作品选》由浙江文艺出版社出版
	韩萍波	散文《窥探石马岙的前世今生》	入选《岱山记——全国作家看岱山》
	谷　频	诗《遗忘》	入选《2016 年中国诗歌排行榜》由百花洲文艺出版社出版
		诗《在黑白之间》	入选《2015—2016 双年诗经——中国当代诗歌导读》由四川人民出版社出版
		诗《内心的剧场》	入选《中国 2016 年度诗歌精选》由四川人民出版社出版
		诗《默想者》	入选《当代诗歌选》由同济大学出版社出版

续表 17

艺术门类	作者	作品名称	发表、获奖情况
	陈桂珍	诗《在渔港边等你》	入选《中国江海诗歌》由上海雅国文化出版社出版
		诗《等待一条鱼的光临》《只想在春天的阳光里无所事事》	入选《浙江诗人》公众平台浙江 60 后女诗人选集
	袁敏敏	诗《岛上博物馆》	入选《春天的纸上——群岛 2017 诗年卷》由团结出版社出版
		诗《被风吹得像一粒干燥的盐》(3 首)	入选《中国江海诗歌》由上海雅国文化出版社出版
	洛　华	诗《余光》	入选《世纪诗典·中国优秀诗歌精品集》由团结出版社出版
	作品出版情况		
	李　强	网络小说《铁血战将·兵王传说》	由中国文联出版社出版
	赵悠燕	小小说集《梦里有你》	由江西高校出版社出版
	许成国	散文集《岱衢洋书》	由中国出版集团现代出版社
	岱山作协选编	散文集《岱山记——全国作家撰写“蓬莱仙岛”作品集》	由团结出版社出版
		诗集《岱山笔记——中国诗人看岱山》(第 2 版)	
		诗集《群岛 2017 诗年卷》	
	张伟乐	《大国力量》(与人合作)	由人民日报出版社出版发行
	阎受鹏	散文集《山海情絮》	由中国出版集团华文出版社出版
	白　马	诗集《白马新诗绝句选》	由文汇出版社出版
美术	姜声慧	水彩《夏日系列》	入选浙江省第五届“群星”视觉艺术(美术　书法　摄影)大展
	王舟其	油画《冬至》	入选浙江省第五届“群星”视觉艺术(美术　书法　摄影)大展
		油画《青龙山之夏》	入选绿水青山浙江山地绘画写生大展
		油画《小港初冬》	入选剿劣Ⅴ类水“浙江省美术作品展”(舟山展区)
	胡文军	油画《岛之系列》	入选剿劣Ⅴ类水“浙江省美术作品展”(舟山展区)
		油画《沙滩日记之二》	
	朱国安	渔民画《渔火》	入展“中国现代民间绘画——舟山渔民画展”
		渔民画《龙裤》	入展“中国现代民间绘画——舟山渔民画展”
			入展“日本·浙江文化年——美丽浙江农民渔民画展”
		渔民画《上洋夏至抲旺风》	获“二十四节气·柯城”全国农民画作品展最高奖(获入会资格)
		渔民画《负责收集》	入选剿劣Ⅴ类水“浙江省美术作品展”(舟山展区)
	俞松祥	渔民画《海港》	入展“中国现代民间绘画——舟山渔民画展”
		渔民画《立秋鱼免鱼汛》	入展“日本·浙江文化年——美丽浙江农民渔民画展”
	朱松祥	渔民画《大网头》	入展“中国现代民间绘画——舟山渔民画展”
		渔民画《憩》	入展“日本·浙江文化年——美丽浙江农民渔民画展”
		渔民画《躲雨》	入展“中国现代民间绘画——舟山渔民画展”
	包凤佴	渔民画《起网》	入展“中国现代民间绘画——舟山渔民画展”
			入展“日本·浙江文化年——美丽浙江农民渔民画展”
		渔民画《处暑备网·白露得鱼》	入展“二十四节气·柯城”全国农民画作品展

续表 17

艺术门类	作者	作品名称	发表、获奖情况
	戴君芬	渔民画《绿岛》《看戏文》	入展“中国现代民间绘画——舟山渔民画展”
	江强兴	渔民画《拾贝》《斗鲨》	入展“中国现代民间绘画——舟山渔民画展”
	宋敏芳	渔民画《做戏文》《中国旗袍》	入展“中国现代民间绘画——舟山渔民画展”
	黄海敏	渔民画《海娃》	入展“中国现代民间绘画——舟山渔民画展”
	徐重芳	渔民画《渔家乐 3》《海风吹过》	入展“中国现代民间绘画——舟山渔民画展”
	周满飞	渔民画《小渔村》	入展“中国现代民间绘画——舟山渔民画展”
	周雪琴	渔民画《海带姑娘》	入展“中国现代民间绘画——舟山渔民画展”
		渔民画《渔忙季节》	入展“日本·浙江文化年——美丽浙江农民渔民画展”
		渔民画《霜降带鱼涌》	入展“二十四节气·柯城”全国农民画作品展
	姜德兴	渔民画《捕海蜇》《渔家女》	入展“中国现代民间绘画——舟山渔民画展”
	陈乖琴	渔民画《满院春分》	入展“二十四节气·柯城”全国农民画作品展
	庄舟英	渔民画《立夏·伏休忙》	获“二十四节气·柯城”全国农民画作品展最高奖(获入会资格)
		渔民画《美丽海岛》	入选“中国精神·中国梦”全国农民画创作大展
		渔民画《鱼的对话之一——女儿情》	入展“日本·浙江文化年——美丽浙江农民渔民画展”
	蒋德叶	渔民画《瑞雪兆丰年》	入展“二十四节气·柯城”全国农民画作品展
		渔民画《牵网》	入展“日本·浙江文化年——美丽浙江农民渔民画展”
	任厚康	渔民画《冬至带鱼满舟归》	入展“二十四节气·柯城”全国农民画作品展
		渔民画《护水卫士》(渔民画)	入选“禹迹新图——全省美术馆工作者基层采风展”
		渔民画《护水卫士组画》	入选剿灭劣五类水“浙江省美术作品展”
		渔民画《收网丰收》	入展“日本·浙江文化年——美丽浙江农民渔民画展”
	王亚珍	渔民画《端午·乌贼旺发了》	入展“二十四节气·柯城”全国农民画作品展
	吴小飞	渔民画《端午·小黄鱼旺发》	入展“二十四节气·柯城”全国农民画作品展
		渔民画《网堆一家人》	入选剿灭劣五类水“浙江省美术作品展”
		渔民画《码头忙》《拢洋》	入展“日本·浙江文化年——美丽浙江农民渔民画展”
		渔民画《渔姑渔嫂码头忙》	入选“中国精神·中国梦”全国农民画创作大展
	杨素亚	渔民画《冬至带鱼》(渔民画)	入展“二十四节气·柯城”全国农民画作品展
		渔民画《东海》	入选“中国精神·中国梦”全国农民画创作大展
		渔民画《海带丰收忙》	入展“日本·浙江文化年——美丽浙江农民渔民画展”
	张斌恒	渔民画《小满鱼儿初长成,渔船靠岸待休渔》	入展“二十四节气·柯城”全国农民画作品展
		渔民画《担饭》	入展“日本·浙江文化年——美丽浙江农民渔民画展”
	张亚春	渔民画《立秋·秋风起蟹脚肥》	入展“二十四节气·柯城”全国农民画作品展
		渔民画《山青水秀家园美》	入选剿灭劣五类水“浙江省美术作品展”
		渔民画《嬉鱼》	入展“日本·浙江文化年——美丽浙江农民渔民画展”
	张惠君	渔民画《立冬鱼肥壮,等拉满船装》	入展“二十四节气·柯城”全国农民画作品展; 入展“日本·浙江文化年——美丽浙江农民渔民画展”

续表 17

艺术门类	作者	作品名称	发表、获奖情况
	郑红飞	渔民画《清明南风阵阵吹,定是渔家丰收年》	入展“二十四节气·柯城”全国农民画作品展
		渔民画《生活美之一人水和谐》	入选“禹迹新图——全省美术馆工作者基层采风展”
		渔民画《海韵》	入展“日本·浙江文化年——美丽浙江农民渔民画展”
		渔民画《繁》	入选江西万安“美丽中国”全国农民画展
		渔民画《又是丰收年》	入选“中国精神·中国梦”全国农民画创作大展
	李芝琴	渔民画《日出印象》	入选剿劣V类水“浙江省美术作品展”(舟山展区)
	缪亚娟	渔民画《拢洋啦》	入选剿劣V类水“浙江省美术作品展”(舟山展区)
		渔民画《放鱼苗》	入展“日本·浙江文化年——美丽浙江农民渔民画展”
	胡张兰	渔民画《海边拾贝》	入展“日本·浙江文化年——美丽浙江农民渔民画展”
	张惠萍	渔民画《鱼鸟》	入展“日本·浙江文化年——美丽浙江农民渔民画展”
		渔民画《海乡季节》	入选“中国精神·中国梦”全国农民画创作大展
	龚葵松	渔民画《看大戏》	入展“日本·浙江文化年——美丽浙江农民渔民画展”
		渔民画《好日子》	入选“中国精神·中国梦”全国农民画创作大展
	丁顺风	渔民画《海钓》	入选“日本·浙江文化年——美丽浙江农民渔民画展”
	刘云态	渔民画《扳筝》	入选“日本·浙江文化年——美丽浙江农民渔民画展”
	徐　鲁	渔民画《渔家梦》	入选“日本·浙江文化年——美丽浙江农民渔民画展”
	李芝琴	渔民画《大东海网渔》	入选“日本·浙江文化年——美丽浙江农民渔民画展”
	张满君	渔民画《美丽渔村》	入选“日本·浙江文化年——美丽浙江农民渔民画展”
	郑金叶	渔民画《舞船》	入选“日本·浙江文化年——美丽浙江农民渔民画展”
	庄雪萍	渔民画《渔家好日子》	入选“日本·浙江文化年——美丽浙江农民渔民画展”
	孙　驹	渔民画《秋风起蟹儿黄》	入选“日本·浙江文化年——美丽浙江农民渔民画展”
	谢佩君	渔民画《捕海蜇》	入选“日本·浙江文化年——美丽浙江农民渔民画展”
	蒋德叶	渔民画《海岛渔村》	入选“日本·浙江文化年——美丽浙江农民渔民画展”
	方世高	渔民画《过鲜》	入选“中国精神·中国梦”全国农民画创作大展
	梁　祝	渔民画《我要去东极岛》	入选“中国精神·中国梦”全国农民画创作大展
	方晓华	水彩画《海流痕·随风入夜》	入选第三届全国青年水彩画展(并入围前56入会资格作品)
		水彩画《河岸》	入选剿劣V类水“浙江省美术作品展”(舟山展区)
		水彩画《风景随写》	入选2017环太平洋国家艺术展(舟山展)
		水彩画《海流痕之三》	入选第一届大卫国际水彩大奖赛并获优秀奖
	芮海峰	水彩画《阳光照到的地方》	入选剿劣V类水“浙江省美术作品展”(舟山展区)
		水彩画《来自7号船厂的信号之二》	入选浙江省第五届“群星”视觉艺术(美术　书法　摄影)大展
	柴　波	水彩画《沂水》	入选剿劣V类水“浙江省美术作品展”(舟山展区)
	黄海敏	水彩画《静静的守候》	入选剿劣V类水“浙江省美术作品展”(舟山展区)
		水彩画《春天里》	入选浙江省第五届“群星”视觉艺术(美术　书法　摄影)大展

续表 17

艺术门类	作者	作品名称	发表、获奖情况
	胡凤娜	水彩画《春风一阵山水秀》	入选剿劣Ⅴ类水“浙江省美术作品展”（舟山展区）
		国画《晨曦》	入展第八届浙江花鸟画展
		渔民画《晒鱼鲞》《台风来了》	入展“中国现代民间绘画——舟山渔民画展”
	李　莉	水彩画《瞬》	入选剿劣Ⅴ类水“浙江省美术作品展”（舟山展区）
	裴海涛	水彩画《云出天目山》	入选浙江山地绘画写生大展
		油画《西溪深处》	获福建“云游画影”——油画风景作品展
	黄世国	水彩画《绿水系列 3 浮影》	入选剿劣Ⅴ类水“浙江省美术作品展”（舟山展区）
	俞舟波	水彩画《新城旧景》《村居》	入选剿劣Ⅴ类水“浙江省美术作品展”（舟山展区）
	傅俊达	水彩画《一弯清水》	入选剿劣Ⅴ类水“浙江省美术作品展”（舟山展区）
	傅世凤	水彩画《河畔》	入选剿劣Ⅴ类水“浙江省美术作品展”（舟山展区）
	李军委	水彩画《春绿》	入选剿劣Ⅴ类水“浙江省美术作品展”（舟山展区）
	张跃民	水彩画《宁静》	入选剿劣Ⅴ类水“浙江省美术作品展”（舟山展区）
	王晨溯	水彩画作品	入选剿劣Ⅴ类水“浙江省美术作品展”（舟山展区）
	夏　蔚	水彩画《村口》	入选剿劣Ⅴ类水“浙江省美术作品展”（舟山展区）
	戴　成	水彩画《渔山码头》	入选剿劣Ⅴ类水“浙江省美术作品展”（舟山展区）
	戎建军	油画《廊下的风景》	入选“青山绿水”浙江省山地油画作品展
	王国卫	油画《乡恋》	入选“青山绿水”浙江省山地油画作品展
	俞世祥	渔民画《立夏到·黄鱼掏》	获“二十四节气·柯城”全国农民画作品展最高奖(获入会资格）
	蔡成世	渔民画《立夏乌贼撞汰横》	入选“二十四节气·柯城”全国农民画作品展
	金未未	渔民画《二月清明鱼似宝》	入选“二十四节气·柯城”全国农民画作品展
	夏玉艳	渔民画《立冬白蟹壮骨骨》	入选“二十四节气·柯城”全国农民画作品展
	蔡方纳	渔民画《放飞希望》	获第 12 届中国义乌文化产品交易会工艺美术铜奖
	余世祥	渔民画《大海献鱼》	入选“中国精神·中国梦”全国农民画创作大展
	夏玉燕	渔民画《海岛记忆》	入选“中国精神·中国梦”全国农民画创作大展
	丁建纳	渔民画《围捕“小白龙”》	入选“中国精神·中国梦”全国农民画创作大展
	王敏杰、余王波、方晓华、李俊	油画《沈家门渔港》	入选“五水共治”浙江省美术作品展
	李　俊	油画《冬至》	入选“五水共治”浙江省美术作品展
	张　艇	油画《新城一景》	入选“五水共治”浙江省美术作品展
	王　林	油画《村口》	入选“五水共治”浙江省美术作品展
	陈彩波	油画《海风斜阳》	入选“五水共治”浙江省美术作品展
	徐　锋	国画《蓝色海湾·东极》	入选“五水共治”浙江省美术作品展
	钱　军	国画《不染》	入选“五水共治”浙江省美术作品展
	林　赟	国画《无尘》	入选“五水共治”浙江省美术作品展
	徐方晓	国画《水清鱼悦梦佳人》	入选“五水共治”浙江省美术作品展
	余王波	综合材料《底片》	入选第二届全国综合材料双年展

续表 17

艺术门类	作者	作品名称	发表、获奖情况
书法	傅世风	书法作品	获“第九届全浙书法大展”三等奖
	吴江年	书法作品	获“第九届全浙书法大展”三等奖
	俞文军	书法作品	入选第四届兰亭雅集42人展
电影电视	周煜导演	微电影《那海那岛那警——危情时刻》	获亚洲微电影艺术节“金海棠奖”
音乐	杨翎等作曲,OWN男声组合创演	《墨香》	获浙江省宣传部第十三届精神文明建设“五个一工程”入选作品奖
	郑赟作曲演唱	影视歌曲《青恋之美》	10月,随电视剧《青恋》在央视一套播出
	舒信虎词曲、沈利兵、张弦等演唱	《靠海吃海千百年》	获浙江新民歌大赛优秀创作奖、演唱银奖
	朱旻佳、沈佳妮、赵珂莹作曲	《船歌》	获浙江新民歌大赛优秀创作奖、演唱银奖
	杨翎、齐文骏、邱平燕词曲,张跃、邱平燕编导,朱家尖东沙乡村音乐社团表演	《渔村货场多》	获浙江省文化礼堂优秀群众文艺作品大赛金奖。
	金笑作词,刘凯、朱旻佳作曲,OWN阿卡贝拉男声清唱团演唱	《梦想飞翔》	获第十五届俄罗斯圣彼得堡“歌唱世界”国际合唱艺术节合唱文化交流暨第十三届“福林卡”国际合唱比赛重唱组合组别一等奖
	徐益男、王娅君作曲	《我家门前那条河》	获浙江省“千名文艺工作者赴基层采风巡演”优秀作品奖
舞蹈	孙岚编导	舞蹈《嬉莲图》	获2017浙江省群众舞蹈大赛金奖
	费佳凤、杨晓梅、刘蔚然编导	舞蹈《不停不弃》	获2017浙江省群众舞蹈大赛银奖
戏剧曲艺	吕红军、顾颖、金哲慧编导	小品《电梯》	获浙江省第二十八届戏剧小品邀请赛银奖
民间文艺	刘胜勇主编	《舟山传统饮食品》	由中国文史出版社出版
	孙　峰	论文《灯谜与乡村旅游之思考》	获“泥仓漤杯”灯谜与湿地文化、旅游、农业的关系论文奖一等奖
	潘瀚涛、陆炳森、孙峰	《舟山新闻(唱蓬蓬)》	获“第五届定海区文学艺术成果政府奖”银奖

续表 17

艺术门类	作者	作品名称	发表、获奖情况
	夏雨缀	贝雕《大唐公主入藏》	获“第 12 届中国(义乌)文化产品交易会·工艺美术”金奖
		贝雕《印迹辉煌历史之绚烂》 黑石雕《松鼠葡萄》木雕《九狮》	获“第七届中国(浙江)工艺美术品精品博览会”金奖
	钱兴国	模型《胜利号主战船》	获“第七届中国(浙江)工艺美术品精品博览会”银奖
		船模作品	
	张高俊	漆画作品	获“第七届中国(浙江)工艺美术品精品博览会”银奖
		渔民画扇子	获“第 12 届中国(义乌)文化产品交易会·工艺美术”铜奖
	陈卫平	木雕作品	获“第七届中国(浙江)工艺美术品精品博览会”银奖
	楼建军、缪家庆	石雕《喜上眉梢》	获“第七届中国(浙江)工艺美术品精品博览会”银奖
	岑国和	船模《郑和二千料》	获“第十三届中国(深圳)国际文化产业博览交易会”“中国工艺美术文化创意奖”铜奖
	邵伟明	烙铁画《山妹的期盼》	获“第 12 届中国(义乌)文化产品交易会·工艺美术”铜奖
	民间曲艺		
	黄素芬	翁洲走书作品《太后见狄青》	获“第六届浙江省曲艺新作(曲目)会演”表演银奖
	洪国壮等	渔歌号子《打水篙、起蓬、摇橹》	获“2017 江苏冯梦龙山歌会”铜奖
	灯谜		
	余波尔	谜作“更烦造物出壮观,跨海千丈垂天虹”(谜底:舟山市级非遗传承人夏雨缀)	获首届“海上花园、魅力舟山”全国职工主题灯谜创作“特别奖”
	侯亚珠	谜作“漆灯夜照真无数”(三字礼貌用语二)(谜底:晚上好、多光临)	获“漆宝斋杯”漆艺文化国际灯谜创作大赛佳谜
摄影	任齐俊	革家的婚礼	入选第 20 届全国影展
评论	倪浓水	论文《培育地域特色文化与构建传统乡土精神家园》	获浙江省文化厅 2017“传统文化与精神家园”征文一等奖
	袁敏敏	评论《群岛诗群:海洋诗歌的探索者》	发表于《作品》2017 年第 5 期
		创作谈《以写作撑起现实的墙》	发表于《钱江晚报》2017 年 8 月 6 日
	王磊斌	评论《学位证书“放任自由”之后》	发表于《中国研究生》2017 年第 1 期
	周　苗	论文《民国时期嵊泗列岛渔行经济研究》	发表于《浙江海洋大学学报》2017 年第 3 期

【对外艺术交流】 组织指导会员通过参赛、展演、节庆等形式开展对外艺术交流:参与承办“2017环太平洋国家艺术展”,组织举办舟山渔民画赴香港交流展、“沙海交响·丝路新语——(甘肃)酒泉、舟山书法精品联展”“山海经·翰墨情”普陀区-(绍兴)越城区书法作品联展、舟山海韵摄影作品展(赴贵州凯里市)等对外展览活动,以文艺作品为媒介,展示舟山城市人文品质;组织市影视家协会骨干会员先后赴江苏无锡华莱坞影视拍摄基地、宁夏银川市镇北堡西部影视城考察,赴福建武夷山举办文学走亲等,学习借鉴外地经验;组织舟山市爱乐合唱团和 OWN 阿卡贝拉男声团参加第十五届俄罗斯“歌唱世界”国际合唱艺术节暨第十三届“福林卡”国际合唱比赛,分获混声合唱组别和重唱组合组别的一等奖,在欧洲合唱舞台上,唱响了来自舟山群岛新区的声音。全年,市

文联及直属协会开展民间对外文艺交流20多项，组织出访、接待来访500多人次。

【2017环太平洋国家艺术展】 由中国人民对外友好协会和加拿大国际文化交流协会共同举办，市文联参与承办，10月20日在舟山举办。加拿大、美国、英国等8个国家的120件艺术品参展，其中舟山本土艺术家的海洋题材作品12件。通过活动，扩大舟山群岛新区在环太平洋地区的知名度，推进舟山国际海洋文化名城建设。

10月20日，第十六届环太平洋国家艺术展在舟山市美术馆开幕(洪晓明 摄)

【文艺惠民】 鼓励文艺工作者深入生活、深入群众，特别是到基层一线开展教、学、帮、带，以文艺志愿服务形式，推动文艺作品“进农村文化礼堂、进校园、进社区、进企业、进军营、进海岛、进公园、进特色小镇”，繁荣渔农村文化礼堂，丰富渔农民文化生活。是年，市文联及团体会员组建文艺小分队，在海岛渔农村开展木偶戏、越剧折子戏、歌舞、舞蹈、小品等文艺演出，在街道城镇开展葫芦丝、古琴、古筝演奏等专场演出，同时开展本土影视展映进校园，举办诗歌朗诵会进广场，非遗图书和文艺杂志进农村文化礼堂等相关文化惠民活动，全年开展“文化惠民”活动500多场。各文艺家协会在渔农村和社区组织创建“群众摄影艺术沙龙”“戏曲公益课堂”“公益舞蹈课堂”，依托“省级书法村”“乡村音乐社”等，开展文艺讲学、讲演，举办书法、渔民画、舞蹈、音乐、海洋剪纸等各类公益文艺培训班，推动“送文艺”向“种文艺”的拓展。

【人才培养】 贯彻《舟山群岛新区文艺人才培养“十三五”规划及其实施纲要》，加大对各艺术门类专业领军人物、中青年艺术骨干、新文艺群体拔尖人才的培养。先后推荐会员20多人次参加第二届鲁迅文学院浙江作家高级研修班、省作家协会组织的作家定点深入生活创作活动、“网著梦想”全国网络作家首期高级培训班、浙江省中青年文艺评论家高峰论坛、全省水彩画家培训班等，组织

市文联通过“公益舞蹈课堂”等文艺惠民阵地为新区市民提供文艺服务(市文联提供)

举办全市青年书法培训班、舟山青年美术提名展等活动，为基层文艺骨干提供展示、进修的平台。

【文艺阵地建设】 巩固发展线上线下文艺阵地。是年，《海中洲》推出中篇小说专号特别企划，受到浙江省作家协会和本土文学爱好者好评。6月，《浙江舟山群岛新区艺刊》试水全媒体形式，将刊物打造成集文字、图片以及歌曲、视频可移动观看的文艺成果展厅。推进"网上文联"建设，探索创设自媒体线上阵地，市美术家协会的公众号"舟山美术"、市影视家协会的公众号"舟山市摄影家协会"、市文艺评论家协会的公众号"艺文瀛洲"等相继开通。

（撰稿：马鲁纤）

舟山市残疾人联合会

【概况】 2017年，加快推进残疾人全面小康进程，市残联就残疾人权益保障向市"两会"提交涉残建议提案12件。是年，以贫困残疾人和重度残疾人为重点，出台落实残疾人补贴政策，推进残疾人就业工作，着力解决残疾人最急、最难、最盼的现实问题，完善残疾人社会保障体系和服务体系建设。全市残疾人小康实现程度90.7%，城乡残疾人家庭人均可支配收入达32720元和23088元，分别占全社会平均收入的62.3%和75%；全市残疾人就业7581人，劳动就业年龄段内有就业能力的残疾人就业率83.68%。年末，全市有各类残疾人30796人，其中重度残疾人13394人，精神残疾人3440人。

【实施残疾人"四项补贴"制度】 根据2017年度省市政府残疾人工作重点任务责任书，全面实施残疾人"四项补贴制度"（困难残疾人生活补贴、重度残疾人护理补贴、残疾儿童康复服务与补贴、残疾人社会保险补贴）。是年，对符合条件的生活困难残疾人发放每人每月199.2元的困难残疾人生活补贴，惠及残疾人8875人，完成任务数的118.3%；对符合条件的重度残疾人，根据生活完全不能自立、基本不能自理和部分不能自理三档分别发放每人每月600元、250元、125元的重度残疾人护理补贴，惠及残疾人12713人，完成任务数的115.6%；对全市136名残疾儿童实施康复服务与补贴，每人每年最高补助2.4万元，目标人群覆盖率100%；实施残疾人社会保险补贴，全市18837名残疾人参加了城乡居民基本养老保险，完成任务数的106.5%。

落实残疾人托养（庇护服务）机构综合保险。6月，出台残疾人意外伤害保险政策，7月起，全面实施残疾人意外伤害保险，由政府出资，为全市所有持证残疾人提供意外伤害保障，全市近3万名残疾人受益。

【残疾人精准康复服务】 7月，联合市财政印发《舟山市残疾人辅助器具适配服务实施办法》，更新《辅助器具适配参考目录》，适配周期由3~5年缩短至1~3年，并扩展适配形式，残疾人除了免费适配目录表内相应残疾类别和等级的辅助器具外，还可选择补贴性适配（自行购买目录表以外的辅助器具并补贴零售价的50%，最高不超过1000元）和特殊性适配（将国内外捐赠的辅助器具列入适配范围，予以免费配置和使用）。11月，联合市财政、市卫生和计生局印发《舟山市残疾人成人康复服务与救助实施办法》，将肢体残机构康复救助项目由6项扩充至9项，救助周期由5年补助一个疗程缩短至每年补助一个疗程；全市统一补助标准，低保标准150%以内的残疾人按实际自负费用的100%予以补助，最高1万元，其他残疾人按实际自负费用的50%予以补助，最高5000元。增加对低保（低边）智力残疾人的认知及适应性训练、精神残疾人的精神障碍作业疗法训练的经费补助，预防此类残疾患者肇事肇祸的发生。深化康复服务，助明、助听、助行及残疾儿童抢救性康复任务超额完成，对全市1036名符合条件的残疾人实施助明、助行、助听服务，对136名残疾儿童实施抢救性康复，投入经费196.4万元。全年提供残疾人基本康复服务1434人，残疾人基本康复服务率96.88%；提供残疾人辅助器具服务2065人，残疾人辅助器具适配率98.59%；落实精神残疾人服药政策，全市精神残疾人免费服药2093人，覆盖率100%。是年，市第二人民医院康复治疗精神残疾人252人，定海第三福利院接受全市精神残疾患者123人。

【成立舟山市儿童康复服务管理基地】 为加快推动全市儿童康复技术人才培养，提升残疾儿童康复技术水平，满足儿童抢救性康复需求，8月，市残联康复指导中心与上海复旦大学附属儿科医院合作成立舟山市儿童康复服务管理基地，每月安排上海儿科医院儿童康复专家团队到舟山进行儿童疑难杂症会诊和康复专业技术培训。是年，康复中心邀请上海复旦大学附属儿科医院杨红等4位专家先后4次到舟山开展康复专业技术培训指导，参与会诊44人次，组织康复技能培训1次，举办康复儿童家长培训班1次。

【多渠道推进残疾人就业创业】发展残疾人辅助性就业机构及服务设施建设，全市有庇护性就业机构33家，庇护人数533人，分别完成任务数的117.86%和108.78%；落实政府优先采购残疾人庇护产品政策的单位20家，其中定海8家，普陀6家，岱山4家，嵊泗2家；推进残疾人电商就业工作，2017年新创建省级残疾人电商创业就业孵化示范基地1家，新增电商创业就业人数80人，完成任务数的100%；优化残疾人就业服务，全市32名残疾人组团参加全省残疾人工匠大赛，5人获奖，舟山代表团获团体第六名。全市完成残疾人职业技能培训738人，新增残疾人就业创业466人，分别完成任务数的105.43%、233%。

【推进残疾人按比例就业工作】是年，机关和国有企业首次面向残疾人推出单招单考岗位，全市机关事业单位和国有企业带头安置残疾人工作走在全省前列，全年全市先后推出残疾人岗位22个，其中机关公务员1个，事业编制8个，国有企业编制13个，完成任务数的500%，推出的残疾人单招单考岗位比例居全省第一。是年残疾人按比例就业人数2100多人，其中新增271人，完成任务数的338.75%。

【残疾人文体生活】组织实施全市文化助残"五个一"工程，开展向残疾人赠送书籍等活动，开设残疾人阅览室，受益残疾人数800多人。4月，举办舟山群岛新区第二届残疾人文艺汇演；6月，组团参加全省第八届残疾人艺术汇演，参与器乐、声乐、舞蹈、戏曲4个项目的比赛，获2金3银3铜；8月，参加第九届全国残疾人艺术汇演(东部片区)，舟山3名残疾演员参加演出，分获戏曲类一等奖、器乐类一等奖和声乐类二等奖。举办残疾人摄影培训班，开展舟山市"喜迎十九大·特别颂党恩"残疾人摄影比赛。组织开展一季度一次的全市特殊艺术进农村文化礼堂巡演活动，市残疾人艺术团先后在定海区马岙团结社区、普陀区蚂蚁岛社区、朱家尖庙跟社区和新城金鸡山社区举办4场特殊艺术巡演活动，为有文艺特长的残疾人搭建展示特殊才艺的平台。全年全市特殊艺术巡演活动24场次，受益观众5000多人次。

重视残疾人康复锻炼及运动。8月，开展第七届残疾人健身周活动，举办全市残疾人羽毛球锦标赛和残疾人趣味运动会。12月，开展康复体育"三进"试点工作，为不易出户或家庭困难的重度残疾人提供康复体育家庭关爱服务，将康复体育器材、康复体育方法、康复体育指导送进新城13户重度残疾人家中，使之足不出户就能享受到基本康复体育服务。

【合力助残】壮大助残志愿者队

4月27日，舟山群岛新区第二届残疾人文艺汇演在舟山广电总台举行(张海芬　摄)

伍，开展志愿助残工作。是年新注册助残志愿者194人，成立助残志愿者服务队11支，累计助残志愿者注册914人，服务队38支，全年开展志愿助残活动47次。3月，浙江舟山慈航志愿助残服务队举办慈善晚会，募集善款25.7万元，全部用于助残、助老、助学等服务项目；携手残疾人士共游宁波东钱湖，提振残友生活信心；前往舟山聋哑启智学校，为27名儿童分发六一节礼物。5月，助残日期间，组织新城“爱心大篷车”志愿助残服务队慰问临城辖区困难残疾人，赠送慰问金和米、油等物资。9月，新城“爱心大篷车”志愿助残服务队慰问市福利院孤残儿童，赠送牛奶、蛋糕等。10月，浙江舟山慈航志愿助残服务队带领启智学校70多位特殊孩子一起观看电影《我的爸爸是森林之王》，让孩子们感受“看”电影与“听”电影的快乐。

是年，张雷波等11人被评选为舟山市优秀助残志愿者，定海区白泉镇志愿助残服务队等13支服务队被评选为舟山市优秀志愿助残服务集体，10个助残项目被评为舟山市优秀志愿助残服务项目。

【残疾人维稳工作】 配合做好“两非”车辆整治，落实“压责任、化积案、强督查、打造新区信访铁军”为主题的信访督查专项行动，开展积案排查，接待残疾人上访15起，办理来电来信网信28件，受理残疾人维权案件3起，并提供法律援助服务。中共十九大召开前夕，召开残疾人信访工作会议、举办信访维权工作培训班，做好残疾人的维稳工作。

【残疾人无障碍建设】 8月，成立舟山市残疾人无障碍环境促进会，加强对无障碍建设的社会监督，先后参与无障碍环境现状调查，到浙江大学舟山校区开展无障碍建设体验等活动，引导社会力量参与无障碍建设。开展和推进浙江省无障碍社区创建，是年，市本级和各县（区）各开展了创建1个无障碍社区的活动。

（撰稿：童李燕）

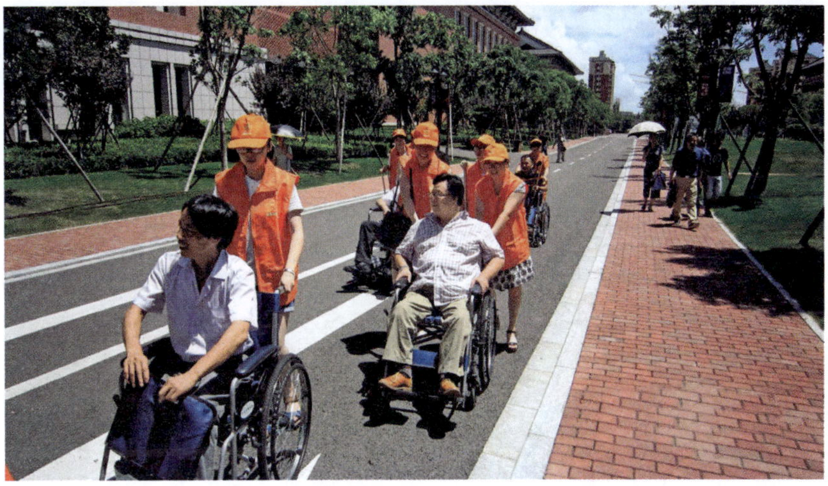

8月22日，残疾人代表在志愿者的帮助下，到浙江大学舟山校区开展无障碍环境体验活动（杨冠培　摄）

舟山市归国华侨联合会

【概况】 2017年，全市各级侨联坚持以亲情、乡情、友情为纽带，广集侨务资源。全年接待海外华人华侨、港澳同胞、外国友人58批次，400多人次，协助受理涉及入学、身份证明、定居手续等涉侨信访案件20多件，接待来访来电人数120多人次；慰问侨界困难群众和重点人士100多户，发放慰问品和慰问金逾10万元。向海内外寄送《舟山乡音报》1万多份。组织开展侨界健康讲座、运动会、茶话会、义诊、座谈会、招商引资等系列活动40多次，全市侨界人大代表、政协委员提交提（议）案24件。

【组织建设】 3月31日，召开市留学人员和家属联谊会四届四次理事会，对市侨联工作及如何“招才引智”为新区建设服务提献计献策。7月，召开市侨联六届六次全委会，选举陆意为市侨联主席，审议通过《关于召开舟山市第七次归侨侨眷代表大会的决议》，邀请新区政研室领导就《关于贯彻省第十四次党代会精神　建设创新舟山、开放舟山、品质舟山、幸福舟山的决定》进行专题辅导。12月，组织召开舟山市第七次归侨侨眷代表大会，全市侨界260多人参加会议，选举产生市侨联第七届委员会，聘请方苏幼、方惠成、江建军等21人为市侨联第七届委员会顾问，表彰2012—2017年度全市侨联系统先进集体、先进个人和归侨侨眷先进个人。

6月，举办第六期全市侨务干部培训班，各县(区)、乡镇(街道)侨务干部及侨台联会长、“侨之家”负责人等70多人参加，培训学习《舟山革命史》《舟山自贸区战略及其发展路径》《地缘政治视阈下的世界格局与中国战略》等内容。同月，组织基层侨务干部赴著名侨乡丽水考察学习，实地参观考察丽水侨务特色小镇、侨资企业和留学人员家属企业，并就对接两地侨务工作、共享两地侨界资源开展座谈交流。邀请市委党校教师为侨务干部作十九大精神专题辅导，同时引导日本舟山会、阿根廷舟山同乡会等多个海外社团开展中共十九大精神宣传学习。

【为侨服务】 春节、中秋等传统节日之际，开展“送温暖，献爱心”系列活动，看望慰问全市辖区内困难归侨侨眷、侨界重点人士等，发放慰问金、慰问品10万元。依托市侨联“侨之家”活动中心，开展各类为侨服务活动，接待来访来客620多人次，受理微信咨询、来访来信等百余件。全年全市侨联系统协助受理涉及入学、身份证明、定居手续等涉侨信访案件20多件，接待来访来电人数120多人次。

组织各类文化活动，丰富侨眷生活。3月，市侨联牵线促成新西兰中国画研究会副会长、舟山籍新西兰华侨安晓明到舟山美术馆举办《走进新西兰》中国画作品展，开展文化交流。9月30日，举办2017全市侨界中秋国庆分享会，邀请日本舟山会会长徐静波和中国首席数据官联盟专家组成员王真震现场分享创业创新的故事。组织100多名侨眷观看爱国主义教育电影《战狼Ⅱ》，同时多次举办中医养生健康知识讲座、侨商会留联会活动等。各县(区)侨联也开展各具特色的联谊活动，定海区侨联开展“粽情定海 迎端午”侨界联谊活动，普陀区开展“春季侨界走进新区”“普陀侨界走进印象普陀”以及侨界读书会、东港莲花洋山庄(敬老院)义诊等，岱山县举办第三届侨界趣味运动会，嵊泗县组织侨界开展“美丽家乡建设新畅想”活动等。

9月30日，在市侨联主办的庆国庆迎中秋分享会上，徐静波(中)、王真震(右)谈创业分享(周国华　摄)

【侨界服务新区】 依靠侨务资源，开展借才引智，服务新区建设。7月，由日本舟山会会长徐静波牵线，促成中国燃气控股有限公司与舟山市政府签订战略合作框架协议，在固废处理、污水处理及供水等七大领域开展合作。牵线美国西部留联会促成全美浙江总商会“一带一路”百人访华团一行23人到舟山考察和对接项目，促成美国 Verdant Power Inc.(新能源公司)公司与浙江舟山联合动能新能源开发有限公司(LHD)两个世界顶级潮流能技术合作签约。推荐海外侨领董为众、江建军等出席第四届世界浙商大会，牵线澳大利亚舟山同乡会会长吴舢红一行到舟山与市贸促会洽谈商贸合作。9月，牵线国内大数据行业知名企业浙江信网真科技股份有限公司与浙江海洋大学、舟山海洋科学城等商谈合作事宜，并促成杭州华量软件有限公司与浙江海洋大学签署战略合作协议，在研究海洋环境综合监测大数据等方面开展合作，共同推进智慧海洋大数据建设。配合省侨联开展“万家海外中餐馆·同讲中国好故事”主题活动，经市侨联牵线，促成由市委宣传部出资，委托北京东方嘉禾文化发展股份有限公司代理《海上舟山》宣传片的海外推广业务，双方协议：从2017年11月起，市侨联配合市委宣传部在35个国家235个城市海外中餐厅内的互联网电视发布《海上舟山》宣传视频，每季度播放次数不少于90次，全年不少于360次。联系欧洲舟山同乡会在荷兰、挪威等国家发放新区人才政策等宣传册，依托海外招才引资工作站等组织网络和10多个侨联社团海外微信群等新媒体渠道宣传舟山。组织侨界人士为“五水共治”献计献策，助力全市剿灭劣V类水等“五水共治”工作，其中归侨陆效军的浙江达人环保公司在全省共设计建设农村污水处理项目4000多个，使3500多个村庄受益，受益农村居民200万多户。

【联络联谊】 7月19—21日，与岱山县侨联联合举办第三届“海燕集结营”暨“海外学子家乡行”活动，来自美国、加拿大、挪威等多个国家和地区的30名海内外留学生、准留学生和海外华侨华裔青少年参加，通过活动吸引更多的人来到舟山、了解舟山的文化，鼓励海外留学生们学成归乡、回家创业；推荐海外留学人员江润沙、陶诗奕做客舟山广电《998会客厅》接受访谈《爱的翅膀》；邀请美籍华人、博士罗继业和其儿子罗睿颀等走进舟山中学，和学生们互动交流分享。9月，接待中国侨联组织的部分归国定居藏胞代表人士50多人到舟山进行国情教育活动，考察具有本土特色的海岛文化和观音文化。全年先后联谊接待生态修复艺术家朱仁民，留英博士、英国超声波专家梁海东，挪威舟山同乡会荣誉会长朱伟民、会长袁文儿，西班牙工商联会长黄卫国，以及美国西部留联会会长陈巍、阿根廷舟山同乡会会长梅田波、新加坡方莹女士等10多个国家的侨领和侨商20多批100多人次。全年全市侨联系统接待海外华人华侨、港澳同胞、外国友人58批次，400多人次。

【参政议政】 发挥侨界政协委员的作用，通过撰写提案、社情民意和小组视察等形式，履行参政议政、民主监督的职能。是年，全市侨界政协委员和人大代表撰写提（议）案24件，内容主要涉及社会民生、环保、交通等课题，其中市侨联牵头撰写的侨联界别提案《挖掘和利用海洋文化名人资源 提升海岛历史文化名城知名度》作为大会发言材料，《新区背景下新侨工作的思路探究》一文被评为2107年度全市统战理论政策研究优秀成果奖。

（撰稿：张璐敏）

中国国际贸易促进委员会舟山市委员会

【概况】 2017年，中国国际贸易促进委员会舟山市委员会（中国国际商会舟山商会）（下称“市贸促会”）围绕市委市政府提出的“自由贸易港区、海上花园城市”建设，继续开展“放大贸促功能、服务会员企业”活动，组织企业参加境外专业展、举办“一带一路（保加利亚）经贸对接座谈会”等，推进全市外向型经济发展。全年组织企业参加国内外各类经贸合作交流6次，组织企业参加各类国际性展（博）览会42个，参展企业180多家（次）；举办各类培训

7月19日，第三届舟山群岛新区海燕集结行动开营仪式（周国华 摄）

14场,参训人员900多人次,培训场次、参加人数均比上年增加1倍,企业满意度由86%提高到92%。

是年,市贸促会获2017年度浙江贸促系统建设先进单位,市贸促会出证认证窗口获全省贸促系统优秀贸促工作团队,顾芸铭获全省贸促系统优秀贸促管理能手,尤佳的《舟山市贸促会打造菜单式个性化企业培训》管理创新案例获全省"争创一流贸促机构"决赛片区赛一等奖、决赛三等奖。

【组展参展】 针对舟山企业特点和需求,市贸促会组织企业参加多个境外专业展。5月,组织舟山市普陀特产有限责任公司、普陀山海天佛茶有限公司等3家舟山企业参加第十九届海峡两岸经贸交易会并设立展位。6月,组织舟山企业参加第四届中国-中东欧国家商协会商务合作大会和博览会,舟山市全峰电子商务有限公司、舟山瀚世达船舶工程有限公司与保加利亚企业进行对接洽谈并达成商品进口合作初步意向。9月,组织浙江冠素堂食品有限公司等舟山企业赴银川参加2017中国-阿拉伯国家博览会,寻求舟山企业同阿拉伯国家的合作商机,并达成初步合作意向。全年在美国、德国、日本、比利时、西班牙、俄罗斯、阿联酋、印度、巴基斯坦等20多个国家和地区参加布展活动,参加各类国际性展(博)览会42个,参展企业180多家(次),展品范围涉及塑料机械、水产品、船舶、汽配零部件、建材五金等,其中重点参加的有德国科隆五金展会、比利时布鲁塞尔水产品展、西班牙维戈国际冷冻水产展、迪拜汽配展等。

【经贸对接】 全年组织企业参加国内外各类经贸合作交流6次。5月,举办"一带一路(保加利亚)经贸对接座谈会",邀请保加利亚驻上海总领事馆商务领事参加座谈,舟山全峰电子商务有限公司、舟山群岛新区水产交易中心、阿里巴巴舟山运营中心等8家企业负责人参加,参会企业就贸易、投资等方面问题进行咨询和交流。同月,组织舟山国际经济技术合作有限公司随浙江省经贸代表团,赴南非、津巴布韦开展经贸对接洽谈,考察当地市场;组织舟山市全峰电子商务有限公司参加匈牙利国家贸易署在上海举办的Primus Water中心开幕式,并与匈牙利商事机构及企业开展对接洽谈,达成采购意向。6月,在宁波举办舟山-保加利亚产业合作暨项目对接会,浙江中澳现代产业园、海力生集团有限公司、舟山陆港物流有限公司等舟山7家企业参加,舟山相关企业就酸奶合作项目与保加利亚国有酸奶生产公司进行洽谈。10月,组织舟山企业参加浙江(金华)-东南亚贸易投资洽谈会,舟山浙商升宇商品交易有限公司与印度尼西亚、柬埔寨等国企业进行对接洽谈并达成进出口贸易合作意向。11月,组织舟山海洋综合开发投资有限公司、舟山石化园区投资发展有限公司随浙江代表团,赴俄罗斯、奥地利、罗马尼亚开展产业对接系列活动。

6月8日,舟山与保加利亚产业合作及项目对接会在宁波召开(顾芸铭 摄)

【法律服务】 3月,市贸促会成立全国首个海事法律服务中心,为本地涉海企业提供包括海事仲裁、海损理算、海商事纠纷调解、渔业纠纷调解、国际商事诉讼代理、知识产权代理、贸易摩擦预警应对、国际商事法律咨询、商事法律培训、商事认证、使馆认证代办等提供法律服务。同时,组建海事法律专家库,吸纳中国海事仲裁院副院长、大连海事大学法学院院长、上海海事大学法学院院长等在内的50多位知名海商事法律专家入库；制订实施海事仲裁员培育计划——《舟山本土海事仲裁员培育五年行动计划》；推荐全永波、夏立艇两律师分别受聘中国贸仲委、中国海仲委仲裁员；编写完成有关江海联运海事法律专题研究成果——《舟山江海联运海事法律课题研究》。

协助中国贸促会对接舟山市政府、浙江自贸试验区管委会，推动设立中国贸促会（浙江）自贸试验区服务中心，11月2日，自贸试验区服务中心揭牌成立，将在促进对外贸易投资、提供涉外商事法律服务、开展国际交流合作等方面，为浙江自贸试验区企业提供服务保障。

全年，市贸促会（舟山商会）协助有关海事仲裁机构办理海事仲裁案件4件，涉案金额2000多万元；为企业提供海事法律咨询175次。落实产地证和ATA单证册减免涉企收费政策，全年减免企业证书费7万多元。商事认证业务量保持总体增长态势，全年签发各类证书3000多件，同比增长5.2%。其中签发原产地证明书1920份，同比增长28%；出具商事证明书655份，同比下降12.1%；办理ATA单证册5份，与上年持平；代办领事认证370份，同比增长178.2%。10月，在已设立中国贸促会浙江舟山水产品、船舶修造两个国家级贸易摩擦预警点基础上，促成中国贸促会与舟山的海事、港航、海事法院等部门以及水产、船舶、航运等行业协会，建立自贸试验区多级联动预警机制，提升企业法律防控能力，这是全国首个海事纠纷综合预警平台，全年发送经贸摩擦和海事法律预警信息300多条。

【贸促培训】 针对舟山企业个性化需求，贸促培训内容从传统业务拓展延伸到提升企业与发展创新管理等多方面，通过举办企业精英训练营、高峰论坛、现场参观教学、异地高校联训等形式，开展个性化培训，促进企业发展。

3月，召开2017年度国际展览推介会暨国际展览业务培训，就如何利用贸促系统平台，推动舟山企业走出去拓展新市场开展培训，全市23家机械制造和食品行业企业参加。4月，举办20家航运企业参加的法律风险培训会。5月，与舟山市中小企业公共服务平台联合举办“智慧舟商、共赢未来”企业精英训练营培训，45家企业参训。6月，举办修船企业法律风险防控座谈会，邀请中国海仲委上海分会案件经办人及中国海仲委仲裁员授课，长宏国际、万邦永跃、鑫亚等15家规模以上船厂代表参加座谈。7月，举办中国（浙江）自由贸易试验区背景下现代企业管理培训，全市食品、造船、粮油、能源、水产等行业的近20家企业参训。8月，与市经信委联合举办“舟山自贸区中小企业发展高峰论坛”，邀请专家围绕自贸区制度创新、企业运作的成功案例、发展空间的市场机遇等为舟山企业家进行专题讲解，全市100多家企业参加论坛。9月，与中国贸仲委浙江分会、浙江省律师协会联合举办“自贸试验区商事仲裁纠纷解决与法律风险防范”研讨会，来自法院、检察院、法制办、司法局、经信委、商务局、科技局等市级部门，以及综保区、大宗商品交易中心、浙江海洋大学、浙江海运学院和企业、律师界的170多人参会交流研讨；同月，召开货代企业法律风险防控座谈会，17家货运代理企业的30多位代表参会；举办“舟山船舶企业出口贸易和法务沙龙”，11家重点船舶修造企业及舟山市出口船舶预

11月2日，自贸试验区服务中心揭牌成立（顾芸铭　摄）

7月27日,举办中国(浙江)自由贸易试验区背景下现代企业管理培训(顾芸铭　摄)

警示范点、舟山市船舶工业设计基地、舟山市船舶行业协会等单位派员出席。11月,与金塘管委会联合主办“舟山金塘塑机螺杆行业沙龙”,探讨塑机螺杆行业未来发展方向。

(撰稿:顾芸铭)

舟山市红十字会

【概况】 2017年,以打造“法治型、服务型、创新型、枢纽型”红十字组织为目标,围绕关爱生命、关注健康、帮助弱势群体等核心,积极开展救灾、救助、救护培训及推动造血干细胞捐献、人体器官捐献、无偿献血等活动,推进志愿服务、红十字青年工作和舟山群岛渔农民流动医院巡回医疗服务,参与全市养老服务、水(海)上应急救援等有舟山特色的红十字创新工作。全年募集救助款196.79万元,发放救助款116.91万元;培训红十字救护员6126人,普及培训36585人;实施造血干细胞捐献1例,人体器官(组织、遗体)捐献2例;在公共场所增设自动体外除颤器(AED)15台,全市AED总配置量达32台。是年,市红十字会连续七年获评省会综合考核优秀单位。

【组织队伍建设】 5月19日,召开五届五次理事会,审议通过副市长方维为第五届理事会理事、常务理事、会长(兼),调整部分理事、常务理事、副会长。在“5·8”世界红十字日期间组织开展主题宣传活动,学习贯彻新修订的《中华人民共和国红十字会法》,坚持依法治会。推进基层红十字组织建设,发展红十字会员,至12月底,全市有基层组织113个,团体会员94个,红十字会员34412人,比上年增加1万多人,其中青少年会员26749人,红十字志愿者3960人,分别比上年增加57.12%、38.51%。

围绕红十字主题开展经常性的志愿服务活动,全年开展志愿服务683次,服务109951人次。加强红十字青少年工作。“5·12”防灾减灾日期间,组织学生参加全国红十字防灾避险知识竞赛,提高青少年自救互救意识能力。暑假前夕,开展水上知识进校园活动,向学生传授预防溺水、溺水自救、溺水互救等知识,1000多名学生参与培训。7月,联合市教育局、浙海大红十字会举办“2017优秀红十字青少年夏令营”活动。是年,周密等6名志愿者获评省红十字会2017年度优秀红十字志愿者。

【救灾救助】 根据省会安排,是年全市定向援助青海省海西洲20万元,其中市红十字会出资17万元,县(区)红十字会出资3万元。

在全市范围内组织开展各类救灾救助行动。其中,“红十字博爱送万家”活动,春节前夕为全市784户困难群众发送慰问款物计价值约76.92万元;“红十字博爱圆梦”项目,向18名困难群众赠送救助金5.18万元,向结对的丽水市莲都区15名贫困家庭学生赠送助学款1.8万元;“母婴平安”项目,向105名困难孕产妇赠送救助金27.42万元;“普济白血病”项目,向15名患者发放救助金38.05万元;“普济困难救助”项目,向8名困难群众发放救助金9.8万元。10月,台风“卡努”影响舟山期间,组织11名水(海)上应急救援队员前往普陀区积水严重的东港街道和展茅街道救灾,持续奋战8小时,协助当地政府转移

舟山群岛渔农民流动医院免费下海岛服务(市红十字会提供)

被困群众100多人。

“流动医院免费巡回医疗服务”列入2017年市政府为民实事项目。全年舟山群岛渔农民流动医院下岛下乡送医送药141次,服务群众7.01万人次,提前超额完成为民实事项目任务,实现全市“偏远住人小岛、缺医少药的偏远村落、建有红十字博爱家园的社区”三个全覆盖。

【救护培训】 落实《健康舟山2030行动纲要》中“普及全民应急救护技能”的要求,全面推进救护培训工作。是年,服务全市重点项目绿色石化基地建设,为400多名工人开展现场应急救护培训,发放急救包300只、急救箱20只、急救知识宣传册2000多份,配置AED2台。国际海岛旅游大会、浙江省第三届体育大会、舟山国际马拉松等重大会议赛事举办前夕,为415名志愿者开展救护培训。联合市道路运输局举办“全市大客车驾驶员现场应急救护大培训、大练兵、大比武”活动,提升从业人员应急处突综合能力,该活动被列入全市二类职业技能大比武项目。

加强救护培训基地建设,扩大培训范围,促进急救知识的普及。是年,新增市老年大学以及新城绿岛社区、金鸡山社区3个救护培训基地,全市救护培训基地达50个,涵盖机关、企业、乡镇、社区、学校、卫生院等。举办救护师资提高班暨复训班1期,全市57名师资参与系统学习交流。对市本级及市属基地的师资纳入统一管理,并成立心肺复苏等四个教研组,分类分科开展培训。向参加市两会、党代会的代表委员及工作人员发放急救手册等宣传品2000多份。“5·8”世界红十字日、国际民防日、防灾减灾日期间,组织急救知识现场宣传演练和知识竞赛等活动,营造“人人学急救,急救为人人”的良好社会氛围。全市全年培训红十字救护员6126人,普及培训36585人;救护员培训率3.62%、应急救护普及培训率20.82%,处于全省领先水平。

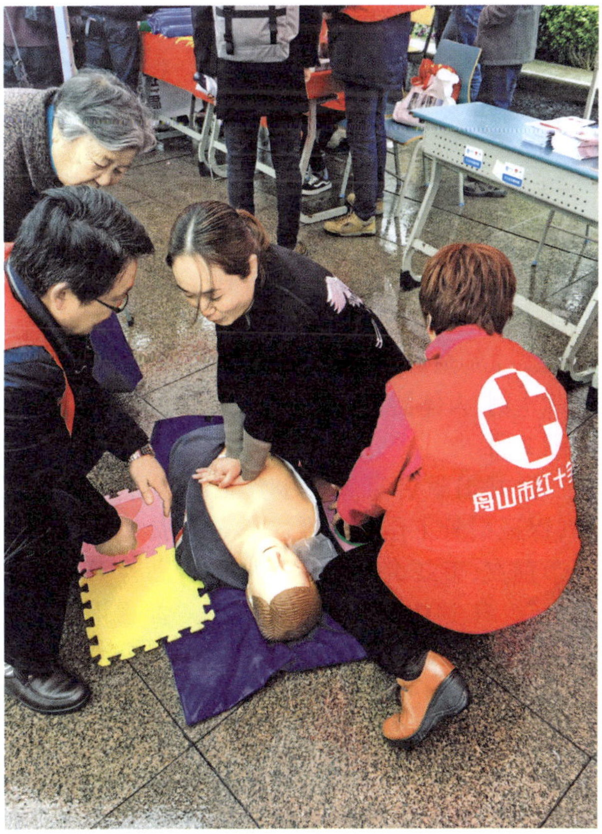

救护培训现场(市红十字会提供)

【养老服务试点】 3月,舟山列入全国“红十字会参与养老服务”

工作的试点市之一。结合舟山实际,市红十字会在养老载体建设、志愿者服务、救护培训等方面探索开展养老服务工作。具体做法:以新城金鸡山社区为重点,在全市博爱家园点组织开展扶贫助弱、生活照料等服务;以白泉敬老院为重点,定期组织红十字志愿者前往设有红十字志愿服务基地的12家养老机构开展各类综合性服务;以红十字应急救护知识等培训为主要内容,开展养老服务人员的技能培训。至年底,开展志愿者服务、救护培训等各类活动数十次,受益老年人1700多人次;全市有5名志愿者参与中国红十字会举办的养老服务师资培训班。试点期间,为老年人解决实际困难,红会成为政府构建养老服务体系的重要补充力量,也为全国红会系统开展养老服务,群团组织参与社区治理、服务党委政府重要工作提供经验。

【生命关爱工作】 在世界献血日开展无偿献血和造血干细胞捐献志愿者血样采集和宣传活动,有11人加入造血干细胞捐献志愿者队伍。全年全市实施造血干细胞捐献1例,人体器官(组织、遗体)捐献2例。

做好捐献者家属的服务工作,保证捐献工作顺利推进。清明节前夕,市红十字会召开人体器官(组织、遗体)捐献纪念会,通过朗读受助者感谢信、与捐献者家属交流、网上祭奠捐献者等活动,表达对捐献者的追思和怀念。实施"人体器官捐献者困难家庭孩子助学项目",全市有4名家庭困难的捐献者孩子得到助学补贴。是年全市新增造血干细胞采样入库志愿者107人,人体器官(组织)捐献登记志愿者14人。

【宣传传播】 为纪念"5·8"世界红十字日,组织开展主题宣传活动,全市红十字会理事代表及志愿者百余人参加。其间,组织开展新修订红十字会法知识竞答、应急救护现场展示等形式多样的学习宣传活动,扩大红十字影响力。与市文明办等单位开展"最美舟山人——万朵鲜花送雷锋"活动,造血干细胞捐献者潘方伟等9名志愿者作为红会系统代表获赠鲜花。参加省会举办的"朗读者——我与红十字的故事"活动,市红十字会有3个红十字故事入选前10名。是年,出版《新区红十字报》4期4400份,与《舟山晚报》合作出版红十字主题专版2期,在市级及以上报刊、电视台等媒体刊播红十字相关信息210条(次),在自媒体(网站、微信等)刊出红十字信息260条(次)。

(撰稿:蔡长凤)

舟山市慈善总会

【概况】 2017年,舟山市慈善总会加快推进现代慈善事业,以扶贫济困、帮贫解难为宗旨,创新慈善工作新举措,培育全社会慈善意识,开展募捐救助活动,组织全市各慈善机构开展多种形式的慈善救助。全年全市募集款物7719.33万元,支出救助款物6518.46万元,救助贫困对象5万人次,其中市慈善总会募集款物3750.95万元,支出救助款物2638.49万元,救助贫困对象12793人次,分别占全市总募集款物、总支出救助款物、总救助对象的48.6%、40.5%、25.6%,惠及市本级非营利机构120多家(次)。

拓展慈善网络,以"横到边、竖到底、全覆盖"为目标,将慈善组织向基层延伸,形成市、县(区)、村三级慈善网络,至年底全市成立慈善组织145个。是年,市慈善总会继2011年获评AAAAA级社团后,经市民政局评估认定,通过AAAAA级社团复评。

【善款募集】 以"慈善一日捐""互联网+"筹款模式及项目化募捐等载体,开展慈善款(物)募集工作,全年募集慈善款(物)3750.95万元。

"慈善一日捐" 巩固"慈善一日捐"长效募捐机制,发动全市各机关、企事业单位和个人积极参与,全年募集善款479.8973万元。

推进"互联网+"筹款模式 发展网络众筹合作伙伴,通过舟山日报"党报大篷车"、舟山晚报"爱心桥"、舟山网"舟山帮"、舟山广电"汪大姐来了"等栏目和主流媒体的微信公众平台,以及官方和民间的微信、微博等,建立由慈善工作人员、义工(志愿者)、媒体人共同参与的公益众筹队伍。至年底,市慈善总会公益众筹载体主要有微信捐赠平台、微信爱心群、微信爱心超市、网站支付宝等,全年通过网络众筹等形式募得善款100多万元。

建立慈善项目库 以项目化为载体向全社会募捐。是年,普陀山佛教协会冠名资助340万元

9月5日，举行一日捐集中捐赠仪式（王周群　摄）

用于“普济生命慈光”大病医疗救助项目，祥生实业集团有限公司冠名资助40万元用于“关爱孤儿成长”项目，黎明发动机有限公司冠名资助50万元用于“圆梦大学”项目等。引导爱心企业和个人进行定向捐助，普陀山道生长老捐款50万元定向救助广西洪涝灾区，华夏机械有限公司捐5万元定向用作嵊泗县龙泉村困难户春节慰问金。

【慈善救助（关怀）】 开展“情暖千家”春节送温暖活动　全年与市属30家慈善分会共拨出救助慰问金近350万元，为困难劳模、病患者、全市老新四军、渔农村老妇女干部、低保户、低保边缘户、企业困难职工等困难家庭送上新春关怀。其中向市本级临城354户低保户、低保边缘户等困难家庭发放救助金800元/户，计28.32万元；向全市困难家庭发放“祥生集团千户慈善助医卡和购药卡”1000份，计80万元；向市本级36名困难家庭尿毒症患者发放救助金26万元；向45名困难老劳模发放救助慰问款6.48万元；慰问老新四军和抗战老兵、渔农村老妇女干部、计划生育困难户、见义勇为对象等，救助款物计27万多元；走访敬老院、慰问孤寡老年人，支出近2万元；开展企业困难职工生活救助，支出专项资金约75万元；市属30家慈善分会慰问救助困难群众支出慰问款近100万元。

开展各类项目救助　圆梦大学助学类项目，设有市慈善总会助学金、黎明助学金、万事达助学金、兴中助学金等，全年支出助学金近236.2万元。普济生命慈光项目，由普陀山佛协冠名资助，全市有428名困难大病患者得到救助（含贫困尿毒症患者），发放救助金近344.6万元。居家养老项目，奖励已建立的渔农村社区居家养老服务照料中心，主要用于老年人的伙食补贴和日常开支，全年为全市19家居家养老服务照料中心配套支出39万元。“重阳节助老”项目，通过给生活困难的老人直接发放助老金、联合“汪大姐来了”栏目开展重阳送大戏活动、组织下属分会安排敬老院老人游舟山等，支出30.8万元。慈善助残项目，救助慰问全市困难残疾人（含脑瘫儿童康复救助），支出25万余元。其他项目，主要有“关爱孤儿成长”项目、“万村帮扶”项目、“生活困难老劳模”救助项目、“计划生育关怀”项目、“关爱新区困难党员及弱势群体”项目、女环卫工人安康保险众筹项目、金平助老服务项目、义工分会配套资助项目等，共拨救助金89.05万元。

开展造血型扶贫　继续推行2013年出台的“造血型”扶贫政策，对扶贫基地实施“以奖代补”扶持办法，是年对申报后符合条件的扶贫项目发放奖励补助资金35.3万元。

临时救助　对遭遇突发事件、意外伤害、重大疾病或其他特殊原因导致生活陷入困境，其他社会救助暂时无法覆盖或救助之后基本生活仍有困难的家庭或个人，给予应急、过渡性救助，缓解困难家庭经济困难状况。全年临时性救助支出1400多万元。

开展“互联网+”慈善等各种定向救助　依托爱心企业和个人的定向捐助及其要求，开展各类冠名定向、直接定向等救助，并引导这些善款使用进入总会监管，提高慈善公信力。全年定向救助款1028万元。

多样化救助　10月，携手舟山爱尔光明眼科医院开展“情系舟山·爱心助困”爱尔光明行项目,为舟山市55周岁以上的白内障患者实施公益普查及免费手术,缓解全市低视力患者人群及困难老人看病难、看病贵问题。是月筛查1800多人,符合手术条件100多人,完成手术42人。

【推进省慈善重点项目】 根据省总工会关于面向"留守儿童"创建"关爱儿童之家"的要求,2016年,由慈善总会、妇联等相关部门启动筹备该项省慈善重点项目,经市慈善总会策划选址,确定以外出人员相对较多的金塘管委会大浦社区建全市首家"关爱儿童之家",主要为"留守儿童"提供阅读、心灵关怀、亲情连线、学业辅导等,同时组织义工开展各种形式的帮扶活动。2017年1月11日,金塘"关爱儿童之家"正式启用,三级慈善组织投入项目硬件配套设施资金10万元(其中省级5万元,市、区各2.5万元),7月20日,通过省总会的考评检查。

【自身建设】 健全管理和监督制度,打造公信慈善。为适应慈善事业发展趋势和实际要求,对照《慈善法》有关内容和要求,将30余个规章制度特别是救助项目实施办法在原来基础上进行修改完善;每月初在市慈善总会舟山·天慈网网站及微信公众号上公布慈善捐赠及救助信息;年初和年中,在《舟山日报》刊登2016年度捐款详细及救助公告,接受社会各界的监督。

3月28日,新区爱心车队成立(王周群 摄)

组织网络建设。帮助指导金平助老服务队、大桥建设管理局、住建局、新区办等4家单位成立分会,至年底,市慈善总会有市属分会48家;7月,举办分会业务培训班,提高分会慈善工作业务水平。3月28日,与定海区慈善总会、普陀区慈善总会、市交通运输管理局、市残联等多家单位成立"新区爱心车队",市区本岛范围的困难老人及行动不便的特需人群凭有效证件即可享受起步价内半价优惠,超出起步价免收起步价。

【慈善宣传】 借助传统媒介及网络平台,发布慈善活动及政策法规信息,传播慈善工作动态,公开各类慈善公告、捐款名单、慈善救助信息,提升慈善透明度及慈善效应。与公益团队联手开展各类活动,扩大慈善影响力,与汪大姐栏目联手开展"六一看望康复中心脑瘫儿童""暖暖的新家""禅行普陀山""重阳节送戏"等活动,与体育彩票中心推出"公益慢跑"等活动。

学习宣传慈善法。根据省总会关于开展"慈善文化进校园"项目开展要求,将嵊泗县作为项目试点创建单位,以学校为阵地,将慈善教育与德育教育、学科教育、特色教育相结合,利用现代宣传载体和丰富多彩的形式,普及慈善知识,传播慈善文化,培育青少年高尚的道德情操,立德树人。

(撰稿:王周群)

责任编辑:刘娟芬

立　法

【制定两部地方性法规】 2017年,《舟山市文明行为促进条例》《舟山市城市绿化条例》列入年度立法计划。

9月29日,市七届人大常委会第六次会议审议通过《舟山市文明行为促进条例》,并报经11月30日省十二届人大常委会第四十五次会议批准,12月18日由市人大常委会公布。条例分总则、文明行为基本规范、鼓励与提倡、基本行为规范、支持与保障、实施与监督、法律责任、附则7章,44条,囊括文明行为规范50多种。

12月29日,市七届人大常委会第九次会议审议通过《舟山市城市绿化条例》,并报省十三届人大常委会。条例从城市绿化管理体制机制、城市绿化规划建设、城市绿化保护管理等方面,对城市绿化主管部门职责、城市绿化规划建设指标、建设项目绿地率和配套绿化、林荫道建设要求和标准等作了明确规定。

【加强立法能力建设】 建立立法调研项目库。6月27日,市七届人大常委会主任会议第四次会议讨论通过《舟山市七届人大常委会立法调研项目库》(下称《项目库》)。8月7日,市委批复同意。《项目库》分3类17项。其中第一类项目为具有较强的立法必要性和迫切性,需要抓紧调研并适时提请审议的法规项目,共11项;第二类项目为需要抓紧调研、条件成熟时可以争取提请审议的法规项目,共4项;第三类项目为立法条件尚不完全具备,需要继续研究论证的立法项目,共2项。

建立新一届立法专家库,提高立法工作质量和水平。6月5日,市七届人大常委会主任会议第三次会议决定,聘请37名法律、环保、语言文字等方面的专家为市人大常委会地方立法专家库成员,聘期至下一届市人大常委会地方立法专家库产生时终止。

完善规范性文件备案审查制度。6月30日,市七届人大常委会第四次会议修订通过《舟山市人民代表大会常务委员会规范性文件备案审查办法》;7月28日,市七届人大常委会主任会议第五次会议修订通过《舟山市人民代表大会常务委员会规范性文件备案审查工作程序》。配合省人大常委会开展《中国(浙江)自由贸易试验区条例(草案)》等各项立法调研,做好重点条款修改的意见征求,为省人大常委会立法提供参考。

(撰稿:市人大办公室)

政府法制工作

【概况】 2017年,推进舟山群岛新区发展新形势下的政府立法工作,为建设“四个舟山”、打好“五大会战”提供法制保障。先后出台《舟山市人民政府关于加强政府立法工作的意见》,起草完成自贸区“基本法”——《中国(浙江)自贸贸易试验区条例》。建立“公益诉讼”“两法衔接”“监督协作”等联席会议制度,加强政府法制监督与检察监督协作。加强“阳光执法”系统,组建成立新区首届35名特邀行政执法监督员队伍,形成政府执法监督合力,完善行政处罚系统。全面普及政府系统法律顾问、公职律师制度,市、县、乡三级政府及市和县(区)149个工作部门实现法律顾问全覆盖。强化行政规范性文件管理,全年市本级审核市政府及市政府办公室拟发行政规范性文件124件,意见采纳率近100%。推进行政复议体制改革,出台《舟山市全面深化行政复议体制改革实施方案》,并基本完成市行政复议局的筹建。深化司法与行政良性互动，首次将府院联席会议参与主体拓展为“一府两院”。是年，根据省公共政策研究院与浙江工商大学发布的《浙江省政务环境指数评估报告(2017半年度)》，市本级依法政务环境名列全省第一。

12月1日，舟山市行政复议与行政诉讼联席会议召开(市法制办提供)

【推动法治政府建设】 加强法治政府建设组织领导，调整补充法治政府建设工作领导小组，新增市信访局、市安监局等6家成员单位，并落实第一责任人职责。开展补短板行动，根据2016年省对舟山法治政府建设考核反馈情况，组织相关责任单位对照检查，督促整改薄弱或不足环节。按照省政府2017年法治政府建设和市综合考评要求，出台舟山市2017年度依法行政工作要点，完善市级机关单位依法行政和法治建设考核评价指标，明确责任分工和牵头单位。做好省对市《法治政府建设实施纲要(2015—2020年)》等重要改革举措的督查迎检工作，全面自查全市法治政府建设重要任务举措的贯彻落实情况，并于11月初形成专题报告(向市委常委会汇报)；年底组织召开全市依法行政(法治政府建设)工作会议，部署推进法治政府建设。

【推进政府立法工作】 开展2017年度市政府立法计划落实工作，牵头起草完成省地方性法规《中国(浙江)自由贸易试验区条例(草案)》，完成《舟山市文明行为促进条例》《舟山市城市绿化条例》等2件地方性法规草案和《舟山市国家级海洋特别保护区海钓管理暂行办法》《舟山市国家级海洋特别保护区机动车管理办法》等2件政府规章的审核修改工作。加强政府立法顶层设计、制度设计，提请市政府出台《舟山市人民政府年度立法计划编制和实施办法》和《舟山市人民政府关于加强政府立法工作的意见》，立法工作得到市委市政府主要领导的批示肯定。强化立法协审把关，坚持立法前评估、立法协商、公开征求意见等制度，提高政府立法质量。

【推进自贸试验区法制保障】 牵头起草完成省地方性法规《中国(浙江)自由贸易试验区条例(草案)》，并于2018年1月1日起正式施行，为浙江自贸区建设提供法律支撑。完成浙江自贸区专业化审理与仲裁对接机制、海事法律服务体系、仲裁体系等三大课题研究，并参与制定保税油经营管理、发展总部经济、重点产业培育等配套政策，助推自贸区加快形成系统具体并具有可操作性的政策体系。

【法制监督】 规范执法程序，推行行政执法公示、执法全过程记录、重大执法决定法制审核“三项制度”，组织开展行政执法案卷评查，是年全市确认具有执法主体资格单位524家，通过政务服务网公开处罚结果信息33043条，配备执法记录仪3033台，梳理并报市政府审批的重大行政执法决定事项目录54项，并出台《舟山市报送市政府审批的行政执法决定法制审核规程(试行)》。3月，组建新区首届35名特邀行政执法监督员队伍，并组织特邀行政执法监督员参与法治政府建设专题研修班培训、全市行政执法案卷集中评查及综合行政执法专项监督检查活动，促进行政机关规范执法。加强政府法制监督与检察监督协作，建立“公益诉讼”“两法衔接”“监督协作”等联席会议制度，拓展监督外延，形成监督合力。强化行政执法协调指导，参与“最多跑一次”审批制度改革、马路市场集中整治、“证照分离”改革试点等法制审核工作，常态开展重大具体行政执法行为备案审查、个案审核指导等监督工作。依托信息化手段，推进行政处罚系统建设，经试点运行后于2017年7月在全市推广启用，是年在线办理、补录各类案件4091件。

3月16日，举行首届市政府特邀行政执法监督员聘任仪式（市法制办提供）

【依法行政决策】推动建立利益相关方代表列席市政府有关会议制度和市领导“法律助手”工作机制，增强市政府重大行政决策行为的科学性、民主性。全面普及政府系统法律顾问、公职律师制度，市县乡三级政府及市和县（区）149个工作部门实现法律顾问“全覆盖”。严格行政规范性文件合法性审查和备案管理，审查市级规范性文件124件、县（区）政府和市属部门报送备案的规范性文件226件。加强市政府重点项目磋商及有关合同起草、审查等政府涉法事务协调处理，防范决策风险，全年审查涉及大项目落地、油品贸易、金融租赁等重点领域合同18件。

【复议体制改革】推进行政复议体制改革工作，制定《舟山市全面深化行政复议体制改革实施方案》，12月12日获省法制办、省编委办联合批复，并基本完成市行政复议局的筹建事宜。发挥行政复议解决行政争议主渠道作用，全年全市办理行政复议案件109件，办结案件中维持率20%，变更撤销率22.36%，调撤率37.65%。规范行政应诉行为，全年全市办理行政应诉案件317件，其中一审245件，二审72件，行政机关负责人出庭率88.41%，一审行政案件败诉率15%。是年，根据省公共政策研究院与浙江工商大学发布的《浙江省政务环境指数评估报告（2017半年度）》，市本级依法政务环境名列全省第一。深化司法行政良性互动，是年市本级召开第六次府院联席会议，并首次将参与主体由市政府与市中院的联席制拓展为市政府与市中院、市检察院的“一府两院”联席制。

【行政调解】11月，出台《舟山市行政调解办法》，构建人民调解、行政调解、司法调解“三调联动”体系，并以省市两级行政调解办法相继出台为契机，加强培训、宣传，建设调解队伍，扩大行政调解机制的社会影响力。2016年12月11日至2017年12月10日，全市受理行政调解案件9838件，同比增加18.84%，涉案金额7543.044万元；按争议性质分，行政争议案件53件，民事纠纷案件9785件；调解成功8791件，其中履行7907件；达成协议后起诉或提起复议的1件。

【仲裁服务】坚持仲裁制度建设和服务大局的有机统一，妥善处置企业引进、交通建设等项目落地和推进中引发的矛盾纠纷。是年对神华国华发电厂基础设施建设纠纷、329国道支线建设施工纠纷等案件，采取加快审理、安排骨干仲裁员公正办案等措施，提高办案效率，避免因案件久拖不决而增加项目成本。加大对银行及小额贷款公司不良资产处置力度，实行快速受理快速结案，配合金融机构做好呆坏账核销，助力防范区域性金融风险。强化对仲裁案件的审查，严格把关组庭、裁决文书内审、文书送达等环节，确保案件在程序和实体上的合法公正。探索建立庭前“速裁速调”机制，根据当事人的共同意思表示，对案情简单、争议不大的案件在当事人举证期间进行快速裁调处理，体现仲裁快捷优势。优化仲裁队伍结构，面向全市中青年律师招聘符合条件的仲裁员，实现新老交替，形成良性的仲裁队伍内部激励淘汰机制。是年,新收各类民商事案件125件,比上年增长28.86%,涉案争议标的1.76亿元。

8月30日,市法制办召开自贸试验区仲裁机构设立论证会(市法制办提供)

【法治培训宣传】 推动开展政府常务会议学法、党政领导干部依法执政专题研讨、领导干部法律知识考试和法治政府建设专题培训等活动,全年组织领导干部集体学法7次,专题法治培训1次。开展普通干部综合法律知识测试、公务员年度法律知识考试和学法用法三年轮训,全年组织参训898人,考试通过率100%。严格执行行政执法人员"持证上岗、亮证执法"规定,全年开展行政执法人员综合法律知识培训4期,全市有5900名行政执法人员取得执法证件,持证率约85.5%。

(撰稿:黄炉达)

政法委工作

【概况】 2017年,全市政法工作以新区建设工作为中心,发挥职能,履行职责,维护国家安全和社会稳定,保障人民安居乐业,为促进全市经济社会发展保驾护航。是年,完成各级"两会"及"一带一路"国际合作高峰论坛、省第十四次党代会、中共十九大、第四届世界互联网大会等重要敏感时期的维稳安保工作。组织开展"清障护航""两快两优"、严打"三强三霸"等专项行动,推进"雪亮工程"建设应用,落实六项实名制,打造"海上枫桥"升级版;完善多元化矛盾纠纷化解机制,拓宽严重精神障碍患者肇事肇祸救济新路径,多举措维护新区经济社会发展稳定。组织开展"平安促发展、护航十九大"等活动,发展和组织平安志愿者等社会力量3.5万名参与各类平安活动,全市刑事发案数下降,安全生产三项指标保持"零增长",人民群众安全感满意率稳居全省前列。全面落实司法责任制,推进以审判为中心的刑事诉讼制度改革和政法领域"最多跑一次"改革,提高司法效率和公信力。构筑反邪防线,开展无邪教乡镇(街道)和无邪教社区(村)创建。是年,舟山市获全省首批"平安金鼎"、全国社会治安综合治理工作最高奖项"长安杯",连续三届获全国综治工作优秀市。

【市委政法工作会议】 1月25日在新城召开,会议学习贯彻中央、省委政法工作会议和市委六届八次全会精神,研究部署2017年六大政法工作任务——突出中共十九大维稳安保;主动服务舟山

1月25日,全市政法工作会议在新城召开(市政法委提供)

自贸港区建设；构建海上花园城公共安全体系，打造全省乃至全国最安全城市；推进司法体制机制改革；提升政法工作信息化、智能化水平；从严治警，打造政法铁军。通报表彰2016年度全市综治、维稳先进集体和个人。

【省考核组赴舟山考核检查平安建设和综治工作】 3月5—8日，省人大常委会副主任、省综治委副主任厉志海带考核组到舟山考核检查平安建设和综治工作，重点抽查市本级、定海区、岱山县、新城管委会，实地走访乡镇(街道)、社区、企业、城镇燃气储配单位、出租房、农家乐、民宿、休闲娱乐公共场所等基层单位，检查反恐怖防范、重点行业实名制监管、重点人群和流动人口服务管理、消防安全、安全生产、基层社会治理、平安浙江建设信息系统、"网格化管理、组团式服务""两网融合"等工作落实情况，得到考核组肯定。

【召开平安舟山建设"十二连冠"总结表彰大会】 3月，在全省建设平安浙江会议上，舟山连续12年被省委、省政府命名为"平安市"，获"平安金鼎"。5月3日，市政府在新城召开平安舟山建设"十二连冠"总结表彰大会，授予普陀区为2016年度平安考核优胜县(区)；部署深化平安舟山建设工作任务——筑牢海上反恐防线；探索符合自贸试验区特点的矛盾化解机制；严打"三强三霸"，遏制通讯(网络)诈骗、非法集资、金融诈骗等高发势头；强化重点领域管控，推进寄递物流、瓶装燃气等领域实名制管理；加强流动人口管理，落实严重精神障碍患者救助救治政策和管理措施。

【服务保障新区建设】 年初，制定出台《全市政法系统服务保障"四个舟山""五大会战"实施意见》；4月，成立全市政法机关服务保障舟山自贸区建设领导小组，制定出台《全市政法机关服务保障舟山自贸港区建设的若干意见》；6月，成立市法学会自由贸易港区法治研究会，打造自贸港区专业智库。探索设立自贸区法庭、自贸区检察部、自贸区涉外警务综合服务中心、自贸区海事法庭，12月，自贸区检察部、涉外警务综合服务中心、自贸区海事法庭获省编办批复。推进清障护航、"铁筛"行动、涉嫌非法集资风险排查等专项行动，严厉打击"三强三霸"、涉黑涉恶等违法犯罪。是年，打处"三强三霸"案件21起64人，打击涉黑涉恶团伙11个。

【实施社会治理六项实名制】 7月始，在总结提炼G20杭州峰会期间实名制工作经验基础上，深化和推进寄递物流、水陆客运、瓶装燃气、散装汽油、手机卡、出租房民宿住宿场所等社会治理六个方面的实名制工作，深化社会综合治理。至年底，全市26个水路客运站点和41条航线实名制售票验票，各相关企业、行业网站点实名制执行率100%。通过客运实名登记和人脸识别等监控，是年查获网上逃犯39人(其中部督逃犯1人)，违法犯罪嫌疑人28人。

【"雪亮工程"建设】 在全市主要公共区域、场所、治安复杂区域等实施"雪亮工程"公共安全视频监控系统建设，并将该监控系统建设纳入立体化、信息化防控体系建设全局，以政府部门自建、社会力量参与、现有资源整合等形式，实现全市主要公共区域、场所、街道、治安保卫重点单位、治安复杂区域以及公共交通工具视频监控点位的全覆盖。至年底，全市治安视频监控探头达4522个，联网接入社会面(指酒店、银行、餐馆

民警在宾馆检查(市政法委提供)

等非政府投资建设)视频监控探头15942个。通过对统筹建设和社会自建的视频监控系统的融合管理,逐步把监控资源联网接入公安平台,并向行政执法、应急指挥、乡镇街道等政府职能部门开放视频监控系统,实现多部门间的互通互联和资源共享,打破“部门壁垒”,破除“信息孤岛”效应。全年全市通过人像比对抓获犯罪嫌疑人员36人,其中杀人逃犯2人。为全市40多万辆电瓶车安装RFID防盗感应装置,电动车盗窃案件同比下降25%。

【推进全科网格助力“四个舟山”建设】 在“网格化管理 组团式服务”基础上强化升级建设全科网格,并作为提升基层社会治理能力的基础性工程来抓,打造网格服务管理的“舟山样本”。全市划分网格1924个,有各类服务团队3264个,其中特色团队1340个,网格团队成员10398人。全年上报办理各类事件12.47万件,其中治安安全隐患类1.11万件,矛盾纠纷类6144件,民生服务类10.75万件。8月,舟山市凭借全科网格破获全国“扫黄打非”领导小组办公室督办的“快鱼云播”手机APP传播淫秽物品牟利案。

【社会稳定风险评估】 按照“扩面、提质、强效”的要求,推进重大决策社会稳定风险评估工作,严格稳评事项报备制度,规范稳评信息化管理,加大第三方评估机构培育,从源头上预防和减少不稳定因素的发生。是年完成评估145件,其中暂缓实施1件;新增第三方评估机构2家。

【矛盾纠纷多元化调解机制建设】

推动建成由司法(人民调解委员会)、交警、法院、保险协会等多部门组成的定海区交通事故纠纷调解平台、普陀区诉调平台等多元化矛盾纠纷平台,通过整合职能资源、创新调解模式,将人民调解机制引入道路交通事故纠纷调处工作。6月,与市法院、市公安局、市司法局、市保险行业协会联合出台《关于建立道路交通事故损害赔偿纠纷联动机制的若干意见》,推进完善交通事故纠纷一体化调处机制。以完善海上综合管理指挥中心、做大“东海渔嫂”品牌等16个项目为抓手,升级建设“涉海人员服务管理、涉海矛盾纠纷预防和化解、海上安全管理、党建引领海上共建共治共享”等四大体系,组织开展海上矛盾纠纷专项整治,打造“海上枫桥”特色品牌。是年,舟山市“海上枫桥”建设的做法在全省社会治理创新工作会议上作交流,并被新华社内参和人民日报作专项介绍。

【完善平安舟山创建机制】 12月,市委政法委制定出台《舟山市平安综治领导责任制实施细则》,建立平安形势常态评价机制,完善平安建设重点工作清单、督考问责清单、问题整改清单,组建平安建设专家库,加大宣传发动和暗访督查力度,全力推动平安建设纵深发展。是年,经自测自评,市本级及四县(区)和两个功能区均达到平安市(县、区)考核申报要求。

【规范执法司法工作】 推进司法体制改革,全面落实司法责任制,推进以审判为中心的刑事诉讼制度改革,并统筹推进公安改革、国家安全机关改革、司法行政改革,实现在中共十九大前基本完成既定改革任务的目标。加强执法规范化建设,开展民事案件执行工作专项执法检查等活动,推进涉法涉诉信访改革,基本解决执行难问题,是年,舟山市执行标的清偿率居全省首位。推进政法领域“最多跑一次”改革,以法院开通跨域立案、检察案件在信息公开平台公开、公安局设立“指尖警务”、司法局开通农民工讨薪绿色通道等途径,提升执法司法效率和公信力。

【打造新区政法铁军】 12月,制定出台《中共舟山市委政法委员会全体会议制度》《市级政法部门重要事项向市委政法委请示报告制度》,加强对全市政法工作的统筹协调。推进“两学一做”学习教育常态化制度化,举办全市政法干警涉外警务英语、“自贸区法治保障”等专题培训班,选派19人(次)优秀年轻干警挂职锻炼,开展全市政法系统“双十佳”评选,提升全市政法干警综合素养。加强政法部门纪律作风督查,通过开展廉政谈话、排查廉政风险、工作纪律和效能月查等举措,狠抓党风廉政建设和作风建设。

【举办维和警察防暴队先进事迹报告会】 6月21日,在新城举办中国第四支赴利比里亚维和警察防暴队首场先进事迹报告会暨全市政法系统迎“七一”学习会。第四支赴利比里亚维和警察防暴队由浙江公安边防总队单独组建，是习近平在联合国维和峰会上宣布组建常备成建制维和警队后派驻维和任务区的首支成建制维和警察防暴队，在执行维和任务一年里，圆满完成各类维和任务，赢得联合国及国际社会的高度评价，被公安部记集体一等功，被浙江省人民政府授予“维和铁军”称号。

【“无邪教创建”活动】 加强反邪教宣传，教育和引导群众认识邪教本质。坚持谁主管谁负责和属地管辖原则，严格排查防控，持续推进无邪教单位的创建。是年，全市无邪教乡镇（街道）和无邪教社区（村）创建达标率分别为97%和98.5%，其中定海区金塘镇被命名为第四批省级无邪教乡镇（街道），定海区环南街道蓬莱社区等6个社区被命名为第十批省级无邪教社区（村），嵊泗县菜园镇、岱山县高亭镇被评定为全国创建无邪教示范乡镇（街道），普陀区沈家门街道新街社区等13个社区被评定为全国创建无邪教示范村（社区）。

【流动人口管理服务】 全面推行居住证量化管理制度，建立居住证量化指标体系。是年，流动人口子女依据“积分入学”771人，“积分入住”公租房16套。开展流动人口学法用法工作，在村（社区）建立流动人口法治宣传教育点，实现流动人口法治宣传教育工作经常化、制度化、规范化。加强流动人口基础信息工作，通过信息采集破获各类刑事案件135起，抓获各类违法犯罪嫌疑人108人，其中网上逃犯30人。6月30日，舟山市流动人口时点数为385801人，同比增加6618人；其中男性242008人，女性143793人。

（撰稿：王明明）

公　安

【概况】 2017年，全市公安机关以“打造全省乃至全国治安最好城市”为目标，围绕中共十九大安保工作，全面开展科技防控提升、护航发展攻坚、警务品牌创建、队伍建设强化“四个年”活动的40项重点工作，“强基础、固铁桶、亮精神、争一流”，全市社会治安呈现“降发案、多破案”的良好态势，为“自由贸易区、海上花园城”建设创造良好的社会治安环境。是年，全市立刑事案件5927起，同比下降31.9%，刑事案件破案率54.6%，同比上升1.8个百分点；命案、“五类”恶性案件破案率均100%。全市有69个集体和285人次获记功嘉奖，其中市公安局被省公安厅评为2017年度全省市级公安机关综合实绩评估良好单位，岱山县公安局高亭派出所获评全国公安机关执法示范单位，嵊泗县公安局枸杞派出所获评全国优秀公安基层单位，定海区公安分局被评为全省模范公安局，郑凡潞、胡承浩、方瑜、张学敏4人被评为全国优秀人民警察，王延强和张润亮获评全国“派出所好民警”，王英被评为全国三八红旗手。

是年，市公安局下设25个职能处室（支队）、政治部和4个直属机构，下辖定海、普陀、普陀山、新城、洋山5个公安分局和岱山、嵊泗2个县公安局。全市有公安派出所26个，边防派出所22个；有公安民警1948人，其中大专以上文化程度占98%，总警力占全市实有人口的1.97‰。

【健全“情指行”合成机制】 探索完善情报、指挥、行动一体化的警务运行机制。3月20日，市公安局由刑侦、情报、网安、特警等部门20多名警力组成的合成作战中心入驻指挥大厅正式运行。中心设接案受理、信息研判、视频研判、反诈专案、核心作战五个功能区，按“五班四运转　24小时值守”模式集中办公，开发合成作战查询平台，开通“392110”24小时信息查询服务热线，为基层所队、各警种部门提供信息服务。5月16日，出台《舟山市公安局联勤指挥工作机制》，细化明确各警种联勤指挥的职责任务，构建平时“1+1+5”（1个值班局领导，1个指挥长，情报、刑侦、技侦、网安、特警等5大警种组成信息合成战队）、要时“1+1+5+N”（遇重大安保、重大突发案事件，其他N警种按上级要求、本级需要、重大复杂警情触发三种情形进驻中心战时联勤）的24小时联勤指挥模式，建立即时警情同步上案、紧急案线快速核查、网上网下一体处置、“疑警从有”处置四大机制。9月21日，市局制定出台《全市情指行一体化体系建设的指导意见》，提出“做强市本级、做实县区局、做精派出所”，全面推行“情指行”一体化合成机制。12月7日，市公安局指挥中心（情报中心）更名为市公安局情指联勤中心，增挂市公安局情指行合成作战中心牌子,各县(区)相继更名(成立)情指联勤中心和情指行合成作战中心。

【打击整治专项行动】 组织开展打击侵财犯罪、"除毒瘤、净土壤"严打整治和"双季攻势""铁筛"等专项行动,全年抓获刑事作案人员2218人,抓获逃犯327人,缉捕率位列全省第二。其间,侦破定海"1995•7•15"、普陀"2006•1•16"2起命案积案;摧毁普陀"3•31"涉毒涉枪涉恶犯罪团伙,抓获违法犯罪嫌疑人14人;破获通信(网络)诈骗案件837起,刑拘犯罪嫌疑人125人,止损劝阻金额600多万元。市反欺诈中心被评为舟山十大平安民生工程。对全市33个治安乱点开展市、县(区)两级挂牌整治,破获涉黄刑事案件19起、破获涉赌刑事案件50起,同比分别上升32.2%和34.6%。

【"清障护航2017"行动】 以疑似黑恶警情提级处置为抓手,推进"清障护航2017"专项行动。2月,市公安局成立专项行动领导小组,在刑侦支队设立办公室;3月24日,制定《全市公安机关疑似黑恶警情处置工作规范》等。挂牌督办定海王某为首恶势力团伙等一批涉黑涉恶团伙案件,先后组织"飓风一号""钱潮二号"等集中统一收网行动,开展重点行业、重点人员排查工作;10月至次年1月,全市组织开展打击暴力讨债违法犯罪百日会战,打击处理8起。是年,全市九类涉黑涉恶刑事案件同比下降14.1%;采取刑事强制措施501人,同比上升61.6%;判决涉黑涉恶9类案件人员344名,同比上升26.9%,上升幅度全省第一,打处"三强三霸"案件21件、犯罪嫌疑人78人;铲除恶势力团伙11个,同比上升57.1%。未发生一起因黑恶犯罪阻挠、影响新区重大项目建设进程的事件。12月,《疑似黑恶警情处置工作规范》被公安部刑侦局推广。

设卡检查(市公安局提供)

【卡点管控】 对74个治安卡点进行科技升级、勤务规范,通过卡点查控,全年抓获采取刑事强制措施人员457人。是年,定海、普陀核心城区设立警务工作服务站,进驻由巡特警、交警、消防、派出所等警种力量组成的处突机动队,两地警务服务站周边警情分别同比下降23.9%和75%。打破全市水路客运非实名制"瓶颈",26个水路客运站点和41条航线实行实名制售票验票,新建、改造30个交通枢纽警务室、检查站,在车站、码头出入口等关键部位布设人脸识别系统,全年抓获网上逃犯39人,普陀山景区高发时段的扒窃类案件同比下降50%。

【禁毒工作】 6月26日,创建成立具有舟山品牌、海岛特色的"东海渔嫂禁毒宣传队",开展渔村禁毒预防宣传教育,增强渔船老大、渔民及渔区群众的识毒防毒拒毒意识,遏制渔区毒情蔓延态势,创建"无毒渔场"。是年全市社区戒毒、社区康复有效执行率分别达96.67%和97.44%,"逢嫌必检"检测率99.3%,成为全省首个全面开展吸毒前科人员毛发检测工作的地市。全年,全市公安机关破获各类涉毒犯罪案件71起,同比上升20.3%,其中部目标案件1起、省目标案件4起;抓获犯罪嫌疑人136人,同比上升14.2%;缴获各类毒品6392.9克(不含大麻),同比上升254%,获公安部领导批示肯定。

【网络安全管理】 是年,先行在全市移动无线WiFi中小场所全

6月26日，举办《"6·26"国际禁毒日》纪念邮票首发仪式暨创建"无毒渔场"推进活动(市公安局提供)

面推进商业WiFi，完成电信公益性无线WiFi热点管控2349个、公共无线WiFi服务场所管控前端建设8283家。组织专家和技术支撑单位对全市408家政府网站进行远程漏洞扫描和24小时监测，对524家单位596个系统落实信息安全等级备案。全年全市未发生重大网络安全事件，重要信息系统等级保护测评率、网吧上网人员实名登记率均达到省平安考核标准。

【海上反恐体系建设】 2月、8月，市反恐怖工作领导小组先后出台《舟山市反恐怖工作责任制实施规定》《关于进一步严密涉恐海上通道管控工作的意见》，加强联勤联检，加快海上反恐体系建设。全年整合涉海单位船艇资源28艘，开展巡查执法568航次，查获各类涉海涉船违法犯罪案件887起，查处违规船舶256艘，查获"三无"船舶56艘，刑事处罚68人，行政处罚786人，初步实现涉恐群体"租不到船，下不了海，活动必触网"的目标。通过人脸识别系统抓获逃犯29人，通过船舶卫星定位系统、船只异动预警系统、海上电子围栏系统发现违规船只13艘次，查获暴恐音、视频7部，嫌疑人5人。

【物联网建设】 4月17日，市公安局印发《全市公安机关物联网建设工作方案》，通过实施物联网建设加强电动自行车管理，破解电动自行车被盗案件查破难、相关交通事故处理难问题。4—6月，投入1890多万元，在全市建成物联网基站2250个，实现对全市主要道口、犯罪主要通道、电动自行车集中停放点等区域的覆盖。6月27日，启动电动自行车智能防盗集中备案登记，全市公安机关设置固定备案登记点55个，流动登记点23个，电动自行车销售店备案登记140个；同时由公安机关为电动车免费换装新车牌，安装智能防盗装置，遇车辆被盗，警方可利用高科技传感技术和数据处理技术，对电动车实现动态管理，加速破案进程。7月，市公安局下发《涉案电动自行车物联网查缉工作机制》，并于9月起加大路检力度，依法查处未经防盗备案登记、不能出示有效证明、来历不明的电动车。至年底，全市备案登记电动自行车42.14万辆，

8月4日，海上联合反恐演练在沈家门港域举行(市公安局提供)

全年电瓶车被盗案件同比下降40%,破案率提高9.5个百分点。

【重大项目务工人员连队化+科技化管理】 创新工地治安管理,推行重大项目务工人员"连队化+科技化"管理模式。全市公安机关成立重大项目警务站(室)33个,对项目中标单位、施工单位、施工班组实行连、排、班三级管理,并借助视频监控、人脸识别、物联网、"一卡通"、海岸线红外报警等科技手段,落实外来务工人员定人、定岗、定房、定床精确掌控。在岱山鱼山绿色石化基地,投资80万元建成鱼山"一卡通"管理系统,对相关人员服装、车辆外观、楼舍名称、寝室门牌、床头卡片及禁行标志实行六个"集中统一",实施流动人口的工作归属和住宿定位,岛上4万多人次流动人口的登记率、变更率、注销率达100%。是年,绿色石化基地项目工地设备被盗不足2万元,万人治安案件不足2起,并实现交通事故零死亡、火灾事故零发生目标。

【创建安全旅游岛(景区)】 开展"治安安全旅游岛(景区)"创建活动,推动建立旅游特色联合执法机制、社会应急联动机制和三调联动矛盾化解机制。2月,市公安局在治安支队设立旅游警察大队,负责研究、指导、协调和督查全市公安机关旅游警务工作。7月20日,对接市委、市政府"全域旅游"战略布局,成立海岛旅游警察队伍,在普陀山等景区分局、派出所打造全警专业旅游警务模式,旅游警察佩戴统一装备、标识,驾驶统一交通工具,服务游客,维护景区秩序。8月11日,普陀区分局在半升洞码头及沈家门夜排档区域启用全市首个旅游警察示范岗。全市核心景点设立流动警务服务车7辆、固定警务服务站12个,同时借助微信开通掌上旅游警务微平台,加强景区社会面管控。是年,在全市年游客量达5507.16万人次、同比上升19.45%的形势下,涉游刑事案件、治安案件、警情同比分别下降35.6%、21.2%和17.3%。

【"雪亮工程"建设】 6月,根据市政府要求加强"雪亮工程"建设的要求,各县(区)政府及相关部门落实建设经费,开展重点行业、领域及公共区域以及社区路口等重点部位公共安全视频监控建设,市公安局将"雪亮工程"建设列入公安"双季攻势"专项行动十大重点攻坚任务。是年,全市公安机关新增高清监控探头500个,升级改造1858个标清监控,治安视频监控探头达4522个,高清率100%。整合接入全市出租车、街头店面5771个视频监控,社会面视频监控探头接入15942个。新增、改造车辆卡口29套,车辆卡口总数360套,主要道路卡口建设覆盖率、联网率100%。新增人脸抓拍卡口167套,总数达222套,覆盖全市二级及以上汽车客运站、港口、码头、城市轨道交通枢纽的出入口关键部位。

【视频图像信息实战应用平台(二期)建设】 3—8月,市公安局搭建完善视频结构化分析、车辆大数据、人脸识别比对等子系统,构建海量人脸特征信息数据库。是年,帮助基层破案604起,直接抓获逃犯42人,抓获法院临控人员11人。通过平台确认犯罪嫌疑人身份达114人,通过人脸布控产生有效预警707次。

【移动警务应用平台建设】 是年,市公安局设计开发包含原"虚拟旅馆"APP功能、对接警务云服务平台的移动警务应用平台建设,新增自主比对黑名单、人员车辆核查、移动警务应用分析、基础支持等功能。11月,完成与省公安厅平台的融合,并发布至新一代移动警务管理平台。全年通过该平台核查人员43万余人次,产生报警28400多次。

【警务云服务平台建设】 3月,市公安局启动警务云服务平台建设,平台包含大数据同步清洗整合、大数据综合应用、分析研判、综合管理、全文检索等子系统,与公安警务云一期平台、舟山市信息资源综合应用平台对接,对外实现海量社会数据的深加工,对内融合物联网、人脸、"10X"、视频、卡口等数据。系统包含人员类数据113项、案(事)件数据14项、物品类及组织地址类数据19项,数据量大、查询分析功能快速。9月,基本完成项目建设。12月,完成验收。

【六横、衢山科技管控岛建设】 3月,市公安局制定六横、衢山两大岛屿科技管控建设方案。4—8月,推进六横岛、衢山岛视频监控、电子围栏、智能卡口、人脸识别比对、物联网等科技管控手段及机制建设，并运用“大数据”分析研判实现全域智能管控。是年，六横刑事案件发案数同比下降42%，治安案件同比下降18%，其中侵财型案件同比下降40%；衢山刑事案件发案数同比下降16.7%，治安案件同比下降9.3%，其中侵财案件同比下降13.5%。

【人脸识别比对技术应用】 2月，市公安局与海康威视公司协作搭建人脸分析子平台，实现人脸查询、以脸搜脸、人脸布控、轨迹搜索等功能。8月，搭建人脸信息大数据架构，实现海量人脸数据秒级检索。9月，构建海量人脸特征信息数据库。在全市车站、港口、码头等交通出入口新增人脸抓拍卡口167套，抓拍入库人脸数据9000万余条，从常住人口、暂住人口、全国在逃人员系统中抽取人脸数据2000多万条，通过人脸比对预警抓获犯罪嫌疑人42人，确认犯罪嫌疑人身份114人。

【案件侦破】 “1995·7·15”抢劫杀人案 1995年7月15日夜，定海城区书院弄一住宅发生入室抢劫杀人案，一男子被杀，其身上金戒指、金项链被抢。案发后，犯罪嫌疑人徐某平在浙江淳安县被抓获，另一犯罪嫌疑人陆某华一直在逃。2017年3月，公安机关获悉广西贺州籍“胡某和”与陆某华的人像相似度极高，经三次蹲点守候、科技侦查、DNA比对，确定“胡某和”就是潜逃22年的命案逃犯陆某华。11月14日，专案组在广东中山市一小巷内将其抓获。经审查，陆某华交代伙同徐某平抢劫杀人，并为逃避抓捕漂白身份的犯罪事实。（2018年1月19日，陆某华以涉嫌抢劫罪被移送起诉。）

“2006·1·16”抢劫杀人案 2006年1月16日，普陀区六横大脉坑村发生一起抢劫杀人案件。70岁村民周某某在家中被害，其妻反抗时受伤，家中现金失窃。因犯罪嫌疑人反侦察意识强，现场未留下有价值线索，侦察工作一直未能取得突破。2017年9月，市公安局通过海量信息特别是嫌犯DNA研判，发现42岁的山东济宁人王某（船厂务工人员）有重大作案嫌疑。王某落网后，交代当年伙同吉林磐石人王某、河南三门峡人陶某共同作案的犯罪事实。10月30日，该3名犯罪嫌疑人因涉嫌抢劫罪被检察机关批准逮捕。12月28日，该案移送起诉。

涉案120亿元虚开增值税发票案 2016年3月，市公安局与人民银行舟山中心支行反洗钱部门开展资金账户监控过程中，发现浙江席琳贸易有限公司账户资金异常，可能从事非正当业务，遂开展核查。8月，查证该公司实为一8人犯罪团伙，在境内外多地注册空壳公司，实施流水线式的发票虚开，依托少量实物交易套取多余发票，获得增值税抵扣发票，并发往10多个省市的终端企业。11月，市公安局对该公司立案侦查，先后在山东、四川、河北、舟山等地抓获犯罪嫌疑人10人，破获涉及全国20多个省市800多户企业、金额达120多亿元的特大虚开增值税专用发票案，系舟山公安破获的涉案金额最大的虚开增值税专用发票案件。2017年3月8日，公安部经侦局批准，就“浙江舟山位胜涛等人虚开增值税专用发票案”正式向全国发起集群战役。5月，组织全国打击收网行动，至案件移送起诉，共收到全国8省市传递过来的收网战果，抓获犯罪嫌疑人47人，破获虚开增值税案件13起，初步统计追缴各类税款2107万多元。7月27日该案被移送起诉。11月，又相继抓获4名犯罪嫌疑人。

侦破刘某军杀人抛尸案 1月

公安民警与边防民警联合巡逻（市政法委提供）

14日,定海分局交通派出所民警在市长途客运站例行检查时查获一携带盘某(女,1983年8出生,贵州榕江县人)身份证、驾驶证及一把车钥匙的可疑男子刘某军(1975年3月生,吉林省公主岭市人,暂住宁波象山县石浦镇)。经审发现有杀人嫌疑,并于当晚在定海岑港镇册子岛发现一辆浙B牌照皮卡车(车内有血迹),附近河内发现一具完整尸体及另外4袋女性尸块。经审查,刘某交代,1月11日,因经济纠葛,其在宁波象山暂住地将莫某(女,1971年1月生,湖南邵阳人)杀害并分尸。1月13日夜,刘某军以送货为由骗取皮卡车司机盘某开车至定海册子岛抛弃尸块,并在抛尸前将盘某杀害一并抛于河内。12月20日,刘某军被市中级人民法院判处死刑,剥夺政治权利终身,并赔偿附带民事诉讼原告人45万元。

【"最多跑一次"改革】 深化行政审批制度改革,115个事项实现群众"最多跑一次",事项实现率95.83%。全年全市各级公安窗口办结各类事项90多万件,群众满意率98.72%。开展减事项、减流程、减环节、减材料、减时间等"五减"工作,减免简化材料76类,缩减办理时间287天,实施材料容缺40项,"窗口即办"事项占比高达87%。推行"船不进港"联合审批模式、"外国人工作许可证"等一窗受理办结特色服务模式,实现51项省、市重点工程事项"跑零次",累计为企业节约成本1300多万元。"一窗受理、集成服务"等工作全省领先,海岛群众"办事不出岛"特色品牌被中央电视台、浙江日报等媒体宣传报道。

【出租房屋、民宿、网吧实名制管理】 8月,根据市委、市政府下发的《全市深化社会治理六项实名制工作实施方案》,全面落实寄递物流、瓶装燃气、客运购票和货物运输、散装汽油销售、手机卡信息、出租房屋等实名登记工作,公安机关负责牵头出租房屋、旅馆、民宿、网吧等实名制工作,至年底,登记民宿2659家,安装旅馆信息系统830家,安装民宿APP 938家,其余均纳入旅馆登记集中录入。全年检查民宿8236家次,处罚55家次,整改安全隐患383处。

【基础信息大采集】 3月,在定海分局选取4个派出所辖下的6个社区开展省公安厅"警务工作平台·派出所模块"试点工作,通过模块附带的地理信息采集、虚拟建房功能,对实有房屋、单位、人口等实行全要素展现。6月,全市所有派出所统一使用派出所模块开展基础信息采集应用,并通过七日发案曲线图和案件定位功能,为社区民警的工作量化、绩效评估提供支撑。至年底,全市采集标准地址11.3万条,虚拟建房11.5万幢39.6万间,关联户籍人口40多万人,关联流动人口6.5万人,采集单位信息7134家,关联二维码1.8万个,采集照片信息6.2万条。

【规范派出所出具证明】 贯彻落实公安部相关精神,先后于8月、9月出台《舟山市公安局基层减负增效十二项措施》《关于进一步改进和规范公安派出所出具证明工作的通知》,规定公安派出所不再出具证明公民姓名、曾用名、性别、身份证号码、出生日期等9类证明,但仍需出具户口登记项目变更、注销户口、亲属关系、被拐儿童身份、捡拾弃婴(儿童)、非正常死亡、临时身份、无犯罪记录及法律法规规定的由公安派出所出具证明的各类证明。

【居民身份证省内异地受理】 6月1日起,舟山公安机关办证窗

民警上门服务(市政法委提供)

口启动省内身份证异地受理。省内长期外出人员因特殊原因不便回原籍办证的，可持有效身份证件向就近的公安机关身份证办理点异地办理身份证。这是继上年7月1日省外身份证异地办理开通以后，身份证办理业务的又一次重要调整，除西藏、新疆、内蒙古、广西等4省（区）外，全国身份证都可异地办理。

【常住人口数据】 至11月30日24时，舟山市总人口971491人，总户数368888户，平均每户2.63人。男女性别比97.21:100（女=100）。总人口同比减少1771人，年增长率为−1.82‰。全市出生登记人口7285人，出生率7.49‰；死亡登记8790人，死亡率9.04‰。人口自然增加−1505人，自然增长率−1.55‰。全市迁入6730人，迁出6971人，机械增长−241人，机械增长率−0.25‰。全市城镇人口501943人，同比增加1.4万余人，户籍城镇化率51.67%。

【流动人口数据】 6月30日，舟山市流动人口时点数为385801人，其中男性242008人，女性143793人。流动人口时点数同比增加6618人，增幅为1.75%。原籍地来自省外的前五位省份：安徽、河南、四川、江苏、湖北，占总人数59.41%。流动人口从事职业主要集中在务工、服务和经商行业，三者所占的比例分别为79.62%、2.34%和1.1%。

【护航中心工作】 全市公安机关积极护航市委、市政府关于开展剿灭劣“V类”水、小城镇环境综合治理、城中村改造等中心工作，全年参与执法保障116次，排查化解不稳定因素48起。牵头组织治理小城镇“车乱开”现象，在首批13个小城镇现场查处交通违法5.5万多起，机动车、非机动车和行人平均交通守法率由原来的70%、20%、20%上升到92%、82%和81%。

【实施自贸区出入境便利政策】 2月，根据公安部推出的针对外籍高层次人才、外籍华人、外籍留学生和长期在华工作人员等群体的7项自贸区出入境优惠政策，市公安局制订出台相关实施细则及邀请留学生实习的企业资质、外籍高层次人才引进等相关政策认定标准。6月，公安部批复同意浙江（舟山）自贸区管委会为推荐申请永久居留的单位。7月6日，公安部7项自贸区出入境优惠政策在浙江（舟山）自贸区正式实施，对符合认定标准的外籍高层次人才及其配偶、未成年子女，经自贸区管委会等单位推荐，可直接申请在华永久居留。是年，为符合条件的外籍人员签发3~5年的居留许可、人才签证27件。

【出入境情况】 是年，全市公安机关受理审批公民因私出国（境）申请58210人次，同比下降0.92%。其中，因私出国30664人次，同比下降3.93%；赴港澳19887人次，同比上升8.5%（其中通行证申请量较上年增长一倍）；赴台申请7643人次，同比下降11.4%（其中旅游类签注下降21.2%）。临时到舟山外国人和“四种人”（华侨、港、澳、台）113248人次，同期上升7%，其中外国人53001人，华侨2591人，港澳同胞33566人，台湾居民24090人。入境（港）舟山的国际船舶9235艘次，随船外国船员91640人次。办理外国人各类签证及居留6974人次，同期上升27.03%。办理台湾居民各种证件68人次，同期下降4.2%，其中5年期台胞证54人次，定居14人次。实有常住境外人员1465人。

【智慧交管】 2月11日，启用舟山公安交警部门研发的机动车违停智能抓拍短信实时告知系统。3月30日，在全省率先试运行公安部交通集成指挥平台，整合“交通管理综合应用平台”“交通运行指数监测平台”等6个交通管理信息系统，建设勤务管理、交通诱导、车辆管理等8项核心业务板块，实现科技、研判、行动“一体共融”。10月5日，安装66套斑马线自动抓拍设备。12月2日，建成市级智能停车诱导系统，推行“旅游假日”交通流量监测，实时掌握“行车、停车指数”，系统接入卡口401个、视频监控213个、执法取证电子设备291个、可变信息标志20个、交通信号控制设备170个，协助查获假牌套牌车7辆，侦破交通逃逸事故20起，查处省级重点监管车5辆，查扣“老赖”车、脱检车4000多辆。全年完成视频监控升级改造300个，建成130套视频车辆检测系统、235套微波车辆检车系统、20块交通诱导屏、20套智能来车预警系统，抓拍告知违停15.8万辆次，查处交通违法2.9万辆，抓拍不礼让斑马线行为7927起。

【"两非"车辆整治】 5月4日，舟山市召开城乡环境综合整治大会战暨海上花园城市建设动员大会，提出将开展"两非"车辆(非法上路、非法营运)整治行动作为综合整治会战的重头戏。7月，根据市政府办公室下发的《舟山市非法上路、非法营运车辆综合整治工作方案》，市公安局启动实施"两非"车辆综合整治工作，主要解决重点整治区域无牌无照二轮摩托车、正三轮摩托车、残疾人机动轮椅车、不符合国家标准的电动自行车等"四小车"非法上路和非法营运问题。至8月底，全市发动网格力量登记"两非"车辆2.55万辆，与车主签订承诺书2.22万份，签订率86.82%。落实经费1160万元，回收"两非"车辆1.51万辆，59%以上涉非群体享受到了政府"红利"。9月1日起，全市禁售电动三轮车。9—12月，共查扣"两非"车辆1340辆。整治行动期间，两次启动政府回收政策，快递、菜农、残疾人等行业车辆实行替代过渡；启用位于定海双桥的"三农市场"，解决菜农车辆回收后"卖菜难"问题。至年底，重点整治区域基本杜绝"两非"车辆上路行驶，涉非车辆交通事故起数和死亡人数同比分别下降18.5%和19.7%。

【道路交通】 是年底，全市有机动车201345辆，其中汽车160697辆，同比增长14.83%；机动车驾驶人325882人，同比增长6.33%。全年发生各类道路交通事故(含路外事故、7日后死亡事故)459起，死亡120人，受伤455人，直接经济损失178.31万元；交通事故四项指数(发生起数、死亡人数、受伤人数、直接财产损失数)同比分别下降20.6%、7%、24%和0.1%。

【火灾情势】 是年，全市发生火灾93起，受伤4人，直接财产损失922.6万元。其中生产经营性火灾41起，受伤2人，直接财产损失835.5万元，未发生较大以上火灾事故。全市消防部队接警出动1857次，出动车辆3760辆，出动警力19917人次，抢救、疏散遇险群众791人，抢救保护财产价值1.16亿元。

起火原因，多系电气或因生活用火不慎。因电气线路老化、过负荷、违章乱接乱拉等电气原因引发的火灾占总数的59.1%，因生活用火不慎引发的火灾占总数的16.1%。火灾发生地区，经济较为发达地区火灾总量较大，定海区、普陀区共发生火灾61起；农村、集镇及城乡接合部38起。居民住宅火灾为发生火灾主要场所，发生46起，商业场所发生火灾17起，厂房仓库等工业类场所火灾有所抬头，发生16起。

【火灾隐患治理及预防】 针对全市部分危化品企业尤其是大型油罐区离岛监管特点，利用物联网等技术手段整合全市危化品企业消防安全管理数据，启动全国领先的危化品企业消防安全"管控灭"综合平台建设。1月，市长常务会议审议通过舟山陆海联勤救援基地(岙山)立项等事宜；2月，市政府确定舟山陆海联勤救援基地建设项目将于2018年正式启动。9月，以兴中、万向2个单位为试点的危化品企业消防安全"管控灭"综合平台建成试运行。11月9日，组织开展石化行业消防训练成果汇报演练。

十九大安保期间，部署开展消防重点领域依法集中打击行动，对全市9.8万家10人以下出租房逐一排查整治，88家10人以上出租房落实24小时实名管控。清除新城老年安置点等一些高危场所消防安全隐患，14家重大火灾隐患单位全部按时保质整改完毕。全年全市检查社会单位1.3万家，督改隐患2万多处，临时查封70家，责令"三停"80家，办理行政处罚案件601起，罚款156.3万元。强化乡镇(街道)消防工作站建设，开展社区(行政村)、重点单位微型消防站建设，全市建成微型站1195个，配备消防器材1.1万件(套)，队员2900人，同时开展帮扶指导，组织开展消防演练，提升快速处置火情能力。推进消防宣传工作，聘请150名社会各界代表作为代言人，开展消防知识宣传；开通3条代言人公交专线；组织30支流动电影放映队到出租房集中地区巡回播放火灾警示教育片；组织顺丰、美团等9家快递、外卖企业开展"快递(外卖)小哥消防进万家"活动，营造"全社会参与消防、关注消防"的浓厚氛围。

【执法规范化】 加强"四位一体"机制建设，推进执法场所改建，完善运行制度机制，提升信息应用水平。6月，制定《全市公安机关行政案件快速办理实施办法》，设置涵盖14类常见行政、刑事案件的样板案卷，发布12起指导案例，为基层办案提供指引及规范。7月，依托市局新版“千岛警察”门户网站，改版完善“阳光执法”综合应用平台，实现行政复议网上申请、执法办案公开查询，网吧积分、检查、处罚等管理情况在同行业内全面公开。8月，在全省率先建成视音频证据一体化管理系统，并与省公安厅执法办案综合应用系统、110接处警综合平台、网上督察系统对接，实现执法办案全过程回溯式管理。12月，建成市局受立案中心（与警务服务中心合并建设）、案管中心、物管中心，进一步规范执法办案全过程；5个县（区）公安机关和20个派出所案管中心挂牌运行。

【建成警务服务中心】 11月，在原信访大厅基础上，投资30万元建成警务服务中心，设立登记引导、服务接待、警务工作三个工作区，方便群众来访。借助科技手段，研发市局警务服务中心平台，整合局长信箱、市局门户网站投诉咨询、手机APP掌上信访、网络问政、12389热线等渠道资源，实现“集中受理、平台流转、限时办理、分级反馈、统一监管”。

【启动综合警务（反恐）训练基地建设】 1月9日，市政府批复同意市公安局启动警务（反恐）训练基地建设项目，主要为警校、刑科所、特警支队办公训练用房。6月，市发改委批复《工程可行性研究报告》，项目净用地110亩（7.33公顷），总建筑面积38000平方米，一期建筑面积28800平方米，总投资2亿元。9月21日，市发改委同意《初步设计》，项目概算近2亿元。11月29日，由浙江恒昌建设有限公司中标施工单位。12月底，项目开展三通一平工作。项目计划2019年年底建成。

【督考一体化】 将“项目制”“清单式”模式引入公安绩效管理，2月，市局督察委员会更名为督考委员会（下设督考办公室和督察办公室），首次以“亮晒台”形式对“四个年”（“科技防控提升年”“护航发展攻坚年”“警务品牌创建年”“队伍建设强化年”）活动重点目标任务作出项目化分解，确定40项重点攻坚项目，将路线图、时间表、责任制细化到每个人、每个月，建立纵向到县区局、横向到部门的“项目网络”，做到任务、责任、时间、效果“四到位”，并落实每半月一次推进情况书面报告制度，每月评估情况上墙亮晒。

【为基层减负】 8月11日，市公安局出台包含合理分流警情、统筹专项行动、压减报表台账、强化系统整合、优化办案流程、完善调处机制、加强支撑服务、科学考核评估、改进督察检查、推动警力下沉、维护民警权益、规范会议培训等12条为基层减负增效措施，并将任务清单落实到部门，提出推进计划。

【素质强警】 组织全警学习中共十九大精神，以习近平新时代中国特色社会主义思想武装头脑，指导实践。推进“两学一做”学习教育常态化制度化，开展“无限忠诚、走在前列”“迎接十九大、忠诚保平安”“千警进村入户”大走访活动；落实“周一夜学习”制度，引导民警坚定理想信念，确保对党绝对忠诚。围绕中共十九大、厦门“金砖会晤”、第四届世界互联网大会、第三届国际海岛旅游大会、首届世界油商大会等重大活动维稳安保任务，创新战时思想政治工作，建立增援队员临时党组织、安保优异民警火线入党等举措，激励队伍士气。

组织开展大比武等各类活动。3—5月，舟山公安机关备战全省技能大比武活动，在省公安厅技能大比武中，舟山13个警种、16个单项、19名个人获得全省前六，3人获全省第一。组织开展“民警信息化能力、一线民警执法勤务能力”专题轮训，在定海交通所建立全市首个现场教学点。12月，组织开展信息化应用创新模型工具、优秀技战法和精品案例评选活动，做强“科技匠心”团队。提拔19名年轻干部，面向基层公开遴选5名优秀民警。12月21日，市局出台《舟山市公安局专业人才库管理办法》，明确业绩卓著专业人才优先提拔或破格提拔。

【实行饮酒报备制度】 8月11日起，舟山公安机关实行民警饮酒报备制度。要求凡民警、职工、事业编制人员以及特殊岗位的辅助警务人员，在休息时间与他人一起饮酒的必须报备。违反制度的，第一次予以提醒谈话，第二次予以诫勉谈话，第三次给予禁闭或停止执行职务，构成违纪的予以纪律处分。

【维和警察归建】 3月12日，舟山边防支队参加中国第四支赴利比里亚维和警察防暴队的23名官兵,完成为期一年的国际维和任务胜利回国。其间,参与维和任务627批次16821人次,妥善处置群体性事件16起。联合国秘书长特别代表扎里夫签发表彰令,授予维和警察防暴队“维和标杆典范”。联合国总部首次为中国防暴队颁发“维和任务区最佳实践奖”。国务委员、公安部部长郭声琨等领导批示肯定。维和警察防暴队队员被联合国授予“和平勋章”。

【暖警工程】 2月20日,市公安局党委制定《关于深入推进“暖警工程”建设的实施意见》,确定维护民警合法权益、畅通绿色医疗通道等10大暖警重点建设项目,强化警察职业保障,关爱民警身心健康,加大优抚解困力度。是年,建成“暖警APP”,开发健康警队、警营活动、警务保障、团购信息等模块。6月,市局成立民警议事会,印发《市局机关民警议事会工作制度》,收集整理意见建议160多条,为民警解决困难问题35个。7月,举办暑期民警子女托管班,为民警特别是双警职工解决后顾之忧。组建警务服务中心,推出家政服务110、私家车维修优惠、制服洗涤优惠、食堂特色菜打包、小超市运行,市局机关安装自动贩卖机和ATM取款机等,为民警提供各类生活服务。发布医讯16则,完善体检项目点单式申报制度和公安民警重大疾病(伤情)救治“绿色通道”,与国内知名互联网医疗企业——“名医主刀”合作,协调帮助5名民(辅)警及其家属接受名医诊疗。开通网上心理测试室、心理热线,为全市公安机关12家单位开展心理健康服务13场次,服务参战人员180多人。为羽毛球、瑜伽等9个警官俱乐部解决必要经费、场地。设立民警维权专项基金,聘请舟山瀛泰律师事务所为全市公安民警提供维权法律服务,全年办理、查处侵权案件63起,打击处理79人,慰问执勤执法中受侵害民警、辅警72人。

7月28日,市公安局与“名医主刀”互联网医疗手术平台举行合作签约仪式(市公安局提供)

【公安微信公众号关注数全市第一】 打造集“网上办理、信息咨询、防范宣传、警民互动”等功能于一体的新版公安微信平台。微信公众号吸引网民关注数突破30万人,居全市第一,吸引浙江日报、舟山网等客户端深度合作。头条点击率平均达12337次,后台调用链接达216871次,日均留言达500余条,收集并处置舆情410多起,收集违法举报线索189条。

【微电影创作获“金海棠”奖】 11月6日,由市公安局民警自编自导自演的微电影《那海那岛那警2——危情时刻》,在中国电视艺术家协会、中央新影集团等单位主办的第五届亚洲微电影艺术节上获最高奖“金海棠奖”。该片于2015年年底拍摄完成,以普陀山分局民警坚守“九月十九”香会安保工作、维护景点秩序为题材,讲述民警解救群众于危难之中的故事。9月6日,该片在中央政法委、中央综治委主办的全国第二届平安中国微电影微视频大赛上获得“最佳微电影奖”,为全省公安系统唯一获奖作品。

(撰稿:宋敏红)

检察

【概况】 2017年,全市检察机关围绕“四个舟山”建设,践行绿色司法,履行检察职责。全年受理审查逮捕案件780件1214人,审查起诉案件1374件2234人,人数分别比上年上升9.5%和14.6%,其中批捕1077人,起诉1846人。强化法律监督,维护社会公平正义，全年依法监督侦查机关立案20件，提出或提请刑事抗诉4件，刑事执行监督收监5人；办理民事生效裁判监督、执行活动监督案件38件，提出和提请民事抗诉、发出再审检察建议9件，发出行政执法监督检察建议13件。

围绕大局，服务保障全市重大战略实施和社会治理，护航新区建设发展。是年，探索出台《关于服务保障舟山自由贸易港区建设的意见》，推动自贸试验区检察机构设置；会同法院出台《关于依法服务和保障城中村改造攻坚行动的意见》，为全市城中村改造提供司法保障；推出深化服务非公经济十一条举措，降低涉企案件办理对企业正常生产经营秩序的影响。加强重大案件风险评估、涉稳矛盾排查等，完成十九大、世界互联网大会等重大活动的维稳安保任务。

从严治检，推进各项改革。贯彻落实国家及全省改革部署，支持和配合国家监察体制改革试点，深化司法体制改革，推进刑事诉讼制度改革。深化“阳光检察”，多举措落实“最多跑一次”改革部署，提升检察工作服务品质。接受人大监督和政协民主监督，改进接受监督工作机制，全年邀请人大代表、政协委员和人民监督员参加“检察开放日”及公开审查、公开听证等活动316人次。是年，全市检察机关15个集体和31名个人获市级以上荣誉称号，其中普陀区检察院被省检察院评为2017年度省级先进基层检察院，市检察院徐玲玲被省检察院记个人二等功。有13件案件和检察微课获评省级精品、优秀。

【批捕起诉】 严厉打击刑事犯罪，全年全市检察机关批准逮捕犯罪嫌疑人1077人，提起公诉1846人。其中，依法惩治严重影响人民群众安全感的“两抢一盗”、电信网络诈骗等犯罪，批捕335件423人，起诉511件660人，其中蓝某某等人诈骗案犯罪嫌疑人达53人，李某某等人诈骗案被害人达1000多人；依法打击阻碍重大项目建设的“三强三霸”违法犯罪，批捕6件9人，起诉8件23人；依法办理一批扰乱新区发展环境的集资诈骗、非法吸收公众存款、虚开增值税专用发票、走私燃料油等案件，批捕44件69人，起诉60件156人涉9家单位，其中有2起虚开增值税专用发票案涉案金额均高达1亿元以上；依法从严打击危害国家安全、国防利益犯罪，批捕3件3人，起诉3件5人。注重宽严相济和教育感化，对无社会危险性或情节轻微的犯罪嫌疑人，依法不批捕110人，不起诉259人。

【未成年人检察工作】 检、校联合，开展对未成年人的法治宣传和教育。是年，联合市教育局编撰首本未成年人法治教材向学生下发；组建全市检察机关未成年人法治宣讲团，开展“法治宣讲进校园”活动，全年举行54场，覆盖全市26所中小学1.4万人；六一前夕，市、县（区）检察院联动开展以“法治进校园，护航未成年人成长”为主题的“检察开放日”活动，与社会各界代表共商未成年人双向保护工作。

落实“谁执法谁普法”措施，组建专业化未成年人检察工作团队，加大未成年人司法保护。4月，普陀区检察院率先设立针对未成年人的“蔚蓝工作室”，9月，市检察院成立“海平线”未成年人检察工作室，定海、岱山、嵊泗县（区）检察院均启动筹建未成年人检察工作室，全市形成未成年人检察工作专业力量和特色品牌，在市、县（区）两级检察院基本建成集询问教育、心理疏导、公开宣告等功能于一体的办案工作区。定海、普陀区检察院还联合妇联、团委、街道社区、志愿者协会开展青少年帮教，其中定海区检察院在定海建立“香园社区爱心桥工作驿站”，普陀区检察院在普陀青少年宫和“志愿者之家”建立观护帮教基地，通过整合社会资源构建未成年人社会化帮教体系。全年全市办理未成年人刑事案件35件57人，其中罪轻不批捕3人、不起诉21人。

【刑事法律监督】 强化刑事立案和侦查活动监督，对应当立案而不立案的，监督侦查机关立案20件26人；对不应当立案而立案的，监督撤案2件4人；对侦查活动中的违法情形，提出书面意见6件9人；对证据不足或不构成犯罪的，不批捕59人，不起诉16人；依法追诉漏罪8项，漏犯10人，其中追诉1名贩卖、运输毒品罪犯被判处死缓。深化“两个专项”立案监督活动（“破坏环境资源犯罪专项立案监督活动”和“危害食品药品安全犯罪专项立案监督活动”），立案监督7件7人，对涉嫌犯罪的案件建议行政机关依法移送，侦查机关据此立案18件75

人。强化刑事审判监督，提出或提请抗诉4件8人，法院审结改判3件。强化刑事执行监督，加强驻看守所检察和社区矫正监督工作，全年参与开展审前社会调查140多次，社区矫正集中点验10多次400多人，书面监督收监5人；开展羁押必要性审查，提出释放或变更强制措施建议29人，均被采纳，其中嵊泗县检察院办理的李某某等人羁押必要性审查案被省检察院评为2017年度全省检察机关羁押必要性审查精品案件；监督职务犯罪、金融税收犯罪等罪犯执行财产刑100多万元。

【民行法律监督】 推动建立由检察机关参与的府院联席会议制度，促进行政执法与刑事司法衔接，完善多元化监督工作格局。全年办理生效裁判监督、执行活动监督案件38件，提出和提请民事抗诉、发出再审检察建议9件，法院审结改判或调解结案5件；对于作出不支持监督申请决定的案件，强化释法说理，促进息诉服判；发出行政执法监督检察建议13件，均被采纳。是年，市检察院办理的一民间借贷合同纠纷再审检察建议案、定海区检察院办理的一民间借贷纠纷提请抗诉案、嵊泗县检察院办理的电动三轮车规范化行政执法监督案，被省检察院评为2017年度全省民行监督优秀案件。

【公益诉讼】 完善机制制度，加强协作衔接，推进检察机关提起公益诉讼工作。7月，市检察院会同市政府及其组成部门正式建立公益诉讼联席会议制度，并召开由国土资源、环保、海洋与渔业、市场监管等行政机关参加的第一次联席会议，就行政机关支持和配合检察机关开展公益诉讼达成共识，共同推动公益诉讼制度落地，这是浙江省首个地级市政府与检察机关建立的专题联席会议制度。同月，以市检察院发文、市府办转发的形式建立检察机关与政府法制机构、行政机关公益诉讼协作配合机制。8月，市检察院与市法制办建立“监督协作”工作联席会议制度，搭建行政执法检察监督与政府法制监督衔接平台。12月7日，挂牌成立市检察院驻市环保局检察官办公室，正式建立舟山市环境行政执法与刑事司法联动机制，各县(区)检察院也随之跟进，合力整治打击破坏生态环境、损毁资源等违法行为。全年全市检察机关办理涉及环境污染、非法采矿、低保金不当发放等公益诉讼诉前程序案件7件，并在全省率先实现县(区)案件零突破，其中定海区检察院办理的区民政局怠于履行低保金追缴职责行政公益诉讼诉前监督案、嵊泗县检察院办理的枸杞乡政府怠于履行环境保护监督职责行政公益诉讼诉前监督案，获评全省检察机关优秀公益诉讼案件。

12月7日，市检察院驻市环保局检察官办公室正式揭牌成立(市检察院提供)

【控告申诉检察工作】 依法履行控申检察职能，加强刑事申诉审查，深化涉法涉诉信访矛盾化解，保障群众特别是弱势群体的控告申诉权益。全年接收信访件581件，依法受理涉法涉诉案件90件，对11名符合条件的当事人实施立体化救助，发放救助金逾13万元。是年，普陀区检察院控申窗口连续第五次被评为全国检察机关文明接待室。

【服务保障大局】 开展检察机关“助推剿灭劣V类水行政执法监督专项行动”，发出行政执法检察建议5份。会同法院联合出台《关于依法服务和保障城中村改造攻坚行动的意见》，为全市城中村改造提供司法保障。推出深化服务非公经济十一条举措，面向130多家企业开展法治宣讲，对涉企案件坚持依法办理与维护企业生产发展并重，最大限度降低对企业正常生产经营秩序的影响。针对朱家尖辖区少数群众在重点项目拟征土地上抢种、抢栽苗木，骗取政府征地补偿款的现象，及时制发检察专报，提出关于严厉打击“四抢”行为确保重大项目顺利推进的建议，获市委主要领导批示。加强重大案件风险评估、涉稳矛盾排查、问题应对化解，圆满完成十九大、世界互联网大会等重大活动维稳安保任务。

【自贸区检察工作】 贯彻落实《浙江省人民检察院关于服务保障“中国（浙江）自由贸易试验区”建设的意见》，6月，市检察院制定出台《关于服务保障舟山自由贸易港区建设的意见》，制定责任清单，明确工作任务。对接自贸试验区管委会等单位，推动自贸试验区检察机构设置，12月，市检察院自由贸易试验区检察部获省编办批复并开展实体化运作。8月，市检察院与上海浦东新区检察院签署自贸试验区检察工作对接合作备忘录，在自贸区检察工作信息共享平台建设、专项调研协作、司法配合衔接、人才培养锻炼等方面开展全方位合作，是年选派一批业务骨干赴上海浦东新区检察院进修，并学习借鉴上海、天津、广东等检察机关工作经验。委托浙江大学举办自贸区专题研修班，增进对自贸区工作的了解。

【海洋检察工作】 4月，市检察院与市环保局、市海洋与渔业局会签《关于建立运用民事行政检察职能加强海洋环境监管执法协作机制的意见》，加大对海洋生态环境、渔业资源保护等方面的预防、监督和打击。5月3日，经省人民检察院同意，全省首个海洋检察部在普陀区检察院挂牌成立，开展涉海涉渔刑事案件办理、行政执法监督、民事行政公益诉讼、检察综合治理、重点区域巡回检察等工作。全年全市检察机关办理非法捕捞水产品等刑事案件13件，提出行政执法检察建议4份，其中岱山县检察院办理的海洋渔业资源行政执法监督案被评为2017年度全省检察机关绿色司法优秀案例。11月，在浙江海洋大学成立全省首个海洋检察教学基地，由市检察院与浙江海洋大学合作建设，以“突出海洋特色、紧扣自贸主题、坚持检校融合、注重人才强检、加强调查研究、指导检察办案”为原则，培养高素质的专家型、复合型、服务型检察人才。

【国家监察体制改革】 贯彻落实国家监察体制改革决策部署，原属检察机关的反贪污贿赂、反渎职侵权、职务犯罪预防部门职能整体转隶到监察委员会，是年，配合市、县（区）两级监察委平稳转隶干警57人，划转编制62个。重视转隶后职务犯罪案件的办理，加强与监察委的沟通配合，在全省率先制定《办理监察机关移送职务犯罪案件暂行规程》，统一两级检察院工作流程，是年办理监察委移送审查起诉的职务犯罪案件7件8人。

【司法体制改革】 继续推进检察官员额制改革，完成人员分类管理，员额检察官、检察辅助人员全部实现分类到岗，是年全市有员额检察官97人，检察辅助人员145人（其中检察官助理85人、书记员14人、检察技术人员17人、司法警察29人），检察专业人员占比由73.3%增加至85.5%。落实司法办案责任，制定《检察官职权配置规定》，科学划分检察官职责权限，厘清检察官承办权、审核权、决定权的职权定位和责任归属，构建符合司法规律、公正高效的检察权运行机制；出台《员额检察官工作实绩考评细则》《检察官联席会议工作实施细则》，加强案件特别是重大疑难复杂案件的质量；完善办案组织，市、县（区）两级检察院共建立办案组织69个，全市员额检察官办案率100%，入额院领导办案量超30%。推进内设机构改革，因地制宜新设自由贸易试验区检察部，精简内设机构，其中市检察院由15个内设机构精简至13个。

【刑事诉讼制度改革】 贯彻落实全省以审判为中心的刑事诉讼制度改革会议精神；探索重大案件侦查终结前讯问合法性核查、诉前会议等制度，推动庭审实质化。是年，制定出台《关于在审查逮捕、审查起诉环节加强证据审查工作的若干意见》，要求在办案工作中全面客观地审查证据，避免因证据审查不严格导致办案质量不高甚至出现冤假错案。发挥检察机关诉前主导、审前过滤作用，在定海区检察院开展诉前会议和认罪认罚从宽处理机制(在刑事诉讼中,犯罪嫌疑人、被告人自愿如实供述自己的罪行,对指控的犯罪事实没有异议,同意检察院量刑建议或不起诉决定并签署具结书的案件,可以依法从宽处理的制度)试点工作,促进繁简分流,自8月试点以来至12月,定海区检察院受理的各类案件中约43%适用认罪认罚从宽机制。8月,会同法院、公安出台《关于人民警察出庭作证若干问题的意见》,明确在公诉人、被告人及其辩护人对公安机关出具的抓获经过、情况说明等证据有异议,且与其他证据有矛盾无法排除等六种情形下,人民警察经法院通知出庭作证,申请12名证人、鉴定人、侦查人员出庭作证。

【检察机关“最多跑一次”改革】 贯彻落实省检察院《关于推进全省检察机关“最多跑一次”改革的实施意见》和市委关于加快推进“最多跑一次”改革的部署要求,以“最多一次、最好别跑、最快答复、最优服务”为目标,提高服务质量。在完善检察服务大厅建设基础上,5月,在全省率先开通案件信息公开微信服务平台和12309检察服务热线,6月,增设门户网站“最多跑一次”专栏,构建起QQ、微信、电话、短信、网站的检察服务网络,形成集案件程序性信息查询、法律文书公开查询、重要案件信息公开发布、律师阅卷会见申请、强制措施变更申请、司法救助申请、行贿犯罪档案查询等项目的“一站式服务”,全年提供各类服务近5000人次。两级检察院全面实行向律师免费提供电子卷宗服务,提供卷宗光盘523份,同比上升58.5%;为560多个申请主体提供行贿犯罪档案查询3700多人次,案件管理窗口近40%项目实现“跑零次”,平均办事时间缩短一半以上。是年,定海区检察院被评为全省依法保障律师执业权利先进检察院,嵊泗县检察院案件管理中心成功创建省级巾帼文明岗。

【队伍建设】 专业建设 创新检察人才培养机制,运用“群岛检察讲坛”“夜研会”等载体,条块结合开展业务学习;邀请复旦大学课题组到院就司法体制改革进行研讨。加大干部交流锻炼,先后有22名干部在外进修挂职。倡导创先争优工作氛围,全市检察机关15个集体和31名个人分别被授予全省政法系统先进集体、先进基层检察院、优秀女检察官等省市级荣誉称号,其中1名员额检察官被省检察院记二等功。加强检察实务与理论研究,13件案件和检察微课等获评省级精品、优秀,21篇论文在省级以上刊物发表、获省级以上奖项。

机关党建 学习贯彻中共十九大精神,落实全面从严治党主体责任。创新“两学一做”常态化学习教育模式,在党支部建立“党建顾问”制度,推动党建工作强化党性、带动业务、面向基层。加强党风廉政建设,严格执行党章党规党纪,出台《进一步加强纪律作风与效能建设若干规定》等内控制度,狠抓队伍纪律作风,贯彻落实中央八项规定及实施细则精神,推行常态化检务督查机制。加大对基层院的政治巡查,是年完成对普陀区检察院的政治巡查。

文化建设 培育积极健康的检察文化,启动市检察院院史陈列室建设,首次系统整理印发建市三十年来检察工作报告。组织开展演讲、征文、微型党课等活动,运用报刊等传统媒体和“两微一端”等新媒体,讲好检察故事、传播正能量,全年发布检察宣传信息3700多条,其中岱山县检察院头条号在入驻“今日头条”的全国3480多家检察机关中,入围总榜十强。

(撰稿:罗莉莉)

11月10日,复旦大学法学院、舟山市检察院、舟山市中级人民法院共同举办“十九大精神与新时代司法体制改革”研讨会(市检察院提供)

法　院

【概况】 2017年，全市法院立足审判职能，司法为民、公正司法，全力助推“四个舟山”建设，全年新收各类案件26353件，办结25808件，同比分别上升15.46%和13.05%，法官年人均结案153.48件，同比上升14.32%。结案率97.93%，生效裁判息诉率99.29%，反映办案质量、效率、效果的主要指标持续向好。

坚持政治建设，开展学习贯彻中共十九大精神系列活动，推进“两学一做”学习教育制度化、常态化。加强基层党组织建设，层层签订党建工作责任书，强化政治纪律和政治规矩，牢固树立“四个意识”。举行员额法官宪法宣誓仪式，建立“干警之家”在线园地，增强队伍凝聚力和向心力。是年，全市法院10个集体17名个人获省市级以上表彰，其中定海区人民法院顾勇被评为全国法院先进个人，嵊泗县人民法院徐文斌被评为第三批全省审判业务专家。

【一审刑事案件审理】 继续推进以审判为中心的刑事诉讼制度改革，全年推动证人出庭作证28人次；同时联合公安、检察机关出台关于规范警察出庭作证的意见，在公诉人、被告人及其辩护人对公安机关出具的抓获经过、情况说明等证据有异议，且与其他证据有矛盾无法排除等六种情形下，人民警察经法院通知应出庭作证。依法打击各类犯罪行为，全年审结故意杀人、两抢一盗等案件206件，对罪行极其严重的跨海大桥抛尸案等罪犯依法判处死刑；审结电信网络诈骗、非法集资、非法吸收公众存款罪等涉众型经济犯罪11件；审结贪污、受贿等职务犯罪案件12件14人；审结涉毒犯罪案件58件87人，其中於国军贩卖毒品案入选最高法院毒品犯罪十大典型案例。强化被告人和律师诉讼权利保障，通知法律援助机构为263名被告人指定律师出庭辩护。

是年，全市法院新收一审刑事案件1168件，审结1135件，同比分别下降8.18%和12.22%。判处罪犯1672人，其中判处五年以上有期徒刑直至死刑的123人，适用缓刑等非监禁刑658人。

【一审民商事案件审理】 加强人身权益保护，全年审结人身损害、交通事故等侵权纠纷1664件。推动开展家事审判改革，组建家事纠纷专业审判团队，全年审结婚姻、继承等家事纠纷1136件；会同妇联建立家事纠纷联合化解机制，法院立案前或在审理过程中，经双方当事人同意，可将案件委托妇联组织进行调解，或者邀请列入特邀调解员名册的调解员共同参与案件调解；落实反家暴法施行，是年，定海区人民法院在一家暴案件审理过程中对被施暴者签发全市首份人身保护令。畅通劳动者维权绿色通道，助力“无欠薪”行动，全年审结劳动争议案件220件。审结房屋买卖、租赁、建设工程合同纠纷1025件，妥善处置定海“上和国际”、岱山“峰景湾”烂尾楼项目，保护众多购房户和债权人权益。依法适用简易程序、小额诉讼程序审理案件9842件，促进纠纷快速化解。司法保障军队全面停止有偿服务工作，受理“停偿”案件50件。维护国防利益和军人军属合法权益，审结涉军维权案件61件。是年，全市法院新收一审民商事案件12084件，审结11898件，同比分别上升11.20%和7.59%。

【一审行政案件审理】 推进行政争议实质性化解，通过协调促使原告主动撤回起诉48件，协调撤

6月21日，市中级人民法院开庭审理舟山首例以省政府为被告的一审行政案（市中院提供）

诉率28.74%,一批涉百里滨海大道建设等重大行政争议得到妥善处理。全年新收一审行政案件245件,审结233件,同比分别上升7.46%和17.09%。推动行政机关负责人出庭应诉工作,出庭应诉率88.41%,居全省前列,其中县(区)负责人出庭20件次。严格审查被诉行政行为,判决案件中行政机关败诉率33.33%。

【二审案件审理】 全年,市中院受理二审案件1034件,其中刑事案件193件,民商事案件779件,行政案件72件;审结1047件,其中依法维持一审法院裁判(包括撤回上诉)807件,占77.07%,改判、发回重审107件,占10.23%,调解结案133件,占12.70%。

【执行工作攻坚基本解决执行难】 争取党政方面支持,全力破解执行难问题。3月,推动市综治委出台《关于完善执行联动机制的意见》,新增市海洋与渔业局、市旅游局、市文明办等单位,执行工作协作单位扩大到16家,在全市构建起大执行格局。利用信息化"点对点"查控系统,破解查人找物难题,是年岱山县人民法院依托海洋渔业局"GPS海上安全管理系统",实时掌控涉案船只和船员动向,全年冻结被执行人款项1.06亿元,查封房产2069处,扣押车辆493辆,借助公安机关控制被执行人911人。加强信用惩戒,将全市3198名个人、365家单位纳入失信被执行人名单,并定期在"无限舟山"等平台予以曝光;会同市信用办发布首批"舟山市信用红黑名单"146人,实现"一处失信、处处受限"。完成除定海、嵊泗以外的执行指挥中心建设,大幅提升执行快速反应能力和突发事件处置能力。开展"夏季执行风暴"等集中执行活动,加大执行力度,对595名暴力抗法、抗拒执行的人员予以司法拘留。

是年,全市法院执结案件10739件,执行到位金额19.57亿元,同比分别上升31.49%和73.56%,实际执行率、执行标的清偿率居全省前列。

【司法保障"五大会战"】 贯彻落实市委市政府《关于抓好五大会战的通知》,6月,市中级人民法院出台《依法服务和保障"五大会战"的意见》,组织全市法院开展服务保障"五大会战"系列活动,严厉打击"三强三霸",维护安全稳定的建设环境,妥善处置系列国家战略、交通建设"1128"工程等重大项目落地和推进而引发的征地拆迁等矛盾纠纷,加快办案节奏,避免案件久拖不决增加重大项目建设的推进成本,营造法治化投资环境,以法治方式支持城乡环境综合整治、"五水共治"等中心工作,助推自由贸易试验区、海上花园城市建设。

【助推自贸区法治建设】 4月,全市两级法院开展自贸区审判机构筹建,及时与自贸区各管理部门对接,研判司法需求,形成《关于为舟山自贸区建设提供司法保障的报告》及《关于中国(浙江)自由贸易试验区审判机构设置方案的报告》,并由市委向省委上报审判机构设置方案。12月,省编办批复设立自由贸易试验区法庭,为市中院内设机构,案件管辖范围为由市中级人民法院管辖的,与浙江自贸试验区相关联的投资、贸易、金融等商事案件及知识产权民事案件,以及与新区开放型经济相关联的商事案件和知识产权民事案件。

重视司法服务保障试验区建设的人才储备工作。3月,与上海财经大学建立院校合作机制,并专题举办自贸港区法律服务保障研修班。依托干警沙龙、法官论坛、网络课堂等平台,培养法律知识精通、经贸规则熟悉、英语水平优良的复合型法律人才。开展自贸区涉法问题前瞻性调研,全市法院完成省重点课题《关于司法服务舟山自由贸易港区建设》等试验区法治保障调研成果10多项,其中岱山县人民法院《浙江自由贸易试验区知识产权综合管理体制的构建》获浙江省第八届"海洋经济发展法治论坛"优秀论文一等奖。

【法治护航城中村改造攻坚行动】 10月,市委、市政府下发《关于加快推进城中村改造攻坚行动的实施意见》,市中院成立专门工作组,先后走访相关职能部门,全面了解攻坚行动整体运行情况和司法需求,梳理城中村改造中可能存在的法律风险,并就行政执法、民事审判、拆迁补偿政策制定等问题提出五方面建议,形成专题报告向市委市政府提交,获市委领导批示肯定。11月27日,市中院和市检察院联合发布《关于依法服务和保障城中村改造攻坚行动的意见》,出台九条强化服务保障城中村改造攻坚行动的具体举措，包括畅通涉诉案件绿色通道、严厉惩处各类犯罪活动、全力保障重大项目引进、监督支持促进依法行政等，两院分别成立以院长、检察长为组长的服务和保障城中村改造领导小组，要求全市法院检察院发挥审判、监督职能，参与社会治理创新，为城中村改造攻坚行动提供优质高效的司法服务和保障。

【推进“三大机制”建设】 推进司法领域“最多跑一次”改革，打造海岛特色的“三大机制”（大立案、大服务、大调解），回应海岛群众司法需求。推进大立案方面，建立健全网上立案、跨域立案、延伸立案等大立案机制，嵊泗县人民法院在黄龙、花鸟等偏远海岛设立“诉讼服务联络点”，把诉讼服务延伸到未设置人民法庭的海岛乡镇，实现“立案不出岛”；普陀区人民法院联合广东省广州海事法院完成全市首例跨省立案。是年全市法院网上立案3533件，办理跨省、跨市等各类跨域立案53件。开展大服务工作，是年，市及县（区）法院陆续完成新型诉讼服务中心升级改造，为当事人提供除庭审以外的一站式、全方位诉讼服务；推广运用远程音视频技术，开展远程调解、庭审135件次，解决当事人异地诉讼费时费力费钱问题。健全大调解工作，推动形成引导调解、特邀调解和法官调解“三合一”工作格局，是年民商事调解率72.62%，同比上升6.85个百分点；拓展诉调对接机制在物业、劳动争议等纠纷多发领域的覆盖面，会同市仲裁委建立健全诉裁衔接机制，邀请人民调解员、律师进驻法院诉讼服务中心参与调解，形成解纷合力；加强智能化平台建设，会同保险行业协会等单位推进道交事故纠纷“网上数据一体化处理”，打通公安、调解、法院、保险等部门间数据壁垒，实现案件信息共享，促进道交纠纷处理的预防和化解。

【深化破产审判工作】 尊重政府意见建议，坚持“僵尸企业”分类处置，注重发挥市场在资产处置中的决定性作用，促进企业破产审判工作走上市场化、法治化、规范化轨道。11月，协同市政府再次出台专题会议纪要，破解涉及重整企业的信用修复、合力打击逃废债等诸多难题。全年全市审结破产案件13件，盘活土地资源86.92万平方米，保留船舶运力53.56万载重吨，其中德勤集团成功重整，资产处置市场溢价1.4亿元，溢价率40%，营运价值、经营团队等核心资产平稳延续。

【召开第六次府院联席会议】 12月28日，市中院会同市政府、市检察院召开市第六次府院联席会议暨法治政府建设推进会，通报2016年以来全市法院行政案件司法审查、金融风险防控等工作情况，并就如何提高全市依法行政能力和防范化解金融风险水平提出意见建议。市长温暖代表市政府就深入推进依法行政提出三点要求：坚持问题导向、效果导向，围绕省委省政府提出的率先基本建成法治政府的目标任务，深化多元化解，推进法治政府建设各项工作；汇聚政银企法检等各方力量，加快处置不良贷款，化解潜在风险，加强金融有效供给，营造良好信用环境，推进“两链”风险防范处置工作；深化府院良性互动，推进府院常态会商机制深度运用，激活“两法衔接”信息共享平台，及时破解新区发展中的重大法律问题。

【全面落实司法改革】 全市法院根据上级部署，稳步有序推进各项改革，先后出台《院庭长审判监

3月7日，市中级人民法院举行首批员额法官宣誓仪式（市中院提供）

督管理工作职责若干规定》《法官、审判辅助人员职责清单》《法官办案基数考核办法》《专业法官会议运行规则》等制度,基本确立司法改革主体框架。

司法人员分类管理基本到位。按照“以案定额、全省统筹、倾斜基层”的要求,严格执行员额比例和法官入额标准,并完成第二批法官遴选,年底,全市法院有员额法官157人,占政法专项编制数的32.38%。加强审判辅助人员队伍建设,任命法官助理54人;推动落实由政府购买社会服务的司法雇员制度,招录司法雇员25人。法官、审判辅助人员及司法行政人员三类人员各归其位、各尽其责。3月7日,市中院举行首批员额法官宣誓仪式。首批27名员额法官身穿法袍,面向宪法庄严宣誓。

司法责任制有效落实。坚持“入额必办案”,实行员额法官办案网上公示机制,推进院庭长办案常态化,是年全市法院院庭长办结案件9176件,占诉讼案件的67.16%。探索组建以员额法官为核心的新型审判团队,全市法院组建审判团队79个。明确团队中各类人员职责,强化落实主审法官、合议庭负责制,促进审判权严格依法运行,实现让审理者裁判、由裁判者负责。

审判监督机制逐步健全。建构案件质量控制体系,加强院庭长的审判监督管理职责,完善专业法官会议制度,强化类案裁判指引,促进裁判尺度统一。运用信息化技术,推动审判管理监督由微观的一般业务审批、文书签发转向宏观的全院、全员、全过程的案件质量效率监管,确保司法公正高效。

职业保障机制不断完善。开展法官单独职务序列改革,法官等级与行政职级脱钩,实行按期晋升和择优选任相结合的晋升机制。推进法官基本工资套改工作,完善绩效考核机制。

【首次向党外人士通报法院工作】 为更好地接受民主监督,促进法院事业健康发展,12月13日,市中院院长孙公幸出席市法院、市检察院工作情况通报会,首次专题向党外人士通报法院工作情况。

【国内首例“遗腹胚胎”解冻案】 2015年11月,原告杨某和丈夫周某因不孕到被告舟山市妇幼保健院处诊疗,要求实施“体外受精-胚胎移植”手术。次年2月18日,在被告医院完成取卵、取精术,并被告知将用低温保存技术保存胚胎5个,计划于6月行胚胎植入术。3月,签署体外受精-胚胎移植相关知情同意书。2016年5月12日凌晨,周某因海难事故失踪。后原告要求继续完成“体外受精-胚胎移植”手术,但被告以原告系单身,按照规定不得实施该手术为由予以拒绝。2016年10月,原告向定海区人民法院起诉,要求被告继续履行医疗服务合同。法院经审理认为,双方之间形成的医疗服务合同合法、有效,且原告要求继续实施胚胎移植术并未违反有关的伦理道德、法律规则,遂于12月依法判决被告于本判决生效之日起继续履行与原告杨某之间就体外受精-胚胎移植所签订的医疗服务合同,为原告杨某施行胚胎移植术。2017年1月,该判决生效。中央电视台《今日说法》《法律讲堂》及中国教育电视台《法治天下》等多个栏目对该案进行宣传报道。

【德勤集团破产重整案】 德勤集团股份有限公司(下称德勤集团)原为舟山最大的民营海运企业,拥有50万载重吨的运力。受企业发展战略失误、全球航运市场持续低迷等因素影响,2013年下半年起,集团因资金链断裂,经营陷入困境。2014年6月,经市中院指定,由定海区人民法院先后裁定受理德勤集团股份有限公司及其6家关联公司的重整申请。

因德勤集团船舶、房产等资产均已设定抵押,普通债权人在破产中损失严重,若按破产清算程序进行,普通债权人将面临零清偿风险。2017年4月,经慎重考量,法院采取“出售式重整”模式,以新公司整体承接形式接受德勤集团的资产及员工团队,最大程度保障破产企业现有航运核心资产平稳延续,实现社会利益最大化。在法院指导下,管理人将德勤集团名下19艘船舶、约44.54万载重吨运力整体打包公开招募重整投资人。经竞争性谈判,上海易桥供应链管理有限公司以4.535亿元的最高报价成为德勤集团重整投资人,并于2017年7月19日第二次债权人会议上表决通过,由上海易桥供应链管理有限公司整体承接德勤名下19艘船舶资产,正式与管理人签订《重整投资协议》,此举公开招募溢价40%,溢价近亿元。通过重整，有效保存44.54万载重吨运力的营运价值，也最大限度保护债权人和职工的合法权益。

【於某军贩卖毒品案】 被告人於某军多次向吸毒人员贩卖甲基苯丙胺（冰毒）共计15.4克，其中2015年11月至2016年2月间，先后17次向陈某贩卖甲基苯丙胺13克。2016年4月14日，於某军被抓，并在家中当场查获甲基苯丙胺12.09克。该案由岱山县人民法院一审，市中级人民法院二审。12月，市中级人民法院审理认为，被告人於某军明知甲基苯丙胺是毒品而贩卖，其行为构成贩卖毒品罪，且多次贩卖，数量较大，依法判处有期徒刑十一年，并处罚金5000元。该案体现了对此类末端毒品犯罪（贩毒数量10克以下的零包贩毒，往往次数较多致数量较大）的严惩。该案件入选2017年度最高人民法院毒品犯罪十大典型案例。

（撰稿：纪燕玲）

司法行政

【概况】 2017年，围绕舟山群岛新区和中国（浙江）自由贸易试验区的发展建设，全面开展“惠企便民”活动，打造最佳营商法律服务环境，通过“编队护航”“精准送法”“平安清障”“服务升级”等工作举措，普及法律知识，提高民众（企业）法律意识，助推全市“五大会战”和“四个舟山”建设。全年开展法治宣传837次，开展企业“法律体检”569次，发现并解决法律问题757个。是年，市司法局被省司法厅表彰为年度司法行政工作综合考评优秀单位，被市委市政府表彰为中共十九大和第四届世界互联网大会维稳安保工作先进集体。

【成立首批市领导“法律助手”专家名录库】 贯彻落实中央《关于全面推进依法治国若干重大问题的决定》和省委《关于进一步加强领导干部学法用法工作提高依法执政能力的实施意见》。9月，市委办、市府办联合印发《关于建立市领导“法律助手”工作制度的通知》，由市司法局定期在全市律师、公证等法律服务工作者中遴选法律专家人才，成立首批市领导“法律助手”专家名录库，建立市领导“法律助手”工作制度，让法律专家在党委政府重大决策中发挥参谋助手作用，助推重大事项决策部署的科学化、合法性和透明度，提高依法决策、依法执政能力。是年，遴选法律专家15人，为市领导提供专业的法律服务，重点围绕船舶修造、科创园区、金融服务等9个主题形成12篇调研报告，为市领导献计献策。

【服务保障重大项目建设】 组建由法律专家组成的7个项目服务团队，深入重大项目一线提供“一对一”精准服务，化解项目建设推进过程中的矛盾纠纷。建立完善联系服务重大项目（重点工作）工作机制，与岱山鱼山绿色石化基地、海洋产业集聚区、市工商联等5家单位签订法律服务框架协议，为重大项目营造和谐的建设环境；与市台办联合建立涉台法律服务协作机制，为台企台商台胞提供精准化、菜单式、定制式的法律服务。引导本地律师事务所深度参与波音项目合作谈判、自贸试验区油品全产业链投资签约合作等工作，为全市重大项目的建设推进提供法律服务。全年全市律师参与服务企业重大项目80次，其中制作审查合同30份，提供法律咨询48次。引导全市公证机构开展企业项目涉及的土地、环保、融资、拆迁等方面法律研究，拓展企业新型融资公证业务，提供涉外公证法律服务，全市5家公证机构参与办理监督类公证561起，证据保全公证5起，提供法律咨询300次。

【服务村和社区组织换届工作】 4月，市司法局印发《关于做好我市村和社区组织换届选举服务工作的通知》，以“三大专项行动”（法治宣传、法律服务、法律保障）为载体，开展对村和社区组织换届选举的服务工作。其间，市司法局专门成立村和社区组织换届选举服务工作督查组，从4月初到5月中旬，面向各县（区）司法局，以及新城分局、普陀山分局、朱家尖司法所开展督导工作，重点督查组织领导、法治宣传、法律服务、人民调解、特殊人群管控等方面的情况，为村和社区组织换届提供法律保障；对发现的法律问题，结合“民主法治村（社区）”创建工作，帮助建立健全议事范围、规则程序、会议制度等，提高民主管理、民主决策、民主监督的能力和水平；在换届选举后，及时对新一届班子、村民代表、人民调解员等，开展相关法律知识培训，增强基层干部依法办事的能力和水平。

【开展惠企便民活动】 贯彻落实省司法厅制定的《司法行政惠企便民法律服务二十条》,让更多法律服务事项实现"最多跑一次",组织开展企业大走访大调研活动,对企业项目立项、招投标、合同订立等方面开展"法律体检",帮助健全经营风险防控体系,促进企业依法经营,同时对企业发展、项目建设过程中的实际困难和法律性、政策性问题,提供预警信息和应对建议。全年走访企业3386家,开展"法律体检"569次,解答法律咨询4707人次,发现并解决法律问题757个。推荐优秀律师担任基层商会和"互联网+"企业法律顾问,通过走访企业、培训、讲座等方式,进一步健全法律服务商会和电子商务举措,为中小企业、电商提供法律咨询、虚拟财产保护、数据保全、争端解决等"订单式"法律服务。

【普法宣传】 贯彻落实《"十三五"法治新区建设和第七个五年法治宣传教育规划》关于实行国家机关"谁主管谁普法、谁执法谁普法"工作责任制的有关工作部署和要求,将重点单位普法责任清单制度覆盖到全市各单位,并制定司法执法单位以案释法制度,在全市开展法治宣传教育精品项目评比。

是年,在"法律八进"基础上,新增"进重点工程""进渔区"两项普法内容,扩大普法工作覆盖面。推出海岛法治民宿评选等新项目,优化"法律拥军""法律进宗教场所"等特色品牌,推动普法工作载体创新,全年全市开展法治宣传837次。创新开展市、县(区)、镇(街道)、村(社区)工作微信塔群建设,通过微信群分享最新法治资讯、相关政策解读和司法行政工作重要部署、最新动态、典型经验等,尤其在四、五级群重点推送以案释法和热点政策解读,开展基层矛盾纠纷调解和法律咨询等,推进司法行政工作进一步贴近基层、服务群众,是年建立四级塔群192个,入群人数1828人,累计开展塔群法治宣传1万多次,提供法律咨询574人次。

【人民调解工作】 拓展行业性专业调解组织覆盖领域,全年新建立市级调委会1个(舟山市总商会人民调解委员会)以及定海区总商会人民调解委员会、普陀区总商会人民调解委员会、嵊泗县工商联(商会)人民调解委员会等县(区)级调委会3个,定海和普陀区均成立保险协会人民调解工作室。将"枫桥经验"向海上延伸,以"一地一品"为目标,建立完善"海陆联动"的特色调解品牌体系,培育推广以岱山长涂东海湾专业捕捞合作社调委会为代表的一批涉渔专业调解组织建设经验,全年授牌优秀特色品牌调委会10个,呈现"抓特色、做精品"的良好发展态势。开展人民调解"十百千"示范培育工程,打造10名金牌示范人民调解员、100名优秀示范人民调解员,并结合村级换届选举培育1000名基层人民调解能手,扩大优秀人民调解员示范引领效应。全年全市各级调解组织调解矛盾纠纷17869件,协议涉及金额近5.5亿元。岱山县高亭镇人民调解委员会被最高人民法院和司法部联合表彰为全国模范人民调解委员会。

【法律援助】 推进海岛法律援助"一小时服务圈"建设,新成立新城、普陀山、朱家尖法律援助工作站,全市法律援助网络体系更加完善。针对离岛实际探索建立"提级指派"和"指派权下放"等机制,推行"容缺受理""优先办理"创新服务,破解海岛地区律师资源短缺、案件指派难的问题。设立法律援助律师资源库,建立完善与台州等地的法律援助市际协作机制。全年全市各级法律援助机构办理法律援助案件1995件,为困难群众挽回经济损失5517万元,解答法律咨询12058人次,并实现案件办理零投诉,提升法律援助的群众满意度。

【社区矫正安全监管】 按照"安全为先、规范为要"的基本要求,履行维稳保障职能,特别是在中共十九大和第四届世界互联网大会等敏感时期,加强安保工作。重点排查涉毒、涉黑、涉赌、涉访等10类社区服刑人员,确定17名重点管控服刑人员,按照安保实施方案落实监管措施,对新入矫服刑人员落实属地管理;规范和固化社区服刑人员外出审批、管理,从严控制社区服刑人员外出请假,要求请假外出从事海上作业的社区服刑人员10月9日前返回居住地,全市40余名请假出海作业人员均及时返回住所地,无一外出。加大服刑人员违规行为打击力度,对社区服刑人员发生未经批准私自离开所居住市(县)、无正当理由拒不参加集中教育学习、故意逃避信息化核查脱离监管等违反社区矫正规定的行为,第一时间核查、取证、处罚,全市司法行政机关在安保期间对社区服刑人员警告处分 4 人次,提请治安处罚 1 人次,提请撤销缓刑 1 人。市县所三级社区矫正机构实行 24 小时值班值勤,突发情况即时即报,坚决防止迟报、漏报、瞒报、虚报,落实责任追究机制。

8 月,制发《舟山市社区矫正居住地条件的认定标准(试行)》,以新型居住证制度为基础,对社区矫正居住地管辖原则中居住地认定的居住条件和保障条件标准进行适当的细化和明确。发挥市县乡三级社区矫正监管指挥联网运作功能,利用信息技术优势加强对社区矫正人员的监管,联合公检法制定全市社区服刑人员特殊监管时段违规治安处罚规定,强化社区矫正监管措施,社区服刑人员再犯罪率、脱漏管率均控制在规定指标内。开展"翻篇归零、再找短板"专项整改活动,推进社区矫正中心建设,12 月,岱山县矫正中心建成运用。是年,市矫正办被浙江省司法厅授予省社区矫正"特一级"安全单位。

【安置帮教】 建立完善刑满释放人员数据库,开展服刑在教人员基本信息核查工作,建档率 100%,加强对刑满释放人员的分类帮教,落实日常帮扶教育,加强就业安置和帮困工作,全年为 21 名刑满释放人员发放扶贫帮困金 40848 元。是年,在册安置帮教人员 2733 人,无脱漏管,重新犯罪均低于省控标准。

【强制隔离戒毒】 规范运行强制隔离戒毒"五大专业中心"(戒毒医疗、心理矫治、康复训练、认知矫正、诊断评估专业中心),是年,新管教区启用,8 月 8 日,完成新场地搬迁,200 多名戒毒人员全部安全迁至新生活楼,实现"平安转场、安全入驻、秩序稳定"目标。搬迁后,根据《新管教区警务运行模式调整方案》,运行新的警务模式,即确保戒毒人员生活楼每一个楼层均有 2~3 名民警值班,并统一制作值班民警岗位职责和值班人员一日工作流程等示范牌,落实所领导值班工作,24 小时不间断开展执法巡查。开展以"五重"(重点时段、重点环节、重点部位、重点人员、重点物品)为核心的安全大排查、大整治活动,整改安全隐患。组织全体民警参加消防、救护、逃生等技能培训,全年组织各种演练 7 次。强化风险防控,特别加强对戒毒人员的动态检索、端倪跟踪、全程研判、风险评估、行为矫正、心理矫治、联号包夹等七个环节,不留隐患。依托场所改扩建,更新、升级和改造安防设施设备和监控指挥系统,确保系统运行正常,特别是在中共十九大和世界互联网大会期间,抓好收治调峰、所内管控、出所衔接三个重要环节,助力维稳工作。健全奖励性探视工作机制,拓展社会化矫治资源,加强与解除出所戒毒人员的信息互联,打造戒毒阳光矫治品牌。是年收治戒毒人员 127 人,年底在册 203 人,场所安全稳定无事故。

【"最多跑一次"改革】 6 月 28 日,市司法局制定下发《关于推进全市司法行政系统"最多跑一次"改革的意见》,重点对"最多跑一次"事项范围、"最多跑一次"目录清单、全面推行网上办理、推进办事不出岛建设、提升服务质量、强化事中事后监管、提高工作保障水平七方面进行细化明确,其中将律师、公证、司法鉴定、基层法律服务的审批服务项目全面纳入"最多跑一次"改革的第一批目录,并通过《舟山日报》向全社会公布,所有行政许可服务事项办理期限压缩为 3 个工作日,遇特殊情况最多延展为 5 个工作日。是年,司法窗口办理审批事项 82 件,同比增长 57.7%。

【国家司法考试工作】 按照司法部"三最"要求,完成最后一届国家司法考试舟山考区考务工作。是年有 452 名考生报名参加司法考试,实际参考 281 人,54 名考生通过考试合格分数线(含 3 名 C 证外地考生)。自 2002 年起,舟山考区已组织国家司法考试十六次,4617 人次报名参加司法考试,2986 人次实际参加考试,550 人考试合格。舟山考区梳理实施司法考试 16 年来的工作,有 3 个司法考试案例入选省厅编印的司法考试案例汇编;1 个案例入选中国法网首批入选的 6 个司法考试案例。

【人民监督员工作】 加强对人民监督员的选任管理,主动与检察机关加强工作联系,探索拓展工作范围,选派人民监督员参与市、县(区)人民检察院案件监督评议工作,保障监督职能履行。是年,全市有人民监督员80人,全年参与人民检察院105件案件的监督评议,较上年(69件)增加52%。

【公共法律服务体系建设】 完善公共法律服务实体平台建设,实现市县乡村四级全覆盖,至年底,全市已建成公共法律服务站35个,公共法律服务点393个,创建省五星级规范化司法行政法律服务中心1个。建立信息化管理机构和队伍,优化公共法律服务网的网上学法、咨询、调解、法律事务办理等功能,创新探索电子商务公证等服务,提高"互联网+"形势下司法行政工作能力水平。针对自贸区背景下涉外法律服务机构不多、业务拓展不足和服务能力不强的现状,探索建立中外联营律师事务所和浙江海洋大学司法鉴定中心。是年引进浙江泽大律师事务所在舟山设立分所。推进和完善公证事业机构体制改革,10月,原属行政体制的岱山县公证处和嵊泗县公证处改为事业体制,至此,全市全部完成行政体制公证机构改制任务。

【第七届浙江律师论坛在舟山举行】 省律师协会主办,舟山市律师协会承办,9月10—11日在舟山举行,300多人参加。论坛以"法律顾问的传承与创新"为主题,由国家行政学院法学部主任、博士生导师胡建森和浙江大学光华法学院教授、博士生导师朱新力分别作题为《全面推进依法治国》和《信息时代的律师服务》的主题演讲。

【基层基础建设】 调整新城区域司法行政机构设置,保留新城分局,新增临城、千岛2个直属司法所。年底,全市基层直属司法所35家,内设所1家。推进省星级规范化司法所建设,全市星级司法所33家,其中五星级1家、四星级11家,规范化司法所创建率94.3%。

9月10—11日,第七届浙江律师论坛在舟山举行(市司法局提供)

【队伍建设】 推进"两学一做"学习教育常态化制度化,坚定党员干部理想信念,加强工作督查和警务督察,促进执行力提升和作风转变。组织骨干律师开展自贸港区专题培训,开展涉外法律服务业课题调研,由市司法局课题组共同研究撰写的《开放型经济发展背景下法律服务业改革创新探索——以舟山自贸区探索过程中法律服务行业发展优化问题研究为例》课题在省司法厅主办的《东方法苑》(2017年第6期)刊出。规范律师、公证等各类专业队伍建设,实施律师"三名工程"(名所、名品、名律师),2名律师获评一级律师。分层分类对广大干警、法律服务工作者进行培训,提升队伍综合素质。市司法局副调研员徐爱华被省委组织部、省委宣传部、省人力资源和社会保障厅、省公务员局联合表彰为全省最美公务员,2名人民调解员被最高人民法院和司法部联合表彰为全国模范人民调解员,1名干部被省司法厅授予第五届全省司法行政系统十大最具影响力人物。

(撰稿:王志明)

责任编辑:刘娟芬

人民防空·武警

人民防空

【"结建"工程建设】 2017年,完成防空地下室竣工验收项目23个,新开工建设结建防空地下室项目31个,全市完成人防工程易地建设审批项目84个,收取人防易地建设费1762万元。

【参与"品质舟山"建设】 落实"品质舟山"建设任务,在全市人防系统部署开展"品质舟山"建设三年(2017—2020)行动计划,确定舟山市暨定海区人口疏散基地及综合训练基地工程、7个乡镇人防应急指挥平台建设和结建工程新增面积数为"品质舟山"建设三年的主要任务。完成计划应建重点乡镇应急指挥平台中的3个,完成舟山市暨定海区人口疏散及综合训练基地建设,按计划完成结建人防地下室建设。

【自建工程建设、维护与管理】 是年,岱山县1168工程主体结构完成并通过省人防工程质量监督站中间结构验收。被覆改造早期建设的人防"7381"工程5号口部及通道。检修和保养22630指挥所发电机组阀门、矿物电缆,保障供电线路、油机的正常运转;维护、更换和升级老化、损坏的摄像头、各类消防设备、除湿机等设施设备,维修地下指挥所三防系统电脑。

【地下空间开发】 参与城市地下空间开发利用专项规划的编制。委托浙江省地下建筑设计研究院完成《舟山千岛中央商务区人防控制性详细规划》初稿。贯彻《浙江省人民政府关于加快城市地下空间开发利用的若干意见》《浙江省人民防空榜公示关于进一步推进人民防空规划融入城市规划的实施意见》,协调规划部门依法把关,在项目审批中落实人防工程配套建设的有关要求,提高城市防护水平。是年,舟山市第二人民医院迁建项目医疗救护工程完成中间结构验收,舟山市三农农副产品批发市场一期抢险专业队工程完成主体结构施工。坚持人防工程平战结合,新增地下停车位3850个。

【人防工程质量监督与安全管理】 开展人防工程安全生产大检查,加强自建工程安全生产监管,全面普查全市已建人防工程平时安全使用情况,核查工程内部无违规人员居住、无易燃易爆等可疑物品及摆放物品堵塞通道等违规现象,排除安全隐患。开展对辖区内防护设备企业、厂区生产质量、在建、竣工的人防工程抽样检测活动,尤其对人防防护闭门、过滤吸收器等设施设备重点检测,确保人防工程战时防空,平时防灾。

【提供避暑纳凉场所】 对海山公园人防工程4号口部进行专业防潮处理,改造装修内部墙面、地面以及照明、通风、排水设施。7—9月,免费开放2处人防工程(定海区海山公园人防工程4号口部、普陀区青龙山人防工程6号口部)供市民避暑纳凉,接纳群众3万余人次。

【人防组织指挥体系建设】 成立市、县(区)、街道(镇)三级人民防空指挥部,修订完善《人民防空行动方案》,参与军民融合发展试验区建设,加入政府应急联动机制,承担相应职能,利用人防战备资源为推进军民融合、应对和处置突发公共事件、抢险救灾和应急救援服务。6月,组织人员参加"浙江金盾-17"系列演习;11月,组织全市人防系统与指挥部成员单位开展市人防指挥部演习。

“浙江金盾–1709”研究性演习舟山演习现场(市人防办提供)

【人防信息化建设】 按计划参加训练,每日进行人防短波电台与省办、各市及舟山两县两区人防办的互联互通,每周三做好人防视频会议、人防空情接收、人防卫星通信保障及北斗卫星定位和信息互通等训练。电台出联240次,联通率99%;空情训练出联47次,联通率98%;视频会议出联47次,联通率100%。合理布局集移动、电动、电声等多种手段、具有较强抗干扰能力的防空防灾警报网络,“5·12”防灾减灾日警报试鸣,全市70台警报器参加,鸣响率100%,主城区音响覆盖率98%。根据省办要求,进行重要经济目标摸底工作,同时为加强重要经济目标单位远程监控防护,舟山跨海大桥实施监控系统建设,实现将重要经济目标单位视频监控信息接入到市人防指挥系统中,实现互联互通、信息共享。

【人防专业队伍建设】 是年,有抢险抢修、通信保障、社会治安、交通运输、消防灭火、医疗救护、防化防疫、信息防护、心理防护、伪装防护和海上救援等11支专业队伍。5月,组织人防专业队和民防应急救援队进行整组训练及应急演练。拓展民防志愿者队伍,在临城金鸡山社区成立一支社区民防志愿者服务队,在国际海运职业技术学院组建具有海岛救援特色的民防志愿者队伍。

【强化行政执法】 6月,通过汇报座谈、查阅案卷、走访服务企业、办证窗口等形式,对各县(区)人防执法监督、人防行政审批程序以及落实《人民防空法》、省实施办法及舟山市结建规定的情况进行全面检查。年底,舟山市人民防空办公室组织起草制定《进一步加强人民防空工程建设管理的意见》,以规范性文件形式下发。

【落实“最多跑一次”】 出台《舟山市人民防空办公室关于进一步深化落实行政审批服务“最多跑一次”改革相关举措的通知》。全年重新梳理“最多跑一次”主项13项,子项26项,并与省、县(区)人防办实现“八统一”,最多跑一次占投资项目审批事项率

11月29日,市人防办在浙江国际海运学院成立民防志愿者服务队(市人防办提供)

达100%。开展人防系统全面推进施工图联合审查相关工作,并落实政府购买服务。"最多跑一次"事项全部统一进驻行政服务中心,配合完成"一窗受理"的网络配置、窗口调整。推行行政审批网上星级服务,所有事项为四星级服务,全程在线实现"最多跑一次"。推进建筑工程"竣工测验合一"改革,参与实施方案起草工作,配合制订《舟山市建筑工程竣工联测联核综合技术指南(试行)》,做好对中介服务机构的竣工测绘及核实、专业检测评估能力的业务指导和培训工作。实施审批事项(人防工程质量监督检查)全城通办,配合做好政府投资项目在线审批监督平台2.0工作,完成网上审批2项。

【加强宣传教育】 全年征订中小学防空教材万余册,确定教师人防宣传骨干3名,选送6名中小学教师到湖州师范学院进行防空师资培训。与临城金鸡山社区签订共建协议,打造社区人防宣传教育"七个一"。开展"防空防灾知识进企业"活动,6月在中国电信舟山分公司开展应急情况下抢修通信设备及人员疏散演练,在舟山国家石油储备基地组织开展临战人员应急疏散演练。结合"3·1"国际民防日、"5·12"防灾减灾日等,在银泰广场和海洋文化广场分别举行"关注民防、平安生活"大型广场主题宣传活动。在市委党校中青班开设人防宣传教育讲座。依托报纸、广播电视及微信公众号,推送应急救灾小知识和宣传图片,开展民防知识答题互动。借助舟山电视台、公交车载电视播放宣传片等开展防空防灾知识宣传。在舟山人防网站开辟人防法律法规和防灾减灾知识专栏。联合舟山广电开展人防宣传公益宣传片制作。投资近500万元的市本级防空防灾教育体验馆竣工验收。

(撰稿:市人防办)

11月18日,在定海文化广场开展民防宣传活动(市人防办提供)

武 警

【概况】 2017年,中国人民武装警察部队舟山市支队(下称"舟山支队")聚焦迎接保卫学习贯彻中共十九大这条主线,以强军目标

武警训练场景(武警舟山市支队提供)

为统领,突出抓班子带队伍、抓基层打基础、抓能力保中心、抓作风正风气,完成各项任务,部队建设呈现全面进步、稳步发展的态势。

【中心任务】 组织特勤力量和创破纪录集训,每月组织军事会操考核,组织4次教练员、3次勤训轮换和预提指挥士官集训,3次与公安特警联训,做好二季度舟山片区“魔鬼周”集训和总队首长机关带实兵野营拉练协调保障工作。投入242万余元为基层配发训练器材。落实“台州会议”精神,开展执勤安全教育整顿,整治隐患26处。开展“战备月”活动,分类细化28条措施,3次组织紧急拉动演练,3次会同市公安局、农林局联演;处置无人机事件。动用兵力1532人次完成展茅街道救援、香会安保和武装押解等勤务152起。

【思想政治建设】 落实廉洁从政规定、公平公正处理敏感事务,调整使用干部32人,研究转业干部3人,选送技术学兵38人,推荐学员苗子15人,优秀大学生士兵提干对象1人。抓实党委中心组带学、部门夜校自学、外请专家辅学和基层岗位普学。推进主题教育和“提振精气神、聚力迎大考”“军人贷”、严防政治领域重大安全问题等专项教育,创新开设“海中洲”大讲堂、“海岛卫士”微课堂,6次邀请地方专家上大讲堂,4次挖掘特长官兵登微课堂。3篇理论文章、40余篇稿件在《解放军报》《人民武警报》等媒体刊发;投入40余万元购置配发电脑、图书和文体器材。落实“四心工程”,组织“十个一遍”、强军故事会、主题党日和“八一”军民联欢活动,建立家长微信群,定期邀请心理老师巡诊。

【基层建设】 把注意力向基层聚焦,实施分类指导、科学抓建,推动基层建设健康稳定发展。集中时间组织干部开展《纲要》集训,岱山中队战士杨书怀被推荐武警部队优秀团代表。制订党委机关《按纲服务指导基层计划》,实施领导(股)挂钩帮建和业务股对口指导“两条线”常态帮带。完善《季度按纲建队考评实施办法》,按照“分类型评比、分层次竞争、按比例升降”的原则,开展季度红旗单位和先进中队评比。开展“四主五会”“双争”“双向讲评”,定期组织挂钩领导和机关干部参加基层按纲建队分析会。

【后勤保障】 聚焦“实战化”,抓好“一组五队”训练,修订完善4类6项后勤保障预案,补充13万余元炊事单元组、野战食品和急救药品等物资,完善21个地方保障网点,13名炊事员考取初级厨师证书,完成杭州士官学校20名学员实习和二季度“魔鬼周”集训海上输送任务。加大党委管财理财力度,落实大宗物资阳光采购、大项建设公开招标,做好各级审计准备,推进油料专项整治,定期组织司务长集体办公、军械员业务培训。深化“伙食精细管理年”成果,落实“1126”“6211”饮食模式,因地制宜搞好农副业生产,定期下基层巡诊。

武警车辆检测(武警舟山市支队提供)

(撰稿:陈尚龙)

责任编辑:李馨桐　童涵

海洋与渔业

2017年，舟山海洋与渔业工作贯彻落实中共十九大和市委七届三次全会的决策部署，围绕浙江舟山群岛新区发展规划、中国（浙江）自贸试验区总体方案，以“四个舟山”为中心，坚持生态绿色可持续发展，稳中求进，推动渔业经济发展。

2月24日，全市海洋与渔业工作会议在定海召开（张蕾 摄）

海洋综合管理

【海域使用管理】 2017年，市海洋渔业局完善用海要素配置，引导集约高效用海，规范海域使用管理，推进重大项目建设。全市新确权用海项目核发海域使用权证书77本，确权面积802.16公顷，其中出让用海核发海域使用权证书25本，142.44公顷；征收海域使用金10309.19万元，其中出让用海征收海域使用金7697.75万元；海域使用金减免1978.02万元。办理海域使用权抵押证书41本，抵押面积429.21公顷，融资金额299679.77万元。变更海域使用权证书99本，变更海域使用面积510.04公顷；注销21本、注销面积520.80公顷。严格执行围填海计划管理，9月底统筹安排并上报市近期拟实施的重大民生工程、基础设施、国家战略项目用海19个，涉及围填海指标面积345.01公顷。

【海岛管理】 2—6月，完成2016年度全市海岛统计报表填报工作。根据《国家海洋局办公室关于全国“生态岛礁”工程项目库建设有关事项的通知》要求，开展项目库申报工作，将嵊泗花鸟和枸杞、岱山渔山列岛、普陀东极、定海东岠5个生态岛礁建设方案纳入项目库。继续加强对已批复国家海域使用金项目的监管工作，对市级承担的对面园山海岛整治修复工程、定海区承担的干礁污水管网工程项目初步设计变更方案上报省局备案。配合做好舟山绿色石化基地建设项目无居民海岛使用报批工作，根据专家审查意见，优化项目用岛方案，相关报告经修改完善后重新向上申报。完成长峙新城大桥复线工程担峙岛无居民海岛使用申报工作，担峙岛无居民海岛使用获省政府批复同意。履行市海岸线管理办公室职责，向省海岸办出具或转发四个项目岸线使用初步审查意见。组织开展《舟山市美丽黄金海岸线（带）修复建设规划（2016—2020）》编制工作，并形成

海岛岸线调查(张蕾　摄)

项目评审稿。

【海底管线管理】 配合国家海洋局东海分局做好各种海底电缆管道的路由协调、路由勘察报告审查等相关工作。马目至鱼山海岛输油管线工程路由、舟山岛至鱼山岛220千伏海缆工程路由通过东海分局审查,北塘110千伏输变电工程(沈家门—朱家尖)海缆等2个路由桌面研究报告通过东海分局组织的专家审查,协助业主单位开展马目至鱼山LNG项目海底管道路由申报工作。

【海域使用动态监管】 全年现场监测区域用海规划项目3次,累计监测面积61.58公顷;填海项目竣工海域使用验收测量核查监测9次,累计测量面积500.57公顷。出具用海项目复核意见39份。全市配号项目116个,配号证书118本,其中初始登记配号证书32本,变更登记配号证书86本。完成县级海域动态监管能力建设,并通过验收。

【推进国家重大战略项目用海用岛报批】 绿色石化基地建设二期围填海工程,在相关涉海论证报告于2016年底原则通过专家评审的基础上,对用岛方案进行多次优化。2017年6月,用海、用岛报告通过国家海洋局技术审查。12月,国家海洋局组织中咨公司对相关涉海论证报告进行第三方评估。

小干岛商务区围填海工程,在2016年提交用海申请后,2017年3月,国家海洋局组织相关专家进行了现场踏勘,根据国家海洋局以及专家意见,对海域使用论证报告进行修改完善重新上报;小干长峙通道道路接线工程海域使用论证报告已通过评审。

启动离岛片区油品储运基地用海相关工作,其中黄泽山北部围填海工程、双子山北部围填海工程海域使用论证报告通过专家评审,围填海计划指标专项上报国家海洋局。

【环保督察】 8月11日至9月11日,中央环保督查组专项督察浙江省,其间8月下旬对舟山市进行了下沉督察,涉及海洋管理的各个方面,其中围填海管理作为重点督察对象。根据市协调联络组及省局要求,提供3批19项相关材料。根据督察及约谈反馈情况,中央环保督察组对市海洋管理综合情况总体满意。

【海洋督察】 11月21日至12月21日,国家海洋督查组第四组专项督察浙江省围填海,调阅37批次材料,涉及舟山的26个批次。其间12月上旬对舟山市进行下沉督察,调阅资料5个批次,与市相关部门领导就海洋管理、海洋执法、海洋环保等重点问题与事项进行谈话,约谈7人次,现场核查项目3个。根据督察反馈情况,舟山市确保责任措施落实到位。

【海域海岛使用权储备(交易)中心】 是年,舟山市贯彻落实海域使用权招拍挂出让制度。全市公开出让海域使用权25宗,出让海域面积142.44公顷,征收海域使用金约7697.75万元。发挥"舟山市海域海岛使用权储备(交易)中心"网站信息平台作用,全年发布海域海岛使用权交易信息100条,实现全市海域海岛使用权交易信息的公开、共享。

【海域勘测】 市海洋勘测设计院全年实施项目213个,其中规划类项目2个,海域使用论证等涉海技术服务报告书16个,海域使用论证等涉海技术服务报告表20个,竣工验收、测量技术报告63

个，海域价值评估83个，数模、水文等8个，环境监测、现状调查等21个。

【海洋环境监督管理】 围绕浙江舟山群岛新区建设，严把海洋工程环境准入关，在项目核准上为建设单位提供服务。开展增殖放流工作，恢复海域渔业资源。全年全市核准海洋工程项目14个，其中省局委托核准项目9个，市局核准项目5个。组织环保“三同时”验收项目3个。落实生态补偿项目14个，到位生态补偿资金约492万元。

【海洋灾害和防灾减灾】 利用卫星遥感、航空监视监测、船舶及赤潮志愿者监视等方式，加大赤潮监视监测力度。全年舟山近岸海域发现赤潮16起，主要分布在嵊山岛周边海域及朱家尖东部近岸海域，累计面积约691.5平方千米，其中有害赤潮2起，全年未发现灾害损失。赤潮生物主要为东海原甲藻、中肋骨条藻、具刺膝沟藻、多纹膝沟藻、菱形藻和米氏凯伦藻(有害)。全年全市海域发生风暴潮1起，由超强台风“泰利”影响造成，直接经济损失5882万元，未造成人员死亡(含失踪)。全年发生灾害性海浪过程11次，其中受热带气旋影响2次，温带天气系统影响9次，发生天数合计为25天，灾害性海浪引发事故4起，造成直接经济损失215万元，人员死亡(含失踪)2人。舟山海域发现1起海洋污染事故，事故未对海洋环境造成重大损害。

【海洋环境监测和预报】 履行海洋环境监督管理职责，做好全市近岸海域环境质量、海洋生物多样性、陆源入海排污口、海洋功能区、海洋垃圾、海洋灾害等监测工作。监测项目覆盖海洋水文气象、水质、沉积物、生物生态等，监测海域面积20799平方千米，设置各类监测站位近600个，获取各类监测数据近80000个。监测结果表明，舟山海域水环境质量总体好转，秋季海水质量最好，其次为夏季、冬季，春季海水质量最差；秋季有19.9%的海域符合第一类和第二类海水水质标准，同比上升10.4个百分点，主要超标因子为无机氮和活性磷酸盐。近岸海域呈富营养化状态的海域面积总体略有下降。近岸海域表层沉积物质量综合等级为良好。鉴定出海洋生物252种，浮游植物、浮游动物、底栖生物多样性指数水平总体稳定。16个陆源入海排污口达标排放率为43.8%。全市4个倾倒区全年倾倒清洁疏浚物714.3万立方米，海洋倾倒区及周边海域水深状况基本稳定，能够满足倾倒需求，倾倒区及周边海域的水质、沉积物质量、生态均满足海洋功能区环境保护要求。市海洋与渔业局持续开展海洋预报工作，每天对定海、普陀、岱山、嵊泗等主要岸段开展常规性的海温和潮汐预报，对舟山本岛附近海域、舟山东部海域、舟山北部海域开展海浪预报，并通过相关媒体向社会发布。

渔业经济

【概况】 2017年，全市渔业经济总体保持平稳增长发展态势。全市渔业年总产量200.77万吨，渔业总产值159.53亿元，比上年分别增长5.53%和7.36%。其中，

2017年全市渔业各行业产量产出情况

表18

分　行　业	产量(吨)	比上年增长(%)	产出(万元)	比上年增长(%)
全　市	2007700	5.53	1595331	7.36
地方渔业	1976680	5.25	1554411	6.73
海洋捕捞(国内捕捞)	1084759	−7.49	894425	−3.15
远洋捕捞	631550	17.21	516599	26.55
其中:地方远洋渔业	600530	16.75	475679	25.65
水产养殖	291391	52.46	184307	19.45
其中:海水养殖	279074	53.93	172053	22.21
淡水养殖	12317	25.44	9089	−15.38

2017年全市分区域水产品总产量与总产出情况

表19

分行业	产量(吨)	比上年增长(%)	产出(万元)	比上年增长(%)
全市	2007700	5.53	1595331	7.36
地方渔业	1976680	5.25	1554411	6.73
其中:定海	161143	-9.05	173705	11.23
普陀	971063	7.74	803863	9.28
岱山	462462	5.14	390348	3.94
嵊泗	413032	7.51	227415	3.98

2017年全市渔业分品种产量

表20

分类	产量(吨)	比上年增长(%)	分类	产量(吨)	比上年增长(%)
(合计)	2007700	5.53	虾类	219283	-11.24
鱼类	817740	-1.34	毛虾	58624	-16.41
大黄鱼	1110	50.00	对虾	10908	6.19
小黄鱼	53084	-1.05	鹰爪虾	76476	-21.85
带鱼	114809	-5.06	蟹类	173415	-0.12
鲳鱼	24732	16.78	梭子蟹	140021	-4.04
鳓鱼	1187	-59.42	青蟹	64	-21.95
马鲛鱼	7100	-7.71	头足类	539396	11.76
鳗鱼	21983	-2.11	乌贼	913	23.55
鲐鲹鱼	65197	-11.53	鱿鱼	535653	11.91
马面鱼	1062	40.48	章鱼	2830	-12.17
鳀鱼	2390	-17.81	贝类	249570	53.61
鲷鱼	586	56.27	蚶	28590	114.29
梅鱼	119948	-13.17	贻贝	173901	40.54
方头鱼	3794	-16.30	蛤	12967	48.97
玉筋鱼	26961	-3.62	藻类	4271	90.75
白姑鱼	12550	-27.24	海蜇	3834	-27.88
黄姑鱼	7865	-33.02			

地方渔业产量197.67万吨,渔业产出155.44亿元,同比分别增长5.25%和6.73%。全市渔业生产鱼类81.77万吨,同比减产1.34%;虾类21.93万吨,同比减产11.24%;蟹类17.34万吨,同比减产0.12%;头足类53.94万吨,同比增产11.76%;贝类24.96万吨,同比增产53.61%;藻类4271吨,同比增产90.75%。

【海洋捕捞分作业产量】 是年,受伏季休渔期的延长和减船转产等政策因素影响,国内捕捞作业时间减短,生产单位减少,产量产值比上年有较大幅度下降。

2017年海洋捕捞分作业产量(国内捕捞)

表21

作业	产量(吨)		比上年增长(%)
	2017年	2016年	
(合计)	1084759	1172597	-7.49
对拖	35512	44921	-20.95
单拖	95372	116222	-17.94
拖虾	262925	288474	-8.86
围网	78342	92672	-15.46
钓业	5757	6770	-14.96
刺网	83240	92494	-10.00
帆布网	329053	340103	-3.25
张网	68873	77096	-10.67
蟹笼	64012	59915	6.84
其他捕捞	61673	53930	14.36

【水产品加工与进出口】 全市有水产品加工企业370家,规模以上企业77家。水产企业面对渔业资源衰退国内外复杂多变的经济形势和企业经济效益下滑等大背景,水产品出口平稳增长。全市水产品出口总量18.4万吨,贸易额7.48亿美元,同比分别减少0.31%和增长1.51%;水产品加工量74.85万吨,加工产值294.99亿元,同比分别减少1.82%和增长3.51%;水产品交易市场5个,交易量79.1万吨,交易额134.53亿元,同比分别增长7.95%和增长15.6%。

【远洋渔业】 是年，市远洋渔业开始转型升级，出台《关于进一步加快远洋渔业转型升级的若干意见》等相关政策文件。首创全国远洋渔业海上流动管理平台，“普远801”生产指挥船在东南太平洋秘鲁外侧公海定期巡航，执行海上治安、渔业管理、抢险救灾和医疗救治等远洋渔业配套保障服务的任务。以大洋世家、浙江汉荣、大连巨戎等省内外大型远洋企业落户国家远洋渔业基地，推进35艘远洋老旧渔船更新改造。是年全市有远洋渔业企业35家，部属舟渔、中水股份2家；全年全市有远洋渔船490艘投入生产；远洋渔业产量38.16万吨，产值45.21亿元。

北太、西南大西洋鱼发相对稳定，东南太平洋鱿鱼资源变动较大，赤道鱿鱼开发利用弥补了东南太平洋渔场生产不足。建立行业内部统一销售组织，促进鱿鱼市场价格持续平稳，确保全市远洋渔业整体生产持续、健康运行。

加强国际渔业合作，基里巴斯玻璃钢冰鲜金枪鱼延绳钓2艘渔船投产。市长温暖出访美国、格拉纳达以及乌拉圭三国，吉布提共和国渔业代表团访问舟山市，并谋求与安哥拉、苏里南、马达加斯加、莫桑比克等国家开展远洋渔业项目合作。

【海水养殖】 市养殖生产总体形势与上年基本相当。对虾养殖两茬都有出现对虾肠炎病、不吃料、生长缓慢的情况，下半年病死现象较为普遍，全年产量因新增养殖场和放苗量而有所增加，但受江苏等地虾量影响和对虾出病影响，整体价格和产值较上年低，小部分养殖户选择弃养二茬规避损失。贻贝养殖得益于台风来得晚且少，顺利养成收割，加上市场开拓良好，增产增收明显，平均每户30多万元。到10月，养殖产量13.4万吨，同比增长38.6%。大黄鱼等网箱养殖与上年持平。抓好全市各地水产养殖水域滩涂规划。在农业部统一部署下，四县（区）相继完成水域滩涂养殖规划。开展转型促治水养殖塘生态化改造。全市完成养殖塘生态化改造面积2310亩（154公顷），其中定海500亩（33.3公顷），普陀900亩（60公顷），岱山310亩（20.67公顷），嵊泗600亩（40公顷）。为全面了解舟山渔业环境水质状况，市、县联动开展渔业环境和养殖尾水监测抽检工作，为渔业转型促治水行动提供技术支持。推进农业部水产健康养殖示范场创建，完成2017年农业部水产健康养殖示范场4个创建培育工作，做好第三、四、七批的5个农业部水产健康养殖示范场到期复查工作。探索水产养殖新品种、新模式，相继开展循环水海水鱼养殖、小黄鱼种苗繁育等项目。

【初级水产品质量安全】 开展“百日攻坚”专项行动。市海洋与渔业局制定2017年舟山市初级水产品质量排雷“百日攻坚”专项行动实施方案，排摸隐患问题5个，全部整治完成，并按时间节点完成各类报表和总结。举办以“尚德守法 共治共享食品安全”为主题的食品安全宣传日活动。培训生产主体230人次，发放告知书450份，签订承诺书100家。开展二期市及县（区）初级水产品监管人员培训，参加人员250人次。部署舟山市初级水产品上市及节前抽检、贝类专项风险监测任务，抽检160批次，累计完成省级日常监督抽样275个，风险监测抽样226个，抽检合格率100%。完成省局10家初级水产品质量追溯点创建工作，全市初级水产品质量追溯点达到40个。开展对养殖场、苗种场以及海捕船等重点场所专项执法检查，检查重点区域和场所258家（艘），累计出动执法人员人187人次。配合完成市级菜篮子工程建设工作，建设面积累计达26000亩（1733.33公顷）。

【休闲渔业】 重点摸清市休闲渔船发展现状，市、县（区）联动根据渔业资源、旅游资源、休闲渔船配套的码头设施等资源和基础设施条件，开展休闲渔船发展容量研究，制定休闲渔船发展规划。普陀、嵊泗完成休闲渔船规划编制工作。组织开展2017年全国休闲渔业品牌培育活动，普陀虾峙镇东晓社区申报最美渔村，普陀白沙岛、嵊泗石柱渔家乐申报全国休闲渔业示范基地。

【渔港建设】 是年，普陀樟州渔港建设工程通过竣工验收。续建项目7个，完成投资2.11亿元，其中普陀蚂蚁渔港扩建工程、普陀白沙渔港建设工程通过交工验收，浙江省定海区西码头中心渔港扩建工程完成投资4000万元，浙江省舟山市沈家门中心渔港扩建工程完成投资1591万元,岱山县高亭中心渔港提升工程完成投资5995万元,岱山县大衢万良二级渔港工程完成投资503万元,嵊泗县嵊泗中心渔港(新港区)二期工程完成投资8983万元。新开工项目3个,完成投资8395万元,其中岱山县高亭中心渔港疏浚工程完成投资1025万元,岱山县大衢渔港扩建工程完成投资3340万元,岱山县渔业船舶避风锚地升级改造项目完成投资4030万元。市财政下达渔港补助资金737.55万元。

渔政渔监、船检、执法

【渔政渔监管理】 落实渔业安全生产管理责任,加强预警监控管理,保持全市渔业安全生产形势和渔区社会稳定。2017年,针对大风及突发事故下发内部明电28次,九级以上大风渔船动态报告49次。发放渔业船舶安全生产宣传资料5012份,张贴宣传画及标语430份,出动宣传车8台次,悬挂横幅22条,召开全市安全生产形势分析会议4次,开展60马力(44.13千瓦)以上渔船船长"面对面"安全教育5654人次,安全教育率达100%。全年发生海事、渔事纠纷256起,累计调处253起;开展渔船海难救助实施海上救助283起,救助渔民2149人次,救助渔船282艘,直接参加救援的船舶321艘次,其中公务船53艘次,渔船互救268艘次,投入救助资金775.23万元,挽回经济损失9386.45万元。全市发生渔业水上安全事故14起,沉船1艘,死亡(含失踪)19人,直接经济损失779万元,事故起数同比下降57.58%,沉船数净减3艘,死亡(含失踪)人数下降32.15%,直接经济损失数下降48.03%。

【渔船检验】 全年受理检验17家船厂申报的远洋渔船283艘(换证检验80艘,其间检验26艘,年度检验110艘,临时检验43艘,初次检验24艘),发证297艘(含上年受理但未完成检验的渔船:换证检验103艘,其间检验28艘,年度检验108艘,临时检验41艘,初次检验17艘)。国内渔业船舶检验发证5716艘(市处173艘,岱山2307艘,普陀1720艘,嵊泗1120艘,定海396艘)。舟山区域新建开工渔业船舶213艘(市处31艘、普陀27艘、岱山104艘、嵊泗29艘、定海22艘)。检验点网上受理检验国内渔船420艘(定海检验站137艘,嵊泗检验站283艘)。修理5239只气胀救生筏,并协同县(区)渔业主管部门,对8家筏站78只救生筏筏进行试验(抛投试验60只,场地充气试验18只)。对舟山四家GMDSS检修单位进行网络服务平台跟踪检查,检测394艘渔船。抽查全市拖网改拖虾作业渔船88艘,渔船修(造)企业8家。船用产品检验发证703套(件)。完成5家渔业船舶修造企业生产能力评价,并突击检查全市9家修造船厂。新制并安装国内渔船"渔业船舶身份标签"和"渔业船舶卡"141艘。对全市35艘船龄25年远洋渔船进行安全检查。和市精博船舶工业发展研究所举办由中国渔船渔机渔具行业特有工种职业技能鉴定站组织的渔业船舶修造企业焊工培训班,95人参加,发证93张。组织各县(区)渔船检验站验船师、渔船建(修)造企业联系人(质检员)94人的"浙江省渔业船舶检验系统"应用培训班,全市国内渔船建造检验于7月1日起全部进入省渔业船舶检验系统完成检验流程,开工令由系统签发;9月15日起所有营运检验渔船进入省渔业船舶检验系统完成检验流程。

【海洋综合执法体制改革】 4月,根据《舟山市海洋行政执法改革方案》精神,市政府办公室印发《舟山市海洋与渔业局(海洋行政执法局)主要职责内设机构和人员编制规定的通知》。新的"三定"规定,内设12个行政处室,比原来减少2个行政处室,撤销下属渔业经营管理处事业单位,核减事业编制10名,原市海洋与渔业执法支队更名为市海洋行政执法大队。

【海洋与渔业执法】 是年,做好中央环保督察、国家海洋督察迎接工作,实施全面排查、分类处理,做好督察反馈问题整改落实。围绕"海盾2017""碧海2017""护岛2017"三大专项执法行动,针对围填海、海洋环境、无居民海岛开发利用、海洋特别保护区等领域,强化监督检查,严厉打击和依法查处重大海洋违法行为。是年,全市海监执法检查出动船艇541艘次,航程21053海里,派出执法人员2393人次,检查用海项目662个,检查海岛514个,获取海岛照片2570

3月30日，“蓝海卫士”志愿者到全市各大菜场等宣传禁渔期知识(张蕾　摄)

张。办结案件33起，收缴罚款98341.3万元。

舟山市根据省委、省政府关于浙江渔场修复振兴暨“一打三整治”行动的决策部署，落实行动，抓渔业安全，推进“平安海区”建设。加强伏休监管，打击违规作业渔船，维护渔区稳定。全年全市进行渔政执法检查4180次，参加检查25124人次，船艇2103艘次，航程69139海里，检查渔船7275艘，查处案件639件，办结案件635件，收缴罚没款748.81万元，移送司法机关17起，移送人员93人，查处涉渔“三无”船舶102艘，清理违禁渔具25931顶，查获违禁渔获物147905.75千克。

【海洋与渔业执法装备建设】 至年底，计划投资2400万元的300吨级中国渔政33102船累计完成投资2200万元。普陀区海洋与渔业局新增一艘投资840万元的100吨级中国渔政33113船。岱山县海洋与渔业局计划投资1400万元的100吨级中国渔政船33127船，完成设计，准备建造。

【海洋与渔业信息化建设与管理】 完成渔业安全信息化“三增”工作项目，实施渔船智能AIS更新、固定式北斗示位仪示范和渔船安全动态点验平台项目。全市完成安装1920艘10人以上渔船智能AIS设备；固定式北斗示位仪原计划安装130套，实际安装1570套，船位数据接入渔船安全救助信息系统平台，设备1小时在线率为99.5%；全市渔船安全动态点验落实79个点验点，增配渔业安全管理人员288名，严格实行6小时一次渔船动态点验，10月完成重大会议和节日的2小时一次渔船安全点验保障工作。是年，省近海小物标雷达舟山建设项目完成并投入试运行。建成9座雷达监测站，融合CCTV和AIS等设备对舟山辖区海域进行全覆盖监管。渔业短波岸台移动端APP进入试运行。为加强渔业安全基础设施的维护，对全市12座AIS基站的7个站点进行设备维护与巡查；对全市渔业航标21座(新建1座)维护23航次。强化系统内渔船设备核查和基础数据维护，

5月25日，东海救助局在朱家尖福利门水道举行海陆空立体救助演习(沈磊　摄)

开具渔船信息系统终端设备入网证明书464份,核发市本级海上移动通信业务标识码(MMSI)证书68本;更新维护渔船基础数据1806条。做好渔业应急事件处置和海上应急信息服务。接到渔船及其他应急事件报警66起,其中人员救助45起,成功救助人员172人次。所有事件报警处置、反馈率100%。通过数字渔业和渔船安全救助信息系统平台,向作业渔船和渔业管理人员发布突发恶劣天气、台风、浓雾预警、航行警告、事故通报、渔政船动态信息912次;通过信息系统平台发送各类信息175309条次;完成733短波岸台气象通播487次。

渔业科技、渔经管理

【渔技推广】 2017年,全市围绕渔业增产和渔民增收目标,开展渔业主推品种、主推模式与技术联合行动,重点推广南美白对虾设施大棚养殖、南美白对虾高位池养殖、围塘虾蟹贝混养、浅海贝藻立体养殖、水质微生态制剂调控等技术与模式,开展低碳池塘内循环水产养殖模式、水产养殖尾水处理、配合饲料替代新鲜或冰冻小杂鱼等宣传与指导工作。是年,全市设立科技示范基地9个,设立科技示范户370户,示范推广面积2.1万亩(1400公顷)。其中配合饲料替代新鲜或冰冻小杂鱼示范户与示范企业16家,辐射推广5家,其中梭子蟹池塘养殖示范推广面积7435亩(495.67公顷),大黄鱼海水小网箱示范推广1300只。

【病害测报】 推进水产养殖病害测报工作,全市设置南美白对虾、三疣梭子蟹、大黄鱼等水产养殖病害测报点30个,测报面积9639亩(642.6公顷)〔定海1431亩(95.4公顷),普陀4925亩(328.33公顷),岱山3083亩(205.53公顷),嵊泗200亩(13.33公顷)〕,其中对虾1479亩(98.6公顷),三疣梭子蟹7880亩(525.33公顷),大黄鱼280亩(18.67公顷),发布水产养殖病害测报信息12期。在水产养殖病害测报过程中,利用浙江省水生动物防疫信息系统,开展水产病害网上自我诊断和远程诊断,各养殖户、各水产养殖病害测报点通过系统平台向在线的专家咨询21次。

【检验检疫】 服务"三渔",做好检验检疫工作。对全市4家水产苗种企业生产的南美白对虾苗种开展白斑综合征病毒、桃拉综合征病毒、传染性皮下及造血组织坏死病病毒、高致病性副溶血弧菌(毒力基因)、虾肝肠胞虫等5个项目的检测,共检疫15批次,其中省级检疫4批次,市级检疫4批次,县(区)级检疫7批次。完成水生生物放流3个品种3批次放流的水生动物防疫检疫。完成南美白对虾、脊尾白虾、水产养殖源水、尾水等共72批次样品的检测检疫工作。完成年度农业部水生动物防疫系统实验室检测能力测试工作。

【渔业科研创新】 全年实施科研项目14个,结题验收项目8个;报批标准1个;申请专利3项;撰写论文17篇,发表论文8篇。

创新开展带鱼养活技术研究 率先在国内实现车间养活带鱼,初步摸索出带鱼暂养保活技术方法,为今后实现带鱼人工繁育和养殖打下基础。

推进大黄鱼新品种选育 实施浙江省农业新品种选育重大科技专项项目——"耐低温大黄鱼新品系选育及养殖示范推广",开展耐低温品系F4代亲鱼培育及F5代苗种繁育工作。5月,保有亲鱼数量为1830尾,F5代苗种数量为1018.5万尾,并制定大黄鱼繁育技术规范。

开展循环水养殖技术研究 完成省重大科技专项——"石斑鱼循环水智能化设施养殖关键技术研究及产业化"项目,优化改造高效循环水养殖水体达840立方米,使单位具备年产21000千克的养殖石斑鱼能力,推动新区乃至全省循环水养殖的研究进程。

进行养殖尾水生态处理研究 完成"红树北移培育技术研究"项目和"对虾大棚养殖废水生态处理关键技术研究"项目,引领海洋环境修复技术,对虾养殖尾水净化技术发展具有重要作用。

【渔业科研成果转化】 坚持科研成果转化,做好生产与服务工作。实施浙江省农业新品种选育重大科技专项项目——"耐低温大黄鱼新品系选育及养殖示范推广"技术成果转化,繁育大黄鱼鱼苗(平均体长3厘米)1000余万尾,同比增长25%,实现产值250余万元。实施南美白对虾亩产超万斤技术成果转化,对虾产量约5万千克,产值约260万元。

【增殖放流】 是年，组织实施增殖放流工作，加大生态修复和资源恢复力度，确保放流苗种质量、数量。全年投入资金1525万元，全省参与企业13家，放流海洋生物8.11亿（万、粒、只），计26批次，放流标志大黄鱼2万尾，标志黑鲷1.6万尾，大黄鱼760.9万尾，放流海蜇4285.7万只，加快舟山渔业资源恢复。

7月4日，2017舟山渔场增殖放流活动在普陀东港启动（张蕾 摄）

【专业技术队伍】 是年，市、县（区）海洋与渔业局引进7名国内重点高校、科研院所全日制硕士研究生，鼓励各类技术人员参加在职教育、继续教育，增强科技创新知识技能。市海洋与渔业工程技术中级职务评审委员会于10月15日召开评审会议，评审通过水产养殖、渔船检验、海洋工程等5名高、中级专业技术职务任职资格。至年底，全市海洋与渔业系统国有单位拥有专业技术人员272名，比上年增加20名。其中高级职称27名，比上年增加1名；中级职称131名，比上年增加26名；初级职称114名，比上年减少7名。从学历情况看，研究生25名，比上年增加7名，本科生142名比上年增加6名。

【渔技培训】 全年舟山市渔业技术培训中心举办各类渔业船员考证培训班63期，培训渔业船员3011人，其中职务船员56期、2706人，普通船员6期、228人，渔业供油船安全操作员培训班1期、77人。

【渔业经营体制创新】 全市继续做好培育渔业专业合作社、渔业管理服务站、海洋捕捞公司等管渔组织建设。完善和规范渔船股份合作制。会同做好推进“三位一体”渔农合联建设工作。加强渔业管理服务站的规范化建设，对渔业管理服务站（渔业公司）在渔船管理制度建设、安全生产、劳力管理、渔船保险等方面进行年终考核。完善和规范渔业股份合作制，规范老大、股东、雇工的行为，稳定渔船生产经营。推广完善押金式渔船股份制，加强渔船股东合同、雇工合同的签订，加强渔船管理制度建设和安全生产工作。加强示范性渔民专业合作社、示范性家庭渔场建设。至年底，全市有渔民专业合作社162家，其中捕捞65家，养殖90家，加工5家，服务2家；家庭渔场57家。有国家级示范社5家，省级示范社19家，省级示范性家庭渔场5家，市级示范社14家，市级示范性家庭渔场2家，市级规范化合作社33家。

学会团体

【舟山市海洋与渔业经济学会】 2017年，学会会员撰写并发表调研报告和论文约30篇，其中在省级以上刊物发表或作学术交流10余篇。组织会员参加“中国绿色渔业发展论坛”、首届“蓝色经济”发展论坛、“舟山市水产养殖转型升级研讨会”等各级研讨会。学会完成各级下达或立项的调研课题3项，其中市社科优秀调研成果1项。组织会员参加舟山市2017社会科学普及周活动。办好《舟山渔业》杂志，开展学术交流，扩大舟山渔业在全国的影响。

【舟山市远洋渔业协会】 根据《农业部、外交部、公安部、人力资源和社会保障部关于继续在舟山市开展远洋捕捞行业引进外籍船员试点工作的通知》文件精神，继续开展引进外籍船员试点工作，并建立外籍船员信息平台,完善外籍远洋船员的劳动力管理审核。是年,办理外籍远洋捕捞船员手续55批次,共360人,实际在船作业外籍船员428人,对远洋渔船上的船员进行信息备案录入,完善外籍船员报备制度,杜绝各类违规引进问题,并与其他涉外单位协作,实施联动管理。编印《舟山市远洋渔业协会简讯》12期,计56条。舟山市远洋渔业协会牵头促成全市秘鲁鱿鱼联合销售体制的建立,稳定秘鲁鱿鱼的市场价格,降低企业竞争风险,提高行业凝聚力,促进远洋渔业持续健康发展。根据省局的统计工作要求,统一全市远洋渔业企业上报时限以及远洋自捕鱼产量和运回总量,厘清远洋作业船只数以及作业方式和作业海域,是年自捕鱼申报42万吨,并在实时掌握远洋渔业生产动态的基础上,对生产趋势和库存情况进行预测和判断。

【舟山市水产流通与加工行业协会】 是年,组织舟山水产企业参加中国渔博会、浙江农博会、上海名特优农产品展销会等各类展示展销会152家次、295个展位,拓宽国内外市场。做好"舟山带鱼、舟山大黄鱼、舟山三疣梭子蟹、舟山鲳鱼"地理证明商标和"舟山海鲜"浙江区域名牌推广使用,该品牌使用企业分别达到52家和32家。并在国内各地开展舟山地理证明商标产品的打假行动,保证舟山水产品牌。"舟山带鱼"被评为中国百强农产品区域公用品牌。为全市48家欧盟出口企业办理合法捕捞证明3271份,涉及水产品46623吨,金额1.56亿美元。

【渔业互保协会舟山办事处】 全市各渔业互保办事处推动政策性渔业保险制度,强化保障,争取政策,规范管理,提升素质,优化服务,出台系列优惠政策和便民举措,实现互保业绩和渔民抗风险能力同步增长。是年,全市参加雇主责任险渔民55130人,参加渔业互保渔船5162艘,享受各级财政补贴3777万元,无理赔奖励金2118万元;受理互保理赔案件2384起,支付各类赔款15960万元。

【舟山市海洋海岛研究会】 是年,舟山群岛新区海洋海岛保护开发研究会进行重大改革,先后更换了法人代表及领导班子。围绕市委、市政府的中心工作,推动实施创新驱动发展战略,动员全社会和全民共同参与创新。响应舟山市科协号召,参加主题为"海洋科技 创新舟山"的科普节活动。围绕舟山群岛新区开发建设服务,搭建涉海的管理执法部门、企业、大专院校、科研技术单位沟通、交流、互助、合作的平台,发挥成员方在信息、资金、技术、人才、资质、渠道、科研成果等方面的优势,帮助成员单位解决各种困难。

(撰稿:舟山市海洋与渔业局)

中国水产舟山海洋渔业有限公司

【概况】 2017年,面对复杂多变的外部环境,中国水产舟山海洋渔业有限公司上下在中国农发集团的领导和地方各级党委、政府的大力支持下,围绕"十三五"发展战略及"稳增长、促转型、盘资源、谋发展"中心任务,凝心聚力,抢抓机遇,发挥全产业链优势,化解各种不利因素,全面完成集团公司下达的年度主要指标和目标任务。全年捕获海水鱼27100余吨,比上年增长37.04%;水产制品9740余吨;全年营业收入15.78亿元,利润总额3879万元,上缴税费7363万元;全年无等级安全责任事故,无违法违纪案件,无重大群体事件。公司先后获"中国水产科技创新示范基地""浙江出口名牌""浙江省著名商标""2017最具影响力水产品企业品牌"等称号。

【重要人事调整】 经集团公司批复,中国水产舟山海洋渔业有限公司股东会决定,完成公司制改制,企业名称变更为"中国水产舟山海洋渔业有限公司"。经集团公司研究决定,董恩和为中国水产舟山海洋渔业有限公司党委书记、董事长,周张帆为公司党委副书记、总经理,王政耀、石胜旗、张宝泉为副总经理,杜晓强为总经济师,李占杰为总会计师,翁伟虎为公司纪委书记。

【转型升级】 根据5月18日舟山市委书记俞东来与集团公司副书记彭敖瑞的会谈精神,公司明确企业转型升级发展方向及工作目标,全面组织投入明珠工业园、中国(舟山)海洋渔业科创园等项目建设。5月,公司以3700多万元资金取得明珠工业园107.5亩

（7.17公顷）项目建设用地使用权，12月29日，在定海区干礁镇舟山国家远洋渔业基地举行中国农发明珠工业园项目开工奠基仪式。

推进新鱿鱼钓公司的组建工作。集团公司已批准新鱿鱼钓公司组建项目，命名为“中国农发集团舟山远洋渔业有限公司”。通过对集团内部业务资源的整合优化，将充分发挥行业带头作用，实现当地远洋渔业的规模良性增长，力争达到全国领先地位。

加快推进中国（舟山）海洋渔业科创园建设、老厂区改造提升及舟渔片区危房解危等工作，配合做好舟山“百里滨海大道”舟渔段（高架）项目相关建设准备；深化融合军企合作，与舟山警备区、当地人武部及口岸海防办等军地部门就舟渔公司海防码头项目建设申报达成共识；在当地政府及相关单位配合下，公司“三供一业”分离移交改造项目工作稳步推进；配合当地政府如期完成舟渔区块4幢D级危房126户居民搬迁，并持续开展舟渔旧住宅区域周边环境综合整治工作。

12月29日，在定海区干礁镇舟山国家远洋渔业基地举行中国农发明珠工业园项目开工奠基仪式（舟渔公司提供）

【技改项目】 继续加快老旧渔船的更新改造、换代升级步伐，全年累计投入渔船改造资金1.1亿元。9月，完成2艘280总吨北太兼日本海远洋鱿鱼钓船设计及建造项目的招标采购工作，建造资金2000多万元。12月，集团公司批准公司新建6艘新型经济性远洋鱿钓船舶的申请。该项目将新建6艘适航东南太平洋和北太平洋渔场兼作型的鱿钓渔船，单船造价1500万元，总投资额9000万元。

【产学研结合】 坚持产学研结合，推进浙江省重大科技计划项目“海产品冷冻冰晶控制技术集成及产业化”研究和产业化示范工程建设，该项目荣获中国农发集团科技成果一等奖。申报的“海洋渔获物一线船载源头保鲜加工技术研究与装备研发”项目，被浙江省科技厅列入2018年省重大研发计划。加强科技平台建设，设立浙江省企业研究院，被评为全国首批“中国水产科技创新示范基地”及“舟山水产加工名企”，全年研发新产品6类，开展新技术3项。加大知识产权保护力度，申报3项发明专利、8项实用新型专利，获“舟山市专利示范企业”称号。

（撰稿：周瑜）

责任编辑：徐飞舟

杂记(二)

【罕见大群小黄鱼浮出海面】 2月19日下午,“浙普渔41158”和“浙普渔41398”两艘普陀白沙的渔船在作业时遇上奇景,大群白晃晃的小黄鱼突然浮出水面。大约2个小时里,渔民在海上捞到9000余千克小黄鱼。省海洋水产研究所渔业资源研究室主任周永东在简单了解情况后列出可能的原因:与水流有关,遇到上浮鱼群的1891海区第五小区,属于东海外洋海域,可能正好遇到黄海的冷水团和台湾的暖水团在此交汇,形成“水障”,引起鱼群不适,主动浮上海面;也不排除周边渔船的作业方式引起,或是海域环境动态变化的因素导致。

【渔民捕获特大大黄鱼】 3月25日上午,在舟山的海鲜市场上冒出了一条“土豪金”——超大野生大黄鱼。上午10点,普陀东河市场的一家海鲜电门口的箱子里的三条野生大黄鱼,最大的一条长达66厘米,重2.66千克。捕获这条野生大黄鱼的浙普渔64180号船老大是东极庙子湖渔民黄再良。

农　业

概　述

2017年，全市农业工作以打好“五大会战”、建设“四个舟山”为中心，以建设美丽乡村、发展美丽经济、创造美好生活为主线，制定出台扶持渔农村集体经济发展政策体系，推进农林与渔农村各项改革及农业经济的稳定发展。是年，推动市政府出台加强政策性农业保险政策，加大财政补助，全年全市投保种养殖户1013户，保额4.12亿元。

加快农业转型发展。围绕落实省农业“12188”工程，推进重点农业乡镇建设及“菜篮子”基地和万头“美丽牧场”建设，全年提升改造市级蔬菜基地1180亩（78.67公顷）。培育特色农业产业，启动建设杨梅博览园，发展油菜、大小麦、紫云英等景观农业。培育美丽经济新业态，鼓励渔农家乐、民宿、渔农村电商等新兴业态发展，促进渔农民增收致富，全年全市渔农家乐营业收入26.16亿元。加大对重点农业大户的扶持，规范提升渔农民专业合作社，新增市级以上示范性专业合作社和家庭农场20家。加大渔农村实用人才和新型职业渔农民培育，全年完成渔农民素质培训17539人次，其中实用人才培训5729人次。

推进国家森林城市创建。有序推进国家森林城市创建项目，全市新植珍贵树41.84万株，完成森林抚育（珍贵彩色健康森林建设）6779亩（451.93公顷），实施平原绿化1695亩（113公顷）、人工造林1589亩（105.93公顷），均超额完成省定目标任务。是年成功创建嵊泗县省级森林城市，定海区金塘镇、岱山县长涂镇省级森林城镇，以及6个省级森林村庄。

推进美丽海岛建设，提升渔农村人居环境。重点完成全市首个省级美丽乡村示范县嵊泗县以及5条美丽示范线、5个美丽渔农村、10个美丽村口、5000户美丽家庭的创建，新创建4个省美丽乡村示范乡镇、14个特色精品村。全面开展渔农村生活垃圾分类处理，全年完成渔农村生活垃圾分类处理村69个，生活垃圾有效集中处理提升改造村31个；开展渔农村水环境整治，完成渔农村生活污水处理设施提标改造村41个，受益渔农户10652户，投入建设资金1.04亿元。

深化渔农村改革，推进城乡融合发展。扶持壮大渔农村集体经济，全年完成全市35个省定集体经济薄弱村消薄任务。深化渔农村产权制度改革，基本完成全市土地承包经营权确权登记颁证工作；全面推进具有海岛特色的生产、供销、信用“三位一体”渔农民合作经济组织联合会（下称“渔农合联”）改革，完善市、县、乡三级渔农合联及市、县两级执委会运作机制。加大农村低收入户的帮扶救助，完成新一轮低收入渔农户认定，并开展十大帮扶救助活动，是年在册低收入渔农户（不含低保、低边户）88%家庭人均年收入逾1.1万元。是年，全市农业总产值11.05亿元，牧业总产值2.72亿元，林业产值2065万元；全市渔农村常住居民人均可支配收入30791元。

种植业

【概况】 2017年，随着农业生产转型加快和种植业结构调整优化，全市农作物播种面积特别是粮食种植面积及产量总体有所下降，油菜籽、蔬菜等经济作物产量相对上升。是年，全市农作物播种面积18000公顷，比上年下降0.6%，其中粮食播种面积6600公顷，下降0.6%；全年粮食总产量3.6万吨，略下降；油菜籽产量2487吨，增长5.6%；蔬菜13.4万吨，增长2.3%。

2017年全市主要粮食作物种植面积及产量情况

表22

项目	晚稻	大小麦	玉米	大豆	蚕豆	番薯	马铃薯
面积（公顷）	2452	95	1133	738	669	858	571
总产（吨）	17172	369	5614	2815	1278	5773	2518

【调整优化种植产业结构】 加快良种推广，做好优新品种试验、示范工作，带动良种种植，促进农作物品种更新换代，提高农产品产量和品质，保障作物生产安全。全年引进水稻、玉米、蔬菜、西瓜、甜瓜、水稻、玉米等试验品种50多个，设置新品种比较试验与展示点10个，其中引进的甜瓜新品种“甬甜5号”“西州蜜”等通过试验在产量和品质上都表现优良，获得较好经济效益。在朱家尖、岱山确立两个西（甜）瓜示范基地，其中朱家尖西瓜示范基地500亩（33.33公顷），岱山高亭镇石马岙社区甜瓜示范基地200亩（13.33公顷）。全市准备常规稻商品种子50吨，实际供种量约45吨。主推水稻主导品种“秀水134”“嘉58”“嘉禾218”，种植面积2330公顷左右，占全市水稻面积的90%以上。全市主要农作物良种覆盖率98.5%。

是年，开展创建省级粮食高产示范片（方）7个，其中省级水稻千亩示范片3个、旱粮示范方4个，水稻千亩示范片比所在街道水稻平均亩产增10%以上，旱粮示范方产量比面上增产5%以上，通过示范带动粮食产量提升。

【农作制度创新】 重点推广草莓－西甜瓜、西红花－水稻、西瓜－蔬菜、春玉米－夏玉米－马铃薯、贝母－西瓜、无花果套种马铃薯等高效栽培模式，促进特色农业和农作制度创新发展。是年全市新型农作制度创新推广面积1.15万亩（766.67公顷），完成省下达的年考核任务万亩的115%。

【控制化肥施用量】 加快推广测土配方施肥技术以及控制氮、磷流失为主的节肥增效技术，包括精确定量栽培、化肥减量施用技术、肥水一体化技术、缓释肥和商品有机肥推广应用等，科学控制化肥施用量，力求农业节本增效。在定海、普陀、岱山三个县（区）建立百亩以上化肥减量示范点4个，总面积700亩（46.67公顷），其中定海区分别在小沙、马岙实施化肥减量示范面积300亩（20公顷），普陀区在展茅实施化肥减量示范面积200亩（13.33公顷），岱山县在秀山实施化肥减量示范面积200亩（13.33公顷），重点推广商品有机肥和水稻专用肥缓控释肥，通过示范基本形成产业布局生态、资源利用高效、生产全程清洁、环境持续优化的现代农业发展新模式。

【深化农业“两区一基地”建设】 “两区”建设　根据《浙江省现代园区创建导则》和《浙江省农业可持续发展规划（2016—2025）》，通过集聚资源要素、延促产业链条，拓展农业功能等途径，加快

沼液施用现场（谢博伊　摄）

一、二、三产业的深度融合，推进农业供给侧结构性改革，打造农业“两区”（现代农业园区、粮食生产功能区）升级版。是年，以建设“全国海岛型先进现代农业园区”为总目标，在现代农业综合园区或精品农业区、产业特色区、示范园区基础上，整合建设定海省级现代农业园区建设并完成申报，整个项目位于定海区北部沿海，由马岙街道、干礅镇和小沙街道双小线以东区块组成，总面积9.2万亩（6133.33公顷），核心区面积2.5万亩（1666.67公顷），预计2018年正式启动，总投资57530万元。对3万亩（2000公顷）已建成的粮食生产功能区〔其中定海区20000亩（1333.33公顷），普陀区7000亩（466.67公顷），岱山县3000亩（200公顷）〕实施提标改造，主要开展渠道修建等，以减少农田受淹风险，确保生态良好、高产高效，是年明确定海区落实粮食功能区的提标改造项目，2018—2020年每年1000亩（66.67公顷）共3000亩（200公顷）。

“一基地”建设 推进蔬菜基地改造提升，对毁损的路、沟、渠、管理房及泵站等实施维修与更新，建设完善蔬菜保鲜库、肥水一体化、排灌等生产服务设施与装备。是年全市立项市级蔬菜基地改造提升项目11个，改造提升面积1180亩（78.67公顷），其中定海5个，面积575亩（38.33公顷）；普陀3个，面积205亩（13.67公顷）；岱山2个，面积250亩（16.67公顷）；新城1个，面积150亩（10公顷）。

【重点农业乡镇建设】 围绕落实省农业“12188”工程，推进重点农业乡镇建设。计划从2017到2020年创建市级重点农业乡镇7个，其中2017—2018年确定定海区岑港街道、普陀区展茅街道、岱山县岱西镇3个街道（镇）列入全市首批重点农业乡镇创建。根据农业规模大小、产品特色、基地创建等内容，安排项目创建补助资金，重点扶持农业基础改造与生产设施提升、农产品品质提升与品牌打造、公益性经营性社会服务化主体建立、农旅产业融合发展、农业示范项目创建等，打造可看可学可复制的突出民生、特色、景观的农业示范基地，整体提升新区美丽农业发展水平。

【培育特色农业】 启动建设中国（舟山）国际杨梅博览园，园区位于定海区小沙街道大沙社区毕家村，总占地面积1130亩（75.33公顷），总投资约4500万元，由杨梅山庄、杨梅文化街、杨梅采摘林、杨梅多品种种植示范区等18个区块组成，力争通过5年建设，将其打造成集生态休闲、观光体验、住宿游览、科普教育等功能于一体的综合性杨梅博览园区。拓展农业生态景观功能，通过种植油菜、大小麦、紫云英、草花等作物，加强农业景观带打造，全市打造景观农业区域10392亩（692.8公顷），其中定海区7550亩（503.33公顷），普陀区2192亩（146.13公顷），岱山县600亩（40公顷），嵊泗县50亩（3.33公顷）；打造创意农业图案17个、18475平方米。新增定海农民百百家庭农场、定海舟泉家庭农场、定海白泉河东万锦湖渔庄、普陀展茅杨浩家庭农场、普陀六横海之蓝果品专业合作社、岱山庆立家庭农场、岱山刘家岙桂花专业合作社、新城迦蜜家庭农场等市级农旅采摘示范基地8个。

【农产品质量安全管理】 推进省级放心县和国家农产品质量安全县创建，定海区启动国家级农产品质量安全县创建试点工作，岱山县和嵊泗县验收通过省级农产品质量安全放心县创建。是年，在全市范围内开展农产品智慧监管软件平台、设施设备、基层监管队伍情况调查摸底，确定定海区为智慧监管试点，制定《定海区农产品质量安全“智慧监管APP”网格化管理工作方案》，建立相关工作机制和保障机制。3月1日始开展农产品质量安全排雷“百日攻坚”行动，开展在地果蔬农残监测4438批次，其中2批次不合格，合格率99.95%；开展瘦肉精监测2165批次，合格率100%；开展果蔬禽蛋肉类定量检测169批次，1批次不合格，合格率99.4%。开展“放心农资下乡进村”活动，现场设置农技知识咨询服务台，向群众讲授农技知识、农资辨假常识；公示“12316”投诉举报电话，现场接受咨询108人次，发放宣传资料3200多份，派送小包装种子1400包，低价销售农药、化肥9.16吨。9—11月，开展“平安护航十九大”行动，实施在地果蔬农残速测1730批次，4批次不合格，合格率99.77%，瘦肉精速测1258批次，合格率100%。农产品上市季节，先后对草莓、茶叶、西甜瓜、叶菜类、杨梅、葡萄、桃子、柑橘等产品开展质量安全专项检查,抽检27个草莓样品、5个茶叶样品、10个西甜瓜样品、35个蔬菜样品、5个杨梅样品、11个葡萄样品、6个桃子样品、8个柑橘样品,进行定量检测,其中2批次不合格。按照县级以上示范性农民专业合作社、农业龙头企业和家庭农场100%实现可追溯要求,全市455家农业生产主体全部完成市级农产品质量安全监管溯源平台上的数据录入工作,其中定海171家,普陀140家,岱山114家,嵊泗3家,新城管委会10家,普陀山-朱家尖管委会17家。

2月17日,农资市场抽样检查(时德文　摄)

【"三品一标"监管】 打造海岛优质农产品特色品牌,稳固发展海岛"三品一标"(无公害农产品、绿色产品、有机农产品,农产品地理标志)产业。3月1日至6月10日"三品"规范提质百日专项行动期间,全市出动检查人员12人次,开展无公害标志使用专项检查超市、农贸市场10家,绿色食品标志使用规范检查超市、农贸市场、批发市场10家,检查获证主体15家,发放宣传资料300多份,重点对定海区、岱山县5家生产主体开展绿色食品、无公害农产品专项检查。是年,新认证绿色食品4个,面积2005亩(133.67公顷);4家生产经营主体通过绿色食品环境监测,面积1118.5亩(74.57公顷);新认证无公害农产品26个。年末全市累计有市级以上农业龙头企业85家;国家级无公害农产品102个,无公害养殖水产品35个;绿色食品28个;省级无公害农产品产地79个,面积10.86万亩(7240公顷);省级无公害水产品基地34个,面积1.27万亩(846.67公顷)。

【农业水环境综合治理】 结合"五水共治"工作,继续做好农业水环境面源污染治理。全年推广测土配方施肥19.6万亩(13066.67公顷),推广商品有机肥1.95万吨,化肥减量98吨,农药减量3.92吨,病虫害统防统治2.9万亩(1933.33公顷),推广应用配方肥0.099万吨,推广农药减量技术应用面积5万亩(333.33公顷),农药包装废弃物回收率和处置率90%以上。

【整洁田园行动】 重点开展抛荒地专项整治改变农业生态环境,以及推进生产环境清洁化改善和提升田园生产环境的整洁田园行动,提升田园清洁化、生态化和景观化水平。全市落实专项经费1469万元,收集农药、化肥包装物、农膜、遮阳网等废弃物169.74吨,清除田间垃圾及各类废弃物2812.1吨,改造设施大棚349610平方米,改造生产管理用房9454平方米,整理杆线1651根,复绿复耕4002亩(266.8公顷),新增田园景观点41个。

林　业

【国家森林城市创建】 5月,召开全市林业工作暨创建国家森林城市推进会议及联络员会议,形成领导高度重视、部门齐抓共管、市民广泛参与的"三力合一"创建氛围。是年安排市级林业专项资金1200万元。

义务植树　组织开展春季植树节义务植树活动和"11·6秋季植树日"活动,推进军民林、"三八"林、共青林等各类纪念林的营建和树木认养认种,开展生态文化村落、最美系列评选等活动,全年全市军民累计参加义务植树29.6万人次,植树34.1万株,创建省级生态文化基地3处。

森林舟山建设　围绕国家森林城市创建,推进"新植1亿株珍贵树"、珍贵彩色健康森林建设、森林抚育提质、平原绿化扩面等重点工作,深入实施森林舟山建

3 月 10 日，市主要领导参加春季植树节植树活动（陈斌　摄）

设工程。全年全市完成新植珍贵树 41.84 万株，完成绿化造林面积 1589 亩（105.93 公顷），完成森林抚育（珍贵彩色健康森林建设）6779 亩（451.93 公顷），完成森林通道建设 27.7 千米、410 亩（27.33 公顷）。创建省级森林城市 1 个（嵊泗县），省级森林城镇 2 个（定海区金塘镇、岱山县长涂镇），省级森林村庄 6 个（定海区小沙街道三东村、金塘镇河平社区，普陀区展茅街道庙后村、六横镇小苍洞村，岱山县长涂镇长西社区、衢山镇塘岙社区）。

创建国家森林城市宣传　通过各种媒体广泛开展国家森林城市创建宣传，《舟山日报》《舟山晚报》围绕创森开设森林城市系列专题报道，各新闻媒体刊发创森有关文章 50 多篇。农林系统开展以森林城市创建为主题的全市小学生绘画征文比赛，举办各类森林生态大型宣传活动 6 期，在舟山微信公众号推送森林舟山信息动态 100 多条。

【森林资源保护】 加强公益林建设与管理，年末累计建成公益林优质林分 58.0 万亩（3.87 万公顷），占公益林总面积的 75.86%；规范公益林惠民资金发放，全年发放省级以上公益林补偿资金 2370.27 万元，其中省级以上资金 2209.72 万元，地方配套资金 160.55 万元。做好以松材线虫病为主的林业有害生物除治工作，全年完成松材线虫病除治清理面积 8905 亩（593.67 公顷）。开展古树名木普查，完成全市古树名木普查 1827 棵，完整记录其所在地点、种类、树龄及生长现状等情况，并组织开展古树名木统一挂牌工作，提高社会各界对古树名木重要性的认识。开展全市森林资源二类调查、海岛昆虫资源调查等工作，完成全市森林资源分布图及昆虫名目的编录。

【林业产业发展】 以林业特色产业增效致富工程项目为载体，以林业标准化推广示范技术为支撑，坚持科技示范带动，完善“合作社 + 基地 + 农户”的标准化推广模式，增强带动林农增收致富能力，推动创品牌、创特色之路。

7 月 10 日，创建国家森林城市活动现场（陈斌　摄）

是年,安排水果标准化项目11个,茶叶产业项目7个。全市果树种植面积9.8万亩(6533.33公顷),总产量7.6万吨;茶园总面积9114亩(607.6公顷),茶叶总产量77吨;林业育苗面积6636亩(442.4公顷),培育苗木944万株,其中容器育苗约100万株。做大做强生态经营、休闲观光、示范带动、农民增收的林业发展产业,构建生态、生活、生产"三生融合"的海岛森林休闲旅游业,是年全市新建林道28千米。

【林区治安管控】 全面落实林区警长制,将守护每片林区的责任落实到基层。全市设立警长工作人员11人,警务区9个,建立警务工作点16个,配备特勤人员95人,建立林业联防队伍30支681人。开展"2017禁种铲毒""利剑行动""利剑行动2号"林区禁种铲毒行动、严厉打击盗采滥挖野生植物专项行动、集中打击破坏森林和野生动植物资源违法犯罪暨"利剑3号"专项行动、"迎接十九大、忠诚保平安"等专题活动,查处和打击涉林违法犯罪行为。是年,全市查处行政案件14起,罚款12.6万元;收缴麦冬74袋计14.8万株,大吴风草9.4万株,兰花400多株,铲除罂粟340多株。

【林政资源保护】 加强涉林垦造耕地监管,严格审查国土部门的垦造耕地项目,按省"十个范围"规定从严控制利用林地垦造耕地,是年未发生利用林地垦造耕地的情况。做好征占用林地审核审批,做好六横工业垃圾收集场等项目的申报对接和材料上报。全年审核办理工程建设征占用林地28项,涉及林地面积57.56公顷。结合"湿地日""世界野生动植物日""爱鸟周"等活动,以图片展板、彩色折页、现场咨询等形式,宣传《中华人民共和国野生动物保护法》《中华人民共和国陆生野生动物保护实施条例》和《浙江省陆生野生动物保护条例》,普及爱鸟护鸟、野生动植物保护知识,向市民发放宣传资料7000多份。开展救助和保护野生动物工作,全年接到救助电话100多次,救助各类野生动物80多只,其中野生獐1头,绿鬣蜥1只,野生蛇类11条,野生鸟类63只。

【森林消防】 严格落实森林消防行政首长负责制,层层签订森林消防工作责任状,把森林消防列入平安舟山建设的一项重要内容。是年投入森林消防经费495万元,落实森林消防队员人身意外保险,除嵊泗外(该县乡镇森林消防人员均为乡镇机关干部),其他新一轮参保的专业和半专业队伍都按照省标准投保50万元/人的人身意外伤害保险,普陀山森林消防机降灭火队伍投保80万元/人的人身意外伤害保险。继续实施"引水上山"工程,是年普陀区投资约60万元,在全区各镇(街道)重点地段安装近百只容量3吨的蓄水桶,并与上海点程智能科技有限公司合作,通过建设"林E通"智能林业系统,对山上安装的蓄水桶进行定位,为引水灭火提供智能高效服务。是年,全市有专业、半专业森林消防队伍47支、1315人,其中四个县(区)和普陀山均组建一支25人以上的专业森林消防队伍,乡(镇)按每1000亩(66.67公顷)配一名护林员的标准配备护林员748人,并全面启用护林员GPS巡护系统,随时掌握护林员到岗到位情况。

加强森林消防宣传,在全市各中小学开展以"关注森林消防,共筑绿色家园"为主题的"五个一"教育活动,分发《清明节森林防火告家长书》《森林防火宣传图册》等宣传资料2万多份。春节、清明等重要森林防火时段,张贴《舟山市人民政府关于发布森林禁火令的通告》2000份,在舟山电视台和出租车播放森林防火滚动宣传字幕,在轮渡和公交车上滚动播放森林消防教育短片,广泛宣传《森林防火条例》和《浙江省森林消防条例》,提醒群众在扫墓、踏青、游玩时注意野外用火,倡导民众采取植树、送花等有益于保护生态环境的文明祭扫方式;在主要镇、街道进山路口悬挂宣传横幅,安装森林防火警示牌、防火警示旗等。是年,全市仅发生一起森林火灾,过火面积和受害面积均未突破省定指标。

畜牧养殖业

【概况】 2017年,全市畜牧业发展空间趋紧的现状与肉品"菜篮子"供需矛盾依然凸显。年末全市生猪存栏3.5万头,比上年末下降28.4%;家禽存栏26.8万只,同比下降45.6%。全年肉类总产量7993吨,同比下降41.2%;其中猪肉产量6145吨,鸡鸭鹅蛋产量

2274 吨，同比分别下降 43.9% 和 43.5%。是年，完成中澳现代产业园澳牛进境加工项目屠宰厂选址（金塘）和动物防疫条件风险评估。

【畜牧业转型升级】 推进美丽牧场创建，按照“绿化美化、布局合理、技术先进、安全高效、资源利用”要求，确定 10 个省级美丽牧场及所有保留的规模猪场市级美丽牧场的创建，明确创建任务、标准、申报、验收以及扶持政策等一系列措施，确保 2019 年底前全部完成。至年末，全市有 6 家牧场（规模猪场）完成市级美丽牧场创建。提升猪肉自给率，启动普陀六横晨源牧场（扩建）、定海华晟牧场（扩建）、岱山牧场（新建）等 3 个万头猪场的创建工作，其中普陀六横晨源牧场于年末基本完成主体工程建设，定海华晟牧场 11 月开工建设，岱山牧场尚处选址筹建中。

【畜禽养殖污染防治】 3—6 月，全市开展以排查消除养殖场、屠宰场废弃物（污水）处理隐患为重点的“百日行动”，对发现的养殖场雨污分离设施老化、储液池容量不足、屠宰场无害化处理台账不全等问题进行全面整改。加强饮用水源地巡查，会同环保、水利、综合行政执法等部门开展联合巡查 6 次，未发现被关停养殖场复养反弹现象。明确养殖场消纳地“点对点、量对量”的一对一农牧对接方案，指标完成率 100%；完成普陀晨源牧场和定海华晟牧场粪污设施建设。围绕巡查频次、巡查记录、隐患处理等重点内容查漏补缺，完善“市-县-乡”三级网格化巡查机制，巡查面覆盖 16 个乡镇，目标覆盖率 100%。是年全市规模畜禽养殖场资源化利用率 98% 以上，并建立线上防控与线下巡查相结合的畜禽养殖污染防治长效监管机制，全市 21 家保留猪场全部实现污染防控在线监测并纳入环保监控平台。

【无害化处理长效监管】 2016 年 12 月底，舟山市生物酵解中心试运行，依托生物化制与酵解技术，对全市死亡动物开展无害化处理，日处理能力 2 吨。全市病死动物无害化处理逐步形成市级无害化处理中心集中处理、乡镇集中处理和养殖场自行处理三种模式，其中市本岛范围的均由各养殖场建冷库暂存，由生物酵解中心负责统一收集、集中处理，外岛部分的以乡镇为单位建化尸窖集中处理，部分由养殖场建相关设施自行处理。强化无害化处理资金补助的监督管理，会同财政部门建立健全病死猪无害化处理和补助申报的有效核查机制，严防截留、挪用死亡动物无害化处理补贴等违法违规行为的发生。2017 年，累计无害化处理生猪 19897 头。

【屠宰行业监管】 强化行业监管，督促屠宰企业履行屠宰环节产品质量安全“第一责任人”，与屠宰企业、相关经营户签订承诺书，承诺绝不添加违禁药物、绝不触碰法律红线。对于外来家畜，要求企业严格按照规定达到每批（车）次抽检比例，其中生猪自检率不低于 5%，牛自检率 100%，监督抽检率不低于 3%。严格落实官方兽医驻场检疫及入场家畜查证验物，掌握家畜来源和健康状况，依法实施屠宰检疫监管。对屠宰家畜实施可追溯管理，无耳标、无备案单、无检疫合格证明等违规情况，一律不开具“准宰证”。6 月起，在全市范围内开展生猪屠宰监管“扫雷行动”，打击私屠滥宰、屠宰病死猪、注水或注入其他物质等违法行为。是年，屠宰检疫生猪 15.48 万头，家禽 30.99 万羽，牛 0.21 万头，屠宰检疫和无害化处理率均达 100%。

【重大动物疫病防控】 加强重大动物疫病春夏秋冬四季防控工作的领导，逐级落实动物防疫责任制和责任追究机制，重点做好高致病性禽流感、口蹄疫、高致病性猪蓝耳病、猪瘟、羊小反刍兽疫的强制免疫工作，对免疫效果不确切或免疫合格率低于 70% 的，督促业主落实补免措施，确保规模饲养场、种禽场、养殖小区免疫密度 100%。全年全市使用猪口蹄疫疫苗 46.84 万毫升，免疫生猪 17.72 万头；牛羊口蹄疫疫苗 4.91 万毫升，免疫牛羊 2.24 万头；高致病性禽流感疫苗 51.61 万毫升，免疫家禽 49.45 万羽（次）；猪瘟疫苗 22.82 万头份，免疫生猪 17.35 万头；高致病性猪蓝耳病疫苗 16.28 万头份，免疫生猪 11.4 万头；小反刍兽疫疫苗 3.08 万头份，免疫羊 1.57 万只。

农业机械

【概况】 2017 年，立足农业产业

特色实际和农业机械化发展基础,结合农业“机器换人”示范创建与农业“两区”“市级重点农业乡镇”建设,加速推进新区粮油生产、瓜果蔬菜、水产畜禽养殖及特色农副产业机械化生产技术的研究和推广应用,形成合力推进新区农业机械化提档升级、更新换代和农机装备总量的持续增长。是年,全市新增各类农机装备4650台(套)(含农户自购渔农机),新建设施钢架大棚22.68万平方米,其中连栋钢架大棚占比达77.5%,新增设施钢架大棚多配套控温控湿、节水灌溉和肥水一体化技术;引进应用一批中高端、多功能复式且对农业领域“机器换人”有明显推进作用的新型农机装备。

年末,全市主要农机具拥有量3.94万台。全年全市粮油作物机械化耕作面积4.96万亩(3306.67公顷),水稻机械栽植1.203万亩(802公顷),油菜机收面积0.59万亩(393.33公顷),水稻机收面积3.51万亩(2340公顷),机烘粮食0.93万吨,批次粮食(油)烘干能力288吨,水稻生产全程机械化加速,耕种收综合机械化率75.8%,其中机械化栽植环节首次突破30%以上,机耕、机收作业环节机械化水平均突破90%以上。

【农机化扶持政策】 落实农机购置补贴、设施农业装备补贴等政策,鼓励和引导农业生产主体淘汰老旧农机具,优化农业装备结构,发展主导产业关键环节机械装备以及高效设施农业装备。是年,全市报废拖拉机93台,新增各类农机装备4650台(套)(含农户自购渔农机),申请享受中央、省、市农机购置补贴资金分别为131.031万元、12.775万元、36.604万元;21家新建设施钢架大棚建设主体申请享受中央、市设施农业设备补贴资金分别为298.77万元、139.25万元。

【农机领域“机器换人”】 创建农业“机器换人”示范乡镇(园区)、示范基地,通过农机领域“机器换人”提升农机装备水平、作业与应用水平、社会化服务水平和支撑保障水平。是年,全市新引进自走式喷杆喷雾机等高效节水节肥节药农机设备8台(套),农用无人机2台(架),推广粮油生产耕、种、收、烘等关键作业环节各类农机装备260多台(套),创建农业“机器换人”示范乡镇(园区)3个,示范基地6个,完成率分别达300%和150%。围绕培育新型农业经营主体和推进农业“机器换人”,加快农机服务主体培育,创建省级农机专业合作社示范社1个,市级示范性农民专业合作社(农机专业合作社)1个。至年末,全市8家农机专业合作社中,有国家级示范社1个(展茅丰收农机专业合作社),省级示范社2个,市级示范社3个,各示范主体装备设施完备,运行机制良好,管理制度健全,服务规模适中,综合效益明显,逐步形成一批可看、可学、可推广的智慧农机装备应用示范基地。

【农机社会化服务发展】 围绕构建新型农机社会化服务体系要求,加强农机服务组织建设整体规划。是年,依托基础条件相对较好的定海捷宇农机有限责任公司,对照“2+N”功能(“2”即农机作业和农机维修功能,“N”即培训、销售、产后加工等功能)开展区域性农机服务中心创建,建成集农机作业、维修、销售、培训等综合性的农机综合服务中心,解决农户在“买、用、管、修”上的系列问题,基本建立适应区域农业机械化生产作业需要的农机社会化服务体系。

【农机安全监管】 全面落实2017年农机安全生产责任,市、县(区)、乡镇(街道)、村(社区)、农机安全片组、农机操作人员,逐级签订责任书。推进全市“平安农机”创建,完善农机安全监管网络,提升农机安全监管能力,提高农民群众安全生产意识,夯实农机安全生产基础,创建完成定海小沙街道、普陀展茅街道2个“平安农机”示范街道。举行全市农业机械事故应急演练,规范农机事故处理程序,检验农机监理队伍快速反应能力和处理岛际间突发农机事故的协调、配合和处置能力,提升农机事故应急救援处置水平。全年全市发放各类农机安全宣传资料2200多份,发送农机安全短信8600多条,制作标语、横幅、展板、宣传专栏等256个,开展安全生产培训8次,累计受众600多人次。组织安全执法检查35次,其中联合执法21次,出动农机安全监理人员126人次;检查上道路行驶拖拉机543台次,纠正违法拖拉机46台次;检查农业机械1137台次,排查隐患132条,整改隐患132条，整改率100%；排查正常营业的农业机械维修点93家次，发现隐患14条，均完成整改。排查超过报废使用年限、使用92式牌照、多年未年检、驾驶证超期等问题及异地核发上道路行驶拖拉机及驾驶证数量，检查拖拉机612台，纠正违法行为63起；清理拖拉机档案400多台，驾驶证档案560多个。是年，全市发生上道路行驶的拖拉机事故4起，伤3人，死亡1人，无道路外拖拉机事故和其他农机具事故。农机安全形势总体平稳。

渔农村美丽经济

【渔农家乐规范升级】 2017年，加大休闲农业与乡村旅游转型升级，推进渔农家乐民宿产业规范提升及乡村旅游的蓬勃发展。认定普陀区东之极望海楼等30家渔农家民宿为舟山市“东海人家”渔农家特色民宿，认定定海区传奇庄园等64家经营户(点)为舟山市三星级渔农家乐经营户(点)，岱山县刘家岙金桂山庄为市级渔农家乐特色点，定海区传奇庄园精品项目等6个项目为市级渔农家乐精品项目，普陀区好心情客栈等6家渔农家民宿为“东海人家”最美渔农家特色民宿；启动并完成嵊泗县五龙乡黄沙村等3个省级集聚村的创建，完成朱家尖街道东沙村省级精品村、东极镇省级特色乡镇以及普陀区省级重点县的创建。年末，全市有渔农家乐集中村37个，休闲示范点65个，渔农家乐经营户(民宿)2861户，渔农家乐床位数4.16万个，餐位数4.52万个，直接从业人员7322人；全年渔农家乐营业收入26.16亿元，接待游客1057.96万人次。

加强渔农家乐民宿安全生产管理，开展渔农家乐安全生产整治夏季行动及节假日、特殊时段的安全检查，消除安全隐患。是年，全市出动510人次，检查渔农家乐村、点、户2590个，整改隐患350处，发放宣传信息1万多条。

【新型渔农业主体培育】 规范提升渔农民专业合作社，会同相关部门联合印发《关于规范与提升发展渔农民专业合作社的实施意见》。完成渔农民专业合作社调查摸底，指导推进137家“空壳社”“休眠社”清理注销；对506家合作社开展动态管理，建立市级以上示范性合作社名录库；引导种养大户推进“户改场”(专业户改家庭农场)，指导渔农村能人、大中专学生及“农创客”等创办家庭农场或休闲采摘型家庭农场。对成员以同一家庭为主的“家族社”，引导其注销合作社，注册登记为家庭农场。是年，有家庭农场数340家。

【渔农村集体经济发展】 开展全市渔农村集体经济发展底数排摸，根据实际，对全市296个社区(村)分门别类，因社区(村)施策，出台扶持社区村集体经济发展五年行动计划(2017—2021年)，计划全市所有社区(村)在3年内全部启动建设集体经济发展项目，5年内全部完成建设任务。建立县级领导干部分片包干、市县两级部门联动结对帮扶、派驻发展集体经济第一书记等工作制度，帮扶结对社区村强党建、促增收、育人才、美环境。以村级组织换届为契机，将1170名懂管理、善经营、有创业精神的年轻干部推选进入社区(村)班子，在性别结构、学历层次等方面较往届都得到较大改善和提升。是年，全市

定海惠众农业专业合作社的阳台菜园(沈磊 摄)

渔农村集体经济总收入54343.13万元,村集体经济组织年均收入102.92万元,比上年增长15.28%。全市村集体经济组织年收入全部达到10万元以上。35个省定集体经济薄弱村全部消薄,平均年收入25.44万元,最高达到104万元,实现"两年任务一年完成,两项指标一次完成"的省定考核目标,在2017年度省考核中获得优秀等次。

【渔农村经营管理】 加强渔农村"三资"检查监督,将渔农村集体"三资"管理权力清单和行为规范量化为货币资金管理、票据管理、经费开支审批等26条,创新渔农村基层党风廉政建设机制。贯彻《浙江省农村集体资产管理条例》,完善渔农村集体"三资"信息监管平台,实现四级渔农村财务数据的实时传递、查询与监控。继续开展渔农村"三年一轮审"工作,全市审计村(社)127个,审计金额11.68亿元。开展农民负担专项治理、农民负担明查暗访和村级集体资产、资源合同专项清理活动,全年未发生一起减负案件。

【土地承包经营权流转】 稳步推进土地流转,拟定《关于做好二轮农村土地家庭承包剩余期土地流转工作的指导意见》,至年末,全市流转土地累计面积近7.5万亩(5000公顷),占二轮承包耕地总面积的56%。其中出租(转包)6.85万亩(4566.67公顷),转让0.13万亩(86.67公顷),互换0.23万亩(153.33公顷),股份合作0.027万亩(18公顷),其他形式0.23万亩(153.33公顷)。土地流出农户近4.3万户,占总户数的46%。土地流转时间10年以上22819亩(1521.27公顷),占总流转面积的29.26%。土地流向规模经营户2075家,占总流转面积的57.05%。全市土地流转总体呈现出流转面积趋于稳定、流转主要以租赁为主、流转时间以中短期为主、土地主要流向规模经营户等特点,有利土地的集约化、规模化经营。

【健全渔农村金融服务体系】 引导金融机构实施倾斜政策,加大对乡村旅游基础设施、产业项目的信贷支持,支持乡村旅游产业,通过推动金融机构创新渔农村金融产品和服务,在渔农村股份合作社股权质押、农房抵押贷款、农村信用村信用户评定、整村授信等方面开展探索和实践,破解乡村旅游融资门槛高、抵押物缺乏等问题。是年,全市金融机构旅游开发项目及宾馆餐饮业融资余额30.43亿元,同比增长3.28%,其中旅游开发项目融资余额6.21亿元,同比增长86.04%;推进21个试点村社开展股权质押贷款工作,全年发放贷款发放贷款102笔、1183万元;农房按揭贷款余额11558万元,累计发放17322万元,849户受惠;"政银保"贷款余额4798万元,累计34979万元,478户受惠。是年全市有信用乡镇30家,信用村(社区)117家,信用户8.5万户,有银行卡助农服务点269个,其中103个助农服务点实现与村级电子商务服务点共建。

【渔农民素质培训】 以农业供给侧改革为中心,以渔农村实用人才培训、新型职业渔农民培育为重点,规范完善四级(市、区、乡、基地)联动、条块结合、齐抓共管的培训组织体系,提升渔农民综合素质。是年,完成渔农民素质培训17539人次,其中实用人才培训5729人次。在继续开展"海岛导师"培训基础上,重点推广"三景三导"(历史文化景观、自然景观、人文景观,家导、村导、乡导)新型渔农村实用人才(导游)培养工程,其中"家导"学员4200多人,"村导"学员1300多人,"乡导"学员近300人。

农林业行政执法

【农业行政执法】 以维护农业生产安全、农产品质量安全、农民合法权益为目标,全年组织开展"绿剑"系列集中执法行动4次,其他专项行动3次,出动执法人员2230人次,检查农资生产经营企业和种植、养殖单位1808家次,抽检农业投入品(农产品生产过程中使用或添加的物质,包括种子、种苗、肥料、农药、兽药、饲料及饲料添加剂等农用生产资料产品和农膜、农机、农业工程设施设备等农用工程物资产品)150批次,立案8起,结案5起,罚没款7000多元,纠正不规范行为51起,调处农业生产事故2起,农民获得赔偿5.3万元。纠正不规范经营户38家;开展放心农资下乡进村宣传活动3场次,发放宣传资料8200多份,接待咨询群众120多人次,展销农资产品6吨;

保持投诉举报反馈率100%，违法行为查处率100%。组织执法人员参加省农业生产事故调处培训、全省执法骨干培训、农产品执法取证培训，派员参加全省案卷评查。

【植物疫情防控】　是年，全市防除加拿大一枝黄花面积16729亩(1115.27公顷)次，投入药物3.037吨，人工9878工，经费423万元；设立监测点21个，监测检疫性有害生物9种，组织开展疫情普查8次。全市普查黄瓜绿斑驳花叶病毒病7618亩(507.87公顷)次，没有发现疫病；普查一枝黄花16729亩(1115.27公顷)，其中零星轻发生面积11878亩(791.87公顷)；普查柑橘溃疡病和柑橘黄龙病1.5万多亩(1000公顷)次，柑橘溃疡病发生面积约220亩(14.67公顷)，未发生柑橘黄龙病；普查梨树疫病3719亩(247.93公顷)、6.211万株，普查红火蚁3257亩(217.13公顷)次，水稻细条病25690亩(1712.67公顷)次，扶桑绵粉蚧1832亩(122.13公顷)次，番薯茎腐病5180亩(345.33公顷)次，均未发现疫病。检疫杨梅、柑橘、桃、梨等各类苗木15.82万株，其中柑橘苗木86810株，未检查到有检疫性病虫的苗木。签发产地合格证18份。

农林科研

【农林业课题研究】　*滨海景观林树种多样性构建技术与配置模式示范推广项目*　由市农林科学研究院承担，2014年启动。通过全面调查舟山海岛地区植物种类较丰富的公园绿地、苗木科研基地和风景区秋色叶植物应用现状，分析总结全市海岛景观植物应用中的秋色叶植物种类、应用现状、配置形式等方面存在的问题，提出相应的发展对策和建议，并根据适地适树原则和强抗风、抗海雾和耐盐碱等特点，筛选出适宜滨海景观林立地条件应用下的景观树种65种。其间，项目组本着边研究边推广原则，建立3个滨海景观林配置示范点和海岛特色示范育苗基地，开展滨海景观林植物配置技术和舟山海岛主要乡土特色植物容器育苗技术研究并作系统集成。至2017年项目完成，累计培育舟山新木姜子、普陀樟等乡土景观苗木(含容器苗)60万株，推广应用不同规格苗木20多万株。

普陀樟、舟山新木姜子扦插和嫁接繁殖技术研究项目　由市农林科学研究院承担，2013年启动，主要对普陀樟和舟山新木姜子的扦插育苗和嫁接育苗进行全面深入研究，利用不同基质组合、不同生根促进剂组合、不同浓度水平、插穗不同浸泡时间、插穗不同修剪方式、插穗不同叶片数、插穗母株不同年龄等开展对比试验，掌握2树种扦插和嫁接繁殖的关键技术，集成针对性强、操作性强、实用性强的无性繁殖技术体系。应用本项成果，繁育无性系苗木2万株，新建普陀樟和舟山新木姜子种质资源圃10亩(0.67公顷)，建立普陀樟、舟山新木姜子优异无性系10个；培养教授级高级工程师1人，高级工程师1人，工程师2人。2017年完成。

海岛园林绿化植物耐盐性评价及改土措施研究项目　由市农林科学研究院承担，2014年启动。从海岛园林绿化土壤资源条件和植物应用现状的角度出发，探明海岛园林植物应用种类及数量、土壤结构和养分条件等情况，利用质量法和电导率法两种方法测定土壤含盐量，首次建立舟山海岛地区土壤含盐量与电导率的回归方程。通过耐盐性盆栽试验，从植物生长表现、生理变化等多方面评价金森女贞等海岛典型园林绿化应用植物的耐盐性，率先采用有机肥、生物炭等多种有机材料混合的方式，通过室内模拟和野外试验相结合，研究其对园林绿化盐碱地土壤的改良效果。同时对5种海岛园林绿化植物的耐盐性进行评价，提出海岛典型园林绿化盐碱地土壤改良方案，建立海岛园林绿化植物耐盐性评价体系。项目研究期间，建立海岛典型园林绿化地土壤改良示范点1个，推广应用盐碱地土壤改良技术面积2200多平方米。2017年完成。

【农林业发明专利】　是年，市农林与渔农村委员会陈斌等发明的“一种防止长草的种植容器”获授权国家实用新型专利1项。该种植容器顶部系开口壳体，设有可翻折顶盖，翻折时能完全盖住壳体的开口；所述顶盖为对称设置的两个翻盖，翻盖的第一侧边与壳体可翻折连接。采用该种植容器，在前期苗木高度低于容器壳体高度和后期苗木高度高于容器高度时，都能有效避免杂草生长，而且透气性高，能为苗木生长提

5月12日,市民参观市农林科学研究院马岙基地(林林 摄)

供水分积聚的空间。

渔农村改革

【"三权"改革】 统筹推进渔农村土地承包经营权、渔农村集体股权和渔农村宅基地使用权"三权"改革。是年,全面推进土地承包经营权确权登记颁证,完成承包方调查80355户,占应确权农户数的100%;实测承包面积10.94万亩(7293.33公顷),占应确权家庭承包耕地面积的99.5%;完成审核公示行政村251个,占应确权村数的99.2%;完善承包合同73889份,合同签订率92.0%,全市基本完成农村土地承包经营权确权登记颁证工作。结合实际又针对性地制定政策,为渔农村宅基地登记发证特别是历史遗留问题处理提供依据,保证宅基地登记质量,至年末有发证农户数194579户,占符合发证条件农户数的95.29%。是年,新增股份经济合作社1家,累计506家,股改完成率99.22%。做好渔农村产权交易平台建设和产权交易流转工作,全年全市通过产权交易平台累计发生交易182宗,涉及土地流转、房屋租赁等,成交金额2659万元。

【"三位一体"改革】 推进具有海岛特色的生产、供销、信用"三位一体"渔农合联改革,健全渔农合联组织体系,加强渔农合联执委会建设,做好渔农合联民政登记,促进渔农合联执委会与供销社机关有机融合。开展服务中心建设,组建市区两级"渔农合联"门户网站和微信公众号,线上线下展销农特产品。开展农民资金互助会建设,以定海区为试点,指导定海区供销联社与定海海洋农商银行组建成立全市首家农民资金互助会,全年发放贷款105万元。

【农林业"最多跑一次"改革】 依据市农林与渔农村委权力清单目录,核实、梳理"最多跑一次"审批事项,核减行政许可事项2项,确定公布市本级保留的行政许可事项为41个主项66个子项;对23项常办行政许可子项认真梳理容缺受理材料清单,并允许通过邮寄方式补全补正。精选森林植物检疫证明核发、农业机械维修技术合格证书核发、饲料生产企业设立许可等常办事项,推行"零跑腿"办件,办事群众、企业在报件资料齐全前提下,可电话预约,相关业务处室和行政许可服务处提供上门服务,同步开展业务受理、资料审查、现场审核,并通过快递免费送达等方式最终实现"零跑腿"。10—11月,农机集中年检审开展上门服务,现场同步办理农机检测、证照核发、换证补证、注销报废等业务,通过"一站式服务"模式,让农机户实现"最多跑一次"。依托省林业电子政务综合系统、省征占用林地管理信息系统、全国森林采伐管理系统(省级)和林业植物检疫管理信息系统等平台,将征收占用林地许可、陆生野生动物许可等11个事项的受理关口前移至县(区),实现"基层受理、网内流转、省市县审批"三级联动跨层级审批,方便企业群众办事。

渔农村建设

【美丽海岛升级版打造】 2017年,以村落景区化为建设新动能,提升美丽海岛品位,在全省率先实现美丽乡村创建全域化。全年投入资金1.74亿元,重点完成定海区天籁路美丽风景示范线等5条美丽示范线、普陀区虾峙镇河泥漕村等5个美丽渔农村及10个美丽村口、5000户美丽家庭的创建工作。指导嵊泗县创建全市首个省级美丽乡村示范县；新创建省美丽乡村示范乡镇4个，特色精品村14个。

【渔农村环境综合整治】 开展以渔农村生活垃圾分类处理为主，兼顾生活污水治理的渔农村环境综合整治提升。是年，完成69个市级渔农村生活垃圾分类处理村，20个省试点村、31个提升改造村建设，实现生活垃圾有效集中收集处理建制村全覆盖，每个社区(村)都配备3~5名环卫保洁人员，实行定时、定点保洁，全市渔农村卫生厕所普及率达97.23%，渔农村环卫基础设施及环境面貌改善。全年全市投入建设资金1.04亿元，完成渔农村生活污水处理设施提标改造村41个，受益渔农户10652户，受益率86.49%。此外还完成6座饮用水水库、2条取水河道、426个劣Ⅴ类小微水体以及定海大沙河流域和普陀芦东水库的涉污排查；建立健全"一村(点)一策""一终端一档案"制度，确保剿劣全覆盖、不遗漏、无盲区。

【历史文化村落建设】 正确处理保护和开发的关系，科学利用现有村庄旅游资源，避免对自然环境、人文景观造成人为破坏，加强对古建筑、古民居、文物、古树的保护，重视乡土文化、原始风貌、民间艺术、渔家文化、农耕文化等文化资源的保护和传承。是年，推进定海马岙村和嵊泗花鸟村2个省级重点村、1个省级一般村的项目建设，其中定海马岙村和嵊泗花鸟村于2015年启动实施，至2017年底，完成三年建设任务，共建设项目16个，投入资金5733万元。累计开展历史文化村落保护利用34个。

【扶贫救助促增收】 是年，全市新一轮认定低收入渔农户12656户、19928人，其中低保户8435户、11429人，低保边缘户2154户、4236人，其他经济困难户2067户、4263人；认定的低收入渔农户分别占渔农村总户数、总人数的5.1%、3.1%。扶持21户低收入渔农户为"星火计划"培育对象，在享受普惠扶贫政策基础上，通过技能提升、创业引导、金融帮扶等开展精准扶贫。帮助低收入渔农户销售渔农产品，接收低收入渔农户的承包土地等投资入股，将部分经营(加工)项目发包给低收入渔农户的各类扶贫基地和扶贫实体，市扶贫资金给予补助，扶持扶贫基地(实体点)50个。全市设立扶持公益性岗位实体点22个，推出公益性岗位40个，通过政府购买或资金补助的形式，安排低收入农户就业增收，有劳动能力的扶贫对象基本纳入造血式扶贫范畴。开展渔农村"扶贫济困、安老救孤""情暖夕阳、生育关怀"弱势群体贴心式特殊救助服务项目和助学救助，全年赠送实用生活用品和实用生活设备4973台(套)，计95万元；发放助学金13.5万元，资助33名学生就学。组织市、县(区)、乡镇(街道)三级机关干部落实结对帮扶低收入渔农户4680对，根据帮扶对象实际，提供就业信息，联系就业岗位，每户得到的帮扶资金和实物价值不低于1600元，各级机关干部累计资助结对帮扶对象物资和资金700多万元。

【渔农村指导员工作】 是年，全市245名渔农村指导员配合村级换届选举工作，组织开展矛盾排查、政策法规宣传等活动，组织参与村级换届选举各类工作活动2642次；兼任社区"剿劣"工作督导员，助力基层实施环境综合整治和剿灭"劣Ⅴ类水"工作，开展"剿劣"督导3769次，协助基层整治环境问题1971项；走村入户，了解村情民意，化解矛盾纠纷，走访渔农户12621户次，调处矛盾纠纷679起，反映重要民情236项，处理避免群众上访苗头事件90起，发现上报安全隐患63起。

从社区建设实际出发，帮助社区(村)制订建设规划方案115项，落实基础设施建设项目122个，公共服务项目72个，集体经济发展项目23个，筹集项目资金1095万元，协调处理各各类政策问题119个。开展对特殊困难家庭的帮扶救助，帮助低收入渔农户落实增收项目37项，联系落实困难家庭帮扶结对310对，筹集扶贫帮扶资金280万元。帮助基层强化党组织对村级工作的核心领导作用，协助社区(村)制订规章制度133项，解决减轻基层负担事项40项，帮助转化基层薄弱党组织11个，指导村级党组织生活121次，协助发展党员99人。

(撰稿：王平丽)

责任编辑：刘娟芬

杂记(三)

【一村民捕获野生娃娃鱼】 2月,定海区盐仓街道颂河社区村民傅平龙从颂河水库里捕上一条野生娃娃鱼。娃娃鱼学名大鲵,是世界上现存最大也是最珍贵的两栖动物,属国家二级保护动物。这条娃娃鱼外表看上去体大而扁平,全身黝黑,经测量,长度约0.8米,足有2.5千克重,专家现场鉴定认为,生长年龄起码在3年以上。据了解,野生娃娃鱼对生长环境要求非常高,多在水质清澈、含沙量不大的隐蔽处生活。颂河水库能发现娃娃鱼说明水库的水质、生态环境好。社区人员寻找合适的场地后将其放生。

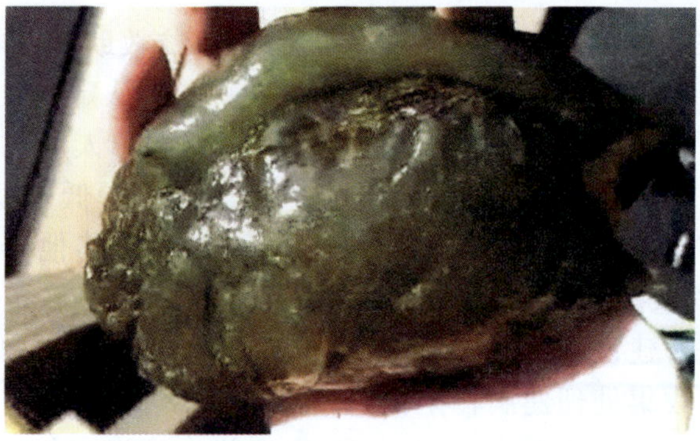

【朱家尖乌石塘捞起"怪生物"】 9月6日,有人在朱家尖乌石塘钓鱼时,发现海里有一条"鱼"在岩石缝游动,捞出来后,发现这不是鱼,而是其他生物。它长约10厘米,宽约5厘米,重约200克,通体泛绿,头呈扁平状,摸起来很光滑,长着四个触角。惊奇的是,它还会喷出深紫色的液体。经浙江海洋大学教授兼学校海洋博物馆馆长赵盛龙鉴定,判断其为蓝无壳侧鳃,隶属软体动物门,腹足纲,后鳃亚纲。这种侧鳃产量少,一般人少有见到。

工业

概　述

2017年，围绕市委、市政府打好“五大会战”、建设“四个舟山”总体要求，全面落实全市工业发展大会的总体部署，稳增长调结构促转型，全市工业经济总体保持平稳较快发展。全年全市规模以上工业总产值943.8亿元，规模以上工业增加值205.6亿元。工业投资462.4亿元，技改投资198亿元，比上年分别增长34.8%和14.8%，增幅均居全省第一位。工业产销衔接稳中有升，规模以上工业产品产销率96.9%。全市用能进一步优化，单位GDP（国民生产总值）能耗同比下降3.8%。

船舶工业、水产品加工业等主导产业运行平稳。船舶工业全年实现总产值421.6亿元，同比增长12.1%；造船企业累计交船104艘，30万吨油轮、万箱集装箱船等主要产品实现批量交付；累计修理船舶3855艘，同比增长12.3%，其中外轮1737艘，同比增长17.8%。水产加工业产销持续平稳，其中水产品出口67.6亿元，同比增长15.5%，15家水产加工名企保持较好发展势头。机械制造业经过几年改造提升，产品特色优势明显，企业生产饱满，产值同比增长12.3%；其中汽配制造业抓住国内汽车行业良好发展机遇，同比增长28.3%。一批水产、机械、汽配、螺杆企业向园区集聚发展。全年淘汰落后产能企业30家，重点整治低小散企业（作坊）170家。

结构调整稳步推进，产业结构有所优化。是年，规模以上工业的装备制造业、高新技术产业、战略新兴产业增加值和新产品产值分别同比增长15.1%、11.9%、14.3%和18.7%，指标增幅均居全省前列。船舶修造业、石化工业比重下滑，占比分别为36.3%和14%；水产品加工业、机械制造业比重有所上升，占比分别为17.8%和6.2%。新兴产业加快培育发展，海洋电子信息产业发展提速，中船重工集团、中电科集团等知名企业在舟山注册落地。海洋新能源产业加快推进，11家光伏企业并网发电，光伏发电总装机容量达85兆瓦，其中浙能六横电厂33兆瓦光伏电站和常石集团的20兆瓦光伏项目于5月和6月并网发电。投资结构不断优化，工业技术改造投资占工业总投资的比重提高到42.7%，占比上升。

创新能力加强。制定出台《关于推进“中国制造2025”进一步发展壮大工业经济的若干意见》，重点支持企业技术创新、技术改造、智能化改造、工业化信息化融合发展和质量品牌标准工程等，提升企业制造水平和创新能力。深入实施“机器换人”，全年实施技术改造项目128项，企业对加强装备自动化的积极性明显提高。全年完成省级工业新产品（新技术）备案40项，通过鉴定验收7项，新增6家企业入选2017年度“浙江制造精品”目录；新认定5家企业为市级企业技术中心，年末全市有省级企业技术中心22家，市级企业技术中心72家。有2项产品被评为省优秀工业新产品（新技术），2项产品被评为省首台套，6家企业产品被选入“浙江制造精品”目录，5家企业分别新获得武器装备承制资格证和国军标认证。

（撰稿：朱德耀）

舟山船舶工业

【概况】 船舶工业是舟山第一大支柱产业和最具有代表性的海洋产业，已形成舟山本岛北部、六横北部和岱山三大核心集聚区块。2017年是舟山船舶工业稳定发展和调整转型的关键一年。是年，全市船舶工业企业44家,实现船舶工业总产值438亿元,占全市工业总产值36%,船舶出口21.7亿美元,占全市出口的37%。其中,市经济开发区实现船舶工业产值35亿元,定海区产值181.7亿元,普陀区产值95.9亿元,岱山县产值125.3亿元,嵊泗县产值720万元。在子行业中,造船业实现产值221.3亿元,海工装备实现产值7亿元,修船实现产值110.8亿元,绿色拆解和船舶配套平稳增幅,分别实现产值28.9亿元和45.4亿元。全市船舶产业链进一步完善延伸,对平滑行业周期性波动和保障产业稳定发展作用明显。

【骨干企业经营】 全市"8+6"船舶龙头骨干企业(8家主要造船企业和6家主要修船企业)仍为支撑全市船舶工业的中坚力量,除个别企业出现经营波动外,大部分企业生产节奏正常,其中金海重工股份有限公司(8月易名金海智造股份有限公司)继续拓展修船业务,全年修理船舶101艘,同比增长38.8%,业务范围由原先的船舶修造、海洋工程装备等延伸到船舶智能系统、工业机器人、智能汽车等;长宏国际船舶修造有限公司生产全面进入快车道,25万吨矿砂船、1004 TEU(标准箱)集装箱船、2500 TEU集装箱船、桥梁钢结构等项目进展顺利,产能利用率提高。"8+6"船舶龙头骨干企业的造船完工量占到全部的96.8%,新接订单占到97.3%,修船量占到81.6%。

【造船三大指标】 受资金短缺、保函受限等影响,骨干造船企业的产量和订单明显下降。是年,全市累计完工交船374万载重吨,同比下降7.2%;新接订单260万载重吨,同比下降28.8%;手持订单797万载重吨,同比下降30.6%。

【修船业】 骨干修船企业订单较为饱满,全年修理船舶3500多艘,实现修理总产值110.8亿元,全市修船量占全国40%左右,并首次完成豪华游轮、2万箱集装箱船等高附加值、特大型船舶的修理,修理能力和产品结构提升,"世界绿色修船中心"初现雏形。

【船配业】 船配产品涉及动力装置、甲板机械、船用配电板、配电箱、驾驶室控制台、机舱集中控制台、船体分段、大型舱口盖、船用锚链、船舶舾装件、船用小型铸锻件、管系加工等10多个种类近百个产品。是年全市船舶配套产业实现产值45.4亿元,同比下降15.4%。

【技术创新】 贯彻落实《中国制造2025》,率先开展船舶行业智能制造示范试点。是年,联合浙江博大智汇科技、中船重工716所、611所等编制完成《舟山市船舶及相关装备产业智能制造示范实施方案》,高端船舶入选全省2017年"智能制造"试点示范。以日韩先进企业为标杆,推动万邦永跃船舶修造有限公司、金海重工船舶修造有限公司等一批骨干企业加快实施焊接、涂装、装配等关键工序的信息化改造与升级,打造智能工厂或车间,推动船舶工业从"劳动与技术密集型"向"技术与智能密集型"转变,其中万邦永跃船舶修造有限公司采用高压水除锈技术、漆雾回收技术、自动爬壁机器人等先进工艺和装备的升级改造,推行绿色修船模式。鑫亚船舶修造有限公司开展6S标准车间技改工程过半,实行修船智能化、节能环保型,至年底,完成过半工程量。

【军民融合】 响应国家"军民融合"和"海洋强国"战略,把军民融合作为船舶工业转型发展的重要方向。是年,全市有5家企业分别新获得武器装备承制资格证和武器装备质量体系认证,1家企业升格为二级保密资质,浙江铭品海工智能科技有限公司的"高压冷镜式露点仪"被工信部列入《民参军技术与产品推荐目录(2017年度)》,澳尔法机械公司被省经信委评为浙江省军民融合示范企业,其生产的大功率离合器胎装置、空气弹簧、消声瓦等产品新获准在军船上应用。

(撰稿:陈军)

水产加工业

【概况】 2017年,全市水产加工行业合理调整经营策略,加快企业转型升级,开发进口水产品加工业务,提高产品市场竞争力,整个行业总体平稳增长。是年全市规模以上水产加工企业120家,年加工能力120万吨,冷藏能力40万吨,规模以上企业产值比上年增长13.9%。水产品出口11853批次、280114吨,出口额 106663 万美元，同比分别增长 1.02%、5.38% 和 13.71%。水产加工产品实现精深化和系列化，包括休闲系列、模拟系列、方便系列、营养餐配菜系列等产品，鱿鱼系列已形成 200 多个品种，年加工量近 25 万吨。

【水产品出口】 水产加工原料仍为群众渔船在东海近外海捕捞的经济鱼类及远洋渔船在北太平洋、东南太平洋及西南大西洋捕捞的海产品，是年远洋渔业产量 53.88 万吨，占全省远洋渔业年产量的 75%左右。受渔业资源萎缩影响，水产加工原材料价格上涨较快，其中秘鲁鱿鱼大头价格从年初 7000 元 / 吨左右上涨到年底 14900 元 / 吨左右，由此带动水产品加工业价格及出口产品价格也同比增长，刺激鱿鱼等水海产品的加工和出口。水产加工品种仍以鱼类(包括鲣鱼、金枪鱼)、头足类、虾类、蟹类及其制品为主，其中金枪鱼、鲣鱼及蟹类、头足类仍是支撑舟山水海产品仍保持高位出口的鱼类。水产品出口市场以欧盟、日本、韩国、泰国、美国等传统市场为主，占舟山水产品出口重量的 60% 和出口金额的 70% 以上。随着与“一带一路”沿线国家和地区的区域合作增多，市场开拓效果显著，埃及、越南、俄罗斯等新兴市场增长迅速。全年，全市水产品出口 280114 吨，出口额 106663 万美元。

【水产技改项目】 加大技改，提升传统水产品精深加工能力。是年，全市水产加工企业技改投资项目 39 个，累计完成投资 17.8 亿元，较上年略下降 0.7%，占全市工业总投资比重 3.8%。其中浙江大洋兴和食品有限公司年产 30000 吨水产品深加工基地建设、舟山市立洲水产有限公司鱿鱼深加工生产线技改项目、舟山新金洲海洋食品有限公司年加工 8000 吨金枪鱼精深加工生产线技改项目、浙江海氏食品科技有限公司海洋肽产业化基地建设项目等一批技改项目均已完成。至年底，海力生集团有限公司、浙江兴业集团有限公司完成搬迁。

【机器换人】 推进水产行业“机器换人”项目，用设备代替人工，提高效率，增强效益。是年，舟山福氏食品科技有限公司对车间进行提升改造并购置相关设备，舟山弘舟水产有限公司新购置理鱼流水线设备，生产效率得到较大提升。年末，全市水产加工行业拥有各类现代化加工生产线 300 多条。

(撰稿：周凌岚)

石油化工业

石油化工业是舟山工业第三大产业。2017 年，有石化生产企业 14 家，其中炼化企业 1 家，油漆生产企业 4 家，黏合剂生产企业 1 家，工业气体生产企业 8 家；定海区 7 家(中海石油舟山石化、舟山波士特气体有限公司、舟山奥力士制漆有限公司、舟山造漆厂、舟山市沥港亿鑫气体有限公司、舟山市超力树脂有限公司、舟山恒久气体有限公司)，普陀区 4 家(浙江飞鲸新材料科技股份有限公司、舟山蓝天气体有限公司、舟山东联气体有限公司、舟山欣达气体有限公司)，岱山县 3 家(岱山县衢山工业气体有限公司、无锡市圣马气体有限公司、舟山市恒泰漆业有限公司)。

在建生产企业 1 家——浙江石油化工有限公司舟山绿色石化基地。2015 年 2 月，国家发改委办公厅批复同意在舟山鱼山岛及其周边区域开展舟山石化基地的规划布局建设工作，并委托省发改委审批基地总体发展规划。同年 7 月，浙江省人民政府同意设立舟山绿色石化基地，纳入省级经济开发区管理序列。2017 年 3 月，国务院印发《中国(浙江)自由贸易试验区总体方案》，明确在鱼山岛打造国际一流的石化产业基地。根据《舟山绿色石化基地总体发展规划》，基地以大小鱼山岛为核心进行围垦，规划总面积约 41 平方千米，分三期开发，其中一、二期开发面积约 26 平方千米，计划总投资约 1730 亿元，分别建设 2000 万吨 / 年炼油、520 万吨 / 年芳烃(400 万吨 / 年 PX)、140 万吨 / 年乙烯及中下游精细化工产业，实现炼油 4000 万吨 / 年；三期开发面积约 15 平方千米，重点发展与现代制造业、新能源、生命科学等新兴产业配套的石化新领域，形成世界级大型、综合、现代的石化产业基地。2017 年 4 月 7 日，环保部批复 4000 万吨 / 年炼化一体化项目环评；5 月 8 日，省发改委核准该项目，开工建设一期 2000 万吨 / 年炼化一体化项目，规划 2018 年 12 月底建成投产。

机械工业

机械制造业是舟山工业第四大产业,产业类别包括塑机螺杆、纺织机械、汽车配件、船舶配件等。2017年,全市规模以上机械行业企业74家,总产值比上年增长17%,其中机械制造业、汽配制造业同比分别增长12.3%和28.3%。其中定海金塘镇是“中国螺杆之都”的核心区块,国内塑机螺杆最大的制造生产制造基地,国内市场占有率70%以上,有塑机螺杆生产及配套企业748家(内规模以上企业16家),年产值50.89亿元,从业人员约8000人,主要知名企业有浙江华业塑料机械有限公司、浙江金星螺杆制造有限公司、浙江光明塑料机械有限公司、舟山市通达塑料机械有限公司等。

2017年,全市完成省级工业新产品(新技术)备案40项,比上年增加16项;通过鉴定验收7项。有4项产品被评为省优秀工业新产品(新技术)和省首台套,其中太平洋海洋工程(舟山)有限公司的750海洋工程生活平台和舟山市7412工厂的耐热不锈钢螺母冷镦技术研究被评为2017年度省优秀工业新产品(新技术),浙江澳尔法机械制造有限公司的推进电机离合器动力及减震降噪成套装备和浙江省嵊泗洋山滚塑游艇科技开发有限公司的SY1500-I热塑性船体智能成型生产线被认定为2017年度省首台套。

(撰稿:陈军)

电子信息产业

【概况】 2017年,全市电子信息产业以海洋电子信息产业为特色,重点推进信息经济示范区建设,打造软件和信息服务创业基地,坚持创新发展提质增效,促进信息技术改造提升传统产业,成为全市经济发展的新亮点。是年,全市规模以上电子信息企业36家,产值40.35亿元,其中规模以上电子信息制造业产值22.6亿元,规模以上软件和信息服务业实现产值17.75亿元。

【制定方案指导产业发展】 是年,由市经信委牵头,编制完成《舟山市海洋电子信息产业培育发展实施方案(2018—2020年)》并正式下发。该方案阐明未来三年舟山海洋电子信息产业发展的指导思想、工作目标、主要任务、保障措施以及具体任务分解,推进“智慧海洋”示范工程建设,实现全市海洋电子信息产业快速发展,争取到2020年,全市海洋电子信息产业总产值达100亿元,年均增长40%左右。

【重点企业生产经营状况良好】 浙江金达电机电器有限公司系老牌电子信息企业。是年,公司继续稳固在个人护理用品电机市场的地位,在知识产权方面创新拓展,获得国家专利7个,其中发明专利2个,实用新型专利5个,另外申请欧美专利3个。开展智能制造的探索和实践,打造“数字工厂”样本工程,为企业获取信息化环境下的可持续竞争优势和新型能力奠定基础,其中浙江同博科技发展有限公司主要对北斗船舶示位仪进行升级改造和应用推广,研发完成人脸识别身份验证一体机,维护优化远洋渔船在线智能分析系统。浙江嘉蓝海洋电子有限公司加强与国内外船舶和无人艇研究机构的技术协作,尤与中船701所、浙江大学、浙江工业大学、中科院、哈尔滨工业大学、浙江海洋大学、东北大学等知名机构开展项目协作,按照军工研究所的自主攻坚发展思路,调动外部资源,进行科研创新,攻克无人艇关键技术,实现技术自主可控,建设舟山·中国无人艇产业基地。浙江中裕通信技术有限公司在原有GNSS卫星导航、定位、通信领域基础上拓展海洋电子领域,其多波束地形地貌测量系统作为公司第一个海洋仪器类大项目正式开展市场拓展;同时启动声学多普勒流速剖面系统和水声声通信两大项目,在海底传感和观测通信等海洋电子领域初露锋芒;在GNSS卫星通信领域,完成多探头球面近场测量系统的研发;与航天三院合作完成三款水下天线的研发并交付验收,与上海北斗研究所合作研制的微波暗箱系统完成验收。

【招商引资成效显著】 1月,中国电子科技集团公司第39研究所在舟山注册成立中国电科(舟山)海洋通信科技有限公司,主要推广渔船卫星通信终端设备,开展海洋卫星通信运营,并逐步实现本地化生产。6月,中船重工集团和舟山市电子信息产业发展有限公司合资成立中船重工(舟山)智慧海洋科技有限公司,主要从事海洋电子信息、船舶工程、海洋工程领域内的技术开发,以及北斗定位导航与运营服务等。7月,上市企业陕西西安天和防务技术股份有限公司在舟山注册成立浙江海呐科技有限公司,主要从事海洋数据探测仪器的技术研发、生产。10月,北京东方国信科技股份有限公司在舟山注册成立浙江国信新蓝图海洋科技有限公司,主要从事海洋工程领域内的技术开发、技术咨询、高新技术产业的投资开发等业务。

（撰稿:王蔚）

医药制造业

舟山的医药制造业规模较小,主要产品品种仍是原来传统产品,以原料药、片剂、胶囊、软胶囊、散剂、冲剂、油剂等为主,医疗器械主要品种以体温计、片剂胶囊瓶装包装系列生产线为主。一些医药企业致力于新型海洋保健品和海洋生物、海洋药物的研发,并取得一定成效,但新型终端产品和研发成果的大规模、产业化项目不多。浙江海力生制药有限公司为舟山医药生产龙头企业,注重研发投入、新产品开发、市场拓展,主力产品有维生素AD胶囊、角鲨烯胶丸、多烯酸乙酯胶囊等,产品销售稳定,2017年,企业制药生产实现产值2.6亿元。

化纤制造业

2017年,全市规模以上化纤制造业企业实现工业产值比上年减少0.8%。化纤生产产值亿元以上企业仅剩中浪环保股份有限公司1家,企业主要采用环保技术研究对废旧物资回收、加工,用旧废聚酯瓶经过物理处理,生产加工成民用涤纶丝用于纺织行业,全年实现产值12.6亿元。

纺织服装业

2017年,受新兴市场增速缓慢以及国内经济增速放缓等影响,全市纺织服装业继续回落,规模以上的纺织服装企业产值比上年下降16.4%,其中亿元以上企业仅剩舟山东方印染有限公司1家,是年实现产值3.4亿元,比上年增加7.4%。一部分中小纺织企业形成自身发展模式和特点,以普通制衣、制鞋、针织、毛纺织等产品为主,进行来料、来样、来牌加工。是年,全市纺织服装业工业投资项目8个,累计投入15378万元,同比上涨299.3%。

（撰稿:周凌岚）

电力产业

2017年底,神华国华舟山发电有限责任公司(舟山朗熹电厂)是舟山电网内唯一的主力电厂,属于省统一调度,共4台机组,额定装机容量910兆瓦。浙能六横电厂2台机组,装机容量2000兆瓦,接入大陆电网统一调度,该厂超低排放设备与主机同步配套建成投产,是全国首个新建燃煤机组实行“超低排放”的电厂,其中湿式电除尘技术是国家环保部的示范项目。舟山电网地方电厂发电机组总装机容量178.1兆瓦(不含用户自备发电机组)。

全市有岱山衢山风力发电场、舟山岑港风力发电场、定海长白风力发电场、舟山金塘风力发电场、嵊泗东绿华风电场等风电场5座,生物质能(垃圾焚烧)电厂1座。其中衢山风力发电场总装机容量40.8兆瓦,全年发电量1.01亿千瓦时;岑港风电场总装机容量45.0兆瓦,全年发电量0.81亿千瓦时;长白风电场总装机容量12.0兆瓦,全年发电量0.27亿千瓦时;金塘风电场总装机容量25.5兆瓦,全年发电量0.55亿千瓦时;东绿华风电场总装机容量19.5兆瓦,全年发电量0.49亿千瓦时;旺能垃圾焚烧电厂总装机容量15.0兆瓦,全年发电量1.38亿千瓦时。另嵊泗电网总装机容量18.5兆瓦,全年发电量0.016亿千瓦时;东极新能源发电装机容量1.80兆瓦,全年发电量0.0085亿千瓦时。

是年,全市电力企业累计发电量157.99亿千瓦时,其中神华国华舟山发电厂发电量46.14亿千瓦时,产值15.25亿元;浙能六横电厂发电量105.90亿千瓦时,产值35.35亿元。

（撰稿:缪本为）

供　电

【概况】2017年,加快建设500千伏联网输变电工程,全面推进220千伏鱼山输变电等工程,保障电网安全稳定运行和电力可靠供应,全年全市完成电网建设投资26.4亿元。随着新区开发建设步伐的加快,用电量猛增。全年全社会用电量52.52亿千瓦时,同比增长7.39%;完成地区售电量48.48亿千瓦时,同比增长7.45%;最高用电负荷达111.38万千瓦,首次突破百万大关,同比增长近20%。

至年底,舟山电网有220千伏公用变电站5座,主变10台,总容量204万千伏安;110千伏公用变电站28座,主变57台,总容量269.53万千伏安;110千伏及以上用户变3座,主变4台,容量14.15万千伏安。35千伏公用变电站28座,主变53台,总容量87.76万千伏安;35千伏用户变39座,主变64台,总容量58.83万千伏安。直流换流站6座(其中常规直流换流站1座,容量7万千伏安),总容量123万千伏安。220千伏线路14回,总长度275.98千米;110千伏线路68回,总长度933千米;35千伏线路112回,总长度993.32千米。

【电网规划与建设】 优化调整"十三五"电网项目规划库,提前开展"十四五"负荷预测及规划项目梳理工作,确保电网规划适应经济发展新形势。是年,500千伏联网北通道第二回线路可行性研究通过评审,舟山变第三台主变扩建工程可行性研究取得批复;推进220千伏集聚(舟山经济开发区)、岱山鱼东及110千伏普陀北塘、定海双桥等工程的可行性研究前期工作,完成项目可行性研究报告的编制。完成定海、临城、东港、朱家尖、小干岛、海洋产业集聚区等8个重点区域的配电网电力设施布局专项规划编制。推进宁波舟山港主通道跨海大桥电缆通道预留设计,其中课题研究成果《舟山群岛新区规划桥缆敷设高压电缆专题研究》获浙江省优秀工程咨询成果一等奖。

是年全力保障舟山首个500千伏联网工程建设;推进220千伏鱼山输变电工程建设,保障鱼山绿色石化项目用电需求。推进全省首个海上风电场项目——舟山普陀6号海上风电工程,计划全部63台风机于次年完成全部并网并发电。按期完成220千伏岱山输电线路改造并投入生产。着力解决偏远海岛供电薄弱问题,东极岛实现联网通电,东福山岛边防部队实现"通大网电"。推进配网建设与改造,重点实施老城区配网改造以及围垦区、新开发区的配网延伸项目等,全年完成投资3.12亿元。推进国网公司10千伏线损精益化管理示范区创建,探索以融资租赁手段,推广自动化设备、一体化台区、节能配变等新技术的应用,分线线损率位列省公司前茅,建设成效得到国网公司检查组肯定。

舟山首个500千伏联网工程 2016年5月获省发改委核准,同年12月28日开建,总投资46.2亿元。工程在宁波和舟山之间架两条联网通道,第一联网通道将宁波至舟山220千伏联网线路升压改造成500千伏联网线路,第二联网通道将新建500千伏线路,由宁波镇海经金塘、册子登陆定海,合计新增500千伏变电容量300万千伏安,新建架空线路207千米、海缆(宁波镇海至舟山大鹏岛)17千米。工程将刷新两项世界纪录,即建设两座(分别在金塘岛、册子岛)380米高的世界第一输电高塔,海缆采用国产500千伏交联聚乙烯海缆敷设,是全球第一个交流500千伏聚乙烯绝缘海底电缆工程。2017年,舟山变桩基工程全部完成,土建

220千伏岱山输电线路改造工程(国网舟山供电公司提供)

施工完成55%，两基380米高塔进入高塔组立阶段，预计全部工程于2019年建成。

东福山岛实现联网通电工程　年初，国网舟山供电公司启动庙子湖—东福山10千伏海缆工程。工程从东福山岛下海至庙子湖岛，敷设海底电缆约长12.34千米，连接大陆电网，总投资1200万元。8月17日下午4时左右，海底电缆被施工船牵引出海面，登上普陀东极本岛——庙子湖岛，中国最东端的住人海岛——东福山岛实现大陆联网通电。东福山岛的供电将形成以舟山电网延伸为主电源、东极电厂为后备电源的供电网，东极诸岛实现电力联网全覆盖。

500千伏联网工程380米高塔组立（国网舟山供电公司提供）

【供电服务】　主动走访产业集聚区、围垦区，畅通园区业扩服务"绿色通道"，做好电力保障工作。深化"互联网＋营销服务"，持续提升线上业扩办电比例。响应政府改革要求，加速推进供电服务转型，并结合舟山海岛地域特点，持续推进"业扩办理不出岛"，实现16类业务"一次都不跑"，5类业务"最多跑一次"。加强与地方政府对接，与11个园区签订电力合作框架协议。成立供电服务指挥中心，深化"互联网＋营销服务"建设应用，构建"强前端、大后台"供电服务新格局。建设"三型一化"（智能型、市场型、体验型、线上线下一体化）营业厅，是年建成普陀"三型一化"营业厅并投运。试点开展水电气"联合过户"模式，推动政务、公共服务领域多部门信息共享、流程互通。推进"三供一业"（供水、供电、供暖及物业）供电设施移交工作，全面完成供电设施改造，4192户用户实现供电、抄表、收费、服务"四到户"。加大电能替代工作力度，打造虾皮电烘道、电采暖、港口岸电等示范项目，完成替代电量8500万千瓦时。开展农电工作管理提升，打造"精品台区带"和五星级供电营业所。是年岱山公司实现省公司级五星级供电所全覆盖，东沙所首获国网公司五星级供电所。是年完成国际海岛旅游大会、第三届省体育大会等活动的保供电任务。

【电力科技】　利用海洋输电工程技术实验室平台优势，主动承担参与国家、国网公司和省公司科技项目22项。是年实验室取得CNAS（中国合格评定国家认可委员会）认证。正式实施《海底电力电缆输电工程设计规范》《海底电力电缆输电工程施工及验收规范》两项国家标准。发挥海缆试验方面的领先优势，开展国内首次500千伏聚乙烯绝缘交流电缆预鉴定试验和单套容量最大串联谐振系统开发，服务和支撑500千伏海底电缆研发，实现海缆高压试验的示范和引领。开工建造国内首制5000吨级新型海底施工船舶，预计2018年3月出坞下水，建成交付后可大幅提升公司高电压等级、长距离海缆的敷设能力。全年完成国家专利授权40项、受理40项，发表核心期刊论文18篇。

（撰稿：金晨星）

盐　业

【概况】　2017年，舟山市盐业公司贯彻落实国务院、省人民政府关于盐业体制改革的要求，结合舟山实际，启动新一轮全市盐业体制改革,加快形成合理的盐业管理体制,提升盐业综合管理水平。推进改革同时,聚焦主业发展,促转型、稳增长、提效益,维护盐业稳定,确保市场供应平稳有序。是年,全市共产原盐2.1万吨,比上年减少39.46%;其中岱山盐区生产原盐1.8万吨,同比减少45.09%,普陀盐区生产原盐0.3万吨,同比增加57.23%。

全年全市销售各类盐产品10929.47吨,同比减少37.01%,其中小包装食盐1398.52吨;市本级(含普陀)销售各类盐产品9156.05吨,同比减少40.70%,其中小包装食盐1248.86吨,同比减少30.15%。全市盐业实现营业收入3714万元,其中市本级(含普陀)1250万元,同比减少49.18%;岱山2270万元,嵊泗194万元。实现利润总额-108.3万元,其中市本级(含普陀)-437万元,岱山328.7万元。市本级(含普陀)净资产收益率-19.91%;资产负债率27.48%。

【落实深化盐业体制改革】 根据国务院、省人民政府有关盐业体制改革文件精神,5月22日,市人民政府印发《舟山市盐业体制改革实施方案》,并成立市盐业体制改革领导小组,各县(区)政府对辖区内盐改工作负责。6月9日,市编办下发《关于市级部门盐业管理有关职责分工的意见》,正式启动全市盐业体制新一轮改革,主要内容是剥离市(区)盐务局盐务管理的行政职能,将其分割至市政府各相关职能部门,不再保留市及县(区)盐务局,原市盐务局(盐业公司)、普陀区盐务局(盐业公司)人员保持不变,仍归属省盐业集团管理,有关职能移交工作由改革领导小组会同有关部门按要求进行落实,原计划7月底完成移交,因全省改革工作进展不一,后统一至2018年6月底完成相关职能移交工作。未上划省盐业集团管理的岱山、嵊泗盐业改革工作由所在地政府主导负责,分别成立改革领导小组。8月,嵊泗县政府印发县盐业体制改革文件,8名事业编制人员分流安置,保留盐业公司经营机制。9月27日,岱山县政府出台《岱山县人民政府关于印发岱山县盐业体制改革实施方案的通知》,撤销县盐业局,并在10月底完成县盐业体制改革涉及的职能移交、人员调整、资产交接等工作,全县盐业系统117名事业在职人员全部平稳妥善安置到6个乡镇和10个部门,保留县盐业公司,有企业在岗职工15人,人员身份保持不变。

【加强过渡时期盐业市场监管】 落实工信部、国家发改委《跨区经营食盐》和《过渡期盐业专营工作》文件精神,加强与经信、市场监督等部门的协调沟通,建立依法行政、协同配合的过渡期盐政执法机制,维护市场稳定,防止监管空档。针对部分地区出现"脚臭盐"等问题食盐的情况,根据省局关于排查问题食盐产品的紧急通知,5月中旬,与市场监督部门配合开展问题食盐市场排查和外省盐产品销售情况调查,检查经营户165家,对查获的"中盐精纯盐"问题食盐94.8千克按规定予以封存扣压,并向主管部门反映发现的违规经营食盐问题,确保食盐质量、供应和市场稳定。争取政府主管部门对食盐专营工作的支持,推动落实市盐业公司为舟山盐用市场非碘盐指定供应商,确保食盐加碘消除碘缺乏危

7月,市盐业公司开展食盐放心消费"四进"活动(市盐业公司提供)

害工作的持续落实。

【盐田废转】盐田废转主要是在主产区岱山县，随着舟山群岛新区的全面发展和产业结构的进一步调整，岱山县盐田大面积实行收储废转，全年全县收储盐田9962.5亩(664.2公顷)，包括岱北盐场3000亩(200公顷)、岱南盐场705亩(47公顷)，茶前山盐场1184亩(78.93公顷)，海丰盐场1835亩(122.33公顷)，火箭盐场1877亩(125.13公顷)，摇星盐场1361.5亩(90.76公顷)。其中南浦(属岱南盐场)、茶前山、海丰、火箭、摇星五盐场收储6962.5亩(464.17公顷)，已申报废转待批；岱北盐场及2015年已停产废转收储的后岸盐场、怀慈盐场、青黑盐场等4个盐场待申报废转。岱西片盐场废转主要用于市重点工程集中垦造耕地项目。

【聚焦主业发展】调整经营策略，做实主营业务。全市盐业系统改变专营政策保护下的坐商意识，调整经营思路，组织召开用户座谈会，联络感情，落实销售政策，签订供应协议；完善配送网络和服务，健全用户信息档案，全面推行配送服务，小包装食盐配送率83.33%。建立快速反应机制，成立公司盐价定价小组，灵活运用价格机制，及时调整产品结构，由被动应付转为主动出击，踏准市场节奏；建立业务微信工作群，发现问题，及时沟通和应对。加强市场营销，在临城银泰广场、定海毛峙社区、普陀舟渔公司(中兴社区)等地开展“食盐放心消费”及“四进”(进机关、进学校、进企业、进社区)活动，树立浙盐品牌，提供放心食盐，宣传推广澳盐小包装产品，倡导“健康、品质、安全”的科学用盐理念。

【内部管控】根据省集团公司要求，开展以财务为主的企业经营风险排查和投资资产损失责任追究线索排查工作，对可能产生的风险点予以管控；及时进行盐资结算，保障资金安全。做好企业内审工作，定期开展盐产品盘点清查，确保账账相符、账物相符，并组织开展分公司领导人员离任经济责任审计。深化“提质增效年”活动，重点抓好“降成本、补短板”两大工作任务；严格执行财务审批报销制度，合理控制各类办公费用及“三公”经费的支出；加强成本费用核算，开展直达直拨业务，减少中转流通环节，降低成本。加强安全生产，开展安全生产自查，并根据省集团公司检查组提出的要求，落实相应整改措施，确保全年无安全生产责任事故。

【党建工作】开展“供优质食盐、当服务能手”品牌创建活动，补足经营短板，提升服务质量，打造具有盐业特色的党建品牌。落实党风廉政建设责任制，严格执行中央“八项规定”、省委“26条办法”和“六个严禁”，以及全省盐业系统作风建设30项措施，以“廉洁浙盐”为目标，强化源头预防。做好企业维稳，征求和听取职工对盐业体制改革的意见建议并及时反馈盐业体改部门，争取地方政府理解和支持，做好职工思想引导和说服工作，向省集团公司和外派组汇报反映职工思想动态，确保改革平稳推进。

（撰稿：陆国良）

舟山市二轻工业（集团）总公司

【概况】2017年，舟山市二轻工业(集团)总公司多点出击，在旅游、地产市场等行业开展调研，寻找商机，推进企业战略转型，同时按照“去库存、促销售”工作思路，因地制宜做好企业已建房产的尾盘销售。是年，公司实现营业收入2798万元，税后利润425万元，净资产收益率5%。

【地产库存销售】继续推进湖北荆门“亿达世纪花园”项目的尾盘销售，制订促销方案，全年签售商品房51套及车库、车位、储藏间48套，总销售金额2710万元。推进定海白泉“华亿锦泉苑”项目库存销售，抓住上海瑞金医院舟山分院、甬舟铁路站点落地白泉的重大利好形势，加大促销，完成剩余31套住宅和1套商铺的售卖。

【企业转型发展】借大桥建设及其交通瓶颈的突破，考察岱山秀山海岛民宿、主题酒店等建设情况，酝酿投入秀山旅游市场。开展对岱山鑫光船配拍卖项目、岱山衢山及江苏盐城“烂尾楼”、湖北荆门月亮湖中学校所的收购和金塘大丰地产开发项目的可行性调研分析，对涉及的法律和社会问题进行梳理，测算项目回报率，做好项目投入前各种准备。开展对银行不良资产打包收购的评估,对具有一定增值空间的则及时予以洽谈收购。以波音公司落地舟山、航空产业园建立为契机,完成对公司在朱家尖的自有土地的测绘、确权,同时与普陀山－朱家尖管委会协调,将该土地通过置换方式,获取朱家尖航空产业园地块,拟建旅游度假酒店、自驾车房车营地等,谋求进入第三产业。

【拆迁对接】 做好公司所属的定海青垒头路、庆丰路、沿港西路地块和外河塘路店铺的拆迁对接工作,确保集体资产不流失。其中青垒头路、庆丰路共涉及土地面积12440平方米、建筑面积15000平方米,沿港西路38号土地面积3086.89平方米,经与定海区拆迁办的多轮沟通协商,是年完成拆迁补偿协议的签订。

【服务职工】 做好老企业遗留下来的下属86家转制企业4000多人的服务工作。是年,接待人员来访100多人次,及时解决或答复相关问题,同时做好托管企业140多名退休职工、精减下放人员和遗属人员的服务,满足相关需求;协助做好大光明眼镜钟表公司破产后职工稳定工作,完成29名退休职工养老金基数的提留事宜。妥善处理定海机械厂厂房租赁工作,协助召开年度股东大会和选举新一届董事会,确保转制前50多名退休职工各项福利待遇按时足额到位。加强普陀山两家联社企业的管理与内审,明确联社资产处置、人员调整、薪酬福利等相关规定,配合普陀山－朱家尖管委会做好两家联社企业人员、资产统一转让工作,确保联社企业和职工利益不受损害。

【稳定物业收益】 合理规划每处房产租赁安排,掌握租户经营情况,加强沟通交流,避免空置现象发生,稳定物业出租收益。全年租赁收入692万元。

【内部管理】 抓建章立制,规范公司运营管理。围绕党的建设、廉政建设、干部人事、财务审计、联社管理、工程项目、行政后勤、安全生产、工会等工作,建立健全60多项制度。完善公司章程,明确党组织在公司法人治理结构中的法定地位,以轻资产为导向,调整经营范围,为公司“二次创业”营造发展空间。提升档案管理,全面梳理完善档案制度台账,规范提升档案管理水平。

推进“两学一做”学习教育常态化制度化,明确各项工作要求和责任目标。依托“两微一端”全新工作模式,推出微信公众号,设立“二轻微论坛”和“二轻论坛”,搭建学习和工作交流的平台。举办党建、企业文化建设主题培训,组织到舟山绿色石化基地、定海新建社区、浙江飞鲸新材料科技股份公司等地学习先进经验,提升工作水平。

(撰稿:贝炫莹)

责任编辑:刘娟芬

商贸

商务事业

【概况】 2017年，全市实现社会消费品零售总额505.68亿元，突破500亿大关，比上年增长10.6%。实现网络零售额35.20亿元，同比增长68.2%。实现进出口总额783.04亿元，同比增长12.4%；其中出口384.19亿元，同比下降7.2%；进口398.85亿元，同比增长41.0%，增速高于全省平均5.4个百分点，列全省首位。实现服务贸易进出口145.66亿元，同比增长18.9%；其中进口35.87亿元，同比增长40.3%；出口109.79亿元，同比增长13.3%。全年新设外商投资企业56家，同比增长124%；合同利用外资9.96亿美元，同比增长13.5%；实际利用外资4.05亿美元，同比增长92.8%，增幅列全省第一。新设境外投资企业8家，境外中方投资额3529万美元，其中远洋渔业企业6家，境外中方投资额3359万美元；完成国外经济合作营业额4.92亿美元，同比增长15.2%。

【国内贸易】 全年实现社会消费品零售总额505.68亿元，同比增长10.6%。从限额以上企业消费品零售额看，日用品、化妆品、装潢材料和家具零售额增速较快，分别增长31.1%、25.8%、22.4%和20.8%。批发业继续保持较快增长，全年实现批发业销售额2490.36亿元，同比增长23.6%。受浙江自贸试验区挂牌后石油企业落户舟山，油品价格上涨等因素拉动，石油及制品类销售快速增长，对大宗商品批发拉动作用显著，全年限额以上石油及制品类批发企业实现销售额543.77亿元，增长73.3%，拉动全市批发业销售额增长11.4个百分点。

推进实体商贸转型升级。“名品进名店”工程成效显著，引进浙江品牌商品566个。促进传统商贸、老字号企业O2O深度融合，创新经营模式，拓展销售渠道。推进舟山群岛新区水产品交易中心有限公司线上线下相融合的国际远洋水产品交易市场建设。推进城市共同配送试点建设，12家物流配送试点企业项目建设进展顺利。推进普陀现代商贸业综合改革试点建设，构建“商旅融合度高、业态结构优、空间布局优”的流通体系。至年底，全市培育省重点流通企业5家，省级特色商业街区4条，老字号品牌11个，成品油批发、仓储30家，零售网点198个，原油仓储企业6家。

9月20日，举行京东生鲜·2017东海开渔节启动仪式(市商务局提供)

完善商贸市场体系建设。促进商贸流通有效投资，完成商贸领域投资58.18亿元。建成市本级、嵊泗县、国际水产城3个农产品市场体系公益性试点项目，完成公益性项目投资1476万元。全市基本形成以新城、定海、普陀为核心和高亭、菜园、沥港、岐头等次区域商业中心及各类特色交易市场为支撑的商业网络框架，300多个行政村实现连锁超市、便利店100%覆盖。全市拥有典当企业14家、拍卖企业10家。是年，全市拥有各类商品交易市场125个，成交额373.26亿元；其中，消费品市场118个，成交额189.34亿元；生产资料市场7个，成交额183.92亿元。

加大消费促进力度。以“推动供给侧结构性改革、增强品质供给、释放消费需求”为主题，组织2017年“全国消费促进月”活动，组织开展促销活动30项，实现销售(营业)收入2.08亿元。以“供给创造需求、消费引领生活”为主题，谋划“2017浙江金秋购物节”各项活动，打造商品集聚、海岛特色的消费盛会。

【对外贸易】 全市实现进出口总额783.04亿元，同比增长12.4%，其中出口384.19亿元，进口398.85亿元。自贸试验区进出口额305.15亿元，其中油品等大宗商品进出口额254.57亿元。油品、修造船、水产品三类货物进出口额占全市进出口总额70%左右，占浙江省同类货物进出口额80%左右；油品进口额占全省的65%左右，粮食(大豆等)进口额占全省的55%左右，占杭州关区的100%。舟山口岸进出口货运值1928.1亿元，其中进口1619.3亿元。全年全市外贸进出口实绩企业480家，其中出口实绩企业412家，进口实绩企业202家，出口1000万美元以上企业81家，出口1亿美元以上企业9家。欧盟、东盟、中国香港、日本、巴拿马是主要出口市场。

孕育对外贸易新动能。建设国际农产品贸易中心。依托舟山区位、产业、资源、政策优势，按照“一核心一平台四基地”功能布局，提出建设国际农产品贸易中心初步方案。推进进口基地建设。推动衢黄港公司入驻综保区衢山分区，利用综保区政策优势，做大铁矿石进口规模。推动综保区多元化进口矿石品种，形成新的进口能力。推动远洋渔业基地及国际粮油产业园区相关项目建设，打造特色进口平台。促进加工贸易创新发展。重点支持船舶修造企业加工贸易创新发展，推动船舶修造行业转型升级，推荐太平洋海工、金海智造、欧华造船等8家企业为省级加工贸易创新发展示范企业。推动外贸小微企业加快成长。实施外贸小微企业成长三年行动计划，开展小微企业培训3次，新增有出口实绩小微企业38家，新增备案登记外贸小微企业115家。

对外开放平台打造取得新进展。谋划建设国际农产品贸易中心。委托商务部国际贸易经济合作研究院组织编写可行性研究分析报告，编制完成《浙江国际农产品贸易中心建设方案》，获省政府批复同意，瞄准全球农产品的价格话语权，推进贸易中心建设。全面实施“开放舟山”建设三年行动。对接国家“一带一路”、长江经济带及浙江省大湾区、义甬舟大通道等开放战略，编制完成“开放舟山”建设三年行动计划及工作任务清单，明确舟山新时期对外开放的定位、五大总体目标和实施路径。加快把舟山建设成为集聚国际要素、配置全球资源、在“一带一路”中居于枢纽位置的开放城市。

【服务贸易】 全市实现服务贸易进出口145.66亿元，同比增长18.9%；其中进口35.87亿元，同比增长40.3%；出口109.79亿元，同比增长13.3%。服务贸易进出口占货物和服务贸易进出口总额的15.7%。国际海事服务实现进出口额35.72亿元，同比增长19.6%，占全市服务贸易进出口总值的24.5%，是全市服务贸易进出口的最大领域。建筑及相关工程服务出口33.48亿元，同比增长17.7%；服务外包出口15.40亿元，同比增长10.7%。

拓展国际海事服务。《中国(浙江)自由贸易试验区国际航行船舶保税油经营管理暂行办法》得到商务部批复同意，此项政策在外资准入、跨关区直供和资质条件等三方面实现突破。5家企业新获国际航行船舶保税油经营资质，支持国际海事服务基地建设。在保税燃油混兑政策攻坚方面，突破前4位税号相同的不同税号保税油混兑调和业务，商务部与海关总署商定在浙江自贸试验区内以加工贸易的途径进行不同税号下保税油混兑试点。保税油供应量全年达182.6万吨，同比

6月8日，在自贸试验区综合服务大厅举行自贸区国际航行船舶保税油经营资质颁证仪式（市商务局提供）

增长71.6%。

【利用外资】 全年新设外商投资企业56家，同比增长124%；合同利用外资9.96亿美元，同比增长13.5%；实际利用外资4.05亿美元，同比增长92.8%，增幅列全省第一。全市引进投资总额1000万美元以上项目37个，3000万美元以上项目19个，5000万美元以上项目9个，1亿美元以上项目3个。自贸试验区成为全市利用外资主战场，区内新设外商投资企业36家，合同利用外资8.89亿美元，实际利用外资3.05亿美元，3000万美元以上项目13个，1亿美元以上大项目3个。是年，舟山航空产业园成立。

创新招商引资工作机制，分解落实工作任务，压实各级各部门“一把手”抓“一号工程”责任，年终考核实行一票否决制。制定出台《扩大对外开放积极利用外资暂行办法》等外资利用促进政策，明确油品全产业链等鼓励外商重点投资领域，提出引进外资、招才引智奖励优惠措施。组织招商促进活动，外资招商促进工作成效明显，油品贸易、房地产等产业取得新突破。完成世界油商大会客商邀请及相关组织工作。举办中国（浙江）自由贸易试验区投资贸易推介会，国内外参会客商130人。利用自贸试验区融资租赁试点政策，抢抓时机进行专项招商。举办自贸试验区融资租赁推进会、天津融资租赁推介会，全年新引进内外资融资租赁企业35家，注册资本101亿元。

【对外经济合作】 全市新设境外投资企业8家，境外中方投资额3529万美元，其中远洋渔业企业6家，境外中方投资额3359万美元。全市设立境外远洋渔业企业14家，远洋渔业全球化格局初步形成。全年完成国外经济合作营业额4.92亿美元，同比增长15.2%，其中对外承包工程实现营业额4.11亿美元，同比增长16.6%，占全市外经合作营业额的83.5%。

加强葡语系国家合作，支持国家远洋渔业基地在澳门设立投资有限公司。组织开展合肥、广州、青岛对接洽谈会，开拓远洋水产品市场。推动国际产能合作，促进舟山境外投资发展。全市核准、备案52家企业对外投资项目62个，投资总额7.05亿美元。对外投资覆盖23个国家（地区），中国香港、秘鲁、美国、加拿大、安哥拉等为主要目的地。

【电子商务】 电子商务持续高速增长。实现网络零售额35.20亿元，同比增长68.2%，占全市社会消费品零售总额的7.0%；市内居民实现网上消费131.0亿元，同比增长30.4%。全市建成电商园区8个，上线淘宝、网易、一号店舟山馆，电商主体近万家；培育电商村10个，引入第三方网络交易平台7个，自建电商交易平台13个；获批省级电子商务县（区）试点1个，省级跨境电商园区1个。

推进渔农村电子商务加快发展。推进阿里巴巴农村淘宝项目。构建农产品网上销售体系，提升改造淘宝、京东、网易、苏宁易购舟山馆，新建一号店舟山馆。创新电商发展模式，开展网络促销费活动，形成舟山海产寄递行业解决方案。

加快发展跨境电商。推进跨境电商公共平台建设，综保区启动建设跨境电商协同支撑平台、通关服务平台及查验流水线系统。发展跨境电商服务体系,为进驻中小电商企业提供一站式的物流、仓储、理货、通关、快递、结算等服务。招引跨境电商企业入驻,网易考拉海购客服中心落户舟山,西优货运代理、全峰电子等一批企业将进驻综保区开展跨境电商业务。

(撰稿:李道合)

中国(舟山)大宗商品交易管理委员会

【概况】 2017年8月底,舟山市金融办的部分相关职责划入管委会,明确中国(舟山)大宗商品交易中心为舟山市(全市)交易场所的监督管理部门,主要负责全市大宗商品、产权、股权等各类交易场所的监督管理工作,并更名为中国(舟山)大宗商品交易管理委员会(下称“管委会”)。至年底,有中国(浙江)大宗商品交易中心有限公司、浙江舟山大宗商品交易所(下称“浙商所”)、浙江石油化工交易中心和浙江海港大宗交易中心等4个交易场所,运营2种交易模式,上市43个交易品种。

全年引进220家中大型实体贸易企业(完成年度目标的110%),引进企业数是上年的近7倍,其中石油化工品企业85家;新增注册资本金162.26亿元,实到8.79亿元(完成年度目标的127.4%);实际利用外资416万美元(完成年度目标的16.6%)。实现电子交易额5708.5亿元(完成年度目标的38.1%),其中油品化工品交易额684亿元。中国(浙江)大宗商品交易中心有限公司自4月1日上线运行以来,保税燃料油交易量302.47万吨(完成年度目标的100.8%),天然气交易量138.31万吨(完成年度目标的138.3%),煤炭交易量1596.02万吨(完成年度目标的106.4%)、交易额90.76亿元。限额以上企业完成大宗商品现货贸易额630亿元(完成年度目标的140%),缴纳税费1.5亿元(完成年度目标的166.7%),其中地方留成8200万元(完成年度目标的234.3%)。

5月12日,维多集团首席代表一行考察大宗商品交易中心(大宗商品交易中心管委会提供)

【招商引资】 规范招商服务制度,完善招商体系。召开系列招商大会,营造集群氛围。开展以油品企业为目标客户的对接及招商推介活动,主办山东、广州、南京专场推介会及首届国际油商大会4场会议。优化企业结构,打造油品产业链。引进省石油公司、国储能源、协力能源、厦门象屿、瑞茂通、克拉石油、港湾石油、黑鹰能源等20余家原油经营企业,50余家油品贸易相关企业。融汇通企业管理集团有限公司9月4日在交易中心注册成立,注册资金12月到位;拟设立资产管理类子公司(浙江融汇通资产管理有限公司,注册资金5000万元人民币)的相关请示上报市政府。管委会总体贸易额及税收总额均保持良性增长,管委会大宗商品贸易总额占浙江自贸试验区近36%,其中石油化工品贸易总额占浙江自贸试验区23%。

【推动油品项目落地】 集中宣传推介。在首届油商大会中,管委会承担邀请俄罗斯等6个油品产油国和贸易国大使的参会任务,同时举办其中一场平行论坛,集聚近百家客户超200人参加会议。在会议期间和CME(芝加哥交易所)、DME(迪拜商品交易所)、SGX(新加坡交易所)、TOCOM(东京工业交易所)等全球知名交

9月18日，首届油商大会期间举办平行论坛(大宗商品交易中心管委会提供)

易场所召开座谈会，探讨未来业务合作方向。加快产业培育。邀请和接待36家单位，近100位嘉宾，确定落户企业8家，新增注册资本1.8亿元；完成中燃油品商贸和法国外贸银行授信万向储运(舟山)公司的项目签约。中燃油品出资3亿人民币依托中国(浙江)大宗商品交易中心打造以燃料油为主的油品贸易交易项目；法国外贸银行和万向储运(舟山公司)依托平台及万向舟山储运油罐设施，开展油品保税仓单融资质押业务，总授信额8亿美元。

【深化平台建设】 搭建完成东北亚保税燃料油交易中心、东北亚天然气交易中心和华东煤炭交易中心，推进国际农副产品、原油和甲醇等交易平台。争取瓶颈性政策突破。向中财办争取在交易模式限制、市场准入、放宽油品资质许可和交易清算等事关大宗商品交易发展的相关瓶颈性政策得到认可，并将召集相关部委协调落实。加快与上海期货交易所对接合作。先后三轮对接上海期货交易所，初步达成合作意向，以建立“期现对接”、构建多层次商品市场为导向，通过相关交易体系建设和业务合作，达成双方“互联互通”深度合作，实现“场内交易在上海、现货场外交易在舟山”的战略布局。推进期现一体化运作整体方案，发展场外衍生品交易，并在交易品种、交易模式、交易系统、交割库、注册仓单、结算、金融配套、质检等体系建设和人员业务方面展开全方位合作。

【以制度化体系完善交易监管工作】 优化监管制度，尝试搭建电子监管平台。修订《舟山市交易场所监管管理办法(暂行)》《舟山市大宗商品交易场所监督管理办法实施细则》《监督管理处信访工作流程》等相关制度；召开监管平台项目协调会，协商数据对接事项，建立交易数据统计体系，规范各类交易场所的运营。创新金融产品，提升理论研究能力。加强人民币国际化研究，初步制定完成仓单确权、仓单流转方案。(撰稿：大宗商品交易管理委员会)

舟山商贸集团有限公司

【概况】 2017年，舟山商贸集团有限公司全年实现营业收入5.09

市长温暖检查调研农贸市场(舟山商贸集团有限公司提供)

亿元，相比年度营业收入考核目标3.8亿元增长1.29亿元；实现净利润-3300万元，相比年度净利润考核目标-6000万元增长2700万元，减亏45%。超额完成市国资委下达的各项考核指标任务。

是年，舟山商贸集团有限公司旗下子公司舟山市商业旅游供应公司整体资产无偿划转给舟山市普陀山旅游集团有限公司，旗下子公司舟山市菜篮子服务有限公司吸收合并旗下子公司舟山市惠众农产品配送有限公司。

【“菜篮子”工程建设】 通过系列平价组合调控，全年定海、普陀、新城三个主城区国有农贸市场蔬菜、猪肉、蛋类、豆制品价格与宁波同类市场的差价分别在3.17%、0.43%、-2.38%、-29.08%左右，实现差价控制在5%以下的目标。“菜篮子”直供店平价供应点多面广。从保节假日平价供应转变为保全年平价供应，保持30个蔬菜品种，6个猪肉品种，2个鸡肉品种价格低于宁波白沙市场同类商品价格；6个蔬菜品种以低于2元/500克价格进行平价供应；10个冰冻水产品进行平价供应。全年平价供应蔬菜5469吨、猪肉672吨、杀白鸡20.3吨、冰冻水产品259吨、豆芽菜3320吨。推进“菜篮子”直供店建设。在确保定海、普陀、新城三个主城区国有农贸市场建设有“菜篮子”直供店外，加大住宅区周边直供店建设力度，完成朱家尖、东港、岱山沿港路、新城高云佳苑、红茅山南区、北区等6家直供店建设及定海西园直供店的扩建，超额完成年度新建5家“菜篮子”直供店任务。加强“菜篮子”直供店精细化管理，出台直供店考核细则，加大检查考核力度，提升管理水平。开展猪肉平价供应，拓展毛猪、白肉批发等业务。通过规模化采购，减少流通环节，降低毛猪批发成本。毛猪批发量占总屠宰量的22%，生猪屠宰日均424头，家禽屠宰日均1091羽，猪肉配送日均1.7吨。“菜篮子”应急储备、产销对接渠道更畅通。重大节假日蔬菜按2~3天的销售量储备60吨；特殊天气蔬菜按6~8个品种7天的销售量储备100吨；针对休渔期时间长、执法力度大、货源供求矛盾较为突出的特点，水产品储备增加到200吨；同国兴、新青农、蓝祥等6家合作社(农场)建立产销对接合作关系，对接种植面积470亩(31.33公顷)，对接数量1000吨，缓解本地蔬菜“卖难买贵”的问题。加大重点行业摊位租金减免力度，国有农贸市场摊位租金得到合理调控。是年，城区国有农贸市场摊位租金比上年下降521万元，其中：猪肉、水产品行业分别下降46.20%和12.47%。

【市场提升改造】 推进农贸市场提升改造。投入自筹资金约1300万元，对城区南珍、东门、东河等6家，农村岑港、沥港、展茅、双塘等13家农贸市场进行提升改造，提升城乡农贸市场购物环境。推进农贸市场创建。对照创建标准，完成定海东门、桔园、西园、白泉以及普陀中兴、平阳浦、桃花7家省级放心农贸市场创建，6家农村农贸市场星级市场创建。尝试“互联网+农贸市场”，引进美团外卖进驻定海桔园菜场，24家经营户开通美团外卖，月订单300单左右，为消费者提供便捷的“逛”农贸市场生活方式。是年，全省农贸市场电商平台建设方案座谈会在舟山召开，交流桔园菜场的创新理念，并现场观摩桔园菜场。

【行业管理】 参与全市小城镇环境综合整治。对白泉、岑港、展茅等市场进行再提升再改造，完成展茅农贸市场整体装修。完成定海人民南路夜市取缔工作，73户夜市经营户全部取消。参与全市“两非”车辆、马路市场整治。整治电动三轮车957辆，整合市场摊位277个。完成项目投资11673万元，完成总工程量57.4%，超额完成年度50%的目标任务。加大项目招商招租力度，与万达影院、必胜客、肯德基、星巴克等12个品牌企业初步签订合作协议。提前建成豆芽菜生产项目。6月9日签订军民融合共建项目协议，确定新的豆芽菜生产基地的选址，投入300余万元，完成厂房建设、生产设备安装调试等，11月25日试生产，12月投入生产，提前完成年度目标任务。

(撰稿：田荣华)

供销合作经济

【概况】 2017年，围绕“三农”工作大局和舟山群岛新区建设，推进“三位一体”渔农民合作经济组织体系建设，以增强社有经济为主线，提高为农服务为重点，构建渔农村社会服务体系和流通网

2017 年全市供销系统机构情况

表 23　　单位:家

项　目	合计	市本级	定海	普陀	岱山	嵊泗
机构总数	81	14	24	18	12	13
市供销社	1	1				
市社企业	9	9				
县(区)供销社	4		1	1	1	1
县(区)社企业	36		13	10	6	7
基层供销社	31	4	10	7	5	5

络体系,提升供销社发展水平。

【综合改革】 完善渔农合联组织体系　完成渔农合联组织登记、制度完善等基础工作,全市有市级渔农合联 1 个,县(区)渔农合联 4 个,乡镇(街道)渔农合联 18 个,拥有会员 1234 人。市、县(区)供销社(渔农合联执委会)调整优化“三定”方案,其中定海区农合联执会承接区农林部门委托的 8 项职能,促进渔农合联执委会与供销社机关有机融合,提升农业生产的组织化、规模化、板块化程度。

组建渔农业生产服务中心　以定海区 3 家农业生产服务中心为模板,帮助指导县(区)渔农合联加快县(区)级和乡镇(街道)渔农合联渔农业生产服务中心建设,推动供销社基层组织、经营主体与渔农业生产服务中心对接。各县(区)形成各具特色的典型示范方案,围绕生产、供销、信用三大服务功能,立足当地渔农业产业,搭建为渔农服务的新平台。定海区以“农”为特色,完成金塘镇和岑港街道 2 个乡镇农合联的农业生产服务中心建设;普陀、岱山结合“渔农”实际组建渔农业生产服务中心,选择普陀桃花、岱山高亭开展乡镇渔农合联基层示范点建设;嵊泗县结合海岛渔业与旅游特色,在旅游重点乡镇五龙乡设立县乡两级渔合联生产服务中心。

拓展为渔农服务新领域　参与各类为农服务项目,如农技咨询及庄稼医生服务、小额存取款服务、项目申报等便民服务。定海农民资金互助会帮助农民落实贷款申请 105 万元。市社参股公司定海农信担保公司扶持农民专业合作社和农业种养大户发展生产,担保 374 笔、94 户,金额 7555 万元。联合市渔农委制定《关于推进农产品电子商务的实施方案》,联合舟山市易家电子商务有限公司组建舟山市定海农汇电子商务有限公司,由定海区农合联牵头负责建设全市名特优农产品微信公众服务号及“舟山市名特优农产品定海展示体验中心”实体店。

【社有经济】 在社有资产管理上,实施“公开、公平、公正”的招、拍租制度,确保资产保值增值,重点做好普陀山锦屏山庄改造提升工程,该工程改造面积 4800 平方米,总投入约 2000 万元,至年底,3 号楼危房改造和山庄整体改造基本完成,实际投入超过 1600 万元。配合两区政府推进机关三处房产的征收工作。在社有企业发展上,承接政府购买服务项目,推进联合合作,推动产品、服务、商

新开业的金叶蔬菜批发市场(沈磊　摄)

业模式创新。农资公司由传统农资供应向农业生产综合服务转型;蔬菜公司在巩固批发市场份额的基础上提高基地蔬菜供应量;烟花公司应对政府监管趋严和行业不景气的大趋势大环境,深化市、区联合经营管理。在项目建设上,总投资5100万元的金叶蔬菜批发市场综合大楼建设工程顺利推进,12月23日完成蔬菜批发市场和农贸市场的搬迁,并投入运行。

2017年全市供销系统主要经济指标执行情况

表24 单位:万元

指　标	合计	市本级	定海	普陀	岱山	嵊泗
总经营收入	220479	51600	55558	60946	20327	32050
商品销售总额	207864	50463	55021	50979	20327	31076
总购进额	144690	11757	45251	44811	19758	23113
利税总额	3560	560	2454	421	39	86
其中:利润	2285	237	1907	106	26	9
税费	1275	323	547	315	13	77
所有者权益	17448	3703	5759	3029	1393	3564

【“菜篮子”工程】 发挥蔬菜供应主渠道作用。加强市金叶蔬菜批发市场管理,对接政府蔬菜产销平台,实施台风天、节假日蔬菜应急储备,确保货足价稳;开展滞销蔬菜保底收购,帮助解决农民卖难卖贱和居民买难买贵问题,平稳市场。市内外基地蔬菜批发总量1.55万吨,基地蔬菜提供率38.25%,超额完成市民生实事项目的“菜篮子”工程建设中市内外蔬菜基地产品直接进入农批市场比例达到35%的目标要求。做好社区菜店平价供应。加强社区菜店日常管理,坚持“薄利多销”经营理念,做好节假日、台风天气、蔬菜生产淡季、渔业伏休期等平价供应。是年,平价供应蔬菜112.4吨,猪肉15.9吨,并配合定海、普陀区政府改造提升社区菜店50家。金海角农产品配送公司保障“菜篮子”直供店运营,确保蔬菜的足量、平价供应,实现蔬菜价格同比低于市场15%。做好“菜篮子”惠民店建设,在定海、普陀两地新建“菜篮子”惠民店5家。

2017年全市供销系统专业合作社、综合服务社情况

表25

项　目	合计	市本级	定海	普陀	岱山	嵊泗
专业合作社数(个)	98	11	28	19	23	17
股金总额(万元)	12242	5005	3328	424	1264	2221
其中:供销社股金(万元)	1288	1	559	71	313	344
种(养)面积(公顷)	5451.07	620.67	916.4	410.33	1611.33	1892.33
销售额(万元)	67561	8188	15167	5179	12511	26516
综合服务社数(个)	117	29	34	18	20	16
从业人员(人)	663	127	150	101	82	203
投入资金(万元)	54770	796	51307	522	228	1917
其中:供销社(万元)	51933	224	51169	325	209	6
经营收入(万元)	9647		5243	1574	970	1862

【为农服务】 围绕促进渔农民增收致富,抓牢专业合作社与基层供销社“社社”融合,与农村社区“社村”融合,与资金互助会“社会”融合,与社有企业“社企”融合,提升质量、规范管理、建设品牌。是年,联合市渔农委等9部门,出台《关于规范与提升发展渔农民专业合作社的实施意见》,通过规范管理、民主治理、强化财务管理,抓好示范社监测与认定工作。全市系统完成96家专业合作社调查摸底,清理整顿14家。新增专业合作社6家,联合社3家;创建全国专业合作社示范社2家,全国供销合作社基层社标杆社1家;新建综合服务社2家,庄稼医院2家。围绕农村电商,农民专业合作社财务,农资技术应用等内容,开展涉农培训7期,607人次。做好春耕备耕、放心农资下乡、三防物质储备等工作,储备化肥8003吨,农药138吨,农膜136

2017 年全市供销系统农业生产资料供应情况

表 26

指　标	合计	市本级	定海	普陀	岱山	嵊泗
农资供应总值(万元)	5474	2042	1787	733	590	322
化肥(实物)(吨)	18825	10338	4729	2350	1408	
农药(吨)	593	158	234	113	88	
农用薄膜(吨)	252	53	119	13	67	

吨,保证农资用品货足价稳;做好废弃农药包装物回收工作,全年回收废弃农药包装物 385 万只,集中焚烧处理 35.5 吨。

【安全生产】 落实“党政同责、一岗双责”制度,做到责任到位、投入到位、培训到位、管理到位、应急救援到位,制订安全生产综合治理三年行动计划。开展出租房消防隐患整治,加强对出租房的日常检查及管理,通过更换房屋线路、配置灭火器材、安装智慧用电系统等措施实施整改,消除安全隐患。祥源烟花公司加强烟花常态化安全经营,开展仓库监督检查,落实职工岗位责任,从源头杜绝不安全因素。开展蔬菜农残检测、烟花爆竹实名制销售等工作。

(撰稿:李丹莹)

烟草专卖

2017 年,全市销售卷烟 29.07 亿支,实现销售收入 26.75 亿元,税利 7.40 亿元,利润总额 2.98 亿元。

全市查获涉烟违法案件 448 起,查处涉烟违法案件案值 331.06 万元。舟山市烟草专卖局“10·28”互联网特大售假网络案成为舟山烟草史上第一个部督案件,普陀、岱山、嵊泗三个县(区)局分别破获“9·15”“8·31”“6·14”互联网售假网络案,首次实现微信售假网络案件打击全覆盖。响应行业“放管服”和地方政府“最多跑一次”改革要求,颁发行业首本基于省级政务服务平台新办的零售许可证。承办全省标准化质检分站现场会。

是年,舟山市烟草专卖局(公司)向全市捐赠 90 万元,其中向慈善总会捐赠 85.50 万元,向民政局捐赠 4.5 万元。

(撰稿:市烟草专卖局)

2017 年市蔬菜批发交易市场交易及农残检测情况

表 27

项　目	合计	本地菜	外地菜
成交数量(吨)	45769	17322	28447
成交金额(万元)	14770	5025	9745
百千克平均价格(元)	0.032	0.029	0.034
抽检批次	16422	1767	14655
合格批次	16367	1760	14607
合格率(%)	99.7	99.6	99.7
销毁批次	66	7	59
销毁数量(千克)	6215	830	5385

个私商业、餐饮业、服务业、旅馆业

【概况】 2017 年,全市从事商业、餐饮住宿、服务业的个体工商户、私营企业 66477 户,从业人员 143873 人,注册资金 902.7695 亿元。与上年相比,分别增长 14.01%、5.79%和 69.34%。

【个体工商户】 全市从事商业、餐饮住宿、服务业的个体工商户 51528 户,从业人员 90313 人,注册资金 43.5842 亿元,比上年分别增长 4.92%、4.62%和 6.09%。

【私营企业】 全市从事商业、餐饮住宿、服务业的私营企业 10949 户,投资者 18225 人,雇工人数 53560 人,注册资金 859.1853 亿元,分别比上年增长 19.08 %、

2017年全市个私商业、餐饮业、服务业、旅馆业情况

表28

行 业	项 目	户数(户)	从业人员(人)	投资者(人)	注册资金(万元)
总 计		66477	143873	69753	9027695
总计比上年增加(%)		14.01	5.79	8.08	69.34
商业	合计	47103	87344	49254	8254103
	合计比上年增加(%)	5.89	6.68	7.41	76.22
	个体工商户	34106	48483	34106	157524
	私营企业	8997	38861	15148	8096579
餐饮、住宿业	合计	10949	32790	11256	433079
	合计比上年增加(%)	14.02	5.42	13.65	19.84
	个体工商户	10334	27125	10334	239314
	私营企业	615	5665	922	193765
服务业	合计	8425	23739	9243	340513
	合计比上年增加(%)	5.29	3.17	5.26	19.15
	个体工商户	7088	14705	7088	39004
	私营企业	1337	9034	2155	301509

18.14%、7.83%和74.62%。

(撰稿:虞哲迪)

粮食流通

【概况】 2017年,落实“大粮食安全观”,建设高水平海岛粮食安全保障体系,提升“米袋子”保障建设水平。完成轮换储备粮18197吨,11.97万吨储备粮足额落实到位。通过委托代储、包干费用和差价等多种途径使晚粳稻储备比例达25%以上。引导粮食市场主体与东北、江苏等地粮食企业建立长期稳定的粮食产销合作关系,保证粮食来源稳定、质量可靠。优化储备结构,委托黑龙江等产区代储晚粳稻21500吨。推进粮食流通设施建设,良海粮油、和润物流等仓储物流项目顺利推进。支持港海物流舟山国际粮食产业园区公用码头工程项目建设,获得粮食仓储物流设施国家资金补助3600万元。规范军粮购销,实行全市军粮供应“四统一”。

【粮食安全责任制】 抓组织完善。年初,调整市粮食安全协调小组办公室成员单位,重新分解落实各部门职责。抓专题部署。召开市级相关部门和县(区)粮食行政管理部门粮食安全责任制工作专题会议,部署落实各级各部门工作职责,明确督查考核办法,签订粮食安全责任书。抓查漏补缺。与相关部门沟通衔接,列出问题清单,明确整改措施,落实整改责任。两次召开县(区)粮食行政管理部门会议,分析研究涉及粮食部门的考核指标。抓考核督查。1月中旬,由市粮安办牵头,组织市级各职能部门考核督查各县(区)粮食安全责任制落实情况。

【粮食保障】 是年,市本级中心粮库和市军粮供应中心改扩建项目全部完工并投入使用,良海12万吨筒仓建成,市军粮供应中心被省粮食局列入军粮供应军民融合综合应急保障基地。完善全市粮食应急指挥组织体系,重新编

制粮食应急预案和粮食应急操作手册，新增勾山、小沙和长白等应急供应网点，市本级应急供应网点31家。采取资金补助、粮源安排等措施，支持浙江精功农业落实日粮食应急加工能力385吨。设立白泉皋泄应急粮油储备库，储备成品粮300吨、储备油275吨。粮食应急指挥和供给能力显著提升。引入产区企业，开展产销合作，增强保障能力。组织开展吉林梅河大米文化节暨产品展销推介活动，签订粮食产销合作协议，引入吉林松源粮食集团到舟山设立经销点。支持骨干企业到粮食主产区东北和江苏开展订单收购，稳定粮食来源。委托省粮食集团在东北代储晚粳稻5000吨，优化粮食储备结构。按照“全覆盖、零容忍、快整治、严执法、重实效”的要求，组织开展“大排查快整治严执法”集中行动。市粮食局对集中行动重点部署，明确责任分工、方法步骤和重点检查环节。全市粮食部门和企业开展自查自纠。集中行动排查出安全隐患17起，逐项制定整改措施，立即或限期完成整改。

【军粮保障】 为实行军粮“四统一”，市军供中心依托省军粮加工企业生产备选库，采取定向招标方式建立江苏和东北采购基地，拓宽军粮采购渠道，通过市场竞价方式确定采购价格，确保军供粮源稳定可靠。执行采购前查验质量检测报告、入库后“一批一检一报告”制度，全年军粮样品检测30批次，质量全部合格。聘请部队20余名司务长作为军粮质量监督员，设立专门服务热线，实现军供粮食质量全过程、全方位、无缝化监管。利用军粮“金字招牌”，拓展军民融合经营业务，定期组织军供粮油产品进社区活动，将军供优质产品销售到机关、企(事)业单位和居民小区。与市菜篮子服务公司开展深度合作，设立军供产品销售专柜，全年销售粮油近1500吨。投资1300余万元，完成定海军粮站改扩建工程。夯实军民融合及海岛军粮应急保障基础。收集整理军粮历史资料，提炼舟山市军粮发展历程、历史印记、供应流程、远航应急、特色服务、双拥共建、领导关怀等方面的经验做法，编制舟山军粮企业文化建设方案，制作完成近100平方米军粮文化展厅。

【粮食收购】 是年，国家调整晚稻最低收购价。通过手机短信等形式通告种粮大户订单收购基本安排，确保粮食规模生产保持稳定。省粮食局联合市财政局、市农林和渔农村委、市农发行发文明确收购价格、收购品种、收购方式以及补贴政策。组织相关人员逐个乡镇(街道)召开座谈会，宣传收购政策，摸清粮食生产、农户投售意向、商品粮源数量以及农户服务需求等基本情况。协调市直属粮库专门安排中心粮库两个廒间作为收购仓库，购入收购设备，首创散粮入库新方式。全年晚稻收购量2061吨，与上年持平。

【“放心粮油”工程】 加强市粮油质量检测中心建设。安排专项经费70余万元添置检测设备和30万元检测经费，组织人员参加检测业务培训，粮油检测中心具有粮油全指标检测能力。推进“放心粮油示范县”创建工作。制定创建工作方案，选择定海区作为试点示范县，计划在定海区10个乡镇街道设立“放心粮油”示范店，在省财政补贴的基础上，市财政给予相应的配套资金补助。通过政府引导、市场化运作，提高全社会粮油质量安全意识，保障粮油消费安全。

(撰稿:李道合)

责任编辑:李馨桐　童涵

杂记(四)

【首次实现室内养活东海带鱼】 7月,在舟山水产研究所,300多尾东海带鱼已经被人工养活了近两个月,实现了从大海到人工饲养环境迁徙的重要突破。在人工饲养环境下,已从两个月前的20厘米,长到了40多厘米,填补国内带鱼研究空白。被称为东海四大著名海产的大黄鱼、小黄鱼、墨鱼均已通过科研攻关,突破人工繁育技术,唯独东海带鱼存在着离水即死的魔咒,当它被捕捞离水后,因外界压力突然变低,体内会发生致命变化导致死亡,此前国内尚无人工养活带鱼的记录。

【普陀虾峙渔民捕获野生中华鲟】 11月7日,普陀区虾峙镇一对渔民夫妇在涨网海域作业,拉网时发现网中有一条罕见大鱼。通过虾峙镇政府和虾峙渔政鱼监分站工作人员向上询问专家,确认这是一条中华鲟。据悉,该中华鲟长约170厘米,重达31千克。得知这是国家重点保护动物后,夫妻俩毫不犹豫将它放生。

旅　游

概　述

2017年，以创建国家全域旅游示范区为载体，举办国际海岛旅游大会为契机，按“1+2+3”（即一个战略：以建设“海上花园城市”为契机，创建国家级全域旅游示范区；二个支撑：招商引资，与交通、城建等行业融合；三项基础：智慧旅游，公共服务，培育旅游龙头企业）发展战略和开展六大（全域旅游、招商引资、旅游交通城建融合、智慧旅游、旅游公共服务、旅游企业培育）攻坚行动为工作思路，推进旅游项目建设、产品开发和品牌提升，完善旅游设施和服务，丰富业态内涵，强化市场监管，重塑品牌形象，全年全市接待境内外游客5507.16万人次，实现旅游收入806.65亿元，比上年分别增长19.45%和21.92%，全市旅游业继续保持强劲发展势头。是年，定海东海大峡谷、普陀沈家门渔港小镇、岱山秀山滑泥公园、嵊泗东海五渔村和十里金滩小镇5家创AAAA级景区，已通过浙江省旅游局景观资源评估。定海南洞、岱山鹿栏晴沙、嵊泗东海五渔村3家创成AAA级景区，定海12家景区完成A至AA级创建，全市A级景区达31家。联合市渔农部门首批评定43家村庄为A级景区，其中AAA级景区村庄6家，2家景区村庄入选《浙江大景区创建纪实——走进50个样板A级景区村庄》一书，定海南洞、岱山上船跳、嵊泗花鸟成为以海岛民宿为主业的省级休闲旅游示范村，朱家尖东荷嘉园、嵊泗田岙村成为民宿旅游收入超千万元的电商村，普陀庐岸·翁家岙被评为省金宿级民宿。普陀展茅街道被评为省休闲农业与乡村旅游示范乡镇，普陀干施岙五匠馆被评为省级文化旅游示范基地，岱山沙洋村被评为省级非物质文化遗产示范景区，普陀山等7家景区被省工商局评为首批放心景区。6家企业获评浙江省果蔬采摘基地，13家单位被评为海岛休闲示范点。组织企业参加2017国家和省旅游商品大赛，7项旅游商品获“省优秀旅游商品奖”，其中舟山阿拉窝哩文创工作室的阿拉窝哩－东海船包和浙江彩田社动漫有限公司的舟山海韵地图茶杯垫、冰箱贴2项旅游商品获中国特色旅游商品大赛银奖。

【2017国际海岛旅游大会】　9月21—23日，由国家旅游局和省人民政府主办，省旅游局和舟山

9月21日，2017国际海岛旅游大会欢迎晚宴场景（沈磊　摄）

市人民政府承办，在国际海岛旅游大会永久会址（舟山市朱家尖岛）举行。来自45个国家和地区的55个境外代表团、1300多人参加，以“海岛愿景：新丝路　新机遇　新旅程”为主题，组织12项主体活动和4项配套活动，包括国际海岛旅游大会开幕式、“一带一路”国际海岛旅游发展舟山论坛、2017国际海岛旅游博览会、国际海岛旅游发展论坛暨浙江省旅游业投融资促进大会、国际旅游投资与海岛发展论坛、“数说海岛”旅游产业及大数据共享论坛、“航空＋旅游”圆桌会议、全国游艇旅游发展研讨会、国际精品海岛体验游、“世界海岛·Family”舟山国际邮轮嘉年华和“在海上相遇”——缘起舟山激情月等。期间签约重大旅游投资项目30多个，总金额超千亿元，其中舟山市签约15个，总金额达520多亿元，舟山市人民政府与中国建设银行浙江省分行共同设立100亿元的海岛旅游发展基金。大会发布《国际海岛旅游合作纲要》和国际海岛旅游大数据，推出“嗨·岛游”海岛旅游网和“跟着手机游海岛”应用系统，线上线下海岛旅游产品交易额1.22亿元。

【创建国家全域旅游示范区动员大会】 8月23日，在市行政中心（新城）召开。出台《舟山市人民政府关于推进国家全域旅游示范区创建的指导意见》《舟山市创建国家全域旅游示范区实施方案》，明确舟山旅游业的工作目标和实施路径，全市旅游产业按“一核一轴两圈多岛连线”的规划，做强普陀国际旅游岛群核心区，构筑舟山本岛城市休闲主线轴，做特嵊泗列岛度假圈和岱山生态休闲圈，建设花鸟、白沙、东极等一批主题旅游示范岛，推出滨海骑游、绿道登山、渔港巡游等一批旅游精品路线，完善茶吧、书屋、渔舍等一批特色休闲点，实现景点旅游模式向全域旅游发展模式转变，培育旅游千亿产业，打造“中国海上花园城市”。

8月23日，在市行政中心召开创建国家全域旅游示范区动员大会（沈磊　摄）

项目建设

全年全市在建旅游项目73个，总投资214.63亿元，完成旅游项目建设投资47.52亿元，招商引资26.83亿元。打造旅游示范岛进展顺利，围绕“一岛一主题”的要求，嵊泗花鸟岛开展私人定制旅游事业，游客中心等各项旅游接待设施和配套项目完工；岱山完成中国海岬公园自行车驿站、登山步道等工程，以及东沙古镇游客服务中心改造和小广场建设；普陀白沙岛完成大沙头海塘拓宽美化和形象标志牌建设，以及旅游服务中心完善等工程。省级特色小镇建设稳步推进，朱家尖禅意小镇观音圣坛完成结顶，正法讲寺、立体停车楼等项目全面开工；沈家门渔港小镇鲁家峙文化创意园开园，27家涉旅企业入驻；启动休闲街区改造，嵊泗十里金滩小镇启动编制总体规划，完成各类项目新增投资约2.5亿元，并着手启动AAAA级景区创建前期工作；定海远洋渔业小镇游客中心建成，岱山浪漫海岬小镇、集聚区冰雪小镇、六横双屿商港小镇等项目建设有序推进。完善旅游配套设施，全年全市建成各类绿道400多千米，新建自驾车停车位3000多个，建成旅游咨询点91个，A级旅游厕所35家，衢山岛新建成自驾车房车营地1个，实现房车营地的旅游产品新突破。澳大利亚澳普兰游艇生产及运营公司、法国地中海俱乐部、台湾乡林集团等企业在舟山落户，以游艇旅游俱乐部为模式从事海洋旅游的阿尔法游艇文化旅游股份有限公司在新三板上市，推进高品质游艇休闲度假服务。

旅游宣传促销

【市场宣传营销】 与《今日养生》《悠游浙江》《杭州旅游指南》等杂志合作，推广舟山疗养、海岛旅游产品和线路。3月，借助“粤享浙里”诗画浙江（广东）推介会，开展“寻找33位广东市民走进舟山群岛”线上招募活动，吸引万余名广州市民和游客报名参与，百万粉丝观看现场直播，网络点击量超百万。与贵州黔西南州签订开展旅游合作的战略合作协议，打造“山盟海誓”主题旅游品牌，建设与推广两地旅游目的地及旅游产品体系。4月，组织全市旅行社赴杭州、温州开展疗休养海岛旅游产品宣传促销活动，与百余家旅游机构和新闻媒体交流合作，拓展全市疗休养旅游市场。与《浙江老年报》合作，在杭州各社区举办舟山群岛专题旅游推介会，近200位《浙江老年报》读者、社区居民参与。5月，举办“2017中国旅游日惠游海岛嘉年华”暨首届舟山旅游展，举行旅游分享会、海岛美食品鉴、“嗨岛游，集印章”、第一届Boy London杯街舞精英邀请大赛等9项主体活动。与温州市旅游局联合推出公益旅行系列活动，开展舟山－温州“山海相亲——带着爸妈去旅行”互惠活动。

【互联网营销】 推进舟山旅游智慧资讯平台建设，展开网上旅游推介和营销。依托运营商网络资源，在国庆、中秋等节假日开展信息服务，发送旅游服务信息90多万条。与阿里巴巴等电商合作，推进旅游综合电子商务平台建设，加快企业发展旅游在线预订和交易支付业务。加强旅游自媒体外宣力度，完善舟山旅游官方微信微博、国际海岛旅游大会“舟山Time”微信微博功能，创建“嗨·岛游”专题海岛旅游门户网站，开展“跟着手机游舟山”等活动。

5月19日，“2017中国旅游日惠游海岛嘉年华”暨首届舟山旅游展在定海凯虹广场开展启动仪式（普陀山－朱家尖管委会旅游局提供）

【旅游展会】 组织参加各类旅游展会，推广全市海岛旅游产品和线路。5月，组织参加第九届中国（义乌）国际旅游商品博览会、厦门海峡两岸旅游博览会和2017杭州世界休闲博览会；9月21—24日，在普陀东港健民中心策划举办2017国际海岛旅游博览会，展示包括舟山群岛在内的中国滨海、海岛城市。10月，参加中国－东盟博览会旅游展；11月，组织参加中国国际旅旅游交易会；同月，组织参加海南世界休闲旅游博览会，宣传舟山群岛丰富的旅游资源，体验休闲旅游的乐趣。12月，组织参加2017浙江（上海）旅交会暨“美景、美食、美宿、美购”特卖会等展会。

【旅游惠民活动】 11月3日，组团参加省旅游局组织的“千万浙江人百日游浙江”惠民活动，从2017年11月3日至2018年2月10日的100天里，全市A级旅游景区、宾馆酒店、餐饮饭店、旅游交通等单位推出凭舟山市民卡或身份证免门票、住宿优惠、餐饮优惠、交通费减半等优惠措施。12月1日,组织举办为期3个月(2017年12月1日至2018年2月28日)的"福在舟山"惠民季活动,除延续上年与宁波的"双城互惠互游"活动外,还联合浙江温州和吉林松原实现资源互通,优惠互享(舟山市民不仅享受舟山本地景点、旅游企业的优惠政策,还可以前往温州、宁波和吉林省松原市凭借舟山市民身份证,享受独对舟山人民的优惠政策),惠及出游的33万舟山市民、5.7万宁波市民、1.7万温州市民和0.1万松原市民。惠民季期间,组织全市最美舟山人、军嫂、特殊人士等代表免费游舟山活动,实现经济和社会效益双丰收。

旅游行业与安全管理

【旅游市场整治】 推进旅游市场综合治理和集中整治,先后组织开展"春季行动""暑期整顿""秋冬会战"等行动,打击非法经营旅行社业务、"不合理低价游"、超范围经营、虚假宣传、无证导游等旅游乱象。策划推出包括旅游知识、法律法规、出游提示、安全防范、消费维权、以案说法等内容的旅游课堂专栏30期,提高游客知法守法用法的意识和能力。开展旅行社分支机构规范经营专项整治活动,明确旅行社分支机构经营管理规范。全年市旅游质监执法开展各类检查218次,检查涉旅企业场所568家次,导游732人次,纠正不规范旅游广告45条,下达责令整改通知书38份,约谈企业负责人15人,查处旅游行政案件34起,其中旅行社5家,导游及有关责任人29人,没收违法所得850元,上缴罚款6.2万元;督办处理旅游投诉84件,全部结案,结案率100%,未发生重大旅游投诉和群体性不良影响事件。

【建立旅游信用体系】 6月,出台旅游行业信用红黑名单制度,建立旅游企业、从业人员信用数据库,并纳入全市信用信息平台;落实行政许可、行政处罚信息"双公示"制度,将旅游行政处罚信息纳入评优评先、消费者信得过单位评定、旅行社疗休养招投标等事项管理,实行一票否决;在市旅游委政务网建立"信用旅游"专栏,公布企业基本信息、先进企业(个人)、旅游行政处罚等信息,分布信用建设规定和动态。11月,为加快推进全市旅游标准化进程,经市市场监督管理局批准,成立舟山市旅游标准化技术委员会,制定旅游标准化建设年度工作计划,完成章程、秘书处工作细则、标准化建设规划、全域旅游标准体系表。

【文明旅游建设】 制定《关于印发2017年全市文明旅游工作计划的通知》,组织开展专业工作组督查、文明旅游暗访工作,并通报全行业;抓好文明旅游志愿服务、星级饭店公益广告宣传等,组织旅行社录制播放公开承诺诚信经营视频,引导旅游企业诚信经营;制作文明旅游宣传折页5万册和宣传画2000张,投放全市各旅游景区、旅行社、酒店和旅游集散点;"5·19"世界旅游日活动、"舟山人游舟山"旅游惠民季等活动中,组织旅游志愿者服务队发放文明旅游宣传资料;在市旅游委政务网开设专栏和官方微信、微博等媒体上发布文明旅游、文明出行知识;开展"文明餐桌"活动,引导游客节俭用餐、文明用餐。

【旅行社、导游管理】 全年新审批旅行社16家,注销4家,完成2家旅行社出境游资质的审核转报。至年底,全市有旅行社155家,旅行社分社18家,服务网点96个。完成品质旅行社评定10家,其中四星级3家,三星级5家,二星级2家;完成品质旅行社复评5家,其中四星级4家,三星级1家。至年底,全市有品质旅行社28家,其中四星级12家,三星级10家,二星级6家。建立行业监管信息发布制度,定期向社会发布旅行社行政许可信息,督促未营业的3家旅行社依法注销。12月,应用推广全市旅行社综合管理平台,内容包括电子行程单系统、导游预约系统和电子合同系统三个部分。全年全市有518人报考初级导游考试,其中20人报考外语导游考试,39人报考中高级导游考试,210人通过考试取得相应资格,其中初级199人,中高级11人。开展导游"零跑腿"服务,完成电子导游证换发工作,至年底,全市导游IC卡换发电子导游证2109人,其中外语导游28人。推荐优秀导游员参加省导游大赛暨全国大赛选拔赛,展示导游职业风采,传播行业正能量。

【饭店管理】 6月,组织开展舟山市旅游饭店服务技能大赛,海中洲国际大酒店、希尔顿酒店、中瀚大酒店、圣地亚大酒店等16个代表队参加，比赛分中餐宴会摆台、中式铺床暨夜床设计、下午茶创意设计3个项目进行角逐，评选出一等奖3名，二等奖6名，三等奖9名；并推荐优秀选手参加省旅游饭店服务技能大赛，获二等奖1名，三等奖4名。至年底，完成9家星级饭店星级复评，其中四星级1家，三星级4家，二星级4家。舟山希尔顿酒店获评金树叶级绿色旅游饭店，璞缇海酒店获评银树叶级绿色旅游饭店。全市星级饭店27家，其中五星级1家，四星级3家，三星级15家；金鼎级特色文化主题酒店2家，银鼎级1家；金树叶级绿色旅游饭店2家；海岛休闲示范点32家。

6月21日，2017舟山市旅游饭店服务技能大赛在海中洲国际饭店举行（普陀山－朱家尖管委会旅游局提供）

【“最多跑一次”改革】 市旅游委梳理“最多跑一次”改革事项向社会公开，并列入全市第一批全城通办事项名录，其中对旅行社许可证核发、导游身份标识领取、出境游资质审核转报、质保金减半办理等4个事项实施“零跑腿”；与市场监管局对接，做好旅行社许可商事登记“证照联办”和旅行社分支机构备案“多证合一”工作，明确“最多跑一次”行政审批事项文件材料电子化归档要求。推进电子导游证换发，及时传递，专人归纳信息，指导导游申请、导游管理机构审核工作。明确旅游景区导游身份识别，方便新申请导游和外地转入导游上岗；督促历年未参加年审导游换发电子导游证。至9月30日，全市2072名导游员完成电子导游证换发和导游身份标识发放。

【舟山市旅游协会】 4月，根据“五分离、五规范”（机构分离，规范综合监管关系；职能分离，规范行政委托和职责分工关系；资产财务分离，规范财产关系；人员管理分离，规范用人关系；党建、外事等事项分离）的要求，启动舟山市旅游协会脱钩各工作；6月，舟山市旅游协会召开第三届会员代表大会，通过《舟山市旅游协会章程（修改草案）》《会费标准及管理办法（修订草案）》，选举产生新一届理事会常务理事及理事会领导机构成员，选举浙江海中洲集团董事长庄伟意担任舟山市旅游协会新一届理事会会长，副会长10人。至年底，市旅游协会有会员单位400多家，其中常务理事单位43家，理事会单位130家。9月，经民政部门核定，舟山市旅游协会、舟山市香道协会完成社会团体清理规范工作，正式与市旅游委脱钩。

【“卓越团队”优选活动】 为提升全市旅游行业服务品质，培养和弘扬“精益求精、追求卓越”的团队精神，3月，启动旅游行业“卓越团队”优选活动，根据基本条件、团队素养、团队文化、团队品牌等四大块共19条目的优选标准和细则，在全市旅游系统组织开展“卓越团队”优选活动。经自主申报、县（区）推荐、网络票选、专家实地评审和向社会公示等程序，历经9个月，首批认定舟山海星轮船有限公司朱家尖客运中心“慈航服务队”、嵊泗远东长滩旅游开发有限公司旅游发展中心“战狼支队”、舟山希尔顿酒店人力资源部“舟小希猎场队”、舟山假日国际旅行社有限公司产品研发部“飞鸟时代”、舟山市普陀山息耒小庄有限公司保安部“息末安全管家”、浙江海中洲国际旅行社有限责任公司组团部“铿锵玫瑰队”、舟山黑泥文化创意有限公司设计策划部“黑泥创意先锋队”7支团队为旅游行业“卓越团队”。

定海旅游区

【概况】 2017年，定海区以“全面推进全域旅游”为主线，建立产业促进机制，培育休闲新业态，提升行业服务品质，扩大区域旅游品牌影响力，优化全区旅游环境，提升旅游知名度和美誉度。全年全区接待国内外游客1157.34万人次，实现旅游总收入164.8亿元，分别比上年增长20.16%和20.06%；其中国内游客1148.53万人次，实现旅游收入161.37亿元，同比均增长20.27%；入境游客8.8万人次，创汇5013.5万美元，同比均增长6.2%。

【项目建设】 围绕“山、海、城”，立足建设乡村旅游、古城旅游和海岛旅游三大核心产品，构建与区属部门、镇(街道)、社区(村)联动、联合的全域旅游开发机制，成立舟山市定海区东岠建设开发有限公司、舟山千年马岙旅游开发有限公司联合开发旅游资源。整合乡村旅游“农业+”理念，推动定海十八岙项目建设；制定2017—2020年A级景区村庄创建计划，创评干礁镇新建村、马岙街道马岙村、盐仓街道颂河村、双桥街道狭门村、金塘镇山潭村等5家A级景区村庄；引进“心宿”等民宿品牌，建立海岛民宿学院，促进民宿发展；开展“乡烩农家”特色餐饮品牌建设和省级果蔬采摘基地服务品质提升等，形成以农

定海首条生态休闲公路(定海区旅游局提供)

4月18日，举行舟山海岛民宿学院成立仪式暨海岛民宿论坛(定海区旅游局提供)

家乐、生态观光园、乡村民宿、果蔬采摘、娱乐体验等为主的乡村旅游产品体系。挖掘“故事定海”旅游资源，开发古城旅游元素，7月，修缮古城砚池并整治周边环境，同月底，柳永文化广场三展馆开馆，9—10月，整治提升鸦片战争遗址公园，12月，定海中大街获省级文化创意街区，完成《古城故事》和《定海十八岙》两套故事绘本初稿绘制。是年，南洞艺谷晋级国家AAA级景区；新建村获评首批省级AAA级景区村庄、中国最美村镇50强；全区新增A级、AA级景区12家；新建A级旅游厕所5家；舟山群岛海港旅游服务中心

完成工程验收，舟山游客服务中心定海馆进入效果图完善阶段，建成册子月亮湾风景区等游客咨询中心3处，D类游客咨询社会网点14个，中大街设立旅游驿站；完成4.23千米“定海首条生态休闲公路”和50千米全国首条海岛国家级登山健身步道建设；马岙风情小镇、干磁远洋渔业小镇创建稳步推进；继续推进百里滨海大道、东岠旅游示范岛、旅游集散中心、滨海国际大酒店、宋都国际等项目建设，引进洲际酒店集团；完成双谷公路策划方案、中国大桥公园策划方案、国家登山健身步道规划方案、东岠岛策划方案、东岙湿地公园规划设计方案等。

【宣传营销】 整合定海的历史、人文和文化元素，明确“故事定海”的总体形象定位，推出“小定”“小海”定海旅游吉祥物，通过系列微信表情包、文创产品设计、活动推广等使定海旅游品牌形象可视化、大众化。升级改版“定海旅游”微信公众号，引入VR全景、中英文智慧导览功能；推出“定海全域旅游手绘地图”，南洞艺谷和东海大峡谷建立景区电子地图导游服务系统和景区语音讲解系统；完成全区旅游基础数据采集和系统录入，建立6个景区人流监测点，加快大数据平台建设。开展“行走定海十八岙”实地走访和调研活动，在“定海旅游”微信公众平台发布7期“十八岙”自助旅游攻略，转发和阅读量超万次；创新推出以“乡约定海”为主题的乡村旅游巴士活动，累计发团16期，大巴车约80辆，成为全市2017年上半年旅游的引爆点；组织企业参加2017国家和省旅游商品大赛活动，森森集团股份有限公司的桌面鱼缸，舟山阿拉窝哩文创工作室的阿拉窝哩－东海船包，浙江彩田社动漫有限公司的舟山旅游产品之丰收季渔民画套包，舟山市莲花石文化创意发展有限公司的玉石挂件，浙江彩田社动漫有限公司的舟山海韵地图茶杯垫、冰箱贴5项旅游商品获“省优秀旅游商品奖”，其中舟山阿拉窝哩文创工作室的阿拉窝哩－东海船包和浙江彩田社动漫有限公司的舟山海韵地图茶杯垫、冰箱贴2项旅游商品获中国特色旅游商品大赛银奖；锁定普陀、宁波、杭州等周边客源城市，开展针对性营销，开拓疗休养客源市场。举办舟山鸦片战争纪念馆建馆20周年暨柳永文化广场开馆仪式、2017中国·舟山国际渔绳节、2017国际啤酒美食节、舟山海岛民宿学院成立暨海岛民宿论坛、首届三毛散文奖获奖作家签售会等活动。借助《鸟瞰中国》栏目组、《人民日报(海外版)》《浙江日报》等媒体，提高定海旅游在国内国际上的知名度和影响力。

【行业管理】 与全区39家旅行社、6家星级宾馆饭店及11家景区点签订2017年度安全生产责任书；制定《定海区旅游行业消防安全排查整治实施方案》《旅游安全突发事件报告及责任追究制度》《定海区旅游安全管理“一岗双责”实施细则》《定海区旅游局防汛防台应急预案》等规章制度；开展春节、五一、国庆等节前安全检查及冬春火灾防控、安全生产月、防汛防台、十九大安保维稳大行动等专项检查，检查和督查旅游企业在消防安全、食品安全、旅游包车、应急管理等方面，确保全区行业安全生产运营。4月，南洞艺谷成立全省首家海岛民宿学院；建设旅游顾问队伍——定海区文化旅游研究会；组建行政导游团队和旅游志愿者团队；培养旅游行业文艺队伍，服务市民游客。通过巡查抽查、专项督查、联合执法和明察暗访等形式，开展文明旅游、“不合理低价”“双告知先照后证”等专项整治行动。全年开展深度专项检查10多次，出动检查(执法)人次约300次，明查暗访旅游企业135家次；受理各类投诉8件，全部调处，处理满意率100%。指导开心旅行社创建三星级品质旅行社，太平洋旅行社创建四星级品质旅行社，万锦湖和新青农开展省级果蔬采摘旅游基地创建等。至年底，全区有6家星级品质旅行社，其中四星4家，三星2家；6家绿色旅游饭店；6家星级旅游饭店，其中四星级1家，三星级4家，二星级1家；5家省级果蔬采摘旅游基地；5家海岛休闲示范点。

普陀旅游区

【概况】 2017年，普陀区旅游抓住“国家和省级全域旅游示范区创建”这一主线，在管理体制、项目推进、行业管理、营销推广下功夫、出实招，实现旅游产业发展量质齐升，全年接待游客3281.29万人次，同比增长18.3%，创旅游收入411.47亿元，同比增长26.7%。

【项目建设】 全区在建旅游项目9个,总投资79.135亿元,年度计划投资14亿元,实际完成投资14.66亿元。杉杉生活广场完工开业;东港铂尔曼酒店完成室内精装样板房、景观工程;桃花旅游综合开发项目完成南部游步道设计、塔湾金沙景区环境综合整治、星级厕所改造6座、小桥头精品农业园打造等工程;东极主题示范岛完成景观游步道建设、环岛公路建设、青浜垃圾焚烧厂设备投用,庙子湖蟑螂海塘加固(完成97%)等工程;沈家门渔港特色小镇累计完成投资42.2亿元,年度投资11.7亿元,滨海大道一期景观绿化工程Ⅰ标段已基本完工;江湾滨海公园方案设计正在调整;鲁家峙肚脐山隧道及接线工程完成道路沥青浇捣和人行道侧平石安装;普陀海洋文化创意园区完成综合验收;水产城以西区块开发建设完成概念性方案设计;蚂蚁岛红色旅游基础设施提升工程完成人民公社旧址维护、2座厕所维修、入岛口景观标志及凉亭提升改造设计方案等;虾峙河泥漕旅游开发完成美丽村口建设、鳄鱼岛观光步道建设、村道路面铺设整治等工程。完成朱家尖南沙、城北集散中心旅游服务中心等基础设施建设,累计完成投资1000万元;完成全区旅游厕所21座(不含普陀山－朱家尖);完成东港纬十一路、环岛路、东港防浪堤、鲁家峙北岸线(一期)绿道,共4千米;完成旅游大数据和交通标志牌建设。举办国际海岛旅游博览会、佛茶文化节、海岛旅游投资大会(中国旅游上市公司高峰论坛)等节事展会活动,签约引进海洋欢乐大世界(一期)投资100亿元、半升洞高端休闲街区总投资25亿元、美丽海岛田园综合体总投资2亿元等项目,引入文旅企业35家,整合利用中天、歌顿酒店资源,打造为希尔顿欢朋酒店和戈薇亚朵酒店,引进东极末海度假酒店建设项目。

【宣传营销】 建立旅游大数据中心,实现旅游信息服务、数据汇聚、运行监测等功能统筹管理。打造海岛节会品牌,开展寻找普陀年味主题活动,运用新媒体、电台、网红直播平台等形式,50多万人次参加。与浙江经视、浙江影视娱乐频道、温州电视台等媒体合作,推出"跟着爸爸去冒险"真人秀、跟着校花校草玩儿——美景美人美食、网红带你玩转普陀、普陀乡村游等专题。策划推出"十二岛之约"主题活动,让更多人走进普陀,享受美丽的"岛屿之约"。策划推出"漂流邮局"主题活动,通过"漂流邮局"H5上线,在淡季重启东极、桃花岛、白沙三岛关注度。以普陀山机场开通山东济南航线为契机,组织山东济南约20家媒体来采风。针对波音项目落地开工,制作城区休闲娱乐地图发放至相关场所。继续做好"普陀好空气""舟山旅游惠民季"、"5·19"中国旅游日、疗休养主题线路推广等宣传活动。在萧山机场国航航班普陀旅游形象登机牌、机上形象宣传片视频、《空中之翼》软文、《悠游浙江》软文、省内高速公路加油站、上海院线等投放普陀旅游广告。通过华数公共信息服务、浙江之声、上海财经频道、浙江日报等媒体平台合作,强化城市整体形象宣传。与携程旅行网开展全年营销合作,搭建舟山普陀官方体验馆。利用康师傅饮用水进行"自在普陀 自由呼吸"好空气品牌宣传。重新制作旅游歌曲《普陀情》。做好官方微信互动线上、线下结合,扩大官方自媒体平台影响力。营造全域旅游宣传氛围,完成全域旅游手绘地图的编印及发放,《今日普陀》开辟每月两期的全域旅游专版,开展以"全域旅游共建共享 文明旅游你我同行"为主题的旅游日活动及一系列净滩清水公益活动,通过浙报集团媒体资源在版面、客户端、微信平台对普陀全域旅游建设进行宣传报道,在中国旅游微信公众号推送普陀全域旅游发展亮点、经验等。

【行业管理】 全区有旅行社企业48家,其中经营国内旅游业务和入境旅游业务的旅行社44家,具有出境旅游业务资格的旅行社4家,旅行社分社8家,服务网点28家。完成旅行社业务审核备案20件,导游员电子导游证换发、"最多跑一次"改革事项等工作,修订《普陀区星级导游员管理办法》。舟山普陀圣岛旅行社完成四星级品质旅行社创建,舟山市普陀通联旅行社有限公司完成三星级品质旅行社创建。元生大酒店完成普陀区品质饭店创建,希尔顿酒店完成金叶级绿色旅游饭店创建,希尔顿酒店李宏韬被共青团浙江省委授予"2016—2017年度浙江省青年岗位能手",并在全市旅游饭店服务技能大赛中,包揽所有赛项一等奖。新建成海岛特色精品民宿10家，庐岸·翁家岙民宿成为全市首批唯一一家金宿级民宿，“东极故事”和“居舢民宿”入选“东海人家”最美十佳民宿。指导沈家门渔港小镇通过AAAA级景区景观质量评审；雀舍咖啡城市酒店、舟山国际水产城帆船餐厅被评为海岛休闲示范点；海中洲国际旅行社组团部、希尔顿饭店人力资源部、黑泥文化创意公司被全市旅游企业评为“卓越团队”。推进旅游厕所建设，新改扩建桃花、东极、白沙、沈家门等区域旅游厕所，开展旅游厕所质量等级评定，完成AAA级旅游厕所1家，AA级旅游厕所7家。开展文明旅游，发放宣传海报、宣传册、志愿服务绶带等，开展旅游安全生产大检查等专项整治活动，排查节假日、暑汛期、旺季旅游安全隐患，组织全区旅游行业消防安全培训及消防应急联合演练，督查创建旅游企业文明城市落实情况，完成旅游企业安全目标责任制年度考核。全年出动301人次开展安全检查114次，联合检查4次。

岱山蓬莱旅游区

【概况】 2017年，岱山旅游围绕全域旅游发展思路，坚持规划引领，加快旅游项目建设；实施精准营销，拓展客源市场；以行业标准化建设，全面提升旅游服务质量。全县接待游客552万人次，实现旅游收入78.77亿元，同比分别增长20.3%和20.8%；接待境外游客4.04万人次。

【项目建设】 启动岱山县全域旅游总体规划、海岬小镇建设规划与方案编制，完成秀山创建国家AAAA级旅游景区规划初稿。是年在建旅游项目24个，完成投资1.488亿元。其中海岬特色小镇项目，完成后背岙渔人码头休闲渔业码头主体建设，主题餐厅、休闲渔业服务中心、停车场及道路等配套设施正在建设中；鹿栏晴沙景区，创成国家AAA级景区，完成祭海坛看台外立面、海神像更换、附属景观打造及管理房建设；东沙古镇景区，完成东沙海产品加工作坊展示馆一期工程、游客服务中心，开设盐雕、剪纸、渔民画、船模等精品店铺，引进写生基地；双合石壁景区，完成景区外围南岙停车场规划选址；秀山，启动AAAA级景区创建工作，实施滑泥公园、湿地公园改造、扩建，三礁滨海风情带提升，新建沙滩书吧，丰富四季花海、风车等项

提升改造后的鹿栏晴沙祭海坛（岱山县旅游局提供）

沈家门居舢民宿（普陀区旅游委提供）

目,滑泥主题公园通过国家AAAA级景区景观质量评价;衢山,完成观音山正山门土建工程90%、旅游集散中心装修、全岛旅游标识系统更新等;此外,上船跳创成省AAA级景区村庄,岱西林家村、岱东沙洋村、秀山忝里民宿村、衢山凉峙村创成省A级景区村庄。完善旅游接待设施,出台《岱山县渔农家民宿发展扶持办法》,新建、在建民宿73家,完成建设52家;日达麦斯汀酒店、新区海景夜排档建成开业;完成海岬公园、上船跳、鹿栏晴沙、龙头民宿发展区域等主要景区服务点和旅游人群集聚地WiFi覆盖工程;增添海岬公园景区二维码智能介绍功能;完成鹿栏晴沙景区智能门禁系统建设;创评高亭新区观光平台公厕等6座A级旅游厕所。

【宣传营销】 举办中国海洋文化节暨休渔谢洋大典、2017“UCC杯”第二届环蓬莱仙岛自行车挑战赛、“2017美丽乡村 环浙骑游”舟山站、2017与“NI”一起奔跑——“常石杯”浙江秀山彩泥跑、东沙古镇弄堂节、秀山滑泥节、岱西葡萄游园节等各类节事活动,打响“东海蓬莱·仙岛岱山”品牌。参加2017国际海岛旅游大会、2017国际海岛旅游博览会、义乌国际旅游商品博览会、上海黄浦区四季旅游销售洽谈会等各类旅游会展。举办岱山(上海)旅游招商推介会,吸引30多家企业参会,签约海金小镇之岱山东沙文化创意园,项目位于岱山县东沙镇,项目投资2400万元。项目总占地面积4967平方米,功能区分为文创工作坊(离岸IP打造)、精品酒店、自然民俗博物馆、配套的咖啡馆、餐厅等。开通舟山市民游岱山乡村旅游巴士专线,举办“5·19”国家旅游日优惠活动,参加舟山市海岛惠旅游嘉年华活动。组织市内外旅行社到岱山考察踩线,开展“家门口”推介。对接全省工会系统,策划推出疗休养精品线路,赴杭州、温州、台州等地开展疗休养推介活动,全年全县接待疗休养团队475个,计16565人次。通过岱山旅游公众号等新媒体,整合食、住、行、游、购、娱所需的咨询及服务,向粉丝推送景区(点)介绍、旅游交通线路、节庆活动预告、游玩攻略等图文信息,扩大岱山旅游微信公众号的影响力;在微信公众号平台举行“网络十佳旅游达人”评选活动,邀请旅游达人到岱游玩,通过图文游记推介岱山,并通过微信投票方式评选十佳旅游达人;与同程网等在线旅游平台合作,实现旅游产品在线预订、支付;探索、尝试旅游电子商务营销,推出“岱一点”岱山旅游特产微店。岱山旅游公众号多次获全省旅游系统十佳榜单及全市微信排行榜前三。

【行业管理】 通过专项检查与常规检查,定期检查与随机抽查相结合的方式,形成旅游安全监管闭环。与全县23家旅游企业签订2017年安全生产责任状,完善岱山县旅游安全突发事件应急预案。与海洋渔业、消防、安监等职能部门建立信息互通共享、联合整治等工作机制。开展“安全生产月”活动、休闲渔业专项联合执法检查和海上应急救援演练等行动。联合市场监管、物价、城市管理等部门,执法检查旅行社及分支机构超范围经营、强迫消费及无证导游等市场乱象,开展旅游市场“暑期整顿”行动、旅游用车专项整治等。完善旅游投诉机制,及时受理、妥善处理旅游投诉及咨询,提升旅游服务质量和游客满意度。全年组织旅游市场联合执法检查35次,检查旅游企业150家次,下发整改意见通知书及意见表24份;受理投诉热线25起,投诉办结率、游客满意率均达100%。加强标准化建设,编制出台民宿、休闲渔业、滑泥、夜排档、海岛古镇游、海岛骑游等6项服务规范。锦江之星岱山蓬莱仙岛酒店被评为三星级旅游饭店,舟山金沙湾旅行社被评为二星级品质旅行社,海岬驿站被评为舟山市海岛休闲示范点。开展行业培训,改善旅游行业的服务质量,提升旅游从业人员的自身素质。3月27—31日,举办旅游综合知识暨民宿培训,学习省内先进地区民宿发展经验;4月23—28日,在青岛大学举办海岛旅游专题培训班,全县约40人参训;6月20—21日,组队参加舟山市饭店服务技能大赛,蓬莱阁海景酒店代表队获中餐宴会和下午茶项目三等奖;10月,举办2017年岱山县旅游业服务技能大赛。全年开展培训9次,受训约2350人次。

嵊泗旅游区

【概况】 2017年,嵊泗县旅游以创建省级旅游示范县、旅游特色小镇、旅游风情小镇、A级景区等工作为重点,坚持“全域化、特色化、可持续化”发展思路,全面提升全县旅游综合环境,提高旅游品牌知名度。全县接待国内外游客567.3万人次,比上年增长20.4%;实现旅游收入80亿元,同比增长20.7%,完成旅游项目投资1.8亿元。

嵊泗列岛风光(嵊泗县旅游委提供)

【项目建设】 A级景区全域化建设 是年,东海五渔村景区(包括大悲山、蓝色海岸景区)、小洋石龙景区按计划创建AAA级景区。投资约1000万元,完成五渔村、渔家乐环境提升改造等各类项目建设,并对标识标牌进行提升整改。

万村景区化工程 改善环境、完善设施、提升服务、加强监管等形式,巩固美丽乡村建设成果,培育特色精品村,创建A级村庄景区。是年,五龙乡田岙村、花鸟乡花鸟村完成创建AAA级村庄景区,菜园镇基湖村、高场湾村、石柱村,五龙乡边礁岙村、黄沙村、会城村,黄龙乡峙岙村等7个完成创建AA级村庄景区。

旅游特色小镇建设 嵊泗离岛·十里金滩特色小镇被列为全省第二批特色小镇培育名单,7月,成立特色小镇建设指挥部,发展“两区两镇”(旅游会展小镇、海岛运动小镇、海岛度假示范区、美丽经济创新示范区),开展机制体制创新、项目建设、规划深化、招商等,完成各类新增项目投资约2.5亿元。其中列岛和长滩公司两大旅游项目完成投资约1.3亿元。基湖沙滩景区及村庄民宿提升完成投资0.8亿元。县美投公司与开元集团达成战略合作协议,修改碧海山庄地块设计方案;金沙大酒店地块完成规划评审,启动施工图设计。

旅游服务配套建设 投资300万元,提升全县旅游咨询服务体系,完成花鸟乡旅游咨询服务中心建设,新建洋山镇旅游咨询服务中心,改造沈家湾客运中心、李柱山客运中心、枸杞乡、嵊山镇旅游咨询服务窗口。投资150万元,完善全县旅游标识系统。投资300万元,新建改建A级旅游厕所7座。

智慧旅游建设 投资200万元,建设智慧旅游数据中心。对接交通、气象、景区等数据,建立完善的数据采集系统与动态发布系统,项目通过经信局审核批复,相关方案正在优化。

提升旅游交通 投资500万元,完成嵊泗县实名制软件升级改造工程。投资2100万元完成国省道美丽公路改造提升。投资2700万元实施黄龙南港至峙岙美丽公路,枸杞干斜至乌沙美丽公路建设。投资1100万元完成沈家湾客运中心、泗洲塘客运中心、花鸟客运中心提升改造,投资700万元启动嵊山箱子岙客运中心与壁下岛客运码头改造工程。投资4000万元新造完成2艘300客普通客轮,新增、更新客车共16辆,开通渡运航线2条,新增旅游班线3条,新增陆岛交通班线1条。

第六产业示范区建设 编制《枸杞乡贻贝产业综合体试点示范建设项目(第六产业)实施方案》,8月,召开第六产业项目论证会,成立工作领导班子具体负责项目推进与实施。启动贻贝文化产业综合体和水上休闲观光平台等项目的选址论证工作。与省新农六产业研究院、舟山群岛新区淘文化科技发展有限公司等机构合作设计第六产业示范区建设,启动修建性规划编制,深化建设方案。

【宣传营销】 全年营销投入850万元,全方位提升嵊泗旅游IP整体效应。利用影视、杂志、社区、公交、地铁等媒介开展覆盖江、浙、沪三地广告营销,与上海黄浦区旅游局签订2017联席会议合作协议,参加上海浦东新区文明旅游进社区、黄浦区旅游洽谈会等活动,提升嵊泗旅游在上海的知晓度。参加广东、贵州等旅游推介会,开展特色产品线路营销。继续加强与《今日头条》大数据平台合作,微信等题材内容丰富,做到精准营销。先后完成嵊泗旅游网站政务版、资讯版改版上线,交通旅游APP全面升级,增加720°虚拟体验板块,至年底,完成泗礁等岛屿全景拍摄,基本完成语音导览系统。邀请网络达人、摄影师等参加东游记之跳岛游体验、第七届嵊泗图博大赛等特色营销活动。探索影视+合作,与北京聚思传媒文化有限公司签订浙江卫视《漂亮的房子》拍摄合作协议,引入《南方有乔木》《欢迎来到熊仁镇》等影视、综艺资源,到嵊泗拍摄,利用浙江卫视等媒体资源,引入综艺真人秀吴彦祖、陈伟霆、唐艺昕等明星流量资源,结合嵊泗旅游自媒体营销,推动嵊泗旅游宣传效应。

【行业管理】 是年,嵊泗县列入全省首批全域旅游示范县创建名单,出台《嵊泗县创建"浙江省全域旅游示范县"实施方案》和《嵊泗县创建浙江省全域旅游示范县2017年行动计划暨重点工作任务责任分解》,成立创建工作领导小组,编制《嵊泗县全域旅游示范县创建工作导则》和《嵊泗县创建浙江省全域旅游示范县工作导则任务分解》。加强管理,创新体制机制改革。举办旅游饭店服务技能大比武、乡旅报告会、渔农家乐基础培训、导游知识专题讲座、导游资格考前培训等各类培训7次,受训人数达600余人,提升旅游从业人员素质。组织开展旅游企业安全管理、应急救护等安全技能培训,参训人数达230余人,获安全管理员证书78人、救护员证书47人。与浙商院、杭职院等高校建立合作机制,69名在校学生到嵊泗参与导游见习服务,共同推进导游服务素质提升。落实旅游标准化创建,申报成功四星级品质旅行社1家,三星级品质旅行社2家,二星级品质旅行社1家;海钓俱乐部等2家企业被评为海岛休闲示范点。加强旅游市场整治,在泗礁本岛和东部乡镇分别成立旅游联合执法大队,制定印发《全县旅游市场集中综合整治工作方案》,全年开展执法检查500余次,查处各类案件6起,处罚金额共2.3万元。邀请县人大代表、县政协委员参与旅游行业安全隐患排查行动,会同安监、消防、市监等部门先后开展旅游行业安全大检查、消防安全专项整治、渔家乐行业安全等行动,发现各类安全隐患67个,发放各类整改清单、整改通知书15份,完成问题整改65项。10月,出台《嵊泗县旅游行业生产安全事故应急救援预案》。实行24小时投诉受理,全年共受理各类旅游投诉76起,办结率100%。深化咨询服务平台功能,积极应对网络舆情,针对国庆中秋双节期间涉旅网络舆情,妥善做好沟通安抚工作。在各大景区开展文明旅游志愿服务活动和旅游安全画板巡回展,印制发放旅游安全须知卡1.6万份,并通过嵊泗县旅游网站、微信短信平台等途径宣传旅游安全知识。

"漂亮的房子"特色民宿(嵊泗县旅游委提供)

普陀山(朱家尖)风景名胜区

【概况】 2017年,普陀山-朱家尖区域接待游客1622.79万人次，比上年增长16.1%，旅游收入124.23亿元，同比增长17.4%。

【项目建设】 完成朱家尖禅意小镇“旅游＋产业”课题研究。组建舟山市普陀山智慧旅游发展有限公司，提升改造各类门禁闸机系统，实现用二维码、身份证等方式通关，并通过统一(统一管理、统一验证、统一对接)的智游宝后台清分管理系统。继续规划建设国际海岛旅游大会永久会址项目、波音737MAX飞机完工及交付定制厂房配套设施建设项目、朱家尖禅意小镇立体停车场项目、舟山港综保区空港分区口岸封关监管设施工程等17个项目，总投资约42亿元。

【宣传营销】 制定旅游品牌形象店标准，在“福州店”和“香港店”应用VI系统，发挥旅游品牌形象店引领作用。参加广州贵州旅游宣传推介、“5·19”中国旅游日宣传促销、国际海岛旅游博览会宣传促销等各类宣传推介活动。联合浙东南旅游联合体推出各类宣传活动，3月，与黔西南景区友好结盟。联合腾讯网等在广州举行“寻找33位广州有缘人走进舟山群岛”活动，通过对舟山文化、旅游相关故事的征集及筛选，优选出33位“舟山有缘人”体验海天佛国的景象。对接央视、省旅游局、酷景传媒等完成各类旅游宣传片的拍摄和播放。继续在上海黄浦旅游集散中心、普陀山冠名吉林—上海火车、上海虹桥地铁站2块户外大屏、腾讯网等投放宣传广告。设计印制普陀山旅游语音手绘地图2个版本10万册。举办“青春毅行”环朱家尖徒步、“普陀山之春”环岛自行车赛、JEEP极致酷跑等各项活动，打造“音乐＋教育＋旅游经济”为核心的文化新名片。

【行业管理】 召开普陀山－朱家尖景区暗访反馈会议，启动景区全面提升工程。完成2016年度旅游服务质量提升先进单位评选，制定出台《2017年普陀山－朱家尖旅游服务品质提升活动实施方案》，与旅游与健康学院制定《开展景区暗访的标准》。出台《普陀山景区餐饮单位旅游团队聚餐接待能力评定和监管办法(试行)》，联合多部门检查饭店餐饮接待能力。节前，开展朱家尖旅游饭店安全隐患排查及朱家尖旅游景区行业安全检查。鼓励旅游企业诚信经营，开展辖区内旅行社销售旅游套餐产品、收取出境游保证金和发行单用途、商业预付卡情况自查清理工作。整合社会(兼职)导游资源，指导旅游行业协会成立普陀山－朱家尖导游服务中心，加强旅游从业人员的教育培训，开展电子导游证换证等工作。完成2016年度普陀山饭店“特殊情况”星级认定、星级饭店复核工作，完成如易阁同修旅社金鼎级特色文化主题酒店创建、璞缇海绿色饭店创建等工作。调查排摸普陀山－朱家尖民宿数量及质量，完成10家“东海人家”最美民宿初选。在景区、宾馆、旅行社、旅游集散中心、游客服务中心、旅游咨询点发放文明旅游手册2万余份，并增设志愿、公益服务点。

节庆活动

【第十五届普陀山南海观音文化节】 11月17日，第十五届普陀山南海观音文化节在普陀山开幕，来自国家、省、市领导，海内外

第十五届观音文化节夜景(普陀山－朱家尖管委会旅游局提供)

诸山长老,南海观音建设者代表,南海观音功德主代表,普陀山护法代表,海内外各界贤达两千余人共襄盛会、同沐佛恩。本届观音文化节以“自在人生、慈悲情怀”为主题,弘扬“关切人生、觉悟人生、积极入世”的精神,营造“人心和善、家庭和乐、人际和顺、社会和睦、文明和谐、世界和平”的美好愿景,观音文化节为期3天,加入南海观音开光20周年纪念活动,包括翡翠观音安奉开光仪式、普陀山观音论坛、一山一宁禅师圆寂700周年纪念法会、“僧众礼佛顶、万信齐朝拜”法会、一山一宁禅师文献资料展、“妙音观世音”梵音唱诵会、“心灯心愿”观音灯会等活动。

第十九届沙雕节夜景(普陀山－朱家尖管委会旅游局提供)

【第十九届中国国际沙雕节】 9月21日,第十九届中国国际沙雕节在朱家尖南沙开幕,来自中国、俄罗斯、荷兰、比利时、捷克、加拿大等6个国家的30余名沙雕手以“一带一路·中国梦”为主题,创作完成“一带一路”、中国梦、21世纪海上丝绸之路、丝绸之路经济带4个沙雕板块,用沙雕的形式展示古今中外一带一路沿线国家最具特色的风土人情、建筑风貌。沙雕节体现时代性、彰显大众娱乐性、传承红船精神、增强艺术性。沙雕节期间,在沙雕区附近举行第七届东海音乐节,设4个舞台,80多组乐队。带动周边区域酒店、餐厅经济收益,填补旅游淡季的旅游活动的空白。

11月19日,2017舟山群岛马拉松在普陀东港开跑(郑宝森　摄)

【2017舟山群岛国际马拉松】 11月19日,由中国田径协会、浙江省体育局和舟山市人民政府主办的“中国银行杯”2017舟山群岛国际马拉松在普陀东港开跑,来自14个国家和地区的1.1万名选手参加,赛事设半程马拉松、群英健身跑、家庭欢乐跑三个项目。最终,肯尼亚选手科图特·杰克逊·基普科赫(Kotut Jackson Kipkoech)以1小时03分42秒的成绩获得男子组冠军,中国选手李芷萱以1小时13分07秒的成绩蝉联女子组冠军,沿途观赛市民和外地游客3万余人。

(撰稿:包静妮　胡妮娜　贝芳宇　张秋露　夏赟　沈佳予)

责任编辑:叶贞海

城乡建设

概　述

2017年，围绕海上花园城市建设目标，推进“城中村”治理改造、“三改一拆”行动、城乡危旧房治理改造、老旧小区改造及农贸市场提升、城市交通拥堵治理、中心城区提升、城市景观亮化建设、城市公园绿化绿道建设、城市污水和环卫设施建设、小城镇环境综合整治等海上花园城市建设十大攻坚行动和城乡环境综合整治大会战十大行动，从根本上提升城市形象，改善人居环境；同时全面抓好城乡规划编制和管理，学习借鉴新加坡、杭州等先进城市的做法和经验，以规划引领城市建设，以项目建设推进城市功能完善和品质提升。全年，全市完

2017年全市城市建设基本情况

表29

项　　目	全市	市区	项　　目	全市	市区
城市设施水平			城区（县城）面积（平方千米）	646.25	578.70
人口密度（人/平方千米）	1116	1047	其中：建成区面积	74 71	64.07
人均日生活用水（升）	129.67	132.04	城市建设用地（平方千米）	68.79	58.50
用水普及率（%）	100	100	其中：居住用地	25.23	21.12
燃气普及率（%）	99.26	99.21	公共管理与公共服务用地	8.33	7.57
人均道路面积（平方米）	20.81	21.57	商业服务业设施用地	3.37	2.83
污水处理率（%）	94.55	95.55	工业用地	7.62	6.62
人均公园绿地面积（平方米）	16.58	16.50	物流仓储用地	0.73	0.56
建成区绿化覆盖率（%）	41.24	41.43	道路与交通设施用地	12.13	9.96
建成区绿地率（%）	36.58	36.44	公用设施用地	2.08	1.65
三类以上公厕比例（%）	62.78	54.28	绿地与广场用地	9.3	8.19
城市人口和建设用地			本年征用土地面积（平方千米）	4.70	2.91
城区（县城）人口（万人）	60.53	51.02	其中：耕地	1.70	1.41
城区（县城）暂住人口（万人）	11.56	9.59			

成“三改”面积534.51万平方米，其中旧住宅区改造263.11万平方米，旧厂区改造171.66万平方米，城中村改造99.75万平方米；拆除违法建筑面积204.87万平方米。启动“城中村”拆建整治36个，基本完成城中村改造18个，累计完成城中村改造投资170.70亿元。交通治堵方面，建设完成联网路9条，完成公共停车场建设30个，新增停车泊位2673个。开展美丽宜居示范村建设，全年完成农村困难群众住房救助工作243户，其中新建50户，修缮184户、置换9户，改造住房面积16722.6平方米，投入资金782.45万元。开展小城镇环境整治及美丽宜居示范村创建，是年列入示范村创建7个，均完成创建任务，其中省级试点6个、国家级试点1个，通过省级验收3个，其中嵊泗县五龙乡黄沙村被评为省级优秀示范村，至年底，累计列入创建的村48个，完成创建村31个，其中国家级美丽宜居示范村1个(定海区新建社区)、省级美丽宜居示范村30个。3月，市环卫处唐瑞云和舟山城市展示馆分别被省住建厅授予2016年度最美建设人和最美建设集体。

加大旧城改造项目和市政基础设施建设，全年新增城市道路21.78千米(内市本级19.37千米)，新增排水管37.17千米(内市本级30.75千米)，其中新建污水管20.47千米(内市本级18.49千米)。新建完成新城翁浦公园(一期)、桥畔公园(一期)、对面山公园(一期)，以及定海甬东金色谷溪、普陀勾山三大线和朱家尖福兴路街头游园等。至年底，全市建成区面积74.71平方千米，城区户籍人口60.53万人，其中市区建成区64.07平方千米、户籍人口51.02万人。

帮扶和引导房地产企业转型升级，保持房地产和建筑业持续健康发展。全年全市商品房销售面积(网签)200.49万平方米，完成房地产开发投资209.43亿元；新开工棚户区改造项目房(含货币化安置)2881套，基本建成城镇保障性安居工程住房6199套，其中棚改安置住房6072套，公共租赁住房55套；竣工、交付入住保障性安居工程住房4868套、6703套，其中公共租赁住房交付入住2127套。全市新增低收入家庭租赁补贴626户，完成年度目标任务。

5月，市政府出台《关于建设海上花园城市的指导意见》，明确舟山海上花园城市的建设目标：到2030年，将基本建成生态和谐的绿色城市、以人民为中心的共享城市、多元开放的包容城市、独具人文特色的和善城市、永续发展的智慧城市。

三改一拆

【督促检查】 加大“三改一拆”行动督察，市委副书记、分管副市长、人大常委会副主任、市政协副主席担任“路长”实行现场督察，人大、政协等部门组织开展各项民主监督，督促“三改一拆”行动、“两路两侧”专项整治的顺利进行。制定完善《舟山市“三改一拆”行动考核、问责办法》《新增违法建筑“周报告”制度》等，实施每月督查、通报制度。5月起开展为期6个月的“违法建筑”歼灭战百日行动和“无违建”创建百日行动活动，实行每周暗访巡查督查、每周任务派单、每周考核排名通报。在《舟山日报》《舟山晚报》及舟山电台等市级媒体开辟专题、专栏，报道工作动态、亮点成效、问题点位，对存在问题及时督促整改。督促县(区)筹建防违控违信息管理系统，是年，嵊泗县、定海区、普陀区已建成该系统；利用测绘地理信息、无人机航拍、手机即拍即传功能，实时跟踪现场数据、图像采集和比对，加强对违建行为的监管。

【完成全年“拆、改”任务】 全年全市完成“三改”面积534.51万平方米，“一拆”面积204.87万平方米，分别完成全年工作目标任务的267.26%、204.87%，为历年拆、改总量最大、推进速度最快，其中旧住宅区改造263.11万平方米，旧厂区改造171.66万平方米，城中村改造99.75万平方米。至年底，全市累计拆后土地利用面积297.42万平方米，利用率86.56%。

【“四边三化”行动】 以各县(区)、功能区为责任主体，各相关单位为牵头部门，继续对公路边、河边、山边、景区边等区域存在的乱采乱挖、乱搭乱建、废品垃圾、广告牌残留、青山白化、绿化缺失、矿山复绿、黑烟囱、赤膊房、蓝色屋面等十大类问题进行集中整治和“洁化、绿化、美化”。全年整治完成问题点位381个，其中整改完成G9211甬舟高速和鸭东线沿线部分山体裸露、废品垃圾及329国道和海天大道沿线部分广告牌残留、乱堆乱放等省级重点问题点位65个，各县（区）、功能区自查自纠问题点位316个；完成G9211甬舟高速、国省道沿线第五立面色彩整治280处，面积33.7万平方米。基本实现道路两侧可视范围整治有序、美观协调、绿色生态，以及入城口“洁、绿、美、文、畅”的效果。

【“无违建”县（区）创建】 通过多方位督促及加强“三改一拆”力度，违章建筑范围缩小，新违章建筑得到控制。是年，市级层面通过对新城和海洋产业集聚区“无违建创建先进区”的考核验收，省级层面通过对嵊泗县创建“无违建县”、定海区和普陀区创建“基本无违建区”的全面考核验收。岱山县继续开展和巩固“基本无违建县”创建成果，推进“无违建县”创建。

城中村改造

【概况】 2017年8月22日，舟山市召开党政联席会议，专题研究城中村改造，明确指出，要从舟山经济社会发展的战略高度来认真思考和谋划城市建设，提升城市的品位和档次，本岛要率先实现更高水平的城市化，而城中村改造是城市建设发展的重要内容和突破口。强调要按照全市新一轮城中村改造计划整体推进，整村拆迁、成片改造，把城中村改造与清理“低小散”企业、作坊结合起来，与老城区改造结合起来，并统筹抓好征迁、资金、土地、安置等关键环节，促进房地产市场平稳健康发展。同时加强领导、落实责任，市级层面建立专门工作机构，各县（区）、功能区担负起主体责任，把城中村改造作为重中之重的工作来抓。

9月，市委办、市府办制定出台《关于加快推进城中村改造攻坚行动的实施意见》，明确至2019年6月底，计划完成城中村改造54个。此后，城中村改造掀起高潮，包括区块评估在内的政策处理前期工作以及签约、腾空等各项工作全面加快推进。新城推进并基本完成4个城中村改造；定海区启动茅岭村竹山门区块、念亩墩区块、义桥村上李家区块等城中村改造；普陀区全面启动主城区东港街道陈家后村、新塘村、吴家岙村、上戚家以及沈家门街道蒲湾村、教场村共6个区块的城中村改造，涉及改造户数4100多户，总建筑面积约42万平方米，至年底大部分完成签约。至年底，全市启动城中村改造36个，占全部54个城中村的66.67%，其中整村拆迁29个，拆整结合3个，综合整治4个；基本完成城中村改造18个，累计完成拆迁整治10582户，其中拆迁9845户，整治737户，涉及建筑面积157.67万平方米，其中拆迁151.21万平方米，整治6.46万平方米；完成城中村改造投资163.47亿元，占计划投资额427.18亿元的38.3%。

【建立健全组织机构】 10月，成立舟山市城中村改造行动领导小组，统筹安排全市城中村改造。分管副市长蔡洪任组长，市政府副秘书长金伟民、市住建局（市规划局）局长王飞跃任副组长，市财政、市国土、市住建（规划）等部门为成员单位；下设市城中村改造办公室，主要负责有关城中村改造的日常事务，统筹、协调全市城中村改造工作，牵头拟订城中村改造相关政策、编制城中村改造攻坚行动年度计划，督促推进，实施考核等。同时建立市、县（区）、镇（街道）、村四级联动机制，全面推进城中村改造工作。

【出台《关于加快推进城中村改造攻坚行动的实施意见》】 9月，由市委办、市府办出台并正式实施。

总体要求：深化实施新一轮城中村改造攻坚行动，到2019年6月底，基本完成全市城中村改造工作，全面提升城市人居环境，营造新区发展良好环境。

基本原则：民生为本，满意为要；上下联动，属地负责；合理布局，统筹推进；科学规划，分类改造。

改造范围：全市县（区）政府、功能区管委会所辖区域内的城中村，共54个（其中5个城中村已于6月底前改造完成）。

改造方式：整村拆建，综合整治，拆整结合。

改造要求：采取整村拆建方式实施改造的城中村，按基本建设程序实施，并将周边低小散企业、老城旧城纳入拆迁改造范围；采取综合整治或拆整结合方式实施改造的城中村，以村为单位编制改造实施方案，并按实施方案和标准实施。

改造计划：全市54个城中村，除2017年上半年前完成改造的

5个,余49个村至2019年6月底完成。计划2017年7月至年底,完成城中村改造10个(其中整村拆建9个、综合整治1个),2018年完成26个村(其中整村拆建21个、综合整治3个、拆整结合2个),2019年上半年完成13个(其中整村拆建11个、综合整治2个)。

【落实各项保障】 优化资金保障,与省农行签订城中村改造项目战略合作框架协议,农行提供200亿元的融资额度,城中村改造项目共获得贷款授信额度101亿元,到位贷款资金27.5亿元。解决土地保障,通过盘活指标、向上争取等挖潜提增相结合方式,全市城中村改造中完成土地征收报批1581.16亩(101.21公顷),完成土地利用总体规划调整673亩(44.87公顷),出让城中村改造土地432.75亩(28.85公顷)。强化品质保障,制定出台《舟山市城中村改造规划技术导则》《关于加强舟山市城中村改造建设中不可移动文物保护的通知》,编制《普陀区城中村改造整体规划研究》等,实现城中村改造工作的整体性、科学性、合理性。提升效率保障,开展城中村改造专项立功竞赛活动,在全市征迁一线1000多名工作人员中开展"五比五赛"城中村改造专项立功竞赛活动,调动干部职工积极性和创造性,加快城中村改造进度。

【出台不可移动文物保护的通知】

落实国务院《关于进一步加强文物工作的指导意见》和国家文物局《关于加强尚未核定公布为文物保护单位的不可移动文物保护工作的通知》,12月,市住建局联合市文广新闻出版局、市城改办出台《关于加强舟山市城中村改造建设中不可移动文物保护的通知》,明确在城中村改造过程中,加强不可移动文物的保护和合理利用,以利于展示城市历史风貌。要求各地开展拉网式排查,梳理汇总各级文物保护单位(点)、普查登录文物、历史建筑,统筹考虑文物保护管理,并落实保护措施,对拆除或迁移不可移动文物严格履行审批程序和保护原则。

【开展城中村改造专项立功竞赛活动】 由市总工会和市城中村改造办公室牵头组织。活动时间为2017年10月至2019年6月底,参赛对象为全市10个有改造任务的镇(街道)、49个村(社区)以及参与改造工作的各级干部职工,以"比进度,赛工作实际;比规范,赛机制创新;比干劲,赛工作氛围;比和谐,赛社会稳定;比安全,赛文明管理"为主要内容。每季度一次考评,对竞赛成绩特别优秀的集体和个人予以表彰。通过评定,2017年第四季度,新城千岛街道、普陀沈家门街道、岱山高亭镇等3个镇(街道)和50名个人分获先进集体和先进个人。

城乡规划

【规划审批和指导】 依法实施规划许可,2017年核发选址意见书190件,建设用地规划许可证151件,建设工程规划许可证259件,规划核实确认书131件,私人建房审批2592件,"一书三证"核发率100%。重点做好岱山鱼山绿色石化基地、千岛中央商务区、宁波舟山港主通道(鱼山石化疏港公路)、嵊泗至定海公路(定海环城南路至白泉段)改建等重大建设项目的审查、审批,出具项目落户预审意见及港口岸线利用意见复函9件。组织落实卫星遥感图斑规划专项督查,开展重大建设项目规划方案分级审查,全年完成方案审查16个。

【历史文化保护和风景名胜区规划指导】 贯彻落实省住建厅《关于进一步加强历史文化街区划定和历史建筑确定工作的通知》,完成舟山市第二批(局限于定海区)历史建筑普查编制,共计不可移动文物118处(其中确定24处为历史建筑上报市政府并公布),完成第一批历史建筑图则编制审查,共计不可移动文物49处。指导完成普陀山风景名胜区朱家尖景区、普陀山景区、桃花岛风景名胜区塔湾片区控制性详细规划调整和报批工作,其中朱家尖景区控制性详细规划上报省建设厅转报建设部,普陀山景区控制性详细规划完成评审稿,塔湾片区控制性详细规划上报省建设厅。

【编制完成中心城区污水工程专项规划】 提升全市污水处理能力,优化污水设施体系布局,保障重点项目推进,促进海上花园城和品质舟山建设,市规划局于8月委托上海市城市建设设计研究院开展修编《舟山市中心城区污水工程专项规划(2017—2030)》,

并于年底前完成。本轮污水专项规划主要将原规划的小干岛污水处理厂迁建到岙山岛调整为迁建至海洋产业集聚区二期梁横区域;整合原规划岛北污水处理厂、岛东污水处理厂和岙山污水处理厂,规划新建规模为30万吨/日的全市污水处理中心及相关配套项目;重新梳理和划定污水分区,将原规划北部污水分区的干礁三江片单独设置干礁三江片污水分区,剩余北部污水分区和临城普陀片污水分区合并为中部污水分区;合理调整污水处理厂、污泥处理厂、污水管网和污水泵站等布局,并提出新建污水输水总管路由方案。

【地下管线和地下空间规划管理】 3月,出台《关于进一步加强我市地下管线规划管理工作的通知》,规范地下管线规划审批及批后管理。开展2015年8月至2016年底地下管线补测补绘工作,主要对定海、普陀、新城城区内地下管线实施补测补绘,及时查明新铺设、改造、更换、废弃等地下管线的具体情况,对发生变化的地下管线及时进行动态修补测及管线数据建库、合并、入库等,更新维护"市地下管线综合信息管理系统平台",预计2018年8月基本完成;做好全市范围内新竣工地下空间数据上报工作,是年完成全市范围内新竣工地下空间74万平方米,超额完成省建设厅20万平方米目标任务。

【建筑工程"竣测合一"改革】 由市规划处牵头落实,先后制定下发《舟山市贯彻落实"最多跑一次"改革决策部署、全面推进建筑工程"竣工测验合一"改革实施方案》《舟山市建筑工程项目联合竣工验收工作指南(试行)》等,是全省第一个出台"竣测合一"改革实施方案的地市,被列入省"竣测合一"改革试点。至年底,全市基本建设完成"竣测合一"信息系统,并完成试运行项目联合竣工验收。

市政建设

【概况】 2017年,结合治拥治堵行动,有序推进市政基础设施建设,新增城市道路长度21.78千米,面积41.13万平方米,新增城市桥梁10座,新增城市路灯934盏。结合"五水共治"工作,新增排水管37.17千米,其中新建污水管网20.47千米。至年底,全市城市道路长度839.80千米,面积1500.38万平方米,排水管1191.21千米,其中污水管709.94千米,城市路灯34150盏,其中市及定海、普陀两区共30170盏。

【交通治堵】 围绕"城市交通拥堵状况明显改观,人民群众满意度明显提高"总目标,开展城市交通拥堵治理各项工作,推进"衔接合理,布局完善"的城市路网和停车系统建设。是年,完成定海檀东山庄南侧道路,普陀的东海南路、海莲路(纬十一—纬十三段)、横一路(经一—经二,纵三—经三)、城北六支路、兴北西路,新城的新城隧道复线、富丽岛路(科来华—海景道)、港岛路延伸段9条主城区城市道路的新建、改造,共5.12千米;完成联网路建设9条,公共停车场建设30个,新增停车泊位2673个。均完成或超额完成交通治堵各项年度目标任务。

【舟山本岛百里滨海大道项目】 2015年启动,至2017年底,贯通道路长40.54千米,其中原有道路31.6千米,新改扩建道路8.94千米;贯通部分,定海段长17.4千米,普陀段长15.18千米,新城段

百里滨海大道(普陀段)(市住建局提供)

新城隧道复线工程(市住建局提供)

长 7.96 千米。

8 月,百里滨海大道(普陀段)一期景观工程进场开工,工程西起兴业公司东侧,东至墩头路,全长 1470 米,造价 1500 万元,内容包括绿道、园林绿化种植、路面硬质铺装、花坛坐凳、照明系统等,计划 2018 年底完工。

【新城隧道复线工程通车】 全市交通治堵工程,2015 年 12 月开工,2017 年 9 月 20 日试通车,工程总投资 13752 万元。隧道及接线公路全长 1487 米,其中隧道长 702 米,净宽 12.5 米,净高 5 米,内设二个车行道,单侧设人和非机动车混行道;东、西端接线道路分别长 467 米、318 米;按城市主干道设计,设计车速 60 千米 / 小时。

【小干二桥工程完成主体建设】 工程南起小干岛规划环岛南路,迄于临城海天大道,横跨定沈水道,总长 1455.2 米,是舟山首座特大跨海市政桥梁项目。工程内容包括道路、桥梁、桥头堡、排水、照明、交通设施等。主线桥梁全长 1246 米,其中主桥长度 670 米,宽度 32 米;小干岛侧和本岛侧引桥分别长 252 米、324 米,宽 23.9 米;主桥单跨最大跨径 370 米,为同类桥梁全国第一,桥型采用双塔组合梁自锚式悬索桥桥型。2015 年 5 月动工,2017 年 9 月,全桥贯通,至年底,完成主桥沥青铺装、小干岛侧引桥简支跨箱梁护栏及桥面铺装、路基护栏施工等工程,具备通车条件。共完成总投资 9.66 亿元。

【定海东河南路贯通工程完工】 位于定海区城东街道,用地面积 7292 平方米。整个工程包括:拓宽改造环城南路至横河支路道路,全长 228.61 米,设计宽度 26 米;贯通改造弘生世纪城北入口至东河南路,全长 141.37 米,设计宽度 15 米;拓宽改造环城南路与东河路交叉西口,长 120 米;改造东河南路、环城南路、横河路三条道路部分路段,并铺设雨污水管道等附属设施。2017 年 5 月动工建设,年底竣工通车,总投资 1100 万元。改造后,东河南路与横河

改造完工后的定海东河南路(王英伟　摄)

路实现贯通，向北延伸与环城南路相接，有效缓解了城市交通拥堵问题。

【舟山市金叶蔬菜批发市场综合大楼通过竣工规划核实】 项目位于定海双拥路，2016 年 4 月动工，2017 年 7 月建成完工，年底投入运营，总投资 5100 万元。项目建筑面积 7295.33 平方米，地下室建筑面积 2498.6 平方米，内设农贸市场和农产品批发市场，地上一层为超市，地上二层东、西分别为农产品批发市场和农贸市场，设有零售摊位近百个，配置 66 个机动车停车位、290 多个非机动车停车位。投入使用后成为定海最大的农贸综合批发市场。

【定海区污水管网建设】 2016 年，定海区制订《定海区中心城区污水管网建设三年行动计划（2016—2018）》，推进城市污水管网建设，改善水生态环境。根据行动计划，2016—2018 年计划新建污水管网 47.2 千米，完成中心城区污水管网修复改造 62.2 千米，总投资约 2.52 亿元。2016—2017 年，完成新建污水管网 40.3 千米，修复改造 41.1 千米，完成投资约 1.95 亿元。

【普陀东港海华路景观改造工程完工】 工程系市海上花园城市建设攻坚行动重要项目之一，总投资 500 万元，改造范围从兴普大道段至金城街段，全长 400 米。改造内容包括沿街建筑立面、市政设施、园林绿化、景观亮化、环卫保洁、规范管理等方面。2017 年 5 月开工，11 月完工，被定为全市 10 条精品示范街创建道路之一。

【东港二期垃圾中转站投运】 普陀区重点建设项目。位于东港海莲北路与莲洋街相交东南侧地块，用地面积 3736 平方米，建筑面积 1731 平方米。2016 年 5 月动工，同年底完工。压缩、装卸过程全密封进行，具有垃圾停留时间短、转运效率高、二次污染少等特点，配备植物液除臭和负压抽风除臭系统，改善中转站作业环境，并减少对垃圾中转站周边环境的影响，是舟山首座绿色环保压缩式垃圾中转站。日处理能力 140 吨。2017 年 4 月起进入设备调试阶段，投入使用。

【“神行定海山”健身步道完工】 系国家级健身步道，也是 2017 年海上花园城市公园绿化绿道建设攻坚行动的重要组成部分。项目位于定海区中西部，总长 61 千米，其中 A 级路面 8.9 千米，B 级路面 12.3 千米，C 级路面 39.8 千米。东西跨度 10 千米，南北跨度 8 千米，最高海拔 440 米，涉及城东街道胜利村、昌国街道东湾社区等 7 个乡镇街道、13 个社区（村）。步道全程由基础工程、配套和附属设施工程等组成，主要包括 50 千米 ABC 三级步道基础设施工程、标识系统及休憩站点等配套附属设施工程、导视系统工程、步道服务中心及中转营地等服务与应用系统工程、水土保持环境工程、安全救援专项工程等 6 个工程，线路环环相扣，路面结构坡度等更符合登山运动的科学性。7 月开工，工期 110 天，10 月 26 日通过由中国登山协会组织的专家验收组实地验收。

【岱山高亭城区污水处理厂完成一级 A 提标改造】 高亭城区污

定海国家级登山健身步道完工（市住建局提供）

水处理厂位于岱山经济开发区，6月动工改造，年底基本完工并投入调试运营，主要承担高亭城区的生活污水以及部分水产企业的工业污水处理。改造后该污水处理厂工程规模日处理污水量约1万吨，新增3000立方米/日规模的树脂系统，平均月处理水量约27万吨，全年可处理320万~330万吨污水。出水排放标准由原一级B提高到一级A标准。总投资3700多万元。

【翁浦公园建成开园】 公园位于临城河西侧，倚河而建，北至定沈路，南到海景道，南北长约1.3千米，总用地面积58676平方米，以翁山、翁浦山水系的构架为背景，设计"九桥九景"。2016年7月开工，2017年9月，总用地面积近6万平方米的新城翁浦公园一期基本完工，10月开园迎客。总投资24709万元。

【新城桥畔公园（一期）完工】 公园位于新城南部海洋科技城南侧滨海地带，海洋科技城南侧。1月1日开工，建设内容包括公园绿化工程、景观小品，园内建筑工程、硬质铺装、清水砼工程，以及给排水、照明等附属配套工程。一期总用地面积约4.1万平方米（公园总用地面积约137491平方米），总投资约1.8亿元。以市民休闲娱乐、生态旅游、桥梁观光为出发点，设计以"人·休闲·和谐"为特色，打造一个集娱乐、观光、旅游于一体的滨海休闲带，形成丰富多变的公共场所，为市民、游客提供丰富的户外空间。年底完工，并将于次年1月1日向市民免费开放。

【推进舟山儿童公园建设】 位于新城大道北侧、怡岛路东侧。主要建设内容包括游乐园土建及游乐设施，周边商业配套用房，以及与游乐园相关联的配套附属工程。总建筑面积13700.43平方米，其中游乐园2371平方米，商业配套及管理用房4079.06平方米，海洋馆5267.06平方米，亲子乐园1647.53平方米，儿童职业体验馆2403.82平方米。项目总用地面积104914平方米，绿化面积35000平方米。总投资71598万元。2016年9月动工。2017年5月，公园主体建筑海洋馆及其他配套附属工程进场施工，8月，游园景观工程动工，至年底，完成公园总工程量的25%，其中19#、20#楼完成基础工程，4#、6#、7#楼完成主体工程；10#海洋馆完成桩混凝土浇筑；同时完成园内路面基层、道路基层铺装。

（撰稿：翁秋燕）

新城桥畔公园（市住建局提供）

城市管理

【舟山市城市管理局设立】 2017年初，市委、市政府决定对全市城市管理体制进行重大调整，4月底成立舟山市城市管理局，5月4日正式揭牌。8月下旬，原由市住建局（规划局）承担的有关市政公用设施运行管理、市容环境卫生管理、园林绿化管理和户外广告管理等职责划入市城市管理局并实际运行，10月1日起，行使包括由市住建局（规划局）划转的行政审批以及涉及各类考核的责任事项等共计56项职权。

【启动编制城市管理导则】 9月，市局牵头启动舟山市城市管理导则编制工作，确定浙江建设职业技术学院为委托编制单位。11月，完成第一期编制框架，主要包括城市容貌管理、环境卫生管理、市政设施管理、园林绿化管理、户外广告管理、综合执法管理、应急处置管理等七个方面的导则编制，根据导则将实现城市管理目标量化、管理标准细化、职责分工明晰化，形成以“精致、细致、深入、规范”为内涵的城市管理模式。

【智慧城管】 在“数字城管”基础上升级改造建设“智慧城管”，即在整个城市管理系统中运用物联网、云计算、移动互联网等新技术，实现城市信息资源配置最优化，提升城市管理效率。平台总体框架为“一中心四平台”，包括指挥中心和日常运行管理平台、应急指挥平台、政策研究分析平台、公共服务与互动平台，其中公共服务与互动平台将建设面向市民和游客的便民服务平台，有公共自行车、停车、公厕引导服务等，市民只要打开手机上的城市管理APP就可以得到指引。5月，启动该项目。10月，获市发改委立项并完成招投标，计划投资2000多万元，预计2018年6月底前，本岛定海、新城、普陀的主城区“智慧城管”指挥中心试运行。2017年，在升级转型的同时，市数字城管指挥系统受理各类事部件12451件，办结12409件。

【依法行政】 全年全市城市管理执法系统共立案查处一般程序处罚案件1371起，同比增长1.4%；纠正跨门经营69016起，同比增长15.7%；查处流动摊贩123926人次，与上年度持平。收捕流浪犬6050只，同比增长179.8%；查处人行道机动车违停40234起，同比增长5.5%；查处违法户外广告、店招店牌55491起，同比增长422.4%；办结各类信访投诉案件16782件，同比增长31.3%。

【国家园林城市创建】 推进国家园林城市创建工作。市人大常委会将《舟山市城市绿化条例》列入2017年度立法计划。由市住建局负责起草，8月形成条例草案，12月29日经市人大常务委员会第九次会议表决通过，并报省人大常委会批准。条例从城市绿化管理的体制机制、城市绿化的规划建设、保护管理等方面，明确主管部门职责、绿化规划建设指标、绿地率和配套绿化、林荫道建设等要求和标准，并对城市绿化养护管理不力，以及擅自改变、破坏和占用绿地、绿化及设施等行为规定法律责任。

实施绿色惠民工程，陆续建成新城翁浦公园一期、桥畔公园一期、对面山公园一期，建成甬东金色溪谷、勾山三大线、朱家尖福兴路街头游园。是年，定海海滨公园、新城翁浦公园一期、普陀东港莲花洋公园一期获评省级优质综合公园；定海昌洲大道、新城千岛路、普陀东港兴港大道获评省级绿化美化示范街；定海环城东路、新城体育路、普陀东港海华路获评省级街容示范街。至年末，全市公园绿地面积1195.07公顷，人均公园绿地面积16.58平方米，建成区绿地面积2732.8公顷，绿地率36.58%，绿化覆盖率41.24%。

【城乡环境综合整治大会战】 5月4日，市委市政府召开全市城乡环境综合整治大会战暨海上花园城市建设动员大会，全面开展以户外广告、道路设施、建筑立面、道路及两侧绿化、城市家具、市容环境等十大整治行动为内容的城乡环境综合整治大会战。其中户外广告整治行动率先于3月启动，6月底全面完成，交通主干道、城区主要道路及广场、码头等公共场所非法设置的15169块户外广告被全部拆除。7月起开展马路市场等其他整治行动，至年底，取缔定海人民南路夜市街马路市场15个，10条精品街洁净通畅；整治“两非”车辆2.5万辆，控制区内“两非”车辆基本绝迹；613家废品收购站减至128家，主要道路两侧景观得以改善；804辆运输车辆进行密闭改装，滴漏抛洒现象大幅减少；主干道236块中英文标牌标识统一换牌；城乡道路环境、杆线箱、城区三乱整治行动都取得良好的整治效果，海岛城市环境面貌改观。

【千名城管志愿者参与城乡综合整治大会战】 6月，以“创海上花园城市·展城管志愿者风采”为主题，组织开展以党员志愿者为引领的“千名城管志愿者参与城乡综合整治大会战”专项行动，全年全市组织相关志愿服务活动285次，发放宣传资料5186份，劝导跨门经营3126起，劝离流动摊贩2367摊，劝离非法捕鱼行为163起，规整非机动车停放13252辆。

【开展各类违法专项整治行动】 2—6月，开展影响防汛防台等公共设施安全的违法建筑专项整治，排查影响防汛防台违法建筑15处，面积2201平方米，并全部完成拆除。5—9月,配合渔业"一打三整治"工作,开展联合行动142次,打击非法销售渔获物和违规电鱼网鱼违法行为,护航"三战"(幼鱼资源保护战、伏休成果保卫战、禁用渔具剿灭战)行动。7—9月,在全市范围内开展"六小"行业(小餐饮店、小食品经营店、小理发美容店、小旅店、小公共浴室和小歌舞厅)剿劣专项行动,主要整治"六小"行业雨污串管现象、雨污合流、污水私倒、乱接入雨水口(井)等情况,完成整改136家,取缔18家,截污纳管1437家。

【城区生活垃圾分类】 推进城市生活垃圾分类智能化,先后在定海、新城、普陀30个居民小区设立智能垃圾分类设施,居民可用绑定的二维码领取印有二维码的分类垃圾袋进行投放;根据居民垃圾投放的准确率和重量给予相应积分,凭积分值或积分排名获取日常生活必需品,从而提升居民的分类参与率和投放准确率。是年,全市城区生活垃圾分类覆盖面80%,其中机关事业单位、国有企业、中小学校为100%,居民小区为67%,30个智能化可回收设施小区运行良好;餐厨垃圾处置设施运行规范,有设施的无害化等级评定通过率达100%。创建完成高标准分类示范小区15个,商业街区5条,小区"定点定时"垃圾投放清运试点5个。

【供燃气管理】 3月1日起,实行居民生活用管道天然气阶梯价格制度;同月开展燃器具表转化转换工作,至12月底,累计转换住宅小区41个,转换用户26808户。4月,启动双阳液化气储配站维修启用工程,10月底完成搬迁并投入使用。9月,启动新奥LNG接收站气源接入工程及相关配套管线工程。同月,舟山各燃气企业对罐装气瓶采用永久性二维码电子标签,实现气瓶全寿命追溯。至年底,瓶装燃气信息化监管平台初步搭建并运行,全市各瓶装燃气销售网店均实行实名制登记销售,17家充装企业基本实现出站气瓶100%安装二维码标签,气瓶信息录入率达60%,信息化监管体系进入常态化应用。

是年,新敷设供气管道58.6千米,全市累计各类燃气管道1039千米。全市有燃气经营企业26家,其中管道天然气企业2家,市蓝焰燃气公司承担本岛管道天然气、市区瓶装石油液化气和部分外岛石油液化气储灌站点的气源供应,设有临城双阳、岛北和岱山高亭3个天然气场站和17个液化气场站(其中本岛及朱家尖区域5家),液化气经营网点104家,登记在册液化气钢瓶约35.75万只。全年新增用户9391户,新增液化石油气用户436户,年末有管道燃气用户约20.7万户,非民用户1139户;液化石油气固定用户78209户。

双阳液化气储配站维修启用工程建成投运 双阳LPG充装站位于临城原双阳村,占地约30亩,拥有LPG储罐(650立方米)两台、残液罐一台(10立方米),实际储存LPG能力约550吨,日瓶装气充装能力达3500瓶,并拥有相配套的危险品运输能力,充装后主要送达定海、普陀城区和本岛各乡镇及普陀山等区域,同时将空瓶运回充装站,实现钢瓶安全正常流转,保证城市瓶装液化石油气的正常稳定供应,LPG用气市场供应率约50%。4月起,对双阳充装站进行整改维修,对两台球罐进行开罐检验和防腐

12月13日,市蓝焰燃气有限公司临城双阳天然气站大卡车往储气罐输气(沈磊 摄)

保养,同时增加压力、液位和自助切断等自动控制装置,重新调整理顺工艺管道流程,更新充装烃泵4台,液化气压缩机2台,新安装生产动力配电系统,改造钢瓶充装平台,新设立危险品停车场等等,10月取得充装许可证,正式投入运行。共投入改造费用约370万元。

启动新奥LNG接收站气源接入工程 即舟山蓝焰公司岛北门站工程,位于舟山市新港工业基地已建LNG气源站内。项目总投资1418.30万元。9月,工程可行性研究报告获市发改委批复,至年底基本完成前期的项目初步设计、设备材料招标、施工图设计及施工。门站建成后,可接收舟山新奥液化天然气(LNG)及加注站气化外输天然气,向舟山市本门站能力覆盖范围的居民、公建及工业用户输送。

(撰稿:刘琛)

测绘与地理信息管理

【行政执法】 2017年,处理"舟山市振舟测绘工程有限公司测绘项目未报备案案"一般程序案件1起,作责令五个工作日内改正的行政处罚,11月结案。

【市场监管】 6—12月,根据"双随机"抽查工作方案,统筹开展测绘资质、测绘成果质量、成果保密、地图市场检查等各项行政执法工作,其中省检查小组抽查5家,全市检查小组抽取5家,抽查率62.5%,并委托省测绘质量监督检验站对舟山抽查的30个测绘项目进行质检,加大对测绘项目质量的监管;联合市文广局、市民政局、市市场监督管理局组织开展对辖区内图书馆、博物馆、书店、印刷厂、广告公司等地图展示及出售场所的检查,共检查地图674幅(册),其中"问题地图"146幅。是年,完成丙、丁级测绘资质认定5项,审核展示或登载区域性地图5项,使用属于国家秘密基础测绘成果审批38项,测绘项目备案1090项。

【基础测绘】 市及所辖县的基础测绘计划列入当地政府国民经济和社会发展计划,基础测绘实施经费列入年度财政预算。是年,全市安排测绘专项资金约1658.674万元,同比增长37.7%,其中市本级1405.53万元,同比增长75.7%。全市大比例尺地形图覆盖率92%,本岛及周边岛屿大比例尺地形图实现全覆盖。

鉴于舟山市良好的数据基础,被列为2018年浙江省基础测绘和公共服务平台联动更新试点。2017年,全市已实现对本岛139.98平方千米重点区域基础数据的动态更新及其他区域249.56平方千米的年度主要要素更新。

【地理国情普查】 主要完成2017年度城市建成区"一区两率"(建成区、绿地率和绿地覆盖率)监测工作和地理市情(深水岸线和低丘缓坡)监测工作,并推广国情普查监测成果。

【"数字城市"地理空间框架建设】 是年,市本级新增应用1个,累计应用29个,岱山县新增应用1个,累计应用8个,嵊泗县累计应用10个。市本级完成深入推广应用3个,舟山市地下管线信息系统二期建设新增朱家尖、六横、金塘三个功能区地下管线信息系统,并建立数据库,市民政综合管理系统新增舟山市防灾减灾综合服务管理子系统,舟山市警用地理信息综合管理平台新增警务工作平台派出所模块和视频图像信息综合应用平台两个子系统。是年,"天地图·岱山"再获国家最高等级五星级评估,"天地图·嵊泗"再获国家四星级评估。

【测绘业务】 全年,市测绘设计研究院完成舟山全市地理国情监测工作;完成面积139.98平方千米区域范围内地形图动态更新,以及其他区域249.56平方千米区域范围地名地址数据年度更新。为保障城市建设项目规划测绘需求,实施规划测绘项目300多项,包括城市主要道路测量、建设项目竣工规划核实测量、规划验线、规划放线测量及土石方测量等;同时拓展业务范围,开展不动产测绘业务。全年完成测绘产值1400多万元。

城建档案管理

2017年,舟山市及定海、普陀、岱山、嵊泗4个城建档案馆(室)新增档案7617卷,照片3780张,其中市城建档案馆新接收工程项目档案54个,案卷3916卷,照片3349张。至年底,全市有库藏档案150250卷,录音带、录像带76盒,照片42709张,光盘471

张,其中市城建档案馆库藏档案97088卷,占全市库藏的64.6%。是年,市城建档案馆接待查阅档案人员340人次,查阅档案1508卷次,复印档案8208张。

住房保障与房地产管理

【住房保障管理】 2017年,贯彻落实省建设厅《关于做好全省城镇住房保障数据信息共享及管理系统应用有关工作的通知》,完成城市信息系统的升级改造并实现与省平台的联网交换,系统配置任务计划基础信息填报、审核、建设项目管理、征收安置管理、资金管理等,至12月6日,舟山市录入房源信息12818套,完成率97.33%,匹配率100%;保障家庭信息录入13966户,完成率97.51%,均在各地市排名第一。根据省建设厅要求,是年先后完成2018—2020年棚改计划编制、2008年第四季度以来舟山所有保障房排查、全市公租房实物房源建设(筹集)情况核实等,并上报省建设厅。

推进"最多跑一次"改革,12月,出台《关于贯彻落实全面推进城镇住房保障"最多跑一次"改革的实施意见》,将"经济适用住房购买资格确认、公共租赁住房承租资格确认、公共租赁住房租赁合同备案"等住房保障相关工作纳入"最多跑一次"事项清单,并制定住房保障办事指南和业务办理流程图;针对居民财产信息审核困难、周期长等突出问题,明确"对不需要进行经济状况审核的保障类型,从申请受理后到保障资格确认完毕,原则上不超过30个工作日;需要进行经济状况审核的,原则上不超过40个工作日"的工作要求,简化申请程序、优化审核流程、落实部门职责、提高审核效率。2018年1月1日起正式实施。

全面推行公租房申请常态化,扩大公租房保障范围,降低准入门槛。是年,首次将驻舟部队随军家属列入公租房保障对象,88户随军家属在新城高云佳苑和定海海城雅苑落户(高云佳苑78户,海城雅苑10户);新增技能型职工和技能型的外来务工人员列入公租房保障对象,并对市本级新就业大学毕业生、在新城区域工作的青年医生、青年教师等放宽申请公共租赁住房条件。

【保障性安居工程项目】 全年全市新开工棚户区改造项目房(含货币化安置)2881套;基本建成城镇保障性安居工程住房6199套(其中棚改安置住房6072套、公共租赁住房55套);竣工、交付入住保障性安居工程住房4868套、6703套,其中公共租赁住房交付入住2127套;2014年底前政府投资建设的公共租赁住房分配入住率95.7%;全市新增低收入家庭租赁补贴626户,均完成任务。保障性安居工程受益覆盖面测算可达25.74%,超过省建设厅2020年达到25%的工作目标。

【住房制度改革】 继续贯彻执行舟山市城镇住房制度改革实施细则,做好职工的住房补贴发放等工作。全年全市完成住房补贴审核人数2113人,总补贴金额28482.27万元;出售公有住房20套,建筑面积744.71平方米,住房出售款22.56万元。其中,市本级住房补贴审核人数970人,总补贴金额13002.29万元;市本级出售公有住房8套,建筑面积378.78平方米,住房出售款7.86万元。

【房地产市场呈现回暖态势】 1—12月,全市房地产市场延续平稳发展势头,销售持续增长,二手房市场活跃,商品房库存商品价格保持稳定,市场回暖,全市商品房新开工项目、房地产开发投资数、商品房销售面积(网签)、新建商品房和二手住宅成交量及其价格等均同比增长,全市商业地产成交企稳回升。

是年,全市完成房地产开发投资209.43亿元,同比增长21.8%,扭转2015年来投资增速一直处于负增长的局面。全市商品房销售面积(网签)200.49万平方米,同比上升35.22%,其中商品住宅销售16057套,建筑面积175.93万平方米,同比分别上升30.79%和33.38%;商品住宅网签备案成交均价11451元/平方米,同比上升6.28%,新建商品房成交量升价稳。全市批准可预售商品住宅13179套,面积145.32万平方米,同比上升82.17%,至12月底,全市商品住宅库存100.46万平方米,同比减少22.24%,库存消化周期缩短至6.9个月,比上年同期缩短近5个月,库存量持续低位。在新建商品房大幅度成交以及中心城区旧城改造安置购房需求带动下,全市二手住宅成交16725套，面积154.86万平方米，同比上升51.25%。同时商业地产成交企稳回升，全年全市商业地产（含写字楼）总成交24.56万平方米，同比上升50.03%，其中商业用房成交18.09万平方米，办公用房成交6.47万平方米。

【房地产市场监管】 按照省建设厅《全省整顿规范房地产开发销售中介行为专项行动方案》要求，相继出台《关于进一步加强商品房网上销售管理的通知》《关于进一步加强房地产市场监管的通知》等，重点加强网上商品房预订合同管理、退房公示管理、车位和储藏室的价格管理等，防止恶意炒作，杜绝捂盘惜盘和违规销售等扰乱市场秩序行为的发生，保持房地产市场健康持续发展。优化行业管理服务，推进房地产交易及信用监管系统建设，促进房地产市场平稳健康发展，结合舟山实际，按照全省统一架构、统一规范要求，建立全市房地产开发在建项目数据库，建成开发项目手册、预售证办理等各项信息系统并正式运行，实现房地产开发、建设、销售管理生命周期的动态管理。

做好维护房地产市场稳定工作，重点对辖区内房地产开发、销售和中介服务、房屋征收拆行为、物业服务涉众型矛盾纠纷等隐患进行排查，同时做好政策出台前的评估，排摸及化解全市部分热点楼盘前期交付存在的不稳定因素。

【物业管理】 针对现行物业管理过程中存在的业主大会及业委会运行不规范、业主违章行为难有效纠正、物业收费标准不统一等问题，推动并全力支持《舟山市物业管理条例》列入舟山市2018年地方立法项目。

是年，组织开展物业行业项目经理继续教育培训、智能楼宇管理师培训、行业技能大比武、消防安全培训等各项专业技能培训，提升行业从业人员的业务素质，全市有700多人次参加了各类培训学习。开展物业企业服务管理示范项目评定，复评市级物业管理示范项目21个，督促企业继续保持示范项目的服务品质，同时以点带面，带动周边项目服务品质的提高。落实新城首批交付住宅小区物业服务质量提升计划，鉴于新城第一批住宅项目交付已逾十年，项目硬件设施逐步老化，规划设计无法满足当前小区实际需求，物业企业对于项目关注度及其服务标准和服务质量有所下降等状况，选定新城首批交付的邦泰城、新城时代花园两个住宅小区作为首批新城区域物业服务质量提升项目，通过督促物业企业履行合同义务，完善企业管理体系，提升物业服务水平，最终实现居民生活品质和业主满意度双提高。配合做好各项维稳工作，妥善处理个别住宅小区业主群体事件、"两非"车辆整治及小区垃圾处理等重点事件，保障全年、特别是重点时间节点的物业服务项目的平安稳定。

【资产管理】 配合定海旧城改造，完成解放西路、工农路等6处非住宅房屋（面积1000余平方米）的征收相关工作；严格执行《资产管理操作规程》，完成西大街45号等25处标的物的拍租工作，降低房屋空置率。全年收缴房屋租金1099.9万元，其中住宅租金9.7万元，非住宅租金1090.2万元。加强局出租房屋安全管理，制定房屋安全排查制度，对排查发现的隐患，及时进行排除、维修，其中完成定海镬厂弄19号（小商品市场）变压器更换、扩容维修项目，排除用电安全隐患。全年完成10多处房屋的维修，维修费用15.12万元；完成部分老旧砖木结构等火灾隐患较大的非住宅房屋的财产保险工作，投保一类房屋6处，二类房屋64处，共计建筑面积8826.42平方米。

【危房解危】 推进城镇危旧房解危工作，主要通过人工和智能化相结合的监测体系，包括三级监控网络（房屋安全管理员、片区监管员、乡镇街道）和以购买服务方式引进第三方监测公司进行危房监控的方式，对所有C、D级危房进行高频、高效管控。在实际解危过程中，对D级危房，尊重群众自主选择，政策上以回购处置为主、其他方式为辅，同时实行多种改造形式并存的方式，包括加固安置、回迁安置、异地安置、货币安置等；对大多数同意收购或异地安置的住户先行签约搬迁，达到征收比例的按征收方案实施，未达到征收比例的改为维修加固来倒逼签约。对于C级危房的治理方式，根据鉴定意见分类实施治理，结合实际监测情况，把C级危房分为处理使用和观察使用两类。其中对鉴定意见为处理使用的C级危房，通过老旧小区综合改造方式,联片或单幢分批治理,消除或减轻危险点,延长危房使用寿命;对观察使用类的危房通过专业化房屋安全监测技术手段进行治理。至年末,完成城镇危房治理改造三年行动计划目标,累计治理改造C、D级危房955幢、135.8万平方米。全年还完成农村危房治理改造1084户,其中D级危房1000户,涉及公共安全的C级危房84户,完成农村危房治理改造目标任务。

【白蚁防治】 是年,全市安装环保型白蚁防治监测控制装置3200套,面积33万平方米。受理新建房屋白蚁预防项目101个、面积198万平方米,减免金额510万元,完成新建预防施工188万平方米,房屋蚁害灭治1153户、面积10万平方米,完成家庭装修白蚁防治施工1200户、面积13万平方米,白蚁预防工程回访复查面积463万平方米。

(撰稿:翁秋燕)

住房公积金管理

【政策调整】 缴存政策调整 6月,调整住房公积金缴存基数,规定:行政机关和参照公务员管理事业单位在职职工住房公积金月缴存基数=〔职工本人基本工资(包括职务工资、级别工资)+工作性津贴+生活性补贴+年终一次性奖金+政府绩效考核奖〕/12;实行绩效工资的事业单位在职职工住房公积金月缴存基数=〔职工本人基本工资(岗位工资、薪级工资)+10%教护补贴+绩效工资+政府绩效考核奖〕/12,企业在职职工住房公积金月缴存基数按职工本人2016年度工资总额的月平均数确定。

提取政策调整 7月,出台《关于进一步简化住房公积金提取相关程序的通知》,简化原必须提供的资料,其中:购买商品房的,无须提供购房合同复印件,以备案信息查询表代替;购买二手房的,提供资料中购房发票和税单任选一种;支付房屋租金的,无须提供《舟山市租赁自住住房提取公积金审核表》、租赁房屋不动产权证复印件、租赁合同;退休提取的,无须提供退休证或批准退休有效文件;终止劳动关系的,无须提供与单位终止劳动关系证明,而由单位办理职工封存时提供。

贷款政策调整 5月26日,调整住房公积金贷款相关政策。调整购买商品房首付比例:2017年7月1日以后购买新建商品房(以房管系统合同备案日期为准),首次申请住房公积金贷款的家庭,首付款比例不低于20%;已结清公积金贷款第二次申请的,首付比例调整为40%。调整公积金贷款最高额度:2017年7月1日起购房(新建商品房以房管系统合同备案日期为准,二手房以契税完税凭证日期为准)的首次申请公积金贷款的家庭最高贷款额度调整为40万元;已结清公积金贷款第二次申请的家庭,最高贷款额度30万元;取消第三次及以上公积金贷款申请。对《舟山市人才安居工程实施办法》第三章第八条所列的(一)至(十一)类人才以及全国、省级劳模,首次申请公积金贷款的上浮可贷额度的50%,最高不超过60万元。调整公积金贷款最低额度:首次申请公积金贷款的单方缴存家庭,贷款额度不足15万元的按15万元计算;双方缴存公积金的家庭,贷款额度不足25万元的按25万元计算。延长公积金缴存人贷款的时间间隔,7月1日起借款人还清公积金贷款后如需再次申请公积金贷款,其申请贷款距上次还清贷款时间间隔不少于3个月。商业贷款转公积金贷款按原政策操作,若资金需求增长过快时,可适度实施轮候制,因政策性因素造成放款时间延迟的,房地产开发企业不得区别对待公积金贷款与商业贷款。

【公积金缴存业务】 是年,新开户单位506家,实缴单位3315家,净增单位205家;新开户职工2.84万人,实缴职工13.90万人,净增职工0.68万人;缴存额28.04亿元。实缴单位数、实缴职工数和缴存额同比分别增长6.59%、5.13%和15.60%。年末,缴存总额186.69亿元,缴存余额66.43亿元,同比分别增长17.67%、9.68%。

缴存单位中,国家机关和事业单位占38.46%,国有企业占12.13%,城镇集体企业占0%,外商投资企业占0.21%,城镇私营企业及其他城镇企业占40.21%,民办非企业单位和社会团体占2.08%,其他占6.91%。缴存职工中,国家机关和事业单位占42.08%,国有企业占15.68%,城镇集体企业占比接近0,外商投资企业占0.77%,城镇私营企业及其他城镇企业占38.15%，民办非企业单位和社会团体占0.38%，其他占2.94%。

【公积金提取业务】 是年有4.73万名缴存职工提取住房公积金22.17亿元，同比增长23.74%。提取金额中，住房消费提取占81.34%（购买、建造、翻建、大修自住住房占40.52%，偿还购房贷款本息占39.71%，租赁住房占1.11%，其他占0%）；非住房消费提取占18.66%（离休和退休提取占10.60%，完全丧失劳动能力并与单位终止劳动关系提取占0%，户口迁出本市或出境定居占0.37%，其他占7.69%）。年末，提取总额120.26亿元，同比增长22.60%；住房公积金存款2.89亿元。

【公积金住房贷款业务】 个人住房贷款 全年发放个人住房贷款0.66万笔28.07亿元，同比分别增长51.54%、45.45%，支持职工购建房73.09万平方米；回收个人住房贷款10.09亿元。年末，累计发放个人住房贷款5.07万笔137.35亿元，贷款余额80.60亿元，同比分别增长14.83%、25.69%、28.71%。个人住房贷款市场占有率18.24%，比上年增加0.97个百分点。通过申请住房公积金个人住房贷款，可节约职工购房利息支出9974.59万元。职工贷款所购住房中，建筑面积90（含）平方米以下占34.73%，90~144（含）平方米占58.46%，144平方米以上占6.81%。购买新房占65.10%，购买存量商品住房占34.90%。

异地贷款 全年发放异地贷款442笔19369万元。年末，发放异地贷款总额32302万元，异地贷款余额30343.70万元。

公转商贴息贷款 全年发放公转商贴息贷款82笔4078万元，支持职工购建住房面积1.02万平方米，当年贴息额1479.72万元。年末累计发放公转商贴息贷款3017笔137092万元，累计贴息2879.57万元。

【住房贡献率】 个人住房贷款发放额、公转商贴息贷款发放额、项目贷款发放额、住房消费提取额的总和与当年缴存额的比率为165.88%，比上年减少9.88个百分点。

【服务质量改进】 是年，公积金管理中心（下称“中心”）所办理的提取、贷款、缴存、年审4大项、30个子项全部事项实现“最多跑一次”，并且通过与民政、社保、公安、不动产等部门间的数据信息资源共享，有2个子项业务实现一证通办。另外，依托中心公积金业务系统和综合服务平台，将信息查询、单位缴存变更业务放到微信、APP、网厅等线上办理，实现7个子项业务“零次跑”。实行全市业务通办，大部分业务“就近办”，2月起市中心与四个县（区）分中心及全部延伸网点实行业务通办，个人提取公积金和贷款申请不再受缴存地区域限制。增加公积金延伸服务网点，实现“办事不出岛”目标。中心在建设银行、工商银行、中国银行、农业银行、浦发银行、交通银行、邮储银行等7家银行的33个网点开设了公积金延伸服务，群众可就近办理包括个人缴存、提取、贷款在内的绝大部分公积金业务，并覆盖普陀山、金塘、六横、衢山、嵊山等多个岛屿和朱家尖、白泉等多个乡镇，形成“跨海连小岛，城区到乡镇”的服务新格局。在工作流程方面，实现一窗受理，打破原有的归集、提取、贷款分离模式，通过业务流程重塑和系统改造，推出综合办理窗口服务，让群众在一个窗口可以办理多项业务，实现“一窗受理，集成服务”。

（撰稿：方海英）

建筑业

【概况】 2017年4月，市住建局出台《关于全面实施建筑工程和市政公用工程质量保证金由银行托管的通知》，明确5月1日起全面实施工程质量保证金由银行托管制度，工商银行、建设银行、中国银行、农业银行四家银行为工程质量保证金托管单位。5月，以企业联盟形式组建成立舟山市恒众建筑科技有限公司，打造混凝土PC构件生产基地，推动全市建筑工业化发展。同月，市政府调整2016年、2017年建筑业发展奖励政策，增设建筑业特色专业企业等奖项，支持企业外拓发展、科技创新、创优夺杯和建筑工业化，提振建筑企业发展信心。6月，市住建局出台《关于实施预拌混凝土企业绿色生产管理的通知》，要求全市已建预拌混凝土厂在2018年底前完成绿色生产改造，新建预拌混凝土企业达到标准要求后方可申请预拌混凝土专业承包资质。12月,市住建局出台《关于舟山市推行建设工程综合保险试点工作的通知》,推行保险公司提供建设工程担保机制(试行期三年),建立规范的工程担保市场,以有效防范和化解风险,减轻建筑企业负担。

是年,全市建筑业企业完成建筑业总产值339.28亿元,同比增长17.3%(内入统企业完成311.29亿元,同比增长16.3%,快于全省平均7.3个百分点),其中市外产值71.25亿元,省外产值40.11亿元,分别比上年同期增长20.4%和18.8%,施工外向度21%;建筑工程面积1340万平方米,其中新开工面积340万平方米,竣工面积353万平方米。实现主营业务收入199.70亿元,利税总额11.77亿元,吸纳建筑业就业人员8.83万人。

【建筑业企业资质资格管理】 是年,全市核准新设立建筑业企业资质101项,涉及企业64家;核准建筑业企业资质升级(三升二)69项,涉及企业49家;核准建筑业企业资质升级(二升一专业承包)8项,涉及企业5家。

年末,全市有建筑业企业227家。按资质最高等级分:一级资质企业30家(其中施工总承包15家、专业承包15家),二级资质企业106家(其中施工总承包56家、专业承包50家),三级资质企业62家(其中施工总承包38家、专业承包24家),不分等级资质企业29家(其中专营预拌混凝土企业19家、专营施工劳务企业10家);按资质类别分:建筑工程施工总承包企业83家(一级12家、二级43家、三级28家),市政公用工程施工总承包企业97家(一级4家、二级47家、三级46家),矿山工程施工总承包企业6家(一级1家、二级1家、三级4家),港口与航道工程施工总承包企业17家(二级16家、三级1家),公路工程施工总承包企业9家(二级2家、三级7家),水利工程施工总承包企业36家(二级9家、三级27家),电力工程施工总承包企业5家(二级2家、三级3家),机电工程施工总承包企业14家(二级6家、三级8家),地基基础工程专业承包企业46家(一级4家、二级6家、三级36家),建筑装修装饰工程专业承包企业98家(一级17家、二级81家),钢结构工程专业承包企业36家(一级2家、二级8家、三级26家),预拌混凝土专业承包企业20家,施工劳务企业13家。工程监理企业12家,其中甲级3家,乙级6家,丙级2家。工程质量检测企业18家。

全市资质企业(含建筑业、工程监理、招标代理、造价咨询、质量检测)相关从业人员在浙江省建筑业诚信平台入库备案共计13363人次,其中注册人员2780人,职称人员3292人,现场管理人员5639人,技术工人1652人。

【建筑市场监管】 是年,按照国家建设部统一部署,开展“工程质量治理活动”和“打非治违”专项行动,严格落实工程质量各方主体责任,建立健全质量信用档案制度,打击工程违法发包、违法分包、转包和挂靠等市场行为,加大对各类违法违规行为的检查频率及处罚。全年组织开展3次全市工程质量安全综合执法检查,对各地质量安全提升行动工作落实情况进行督查,督查行动覆盖全市辖区内两县两区和五个功能区,抽查在建工程74个,建筑面积362.67万平方米,合计造价86.46亿元,发放停工整改通知书6份,限期整改通知书38份,限期整改函52份,发现问题2369条,对2家建设单位、8家施工企业及5家监理企业和11名项目经理、11名总监记入严重不良行为记录,对24家施工企业、25名项目经理、14家监理企业和15名总监记入一般不良行为记录,对14家施工企业和3名项目经理、7家监理企业和7名总监予以通报批评。

【建设工程质量监管】 创新工程质量安全监管模式,采取随机检查、飞行抽查等方式,加强工程质量监管,全年开展常规检查1734次,专项检查274次,签发限期整改通知书213份,停工整改通知书8份。落实法定代表人授权书、工程质量终身责任承诺书和永久性标牌三项制度,全年新办理质量监督手续的443项,签署法定代表人授权书、工程质量终身责任承诺书的工程443项,覆盖率100%。新办理竣工验收备案工程146项,总计建筑面积310.2万平方米。执行住宅工程质量分户验收,完成36个住宅工程共852套的分户验收监督检查。强化质量通病防治,就施工缝部位施工质量、原材料进场控制、住宅工程防水施工质量、建筑幕墙工程质量、安装工程施工质量、混凝土结构养护工作质量及商品混凝土和预拌砂浆质量等开展专项检查。

是年，全市施工企业创省建设工程“钱江杯”奖(优质工程)5项，“海山杯”奖(优质工程)23项，大昌建设集团有限公司承建的舟山市科创园一期启动项目(LKD-1-1E地块)被评为“国优工程”。

【建设施工安全监管】 是年，全市有38个工程被评为市级安全文明标准化工地，14个工程被推荐申报省级安全文明标准化工地，1个工程被评为全国AAA级文明标化工地。

安全生产隐患排查治理 全年检查在建工程1236个次，建筑面积2895.8万平方米，造价798.6亿元；签发限期整改通知书162份，停工整改通知书18份，发现一般隐患11035条，整改11023条，整改率99.8%。

护航“十九大”及世界互联网大会 强化“十九大”及世界互联网大会期间的安全管理，加强组织领导，强化监管，派专人值班并每日巡查在建工程项目，确保重大时间节点安全生产形势稳定。

建筑施工安全生产大检查活动 全面部署开展全市住建系统安全生产大检查。全市检查在建工程396个次，签发整改通知书101份，发现一般隐患3687条，均立即整改或限期整改；未发现重大隐患。

超过一定规模危险性较大分部分项工程安全管理 建立完善危险性较大的分部分项工程公示备案制度，对超规模危险性较大分部分项工程实施情况进行公示，对其专项施工方案论证情况及后续审批程序落实情况进行审查备案，分部分项工程实施前进行专项监督交底，加强分部分项工程施工过程中关键环节、重点部位的监督检查，遏制较大及以上安全生产事故的发生。全年新增超规模分部分项98项，组织监督交底98次，专项抽查132次。

建筑起重机械安全管理 严格执行建筑起重机械登记管理制度，全年办理起重机械注册登记239台，安装登记1412台次，使用登记1323台次，拆除登记1109台次。强化起重机械使用过程的监督检查，全年完成三次全市起重机械专项检查，抽查67个次在建工程，检查建筑起重机械395台次，当场停用正在使用的塔吊17台、井架5台、吊篮9台，签发限期整改通知书10份，停工整改通知书1份。

建筑施工安全通病防治 梳理事故易发环节的施工安全通病，开展建筑工程预防坍塌和高处坠落事故专项治理、建筑施工消防安全专项治理、建筑施工危险化学品安全综合治理、建筑施工扬尘控制专项治理、建筑施工领域安全生产综合治理三年行动计划等专项治理活动。全年检查在建工程387个次，建筑面积294.2万平方米，造价57.35亿元；签发限期整改通知书26份，停工整改通知书3份，发现隐患1966条，整改1953条。

【建筑行业职业技能“大比武”】 11月9日，由市住建局联合市人力社保局、市总工会组织开展2017年舟山市建筑行业职业技能“大比武”活动，16支代表队57名选手参加，设一类和二类比赛项目，一类比赛项目包括建筑砌筑工、钢筋工，二类比赛项目包括水泥比表面积测定和钢筋保护层检测。通过比武等形式，培养与自由贸易试验区发展相适应的建筑行业技术人才队伍，提高建筑行业技能水平。

【招投标与造价管理】 建立完善工程招标代理与造价咨询企业信用档案，明确工程结算审核追加收费核减(增)计算办法，规范工程结算过程中各方主体行为。全年市本级招标项目122项，工程造价28.68亿元，其中招标发包122项，建筑面积76.05万平方米，工程造价28.68亿元。招标发包项目中，公开招标92项，建筑面积49.70万平方米，工程造价13.19亿元；邀请招标30项，建筑面积26.35万平方米，工程造价15.25亿元，工程造价平均浮动率5.19%。

全市完成建设项目招标控制价信息报送64个，工程造价12.51亿元；办理施工合同备案47个，工程造价25.89亿元。是年，市内12家中介机构完成工程造价咨询项目3559个，项目造价约427亿元，造价咨询收入8424万元。招标代理项目1274个，项目造价约148亿元，招标代理收入3537万元。业务总收入1.32亿元。

【建设工程造价咨询及招标代理资质管理】 全年受理工程造价咨询企业资质甲级延续1家；因招标代理资质取消，自12月28起不再受理招标代理资质申报。受理2家企业日常变更事项6项；受理造价工程师初始注册22人，造价师延续注册63人。至年底，全市有造价咨询企业甲级9家，乙级3家；招标代理机构甲级6家，乙级4家，暂定级2家。是年，浙江恒诚工程管理咨询有限公司被评为省级优秀企业，浙江方舟工程造价咨询有限公司被评为省级表扬企业，浙江恒诚工程管理咨询有限公司的注册造价师戴如宏被授予省金牌注册造价工程师，另有4名造价师被评为省级优秀造价工程师，浙江天隆工程管理有限公司的注册造价师叶红雷被授予最美造价人。

县城建设

【岱山县城】 2017年，全县围绕“全力打造美丽宜居海上花园城”的目标要求，履行规划、建设和行业管理各项职能。全年实施城市建设政府投资项目17个，完成固定资产投资6.38亿元。环城北路实现全线贯通，山外风景湾隧道工程成为全市首个PPP开工项目。全年城市维护建设资金支出1965万元。年末，县城建成区常住人口6.3万人，建成区面积8.36平方千米；实有城市道路面积166.22万平方米，人均城市道路面积22.68平方米；人均公园绿地面积17.33平方米，建成区绿化覆盖率40.79%，绿地率37.45%；人均燃气普及率100%，排水管道长130.95千米，生活垃圾无害化处理率100%。县城人均地下结建防护面积1.70平方米。

城乡规划 是年，首次通过国际招投标的形式启动编制《浙江省岱山县域空间发展战略与概念性规划》，编制完成《岱山县县城海绵城市专项规划》《岱山县城市风貌控制概念规划》《岱山县高亭镇城市有机更新方案设计》；深入编制《高亭环城北路周边城市设计》，启动《岱山县域总体规划（2017—2035）》编制。完成《舟山蔚蓝公寓三期项目建设方案设计》《舟山蔚蓝公寓三期A区景观方案设计》《岱山野心旅度假中心设计方案》《竹屿新区C9-3-1地块方案设计》《岱山县公安局二期地块建筑设计》等规划内容及重点项目设计方案的评审。

全年出具建设项目选址意见书50份，总用地面积448.8万平方米；核发建设用地规划许可证27份，总用地面积388.2万平方米；核发建设工程规划许可证44份，总建筑面积28.8万平方米；核发建设工程核实确认书24份，总建筑面积26.4万平方米。全年出具地块设计条件46份，出具房屋转让规划设计条件230多份。

城区建设 环城北路三期建设项目。东起和谐路（环城北路一期），西至新河路（环城北路二期），全长832米，宽25米。道路等级为城市次干道，设计时速40千米/小时。总投资2.43亿元（其中房屋征收资金1.83亿元）。2016年8月开工，2017年5月1日通车投入运营，是贯通新老城区的第二条主干道。

山外风景湾隧道工程。位于沿港东路峰景湾附近，南起沿港东路，北至人民路，全长762米、宽18米，其中隧道305米、宽15米，涉及征收房屋总建筑面积4500平方米，总投资额5000万元。2017年4月进场施工，至年底完成隧道二次支护。

闸口一村地块改造（含1168工程）。位于高亭镇沿港西路天都花苑东侧，属旧城改造地块，实际用地面积7694平方米。主要建海蓝公司商业用房（4层）、闸口一村综合楼（8层）、住宅安置房（6层）和社区活动室（3层）、人防大楼（10层）等四幢建筑，总投资1.5亿元，2015年10月开工，2017年8月完成主体结构验收，至年底土建完工。

蓬莱路延伸段道路工程。南起虹采路，北至环城北路三期。新建道路全长182米，宽23米（含给排水、污水管网、照明、景观绿化等附属工程），总投资5092.38万元。2017年开始征收，至12月底完成红线范围内房屋签约及初步设计审批。

职教园区西侧道路工程。起于职教园区南侧道路现状预留交叉口，终于西侧道路现状河道南侧，与职教学校北侧围墙齐平。新建职教园区西侧道路全长257米，宽24米，包括桥涵、管线、景观绿化及相关附属工程，总投资969.64万元。2017年7月开工，12月底完工。

蓬莱公园提升改造工程。位于蓬莱公园自然山体处。建设内容主要为改造部分道路段、山顶位置建设安澜阁，总投资2701.93万元。至年底完成坟墓拆迁、上山道路初步硬化等前期工作。

蓬莱新村二小区改造工程。位于蓬莱新村二小区，主要改造小区内24栋住宅与20幢车库，分立面改造、景观小公园改造、管网及配套道路改造三部分，总投资2539.50万元。2017年实施立面改造部分，分两标段，11月进场施工，12月底完成立面改造总工程量的50%。

市政建设 交通治堵。编制完成《2017—2020城乡交通治堵三个全覆盖规划》，并实质启动建设任务。县城公交站点500米实现全覆盖，城乡客运一体化水平达到AAAA级，完成所有建制村通达客车目标。县城实施差别化停车收费，岱西镇和秀山乡实现农村地区交通安全管理力量全覆盖。加大交通路网建设，是年，环城北路三期建成通车，职教园区西侧配套联网路建设完工，新建峰景湾隧道。全年新增新能源公交车20辆，新建改建候车亭50个，新建公共自行车租赁站点2个，新增公共停车位200个。

剿灭劣V类水。主要完成长河剿灭劣V类工作，在南岙水库实施物理隔离工程及长河监控系统建设，长河沿线安装高清视频监控探头24个。完善污水处理系统，完成岱山污水处理厂一级A提标改造。实施大陆引水入河工程，完成长河老城区段清淤疏浚及小高亭水厂至长河河道2千米供水管道建设。建设完成长河东海路拦水闸门，治理完成周边10只集污井建设和城区局部管网修复；实施长河水生化处理提升水质工程，安装生化净化处理设施2套。通过引水入河、关门建闸、全面清淤、生化提升等，改善长河水质，10月通过省对市剿灭劣V类水验收。

城区管网建设。在长河周边建集污井外，还完成对周边5千米管网实施检测清洗修复。完成长路河、沿港东路及部分路段电力管线及污水管网工程，其中长河路办证中心到蓬莱路及康佳路南侧段敷设电力管道共721米、污水管网721米，沿港东路仙洲桥西至峰景湾段敷设电力管道2305米、污水管网1670米。

城区立面提升改造。包括建筑外立面粉刷、装饰性构件和室外空调机格栅统一布局安装、外立面雨污水管网隐蔽处理、门窗更换、店招店牌规范布局等。7—12月，完成长河路电信大楼至办证中心沿路两侧共15幢楼房的立面改造；8—12月，对高亭镇虹采路、沿港中路等背街小巷实施改造，共完成9幢楼房的立面改造。总投资2070多万元。

岱山污水处理厂一级A提标改造。6月开工，12月试运行。建成后，污水处理总能力为1万立方米/日，出水排放标准由原一级B提高到一级A标准。全年处理污水319万立方米，县城污水处理率85.52%。

测绘与地理信息管理 做好“数字岱山”地理空间框架的运行维护和应用推广，矢量数据、影像数据和地名地址数据的采集更新通过省测绘质量监督检验站验收；“天地图·岱山”再被评估为最高星级五星，完成自来水管线管理系统的推广和全部应用示范单位的回访。完成以“一区两率”为重点的地理国情监测；开展测绘资质单位“双随机”检查，主要内容有测绘资质、档案和保密制度运行情况和质量管理体系运行情况。全年使用国家秘密基础测绘成果办理21项，测绘与地理信息项目备案56项，地图审核2项。

建筑业 全年完成县内外总产值35.36亿元，比上年增长27.65%，其中县外产值14.05亿元，比上年增长22.56%。从业人数0.80万人次。岱山县环城北路三期建设项目被评为2017年度舟山市建筑安全文明施工标准化工地，浙江宝晟建设有限公司被评为舟山市建筑业重点骨干企业，浙江义海航道工程有限公司被评为舟山市建筑业特色专业企业。全县建筑业完成总产值35.36亿元，

全县建设工程完成招投标项目102项，工程预算投资额6.68亿元，实际中标价6.15亿元，节约资金5306.40万元，完成房屋建筑面积6.60万平方米。招标发包项目中，公开招标87项，累计工程造价5.16亿元；邀请招标15项，累计工程造价9900.50万元。全年应招标项目招标率100%。通过招标，工程造价平均下浮率7.94%。

全年县建筑工程质量安全监督站办理质安监手续22个，总建筑面积22.03万平方米；在建工程项目39个，建筑面积31.73万平方米；新开工装配式工程1个，建筑面积6.40万平方米。竣工验收工程项目10个，建筑面积8.37万平方米。接收试块、钢筋、节能材料等项目内检委托50893组，出具实物、保温拉拔钻芯、混凝土钻芯、路面压实度及弯沉、门窗现场气密性、室内空气环境检测等外检报告374份。

房地产业 全年全县完成房地产开发投资额7.68亿元，商品房销售面积19.83万平方米，同比分别增加424.78%和30.29%。商

品房施工面积44.87万平方米,商品房新开工面积11.05万平方米,商品房竣工面积1.28万平方米。商品住宅成交均价为7383元/平方米。年末,有房地产开发企业31家。至年末,全县剩余可供市场销售商品住宅面积14.39万平方米,比上年减少20.32%。

新开工建设保障性住房465套、4.07万平方米,竣工437套、3.31万平方米;交付入住610套、3.98万平方米,其中山外地块改造货币化安置7套,公安地块改造货币化安置104套,蓬莱地块改造货币化安置34套,C、D级危房改造货币化安置征收180套,公租房分配入住253套,闸口安置房分配32套。

白蚁防治　开展城区白蚁监测防治,在高亭城区主要路段行道树下埋设白蚁监测装置1000多只,通过白蚁监测装置的诱饵技术对白蚁活动进行收集监测。全年签订新建房屋白蚁防治18件,建筑面积24.96万平方米。

城乡危旧房治理　建立完善危房巡排查制度,完成各乡镇落实房屋监管机制并组织产权人做好丙类房屋和疑似危房的鉴定。督促指导各乡镇建立三级监管系统,对未解危的所有C、D级危房实行由楼长、片区安全巡查员、乡镇安全监管员组成的三级监管。各乡镇每年至少开展一次常规大排查,遇台风、雨雪、汛期等灾害性天气启动恶劣天气危房巡排查机制,对D级危房每天巡查2次,C级危房每天巡查一次。推进危房改造治理,全年投入改造资金约8000万元,完成城镇危房解危20幢,涉及住户275户,建筑面积1.57万平方米。

城镇危房改造治理。全年完成高亭城区危房解危9幢,涉及住户168套,建筑面积9450平方米;完成衢山镇危房解危3幢,涉及住户43户,建筑面积2490平方米;完成东沙镇危房解危2幢,涉及住户16户,建筑面积640平方米;完成长涂镇危房解危6幢,涉及住户48户,建筑面积3095平方米。

农村危旧房改造治理。2月,全县开展农村危房治理改造。7月,完成220户D级和5户涉及公共安全的C级农村危房腾空或加固修缮治理。至12月,已拆除治理14户D级危房,加固修缮治理15户D级危房,加固修缮治理1户涉及公共安全的C级危房,腾空196户C、D级危房。

直管公房管理　全年完成东沙、高亭直管公房维修,共计建筑面积3500平方米。做好每月一次及台风汛期直管公房安全巡查。完成86户高亭直管公房租户资格审查,对5户因租赁资格不符合进行清退。

物业管理　加强住宅小区物业管理,落实《岱山县住宅小区物业管理考核奖励细则》,对31个物业管理住宅小区、18个自治管理住宅小区开展半年度、年度两次考评,评定获奖项目、优秀集体、个人,全年发放奖励资金98万元。8月,印发《关于进一步加强物业服务企业消防安全管理的通知》,明确消防安全责任,完善管理制度,消除安全隐患。12月,宁波市亚太酒店物业管理有限公司管理的岱山县行政中心项目被省住建厅评为2017年度全省物业管理示范大厦。是年,完成物业单项竣工验收1件,前期物业服务考核4件,物业企业备案2件,前期物业管理项目备案1件,业委会备案5件,核准物业维修资金使用77件,归集物业维修资金573.89万元。

三改一拆　开展"蓝色屋面"、连片违法搭建厂房、非法"一户多宅"专项整治。至7月底,提前完成市政府下达的"三改38万平方米,拆违17万平方米"年度指标。全年全县完成"三改"71.3万平方米,其中旧住宅区改造29.6万平方米,旧厂区改造26.7万平方米,城中村改造14.95万平方米;拆除违法建筑30.96万平方米。拆后土地利用率82.4%。5月,省委省政府公布岱山县为全省第二批"基本无违建县"。

村镇建设　高亭镇大峧山村入选2017年度美丽宜居示范村创建试点村。5月,委托浙江大学城乡规划设计研究院有限公司编制完成《岱山县高亭镇大峧山美丽宜居示范村建设规划》,10月完成规划评审、报批、上报备案等。10月20日,岱东镇虎斗村(磨心)省级"美丽宜居示范村"的创建工作通过省住建厅专家组督查验收。

【嵊泗县城】 是年,县城建成区常住人口3.21万人,建成区面积2.28平方千米。人均城市道路面积8.26平方米,人均公园绿地面积39.6平方米,建成区绿化覆盖率37.4%,绿地率37.2%,人均燃气普及率99.8%,生活垃圾无害化处理率100%。

城镇规划　调研《嵊泗县域

总体规划(2006—2020)》实施情况,系统评估执行情况,科学分析县域空间发展方向,提出新一轮总规修改纲要。修改编制完成《嵊泗县城区控制性详细规划》,科学论证西城区入城口及滨海带城市功能定位与空间布局,同步进行城市设计,绘制城市空间形态;梳理旧城区存量土地,规划设置基础、公用设施用地,改善旧城人居环境,完善城市功能。编制完成《嵊泗县域乡村建设规划》《菜园镇金鸡岙村庄建设规划》;指导各乡镇完成6项小城镇环境综合整治规划,指导五龙乡完成省级美丽宜居示范村规划;编制完成嵊泗县泗礁本岛户外广告规划、嵊泗县绿色建筑专项规划、嵊泗县海绵城市示范区专项规划、嵊泗县县城地下管廊专项规划(2017—2020年)等。

城区建设　全年实施政府投资建设项目10项。其中菜园云龙路景观提升工程(续建)总投资500万元,5月完工并投入使用;中心农贸市场大楼外立面亮化工程(续建)总投资150万元,5月完工;菜园基湖隧道综合改造工程(续建)总投资202万元,7月完工并投入使用;嵊泗县海鲜夜排挡维修改造工程(县实事工程),总投资45万元,主要拆除并新做950平方米钢制雨棚,清理修补原污水管沟等,12月底工程全部完工并投入使用;菜园沙河路美化亮化改造工程(续建)总投资935万元,12月底完成所有改造;港湾新城商住综合体周边道路建设工程(续建)总投资400万元,12月底完成南、西侧道路全部混凝土浇筑施工,完成总工程量的90%;嵊泗县无违建综合信息管理平台建设一期(新建),计划投资300万元,12月底完成嵊泗县防违控违指挥中心建设,陆续启动7个乡镇数据采集及录入,完成数据录入12000多户;启动新建仰天院停车场及配套工程(新建),总投资1500万元,新建停车场、配套用房以及相应的清洗、修理等设备。

市政设施建设　对城区主要路段排水管网进行清淤,确保城区排水、排污设施运行完好。全年投入1000万元用于路灯、绿化、环卫等市政设施改造,城市路面完好率和城乡路灯完好率保持在98%以上,城区道路、人行道、窨井、排水管道等设施运行完好。强化市政设施义务巡查队日常检查,对城区内人行道、道路、窨井、管道等设施损坏情况及时发现和修补。推进落实全年招投标项目,云龙路景观提升改造工程全部完工,并完成项目竣工验收,总投资500万元;港湾新城商住综合体周边道路建设工程,完成所有项目建设内容,总投资400万元;菜园城区中心农贸市场周边道路改造工程全部完工,并完成项目竣工验收,总投资319.68万元。

"无违建县"创建　全年拆除违法建筑184处、29111平方米,拆除攻坚点位27处、4720平方米;处置完成嵊山镇光明村西洋湾及嵊泗离岛微城旅游开发有限公司、嵊泗枸杞岛游艇俱乐部有限公司、嵊泗县枸杞乡红丰水产加工厂、嵊泗县尚海大酒店有限公司、嵊泗风景旅游投资有限公司6处国土卫片;完成"三改"363户共计53289平方米,整改"蓝色屋面"14处,治理"四边三化"62处,拆后土地利用率85%。

小城镇环境综合整治行动　是年,成立由县长任组长、县委副书记任副组长、29个部门和乡镇负责人为成员的县小城镇综合整治行动领导小组,牵头抓总职责,落实各乡镇主体责任,各成员单位按照职能分工配合推进;领导小组下设办公室,分块推进各项工作。全年全县实施小城镇整治项目81项,总投资1.07亿元,五龙乡和花鸟乡列入2017年首批考核验收,27个整治项目全部完工。开展环境卫生"百日攻坚"和第29个爱国卫生月等活动,全面排摸城区范围内卫生死角,组织人员清理卫生死角1143处,清除积水1400处,清理阴(明)沟14623米,清除病媒生物孳生地3034处,同时严格卫生保洁、垃圾清运制度,加强考核、督察。

"治危拆违"治理改造　全年鉴定城镇危旧住宅楼房25幢,建筑面积32184平方米,对36幢B、C、D级城镇危旧住宅楼房进行定期监测(其中21幢B级、13幢C级、2幢D级)。鉴定农村危旧房751幢,总面积77474平方米,其中D级危房277幢,C级危房374幢,B级危房100幢。至10月底完成C、D级危房人员腾空247幢。建立危房、社区、乡镇的三级监管体系,加强动态检测和日常巡查,确保住户人身和财产安全。

剿灭劣五类水　完成岛沁公园水体清淤改造,并种植水体浮萍植物,优化水体管理制度,定期邀请环保部门对水体进行检测。

完成港湾新城及农贸市场周边道路的排水管网提升改造等工程。继续推进渔农村生活处理设施运维管理工作,完成运维管理平台建设以及与各乡镇具体运维管理工作的移交对接。

治拥治堵　建立多元化公共交通运行模式,缓解城区交通拥堵压力。新增公交车辆10辆,更新3辆,引入新能源车辆3辆;旅游旺季调用社会车辆57辆、506客位。至年末全县有公交车辆100辆,其中泗礁本岛80辆。县域万人公交拥有量12.99辆,城区万人公交拥有量24.69辆。新增公交停靠站10个,均为港湾式,总投资200万元。投资180万元,设置公共自行车租赁点15个,配置公共自行车320辆。县城公交站点500米全覆盖和城乡客运一体化水平达到AAAA级,全面完成所有建制村通达客车目标。推进农村道路交通安全管理队伍建设,全县7个乡镇均建立乡镇政府牵头的农村道路交通安全管理站,其中本岛乡镇设立安全劝导员。综合应用农村道路交通安全管理信息系统,实行动态管理,逐步实现农村地区道路交通安全管理全覆盖。

园林绿化　在城区置放盆景、行道植绿,提升城市绿化景观效果,全年布置各类草花约54万株。提升改造望海广场环境景观及290米云龙路道路两侧人行道、中央绿化带、节点景观设施等,总建筑面积约6296.35平方米。是年,城区绿地总面积84.62万平方米,公园绿地面积68.2万平方米,城区绿地率37.2%,绿化覆盖率37.4%。

环境卫生　完善城区环境卫生日常保洁管理等各项制度,确保基本清除卫生死角,全年清理卫生死角385处,处理生活垃圾17427吨,建筑垃圾447吨,粪便3440吨,污水8126.5吨。推进生活垃圾分类收集处置,城区及居民小区垃圾分类覆盖面达20%,机关事业单位、国企、学校达50%。

建筑业　全年颁发施工许可证25项,建筑面积84154平方米,合同金额19207万元;施工合同纸质备案43项,施工合同平台备案31项。招标项目登记51项,开标45项;其中市政工程14项,中标造价3428.65万元;开标45项,中标总造价16283.11万元;施工合同纸质备案43个,总造价29561.28万元。全年完成建筑业产值6.7亿元,同比增长11%。

住房保障工程　全年完成新增保障性住房26套,新增公租房租赁补贴6户,完成洋山经济适用住房72套,面积4900平方米。

房地产销售　全年房地产开发投资3.7亿元,新建商品房销售579套,面积3.73万平方米,其中住宅销售132套,面积1.32万平方米,均价9345元/平方米,非住宅销售447套,面积2.41万平方米,均价11654元/平方米。年末商品房库存914套,面积7.2万平方米,其中住宅367套,面积3.9平方米,非住宅527套,面积3.3万平方米。二手房市场全年销售591套,面积5.78万平方米,销售金额28310万元,整体保持平稳。

物业管理　全年受理房屋维修项目167件,验收审核房屋维修项目139件,累计支付维修金额为578317元。制订完成新城花苑、海晶苑、海霞明珠苑等5个老旧小区的改造方案和计划,推进嵊泗县城区住宅管理。

村镇建设

【概况】 2017年,全市村镇建设工作以推进“四个舟山”和海上花园城市建设为目标,加快规划编制,改善渔农村人居环境,完善村庄功能,提升风貌特色,促进产业发展,提升渔农民幸福感。规划指导建设上,重点在农房建筑、村落空间、设施环境等方面加以科学设计,坚持自身特色,融合海洋文化,形成村落与自然和谐统一的村庄风貌。村镇建设上,将美丽宜居示范村建设与“美丽海岛精品村”创建、历史文化村落保护发展、美丽海岛示范线打造等工作相结合,充分挖掘梳理示范村历史文化内涵,提升村庄品质。定海区马岙街道全力改造集镇区域及六条主要通道,形成“一区三街三路”的区域景观格局,打造“全景马岙”;岱山岱东镇上船跳村以“徐福文化”为主题,从一个普通小渔村嬗变为休闲旅游特色村。坚持环境改善,加强农村“改水”“改厕”工作,结合“五水共治”“三拆一改”“四边三化”及小城镇综合整治等行动,科学实施“三拆三化”(拆违、拆危、拆旧,美化、绿化、洁化)工作,实现村庄环境适居宜人。

【村镇建设基本情况】 建制镇建设　全年完成市政公用设施投资

4.24亿元，新增道路14.92千米，面积22.81万平方米，更新改造道路27.74千米，面积20.0万平方米；新增房屋建筑面积46.11万平方米，其中住宅建筑面积28.51万平方米。年末，有建制镇17个(含普陀山镇)，建制镇建成区户籍人口16.2万人，常住人口19.53万人，建成区面积5189.93公顷。有水厂等公共供水设施25个，供水管网长度640.93千米，年供水总量2116.81万立方米，其中生活用水量589.59万立方米；年污水排放总量1682.38万立方米，年污水处理量1024.9万立方米，处理率61%。有道路面积378.75万平方米，有公园绿地面积121.9公顷。年生活垃圾清运量10.29万吨，无害化处理量9.78万吨，无害化处理率95%以上。

乡建设　全年完成建设投资1.485亿元，其中供水等市政公用事业设施建设投资0.83亿元；新建房屋建筑面积2.51万平方米，其中住宅0.46万平方米，年底实有住宅建筑面积63.73万平方米。年末，全市有5个乡，建成区户籍人口1.22万人，常住人口0.82万人，建成区面积454.58公顷；有道路面积13.56万平方米；有水厂等公共供水设施5个，年供水总量41.69万立方米，其中生活用水量27.79万立方米；年生活垃圾清运量0.46万吨，无害化处理量达97.5%。

村庄建设　是年，全市建制镇、乡所辖行政村179个，建设用地面积5974.9公顷，村庄户籍人口22.54万人，常住人口21.35万人。已编制村庄规划行政村142个，占85%。全年完成建设投资15.47亿元，市政公用设施投资4.97亿元，新建房屋建筑面积33.39万平方米，其中住宅22.73万平方米。至年底，道路总长865.69千米；有集中供水的行政村154个，年生活用水量825.29万立方米；有排水管道长840.48千米，生活污水治理行政村覆盖率100%；使用液化气人口13.14万人；实有住宅建筑面积1971.8万平方米。

【村镇规划编制】　是年，申报并完成嵊泗县域乡村建设规划编制；完成定海区盐仓街道颂河村、白泉镇皋泄村、马岙街道五一村、马岙街道团结村、马岙街道三江村、城东街道大洋岙村，普陀区展茅街道田公岙村、六横镇杜庄村，嵊泗县菜园镇金鸡岙村等9个村庄规划编制；完成普陀区六横镇仰天村村庄规划设计落地试点；完成普陀东港街道芦花村、展茅街道翁家岙村、虾峙镇河泥漕村、东极镇庙子湖村，定海干礁镇新建社区(南洞艺谷)、双桥街道南山村和桥头施村、小沙街道光华社区和大沙村、白泉镇和平村、金塘镇山潭社区树弄村，临城街道王家墩村和黄土岭村共13个村庄规划的审批。

【村镇建设管理】　全年完成农村困难群众住房救助工作243户，其中新建50户，修缮184户，置换9户，改造住房面积16722.6平方米，共投入资金782.45万元，其中省级补助资金182.25万元，市级补助资金60.75万元，县(街道/乡镇)补助资金76.65万元。是年，普陀朱家尖街道白沙港村和东极镇庙子湖村、嵊泗黄龙乡峙岙村被列入第一批省级传统村落名录。

【美丽宜居示范村创建】　启动普陀展茅街道干施岙国家级美丽宜居示范村创建以及定海盐仓街道颂河社区、白泉镇皋泄村，普陀展茅街道翁家岙村、虾峙镇东晓社区，岱山高亭镇大峧山村、嵊泗五龙乡边礁村等6个省级美丽宜居示范村创建。年底全市共有国家级美丽宜居示范村创建试点2个，其中干礁镇新建社区已通过省级验收；有省级美丽宜居示范村48个，其中31个已经完成创建并通过省级验收。

【小城镇环境综合整治】　列入整治计划的小城镇34个，按照省技术标准，完成包括环境卫生、市政管道、公用厕所、停车场所、园林绿化、公共照明、沿街建(构)筑物、户外广告、集贸市场等内容的整治规划编制及评审。整治规划重点加强小城镇主次入口、滨海空间、临山空间、主要街巷、街头广场等重要街区、重要地段和重要节点的整治项目设计，达到“一镇一品”建设要求，为整治行动提供科学指导。

是年，有13个小城镇列入年度首批整治达标计划，均建立综合行政执法队伍，开展以“五乱”治理(道乱占、车乱开、线乱拉、摊乱摆、房乱建)为主的小城镇秩序整治，并探索建立县(区)、乡镇(街道)、村(居委会、单位)三级治理模式，全年完成道路整治点位445个，改造主次干道27千米，纠正跨门经营1.76万起，查处流动设摊3.15万摊,查纠马路市场54处2300多摊;发现并制止违法建建筑和违法建筑苗头375起,责令停止、限期自行拆除及强制拆除乱设广告牌、遮阳棚447起。次年2月,2017年度全省小城镇环境综合整治工作考核验收结果出台,舟山有14个小城镇通过省考核验收,成为该年度小城镇环境综合整治达标乡镇,超额完成年初上报的验收通过13个小城镇的达标计划;普陀区、嵊泗县获评2017年度小城镇环境综合整治优秀县(市区),普陀山镇、六横镇、干磁镇获评2017年度全省小城镇环境综合整治行动省级样板。

【加强农村生活污水治理设施运维管理】 全市农村生活污水治理设施建设工作由市农林与渔农村委员会牵头实施,2016年始,市住建局作为运维主管部门,通过治理设施的验收移交等工作,开始农村生活污水治理设施的运维管理,全市各个县(区)均通过政府购买服务的方式,聘请第三方公司开展专业化运维管理,并对终端日处理量10吨以上、受益农户40户以上或位于水环境功能较高区域的渔农村生活污水治理设施安装具备上传数据功能的流量计和运行状况监控系统,及时传输设备运行信息;各个县(区)、功能区也均完成运维监控中心建设,通过运维信息平台对分散在各镇(街道)的农村污水治理设施进行远程流量监测、设备控制和数据采集分析,基本实现农村生活污水的24小时监控。至2017年末,全市有250个村的生活污水治理设施纳入专业化、信息化运维管理,涉及受益农户约9万户,基本建立起了以县(区)政府、功能区管委会为责任主体、乡镇(街道办事处)为管理主体、村级组织为落实主体、渔农户为受益主体以及第三方专业服务机构为服务主体的“五位一体”的渔农村生活污水治理设施运维管理体系。

(撰稿:翁秋燕)

责任编辑:刘娟芬

经济开发与产业集聚

浙江舟山群岛新区海洋产业集聚区

【概况】 2017年，浙江舟山群岛新区海洋产业集聚区完成财政总收入11.90亿元，比上年增长30.38%，完成全年目标的101.75%；地方税收收入5.51亿元，同比增长30%，完成全年目标的100.37%；实际利用外资9156万美元，完成全年目标的130.8%；实际利用市外资金108.92亿元，完成全年目标的105.2%；浙商回归引进到位资金50.4亿元，完成全年目标的201.6%；一线进出口额6.7亿美元，同比增长320.6%，完成全年目标的134%；全年累计完成企业注册2166家；实现固定资产投资103.6亿元，同比增长5.6%；规上工业增加值同比增长2.2%。

【招商引资】 围绕高新技术、临港装备、航空、金融、商贸等重点板块在西安、北京、上海、宁波等地组织召开专题推介会。开展招商引资百日攻坚大行动，组织参加“浙江自贸区首届油商大会”并承办大会国际海事服务论坛，牵头保税燃料油企业参加“中国国际海事展”。实体项目加快落地。全年引进宏发产业园、湘电海上风电产业园等实体产业项目23个，计划总投资超70亿元。加快集聚特色产业。新引进油品企业698家，注册资金188亿元；浙江首家原油非国营贸易进口资质企业——物产中大华信落户集聚区，总注册资金10亿元。至年底，落户综保区的各类融资租赁公司达31家(含SPV)，占全市的82%，投放额约130亿元；总注册资金30亿元、全省第三家、舟山市唯一的金融租赁公司——浙银租赁正式开业。引进国际知名外轮供应企业润通RMS和新加坡SINWA，外轮供应企业累计达38家。招商体系进一步完善。推行“四统一”招商方式，设立与高新区、综保区相对应的产业招商科室，增设驻北京招商分局。修订完善集聚区以商引商、招商引资等相关文件，加大招商引资政策支持力度。制定完善类金融准入政策、注册流程和事中事后监管机制，推进类金融企业招引和管理。服务平台持续发力。国内唯一的企业服务平台上市公司神州易桥落户综保区，各类行业特色的招商服务平台也相继搭建。

【深化改革】 稳步实施工业投资便利化改革　总结投资项目“零审批”“零地技改”改革经验，按照“政府定标准、企业做承诺、过程强监管、失信有惩戒”的原则，制定《海洋产业集聚区企业投资项目承诺制实施办法》及配套制度。针对工业项目具体推进过程中的报批、报建、施工、验收四个环节开展流程优化设计，全流程审批时限从传统审批的85个工作日缩减到50个自然日。

落实“最多跑一次”行政审批改革　优化职能配置，增添硬件设备，规范中介机构，完善企业服务中心实体平台功能。梳理公布“最多跑一次”事项清单，针对571项面向单位和个人的办事事项承诺实现“最多跑一次”。推动“一窗受理、集成服务”，拓展远程办理功能，提供容缺办理服务，实现承诺事项“最多跑一次”。

深化供给侧结构性改革　稳定骨干企业，结合企业综合评价体系开展差别化扶持，修订发布新版集聚区产业扶持政策。推进中船重工、中基日造等企业的破产重组，完成两家企业第三方资产评估，多渠道多方式推进企业重组。加大闲置企业、闲置土地清理整顿，通过重组重整盘活资产，释放存量用地120余亩(8公顷余)；“腾笼换鸟”引进租赁企业，盘活闲置厂房两万余平方米；

推进园区现有企业转型升级,为区内14个项目上报争取专项资金近2500万元。

推广口岸监管创新改革成果　配合海关、国检落地节假日预约通关、提前报关和船勤24小时工作制度,推广"空检地放"等自贸区特色监管制度累计11项。其中"仓储货物按状态分类监管"在衢山分区落地,提升港口综合竞争力。

【对外开发】　全年港口吞吐量3215万吨,一线进出口货值6.7亿美元,较上年翻两番以上。本岛分区以卧龙项目、浙盐项目为代表的保税物流运转良好。对日直航线、甬舟内支线常态化运营,货运量稳步上升,集装箱量突破1.5万标箱。口岸功能进一步齐备,进口肉类指定口岸顺利获批。衢山分区一期鼠浪湖矿石中转项目不断提升接卸能力、出运能力,全年完成混配矿业务806.8万吨,铁矿石吞吐量达3156万吨,逐渐成为长三角地区进口铁矿石的大型集散中心。二期创新封关验收方案,节约大量建设资金与时间,年底前通过联合验收。空港分区从9月13日调整获批到12月28日通过国家联合验收,全程历时106天,封关速度创造集聚区新纪录。

【保税油供应中心建设】　保税油供应取得新突破。全年实现保税油直供量182.8万吨(其中跨关区供油76.1万吨),同比增长71.8%,增量占全国的80%;实现保税油调拨量639.6万吨,同比增长28.7%;实现结算量480.4万吨,同比增长45.2%,占全国近50%。创新突破保税油加注全流程体制机制障碍。开展重点工作清单化责任制,下发2批任务清单共39项任务,逐个突破各种制约加油量提升的问题。牵头出台保税油经营管理暂行办法,打破多年来只有少数企业垄断经营的局面;先后指导浙能、中油泰富、华信、金润和海港集团5家企业获批保税油经营资质,相关企业均已正常开展业务;不断填补制度空白,在全国首创保税燃油供应业务操作规范,申报国家行业标准;编制质量流量计系统技术规范并积极推广;实现跨关区、跨港区直供,海关总署专门下发跨关区直供规程,舟山与省内沿海港口签订协议,浙江海事局启动供受油监管一体化试点,宁波、舟山两地海事部门实现跨港域供油作业备案互认;在全国首次尝试不同税号调和业务,探索进一步缩小与新加坡的价差。提升供油锚地容量,联合港航、海事部门建设启用秀山东锚地、马峙锚地,在虾峙门外南锚地确定三个30万吨级保税油专用锚位;提高调度服务水平,成立保税油调度服务中心,对燃供企业及其代理单位开展24小时服务。

浙江自贸区国际进口商品城(新区海洋产业集聚区管委会提供)

【项目推进】　贯彻"项目中心制",健全完善重大项目领导挂帅、部门挂钩、责任人具体落实的推进机制,全年排定30个委重点推进项目,制订年度计划、分月度进度目标,按月督查,强化项目全程跟踪服务,确保重点项目扎实有序推进。市三重项目新奥LNG项目整体工程比计划提前,超计划完成投资;恒安泰海洋柔性管道、富通海洋工程电缆项目投入试生产;海力生产业园主体工程全面推进,首批两条生产线投入试生产;宇培物流项目3月份开工建设,年底基本竣工,成为集聚区推进速度标杆项目;至年底,总建筑面积7.6万平方米的国际进口商品城基本完成等待开业,打造特色鲜明的大型商业综合体。

舟山高新技术产业园区(姚峰　摄)

【高新区建设】 5月,浙江省人民政府办公厅发文同意舟山经济技术开发区更名为舟山高新技术产业园区。围绕"重点突破、快见形象",完成国家级高新区申报材料、发展规划及相关附件的编制、园区整体创建氛围打造,列入科技部2017年第一批创建考察计划,实现"以升促建"目标。"产、学、研"结合更加紧密,探索建立国家级高新区科创中心,加速与浙江海洋大学合作进程。大学科技园挂牌运行,发展规划编制、高校技术联盟转移中心申报工作同步有序推进。翔达机械等11家园区企业获评科技型中小企业,博聪机械、澳尔法机械、震宇机械3家获评高新技术企业;宏舟新能源和澳尔法机械分别获评2017年省级和市级企业技术中心,新舟鱼粉机械等15家企业列入省、市专精特新企业名录库;澳尔法机械获批省级军民融合示范企业;新世界装饰顺利获评2017年度管理创新试点企业。

【园区建设】 优化空间布局,明晰产城联动发展脉络。编制完成《新港二期钓梁公共作业区布局方案》《舟山航空配套产业园产业研究及空间规划》《海洋产业集聚区中小学概念方案》,推进新港园区二期控制性详细规划滚动修编。推进基础设施建设,建成高新区新港小微企业园一期、新马大道整修改造工程等23个项目工程;推进新港邻里中心一期、综合管廊一期、公共停车场等在建项目;优化商业功能设施建设,国际商品展销中心、会展中心招商与建设并进。融入海上花园城建设。实施湿地公园、园区花海、公共空间等工程,新增与提升改造绿化面积42.67万平方米,园区实现"绿化"到"彩化"。完成新港一期雨污水管网检测60千米,完成污水管网修复15千米,新增污水管网建设5千米,超额完成全年清淤8万方目标,区内河道日益"水清、流畅"。以全市环境综合整治大会战为抓手,重点开展"三改一拆"户外广告,滴漏抛洒、园区"三乱"整治行动,拆除各类违章户外广告牌321个,累计拆除违章建筑面积1.4万平方米,完成全年任务的140.14%。

(撰稿:丁雯妍)

浙江舟山群岛新区航空产业园

【概况】 2017年3月,浙江省人民政府批复设立舟山航空产业园,并将其纳入省级经济开发区管理序列。舟山航空产业园在中国(浙江)自贸试验区范围内以

波音737完工和交付中心项目效果图

“一园两区”的方式协同布局，“两区”分别为飞机制造园区及配套产业园区。飞机制造园区位于朱家尖岛，紧邻普陀山风景名胜区，规划面积17.9平方千米，主要发展整机制造、大部件及系统集成制造、航空运营与保障、文创科教等产业内容；配套产业园区位于舟山高新技术产业园区，规划面积3.9平方千米，主要发展航空零部件配套、附属生产等产业内容。

【成立航空产业园管委会】 9月4日，浙江舟山群岛新区党工委管委会正式批复设立浙江舟山群岛新区航空产业园管委会(下称“航空产业园管委会”)，为浙江舟山群岛新区管理委员会直属的相当于正县(处)级公益一类事业单位，原舟山市民用航空管理局调整为在航空产业园管委会挂牌。航空产业园管委会主要负责航空产业园的开发、建设和管理工作，以及航空管理、机场安全运营监管等工作。航空产业园管委会内设6个机构：办公室、产业发展局〔中国(浙江)自由贸易试验区航空产业园综合事务局、安全生产监督管理局、招商中心〕、规划建设局、航空事务管理局、口岸事务管理局、财政局。

【波音737完工和交付中心项目】 项目是波音首个海外工厂，国家发展改革委专门建立项目协调工作机制和每月现场调研制度，并与省委省政府共同确定了项目从核准到生产的时间节点。5月11日项目正式开工建设，包括两个主要部分：一个是波音公司与中国商飞合资的波音737飞机完工中心，另一个是波音公司独资的737飞机交付中心。项目一期占地40公顷，主要设施包括制造机库、喷漆机库、交付中心办公大楼、检修机库、以及消防站、仓储设施、停机坪和滑行道等。由舟山代建的厂房设施总投资约21.5亿元。根据计划，将开展737MAX系列飞机内饰安装、涂装及飞机维修和维护、飞机交付工作，实现完全产能时一年交付100架飞机。

波音737完工和交付中心项目施工现场(新区航空产业园管委会提供)

【综保区空港分区】 舟山港综保区空港分区是舟山航空产业园的重要组成部分，是波音737完工和交付中心项目落地投产的关键支撑条件，综保区空港分区设立方面，包括卡口、巡关道路、查验场地、办公及管理用房，海关监控设施及智能化卡口硬件安装等在内的所有建设内容均按计划要求全部完成，并于12月28日正式通过国家验收。

(撰稿：孙立伟)

新城功能区

【概况】 2017年，新城紧紧围绕打造“中国海上花园城市样板区”目标，贯彻落实“四个舟山”“五大会战”部署要求，加快实现高水平全面建成小康社会的宏伟目标。是年，新城完成固定资产投资232.6亿元，地方财政(税收)11.2亿元。管辖临城街道和千岛街道，计21个城市社区居委会和32个村委会(含10个社区村委会)；常住人口约15.3万人，其中户籍人口约8.6万人；区域面积88.3平方千米，建成区面积18.5平方千米。全年完成固定资产投资232.6亿元，比上年增长6.4%。累计引进市外实际到位资金43.18亿元，完成年度招商任务的104.3%，其中实际到位注册资金22.78亿元，浙商回归省外到位资金22.49亿元，完成年度任务的107%；新城实际利用外资2459万美元，完成年度目标245.9%；自贸区范围内引进企业230家，完成全年任务的115%；限额以上住宿餐饮业实现营业额1.94亿元，同比增长20%，限额以上批发业销售额730.07亿元，同比增长33%，限额以上零售业实现销售额12.86亿元，同比增长16.4%。13家限额以上住宿餐饮业实现营业额1.94亿元，同比增长20%。规模以上其他营利性服务业营业收入8.55亿元，同比增长26.8%；工业实现总产值69.29亿元，同比增长5.6%，其中规上工业总产值同比上升6.3%，规上工业增加值增速6.5%；区域内新增市场主体2110户，总量达11277户，注册资本1754.5亿元，分别同比增加21.1%、26.1%和25%；港口货物吞吐量为3350万吨，同比增长15.5%。

【新城建设】 是年，新城计划安排政府投资项目37.46亿元；至12月底，实际完成投资39.26亿元，完成年度计划104.8%。其中续建项目44个，完成投资23.63亿元，完成年度计划115.7%；新建项目49个，完成投资15.63亿元，完成年度计划90.2%。实施应急零星项目62个，总投资3080万元；高标准完成城市景观亮化一期工程，新城翁浦公园对外开放，育华国际学校、长峙岛九年制义务教育学校建成开学，新城儿童公园、科创公园、体育路等提升工程、海洋文化艺术中心二期、邻里中心建设、农贸市场建设改造等项目顺利推进；26个市重点在建项目完成投资43.4亿元，完成年度计划的132.91%，除新城隧道复线工程外，其他25个项目完成率达100%及以上，新增的4个市重点建设项目开工率100%；全年新开工保障性住房198套（含货币安置198套）；基本建成2055套（含货币安置198套，万阳花园基本建成1857套）；竣工406套（含货币安置198套，后半浦208套）；交付198套（含货币安置198套）。

绿城育华国际学校（沈磊 摄）

2017年新城重点建设项目情况

表30

项目名称	项目实施或责任单位	计划投资额（万元）		2017年完成投资（万元）	完成年度计划%
		计划总投资	2017年计划		
（合计，26项）		2074427	326353	433750	132.91
（续建，22项）		1902929	271553	359300	132.31
新城隧道复线工程	新城管委会	13753	7753	6094	78.60
金鸡山安置小区	临城新区开发建设有限公司	56595	10000	10005	100.05
舟山传媒创意中心报业传媒大楼	舟山日报社	15999	2800	3200	114.29
百里滨海大道（临城段）	新城管委会	290000	14500	23654	163.13

续表 30

项目名称	项目实施或责任单位	计划投资额(万元)		2017 年完成投资(万元)	完成年度计划%
		计划总投资	2017 年计划		
舟山绿城育华(国际)学校项目	舟山市明程房地产开发有限公司	69000	1000	1000	100.00
舟山广电传媒创意中心项目	舟山市广播电视总台	29734	8000	8000	100.00
万向石油储运(舟山)有限公司二期 110 万立方米原油储罐项目	万向石油储运(舟山)有限公司	141270	20000	25972	129.86
小干二桥工程	舟山市住房和城乡建设局(舟山市小干岛商务区开发建设指挥部)	96602	10000	10000	100.00
网易舟山研发中心	网易(杭州)网络有限公司舟山分公司	30000	2200	6425	292.05
设计科研大厦项目	舟山市规划建筑设计研究院	11477	1000	1000	100.00
拆迁安置小区系列项目	临城新区开发建设有限公司	329233	11300	19028	168.39
国海舟山海洋科技研发基地	国家海洋局第二海洋研究所	16229	1500	1562	104.13
农工商房地产项目	农工商房地产集团舟山置业有限公司	220000	10000	28751	287.51
浙报舟山国际传媒文化交流中心	舟山文创置业有限公司	18170	8000	8000	100.00
惠民公寓一期	舟山海洋教育投资有限公司	60145	10000	19775	197.75
新城农副产品(批发)市场暨舟山电子菜场	新城市场发展服务有限公司	20100	11000	11000	100.00
舟山大陆引水三期工程	舟山开源供水有限责任公司	236204	60000	63972	106.62
220 千伏临城输变电工程	国网浙江省电力公司舟山供电公司	14544	500	500	100.00
翁浦公园一期工程	舟山市新城综合开发建设有限公司	24709	5000	8123	162.46
香格里拉大酒店	香格里拉大酒店(舟山)有限公司	36000	6000	6085	101.42
祥生·南山郡	舟山祥生置业有限公司	134387	60000	86153	143.59
海洋文化艺术中心二期	临城新区开发建设有限公司	38778	11000	11001	100.01
新增(4 项)		171498	54800	74450	135.86
国脉智慧产业城项目	舟山智慧产业园有限公司	35000	5000	10450	209.00
长峙岛九年义务制学校项目	城建中稷(浙江)实业发展有限公司	21900	16400	16400	100.00
舟山儿童公园	浙江广盛环境建设集团有限公司	71598	20000	34000	170.00
舟山嵊泗至定海公路新城大桥改扩建工程	舟山市公路局	43000	13400	13600	101.49

2017 年新城房地产投资开发情况

表 31

指 标	单位	2017 年	2016 年	比上年增长(%)
房地产开发投资额	万元	1064749	758198	40
其中:国有控股	万元	248456	12944	18 倍
民间投资	万元	816293	745254	9.5

续表 31

指　标	单位	2017 年	2016 年	比上年增长(%)
按构成分				
建筑安装工程	万元	781123	687399	13.6
设备工器具购置	万元	18691	1885	8.9 倍
按用途分				
住宅	万元	772691	591351	30.7
办公楼	万元	15969	10830	47.5
商业营业用房	万元	132766	3322	39 倍
其他	万元	143323	152695	-6.1
房屋施工面积	万平方米	324.25	264.61	22.5
其中:住宅	万平方米	251.83	189.54	32.9
房屋竣工面积	万平方米	83.94	96.11	-12.7
其中:住宅	万平方米	68.01	62.00	9.7
商品房销售面积	万平方米	95.58	51.96	83.9
其中:住宅	万平方米	94.82	50.64	87.3
商品房销售额	万元	1329704	565789	1.4 倍
其中:住宅	万元	1319235	553780	1.4 倍
商品住宅销售套数	套	8298	5053	64.2
商品房待售面积	万平方米	26.11	28.57	-8.6
其中:住宅	万平方米	13.83	14.68	-5.8

12 月 10 日,新城大桥复线完成首跨桥面敷设(沈磊　摄)

【专项工程】“交通治堵”专项工程　完成新城隧道复线、定沈快速通道新城段;百里滨海大道新城段西段一期完成总工程量90%,东段Ⅱ标段已完工;小干二桥基本建成完工;小干—长峙通道、新城大桥复线等项目建设均已完成预定目标;富丽岛路北接工程、新城大道东接工程、港岛路北接工程、怡岛路(新城大道—千岛路)、绿岛路(海天大道—海景道)、定沈路东段均顺利推进,浙大路延伸段基本完工;完成 10 个公共自行车租赁点、3 个 BRT 站点建设,投放公共自行车200余辆;完成10个新建、改建普通公交车站点建设并投入使用;新建公共停车泊位245个,配建停车泊位911个。

“五水共治”专项工程 投资4000万元排查并整治各类水体288处,23处劣V类水提前完成整治任务,剿劣工作顺利通过省、市二级销号验收;21个入河混排口、260家十小行业排污得到整治,临城河国控断面水质稳定达标;实施五水共治工程项目18项,完成投资3.99亿元,新建污水管网10.35千米,修复改造60千米;动工建设大雪岭、下家湾、徐家岙3座山塘除险加固工程,完成点灯湾水库、童家岙水库安全鉴定工作,完成翁浦河河道等景观提升工程,河道清淤面积17.9万平方;落实四级河长制,调整配备河长(库长)131人;完善小微水体公示牌和河库长牌设置276块;街道级河长巡查率每月达到95%以上。

“三改一拆”专项工程 成立七个指挥部,集全委之力全面攻坚,彻底解决商业三期、双阳、长峙、宋都开发地块等多年累积问题,完成拆迁54户;城中村改造顺利推进,全年完成土地征收4200亩,房屋征迁4795户,完成投资71.5亿元;拆除违法建筑29.3万平方米,完成年度计划225%。

“户外广告”专项工程 3月,开展主干道户外广告整治,2个月内累计拆除各类广告2472块共18760平方米,提前1个月率先在全市完成违法户外广告整治工作。先后清除勾山五岔口沿线的墙面广告、城区邦泰城沿街屋顶广告、甬东龙慧大厦支架广告。

“废旧物品收购”专项工程 区域内共55家废品收购站点,其中合法审批26家,无证无照非法经营29家。8月底,取缔并清理全部29个无证无照废旧,累计清理违规占地面积22220平方米。

“马路市场”专项工程 先后取缔长峙岛海洋大学夜市、甬东兴海路夜市、惠飞路夜市和甬北路马路市场,比计划提前1个月完成任务,并出台方案规范老碶菜场马路市场。全年累计出动执法人员2600余人次,超时加班13000小时,取缔固定摊位220个,劝清流动摊贩1260个,疏导并规范自产自销摊位80个,及时清理占道设摊和纠正跨门经营现象4750起,保持高压式零容忍的长效管理态势,新城周边市容得到改观。

“两非车辆”专项工程 排查出“两非”车辆4216辆,签订承诺书4041份,签约率达100%;回收“两非”车辆2690辆,回收率达68.1%;查扣“两非”车辆285辆,辖区治安平稳,未发生重大群体性事件。

【招商引资】 围绕产业定位,加大招商引资、招商引智力度,激发新城经济发展的新潜能。推进招商项目,如意小镇完成框架协议签订;商业三期、金鸡山区块完成土地出让;凤凰岛区块与台湾乡林集团达成合作协议;海运学院西侧与多家知名企业进行了对接;总部楼宇加快建设,推进江海商务广场、赛丽文创广场、比茨高智产业园、国脉智慧产业城、和海集团等总部大楼建设;完成大成中学南侧等区块土地出让10宗面积662亩(44.13公顷),合同出让金41.8亿元。

【拆迁安置】 全年累计完成土地征收4194.13亩(279.61公顷),其中征收横塘村科创园区用地11.1亩(0.74公顷),中湾村整体征收1871.65亩(124.78公顷),万二村拍卖地块、老年安置房建设用地6.2亩(0.41公顷)、永华村定沈路217.7亩(14.51公顷),同胜村二院、明珠学校异地迁建用地388.1亩(25.87公顷),城隍头村朝圣古道8.97亩(0.60公顷),金鸡山安置二期、城北CBD建设用地349.5亩(23.30公顷),东荡村泽普庙置换建设用地35.8亩(2.39公顷),双阳村海景道建设用地61.1亩(4.07公顷),长峙岛育华国际学校配套道路及山门安置二期建设用地868.39亩(57.89公顷),合兴村杜家岭七期及百叶颐养院建设用地10亩(0.67公顷),毛竹山社区爱国村220千伏变电所用地10.1亩(0.67公顷),毛竹山万寿村12.22亩(0.81公顷),城隍头村大成中学南侧及七期配套道路用地206.4亩(13.76公顷),合兴村祥生拍卖地块及炮海路(港岛路)延伸段用地72.5亩(4.83公顷),惠民桥村金山角加油站东侧储备用地64.4亩(4.29公顷);推进各地块房屋征收工作,完成东荡村、万二村、万三村、媒创园区、育华国际学校、儿童公园、商业三期、杜家岭七期、明珠学校、城北河改造、定沈路延伸段(西段)、小干二桥、科创园区、城隍头村、荷花村、长峙前盐、老

拆迁安置小区万阳花园(沈磊 摄)

碶村、马鞍村、同胜村、惠民桥凉水井及永华村韩家塘等地块征收603户,建筑面积5.13万平方米;做好荷花城中村改造工作,至年底,荷花区域累计完成房屋征收1236户,建筑面积13万平方米,完成率91.5%;拆除房屋1022户,建筑面积10.5万平方米,完成率为75.7%;累计完成迁移坟墓557座,完成建设项目范围内的坟墓迁移安置工作;完成红楠海苑安置房交付713套,红茅山南北苑安置房交付2950套,翁浦新苑安置房交付161套,商铺交付33套,高云佳苑安置房交付75套,海神电器及原临城街道老年人临时过渡房基本清理完毕。

【社会管理】 推进城乡统筹就业培训,提升就业服务能力。全年举办各类职业技能培训班33期1357人,开发岗位697个,就业391人,办理劳动备案6669条,落实灵活就业社保补贴218人,发放就业失业证307本,失业金签到3367人,申领189人,申请创业担保贷款人数43人,共贷出34笔,贷款金额589万元。

围绕素质工程提升,协调推进教育科协工作。全年组织开展文体、科普等各类社区教育活动795期32411万人次,其中老年教育48期4102人次。加强与市教育局的沟通协调,完成长峙岛新办幼儿园、小学的开办的相关对接工作,推进学前、义务秋季招生工作,并配合做好2018年新城义务教育学区及政策调整的前期调研工作。推进科协工作,做好科普宣传、教育、培训、阵地建设,有2个社区获得市级科普示范社区称号。

推进社会保障体系建设,提高渔农民参保率。新城现有30953人参加失地农民养老保障,其中有24769人转轨参加职工养老保险,另有13527人参加城乡居民养老保险。完成城乡居民医疗保险工作,有33745人参加城乡居民医疗保险,参保率达98.8%,并组织2039名企业退休人员进行体检。

完善卫生服务机制,提高公共服务能力。完善公共工作体系,提升服务水平,以60周岁以上老年人为重点,开展城乡参保居民免费体检工作,至年底,完成体检人数13274名,其中65周岁老年人4692人。开展城乡妇女“两癌”免费检查工作,至年底,完成宫颈癌、乳腺癌检查人数分别为1230人、1201人。改善医疗惠民服务,强化责任,落实举措,推进责任医生签约服务工作,至12月底有9267人落实签约,拓展网络医院应用,实现网络医院服务18235人次。围绕核心业务工作要求,深化红十字现场应急救护培训基地建设,推进普及现场应急救护工作,至年底,考证149人,普及人员1364人。

推进生育服务登记工作,至年底,发放生育登记服务卡514本,再生育审批13例。突出全面两孩宣传重点,推进“优生两免”、育龄妇女“三查”服务、妇幼保健、药具免费发放等计生服务项目,全年为1300余名育龄妇女进行了免费三查。继续规范做好计生奖扶、特扶工作,至年底有628名列入奖扶对象,特扶对象103名,发放奖特资金1360080元。深化“生育关怀行动”,做好新城计生特殊家庭、0~24周岁独生子女的保险工作,为13960名独生子女和141名特殊家庭纳入保险,共计费用124650元。常抓出生人口比性别综合治理,从外来育龄女工相对集中的制衣行业入手,选择在畚金针织服装厂成立计生协会,形成由企业自治、社区协调、管理处指导的计生管理模式。

协同市福利中心做好特殊人群的关爱落实。至年底,办理老年证1002张;享受累计居家养老服务补贴83人,发放31.16万元;享受90周岁高龄补贴271人,发放28.76万元。抓好各安置点的安全管理落实,近年来,管委会先后投入1000多万元进行整改完善。是年,市慈善总会慰问60名困难老人,市残联慰问20名困难残疾老人,市民政局慰问10名困难老人和1名百岁老人,新城管委会慰问161名80周岁残疾老人,新城慈善分会慰问83名享受养老服务补贴的老年人,市慈善助残慰问25人,市残联助残慰问10人,慰问金13.77万元。

抓好优抚对象生活保障落实。新城现有重点优抚对象35人,其中多为带病回乡退伍军人、老复员军人、参战人员及烈士遗属等,全年发放优抚金57.95万元;向209名60周岁以上退役老年士兵发放生活补助金30万元。

抓好避灾安置场所规范化建设落实。新城有23个避灾安置点,因为8月街道体制调整,相应调整了避灾安置方案,各个避灾安置点各类物资及时补充到位,避灾安置能力达到3905人次。超强台风"卡努"影响期间,5个安置点平稳接收集中避灾人员181人。

抓好残疾人康复救助等保障落实。新城辖区内有低保家庭622户,保障对象823人,低边家庭162户救助对象318人。全年累计发放低保金627.61万元,低边补助金67.38万元。将新城区域的30位五保老人、6名孤儿、86名困境儿童,全部纳入社会福利保障体系。至年底,管委会各级共帮扶救助临时困难群众112人(户),发放临时救助金82.42万元。协调市民政局、市慈善总会及市残联等单位,为46名贫困家庭大学生和7名高中学生,落实助学金24.6万元,为81名生活困难的重病患者申请大病救助金82.1万元。新城区域内有残疾人1489人,其中2级以上的重度残疾人763人。为13名低视力残疾人安装助视器,为63名听障残疾人配备助听器,为2名肢体残障人安装假肢,为8名儿童进行人工耳蜗手术及术后康复训练、肢体及智力康复救助项目,为20名精神病人提供住院补贴和198名精神病人提供免费服药,尽可能地帮助其恢复功能,增强其参与社会活动的能力与信心。协调市民政局、市残联,对符合条件的重度困难残疾人,全部给予"两项补贴"享受,至年底,新城区域残疾人享受困难生活补贴的有520人,享受重度护理补贴的有652人,全年发放生活补贴141.79万元,发放重度护理补贴201.52万元。是年,管委会各级以"帮扶结对"形式,帮扶低收入群众152户335人,全年发放帮扶结对金及实物慰问金29.47万元。

【基层治理】 完成十九大等重大节点安保工作,整合建立街道"四个平台"工作体系,妥善处理信访案件135件,化解信访积案4件;扩充建立各级人民调解组织58个,排查调处纠纷978件;排查治理各类安全隐患问题2768个。

【基层党建】 全面平稳完成38个村社换届选举,登记选民60280人,选出新一届村(社)"两委"成员265人,女性126人,交叉任职比例25.7%,新进两委班子69人;打造完成全市首个园区党群服务中心"蓝芯庭"以及金鸡山"一核多元"等党建品牌,建立项目党支部12个。强化村"两委"负责人教育培训,先后举办新城社区(村)党组织书记服务群众能力培训班、街道党委书记上党课等20余场次,参加集训的党员干部达600余人次。规范"三会一课""党员固定活动日"等制度,开展"主题党日",各支部共开展各类"主题党日"百余次;做好全国党员信息系统工作,完成全国党员管理信息系统功能内的4个管理子系统,新城138个党组织和3370党员全部完成录入,并开始在网上实现党员组织关系的转接;完成新城第二家城市驿站(城北站)建设,完成金鸡山社区文化礼堂验收。

【体制机制建设】 5月,成立新城招商服务中心,主要负责区域内招商引资项目洽谈和项目落地服务工作;6月,成立新城城管分局;组建新城新闻中心,对接舟山广电、舟山日报报业集团等市主流媒体,重点聚焦新城五大会战、品质新城建设等方面开展情况;8月,新城区域行政区划重新调整,撤销甬东、勾山管理处,新成立千岛街道,调整临城街道管辖范围。按照市党政联席会议纪要精神,原隶属市住建局的舟山市小干岛商务开发建设指挥部划转新城管委会管理,并更名为小干岛开发建设指挥部。

(撰稿:张玲玲)

中国(舟山)海洋科学城

【概况】 2017年，中国(舟山)海洋科学城从“智慧海洋”“军民融合”入手，为新区转型升级发展提供科技驱动力。全年入驻科技型企业165家，注册资本14.09亿元，实际到位的市外资本3.8亿元，至年底，有入驻单位562家，注册资本52.31亿元。全年培育国家高新技术企业7家，省级科技型中小企业47家。引进优秀人才，落地领军人才企业59家，国家万人计划1人，国家千人计划4人，省千人计划19人，承办了首届中国·浙江舟山群岛新区全球海洋经济创业大赛，促进人才引进。促进产学研结合，集聚2家省重点企业研究院、4家院士工作站、2家博士后工作站，拥有博士124名，硕士334名，总创业、就业人数2600余人。

【五大主题产业园建设】 海洋卫星通信产业园建设成效明显，海洋卫星通信运营系统研发基本完成，累计系统入网船只达1300余艘，初步形成以海洋卫星通信运营为核心，卫星通信技术研发、生产制造、互联网应用等产业全方位发展的格局。海洋大数据产业园处于建设阶段，逐步完善海洋信息网、建设海洋空间基础地理信息系统和海洋信息服务平台，新招引中船重工等6家企业入驻。船舶与海洋工程科技服务产业园新引进海呐科技、中机海洋工程等7家企业，嘉蓝无人艇正式投入工程应用中。海洋文创产业园有3家企业获评全市成长型文化企业，并成为全国海洋文化产业示范基地。海洋电商产业园以网易研发中心项目为牵引，引进网易考拉、严选业务客服等龙头项目入驻，并推进阿里外贸企业服务中心项目建设。

【重点项目】 重点招商项目完成投资3.15亿元。网易舟山研发中心项目、国海舟山海洋科技研发基地(一期)和科考码头(一期)完成验收，省海洋地质调查与勘探项目、国海二所基地(二期)、国脉智慧产业城、比茨高智产业园工程结顶，舟山文创广场开工建设，配套道路、景观项目完工投用。

【企业培育】 大舟网络、铭品海工、一卡通3家企业晋级国家高新技术企业，浙江集速核芯、中船(浙江)海洋科技、浙江海丝之路等16家企业入选省级科技型中小企业，浙江集速核芯的柔性相控阵关键技术入选2017年市重大科技计划项目，舟山青兰科技有限公司的海水淡化处理技术工程实验室入选省级工程实验室(工程研究中心)，瀚邦环保的基于物联网长效运行的新型农村污水一体化设施项目入选市科技进步奖。新入选2017省高成长科技型中小企业3家，入选2017市“科技创业企业”助飞计划4家。

【产学研合作】 推动企业与高等院校、科研院所进行技术合作，促进产学研融合、科技成果转化，形成就业创业建立常态化合作机制。推动浙大教授、国家千人计划人员徐志伟领衔的无线宽带数字相控阵集成芯片等多个项目落户科学城，推进浙江海洋大学与浙江中电智能科技联合研究实验室“高端光电产品在海洋的研究应用”项目进程，促进哈尔滨工业大学与浙江钛美金属科技在生产钛合金民用产品方面的合作，与浙江大学就业指导中心、浙江大学海洋学院共建浙江大学学生就业创业实习基地；主动对接国防科学技术大学等10余家科研院所。

【军民融合】 构建一体化的军民融合科研生产体系。与长沙金信诺防务技术有限公司达成合作意向，打造舟山海洋国防军民融合产业园；与中国兵装集团218所联合打造军转民产品研发及应用中心、联合成果转移中心；与西安天和防务签订战略合作框架协议。培育出军民融合领域重点企业近30家，形成了船舶自主研发设计，无人艇、海洋机器人、无人自主平台系列产品研制、生产、服务等多领域军民融合的产业和优质项目。

【优化创新】 优化园区创业创新“软环境”。在学习借鉴上海、深圳等先进园区经验基础上，委托上海浦软公司整体开发建设科学城“互联网+智慧园区”，打造集物联网、移动互联网、云计算技术运用于一体的新型智慧园区。创新中小微科技型企业金融服务模式，设立科技企业风险资金池，推行种子资金、“税信贷”和“助保贷”，探索并建立科学城创业投资的引导基金，初步形成产业与资本紧密协作的科技金融体系。搭建平台破解企业招人难的问题,举办科学城首届入驻企业专场人才招聘会,举办人才培训学习、资本相亲、导师辅导、项目对接等活动共计30余次,帮助企业创新发展。

【园区党建】 打造园区服务品牌“蓝芯庭”,6月30日,蓝芯庭正式启用。7月,海洋科学城园区党委成立,按照“重点建、引导建、联合建”的工作方法,设下属两新支部7个。10月,召开园区党委第一次会议,选举产生第一届委员。作为全市首个园区党群服务中心,蓝芯庭以“海洋创新蓝、党建科技芯、小城大家庭”为主题,涵盖文化家园、人才部落、爱·公益坊、青春驿站、服务E站、创意咖啡六大功能区,全年接待20余次交流学习,开展了27场次服务和活动,近500余人次参与活动,创建全市“蓝海红帆”党建示范点。

(撰稿:陈莹)

6月29日,市委常委、组织部部长张明超(前左一)出席海洋科学城党群服务中心启用仪式(海洋科学城建设管理局提供)

金塘功能区

【概况】 2017年,金塘功能区实现地区生产总值45.2亿元,比上年增长10%;实现工业产值64.6亿元,同比增长13.3%;完成固定资产投资62.6亿元,同比增长6.1%;完成港口货物吞吐量1851万吨,同比增长7.5%;实现财政总收入5.4亿元,同比增长20.1%,其中地方财政收入3.79亿元,同比增长16.2%;农渔村常住居民人均可支配收入31545元,同比增长10.1%。至年底,金塘岛下辖12个社区,户籍人口4.1万人,常住人口4.9万人。

【招商引资】 围绕金塘产业发展定位,以集装箱作业区、物流园区、临港产业区、塑机螺杆产业集聚区、中澳现代产业园区和旅游综合开发区等六大产业平台和小城市培育发展区块为招商重点,建立完善招商项目库、企业库,加强产业链招商。12月6日,举办舟山金塘全产业招商推介会,现场完成签约总投资超100亿元。全年实际利用市外资金34.9亿元,新增市外注册企业8家。

【集装箱物流】 推进国际卫生港创建,西非、俄罗斯、中东等13条固定国际航线运营稳定,抵达“一带一路”沿线共35个国家。继续实施金塘跨海大桥集卡通行

大浦口码头集装箱船靠泊作业(金塘管委会提供)

费2.5折优惠,施行省内高速基本费率5~7折优惠等政策。12月11日,集装箱年吞吐量首次突破百万标箱,全年集装箱吞吐量达102万标准箱,同比增长20.2%,增速30%以上,其中陆路箱1.75万标箱。

【塑机螺杆】 得益于产业结构优化调整等有利因素,金塘塑机螺杆行业发展呈近十年最好形势,实现年产值50.89亿元,占工业总产值的78.8%。西堠工业园区进一步推行产业聚集、转型,推进了金塘螺杆小镇建设,园区入园企业达52家,实现产值18.83亿元。举办"新外贸、新未来"跨境电子商务发展峰会,实施技改项目22个,总投资1亿元的金塘螺杆创意研发中心竣工,引进北京化工大学聚合物加工技术研究所等研究单位8家,总投资5000万元的西堠邻里中心主体框架基本完工。浙江华业塑料机械有限公司成为全市唯一一家2017年浙江省"隐形冠军"企业,浙江金星螺杆制造有限公司入选省级专利示范企业。

【重大项目】 坚持问题导向和效率优先原则,强化项目中心制,明确项目推进路线图和关键节点,全力以赴加快项目建设进度。

中澳现代产业园项目　系省重点项目,计划总投资300亿元,首个启动项目为澳牛进境加工项目。澳牛进境加工项目涉及的屠宰场与隔离场之间3千米间距、隔离场与隔离场之间3千米间距及隔离场检验消毒处理时间等制约问题实现政策性突破,完成隔离场场地平整、隔离场和屠宰场风险评估,全年完成投资5.5亿元。

中澳现代产业园建设现场(金塘管委会提供)

金塘港区大浦口集装箱码头项目　系宁波舟山港一体化标志性启动项目,规划建设5个7万~10万吨级集装箱泊位(兼靠15万吨级大型集装箱船舶),年吞吐能力250万标箱,计划总投资64.3亿元。一阶段工程于2010年7月投入试生产,二阶段(3个泊位)围堤及陆域形成工程于2014年6月动工建设,2017年围堤及陆域形成工程基本完成,完成投资2.1亿元,累计完成投资35.8亿元。

金塘物流园区项目　系省重点建设项目,位于金塘大浦口集装箱港区后方,计划总投资9.6亿元,一期用地355亩(23.67公顷),主要建设仓库面积8.8万平方米,堆场、综合管理大楼及相关配套设施。完成一期附属工程建设,完成投资7131万元。

金塘北部区域开发建设项目　系省重点建设项目,计划总投资40亿元,总开发面积11000多亩(733.33公顷),新增岸线约10千米,分三步建设沥港渔港工程、围涂工程和基础设施。2011年10月,围涂工程开工建设;2012年8月,完成沥港渔港工程及验收;2016年底围涂工程完工;2017年,北部围涂工程整体实现完工验收,东片区基础配套设施建设项目(一期)工程通过竣工验收,完成投资2.13亿元,该项目累计完成投资25.3亿元。

舟山市金塘上岙至金塘互通疏港公路　系省"十二五"交通规划建设项目,概算投资4.273亿元,按一级公路标准设计,设计速度80千米/小时,路线全长4.463千米,设隧道3座,中桥60.08米2座,是金塘北部对外主通道,利于发挥北部围垦区水水中转和水陆联运的综合优势。2017年工程完工,完成投资1亿元。

500千伏联网输变电工程(金

塘段) 系舟山电网建设中的重点工程,概算投资20亿元,新辟500千伏输变电线路通道,铺设镇海至大鹏山岛海底电缆等。2017年西堠门大跨越进入全面立塔阶段,樟树岙段世界最高输电铁塔开始组立。

大陆引水三期金塘岛引水工程 系国家172项节水供水重大水利工程,概算投资1.2亿元,起点宁波镇海岚山加压泵站,终点金塘龙王堂水库,建设宁波陆上输水管道、跨海输水管道、金塘陆上输水管道及附属建筑物等,全长29.22千米。2017年完成初步设计稿编制。

【环境综合整治】 推进小城镇环境综合整治,《沥港小城镇环境综合整治规划》获省整治办第一批优秀规划方案,沥港片21个整治项目全部完成,完成投资1.66亿元。推进"五水共治",投入1750万元完成沥港老塘河和沥港横直河及山潭长河上游段水体治理,在全市率先完成小微水体剿灭劣Ⅴ类水工作,完成整治精品工程10个,推行水利工程标准化管理,大丰片小流域农业生态项目开工,大柳主干河被提名浙江省"最美家乡河"。完成金塘污水处理中心一级A提标改造并投入运行,完成总长6.5千米的沥港至西堠污水主管网建设并移交第三方单位运维。推进"三改一拆",2017年拆除违法建筑10.2万平方米,完成旧厂房等改造20.6万平方米,拆后土地利用率达87.9%。深化生态廊道建设,投入7900余万元新建生态廊道16千米,补植造林299.5亩(19.97公顷),获2017年度"浙江省森林城镇"称号。开展市容环境专项整治,引入"城市保姆"开展城市管理,破解马路市场、流动摊点、占道经营等顽疾。

【社会民生】 民生项目投入2.5亿元,沥港小学扩建、大丰幼儿园迁建等项目基本完成。位于金塘镇河平社区的定海区第五福利院揭牌运营,在全市首创实行"公建民营、医养结合"的运营管理模式。总投资5400万元的天然气站场完工,建成"菜篮子"直供店2家。10月1日起,沥鹏渡渡轮全部免费。精准帮扶困难群众,发放低保金、救济金、困难救助金57余万元,完成困难群众危房改造。推动文体事业发展,建成河平社区、新丰社区文化礼堂,和建社区、柳行社区文化礼堂被评为全市首批四星级文化礼堂,开展群众文化艺术节、李子文化节、"民俗大巡游"等系列活动80场次。打造平倭小镇,传承抗倭历史,柳行小学申报为非遗传承教育基地。成立金塘阳光志愿者协会,"阳光海鸥"关爱海岛留守家庭行动获浙江省志愿服务项目大赛铜奖。和建社区村获第六批"浙江省文明村"称号,柳行村上榜第五届"全国文明村镇"。改进社会治理方式,基本完成"四个平台"(即综治工作、市场监管、综合执法、便民服务四个平台)建设,推进"雪亮工程"建设,接入治安、店安、社区监控327路,完成高速卡口高清监控安装、客运中心人脸识别系统安装,开展打黑除恶专项整治,矛盾纠纷和不安定因素调处成功率达99%以上,获全市"平安金鼎"。

【体制改革】 深化行政审批制度改革,创新容缺受理机制,完善联审联办和投资项目监管平台建设,推进"最多跑一次"改革,"最多跑一次"事项在90.46%以上,在全市率先实现营业执照自助办理,提供"最多跑一次"改革和"1+1 2+2"代办服务,成立"最多跑一次"义务监督团,打造"15分钟便民服务圈"。农村(集体)产权交易平台运转平稳,农村土地承包经营权确权登记颁证工作完成初步外业测绘。深化投融资体制改革,采取"PPP+EPC"模式,与世界500强企业中国电建集团签订中澳现代产业园基础配套设施建设协议,并完成招投标。

(撰稿:钱涛)

六横功能区

【概况】 2017年,六横功能区全年实现地区生产总值102.8亿元;财政总收入13.2亿元,增长0.9%,其中地方财政收入8.4亿元,增长11%;完成固定资产投资142.5亿元,增长5.3%;渔农民人均可支配收入34122元,增长10%。开发建设取得突破性进展,投资45亿元的国电海上风电项目首台机组成功并网发电,全市规模最大的浙能六横电厂光伏发电项目开建半年就建成投运,历时6年的小郭巨二期围垦工程完成海堤合龙。临港产业发展保持强劲势头,船舶修造业进一步做强,实现产值39.5亿元,同比增长24.9%。能源产业进一步做大，浙能六横电厂全年发电量达到105.9亿千瓦时，在全省统筹电厂中排名前列，以火电、风电、光伏为主的能源产业格局基本形成，六横成为舟山唯一的省级新能源示范点。港口物流业不断壮大，武港铁矿砂码头和浙能煤炭中转码头等达产，完成港口货物吞吐量7708.9万吨，增长3.6%，六横已成为华东地区最大的煤炭中转基地和重要的铁矿砂、油品中转基地，并推动郑商所在六横设立华东地区首个动力煤交割港口。重大项目建设克难推进。六横小郭巨二期围垦区渣土回填工程、六横电厂光伏发电站项目等项目建设完工，宁波舟山港六横公路大桥、国电舟山普陀6号海上风电场2区工程、舟山六横岛LNG综合利用项目、中奥能源油品储运扩建工程项目等项目进展顺利，小郭巨二期围垦工程项目建设接近尾声。

【招商引资】 加大招商力度，培育优势产业，完善一整套与自由贸易试验区同等的招商政策，签约落户清洁能源生产、商业综合体等项目，与海洋产业集聚区签署合作备忘录，举办2017年华东动力煤峰会，推动郑商所在六横设立华东地区首个动力煤交割港口，全年实际到位市外资金63.3亿元，浙商资本回归省外到位资金19亿元，实际利用外资1101万美元。

【小郭巨二期围垦工程】 新建郭巨堤、青山堤、炮台堤、郭巨山和外青山水闸、外青山通航孔及临时河道工程。围垦面积22500亩（1500公顷），堤线总长6553米，防潮（洪）标准为50年一遇。项目总投资16.33亿元，2017年度完成总工程量的92%，累计完成投资1.015亿元。

【六横小郭巨二期围垦区渣土回填工程】 新建小郭巨二期围垦区渣土回填工程，采用建筑渣土船运倾倒的回填方案，回填方量750万立方米。项目总投资1.5亿元，年度完成总工程量的170%，回填1275万立方米。累计完成投资2.55亿元。

【国电舟山普陀6号海上风电场2区工程】 海域面积50平方千米，总装机规模252兆瓦；建设2个2000吨级专用码头泊位，码头总长263米。项目总投资45亿元，2017年度完成配套码头建设；进行首批风机安装，完成并网发电；完成3根220千伏海缆敷设和首串35千伏海缆敷设施工；完成计量站和集控中心建设；完成海上升压站建设，完成海上升压站倒送电。完成年度计划投资22亿元。

【中奥能源油品储运扩建工程项目】 新建储罐22座，储量113万立方米，储存介质燃料油、汽柴油、石脑油、航煤、甲醇、乙二醇。项目总投资20.2亿元，是年完成总工程量的81%。累计完成投资4.55亿元。

【六横电厂光伏发电站项目】 利用浙江浙能中煤舟山煤电有限责任公司约15000平方米的屋顶资源和397000平方米的地面资源，建设六横电厂33兆瓦光伏电站项目。项目总投资2.4亿元，是年完成计划投资2.35亿元，工程完工。

【舟山六横岛LNG综合利用项目】 建造LNG储备气化站一座、LNG气化加气站一座，铺设城市中压管线12.5千米，使居民CNG入户1000户。项目总投资1.3亿元，是年小湖工业区LNG接收气化站完成通水通电，土建施工单位进场实施土方开挖；中压燃气管道中压管下管7千米；梅峙岙至外平岭段钢管到场，焊工进场；吹扫设备进场，开始分段吹扫。累计完成投资451万元。

【智慧控制岛建设】 整合全岛涉及信息化的项目，总投资1000万元，完成年度投资600万元，工程已完工。

【六横文化中心项目】 建设六横镇文化中心，包括档案馆、图书馆、展览馆、报告厅、综合文化站及附属设施，项目总用地面积约10477平方米，总建筑面积约10586平方米。项目总投资9000万元，年度累计完成投资2322万元，工程完工。

【双屿商港小镇建设提升改造工程】 建设内容为在完成一期台兴路沿街两侧立面改造基础上，二期拟完成人民北路西侧（文化路以南）、镇府路两侧（北至文化路，南至长寿路）立面改造。项目总投资7000万元，是年完成一期验收工作，二期已完成招投标，累计完成投资1550万元。

六横文化中心(六横管委会提供)

【六横大岙车渡码头扩建工程】 建设内容为滩涂围垦 20 亩(1.67 公顷),扩建 1000 吨级车渡泊位 2 个,项目总投资 6277 万元,完成滩涂围垦工程,1 个车泊位投入使用,完成工程量的 67%,累计完成投资 4600 万元。

【大岙码头候船厅】 建筑占地约 1200 平方米,地上四层,总建筑面积约 6000 平方米。其中一层候船大厅建筑层高 7 米,二至四层标准层层高 3 米。项目总投资 6000 万元,完成总工程量的 20%。

【杜庄至台门公路建设工程】 建造杜庄至台门一级公路,路线全长 7.4 千米,一期实施桥梁 3 座,隧道单洞 3 座 2247 米及路基路面和交通安全设施等。项目总投资 4.8 亿元,完成计划投资额 8000 万元,工程完工。

【佛渡环岛公路】 建设佛渡环岛公路,全长 13.826 千米,按四级公路技术标准建设。项目总投资 7969 万元,年度完成投资 1000 万元,工程完工。

【造地工程】 项目总规模约 2000 亩(166.67 公顷),新增耕地约 1400 亩(93.33 公顷)及路、河、渠相关配套设施。项目总投资 8000 万元,是年完成工程量的 95%,累计完成投资 7200 万元。

【临港工业】 临港产业发展保持强劲势头,船舶修造业进一步做强,中远、鑫亚、龙山等船企年修船达到 800 余艘,占据全市外轮修理的半壁江山,企业转型升级步伐加快,中远船务成功完成国内首艘货油两用轮改超大油轮高技术含量工程,完成“海洋赞礼号”“天海新世纪号”豪华邮轮修理项目,逐步打开国际豪华邮轮修理市场。鑫亚公司与世界五百强企业 MAN 股份公司签订合作

4 月 28 日,豪华邮轮“海洋赞礼号”驶入六横中远船务维修保养(六横管委会提供)

协议,在六横设立全国唯一定点维修服务中心。东鹏船厂成功首制国内LPG特种船,接手建造军用油料补给船,打开了军民融合发展新的突破口。

【临港服务业】 大宗商品储运中转快速发展,武港铁矿砂中转码头和浙能煤炭中转码头吞吐能力不断提高,全年完成港口货物吞吐量7708万吨,其中煤炭年进出口约2000万吨,铁矿砂2700万吨,油品470万吨。六横已成为华东地区最大的煤炭中转基地和重要的铁矿砂、油品中转基地。旅游业发展态势良好,全年接待游客229万人次,增长20%。商贸业增长迅速,限额以上批发业实现销售额68.2亿元,同比增长32%,限额以上零售业实现销售额791.9万元,同比增长15%。

【渔农业】 是年,实现渔农业产值10.4亿元,水产品总产量9.2万吨。加快渔农产品品牌创建推广,完成晨源养殖场等7个生态循环农业发展项目、鑫誉家庭农场等7家区级以上示范专业合作社创建。基本完成土地承包经营权确权颁证工作,农户签字率达91%。创建为农气象信息平台,完成2个气象防灾减灾社区创建工作。

【小城市建设】 秉持“绿水青山就是金山银山”理念,连续投入近10亿元资金,加快基础设施建设,持续优化城乡环境。完成第二轮小城市培育工作,六横小城市综合考核位居全省上游。按照“三年规划、两年完成”要求,全面实施峧头城区整治,沿街立面改造全面完成,三线全部落地,车乱开、道乱占、线乱拉等现象得到有效根治,台门双屿商港小镇一期全面完工,完成省市考核验收。

【新农村建设】 加大新农村建设力度,投资1100万元开展“美丽乡村”坦岙、大岙及“特色村口”大脉坑项目建设。推进农村土地登记确权颁证工作,基本完成农户签字。将渔农村生活污水治理设施运维管理服务统一纳入到全岛市政污水运维管理,由舟山中电建水务公司承担,完成信息平台创建,并做好日常运维、水质检测等工作。设立500万元渔农村集体经济扶持基金,支持重点涉农涉渔项目,帮助中胜、大夹屯等8个省级贫困村实现脱贫。

【生态建设】 生态建设深入推进。全面实施户外广告整治、杆线箱整治等十项专项整治行动,沿街两侧、主要道路可视范围视觉污染基本消除。“四边三化”“两路两侧”行动取得阶段性成果,完成58个点位整改,新增绿化面积3.5万平方米,完成1169户C、D级危房鉴定,D级危房做到100%腾空。打赢剿灭劣Ⅴ类水大会战,提前完成50个劣Ⅴ类小微水体整治,全面消除辖区内劣Ⅴ类水,剿劣工作顺利通过省、市考核验收。加强耕地保护,落实占补平衡,投资8000万元完成平峧、双塘废弃盐田复垦项目,新增耕地1500亩(100公顷)。

【行政审批服务】 围绕政府职能转变,持续深化审批制度改革,坚决推进“最多跑一次”,力争“一次都不跑”,梳理公布“最多跑一次”事项768项,覆盖率达97.8%,实施“商事登记”“投资项目”“不动产交易登记”等六大块“一窗受理、集成服务”,开展“容缺受理”,提高审批效率。完善25个社区便民服务站建设,下放便民服务事项175项,在佛渡、悬山两岛实行事项代办、送服务上门,基本实现办事不出岛,全年办结“最

大岙码头至峧头城区道路绿化景观提升改造工程(六横管委会提供)

多跑一次”事项12.7万件,办结率100%。

【社会民生】 社会事业全面发展。教育质量稳步提升,初高中升学率再创新高,教育基础设施投入力度不断加大。公共医疗卫生体系综合管理改革工作稳步推进,全面完成基层医疗服务站点布局,建成15分钟医疗服务圈。养老体系更加完善,建成敬老院1家、养老服务中心5家、居家养老照料中心16家。社会保障兜底作用愈加明显,全年发放各类救助金、低保金800余万元,受惠群众2000余人,城乡居民养老保险和基本医疗保险参保率分别达到99%和98.2%。就业渠道进一步拓宽,全年实现就业4500余人,城镇登记失业率控制在4%以内。

【“平安六横”创建】 “四个平台”建设初见成效,“全科网格”工作机制作用明显,群众反映问题得到有效解决。妥善调处群众来信来访和各类民事纠纷,圆满完成十九大、全国“两会”、金砖峰会、“一带一路”高峰论坛等重大敏感时期的安保工作。投入资金700多万元打造智慧控制岛,实现对重要区域、重点部位有效覆盖,全面落实“六项实名制”,治安案件发案率连续六年下降,无重大刑事案件发生。安全生产形势总体稳定,全年未发生重大生产安全事故。

(撰稿:缪瑱瑱)

舟山千岛中央商务区

【概况】 2017年4月,国务院批复设立中国(浙江)自由贸易试验区,位于小干岛的舟山千岛中央商务区(下称“千岛商务区”)5.38平方千米全部纳入自贸区范围,被定位为浙江自贸区的核心商务区。5月,成立浙江舟山群岛新区招商局舟山千岛中央商务区分局。11月,市政府常务会议通过《舟山千岛中央商务区基础设施建设工程建设方案》。是年,千岛中央商务区项目取得重大进展,招商引资成效明显,基础设施建设稳步推进,全年完成投资13亿元。

【规划设计】 千岛商务区高起点谋划规划设计,通过国际招标,编制完成《千岛中央商务区控制性详细规划(含城市设计)》,并于3月获批。在控规指导下,开展基础设施建设工程专项规划设计,形成重要成果,为商务区规划建设市政道路、综合管廊、地下空间、水系绿地等提供支撑。5月,启动千岛商务区“自贸之星”区块城市设计及自贸中心大厦建筑方案设计方案征集国际招标项目,9月完成方案征集成果评审。

【招商引资】 制订完善自贸村企业入驻办法,推进启动区块“自贸之星”大楼招商工作。开展对外推介活动,在杭州成功举办“创新、联动,支持浙江自贸区核心商务区建设推进会”;赴北京、天津、深圳等地开展多场招商引资对接考察洽谈活动。聚光科技、中和物产、华创基金、中关村协同发展投资有限公司等100多批次客商先后到访千岛中央商务区进行考察、交流,洽谈合作事宜。至12月下旬,千岛商务区累计注册企业29家,累计注册资金74.29亿元人民币,累计到位资金约63.5亿元人民币。完成外资引进800万美元,提前超额完成年度实际利用外资目标任务。注册在千岛商务区的融资租赁企业——中安金控(舟山)租赁有限公司获省商务厅、省国税局核准,成为首批获批的浙江自贸试验区7家内资融资租赁试点企业之一。

【自贸招商服务中心】 2月,千岛

自贸招商服务中心建成投运(千岛中央商务区建设指挥部提供)

商务区自贸招商服务中心开工建设，占地总面积8512平方米，总建筑面积6075平方米；7月底全面落成，8月正式启用。落成启用后的千岛中央商务区自贸招商服务中心提供办证服务、现场管理等功能需求，为入区企业提供全程一站式服务，同时具备招商洽谈、对外展示等功能。

【自贸村建设】 千岛商务区利用原大山村村民整体搬迁后的住房进行综合环境整治。拆除违章建筑保留村民原主要用房并进行整修，对村落场地进行平整绿化，道路进行修整，管线入地，河道进行清理，并整理布置出一定数量的停车场，在整治中尽量保留原村落的肌理脉络。整治后的“自贸村”既展现了乡村风韵又保障了自贸区核心商务区企业注册的功能需求。

【小干二桥工程】 系省市两级重点工程。工程南起小干岛规划环岛南路，迄于临城分区海天大道，总长1455.2米，总投资9.66亿元。工程于2015年5月2日正式开工，2017年完成全桥钢筋砼工程、钢结构工程、缆吊系统施工，工程整体形象建设完成，基本满足通车条件。至12月底，小干二桥完成年度投资1亿元，累计完成总投资7亿元。

【小干—长峙通道工程】 工程东起小干岛，途经茶山岛东南侧，终点接长峙岛。工程全长约1467.45米，其中桥梁长度约1431米，主、引桥均采用现浇预应力混凝土连续箱梁，双孔单向通航，桥面宽度约为31米，计划工期24个月。概算总投资约4.8亿元。12月底，工程开始栈桥搭设。是年，完成投资1亿元，工程累计投资1.5亿元。

（撰稿：陈燕）

小干二桥（千岛中央商务区建设指挥部提供）

浙江定海工业园区

【概况】 2017年，定海工业园区以科技创新、转型升级为核心，打好招商引资、项目建设、形象提升、要素保障四大战役，确保园区综合发展水平提升。是年，完成固定资产投资53.8亿元，完成年度计划的93%；完成工业投入41.8亿元，完成年度计划的88%；完成工业技改投入12.8亿元，完成年度计划的59%；实现规上工业产值同比增长17.7%，规上工业增加值比上年增长14.5%，均完成年度目标任务。

【招商引资】 发挥省级工业园区、省级船舶装备高新园区的优势，明确招商思路，立足园区主导产业，结合大交通、大石化、大飞机，推进招商引资工作。加强宣传推介，参加定海区赴中西部招商推介活动。围绕长宏国际产业园、增洲造船等大型龙头企业，以商引商，引导上下游相关配套企业集聚，实现与省内其他省级高新园区的错位发展。做好三鼎控股集团、浙江海富海洋生物科技有限公司等企业到园区考察洽谈工作。是年，新引进项目6家，完成年度计划的120%；实际到位市外资金投资额34.58亿元，完成年度计划的115.3%；浙商回归引进到位资金4.82亿元，完成年度计划的37%。

【项目推进】 以重点项目为核心，打造优质服务，形成主要领导亲自挂帅、分管领导具体抓、各部

4月1日,定海工业园区与富申纸业项目签约(定海工业园区管委会提供)

门联动推进的工作机制,通过建立落实重点项目责任分解制、重点项目推进实绩亮相制等制度,帮助企业及时发现并解决项目报批、融资等方面的困难和问题,加快推进重点项目的报批进程、落地开工及产能释放。加速推进浙石化、泰富、中长航码头等在建项目进程,力促中海油、长宏、增洲造船等投产项目提档升级。12月8日,浙江增洲造船有限公司建造的国内2万吨级江海直达首制船下水。该船总长150米,设计吃水8.9米,载货量2.2万吨,是国内首艘由交通运输部、中国船级社、舟山市政府联合设计研发,针对宁波舟山港—马鞍山港特定海域、特定航线、特定船型的特定江海联运直达船。是年,新开工项目6家,完成年度计划的100%;新投产项目6家,完成年度计划的100%。

浙石化油储(马目油库)项目 计划总投资38亿元,拟建设300万立方米原油库区、2条输油管线及相应配套设施。通过储运进口原油,以保障舟山绿色石化基地部分原料供应。是年,完成罐区建设进度45%,生活区完成建设进度50%,完成投资150023万元。

泰富扩建项目 总投资4.7亿元,拟用地面积约300亩(20公顷),建设21.6万立方米储罐及配套设施,主要为中海石油舟山石化有限公司提供原料、中间原料以及产品的储存和中转服务。是年,土建工作已完成95%,储罐建设基本完成,设备安装基本完成,完成投资15012万元。

中长航码头项目 系中长航滚装物流项目配套码头工程,计划总投资1.5亿元,主要建设7万总吨汽车滚装泊位1个,建成后将以汽车仓储为主,兼顾汽车零部件仓储,港区设计汽车吞吐总量60万辆/年,零部件19万辆/年。是年,完成码头建设并验收,完成投资10400万元。

东方电缆项目 总投资15亿元,注册资金2亿元,征用土地约595亩(39.67公顷),其中一期用地307亩(20.47公顷),年产值15亿元,主要投资建设高等级海洋装备电缆及特种电缆产业基地。

12月8日,江海直达首制船下水(定海工业园区管委会提供)

是年,陆域部分报批基本完成。

科鑫防腐蚀项目 计划总投资5.08亿元,总用地面积200亩(13.33公顷),主要投资建设耐腐蚀复合钢管生产基地。该项目主要为鱼山大桥、舟山北向大通道等新区交通基础建设项目配套生产防腐钢管桩,同时为中交、中铁等央企做配套并出口海外。是年,研究大楼、宿舍食堂完成95%的工程量,完成投资15042万元。

武船重工集团钢结构制造项目 投资方为武船重工集团。项目计划投资10亿元,武船拟收购增洲船厂51%股份,增洲占49%。增洲船厂将作为武船钢构和设备制造的专业基地,产品涉及船舶建造、桥梁钢结构、压力容器、石化装备、油气管道。是年,双方签订全面战略合作框架协议,通过中船重工审批。

【园区环境建设】 结合"五大会战""四个舟山"建设,加强园区软硬环境建设,提升园区整体形象。

开展形象提升工作 成立园区形象创意工作小组,全方位打造园区新版宣传片、园区标识、楼宇广告、门面形象和微信公众号等内容,提升园区整体形象和知名度。是年,各项工作有序推进,完成园区宣传片、文案定稿和现场拍摄工作,生成园区标识及微信公众号。

开展环境综合整治 围绕三改一拆、五水共治、清洁园区建设要求,拆除园区三个大型户外广告牌,全面排查梳理园区违章建筑。是年,拆除违章建筑面积约8000平方米,优化园区污水处理配套设施,启动运行污水处理厂,完成长丰盐场及毛峙区块的污水管网及有关泵站建设,定海区西北片污水处理厂试运行,完成创园大道绿化工程,启动18号道路两侧、15号道路绿化以及炮台岗宕口四、五期复绿工程,启动东拓展区(马岙区块)污水管网建设。遏制企业乱置垃圾现象,做好园区主要道路、河道的保洁工作,确保园区环境整洁有序。

完善硬件配套功能 根据园区东拓展区(马岙区块)产业规划,做好园区东拓展区控规调整工作。围绕企业发展,投入建设资金约6000万元,进一步加快水电路等基础配套建设。是年,完成14#道路3支路工程,推进园区综合服务中心西侧道路、16#道路延伸段和22#道路工程建设,完成7万吨级滚装物流码头工程交工验收。

打造园区党群服务活动中心 计划投入约750万元,总规划设计面积2170平方米,依托现成的园区9层科创大楼一、二、三层以及大楼北侧广场布局建设职工医务室、职工娱乐服务区、党群工作展示区、职工健身区、职工休闲区等五大功能区。是年,室内整体施工图预算处于审核阶段,调整策划设计方案,建设职工休闲广场。

【要素保障】 加大融资力度,提升资金运作水平。完成园区污水处理厂及管网铺设工程等项目贷款放贷1.09亿元,归还贷款5650万元,围绕工程建设、征地拆迁、还本付息等款项加强对资金的科学合理使用。

加快推进公共创新载体建设。推进园区中小企业创业中心(园区中小企业科技孵化基地建设项目)落地建设。是年,完成初步设计方案编制,落实"智能制作与工业机器人"、元邦2个高科技项目入驻。推进园区科创大楼一至三层室内装修工程,对接创客邦入驻园区科创大楼。

深化平安园区建设。落实企业安全生产责任制,通过开展综合安全生产大检查、健全落实隐患排查治理等措施全面抓好企业安全生产、防台防汛、应急管理等工作,实现安全生产零事故。打击阻拦工程建设、影响企业正常建设生产等违法行为,解决好园区开发建设与群众生产生活产生的矛盾纠纷。

(撰稿:张静琼)

浙江普陀经济开发区

【概况】 2017年,普陀经济开发区总用地面积93.54平方千米,分为5个区块,分别为六横高端制造业和现代物流业区块、虾峙高端制造业和现代物流业区块、沈家门综合服务业区块、东港现代商贸服务业区块、展茅临港产业区块,以水产品加工业和船舶修造业为主导产业。是年,开发区推进创业创新,提升经济发展质量,支持传统产业转型升级,引进高新技术产业,整体经济呈稳中有进的态势。

【工业经济稳步发展】 是年,开发区规上工业企业家数117个,实现规上工业总产值296.28亿元，占全普陀区比重明显上升。辖区内船舶修理企业订单饱和，全年修理船舶1400艘，比上年增加106艘，累计7317.6万载重吨，同比增长20%，实现修船产值同比增长32.5%。规上工业企业主营业务收入289亿元，实现税收收入28.8亿元，同比增长12.9%。全年进出口总额达29.6亿万美元，同比增长12%。

【固定资产投入提升】 围绕打造六横临港装备产业、普陀北部海洋生物产业、东港和沈家门信息金融时尚文化总部产业三大功能区，推进项目、产业集聚集群。推动重大项目建设，扩大有效投资，实现固定资产投资249.5亿元，其中基础设施投资114.3亿元。7个项目完工，六横电厂光伏发电站项目已投入运行，舟山杉杉生活广场建设项目完工并对外营业，欧华高端船舶数字化示范工厂建设项目、冠素堂浦西工业园厂房建设项目、展茅嘉誉建材技改项目、东港垃圾中转站建设工程完工，旧城区D级危房解危改造工程完成沈家门31幢D级危房征收腾空工作。多个项目提前完成年度投资目标：普陀健康养老综合体项目完成投资14.2亿元，完成年度目标的115%；普陀海洋科创园建设工程，1—11月累计完成投资3830万元，完成年度目标的103.1%，一期工程完工，二期工程开展。重点项目加快推进：国电舟山普陀6号海上风电场，全年完成投资22亿元；东白莲岛油品储运工程，全年完成投资4.2亿元，完成库区图设计及施工现场总平规划布置图设计，一期库区开山工程已完成总进度的70%，启动工作船码头及山塘、河道的建设。技改投入显著增加，企业“机器换人”效果明显，全年开发区企业技改投入达38.6亿元，同比增长11.3%。

【培育高科技产业】 开发区出台《补齐科技创新短板专项行动计划》，引进多个科技创新项目，海洋生态创新谷正式启动，吸引彩虹鱼深海科技、腾宇航天新材料、麦大基因等20多家高精尖科技型企业入驻。全年新增研发中心5个，新增省级以上高兴企业7个。普陀湾众创码头获评“省级创业孵化示范基地”，陆港物流中心获评省级智能化仓储物流示范基地。

【自贸区利好效应逐步释放】 加速企业落户浙江自贸试验区进程，首推企业注册全流程化，联合招商、财政、税务、金融、公安等部门，打造招商服务“一条龙”平台。是年开发区辖区内新增注册企业（注册资本金大于或等于100万元）812家，注册资本金233.4亿元。舟山市鑫亚船舶修造有限公司与世界五百强企业——MAN股份公司在上海签订合作协议，在六横打造全国唯一定点维修服务中心。

（撰稿：浙江普陀经济开发区管委会）

浙江岱山经济开发区

【概况】 2017年，浙江岱山经济开发区建设“四个岱山”，开展“五大会战”，打造“1+3”产业集聚平台，区域经济稳定发展。是年，有入区企业93家，其中规上企业14家。累计完成工业总产值72.95亿元，比上年增长7.6%，其中规上企业实现产值71.13亿元，同比增长8%。完成工业性投入6.77亿元，同比下降37.9%。完成固定资产投资22889万元，完成年度计划的114.4%，其中政府性投资1630万元，完成年度计划的105.6%。主要产业四增二减，其中船舶修造业实现工业产值44.38亿元，同比增长5.4%；水产行业实现产值5.67亿元，同比增长18.0%；汽配行业实现工业产值1.65亿元，同比增长9.9%；轻工电子行业实现工业产值2.82亿元，同比下降6.5%；建材行业实现工业产值1.75亿元，同比增长53.2%；其他类实现工业产值16.68亿元，同比增长9.6%。全区实现工业销售产值71.83亿元，利税总额1.67亿元，同比下降45.2%。船舶修造企业形势严峻。舟富水产等企业向外开拓，争取在武警总部、总后勤部军工食品招投标及对非洲食品援助计划的份额。区内汽配行业总体发展稳中有升。轻工电子行业发展有所停滞。建材行业、其他行业稳步增长，仍有潜力。

【招商引资完成目标任务】 围绕《岱山县强力推进招商引资“一号工程”实施方案》和全县招商引资工作会议精神，以“1+3”产业发展模式，推进招商引资工作。是年新注册企业6家，合同利用资金4.75亿元，实际利用县外资金22800.39万元，实际利用外资

11 月 16 日，开发区首家中外合资企业舟山顺正船业有限公司开业庆典(刘宾　摄)

150 万美元。引进岱山纽爱奇新能源发电设备有限公司，总投资 10.5 亿元；引进鱼山绿色石化项目下游产业链配套服务。编制《开发区绿色石化配套基地产业规划》，2 家配套企业注册落户。

【优化招商服务环境】 依托经济开发区全程代办服务中心，深化开发区全程陪同服务制度。联合县相关部门开展项目前期工作，助推“最多跑一次”。是年，开发区投资项目全程代办服务中心为多家企业代办相关事宜，方便企业落户，助力岱山县经济发展。

【推动企业转型升级】 对区内“僵尸企业”分类处置。调研企业，完善“一企一档”，针对性开展企业转型升级。中储航运(新加坡)有限公司完成对远盛船业整体收购并开业。纽爱奇新能源公司、创新纽爱奇设备制造有限公司、大唐电力集团、天津海王星海上工程技术有限公司、中国葛洲坝集团有限公司 5 家公司对海天船舶、盈洲船厂、恒京船舶 3 家企业进行多次实地考察和接洽。

【重点项目建设】 中科建设产业园建设项目确定工厂化渔业养殖加工和仓储物流加工基地制造业项目，完成规划文本编制，签订投资协议；上水集团海洋生物园区项目完成投资 2690 万元，完成年度任务的 107.6%；中裕天然气利用项目完成投资 2019 万元，完成年度计划的 101%，完成场站建设和 17 千米管网铺设，与 8 家企业签订供气协议。开发区基础配套设施项目完成投资 1630 万元，完成年度计划的 105.6%。

【改善园区环境】 开发区被省确定为第五批循环化改造示范试点园区。委托浙江大学编制岱山经济开发区“区域环评、环境标准”规划，委托浙江省城乡规划设计研究院编制开发区污水管网总体规划。完成高亭片污水管检测工作，投资 100 余万元实施破损污水管网非开挖修复工程。开展德馨路至晨光路至市政污水厂污水管网沟通工程。着手岱西片的污水管检测工作。投资 70 万元开展开发区晨光路与神模电器道路绿化工程，开发区简易便道绿化、群新路地块环境整治工程，“一枝黄花”整治工程。

【园区基础设施建设】 构建海洋生物产业园区道路网架。新建海开路、聚星路(二期)和海光路三条道路，其中海光路工程验收，聚星路二期工程完工，海开路工程完成基础处理。投资 47 万元在群新路支路口新建近 500 米便道。实施“精准服务出实招”行动。设置小卖部、小吃店、医疗站，增加公交班次，规划公共自行车站点。完成 2000 吨级危险品码头环保和安全设施验收。取得港口经营许可证(试运行)，300 吨级危险品泊位码头已试运行，靠泊 391 船次，上下 1552 车次。投入 70 万元开展园区环境整治工作。完成综合配套用房验收。完成污水处理厂和产业孵化基地水、电、弱电、监控及零星工程建设。

【强化安全生产监管】 坚持“安全第一、预防为主、综合治理”方针，修订《浙江省岱山经济开发区管委会关于进一步加强安全生产工作的实施意见》。健全以岗位制为重点的安全生产责任制，强化消防安全隐患排查，加强施工现场安全管理，强化委属单位安全监管。签订安全协议，每个月组织一次开发区污水处理厂、2000吨级包装危险品公共码头、产业孵化基地及综合配套用房等委属管理单位安全生产大检查。是年,开发区在企业张贴安全生产挂图180余张,发送安全生产手机短信200余条,并在开发区污水处理厂、2000吨级包装危险品公共码头、综合配套用房、产业孵化基地及中裕燃气施工现场悬挂横幅5条。

(撰稿:刘宾)

责任编辑:徐飞舟

水利水务围垦

概　述

2017年，全市水利系统围绕“四个舟山”建设，聚焦“五大会战”，真抓实干，攻坚克难，推进新区水利事业的发展，为新区经济社会提供有力的保障。全年累计完成水利投资27.29亿元，完成计划投资（25.03亿元）的109%。

率先在全省实施拓库扩容工程。针对舟山海岛选址造库难、现有库容小、调蓄能力差、防洪能力弱的现状，对11座水库、25座山塘实施库底挖深、库坝加高、库面拓宽等拓库扩容工程，增加蓄水库容126万立方米，提升水库的容量，同时提高防洪排涝能力。

开展饮用水源治理。开展饮用水源地综合治理，实施水源地物理措施（植物隔离）、进水口隔离、进水口治理、水体湿地、生物（微生物）治理等综合治理工程。对白泉岭下等8座水库实施“一库一策”治理，在此基础上对城北水库等6座重点饮用水源水库和双桥等2条取水河道实施综合治理，改善水库、河道的水环境，水质得到显著提升，其中虹桥水库水质达到Ⅱ类标准，盐仓大河水质达到Ⅲ类，被评为全省“最美家乡河”称号。

推进水利信息化监控平台建设。在全省首创水质自动监测平台建设工作，对全市9座城镇水厂、6座饮用水源水库和3条取水河道安装水质自动监测和水体监控装置，实现全天候实时监测，确保饮用水安全。整合市级和各县（区）所有视频监控点位资源，搭建完成舟山市水利视频监控平台，实现全市水利视频数据共享，为舟山“智慧水利”建设打下基础。

定海区盐仓大河景色（曹继党　摄）

在省水资源考核获评优秀。结合海岛特点，全面落实水资源管理制度，严守水资源开发利用、用水效率控制、水功能区限制纳污三条红线，建立完善考核制度，细化分解考核各项任务，层层落实管理责任，2016年度全市用水总量1.5545亿立方米，万元GDP（国民生产总值）用水量下降率6%，万元工业增加值用水量下降率7%，首次在省政府获2016年度的达标考核优秀。

因地制宜打造小型水利工程标准化管理模式。立足舟山海岛实际，创新形成具有海岛特色的“以大代小”“区域联管”“以标促标”等小型水利工程标准化管理模式，以重点水利工程为基点，整合资源优势，加强人员、装备、经费、制度等方面的保障，实现区域联管、分级负责、打包管理，确保每项水利工程都有人管、管得牢，提升小型水利工程标准化管理实效。

实施洞库蓄水工程创新边远小岛供水模式。探索实施洞库蓄水工程，通过改造利用海岛上废弃的坑道，将周边水源引入洞库，实现整洞蓄水，以强化边远海岛居民的用水保障。定海马目进行洞库蓄水试点建设的基础上，又在普陀东极、嵊泗花鸟等小岛上建设、应用洞库蓄水，解决边远小岛用水难题。

整合资源深化内部机构改革。按照“精干、统一、效能”的原则，以构建分工明确、运转高效的工作机制，调整内部机构设置、整合内设机构职能、调配内设机构人员；组建三防应急指挥中心，下设8个专项工作组，由市三防办主任牵头，市水利局相关领导和处室负责人担任组长、副组长，统一执行市防指命令，开展应急指挥、协调和调度，为汛期三防应急指挥工作打好基础。

水利窗口“最多跑一次”跑出新特色。打造“一岗多能”“一窗通办”“一窗到底”的行政审批服务模式，推进群众和企业经常性办理的事项和材料整合，实行对外流程一窗进出模式简化办事流程，提供项目化上门服务，应用数据物流传输材料信息，实现办事指南手机电脑在线查询、咨询，切实为群众与企业减轻负担，在全省水利系统中率先实现材料精简最彻底、事项整合最优化、容缺受理最及时。

五水共治

【概况】 2017年，围绕“五水共治”年度任务确定的目标，对照省市考核指标任务及年度工作计划，结合全市实际，统筹兼顾，突出重点，有序推进，完成各项“五水共治”水利工作任务。

【剿灭劣V类水】 包括河湖库塘清淤、排放口整治和生态配水修复3项内容。至年底，全市完成河湖库塘清淤243万立方米，排放口整治812个。

【百项千亿工程】 舟山群岛新区定海强排工程列入省百项千亿工程，包括沿塘闸泵建设、水库拓库扩容和河道整治工程。至年底，按计划实施定海区白泉钓浪海塘配套加固工程一期、干磡丰产塘配套加固、庆丰堤配套加固、小沙新塘配套加固、永安海塘配套加固一期、白泉钓浪海塘配套加固二期、白泉岭下水库扩容整治工程、城北水库扩容整治、舵岙流域水系综合整治和茶山浦水闸抗洪排涝强排系统等工程，完成年度投资2.78亿元，占年度投资计划1.5亿元的185.3%。

【河长制】 包括水资源保护管理、河湖水域空间管控和水生态修复3项内容。其中水资源保护管理包括重要水功能区水质达标、节水型社会建设和重要饮用水源地安全保障达标；河湖水域空间管控包括水域面积控制、河道管理范围划界、创建无违建河道、非法占用水域及非法采砂查处；水生态修复即河道综合整治。至年底，全市水域面积新增0.12平方千米，完成河道管理范围划界77.84千米，无违建河道创建34.08千米，河道综合整治52.88千米。

水利工程建设

【海水淡化工程】 衢山镇海水淡化三期工程　位于衢山镇西碗煤场，新建5000吨/日反渗透海水淡化设施，总投资4372万元。2015年10月，项目开工建设，至2017年底，已完成土建工程，累计完成投资2800万元。

嵊山镇海水淡化二期工程　位于嵊山镇大玉湾，新增2000吨/日反渗透海水淡化系统一套，同步建设厂房、水池、取水管网等配套设施，工程总投资2240万元。至年底，完成工程前期报批工作，进入工程开工招投标阶段，累计完成投资1163万元。

嵊泗海水淡化提升改造　位于嵊泗菜园海水淡化厂内，新建2套产水能力1000吨/日的海水淡化设备，更换2000吨级反渗透膜元件1套，并配套新增变压器及部分电气设备、管道改造等，项目总投资1000万元。11月，提升改造工程开始，至年底，主体设备正在安装。

【滩涂围垦】 是年，全市在建有普陀北部围垦工程（钓梁三期）、六横小郭巨二期围垦工程等10个工程，小洋山港区配套开发海堤一期工程（北区）和小洋山北侧薄刀嘴西区围填海工程初步设计批复继续进入待批阶段。

普陀北部围垦工程（钓梁三期）　位于舟山岛东北部展茅街道北侧滩涂，围垦面积7210亩（480.67公顷），配套海堤1条和水闸2座;项目估算投资13.52亿元。至年底,完成用海规划初稿,海域使用论证、海洋环评由国家海洋局第二海洋研究所进行编制中;工程可研报告初稿基本完成,其中螺门渔港通道工程完成梁横山水闸闸墩浇筑、3吨/平方米土工布和碎石垫层铺设,开始插打排水板;政策处理(拆迁加围区内渔船补偿)部分基本完成工程周边企业评估工作,渔船临时停靠补偿逐年发放,部分企业已完成签约;累计完成投资3.80亿元。

舟山绿色石化基地围填海工程现场(曹继党 摄)

六横小郭巨二期围垦工程 位于普陀区六横岛小郭巨,围垦面积2.25万亩(1500公顷),新增深水岸线8.5千米,工程包括海塘、水闸、临时围堰等。其中海塘、水闸、通航孔防潮设计标准为50年一遇,工程等级Ⅲ级,围区道路及河道等工程等级Ⅳ级,临时围堰等级Ⅴ级,工程概算总投资16.3亿元,2011年12月开工。至2017年底,累计完成投资12.15亿元。

普陀朱家尖西南涂围垦工程 位于舟山市普陀区朱家尖岛西南部反修塘外侧滩涂。工程北接福利门一期围涂工程,内连泥螺山反修塘。围垦面积4918亩(327.87公顷),新建海堤4370米,进排水闸3座。其中海堤、水闸防潮设计标准为50年一遇,工程等级Ⅲ级,围区河道等工程等级Ⅳ级,临时性建筑物等级Ⅴ级。2013年4月工程开工。总投资3.67亿元。2017年12月27日,工程竣工通过验收。

岱山县黄泽山围垦先期工程 位于岱山县大衢岛东北侧隔海6千米的黄泽山岛上的原南岙村东侧。工程围涂面积以外坡脚线计645亩(43公顷),以挡浪墙为轴线计582亩(38.8公顷),此工程作为1037亩(69.13公顷)衢山黄泽山促淤围垦项目的先期工程,为下步黄泽山岛和小衢山岛间的连岛促淤围垦工程提供建设基地。项目批复概算投资为7880万元,调整后批复概算投资为10689.56万元。2011年3月1日工程开工,2014年8月30日全部完工,实际完成投资13048.86万元。2017年4月,组织并通过岱山黄泽山围垦先期工程竣工验收。

舟山绿色石化基地围填海工程 包括岱山大小鱼山促淤围垦工程。位于岱山县大、小鱼山岛,是在大鱼山的东西两侧开展围填海工程,为舟山绿色石化项目提供建设用地。建设内容为工程填海成陆总面积17.35平方千米,新建围堤12.85千米,项目估算总投资183.75亿元。工程分二期实施,2015年工程实质性启动,至2017年底,总共12个标段进展顺利,一期完成开山标段、南防波堤标段及陆域形成标段,移交浙江石油化工有限公司土地900公顷,

岱山长涂双剑涂围垦加固工程(曹继党 摄)

累计完成投资30.15亿元。

长涂双剑涂围垦加固工程 位于岱山县长涂镇大长涂岛东南侧,围涂面积11270亩(751.33公顷),由海堤和水闸组成。加固方案分二期实施,一期实施西片围区周边西围堤加固、磨盘山水闸修复及磨盘山至狗山咀隔堤加固;二期实施东片东围堤未建堤段和已建堤段加固。工程概算投资5.87亿元,1月,一期加固工程进入施工阶段,至年底,累计完成投资4亿元。

长涂樱连门促淤围涂工程 位于岱山县长涂镇大长涂岛东侧,围涂面积3130亩(208.67公顷),采用先促淤后围涂的开发模式。促淤堤总长3370米,潜坝促淤,顶高-1.0米,概算总投资5.85亿元。至年底,工程已完成前期报批工作进入招标阶段。累计完成投资0.3亿元。

嵊泗马关围涂工程 位于嵊泗县菜园镇西南侧小关岙村,公路距离7.5千米。围涂工程建设内容:围涂面积3040亩(202.67公顷),新建1号、2号海堤2572米(其中1号海堤长1893米,2号海堤长679米),闭气加固已建3号、4号海堤480米,新建水闸1座。其中海堤水闸防潮设计标准50年一遇,工程等级Ⅲ级,临时性建筑物等级Ⅴ级,概算总投资3.5亿元。9月工程开工,至年底,累计完成投资3.1亿元。

小洋山围垦一期工程 工程东以大指岛为界,西以已建2号堤为界,属于小洋山围垦工程的先期启动项目,分六个施工标段。新建一条3539米隔堤,隔堤以南吹填成陆,面积3255亩(217公顷),工程投资概算16.44亿元,由浙江海港洋山投资开发有限公司负责实施。2012年5月工程开工,2017年8月完工,至2017年底,累计完成投资14.59亿元。

岱山本岛北部促淤工程 位于岱山岛北部,围涂范围经双合山—大虾爬礁—寨子山—鲞蓬山所形成的区域,促淤面积12万亩(8000公顷),外围堤线全长约22千米。工程分二期施工,一期工程2015年11月通过完工验收,2017年4月通过竣工验收。二期围区面积约9万亩(6000公顷),先期拟建东垦山—寨子山促淤堤一条,堤长6440米,基础采用塑料排水板插打,概算投资19.3亿元,2016年2月,完成项目建议书批复。至2017年底,累计完成投资5.72亿元。

【工程管理】 水利工程标准化管理 全市水利工程标准化管理创建任务607项。至2017年底,完成标准化管理创建和验收403项,其中水库146座、万立方米以上山塘26座、一线海塘142条、堤防河道52条、各类水闸14座、泵站等其他水利工程23项;统一建设水利工程运行管理平台。

河湖库塘清淤 对全市1468处工程(其中:河道619条,山塘661座,池塘14座,水库174座)淤积情况进行全面摸排,各类水域淤积总量约1200万立方米;确定十三五时期全市清淤总量750万方;全年完成清淤243.43万方,超额完成省、市考核目标任务。

工程安全鉴定与管理考核 督促工程管理单位落实水利工程安全鉴定制度,对点灯湾等7座水库,庆余等8条海塘,燕头山等4座水闸进行安全鉴定,核定并出具工程安全鉴定报告书。开展督促工程管理单位自评、县(区)水利局复评和市级考核,现场检查和考核16家水管单位31项工程管护情况,做好省厅对舟山市的抽查考核工作。

工程控制运行管理 按照大中型水库、水闸工程管理规范,督促工程管理单位制订年度控制运行计划,审批虹桥水库及15座中型水闸控制运行方案。督促小型水库管理单位落实水库控制运行计划,确保水利工程管理规范、运行有序。

除险加固工程建设管理 实施水库、海塘、水闸除险加固工程43项,总投资7.63亿元。其中水库除险加固15座,投资1.92亿元;海塘除险加固14条,投资6.15亿元,水闸配套加固10座,投资2.77亿元。全年完成8座水库,4.77千米海塘,6座水闸的加固建设工程,超额完成省、市年度目标任务。

河道治理工程建设管理 推进河道治理工程,实施6个中小流域综合治理项目,完成河道治理21.79千米,完成投资1.94亿元。全年完成53.32千米河道综合整治,超额完成省水利厅下达的37千米河道治理任务。

涉水项目监管与检查 全年完成各类涉水涉塘审批15项,并对329国道、长峙岛恒大房地产、普陀观音法界居士学院、正法讲师工程、舟山液化天然气接收及加注项目一期工程配套码头涉塘工程5项涉水审批项目进行监督检查,催缴占用水域补偿费11笔。

【农田水利工程】 小型农田水利

项目　岱山县、普陀区分别完成第七批和第九批项目县中央财政小型农田水利项目县(重点县)建设任务,岱山县申报中央财政水利发展资金2018年度小型农田水利项目。推进“一高五小”水利工程建设,完成农业节水灌溉工程、中央投资小型农田水利工程,整治山塘46座,新增高效节水灌溉面积0.231万亩(154公顷),治理水土流失面积4平方千米,农田灌溉水有效利用系数提高到0.6902。

基层水利管理站标准化建设　对镇(街道)水利管理服务站进行标准化建设,做到机构健全、人员到位,经费纳入财政预算,基础设施配套完善,技术装备配置齐全。按照标准化水管站建设要求,在已有12座完成验收的乡镇标准化水利管理站基础上,全市又新增6座建设任务,市级财政投资240万元。

【农村饮水安全提升工程】　根据“十三五”规划,全年计划改善2.74万人的饮水条件,实际完成省厅下达的岱山县衢山深度水处理工程等3县(区)4个农村饮水安全工程,自主完成普陀东极、虾峙等偏远海岛的供水管网改造工程和海水淡化工程,提升改善3.15万人的渔农村饮水条件。

【洞库蓄水试点工作】　是年春,全市以定海马目为试点开展洞库蓄水的试验,通过3个月的试验,水质能保持优良的状态。在此基础上,对普陀东极青浜岛和嵊泗花鸟岛进行实地踏勘,并委托市水利勘测设计院出具洞库坑道储水建设方案,在丰水期时期,将周围联网的坑道井中的水及自然山体来水集中到洞库中蓄集,待枯水期时期再利用洞库中的水,将坑道中的水通过水厂的净化处理后连入管网,实现坑道井水的保护和利用。

防汛防旱防台

【防洪减灾责任落实】　2017年,坚持以行政首长责任制为核心的防汛防台工作责任制,落实市、县(区)、乡(镇、街道)、社区(村)四级防汛防旱防台职责,确定各级安全责任主体,层层签订“安全度汛责任书”,汛前在《舟山日报》公布全市小型以上水库大坝安全管理责任人、基层防汛防台体系管理乡(镇、街道)行政责任人名单,接受全社会的监督。各水库管理单位完善水库大坝巡查制,明确水库管理人员的职责;加强对水库的巡查,确保水库安全运行。

【基层防汛体系建设】　按照省防指统一部署,开展以乡(镇、街道)“七个有”(办事机构、应急预案、值班人员、值班记录、信息系统、抢险队伍、防汛物资)和行政村(社区)“八个一”(一张责任网格、一本预案、一套监测预警设备、一批避灾场所、一批防汛物资、一套宣传资料、一套警示牌、一次培训演练)为主要的基层防汛防台体系建设。建好“一个平台”、绘好“一张图”为重点,完成全市39个乡(镇、街道、管委会)、338个社区(村)各类网格及其责任人相关信息录入,并实行动态管理;编制完成村级防汛防台形势图320份,及时上网、上墙公布告示,其中防汛防台重点社区(村)编制率达到100%。组织开展各类责任人的防汛培训、演练和宣传,举办各类培训班、演练、宣传活动18次,参加人数3000余人,提升基层防汛综合能力。

【落实防汛防台抢险应急人员和物资储备】　建立协调有序、专兼结合、军地互补、保障有力的抢险救灾应急队伍,发挥驻舟部队在洪、涝、台灾害抢险救灾中的作用,6月底,市防指出台《舟山市军地抗洪抢险救灾应急联动方案》,组成由驻舟山部队、预备役、武警、边防、消防等为主的军地抗洪抢险救灾应急联动协防力量,配备一批应急抢险装备,提高抢险救灾能力。市和各县(区)、防指成员单位相应成立各类抢险应急分队,随时做好抢险救灾的准备。按照各自的防汛职责,全市防汛部门储备防汛物资700余万元,包括大功率排水泵车1台,冲锋舟7艘,橡皮艇30艘,发电机28台及一批麻袋、水泵、应急照明设备等,各防指成员单位储备近千万元的防汛物资,用于防汛防台应急抢险。各乡镇(街道)、村(社区)全部储备必要的防汛抢险物资。

【防汛防台安全检查】　针对无动力船只、地质灾害隐患点和水利工程等三防工作重点,组织开展汛前、汛中检查等工作,在乡(镇、街道)自查的基础上,县(区)对辖区内的重点工程进行全面检查,市防指组织人员进行重点抽查,通过层层检查,找出问题和隐患。对发现的问题,通过督查、督办、通报、复查等形式,提出整改意见,落实整改责任,限期消除隐患。市三防指挥部各成员单位按防汛防台工作职责,开展防汛防台安全隐患排查工作,及早发现问题,及时整改,做好防御各项准备。严格执行汛期24小时值班制度,一旦汛情超过预警指标,立即下发汛情通告单,做好防御准备。加强防汛会商系统、水情遥测设备、实时监控系统的日常管理维护,确保防汛防台期间可靠运行。

【防汛信息指挥系统建设】 按照"精干、统一、效能"原则,强化三防指挥系统及应急通信建设,健全完善预警信息传输网络,实现全市水文、水利、气象信息实时共享,为灾害防御决策提供科学支撑。加强水文监测设施建设,新增水文遥测站点36个,至年底,已建成230余处水库、河道、雨量遥测站点,覆盖全市各个乡镇(街道)。整合三防信息资源,设立623处监控视频点,对渔港、重点堤防、水库等防汛重点区域实施实时监控。做好山洪灾害监测预警平台数据实时更新,实现传真和短信的群发,提高防办的办事效率。

【防灾减灾管理及宣传工作】 加强信息资源整合应用,完成全市重点区域基础信息的统计汇总造册。加强上下对接沟通,合理安排防汛水毁修复项目,做好防汛经费的使用管理工作。加强防汛会商系统、水情遥测设备、实时监控系统的日常管理维护,确保防汛防台期间顺利运行。结合防汛防台日、防灾减灾日、预案演练周,向公众发放《舟山市防台风手册》、防台风知识传单5000余份,提高广大群众防灾减灾意识和风险防范能力。

【抗台救灾】 全年遭受第9号台风"纳沙"、第18号台风"泰利"和第20号台风"卡努"的影响。其中第20号台风"卡努"倒槽和弱冷空气的共同影响对舟山造成较大损失。在防御"卡努"台风中,全市受灾人口达22.887万人,转移人员5137人,造成直接经济损失10.05亿元。"卡努"台风期间,9月14日8时至17日8时,全市平均雨量284.9毫米,达到常年10月份平均降雨量的3.4倍。全市雨量超500毫米站点6个,300~500毫米站点7个,200~300毫米站点31个,100~200毫米站点82个。雨量最大单站为普陀区展茅干施岙754.0毫米,创有记录以来的最大值,最大1小时降雨86.5毫米,最大3小时降雨199.5毫米;最大6小时降雨达到317毫米。定海区白泉西岙底陈站最大1小时降雨68毫米,最大3小时降雨174.5毫米。从14日时至17日,全市出现72小时以上连续降雨,期间全市普降暴雨、大暴雨,局部特大暴雨。受风暴潮影响,10月15日19时20分,定海潮位站测得潮位2.38米,超警戒潮位0.08米。受强降雨影响,定海白泉主河、展茅河、朱家尖四丈河、北蝉河、马岙东围河都出现超保证水位。

水利管理

【水利规划与编制】 开展《本岛水系连通规划专题研究》,研究舟山本岛的主要水库的库库连通、库河连通、拓库扩容措施,提出白泉以西区域和临城勾山区域水资源优化利用方案,以便统一调度、统一管理,综合利用水资源和保护水环境,提高舟山市区防洪排涝能力。结合功能区划调整,推进海洋产业集聚区、普陀山-朱家尖管委会、新城管委会区域防洪排涝规划修编。

【水利建设计划】 制定《舟山市市级水利建设与发展专项资金管理办法》和《舟山市水利工程标准化建设资金管理办法》,分配省、市2017年水利建设与发展资金、水利工程标准化建设资金和"五水共治"水利部分专项资金,组织编制市本级2018年省级水利项目计划、中央财政水利发展资金项目计划、中央预算内投资项目计划、市政府投资项目计划、省公共建设投资项目计划,谋划省"百项千亿"重大水利工程项目。

【水利科技化建设】 开展科技周宣传活动,对"五水共治"、日常节水知识、防台风知识等进行宣传。实现在建水利工程标准化管理系统、山塘水库信息管理系统、质监人脸识别系统等在水利工程管理中的推广应用,申报舟山市定海区盐仓流域水生态综合治理技术推广应用项目(2018—2020年)。

【水利建设市场管理】 完成舟山市政府投资水利工程预选施工总承包商制度,将全市水利施工企业分A、B两个档次,其中A名录34家,B名录18家。分别承接不同规模的工程,确保水利工程安全生产建设和水利建设市场秩序。加强水利施工企业资质管理,根据《舟山市水利行业施工企业日常监管考核实施细则(试行)》,对在建工程进行扣分。

【水资源管理制度】 落实水资源管理“三条红线”,强化水资源管理制度考核,水资源开发利用和节约保护各项工作取得进展,完成水资源管理控制目标。全年全市用水总量1.5954亿立方米,万元国内生产总值用水量、万元工业增加值用水量、农田灌溉水有效利用系数、重要水功能区水质达标率均符合省政府考核要求。

【水资源管理和保护】 落实河长制、取水许可和水资源有偿使用、节水管理等制度,提高水资源管理水平。落实“五水共治”——节水专项审计调查情况,加强建设项目水资源论证;推进水资源消耗总量和强度“双控”行动,加强用水效率管理;落实《浙江省取水许可和水资源费征收管理办法》,规范水资源费征收,落实就地缴库制度;健全取水计量监控运行维护长效管理机制,做好用水总量统计、水资源公报和水资源管理年报编制等工作。

【饮用水水源治理与水功能区监管】 开展饮用水水源治理保护行动。落实《舟山市进一步加强饮用水水源保护实施方案》,成立“舟山本岛饮用水源综合治理工作领导小组”,制订2017年度饮用水水源保护计划,完成白泉岭下水库、虹桥(颂河)水库、大岙水库、小高亭水库、基湖水库、南长坑水库6座饮用水水源水库综合治理。在完成200吨以上的农村饮用水水源划定工作的基础上,公布舟山市农村饮用水水源名录。制订2017年度水功能区监测计划,做好对水功能区监测断面的调整,指导原水中心水质实验室开展监测业务,抓好水功能区达标监管。指导县(区)开展水功能区的达标管理与动态情况的掌握,实现全市全年水功能区达标率50%以上。

定海南洞水库(曹继党 摄)

【水利行政审批许可工作】 市本级“最多跑一次”事项办件量196件(含产业集聚区水保登记表备案24件),其中许可件126件,包括涉河涉塘(含占用水域)项目审批13件,水土保持方案批复及备案96件,初步设计审批4件;其他类权利事项70件,其中水土保持验收42件,水利工程竣工验收13件,水库水闸控件运行计划核定13件,水文资料查阅服务8件。市本级网上申报水利事项约80%,邮寄送达约70%,“最多跑一次”率达100%。受理办结局内部流转其他进窗口事61件,其中办理招投标备案3件,核定临时用水计划34件,用水确认14件;流转企业资质审查及安全许可证审核各10件。

【水利窗口运行管理】 OA办公系统对接舟山市内门户网站端口,通过OA系统,实时跟踪项目审批进程,关注审批会签耗时长的处室;建立上门服务“新”常态,递交申报材料前提前告知域内业主办事全流程,提供项目化上门服务日程表,无须委托第三方承办的事项让部门代替企业跑,凡委托第三方中介办理事项全程由中介代替企业跑,确保企业“零跑次”;应用数据、物流“新”模式,窗口对咨询人员均预留电话、微信、QQ、邮箱等社交通讯方式,分区域建立业主单位通讯目录,为跑零次夯实基础。参与舟山千岛中央商务区基础设施工程方案设计工作协调会、甬舟铁路与500千伏舟山联网输变电工程路由对接会、建设项目防雷审批工作协调会等前期联合协调。对接波音项目、舟山绿色石化基地水土补偿费鉴定等事宜。

【水利工程质量监督和质量管理】 全年办理质量监督手续15项,按照工程项目的规模和特点,分别编制质量监督计划书。组织开展质量与安全监督检查67次,检查工程质量、建设(监理)单位质量检查体系、施工单位质量保证体系、进度、资金、施工资料、安全等情况,抽检关键部位单元工程和重点隐蔽单元工程。存在的问题提出整改要求,全年发文104份,包括56份质量监督意见和3份停工整顿通知。对定海区农业开发双桥高标准农田建设项目、新城茶山浦海口水闸抗洪强排工程等15个工程的质量监督和设计交底。审查螺门新渔港配套围垦工程等18个工程施工质检资料,对存在的问题提出修改意见。

【水利工程安全生产与监管】 以水利工程专项方案为水利安全生产工作重点,结合十九大期间的水利安全,深化打非治违行动。在水利工程建设、水利工程运行等领域,对工程施工企业,安全隐患集中或已发生过事故的经营单位开展水利安全专项方案和打非治违工作。全年派出检查组121人次,检查工程56个,企业23家,发出整改通知书8份。

【水利招投标工作】 直接核准备案水利项目招投标申请22件,均及时办结,监督水利项目开标项目评标决标22个,完成全套招投标文件备案项目22个,全年无招投标投诉。同时,做好市级水利招投标信息上网公示和全市面上水利招投标咨询指导工作。

【创建无违建河道】 全年全市11条县级河道(34.08千米)列入"无违建河道"创建名录。各县(区)水利部门结合"五水共治"、涉水"三改一拆"、河湖专项执法行动联合乡镇街道对创建河道加大巡查频率,不定期开展排查,对创建河道每月必巡,开展两轮督查、抽查。全市排查出违建点9处801平方米,主要是河道管理范围内搭建简易木棚、管理房、堆放建筑物料废弃物,河面架设简易便桥。针对排查出的违建点,各县(区)强化工作措施,因点施策,落实责任人,明确拆违时间节点,9处违建点全部拆除。开展涉水违法建筑专项整治行动,全年拆除涉水违法建筑29处7657平方米,其中定海16处2870平方米,普陀6处1115平方米,岱山7处3672平方米。

【水政执法】 全年开展联合执法巡查拆除涉水违法建筑10处(定海岑港水库2处养殖场,新城高云水库1处简易房,新城徐家岙山塘下游溪坑1处挡水墙,普陀螺门河等6处简易房),清理普陀南岙水库管理范围内建筑垃圾1处,立案查处岱山岱南水库管理范围内浇筑堆放混凝土预制构件行为,罚款500元;公安部门查处虹桥水库垂钓人员殴打巡查人员行为,对2名当事人分别拘留5日并罚款200元。全年出动巡查人员644人次,巡查车次283车次;办理信访投诉件5件;立案查处水事案件4起(市本级、定海、岱山各办理1起未经批准擅自取水案,嵊泗办理1起水利工程串标案)。定海和普陀的饮用水水源地内劝阻、驱离、警告违法捕钓者2079人次,游泳125人次,烧烤、野餐159人次,对库区捕鱼、放地笼的暂扣网具和地笼147顶,渔具82套,移交执法与公安处理2起。通过进广场、社区、学校和各类新媒体等,开展"3·22"水法系列宣传,全市发放宣传手册资料1000余份,发送宣传短信3000余条,展出宣传画报20余块,悬挂横幅40余条。全年全市30余人参加省厅新任水政监察员培训、水土保持管理人员培训、市法制办行政执法资格证考试培训;率先完成水政监察证件年审注册工作,注册人数140人,注册率100%。

【水土保持工作】 对宁波舟山港主通道(鱼山石化疏港公路)工程(富翅门大桥段)、329国道舟山段改建工程、百里滨海大道、新奥能源LNG加注站项目、鱼山绿色石化项目等工程开展现场服务指导,督促帮助落实水保措施。全年审核水土保持方案报告书、表54个,核查全市附码登记255个生产建设项目,市本级补办审批水保方案报告书、表10个,检查160个项目,形成反馈监督意见检查189份,整改意见报告5份,下发3份整改通知书,补办水土保持变更手续10项,新增落实水保监测项目11个,市本级验收通过46个项目,市本级征收水土保持补偿费1226.74万元,为企业减负148.08万元。全年治理水土流失面积4.4平方千米,立足项目特点和实际工作，编制完成全市水土保持监督性监测实施方案和今后三年水保监测目标、计划，确定舟山作为全省试点从2018年开始推进水土保持“天地一体化”工作。

【水文工作】 检查长春岭水文站、定海潮位站、定海雨量站、新城潮位站、勾山水库水位站、普陀沈家门雨量站、定海金塘雨量站、岱山雨量站、岱山潮位站、嵊泗雨量站、嵊泗长弄堂雨量站、嵊泗长弄堂水库水位站点等，检查出各类大小问题11处，根据存在的问题，组织全面修复，并按省水文局要求，汇报整改落实情况。通过政府招投标，与第三方重新签订为期三年的市本级47处水文遥测设备维护保养技术服务合同，2月起开展工作，全年开展4次水文测站设施设备日常巡查和维护保养工作。全年清洗雨量设施188次，对23处有问题的设备进行更换。因卡努台风影响，对长春岭水文站损坏的设施设备进行修复；因地形位置影响，减少风浪连续冲击，将小洋山潮位站更换为雷达探头测量潮位。

【水资源监测与标准化创建】 根据全市水质自动监测项目建设三年行动计划(2017—2019年)，各县(区)、管委会将按计划分别实施水质自动监测数据采购项目。全年完成15个断面的水质自动监测项目建设任务，完成全市9处水文国家基本站点标准化建设任务。根据水文测站任务书要求，全年完成测流89次，超额完成省里基本水文站流量测次不少于50次的任务要求；完成省下达的3个报汛站的报汛任务。

嵊泗绿华风电水土保持工程(曹继党 摄)

【水雨情遥测站点建设】 根据舟山市水利工程建设三年行动计划(2017—2019年)要求，落实2017年县(区)水文遥测站点建设任务，向省水文局争取遥测站点建设相关资金补助，组织考察学习宁波水雨情遥测站点建设先进经验，督促指导各县(区)水雨情遥测站点的建设，全年全市新增48个水文遥测站点。至年底，全市有各类水文站点267处。

【信息管理工作】 完成勾山河流域及取水口的视频监控项目、局中心机房升级改造项目、水利工程标准化运管平台项目的建设，参与水质自动监测数据采购、小流域洪水预报系统和水利数据中心(一期)等项目的建设和管理。做好防汛远程会商系统的运维工作，全年召开省、市、县视频会议20余次，未出现会议故障；做好全局局域网及设备的运维工作，对现有设备加强登记管理，规范设备操作流程，完善服务器备份机制，全年提供网络技术服务近百次，未发生重大网络安全事故；做好水利业务信息系统的运维工作，特别是山洪灾害预警平台、水利工程标准化运管平台、河长制信息平台、水利视频监控平台等业务系统，派专人全程监管，保障正常稳定运行；做好水利外网、水利内网及局OA系统的运维管理，保障全局工作正常开展。

【水利勘测设计】 全年新签订勘测设计等合同128份，总金额2103万元。其中设计合同34份，金额797.4万元；咨询合同47份，金额926万元；地质勘查合同41份，金额354万元；施工图审查合同3份，金额15.5万元。至年底，合同完成金额1500万元左右。全年经营收入1385万元。完成舟山群岛新区定海强排工程可行性研究报告、舟山市定海区大沙湾围区垦造水田项目施工图审查、虹桥水库安全技术认定、衢山本岛库库联网实施方案、嵊泗小关岙水库初步设计、嵊泗县库库联网工程实施方案等75个设计咨询项目。完成舟山市普陀区寺岙河道整治工程地质报告、舟山市普陀区朱家尖机场北塘工程地质报告、定海区虹桥水库安全鉴定地质报告、岱山东沙长坑水库地质报告等63个地质勘查项目。建立水利专家团队,48人分5个小组,解决朱家尖观音法界补水方案及防渗技术,舟山绿色石化基地一期炼化项目海水取排水、雨水排水方案存在的技术等问题,组织团队调查勘测因卡努台风造成的普陀展茅受淹区域地形水文情况,分析雨量、洪水频率,提出下一步防御措施。

【水务管理工作】 推进建设系统"保供水、抓节水"工程,完成新增供水能力和改造供水能力的任务。全年全市新建供水管网10千米,改造供水管网15千米,新增供水能力14万吨/日,改造供水能力2万吨/日。至年底,累计完成新建供水管网11.05千米,完成率111%;改造供水管网20.83千米,完成率104%。全年全市抓节水计划建设屋顶集雨等雨水收集系统175处,改造节水器具7100套,改造"一户一表"500户,年度完成屋顶集雨等雨水收集系统181处,完成率111%,改造节水器具13000套,完成率103%。

【编撰水利志】 为全面记述15年来舟山水利系统发展历程、成就和经验,接轨《舟山市志》编纂工作,提升新区水利工作跨越式发展,谋划并启动《舟山市水利志》续志编纂工作。成立编纂委员会,印发编纂工作实施方案,出台信息员(联络员)工作例会制度,建立近30人的水利志微信群。至年底,基本完成编写《舟山市水利志(2003—2016)》编纂工作报送相关编写材料任务,2018年将进入志书撰写阶段。

(撰稿:曹继党)

水务管理

【城区制供水】 2017年,以"规范管理、改革创新、提质增效、科学发展"为引领,加快水务工程建设,加强对9个市属水库的不定期实地检查,保障城乡用水需求及供水安全。全年供原水8362万立方米,其中大陆引水5100万立方米,本地供水(各河道翻水入库)3262万立方米,分别占总量的61%、39%,比上年增加106万立方米。全年自来水制水量9640万吨,售水量8539万吨,同比增长2.09%,管网水综合合格率100%。

【舟山市大陆引水二期工程】 工程以浙东引水工程形成的水资源配置体系为水源,主要由宁波李溪渡取水泵站、岚山加压泵站、宁

2017年全市市属水库供水情况

表32 单位:万立方米

库　名	正常库容	年底总水量	年底可供水量	年供水量
虹桥水库	1015	788	648	1155
黄金湾水库	851	449	349	4861
岑港水库	627	456	406	376
城北水库	111	0	0	0
芦东水库	119	11	0	168
天竺水库	17.2	11	10.5	9.9
合兴水库	21.6	17.5	16	0
三甲塘水库	4.5	4	3	0
展茅平地水库	328	0	0	0

4月8日,市委书记俞东来考察水务集团(市水务集团提供)

波陆上段输水管道、跨海输水管道和舟山本岛黄金湾调节水库等组成，设计引水流量 2.8 立方米 / 秒，年均引水量 6633 万吨。工程从宁波姚江取水，跨越宁波市江北、镇海两区，至镇海岚山入海，经灰鳖洋一期（应急）引水工程北侧至舟山本岛北部黄金湾调节水库，全长 53.97 千米，其中陆上管线长 20.87 千米，管径 1.6 米；跨海管线为双管，南线长 33.07 千米，北线长 33.10 千米，管径 1.2 米；黄金湾调节水库总库容 909 万立方米，其中调蓄库容 767 万立方米。2009 年 9 月开工建设，至 2017 年底，已完成黄金湾水库下闸蓄水暨机组启动和通水阶段验收、水土保持设施竣工验收、环境保护设备竣工验收、黄金湾调节水库单位工程暨合同工程完工验收，并完成工程竣工决算审计。累计完成投资 19.019 亿元，其中 2017 年完成投资 4357 万元。黄金湾水位 5.86 米，对应库容为 442 万立方米。

【大陆引水预处理及配水工程】 该工程由原水预处理厂和本岛输配水北线二期管线等工程组成，概算总投资 33331 万元。原水预处理工程于 2012 年 10 月 18 日开工，2015 年 11 月 3 日完工。2017 年已完成所有工程建设及设备安装并移交运行管理单位。6 月 2 日，市环保局组织并通过舟山市大陆引水预处理及配水工程环境保护设施验收。

【大陆引水三期工程】 大陆引水三期工程由“一库八线”组成，“一库”指大沙调蓄水库，“八线”指宁波至舟山本岛引水三期工程、输配水工程、金塘岛引水工程、岱山引水二期工程、衢山岛引水工程、秀山岛引水工程、六横岛引水工程和普陀山引水工程。工程包括宁波至舟山本岛黄金湾水库引水三期、舟山本岛输配水、岛际引水和大沙调蓄水库等。输水线路总长 179.9 千米（其中隧洞长 1.4 千米，陆上输水管道长 81.9 千米，跨海输水管道长 96.6 千米），建设大沙调蓄水库 1 座，泵站 6 座（新建 4 座，改造 2 座），原水预处理厂 1 座（含取水、增压泵站各 1 座）。总工期 39 个月，项目概算总投资 23.62 亿元，统一报批立项，由各县（区）分项目分阶段实施。2017 年完成投资 7.01 亿元，累计完成投资 13.15 亿元。完成拆迁房屋 469 户，征收土地 1216.79 亩（81.12 公顷），库区坟墓迁移 1580 穴和舟山铁塔通讯基站补偿，完成安置地块土地征收，并签订安置小区代建合同。

是年，大陆引水三期工程完成舟山开源供水有限责任公司舟山市大陆引水三期工程海域使用申请、大陆引水三期工程（大沙调蓄水库工程）定海区小沙街道青岙社区建筑用石料（凝灰岩）矿采矿许可证办理等 6 项报批工作。公开招标项目 16 项，其中舟山市大陆引水工程大沙调蓄水库爆破安全监理、东岙弄泵站改造配电房专变工程、大沙调蓄水库管理房等 15 项完成招投标，另一项舟山市大陆引水三期工程（金塘岛引水工程）2 次流标。至年底，宁波陆上段工程、岛际引水工程（岱山段，金塘岛）、水务调度信息化管理系统完成初步设计审查，并按审查修改意见完善初设报告。岱山段引水工程其中定海马目陆上段 5 月 28 日开工，至年底，管道累计敷设 3800 米，完成率 78.46%，隧洞爆破进尺 80 米，完成率 26.67%，岱西段管道累计敷设 2612 米，完成率 100%。5 月 19 日，镇海至马目段跨海输水管道工程复工，8 月完成跨海输水管道敷设和沉管，9 月完成剩余混凝土联锁排安装，10 月马目段

大陆引水三期工程镇海至马目段施工现场（市水务集团提供）

堤坝完成施工，标志此段工程全部完工，11月完成完工验收。大沙调蓄水库工程至年底完成拦河坝工程土方、石方开挖，完成截水墙、防渗墙施工，坝体累计填筑14万立方米，完成率22.6%；溢洪道工程完成土方、石方开挖，同时完成边坡锚杆、喷砼施工；导流洞工程完成土方、石方开挖，完成平洞洞挖和喷砼支护；进水隧洞工程完成土方、石方开挖，平洞累计进尺900米，完成率63.1%，边坡支护累计完成1650平方米；交通工程土方累计开挖86300立方米，完成率71.1%，石方累计开挖51500立方米，完成率141%，锚杆累计完成11880米，边坡挂网喷播累计完成8500平方米，浆砌块石累计完成1600立方米，完成率7.8%；进场道路已完工，完成档案移交；进库管线敷设120米，完成率13%；水库管理房土方累计开挖23551立方米，完成率84.63%，完成砼、砖等基础建设，完成第一层砌砖浇筑，钢筋制安完成71.61吨；施工措施项目完成导截流、施工围堰填筑、混凝土防渗墙导墙施工，施工交通完成98%。

【虹桥水厂迁建(深度水处理)工程】 项目总投资4121万元，2015年5月开工建设，2016年12月30日通水，2017年10月25日通过工程完工验收，年底，进入项目的竣工结算阶段。

【普陀供水调度用房建设工程项目】 2016年8月10日，工程获普陀区发改局立项核准批复，总用地面积3333.18平方米，总建筑面积3260.38平方米，投资概算1500万元。至2017年底，完成环境影响备案、建设项目用地预审、建设用地规划许可、建设工程规划许可、施工图审查、建设项目节能审查等审批，进入项目招投标阶段。

【水库安全管理】 落实市级库长制创建工作，市级库长制水库公示牌全部上墙，每月以月报形式将各库区动态信息、巡查情况、整治项目进展情况等上报集团治水办。加强集中对各水库、泵站开展汛前、汛中、汛后巡查，消除防汛安全隐患。重新整理修订适应舟山水务发展的防汛应急预案，完善防汛应急预案。通过实际演练，寻漏洞订方案，改进各项应急流程，提高应急抢险能力。上半年，虹桥水库开展超限水位应急放水及停电故障应对演练。按防汛管理制度，各水库、泵站实行24小时轮换值班制，加强管理。20号台风“卡努”影响产生强降雨期间，管理人员每2小时对水库坝面及库区进行巡查；各泵站全面检查和防护带电设备，确保设施和人员安全。强降雨后，普陀区域内展茅平地泵站、大使岙泵站、中塘泵站因区域整体受淹，导致机电设备受损。经抢修，大使岙泵站、中塘泵站投入翻水运行，展茅平地泵站完成管理房改造后，投入运行，各水库稳定运行。

【强化饮用水源地环境保护】 加大原水检测力度，汛期为确保大陆引水入厂水水质安全，浙江省水资源监测中心舟山分中心化验科全程跟踪采集检测宁波姚江及本岛各饮用水水源地水质，全年完成本岛水质检测700多批次，岛外(宁波段)检测165多批次，为原水水质分析及采取对策提供数据支撑。加强水源环境治理，组织水源地巡查队对全市饮用水源地进行常态化巡查，并进行夜间突击巡查；联合定海区综合行政执法局、盐仓街道等单位开展“夏季护水”联合执法行动。全年劝阻、驱离违法捕钓者2379人次，其中夏季779人次，暂扣钓竿90余根，网具和地笼147余顶；劝阻

3月27日，市委常委、纪委书记、市级库长周峰(中)考察岑港水库(市水务集团提供)

烧烤、野餐人员159人次；劝阻游泳人员125人次。

【舟山本岛西部水资源整合工程】

在定海双桥前门贩河、浬溪社区新建泵站1座，翻水能力12.96万立方米/秒，铺设管道9.96千米。项目总投资6106.01万元，2015年4月20日工程开工；2017年4月16日完工，10月24日工程通过验收。

【白泉流域水资源整合工程】

定海区白泉变电所南侧新建翻水泵站1座，设计流量1.15立方米/秒。管道长度约1200米，管径DN1000，管材采用钢管，壁厚12毫米。工程总投资3603万元，2015年4月14日开工，2017年7月12日完工，10月25日工程通过验收。

【展茅平地水库维修工程】 工程概算总投资4594万元，2016年12月28日工程开工，至2017年底，完成库区清淤11万立方米，累计完成投资4102万元，占工程总投资的89.3%。

【城北水库维修工程】 工程概算总投资3068万元，2016年12月2日开工，至2017年底，完成库区清淤2万立方米，已完成主体工程和部分分部工程验收，累计完成投资2945万元，占工程总投资的96%。

【城市节水】 节水宣传　5月14—20日，开展全国第26个节水宣传周活动。13日，以“全面建设节水城市·修复城市水生态”为主题的舟山市2017年全国城市节约用水宣传周在定海长岗山公园举行启动仪式，随后举行第三届水务系统“美丽新区，节水先行”的登山比赛，并组织登顶人员进行节水倡议书签名活动。9月12日，联合普陀东港街道安康社区举行科普节水进社区的宣传活动，通过摆放节水科普展板、分发节水宣传手册、发放水龙头节水宝等形式，向居民介绍日常生活的节水型器具和节水小常识，发放《居民家庭生活节水手册》300份、节水龙头和省水宝200个，并对需要更换马桶水箱节水内芯的居民进行登记择日上门安装。

改造居民家庭节水器具　至10月底，定海区册子岛册北、桃夭门2个社区改造居民家庭节水器具3600多套，累计完成改造13000多套（包括水龙头和马桶水箱配件）；普陀区桃花镇塔湾、青龙2个社区完成改造3300多套；岱山县大衢镇皇坟、太平2个社区完成改造3500多套；嵊泗县沙荷、金平、石柱、绿华4个社区完成改造2600多套；超额完成省“五水共治”考核组下达的7500套居民家庭节水器具改造年度任务。

雨水收集利用项目　是年，在舟山市源丰商务大厦实施雨水收集再利用项目，主要用收集来的雨水浇灌绿化、冲洗场地、景观池用水、洗车等，减少自来水的使用量。9月，完成项目设备安装，12月26日，投入使用。

节水型企业　加强水平衡测试，创建节水型企业。全年组织召开节水型单位创建及水平衡测试培训会4次，市级有30家企业单位完成测试及水平衡测试报告书的编制。指导6家省级节水型企业、2家省级节水型单位和6个省级节水型居民小区完成节水型载体创建。

【城区污水处理水平】 是年，全市污水处理事业平稳发展，污水处理水平不断创新提高，全年（市本级）污水处理总量3931万吨，同比增长16.94%；化学需氧量（COD）削减总量1.98万吨，同比减少0.48%；氨氮削减总量1906吨，再生水利用量700万吨，总磷

5月13日，舟山市2017年全国城市节约用水宣传周在定海长岗山公园举行启动仪式（市水务集团提供）

削减总量523吨,处置污泥3.72万吨。各项污水处理指标基本控制在限值以内,主要指标COD、氨氮、总磷等均符合国家排放标准,完成污染物减排任务。

【污水处理厂配套主管网工程建设】 定海污水处理厂配套主管网工程 项目总投资约6530万元,建设内容是污水管网的主干管及岑港1号、岑港2号、老塘山泵站,不包括沿线干管、支管内容,总长度约11千米,管径DN500-DN800(主管)。污水管网收集污水范围主要是岑港镇部分、双桥镇和舟山国家粮油产业园区。2015年工程开工,2017年底,全线贯通。沿线粮油工业园及定海盐仓、双桥、岑港区域的部分污水均入定海污水厂处理。

定海区西北片污水处理厂配套主管网工程 项目总投资6589.30万元。内容是污水管网的主干管及1号、2号、4号泵站,不包括沿线干管、支管内容,总长度约9千米,管径DN600-DN800(主管)。污水管网收水范围主要是浙江定海工业园区及马岙、小沙和岑港部分地区。2015年开工,2017年底,全线贯通。

普陀区展茅区域污水调配主管网工程 该项目主要建设1条6.5千米污水管线和1座污水提升泵站(1.5万立方米/日),缓解展茅区块处理污水不足的能力。7月,完成项目选址、土地预审、水保、环评等行政审批,8月15日,完成办理泵站供地手续,同月,市政府批示同意项目采用EPC(公司受业主委托,按照合同约定对工程建设项目的设计、采购、施工、试运行等实行全过程或若干阶段的承包。通常公司在总价合同条件下,对其所承包工程的质量、安全、费用和进度进行负责)总承包模式。11月15日工程开工,至年底,累计完成管线建设2.7千米。

【城区污水泵站改造工程】 工程涉及本岛27座污水泵站,主要内容包括维修或更换水泵、格栅机、启闭机等设备,增设臭气处理设施,改造、完善监控和自控系统,美化泵站整体环境等,项目总投资1560.26万元,3月20日,工程完成施工招标,5月18日,进场施工,至年底,完成全部改造任务。

【舟山国家远洋渔业基地(干礁镇)污水管网调配工程】 工程主要建设1条约7.8千米污水管线和2座污水提升泵站。概算总投资为5800万元,3月27日,完成初步设计;6月8日,完成施工招标工作;8月9日工程开工。至年底,全部完成污水管线7.8千米,累计完成投资3800万元。

【岛北污水处理厂(一期)提标改造工程】 工程主要建设内容为新增一座中间提升泵房、二座气浮池、工艺管道、加药管道等,估算总投资为650万元。5月,完成项目立项(工可批复),同时开展规划、环保等前期审批工作,9月17日,工程开工建设,至年底,完成全部改造内容,污水处理厂污染物排放可达一级A标准。

【舟山市污水处理有限公司三江污水处理厂(一期)工程】 位于定海区干礁镇双庙社区,总面积4.13公顷,约61.9亩,一期工程用地面积约46.6亩(3.11公顷),总建筑物面积(不含地下)为2528.4平方米。按一次规划,分批实施原则。设计总建设规模为2.0万立方米/日,一期工程规模为1.0万立方米/日,新建组合池、细格栅、气浮池、水解酸化池、两级A/O池、二沉池、污泥回流泵房、终沉池、深床滤池、消毒池、污泥浓缩池、污泥均质池、鼓风机房及配电间、脱水机房、排海泵房、加药机修间、综合楼等构建筑物;尾水排放管及附属设施。工程概算总投资14792万元,上半年项目进入主体启动阶段;至年底,项目完成选址意见书、土地预审、建设用地规划许可证、水土保持、可行性研究报告等的审批、初步设计概算审核、施工图审核,招标控制价审核,处于招投标阶段。

【舟山市污水处理中心及相关配套项目】 项目主要建设内容为污水处理厂(含污泥处理)1座及配套主管网,概算总投资24.8亿元,一期实施规模为污水处理15万吨/日、污泥处理配套处理设施250吨/日(含水率以80%计)。出水标准提高一个等级,拟达到地表准Ⅳ类水。9月26日,成立舟山市污水处理中心及配套主管网工程项目前期项目部,负责项目的组织、协调和管理。与政府职能部门多次协调、沟通,解决规划土地等问题,具备工可上报条件。至年底,项目完成环境影响评价、公开招投标和工可文本评审。

(撰稿:童飞凤)

责任编辑:叶贞海

环境保护

概 述

2017 年，全市环境保护工作围绕打好“五水共治”大会战、推进四个舟山（创新舟山、开放舟山、品质舟山、幸福舟山）建设，绿色石化基地项目环评、规划环评通过环保部审批；打赢“五水共治”大会战，提前完成 426 处劣Ⅴ类水体年度剿劣任务，并通过省治水办首批现场验收，普陀山、朱家尖等地试点创新“水下森林”（种植沉水植物，削减水体中富余的营养物质，有效促进水体自净和循环）治水模式，破解海岛径流少无源头活水（舟山无大江大河，多为小微水体，水系不发达，无源头活水补充，为治水带来困难）难题；协调中央环保督察各项工作，办结 46 件中转信访件，报送调阅资料，挥发性有机物治理、入海排污口整治等特色工作，受到省环保部门肯定；抓项目审批改革，29 项需群众、企业上门办理的事项实现“最多跑一次”，自贸区环评制度改革有序推进；是年，舟山市、岱山县、定海区获美丽浙江建设考核优秀，舟山市连续 9 年（2009—2017）保持生态省及美丽浙江考核优秀；连续 3 年（2015—2017）获省气十条考核优秀；舟山市获 2017 年度浙江省“五水共治”（河长制）工作优秀市，定海区、普陀区获优秀县（市、区），均捧回“大禹鼎”；嵊泗县被命名为第一批省级生态文明建设示范县。全面深化污染防治和环境监管，环境质量持续保持全国领先。

3 月 21 日，环保部副部长黄润秋（中）考察鱼山绿色石化基地（黄最惠　摄）

是年，舟山市区环境空气质量优良率为 92.1%，PM2.5 平均浓度为 25 微克每立方米，舟山在全国 74 个城市空气质量排名第三；县级以上集中式饮用水水源地水质达标率 100%。据中国社科院社会发展研究中心等发布的《生态城市绿皮书（2017）》，舟山在全国生态城市综合排名第三。

生态文明建设

【打造美丽中国海岛样板】 以“四个舟山”建设为引领，实施“811”（通过绿色经济培育、节能减排、五水共治、大气污染防治、土壤污染防治、三改一拆、深化美丽乡村建设、生态屏障建设、灾害防控、生态文化培育、制度创新这 11 项专项行动，达到绿色经济培育、环境质量、节能减排、污染防治、生态保护、灾害防控、生态文化培育、制度创新这8个方面的目标)美丽舟山建设,推进沈家门渔港蓝色港湾、嵊泗花鸟绿色低碳岛、岱山东沙古镇、朱家尖禅意小镇等一批海洋海岛特色的品质提升工程。绿色发展,优化产业布局和结构,10多家分布式光伏发电企业并网发电,装机容量突破50兆瓦;世界首台3.4兆瓦LHD林东模块化大型海洋潮流能首套1兆瓦发电机组已并入国家电网,累计上网发电量超过26万千瓦时;浙江省首个海上风电项目——总装机容量25万千瓦的国电舟山普陀6号开工建设,计划2018年底竣工投产。陆海统筹,突出海洋海岛特色,推进海洋生态文明示范区创建,落实《国家级海洋特别保护区管理条例》,实施国家级海洋特别保护区海钓、贝藻类捕捞等管理暂行办法;开展浙江渔场修复振兴和“一打三整治”行动,严守伏季休渔制度,取缔涉渔“三无”船舶2292艘,实施海洋生态修复,全年放流大黄鱼、梭子蟹、乌贼、海蜇等13.45亿尾,完成建设碳汇渔业(浅海贝藻养殖)2.2万亩(1466.67公顷)。

【生态示范区创建】 全市各县(区)实施国家生态文明建设示范区创建,发布生态文明建设规划,嵊泗县首批获省级生态文明建设示范县,普陀区列为首批省级生态文明建设示范区创建县。岱山县、东沙镇分别获县区级和乡镇级“两美浙江特色体验地”称号。强化绿色细胞创建,是年,创建省级生态文明教育基地1个,省级绿色家庭16户,省级绿色医院10家,市级绿色学校9所。编制《舟山市生态保护红线划定方案》,全年划定生态保护红线区块33个,面积112.22平方千米,占国土面积7.31%。

【自然保护区管护】 优化保护区域和边界范围,调整修编《舟山五峙山列岛鸟类省级自然保护区规划》。开展五峙山列岛鸟类省级自然保护区界线矢量化工作,利用高分辨率遥感影像、保护区规划、科考数据、土地利用等,结合地面调查和核查等工作,完成保护区遥感核查与边界矢量化工作,形成矢量数据及相关图表、报告等成果,成为全省首个通过边界矢量化验收的自然保护区。开展保护区内人类活动核查工作,保护区内24个目标进行经纬度测量、人类活动设施类型、所在的功能区、设施现状、变化类型、设施规模以及生态影响及破坏情况等进行核查。

6月4日,环保志愿者在朱家尖漳州村乌龟门沙滩开展净滩行动(黄最惠 摄)

中央环保督察

【概况】 2017年8月11日,中央第二环保督察组进驻浙江,代表中共中央、国务院对全省各地市党委和政府及有关部门开展为期一个月的环境保护督察。其间,全市环保系统及时与省各专项组及县(区)、功能区对接,全员联动,推进信访办理、资料调阅、舆论宣传、问题整治等工作。

【办结信访案件】 累计转交舟山26批次,信访件46件。全市累计出动1470人次,检查254家企业,信访件全部办结回复,责令企业整改29家,立案处罚31起,罚款141.59万元,停产19家,查封扣押11家，个人问责3人(其中科级干部2人)。并在舟山政府门户网站、《舟山日报》中央环保督察专栏全部公开案件的相关信息。46件信访均在规定时限提前办结，且通过省信访组审核。

【严审资料台账】 全市累计报送13批次206份资料。8月26—29日，中央第二环保督察组第三小组对舟山进行专项督察，调阅3批44项资料，问询四县(区)政府、海洋产业集聚区、海洋、水利、住建、环保等部门共57人次。现场回访2个信访件和1家水产企业污水处理站。督察组对舟山提供资料、问询、现场督察表示满意。

【强化宣传引导】 配合宣传部门做好迎接中央环保督察工作的宣传报道和舆论引导，全市向省协调联络组报送简报41期、信访简报32期、舆情简报32期、动态信息33次。其中领导重视、强化边督边改，入海排污口环境整治、VOC治理、边远海岛固废危废收集处置等内容在省综合简报刊登。并在《舟山日报》开辟“中央环保督察专栏”，每天报道边督边改的工作动态和督察期间舟山生态环保的亮点、特色。

五水共治

【概况】 2017年，贯彻落实省委省政府关于“全面剿灭劣Ⅴ类水”和“进一步深化河长制”工作的决策部署，以剿劣百日攻坚行动为突破口，实施治水六大工程，针对舟山海岛地区径流少无源头活水实际情况，创新“水下森林”治水模式，剿劣、河长制均通过省级验收，全年全市完成“五水共治”投资34.61亿元。

【完成剿劣任务】 从全市4247处水体中排查出劣Ⅴ类小微水体426处，依据舟山海岛水体特点制订“一点一策”治理方案，运用项目化推进、清单式管理的治理方式，抽调力量督查治水工作，同时组织开展由环保、水利、住建、农林等部门联合参加的“铁拳”系列等环保专项执法行动，保障治水成效。9月，在全省率先完成全域剿劣攻坚任务。

【强化源头治理】 是年，完成六横城镇污水处理厂、衢山镇污水处理厂、定海区水处理厂(三期)3座污水处理厂一级A提标改造项目，新增城镇污水配套管网102.61千米，完成41个村的生活污水治理提标改造和191个入河排放口整治。全年累计完成河湖库塘清淤243.43万方；整治和淘汰“低小散”“脏乱差”问题企业(作坊)148家；建成渔农村生活垃圾分类处理村62个，集中收集有效处理提升改造村31个，渔农村生活垃圾集中有效收集处理建制村覆盖率100%，全市21个规模养殖场全部纳入智能在线监控平台。

【“河长制”管理】 制定《河长制工作实施意见》和工作方案，将落实河长责任纳入“五水共治”、美丽舟山建设工作和水资源管理制度考核范畴；健全四级河长管理体系，有各级河长981人，建立河长信息库，推出河长履职电子化考核，实行巡河APP情况月通报，河长管理覆盖河道、水库、山塘、闸口等。落实市级河长联系部门12个，配置河道警长765人，保洁人员468人，保洁船124艘。11月，“河长制”管理通过省级考核验收。

【“洪涝供节”工程】 全年完成加固水库8座、海塘4.77千米、水闸及配套泵站建设6座，新增强排能力94立方米/秒。提升排涝能力建设，完成整治城市河道3条，改造易涝片区1处，提标改造管网10千米，雨污分流改造管网6千米，清淤排水管网450千米。推进水源拓展工程，对11座水库、25座山塘实施拓库扩容，增加蓄水库容126万立方米。盐仓大河水质达到Ⅲ类，获全省“最美家乡河”称号。新建雨水收集系统181处，改造节水器具7500套，改造“一户一表”500户。

【全民参与】 创设“民间河长”参与治理平台，62位市民和4个团队认领50条河道的“民间河长”；开展剿劣“百名记者治水千岛行”“百名文艺工作者、百支文艺团队赴基层”采风展演、“治水宣讲基层行”“治水调查一线行”“最美治水人”评选等6大行动；拓宽公众投诉、举报渠道，组织市民巡访、随手拍和有奖举报等行动；开展“青春护航”“巾帼红·剿灭劣Ⅴ类水护河行动”等活动，参与人数约20多万人次；普陀山佛协捐赠公益善款800万元助战全面剿灭劣Ⅴ类水；组织“千企联百村合力治污水”、浙商回归助力“五水

治理后的金塘沥港横河(沈磊　摄)

共治”等活动,形成全民治水强大合力。

污染减排

【落实污染减排】 编制《舟山市“十三五”主要污染物总量减排实施方案》,12月由市政府发布,加大全市污染减排工作力度,实现污染减排,全年分解落实57个减排计划项目,并作为否决性指标纳入美丽舟山建设目标责任书。水污染物减排方面,重点对普陀展茅、勾山等重点水产区块开展源头减排、完善管网和末端扩能提升的综合整治,推动园区企业建设废水预处理设施,建成金园水产、鸿利达水产等一批废水预处理设施;市政府专门对勾山区块纳管工业企业废水超标问题进行研究,明确由新城管委会和普陀区政府牵头会同市水务集团合建一套预处理设施,从根本上缓解勾山污水处理厂纳管废水浓度过高问题;普陀区政府在展茅污水处理厂周边地块新建一座3000吨/日的废水处理设施,缓解企业季节性生产导致的污水处理负荷压力,11月,项目开工建设;定海区政府对干礁西码头污水处理厂进行扩建,日处理污水能力可增至5000吨,至年底,完成主体建设。结合“五水共治”抓工程减排,推动城镇污水处理厂提标改造和管网建设。大气污染物减排方面,重点做好火电厂脱硫、脱硝和除尘设施的运行管理,推进工业挥发性有机物治理,加大老旧车淘汰力度。全年全市完成化学需氧量减排811吨,氨氮减排121.4吨,二氧化硫减排371.8吨,氮氧化物减排163.8吨,完成减排任务。

【实施排污总量控制和排污交易】 全面落实总量创新制度,部署和推进“十三五”期间排污权有偿使用工作,完善全市排污权租赁、排污权使用费分期交纳等相关制度。实施排污权有偿使用和交易工作,全年全市完成445家排污单位的“十三五”排污权核定。全年收缴排污权有偿使用费977万元,从2013年始到2017年底,累计完成有偿使用费收缴8200万元。

环境污染防治

【大气污染防治】 *调查挥发性有机污染物排放源* 对112家重点企业开展挥发性有机污染物排放源调查,完善《舟山市重点行业VOC污染排放源调查报告》,至年底,预测全市挥发性有机物实际工业排放量约1.5万吨左右,并重点对石化、储运、化工、涂装等行业进行环境治理提升,完成7家重点行业挥发性有机物企业综合整治。

整治船舶行业涂装污染 规模以上船舶修造企业均建有喷砂房和涂装房,以减少船舶企业中二甲苯和粉尘的排放量。至年底,全市已建成喷漆涂装房50余家企业,通过活性炭吸附、催化燃烧等方法处理喷漆废气,改变露天喷漆造成大量二甲苯废气无组织的排放,经过集中处理后,二甲苯排放量降低85%。在喷砂房中进行的喷砂作业产生的粉尘经过布袋除尘等设施后,可减少99%的粉尘排放。鼓励企业使用高压无气喷涂、环保型喷砂机等设备,有效减少大气污染物。推广使用低苯、无毒油漆,全市环保型原辅材料使用覆盖率80%以上,其中万邦永跃船舶修造有限公司引进国外先进技术,试点推进船底清洗

除锈机器人、舱室空间作业蜘蛛臂、坞用船壳防腐智能处理机器人等自动化装备，被中国船舶工业协会誉为修船行业绿色革命的先行者。

鱼粉行业环境整治 鱼粉行业是舟山多年来海洋经济特色产业，但其产生的臭气异味扰民问题是城市一大顽疾。2013年、2014年，舟山率先在全省出台《普陀区鱼粉行业整治提升验收技术规范》和《舟山市鱼粉行业整治提升验收标准》；明确全市24家鱼粉企业仅保留定海、普陀各1家，以普陀展茅区域鱼粉行业整治为试点，强化鱼粉整合重组和资金、技术投入等目标、措施；强化整合、治理、提升，2013年底，位于本岛普陀展茅工业园区的7家鱼粉厂整合为丰宇鱼粉厂，2016—2017年，企业先后投入1.2亿元用于技术研发和环境整治提升，全面淘汰现有落后鱼粉生产设备，引进国内外大型先进流水线；2017年，企业专门设立生物技术研究室，引入制药行业低压浓缩技术，沿用数十年的粉末状鱼粉能被液态所取代，实现鱼粉行业生产技术变革，提升资源利用率。出资3000万元新建公司环保处理系统，包括污水处理站、废气处理设施、固废堆场等一系列配套的环保设施，确保废气、废水达标排放。丰宇鱼粉厂环境治理效果基本保持良好，吸引山东等地沿海城市环保部门、企业、乡镇等单位考察取经。

机动车污染防治 是年，新注册及转入车辆实施国五准入，继续实施黄标车及老旧汽车淘汰；全市有机动车约15万辆，淘汰黄标车和老旧车1613辆，有机动车排气检测站4个，检测线40条。全市749辆公交车中节能环保型公交车总数达357辆，节能环保比例达48%。

控制城市综合废气 将餐饮油烟的管理纳入城市综合执法的日常管理，查处无证无照餐饮企业，督促各单位安装油烟净化装置，并建立起定期清洗制度。

【试行原油装船油气回收项目】解决因石油储运企业原油装船油气挥发带来的空气污染，针对国内原油装船油气基本不回收（无明确标准要求）、无成熟的装船油气回收技术和装置的情况，舟山率先开展原油装船大规模油气回收利用工作，由石油储运龙头企业中化兴中石油转运（舟山）有限公司实施国内首例原油装船大规模油气回收利用试点工程项目。该工程投资近亿元，采用“船岸对接系统+干湿脱硫+多级活性炭富集油气+油气锅炉燃烧产蒸汽”生产工艺。4月，项目建成，并开始试运行。

【加油站、油罐车等油气回收】通过改造密闭油气回收油罐车、铺设油气回收管线、配置汽油回收加油枪等设施，建立起油气密闭收集、储运和液化利用体系。全年全市完成36座加油站、6辆油罐车、2座油库的油气回收综合治理任务。新建加油站按“三同时”（环境保护设施、职业健康与安全设施，与主体工程同时设计、同时施工、同时验收）要求，明确配套建设油气回收设施，投入生产和使用。

【高污染燃料禁燃区环境整治】禁燃区总面积69.77平方千米，基本覆盖城市建成区。开展禁燃区高污染燃料“五炉”、非禁燃区燃煤锅（窑）炉淘汰和园区集中供热。落实能源消费“双控”目标责任，严格新建耗煤项目准入，强化煤炭总量控制。全年全市淘汰41台燃煤锅炉，其中拆除6台，改生物质14台，改天然气9台，其他2台。

【绿色港口建设】2016年，嵊泗、六横、定海、衢山、金塘5个港区在全省率先实行船舶排放控制区管理，到2017年9月1日，船舶排放控制区已覆盖舟山所有港口。推广岸电清洁能源应用（利用岸上电网建设的供电设施，通过电缆连接系统向船上的供电设施供电，取代船上燃油机组自发电的供电，减少环境污染），常石集团等16个单位已建成岸电清洁能源应用项目。

【大气环境监测基础设施建设】全市已建成6个空气自动监测站和1个省级空气自动监测背景站，推进大气复合污染立体监测网络工程，完成PM2.5监测设施建设，形成较完善的空气自动监测网络，全市环境空气质量每天在市主流媒体上发布，并预报次日空气质量，使监测数据得到合理使用。是年，市环保局会同气象、渔农委等部门开展清新空气（负氧离子）监测网络建设，完成定海、普陀、普陀山3个清新空气（负氧离子）监测站点建设，并发布负氧离子信息实时监测数据。

环境监管和执法

【环评审批验收服务】 推进“最多跑一次”改革，专门成立领导小组，制定改革方案，提高行政效能和群众获得感。2017年，29项环保事项实现“最多跑一次”，其中即办事项占比35%，五星级事项占比17.5%，所有事项均可通过政务网申报，减少申报材料133件，减少承诺时限53天。以“制度精准化”“层级一体化”“流程简约化”三方面为突破口，通过“三减三增”“三跑三代替”“小微工作室”、完善网上申报环境等一系列举措，为建设项目落地减少申报材料，压缩办事流程，降低环评费用，提升管理效能。全市全年审批建设项目环评文件217个，其中环评报告书44个，报告表173个，完成登记表备案591个，项目环评执行率100%，完成“三同时”验收项目120个，项目“三同时”验收合格率100%。编制完成《浙江舟山群岛新区发展规划环境影响跟踪评价》，对区域的资源环境承载状况、生态环境质量变化情况、环境管理能力等方面作评价分析，划定生态红线，制定清单式管理模式，为重大项目的环境准入把好关，点面结合带动全域范围内相关开发区、产业集聚区、特色小镇等空间布局和产业结构调整转型。

【辐射环境监管】 履行辐射环境监管职责，理清全市辐射工作单位底数。至年底，全市有辐射工作单位88家，其中涉源单位6家，放射源计25枚；射线装置使用单位82家，约200台。开展电离辐射监督性检查，对全市放射源、射线装置使用单位及金属熔炼企业进行现场检查，督促整改存在问题。完成各类辐射行政许可工作，全年完成辐射安全许可证核发事项50个，其中新核发11个，变更10个，延续26个，注销3个。完成辐射项目审批3个，验收12个，辐射工作单位持证率100%。完成辐射类违法违规项目清理，清理率100%；结合辐射项目审批监管，妥善处理辐射类项目投诉事件；组织开展辐射环境应急演习，做好各类放射源收贮工作，确保辐射环境安全。

【危险废物全过程监管】 创新危废监管机制，推行“零预缴费”机制。是年，在全省范围内率先试行涉危小微企业“零预缴费”机制，年产生1吨以下的产废单位与危险废物经营处置单位签订处置协议后，无需再预缴处置费用押金，从而降低小微产废单位环保准入门槛，减轻企业经济负担。该试点机制惠及全市95家企业。

完成舟山市危险废物动态管理系统(二期)建设。平台功能包括危险废物年度管理计划报备、转移联单生成、危险废物经营许可证审批申报、危险废物运输轨迹跟踪、危险废物产生单位视频监控等。全市有351家企业注册系统，包括301家产废单位、33家危废运输单位、8家危废处置单位和9家舟山市外的危废处置单位，涵盖全市所有经营单位和产废单位。全市重点产废企业和处置单位中，有31家纳入视频监控平台，其中市控以上产废企业联网率54%，省控以上产废联网率100%，所有危险废物经营单位全部联网，并实现省、市、县三级平台在线监控联网。

【环境执法监管】 加大环境执法力度，组织开展四季“铁拳”系列、涉水直排环境企业执法检查、长江经济带饮用水源地执法检查、打击进口废物加工利用行业环境违法行为、火电和造纸行业排污许可证执法检查、水产加工行业环保执法检查、砖瓦行业执法检查、环境安全大检查、危险废物及涉重行业执法检查、未利用土地非法排污执法检查等环保专项行动。实施“双随机(随机摇号)”方式抽取企业824家次，其中特殊监管单位20家次，重点排污单位216家次，一般排污单位588家次。全年全市出动环境执法人员14747人次，检查企业5572家次，查处违法案件177起，其中移送公安7起，行政拘留2人；引用四个配套办法查处案件40起，较上年增长8倍，处罚金额908.57万元；通过使用移动执法系统，制作现场监察记录表、现场勘验笔录、调查询问笔录等执法文书共1688份。

【完善环境监管机制】 环境安全体系　修订《舟山市突发环境事件应急预案》，补充和调整全市环境应急专家库，完善全市应对突发环境事件的应急机制。开展2017年全市涉及油品储运、化工制药、船舶修造、涉危废等46家环境风险企业应急预案备案工作，备案率80%以上。结合政府购买社会服务方式，加强区域性的环境应急物资储备、救援力量配置和应急演练，整合政府、企业、部门和社会力量，通过区域联防联控，为相关项目和产业健康可持续发展提供环境安全保障。发挥本岛一体化应急联动机制，组织开展危险化学品运输车储罐泄漏影响饮用水源水质的突发环境事故应急演练。全年全市未发生突发环境应急事件。

工作制度机制建设 完善政府主导的网格化环境监管体系建设，重点推进乡镇（街道）或工业集聚区、社区（村）三、四级网格监管职责落实，全市三、四级网格有约550名网格监管员，提升网格化监管效能。出台《关于建立运用民事行政检察职能加强海洋环境监管执法协作机制的意见》，补齐海洋环境执法短板。成立市检察院驻市环保局检察官办公室、市法院与市环保局环境执法与司法协调联动办公室，更新市公安局驻市环保局工作联络室工作规程，加强和完善联合执法工作机制。建立环保与12345受理平台环保类信访信息定期共享机制，畅通全市环境信访信息收集渠道，强化信访事项提前研判，提升信访办理时效和质量。利用舟山市重点排污单位信息公开平台实现162家全市重点排污企业环境信息公开，接受群众监督。通过购买服务形式，对全市重点污染源在线监控开展全程监理，发挥污染源在线监控的哨兵预警作用。

环保护航 加强环境污染矛盾纠纷和环境风险隐患排摸和调处，为中共十九大、全国“两会”、省“两会”、“一带一路”国际合作高峰论坛、国际互联网大会等活动的召开提供环境保障。通过排摸，及时掌握信访动态，做好群众反映的热点、敏感问题及各类矛盾纠纷，妥善处理环境信访案件，严格执行重要环境信访、群体性事件及突发环境事件信息“零报告”制度。是年未出现因环境问题引发进京上访或群体性事件的发生。

【信访调处】 开展环境污染矛盾纠纷排查和信访处理，做好矛盾纠纷的排查和化解。整合环境信访、投诉举报、咨询等事项纳入浙江省统一政务咨询投诉举报平台，对各类环境信访、投诉举报、咨询等事项严格依照法定途径分类做到分类梳理和导入受理。落实24小时电话和执法车辆值班制度，对接到环境信访投诉，第一时间赶赴现场进行调处。开展市局领导带案下访、稽查等工作，信访受理和反馈及重复访问题得到改善。全年全市环保部门收到群众来信（电）、来访522件，处理率100%，满意率98%以上，信访量保持全省最低，未发生因环境投诉处理不当而引发的群体性事件。中央环境保护督察组进驻浙江期间，全市受理信访交办件26批次共46件，占全省总量6920件的0.67%，所有信访交办件均提前办结，并一次性通过审核。

【公众参与环保】 围绕“解决环境问题、改善环境质量、促进绿色发展”“四个舟山”建设、“五水共治”大会战等主题，组织开展“绿水青山就是金山银山”环保文艺演出、企业环保开放日、环境教育公开课、“五水共治”点单验水等相关主题宣传活动10多次；发动“两代表一委员”、环保志愿者、热心市民等参与环境保护或为环保献计献策，累计参与人数7000多人，形成共建共享良好氛围。同

6月5日，举行世界环保日宣传活动。图为环保志愿者助力剿灭劣V类水承诺签名（黄最惠 摄）

时在《中国环境报》《今日环境》《舟山日报》《舟山晚报》和舟山电视台等媒体宣传报道全市服务国家战略落地、劣Ⅴ类水剿灭、“最多跑一次”改革、自贸区“区域环评＋环境标准”改革、基层环境监管亮点等，刊播宣传文章100多篇。依托省环保联合会，做好民间环保组织的组织协调工作，组织开展“海好有你”“兰秀环保志愿者”“军嫂环保志愿者”等各类环保公益活动，举行“三地同心护海洋”、河道保洁、海滩净化、“脏乱差”清理、生态宣传等环保行动30多次。

环境状况

【陆域水环境】 地表水水质状况 2017年，全市20个市控以上地表水断面，水质Ⅰ类1个，Ⅱ类8个，Ⅲ类9个，Ⅳ类2个，分别占5.0%、40.0%、45.0%、10.0%。Ⅰ—Ⅲ类水质比例为90.0%。根据指定功能水质类别评价，达标19个，占95.0%，同比上升5个百分点。市控监测的8座水库全部达到指定功能水质类别要求；监测的12条主要河流中11条水质达到指定功能水质类别要求。

集中式饮用水水源地水质状况 全市8个县级以上集中式生活饮用水水源地全部达到Ⅲ类水质标准要求，水质达标率为100%；13个乡镇集中式生活饮用水源地全部达到Ⅲ类水质标准要求，水质达标率为100%。

【海洋生态环境】 海域水质 是年，舟山市近岸海域一类和二类海水水质比例为34.0%，三类、四类海水比例均为8.8%，劣四类海水比例为48.4%，近岸海域环境功能区水质面积达标率为14.6%。近岸海域水体总体处于中度富营养化状态，其中定海海域处于重富营养状态，岱山和嵊泗海域为中度富营养状态，普陀海域处于贫营养状态。与上年相比，一类和二类海水比例下降4.4个百分点，三类比例上升4.4个百分点，四类和劣四类水质比例持平，主要超标指标无机氮和活性磷酸盐均值、超标率均有所下降，近岸海域环境功能区水质达标率上升4.6个百分点，总体水质状况保持稳定。

海域生物环境 舟山市近岸海域浮游植物、底栖生物生境质量等级为差，浮游动物生境质量等级为一般。与上年比较，浮游动植物多样性指数下降，浮游

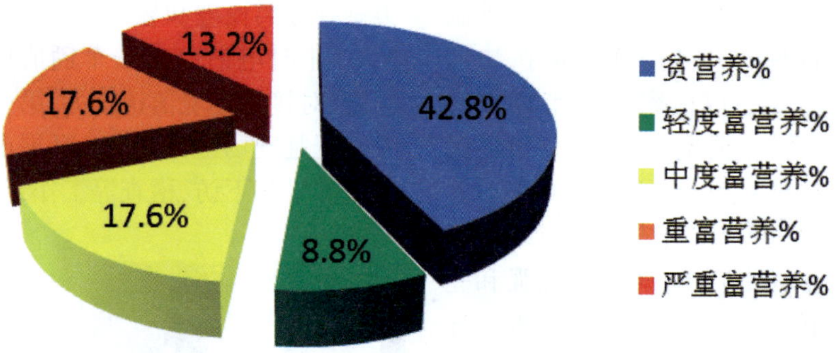

图9:2017年舟山市近岸海域水体富营养化分级比例

2017年舟山市集中式饮用水水源地水质状况一览

表33

断面名称	虹桥水库★	城北水库★	岑港水库★	陈岙水库★	洞岙水库★	芦东水库★	应家湾水库★	长弄堂水库★	小高亭水库★	勾山水库	黄金湾水库	龙潭水库	长春岭水库	狭门水库	蚂蝗山水库	白泉岭下水库	金林水库	红卫水库	昌门里水库	大使岙水库	沙田岙水库	枫树水库	磨心水库
水质类别	Ⅱ	停测	Ⅱ	Ⅱ	Ⅲ	Ⅱ	Ⅱ	Ⅱ	Ⅱ	Ⅲ	Ⅲ	Ⅰ	Ⅰ	Ⅱ	Ⅱ	停测	Ⅲ	Ⅱ	Ⅱ	Ⅱ	Ⅱ	Ⅲ	Ⅱ

注：标★为县级以上(含市区)集中式生活饮用水水源地，城北水库和白泉岭下水库因水库维修停测。

动物和底栖生物生境质量等级持平。

海域生物体污染物残留量　舟山市近岸海域所监测的贝类生物质量100%为第二类，与上年比较，第二类比例上升25个百分点，第三类比例下降25个百分点。

海域表层沉积物　舟山市近岸海域的表层沉积物质量优良，97.8%为第一类，2.2%为第二类。与上年比较，保持一致，四个县(区)海域表层沉积物质量均为优良。

【城市空气环境】 城市空气质量　全市城市空气质量良好，市区(定海、普陀、临城)日空气质量优良率92.1%。全市SO_2、NO_2、CO浓度达到《环境空气质量标准》(GB3095-2012)一级标准，O_3、PM10、PM2.5浓度达到二级标准。市区空气质量优125天，良211天，全年轻度污染以上天数29天，其中轻度污染26天，中度污染3天。PM2.5为首要污染物出现3天，PM10为首要污染物出现1天，O_3为首要污染物出现25天，分别占全部污染天数的10.4%、3.4%和86.2%。

酸雨　全市降水酸雨率仍较高，为88.1%，比上年下降4.3个百分点。pH均值为4.90，较上年有所上升。第一季度pH均值最低，为4.78，第二季度最高，为4.99。第四季度酸雨率最高达到93.6%，第三季度最低，为75.4%。

【城市声环境】 区域环境噪声　全年全市区域环境噪声平均等效声级为51.9分贝，达到国家标准(55分贝)要求，其中市区51.6分贝，岱山53.9分贝，嵊泗52.9分贝，均比上年略有上升。影响城市区域声环境的主要噪声源类型为生活噪声，占各类声源的63.9%。其他声源构成比例分别为交通源14.5%，工业源4.3%，施工源3.0%，其他源14.3%。

交通噪声　全市交通噪声平均等效声级66.2分贝，其中市区66.2分贝，岱山67.2分贝，嵊泗66.6分贝，均达到国家标准(70分贝)要求。主要超标路段为新城的海天大道。

功能区噪声　全市功能区定点噪声昼夜平均等效声级范围为26.5～79.3分贝，其中昼间等效声级范围为31.9～79.3分贝，夜间等效声级范围为26.5～64.8分贝。昼间噪声均达标，夜间噪声定海和临城区域4类区分别超标4.4分贝和2.0分贝，其他均达标。与上年比较，总体基本持平。

【固体废物】 全年全市有209家一般工业固体废物产生企业，产生量120.26万吨，综合利用量115.57万吨，处置量3.98万吨，贮存量2.1万吨，综合利用处置率达99.4%。全年全市新产生工业危险废物16.42万吨，处置1.93万吨，综合利用14.36万吨，贮存0.27万吨，工业危险废物综合利用处置率为99.2%。

(撰稿：黄最惠)

责任编辑：叶贞海

杂记(五)

【舟山渔民捕获“中华锦绣”大龙虾】 8月24日，浙普渔68972的船老大王挺带着一只超大龙虾来到舟山国际水产城国达水产门市部。这只龙虾通体明亮，色彩斑斓，两条触须粗壮，为紫红色，全身蓝灰色相间，头部发黄，脚有黑黄相间的花纹，背上还附着着几颗白色贝壳。这只龙虾重约3千克，从头到尾长约60厘米，加上比身体还长的触须，全身1米多长。

【家里防盗窗斑鸠筑巢】 家住定海弘生世纪城的杨女士，2月9日晚上下班回家，看到厨房防盗窗隔离网上那儿出现一只鸟巢，里面还蹲着一只鸟。原以为是别人家走失的鸽子，经确认，原来是只斑鸠。次日早上，杨女士轻轻走近鸟巢，发现巢里多了一枚蛋，忙一一关照家人，不要去惊扰斑鸠，让它静静孵“小宝宝”，直至它们远走高飞。

交通

概　述

2017年，全市交通运输系统围绕建设“四个舟山”、打好“五大会战”的战略，实施“1128”工程，推进重点攻坚项目进度。全年完成投资110亿元，其中：宁波舟山港主通道完成投资40.05亿元（富翅门大桥完成形象进度51%，鱼山大桥完成形象进度69%，舟岱大桥陆域、海域全面施工并完成大型临建主体工程），329国道舟山段（定沈快速路）改建完成投资17.4亿元（其中鸭岑段盐仓至双桥段、白泉至勾山段试通车，岑港至白泉段隧道开挖完成单洞10381米，普陀段跨沈芦高架主体结构11月底完工）。加快推进宁波至舟山水陆联合通道、官山至秀山公路秀山大桥、普陀至开化公路舟山朱家尖段等重大交通工程项目建设，是年完成宁波舟山港六横公路大桥的初步设计审查，同时加快谋划甬舟高速公路复线、舟山至上海跨海大通道等项目。

促进“交通+”发展。成立全市综合交通改革与发展领导小组，编制完成《舟山本岛综合交通体系规划》，形成交通事业“规划一张图、建设一盘棋、管理一体化”机制。开展交通旅游融合发展布局和筹划，完成《关于促进新区交通运输与旅游融合发展的研究与思考》，为交通旅游融合发展提供理论基础和实践依据。以宁波舟山港主通道项目为标杆，开展全市公路水运“品质工程”建设活动，打造“品质工程”示范项目。根据市政府《舟山市美丽经济交通走廊创建实施方案》，计划“十三五”期间创建美丽公路543千米，美丽航线113海里，全年完成美丽经济交通走廊示范线120千米；实施新区陆岛交通码头专项提升工程，计划2017—2020年分类提升陆岛交通码头52座，是年，完成工可评审13座，初设审查12座，施工图设计7座，建成5座。以新城区域为样板，启动本岛公交候车亭统一新（改）建及电子站牌配建工作，全年完成180个建设任务。启动市区巡游出租车行业改革和品质提升，提高出租车品质与服务水平。印发《舟山市客运船舶一般性改装检验实施方案》，促进客运船舶的更新改造，向省厅争取到渡船更新改造补助资金2800万元。

完成市政府为民实事项目，开展农村公路等级提升和路面维修工程、公交车新增、更新及公交站建设等项目，推进乡村康庄工程建设和“四好农村路”创建。推进城市治堵，建成岑港公交首末站等一批公交场站，完成城区3对BRT站台新改建，新增9路、25路、37路等普通公交与BRT1号线同台免费换乘；新增优化公交线路25条，增加线路里程69千米，新增、更新公交车146辆。提升水路客运服务，出台《舟山市“十三五”渡船运力发展计划》，新增、更新客（渡）运船舶8艘。全年海陆客运量5435万人次、旅客周转量154,184万人千米，同比分别增长7.6%和5.5%；道路货运量8460万吨，货运周转量150.14亿吨千米，同比分别增长9.8%和10%。

强化交通建设项目管理，推进工程质量安全标准建设和市场诚信建设。构建交通运输行业综合治理体系，深化道路客货运和水路客运实名制管理，新增23条水路客运航线，13个水路客运站点纳入实名制，行业安全生产总体平稳，各项数据均控制在省市考核指标内。提升路域环境和运输市场秩序，开展小城镇道路“道乱占”集中整治攻坚行动、城乡道路环境专项整治行动，完成329国道朱家尖段、鸭东线、双坝线中英文标志牌更换改造；开展长途客运、网约车非法营运等专项整治行动,净化运输市场秩序。

加快"最多跑一次"改革,推出跑一次事项32大项、55小项,覆盖率95%;全年办理最多跑一次事项28265件,当场或当天办结率90%以上。建设智慧交通,实现"掐点等公交"、手机预约出租车、网上买船票、手机付公交费等功能,启用治超非现场执法系统,慈航广场在全省开辟首条社会停车场ETC通道。编制《舟山市2017—2020年交通物流降本增效专项行动实施方案》,推动货运物流业转型发展,金塘物流园区补助资金项目通过交通运输部初审。深化监管体制改革,推行双随机抽查监管和企业信用监管,完成全省综合交通改革试点项目3个。强化出租车和驾培行业改革,推进网约车纳规,大岛实现巡游出租车打表计价;本岛17家民营驾校初步完成重组,完善驾培"先培后付"服务模式。优化调整交通用能结构,本岛节能环保型公交车、出租车占比分别达47.6%和55%。

加强交通队伍建设,打造交通"铁军"队伍,成立交通大会战青年突击队及相关建设项目青年突击队等6支队伍,参加大会战。强化队伍执法水平,创建美丽窗口,提升队伍形象;开展行政执法人员专业知识培训;推广科技设备辅助执法,应用执法记录仪、路政巡查车载视频监控取证系统等执法装备,保障执法规范、程序合法、证据完整。制定《车载视频使用制度》并定期通报路巡车辆车载视频使用情况。抓住全国路政宣传月活动和全省爱路日活动契机,对学校、商业中心、客运中心等区域开展路政宣传,普及公路法律法规。开展"安康杯"安全竞赛和"弘扬工匠精神,培养技术人才,服务交通发展"劳动竞赛,通过安全文化征文比赛、安全生产培训比赛等形式,深化企业安全生产活动。宁波舟山港主通道、329国道舟山段改建工程等5个项目组织开展立功竞赛活动,其中329国道舟山段改建工程推荐参加省厅"两美"交通立功竞赛活动。是年,舟山市交通系统职工思想政治工作研究会获2015—2016年度浙江省优秀政研会。"交通英模"毕怀彬被全国总工会和交通部评为2016年感动交通特别致敬人物并入选浙江好人榜。加大宣传,全年在市级以上新闻媒体发表交通新闻稿件2500余篇,编发政务信息刊物《舟山交通》44期,录用信息396篇,报送图片300余张。

(撰稿:江婵)

大桥建设与管理

【概况】 2017年,建设宁波舟山港主通道的富翅门大桥、舟岱大桥、鱼山大桥和舟山至岱山疏港公路的秀山大桥,筹建宁波舟山港六横公路大桥。舟山跨海大桥全年进出各类车辆810多万辆次,比上年增长车流量约10%;日均交通流量约2.22万辆次,单日最大交通流量约6.10万辆次。大桥全线没有发生人员死亡安全责任事故,水域没有发生危及大桥结构安全的事件。

【宁波舟山港六横公路大桥】 起点为舟山六横岛,接孙干公路,经六横南岙、佛渡岛、北仑梅山岛、春晓开发区、昆亭,终点为宁波柴桥,路线向北接入宁波穿山疏港高速公路,全长约31.3千米(舟山段约16.8千米、宁波段约14.5千米),其中海域路线长约16千米,项目估算总投资约176.5亿元。是年,继续推进项目前期工作,1月5日,获省国土厅用地预审意见。根据省发改委对项目工可报告上报的前置条件,完成行政报批专题中通航、水土保持、环评、规划选址、土地预审意见等审批;2月6日,获得工可批复;4月开展勘察设计,8月将所有初勘、初测外业成果资料及核查报告提交省交通运输厅;11月,通过省厅组织的外业验收。同时,组织完成初步设计阶段抗风专题研讨会,同步完成初步设计阶段工程安全风险评估专题成果报告并通过专家评审。12月,专题成果报告通过省发改委和省交通厅组织的联合审查。

【宁波舟山港主通道】 全长36.777千米,其中海上桥梁长25.618千米,桥梁占比86.58%,概算总投资约162.125亿元。项目分三段实施,分别为富翅至岑港段(简称富翅门大桥)、岑港至双合段(简称舟岱大桥)和鱼山支线(简称鱼山大桥)。全年完成投资40.05亿元,至年底,项目整体完成投资48.87亿元。

富翅门大桥工程 主通道工程始于甬舟高速富翅互通,跨富翅门水道,终于定海岑港镇涨次村南侧,全长1.49千米。2016年

3月开工，至年底，主桥累计完成形象进度58%，富翅门桩基完成100%，承台完成96.15%，墩身完成87.88%，索塔完成52.83%。

舟岱大桥工程　起于富翅岛互通，跨富翅门水道，至岑港镇涨次互通点向北，经烟墩、东海农场东北角延伸，在马目山入海后转向东北，依次跨越长白西航道（海中设置长白互通，连接长白岛）、舟山中部港域西航道（灰鳖洋）和岱山南航道（蓑衣山），在岱山双合登陆，终至岱山双合互通。通过支线（鱼山大桥）与鱼山石化基地、岱山环岛公路相连接，同时预留至大、小洋山通道条件。全线掘隧道两座（总长1.028千米），互通立交五处（烟墩互通、长白互通、双合互通、岑港互通、富翅门互通），其中长白互通为海上互通，双合互通为临时互通。路线全长30.756千米，其中主线总长27.969千米（内跨海桥梁长17.355千米）。公路等级为双向四车道高速公路，设计时速100千米。工程总造价133亿元。1月开工，全面开始陆域、海域施工。是年，完成投资2.77亿元。至年底，完成形象进度12%，大型临建主体完工。

鱼山大桥工程　系续建工程，起点位于岱山县岱西双合村终点，接舟山国际绿色石化基地规划道路鱼山大道工程，大桥全长7781.75米，概算总投资22.69亿元，2016年9月开工建设。至年底，完成形象进度70%，完成桩基工程83.5%、墩身工程71.8%、节段梁预制67.64%；完成投资13.98亿元，是年完成工程建设投资10.62亿元。

建设中的鱼山大桥（沈磊　摄）

【舟山至岱山疏港公路——秀山大桥工程】　系续建工程，起于官山南端炮台山处，与岱山至舟山疏港公路的牛轭岛—官山段顺接，跨越官山与秀山岛间航道，终点与岱山秀山小欢喜至畚斗岙公路工程顺接，全长3063米。按双向四车道一级公路技术标准设计，设计行车时速80千米。概算投资23.7亿元，2014年12月开工建设，至年底，按计划完成大桥段梁40米引桥段420片节段梁预制和副通航孔桥398片预制均；完成大桥节段梁、40米引桥段左幅15#至28#墩梁段安装；副通航孔桥6#、7#、8#、9#、10#墩合龙；大桥主塔工程之官山侧主塔封顶，秀山侧主塔30节及下横梁浇筑完成90%；大桥锚碇之官山侧完成，秀山侧完成90%；大桥散索鞍和主索鞍铸造均已完成，进入工程精加工阶段；大桥钢箱梁

11月10日，秀山大桥副通航孔桥合龙（姚峰　摄）

制造完成70%;大桥主塔、锚碇预埋件和锚固系统全部完成,钢箱梁板单元制造、总拼进入全面施工阶段。2017年完成投资9亿元,累计完成投资16.70亿元。

【舟山跨海大桥运营和管理】 加强安全隐患排查常态化。以急弯、坡道、沉降路段和沿线海域为重点,开展隐患排查和"打非治违"专项行动。全年警戒船巡航830航次,拦截、驱赶各类违规船舶130艘次;应急拖轮值守25航次。开展应急救援演练专业化,组织举行防止船舶碰撞响礁门大桥突发事件应急处置演练和大桥桥面突发事故应急处置演练和大桥水陆应急处置演练,通过演练查找存在的问题和薄弱环节。加强联勤队伍系统化建设,邀请省内外专家进行国家安全生产法律法规、反恐、应急救援等方面知识宣讲,并组织团队赴国内跨海(江)特大桥学习交流经验。开展智囊护桥,在桥梁专家组提供大桥运营管养技术咨询基础上,与同济大学、东南大学等六家院校深化科研合作,提升科学管养水平。加强路面病害处治、铣刨加铺等处治工程护桥,提升路面行驶质量指数和行车舒适度。开展科技护桥,将"事后被动式"的传统检测维修加固管养技术提升为"主动预防式"的养护维修管理方式。桥面摄像机覆盖率100%,并在事故集中路段安装智能预警系统,减少低速行驶、疲劳驾驶等行为。

加强宣传,规范监管秩序,建立健全管理机制。市大桥建设管理局与舟山跨海大桥有限公司及交通、公安、海事、消防等部门组成运营管理团队,建立并完善"以管理局为主导、业主为主体,各监管单位依法保障"的运营管理机制,完善安全运营、应急救援、重大危险源监控、重大事故隐患排查和安全培训、宣传教育以及防恐责任体系等12项安全运营管理制度、工作流程,形成1个总体预案和19个行动方案组成的《舟山跨海大桥突发事件应急预案》。以创建"平安大桥"活动为抓手,"下海岛,进渔村"开展"平安大桥"宣传月活动,窗口部门开展争创"工人先锋号"等活动,加强标准、规范、科学、品牌化管理。全年安全宣传悬挂标语14条,张贴宣传画62张,出动执法车辆176台次,巡逻艇158艘次,开展应急演练4次,培训职工265人,开展安全咨询4次,接受群众法律咨询200多人次,发放宣传资料4000多份。

(撰稿:徐丰燕　江婵)

公路建设

【概况】 2017年,加快道路交通路网建设,推进329国道改建及宁波至舟山水陆联合通道、官山至秀山公路秀山大桥、普陀至开化公路舟山朱家尖段等重大交通工程项目。普陀展茅上潘孙至勾山志岙公路、普陀区芦花至南岙公路扩建工程完成前期工作,即将动工建设。实施美丽经济交通走廊创建,全年完成120千米美丽经济交通走廊示范线。建设"四好农村路",全年农村公路大中修72千米、新建村道15.8千米、提升改造41千米、安防工程44千米。至年底,全市公路总里程1930.77千米,路网密度132.7千米/百平方千米;其中国道188.542千米,省道29.281千米,县道654.285千米,乡道283.927千米,村道735.088千米,专用道39.644千米。

【329国道舟山段(定沈快速路)改建工程】 起于定海鸭蛋山码头,沿鸭岑线往西,设老塘山隧道,接北向疏港公路,于涨次村南侧与富翅门大桥岑港互通相接,后沿东南走向设涨次隧道、露水坑岗隧道、大山岗隧道,与南茅线相交设骆家互通,沿东设大潭岗隧道与新建定马线相交,路线穿虹桥水库间,并与老定马线立交,沿东南走向设大东岱岗隧道、竹尖岗隧道后,沿沈白线,设置白泉高架、新城高架、徐家村高架,终点位于普陀区东港徐家村,与平东线相交,总长49.318千米。全程设隧道7条,互通11处,采用一级公路标准,部分路段兼顾城市道路功能,设计时速80千米,总投资约70亿元。分鸭蛋山至岑港、岑港至白泉段、白泉至普陀东港段三段实施。2017年完成投资17.39亿元,累计完成投资38.32亿元。

鸭蛋山至岑港段　起于鸭蛋山码头,终至涨次村南侧。全长14.468千米,其中老路利用段长4.803千米,改建路段长9.665千米,双向四车道。主要工程量为长490米老塘山隧道1座,桥梁281.5米。估算总投资约4.65亿元,2014年5月开工建设,受沿线中石化油管和部队输油管线迁移等影响,2015年6月停工,2017年3月复工,计划2018年9月底建成通车,其中盐仓至双桥段(长约14千米)新建半幅路面于12月试通车。2017年完成投资6604万元,累计完成投资3.64亿元。

岑港至白泉段　也是岑港至白泉高架延伸段,为新建段,全长22.798千米,路线沿东南走向设涨次隧道、露水坑岗隧道、大山岗隧道,穿四份头村和庙园村后,与南茅线交叉处设骆家互通,后沿东方向设大潭岗隧道,在盐仓共裕村下穿新、老定马线,设虹桥互通,沿东南走向设置大东岱岗隧道、竹尖岗隧道,与329国道白沈线汇合,设高架桥跨越老、新73省道,过潮面村与地面道路相交,估算总投资约42.09亿元,设第一、第三、第四、第五四个标段。新建段一标(K14+812—K17+600)1月工程开工,新建段三标(K17+600—K30+850及金林便道K0+000—K2+453)3月工程开工,新建段四标(K30+850—K34+428)5月工程开工,新建段五标(K34+428—K37+610)2018年2月底工程开工,至年底,完成投资10.47亿元,累计完成投资15.46亿元。

白泉至普陀东港段　分白泉至勾山段和普陀段实施。白泉至勾山段起点为白泉十字路口,沿原329线位向东,在深坑岭至缸兆岭增设高架桥1座,六车道加两辅道,兼顾城市道路功能,全长10.576千米,9月,所有工程基本完工并试通车,全年完成投资4.11亿元;普陀段起点位于临城缸兆岭,沿原329国道沈白线进行拓宽施工,终点位于329国道与兴普大道交叉口徐家村互通,全长6.886千米,11月底完成跨沈芦高架主体结构施工,全年完成投资2.15亿元,累计完成投资5.18亿元。

8月3日,329国道高架桥开始安装护栏(沈磊　摄)

【普陀至开化公路舟山朱家尖段公路工程】　项目由一条主线、三条支线组成,主线K0+000—K8+739.530段按一级公路标准建设,K8+739.530—K11+085.547段按二级公路兼顾城市功能建设;地下通道450米/1座,隧道1030米/1座,桥梁526.6米/15座。"支线1"按二级公路兼顾城市功能建设;"支线2"按二级公路标准建设;"支线3"按三级公路标准建设。工程总投资13.2亿元,全线长19.341千米。2016年9月工程开工。至2017年底,主线路基工程完成78.1%,路面完成59.12%,主线桥梁、涵洞工程完成81.75%,寺岙隧道完成83.88%,主线地下通道完成70%,"支线1"路基累计完成0.943千米。全年完成投资6.1亿元,累计完成投资9亿元。

【嵊泗至定海公路马岙至定海疏港公路】　起于马岙港区在建厂区道路,终于昌洲大道(现状329国道)相交,全长14.475千米,其中利用段长3.405千米。采用双向四车道一级公路标准,设计时速80千米,路基宽度29.5米/24.5米,全线设分离式双向隧道515米/1座,分离式立交145米/1座,中小桥532米/9座。概算总投资6.72亿元。至年底,完成项目施工图批复。

【嵊泗至定海公路双桥至岑港段改建】　起于双坝线,终于岑港镇政府西侧疏港公路,K0+000—K2+900段为一级公路,K2+900—K7+025段为二级公路,全长约7.025千米,全线设置隧道695米/1座,估算总投资3.45亿元。至年底,初步完成设计编制工作。

【嵊泗至定海公路普陀鲁家峙至东港公路工程】 起于普陀鲁家峙规划新二路与万绿路交叉口,路线起点桩号K0+000,沿规划万绿路,经沈家门港,穿过刺棚山,终于海州路与晨晖街交叉口,终点桩号K2+225,全长约2.225千米。工程拟采用一级公路标准,设计时速60千米,路基宽度23.5米,按分离式断面布设,双向四车道海底隧道。机动车路线隧道全长1920米,其中明挖暗埋段长135米,海底盾构段长785米,山岭隧道长745米,其余为敞开段及接线路基段,盾构段行车道净宽8.75米(单洞),山岭隧道段及明挖段9.75米(单洞),净高均为5米,最大纵坡4.5%。项目设置平面交叉2处。公路用地63.9亩(4.26公顷),建设工期30个月。项目投资总额11.27亿元。9月,开始"三通一平"及鲁家峙侧工作井明挖段开挖工作,至年底,完成东港侧隧道入口道路改建工程,并进行东港侧山岭隧道入口和鲁家峙侧工作井明挖段施工。

【嵊泗至定海公路枸嵊线改建工程】 起于嵊山东崖绝壁景区附近,经嵊山西南侧岸线,走三礁江大桥,沿枸杞岛东北侧海岸线布线,至北岙码头附近后,继续利用和改造枸嵊线,终于枸杞车客渡码头。路线全长11.7千米,设大中桥4座。嵊山新建段按二级公路标准设计,其余路段按三级公路标准设计,预算总额2.41亿元。是年完成初步设计批复。

【定海东岠环岛公路】 项目主线起于东岠岛西岙,向北顺时针环岛布设,起点与终点相接,全长8.077千米。支线路线起于东岠岛东岙,终于小坑岗顶,全长2.345千米。主线采用四级公路20千米/小时标准,路基宽度6.0米;支线采用四级公路20千米/小时标准,路基宽度4.5米。工程估算总投资12556.30万元。至年底,初步完成设计编制工作。

【定海长春至狭门公路工程(双谷公路)项目】 建设规模为四级公路,全长约10千米,估算投资约1.1亿元。项目串联定海美丽十八岙,打造定海美丽乡村,体现乡村文化。至年底,完成初步方案。

【定海小沙至白泉公路Ⅱ标段工程】 系续建项目,起点位于马岙街道景陶路,经北海公路,上跨新定马线,穿羊山隧道,经双庙社区,穿东夹岙隧道,经干磁老镇区,黄沙周附近接上老路,全长约6.5千米;另在干磁镇有一段500多米支线,与北向疏港公路相接。项目设计等级为二级公路技术标准建设,设计车速80千米/小时,路基宽12米,路面采用沥青砼结构。工程主线K2+660—K9+200段和支线,路线总长7.10千米,全线设置定马线大桥1座,长400米,小桥40米/2座(其中羊山隧道长751米,东夹岙隧道长321米)。工程概算总投资2亿元。2012年10月开工建设,2017年初,干磁至马岙段交工验收。因马岙段连接立交桥的部分路段涉及土地征用及鸭棚拆除,致使立交桥无法落地,成了"断头路",其关键路段羊山隧道至立交桥段处于封闭状态,从马岙核心镇区至干磁南洞艺谷景区附近区域只能从长春至南洞公路或鸭东线绕行。至年底,在定海区政府牵头协调下,该断头路顺利打通。

【72省道至329国道连接线工程】 系新建项目,按一级公路标准设计,起点位于72省道与大陆连岛接线交叉口,路线由西北向东南方向延伸,至老虎山时,左线利用老隧道,右线新建隧道,终点位于329国道与翁洲大道交叉口。全长0.952千米(按右线计),设隧道1座,长约413米,净宽12米。项目概算投资7081万元。2016年7月16日开工,2017年12月完工。

【长春水库至南洞公路工程】 系新建项目,为连接定马线至干磁新建社区南洞景区首条生态休闲公路。按准四级道路标准设计,对原长春水库至南洞道路进行改建,路线全长约4.2千米,设计路基宽5.5米,设计时速15千米。项目概算投资2934万元,2016年6月底,开工建设,2017年5月,完成建设并交工通车。

【小沙货运码头接线公路】 系新建项目,项目按三级公路技术标准设计,路线沿原小沙货运码头接线公路向南与北向疏港公路相接,后沿华海线与双小线相接,路线全长4.503千米,扣除完全利用段,实际实施里程3.82千米。项目概算投资2551万元。2016年7月,开工建设,2017年12月,完成建设。

【金塘上岙至金塘互通疏港公路】 起于东堠顾家岭环岛，向北于现有顾家岭隧道左侧增设隧道穿越顾家岭至西堠，接西堠工业区环岛路至西堠村后，路线偏右设里湾隧道和西堠隧道至樟树岙，再向西北开挖山体经里岙、龙王堂村，终点接北部鱼龙山规划道路，路线全长4.463千米(以左线计)。全线采用一级公路标准设计。2015年1月10日，工程开工建设，2017年底基本建成，2018年1月19日通车。因政策处理原因K0+000—K0+829段暂不实施(未施工)，K4+395—K4+463.24段因北部围垦区域规划调整暂不实施(未施工)，故实际交工路段为K1+276—K4+395。完成投资3.65亿元。

【金塘肚斗至大浦口公路】 起于金塘肚斗岙附近，与小大线(K1＋200附近)相交，由北向南偏西前行，经柳行村K1＋645与沥大线平交，再经河北村、西丰村，终点于大浦口集装箱作业区附近与金塘互通至大浦口疏港公路相接。线路总长5.596千米。路线设纬一路、纬二路、经一路、经二路、经三路5条线路，采用公路工程兼顾城市道路技术标准设计，纬一路按二级公路兼顾城市主干道标准设计，纬二路按二级公路兼顾城市次干道标准设计，经一路、经二路及经三路按三级公路兼顾城市支路标准设计，其中大丰油车桥—大浦口(新丰段)，总投资7484万元，2014年6月工程开工，至2017年8月底已完成合同全部工程量。

【六横佛渡环岛公路】 全长12.646千米。全线采用四级公路技术标准，设计时速20千米，路基宽6.5米，其中行车道宽2×3.0米，土路肩宽2×0.75米。设计荷载等级为公路－Ⅱ级，设计洪水频率1/25。路面结构采用20厘米水泥混凝土面层+20厘米水泥稳定碎石基层。概算总投资7969万元。由六横管委会具体负责实施，2015年底开工，至2017年底，完成路基开挖和填筑，累计完成投资780万元，完成总工程量的30%。

【普陀展茅至东港公路改建】 道路主线起于螺塘线K6+340处，沿东侧海岸展线，经过采石场后，沿塘头村西侧山腰展线，终点与东塘线相接；支线起于主线K1+200处，利用原矿区道路布线，终点与前堂庙上山道路相接；用地面积12.14万平方米。改建道路全长6214米，其中主线长4574米，宽8米；支线长1640米，宽6米；道路全线设涵洞26道，其中主线21道，支线5道，设计时速20千米，汽车荷载等级为公路－Ⅱ级，按公路四级标准设计。总投资概算12381万元。12月11日开工建设，至年底，开始路基施工。

【舟山至岱山疏港公路炮台山隧道工程】 位于岱山官山岛，系分离式隧道，左洞长679米、右洞长653米。隧道净宽2×10.25米，净高5米，设计车速80千米/小时，整体式路基宽度24.50米，设计荷载等级为公路Ⅰ级，工程概算7176.39万元。2012年1月开工，2015年8月完工，2017年1月与官山大桥一起交工。

【岱山秀山小欢喜至畚斗岙公路工程】 续建工程，也称大桥接线公路工程，属一级公路。全长5.75千米(含隧道1座长170米)。工程总投资约2.5亿元，2013年12月，工程开工建设，至2017年底，隧道工程完工；路面工程及边沟、挡墙等附属工程，交通安全设施工程累计完成75%。全年完成投资1600万元，累计完成投资7600万元。

【衢山岛货运码头接线公路工程】 项目为三级公路工程。起于衢山岛货运码头(起点桩号为K0+000)，终点与枕潮线相接(终点桩号为K1+880)。全长1.88千米，设计时速40千米，路基宽度10米，工程总投资约750万元，2016年12月开工建设，至2017年底，完成路基工程，路面工程完成80%。全年完成投资450万元，累计完成投资550万元。

【嵊泗峙岙至南港公路工程】 起于峙岙码头附近，线路自北向南，途经峙岙、黄沙岙、黄龙客货码头、大岙，沿黄龙岛南侧海岸展线，终于南岗村与南港码头相接，全长7.026千米。全线采用四级公路标准设计。其中峙岙至大岙路段，总投资4500万元，8月工程开工，至年底，完成路基工程50%，全年完成投资1000万元。

【嵊泗枸杞车渡码头至乌沙公路工程】 起于枸杞干斜车渡码头，终于三礁港大桥，全长6.08千米。

全线采用三级公路标准建设,设计路基宽度7.5米。总投资6000万元。2015年7月开工,至2017年底,完成路基工程施工。全年完成投资2000万元,累计完成投资4000万元。

【宁波至舟山水陆联合通道工程】 工程由定海环城南路至白泉段改建、临城—长峙—小干—鲁家峙—朱家尖(东港)段公路工程、定海盐仓—新城—普陀东港城市中部快速通道和宁波北仑峙头车客渡码头四个项目组成。

定海环城南路至白泉段改建工程 起于定海环城南路、东山路交叉口,路线东西走向设火龙岗隧道、大岗墩隧道穿越山体后,路线沿三大线、三西线进行拼宽改建,于三官堂村附近路线折向北,设万寿隧道、蔡家岙隧道穿越山体后,路线下穿新73省道现状匝道桥,终于329国道与新73省道交叉口。全长约8.5千米,采用双向四车道一级公路标准兼顾城市道路功能,设置桥梁146米/2座、涵洞752米/15道、隧道2839米/4座,平交7处。总投资约16.5亿元。1月启动方案研究工作,4月启动项目建议书、工可及相关专题编制工作;原方案因环城南路至昌洲大道段3千米路线需做调整,开展相关前期专题调整工作。

临城—长峙—小干—鲁家峙—朱家尖(东港)段公路工程 主线起于临城海天大道与临长线交叉口,向南设新城大桥与桃源路相交,向东西方向沿规划道路后沿长峙东路至茶山路交叉口,依次设置小干—茶山—长峙跨海大桥、马峙门大桥、福利门海底隧道串联长峙岛、茶山岛、小干岛、鲁家峙岛和朱家尖岛,路线登陆朱家尖后沿堤内规划道路向东南方向至朱西线,最后沿糯米村南侧规划纬五路布线至终点,终点与S310平交,远期可延伸至329国道。支线鲁家峙隧道布设于鲁家峙岛东侧,支线起点接主线海底隧道洞口分离出来的半菱形互通,向北布线至规划万绿路与新二路交叉口,与新二路形成T形交叉后采用海底隧道穿沈家门港后穿刺棚山后终于半升洞石油公司前接海洲路,远期可延伸至东港,支线长4.781千米。项目主线按双向四车道一级公路标准设计,设计时速60千米。推荐方案主线路线长度23.982千米,设特大桥4996米/2座,大桥600米/2座,海底隧道3781米/1座。鲁家峙隧道支线路线全长4.781千米,设计时速60千米。支线设海底隧道1918米/1座。总投资约71亿元。3月启动整体项目工可编制单位招投标工作,8月完成整体设计方案意见征求会,12月完成通航及工可评审。

12月10日,新城大桥复线吊装最后一根椐梁(沈磊 摄)

定海盐仓—新城—普陀东港城市中部快速通道工程 在三官堂与定海环城南路段沟通基础上,扩建晓峰岭隧道、提升改造三大线、利用新城大道部分路段,并将定沈线东沿接东港麒麟街,新设一条连通盐仓—定海城区—三官堂—临城—东港的城市中部通道。年底前确定总体方案。

宁波北仑峙头车客渡码头 新建3个3000吨级车渡码头+3个1000吨级客运码头及相应配套设施,同时开通北仑峙头至舟山长峙岛、朱家尖(普陀山)、六横岛、桃花岛、虾峙岛等客运航线。至年底,明确项目选址为宁波北仑圆山,项目实施主体为普陀区政府。

【526国道前期工程】 2016年底进舟山公路年报,起点嵊泗李柱山码头,经过嵊泗、岱山、定海,终

点定海鸭蛋山。全长98.967千米。

岱山段改建工程　起点岱山双合，与在建宁波舟山港主通道鱼山大桥东端相接，终点江南山岛，与在建岱山至舟山疏港公路相接，全长29.872千米，1条主线与2条支线组成。主线长23.638千米，沿线设特大桥2140米/2座、大桥2542米/9座，中小桥502米/14座，匝道桥516米/2座，隧道627米/2座，设互通2处，超限检测站1处；支线一路线长1.44千米，沿线布设中小桥48米/1座；支线二路线长4.794千米，沿线设大桥550米/1座、中小桥192米/5座，改路设小桥32米/2座。工程采用部颁《公路工程技术标准》(JTG B01-2014)，按双向四车道一级公路标准设计，设计车速80千米/小时，设计荷载为公路-Ⅰ级，路面标准轴载100KN。桥涵设计洪水频率为特大桥1/300，大、中、小桥及涵洞1/100。通航净空高度在设计最高通航水位以上不小于16米，通航净空宽度115米，满足500吨海轮通航要求。工程概算44.66亿元，项目建设工期48个月。是年，完成并通过《工可报告》《涉塘安全影响论证》等8个专题评审；取得《项目建议书批复》《航道通航条件影响评价报告审查意见》《工程可行性研究报告批复》等11个报批稿的批复；完成初步设计送审稿并通过评审，完成勘察设计招标工作及施工图设计送审稿；制定出台乡镇《征地拆迁任务书》和集体土地征地房屋补偿安置方案，与各乡镇负责人对接征地拆迁事宜，明确拆迁任务及进度计划；开展全线征地范围内摸排工作，完成江南山码头签约补偿合同及中基船业、海事基地评估工作；完成《PPP实施方案》《物有所值报告》《财政承受能力论证报告》编制；完成PPP资格预审文件并开始编制招标文件。全年完成投资6200万元。

嵊泗段改建工程　起于李柱山大桥嵊泗段本岛侧桥头，经中心渔港、望海路至小菜园码头，上跨海水淡化厂海域，下穿基湖景区核心段，沿原李五线、高南线，经黄沙岙村、高场湾村、石柱村至插旗岗后利用原李插线、李五线至终点李柱山码头侧桥头，路线全长34.881千米，全线设桥6座、地下通道1座，采用二级、三级公路标准设计，预算总额10.66亿元。是年完成初步设计批复。

嵊泗基湖公路交通鸟瞰(嵊泗县交通局提供)

【四好农村路工程】　全年全市农村联网公路新建22条15.8千米，其中定海15条10.1千米，普陀2条1.5千米，岱山5条4.2千米，10月底全面完成。农村公路大中修72千米，新建村道15.8千米，提升改造41千米，安防工程44千米，11月底全面完成。实施农村公路安全生命防护工程53.05千米，11月底全面完成。

定海区提升改造辖区内13条县乡公路(县道鸭东线、定马线、定北线、毛北线、碇下线、小岑线、北钓线，乡道鸭螺线、农紫线、峙竹线、竹白线、大沈线、雅联线)，总里程40千米，总投资约1200万元，其中路面改造总里程19.65千米。对7条县乡公路(定北线、毛北线、茅叉线、东汪线、马沙线、应野线、鸭螺线)路基、路面、边沟、挡墙及绿化等提升改造，总里程29.83千米。

普陀区提升改造10条农村公路(芦施红、台外线、沙码线、贺大线、田翁线、路林线、码庙线、鸡蛏线、半协线、连射线)，总里程8.8千米，总投资1000万元。年底完工。

岱山县提升改造农村公路19.38千米，总投资1324.70万元。

其中衢山鼠狗线、东沙茶东线及黄城线等5.48千米，投资19.20万元；“美丽经济交通走廊创建”——岱西“东前线”改造2.70千米，投资400多万元；秀山北小线海兰线、双九线和长涂娘杨线等“四好”农村路创建4条、6.95千米，投资673万元；岱山本岛江窑湖至石棉厂、后沙滩至西沙、蟹钳岙至石马岙、夏家至石塘根和衢山岛田涂至万北等联网公路4.20千米，投资232.50万元；岱东镇完成农村公路规范化创建。

【国省道公路养护】 全年全市实施普通国省道养护大中修工程4条，28.3千米，其中白改黑(水泥路面改为沥青路面)8.7千米，预防性养护4千米，投入6924万元。对甬舟高速公路、国省道沿线组织开展“地毯式”排查，及时处理甬舟高速舟向61K+700M处边坡绿化缺失和甬舟高速K44+400M处建控区内店面存在安全隐患两个问题。

水运建设

【概况】 实施新区陆岛交通码头专项提升工程，计划在2017—2020年分类提升陆岛交通码头52座。2017年，完成工可评审13座，初设审查12座，施工图设计7座，其中建成普陀东福山码头、朱家尖车客渡码头内侧泊位、定海盐仓货运码头、马岙货运码头、泗礁岛货运码头5座。定海大猫车渡码头、盘峙岛客运码头、东岠交通码头工程至年底完成施工图批复。普陀白沙沙头交通码头、双山交通码头、黄兴交通码头改扩建工程至年底完成施工图审查。

【定海盐仓货运码头工程】 建设规模为新建1000吨级货运泊位1个及相应的配套设施，年设计通过能力24.1万吨。投资2381万元。2016年3月底开工建设，2017年完成建设。

【普陀东极东福山交通码头扩建工程】 建设规模为500吨级客运泊位1个及相应配套设施，年设计通过能力客8.5万人次。位于现交通码头北侧，码头平台呈南北走向。平台长71米，宽12米，平台前沿位于−8.0～−10.5米(国家85高程，下同)等深线之间，码头面高程为4.2米。码头后方新建1座长15米、宽20米的候船室平台，候船室平台标高9.2米，其上建设建筑面积600平方米的候船室，在候船室北侧和东侧新建4米宽的通道分别与后方环岛路和码头平台相连。投资2046万元。3月5日开工，11月20日工程完工。

【普陀六横大岙车渡码头改扩建工程】 对原六横大岙车渡码头进行改扩建。建设规模为新增1000吨级车渡泊位2个及相应的配套设施，形成3个1000吨级车渡泊位，1个500吨级客运泊位。设计年通过能力客293.7万人次，车14.3万辆次。码头前沿位于−10米等深线(国家85高程，下同)附近，由北向南依次布置1座固定式靠泊平台以及1艘辅趸船、1艘主趸船、1艘辅趸船，呈“品”字形布置。其中固定式靠船平台由原交通码头平台扩建而成，平台长52.2米，宽6～20米。北侧辅趸船由原码头60×14米的主趸船拆移而来。主趸船为新建60×14米的浮趸船，主趸船后方新建钢撑杆、撑墩、钢引桥等设施，通过新建18×12米的引桥平台和1座126.62×12米的引桥与后方陆域连接。南侧辅趸船为新建60×14米的浮趸船，辅趸船后方新建钢撑杆、撑墩等设施。引桥平台和引桥高程均为+3.6米。后方陆域通过围垦新增面积约20亩(1.33公顷)，布置道路、停车场、车辆待渡区等。总投资概算4746万元。4月8日，开工建设，至年底，完成年度投资4056万元。

【普陀虾峙车渡码头工程】 位于虾峙栅棚，建设规模为新建1000吨级车渡码头泊位1个，设计年通过能力客27万人次，车5万辆。码头前沿位于−15米(85国家高程，下同)等深线左右，原老码头主趸船适当北移作为车渡码头上车平台，两侧设置液压升降平台，通过22×7.5米钢引桥栈与栈桥连接；新建1艘38×9×3.8米趸船布置在主趸船北侧作为车渡码头靠泊平台，新建宽10栈桥1座，桥台墩与栈桥的高程均为3米，陆域布置候船室、停车场等配套设施。项目概算总投资2056万元。8月23日项目开工，至年底，完成年度投资1340万元。

【普陀庙子湖北岙码头扩建工程】 新建500吨级客运泊位1个及相应配套设施，年设计通过能力13.88万人次。新扩建码头平台紧邻现有码头平台外侧(东侧)，新建平台总长71米，宽12米。码头前沿位于-7.5～-14米(国家85高程，下同)等深线之间，码头面高程4.2米，通过阶梯与现状码头衔接。项目概算投资1708万元。6月9日开工，至年底，完成年度投资500万元。

【朱家尖车客渡码头(内侧泊位)工程】　建设规模为1000吨级客运泊位1个、500吨级客运泊位1个及相应的配套设施。码头靠泊平台由3座50×12米的浮趸船组成，西侧布置1个500吨级客船泊位，东侧布置1个1000吨级客船泊位，泊位长度可同时兼顾靠泊3艘快艇。趸船西侧通过1根25×4米的钢过桥、1座(4.6+5.1)×8米的桥台墩和1座停车平台(30×35米)连接至后方栈桥。项目投资概算2700万元。5月25日开工，至年底，完成年度投资2410万元。

【岱山秀山兰山陆岛交通码头工程】　位于秀山原野船厂舾装码头平台南侧约120米处，项目规模为新建1座车客渡码头及相应的陆域配套设施，其中包括3个1000吨级车渡泊位和2个1000吨级客运泊位，后方陆域占地面积10.93万平方米，项目总投资14700万元，2014年8月开工建设，至2017年底，工程完工。

【泗礁岛货运码头扩建工程(二期)】　位于嵊泗县泗礁岛中柱山，建1000吨级货运泊位1个。码头长125米，宽度14米，顶面标高3.8米，设计使用年限50年，总投资2000万元。2016年9月23日，工程开工建设，2017年6月，工程完工。

【普陀柴山陆岛交通码头工程】　位于白沙柴山岛南岸，用地面积623平方米，用海面积4463平方米，使用岸线60米。新建500总吨级客运码头1座及相应的配套设施。项目投资估算2325万元。至年底完成普陀区发改局工可批复。

站场建设

【岑港客运站工程】　位于岑港街道司前社区，用地面积约4582平方米，建筑面积1158平方米，计划投资1000万元。2016年12月15日完成招投标，2017年初完成打桩工程，进入基础施工阶段，因建设土地换置问题，5月21日正式动工，至年底完成客运站主体及中间结构验收、消防池建设，围墙、场等附属工程尚在建设中，完成总工程量的85%。

【岱山秀山兰山客运中心工程】　续建项目，主要包括候船楼及陆域配套，总建筑面积4327平方米，其中候船楼3877平方米，变电房50平方米，管理房等配套用房400平方米；待渡车辆停车场1万平方米，社会车辆停车场1.2万平方米，公交、出租车站点4000平方米，非机动车停车场3800平方米。项目总投资约1500万元，2016年3月工程开工，至2017年底，候船楼工程完成工程量的95%，广场及附属工程量累计完成工程量的60%，累计完成投资1500万元，其中2017年完成投资700万元。

【东海洋山深水港沈家湾旅客第二通道建设工程】　位于沈家湾客运中心一期工程引桥北侧，已建沈家湾防波堤以内水域，建设双向人行廊道236米，宽4米，新建人行景观廊道出口80米。2016年12月开工，2017年6月完工，完成投资988万元。

【嵊泗县花鸟客运中心建设工程】
对一层客运站房进行改扩建，总建筑面积约275平方米，并建室外广场、候船亭、检票口、电瓶车停车区及花坛廊道等附属设施。总投资500万元。2016年12月项目开工，2017年6月完工，总投资500万元。

【嵊泗嵊山泗洲塘客运中心建设工程】　新建二层客运中心一座及附属门卫室、配电房，同步建设站前广场、观景平台、绿化带等配套工程，总建筑面积1071.68平方米，2月15日工程开工建设，12月完工。总投资1500万元。

交通管理

【交通运输发展规划】　2017年3月20日，《舟山至上海跨海大通道项目战略规划研究工作大纲》通过专家评审。是年，重点开展舟山群岛环岛游、舟山南部诸岛水上巴士码头布局方案以及沈家湾客运中心通过能力分析、舟山本岛环岛滨海景观通道和329国道朱家尖段提升改造方案研究，初步完成研究成果。7月,完成《舟山本岛综合交通体系规划》1+6体系规划编制送审稿。11月1日,《浙江舟山群岛新区公路水路交通运输“十三五”发展规划环评报告》通过评审,2018年1月23日,规划获市环评批复。《舟山群岛新区陆岛交通码头专项提升规划》及《舟山群岛新区陆岛交通码头专项提升实施方案(2018—2021年)》经市政府第13次常务会议审议通过,12月25日市府办印发《舟山群岛新区陆岛交通码头专项提升实施方案(2018—2021年)》。

【交通大会战】 2月,启动制定交通大会战实施方案,梳理公路、水路、客运站场五年(2017—2021)攻坚项目,并汇总铁路、住建、港航、民航等项目,形成《舟山群岛新区交通大会战实施方案(2017—2021年)》,4月17日由市委、市府办印发,确定“1128”工程,即建设一条甬舟铁路、一个国际空港、重点攻坚定沈快速路(329国道舟山段)、百里滨海大道、陆岛码头扩建等23个项目,五年内完成880亿元投资。5月15日,成立市交通大会战领导小组,组建领导小组办公室,建立“10+1+1”分组联系制(分10个联系组,实行一个项目“1+1联系制”即一名局领导加一名中层干部),对口联系、服务、督查具体工程项目,按照“能快则快”的总体原则,超前、加速推进各个环节项目建设。针对23个重点攻坚项目实际,制定完善2017年攻坚行动方案,梳理任务清单,明确年度目标、时间节点和责任分工,并上墙公示,挂图作战、按月考核,形成征迁清零、立功竞赛等有效机制,全年完成交通大会战投资110亿元,34个工程建设完工,完成大会战首年各项目标任务。12月29日,市委办和市府办印发《2018年全市综合交通大会战攻坚行动方案》,确定2018年全市综合交通大会战攻坚92个,计划完成综合交通建设投资113亿元。

百里滨海大道临城段(局部)(沈磊 摄)

【运输生产及管理】 道路运输 是年,全市客运量2629万人,旅客周转量105379万人千米;货运量8460万吨,货运周转量1501398万吨千米。开通朱家尖至宁波南站长途班线,全年客运量42361人次,周转量508.33万人千米。全市296个建制村实现“村村通”,市本级、岱山、嵊泗城乡道路客运一体化水平均达到AAAAA级。

落实城市治堵工作目标和公交优先发展战略,优化完善公交线网,新增、优化公交线路25条,增加路线里程69千米,新增、更新公交车146辆;是年,新(改)建港湾式停靠站150个,其中普陀23个、嵊泗10个、岱山50个。至年底,全市有1440个港湾式停靠站。推进公交智能化建设,在11条公交线路103辆公交车上实现“移动支付”功能;扩大同台换乘范围,37路和9路公交在BRT站台实现同台换乘,增加快速公交网络辐射方向和区域。是年完成公交出行分担率增长1.2%的年度目标。

组织开展全市出租车行业专项整治行动,以各客运场站为重点,通过本岛定海、普陀、普陀山和新城局实施驻点管理,结合市局巡查,促进本岛巡游出租车秩序持续好转。推进市区巡游出租车行业改革和品质提升,改善出租车车况,是年引导5年以上巡游车提前报废更新55辆,在国际海岛旅游大会前夕投放新型出租车30辆；完善舟山出租车电召平台，完成市区巡游出租车车载硬件设备升级改造，9月，岱山、嵊泗和六横完成出租车计价器安装并实施打表计价；推进网约车纳规工作，做好网约出租车驾驶员资格证考试，全市首推并实行巡游、网约出租车从业人员两考合一，首批通过率80%。是年全市有巡游出租车企业22家，车辆1188辆，上岗驾驶员2613人。

水路运输　全年全市水路交通旅客运输量3069.41万人次，车运量149.79万辆次。其中岛际客运量2805.83万人次，同比增长8.40%；农村渡运量263.58万人次，同比减少4.70%。至年底，全市各类客渡运船舶保有量184艘/44785客位/864车位，其中高速客船57艘/7866客位，普通客船47艘/19097客位，客滚船40艘/13230客位/864车位，渡船40艘/4592客位，船舶进一步高速化、大型化、滚装化，运力水平得到提升。全年全市新开辟舟山长白海丰至岱山鱼山、普陀山至嵊泗等客运航线，新增、更新客渡运船舶8艘/2795客位/33车，其中普通客船5艘/1986客位，高速客船1艘/259客位，客滚船1艘/452客位/33车位，渡船1艘/98客位。

安全生产　落实安全生产责任制，建立健全“一岗双责”责任体系，与各县(区)交通运输局、局管局属单位层层签订安全生产责任书，下达工作指标，保障安全生产责任分解到位。加强企业资质管理，督促企业建立健全安全管理责任制，落实各项安全管理制度，乡镇政府落实渡口安全管理主体责任，重点开展暑期、国庆假期等岛际交通高峰时段的安全管理。制订落实2017年度安全监督检查计划、安全培训计划等重点工作计划，强化长途客运实名制运作，在市际、县(区)际和主要岛际航线全面推广实名制售验票，覆盖水路站点29个，确保全过程实现“人、证、票”三合一。加大全市二级以上道路客运站和重点水路客运站设备投入，完善安检流程，落实逢包必查要求。开展货运物流专项整治，加强对货运集散站场落实主体责任情况的检查，全市70家货运站中，公告注销37家，已经注销14家，完成整改1家，协调处理18家。

完善公路长大桥梁、隧道(高速公路及普通国省道上具有重要意义或特殊结构的特大桥、大桥，及特长隧道、长隧道)反恐防暴工作制度和预案，强化应急能力。各站点通过增加安保人员、加强视频监控等手段，强化“三口一场一厅”等重点位置的现场管理。8月，组织开展安全生产巡查整治活动，加强交通运输行业国庆、十九大安全工作专项督查。完善桥隧检测和“一桥一档”“一隧一档”机制，实施公路生命安全防护工程，完成防护工程67.15千米。是年，各行业管理部门巡查发现隐患502项，落实整改463项，39项处于整改期。

全年全市发生一般事故8起、死亡9人，其中道路客运事故7起、死亡8人(其中9座以上客车事故6起、死亡7人，出租车事故1起、死亡1人)，工程建设施工事故1起。水路客运、公路运行(养护)等其他领域均未发生一般及以上事故。各项指标均控制在省市考核指标内，全市交通运输行业安全生产形势总体平稳。

【运输市场管理】 开展打击出租车不规范、非法营运等活动，按照打击“黑车”等非法营运长效治理原则，建立重点区域驻点监管制度，在定海三江码头、普陀城北客运中心、朱家尖蜈蚣峙码头等旅客集散地和舟山医院区域、双桥连岛大桥出口派驻执法人员，加强对非法营运行为的检查。完善道路运输行业综合监管平台，市、县(区、功能区)7家运管机构实现综合监管系统全应用、全覆盖，形成市、县二级督导、协同处理的监管格局，并投入建设驾培、公交和出租行业监管系统，实现驾培、公交和出租行业车辆的动态监管。完善“区域联动”跨省、市协作执法机制，针对宁波—舟山、安徽阜阳—舟山、河南商丘—舟山诸线等非法营运相对集中区域，完善联合打击协作机制，定期互相通报涉嫌非法营运车辆信息，解决省、市际管理难、调查取证难等问题，遏制往返两地“黑车”，打击各类道路运输违规违法行为。全年全市出动执法人员12779人次，执法车辆3259辆次，检查车辆63125辆次，查获道路运输违法违章行为974起(其中非法营运146起)，罚款257.9万元。开展专项整治“1号行动”，集中整治全市客运站不按核定站点售票及上客点未经许可等问题，查获违法违章行为39起，站外揽客行为10起；对本岛21家驾驶培训机构开展驾培专项检查行动，整治驾培机构收费标准未按规定备

朱家尖蜈蚣峙码头停车场（沈磊　摄）

案、未按规定与学员签订学驾合同、计时培训学时作假等问题；开展网约车非法营运专项整治行动，规范出租车市场秩序。

【公路路政管理】 全年出动2.22万人次，巡查里程244330千米，清理堆积物2257立方米，拆除非公路标牌460块，整治马路市场124摊；检测车辆46412辆，查获超限车辆605辆，处罚590辆，卸载2821吨，收缴罚没款131.82万元。办结公路路政行政许可31件，办结率100%，"最多跑一次"成效显著，提前办结率100%。

路域环境整治　对甬舟高速公路、国省道沿线组织开展"地毯式"排查，及时处理甬舟高速舟向61K+700M处边坡绿化缺失和甬舟高速K44+400M处建控区内店面存在安全隐患两个问题。根据《舟山市2017年城乡环境综合整治大会战实施方案》，拆除329国道、鸭东线、双坝线剩余大型户外广告17块。在上年封闭鸭东线、双坝线53处中央绿化带开口的基础上，完成14处隐患开口封闭。建立非法设摊联合执法长效管理机制，规范路边农副产品销售行为，取缔非法设摊。组织开展旅游旺季取缔违法设摊专项行动，遏制节假日期间急速增加的非法设摊行为。全年全市取缔马路市场124摊，劝离路边摊经营者257次。

城乡环境综合整治　2016年12月1日起至2017年3月10日，开展为期一百天的"道乱占"整治专项行动，整治穿镇公路"乱停车"11个点位，"乱堆物"16个点位，"乱摆摊"23个点位，"乱建筑"2个点位。落实路政养护联合巡查机制，加强路面巡查，修缮破损低洼路段，提升路面质量，确保路面整洁平整、无坑洞，边沟排水通畅、无堵塞、无积水。开展桥下空间专项整治，排查桥涵通道安全隐患，整治各类违法堆物、违法建筑和违法施工行为和现象，清理易燃易爆物品，消除安全隐患。

超限超载治理　以日常超限治理为依托，开展"清网"系列市县联动集中治超专项行动，查获违法超限车辆19辆，弥补县区间因区域划分存在的管理缝隙。完善非现场执法点位网络布局，完成5个点位（鸭东线K32+800M、K39+200M、K44+400M、K55+700M）的非现场执法设备安装及质量检定，4月1日，投入使用。4—12月，4个非现场执法点检测超限车辆1565辆，立案处罚155辆。是年筹划新增3个点位（位于三华线6K、临北线2K、临螺线3K），11月进入招投标阶段。开展治超信息化建设。启用全省统一的路政管理信息系统实施行政处罚，实现治超执法处罚标准统一、流程统一、案卷统一，执法处罚过程全记录。

标志标线管理　排查梳理全市路网指路标志，完善道路各类标示。5月起启动排查清理工作，拆除未经审批的非公路标志及设置不规范的公路标志460块。配合市城市管理局对交通主干道和城市中心区域及主要景点内的医院、体育、文化等公共场所设立的指路牌、标志标牌置换成翻译规范的中英文标识指路牌、标志标牌，完成329国道朱家尖段中英文标志牌的改造，完成双坝线、鸭东线的中英文标牌改造工程招投标工作。

【建设市场管理】 结合日常督查及半年度、年度考核，对全市交通建设市场实行严格管理。对在建公路水运工程开展半年度及年度检查，包括年度投资计划完成情况、工程进展情况、工程质量及安全生产管理情况、施工标准化工地建设情况、工地试验室管理情况、监理工作开展情况以及基本建设程序执行、招标投标管理、信用评价管理、合同履约管理、民工工资管理等。

根据《公路建设市场管理办法》,严格审查施工图,严控变更设计,施工图设计文件未经审批不得使用,全市交通建设项目施工图审查率100%。落实《设计企业信用评价实施细则》,提升设计文件质量,全年完成施工图批复16件,设计变更批复7件。落实《舟山市公路水运施工企业信用评价实施细则》及《舟山市公路水运设计企业信用评价实施细则》,加强对信用评价管理工作的指导。推进项目信息公开和诚信体系建设,提高从业单位诚信意识,是年完成2016年度全市公路水运工程设计、施工企业信用评价工作。贯彻《浙江省公路水运工程施工分包管理实施细则》,严查项目业主指定分包及施工、监理单位违法分包、转包现象,是年未发现无资质、挂靠资质、出借资质、借用他人资质承揽工程等行为。加强对施工单位人员变更的管理,施工过程中,变更项目部主要管理人员,必须在招投标中心网站上将变更人员信息、业绩等公示,无异议后才予变更,并报市交通局备案。开展全市交通工程农民工工资支付情况检查,未发现一起拖欠民工工资的事件,是年全市公路水运建设项目缴存农民工工资保证金300万元。落实工地标准化建设管理,推广使用预应力智能张拉、智能压浆、钢筋加工数控机床、隧道施工人员动态门禁系统等设备,其中富翅门大桥开启信息化管理模式,海上栈桥采用门禁管理系统,栈桥通行人车分离,为安全施工提供保障。深化公路工程施工标准化开展"美丽班组"创建活动,全市公路水运在建项目的标准化工地建设合格率100%,在省公路局2017年全省公路建设项目半年度施工标准化考核中,3个项目部被评为优秀。打造"质安工程",加强施工安全风险评估、危险性较大工程安全专项施工方案管理,确保重点工程项目施工安全风险评估率达100%;开展执法安全大检查、"桥梁支架、挂篮施工安全专项整治"等行动,加大安全生产隐患排查治理和违规违法行为的查处,全年组织开展各类监督检查73次,制发整改意见书66份,行政处罚4起。

规范招投标行为,出台《舟山市交通工程建设项目施工招标文件管理实施细则(试行)》,加强对施工招标文件的审查,提高招标文件编制质量,杜绝招标过程中人为设置门槛等不合理行为。加强与市级招投标综合监管部门的协调沟通,强化招投标代理单位的管理,做好招标代理单位的日常考核。全年完成施工招标文件及决标备案30件,勘察设计招投标19件,其他招投标项目27件,同时在市级平台试行电子招标投标工作。

【工程质量监督】 开展全市公路水运工程执法大检查和各类专项检查,提升工程品质。组织召开"施工现场安全用电标准化暨智慧用电"现场会、混凝土试验检测管理工作座谈会、全市交通建设工程监理工作管理会议、监理业务讲座暨监理标准化建设现场交流会等,开展舟山品质工程建设,全年完成监督交通项目(包括渔港项目)28项,监督覆盖率100%,总投资约166亿元;下工地监督抽查255次,制发各类检查意见245份,完成公路水运工程交工(竣工)质量评定备案(鉴定)6项,合格率100%,完成行政处罚6起;完成交(竣)工质量评定检测招标备案6项,新增工地试验室登记备案8家;完成招投标控制性造价备案35项,初步设计概算(调整概算)审查2项,施工图预算报送3项,施工合同工程量清单报送2项。全年未发生一起重大质量、安全责任事故。

【交通环保工作】 开展创建"绿色交通城市",加强绿色交通工作监督和考核,分解落实省厅考核目标。优化调整交通用能结构,严格把关不符合营运条件的老旧车辆不得从事道路运输经营,鼓励企业规模化、集约化发展;推进大物流建设并抓好舟山陆港绿色物流中心建设和营运,通过平台搭建、人才引进及培训、营业网点扩大等举措推进舟山聚合集卡联盟建设,扩大冷链物流网络联盟平台加盟企业范围。完善绿色城乡配送系统,投入资金进行LED节能照明技术应用及停车场车位引导系统项目建设。

全年新增公共自行车800辆,完好率95%以上。新增、更新城市公交车127辆,其中节能环保型车121辆,节能环保型车辆占比95.28%;新增、更新巡游出租车185辆,天然气出租车146辆,节能环保车辆占比78.92%。推广烤漆房油改电等绿色维修工艺和驾培模拟器。完成定海小岭、东皋岭等隧道灯具应用合同能源管理模式的LED灯节能改造。

【交通信息化建设】 完善指挥中心平台建设。组建局智慧交通专项推进领导小组，完成指挥中心系统数据资源、接口规范初步梳理，对接省厅、公安、经信等部门完成数据及融合方案制定，完成智慧交通突破重点方案编制。开展水上客运网上售票系统建设，在三江、长峙客运站试点网上售票基础上，逐步在全市推广实施，完成新增23条双向航线和2条单向航线实名制相关客运站的售票系统数据对接。

推动行业信息化建设。完善公路视频监控节点，大力推广ETC，全年发行29126个ETC，舟山跨海大桥ETC专用车道14条，高速公路收费站实现ETC车道全覆盖。开展网约车监管平台建设，做好驾培、出租车、公交车与综合指挥中心的道路运输综合监管平台的对接。普陀(不包括朱家尖和六横)完成81辆营运客车和85辆危险货物运输车辆GPS定位系统安装，其中67辆营运客车和11辆危险货物运输车辆安装3G视频监控设备(南顺旅游客运公司安装28套3G视频，国旅旅游客运公司安装26套3G视频，普陀交通运输公司安装5套3G视频，观光巴士公司安装8套3G视频，华晨民爆公司安装10套3G视频，元海海洋船舶物资有限公司安装1套3G视频)。岱山县拟定“空中停车场”(摆渡车辆预售票系统)解决方案，并在衢山试点运行；分两期开展县道路运输管理局智能化系统建设，包括建设视频监控中心平台和网络系统、公交智能调度系统、数据交换及数据存储中心以及在驾培场地、汽车修理厂、县重点场站建设视频监控系统，在高亭轮渡码头建设进出车辆车牌识别系统，公交站台建设客流量检测系统等，至年底，一期完成设计、评审、招投标及部分施工和线路调试及平台接入工作。搭建“行在岱山”交通APP测试版，开始进入模块化建设；完成岱山交通运输局TOCC(数据展示)平台搭建，实现部分展示；完善港航岱山指挥中心建设，建立健全岗位设置、岗位职责和运行机制；岱山县交通运输局会同汽运企业及气象、海事、公安等部门设定“联合调度系统平台”，已启动前期工作，解决出岛返城车辆“排长龙”问题。

【最多跑一次机制改革】 全年全市办理最多跑一次事项28265件，包括行政许可2748件、行政确认244件、其他权力事项25273件。其中市本级(含新城)办理行政许可1062件、其他权力事项12691件，通过邮寄送达66件、网上在线办理9450件，实际当场或当天办结的件数比例达办结总件数的90%以上。

内部整合提升效率 明确审批事项办理条件，整合内部审批职能、优化审批流程和岗位配置，将审批权限向窗口集中，减少内部审核环节，实行串联改并联、外部转内部、隐性变显性的审批方式改革。加大窗口授权，将市管区域内的道路普通货物运输经营许可、驾培教练车变动备案等事项由后台审核改为窗口直接授权审批，将交通建设工程施工许可、水运建设工程开工备案、办理交通工程质量安全监督手续等14个事项新纳入窗口集中办理。加大内外协作，将交通工程施工许可的建设资金审查由前置改为内部审查，将运输企业开业的安全条件审查由前置改为并联审查，将涉路施工许可、运输经营许可等涉及路政、交警、环保各自审查改为一家牵头、共同踏勘、联合审查。整合市县联审流程，要求县级初审后直接报市局审批或由市局受理后向县区交办，不得要求当事人重复提交材料、不得重复受理。通过内部流程再造，办事事项承诺时限最高不超过10日，2/3的事项压缩5日以下，承诺当场或当天办结的事项达21项，占总事项的37%以上，实际当场或当天办结的件数占总办件数的90%以上。

简化事项材料便利办事 全面清理办事条件、所需材料，最大限度减少办事材料、消除模糊性语言。取消行政审批3项，取消铁轮车、履带车和其他可能损害公路路面的机具行驶公路许可，将公共交通车辆运输证、从业人员资格证由审批制改为备案制；实行承诺制审批，对道路客运经营许可、普通货物运输经营许可、机动车维修经营许可等事项，企业暂不具备法定要求的车辆、从业人员，可以在出具一定期限内配备到位的承诺后，予以先行审批发证；深化容缺预审服务，在标准化办事指南中逐项明确可容缺的材料目录，对于非主要的材料、可以通过数据共享获取的材料都纳入容缺的范围，可容缺受理的事项占承诺事项50%以上，可容缺材料占所需材料30%以上，减少当事人因缺少次要材料而多跑一次；清理不必要的申报材料，全面自查跑一次事项的申报材料，提炼和精简用语表述。取消所有模糊性、兜底性条款，取消由自设或取消后能通过事后监管控制风险的申报材料。参与省厅“八统一”工作，即各办事项“主项名称、子项名称、经办依据、原经办所需材料、梳理后经办所需材料、办理时限、是否实现零次跑、省局对口指导处室”等八个项目统一，统一绘制业务经办流程图和办事流程图。

在线申报＋实时指导服务　依托政府服务网，全面放开跑一次业务外网受理功能，引导企业、群众通过互联网进行申报，并由窗口通过即时通信软件与当事人沟通，实时解答当事人的问题、指导当事人填写表格、对材料进行在线预审。实现一次申报、一次过审、一次领证，部分事项可通过快递送达实现零上门。

预约上门＋现场受理服务　对涉路施工许可、机动车维修企业设立、道路运输企业设立等审批事项，提供“预约上门＋现场受理”服务。当事人根据市交通局对外公布的联系方式申请预约后，及时指派专人到现场为当事人开展指导，协助当事人准备申报材料、布置营业场地等，符合条件的由现场踏勘人员带回材料代办受理手续，最大限度减少企业、群众上门办事次数。

一窗受理＋部门协同服务　按照“一窗受理、集成服务”的要求，配合有关部门做好事项整合、办理条件简化、办理材料细化等工作。将涉及普通货物运输经营许可、货运站经营许可、机动车维修经营许可等3项办件量较大的许可事项纳入一窗受理、证照联办，理顺部门联合审查、联合踏勘等工作机制，当事人只需提供一套材料，就可领取相关的营运执照和经营许可证。

【交通法制工作】　加强依法行政，先后制定出台《交通行政执法行为规范》《舟山市交通行政许可责任追究办法》《舟山市交通行政许可监督检查办法》《舟山市交通运输局重大问题集体决策制度》《舟山市交通运输行政调解工作制度》《舟山市交通运输局行政规范性文件管理办法》等，规范行政执法行为。加强规范性文件管理，清理交通局2000年以来制定的规范性文件40件，对329国道改建工程城北段工程3起违法建设案件进行法制审查，对《市自备船管理暂行办法》《关于市区七年期出租汽车营运权届满处置的意见》《舟山市促进互联网租赁自行车规范发展的指导意见（试行）》《关于推进市区巡游出租车行业改革和品质提升的实施意见》等规范性文件及有关经济合同进行合法性审查。牵头做好《舟山市文明出行促进条例》《浙江省公路条例》《中国（浙江）自由贸易试验区条例》《舟山市国家级海洋特别保护区海钓管理暂行办法》《舟山市国家级海洋特别保护区机动车管理办法》等征求意见文件的研究和反馈。深化监管体制改革，推出双随机抽查监管、先照后证双告知监管、信用监管等措施，落实交通运输部等36个部门联合签署《关于对严重违法失信超限超载运输车辆相关责任主体实施联合惩戒的合作备忘录》，建立超限超载运输行为黑名单制度并数据共享，形成消费限制、金融限制、市场准入限制、保险费率差别对待等多部门分工合作的信用奖惩格局；对于采用承诺在先、先行审批的事项，加强承诺事项的监督检查，发现未在规定时间内落实到位的，责令整改直至撤销许可，并列入行政审批黑名单，三年内不得再申请该项许可。加大执法力度，全年全市办理行政处罚案件2298件，办结2296件，罚没款621.47万元，其中市级办理行政处罚案件1536件，办结1534件，罚没款394.08万元。

【创建文明交通】　一线窗口继续开展“巾帼文明岗”创建活动，是年，公交32路巾帼班组被全国妇联授予“巾帼文明岗”称号，普陀长运分公司售票班组和舟山公交新城汽车站站务团队通过省级巾帼文明岗创建考核。至年底，全市交通运输系统有全国级巾帼文明岗2个，省级巾帼文明岗6个，市级巾帼文明岗6个。

以“畅美交通”志愿服务队为主体，开展各类团员志愿服务活动。五一期间，在车站、码头、公交站台及旅游集散中心开展“微笑舟山　志愿行动”主题志愿服务行动；新城局以“U4580”志愿服务队为载体，推进青年文明号创建，组织开展学雷锋日路面保洁、情暖端午、“5·26”爱路日、关爱孤残儿童等9次志愿服务活动；8月，与市文明办等共同举办以“为爱让行，用心守护”为主题的爱心斑马线认领活动；公路局开展“畅行美丽公路，展青年风貌”骑行活动、爱路日志愿服务等一系列活动。形成“畅美交通”朱家尖客运中心的“慈航普渡、情满旅途”、舟山市汽车客运中心的“五心e站”、快速公交一号线的“快乐公交”新城公路与运输管理局的“四微”服务品牌等十大服务品牌，建成畅美客车、畅美客船、畅美站场等五大服务品牌示范群。开展“双结对双服务”“双角色双争优”和“点亮微心愿”活动。是年，市交通运输局通过省级文明单位复评。

【人才管理】 开展职称评审，建立市交通工程中级专业技术职务任职资格评审委员会专家库，完成2017年度省交通工程技术人员高评委专家库成员的推荐工作，重点开展全市交通工程、船舶工程专业技术资格不具备学历和规定学历两项职称评审工作及高级工程师推荐评审工作。全年205人申报交通工程、船舶工程技术人员专业职务任职资格评审，183人通过初中级任职资格，推荐15人参加高工评审。做好政工师、技术等级考试工作和专业技术人员教育管理、审核、考核。组织开展技能大比武，会同公路局开展全市公路应急抢险机械操作技能大比武、运管局开展全市汽车维修（钣金、电器）工技能大比武，全市108名选手参加，12人申报为舟山市技术能手。完成2017年度浙江省151人才工程培养人员、舟山市第八届专业技术拔尖人才和第四批资深拔尖人才选拔推荐。

（撰稿：江婵）

民用航空

【概况】 2017年，舟山普陀山机场客流量首次突破100万人次，达102.30万人次，同比增长27.74%，年均增速超同期国内全民航平均增速50%以上，增幅居全省7个机场前列，正式迈入“百万级”空港序列，在中国境内229个民用航空（颁发许可证）机场中，排到第84位。全年保障航空器起降2.23万架次，同比增长5%，其中运输航班9810架次，同比增长19.56%。新开辟舟山至山东济南、安徽阜阳、重庆、陕西西安4个国内航点，打通西南、西北空中通道。至年底，有东航、厦航、南航、中联航、山东航、深圳航、福州航、华夏航8家运输航空公司在机场运营开展航空运输业务，开通舟山至北京首都、北京南苑、上海、天津、青岛、广州、深圳、厦门、泉州（晋江）、福州等航线，17个航点，周航班量超过210架次。全年保障通用航空飞行1.25万架次，公务机132架次，训练飞行4440架次，通用航空业务量在华东地区名列前茅。至年底，航站区工程建设累计完成投资4.05亿元，新建国内航站楼完成。浙江舟山波音737完工与交付中心普陀山机场飞行区配套改扩建工程启动建设。打造“舟山第一窗口”，深化“祥云服务”品牌，相继完成首届世界油商大会、国际海岛旅游大会及政商要客保障等一系列重要任务。旅客满意率91.7%，旅客、货主有效投诉率为零。继续保持全国青年文明号、省级文明单位等荣誉称号。落实“党政同责、一岗双责”安全生产，以“平安民航”建设为主线，健全

12月27日，举行年旅客吞吐量突破100万人次的庆祝活动（陈旭　摄）

安全责任制和安全监管体系，排查治理安全隐患，全年未发生一起飞行、空防和航空地面安全事故，机场实现连续21个航空安全年，在民航华东地区管理局安全考核优秀。通过安全管理体系（SMS）效能评估和“平安民航”考核，完成中共十九大航空安保工作。是年，根据省政府“整合全省机场资源方案”，舟山机场以资产为纽带成建制划入浙江省机场集团有限公司直管，成为省部属在舟企业。

【新增航线】 3月29日，开通舟山—济南航线，每天一班，舟山起飞12:20，到达济南13:55；济南起飞15:10，到达舟山16:45。由波音737-800型飞机执飞。

5月15日，开通舟山—阜阳—重庆航线，每周4班，周一、三、五、日各1班，重庆起飞07:30，10:10到达阜阳，11:40到达舟山；舟山起飞12:25，14:10到达阜阳，16:55到达重庆。由华夏航空CRJ900喷气式客机执飞。

10月31日，开通舟山—西安航线，经福建晋江中转，由福州航空公司的波音737-800机型执飞。每周3班，周二、四、六各1班。舟山起飞17:55，到达西安23:05；西安起飞08:40，到达舟山13:25。

【机场改制】 2月20日，明确舟山机场整合的范围、形式和目标，其中以浙江省机场集团有限公司为主体，以增资扩股形式整合舟山机场。5月27日，浙江省政府通过《整合全省机场资源搭建航空大平台方案》。9月，根据省民航强省建设领导小组统一部署，舟山市政府和舟山市国资委分别与浙江省机场集团有限公司签订《合作协议》和《股权划入协议》，舟山机场出资人由市国资委变更为省机场集团。

为加快发展浙江舟山波音737完工与交付中心中美战略性重大合作航空产业项目，3月，浙江省人民政府批复设立舟山航空产业园，将其纳入省级经济开发区管理序列。9月4日，浙江舟山群岛新区党工委管委会办公室下发《浙江舟山群岛新区航空产业园管理委员会主要职责内设机构和人员编制规定》，设立浙江舟山群岛新区航空产业园管委会，为浙江舟山群岛新区管理委员会直属的相当于正县（处）级公益一类事业单位，原舟山市民用航空管理局调整为航空产业园管委会，舟山市民用航空管理局和舟山民航集团有限公司不再合署办公。

【机场建设】 8月，根据浙江舟山波音737完工与交付中心（下称波音项目）进度要求，经市政府同意，合并调整航站楼、陆侧改造、空侧改造、国际航站区改扩建4个分项目，统称航站区工程。原通航楼改为国际航站楼一期，用于波音项目通关使用。同时，将原国际航站楼改建为国际航站楼二期工程，满足国际、地区航班运营需求。至年底，航站区工程累计完成投资4.05亿元。新建国内航站楼已完成，正在开展验收。国际航站楼一期工程建设已完成主体结构施工，完成总工程量60%；国际货站改扩建工程完成30%。航站区整体工程完工后，普陀山机场将拥有总计约2.8万平方米的航站楼，近期可满足200万客流量，中远期可满足300万客流量国内、国际航线运营使用。

是年，波音项目普陀山机场飞行区配套改扩建工程启动建设。该项目投资约5.45亿元，主要内容包括新建一条长2500米、宽23米平行滑行道，扩建南北两

在建的新国内航站楼（徐铁军　摄）

侧机坪,新建灯光站、消防站、场务维修设备库,配套改造助航灯光、给排水、消防、供电等设施。7月,工程获立项,9月底,综合小区工程进场施工,累计完成投资5213.4万元。

【航空产业】 5月11日,浙江舟山航空产业园建设和波音项目开工仪式在浙江舟山航空产业园举行。浙江省人民政府、美国波音公司、中国商飞公司代表正式签署投资协议,省委书记车俊,省委副书记、代省长袁家军,美国波音公司副董事长雷·康纳,中国商飞公司董事长金壮龙,国家发展改革委副主任林念修,美国驻沪总领事、国家及省有关部委领导等参加。

9月13日,国务院办公厅下发《关于同意舟山港综合保税区规划调整的复函》,空港分区置换设立方案正式获国务院批复,调整后,舟山港综合保税区总体规划面积保持不变,分为三个区块。区块一即本岛分区,规划面积和范围与原规划一致;区块二即衢山分区,规划面积调整为2.17平方千米;区块三即空港分区,规划面积0.85平方千米。26日,美国波音公司、中国商飞公司合资的舟山波音完工中心有限公司举行揭牌仪式,公司主要承担飞机内饰安装、涂装、维修维护等工作。11月7日,舟山港综合保税区空港分区0.7377平方千米范围通过省级联合验收组预验收,12月28日,通过国家联合验收组验收。

(撰稿:陈旭)

责任编辑:叶贞海

港 务

概 述

2017年，舟山港口按照“四个舟山”和“五大会战”的统一部署，围绕浙江自贸试验区和舟山江海联运服务中心建设重点，加强港航服务管理，推进各项工作。

围绕舟山江海联运服务中心七大基地建设，全年完成江海联运重大项目投资501.7亿元。鼠浪湖矿石中转码头一期建成投运，码头40万吨级改扩建工程获核准，全年靠泊40万吨大型矿船21艘，铁矿石吞吐量2484.8万吨；绿色石化基地建设快速推进，获环评批复和发改委核准批复，配套码头港口岸线使用通过省海港委评估；万向二期5万吨级码头和110万立方米原油储罐建成投运；兴海滚装码头项目交工验收；实华二期45万吨级原油码头水工主体完成，外钓30万吨级公共油品码头、东白莲油品码头等项目加快建设。新奥LNG加注站项目一期26.6万立方米码头和2座16万立方米LNG储罐基本完工。宁波舟山港主通道加快建设，六横公路大桥、甬舟铁路等前期工作扎实推进，40万吨级蛇移门航道、虾峙门南3个30万吨级加注专用锚地和条帚门外锚地等一批公共航道锚地建成投运，鱼山作业区进港航道加快建设，白泉港区进港航道可行性研究报告和初步设计获批复。

江海直达运输发展取得突破。出台江海直达规范管理体系。交通运输部制定出台《特定航线江海通航船舶建造规范》等“5+1”系列江海直达船舶安全技术相关规范性文件，江海直达规范体系基本形成。2万吨江海直达首制船于12月8日接水。启动研发宁波舟山港至武汉1.35万吨级散货船、700TEU集装箱船和商品汽车滚装船等江海直达系列船型。开拓江海直达运输市场。深入重庆、武汉、马鞍山、九江等沿江港口开展点对点对接，完成长江散货江海联运体系研究，基本形成分货种江海直达运输模式方案。

大宗商品交易体系拓展。中国（浙江）大宗商品交易中心加快建设，多平台、多元化大宗商品交易体系基本形成。全年保税燃料油、液化天然气、管道天然气、动力煤等交易品种实现电子交易额超5700亿元、现货贸易额630亿元。交易类、贸易类企业集聚，油气“舟山指数”“舟山价格”形成。亚太铁矿石分销中心建设取得突破。推进铁矿石混配矿业务，实现混矿销售常态化，完成配矿806.2万吨。铁矿石交易市场起步，浙江海港大宗商品交易中心10月31日启动试运营。铁矿石全程物流配送体系建设启动，发挥“大船+配矿+交易”优势，以鼠浪湖铁矿石中转码头为核心，对接长江沿线的铁矿石用户，打造铁矿石“门到门”全程综合物流体系。

以保税油供应工作为重点，助推浙江自贸试验区建设。推进保税油供应工作。力推船供油制度创新。发挥港航职能优势，解决秀山东锚地加油免征船舶吨税问题。突破现行政策限制。探索保税燃料油供应船舶管理新模式，允许租赁资质企业所属适装船舶从事船舶保税燃料油供应业务；实行“白名单”供油船舶管理制度，先后出台2批“白名单”，为保税燃料油供应企业提供更多的租船选择，方便供油企业开展供油业务。推进加注锚地建设。完成虾峙门南锚地、马峙锚地、条帚门外锚地等一批保税燃料油专用加注锚地锚位建设。省内跨港区供油取得突破。

全年舟山港域货物吞吐量4.57亿吨，同比增长7.49%，在宁波舟山港中舟山港域的比重从2002年的21%增至45%。全市运力首次突破600万载重吨。全市水运工程固定资产投资123.8亿元;新增万吨级以上码头6个,新增设计年通过能力3100万吨。是年,舟山引航站引航艘次突破1万大关,创下舟山港域引航历史新纪录。招商任务指标完成7.03亿元,完成率140.6%。国家交通运输物流公共信息平台江海联运信息中心获批。保税燃料油供应业务取得重大突破,供油船舶准入管理新模式被评为浙江自贸试验区21项制度创新成果之一。

港口建设

【万向石油储运二期码头工程项目】 项目总投资5.36亿元,新建30万吨级、5万吨级油品泊位各1个,建设年限为2017年至2019年。其中,5万吨级油品泊位总投资18430.71万元,年通过能力220万吨。至年底,5万吨级码头建成;30万吨级码头开展前期申报工作,各项前期手续基本完善。全年完成投资10350万元。

【新奥液化天然气(LNG)接收及加注站项目】 项目建设单位为新奥(舟山)液化天然气有限公司,建设地点位于宁波舟山港白泉港区钓梁作业区梁横山岛岸段。

一期建设16万立方米LNG储罐2座、LNG加注工艺系统及配套辅助设施,LNG处理能力300万吨/年;二期建设23万~26万立方米储罐一座及相应配套设施。港口工程包括可靠泊26.6万立方米LNG船舶(约15万吨级)的接卸码头1个,可靠泊3万立方米LNG船舶(约2万吨级)的装船泊位2个〔结构按18万立方米LNG船舶(约10万吨级)建设〕,LNG槽车滚装船泊位2个(结构按3万立方米LNG船舶建设),配套建设工作船泊位2个,码头设计通过能力950万吨。

一期项目于2015年2月4日获国家能源局核准,码头初步设计于2015年7月20日获交通运输部批复。项目总投资约58.5亿元,建设期为2016—2018年。

至2017年底,完成一期2座16万立方LNG储罐建设,1号码头基本完工,2号、3号码头完成工程量的90%,年度完成投资13.2亿元。

经营范围和生产任务主要为南京的金陵石化、扬子石化、上海的金山石化、高桥石化以及国家商业储备储存原油。

二期码头建设项目于2013年12月9日获国家发展和改革委员会核准批复,交通运输部于2015年1月30日批复工程初步设计,并经环保部和国家安全监督局、海洋局、海事局等行政审批,获20项批复或评估意见。项目列为浙江省"十二五"交通部港口建设重大工程项目及市、区政府重点工程项目。

二期码头工程包括建设45万吨级原油泊位1个,以及电气、通信、自控、给排水、消防、工艺管道等相应的配套设施,泊位长490米,引桥长67米,设计年通过能力1800万吨,批复工程总概算3.22亿元。二期码头建成后,将为舟山港新增货物吞吐量约1500万吨。

建设中的新奥液化天然气(LNG)接收及加注站项目(沈磊　摄)

【实华册子二期原油中转码头工程】 舟山实华原油码头有限公司是由中国石油化工股份有限公司(占67%股权)和宁波舟山港股份有限公司(占33%股权)合资合作建立的一家具有独立法人并在舟山当地注册的合资公司。

至2017年底,实华二期45万吨级原油码头水工主体已完成,年度完成投资9275万元。

建设中的位于定海区册子岛的舟山实华原油码头二期项目45万吨级码头(姚峰　摄)

【舟山群岛新区兴海汽车滚装码头工程】 2013年1月注册成立舟山群岛新区兴海滚装码头有限公司,由舟山群岛新区外运长航滚装物流有限公司(40%股权)和浙江定海工业园区管委会下属的舟山蓝海投资有限公司(60%股权)合资创办,注册资金5000万元,主要经营滚装码头、港口、货物运输、道路运输站(场)等业务。

项目新建1个7万总吨商品汽车滚装泊位,该泊位可满足2艘20000GT汽车滚装船同时靠泊或1艘50000GT和1艘5000GT汽车滚装船舶同时靠泊作业,设计年通过能力为商品汽车60万辆、零部件19万吨,总投资21071.79万元。

工程于2016年4月28日开工建设,引桥工程于2016年12月完成。2017年12月21日,码头工程通过交工验收,年度完成投资7425万元。

【鼠浪湖矿石中转码头工程】 项目于2009年启动前期工作,2012年7月23日获国家发改委核准批复,2013年3月15日获交通运输部初步设计批复。该项目分两阶段建设,一阶段已建成30万吨级、10万吨级和5万吨级泊位各1个,堆存能力360万吨,年设计通过能力为2600万吨,于2015年9月完成试运行备案;二阶段建设30万吨级和5万吨级泊位各1个,年设计通过能力为2600万吨,堆存能力240万吨。

项目码头部分,30万吨级铁矿石卸船泊位2个,10万吨级装船泊位1个;5万吨级装船泊位2个,于2016年12月14日通过省交通工程质监局质量鉴定,同年12月29日完成交工验收,投入试运行;项目堆场部分面积64.6万平方米(堆存能力600万吨),2017年6月28日通过省交通建设工程监督管理局质量鉴定,于7月14日通过交工验收,整体项目全部建成。

【舟山粮油产业园区公用码头】 项目位于舟山本岛西南部,新建5000吨级杂货出运码头泊位2个,能够满足同时靠泊3艘2000吨级杂货船,水工结构按可靠泊1万吨级杂货船设计,码头平台

3月16日,振华32号专用船装载2台卸船机和1台装船机靠泊鼠浪湖矿石中转码头(沈磊　摄)

长度312米，年设计通过能力160万吨，总投资额21632万元。项目建成后承担的货运吞吐量主要为良海粮油产出的豆(菜)粕85万吨。同时，承担舟山国际粮油产业园区内中储粮舟山直属库、泰丰粮油等企业部分袋装粮食中转出运，预计出运量约65万吨。年度约150万吨的粮食吞吐量。至年底，一阶段码头基本建成，进行配套设施及机械设备安装；开展二阶段码头施工。年度投资约1亿元。

【广厦(舟山)能源集团黄泽山石油中转储运工程项目】 项目新建1个30万吨级原油(含燃料油)泊位(设计年通过能力1800万吨，码头长470米)、1个8万吨级油品泊位(设计年通过能力820万吨，码头长342米)、2个1万吨级成品油泊位(设计年通过能力260万吨，码头长400米)，建设100万立方米原油储罐和51万立方米成品油储罐及相应配套设施，总投资26.7亿元。至年底，储罐项目基本完工。码头于12月24日开展交工质量鉴定，年度投资4亿元。

港口业务

【舟山港域货物吞吐量稳步增长】 2017年，舟山港域完成货物吞吐量45778.4万吨，比上年增长7.49%。其中：外贸货物吞吐量14326.81万吨，同比增长8.80%；集装箱吞吐量1041130.5TEU，同比增长19.84%。完成旅客吞吐量157.49万人。

港口主要货种吞吐量，煤炭完成2485.14万吨，同比减少4.45%；石油及天然气完成6993.82万吨，同比增长9.34%；金属矿石完成15852.16万吨，同比增长10.38%；粮食完成828.49万吨，同比减少4.52%；矿建材料完成14905.24万吨，同比增长9.70%。

1月7日，马士基西非3线的“阿泰”集装箱轮在宁波舟山港大浦口集装箱码头进行装卸作业(姚峰　摄)

【江海联运直达船建造完工】 4月19日，舟山江海直达船型首制船开建，由浙江欣海船舶建造检验、浙江增洲船厂建造。12月5日建造完成。“江海直达1”号船舶长154米，宽24米，吃水9.1米，吨位2.3万吨，具备“宜江”“适海”“先进”“经济”等特点。该船型较同类海进江船舶造价降低约10%，载重量增加约13%，能效提高约12%。

【江海联运信息中心获批】 9月18日，国家交通运输物流公共信息平台管理中心复函，同意设立国家交通运输物流公共信息平台江海联运信息中心。该平台是中国物流公共信息资源的“一站式”开放平台，是政企间、企业间物流相关信息资源共享交换的重要“电子枢纽”，是接轨国际物流信息交换共享的“中国窗口”，由交通运输部和省级交通运输主管部门共同推进。是年，舟山市按照“建成全国最具权威的江海联运公共信息平台”的目标和要求，对接国家交通运输物流公共信息平台，争取将江海联运公共信息平台纳入国家交通运输物流公共信息平台。

港航服务管理

【推进“最多跑一次”改革】 2017年，全局“最多跑一次”事项49项，办理8407件。坚持“智能、方便、高效”，优化办事流程，精减申请材料，简化办理流程。创建完成“省际普通货物水路运输许可”四星级事项。提供上门服务，开展延时服务，提供微信、网站和电话非工作日预约服务。整合信息系统，打破信息孤岛。加强系统创建工作，在将舟山港航综合监管与服务信息平台改造升级为“浙江港航综合管理与服务平台”并向全省港航系统推广应用基础上，整合各类子系统，推进“互联网＋政务服务”新模式。

【规范港口经营市场秩序】严格港口经营资质年度核验（查），全年核查港口经营企业147家，下发《整改通知书》15张，逾期不改正依法停业整顿9家。强化政府定点装卸作业点的管理，对全市172个作业点依不同情况分类处置。加强规费征稽力度，全年规费4.05亿元。

【加强航运市场监管】开展经营资质年度核查工作，全年核查国内水路运输企业226家，辅助企业133家，营运船舶1441艘。完善运政综合监管信息平台，深化水路运政事中事后监管机制，制定《国内水路运输经营许可撤销暂行管理办法》《重点企业监管办法》。加大“僵尸企业”清理力度，完成13家省际普货运输企业和1家省内普货运输企业的撤销工作。

【强化船舶检验工作】全年完成船舶检验2720艘，约322万总吨；审查船舶图纸103套；完成船用产品检验755件；完成舟山籍单壳油轮改双壳改装检验32艘。做好客船舱室舒适性改装检验及辖区内客船救生设备增配检验工作，完成全市“救生设备增配”客船58艘，客船舱室舒适性改装检验3艘。12月8日“浙江船检舟山审图中心”挂牌运行。

【加强引航工作】全年引航收入2.51亿元，同比增长13%；引领各类中外船舶10075艘次，同比增长15.1%，其中外轮8594艘次，同比增长15.3%；引领40万吨级以上船舶73艘次，同比增长305.6%。进出舟山港域船舶大型化趋势日趋明显。突破大型船舶引航难题，实现鼠浪湖码头40万吨级船舶引航作业常态化，完成灌门航道332米10万吨级空载集装箱船实船试验，册子实华45万吨级原油码头、新奥LNG码头引航技术等课题研究。

【强化航运企业帮扶工作】保持航运业稳定增长，促进运力结构改善。全市运力突破600万吨，单船平均吨位3982吨，比年初增加213吨。加快运力结构更新，落实老旧运输船舶提前报废更新和单壳油轮改造补贴政策。全年按计划拆解老旧运输船舶1艘，新建2艘，享受国家财政补贴870万元。全年完成单壳油轮改造30艘/9.06万载重吨。开展重点航运企业帮扶，做好舟山市航运业临时周转资金的使用工作，全年安排航运企业转贷68次，17家企业受益，使用资金规模13.02亿元。制定新一轮航运业扶持政策，市政府出台《关于促进航运业健康稳定发展的若干意见》。

【开展各项安全专项整治工作】对照四张清单，开展“春雷行动”等多项安全整治专项活动，全市104艘“黑名单”船舶经分类处置，尚在营运的剩余10艘，四县（区）、功能区实现“黑名单”船舶清零；全市“个转企”取得营运证的船舶62艘，除个别县（区），基本完成“个转企”任务；全市拆解各类违法违规船舶35艘；52个需要取缔的临时装卸作业点全部取缔完毕。重点开展港口危险货物安全专项执法检查行动。集中抽调机关三分之一人员，组成执法检查小分队，专项执法检查排查发现各类问题和隐患1712项，其中完成整改1610项，其余102项正在整改中。

【加大港航执法力度】整合港航执法力量，配置执法辅助人员，提高港航执法能力。全市港航执法部门出动检查人员4405人次，执法车1165车次，艇484艘次。执法检查港航企业5194家次，检查船舶2556艘次，行政处罚案件135件，结案128件，罚款95.63万元，移送公安机关行政拘留70人。

（撰稿：方交良）

责任编辑：李馨桐

杂记(六)

【普陀茅洋惊现清代石碑】 10月的一场持续暴雨,将普陀展茅茅洋社区的一口老井的井口冲垮了,村民们修葺时发现一块石碑,上写“惠济桥碑,光绪二十七年”字样。这一发现,将普陀区文物保护点展茅茅洋桥的历史又往前推了五十多年。发现这块石碑的村民周国定是普陀文博志愿者,11月23日他又发现两块大小不一,刻有字迹的石板。经普陀区文保所相关负责人现场察看,同行的普陀博物馆顾问俞保根认为,这所谓的惠济桥,很可能就是现在的茅洋桥。茅洋桥的历史至少上推50年。过去,村里修桥造路是一件大善事,很多人家都会出钱。而出了钱的人就会在石碑上刻下名字。

【发现定远炮台石碑】 在定海4806工厂内,有一历史文物——定远炮台石碑。据《舟山市志》等记载:定远炮台清光绪十年(1884)建,1939年11月被日军拆毁,13门铁炮运至日本,仅存定远炮台石碑。该石碑为花岗岩材质,整个石碑高约180厘米,宽64厘米,厚达28厘米,“定远炮台”四字清晰可辨。

口　岸

概　述

2017年，全市口岸、海防与反走私工作结合“最多跑一次”“四个舟山”“五大会战”等重点工作，融入中国（浙江）自由贸易试验区、舟山新区及江海联运服务中心等国家战略建设，加快口岸扩大开放，创新口岸监管，优化口岸通关环境，协调开展反走私专项行动，推进“军民融合”海防建设。

全市口岸开放面积1344.8平方千米，口岸监管点51个（其中油品码头监管点10个，集装箱码头监管点1个，散杂货码头监管点5个，粮食监管点2个，矿砂监管点3个、煤炭监管点2个，国际客运码头监管点2个，外籍船舶修理企业26家），外轮联检锚地15个，保税仓库18家。全年舟山口岸进出口货运量1.31亿吨，比上年增长10.3%；进出口集装箱273531箱，同比增长19.1%，其中进口263665箱，同比增长22.3%，出口9866箱，同比减少29.7%；进出境船舶10771艘次，同比增长14.4%；办理进出境人员手续258838人次，同比增长19.5%；外籍船舶修理1975艘次，同比增长34.4%。全年新区口岸保税燃油直供量182.8万吨，同比增长71.7%；完成保税油调拨量639.6万吨，同比增长20.5%。

7月6日，开展舟山口岸首次国际航行船舶联合登临检查（华志波　摄）

【贸易“单一窗口”建设】 3月5日，国际贸易“单一窗口”标准版运输工具“一单四报”业务在中国（浙江）自由贸易试验区开通。5月中旬，国际贸易“单一窗口”国家标准版在舟山试运行。6月底完成“单一窗口”标准版舱单申报、运输工具申报和货物申报三大功能的系统对接及实单业务申报工作。创造运输工具申报总量、原始舱单和船舶进境动态申报率先首票申报成功、船舶全流程首次尝试申报成功三个全国第一。率先实现船舶、货物、舱单等报关功能应用的全口岸覆盖。7月1日，平台保税燃油出库申请功能上线。9月6日，浙江电子公司在“一口受理”平台上实施油品申报业务测试成功。10月，研究依托连接“单一窗口”国家标准版建设下放到省电子口岸的接口，升级拓展保税燃油“一口受理”平台功能，研究外轮供应等自贸特色功能版块，探索油品全产业链口岸通关贸易信息化服务平台。11月，舟山保税燃油加注“一口受理”平台上线运行。11月8日，保税燃油“一船一供”全流程实单测试成功。

【口岸开放】 7月，浙海石化项目3万吨级油品码头对外启用通过正式验收。9月12日,浙江海洋石油化工有限公司油品码头通过省政府验收,正式对外开放。紧扣浙台(舟山普陀)经贸合作区项目码头申报国家质检总局进境水果指定口岸验收时间节点,赴交通运输部争取并获准码头口岸首次临时开放。注重“三重”涉口岸项目服务工作,组织驻舟山查验单位就浙石化大小鱼山岛、新奥LNG、外钓应急油品储备基地等项目建设现场,做好口岸开放和建设咨询服务,指导口岸查验监管要求和开放流程。

9月30日,东部战区批复同意舟山港马岙、白泉、金塘港区水陆域范围和岱山、衢山港区水陆域范围及航线锚地;10月,完成东部战区审批程序。至年底,海关总署、质检总局、公安部、民航总局四部委完成意见反馈,联合参谋部基本完成意见汇总。普陀山机场对外开放申报审批工作基本完成。协调解决驻舟山海军“两区两范围”划定、海航部队“军事设施保护和国防安全”等事项,原舟山水警区、东海舰队和东部战区一次性集中同意岱山(鱼山绿色石化)、衢山(衢黄项目进出港航道及配套口外锚地等)、金塘(中钢、澳牛)、马岙(远洋渔业基地惠群二期)、白泉(新奥LNG)等5个港区141.02平方千米水陆域扩大开放。全市第一次集中完成水陆域扩大开放范围划定军方审批,突破军方每年最多支持一个开放件的惯例。

【扩展口岸功能】 对接海关总署,做好综保区空港分区置换争取工作并获支持。对接国家质检总局,加快进口澳洲肉牛指定隔离检疫场,进口肉类、进口水果等指定口岸建设和验收启用工作。6月16日,综保区进口肉类指定口岸建设正式通过质检总局现场验收,成为全省第三个拥有进口肉类指定口岸城市。10月,浙台(舟山普陀)经贸合作区进境水果指定口岸正式获批,成为全省第四个进境水果指定口岸,促进转型多功能复合型口岸。

是年,舟山群岛国际邮轮港接靠国际邮轮14艘次,迎送游客28000人次,同比增加40%。加快国际海事服务基地建设。围绕打造国际海事服务基地和东北亚保税油供应基地,协调口岸查验单位通关监管。实施外锚地供油远程信息化监管、夜间靠泊供油、“一船多供”等改革创新举措,拓展保税油跨地区供应范围。协调口岸查验单位优化办理船舶进出境手续,保证受油船舶能随时离港。成为承接国家下放的保税加油许可证的唯一地区,制定《中国(浙江)自由贸易试验区国际航行船舶保税油经营管理暂行办法》,首批4家企业获得保税油经营资质。舟山口岸成品油进口大幅增长,全年进口成品油731.56万吨,同比增长39.9%,成为全国第一大成品油进口口岸。保税油供应量达182.8万吨,同比增长71.8%。加强新区口岸通关服务中心通关流程管理,完善“5+2”“白加黑”工作机制及“绿色通道”制度等。全年口岸通关服务中心各窗口办理各类通关服务事项370537件。其中,即到即办367512件,按承诺时限办结3025件。企业通关成本降低。协调口岸查验单位,推进宁波舟山两港通关一体化进程,深化检验检疫通关一体化。简化外籍船舶移泊手续,加快推广关检“一次申报,一次查验,一次放行”的通关模式,提升通关查验效率。

【海防工作】 军民融合示范岛建设基本完成。是年,建立以桃花镇、村(社区)两级干部和驻岛军(警)及涉海单位领导为骨干的海防组织机构、应急队伍和工作制度。海防执勤码头、执勤道路和海防直升机停机坪新(改)建工程竣工。全国首个乡镇级海防主题公园、海防展陈馆竣工并开放。海防建设项目军民融合度提升。全市争取海防基础设施建设项目31项,获中央和省财政资金3906万元,占全省海防建设资金总数的51.6%,获批的31个建设项目的军民融合比例由2016年的85%上升到97%。其中,新建海防执勤道路16条31.8千米,新建海防直升机停机坪4个,升级改造海防视频监控站11个。落实海防基础设施建设。是年,完成建设投资4000余万元。其中,新建6条23千米海防道路、1座海防码头、2个直升机停机坪,改建11个边防派出所一线指挥室。

【反走私工作】 落实反走私责任体系,推进“四有四无”为目标的“反走私综合治理示范村”创建工作,完成年度创建目标。全市8个基层示范村完成组织机构、建章立制、巡防队伍建设等工作。开展打击走私“国门利剑2017”联合专项行动,严厉打击成品油走私,两次提请市政府组织多部门开展打击海上走私联合专项行动。全年全市查获各类走私(含非法买卖成品油)案47起,案值近2亿元,涉嫌偷逃税款7000万元,抓获犯罪嫌疑人60人。其中,走私刑事案件13起(成品油案7起,白糖案3起,冻品、毒品和淫秽物品走私案各1起;查获走私白糖6495吨,冻品1104吨,毒品大麻42.5千克,淫秽物品七种135850件),非法买卖成品油案34起,查获涉案成品油约13000吨。推进进出口企业守法诚信体系建设。各级各部门举办政策宣讲和业务培训36期,参训企业46家,受训643人次。落实"守法便利、违法惩戒"管理理念,优化高资信企业通关环境,对守法诚信企业实行优先办理、简化程序等"绿色通道"支持激励政策。是年,兴中公司等7家口岸诚信企业受表彰,舟山浙能石油化工、华信国际(舟山)石油、浙江自贸区中油泰富、舟山港综保区能源化工等4家保税燃料油供应诚信企业率先获得保税油经营资质。全年因违规被职能部门降级的企业1家,降级下降75%。

(撰稿:陈燕燕)

海　关

【概况】 2017年,舟山海关落实海关总署、杭州海关各项决策部署,支持自贸试验区谋划申报建设,促进保税燃油供应中心建设。全年监管进出口货物1.3亿吨,比上年增长10.3%;监管进出境船舶10771艘次,同比增长14.4%;两税入库202.38亿元,同比增长46.8%,审价补税1.16亿元,同比增长15.8%。是年,形成调研课题15个;形成舟山海关"千岛先锋"党建主品牌及"泗岛先锋""新港标兵"等9个支部党建品牌;1个集体荣获杭州关区青年文明号称号,2个支部的党建工作经验在杭州关区推广。

【依法强化监管】 运用驻厂监管、现场巡查、视频巡查和登临检查等手段,使用监管艇实施海上巡查,维护国门安全。首次查获船底夹带毒品案件,查获大麻42.5千克。全年查获并移交海事部门涉嫌危险品货物22批次。监管进出口货物1.3亿吨,同比增长10.3%;监管进出境船舶10771艘次,同比增长14.4%。推进危化品海关监管作业场所检查及消防未达标企业整改工作,规范海关监管作业场所单证管理,建立企业电子档案。统筹运用常规稽查、专项稽查、贸易调查和保税核查等手段,引入中介工作模式,提升后续管理效能。全年稽查核查发现企业问题12起,稽查核查补税4271.12万元。立案调查侵犯知识产权案件51起,保护94个国内外商标的合法权益。管控劣质煤炭和固体废物进口,建立异常数据监控机制,强化企业风险筛选和核查。全年甄别虚假贸易风险企业55家,对12家问题企业予以通关锁定,4亿余元贸易数据列入暂缓统计。组建法律顾问队伍,开设法律课堂,推进"条线普法"。针对保税燃油海上加注业务、综保区有关新兴业务开展专项督察,发现并及时纠正问题10个。

【深化改革提质增效】 全年受理全国通关一体化方式报关单13797票。制定上报《舟山海关功能化建设改革方案》。改进通关服务,提升通关效率,12月进、出口通关时间较上年压缩65.8%和97%。至年底,舟山海关辖区通过国际贸易"单一窗口"标准版进行货物申报的比例达86.51%,运输工具申报比例达97.71%,舱单申报比例达90.76%,覆盖本地区业务量80%。全年"双随机"布控查验达99.80%,其中预定式布控查验占比达87.16%。落实

海关关员登记查获的侵权拖鞋信息(舟山海关提供)

行政审批“一个窗口”、首问责任等服务制度,实施证照“快递送达”服务,至年底,《杭州海关系统群众与企业到政府办事事项指导目录》所涉事项全部实现“最多跑一次”。全年办结两简案件16起。开展国际航行船舶联合登临检查,提高综合查验效率。免除海关查验没有问题外贸企业吊装、移位、仓储费用。

【助推国家战略实施】 参与海关总署《关于支持和促进中国(浙江)自由贸易试验区建设发展的若干措施》、杭州海关“支持自贸试验区建设26项监管创新举措”的论证和起草。围绕波音飞机、绿色石化等重大项目建设,与地方政府对接政策创新、机构设置、人员编制、设施设备等方面的实际需求,做好信息传递和决策参考。落实跨地区直供、港外锚地供油、一船多供、同商品编码下保税油品混兑等8项杭州海关关于支持保税油供应业务发展的创新举措,全年保税油审批出库量182.83万吨,同比增长71.71%。是年在舟山港综合保税区复制推广“仓储货物按状态分类监管”“引入中介机构开展保税核查、核销和企业稽查”制度,全年承接和复制11项自贸试验区海关监管创新制度。支持衢山分区二期、空港分区通过验收。是年,舟山港综保区实现一线进出区货物货运量556.6万吨,货值6.7亿美元,同比分别增长57.5倍和2.2倍。做好普陀山机场空港口岸、绿色石化基地等重大项目的开放对接工作,支持浙台经贸合作区客货滚装公用码头临时对外开放,支持浙江海洋石油化工有限公司油品码头对外启用。

【保证税收质量】 推进区域通关一体化、通关作业无纸化等改革措施,采取节假日预约通关等服务,大宗散货进口24小时放行率达100%。在保证税款应收尽收和监管到位的基础上,允许多种担保模式和通关模式并存,减轻企业资金负担。提高通关效率,降低企业成本。原油、铁矿砂、大豆等主要税源商品进口量较上年均有大幅提升。全年两税入库202.38亿元,同比增长46.8%。建立前期备案、中期审核及后续跟踪的价格管理流程,发现进口货物申报价格偏低及时启动估价程序。运用海关估价网、HL2008廉政执法系统、综合业务管理平台等系统对关区主要税源商品开展价格监控。对铁矿砂、原油、大豆等税源商品开展专项商品价格复核。定期开展涉税报关单归类审核,重点核查同名异归类和高风险商品。开展归类专项核查,参考总署和总关下发的归类风险信息开展自查。对新奥能源项目减免税设备和科教用品等难点商品重点实施归类审核。全年审价补税11607.68万元,同比增长15.8%。

【减免两税3.86亿元】 做好新奥(舟山)液化天然气有限公司减免税项目备案、征免税证明审批、减免税货物税款担保等各项工作。审核进口设备品名、规格、操作原理,采取先由归类岗人员审核商品归类,后由减免税岗人员审核全套材料的方式审批企业申报材料。区分免税货物和应税货物,避免归类差异和归类差错。对于有疑问事项,请示上级海关职能管理部门。支持舟山远洋渔业基地建设,为企业提供服务,做好远洋渔业进口货物征免税证明审批工作,开通审批绿色通道。做好减免税货物税款担保,设立企业担保时间表,提醒企业办理税款担保延期。全年审批鼓励项目征免税证明104票,审批远洋渔业、自有资金、科教用品、残疾人、高等学校、

海关关员在堆场验核集装箱封志(舟山海关提供)

科研院所等六类进口货物征免税证明1088票,货值2.67亿美元,减免两税3.86亿元,分别比上年增长43.44%、79.17%和57.74%。

【提升统计工作效能】 加大对进出口重点、敏感、归类易错、大金额、大数量商品及总署年审重点核查商品的审核力度,注意对结关后删改数据的审核。组织国家战略打造外贸增长新支点、保税燃油加注等项目课题。全年完成监测预警分析24篇,总署录用5篇,省政府录用一带一路分析1篇并上报国务院;报送地方外贸预警分析10篇,获地方领导批示3次;撰写外贸分析11篇,统计分析3篇。向地方政府开展"定制型"服务,每月向市长、口岸办、统计局、商务局、综保区管委会等政府部门报送个性化数据。全年常规性提供数据2082条,临时性提供数据554条,为进出口企业提供贸易数据21批次。

【文化强关建设】 推出"舟关之声"微广播系列节目40期。在"钱塘关语"新媒体平台刊发稿件17篇。组建法律组、新媒体组、健身组等8个兴趣活动小组,开展各类文体活动。开展执法资格考试和岗位练兵,组织人员参加十九大精神培训班、优秀关警员培训班等培训,举办"精讲课堂",推进干部队伍能力建设。加强人文关怀和心理疏导,多次召开关警员座谈会,了解关警员思想动态,解决实际困难,参加地方公务员医疗补助、修缮集体宿舍、合理安排加班调休等。

2017年舟山海关进出口按企业性质分类总值

表34 单位:万元

项目		出口		进口	
企业性质		出口值	同比增长(%)	进口值	同比增长(%)
舟山市合计		3841873.4	−7.2	3988544.1	41.0
国有企业		989308.6	31.2	1145986.0	153.4
三资企业	中外合资	388558.4	−36.7	1009356.1	45.9
	中外合作	506.0	2.7	35.7	
	外商独资	358242.5	−23.1	135203.8	−2.5
	小计	747306.9	−30.8	1144595.7	37.8
集体企业		98149.6	−16.8	465726.4	11.1
私营企业		2007108.3	−8.2	1232236.0	9.3

2017年舟山海关对主要国家(地区)进出口情况

表35 单位:万元

出口			进口		
国家(地区)	出口值	同比增长(%)	国家(地区)	进口值	同比增长(%)
(合计)	3841873.4	−7.2	(合计)	3988544.1	41.0
欧盟	747053.5	15.1	东盟	991528.2	117.1
拉丁美洲	573804.5	−8.0	拉丁美洲	879986.6	15.3
非洲	448836.1	20.6	韩国	400479.9	46.2
东盟	418234.7	9.1	美国	381430.9	43.6
日本	413061.3	15.5	日本	254224.5	6.8
中国香港	348130.1	−29.0	俄罗斯	249598.4	−22.3
韩国	182641.0	−23.5	欧盟	231151.1	87.5
美国	153429.7	−21.2	非洲	176404.8	3510.2
俄罗斯	46029.1	−37.0	沙特阿拉伯	151547.1	14.3
中国台湾	43543.7	13.1	阿联酋	56829.8	155.8

2017年舟山市进出口排名前三十位企业

表36 单位:万元

出口企业	出口值	同比增长(%)	进口企业	进口值	同比增长(%)
中石化浙江舟山石油有限公司	782861.4	73.7	中石化浙江舟山石油有限公司	665576.4	167.8
金海智造股份有限公司	332740.1	62.0	中化兴中石油转运(舟山)有限公司	580804.4	82.6
常石集团(舟山)造船有限公司	308144.1	−3.9	舟山中海粮油工业有限公司	454834.0	13.2
浙江欧华造船股份有限公司	198450.5	−33.6	洋山申港国际石油储运有限公司	398976.6	17.0

续表 36

出口企业	出口值	同比增长(%)	进口企业	进口值	同比增长(%)
舟山中远海运重工有限公司	139558.3	−19.9	舟山市衢黄港口开发建设有限公司	275841.5	
舟山市金润石油转运有限公司	127474.8	51.5	和润集团有限公司	241812.3	13.9
浙江天禄能源有限公司	92296.9	163.2	浙江天禄能源有限公司	218292.0	35.4
舟山市鑫亚船舶修造有限公司	77254.5	6.3	万向石油储运(舟山)有限公司	136227.2	−16.5
扬帆集团股份有限公司	75365.6	−66.6	舟山市金润石油转运有限公司	130009.2	−8.4
舟山中海粮油工业有限公司	63773.7	−26.5	常石集团(舟山)造船有限公司	117906.2	0.8
洋山申港国际石油储运有限公司	61336.6	1450.9	舟山交通投资集团国际贸易有限公司	93758.0	
浙江兴业集团有限公司	56442.4	−3.8	浙江海港中奥能源有限责任公司	91773.2	348.0
舟山万邦永跃船舶修造有限公司	45004.1	26.6	舟山中远海运重工有限公司	48992.8	5.9
太平洋海洋工程(舟山)有限公司	42739.3	−69.3	金海智造股份有限公司	45467.6	−43.9
舟山长宏国际船舶修造有限公司	40127.2	39.1	舟山港综合保税区拓新物流服务有限公司	44136.0	23.5
中化兴中石油转运(舟山)有限公司	38607.2	−80.4	舟山市金晖石油有限公司	43614.6	−4.9
浙江东邦修造船有限公司	37663.0	9.6	浙江卧龙矿业有限公司	39911.6	435.3
舟山市银岱汽车零部件有限公司	36140.8	443.9	舟山小可能源有限公司	33373.2	1782.2
舟山港综合保税区拓新物流服务有限公司	33458.5	−5.6	舟山远东南洋水产有限公司	21952.7	750.4
浙江富丹旅游食品有限公司	32860.1	55.2	浙江欧华造船股份有限公司	20049.2	−26.3
浙江金鹰股份有限公司	30592.6	25.2	舟山港综合保税区舟保物流有限公司	17912.4	5.2
舟山市龙山船厂有限公司	29656.1	30.9	浙江优胜美地木业有限公司	17784.9	99.8
浙江大洋世家股份有限公司	24981.1		浙江石油化工有限公司	15561.2	
舟山荣高贸易有限公司	24949.5		太平洋海洋工程(舟山)有限公司	15098.3	−24.8
舟山海锐进出口有限公司	23958.5		浙江金鹰股份有限公司	13847.3	−19.8
舟山市晟泰水产有限公司	21531.5	51.5	扬帆集团股份有限公司	13157.9	−24.8
舟山圣兴贸易有限公司	21153.4		浙江海港国际贸易有限公司	11913.1	14.6
浙江融创食品工业有限公司	19938.8	25.2	舟山长宏国际船舶修造有限公司	10998.4	2041.0
舟山市捷泰进出口贸易有限公司	18612.9		新奥(舟山)液化天然气有限公司	8716.0	−0.7
舟山瑞兆贸易有限公司	18566.9		舟山强仁进出口有限公司	8590.2	

(撰稿:汤力韵)

海关缉私

【概况】 2017年,按照海关总署关于开展打击走私"国门利剑2017"联合专项行动要求,强化打私职能,保持打私高压态势,推进反走私综合治理,以党建工作为引领,提升缉私队伍防范风险能力。是年,立案侦办走私犯罪案件12起,其中海上成品油走私案件6起,走私农产品(白糖)案件2起,走私国家禁止进出口的货物案件2起,走私毒品、淫秽物品案件各1起,总案值1.34亿元,涉税5820万元。抓获走私犯罪嫌疑人70人,采取强制措施115人次,抓获网上逃犯14人,移送审查起诉走私犯罪案件9起59人,检察院起诉案件4起43人,法院判决案件2起11人;立案调查行政违规案件17起,总案值976.7万元,涉税223.8万元,行政罚没275.9万元。舟山海关缉私分局法制科被公安部授予"全国优秀公安基层单位"荣誉称号。舟山海关缉私分局被海关总署评为2016年全国"扫黄打非"海关先进集体。舟山海关缉私分局"3·04"侦办走私成品油案和"12·08"侦办淫秽物品走私案专案组被海关总署授予集体二等功。

4 月 27 日，在舟山鸭蛋山装卸有限公司码头查获走私白糖（舟山海关缉私分局提供）

【缉私行动】 开展打击走私“国门利剑 2017”联合专项行动。树立基础工作为侦查办案服务的意识，加强基础调研和排查，提高案件线索的发现能力。依靠海关和公安网络等现代科技平台，加强数据分析，实现办案现代化、科技化、网络化。整合缉私办案警力，培养民警“一警双权”“一警多能”办案技能。发挥情报先导作用，构建“大情报”机制，加强与公安、安全、海警等职能部门的联系配合。

【打防并举推进反走私综合治理工作】 注重打防结合和标本兼治。在内部，强化与海关业务部门的协作机制，运用综合监管风险管理平台，加强对重点部位、敏感商品、重点对象的动态监控，通过行政执法逆向监管、企业资信风险管控等手段，及时向海关业务部门反馈；在外部，加强与地方党委政府和市口岸打私部门的信息沟通，配合做好对舟山群岛新区反走私工作形势的研判，对舟山籍船员参与海上走私情况多发、海上成品油走私情况严峻等情况提出相应的综合治理的意见和建议。派员参加地方政府组织的打击海上成品油“净海 2017”和“护航自贸、舟山利剑”联合巡查行动。做好反走私宣传工作，通过全国各大新闻媒体开展系列宣传报道。

（撰稿：盛文高）

舟山边防检查

【概况】 2017 年，舟山边检站围绕服务舟山自贸试验区建设发展，完成“两会”、“一带一路”高峰论坛、金砖会晤、中共十九大等一系列边防安保任务，履行维护口岸正常入出境秩序的职责，确保口岸安全稳定。全年检查入出境（港）船舶 10099 艘次，人员 26.04 万人次，签发各类证件 20 余万份；查处违法违规人员 67 起 75 人次，违规船舶 20 起 20 艘次。

【服务自贸区建设】 紧跟浙江舟山自贸区建设推进情况，制定《服务浙江自贸区建设工作实施方案》《服务浙江自贸区建设工作责任清单》，出台 10 条服务自贸区建设举措。落实“最多跑一次”改革，推进“电子口岸”“单一窗口”项目建设，推出“一次性告知”“首问负责制”“容错容缺受理”“办证不出岛”等工作机制，删减合并 10 余项审批事项，企业通关手续

开通“绿色通道”紧急救助受伤外籍船员（舟山边检站提供）

办理时间缩短20%以上,做到“最多跑一次”或“零次跑”。5月,舟山边检站岱山分站完成进驻,开始实体化运作,支持岱山区域的对外开放和发展。推进普陀山机场开放的筹备工作。是年,完成舟山口岸3家企业、3个码头、6个泊位的对外开放。实施保税油“一口受理”、随船办理邮轮手续、远洋捕捞渔船“快速通关”等服务举措,全年完成364航次保税油加注船勤务、20艘次邮轮勤务,服务旅客9334人次,开通“绿色通道”22次。舟山边检站执勤业务一科等单位被授予口岸“优质服务窗口”称号,3名检查员被授予口岸“最佳形象官员”。

【队伍建设】 以党建带队建,举办党务知识培训班、政治理论轮训班,开展“党委(支部)书记上党课”暨优秀党课评选活动。搭建立体化的口岸管、防、控和部队建、育、战的工作体系。签订《拒绝酒驾承诺书》《遵规守纪承诺书》,开展“三查三改”攻坚战活动。提升人员素质,组织专业技能、业务培训。组织完成24次邮轮勤务工作。十九大安保期间,落实各项口岸维稳措施,得到公安部反恐专员刘跃进等领导的批示肯定。

【后勤建设】 4月,建筑面积2500平方米的岱山分站大楼正式揭牌入驻。建筑面积3600平方米的综合保税区执勤业务用房完成室内布置,即将入驻。建筑面积656平方米的船艇中队岸上营房开工建设。6月,完成首批22套公寓房的租住协议签订,解决22名已婚干部住房困难。建立困难官兵帮扶机制,协调共建单位和地方慈善总会,争取8万元资金发放给13名困难官兵。推进岱山分站营区绿化景观和影院建设。投入专项经费,完成机关和基层单位晒衣场改造。完成六横分站边检农场升级改造。严格执行“三餐四化”饮食管理,改造机关基层餐饮设施。

(撰稿:许恺)

4月7日,举行舟山边检站岱山分站入驻仪式(舟山边检站提供)

马迹山边防检查

【概况】 2017年,马迹山边检站贯彻落实总队党委二届十四次全会精神,以“八个坚持、八个全力”为指导,围绕中共十九大“安保维稳”这一主线,坚定“六个马迹山”发展理念,以“问题导向、精准发力、问责问效”为发展要求,以“14453”为工作思路,发展部队建设。

【聚焦安保实战】 是年,拟定重大安保工作方案,召开重大安保动员部署会等,抓好建军90周年、金砖国家领导人会晤、十九大等重大安保工作。制定“防回流”工作举措和“基础排查、信息搜集、风险评估”三位一体动态排查机制,对马迹山港所有涉外企业、码头、锚地等进行排查,排查涉外企业18家,人员931人,车辆87辆,船舶45艘,开放码头2座,非开放码头3座。推出“访”“宣”“联”“查”“控”“练”6字安保工作法,构建安保稳管新格局,确保马迹山口岸安全畅通。

【改革勤务】 推出《服务舟山自贸港区8项举措》,打造“3+2”服务品牌(拓展“诚信航线”机制、拓宽和延伸检查员“挂点直通”服务项目、打造“4N”工作法三项边检服务机制,建立《三区两队一中心管理规定》《执勤点执法执勤实施细则》两个运行机制),建立科队联动、上下联动、整体联动的执法执勤体系,实现边检服务“一体化、扁平化、网格化”格局。推进“最多跑一次”改革,实现网络“一键式”服务、电话“直通式”解答。1—10月，办理出入境（港）船舶353艘次，人员7776人次，口岸吞吐量5016万吨，为港区企业节约生产成本900余万元。

【完善管控机制】 建立查控、管控、技控、联控“立体式”口岸管控机制。在查控上，建立检查员船舶办理和比对核查“双人双责”制度，落实预检制度和重大安保时段批量查控制度，明确重点人员、重点船舶、重点节点三个必查；在管控上，落实“2小时”循环巡查机制，做到“勤”巡查检查；在技控上，实现指挥中心一体化扁平化指挥控制和港区视频监控立体式全覆盖，实现指挥畅通、视频覆盖、网上联动；在联控上，实现警地、警警、警军协同联动，与口岸联检单位及洋山港边检机关续签协作机制，联合开展锚地巡查6次，整改隐患苗头8处，开展勤务督导30余次。3月18日，查获1名非在控传播邪教船员。

【提升人员素质】 拟定“警力下沉、素质上行、夯实有力”检查员人才建设规划，抽调2名机关干部充实到执勤业务科和监护中队，配齐配强基层主官。依托“边检执勤岗位基本业务能力考核系统”，落实检查员“日学、周测、月考”机制，每日“晒成绩”，每月“算量化”，坚持问责问效，推动检查员素质提升。选派3名业务骨干到舟山边检站跟班学习，提升海岛检查员在应对复杂执勤环境下的实践处置能力。建立重大行政决策责任追究和责任倒逼问责制度，提升执法人员办案水平。全年开展授课38课时，专题岗位技能练兵6次，全员练业务4次。

【规范部队管理】 开展从严治警教育整顿、“学条令、守交规、珍生命”、安全大检查暨“百日安全无事故”等活动。开展“五比五看”竞赛活动。开展军事体能竞赛3次，作风大比拼5次，岗位竞赛评比9次，排查整改问题2处。

拟定正规化建设实施方案，出台《精细严管督察实施办法》《单身警官管理规定》《车辆管理规定》等10余项规章制度。出台《官兵体能“三色”动态达标办法》，建立体能测试档案。至年底，全站40名官兵基础体能达标率100%。结合安保任务，细化实战预案，突出情景设置复杂性，处置流程实战性，提高预案可操作性、可执行性。是年，开展各类实战演练12次，预案紧急拉动5次，警地、警警联动演练2次。

强化“小站细思维”理念，确保部队管理不漏一个环节。落实安全分析、督导、检查、整改等正规化管理机制，填补制度和管理漏洞，增强规章制度可操作性。落实值班领导每日查铺查哨制度，落实官兵手机号码及网络社交工具实名制、私家车违章备案抄告、官兵休假签订安全责任书“3个100%”，确保部队内部安全稳定。

【做好后勤保障】 是年，争取舟山市经费支持70万元，嵊泗县经费支持30万元，宝武集团影院装修费29万元，争取嵊泗县政府每年划拨经费支持80万元。落实爱兵惠警举措。完善《干部探休假管理规定》，合理安排“月休”“双月休”“季休”，解决分居干部回家难问题。制定《干部家属来队接待规定》，实现提包即时入住。落实关爱海岛干部政策，1名干部交流到兄弟单位，1名维和干部家属安排到驻地事业单位工作。规范后勤管理，完善后勤人员调研及爱兵惠警落实建档复核制度，提升后勤工作针对性、见效性。实现预算每月通报制度。加强公务卡使用监督力度，每季度对个人公务卡使用情况进行通报。掌握装备建设基本情况，强化车辆牌证管理，落实车场日制度，规范车辆运行秩序，提高管装护装水平。加强人才队伍建设。落实后勤岗位技能练兵活动，以后勤网上课堂、后勤“四个专题教育”等活动为平台，深化后勤官兵“四个意识”。选派骨干力量参加总队财务审计、营房基建等各类培训班，选派后勤技术官兵赴其他兄弟单位参观见学，补强海岛后勤人员在视野、技能、实践上的短板，提升保障能力。狠抓后勤队伍作风建设，推行物品采购“最多跑一次”，财务报销材料“一次性告知”，生活用品保障“一站式服务”。

【抓牢政治工作】 6月30日下午，联合嵊泗县委县政府在嵊泗县海洋文化中心举办赴利比里亚维和官兵先进事迹报告会。开展维和事迹进校园、进社区、进港区、进机关活动。1名维和干部被共青团浙江省委评为“青年岗位能手”，被家乡莒南县文明办评为“道德模范”。

十九大安保期间，推进“维护核心、听从指挥”主题教育，完成4次主题授课，配套开展“专家进警营”等十项活动。落实重大安保思想政治工作,推进“迎接十九大、忠诚保平安”主题活动,开展“我最喜爱的习总书记的一句话”等“十五个一”配套活动。召开年轻干部教育管理座谈会,教育引导年轻官兵安心海岛,认真履职。倡导“821”理念,每天干好8小时,每天学习2小时,每天锻炼1小时。在基层单位推行讲励志故事、唱励志歌曲、读励志图书、看励志影视剧等励志“四个一”活动,激励官兵立足本职成长。

拟定《干部绩效考核办法》,推行干部月绩效考核。在站网页开辟《H2O》电子杂志,刊发政治工作亮点做法。组织开展《读书会》活动,鼓励官兵读历史、读军史、读文学。完成网上史馆建设,制作《一分钟宣传片》,创作站歌《小岛国门卫士》,在总队微平台推出《我们的十年》。开展“边检蓝在嵊泗”公益活动,开展“创意·马迹山”暨“一科队一品牌、一人一专长”活动。倡导“新闻宣传工作是干出来的理念”,《“四精”工作法闪亮泗礁岛》《快乐工作、幸福生活》等稿件被中央人民广播电台、《中国边防警察杂志》《中国边防警察报》等媒体刊用,完成宣传报道任务114分。

(撰稿:赵春祥)

舟山出入境检验检疫

【概况】 2017年,舟山出入境检验检疫局(下称“舟山局”)检验检疫出入境货物17866批次,同比增长8.59%;涉及金额173.5亿美元,比上年增长21.99%。其中,检验进口大宗散货156.4亿美元,占进出口总货值90.1%。全年完成法定数重量鉴定业务1528批、7766万吨,比上年分别增长7.3%和2.62%。实施冷藏冷冻船舱的适载性鉴定9舱,同比减少74.29%。签发出入境货物检验检疫证书13471份,同比增长7.85%;签发出入境证单18659份,同比减少0.29%。

进出口货物检出不合格货物1487批次,涉及金额25.79亿美元,同比批次减少16.87%,货值增长14.57%。其中,出境检出不合格物149批、214万美元,不合格率分别为12.93%和1.04%,同比批次高出5.81个百分点,货值降低1.47个百分点;进口货物4441批次、160.35亿美元,检出不合格物1338批、25.77亿美元,不合格率分别为30.13%和16.07%,同比分别减少8.09和1.06个百分点。全年检疫签证出入境船舶6609艘次,同比增长15.26%。受理进境集装箱报检288273标箱,同比增长27.41%。

对出入境人员实施健康监测,出入境人员健康体检16949人次,艾滋病监测16949人次,同比分别增长29.27%和29.30%,发现异常17524例次,同比增长19.63%。其中,检出艾滋病12例,同比增长300%;梅毒感染者105例,同比增长0.96%;肝炎240例,同比减少26.38%;HBsAg阳性者930例,同比减少2.1%;其他异常16237人次,同比增长22.4%。浙江口岸首次检出人类冠状病毒HKU1、登革热Ⅳ型病例。

进境植物检疫截获有害生物8709批次,同比增长0.5%。其中,截获进境植物检疫性有害生物932批次,同比增长7.6%,占总截获量的10.7%。舟山口岸首次截获“钻蛀性害虫”双窝短跗长蠹,重要林木害虫褐梗天牛、隐翅虫,南美苍耳、猥实苍耳,船检中首次截获亚洲二色小蕈甲,空箱中截获大量携带检疫性有害生物的植物种子等。此外,对14艘入境邮轮开展旅检查验,截获禁止进境物257批次、142.8千克。

开展“双打”和反走私综合治理工作,出动行政执法人员354

检验检疫人员现场采集样品(胡一鸣 摄)

6月28日，舟山检验检疫局俞泽丙参加浙江省第八届微型党课比赛获三等奖(胡一鸣　摄)

人次，对辖区162家进出口企业开展执法稽查。行政处罚案件立案6起，办结6起，罚款4800元。申报课题5项，2项获浙江出入境检验检疫局(下称“浙江局”)立项，1项获浙江省科技厅立项，2项获舟山市科协立项；检验检疫行业标准制修订计划1项；新申报2018年度浙江省自然科学基金公益技术研究计划4项，2017年度省公益类项目立项1项。

是年，舟山局被列入第五届全国文明单位名单，并获“浙江舟山群岛新区重才奖”及“舟山市食品安全工作考核优秀单位”称号。六横办事处凉潭岛采制样中心获评“省级青年文明号”。1名职工获国家质检总局(下称“质检总局”)直属系统党建和思想政治工作论文一等奖，1名职工获浙江局党建和思想政治工作论文一等奖，1名职工获“省级青年岗位能手”，1名职工获浙江省直机关“勇立潮头建新功　喜迎党的十九大”微型党课比赛一等奖、浙江省第八届微型党课大赛三等奖、舟山市第七届微型党课大赛二等奖。

【助推国家战略建设】 促成浙江局出台支持自贸区26条意见，承接浙江局在舟山召开的支持中国(浙江)自贸试验区发展措施发布会。配合浙江局打造海上加注保税燃料油国际航行船舶检疫监管制度、进境保税油检验监管制度、进境保税金属矿产品检验监管制度、进口铁矿石“直卸直装”监管模式和“空检地放”检验检疫监管模式等5项创新制度。对保税燃料油加注船舶实施“无疫申报放行”，平均每艘船舶节约成本6万元、4小时。实施油品储运企业分级管理，为企业节省约200小时、近30万美元滞期费，港口效率提升20%。创新进境保税金属矿产品检验监管，每批次通关时间减少30天。进口铁矿石“直卸直装”监管模式提升堆场使用效率。“空检地放”检验监管模式使通关时间缩短75%。舟山局助推国家战略的工作得到质监总局领导批示2次，省委、省政府领导批示或肯定4次，舟山市委、市政府领导批示或肯定6次。

【推进“放管服”改革】 推出“一窗受理、受办分离、集成服务”模式，统一进驻市政府自贸区综合服务大厅，实现从“单个部门串联办理”到“多部门并联协同办理”转变。推进“最多跑一次”改革。公布舟山局27项“最多跑一次”行政审批服务事项清单，11项实现“零跑”。完成“最多跑一次”事项标准化服务指南编制工作，明确事项具体办理流程、受理所需材料、办理期限、咨询途径等信息。9月，舟山市人大常委会对舟山局“最多跑一次”工作情况开展专项督察并给予肯定。推出“双向最多跑一次”特色工作，在出口

7月，舟山口岸首次出口盐渍沙蚕(胡一鸣　摄)

食品备案企业监管领域整合监管项目,赴企业检查次数同比减少66%。推行“双随机、一公开”工作机制,制订出台《舟山局推广随机抽查监管工作实施方案》,推出27项随机抽查监管事项,100%实现双随机抽查。

【开展动植检口岸规范化建设】 多次召开海港口岸动植检规范化建设专题会议。完成进境植物检疫隔离场建设。指导建设3个植检现场实验室。8月16日,舟山局海港口岸动植检规范化建设通过浙江局口岸规范化建设考核专家组预验收。11月29—30日,舟山局金塘办植物检疫现场实验室、综合保税区现场办植物检疫现场实验室、岱山现场办植物检疫现场实验室等3家植物检疫现场实验室通过浙江局考核验收专家组验收。推进动物检疫实验室建设,获浙江局同意筹建舟山局动物检疫常规实验室,通过牛口蹄疫病毒等6项检测能力验证,为开展牛病检测奠定基础。

【推进“单一窗口”工作】 根据2016年底舟山局与舟山市港航管理局签订的共建协议,借助市港航管理局的江海联运公共信息平台,合作建设出入境船舶统一申报平台。5月初,实现6个申报模块的统一申报平台建设。7月3日正式上线运行出入境船舶港检统一申报平台。该系统整合港检两部门36个共同数据项,实现代理企业“一单多报”。完成内部船舶检疫系统与“单一窗口”的接口设计。

【上线出入境检验检疫无纸化申报系统】 落实质监总局版无纸化申报系统在舟山局辖区的上线工作,形成《无纸化申报作业指导书》和《出入境货物无纸化随附单证列表》。建立企业微信群,解答企业在申报过程中遇到的技术问题。开发小助手软件,方便企业通过手机上传报检资料。5月23日,出入境检验检疫无纸化申报系统上线,每批货物平均节省4~5小时,每年为企业减少费用约80万元。对出境通关模式进行流程再造,由原来的6个环节缩短为3个环节。开发流程时长监控系统,推广到省局及各分支局使用。

【“智慧口岸”建设】 3月16—17日,浙江局副局长郑自强率队到舟山就“智慧口岸”建设开展调研。调研会上,舟山局提出将船舶检疫和集装箱空箱检疫纳入全省系统“智慧口岸”建设的建议得到采纳。做好船舶检疫系统的需求分析工作,到连云港、宁波等地开展调研,形成以建设全省统一疫情数据库为核心理念的需求内容,供浙江局参考。做好新版船舶检疫系统的上线工作。9月底,浙江局“智慧口岸”船舶检疫软件在舟山局正式试点运行。11月1日,船舶检疫综合管理系统局端软件建设完成,并正式上线。12月,集装箱检疫管理系统正式投入运行。

【排查处置全国首例入境修理外轮涉恐涉毒案件】 4月29日,舟山局接到报告,称长白岛太平洋海洋工程(舟山)有限公司的入境修理外轮“长杰轮”(EVER EXCEL)船底发现一可疑铁质箱体。经风险评估后,舟山局认为该箱体或涉恐涉毒,立即启动舟山口岸核与辐射、生物、化学恐怖事件应急预案。4月30日,经舟山局动植检实验室鉴定,判定为大麻,为全国首例入境修理船舶涉恐涉毒案件,被质检总局作为典型案例进行通报。

【浙江口岸首次检出人类冠状病毒HKU1病例】 6月16日,舟山局接到报告,六横某船厂修理的一艘外籍船舶上一名船员近期出现畏寒、发热、咳嗽、头痛、流涕等症状,需下地就医。舟山局应急处置小组初步核实疫情后,登轮排查处置。经医学巡查,船上其余24名船员身体均健康,无类似症状。应急处置小组结合船舶航次记录、船员患病情况及流调结果,认为境外输入性传染病可能性较小,在船员知情同意下采集了呼吸道分泌物送浙江国际旅行卫生保健中心舟山分中心(下称“舟山保健中心”)检测,并对船上重点区域实施消毒处理。6月20日,舟山保健中心实验室在该船员样本中检出人类冠状病毒HKU1核酸阳性,这是浙江口岸(宁波除外)首次检出该类型冠状病毒。

【浙江口岸首次检出登革热Ⅳ型病例】 9月2日,舟山局在对一名印度籍发热船员进行血样检测中发现其登革热病毒核酸阳性,经进一步检测确诊为登革热Ⅳ型病例,为浙江口岸首例。该船员8月30日从印度孟买出发经过香港飞抵宁波，于当日抵达舟山，8月31日到舟山鼠浪湖矿石中转码头作为新换班船员登轮。

【处置一起群体性甲型H3N2流感疫情】 7月31日，舟山局卫生检疫人员接到报告，在舟山口岸维修的一艘菲律宾外轮上有一名船员高热不退，腋温持续在38.5℃。舟山局工作人员按规定开展排查处置。8月1日，经舟山保健中心实验室确诊为甲型H3N2流感病毒感染。舟山局将情况上报给浙江局并启动应急预案采取防控措施，对受染船舶进行隔离，做好卫生处理工作，暂停修船工人登轮进入生活区作业，开展大范围医学巡查。8月2—26日，卫生检疫人员在9艘在港修理的外轮上排查82人次，确诊甲型H3N2流感病毒感染30人次，HKU1冠状病毒感染2人次，博卡病毒感染1人次，鼻病毒感染3人次，其中博卡病毒为舟山口岸首次截获。至8月底，在最长潜伏期内舟山口岸未出现甲型H3N2病毒感染新发病例。

【舟山港综合保税区进口肉类指定口岸通过验收】 2015年7月2日，舟山港综合保税区进口肉类指定口岸获质检总局批准筹建。4月27日，舟山港综合保税区肉类指定口岸通过由浙江局、天津局和江苏局5名专家组成的预验收组的预验收。6月15日，质检总局组织专家对舟山港综合保税区进口肉类指定口岸正式验收。7月，质检总局更新公布《进口肉类指定口岸／查验场名单》，舟山港综合保税区进口肉类指定口岸新增至名单内，该口岸通过质检总局批准，正式进入运营阶段。

【浙台（普陀）经贸合作区进口水果指定口岸通过验收】 舟山局指导推进水果指定口岸建设，完善配套设施，制定作业指导书。5月，通过浙江局专家组的预考核验收。8月17日，通过质检总局动植司选派的进境水果检疫专家组的现场考核验收，完成整改并上报整改报告。9月，质检总局发文批准舟山口岸设立进境水果指定口岸，舟山口岸成为浙江局辖区第三个进境水果指定口岸。

8月17日，国家质检总局专家组对舟山进境水果指定口岸开展考核验收（胡一鸣　摄）

6月15日，国家质检总局组织专家对舟山进口肉类指定口岸进行验收（胡一鸣　摄）

【舟山港综合保税区空港分区通过验收】 11月8日，舟山港综合保税区空港分区通过省级联合预验收。12月6日，浙江省人民政府发函商请海关总署、质检总局等部门对舟山港综合保税区空港分区正式验收。12月28日，由质检总局、海关总署、国家发展改革委、财政部、国土资源部、住房城乡建设部、商务部、税务总局、工商总局和外汇局组成的联合验收组，对舟山港综合保税区空港分区0.7377平方千米范围正式验收。联合验收组按照《国务院办公厅关于同意舟山港综合保税区规划调整的复函》和《海关特殊监管区域基础和监管设施验收标准》的规定，对空港分区通过实地正式验收，与省政府共同签署《舟山港综合保税区(空港分区)基础和监管设施验收纪要》。

【浙江检验检疫系统首个院士专家工作站获得授牌】 4月，在舟山市科协八届六次全委会议上，舟山局综合技术服务中心院士工作站获授牌，成为全省系统首个院士专家工作站。8月，向舟山市科协递交验收申请材料，9月28日，参加舟山市科协组织的舟山市第六批市级院士专家工作站考核验收会议，通过验收。院士工作站获得舟山市财政30万元建设资金支持。与院士团队合作的科研项目《草甘膦在大豆榨油过程中的迁移规律和风险评价》获舟山市公益项目立项。

(撰稿：沃逸云)

嵊泗出入境检验检疫

【概况】 2017年，嵊泗出入境检验检疫局检验出入境货物424批次，货值23.43亿美元，分别比上年增长-9.79%和30.82%。签发检验检疫证单1351份，通关放行出入境货物359批次。签发原产地证书45份，其中自贸区原产地证30份。

检验入境货物均为铁矿石，计302批次，3146.72万吨，货值23.38亿美元，同比分别增长-11.18%、0.15%和30.89%。其中粉矿216批、2487.78万吨，块矿74批、538.89万吨，球团矿12批、120.05万吨，重量分别占进口总量的79.06%、17.13%和3.81%。进口铁矿石国家主要为澳大利亚和巴西，重量所占比例分别为43.84%和40.41%，南非、加拿大、乌克兰和印度等国的占15.75%。检出品质不合格铁矿161批、1487.32万吨，涉及货值11.43亿美元，重量不合格率为47.27%，比上年增加0.58个百分点。鉴定进口铁矿218船次、294批次、3050.78万吨，货值22.69亿美元，同比分别增长-13.49%、-12.24%、-1.93%和27.05%。检出短重47艘次、5.67万吨，为企业挽回直接经济损失369.05万美元，同比分别增长-2.08%、-15.37%和14.07%。短重船次检出率21.56%，比上年增加2.51个百分点。短重率10‰以上的重大短重事件11起，同比下降45.00%。

检验出境货物均为水产品，计122批次、2339.11吨、493.89万美元，同比分别增长-6.15%、35.18%和-1.67%。检出1批次货物外包装标签检验不合格，返工整改合格后放行。其中，贻贝、冻鱼类、冻蟹类和冻头足类产品出口重量占比依次分别为53.33%、42.45%、2.28%和1.94%。

检疫出入境船舶271艘次，同比下降7.19%，其中锚地检疫81艘次，靠泊检疫162艘次，电讯检疫28艘次；检疫出入境人员5952人次，同比下降8.39%。签发交通工具出境卫生检疫证书67份，入境卫生检疫证书204份。截获媒介生物17批次，同比增长

6月5日，在嵊泗检验检疫局举行全国巾帼文明岗授牌仪式(嵊泗检验检疫局提供)

41.67%；截获有害生物 38 批次，同比增长 137.50%。舟山口岸首次截获外来植物雀麦，嵊泗口岸首次截获瘤蚜属、狡臭蚁属和白蚁科有害生物，入境船员行李中首次截获植物干果。

是年，嵊泗检验检疫局通过全国文明单位复评；报检大厅获全国巾帼文明岗称号。

【服务中国(浙江)自由贸易试验区建设】 落实浙江检验检疫局"26条"自贸区支持措施，推进"最多跑一次"改革。与辖区内口岸查验单位联合拟定支持国际矿石中转基地建设、加快业务流程再造、提升口岸监管效能、支持国际海事服务产业发展、支持"单一窗口"建设、推动落实"放管服"改革、加大信用等级差别化通关管理力度 6 条新举措。3 月，公布 9 项"最多跑一次"事项，6 月，调整至 11 项。11 月 1 日，实施检验检疫审单放行模式，自贸区主要领导作肯定批示。12 月 11 日，成立浙江检验检疫局进口铁矿风险监测中心。是年，为马迹山港区企业争取作业时间 2008 小时，减少船舶滞期费 500 多万美元，港口可增加接卸进口铁矿石 1375 万吨，货值 5 亿多美元，马迹山港连续第七年吞吐量突破 6000 万吨。

【浙江检验检疫局进口铁矿风险监测中心成立】 12 月 11 日，浙江检验检疫局进口铁矿风险监测中心在嵊泗检验检疫局成立，承担浙江检验检疫局辖区进口铁矿质量安全风险信息的监测、评估、预警、追溯、反应和处置，制定监测计划，发布监测数据报告及风险分析报告；负责管理风险信息采集、研判、分析以及日常数据；负责有关进口铁矿技术性贸易措施及国家部门相关政策的收集、研究和发布；负责主要进口商需要的进口矿石质量对比报告。

【"大通关"建设】 推进"浙甬""浙沪"出口合作机制。嵊泗县水产品经宁波、上海口岸出境 121 批次、2338.62 吨，货值 493.73 万美元，出口直放率 100%。建设"马迹山港进口铁矿综合监管平台"项目，成立由嵊泗县常务副县长为组长的领导小组，支持进口铁矿"直卸直装"、促进接靠超大型船舶常态化、帮扶企业拓展口岸功能三项重点工作。是年，探索"直卸直装"检验监管模式转运进口铁矿 95 万吨，为企业节省经济成本百万余元。2 月 15 日，中国电子检验检疫网上申报系统上线，出境货物业务上线中国电子检验检疫主干系统。5 月 10 日，中国检验检疫无纸化系统上线。5 月 17 日，召开口岸单位联席会议，签署推进"马迹山港进口铁矿综合监管平台"建设合作协议。12 月，报检企业备案和原产地企业备案"两证合一"，更改申请实现无纸化。

【口岸天平行动】 加强监管队伍建设，建立水尺鉴定工作室，两次代表浙江检验检疫局参加质检总局检验鉴定专业会议，培养国家鉴定专业委专家一名，首次主持修订两项国家标准。率先使用无人机水尺鉴定应用技术，被质检总局列为 4 个试点局之一，推进智能水尺判读技术研发。"Stellar"系列远洋运输船舶常数失真案例由国家总局发布警示通报。成为浙江检验检疫局唯一由质检总局发布进口铁矿短重检出成功索赔案例的分支局，8 起案例为国内企业挽回直接经济损失 89 万美元。

【建立黄昱洪鉴定工作室】 11 月 9 日，黄昱洪鉴定工作室成立，工作室发挥鉴定专业人才在鉴定技术攻关、技术创新、技术交流和传

5 月 17 日，嵊泗检验检疫局联合口岸单位签署推进"马迹山港进口铁矿综合监管平台"建设合作协议(嵊泗检验检疫局提供)

授技艺方面作用。打造“一个平台,两个基地”,即鉴定业务交流平台、鉴定技术科技创新基地和鉴定学员实践培训基地。12月,2017年度国内检验机构水尺计重能力验证活动结果公布,工作室成员黄昱洪和王辉成绩均为109.5分,并列第一名。

【首次召回法检目录外缺陷产品】 4—10月,嵊泗检验检疫局开展监督抽查嵊泗县法检目录外进出口商品,随机抽查进口保温杯和儿童牙刷各1批次,均不合格。原产国为泰国的“象印”保温杯,不符合国标GB/T 29606-2013关于产品标识的相关要求,建议暂停销售,经技术整改合格后再销售。原产国为韩国的“微笑的啵乐儿”儿童牙刷,其产品单丝弯曲恢复率和磨毛项目不符合中国强制性标准GB 30002-2013,或造成使用者的口腔软组织或牙表面损伤,商家停止销售并下架,约谈进口商。9月20日进口商发表企业声明,同意自愿召回该批缺陷产品。此为浙江检验检疫局首个在法检目录外监督抽查中获取缺陷产品信息并实施召回的案例。

【口岸联防联控】 9月29日,与嵊泗县卫生和计划生育局签订应对口岸突发公共卫生事件合作备忘录,成立应对突发事件专业医疗救助队伍。10月24日,与嵊泗县环境保护局签订应对口岸核与辐射突发事件合作备忘录。10月27日,与嵊泗县农林水利围垦局签订应对口岸动植物疫情防控合作备忘录。9月,与口岸单位和地方部门开展登革热疫情联合处置演练,提高口岸传染病应急处置能力和各部门联防联控、协同作战、保障口岸安全的能力。

9月29日,嵊泗检验检疫局联合口岸和地方部门多家单位开展口岸登革热疫情联合处置演练(嵊泗检验检疫局提供)

【植物检疫现场实验室通过验收】 1月17日,嵊泗检验检疫局植物检疫现场实验室通过浙江检验检疫局核查验收。12月,实验室首次参加的桔小实蝇、毒麦的能力验证结果均为满意。

【嵊泗出口贻贝质量安全示范区建设】 开展质量提升行动,引导企业增品种、提品质、创品牌。应对海域赤潮对“嵊泗贻贝”的影响,在集中收获期主动承接贝类毒素监测工作,为科学评估“嵊泗贻贝”食品安全情况及养殖海区卫生状况提供依据,维护“嵊泗贻贝”地标产品品牌形象。帮扶企业对国外注册,首次以采信第三方HACCP认证方式进行出口企业备案。帮扶企业开拓“一带一路”国际市场,沿线出口国家增至14个,其出口量占总出口量六成。辖区小微出口企业纳入浙江检验检疫局双百帮扶企业,实施重点长效帮扶,帮助企业实现“增十清零破壁”目标。引导企业上线“三同”平台,拓展国内市场,符合条件企业100%上线,占总出口企业近半数。帮助企业应对技术性贸易措施,利用贸易优惠政策,以“嵊泗贻贝”为重点,开展辖区自贸协定利用率分析,召开“自贸协定实施三年成长计划”发布会,编制《嵊泗县主要出口产品原产地证书关税减免手册》。

【嵊泗贻贝首次出口新加坡】 4月,经嵊泗检验检疫局检验合格,嵊泗县顺达海鲜食品有限公司生产的一批重5000千克、货值17000美元的贻贝产品,出口新加坡。

【首次出口冻鲐鱼】 8月,经嵊泗检验检疫局检验合格,由浙江省舟山凯利水产有限公司生产的一批重72500千克、货值61625美元的冻鲐鱼出口印度尼西亚。

【首次采信第三方体系认证】 1月23日，嵊泗检验检疫局首次以采信第三方危害分析和关键控制点(HACCP)体系认证结果方式快速审批嵊泗县景晟贻贝产业发展有限公司的冻贻贝出口备案申请，备案周期缩短80%。

（撰稿：胡杰旻）

海事管理

【概况】 2017年，舟山海事局围绕水上安全监管，投身“五大会战”和“四个舟山”建设，发挥舟山市海上搜救中心和溢油应急中心职能，辖区水上安全和防污染形势稳中趋好。是年，宁波舟山港货物成为世界首个吞吐量突破10亿吨的大港。进出港船舶78.63万艘次，比上年增长27.06%。其中，国际航行船舶9847艘次，同比增长10.78%；水上旅客运输监管4970万人次，同比增长13.7%。发生一般等级以上事故7起，沉船4艘，死亡、失踪5人。至年底，舟山有港区11个，码头泊位625个。建成跨海桥梁19座，在建通航桥梁6座，海底管线167处，架空线116处，对外公布的锚地36处，公共航路97条。航运公司469家，注册船舶2769艘、425万吨，其中客运企业23家，登记在册客运船舶199艘。至12月25日止，在舟山海事局注册船员41240人，其中国际海员12367人，新增362人；沿海海员28853人，新增466人。

【服务新区建设】 落实浙江海事局服务自贸区建设实施意见，参与基础规划、条例起草和事中事后监管体系建设，对接国际船舶登记相关政策落地实施工作。

推进保税燃料油加注“单一窗口”建设，24小时受理审批进出港申报，简化外锚地加注保税燃料油国际航行船舶口岸检验手续。实现宁波舟山港船舶油料供受作业企业备案互认。是年，全市实现保税油供应182.8万吨，同比增长71.8%。

保障鱼山绿色石化项目建设“五项机制”，支持长涂人工锚地试验项目等7个海事专题论证评估的审查批复、石化基地相关码头等项目申请临时开放。指导绿色石化基地现场指挥部开展船舶防台撤离应急演习。

保障宁波舟山港主通道建设，支持舟岱大桥开工建设。对新奥LNG码头、海上风电项目建设进行动态跟踪服务。为甬舟铁路等重点工程以及舟山至上海跨海大通道项目建设方案提供专业意见。帮助浙江海洋石化公司油品码头等4个项目对外开放。牵头建立国际航行船舶联合登临检查机制。支持邮轮、游艇、LNG等新兴海洋产业发展。履行海事劳工公约，发挥海上劳动关系三方协调机制作用，保障船员合法权益。完成第四届中国海员技能大比武活动，承办首届“国际海员技能嘉年华”活动。

【服务舟山江海联运服务中心建设】 编写《鼠浪湖矿砂中转码头安全监管手册》，落实码头靠泊作业“一船一议”工作机制，编制《40万吨船舶进港、靠泊、稳泊接卸作业指导手册》，制定《船－船直装作业方案》并通过专家评审，保障鼠浪湖矿石中转码头首次实现40万吨船舶同日接靠和驶离作业。提高岙山石油储备基地、马迹山港、老塘山港区、凉潭岛铁矿石码头等运转效率，参与构筑以“水水中转”为特色的大宗商品及集装

海事服务保障全省首个海上风电项目国电普陀6号运营(孙哲　摄)

箱中转运输体系。

参与江海直达船检验技术研究,推动出台江海直达船检验技术法规,实施特定航线江海通航船舶最低安全配员要求,设立江海联运船员培训中心。做好国内首艘两万吨级江海联运直达船舶建造重要日期确认工作。助力中国海员技能大比武基地和舟山国际海员基地建设,促进航运企业和航海院校人才培养合作,助推江进海、海进江等特殊种类船员队伍建设,打造舟山海员品牌。

【海上搜救】 完成“凯兰中国”轮与“浙普渔41117”船碰撞事故逃逸追查,处置化学品船“新永安69”碰撞泄漏等突发事件。是年,辖区发生一般等级及以上事故9起,沉船6艘,死亡失踪13人,直接经济损失1495万元,同比“三降一平”,与前三年平均值相比大幅下降。推进巡航救助一体化,接处海上突发事件与险情事故101起,出动各类船艇352艘次(其中海事船艇99艘次、救助船艇24艘次、渔政船艇61艘次、公安边防部队船艇30艘次,事发海域航经的商船渔船等船舶138艘次),飞机32架次。救助遇险船舶69艘,遇险人员596人;获救船舶55艘,获救人员596人,船舶获救成功率79.7%,人命获救成功率94.5%。

【水上安全管理】 做好水路货运船舶专项整治工作,基层海事处加大现场查处力度,推动源头管控、纳规拆解工作。全年查处违法砂石船舶584艘次,留滞278艘次,移交边防实施羁押或拘留38人次406天,罚款514.3万余元。拆解“黑名单”等非法违法船舶40艘,占专项整治开展三年以来拆解船舶总数的80%,两船整治“舟山方案”逐步成型。

3月22日,启动安全专项整治海上联合执法“利剑”行动(华志波　摄)

10月31日,舟山市海上搜救中心处置多米尼加共和国籍鱼粉加工船“天一和6”在秀山海域火灾事件(徐汝田　摄)

统筹开展“平安交通专项整治”“船载危险品专项检查”“船舶安全航行PSC集中检查会战”“船舶排放控制区监督管理”等。维护十九大期间水上安全形势稳定,做好入厦船舶检查管控,保障金砖峰会顺利召开。完成“两会”、舟山国际海岛旅游大会期间水上安保任务。

【水上客运安全监管示范区建设】　建立富有舟山特色的水上客运安全监管示范区。秉承“心·渡”品牌理念，执行大风、浓雾开航两项禁令，防控“碰撞、触损、火灾”三大突出风险，落实“查、控、联、救”四项举措，打造水上客运安全监管“舟山模式”。强化暑期等重点时段现场监管，丰富现场监管举措。实施客船待泊靠泊机制，编制航行指南规范“金三角”水域客船航行秩序，海丰—鱼山航线实施船岸联合检查制度。解决嵊泗“跳岛游”“朱普线”浅滩碍航、海华公司部分客船动力装置故障、马峙门口外渔船无序锚泊等安全隐患。全市41条客运航线28个站点实施实名制。举办2017年舟山水上客运安全论坛。

【船舶监督管理】　对579家（次）航运公司开展网格化管理走访，开展安全约谈34家，安全预警148次。提升辖区航运公司和船舶安全管理体系运行水平，开展公司体系审核103家（次），安排船舶审核357艘次。加强舟山船籍港源头管理，深化辖区公司和船舶信用管理，对辖区257家航运公司、3603艘船舶落实分类分级监管措施。强化“四类重点船舶”监管，到港检查率100%。开展港口国船舶检查1682艘次，滞留船舶57艘次，滞留率3.31%。全年立案数1776件，罚没金额825.5万元。

【危险品防污染管理】　加快国家溢油应急设备库建设，开展舟山片区及重点港区溢油应急综合演练。推动舟山港外钓油品、光汇油品、实华油品等三家单位首次以“联防体”形式成立海上溢油应急协会。推动外钓岛中型溢油应急设备库建设，实施鱼山绿色石化基地项目1000吨级防污染应急设备库和化学品污染物处置能力建设。以黄泽山石油储运项目推进为契机，跟踪多功能清污船共建进展。推进船舶排放控制区实施，开展燃油含硫量抽样检查176艘次。参与“五水共治”及近岸海域污染防治，支持鱼山绿色石化基地5万吨级多用途码头申请临时开放。完善辖区溢油应急资源数据库，是年，舟山辖区拥有可调用溢油回

4月27日，开展南部水域溢油应急防控演练（刘继波　摄）

开展大型油轮船舶安全检查（华志波　摄）

收船5艘,溢油应急辅助船148艘;各种类型收油机57台,围油栏77594米,吸油材料213余吨,消油剂186余吨,喷洒装置106台,清洁装置24台;溢油应急队伍73支,702人。

【行政执法】 调整基层海事处机构和职能,制定海事处现场综合执法五项制度等配套制度。举办基层执法人员现场综合执法全员轮训。组建海巡执法支队,全年检查船舶36939艘次。深化简政放权,54项政务事项实现“最多跑一次”和窗口一站式办理。除22项即办事项外,其余32项事项实现容缺办理,可容缺材料163件,占比47.0%。“最多跑一次”改革社会满意度提升,得到中央电视台新闻频道等媒体宣传报道。

【综合管理】 对体系内航运公司DOC和SMC的审核发证费用实行免收,全程线上无纸化办公,为企业节约成本372.5万元。实施港建费委托代收集约式管理,代收单位从11家缩减为2家。全年征收港口建设费6.8亿元,同比增长10.84%;油污基金1183万元,同比增长7.12%。正式列编60米级旗舰艇“海巡0735”,提升全域执法和施救能力。

【文明创建】 抓好文化品牌和文化示范点建设,推进岛际客运“心·渡”、大型油轮监管“畅油碧海”、VTS监管“智航兴舟”等品牌建设。深化普陀山海事处基层海事文化示范点、邵老师工作室文化品牌。岛际客运监管品牌“心·渡”、马岙锚地流动办事处品牌“‘驿’帆风顺”和嵊泗海事处“泗海为家”基层海事文化建设逐渐成熟。

(撰稿:张成琦)

船舶检验

【概况】 2017年,中国船级社舟山办事处(下称“舟山办事处”)拓展新业务,抓好安全质量管理,推进江海联运服务中心建设。全年完成新建船完工检验20艘次,计4万总吨;新申请船舶22艘次,计7万总吨;在建船舶37艘次,约132.7万总吨;完成入级营运检验622艘次,国内营运检验825艘次,完成各类审核291艘次,完成产品检验133批次。

【安全质量管理】 继续做好厂修船舶预防工作,实行重点检验船舶回访制度。严格执行重点监控船舶和目标船舶的各项要求,确保目标船重点检验的现场监控,复查率达100%。加强验船师培训和规范检验程序,建立相对固定的营运检验队伍。加强劳保用品及检验设备等检验,开展消防演习,强化安全观念,提升安全生产素质。每月组织对案卷审核学习,开展案卷抽查,提高案卷准确率。定期对客户开展新生效公约、规范的交流和培训,提升辖区船公司管理。开展修船技术交流会、船舶系固设备以及PSC检查交流会、PSC/FSC风险防范技术培训会等。落实“平安船舶”各项任务。全年完成客船、油船、化学品船营运检验296艘,四类重点船舶国内审核32艘次。建造完工客船(客滚船)9艘,液货船7艘;在建客船(客滚船)5艘,液货船20艘。加强对辖区内客船公司的定期走访,在五一、十一等重要客流高峰之前,对辖区内“海星”“通达”“蓬莱”“同舟”等客轮公司进行上门走访和实船检查,确保辖区内海运安全。

【服务新区】 参与市应急溢油中心相关工作。推动舟山江海联运服务中心建设。4月,首艘2万吨级江海直达散货船“江海直达1”在浙江增洲船厂开工建造并入级CCS,技术中心办公室对舟山地区造船厂、船东、设计院开展江海直达船舶技术标准宣贯培训。技术中心加紧新船型研发。研讨舟山至九江煤炭江海直达运输事宜,初步拟定舟山—武汉散货船型的尺度方案,调研江海直达船舶在海上(舟山码头)及内河码头的实际装载情况,商讨舟山船型评审及重庆船型研发事宜。支持地方船检工作,与海事、船检三次召开三方联系会议,就新公约、规范要求进行宣贯,就共同关心问题达成共识。参与舟山市交通局召集的关于ZC检验客船实行一般性改造的方案研讨会,确定ZC检验客船一般性改造实施方案的技术符合性。参加舟山机务联谊会成立大会,交流并利用平台管理技术水准,提高船舶行业技术管理水平。参加“2017年舟山水上客运安全论坛”活动,引导落实法规新要求。受邀担任舟山海事局技能比武裁判,加强双方联系。

(撰稿:唐之颖)

责任编辑:叶贞海

邮政

邮政管理

【概况】 2017年，市邮政管理局落实《国务院关于促进快递业发展的若干意见》和《舟山市邮政业发展"十三五"规划》，保持全行业稳中向好发展态势。是年，全市邮政和快递企业业务收入（不包括邮政储蓄银行直接营业收入）完成3.93亿元，比上年增长16.94%；业务总量完成4.49亿元，同比增长24.45%。其中快递企业（法人企业15家，分支机构223个）业务量累计完成1354.04万件，同比增长19.66%；业务收入累计完成2.30亿元，同比增长23.25%，投递量达5009.53万件。

【提升服务质量】 贯彻实施《舟山市邮政业发展"十三五"规划》，开展监测评估活动，督促岱山高亭、普陀东港等部分邮政网点按进度进行修整改造；优化网络布局和设施建设，推进快递网点标准化建设，加强寄递业安全生产等计划任务。

办好邮政业贴近民生7件实事（深入推进末端投递基础网络建设、全面提高偏远地区邮政普通包裹时效，实现投递到户、全省县城实现党报当日见报、实施放心消费工程、打造快递服务示范区和示范项目、开展快递包装绿色化、减量化试点及推广、深入推进浙江政务服务"网上申请、在线服务、快递送达"）。强化新《邮政普遍服务标准》宣贯，督促企业缩短偏远海岛邮政普包时效，按要求落实投递到户；规范村邮站运营管理，实现全市343个建制村村村通邮；督促邮政公司调整投递线路和班次，实现各县（区）党报党刊当日见（定海城区见报速度提至上午，普陀、岱山、嵊泗城区在当天下午收）；推进"快递下乡"工程，实现快递网点（含EMS代办点）覆盖全市所有海岛乡镇；优化职责内办事流程，落实"最多跑一次"要求，全年全市新增快递企业分支机构26个，受理变更申请68次，现场核查57次，为行业发展提供保障。

引导行业高科技和标准化建设。鼓励企业推广应用电子运单、试用隐形运单，提高收寄效率和客户信息安全性；支持顺丰等快递企业引进、扩大冷链技术的覆盖，加强与电商企业、水产城的协作，打开舟山特色海鲜加工品、鲜活水产品等线上销售市场；通过许可准入和事后监管，推进快递服务标准化"示范网点"建设，全年全市快递网点标准化率达40%以上，提升行业整体形象。

【寄递安全监管】 *建立安全监管机制* 成立舟山市寄递渠道安全管理领导小组，与市综治办、市公安局、市国安局等部门沟通配合，建立县（区）、乡镇邮政、快递企业安全管理协作机制；依靠基层综治办、公安部门推进反恐、平安建设、社会治安综合治理等领域执法检查，通过"双随机"抽查、日常检查、在线视频监控等加大安全管控力度。

严把寄递源头 落实"三项制度"（收寄验视+实名收寄+过机安检），推进寄递实名制、登记验视信息化应用推广、规范协议客户管理等系列工作。组织企业进行行业安全培训和"安易递"实名系统应用培训，编印《舟山市寄递行业"三项安全制度"资料汇编》1000余册；督促企业合理安置X光机和安检员专项培训；组织开展全市寄递行业安全隐患"大排查、大整治"、邮政业安全生产专项整治、寄递渠道危险化学品及易燃易爆品集中整治等专项行动，倒逼企业落实安全生产主体责任，实施"三个100%"（100%收寄验视、100%实名收寄、100%过机安检）。是年，出动检查618

人次，检查企业及网点309个，下发整改通知书52份，立案查处16起，停业整顿6家，罚款3.9万元，发现实名信息上传不到位、监控覆盖不全、“二合一”“三合一”经营等58处问题，扎紧寄递源头，将禁寄物品堵截在寄递渠道外。

保障重大活动安全 在香港回归20周年、“金砖会晤”、十三届全运会、中共十九大等重大活动期间做好全市寄递安全和服务保障工作。督促企业开展安全隐患自查自纠，实行问题整改“闭环管理”，与各企业签订《安全保障承诺书》16份，组织开展对生产操作区、生活区、车辆运输等环节的检查，构建邮政、快递业安全防范体系；细化实施方案，召开专题会、建立微信群等，传达上级指示，建立企业专人联系和安全信息零报告制度，强化动态管控和应急值守，为重大活动举办创造和谐稳定的寄递环境。

配合全市“两非”车辆整治 通过召开专题研究会、任务布置会、工作推进会，与各企业签订《邮政、快递行业“两非”车辆整治工作承诺书》16份，指导由市快递行业协会牵头，对纳入整治范围的邮政、快递车辆进行全面排查，组织参观宁波、温州、台州等地快递末端收派运行模式。会同市“两非”办制定《舟山市邮政、快递业电动三轮车规范化整治实施方案》，对行业出现的不稳定因素查找根源，化解矛盾，多次与市政府、公安交警部门沟通，引导企业通过购置车辆、优化布局、加强合作等实现平稳过渡。

【强化保障监督】 规范市场秩序 落实《快递业务经营许可工作优化方案》及“双随机、一公开”监管机制，7—12月，发布双随机任务20次，累计抽查邮政、快递网点56个。组织“3·15”诚信宣传，构建行业信用体系。制定《舟山市邮政管理局消费者申诉处理办法(试行)》，打造“放心消费”工程，全年受理各类申诉1077件，为消费者挽回经济损失4.07万元。

“诚信快递、你我同行”“3·15”宣传(顾燕波 摄)

9月19日，市邮政管理局召开全市“平安护航十九大”寄递安保部署大会(顾燕波 摄)

加强服务保障监督 建立实施《舟山市邮政普遍服务(特殊服务)考核制度》，提高服务质量。走访海岛及各乡镇邮政网点，采取明查与暗访相结合、提醒与教育相配套、相关部门联合执法等形式，强化监督检查，全年累计出检598人次，检查网点68个。加大海岛机要通信监管力度，是年，对市邮政公司的无封闭场地交接开出全省第一张整改通知；抓好邮票发行销售监督检查，组织“扫黄打非”联合检查，严防非法出版物经邮政渠道流通。

提升监管效能　完成远程在线联网视频监控系统（二期）项目建设，新开通线路78条，网点覆盖率达50%以上，实现全市快递企业分拨中心、主要网点及偏远小岛网点的实时管控；研究制定《市场监管日常执法检查工作实施办法（试行）》，提升工作效率和行业管理能力。

【行业文明建设】　推进“两学一做”学习教育常态化，夯实基础，转变作风，提高民营快递承担更多社会责任，加强员工职业保障，完善内部管理，营造“尊重劳动、尊重劳动者”的氛围；建立“一对一”结对平台，解决实际困难和行业具体问题，传递健康发展和服务民生的正能量。

（撰稿：顾燕波）

中国邮政集团公司舟山市邮政公司

【概况】　2017年，中国邮政集团公司舟山市邮政公司（下称“市邮政公司”）以“三个一把手工程”为重点，提升发展质效，做好企业发展的各项工作。全年完成邮政业务总收入14914.64万元，比上年减亏395万元，完成省邮政分公司下达利润计划的101%。是年，市邮政公司下辖一区二县邮政分公司（普陀区、岱山县、嵊泗县），全市有从业人员675人，其中管理人员63人，专业人员159人（包括技术人员、营销人员、生产经营主管人员）。设有各类邮政网点89个，其中邮政营业所54个，邮储网点35个；位于城区的各类网点16个，农村网点73个。

6月26日，国际禁毒日纪念邮票首发仪式在普陀举行（刘科峰　摄）

【金融业务】　是年，市邮政公司强化金融营销项目，各专业协同发展，累计实现金融业务收入8937.43万元。至年底，舟山邮政储蓄期末余额59.06亿元，新增余额8801万元，其中价值存款54.61亿元，活期8.92亿元，市场占有率7.98%。代理保险实现总保费3.97亿元，完成全年保费目标的102%。其中中邮系统保费7844万元，中邮期交3141万元，中邮长期险311万元，分别完成全年保费目标的125.5%、105%和104%。理财产品日均保有量5.51亿元，新增1.43亿元；基金销量2.67亿元。全年中邮证券累计完成有效户395户，完成年计划目标的132%。

【包裹寄递业务】　组织开展“春节旺季营销”“亮剑第一季”“客户感恩季”“闪电行动”“渡江战役”等各项主题营销活动，拉动项目实现全市快包业务的发展。全年全市邮政包裹快递业务完成业务收入1137万元，其中快递包裹完成收入534万元，同比增长44.11%。

【农村电商】　站点建设　对接政府机构参与地方电子商务促进会，开展交流研讨，跟进市政府“电子商务进万村”工程，推进邮政农村电商服务站点建设。全年全市建设邮政电商服务站点651个，其中安装邮政批销系统的商超型邮乐购店500个，完成年计划的100%。

批销业务　开展“春风”“烈日”和“秋实”等项目营销，实现站点优选劣汰，提升经营质效，实现批销开办率、商超签到率、扫码交易率三个百分百，全市优质掌柜占比63.7%，产品动销率40%。举办现场掌柜批销订货会，配合“邮乐919购物狂欢节”和“邮乐双十一”

等季节性集中活动,进一步落实地推服务,全年进货批销1198万元。

车险业务　与人保、国寿、平安等8家保险公司联合,开展各类车辆保险险种的促销活动,全年实现"自邮一族"车险出单2160户,超额完成省邮政公司下达的目标计划。

【集邮与文化传媒业务】　全年舟山邮政完成函件1406.68万元,完成集邮业务503.09万元,分别完成省公司下达计划的146.53%、100.62%。

重点项目　依托"普陀山门票"封片卡业务重点项目,全年收入711万元,完成率117%。约投挂号业务以银行、保险等寄递类项目为突破口,发展工行牡丹卡寄递、平安保单寄递项目;结合助残日活动,引入"中天家电"向全市残疾人寄递助残优惠券约投挂号,实现业务收入135万元,完成省公司计划的108.2%;立足地方"海、佛、军"资源,市邮政公司开发定海一小和定海五中校园宣传邮折、市政协成立30周年邮折、国际海岛旅游大会邮折、浙江大学成立120周年舟山校区纪念封等。嵊泗分公司瞄准政企宣传品市场,开发《咫尺离岛——洋山》、"1亿元小目标"等邮品;岱山分公司发展"一校一品"邮资封项目,为电力公司、县就业管理服务处、东沙古镇、禁毒办等开发互联网广告业务,发展新媒体业务,实现创收4.56万元;普陀分公司开发普陀山旅游护照、禅行普陀护照、普陀医院百年院庆100周年邮折、宣传册等集邮项目,其中《普陀山与观音菩萨邮票珍藏册》在第二届舟山群岛·中国海洋文化节暨舟山市海洋文化衍生品展示会上获金奖。普陀山祈福邮局借助禅行普陀、佛胜殊日、佛诞节、观音香会及中秋、国庆等节庆开展佛教主题封片卡及附属商品的营销活动,全年实现销售总额111.61万元,完成年计划的111.61%,同比增长4%。

报刊业务　以"保稳增效"为方针,依托政府宣传部门稳定党报党刊和行业报刊规模,抓好年度报刊收订工作;通过社区设摊、有奖订阅、报刊简明目录和折页发放等加强宣传,实现一次性流转额3121万元。其中与市、区教育局及各院校合作,实现校园报刊流转额52万元。开发市总工会温暖回家路商务期刊、知音普法宣传商务期刊、市旗裳文化协会商务期刊,稳定报刊业务规模,全年累计业务收入458.41万元。

【优化网运投递能力】　设立舟山邮件处理中心　市邮政公司租用4000平方米生产车间,安装分拣封发生产、监控安防等设备,3月28日,舟山邮件处理中心上线运行。采用伸缩机、胶带机械传输等流水线作业设备,使所有邮件进出口均在U型+环型复合式流水线上进行处理,减轻员工劳动生产强度,提高处理能力。

网运关键指标和客服管控　组织全市开展提升生产作业质量专项整治活动、无着邮件管理提升专项活动和陆运网关键质量指标专项整治活动,成立陆运网管控小组作用,每月定期召开网运质量分析会,实施对快递包裹运递时限日常监控。下半年,组织开展全市投递服务质量竞赛活动,抓好落后指标的整改,提升投递服务质量总体水平。

投递能力建设　加大投入投递车辆,深化城市投递网格化和农村投递中心支局管理模式推进工作,出台激励办法,鼓励普邮投递员兼投快包。延伸农村快包投递时间,乡镇本街投递段快递包裹班次由一周5班调整为一周7班,并根据邮政普遍服务新标准,

3月28日,舟山邮件处理中心上线运行(刘科峰　摄)

落实普通包裹按址投递工作。

做好信息技术支撑工作　完成储蓄网点双录系统安装、金融客户识别系统试点上线、ETC项目网点设备安装配置、全市A类点钞机联网等，开展营业网点移动支付系统、新一代寄递平台上线、储蓄竞赛活动的数据统计等。开发完成员工月度避税处理、员工薪酬查询、积分消费查询系统、金融网点物品领用登记系统和网点保单交叉管理系统等，支撑各项业务发展。

【企业管理】财务管控　落实资金额度“流入核定支出”原则，合理筹措配置建设资金，深化责任中心损益核算应用管理。推进零基预算，完善邮政企业预算模型和标杆体系设置，实现企业可控成本的双重把控。定期开展固定资产清查，规范在建工程管理；利用ERP系统加强存货管理，有效降低存货规模。制订出台欠费考核办法和资金与工资联动机制，加速欠费周转，降低坏账风险。

人力资源建设　根据省分公司机构编制调整实施方案，调整全市机构设置，明确新机构职责，组织完成支局、营业中心、网点负责人及市场营销部副经理兼客户中心经理、金融业务部副经理的竞聘工作。加强薪酬分配管理，制订《舟山市邮政公司2017年度员工薪酬考核办法》《2017年度舟山市邮政企业绩效考核办法》等，落实省分公司季度考核工作。根据《浙江省邮政企业劳务承揽规范管理实施办法》，梳理问题，落实整改措施，修订劳动合同，逐步规范劳务承揽规范管理，降低企业经营风险。

服务质量管控　完善服务质量监督体系，加强“两岗”（服务质量管理岗、监控岗）履职网格化管理。加强对T+1（次日递）省内快包全程时限准时率、出口快包收寄重量准确率、客户投诉处理满意率、邮件收寄验视安全等指标，纳入责任制考核。结合“快递包裹运行质量年提升”和“无着邮件管理提升”专项活动，开展信件试寄测试、组织视察检查人员专项检查，严防各类通信服务质量的发生，全年全市无总包邮件损失，无给据邮件损失。全程时限监控出口时限准时率98.06%，进口时限准时率90.05%，转口时限准时率94.42%，邮件处理规格合格率97.30%；全市用户满意度达标90.09%；无机要邮件泄密丢损，未发生重大通信质量和违规经营问题；各项通信质量服务质量指标完成良好。

风险管控　治理安全隐患，堵塞漏洞，消除盲区，强化邮政寄递渠道、消防、运钞、金融资金、车辆交通等安全管控。加强金融风险管控队伍建设，建立全市35个网点负责人参与的风险管理联络员制度；参与银行的“两个遏制”“合规回头看”检查活动，开展“非法集资风险专项排查”“会计工作达标升级现场检查”“反恐怖融资排查”等案件防控活动，确保邮政金融资金安全。财务审计方面加强审计监督，固化离任和年度绩效审计，加强任中审计，不定期开展财务检查工作，围绕企业经营管理，查找内控制度执行和规范经营等方面的问题并落实整改。

安全生产　推进安全网格化管理，加强责任制考核过程管控，完善事故、案件防控机制和工作措施。落实全国两会、“一带一路”国际高峰论坛等活动期间邮政安全保障工作。开展安全教育培训，全市组织开展“安全生产月”“安康杯”竞赛、“心防工程”“文明驾驶与安全节能”等活动，加大金融、保安、监控等岗位人员风险排查。全年全市开展各金融网点、运钞演练2次，信息机房消防、电力切换等演练各1次。机要通信工作全年未发生失密丢损事故和省内考核差错，在全省机要通信工作实现“二十四连冠”。

【精神文明建设】围绕“一个理念系统、三个行为模块、五个传播模块”，制定《企业文化建设工作实施方案》，通过信息、墙报、微信等各类线上线下平台加强企业文化宣贯，以点带面，建设企业文化示范点。开展员工岗位练兵活动，提高员工的业务技能，组织和参加全省、全市各类竞赛活动。在2017年第五届全省邮政通信特有职业技能竞赛中，市邮政公司获职业技能竞赛全省团体三等奖，普陀分公司许志超获投递归班处理单项第一名、理论知识考试第四名、个人全能第四名，被省分公司授予“浙江省邮政通信技术能手”称号，并入选浙江邮政代表队参加第五届全国邮政特有职业技能大赛，获投递归班处理第7名，个人全能第12名。是年，舟山邮政继续保持省级文明单位和市级文明行业称号。

（撰稿：刘科峰）

责任编辑：叶贞海

杂记(七)

【唐宋时期窑址废品堆积厂现身白泉】 8月,在定海白泉的一个工地,挖掘机施工时无意发现唐宋时期的瓷器。此次发现的是一个唐宋古窑厂的废品堆积厂,位于白泉镇皋泄社区和平村的青龙山一带,现场发现数不尽的瓷片和壶、瓶、盏等碎片,面积约2000平方米左右,堆场高度达60～70米,是舟山目前发现的规模最大的古窑厂废品堆积厂。从现场发现的大量陶瓷碎片来看,有的上釉,有的没有,说明当时这个窑里陶器和瓷器都在生产。从堆积物的年代看,这个堆积厂时间跨度应该有几百年。器物质地以浙江越窑青瓷陶器为主。

【石马岙发现罕见清朝秀才捷报单】 岱山石马岙有一座称"楼屋道地·秀才楼"的古居,在这幢古建筑的堂屋里,发现清代秀才"捷报"单,亦民间所称的"报单"。而且所贴报单不止一张,是同一处覆盖有四张,说明秀才楼里有四位书生考取秀才。这张"捷报"单原纸红色,50厘米×70厘米规格,字木刻印刷,因相互复盖又年代久远,题上去的字已褪色,可辨的字有:钦命、提督、贵府相公,於、名、汝。

无线电管理·通信

无线电管理

【概况】 2017年，加强无线电日常管理和重要时期无线电巡查监测，严查无线电干扰。坚持有偿使用频谱资源的原则，严格收费政策，全年收取频率占用费158万余元。加快基础设施建设，完成嵊泗固定站更新、多功能信号分析平台、航空专用无线电监测系统、便携式无线电管制系统、全网通基站信息自动采集系统、可搬移式无线电监测测向系统、固定站升级扩展系统等项目的招标及验收工作；参照浙江省无线电管理局与中国铁塔股份有限公司浙江分公司战略合作协议框架，与中国铁塔股份有限公司舟山分公司联系谋划合作事宜，到岱山、洋山等地考察站址实地环境，为“十三五”规划后续建设固定站点及边海岸站点，提供选址参考依据；配合浙江省无线电监测站、华信咨询设计研究院有限公司和各固定站集成商对现有固定站设备进行原子服务升级及调试；开展固定站巡检维护23次。深化行政审批制度改革，推进行政审批服务，行政许可事项实施全部实现“最多跑一次”目标，全年受理行政许可事项或其他事项273个（行政许可事项144个），并开展行政许可案卷制作及归档工作，整理归档案卷3000余份。

至年底，全市有各类台站10069个，其中船舶电台为562个，蜂窝移动基站8498个，对讲机817个。建成固定测向站6个，小型监测站3个，配备移动监测车3辆，形成以新城为控制中心，定海、嵊泗、普陀固定测向站为基础，移动监测车、海上和空中监测平台为辅补的立体式无线电监测网络体系。

5月4日，嵊泗站固定监测测向系统项目验收会议现场（市无线电管理局提供）

【无线电监测】 加强无线电日常监听、监测，特别是对公安、水上、电力、民航等重点频率进行保护性监测、监听，建立24小时值班制度。全年嵊泗、枸杞、定海、普陀、新城5个固定监测测向站累计监测时间17440小时（桃花站因电路问题未启用）；移动监测车累计出车时间1342小时，行驶里程12440千米。完成“一带一路”国际合作峰会、国际海岛旅游大会、浙江省第三届体育运动大会、中共十九大、第四届互联网大会等重大活动期间无线电安全保障工作，及全国高考、研究生考试、公务员考试、事业单位招聘、二级建造师考试、司法考试等重大考试无线电保障工作，累计投入使用设备124台次，移动监测车33车次，执法及监测人员143人次，监测时间约1440小时。开展重点区域、重要频率的保护性监测，对223～235MHz（兆赫）、351～400MHz、450～510MHz、821～825MHz、866～870MHz、915～930MHz、1447～1467MHz、1785～1805MHz等重点频段无线电频谱开展监测。开展频谱评估工作，对定海、新城、枸杞、嵊泗等固定站在50MHz～1.3GHz（吉赫）频率范围内进行场强校准因子测量计算，利用浙江省无线电监测站一体化平台上固定站对广播电视频段执行监测；对广播电视47～807MHz频段开展路测，累计行驶800多千米，测试路线覆盖80%以上的主干道、次干道等城市道路；利用空中监测平台搭载监测评估天线，对舟山重点岛屿进行飞行监测。

【无线电监督检查】 开展打击整治“黑广播”“伪基站”等非法设置无线电台专项行动，全年监听黑广播640小时，发现“黑广播”1起，未接到伪基站干扰投诉。查明不明信号4个，受理干扰投诉5起。走访并检查普陀无线电生产企业1家、经销商和维修网点15家。

【无线电台站管理】 开展无线电台站年检，向用户下发年检自查公告60份，收回21份，通过网上办事系统对用户提交的自查表进行录入和检查审核，办理网上自查30多个；做好船舶制式电台管理权限移交过渡期管理，对台站数据库进行统计及整理，通过公告、电话等形式开展船舶制式无线电台管理宣传；加强广播电视台站管理，全年分2次对广播电视台站进行查对，涉及广播电视台站40多个，对违反规定的广播电视台站设置单位发放《限期整改通知书》；通过“双随机（即在监管过程中随机抽取检查对象、随机选派执法检查人员，抽查情况及查处结果及时向社会公开）”抽查监管，对“双随机”所属各类台站资料及数据进行统计整理，分批赴全省各市地开展现场实地核查，做好结果处理、案卷归档等工作，全年出动执法检查人员25人次。

4月22日，移动监测车为公务员考试提供无线电安全保障（市无线电管理局提供）

【重点项目无线电管理】 支持波音737完工和交付中心项目在舟山的落地和建设，做好波音公司的频率申请与台站设置协调工作；做好宝山钢铁股份有限公司马迹山港区、舟山国家石油储备基地、鼠浪湖岛矿石中转码头、市人民防空办公室、舟山市衢黄港口开发建设有限公司等重点项目无线电频率台站许可事项的认定审核；受理浙江移动舟山分公司蜂窝移动基站台站设置申请，验证并指导内外网的台站数据导入，共核对导入台站数据4000多个，核发无线电台电子执照；与舟山市绿色石化项目进行对接，做好前期的频率规划、台站需求等工作。

【台站数据库建设】 做好设台申请、频率指配、呼号审批、变更注销、报废备案等工作。是年，审批无线电台站呼号29个（指配呼号29个），设立无线电台站101个（数量4674个），指配无线电频率14

个(指配频率24个),撤销停用项目76个(注销台站数量90个),收回呼号52个(数量52个),收回频率1个(数量1个),新做执照4582份,换发执照92份。

民航CNS监测及多功能信号分析系统安装调试(市无线电管理局提供)

【无线电管理宣传】 4—8月,制作新版《无线电管理条例》宣传动画片,组织运营商、销售商、业余无线电爱好者现场征集对新版《无线电管理条例》裁量基准的意见和建议。9月,在全市300多辆公交车、出入三江码头的客运船舶、普陀山进山大门、白泉广场LED大屏上播放宣传无线电知识的短片,宣传无线电知识在日常生活中重要性。

(撰稿:谢丹静)

中国电信股份有限公司舟山分公司

【概况】 2017年,中国电信股份有限公司舟山分公司(简称舟山电信分公司)围绕"坚持一个统领、聚焦四项任务、提升三大能力、加强五大建设"的关键工作,以"聚焦三化、扬长补短、强化执行"为年度工作思路,围绕"三化"(网络智能化、业务生态化、运营智慧化),接应落实加快企业转型升级3.0,克难攻坚,实现规模和效益双丰收。全年新增移动用户20万余户,移动过网用户份额20%。宽带新增10万余户。iTV(宽带互联网视听业务)新增8万余户。翼支付累计活跃用户达7万余户,活跃商户4000余户。流量规模达2164T,4G户均达2599M。至年底,全市有线宽带用户30万余户,移动电话用户40万余户,固定电话用户30万余户,iTV用户20万余户。

是年,舟山电信分公司参与关于海洋卫星宽带宣传片《爸爸你出海什么时候回来,我想你了》的制作,并组织天翼舟山微信易信公众号、网络问政《舟山发布》等,及员工微信群、朋友圈转发点赞,取得良好的社会效益;在中央电视台财经频道《厉害了我的国》视频展播中,舟山电信分公司组织员工在微信群、朋友圈转发、点赞、投票,以300万余票数排名全国第十。

【激发内生动力】 是年,舟山电信做好承包工作,基层一线管理队伍更年轻化和高素质。"田店人制"(责任田、责任店、责任人、责任制)四位一体,推进划小承包,全市已明确划分包区157个。全市通过以包区为车厢的和谐号动车7列,复兴号动车4列,列车长为经营单元副总,挂钩包区收入完成和综合业务完成量作考核标准,强化倒三角支撑帮扶体系。

【提升云业务拓展】 提升政务云业务量,全年达2000多台。完成各单位舟山政务云项目迁移工作、"最多跑一次"等项目云平台相关对接工作,完成政务云大数据升级。借力政务云平台推进舟山市教育业务系统上"云",市教育局完成全市所有学校网站平台、综合服务平台应用、数据库服务器迁移。物联网业务持续发展,覆盖物联网三类市场中的智能无线POS机、建筑能耗监测、注塑机监控、电力抄表项目、铁塔公司基站监控,拓展物联网(物物相连的互联网)业务,全年新增3万余户。

【拓展新兴业务】 实现翼支付用户、商户双拓展,全年完成翼支付商家签约157户,新增绑卡用户

5000余户;通过拨打"114预约挂号"总预约量达2万多人次;以12345为重点,拓展融合通信外延,规模发展云呼业务。承接智慧养老项目,累计发放终端2万多台,覆盖全市308个社区,覆盖率94%,终端激活率98.2%。

【创新服务模式】 开展微店线上营销,微店O2O(Online To Offline,离线商务模式)新入C网用户4000多户。扩大互联网自媒体推广,全年线上总浏览量10万多次,与用户线上互动1100多次。

【网络能力优化】 是年,完成LTE 800M重耕工程,入网开通率100%,基本实现NB-IoT网络全覆盖。开展移动无线网络优化,完成全市VoLTE摸底电信移动对比测试,其中覆盖率达98%以上,接通率达99%以上,MOS均值在3.8以上。开展光网深度优化,城市区域光覆盖的宽带占比达100%,完成所有ADSL用户的光改迁移、DSLAM设备的整体退网。

(撰稿:徐珂帆)

中国联合网络通信有限公司舟山市分公司

【概况】 2017年,中国联合网络通信有限公司舟山市分公司(下称"舟山联通")抓党建、促发展、提效能、转机制、强基础,推进战略落地,深化创新合作,优化体制机制,强化支撑保障,推动舟山联通稳步发展。完成主营业务收入1.6亿元,新发展移网手机用户近11万户,新发展宽带用户近1.5万户。

【网络基础建设】 提升网络覆盖,打造"匠心网络"。全年完成新建4G基站50多个,特殊站点40多个,新增分布系统楼宇100多幢;完成岱山大鱼山绿色石化基地、普陀西白莲、部队驻地等区域的网络覆盖。是年,舟山联通新建50余沟千米管道,完成基站及接入项目250余皮长千米光缆建设。改善岛屿间传输稳定及业务容量,约50端分组接入设备的开通和环路保护。开展2I、冰激凌视频、王者荣耀等业务,保障网络优化,进行10多轮2I业务保障分析及优化,建立2I用户快速响应机制,解决微网格问题约40个,视频业务差和卡顿小区百余个。推广应用行销APP,实施营维一体化、宽带电商化,实现"预约+受理+装机"。完成十九大、舟山国际海岛旅游大会、国际海岛马拉松、东海音乐节等10多个项目和活动通信保障。配合光进铜退工作,退网1.7万个ADSL端口,退网下电DSLAM设备123套,节省电费近20万元/年。完成2G基站退服21个,双低站点25个,减容2G载频340个,3G减容载扇252个;1500个小区实施4G信号智能关断功能。整改4G低效站点85个,利旧开通10个站点。

【业务创新】 以"沃4G+"为引领,提升用户规模和收入增长。全年手机出账用户净增近3万户。启动对厂园(工厂)、校园(学校)双园地推促销业务,线下订单占比接约60%,坚持固移融合,宽带出账用户净增0.3万户,50M高速宽带全网达到率81.4%,融合业务渗透率46.9%。优化渠道布局,坚持互联网化运营,全年有效社会渠道数184家,完成率102%;自营渠道中自营厅规模达12家,社区沃店规模达30家。

【集团业务】 主要聚焦政务、环保、医卫、公共能源、教育五大行业。3月,与市公安局签署"互联网+"战略合作协议,利用"互联网+"等新兴技术提升舟山市公共安全服务技术支撑保障能力,推进移动互联网、云计算、大数据、物联网等互联网技术和资源在公安系统的应用,助推舟山公安科技强警战略的实施。5月,完成与定海区环保局"鸟岛环保监控项目"和舟山市中小学素质教育实践学校"智慧校园项目"的签约。6月,与岱山县人民政府签订"互联网+"战略合作协议。9月,与市公安消防支队签约350兆集群通信系统项目。与浙江省烟草公司舟山市公司签约车载视频监控设备采购项目,与岱山教育局签约校园WiFi及云桌面项目,与朱家尖慈航广场酒店签约智能化工程项目等,通过签单入网实现行业快速增长和集团渗透。聚焦大物移云("互联网+"涉及的技术,概括为大数据、物联网、移动通讯、云技术)业务创新,运用物联网本地应用拓展危化品车辆的实时监控,同时拓展美店、好好开车等外地物联网。拓展建行的云业务、校园云计算,与400余家中小企业签订企业云合约，在云计算上实现零的突破。

【全网通合作】 9月1日，舟山联通与中国电信股份有限公司舟山分公司联合举行“落实提速降费，推广六模全网通终端行动”发布会，共同发布推广六模全网通终端和提速降费行动计划，实现“手机全网通、流量不限量、服务更优质”，让消费者享有网络自主选择权，享受更好的通信服务。全网通手机用户自由选择运营商，实现“1部手机、2个卡槽、3网通用、4G随意切换、5大洲漫游”。推出“冰激凌套餐”“畅视计划”等优惠产品，承诺从9月1日起全面取消手机国内长途和漫游费；落实互联网+行动计划，部署云计算、大数据、物联网等规模化应用，携手阿里云发布“企业上云，与沃共赢”助力企业上云行动计划，成立合作联盟，为各类企事业单位提供先进的“互联网+”服务。促进全行业持续发展，助力实体经济振兴和产业链发展，惠及消费者、构建终端产业生态，落实国家提速降费的务实举措。

【助力高考】 是年，舟山联通作为高考保障的唯一通信运营商，成立市、县二级专项保障小组，对全市网上巡查系统（视频监控）、视频会议系统提供保障，确保省市县三级视频会议、视频监控系统正常联动。高考巡检平台涉及硬件设备繁多，考前逐一排解网络拓扑中可能存在问题，完成2017年高考保障任务。

（撰稿：郭妍萍）

中国移动通信集团浙江有限公司舟山分公司

【概况】 2017年，中国移动通信集团浙江有限公司舟山分公司（下称“舟山移动公司”）保持较好发展态势，完成各项目标任务。全年累计通信服务收入7.67亿元；通信服务收入份额56.6%，比上年增长3.47%；实现净利润5267万元，收入利润率8.26%。是年，舟山移动公司的《缩短集客非电路出租专线开通时长》QC成果获第十七届“海洋王”杯全国QC小组成果发表赛二等奖；舟山移动公司获省级消费者信得过单位和2017年度安全责任制考核“优秀单位”称号，定海分公司获中国移动浙江公司2017年度“明星县（市、城区）分公司”称号，定海分公司客服班、网络部无线网优中心获“省级青年文明号”，岱山分公司网络部获“浙江省优秀QC成果一等奖和发布奖”，定海、岱山分公司获“省级创建治安安全单位活动成绩突出单位”，2人被评为中国移动浙江公司2017年度杰出员工，1人获“浙江省信息通信行业职业技能竞赛”移动通信机务员（网络优化）二等奖；舟山移动公司获浙江舟山群岛新区五一劳动奖状、“新区梦　劳动美”舟山市首届职工微影视大赛优秀奖、安全生产标准化企业。

【巩固移动市场优势】 坚持质量市场发展策略，外来务工（新开移动号）营销取得新的突破，开拓校园和细分市场，二卡（第二张移动号码）槽争夺战成绩显著。全年新增客户31.9万户，新增占比52.1%，净增通信客户6.6万户，净增占比82.2%，全省第一，日均通话客户份额达81.75%。

【提升4G客户规模】 优化营销组合，推进2G/3G客户迁移，全年2G/3G客户迁移率39.5%。

基站维护人员在高空安装设备（中国移动舟山分公司提供）

抓新增4G客户,全年净增12.3万户,总数达到72.8万户,4G拍照客户保有率达81.9%。

【实现政企市场新突破】 全年通信和信息化收入达到1.47亿元,收入份额达49.4%。信息化产品收入快速增长,专线收入达到4152万元,同比增长48.3%,收入份额达到37.8%;五类云集团达到685家,其中四类云478家,收入同比增长120%;开展“秋冬攻势”专项营销活动,完成各项指标并全省排名前列。提高集团经营能力,相继开展旗帜战、高地战、堡垒战、歼灭战“4G营销四轮战役”,集团4G客户占比达90.82%。

【完善业务管理机制】 推动海洋数据及应用等新兴产业发展,推进舟山国家级海洋大数据中心、智慧旅游、绿色石化、智慧水利、波音航空产业园和交付中心等项目建设,应用移动大数据运营、移动4G看船、渔船救助系统、互联网执法等平台,打造区域运营新优势,助推自贸区信息化建设。完善移动大数据运营、天盾反通信欺诈系统、城乡天眼、爱归来平台、戒毒人员管理等平台,加强与公安的业务合作,利用通信技术信息化手段,提升公安部门内部管理和案件侦破能力,做好防范通信网络诈骗宣传工作,提高市民的防诈骗意识,降低舟山地区通信网络诈骗犯罪的发案率。

【舟山市信息化应用展示中心启用】 与市人民政府签署《“十三五”信息经济发展战略合作协议》,舟山移动公司与舟山市经信委共同打造舟山市信息化应用展示中心,4月26日启用。展示中心围绕政府应用、城市应用、民生应用和企业应用等四大领域,展示智慧城市、互联网+能力、互联网+家庭、互联网+行业、互联网+生活等五大板块,在和视界、天盾大数据反通信欺诈系统、渔船安全救助系统、智慧安监、普陀山景区应用平台及五水共治平台等信息化应用。展示中心不仅是舟山城市信息化建设成果的展示窗口,也是移动通信技术发展前景、移动发展成就和最佳实践成果的体验场所。

【与舟山市旅游委员会签订战略合作协议】 6月12日,舟山移动公司与舟山市旅游委员会签订“千岛明珠”旅游信息化合作协议,双方建立长期战略合作伙伴关系,共同推进旅游信息化系统建设,打造“优质平台”理念,建设“跟着手机游舟山”全域旅游产品。利用通信技术手段和大数据平台提升助推舟山旅游信息化建设,提升舟山旅游品质,做好舟山海岛旅游大会通信保障工作。

(撰稿:周燕)

责任编辑:叶贞海

财政税务

财　政

【概况】 2017年，全市财政系统围绕“四个舟山”“五大会战”，立足新区自贸区建设和财税中心工作，稳增长、优结构、重改革、夯基础、强队伍，推进新区经济社会平稳健康发展。全市财政总收入187.22亿元，比上年增长8.0%，其中，一般公共预算收入125.76亿元，增长10.6%；一般公共预算支出258.60亿元，增长3.2%。市本级财政总收入89.54亿元，同比增长10.4%，其中：市本级一般公共预算收入59.64亿元，增长14.2%；市本级一般公共预算支出97.87亿元，增长0.8%。税收收入95.78亿元，同比增长5.9%。地方一般公共预算收入占财政总收入的比重为67.2%，税收收入占地方一般公共预算收入的比重为76.2%，地方一般公共预算收入占GDP的比重为10.3%。全市和市本级财政收支平衡。

【依法组织收入】 税收精细化管理　完善精税源管理，对116户总局级重点税源企业进行重点监控，推进全市14个重点项目建筑业税收落地。加强基础管理，清理数据77492条，汇缴入库2016年度企业所得税2.19亿元。健全风险管理，补缴税款1.23亿元，清缴欠税2.87亿元。推进国地税征管体制改革，深化国地税合作。

组织非税收入　全面推进市区灵活就业人员社保费地税征缴工作，征缴扩面53359户，全市组织社保费收入54.22亿元。

7月28日，浙江省政府产业基金投资推进会暨舟山市政府重大项目与资本对接论坛在普陀区举行（市财政局提供）

【支持新区建设】 争取政策资金　向上争取财税政策和资金，全年全市一般性转移支付补助和专项转移支付补助95.5亿元。围绕油品全产业链发展趋势，在创新税收举措、减轻企业负担等方面向财政部争取财税优惠政策。

聚力打好“五大会战”　全市全年完成投资371.27亿元，实际融资257.62亿元，净增融资174.84亿元，保障政府重点项目推进。造价中心全年完成275个项目审核，审定金额121.64亿元。推进30万吨级市污水处理项目PPP建设，做好甬舟铁路PPP投融资方案。

【培植海洋经济】 引导产业发展　创新文化、建筑、工业、航运、港口物流等产业扶持方式，优化产业扶持导向,助推实体经济发展。至年底,财金基金到位43.9亿元,累计投资36家企业,投资额43.65亿元,吸引各类资金19.77亿元,撬动各类资金逾310亿元。组建总规模20亿元的舟山群岛新区基础设施产业投资壹号基金,用于普陀山区域旅游基础设施建设。浙江舟山转型升级产业基金投入8亿元,支持舟山绿色石化基地建设。

帮扶企业发展　落实国务院“清费减负”有关政策,减免各类税费30.26亿元,推进地方水利建设基金停征、社会保险费集中减征、失业保险阶段性降费等工作。发挥工业企业应急转贷资金和中小企业专项信用贷款作用,累计分别发放1.26亿元和3.02亿元。对30余家拟上市企业开展专项服务,有3家成功上市新三板。

【优化支出结构】 全市全年财政民生支出178.03亿元,增长4.6%,占一般公共预算支出的比重为68.8%。

支持社会事业发展　实施基本公共服务保障,推进公共服务资源全域共享;推进省级食品安全城市创建,支持“平安舟山”建设;落实各级教育经费保障机制;完善生态投入增长机制,支持淘汰燃煤锅炉;加大公共交通、低碳交通、智能交通投入,提高交通运输保障能力;贯彻落实人才、军人军属等住房保障政策,做好城镇住房保障家庭租赁补贴工作。是年,一般公共服务、公共安全、教育、节能环保、交通运输、住房保障等民生事业支出分别为34.46亿元、15.39亿元、33.17亿元、3.62亿元、21.63亿元、7.59亿元。

完善社会保障体系　出台《舟山市市区社保管理体制一体化改革实施方案》,从9月1日起,实行市区社保基金统收统支。建立多渠道筹措社会保险风险金和风险共担机制,全市全年本级筹集资金约17亿元用于补充社保风险准备金。支持公立医院综合改革,提高城乡居民基本医疗保险保障水平。全市社保就业、医疗卫生与计生支出分别为20.62亿元、17.66亿元,同比分别增长20.8%、11.9%。

支持城乡一体化发展　重点支持“五水共治”、小城镇环境综合整治、美丽海岛升级版打造等项目建设。全市全年农林水事务支出51.43亿元、城乡社区支出17.89亿元。

控制行政成本　推行部门预决算信息公开,细化公开部门“三公”经费。执行财政支出管理和行政成本控制各项规定,全市一般公共预算安排的“三公”经费支出执行数比上年下降8.3%。

【深化改革监管】 区域财政体制改革　起草新一轮市区财政体制、新城管委会财政体制方案。研究绿色石化基地一期建设项目财政收入分配方案,明确税费收入返还的原则。

“最多跑一次”改革　开展财政“上门服务至少一次”活动,宣讲辅导政策,对接资金需求,听取意见建议。实现财政地税17个主项、83个子项“最多跑一次”,“最多跑一次”事项达到96%以上,“一次都不跑”事项达到72%以上。

债务管理改革　出台《关于进一步加强地方债务管理的实施意见》,实行预算管理和规模控制,严格区分政府举债和平台公司融资行为,健全考核和问责追责机制。

财政资金管理改革　深化市级财政专项资金管理改革,落实专项资金按“因素法”分配或竞争性分配。启动国库集中支付电子化管理改革,首次编制政府部门财务报告。开展网上公款竞争性存放招投标,是年,组织8期网上招投标,招标公款40.75亿元,招标资金利率比基准利率上浮35%~40%。

应用“政采云”平台　全市范围内实现政府采购内网系统和“政采云”系统全覆盖,是年全市通过“政采云”平台实现采购交易额3145万元。全市全年政府采购预算金额为29.33亿元,增长14.8%,节约率12.6%。

预算绩效管理　深化预算绩效目标评审,开展2017年“二上”和2018年“一上”部门预算项目审核,及5个市级项目的绩效重点评价,布置行政事业主管部门开展财政性资金安排规模30万元以上项目绩效自评。

税制改革和征管体制改革　做好资源税、环境保护税等重大税制改革工作,实现税制平稳转换。深化国地税合作,推进普陀山分局国地税合作示范点建设。

【队伍建设】 举行各类研讨班、业务骨干培训班、基础实务培训班,提升干部综合素质和履职能力。开展“便民办税春风行动”,组织开展《“你所盼、我所向”问需求活动》，发放问卷1362份、走访企业1517户，改进和优化新区自贸区税收服务。全年市行政中心财政地税窗口办理业务35748件，即办率为99.5%。

（撰稿：徐颖娜）

地方税务

【概况】 2017年，舟山市地税部门组织各项收入125.93亿元，同口径比上年增长16.01%，增收17.38亿元。其中税收收入67.20亿元，同口径增长12.80%，增收7.63亿元；税收收入地方级53.41亿元，同口径增长11.67%，增收5.58亿元，完成市委、市政府和省地税局下达的年度收入目标。社保基金收入54.24亿元，同比增长24.9%，增收10.81亿元。

【落实“最多跑一次”】 推行“一窗受理、集成服务”，实现自然人二手住房交易一个窗口统一受理业务。梳理公布“最多跑一次”事项清单，全年全市实现地税20个大类、64个中类事项最多跑一次；实现72%事项“零上门”，96%事项“最多跑一次”；实现办税服务事项再提速20%。开展多层次“体验督查”活动，体验办证办事便利快捷。

【助力自贸区税务政策创新】 在中国（浙江）自贸试验区财税政策的基础上，围绕油品全产业链发展趋势，在创新税制体系、减轻企业负担等方面争取财税优惠政策，配合制定《中国（浙江）自由贸易试验区国际航行船舶保税油经营管理暂行办法》。

【落实税收帮扶举措】 落实国务院“清费减负”有关政策，减免各类税费30.26亿元。推进地方水利建设基金停征、社会保险费集中减征、失业保险阶段性降费等工作。扩大银税互动范围，全年全市有243家纳税信用良好小微企业享受“税易贷”等信用贷款，发放贷款金额9513万元。

4月7日，省地税局副局长王平一行到舟山开展“最多跑一次”专项督察（市地税局提供）

【强化税收征管】 实施税收专业化管理，夯实“金三”征管数据，实现信息共享，继续推进事前审批向事中事后管理转变，提高征管质效。提高税种精细化管理水平，加强个人所得税、房产税、土地使用税等税种管控，落实房地产土地增值税清算。完善稽查选案、实施、审理和执行工作机制。

【深化税收改革】 做好资源税、环境保护税等重大税制改革工作，实现税制平稳转换。推进国地税征管体制改革，围绕代开代征、欠税控管、联合定额、联合注销、外来建筑企业税源管理等事项深化国地税合作，推进普陀山分局国地税合作示范点建设。全面完成稽查体制改革任务，全年全市实施税务稽查174户，查补收入5800万元，比上年增加1930万元，查处大要案10件，大要案查补收入2813万元。

【优化税收服务】 支持创业创新、实体经济发展，建立领导联系重点企业制度，实现“一对一”专人定点服务，建立优惠政策重点服务对象库并实施动态管理。参与舟山江海联运服务中心、绿色石化基地、航空产业园等重大项目建设，做好税收扶持工作，做好税收服务“一带一路”建设工作。是年，对30余家拟上市企业开展专项服务，有3家上市新三板。开展“便民办税春风行动”，推出

地税工作人员在国际水产城走访了解税情(市地税局提供)

5类17项35条便民措施,确保各项措施落实到位;组织开展《"你所盼、我所向"问需求活动》,发放问卷1362份、走访企业1517户。

【规范行政执法】 开展2017年税收执法大督察,自查自纠,自查面达到100%,依托督察指引和疑点数据开展重点督察,强化问题整改落实。是年,共整改问题55个,退还企业所得税等税款41.96万元。做好日常税务执法督察工作,确保税收优惠政策落实,优化税收环境。普陀地税局被评为全国首批法治税务示范基地。

【绩效管理】 制定出台《绩效管理办法及实施细则》《绩效考评结果运用办法(试行)》,梳理《2017年绩效考核重点任务清单》,构建"绩效导向、清单管理、督考联动、问责到底"工作机制。召开绩效讲评会、研讨会,依托个人"日志式"管理系统,推进绩效管理工作。

【财税宣传与队伍建设】 组织地税系统业务"练兵比武",通过"以师带徒"、集中培训、送训入岛等多形式,营造以考促学氛围。发展舟山财税、舟山财税家园两大微信公众号,传递财税信息,宣传财税工作。以税收宣传月活动为契机,围绕"聚焦自贸区、共话税企情"主题,组织"民企座谈会""徒步健行季""税务直通车""掌上微宣传""最美财税人""少年税校"等税收宣传活动,展示税务干部形象。

(撰稿:谢萍)

3月8日,普陀地税局被授予"全国税务系统法治基地"牌匾(市地税局提供)

国家税务

【概况】 2017年,全市国税系统组织税收95.58亿元,增长27.11%,增收20.38亿元,剔除新扩围营改增收入,同比增长8.34%,增收5.24亿元。其中,组织地方收入42.38亿元,增长34.21%,增收10.8亿元,完成中央和地方两个收入预期目标。落实国务院6项减税等税收优惠政策,全年办理各类减免退税14.5亿元,增长28.69%。全国首创在浙银金融租赁股份公司试点建造商直租业务税收政策。进一步推广"互联网＋便捷退税",健全出口退税风险防控机制。全年办理出口退(免)税33.12亿元,增长7.01%。优化征管服务机构,筹建新城分局,市局直接管理普陀山分局,与市地税局普陀山分局实行同址办公,在自贸区综合服务大厅新设国地税联合办税服务厅。围绕海洋产业集聚区等新区重大战略,进一步发挥税收职能作用。

4月13日,召开舟山市民营企业共话税收座谈会(陈旭峰 摄)

【依法治税】 落实领导小组例会制度和领导干部学法用法制度。开展党组中心组集体学法、税法论坛、"模拟法庭"等活动。开展法治税务示范基地建设,普陀区局创建省级法治税务示范基地。组织税收执法大督察,落实税收行政执法公示试点工作,全面实施"一局一顾问"。推进内控机制建设,落实《全国税务系统内部控制基本制度(试行)》以及10个专项制度。落实"七五"普法税法宣传教育方案,开展税收宣传月活动,组织拍摄法治宣传片和税收公益广告。强化对税收违法行为的打击,持续发挥打假、打虚、打骗三个专项打击作用。全年累计入库稽查查补收入1.34亿元,增长50.9%。深化国、地税联合稽查,推进公安派驻税务联络机制建设,健全税警协作常态化机制。与公安部门紧密协调,查获一起"百亿元"特大团伙虚开专票案件。落实《稽查规范1.0版》,实施"双随机一公开"工作机制,深化"黑名单"制度,提升稽查工作成效。

【税收征管】 落实市委、市政府下发的《舟山市深化国税、地税征管体制改革实施方案》,基本落实62项改革举措。实现税源管理从"管户制"向"管事制"转变。推行实名办税制度。是年入库税款、加收滞纳金3.03亿元。深化增值税发票管理新系统应用,推广增值税电子普通发票,开展部分行业小规模纳税人自开增值税专用发票试点。建立与公安部门的信息共享核查机制,优化车购税退税流程。首次提供汇算清缴风险提示服务,全年所得税汇算清缴申报率达100%,调增应纳税所得额5.04亿元,补缴税款0.22亿元。对定点联系企业实施全流程风险管理,补缴税款、加收滞纳金、调减留抵339万元。全年入库非居民税收1.44亿元。强化反避税管理,调增应纳税所得额0.31亿元。

4月14日,定海双桥中心小学开展"少年国税局"活动(陈旭峰 摄)

升级涉税单证底账系统,建设全市统一开发应用平台,国地税联合稽查信息平台,国地税房地产一体化管理平台。

【纳税服务】 落实"最多跑一次"改革,125项事项100%实现"最多跑一次",74.4%的事项实现"零上门",精简事项14.97%,减少报送资料40.5%。深化"放管服"改革,落实总局30条措施和省局40条措施,简政放权。支持自贸区建设,贯彻省国、地税局联合出台的支持自贸区发展的15项创新服务举措,复制推广14项自贸区税收服务措施。持续开展"便民办税春风行动",细化5类24项47条服务举措。推进"互联网+政务服务"建设,推行浙江国税电子税务局、浙江国税手机办税APP、二维码一次性告知等措施。深化"银税互动",在部分海岛委托信用联社代开发票或配置ARM机,探索"离岛办税"模式。开展税、邮合作,实现发票、涉税文书的"网申邮送"。联合地税部门开展信用等级评定,首次对个体户和其他类型纳税人开展信用等级评定。深化对大企业的个性化服务,扩大《税收遵从合作协议》的签订范围。

(撰稿:陈旭峰)

责任编辑:徐飞舟

金　融

概　述

2017年，全市金融系统深入贯彻落实中共十九大、十九届三中全会精神和习近平总书记系列重要讲话精神，围绕“五大会战”和“四个舟山”建设，贯彻执行稳健的货币政策，合理配置金融资源，引导金融支持供给侧结构性改革，探索金融体制机制创新，助力自贸区建设，支持新区经济社会发展。至12月末，全市金融机构本外币存款余额2008.48亿元，比年初增加92.64亿元，余额同比增长4.8%；金融机构融资总量3048.54亿元，比年初增加354.81亿元，余额同比增长13.2%；直接融资余额211.96亿元，占全市金融总量的6.5%。其中，市内银行融资总量余额1934.97亿元，比年初增加182.33亿元，余额同比增长10.4%；市外金融机构融资总量余额1113.57亿元，比年初增加172.48亿元，余额同比增长18.3%。1—12月，全市发生12笔直接融资业务，合计金额90.80亿元，同比增加18.93亿元。

全市金融系统继续支持新区海洋经济发展，在海洋关联产业的融资投向上适度倾斜，做好融资结构平衡。年末，全市港口物流业贷款和表外融资合计余额287.80亿元，比年初增加11.94亿元，同比增长4.33%；船舶修造业、海运业和水产加工业融资余额分别为122.86亿元、81.58亿元和58.43亿元；商贸类融资余额328.06亿元，比年初减少38.22亿元，其中旅游开发项目融资余额6.21亿元，同比增长86.04%；房地产开发融资余额26.14亿元，比年初减少12.90亿元。

加大对小微企业和渔农业领域的信贷支持力度，小微企业贷款和涉农贷款保持增长态势。年末，全市小微企业贷款余额533.48亿元，比年初增加65.25亿元，同比增长13.9%，占全部贷款增量的比重达32.7%；涉农贷款余额501.97亿元，比年初增加41.8亿元，同比增长9.1%，涉农贷款新增额占各项贷款新增额的比重达20.9%。

票据市场大幅萎缩。全市发生银行汇票、商业汇票、支票、银行本票等各类票据业务38.30万笔，金额2368.76亿元，分别较上年末下降15.6%和5.7%。

舟山市金融机构2017年信贷收支（本外币）

表37　　　　单位：万元

项　目	年末余额	比年初增加数	
		2017年	2016年
一、本外币存款	20084808	926367	1247650
住户存款	7643294	383015	574449
非金融企业存款	5928796	−74915	470229
广义政府存款	6321644	585752	229329
二、本外币贷款	17215743	1997548	219809
短期贷款	7101170	−272362	−337615
中长期贷款	9350810	1823041	339791
票据融资	134290	−161892	230115
附：个人消费贷款	3481861	813413	421097

2017年舟山市银行结售汇统计

表38　　单位:万美元

项　　目	全年累计	同比增长(%)	项　　目	全年累计	同比增长(%)
一、结汇总额	260906	12.41	二、售汇总额	176368	-9.81
经常项目	253954	12.85	经常项目	171632	-8.25
其中:货物贸易	232476	15.35	其中:货物贸易	141892	-8.82
服务贸易	16113	-5.48	服务贸易	27270	-4.99
收益和经常转移	5365	-16.72	收益和经常转移	2470	-10.44
资本与金融项目	6952	-1.75	资本与金融项目	4736	-44.09

2017年舟山市地区存贷款统计

表39　　单位:万元

存款(人民币)				贷款(人民币)			
区域	年末余额	比年初增加数		区域	年末余额	比年初增加数	
		2017年	2016年			2017年	2016年
(全市合计)	19436733	1358414	1135731	(全市合计)	16936863	2096760	256264
市级及定海	12394032	1025809	476012	市级及定海	11434519	1639986	579824
普陀	4023190	194645	431423	普陀	4114052	398055	-156780
岱山	2230344	107441	159026	岱山	1008654	45092	-141489
嵊泗	789166	30520	69271	嵊泗	379637	13627	-25291

2017年舟山市国有商业银行本外币中间业务统计

表40　　单位:万元

业务种类	中间业务收入
(总计)	65786
结算性中间业务收入	16538
担保性中间业务收入	3134
管理性中间业务收入	35600
投资银行业务收入	1325
其他中间业务收入	9189
附:银行卡业务收入	7405
电子银行业务收入	4993

保险收支“收升支降”。全市财产险保费收入32.13亿元,同比增长9.8%,其中财险收入13.12亿元,同比增长7.4%,寿险收入19.01亿元,同比增长11.5%;保费给赔付支出11.36亿元,同比下降0.3%,其中财险赔款支出8.35亿元,同比增长3.0%,寿险给赔付3.01亿元,同比下降8.2%。

证券市场运行仍显疲态。全市累计转入资金203.24亿元,同比减少256.68亿元,降幅55.8%。其中,个人转入资金191.39亿元，同比减少266.92亿元；企业转入资金11.85亿元，同比增加10.24亿元。1—12月，全市累计转出资金190.24亿元，同比减少271.57亿元，降幅58.8%。其中，个人转出资金183.35亿元，同比减少277.75亿元；企业转出资金6.89亿元，同比增加6.18亿元。12月末，股市累计沉淀资金8.48亿元，同比减少4.16亿元，累计交易额2388.91亿元，同比减少138.36亿元。

（撰稿：傅靓婧）

中国人民银行舟山市中心支行

【概况】 2017年，中国人民银行舟山市中心支行贯彻执行中央货币政策，把握新区发展新方位、新趋势、新特点，按照“新”“特”“实”工作要求，对接舟山群岛新区发展需求，以服务供给侧结构性改革为主线，推动落实稳健货币政策各项举措，创新体制机制，推动自贸区金融政策落地，重点抓好资金要素保障和金融风险防范化解，支持新区经济社会发展。

【货币信贷管理】 保障金融总量平稳适度增长。结合辖内实际传导稳健中性货币政策，指导金融机构优化信贷供给结构，重点支持新区重大平台、项目及重点船企，全年信贷均衡、合理增长。年末全市各项贷款同比增长13.13%，高于全省平均水平2.85个百分点。对辖内法人银行机构开展宏观审慎评估，落实表外理财纳入宏观审慎评估体系广义信贷指标的要求，四季度全市法人机构全部达标。做好法人机构信贷调控工作，基本实现政策执行到位、信贷合理增长的目标。辖内法人机构全年新增贷款在全省占比从上年的0.03%上升到3.4%。

金融服务实体经济效能稳步提升。开展“金融服务舟山市供给侧结构性改革深化年”活动，督促金融机构改善小微企业金融服务，降低实体经济融资成本，推动应收账款等供应链融资业务发展。联合开展全市直接融资需求摸排，按季跟踪企业发债情况，推动直接融资发展。配合政府做好金融支持重点船企脱困发展工作，加大困难企业信贷资金监管，落实“一企一策”支持措施。全年小微企业新增贷款完成年度目标的155.3%，应收账款融资服务平台实现融资30.92亿元，直接融资债务工具新增发行额52亿元，同比增长10.64%。

【经济金融监测和分析】 深化统计报表和重点行业监测。将辖内村镇银行纳入表外融资业务监测。邮储银行固定资产贷款数据下放后，增加邮储银行项目贷款发放及储备情况监测。指导辖内各机构落实自贸区统计报表填报，按时完成自贸区金融统计。保质保量做好工业企业监测工作，及时开展工业景气财务调查、民间融资调查、经济金融专家问卷调查等常规性调查工作。继续强化对船舶、海运、水产、房地产等舟山传统行业的实时跟踪与监测，新增房地产业和信息服务业监测调查，加强与行业主管部门及重点企业的沟通与交流，有针对性地撰写与重点行业发展的相关材料，为重要行业发展提供决策信息。

加强区域经济金融形势分析。围绕自贸区建设、全市基建投资、经济增长、工业经济、企业经营情况、新旧动能转换、财政收支、信贷需求、宏观审慎评估、金融风险、流动性问题、债券发行、政府融资平台、财预办〔2017〕50号文影响、房地产信贷政策、金融市场运行等内容开展调研，取得了较好的调研效果。针对舟山船舶修造、海运业、渔业经济等特色产业以及辖区制造业企业生产性服务需求、小微企业经营情况、信贷投向、金塘螺杆产业发展、三改一拆对房地产影响、地方基本养老保险开展情况等开展专题调研。同时对国外重要经济金融报告翻译研究，加大对国外热点领域的研究。

【外汇管理】 加大跨境资本流动监管力度。探索本外币跨境收支一体化管理，实施本外币联合的主体监管模式，建立跨部门协同监管机制。落实打击“逃骗汇、非法套汇”等违法违规行为专项行动成果突出，发现并查实一例辖内银行层面最大额度违规案件，获全省外汇检查劳动竞赛优秀检查成果奖；查处首例针对个人的外汇违规案件。加强跨境收支监测分析，对货物贸易项下企业开展重点核查100余家次，实施降级处理13家。开展对银行、市场主体专题约谈12家次，不定期开展辖内个人分拆待查数据核查。

推动跨境人民币业务稳步发

展。开展人民币国际化、人民币回流机制、人民币离岸中心问题研究。系统梳理人民币资金池和外汇资金集中运营业务等跨境人民币业务政策,全面摸排符合条件企业,指导金融机构做好企业备案工作,完成1家企业备案。组织全市103家重点外贸企业和16家银行机构召开浙江自贸区跨境人民币业务推介会,全年跨境人民币业务量38亿元。

深化外汇服务功能。围绕“最多跑一次”改革活动和进一步扩大外汇管理和服务的覆盖面的工作要求,优化窗口业务服务流程,建立“网上预审”机制,开通网上预审专用业务邮箱,搭建事前与外汇服务对象的沟通桥梁,避免出现企业因信息不对称多次跑的局面;建立“容缺受理”机制,对于一些非核心业务材料,允许市场主体“先办后补”,开辟“绿色高速通道”;建立“异地受理”机制,在岱山、嵊泗海岛地区设立外汇便利服务窗口,允许企业就近提交材料办理业务。

【支付结算】 持续提升城乡支付服务环境。推进“智慧支付工程”建设,制定印发《关于推广实施舟山市“智慧支付工程”的指导意见》,组织召开全市智慧支付工程建设推进会,推动“智慧菜场”“智慧医疗”“智慧市场”“智慧旅游”等民生领域支付业务创新。同时协调舟山市城市一卡通公司和全市银行机构,推进金融IC卡在公交领域的应用。创建电子支付应用示范镇、村,实现37.92%的助农服务点与电子商务示范点结合,打造五星级助农服务点。

加强支付市场监督管理。强化非银行支付机构监督管理,对辖内多用途预付卡发行的支付机构及无证机构开展了现场核查,密切关注本地区无证机构在特定范围内预付卡业务的开展。完善银行账户管理,落实辖内各银行机构异常联网核查情况排查及整改工作,同时加强银行卡安全管理,重点关注辖内收单机构和“聚合支付”业务开展合规情况,并对交易场所类商户资质和为交易场所提供支付结算服务以及出租、出借、出售受理终端或网络接口等行为逐一开展排查。

8月17日,市人行组织召开舟山市智慧支付工程建设推进会(市人行提供)

【国库管理】 推进非税收入电子缴款和TIPS扣款协议线上办理。对接财政部门和银行机构,助力浙江政务网统一公共支付平台收缴非税收入应用扩围,继教育收费、交通违章罚没收费项目纳入平台之后,城管类违规停车项目也纳入平台。推进TIPS扣款协议线上办理,协调各家银行,税务部门负责系统开发和业务推广,方便纳税人协议签订,实现扣款协议办理一次都不用跑。

推进乡镇集中支付电子化。确定农行普陀山支行为试点行,率先实现乡镇集中支付电子化。推进普陀农商行集中支付电子化对账工作,其50%以上的乡镇清算账户已通过电子(网银)方式划拨垫付资金,并实现了电子对账。

加强代理国库业务过程监督。针对国债巡查中发现问题的承销机构开展“随时约”,明确要求其立即整改。开展海关税款动态监管,对库关协查中确认的问题进行“及时约”,确保问题得到彻底整改。开展“定期约”,以消除国库与银行相应部门间的信息不对称,更好地了解代理国库业务中存在的实际困难,推动业务更加顺利地开展。

【货币发行和人民币管理】 巩固提升现金服务水平。加大全辖现金全额清分工作推进力度，在岱山联社成立集中清分中心，解决多家业务量小商业银行现金处理的难题。到2017年底，普陀山5家金融机构可全部进入集中清分平台。做好硬币的自循环工作，对各商业银行硬币兑换机具布放进行协调研究，在普陀山投放5台硬币自循环机具。

做好现金供应保障。灵活开展发现基金调拨，保障全辖现金供应。全年辖内发行库共投放发行基金71.97亿元，回笼88.41亿元，现金净回笼16.44亿元，现金投放回笼运行实现安全无差错。

做好货币反假工作。组织全市金融机构推进反假货币宣传，开展反假货币网上答题知识竞赛，在"3·15"、反假货币、助力美丽乡村建设、金融宣传月等活动中，走进朱家尖、长涂岛、白泉等社区，参与或组织多次多形式的反假货币宣传，特别是2015年版第五套人民币100元纸币的基本防伪特征和识假方法，提高社会公众识假防骗技能。全年假币收缴22642张(枚)，面额200.6万元，共办理假币鉴定业务15张，面额1250元。

【反洗钱工作】 深化线索收集和洗钱类型分析，贯彻执行新3号令，加大现场和非现场监管力度。发挥反洗钱义务主体的作用，加强对可疑交易线索的分析甄别，参与破获"舟山煜某科技信息有限公司虚开增值税专用发票案"，提供的"** 账户澳门大额POS刷卡"可疑交易线索被公安机关列为重点经营目标案件。协助公安部门破获舟山迄今涉案金额最大一起虚开增值税专用发票案件，涉案金额达113亿元，得到公安部副部长批示。

【征信管理】 深化渔农村信用体系建设。将推进全市的渔农村信用体系建设工作确定为全市征信工作重点。要求金融机构继续构建农村信用体系建设工作机制，推进信用户、信用村(社区)、信用乡(镇、街道)创建，提高信用村覆盖面工作，指导金融机构加强对农户信用信息和三信创建成果在发掘优质客户、创新金融产品和管理信用风险等方面的应用。推动渔农村网格化管理，促进普惠金融服务，加大支农、惠农力度。

推进小微企业信用体系建设。依托试点银行和评级公司的市场化运作，完善小微企业信息采集和更新机制，创新推进小微企业信用评分工作开展。推进融资担保体系建设，满足小微企业融资需求。重点加快村镇银行小微机构征信系统接入进度，促进小微机构提高征信服务水平。

【金融稳定管理】 构建"横向到边纵向到底"的金融风险监测预警体系。加强不良贷款日常监测分析，开展出险企业、大型问题企业、企业逃废债等专项监测，形成日常监测和专项监测相互补充的风险监测和分析机制。摸底全市银行机构不良贷款处置情况，监测面覆盖企业"两链"风险和产能过剩行业、重点企业、地方政府债务等领域风险以及银行业资产质量，开展地方交易场所和银行机构交叉性金融业务等风险排查，跟踪浙商所"浙商油"交易纠纷，摸清辖内一起涉外案件企业贷款资金情况，加强对风险横向扩散的预警和提示。

打造多层次的金融稳定协调和合作机制。加强与政府及相关部门、法院等的沟通协调，联合开展互联网金融风险专项整治、非法集资排查、ICO清理整顿、整治非法买卖银行卡以及打击治理电信网络新型违法犯罪等。落实府院联动机制，推动2家企业破产重整成功，参与造船行业风险处置方案设计与实施。

【金融创新】 搭建自贸区金融工作体系，建立与省人民银行两级联动的自贸区金融改革领导小组，对外履行金融创新工作组组长职责，分解落实自贸区金融创新工作任务。配合中国人民银行杭州中心支行、国家外汇管理局浙江省分局起草《关于金融支持中国(浙江)自由贸易试验区建设的指导意见》和《推进中国(浙江)自由贸易试验区外汇管理改革试点实施细则》，开展以大宗商品交易为突破口推进人民币国际化专题研究，提出的方案和设想得到省政府领导肯定。研究贸易专用账户设置方案，形成《自贸区油品贸易的特殊性和外汇管理创新研究》向省局专题汇报。组织开展自贸区政策宣讲培训，配合举办首届世界油商大会平行论坛，推进金融创新政策实施。支持自贸区企业通过国内国外"两个市场"融资，扩大跨境人民币资金结算量。实现全口径跨境融资1.7亿美元，设立人民币资金池企业1

个,争取到外汇资金池企业名额1个。为投资和贸易便利化提供支持,累计为A类企业简化办理外汇收支业务5007笔,共计15亿美元。为自贸区内油品等大宗商品贸易企业办理跨境经常项下结算业务4176笔,合计金额53.2亿美元。累计办理油品现货交易跨境人民币结算14笔,共计12.5亿元。推进金融机构加大自贸区金融服务力度,至年底,全市注册在自贸区内的银行机构网点72家,其中已设立自贸区专营支行5家。至年末,自贸区内金融机构人民币贷款余额591.5亿元,占全市34.3%;实现跨境人民币结算金额32.6亿元,占全市84%。自贸区内383家涉汇企业实现外贸进出口39.6亿美元,占全市34.6%;实现跨境收支总额34.7亿美元,占全市48.3%;结售汇总额6.3亿美元,占全市18.7%。

(撰稿:傅靓婧)

金融管理

【概况】 2017年,舟山市金融办落实全省金融工作会议精神和省金融办各项工作要求,围绕舟山市委、市政府重大决策部署,以金融服务实体经济、防范化解金融风险为主要目标,发挥金融办"促发展、防风险"的职能,推进地方金融各项工作,促进地方金融创新发展。

【金融组织体系建设】 1月,浙商银行在舟山市发起设立首家金融租赁公司——"浙江浙银金融租赁股份有限公司"。是年,市金融办会同监管部门指导推动嵊泗农信社与岱山农信社股份制改造,其中,嵊泗农信社更名为嵊泗农村商业银行,岱山农信社完成战略投资者引进并基本完成股改,全市实现农商行在县(区)的全覆盖。

至年末,全市有银行业金融机构26家,其中7家法人机构,19家分支机构,进出口银行浙江省分行在舟山设有办事处;有市级保险机构23家(其中,12家财产险公司,10家寿险公司,1家政策性保险公司),保险专业中介机构3家;有10家证券公司设立了14个营业部,有期货营业部3个;有正常运营小额贷款公司9家,注册资本总额8.65亿元,净资产总额8.69亿元,贷款余额8.84亿元,比年初减少0.59亿元,余额同比下降6.3%;有金融租赁及融资租赁企业44家(其中,金融租赁及其SPV公司3家,外资融资租赁34家,内资融资租赁企业7家),融资性担保公司10家(其中,政策性担保公司7家,民营担保公司3家)。

【直接融资增速显著】 是年初,市长温暖率团赴上交所参观考察,并召开新区企业上市工作座谈会。6月,全市首次召开企业上市工作推进会,发布《舟山市推进企业上市挂牌工作三年行动计划》。是年,市金融办贯彻落实全省企业上市工作推进会和凤凰行动计划,牵头修订扶持企业上市挂牌政策,加大上市挂牌奖励,扩大税费减免和财政补助的范围,增加鼓励上市企业并购重组内容,建立政府工作人员为解决企业上市历史遗留问题的尽职免责机制,优化企业上市环境。以上市后备企业为重点,实行上门服

1月6日,市长温暖率团赴上海证券交易所考察暨企业上市工作座谈会(市金融办提供)

务，走访企业30余次，主动协助企业解决股改上市过程中碰到的问题。下半年市金融办先后多次举办资本市场业务培训会，并组织企业到天台、温岭等上市工作先进地区考察，提升企业对资本市场的认识水平。市政府成立企业上市工作协调小组，将上市挂牌工作纳入重要议事日程。

至年末，全市有上市公司1家，新三板挂牌企业8家，其中新挂牌企业3家。全市直接融资余额211.96亿元，比年初增加37.80亿元，余额同比增长21.7%；全年全市累计实现直接融资90.8亿元，同比增长26.3%。

【自贸区金融发展创新】 加快完善自贸区金融机构组织体系，工行、中行、建行、农行、华夏5家银行设立自贸区支行。全市金融机构围绕自贸区大宗商品贸易、交易的特色，加快金融产品和服务创新，开展供应链融资、仓单质押融资、融资租赁等金融服务。组织开展省级金融机构走进自贸区、海洋金融高峰论坛等系列活动支持自贸区建设；论坛得到国内20余家重要媒体的广泛报道和关注，根据论坛整理的专家观点综述材料得到了省领导的批示。会同人行、银监、商务及市保险协会，向省级部门争取支持自贸区的相关政策，人行杭州中支、浙江银监局、浙江保监局、省商务厅等均已出台相关支持浙江自贸区的政策。

【防范与化解金融风险】 健全“两链”风险防控机制，妥善处置金融风险。多次参与召开风险企业帮扶协调会议，加强风险企业帮扶，指导债权银行成立债权委员会，协调银行统一行动，涉险大型企业集团担保链风险传递得到有效控制。实行清单式管理，拓宽不良贷款处置渠道。出台《关于进一步压降不良贷款营造良好金融发展环境的通知》，会同银监部门对不良贷款实行清单式管理，加强对重点区域、重点机构的督促，推动不良资产处置取得实质性进展。加强与浙商资产管理公司等专业性资产管理公司的合作，拓宽不良资产处置渠道。筹备设立不良资产并购重整基金。至年末，全市不良贷款余额45.37亿元，不良贷款率2.63%，比年初下降0.05个百分点。

（撰稿：蒋萍）

8月12日，省金融工作办公室与市政府举办海洋金融高峰论坛，中国工商银行原行长杨凯生发言（市金融办提供）

银行业监督管理

【概况】 2017年，中国银行业监督管理委员会舟山监管分局按照“一四三”重点工作框架部署，坚持“稳中求进”的总基调，牢抓浙江自贸区建设机遇，以中共十九大会议精神为指引，强化党建统领、突出精细化管理保障，构建“管风险、管业务、管人员、管资金”五位一体的保障体系，推进控风险、强服务、维秩序、促转升等重点工作任务，全力保障全市银行业平稳、有序运行。

【服务实体经济】 督导银行业金融机构持续加大对舟山新区建设发展的信贷支持力度。全年信贷余额1725.54亿元，比年初增长203.69亿元，增幅为13.38%；融资保障重大项目，2017年累计新增投放项目36个，金额125.50亿元。打造“3+1”自贸试验区金融统计体系，实时掌握自贸区各企业运行状态和资金需求，精准配置信贷资金和金融服务。至12月末，银行业为自贸区提供信贷资金余额1044.43亿元，比年初增长164.53亿元，增幅为18.7%；为47个自贸区重点项目授信711.73亿元，到位信贷资金368.99亿元。其中为自贸区内459户企业精准配套496.14亿元信贷资金，较年初增长16.56亿元，增幅为3.45%。

【发展普惠金融】　抓网格化服务，升级“金融滴灌工程”，指导农合机构将海岛渔农村地区划分为568个金融服务网格，配备专职信贷员、支农联络员，加快农户建档进度，组建公议授信评审小组127个，加快涉农贷款、小微企业贷款发放。至年末，全市涉农银行业金融机构涉农贷款余额321.35亿元，较年初增长12.78%；全市小微企业贷款余额651.20亿元，较年初增加73.07亿元，小微企业“三个不低于”完成情况走在全省前列。

【完善金融服务】　围绕自贸区建设进一步优化金融服务。完善自贸区金融政策保障，争取将银监会赋予第一、第二批自贸区所有优惠政策复制到自贸区，落实区内银行业支行及以下市场准入由核准制调整为事后报告制，简化报告内容的要求，全程实施电子化管理，推动《浙江银行业支持中国(浙江)自由贸易试验区发展的指导意见》落地。深化“最多跑一次”改革，创新“承诺＋事后报告”制，实现机构准入“零跑动”。

5月2日，舟山银监分局赴浙银租赁开展监管走访(舟山银监分局提供)

4月13日，舟山银监分局召开“金融滴灌工程”座谈会(舟山银监分局提供)

引进浙江自贸区内首家法人非银行金融机构——浙江浙银金融租赁股份有限公司，机构年末资产95.83亿元，纳税0.93亿元。

【深化改革创新】　聚焦法人机构经营机制转型，推进完成嵊泗县农村信用联社和岱山县农村信用联社两家机构的改制工作，改革进度在第二批改革单位中走在前列。至年底，全市4家农合机构均完成股份制改造。完善各农合机构公司治理机制，提升经营管理水平，业务品种日益丰富，打造“小而美”“小而优”的本土银行。完善“升级进位”概念，通过监管指标和内部管理两个维度定位辖内法人机构服务层级，推动各机构弥补短板，夯实基础，提升发展质量。制定落实《舟山银行业2017年转型升级重点项目表》，按照机构监管归属划分责任部门，做到分类施策，构建分层分类服务体系。提升服务水平，降低服务成本，发展智慧金融，推进“互联网＋”服务，将金融服务嵌入居民医疗、旅游、市场交易等生产生活中。支持舟山文明城市创建，加快文明服务品牌建设，推进“文明规范服务星级营业网点”创建，打造窗口文明服务“金名片”。是年，辖内3家机构被中银协评为“五星网点”，3家获得“四星网点”称号，3家获得“三星网点”称号。

【风险控制】 推动市政府将不良贷款处置任务纳入各县（区）综合考核，全年处置不良贷款38.81亿元。做好担保圈梳理化解，通过客户风险预警系统数据分析，完成全市3000万元以上授信客户关联关系及担保关系识别认定，梳理闭环担保圈555个，按月监测231户集团企业逾期、欠息、垫款等风险信号，强化总额达370亿元互保及关联担保贷款风险预警。新组建债委会（债权人委员会）6家，化解了22家企业70.57亿元贷款安全风险。推动高风险法人机构摘帽脱困，分局推动岱山县农村信用联社、普陀稠州村镇银行等2家高风险法人机构摘帽脱困。联合岱山县政府与省联社为岱山联社引入优质投资者，增强其资本实力和风险化解能力。定期与普陀稠州村镇银行主发起行开展联动会谈，强化风险化解督导，促成风险化解合力。至12月末，2家高风险机构逾期90天以上贷款占比分别为2.62%和4.48%，分别比2016年上半年的峰值水平减少7.95和11.13个百分点，机构风险形势好转。

【推进消保维权】 完善工作机制持续推进消费者权益保护，构建立体“网格化”消保服务体系，强化辖内银行业金融机构作为消费者权益保护和信访处理的主体责任和机构“一把手”主要领导责任，落实消费者信访投诉就地化解矛盾责任，在信访、投诉量逐年快增情况下，始终保持分局信访消保工作零复查、零复议、零诉讼，构建起“海上枫桥”消保新防线。

【依法监管】 强化法治意识，推进全面依法履行监管职能。成立法律小组，邀请公检法工作人员、专职律师、银行法律岗工作人员等组建“法律专家库”，建立部门法治工作网格和预警介入式法律审查机制，将法治意识和法律服务渗透到监管履职工作第一线。依法查处机构违法违规行为，提高行政处罚惩戒力度。是年，对6家机构以及9名责任人员落实行政处罚，罚款540万元；首次对4名直接责任人员各罚款5万元，对9名直接责任人员给予警告处分。

（撰稿：张维舟）

中国农业发展银行舟山市分行

【概况】 2017年，中国农业发展银行舟山市分行（下称“市农发行”）贯彻总分行各项决策部署，落实“五大发展理念”，增强可持续发展能力，服务实体经济，防范和化解各类风险，推进发展，发挥农发行在支持新区“三农”领域的战略支撑作用。

全年累计投放贷款33.12亿元，至年底，各项贷款余额达到100.55亿元，首次突破百亿元，比年初增加20.03亿元，增长24.88%，占全市银行业金融机构5.94%，比上年提高0.51个百分点。中长期贷款余额占全市银行业金融机构非个人中长期贷款总量的15.94%，比上年提高0.71个百分点；贷款增量占比9.55%，中长期贷款增量占比19.27%。

【保障新区粮食安全供给】 执行粮油收储政策，确保各级储备粮新增、轮换计划落实，服务粮食安全和粮油市场稳定。全年累计发放粮油贷款1.67亿元，支持收购、调入、储备粮油41064吨，其中发放贷款750万元，兜底支持本地秋粮收购2061吨。

【强化项目营销储备】 将棚改业务领域作为市农发行现阶段政府类业务发展的主战场，及早布局谋划，全年新营销棚改项目7个，贷款80.4亿元，占舟山市2018年度棚改计划贷款的40%。

【推进农业农村基础设施项目投放】 全年累计支持14个农业农村基础设施建设项目，发放贷款30.86亿元。至年末，全行农业农村基础设施建设贷款余额93.47亿元，占比92.95%。其中支持大小鱼山海堤建设工程（一期）项目，累计发放贷款6.5亿元(其中PSL资金1.5亿元)。发放棚改及农民集中住房改造贷款4笔4.82亿元，对已批未放的城乡一体化、农村土地整治、农村路网、改善农村人居环境等9个项目，新投放19.54亿元。

【探索支持新区海洋经济产业】营销并投放全省农发行系统首笔海洋资源开发与保护贷款3000万元，用于支持浙江兴鹏远洋渔业有限公司在太平洋公海从事鱿鱼、秋刀鱼、金枪鱼捕捞作业，并在全系统首次采用远洋作业船只抵押和应收账款质押混合担保，解决海洋产业类贷款第二还款来源不足的难题。

【强化风险管控】 全年开展贷款及基金客户风险排查及分类排队工作2次，排查贷款客户57家次、173亿元，基金客户5家、9亿元，排查面达100%。配合地方做好债务清理认定和整改，协助化解地方政府债务风险。对2017年初风险排查确定的“三去”对象的贷款实行有序压缩和退出，问题客户减少1家，自营性贷款下降650万元，不良贷款保持零余额。

【提升经营质效】 全年实收贷款利息45437万元，同比增加13873万元，贷款利息收回率100%(政策性财务挂账除外)；严格执行中央八项规定和各项财经纪律，全年公用费用同比减少98.3万元；拓展中间业务，实现中间业务收入317.39万元，其中银团安排与承销收入283万元，代理保险收入3.87万元，国际业务收入23.12万元。全年实现账面利润12277万元，同比增加1215万元。

(撰稿：柳舟辉)

中国工商银行股份有限公司舟山分行

【概况】 2017年，中国工商银行股份有限公司舟山分行(下称“工行舟山分行”)贯彻落实市委市政府和上级行各项决策部署，坚持“强服务、促转型、控风险、提质效”12字方针，以深化改革为切入点，抓党建促发展，抓转型调结构，抓管理强风控，抓队伍聚合力，经营管理取得显著成效。年末，各项存款余额365.09亿元，各项贷款余额291.88亿元，均列全市银行业金融机构首位。

【力推个人信用消费贷款】 1月5日，工商银行发布个人信用消费贷款品牌“工银融e借”，符合条件的借款人可以获得工商银行无担保、无抵押、纯信用的消费贷款。“工银融e借”从申请到放款均可通过手机、电脑、移动终端等全线上渠道办理，在线实时查询是否可以办理贷款以及可贷额度，最快实时到账。

【发放首笔小微企业固定资产购建贷款】 3月7日，工行舟山解放路支行向辖内一家印刷企业发放全市工行首笔小微企业固定资产购建贷款，解决了企业购置设备的资金缺口。小微企业固定资产购建贷款是指向借款人发放的，用于满足其购建商业用房、厂房、购置机器设备等，或置换为购建商业用房、厂房、购置机器设备等所形成的负债性资金的融资业务。

【承销3亿元企业超短期融资券】 4月24日，工行舟山分行承销舟山一家国有企业超短期融资券3亿元，降低企业融资成本，拓宽自身业务渠道。超短期融资券是指具有法人资格、信用评级较高的非金融企业在银行间债券市场发行的，期限在270天以内的短期融资券。

【舟山自贸试验区支行挂牌营业】 4月10日，工行舟山自贸试验区支行正式挂牌营业，成为中国(浙江)自由贸易试验区内首家专注于自贸区业务的银行分支机构。舟山自贸试验区支行由舟山大宗商品交易中心支行更名升格而来，是工行舟山分行管辖的一级支行，坐落于中国(舟山)大宗商品交易中心内。作为自贸区专营机构，除继续为区内客户提供传统金融服务外，还将为区内客户提供各类自贸试验区特色业务，如大宗商品产业链金融服务、跨境投融资、专项融资、融资租赁、跨境担保、跨国公司资金集中运营、全球现金管理和专项金融服务方案等，并将自贸区业务嵌入到全球服务网络通盘考虑，使自贸区的政策优势与工行全球服务的能力优势有机结合，实现自贸区与全球市场的有效互动。

【开通公积金延伸服务网点业务】 5月8日，工行舟山分行营业部成为舟山市住房公积金管理中

4月10日，工行舟山自贸试验区支行挂牌营业（陈文光　摄）

心第二批延伸服务网点，客户可以在网点办理公积金支取、贷款申请、提前还款、按月抵扣申请等业务。公积金延伸服务网点是市住房公积金管理中心重点推进的服务民生的重要举措，客户可以在银行公积金延伸服务网点办理公积金支取、公积金贷款申请、按月抵扣申请等大部分公积金业务，能缓解职工办理公积金业务服务网点少、排队时间长等实际问题。

【上线驾驶培训预约收费系统自助签约渠道】 6月23日，工行舟山分行上线驾驶培训预约收费系统自助渠道签约模式。学员只需持工行卡到全市工行网点自助终端进行驾驶学校培训费委托代扣建档，每次培训结束后由驾驶学校发起收费结算，培训费自动划转至驾驶学校账户。驾驶培训预约收费系统自助渠道签约模式上线后，学员除可以通过柜面进行委托签约外，还可以通过全市工行网点自助终端进行签约。

【上线工银小微企业平台资金存管业务】 6月28日，工行舟山分行为舟山一家旅游公司上线工银小微企业平台资金存管业务，旅游者通过手机银行资金存管平台缴存的旅游费暂存在自身的保证金账户中，旅游结束后可自动发起付款或旅游公司主动发起收款，经旅游者确认后款项结算至旅游公司账户。工银小微企业平台定位于小微企业这一客户群体，通过创新、优化现有系统中的服务和产品，在手机银行为小微企业提供便捷高效的企业通、预约开户、资金存管、企业结算、融资、理财等服务。

【代收征缴灵活就业人员社会保险费】 7月1日起，舟山市区范围内原由市社保部门和普陀区社保部门通过指定缴费银行征收的灵活就业人员社会保险费将逐步由定海地方税务局和普陀地方税务局征收。灵活就业人员社会保险费征缴工作是政府推行的一项惠民工程，作为指定缴费银行，工行舟山分行相关支行、网点根据《浙江省社会保险费征缴办法》，组织全员培训，掌握操作流程，准备纸质地税TIPS扣款协议，规范宣传口径和服务术语，设置业务宣传栏、引导牌，方便市民缴费；根据客户需求、业务流量，及时调整流程，提高工作效率，为公众提供更为快捷、安全的服务平台。

【开通非税系统电子缴费渠道】 7月12日，工行舟山分行上线财政非税系统电子渠道缴费业务，市民只需要登录工行网页、工行手机银行，均可随时随地登录“工银e缴费”直接在线缴费。非税缴费包括学杂费、考试费、交通罚没款、签证费、不动产登记转让费等财政类收入。

【推出小微企业“税务贷”】 7月12日，工行舟山分行推出小微企业“税务贷”，即小微企业纳税信用贷款。“税务贷”主要基于小微企业的纳税行为，向经营稳定、发展前景良好的小微企业发放的小额、信用方式贷款。

【办理首笔异地见证开户业务】 8月5日，工行舟山分行营业部为嘉兴港某码头公司办理首笔异地见证开户业务。异地见证开户业务打破了开户受区域、地点等条件的限制，通过受理行、办理行的互相协作，利用影像上传，提升客户体验和银行自身服务水平。

【上线市本级国库集中支付电子化项目】 8月21日,工行舟山分行完成首笔市本级国库集中支付电子化清算支付业务,市本级国库集中支付电子化项目成功上线,实现了电子凭证在预算单位、财政部门、人民银行和代理银行之间,跨部门、跨系统的联网操作和"无纸化"运行。国库集中支付电子化项目是指在原有国库集中支付模式上进行的电子化改造,是深化集中支付管理体制改革、实现财政资金安全高效运行、提升国库管理水平的一项重要工作。项目投产后,财政部门、预算单位、人民银行及国库业务代理银行利用信息网络技术,实现四方支付的电子化、无纸化管理,保障财政资金安全、高效运行及支付清算;同时,实现银行系统与财政系统、人民银行进行有机互联,柜面与自助柜面联动协作,完成支付、退款、清算业务在线上的安全传输,减轻柜面工作压力,降低运营成本。

【投产双屏交互运营服务模式】 8月,工行舟山分行完成近100台双屏设备的安装,全辖30家网点全面投产双屏交互运营服务模式。双屏交互运营服务模式是指在营业网点每个柜台客户侧配置双屏交互终端,并引入电子手写签名技术,通过实施业务办理全程电子化交互改造,构建一个业务处理透明、客户互动参与、流程便捷高效的全新柜面服务模式;通过双屏交互终端,可以实现业务申请信息以及相应处理结果的同步展示,利用准确的语音和文字指引客户完成密码输入、业务确认、U盾核验、服务评价等操作。

【获批首笔中期票据承销业务】 9月15日,工行舟山分行完成首笔市内一家旅游集团3.9亿元中期票据承销审批。中期票据是指具有法人资格的非金融企业在银行间债券市场按照计划分期发行的,约定在一定期限还本付息的债务融资工具,可满足企业客户中期融资需求,为客户在银行间市场募集到稳定且综合成本优廉的资金,用于企业生产经营活动。

【票据池融资支持实体经济发展】 9月30日,工行舟山分行向辖内一家上市企业子公司办理首笔票据池入池托管业务。票据池是一种综合性票据增值服务,实现企业客户票据的集中化、电子化管理,使集团公司清晰地掌握集团全部票据资产的情况,还可以实现集团内部票据额度共享,并以票据池对外开办多项商业银行表外业务,从而提高融资灵活度。

【办理全市首笔人民币全口径跨境融资业务】 10月23日,工行舟山分行为入驻舟山港综合保税区的一家能源企业办理人民币全口径跨境融资业务,融入境外资金1.85亿元,成为央行升级全口径跨境融资宏观审慎管理以来,舟山金融机构首笔人民币项下全口径跨境融资业务。全口径跨境融资宏观审慎管理对本外币跨境融资实行一体化管理,在这一模式下,企业跨境融资不再需要逐笔审批和核准额度,而是在与其资本或净资产挂钩的跨境融资上限内,自主开展本外币跨境融资。

【投产对公智能自助开户项目】 11月15日,对公智能自助开户项目在工行舟山分行营业部投产。对公智能自助开户项目采取客户自助操作为主、银行员工协助为辅的模式,通过对公智能自助开户机具办理,整套流程仅耗时30分钟左右。客户在自助办理开户同时,配套财智账户卡及网银证书等产品均可一次领取成功。

【启动全球现金管理业务】 11月20日,工行舟山普陀支行与辖内一家重点企业签订全球现金管理服务协议。全球现金管理业务包括全球范围内的账户管理解决方案、集中收付款解决方案、本外币资金池解决方案、投融资解决方案和风险管理解决方案,突破了国别和银行的界限,将工行在境内的业务优势和先进服务经验延伸到境外。

【内存外贷业务落地】 11月28日,工行舟山分行与工银亚洲合作,继3月与工银国际合作为一家落户舟山的大型集团公司办理金额23亿元首笔内存外贷业务后,再次办理1笔金额6.9亿元港币的QDII置换内存外贷业务。内存外贷业务主要是为支持境内企业参与国际经济技术合作和竞争,促进投资便利化,解决境外投资企业融资难等问题,降低企业资金成本。

【上线"工银e商贸"平台】 12月4日,工行舟山分行成功上线大宗商品交易中心"工银e商贸"

业务，该交易中心也成为全省工行首家以 B2B、B2C 方式的“工银 e 商贸”客户。“工银 e 商贸”是工商银行针对企业在线支付的主要业务，是为交易平台及其交易会员提供的，为完成相关标的交易而配套的交易结算、资金划拨及信息报告等服务。

【推广“人脸识别”新技术】 12 月 13 日，工行舟山分行在配备二代高拍仪的 16 家网点、30 个柜口试点投产柜面联网核查“人脸识别”新技术，用于辅助柜员核实客户身份，避免柜员主观意识对“肉眼”观察结果的影响，提高客户身份认证的准确率。柜面联网核查“人脸识别”新技术的投产，可辅助柜员高效地完成客户“人证合一”的验证，建立起“联网核查 + 人脸识别 + 柜员人工”的柜面增强型客户身份认证机制。

【首笔 PP 项目融资业务通过审批】 12 月 23 日，工行舟山岱山支行上报的首笔 PPP 项目通过上级行审批，融资金额 7000 万元，期限 9 年，成为工行舟山分行首笔进入财政部 PP 项目信息库的项目。PPP 模式是指政府与私人组织之间，为了合作建设城市基础设施项目，或提供某种公共物品和服务，以特许权协议为基础，彼此之间形成的一种伙伴式的合作关系。

【提升网点智能服务水平】 工行舟山分行适应客户对金融服务智能化、便利化的需求，推广“人智 + 机智”相结合的智能服务模式，提升客户服务体验。年末，智能化网点 30 家，投产各类智能设备 115 台，全年在智能设备上办理的客户 84.47 万人，智能设备业务量 335.73 万笔，占全市工行网点柜面个人总业务量的 80%。客户可以使用智能设备自助办理存取、理财、转账等 200 多项金融及生活服务，平均时间比在柜面办理业务节省约 70%；个人客户办理 1 张银行卡只需三四分钟即可出卡，企业客户办理智能对公开户到网点一次即可完成，平均耗时 20 多分钟。

【“工银融 e 联”用户超过 12 万户】

是年，工行舟山分行新增“工银融 e 联”用户 5 万户，总用户超过 12 万户，月均动户 4 万户。“工银融 e 联”自 2014 年底推出以来，因其高效便捷、免费使用、界面亲切、功能丰富、安全先进、私密性强等特点，得到市场认可。

【“工银聚”年结算量近百亿元】

自 2013 年 5 月与中国水产舟山海洋渔业公司等一批企业签订“工银聚”移动电商平台合作协议以来，工行舟山分行加强与电商合作的广度和深度，助推企业金融服务向互联网化、智能化转型与发展。2017 年，上线运行“工银聚”的 10 余家企业结算量 97.29 亿元。

【电子银行年交易额超 8000 亿元】 是年，工行舟山分行电子银行交易金额 8200 亿元。工行舟山分行网上银行、手机银行、电话银行等电子银行渠道提供的服务全面覆盖了客户生产、生活和工作的各个领域。

【支持居民消费升级】 是年，工行舟山分行抓住房地产市场量价齐升、楼市持续升温的有利时机，开展房地产开发项目营销，密切与住房公积金管理中心的联系，组织公积金与商业贷款的联动营销，加强与中介机构的合作，争取优质按揭项目资源、非房地产开发项目资源，扩大二手房贷款的市场份额，全年累计发放个人住房按揭贷款 16.26 亿元，同比多发放 6.92 亿元，年末贷款余额 50.21 亿元，比上年末增加 9.32 亿元，同比多增 5.84 亿元，增量居全市银行业金融机构第一。针对不同消费领域不同消费人群，推出“家家乐”分期付款、“消费通”现金分期、汽车（车位）分期付款等多项专项分期付款业务，全年累计办理各类分期付款业务 4.23 亿元。针对市民日常消费升级趋势，推进银行卡业务创新，推出功能更多、更具个性化的标准卡、联名卡、主题卡和公务卡等系列产品。

【防范外部欺诈风险】 工行舟山分行建立健全外部欺诈风险管理机制，提高机构员工责任意识和防范能力，增强公众防范意识和辨别能力，外部欺诈风险事件、涉及金额逐年下降。是年，风险事件、涉及金额分别为 33 起、11.95 万元。根据外部欺诈风险事件的特点，解读安全风险提示，分析案件特征、表现形式和手段，为机构网点员工提供针对性防范措施与安全预警，提高全员识别和防范外部欺诈案件意识和能力；通过各种渠道向客户进行防范诈骗安全教育，利用“厅堂微沙龙”和网点LED屏、电视、自助设备屏幕等方式,向客户揭示电话欺诈、ATM欺诈、网络欺诈等常见犯罪手法,提醒客户不要轻信通过电话、短信、网络等渠道接收到的涉及银行卡资金安全的短信、链接,不向陌生人透漏自己身份、银行卡等信息;派员进驻舟山市反虚假信息欺诈中心,配合公安机关对涉案资金开展查控,协助公安机关及时查询、止付、冻结诈骗嫌疑人账户,最大限度挽回客户资金损失。

(撰稿:陈文光)

中国农业银行股份有限公司舟山分行

【概况】 2017年,中国农业银行股份有限公司舟山分行(下称"农行舟山分行")贯彻落实市委市政府、监管部门和上级行各项决策部署,稳中求进,严守风险底线,推进攻坚转型,在参与重大项目建设、服务"三农"、支持实体经济、改善民生福祉等方面发挥作用。至年末,全行本外币存款余额267.31亿元,贷款余额284.49亿元,对外营业网点31家,24小时自助银行41家,客户总量超90万户。

【助推自贸区发展】 是年,农行舟山分行探索自贸项下相关金融服务,专门设立浙江自贸区支行(一级支行),全方位对接片区内企业和个人金融需求。全年引入外商投资企业3家、外资939万美元;完成结售汇量48650万美元,同比增幅24.91%;实现结售汇与外汇买卖收入1208万元,同比增加23.52%。

研究保税油业务在相关单据、报关、条款、货物收支等细节方面的特殊要求,多次向外汇管理部门汇报、沟通,开立区域内首笔信用证项下保税油交易业务,支持首批获得国际航行船舶保税油供应资质批准证书的企业进口保税燃料油,开辟相关业务。

【服务实体经济】 多元融资渠道深化项目落地 围绕市政基础设施建设、江海联运中心建设以及省、市两级优质集团客户的金融需求,全年获批项目贷款19个,新增各类法人贷款44.5亿元,其中项目贷款占比27.52亿元。

创新担保方式服务中小企业 作为唯一合作金融机构,农行舟山分行通过构建多层次的贷款分担和补偿机制,与市委宣传部和市经济担保有限责任公司合作开办"文创贷"业务。至年末,小微企业贷款户数同比增加132户;小微企业申贷率同比提升18.07个百分点。

【助力品质舟山建设】 在10月全市"五大会战"第二次工作推进会上,与市政府签订《共同推进新型城市化发展战略合作协议》,落实200亿元信贷资金专项支持城中村改造。签约后,农行舟山分行迅速组建市、县两级联动团队,建立重大项目专人跟踪、前后台联席会诊制度,对接定海、普陀、岱山、新城等地棚改类项目5个,获批金额超58亿元。

在支持小城镇环境综合整治与本岛功能区建设中,农行舟山分行创新定制"美丽海岛贷"产品,应用于岱山渔港功能升级和嵊泗旅游项目营运。应用"特色小镇贷款"全面介入定海远洋渔业小镇、沈家门渔港小镇、朱家尖禅意小镇三大特色小镇建设,并率先完成舟山百里滨海大

10月27日,在第二届市海洋文化衍生品展示会开幕式上,市中小企业"文创贷"合作平台揭牌(杨君平 摄)

10月10日，市五大会战第二次工作推进会上，农行浙江省分行参与签约会（杨君平　摄）

道项目（普陀段）一期工程的首轮贷款发放。

【发展智慧金融】 自助服务提速　是年，农行舟山分行在全辖有超级柜台（自助服务柜员机）31台，实现70%的柜台个人业务的集中处理，各项业务柜面办理成倍提速。在定海、普陀、普陀山试点上线5台刷脸取款ATM机，交易过程中不使用银行卡，大幅度降低银行卡被复制和设备吞卡的风险，缓解客户因没带卡而无法取款情况。在普陀、岱山、嵊泗等地医疗机构布放“银医通”自助服务设备，满足医疗机构自助挂号和多样化支付需求。在大宗商品交易中心内的浙江自贸试验区综合服务大厅内设置延伸柜台，办理现金缴纳等基本业务，扩大金融服务功能，对接自贸区落地企业开户咨询等业务。

网捷贷业务发展良好　以网捷贷为基础，研发网捷贷直连公积金系统，开发互联网服务模式。该系统基于单位白名单和个人白名单管理机制，可实时从公积金中心采集缴存年限、缴存基数、月缴存额、账户余额、贷款余额等各项数据，向缴存公积金2年以上的客户发放纯线上、纯信用、实时自动审批放款的小额消费贷款。至年末，共发放网捷贷586笔，金额7947万元。

【服务“三农”】 深耕美丽海岛，推进金融自治村创建，引导渔农民创新创业。全年新创建金融自治村2个，累计建立金融自治村10家，建立村民档案32667户。年末，全行县域个人贷款6.05亿元。

在构建大数据的基础上，推出“惠农e贷”。渔农民可通过手机银行进行申请、操作，且发放的是信用贷款。全年向193户渔农民发放惠农e贷4384万元。

选派挂职干部投身乡镇建设。是年，选聘选优第四批9名乡镇挂职干部，搭好与政府、企业、银行的沟通桥梁，密切掌握新农村建设、新型农业发展激发的金融新需求。全年走访调研61个村，拜访农户1370户、企业92家；参与“三改一拆”活动12次，开展金融宣传38场，受益农户达3000多人次。

（撰稿：王迪）

中国建设银行股份有限公司舟山分行

【概况】 2017年，中国建设银行股份有限公司舟山分行（下称“建行舟山分行”）以思想转型促业务转型和管理转型，以业务转型抓机遇、以管理转型挖潜力，在爬坡过坎中壮大自身实力，在改革转型中夯实新区金融基础，为打好“五大会战”、建设“四个舟山”提供了坚实可靠的金融支撑。至年末，一般性存款时点余额257.69亿元，比年初增加12.98亿元。各项贷款余额147.53亿元，比年初增加20.51亿元，全年实现贷款累计投放86亿元。

【助力自贸试验区建设】 4月，建行浙江省分行与舟山市签署金融支持自贸区建设战略合作协议，计划在未来五年内为新区提供融资总量1000亿元。6月13日，建行舟山分行办理该行首笔新增模式的跨境融资性风险参与业务，开舟山本地银行中资企业借用外债先例。面对信贷规模紧张的局面，建行舟山分行发挥建行集团和全球网络的优势，通过境内外联动、条线联动实现“开源”,运用海外资金满足客户融资需求,实现了自贸区境内外资金融通。

建行舟山分行跨境融资性风险参与、福费廷、国内证、国际保理等4项国际业务产品全部落地,并为浙江普陀山发展集团有限公司、中交千岛商务区有限公司、甬舟铁路建设等大型国企、央企子公司提供“融资+融智”综合金融服务方案。至年底,获批贷款59.52亿元,实现投放34.53亿元,新投放贷款25亿元。对公有效客户折算前、对公商户、对公商户客户、对公商户客户结算账户存款分别较年初新增210户、260户、15.42亿元,单位人民币结算账户稳定增长。

【稳固住房金融】 稳固个人住房贷款市场地位,打造消费信贷特色优势,个人消费经营类贷款快速发展。全年发放快贷37532笔,金额7.9亿元,分别是上年的6.48倍、20.68倍。建立抵押物内部人员库,推动二手房内评,解决客户评估费难点。是年,建行舟山分行发放二手房贷款616笔,金额25554万元,分别是上年的3.2倍、4.1倍。联合市住房公积金中心开展业务网点延伸服务工作,在全市搭建11个公积金延伸服务网点,市民在银行网点就能办理公积金贷款、提取等业务。个人贷款发放量24.55亿元,是上年的2.02倍。

【发展普惠金融】 推进普惠金融事业发展。设立普惠金融事业中心,明确牵头部门落实分行普惠金融整体工作推进的责任,制定出台《普惠金融业务发展实施办法》,成立普惠金融工作领导小组和工作小组,构建普惠体系,保障推进普惠金融业务发展。推动“小微快贷”“云税贷”上线,批量导入公积金快贷白名单、优质个体和小微企业主快贷名单、农户口径区域筛选优质单位,通过开展产品推介会、融资对接会、客户沙龙、元旦优惠、快贷有奖答题等各类活动,提高小微特色金融产品和服务的社会知晓度,帮助小微企业解决“融资难、融资贵”问题。至12月末,小微快贷授信客户327户,授信金额10161.33万元,支用客户288户,支用金额5232.62万元,云税贷授信客户66户,授信金额3897.92万元,支用客户58户,支用金额2415.09万元;个体工商户经营性贷款0.7亿元,小微企业主经营性贷款1.48亿元,农户经营性贷款1.63亿元,建档立卡贫困户经营性贷款0.019亿元。开展“拓客户、比贡献”小企业客户拓展专项营销、小微企业成长金融对接周、小企业业务百日营销等活动,深化“税易贷”“助保贷”平台功能。至年末,小微企业贷款余额27.36亿元,小微企业贷款户数1447户,较年初新增436户。深入渔农村、社区、基层,贯彻执行人民银行各类金融知识,组织开展“普惠金融进万家”金秋百场外拓活动105场。宣传各类防诈骗、防欺诈等金融知识,提高普通民众自我防范意识。

【打造智慧银行】 打造非金融生态圈,推广“悦生活”云服务平台,为政府、事业单位、学校等“互联网+”资源密集的机构服务,代理学费、伙食费、物业费及党费等。至年底,“悦生活”云服务商户达213户。全省首创党费云“合约账户”清缴模式,“党费云”业务在全市四县(区)、三功能区块、三个直属工委均上线,有203家单位签约并上线,实现全省首笔“房租云”,签约并上线3家“物业云”、2家“幼儿园云”,签约并上线9家善微付。

扩大“善融商务”“龙支付”产品应用,开展“龙支付1元购”、“善融周周惠”、网点O2O等活动;拓展优质商户,丰富产品种类,扩大客户选择空间,提高产品吸引力。全年实现个人商城交易额55万元,同比翻了一番;实现善融商务交易额3.34亿元。

推进综合服务、创新服务,重点推动嵊泗县招投标中心“招投标银保通-直联模式”系统、“国有土地使用权网上交易系统平台”,自主创新“商户优惠活动微信预约系统”“网点一键通平台”,提升客户服务。加强智慧餐饮推广及智慧岛项目建设。2017年国际海岛旅游大会上,与政府签约设立100亿元的海岛旅游产业基金。该基金投资范围限定在舟山市区域内,投资方向限定为大旅游相关产业。

【合规运营】 防范“两链”风险,通过期限调整、再融资、特殊化解机制等手段,化解风险,帮助企业降低融资成本。推进风险管理“五个建设”:推进不良资产经营建设,资产质量从“额率双升”趋势向历史高位下降、重大风险客户化解明朗化态势转变;推进信贷责任体系建设,落实“风险管理职责进党委”要求,签订风险管理与案防工作责任书;推进信贷全流程管控体系建设,做实贷前、贷中、贷后、押品等关键环节的风险把控;推进全面风险管理体系建设,分行业、分客户、分产品组织开展风险客户贷后管理检查、金融市场业务交易确认检查、债券违约风险排查等多项滚动摸排,逐步将风险管理覆盖至信贷与类信贷、传统业务与新兴业务;推进信贷文化和信贷队伍建设,开展“信贷基础管理提升年”“信贷文化建设年”主题活动。设立授信审批团队、风险计量团队、资产保全团队、项目评估团队、押品管理团队等5个团队,明确团队分工。

【打造五星网点】 推进中国银行业协会五星网点创建,结合当地客户实际,优化调整营业大厅的整体布局,打造优质服务环境。在全市营业网点组织开展“21天打造新习惯100天给客户新体验”新新服务质量提升活动,加强大堂服务管理,提高客户满意度。设置理财产品销售专区,配置专业理财经理,主动揭示风险。创新网点1+1联合发展模式,持续劳动组合优化,智慧柜员机迁移率和分流率分别较年初提升47.66%和30.51%;网点营销人员占比71.03%,比年初提升4.79%。在全行范围内开展“双创”活动,建行舟山分行营业部营业室成为舟山银行业第一批五星级示范网点之一。

(撰稿:庄慧玲)

中国银行股份有限公司舟山市分行

【概况】 2017年,中国银行股份有限公司舟山市分行(下称“中行舟山市分行”)在市政府、金融管理部门指导、支持下,围绕总行战略目标,贯彻省行工作方针,稳步开展各项工作,较好完成全年工作任务。至年末,中行舟山市分行本外币存款时点余额185.45亿元,本外币贷款时点余额148.89亿元;累计完成国际结算业务量34.64亿美元,同比增长20.62%,市场份额(12月末)39.78%,高出全省平均水平12.35个百分点;累计完成跨境人民币业务量15.51亿元,市场份额41.14%,较年初提升16.42个百分点;不良余额3168万元,不良率0.21%,不良余额、不良率连续三年实现“双降”。

【融入自贸区建设】 4月1日,中国(浙江)自由贸易试验区挂牌,中行舟山市分行办理了自贸区首笔跨境业务。4月24日,在省属国企参与中国(浙江)自由贸易试验区建设对接会上,中行浙江省分行与舟山市政府签订战略合作协议,约定将提供不低于500亿元的授信支持。4月25日,舟山市政府在新加坡举办2017中国浙江舟山群岛新区(新加坡)自贸区、海事产业推介会,中行舟山市分行与新加坡中行内外联动,新加坡中行派员参与支持。4月28日,中国银行舟山自贸试验区支行正式挂牌成立,成为首家获批的自贸区金融机构;5月11日,举办自贸区油品研讨会。8月5日,中行舟山市分行与南华期货共同举办原油期货大会,举办自贸区油品研讨会,邀请专家为当地的人行、外管局、银监、金融办、自贸办、新区海洋产业集聚区管委会及20余家油品企业授

4月28日,中国银行舟山自贸试验区支行挂牌成立(舟山中行提供)

课。10月16日,中行舟山市分行配合承办“浙江自贸区油品企业涉外业务座谈会”,邀请全球知名油品企业的20多位专家参会,促进油品涉外交易的探讨交流。10月20日,中行舟山市分行协助省分行召开“浙江自贸区海关特殊监管区域油品质押融资业务研讨会会议”,推动油品现货质押融资业务发展。

【服务实体经济】 围绕新区重大项目建设,中行舟山市分行持续开展银政、银企对接工作,提升与中石化燃料油、中远、常石等主要存量客户关系,深化与新奥、万向储运、海投、交投等新增重要客户的合作,跟进、储备黄泽山、小衢山、双子山油品储运基地项目,波音项目,新奥液化天然气(LNG)接收及加注站连接管道项目,甬舟铁路项目等12个,预计总投1605亿元,拟申报授信金额超过百亿元。是年,上报舟山国际绿色石化基地等新增项目20个,合计申报授信金额218.42亿元,实现本外币公司贷款(全口径)新增投放53.26亿元。

【业务创新】 加快各条线创新业务、产品的推广落地。叙做存放同业业务16笔,合计资金量14.75亿元,实现岱山中交上航局、定海区国资蓬莱国资等发债资金托管。推广人民币LPR利率掉期等业务,累计实现交易金额8.44亿元,同比增幅29.65%,取得人民币CCS、买方违约项下配套美元利率掉期等首笔突破。实现结构性存款业务2亿元、PPN债券分销业务1000万元等首单突破。向纳入全省纳税信用等级A、B级名单的企业推介“中银税务通宝”,并为金塘某螺杆企业实现全辖首单叙做。现金管理业务取得重大突破,省人民银行正式批复浙江自贸区内企业舟山小可能源有限公司跨境双向人民币资金池业务,标志着浙江自贸试验区首个跨境双向人民币资金池在中行舟山市分行落地。

试水利率市场化产品“财运通”后,推出“理财易”“汇划易”“聚财易”,三款产品组合打通银行间的资金壁垒,提升中行舟山分对客户的服务范围,创新推出中银易链云平台产品,推广中银E贷(公积金信用贷款)产品,为客户提供全在线的网络消费贷款服务。至年底,中银E贷余额接近1亿元。依托“互联网+”模式,开发“绿城育华国际学校一卡通圈存项目”并投入运行,构建“互联网+学校+银行”的智慧金融体系。

【推出“智能柜台”】 是年,中国银行舟山市分行在各大营业机构推出智能柜台,至年底,在11家营业机构设置了21台智能柜台设备。客户只需带上身份证,到智能柜台服务区,点击场景图标选择服务,凭借人脸识别技术的应用,客户根据系统提示插入证件,只需对准影像采集区域进行“刷脸”,经银行核实身份后便可选择本人名下任意账户办理人民币汇款、理财、基金、定期、账户升降级、修改手机号、修改个人信息、流水打印、信用卡账单打印、存折取现、金融资产查询等一系列业务,免去携带多张银行卡的困扰。

【资产质量管控】 面对严峻的不良管控形势,落实责任,守住资产质量防线。针对不良资产“户数少,单户金额大”的特点,通过开

10月16日,召开浙江自贸区油品企业涉外业务座谈会(市人行提供)

展“党旗领航、清收建功”活动、成立重点项目清收攻坚党小组，建立公司、中小、个人、信用卡四个条线清收突击队。全年清收化解不良资产3.30亿元，完成全年任务的119%，完成阻截扬帆集团（12.91亿元）大额授信进入不良、处置阿鲁亚大酒店2.36亿元不良项目等工作，不良管控成效得到省行好评，在全省中行系统内作经验推广。

【主动风险管理】 制定下发《中国银行舟山市分行风险管理能力绩效评价办法》，推动实现风险管理能力评价结果与机构考核、分管行长及授信从业人员的绩效考核挂钩，以制度促管理，以考核促提升，提高全辖授信从业人员素质。制定信贷投向指引，加强行业调研。结合舟山市区域经济结构特点以及省行信贷投向指引，制定下发《中国银行舟山市分行2017年公司信贷投向指引》，明确行业投向、区域信贷投向及2017年目标客户。完成《浙江自贸试验区调研报告》《舟山分行旅游行业调研报告》。定期提示典型问题，提高基础工作质效。通过问题通报、风险提示等方式及时总结授信管理过程中的典型性问题和趋势性特征，督促全辖提升责任和风险意识。

【内控案防】 开展“制度驻于心，合规在于行”年度内控案防主题活动，员工自编自演的微视频《义气贷款酿恶果》获得全省三等奖，广告语参赛作品获得省银监“双百杯”金融消保广告比赛三等奖；通过开展内控案防宣导大讲堂、签订员工行为自查暨承诺书、组织内控合规测试等多种形式，提升全员内控案防意识；落实基层机构负责人联系制度，内控委员会、辖属分支机构的“月度沟通、季度点评”机制，重点关注人员清单管理机制，员工合规年度考核等多项内控案防工作机制，多维度、多层次抓实抓细内控案防工作；分阶段开展五个重点领域（违规代销、员工异常行为、同业业务、低信用风险、授信业务）与3+1重要岗位人员账户数据排查、员工涉嫌赌博问题专项整治、不良授信资产道德风险自查自纠、侵害员工权益问题专项治理、“三违反”等工作。

全年全辖19个营业网点通过柜台自主堵截各类电信诈骗案件21起，挽回客户资金损失29.4万元，堵截冒名开户5户，协助公安机关抓获犯罪嫌疑人1名，中行舟山市分行及辖属嵊泗县支行被省公安厅、省综治委评为2017年度“省级治安安全单位”。

【企业文化建设】 推进企业文化理念创新落地。开展党建共建，与舟山消防支队、浙江石油化工交易中心、海军舟山舰等20家单位建立党建共建关系。围绕全行业务工作的重点、难点，开展主题党建系列活动，号召全行员工投身重大项目落地、ETC业务推广、不良清收攻坚三大会战。夯实党建工作基础，基层网点独立党支部覆盖率100%。加大培树典型，普陀山支行连续五届蝉联“全国文明单位”。

（撰稿：中国银行舟山市分行）

交通银行股份有限公司舟山分行

【概况】 2017年，交通银行股份有限公司舟山分行（下称“舟山交行”）贯彻落实市委市政府和上级行的决策部署，坚持“两化一行”发展战略，推动转型发展，提升内控管理水平，发挥交行特色，在重大项目、离岸金融、服务实体、企业帮扶等方面“抓创新、做特色、求共赢”，总体保持平稳发展态势。年末，各项存款余额47.62亿元，较年初增加4.28亿元，增幅9.88%；人民币贷款余额57.59亿元，较年初增加6.40亿元，增幅12.51%。

【机制体制改革激发经营活力】 完善体制机制，激发改革活力。是年，充实班子成员，完善领导分工，规范业务运作。公司板块组织机制持续优化，坚持“大客户集中”和“小企业专营”，突出同业和投行专业经营优势，设置“普惠金融二级部”，探索中小微发展新路子。落实质效发展责任，客户经理晋升机制更趋完善。

【推进“客户发展年”计划】 做好重点行业客户突破，实现首个军队业务客户基本户和代发业务落地。支持国家战略性、支柱性客户发展，投入舟山国家石油储备基地10亿元。服务招商引资客户，通过协办省分行与舟山自贸区招商引资论坛等多种形式，提前介入招商前期工作，服务招商引资新客户，提前介入金融服务，发展新业务。优化普惠金融服务，推动中小微业务发展，设立普惠金融部专营中小微，建立小微客户名单并动态完善，提升重点小微群精准营销，是年，小微投放额超额完成。

【零售业务转型取得新突破】抓住房地产市场机遇，发展个人资产业务，个人贷款余额6.5亿元，较年初新增2.64亿元，其中房贷余额6.2亿元，较年初新增1.4亿元。通过"惠动岛城""最红星期五"刷卡优惠等活动，促进信用卡业务发展，全年新增信用卡6700余张，网均日均进件位居全省系统首位。通过各类非金融增值服务以及进社区、进学校、进企业等各类活动，沃德客户、交银客户、薪金理财A账户完成率位居全省前列，全年新增代发有效户完成率位居全省系统第一。

【持续探索自贸区金融服务新模式】抢抓自贸区业务，成立自贸区业务工作领导小组，制订筹建自贸区经营机构各项前期工作规划，及时完成在自贸区范围内选址工作。自贸区各类客户活动和宣传活动持续推进。

【控风险、强内控】全力化解风险贷款，维护资产质量稳定。以重点风险管控名单、灰名单、风险监察名单、坏银行名单、不良名单为抓手，加强重点客户风险管理，一户一策落实方案，降低不良率，降低逾期率，提升风险资产覆盖率，控制实际损失。是年，好银行客户基本保持"三零"。强化全员合规意识，确保经营生产安全稳定，开展"合规文化建设年"活动，把合规要求落实到位，推进"两个加强、两个遏制"回头看整改，做好信用风险排查、"新五大领域"深化治理、反洗钱、征信等领域的系列风险排查。抓安保工作，防范风险事件。

11月29日，召开银企交流会暨浙江自贸区拓展离岸业务研讨会（王丽 摄）

【多形式深化金融消费者权益保护】落实消保各项工作，保护消费者合法权益。落实消保投诉处理工作，实现零有责投诉；响应上级行及上级监管部门关于金融知识宣传要求，组织开展各种形式的金融知识宣传、企业行活动50余次；组织"走进交行感受温馨"消保服务劳动竞赛，利用网点、纸媒、网媒等宣传舟山交行。

（撰稿：王丽）

浙江省农村信用社联合社舟山办事处

【概况】2017年，浙江省农村信用社联合社舟山办事处及辖内定海海洋农商银行、普陀农商行、岱山农信联社和嵊泗农商行四家行社（统称：舟山农信）以省农信联社年度工作会议精神为指引，稳中求进，树立和贯彻落实新发展理念，抓业务发展和风险防控，推进各项业务稳健发展。至年末，全市农信各项存款余额359.69亿元，比年初增加23.97亿元，占全市银行业存款市场份额的17.91%。全市农信存款客户数达83.42万户，比年初增加3.72万户，服务覆盖面达85.71%。全市农信各项贷款余额228.23亿元，比年初增加30.39亿元，占全市银行业贷款市场份额的13.26%。贷款户数48944户，比年初增加7654户。

8 月 21 日，嵊泗农商行开业（省农信社舟山办事处提供）

【开展主题活动】 重点开展“比学赶超年”活动，制定活动方案，细化业务指标，明确工作举措。通过一年活动的开展，全市农信“比学赶超”氛围日益浓厚，提高了员工思想认识，服务意识、创新意识、看齐意识增强，各项指标提升。

【升级普惠金融】 是年，舟山农信全面实施客户网格化管理加整村授信模式，至年末，全市建立渔农村基础网格 612 个，特色网格 46 个，覆盖全部目标客户区域；以“最多跑一次”为目标，推进整村授信工作，把信用评定、授信、利率评定等业务送到每一户家庭，让群众足不出户就可满足贷款需求。至年底，舟山农信已对全市 196 个渔农村社区开展了整村授信工作，实现全市渔农村社区全覆盖。预授信户数 61328 户，预授信贷款金额 51.54 亿元。普惠金融提升工程行动方案均得到市、县（区）政府支持。

【强化系统合作】 对接市住房公积金中心，获取开办公积金委贷银行资格；对接市公路局，拓宽 ETC 的多场景应用，并于 12 月 26 日上线全省首个 ETC 社会停车场应用项目；与市国税局签订“离岛办税”社会化服务合作协议，将农信网点作为办税服务大厅的延伸点，为海岛地区纳税人提供自助办税、代开发票等多样化的办税服务。至年底，全市在桃花、枸杞等 7 个海岛支行安装了国税发票申领自助终端；对接市运输管理局，推进“智慧驾校”项目应用，普陀、岱山、嵊泗三家行社试点成功。

【创新金融产品】 推广“普惠通”业务，创新推出“首惠贷”“富民贷”“安居消费贷”“农渔家乐贷”等一批特色产品，满足渔农民和小微企业生产资金需求。推广“公益林补偿收益权”质押贷款，拓宽农村集体经济组织与农户融资渠道；主动融入自贸区建设，创新推出“丰收加油贷”产品，加大对大宗油品的信贷支持。岱山农信联社作为全省首家，创新推出外来务工人员 IC 卡居住证，提升对外来务工人员的金融服务。

【加强渠道建设】 推广丰收购电商平台和丰收家 O2O 平台，推进“智慧驾校”“智慧物业”“智慧菜场”“智慧校园”等场景应用，做好“丰收互联”“智能付”“丰收一码通”上线推广工作。到年底，全市农信发展互联网支付商家 17522 家，手机银行活跃客户数 8.53 万户，企业网银活跃客户数 5824 户，丰收购新增消费客户数 1.23 万户，丰收家新增消费客户数 4969 户。优化机具布局，提升金融服务覆盖面。至年末，全市累计布放 ATM（CRS）机 332 台；发展特约商户（含智能付）2312 家，累计布放 POS 机 2453 台，累计布放便民自助终端 237 台，已启用自助发卡机 27 台。与市农林与渔农村委员会、市金融办联合发文《关于在渔农村社区开展丰收驿站建设意见》，三方通过合作共同推进渔农村社区丰收驿站建设。至年底，全市丰收驿站达到 96 家，比年初增加 68 家。

【强化内部管理】 落实金融监管政策，组织开展“三套利”“三违”“四不当”等各项排查工作。层层签订党风廉洁建设、案件防控、安防消防、信访等四项责任书，实行责任分解。做好办事处和行社领导干部廉政档案的建立，实行“一人一档”。继续加强办事处本级管理，对办事处干部员工岗位职责进行了梳理，实行条线管理。是年，辖内四家行社均被省审计厅评为审计工作先进集体。定海、普陀、岱山三家行社获2017年度“省级治安安全单位”称号。

（撰稿：省农信联社舟山办事处）

中小商业银行

【概况】 2017年，舟山辖内新设华夏银行浙江自贸试验区北部支行、浙江泰隆商业银行定海小微企业专营支行和浙江泰隆商业银行普陀小微专营支行，同时筹建浦发银行定海支行、绍兴银行普陀区沈家门社区支行、浙江稠州商业银行白泉小微专营支行。至年末，全市中小商业银行数量达到12家，其中股份制银行5家；全市中小商业银行网点45个，其中分行12家，综合性支行13家，小微企业专营支行15家，社区支行4家，自贸区支行1家。全市中小商业银行存款余额345.9亿元，较年初增加36.45亿元，增幅11.78%；贷款余额332.07亿元，较年初增加40.44亿元，增幅13.87%。是年，辖内中小商业银行转型升级，合规经营，支持舟山实体经济取得显著成效。

【服务实体经济】 辖内中小商业银行坚定市场定位，稳步经营，市场竞争力增强。其中股份制银行加大支持新区重大项目建设力度，城市商业银行继续下沉服务，服务小微企业质效明显提升。5家股份制银行各项贷款余额为181.78亿元，较年初增加11.96亿元，增幅为7.04%。浙商银行舟山分行主承销舟山交通投资集团有限公司12亿元超短期融资券，用于保障329国道舟山段改建工程、舟山本岛北向疏港公路等多个具公益性的重大交通基础设施项目建设；中信银行舟山分行为浙江普陀山发展集团有限公司承销12.9亿元中期票据通过全国交易商协会审批，计划2018年一季度期间落地首笔投放，同时为舟山交投集团拟组建100亿元规模的舟山交通产业股权投资基金，计划2018年一季度首笔项目投放。7家城市商业银行小微企业贷款余额105.38亿元，占全市小微企业贷款16.18%，较年初增加28.63亿元，占全市小微企业贷款增量39.18%。小微企业贷款户数6576户，较年初增加1084户，小微企业申贷获得率87.78%。

【推进转型升级】 辖内中小商业银行结合舟山群岛建设规划和金融服务需求，加快理念转型、管理转型和业务转型，提高自贸区金融服务能力，加大对实体经济的支持。争取权限下放，提高业务审批的自主权，加大对自贸区实体经济的支持力度。浙商银行总行将公司类新授信2000万元和续授信5000万元额度内的项目审批权限下放至舟山分行，保证自贸区项目贷款的审批时效。探索数字化新技术，加强小微金融与“互联网+”的融合，利用大数据工具，丰富获客手段，完善办贷便捷度。中信银行舟山分行联合市政府及社保、卫生、财政等相关职能部门，推出“智慧医疗、智慧旅游、智慧市场、智慧交通”四大智慧项目，抢占市场获得先发优势，服务新区民生，助推新区发展。至年末，“智慧医疗”自助机合计交易笔数49.87万笔，其中预缴金支付方式消费总金额652.35万元，自助POS结算支付方式消费总金额1120.69万元；“智慧旅游”售出线上进山门票24.44万多张，线上销售金额3988.82万元；“智慧市场”累计发行联名卡3000余张，全年累计交易量4466万元；“智慧交通”建立全市水上客运售票系统。至年末，共出售59919张，金额438万元。承销企业债券，为自贸区重点项目建设提供服务支持。浙商银行舟山分行利用直接融资渠道为舟山交通投资集团有限公司承销发行债券74亿元，占总计发债量的三分之二。探索创新多样化融资方式，解决科创型企业融资难问题。华夏银行舟山分行通过与市委组织部合作，采用信用贷款方式为入选舟山市“5313科技创业领军人才”和“5313科技创业领军团队”提供金融服务，项目授信3000万元。

【强化风险防控】 辖内中小商业银行深化操作风险防范机制建设，提升操作风险监管质效。杭州银行舟山分行在系统内率先开展以“基础管理、基层管理”为主题的“双基”管理工作，提升员工遵纪守法的合规意识和精细化管理水平。落实突出风险挂牌整治工作，以“治、防、建”为核心，深化各类金融乱象源头治理，加快同质同类问题整改，构建“清雷防线”长效推动机制和操作风险常态管理机制。浙江民泰商业银行舟山分行、浦发银行舟山分行以挂牌整治为契机，加大对贷后管理和柜面操作风险隐患方面的整治，提升业务操作合规性。

（撰稿：张维舟）

村镇银行

【概况】 至2017年末，舟山辖内有3家村镇银行，分别为岱山稠州村镇银行、普陀稠州村镇银行、定海德商村镇银行。是年，3家村镇银行继续立足地区实际，主动下沉服务重心，坚持支农支小市场定位，深耕渔农区小微金融市场，做好普惠金融服务，打造有特点、有口碑的本土小微银行。

辖内村镇银行资产和负债规模平稳增长，总体经营稳健。至年末，辖内3家村镇银行合计资产总额23.16亿元，比年初增加8.63%，贷款总额15.51亿元，比年初增加4.63%；负债总额16.77亿元，比年初增加9.9%，其中存款总额16.4亿元，比年初增长5.44%。不良贷款“双降”，重点机构“摘帽脱困”取得成效。辖内村镇银行全年处置逾期欠息贷款1.03亿元，年末不良贷款余额0.44亿元，实际不良贷款率2.86%，分别较年初减少0.36亿元和下降2.57个百分点。贷款分类偏离度87.51%，较年初下降24.8个百分点。

【小微金融市场经营】 辖内村镇银行业务继续下沉服务重心，夯实支农支小经营基础，拓展渔农区金融市场，探索差异化经营模式。定海德商村镇银行主动融入地方经济社会发展大局，推进“普惠金融，银农连心”信用村（社区）试点工作，深化“三层次一网络”普惠金融服务机制，推行“德行周四下午在社区”社区坐班制；岱山稠州村镇银行实行全面走商区、进社区、入乡镇进行深度挖掘，以“小额贷款”为切入点，按照“一图三表”工作机制，深入渔农村和小微企业集群开展专项营销工作；普陀稠州村镇银行建立金融支农联络员队伍，搭建农民致富新桥，调动农户创业创新热情。至年末，辖内村镇银行涉农贷款比例77.76%，小微贷款占比81.36%，均明显高于辖内银行业平均水平；户均贷款余额46.56万元，比年初减少5.27万元，支农支小特点鲜明。

【创新产品服务模式】 辖内村镇银行利用小法人机构决策灵活优势，根据地方生产生活特点开展小微金融服务创新。定海德商村镇银行推出小微企业纳税信用“盈商贷”和“公议授信”通过量身定制产品针对性解决相关群体融资需求，两项产品均被浙江省银行业协会评为浙江银行业第四届服务小微和三农双十佳金融产品；普陀稠州村镇银行通过简化贷款申请程序资料、明确贷款办结时限、透明审批流程等方式提升小微信贷审批科学性；岱山稠州村镇银行针对小微企业不同客户群体和不同的贷款需求，针对渔农户资金需求，推出“小额农贷通”，针对小微企业中长期贷款资金需求，推出“长抵贷”，分别累计发放贷款11868万元和1070万元。浙江岱山稠州村镇银行获“全国百强村镇银行”称号。

（撰稿：张维舟）

融资租赁

【概况】 2017年，市商务局利用自贸试验区融资租赁试点政策，抢抓时机进行专项招商。组成融资租赁专项招商小分队，通过到重点企业上门招引，到天津等重点城市进行针对性推介等多种形式，促进融资租赁产业快速集聚。全年新引进内外资融资租赁企业35家，注册资本101亿元，其中内资融资租赁企业16家，新增实际到位资金达53亿元。至年底，全市有融资租赁企业49家，注册资本138亿元。全年营业收入4.25亿元。市融资租赁产业在航空、港口、造船、运输、远洋捕捞等领域均有涉及。

【融资租赁政策】 根据《商务部、税务总局关于辽宁等7个自由贸易试验区内资租赁企业从事融资租赁业务有关问题的通知》规定，自2017年6月15日起，受商务部和税务总局委托，省商务厅、省国税局负责中国（浙江）自贸试验区内资租赁企业从事融资租赁业务试点确认工作。浙江自贸试验区获得与天津、上海、广东等自贸试验区同等的内资融资租赁优惠政策，在自贸试验区内设立融资租赁公司不再上报商务部审批。10月31日，浙江车家佳汽车租赁有限公司、浙江兴长设备租赁有限责任公司、浙江合金设备租赁有限公司、中安金控(舟山)租赁有限公司、浙江融丰汇设备租赁有限公司、浙旅盛景租赁有限公司、浙江舟贸设备租赁有限公司首批7家内资融资租赁企业获批,注册资本金总计为20.2亿元,分别从事机械、汽车、设备等融资租赁业务。

【融资租赁招商】 7月27日,浙江省商务厅、中国(浙江)自贸区管委会、舟山市人民政府在舟山联合举办中国(浙江)自贸试验区融资租赁产业推进大会。会议由舟山市商务局、省租赁业协会承办。部分市县商务主管部门及业务处室负责人、全省融资租赁龙头企业负责人,以及舟山市本级及所属县(区)相关部门、重点企业代表参加了会议。会上,9家拟新设的融资租赁企业分别与舟山市综合保税区、普陀区政府签订了投资意向书,注册资本金达51.4亿元。

8月28日,浙江舟山群岛新区中国(浙江)自贸区管委会、舟山市人民政府在天津举办浙江舟山群岛新区、中国(浙江)自由贸易试验区融资租赁产业推介会。会议邀请天津市租赁行业协会、天津渤海租赁有限公司等50余家融资租赁企业、金融行业协会组织、投融资机构等代表前来。

(撰稿:李道合)

保　险

【概况】 2017年,舟山市有市级保险机构23家,12家财产险公司,10家寿险公司,政策性保险公司1家。支公司31家,营销服务网点109家。保险专业中介机构8家,保险营销员6475人。1—12月,全市完成总保费32.13亿元,比上年增长9.76%。其中财产险保费收入13.12亿元,同比增长7.34%,承担各类财产风险保额1537亿元;人身险保费收入19.01亿元,同比增长11.49%;为全市居民承担新增人身险保额11740多亿元,同比增长27.5%。全市赔款支出达9.93亿元,同比增长5.69%。其中财产险赔款支出8.35亿元,赔付率63.64%;人身短期险赔款1.07亿元,赔付率67.00%,死、伤、医赔款0.51亿元,给付金额2.5亿元。

【参与社会管理】 发展小贷保险和出口信用保险,支持小微企业与外向型经济发展。是年,中国出口信用保险公司推动出口买方信贷船东融资造船合同金额4.22亿美元,带动融资金额3.11亿美元,帮助2家船厂获取在建期保单质押融资,涉及造船合同金额3.65亿美元。为水产、汽配、保税燃料油等企业配套短期出口信用保险金额1.65亿美元,参与万企贸易成长计划,服务中小微企业共180家。服务浙江自贸区建设,中信保支持国际航行船舶燃料油加注企业,与市政府批复的经营资质企业均陆续展开合作,为实现东北亚保税燃料油供应中心的规划做出贡献。

开展大病保险,补齐社会保障短板。全市大病保险参保人数96.67万人,年保费收入4103.71万元,全年大病保险赔款支出3113.71万元,理赔次数28677次,救助2105人,人均赔付32989元,特药补偿633.79万元。

加快责任保险发展,参与社会治理。推进产品责任险、环境污染责任险、生产安全责任险等险种。全市责任险收入10352.61万元,同比增长5.09%。赔付率72.74%。

7月27日,中国(浙江)自由贸易试验区融资租赁产业推进大会在舟山召开(市商务局提供)

做好政策性农房、农业保险承保工作。全年全市农房参保19.3万户，保费收入193万元，参保率达到95%以上。政策性农业保险参保1010户，保费480.7万元，风险保障金额2亿元，发生赔案649起，赔款479.35万元。

结合实际，推动商业保险公司参与社会治理。加快推进在高危行业推进生产责任保险制度，配合市安监局、市金融办与各财险公司调研商讨责任保险制度；发挥政策性农业保险在农业抗灾救灾中的重要作用，促进全市现代农业发展和农民创业增收，配合梳理相关政策、条款调整；贯彻落实《中共浙江省委关于补短板的若干意见》等文件精神，配合政府积极推动残疾人意外伤害和残疾人服务机构综合保险工作；探索航运保险在自贸区发展过程中的拓展和创新。

【规范保险市场发展】 落实《中国保监会关于整治机动车辆保险市场乱象的通知》和《浙江省（不含宁波）机动车辆保险销售行为规范》文件精神，市保险协会车险专委会制定《舟山市机动车辆保险销售行为规范》和《舟山市机动车辆保险销售行为规范实施监察方案》；召集各财险公司对讨论稿征求修改意见并落实规范条款；成立专项监察小组，开展监察工作。

开展车险自律服务规范检查。定期走访定海、临城两家定损中心，重点随机抽查；摸底排查全市（含二个县）银行网点的保险代理销售业务情况；组织工作人员对职业资格证及相关强制培训收费等问题开展全面的自查清理工作。按照浙江保监局工作要求，对全市7家保险专业中介以及1家新增中介进行风险排查。

组织各保险公司开展防范非法集资宣传月活动；开展“安宁2017”反欺诈专项行动；开展关于防范营销员参与“非法集资与传销活动”的风险提示工作。

【消费者维权建设】 发挥市保险行业人民调解委员会作用，推进“网上数据一体化处理”。多次与舟山市中级人民法院沟通道路交通损害赔偿标准，完成由舟山市中院、市司法局等5家单位联合印发《关于建立道路交通事故损害赔偿纠纷联动机制的若干意见》的制定；4月、7月经舟山司法局批准，普陀和定海工作站相继在本地交通事故矛盾调解中心挂牌成立，并到岱山县进行调研。

1—12月份市保险行业人民调解委员会共受理调解79件，成功调解75件，成功率95%，赔付金额558.95万元。

按照《舟山市实施浙江省加强金融消费者权益保护三年行动计划方案》要求，深入推进消费者维权工作。至10月31日，全市22家市级机构消费者维权站由消保委验收完成。全年开课8次，听课的学生累计达1600余人次。11月初至12月中旬配合开展保险业消费评价工作，发放调查问卷800余份，50多人次亲身体验保险消费。

与公安交警部门联合做好道路交通“服务中心”文明窗口建设工作。全年“舟山市机动车物损交通事故快处快撤理赔服务”两个定损服务中心共提供联合定损服务3700余起。

4月5日，道路交通事故“网上数据一体化处理”普陀法院工作室揭牌（罗宏辉　摄）

6月12号，市司法局、市保险协会联合设立的“舟山市法律援助中心保险业法律援助工作站”正式揭牌。

【普及保险知识】 是年，市保险协会与新闻媒体合作，以保险知识、保险案例等线上线下形式向市民宣传保险。“3·15”消费者权益日期间，组织各保险公司志愿者接受市民投诉、咨询及建议；“7·8”全国保险公众宣传日期间，协会开展保险咨询服务，发放宣传资料等；组织各保险公司志愿者赴六横等地进行“保险知识送渔农村”活动；组织各保险公司参加食品宣传周活动等。

“7·8”全国保险公众宣传日舟山市保险行业知识竞赛（罗宏辉 摄）

【中国人民财产保险股份有限公司舟山市分公司】 是年，中国人民财产保险股份有限公司舟山市分公司（简称人保财险舟山市分公司）下辖本级3个营业部和定海、普陀、岱山、嵊泗4个支公司，机构网点遍布全市各县（区）及重点骨干乡镇，从业人员322人，拥有包括硕士研究生在内的大专以上学历员工305人，中高级以上职称34人。

全年人保财险舟山市分公司承担7705亿元风险保障，实现签单保费收入55345.6万元，比上年增长8.85%，市场份额为42.19%。处理各类赔案29830件，支付赔款3.43亿元。承担政策性涉农保险责任金额2.84亿元，支付政策性涉农保险赔款430万元。

【中国人寿保险股份有限公司舟山分公司】 全年实现股份总保费5.4亿元，同比增长18.8%；公司全年实现长险首年标准保费4476.8万元，同比增长31.3%；首年期交保费9653.2万元，同比增长19%；10年期及以上期交保费5282.6万元，同比增长37.8%；短期险保费5914.3万元，同比增长3.7%；保障型产品保费1203.4万元。

【中国太平洋财产保险股份有限公司舟山中心支公司】 是年，中国太平洋财产保险股份有限公司舟山中心支公司下辖定海、普陀、岱山、嵊泗4家支公司和金塘、临城、六横、沈家门、衢山5个营销服务部，开设各类险种100多个。至年底在职员工132人，其中承保服务人员73人，理赔服务人员28人。全年实现承保金额2971亿元，保费收入2.12亿元，赔付金额1.32亿元，上交税额1302.58万元。保险服务遍及城乡，业务经营合规合法，市场活力不断增强。

【中国太平洋人寿保险股份有限公司舟山中心支公司】 全年个险完成标准保费35121万元，同比增长27%，达成年度标保目标任务的109%。法渠渠道业务收入为3501.8万元，同比增长10.2%；法渠健养营业收入为3550万元，同比增长29.4%。在舟山市寿险总保费市场当中，市场份额由上年的19.31%上升到21.68%；个险新保期缴市场份额为22.51%，连续7年列首位；在全市寿险公司非健险总保费中，份额为48.96%，比上年上升3.41个百分点。

【天安财产保险股份有限公司舟山中心支公司】 是年，天安财险舟山中支内设综合部、理赔部、销售推动部、银保部、业务部，新增车商部，下辖岱山支公司和普陀区营销服务部。全年实现保费收入367.17万元，承保数9996笔，保额1468311.22万元，赔款1873.32万元，赔付率% 87.41%。新增了政保项目，包括市政协财产险、海洋集聚区公众责任险、下属公司团意险、综保区仓储一切险等。

【泰康人寿保险有限责任公司浙江舟山中心支公司】 是年，泰康人寿保险有限责任公司浙江舟山中心支公司（简称泰康人寿舟山中心支公司）下辖机构定海本级、普陀、六横、金塘、岱山、嵊泗六个营销服务部，在职内勤员工32人，营销员548人。推广总公司“活力养老、高端医疗、卓越理财、终极关怀”四位一体的商业模式，推送“寿险＋养康墓”全生命链的产品与服务。全年实现总保费收入2.57亿元，同比增长82.95%，市场份额为13.56%。其中个险新单3636万元，十年以上期缴保费3464万元，比上年同期增长148%，办理各类理赔案件412件，结案率97%，累计支付赔款691万元，满期给付金额292万元，年金给付金额1775万元。

【中国平安人寿保险股份有限公司舟山中心支公司】 是年，中国平安人寿保险股份有限公司舟山中心支公司在编内勤员工24人，营销员925人，下设普陀区营销服务部。全年实现总保费收入10999.70万元，同比增长52.75%，其中新单期交4508.37万元，同比增长61%。

【中国平安财产保险股份有限公司舟山中心支公司】 是年，中国平安财产保险股份有限公司舟山中心支公司经营业务范围涵盖车险、企财险、责任险、工程险、船舶险、家财险、保证险、意外及健康险等一切法定产险业务及国际再保险业务，推出安租保、全家保等符合市场需求的新产品。全年为社会提供979亿元风险保障，同比增长3.86%。

【中华联合财产保险股份有限公司舟山中心支公司】 全年实现保费收入5875.7万元，实现利润409.74万元。取得“舟山交通投资集团2017—2018年度一揽子保险”项目、“舟山市政府2017—2018年度车辆统一保险”项目。

【民生人寿保险股份有限公司舟山中心支公司】 全年实现个人保费4178万元，新单保额19129万元。是年死伤医疗赔款72万元，各项给付311万元。

【中国大地财产保险股份有限公司舟山中心支公司】 全年实现保费3808.34万元，同比增长9.74%，市场份额为2.90%。通过“大地通保”APP和“中国大地保险”公众号，打造中国大地保险“云服务”，向客户提供承保、理赔、信息查询、客户经理互动、积分回馈、增值服务等服务体验。

【中银保险有限公司舟山中心支公司】 全年实现保费收入1647.20万元，同比增长140.52%，市场份额达到1.33%。自留综合成本率59.29%，实现利润总额227.86万元。2017年偿付能力充足率301%，风险综合评级A。

【安邦财险舟山中心支公司】 是年，公司下辖市本级、普陀区及岱山县三家机构，全年实现保费收入1488.96万元，同比增长22.69%；全年赔款支出1074.98万元。公司通过“微信自助理赔”，让用户可在出险后自助理赔，实现理赔客户零投诉。

【中国人民人寿保险股份有限公司舟山市中心支公司】 中国人民人寿保险股份有限公司舟山市中心支公司在全市四县（区）都设有销售机构和服务网点，与全市各大银行都有合作网点。全年实现保费收入1.3亿元，同比增长10.59%，市场份额为7.02%。

【中国人寿财产保险股份有限公司舟山中心支公司】 全年实现保费收入1.8亿元，同比增长21.33%；市场份额13.81%，比上年提升1.59个百分点。

【永安财产保险舟山市营销服务部】 全年保费收入639.44万元，与上年持平。通过微信公众号“天地通保”“永安保险自助理赔”实现保险的投保和理赔。

【富德生命人寿保险股份有限公司舟山中心支公司】 是年，富德生命人寿保险股份有限公司舟山中心支公司下辖定海本级、普陀、岱山三个营销服务部，在职营销员383人。全年实现保费收入12626.44万元，市场份额为6.64%，其中个险保费收入4947.98万元，市场份额为5.06%，银保保费收入7653.30万元，市场份额为19.48%。

【阳光财产保险股份有限公司舟山中心支公司】 11月公司迁址

临城街道新城商会大厦,下设普陀、岱山两家四级机构。实现电销团队从无到有,从有到精。全年保费收入5495.96万元,同比增长6.39%,市场份额4.19%。

【阳光人寿保险股份有限公司舟山中心支公司】 至年底,有内勤29人,续期客户经理7人,团个交叉销售专员1人,个险外勤372人。下辖的定海、普陀、岱山营业区全年实现个险新保收入1559万元。实现团险业务总保费收入265万元,个险赔款支出211.98万元;团险全年赔款支出276万元。

【华夏人寿保险股份有限公司舟山中心支公司】 全年实现保费收入1.642亿元,市场份额为8.64%,个险总保费1.08亿元,市场份额为9.76%,银保规模保费0.554亿元,市场份额为7.09%。

【太平人寿保险有限公司舟山中心支公司】 全年实现规模保费收入4230万元,业务规模、价值稳步增长。有在职员工25人,业务员295人。

【浙商财产保险股份有限公司舟山中心支公司】 在上年6月开业基础上,秉承"稳健经营,效益为先,依法合规,逐步扩张"经营理念,推出特色产品和服务,全年实收保费1489.7万元,市场占比1.14%。

(撰稿:王丽)

责任编辑:徐飞舟

经济管理

综合调控

【概况】 2017年,是舟山市推进供给侧结构性改革的深化之年。面对日益复杂的国内外经济环境,市发展和改革委员会围绕新区发展战略任务和全市经济社会发展目标,发挥综合部门的职能作用,开展“五大会战”,建设“四个舟山”,较好完成年初确定的各项工作任务。

全年实现地区生产总值1219.8亿元,比上年增长8.8%。除地区生产总值、规上工业增加值、外贸货物出口总值3个指标离目标有差距外,其余均完成目标。其中,GDP、固定资产投资、工业投资、规上工业增加值等指标增速位居全省前列。

2017年舟山市国民经济和社会发展计划主要指标完成情况

表41

指标	单位	2017年计划		2017年实绩	
		绝对值	增长率(%)	绝对值	增长率(%)
地区生产总值	亿元		10以上	1219.8	8.8
R&D经费支出相当于地区生产总值比重	%	1.65			
☆规上工业增加值	亿元		13		11.0
港口货物吞吐量	亿吨	4.5	6	4.6	7.5
旅游总收入	亿元	800	20	806.7	21.9
水产品总产量	万吨	196	3.5	200.8	5.5
☆固定资产投资额	亿元		15	1450.3	15.0
☆其中:工业技改投资	亿元		12		14.8
☆高新技术产业投资	亿元		20以上		1.2倍
☆生态环保和环境治理投资	亿元		20以上		87.8
外贸货物出口总值	亿元	427	适度增长	384	-7.2
服务贸易额	亿元	135	10	145.7	18.9
社会消费品零售总额	亿元	500	10	505.7	10.6
网络零售额	亿元	28	35以上	35.2	68.2
居民消费价格指数	上年=100	103以内		101.7	
一般公共预算收入	亿元	121.7	8	125.8	10.6
城镇常住居民人均可支配收入	元	52300	8.0	52516	8.5
渔农村常住居民人均可支配收入	元	30700	8.5	30791	8.8

续表 41

指　　标	单位	2017年计划		2017年实绩	
		绝对值	增长率(%)	绝对值	增长率(%)
城镇新增就业人数	万人	1.6		1.7	
城镇登记失业率	%	3.5以内		2.6	
☆单位生产总值能耗	吨标准煤/万元		-3.6		
☆单位生产总值二氧化碳排放量	吨/万元		-4.6		
化学需氧量	万吨		-2		
二氧化硫排放量	万吨		-1		
氨氮排放量	万吨		-2.5		
氮氧化物排放量	万吨		-1		

注:1. 工业、投资等带☆号的指标受国家统计口径调整和专业数据核实修订的影响,2016、2017基数有调整;

2. 单位生产总值二氧化碳排放量省下达目标到2020年五年累计下降21%,年均下降4.6%

【经济监测】 履行调控管理全市宏观经济运行工作职能,加强经济监测预警工作,及时发现经济运行中困难和问题,研究提出解决方案和建议,确保经济平稳运行。

科学编制年度计划　综合分析国内外发展环境和全市经济发展基础,考虑与新区发展规划、"十三五"规划以及省有关指标的衔接,根据市七届人大一次会议对2017年经济工作的总体要求和《政府工作报告》总体安排,提出2017年全市国民经济和社会发展计划。计划报告在市七届人大一次会议上审议通过。

加强经济运行监测　继续完善工业和服务业经济监测体系,监测样本企业数量为107家重点工业、134家重点服务业和40家重点农业企业。每季度开展企业问卷调查工作,新增"最多跑一次改革满意度""企业减负改革满意度"两部分指标,更好地了解企业生产经营情况和存在的困难问题,掌握经济形势分析第一手资料,并撰写季度调查问卷分析报告上报市委、市政府。加强对宏观经济形势的综合分析判断,加大对重点经济指标、重大项目推进的跟踪分析,加强对监测中发现问题的研究剖析,完善经济运行监测预测机制,分析提出建议和对策,向市委、市人大、市政府和省发改委报送相关分析材料,为市委、市政府研判形势和出台政策,提供参考和依据。

【规划管理】 履行市规划办工作职能,加强规划综合管理工作,强化规划编制、管理和实施。

做好"十三五"规划实施、监测工作　分解、落实《舟山市国民经济和社会发展第十三个五年规划纲要》,跟踪分年度目标任务具体进展;编制、印发《舟山市"十三五"规划纲要2016年度实施情况监测报告》,重点围绕纲要提出的总体目标、主要指标和重点任务,对2016年实施情况进行监测、分析、评价。

谋划和申报舟山自由贸易试验区　舟山被列入国家第三批自贸试点,主要任务是就推动大宗商品贸易自由化,提升大宗商品全球配置能力进行探索。完成四至范围划定工作,总体方案经国家商务部征求国家相关部委意见进行修改完善后,上报国务院。推动自贸区主要区块的前期项目建设工作,与丝路金融、塔曼集团、浙江国贸集团等进行对接谋求合作。

深化落实舟山江海联运服务中心方案　持续跟踪甬舟铁路、新奥LNG管网、义甬舟开放大通道等重大综合交通项目建设进展,配合开展大宗商品中转储运、基础设施建设等江海联运重大项目的前期工作。

加强对各专项规划编制的指导和衔接　做好一批专项规划编制、衔接和发布实施工作,发布《舟山市"十三五"近岸海域污染防治实施方案》《舟山市"十三五"渔业发展规划》《舟山市人力资源和社会保障事业发展"十三五"

规划》等10项重点专项规划。

参与和对接大湾区大花园大通道大都市圈等省级规划　加强与省发改委沟通对接,参与"大湾区""大花园""大通道""大都市圈"建设行动计划、"一带一路"战略实施方案等编制、实施工作,提供相关基础资料和研究思路报告,争取更多舟山内容得以体现。

【项目管理】落实"项目中心制",深化重大项目前期,加快重点工程推进,确保固定资产投资平稳较快增长。全年实现固定资产投资1450.3亿元,同比增长15.0%。

编制投资年度计划　编制实施2017年度全市固定资产投资年度计划、市本级政府投资项目计划、省"411"重大项目推进计划,加强项目综合管理和投资监测分析,确保全市有效投资任务分解到位、责任落实到位、计划执行到位。

抓好重点工程推进　通过建立以"四个一"管理运作机制为核心,以项目审批、责任倒逼和联动督考等机制为支撑的"项目中心制"推进"三重"项目建设。全市168个市重点建设项目完成投资830.5亿元,57个省重点建设项目完成投资528.7亿元,均超额完成年度计划。新增的60个市重点项目开工率达到93.3%。衢山鼠浪湖岛矿石中转码头工程、黄泽山一期罐区工程、杉杉生活广场项目等工程基本完成。浙石化库区、新奥国际航运船舶LNG加注站项目(一期)、宁波舟山港主通道(鱼山石化疏港公路)工程、500千伏联网输变电工程等项目建设推进。绿色石化基地炼化一体化项目顺利通过环评和项目核准,一期项目开工,场地及配套工程进展顺利。波音737完工和交付中心项目获国家发改委核准并正式开工,波音商飞(舟山)联合完工中心签约揭牌,综保区空港分区通过国家验收。中澳现代产业园"一片多区"隔离场、屠宰场建设方案获国家质检总局同意,澳牛进境加工项目开工建设,澳洲跨境商品直购体验中心一期建成营业。

加快推进项目前期工作　编制重大项目前期攻坚计划,完善市级重大前期攻坚项目库,明确项目各项审批事项时间节点,全市6个项目列入省级库,其中甬舟铁路和舟山LNG接收和加注站连接管道项目为2017年新列项目。率先贯彻实施"省市县长项目工程",加强谋划盯引,初步梳理市县长项目13个,项目总投资500多亿元,涉及绿色石化、港贸物流、海洋旅游、现代航空、海洋电子信息等多个产业。

【产业升级】加快培育健康产业　完善舟山市健康产业项目库,项目库管理实现动态管理、多部门联动共享,项目库范围涉及特色医疗服务、养老护理产业、高端康体养生、健康文化旅游、海洋生物医药等领域。培育一批健康产业骨干企业,开展健康产业发展"四个一批"、长三角健康服务业示范培育企业谋划、申报工作,有1个小镇、6个项目列入省健康产业"四个一批"培育清单。

持续推进服务业发展工作　加强省级服务业集聚示范区提升建设,组织开展4家省级服务业集聚示范区的综合评价工作及动态增补工作,其中大宗商品交易中心在全省100个服务业集聚示范区和同类集聚示范区中均排名第一。嵊泗县获批省服务业强县试点地区,并获得360万元的资金支持。舟山港综合保税区入选第二批省级示范物流园区(全省共6家),舟山陆港现代物流中心获评首批智能化仓储物流示范基地,海中洲集团等8家企业入选省服务业重点企业。

加强能源保障发展低碳经济　推进国家海水淡化试点城市建设工作,新建鱼山海水淡化、嵊泗海水淡化提升改造二个项目,海水淡化总规模达到19万吨/日。加强海水淡化科研成果转化,青兰科技申报的省级海水淡化工程实验室获省发改委批复,三家配套企业落户舟山,逐步形成配套企业集群。加强可再生清洁能源开发,全省第一个海上风电场——国电普陀6号海上风电场首台机组并网发电,全省第一个海上风机制造产业园——湖南湘电集团海上风机产业园项目完成签约,岱山、六横分别列入2017年浙江省清洁能源示范县、示范镇。

【财政金融】做好全市财政金融运行情况分析和综合协调工作,加大金融扶持和企业债券发行工作力度。用足用好国家发改委奖励的企业债券"直通车"政策,通过"直通车"机制向国家发改委申报城投(19亿元)、岱山国资(18亿元)两支企业债券。至年底,全市有存续期债券6支,其中首支项目收益债券17弘棚改项目NPB(4.5亿)于年初获批发行。按照省发改委要求,做好已发行的6支企业债券本息兑付风险排查工作,督促企业做好信息披露、募集资金依照用途使用、募投项目实施、偿债保障措施到位、本息及时偿还等工作。完成政府出资产业投资基金(江海联运产业投资基金)及创业投资企业(如山新能源公司、如山汇盈公司)备案工作。

(撰稿:陈天璐)

统计管理

【概况】 2017年,全市统计系统贯彻执行中央、省委省政府关于统计工作的相关文件和主要领导讲话批示精神,落实省统计局工作要求,围绕市委、市政府中心工作及建设舟山群岛新区和浙江自由贸易试验区大局,强化统计基层基础建设,抓统计数据质量,加大统计执法力度,深化统计方法制度改革创新,提升统计工作水平,各项工作取得新进展。

【统计数据分析预警】 做好统计业务工作,规范全市统计数据采集、汇总、审核、发布,每个季度召集相关部门和各区块召开经济形势分析座谈会,关注相关指标走势,开展对相关指标的跟踪监测,建立和完善全市及县(区)主要指标数据台账。重点监测和分析浙江自贸区、"五大会战""四个舟山"等建设成效,为党政领导和社会公众提供优质高效的统计信息和统计服务,市统计局印发《统计信息》和《统计分析》120篇(其中两办录用28篇),印发《统计报告》16篇,其中杂志录用1篇;《舟山群岛新区区域经济增长贡献分析》获省统计局重点课题三等奖,并被编印在《2016解读浙江经济》一书中。撰写《海洋经济加快发展 创新突破走在前列——2012—2016年舟山市经济社会发展成就》编入省党代会红皮书,并被《舟山瞭望》、舟山新闻、舟山发布、掌尚舟山、无线舟山等媒体引用和发布。连续五年组织编印《数据寻迹——2016年舟山市统计系统统计调研报告集》,呈报市领导并发送相关单位和部门。

【统计信息和数据发布】 每月向市主要领导发送主要数据情况短信,编印发送《统计快讯》《工业投资统计快讯》《浙江省及十一市国民经济主要指标》《统计月报》,及《统计季刊》(内容包括:各领域季度形势分析、主要指标月度数据及图表,全国、全省及长三角城市,沿海开放城市数据)、《服务业统计资料》等,向省局填报《浙江数据要情》中舟山地区相关数据(包括约320个指标数据)。突出市领导关注重点,征求多方意见,结合舟山实际,对《2017年舟山统计年鉴》进行改版,体现舟山海洋经济和新区发展情况。编印《2016年舟山统计手册》向市党代会和"两会"会议代表发放。参与国家级新区、长三角城市、沿海开放城市统计合作与交流,网络共享主要经济指标数据,开发利用相关数据,开展比较分析。

【统计基层基础建设】 深化企业规范化建设 强化全市统计"双基"规范化建设,全市规模以上工业企业、限额以上批发零售和住宿餐饮企业95%以上开展了规范化建设。

推进部门统计规范化建设 结合核算部门联席会议制度和服务业统计工作的需要,在全面部署的基础上,重点对经信、财政、住建、交通、港航、商务、旅游、工商等与核算和服务业统计密切相关的部门加强指导。

加强乡镇街道规范化建设 做好统计工作示范点创建工作,以点带面,促进全市统计组织机构体系健全。是年,舟山市向省统计局推荐嵊泗县洋山镇作为舟山市乡镇(街道)统计工作示范点获得通过,至此,全市四个县(区)均有各自的乡镇(街道)统计工作示范点(定海区金塘镇、普陀区沈家门街道、岱山县高亭镇、嵊泗县洋山镇)。开展统计巡查,促使街道改进统计规范化建设薄弱环节。

【统计管理和监测】 深化统计管理体制改革,学习贯彻中央、省委省政府关于深化统计管理体制改革提高统计数据质量相关文件以及主要领导讲话批示精神,做好相关意见、办法和条例的贯彻落实工作。加强基本单位名录库建设,高质量完成名录库年报及日常维护更新工作,做好全市统计调查单位名录库自查工作,在省对市实地抽查中做到零差错。围绕已投入建设还未投产的大项目做好统计管理和预测分析。理顺绿色石化基地企业和项目之间的复杂关系,规范报送渠道和统计口径,并随时关注和跟进项目进度;通过多方调研了解波音项目情况,做好对波音项目经济产出的预计分析。开展投资5000万元以下直报和财务支出法试报工作。根据国务院第三次农业普查统一部署,广泛动员,组织开展普查登记、数据审核、质量评估和事后质量抽查,结合舟山本地特点,同步开展具有舟山特点的渔业普查工作。

【法制建设】 加大统计违法行为查处力度 是年,全市对投资、工业、贸易、服务业、劳动工资专业共136家企业(项目)进行了执法检查,超额完成全年执法检查目标任务,处罚企业7家,罚款3.68万元。

做好问题整改和促进数据质量管理规范化 结合统计执法检查、数据质量核查等形式,下乡镇、进企业开展业务指导,重点指导规范化基础比较薄弱的企业。

开展统计诚信示范单位创建和复评工作 经过企业申请报名、县(区)的筛选推荐和市局的实地走访审核,确定13家企业作为统计诚信示范单位。

加强执法队伍建设 严格执行执法人员持证上岗和资格管理制度,培育统计执法骨干,以局内专业和县(区)骨干人员为基础建立全市执法骨干人才库,其中2人被列入省统计执法骨干库,1人被列为国家统计执法骨干库成员。

【统计方法制度改革】 做好浙江自贸试验区统计改革创新,形成《中国(浙江)自由贸易试验区统计工作实施方案》和《舟山(浙江)自贸试验区统计报表制度》。每月按时向商务部报送相关数据分析资料,浙江自贸试验区统计工作走在7个第三批自贸区的前列,多次受商务部表扬。做好旅游统计改革,与市旅游委共同研究制定并印发《关于开展旅游统计改革工作的通知》《舟山市2017—2018年旅游统计改革工作任务清单》等,做好抽样和样本轮换等工作,协助指导普陀区和嵊泗县做好全域旅游增加值核算。加强对市三新经济(新产业新业态新商业模式)的调研,学习研究国家三新经济统计监测制度,通过相关部门调研、座谈会等多形式开展"三新农业"统计研究。完成全市四众平台统计和电子商务统计,建立完善全市电子商务交易平台名录库,挖掘本地电子商务潜在企业,协调推动电子商务交易平台统计工作扎实有序开展。开展"一带一路"外贸情况调研。

(撰稿:郑倩)

审 计

【概况】 2017年,全市审计机关完成审计项目111个,查处违规金额2.04亿元,损失浪费金额637万元,管理不规范金额42.61亿元;发现非金额计量问题871个;报送审计综合工作报告、信息1126篇,被上级批示、采用659篇;向社会公告审计结果28项;向司法机关和纪检监察部门移送案件线索41件,涉及人员60人,涉及金额1496万元;核减投资额6.35亿元。市本级完成审计项目38个,查处各类违规金额1.67亿元,损失浪费金额635万元,管理不规范金额31.96亿元;发现非金额计量问题289个;报送审计综合工作报告、信息583篇,被上级批示、采用214篇;向社会公告审计结果18项;向司法机关和纪检监察部门移送案件线索23件,涉及人员12人,涉及金额1196万元;核减投资额3.61亿元。

8月9日,省审计厅调研舟山市审计局审计工作(刘丹薇 摄)

【财政金融审计】 是年,财政金融审计围绕财政审计大格局,重点开展财政预算执行和决算草案、信息共享机制建设推进情况、群岛新区财金投资基金情况、市本级行政事业性收费专项审计调查等以及"稳增长""五水共治"等政策措施贯彻落实情况跟踪审计,创新"两个报告"题材和内容,突出"同级审"的宏观性、针对性和建设性。信息共享机制建设推进情况调查,审计揭示全市政务信息管理体制机制不够完善,信息资源政府部门间共享不够顺畅,政府部门间信息共享不完善导致部分政策执行不到位等问题,市政府高度重视,出台《关于启用舟山市统一用户工作平台公共数据查询平台以及做好电子证照入库等工作的通知》,解决部分部门间数据共享数据交互不通畅的问题。

【经济责任审计】 全市完成经济责任审计46项,对49名领导干部进行经济责任审计,其中市本级对11个单位11名领导干部进行经济责任审计。通过审计发现部分单位职责履行不到位、决策不规范、内部管理不健全、二级部门私设"小金库"等问题,移送相关部门。2016年度经济责任审计工作报告得到市长温暖批示,要求经济责任审计中发现的问题要一抓到底,直到整改完成。2017年,完成18家新区(市)属单位"一把手"领导集中交接事项,规范对市管领导干部经济责任的管理行为,促进领导干部守法、守纪、守规、尽责。

【固定资产投资审计】 全市审计机关共完成政府投资项目审计1048项,其中完成政府投资项目造价结算审计项目931个,净核减6.35亿元。市本级完成工程结算审计项目491个,净核减3.34亿元;完成竣工决算审计项目52个,查出管理不规范金额1.88亿元。重点开展全市"三重"项目进展情况、市属功能区政府投资项目管理情况专项审计调查,关注"项目中心制"管理运作机制的经验和成效,揭示项目审批程序不规范,建设资金使用不规范,工程后续管理不重视,市属经济功能区体制性方面制约其"经济功能"发挥,以及行政审批和管理事项下放后有些功能区没有真正接住、管好等问题,并以审计专报上报市政府。同时部署投资审计中心转型工作。

【行政事业审计】 组织市本级196家单位开展2016年度公务支出公款消费自查,深入开展部门预算执行审计,重点审计15家部门上会单位及部分行政事业单位的财政收支情况,发现部门预算管理不够规范、部分收入未纳入单位预算管理、公务支出公款消费不够规范等问题。强化行政事业单位审计,重点关注专项资金支付真实性、政府采购项目管理合规性等内容,审计发现个别单位以购买材料名义违规套取专项经费的线索,分别移送相关部门查处;审计发现未中标单位为其投标授权代表却为中标股东之一的涉嫌串标问题,移送相关部门并处罚。

【经贸审计】 以促发展、控风险、反腐败作为国企审计主攻方向,探索和实践大数据审计技术,继续全面推行以面、线、点相结合的国企审计部署。按照省审计厅安排,以"摸清总体,推进政策执行,促进经济转型升级"为目标,组织开展市本级和定海、普陀两区企业去产能政策落实情况专项审计调查,主动调整审计作战线路,调用各种审计资源,从财政、国土、环保、法院、经信等单位取得合法有效证据,客观真实全面地反映市去产能政策落实进展情况。在某国企审计中,发现收入管理严重失控、涉嫌贪污公款等线索,已移送纪检部门查处,推动企业从集团层面对制度、体制、机制上开展系统性整改。撰写的审计案例《莫让"菜篮子"成为敛财的"摇钱树"》被《中国审计》杂志采用,审计信息《我市审计发现一起国企腐败窝案》被《舟山日报》采用,审计专报《我市国企补充养老和医疗保险政策执行亟待规范》《我市一些国企虚开发票引发会计信息严重失真亟待重视》《审计连续三年发现国企员工贪腐案件凸显会计履职不力问题》3篇,均得到市长温暖批示。

【民生审计】 坚持以人为本、维护民生,促进各项惠民政策落实到位,确保民生资金的合理、有效使用。继续组织开展保障性安居工程跟踪审计,揭示保障性安居工程在政府购买棚改服务和货币化安置、工程建设管理、安居住房分配使用等方面存在的问题,发出审计决定书3份,审计移送处理书 3 份，审计整改基本完成，在舟山审计门户网站上公告审计结果。组织开展“最多跑一次”改革情况专项审计调查，抽查市本级、定海区、岱山县 34 个部门的 804 项办事事项，提出建立“互联网 + 政务服务”数据共享信息平台、着力推进全社会信用体系建设、强化工作协调机制的建议。开展市本级养老事业发展情况专项审计调查，揭示养老设施建设及运行质量、制度监管、财政资金管理使用等方面存在的问题，提出加强和改进市养老事业的对策建议，受到市民政部门的重视和采纳。

【审计基础建设】 贯彻落实“审计体制改革年”活动，围绕目标，突出重点，抓住关键环节，构建舟山审计质量控制体系，推动全市审计质量、审计价值持续提升。重新评估各环节质量控制点，对审理环节、审计结果文书审核、重要审计专报及查封扣等重要法律程序履行等关键质量控制点进行优化，在全市审计系统新实施新的优化版管理系统。规范审计项目计划编制与审核程序，实行分级申报集中审核，对 2017 年度全市审计项目编制的科学性、力量与任务的平衡性、审核审批程序管理的合法性等方面进行集中审核管理，保证计划安排合理有序，增强项目计划的可操作性和科学性。

【审计整改落实】 是年，市政府修订出台《舟山市人民政府关于进一步加强审计整改工作的意见》和《舟山市审计整改联席会议制度》，强化审计整改报告、督查、协调、核查、问责、公开六项各项制度，加强审计结果运用和审计整改督查工作。舟山市审计局制定出台《舟山市审计局督促指导被审计单位主动公告整改结果操作办法》和《舟山市审计局审计整改问题清单制管理办法(试行)》，部署全市审计整改督查系统，推进被审计单位主动公告整改结果，全年市审计机关公告的审计结果共 18 项，出具审计整改公告的被审计单位共 13 家。

【审计信息化建设】 打造“智慧”审计，加快建设舟山审计数据中心，推进重点行业审计数据分析系统联网审计升级改造。成立财政审计数据标准化质量验证试点工作领导小组，10 月底完成市本级及四县(区)财政审计标准化数据的质量验证试点工作。深化全市审计系统信息技术实战应用工作机制，激励多名审计骨干参加审计署、省审计厅计算机审计中级培训和考试，组织计算机审计骨干人员定期参与审计电子数据报送工作，采取有效措施提升审计人员驾驭大数据的能力，为重点审计项目提供信息技术支撑，打造计算机审计人才队伍。

【审计队伍建设工作】 以审计机关人财物改革试点工作为契机，注重加强审计机关领导班子建设，强化对县(区)审计机关指导，晒出 2017 年重点工作和审计项目指标清单，以“项目清单 + 强化监督”的方式，实施清单管理，强化跟踪问责。举办全市审计干部综合素质培训班和“春节后学习周”，开展“三创三评”“一晒四评”、青年论坛等评比激励活动。落实党风廉政建设主体责任，严格执行中央“八项规定”及审计“八不准”工作纪律，签订《廉政建

2 月 10 日，召开全市审计系统年度工作会议，市与各县(区)审计局负责人签订廉政责任状(刘丹薇　摄)

设责任书》《审计组廉政承诺书》和《审计组长廉政承诺书》。

【内审工作】 评选表彰内部审计先进单位、先进个人和内审优秀项目,提升内审工作影响力。组织开展省级课题、社科联课题、市级课题2017申报工作,以课题研讨促进内审实务。推进内部审计职业化建设,交流内审工作经验,提高内审人员业务素质。加强与对口民主党派的工作联系,以"现场走访+工作座谈"的方式,发挥特约审计员的作用。

(撰稿:刘丹薇)

市场监督管理

【概况】 2017年,舟山市场监管系统围绕自贸试验区建设、"打好五大会战、建设四个舟山"中心任务,在新区党工委管委会和市委市政府的领导下,全面做好市场监管各项工作服务新区发展建设。是年,以"最多跑一次"改革为抓手,推进商事制度改革,完成首轮"小微企业三年成长计划"工作目标,持续推进市场主体提档升级,开展各类专项整治行动,牢守食品、药品、特种设备三大安全底线,实现办证效率再提速、转型升级再助力、市场秩序再规范等目标。

【实施"最多跑一次"改革】 梳理确立22个普遍性行业的55大项、156子项"最多跑一次"目录清单,实现权力清单许可事项全覆盖;推行自助终端办照零见面、全程电子化登记零跑动、小食杂小餐饮简易程序零填单、证照快递工本零费用的"四个零"举措,建立"一窗受理、集成服务""同城通办"工作机制,深化扩展"证照联办""多证合一、一照一码"审批范围,试行住所登记申报承诺制,前移办事窗口,优化商事登记环境,实现"办事不出岛"承诺,激发大众创业热情。全市实有内资、外资企业和个体户、农专社总数分别达到32364户、349户和65856家、586家,注册资本(金)总量5630亿元;"跑改"实现率和满意率居全省系统前列。

【助力自贸试验区建设】 开设6个自贸商事登记专窗,出台《中国(浙江)自由贸易试验区内商事登记管理办法》,成立省大宗航运物流产业计量测试中心,引进保税燃料油供应业务第三方公证机构,借力国家和省级力量支持重点工程技术检测,对标上海推动自贸区"证照分离"改革,争取"非特"化妆品备案权限和自贸计量仲裁机构落户舟山,投资5000万元开展海工装备检测创新项目,发布首个针对自贸区的市级地方标准规范"国际航行船舶保税燃油供应业务操作规范",搭建自贸服务特色平台,促进自贸区内企业的快速落户,全年新设和换发照企业达到4167家,注册资本(金)2173亿元。

【"小微企业三年成长计划"工作】 三年来,全市新增小微企业9300余家,累计小微企业23573家,其中八大产业小微企业4278家;认定科技型小微企业626家;完成个转企1054家,整治淘汰不达标、违法生产企业(作坊)794家。2017年,依托商标质押、动产抵押为中小企业融资近49亿元。做好"双对接"工作(民企对接"现代技术、现代金融"),开展"服务小微成长暨2017民企双对接活动月"活动,举办各类银企对

11月6日,市市场监管局和有关部门签约食用农产品、食用水产品安全协调合作机制备忘录(市市场局提供)

接会5次，组织企业劳动用工招聘专场活动20余场，累计引导金融机构向小微企业发放融资贷款26亿元。

【质量品牌建设】 出台《舟山市质量提升工作三年行动方案（2017—2019年）》和《舟山市全面推进标准化战略实施方案（2017—2020年）》，推进“三强一制造”（标准强省、质量强省、品牌强省、浙江制造）工作，推动建立全市首家专业标技委——市旅游标准化技术委员会，服务市创建国家级旅游服务综合标准化示范区；发布自贸区首个地方标准——《中国（浙江）自由贸易试验区国际航行船舶保税燃油供应业务操作规范》，填补国内供应船用保税燃油行业规范的空白；指导企业制订3个“浙江制造”标准，参与7项国家标准制定。组织定海区开展“浙江制造”品牌培育县域试点，新添1家“浙江制造”品牌认证企业，1家企业（7412工厂）通过省政府质量奖评审并公示；新增1个中国驰名商标（龙源四方机械）、新注册各类商标500余件；11个产品获得浙江名牌认定。推动实施先进质量管理模式，新增导入卓越绩效模式企业42家，累计达到110家；新增3家中小学质量教育实践基地和质量管理孵化基地。

【市场提升改造】 制定新一轮放心市场建设三年规划，13家农贸市场创建省级放心农贸市场，比上年增加62.5%；实施乡村农贸市场三年改造提升计划，15家农村市场通过1~2星级市场考核。助推海洋经济类专业市场升级发展，舟山中国水产城进入“中国商品市场百强”，新区水产品交易中心和浙江船舶交易市场分别获得“网上网下融合市场30强”和“引

2017年舟山市企业质量品牌发展一览

表42

名　　称	数量	详细内容
浙江制造品牌认证证书	3张	浙江金鹰股份有限公司
省政府质量奖（提名奖）	1个	质量奖提名奖：舟山市7412工厂

2017年度浙江名牌产品一览

表43

	产品名称	申报企业名称	商标
工业产品	旋涡式充气增氧机	森森集团股份有限公司	（森森）
	亚麻纺纱机械装备	浙江金鹰股份有限公司	鑫 GETM 鹰
	汽车模具	浙江炜驰机械集团有限公司	炜驰
	塑料注射成型机	浙江金鹰股份有限公司	金鹰
	船舶漆	浙江飞鲸新材料科技股份有限公司	飞鲸
	机筒螺杆	浙江华业塑料机械有限公司	华业
农业产品	冷冻调理水产品	舟山金星水产有限公司	今喜星
	舟山带鱼	舟山市海洲水产有限公司	海久
服务业产品	餐饮服务	浙江海中洲集团有限公司	海中洲
	船舶商务中介服务	浙江船舶交易市场有限公司	
	沿海旅客运输服务	舟山海星轮船有限公司	
	客运索道服务	舟山市普陀山客运索道有限公司	
块状产业	舟山海鲜	舟山市水产流通与加工行业协会	舟山带鱼、舟山大黄鱼、舟山三疣梭子蟹

领产业市场30强”称号。与浙江海洋大学合作开展新时期海洋性商品市场培育发展课题研究，为今后3~5年商品市场发展提供思路和方向。特色交易市场转型升级成果获国家工商总局副局长甘霖高度肯定。

【打好“五大会战”】 牵头全市废旧收购业和电动车经销专项整治。通过部门联动，挂图作战，全市613个废旧物资收购点，已关停并转414个，无证经营点全部取缔，主城区和交通主干道两侧得到全面清理。通过集中整合提升，全市废旧收购点总量减至92个。对电动三轮车经营进行整治，所有经营户停止销售，存量电动三轮车全部封存(尚存165辆，允许转向市外销售)，完成整治任务，城乡面貌明显好转。

【重点领域专项执法】 围绕中共十九大、第四届世界互联网大会、世界海岛旅游大会、世界油商大会、省第三届体育大会等重大活动，全面排查食品、特种设备、危化产品安全隐患，全市无一起相关安全事故发生；开展“红盾网剑”行动，查处首例网店“刷单”炒信案，对某公司发布使用绝对化用语广告首次开出30万元罚单；针对医药、房地产等领域不正当竞争行为，查处商业贿赂、虚假宣传等案件43起，查处往年少有的工程项目串通招投标系列案件；强化假冒伪劣整治，没收各类假酒近万瓶；开展投资理财类企业专项整治，查处虚假广告、虚假宣传等违法案件27起，其中理财类公司整治工作建议得到副省长朱从玖的批示肯定。

【食品、药品、特种设备、危化产品四大安全隐患整治】 组织开展安全专项整治行动20多项，办结产商品质量案件110起，其中万元以上大要案76起；检查特种设备生产使用单位1575家，排查消除安全隐患794项；查处“四品一械”(食品、药品、化妆品、保健食品、医疗器械)案件339件，移送公安部门食品违法案件18件立案16件。加强对施工源头环节的监管，推进特种设备规范化管理，召开2次规范化管理现场会，在全市155家特种设备使用单位推广大型起重机械双重预防机制；开展食品安全排雷“百日攻坚”行动，对工地食堂、集中用餐、初级水产品、酒类等11个风险隐患重点产品开展针对性抽检1497批次，查出不合格食品26批次，组织联合执法235次，关停非法经营单位19家；全力做好“一打三整治”工作，累计检查市场474个次，巡查经营户16352户次，检查餐饮经营户及酒店2952户次，发出责令改正通知书328份，协同海洋渔业部门查扣违禁渔获物6900余千克。委托第三方机构开展群众食品安全满意度调查显示，群众对食品安全的总体满意度达到71.4%，同比上升1.2个百分点。

【创新监管模式】 实施“互联网+”行动计划，完善“舟山市食品安全智慧监管平台”，采用电子化手段对餐饮服务单位实施日常监管、监督抽检、执法稽查；与浙江海洋大学合作开发培训软件，对近2000名小餐饮服务管理员实施网络培训考核；推进药品信息化建设，建立药械监管综合平台，强化药械证后监管工作。对早餐摊贩，引入第三方社会化管理模式，由专业餐饮公司对新城、普陀、金塘、海集区等地的148个早餐摊贩实行规范化管理；对农贸市场，在嵊泗县中心农贸市场试点，将8家独立熟肉生产经营单位转换为“7+1”(7家经营+1家生产)联合经营模式，生产与经营相分离，在加工场所安装监控视

6月14日，开展特种设备应急演练(市市场局提供)

频，联入经营门面显示屏，消费者可实时查看熟肉加工情况，实现“阳光加工”；对普陀山等重点景区，实施旅游团队聚餐接待能力评定。推行“双随机一公开”和年报公示工作，建立完善“一单两库”，首次对全市检验检测机构、强制性认证获证企业、自愿性认证获证机构的证后监管实行“双随机”检查。加大年报和信息公示抽查力度，发送年报催报短信15万余条，报送2016年度年报企业18447家，个体户43390家，农专社458家，自然年报率分别为67.11%、75.14%和79.93%；推进守重企业公示，新申报AAA级企业7家，AA级30家。

【实施放心消费在新区行动】 制定实施放心消费在新区行动方案，确定到2020年全市创建630家放心消费示范单位的目标，签订《责任状》，压实目标责任，建立“政府负责推动、职能部门牵引、市场主体申创、义工体验评估”的共创机制。向社会发出“放心消费”倡议书，通过报纸、电视、电台、网络对“放心消费”活动进行广泛宣传报道，聘请60名义务监督员督促经营者落实主体责任，培育放心消费示范单位集群。至年底，全市已完成市级放心商店、放心网店、放心餐饮及其他放心示范单位创建253家。是年，全市旅游人数超过5000万人次，未发生一起重大消费投诉事件和食品药品安全事故。

【开展食品安全城市创建】 出台《食品安全社会共治工作实施意见》。市食安办与农林、海洋渔业等部门合作推进食品准出准入、质量安全追系、监管信息共享。联合市人行推进食品安全金融征信工作，实施征信主体13022家。联合教育局推动全市235所学校及等级以上幼儿园全部投保涉校食品校方责任保险。建立大中型餐饮服务单位食品安全管理队伍，所有学校及幼儿园食堂、绝大部分餐馆均配备1名管理员。持续推进建成阳光厨房240家。城区农贸市场“双体系”建成率达到95%以上。完善食品安全预警机制，制定食品安全谣言防控治理机制，建立由20名人员组成的谣言监控治理联络员队伍。加强食安创建公益宣传，投入专项经费200余万元。

12月18日，开展食品安全事故应急演练(市市场局提供)

【推进食药检验平台建设】 新区综合检验检测平台进入内部装修和设备安装阶段。市食药检院累计投入仪器设备3200余万元，购置高端分析设备百余台，通过认证产品参数1436项(食品参数产品991项、非食品参数产品445项)，填补了食品添加剂产品、特殊膳食食品、特殊医学用途配方食品等领域的多项检测能力空白，是年中标省食药监、省海洋与渔业、省质监等单位的近千批次检测任务。

【拓展消费维权平台建设】 同市消保委、市中院联合制定《关于建立消费纠纷诉调对接工作机制的意见》，建立诉调对接工作机制。全市新建消费维权绿色通道企业70家，新发展先行赔付企业5家，全市维权服务站数量达到105个。是年，12315系统累计接收各类咨询举报投诉9301件，其中举报投诉件3838件，咨询5463件。举报投诉件已办结3841件，办结率98.56%；涉及争议金额561万元，挽回经济损失248万元。

【加强部门自身建设】 组织开展“两学一做”学习教育活动。开展中层干部综合能力训练，13名干部进行轮岗交流或提拔任用。推进“法治市监”建设,制定完善11项依法行政工作制度。加强基层基础建设,打造办证窗口巾帼文明示范岗、消费维权小金工作室、药检李老师工作室、质检称心计量和特检工人先锋号等党建服务品牌。强化廉政纪律教育,加强作风效能检查,排查市局机关22个处室70余个岗位廉政风险点,建立健全科级干部廉政档案103份。开展作风效能检查340余人次,发放温馨提示卡67份,确保干部队伍的廉洁稳定。

(撰稿:张松玲)

国土资源管理

【概况】 2017年,全市国土资源部门紧紧围绕新区发展大局,以“369”年度工作任务为主线,助力推进“自由贸易港区、海上花园城市”建设,完成各项任务,为新区发展提供国土资源要素保障。

【重大项目保障】 紧扣国家战略,助推自贸区建设。按时保质完成综保区衢山分区、空港分区封关验收。向上争取国家、省新增建设用地专项计划指标,全年争取新增建设用地计划指标8436亩(562.40公顷);完成建设用地报批10405亩(693.67公顷)。全面落实重点项目联系机制,及时开展土地利用总体规划局部调整,有效保障了宁波舟山港主通道项目、禅意小镇、航空产业园区等重点建设项目用地空间需求。全年供地16153亩(1076.87公顷),完成8宗储备土地供应。完成地质陈列室布展与对外开放,拓展地质资料馆藏和地质资料服务中心的功能,为全市工程建设的地质成果共享提供基础服务。

【耕地占补平衡】 全面实施盐田复垦造地。至年底,岱山现代农业观光园累计完成项目投入3055万元;普陀六横双塘盐场复垦项目全部完工,新增耕地1505亩(100.33公顷)。全市完成垦造耕地项目27个,新增耕地2794亩(186.27公顷)。争取异地调剂耕地指标4293亩(286.2公顷),标准农田指标1023亩(68.2公顷)。全年无市以上重点项目因土地保障问题而影响项目推进。

【生态资源保护】 贯彻落实《中共中央国务院关于加强耕地保护和改进占补平衡的意见》文件。市委市政府在全省率先出台《关于加强耕地保护统筹落实新区土地要素保障的实施意见》。落实县、乡两级耕地保护主体责任,并纳入全市综合考核。重视中央环保督察和海洋督察。开展批而未供、供而未用和闲置土地专项处置行动,全年消化批而未供土地6502亩(433.47公顷),完成全年任务的162.55%。加快实施“空间换地”,完成农村存量建设用地调查,盘活存量建设用地6631亩(442.07公顷);完成城镇低效用地再开发3871亩(258.07公顷),完成任务的186%,居全省前列。矿政管理更加规范。全市共有采矿权48宗,均为保障重点项目建设配套矿山;完成第三轮市、县两级矿产资源规划编制工作;深化“四边三化”专项行动,完成省厅任务;全市在采矿山粉尘达标率92%。完成永久基本农田划定工作,划定永久基本农田25.5万亩(1.7万公顷),示范区7.36万亩(4906.67公顷),储备库1万亩(666.67公顷),实行永久保护。

【法治国土建设】 全面建成乡镇政府牵头的联合执法、综合执法新体系,打通案件执行“最后一公里”。整治违法违规危旧房16宗,非法“一户多宅”168户,违法设施农用地10宗;对新增违占永久基本农田行为“零容忍”。2016年度卫片整改到位率92.31%,卫片耕地违占比例0.8%。推进国土资源非诉行政案件“裁执分离”执行,534件历史遗留案件得到处置,被评选为2017年度“三改一拆”行动先进集体。开通“舟山国土”微信公众号,推进“互联网+法治宣传”。完善党委中心组学法制度,学习习近平关于全面依法治国的重要论述及国家法律、法规;开展“法律智库”培训班;严格依法行政,重视行政复议、诉讼活动,落实行政机关负责人出庭应诉制度;强化行政审批事中事后监管,加强国土资源政策合法性审查力度;开展案卷评查工作,实行自查、抽查、集中评查和延伸评查;建立“双随机”抽查监管机制以及“一单两库”。

【重点领域改革】 启动国土资源信息监测指挥中心五年建设计划,谋划涉及国土资源“批、供、用、补、查”及不动产登记、地质灾害预警指挥、执法监察等全业务网上办理、全流程优化审批、全区域便民服务、全节点效能监管的"智慧国土共享平台"。海域和建设用地使用权联合招拍挂出让办法被纳入中国(浙江)自由贸易试验区制度创新成果。实行国土所与基层政府的深度融合,将国土所干部纳入乡镇(街道)日常管理和工作考核,干部待遇与乡镇(街道)逐步实现均等化。首批评定规范化国土资源所13家。启动新建社区等10个村土地利用规划编制工作;启动"舟山市近五年空间资源配置回顾与提高保障能力研究"课题。建立耕地保护补偿机制,发放省市补助及县区配套资金1782万元。力推以"村规民约"为主体的村级土地民主管理模式。

【夯实民生基础】 在全省率先实现地质灾害隐患"存量一年清零、增量即查即消",一年完成省政府下达的"除险安居"三年行动计划。年初排查出的61个地质灾害隐患点和41个应急排险点全部完成治理,减少受威胁群众2141人。坚持依法规范处理省统一政务咨询投诉举报平台信访事项,处理率达100%;完成省厅下达的积案化解工作,结案率100%。完成农村宅基地及地上房屋发证任务(50%以上),保障无房户危房户建房3131户。行政审批服务事项100%实现"最多跑一次",整体提速30%以上;投资项目审批"一窗受理,集成服务"改革已全部实现网上审批;全面启动并阶段性完成不动产存量数据整合工作。完成林权登记试点,全面开展海域使用权登记。不动产登记改革实现系统互联互通,信息共享共用的交易、税收、登记全业务、全过程的"最多跑一次",并实现不动产转移登记与水、电、气、网络宽带、数字电视过户的联动联办。

(撰稿:余泽晶)

价格管理

【概况】 2017年,舟山市物价局贯彻落实十八大以来历次全会精神和十九大精神,围绕市委市政府和省局的中心任务,深化改革,服务发展,夯实工作基础,提升履职能力,强化监管作为,建立健全稳价安民长效机制。是年,全市市场价格运行总体良好,居民消费价格指数(CPI)上涨1.7%。

【食品价格稳中波动】 是年,食品市场供需平衡,价格波动平稳。

粮食价格微幅上涨 大米价格总体稳中小幅上涨。1—2月受春节需求提振影响,价格持续微幅上涨;5—7月受供应趋紧、成本上升影响,普通粳米和江苏产特制粳米价格持续小幅上涨,其余品种大米价格稳定;8—9月受学校开学、新米上市等因素影响,粳米价格持续微幅上涨;其余各月大米价格保持稳定。

食品油价格以稳为主 食品油价格总体平稳。1—2月受春节影响,价格稳中微幅波动;3—6月保持稳定;7—8月消费淡季,价格再次微幅波动;9—12月继续保持稳定。监测的集市5升装花生油、菜籽油、大豆油、大豆调和油的年均零售价每桶分别为113.32元、50.99元、44.26元、57.43元,花生油和菜籽油比上年分别下跌1.59%、0.87%,大豆油和大豆调和油分别上涨3.6%、0.51%。

鸡蛋价格以跌为主 鸡蛋价格受饲料价格下降、外地鸡蛋供应增加、供大于求等因素影响,全年价格总体下跌。经过一、二季度持续走低,三、四季度略微上涨,监测的鸡蛋年均出场价同比下跌7.53%,集市鸡蛋年均零售价同比下跌9.11%。

生猪价格跌幅明显 生猪价格涨少跌多。1月受春节需求提振影响,价格小幅上涨;2—6月供过于求,价格持续小幅下跌;7—8月高温天气助推成本,价格稳中小涨;9—11月总体稳中微幅下跌;12月受生猪供应减少、玉米价格上涨、消费旺季等因素影响,价格再现涨势。全年监测的生猪年均出场价为每500克8.07元,同比下跌18.27%。猪肉零售价全年总体下跌。受市平价猪肉供应、外地猪肉的补充作用,以及生猪价格持续下跌等因素影响,上半年市猪肉零售价持续小幅下跌;下半年以稳中波动运行为主。

水产品价格涨跌互现 海产品呈稳中震荡运行态势。一季度先涨后跌,其中1月份受春节影响供少需多,价格普遍上涨,2—3月需求逐步趋于稳定,且3月份渔船开捕供应增多,海产品价格持续小幅下跌;二季度总体上涨,其中4月份渔获物较多,但受休渔期临近及五一小长假影响,价格不跌反涨,5—6月处于休渔期,新鲜渔获物锐减,但后期受冰冻海产品及养殖水产的补充影响,海产品价格总体先涨后稳;三季度以稳中波动运行为主,7—8月

仍处休渔期，价格稳中小幅波动，9月下旬渔船全面开捕后，价格小幅下跌；四季度先跌后涨，10—11月投售量较大，交易活跃，价格总体有跌，12月渔船总体生产量略有下降，且年底市场需求旺盛，价格止跌为涨。全年监测的集市同比带鱼、海虾分别上涨5.22%、7.36%，黄鱼下跌6.89%。

蔬菜价格总体下跌　重点监测的25个品种蔬菜价格与上年相比2涨23跌，跌幅超过10%的有14个品种。一季度受暖冬和平价供应影响，价格稳中有跌；二季度先跌后涨，4—5月气温适宜，蔬菜供应较多，价格持续下跌，6月持续阴雨天气对蔬菜的生长、采收和运输造成影响，价格止跌为涨；三季度持续上涨，其中7—8月受高温影响，蔬菜品种减少，产量下降，调运难度增大，价格持续上涨，9月高温逐步退去后，价格涨幅变小；四季度气温逐步下降，但未见灾害性天气，本地应季蔬菜供应正常，外地蔬菜调运顺畅，再加上菜篮子平价供应等因素影响，价格持续下跌。市重点监测的25个品种蔬菜的年均零售价同比下跌8.84%。

【生产资料价格大幅上涨】受国家供给侧改革、环保限产、成本拉升等因素影响，生产资料价格涨幅明显。

钢材价格全线上涨　钢材价格在去产能、淘汰“地条钢”和环保限产三重利好下强势上行，与上年相比涨幅较大，部分品种涨幅突破50%。1—2月受春节影响，价格涨跌互现；3月随着农民工陆续返岗，下游需求逐渐启动，钢材价格顺势上涨；4—6月先后受钢厂产量和库存回升较快、梅雨季需求下降等因素影响，价格持续微幅下跌；7—8月受经济形势好转、国内供给侧改革、环保督查等因素影响，价格持续小幅上涨；9—10月先涨后跌；11—12月受环保限产、社会库存降低、需求良好等因素影响，价格持续上涨。监测的圆钢（16mm，Q235）、螺纹钢（12，Q235）、螺纹钢（22，Q235）、线材（普通Φ6.5mm）四个常用品种的年均零售价每吨分别为3945.28元、4051.67元、3913.89元、4170.28元，同比分别上涨50.3%、50.19%、51.85%、49.23%。

水泥价格涨幅明显　是年经济形势稳中向好，投资增速相对稳定，水泥价格较上年涨幅明显。一季度先稳后跌，其中2—3月受春节影响，需求缩减，价格持续下跌；二季度环保限产、错峰生产、一带一路“蓝天行动”对水泥价格形成支撑，价格持续上涨；三季度先跌后涨，其中7—8月持续高温，需求清淡，价格持续小幅下跌，9月高温逐渐退去，基建产业、重点工程进入集中施工期，水泥需求回暖，价格稳中小涨；四季度先稳后涨，其中10月以稳为主，11—12月受错峰生产、供应趋紧、原材料和运输成本上升、需求较旺等因素影响，价格涨幅较大。全年监测的42.5强度普通硅酸盐水泥年均零售价为每吨413.33元，同比上涨28.83%。

化肥价格涨跌互现　一季度用肥淡季，价格稳中小幅波动；二季度先稳后涨，6月各晚稻产区陆续进入插秧期，化肥需求增加，价格稳中小幅上涨；三季度涨跌互现，7—8月波动后趋弱，9月成本上升，但供多求少，各品种化肥价格涨跌互现；四季度先稳后涨，10—11月基本稳定，12月受冬储影响价格稳中有涨。尿素、碳酸氢铵、三元复合肥（氯基）同比分别上涨7.81%、6%、3.96%，过磷酸钙、氯化钾、三元复合肥（硫基）分别下跌2.7%、1.39%、1.76%。

【能源价格总体上涨】是年，市成品油经历11次上调，6次下调，8次搁浅，其中上半年以震荡运行为主，下半年受美国原油库存下降、需求表现强劲、产油国延长减产协议、中东地缘冲突等因素影响，价格持续调涨。12月份为国内用油需求淡季，但受产油国延长减产协议、北海输油管道关闭等因素影响，市成品油价格于12月29日再次微幅上调，调整后，市监测的92号（国Ⅴ）汽油、95号（国Ⅴ）汽油和0号（国Ⅴ）柴油零售价每升分别为6.81元、7.25元、6.44元，与上月同期价格相比，分别上涨0.74%、0.83%、0.94%；与上年同期价格相比，分别上涨5.26%、5.38%、5.92%。市渔用燃料油经历10次上调和7次下调，其中上半年以下跌为主，下半年除12月份小幅调跌外，其余各月均为上调。12月19日最后一次调整后，市监测的渔用燃料油价格为每吨5900元，与上一调价周期（11月27日）价格相比，下跌4.84%；与上年同期价格相比，上涨0.85%。市液化气价格经历8次调整，其中6次调涨2次调跌。上半年先涨后跌，其中1月份受春节备货需求增加影响，价格小幅上调;3月和5月受国际油价震荡下行、进口气成本降低、需求清淡等因素影响,价格各调跌一次。下半年先涨后稳,8月调涨一次,9月受原油价格上涨、需求回暖等因素影响连续三次调涨;10月小幅调涨一次后,11—12月价格未现波动。

【深化民生价格改革】 完成市区居民生活用管道天然气价格调整 市物价局出台并落实《关于舟山市区居民生活用管道天然气价格改革的通知》,实施居民生活用管道天然气价格阶梯气价制度,减轻了群众生活用气负担。

贯彻落实医疗服务价格政策 市物价局根据国家和省关于推进省综合医改先行先试地区重点改革任务的意见精神,调查并撰写《舟山市属公立医院关于医疗服务价格相关述求情况的报告》,普陀区列入省综合医改先行先试改革试点。调整市医疗服务检验项目收费标准和县级以上公立医院儿童医疗服务价格。根据中药饮片价格管理座谈会的内容继续贯彻中药饮片加价政策。

贯彻落实国家和省电力价格政策 专题调研舟山五端柔直输电工程、长宏国际、中海石油舟山石化有限公司等用能大户,听取企业对能源供给改革的意见建议。针对财政部出台4月1日起取消城市公用事业附加费政策,督促浙江电网舟山分公司做好每度电减免0.005元/千瓦时城市公用事业附加费等政府性基金和附加,可减轻企业负担112万元。专题调研市20余家农业种植大户的农业用电情况,现场解决用电困难。完成国家和省关于全面清理和纠正“新居配”有关政策的调查研究和贯彻落实。

做好水价调查研究 对舟山市非居民用水实行差别化水价和对工业企业超标排放污水实行多因子分档分类收费,调研市工业企业超标排放污水处理费,出台舟山市区非居民用水实行差别化水价和对工业企业超标排放污水实行多因子分档计收污水处理费政策。完成水价调整后市自来水公司和市水务集团的水价测算、分成工作。

【完善价格监测体系】 继续促进价格监测网络建设 调整和新设部分价格监测点,更替调整家禽蛋价格监测点和超市民生商品价格监测点。将食用盐零售价格纳入监测范围,在市本级及普陀区共设置4个监测点,形成价格旬报。增加副食品价格监测网点,将市内农贸市场监测点拓展至23家。至年底,全市设置价格监测点86个,其中市本级51个,做到全市各县(区)全面覆盖。

完成价格监测采报日常工作 按照监测报告制度规定,完成各项数据上报任务。每月向省价格监测系统平台报送各类数据报表13种,做到无漏报、错报。在春节、国庆期间实施假日内市场价格监测,助力相关部门,巡查节日市场,形成价格行情简讯。

做好民生价格信息公示 根据舟山市政府关于进一步加强菜篮子工程建设的文件精神,落实“建立‘菜篮子’价格采集和发布机制”任务目标,以“舟山菜事”微信公众号为平台,电视、广播、报纸为媒介,做好菜篮子直供店优惠价格信息及同周边城市的每周菜价对比的信息公示。下半年起,对副食品价格公示形式作较大改动,每半月度将全市23家主要国有农贸市场的价格对比情况在《舟山晚报》上以整版形式进行公示,加强价格公示的惠民及监督作用。较好完成其他重要商品的价格信息发布。副食品价格信息公示的频率为每周一次,药品及超市民生商品公示的频率为每月一次,信息发布渠道覆盖省局网站、市发改委网站、《舟山晚报》《舟山广播电视报》、舟山电视台、舟山电台及微信等媒体。

【落实清费减负政策】 降低企业物流成本 降低高速公路非现金支付优惠政策,1月1日起,对办理并使用省高速公路货车非现金支付卡并合法装载的货运车辆,车辆通行费按现行标准优惠3%。降低国际标准集装箱运输车辆高速公路通行费收费标准,3月1日起,合法装载的国际标准集装箱运输车辆进出指定收费站车公里费率根据不同距离按递远递减原则,分别按全省基本车公里费率的70%、60%、50%执行。延长20座、40座客车省内高速公路车辆通行费优惠期,对2012年6月30日(含)前购置的省20座和40座客车,安装并使用不停车收费电子标签支付省内高速公路通行费,其车辆通行费标准费率及车次费优惠政策再予延期至2018年7月31日24时。

降低部分行政事业性收费和涉企经营服务性收费额度 取消或停征白蚁防治费、房屋转让手续费、船舶登记费、船舶及船用产品设施检验费等41项中央设立的行政事业性收费;将商标注册收费标准降低50%;取消义务教育阶段公办学校住宿费(城市学校)、戒毒人员戒毒费等7项行政事业性收费。特种设备检验费、普通高校招生体检费等4项由行政事业性收费转为经营服务性收费;降低机动车行驶证工本费、公民出入境证件费、无线电频率占用费等收费标准;阶段性降低城市基础设施配套费收费标准,城市基础设施配套费按现行标准的70%收取。取消个人异地本行柜台(含ATM)取现手续费、暂停收取本票和银行汇票的手续费、挂失费、工本费6项收费;取消不动产登记环节中收取的土地转让手续费、公安印章治安管理信息系统收费等经营服务性收费。

【规范收费行为】 加强行政事业性收费的事中事后监管 加强对收费政策执行情况及实施效果跟踪和评估。完成2016年度行政事业性收费统计工作,并将有关数据录入全国收费动态监管系统。全市统计274家行政事业单位226个行政事业性收费项目,收费统计率100%。2016年,市行政事业性收费金额118555.50万元,行政事业性收费总额占全市财政总收入的6.84%。

实施收费目录清单制度 审核《行政审批前置中介服务目录清单》《实行政府定价的涉企经营服务性收费目录清单》《舟山市行政事业性收费目录清单》等,清理取消、免征、暂停征收、降低的收费项目;要求各收费单位在其网站(或主管部门网站)向社会公布收费目录清单,接受社会监督,收费单位不得在目录清单之外擅自设立收费项目,不得随意扩大收费范围、变相提高收费标准。

清理规范涉企经营服务性收费、社会团体涉企收费行为 开展涉企经营服务性收费清理规范,对以企业为缴费主体的各类经营服务性收费进行全面清理规范,重点是涉及行政审批的中介服务收费以及行业协会商会收费。开展行业协会商会收费信息集中公示工作,将舟山市113家协会商会信息通过"信用中国"网站"行业协会商会收费情况公示系统"进行公示。

加强民生价格监管,出台各项价费政策 加强教育收费管理,核定舟山绿城育华(国际)等3所学校的收费标准;调整舟山市勾山幼儿园保教费、航海学校住宿收费标准(男生宿舍);做好交通客运票价(停车场)管理,核定(调整)普陀山至朱家尖(沈家门)等6条客运航线和5条公交线票价;做好前期物业服务收费管理,核定本岛范围内3个住宅小区前期物业服务收费标准;调整舟山市福利中心基本服务(床位费、护理费)收费标准;核定机动车安全检测收费标准;严格审核短期培训班收费标准;制定舟山市关于免除查验没有问题外贸企业吊装移位仓储费用的相关政策,对进出口环节海关查验没有问题的外贸企业免除吊装、移位、仓储等费用,免除费用由中央财政负担,减轻进出口企业负担。

【加强价格监管】 加强事前价格监管 抓住民生热点敏感问题,集中开展对海陆交通运输、农贸市场、商业零售、餐饮、生活服务业等领域的监督检查,并重点关注粮、油、肉、蛋、盐、蔬菜等民生商品价格动态,注重采取提前介入、节前约谈、提醒告诫等措施,防控价格违法行为发生。多次开展对超市、商场、购物中心的明码标价和降价、打折、赠送等促销价格行为,督促经营者不得发生虚构原价或虚假优惠折扣、模糊赠售、误导性标价、不履行价格承诺等价格欺诈行为。在春节、国庆及香会期间,贯彻执行价格干预措施,重视做好节日值班及举报投诉受理查处工作。

创新监管方式,规范民生领域行业价格行为 根据省物价局要求,通过"地毯式上门服务、发挥舆论宣传作用、完善行业价格行为监督网络、实施提醒告诫制度"等创新市场价格监管制度和创新方式,健全与群众生活密切相关、社会反映突出的瓶装燃气、餐饮、电信、机动车销售和维修、机动车停放等行业的市场价格行为规则,引导经营者遵循公平、合法和诚实信用的原则合理定价。

查处各类涉企违规收费行为 组织开展涉企收费检查和电力价格专项检查。主要采取全面摸底排查与重点抽查相结合的方式对行政审批中介服务、电子政务平台、行业协会商会、建设等领域的涉企收费情况进行检查。全年检查收费单位12个,查出违规收费项目3项,涉嫌违规收费金额24.37万元。

做好价格投诉举报受理工作 完成"12345"和"12358"两大平台的对接,基本实现无缝对接和信息同步,在非工作时段发生的投诉举报、咨询件也可在第一工作时段进行推送。是年,舟山市各级价格投诉举报中心受理各类价格咨询、投诉举报件503件,其中通过省、市级政务统一平台转办的411件;涉及价格政策咨询件303件,投诉举报件108件,主要以天然气阶梯价格、物业收费纠纷、朱家尖至普陀山海运船票收费、华润万家等大型超市销售投诉等为投诉热点,通过行政调解退款总金额共计805555元,办结率100%。

【推进价格公共服务】 服务司法机关、纪检监察和税务部门,做好价格认定工作。是年全市共办理各类价格认定案件774件,认定标的总金额1223万余元。为协助有关部门依法公正办案发挥了重要作用。稳步推进市成本监审工作的开展。市本级对城市供水、污水处理、景区门票、海上客运、中小学教育收费等多个系统和单位开展成本调查和定期监审,审核企业各项成本数据,分析成本变动情况,核减不合理成本,对审核中发现的疑难问题进行合理的成本调整和数据处置。全年审核企业上报成本32.28亿元,核减不能进入定价成本的费用1.27亿元。

(撰稿:周珂宇)

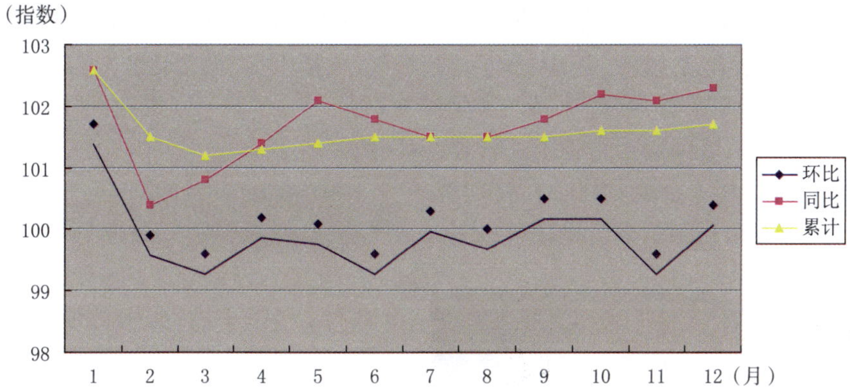

图10:2017年舟山市居民消费价格指数走势

舟山市2017年居民消费价格总指数

表44

月份	环比(上月=100)	同比(上年同月=100)	累计(上年同期=100)
1	101.7	102.6	102.6
2	99.9	100.4	101.5
3	99.6	100.8	101.2
4	100.2	101.4	101.3
5	100.1	102.1	101.4
6	99.6	101.8	101.5
7	100.3	101.5	101.5
8	100.0	101.5	101.5
9	100.5	101.8	101.5
10	100.5	102.2	101.6
11	99.6	102.1	101.6
12	100.4	102.3	101.7

国有资产监督管理

【概况】 2017年,市属国资国企系统贯彻市委、市政府决策部署,围绕实现企业社会效益和经济效益两个最大化目标,通过抓改革、调结构、控风险、强监管、严党建等举措,推进国资国企改革发展和党的建设,各项工作取得新成效,国有经济稳中向好。是年,全市国有企业实现营业总收入121.70亿元,比上年增长31.72%;实现利润总额8.95亿元,增长10.09%。市本级国有企业2017年度实现营业总收入97.29亿元,增长30.10%;实现利润总额10.16亿元,增长3.46%。至年底,国有企业资产总额2268.33亿元,增长2.4%,所有者权益总额787.80亿元,增长8.4%。

【国有企业整合提升】 围绕中央、省、市对深化国企改革的总体部署,明确改革目标任务,细化改革措施,加快落地见效。企业重组工作初见成效,城投集团和舟旅集团通过发行债券票据、直接融资、贷款平移或财政置换等方式,增强了企业资本实力,提升企业在资本市场的融资能力,是年均获AA+信用评级,至此,海投公司、交投集团、城投集团、舟旅集团市四大企业信用评级均达到地市级国有企业的最高评级AA+。推进上市工作,根据市国资“上报一个、准备一个、谋划一个”的上市工作计划,完成舟旅股份上市报会工作和盛海达上市的前期准备工作,交投集团形成海陆客运重组整合上市方案。推进舟山市蓝焰燃气有限公司股权改革工作,引进新奥集团股份有限公司作为战略投资者入股蓝焰公司,同时承诺将执行不高于宁波市的天然气用气价格,提升新区投资环境和生活质量。

【国有资产监管】 以管资本为主加强国有资产监管,把握出资人职责定位,以管战略、资本、考核和重大风险防控为重点,转变监管职能,提升监管质效率。改进监管方式,加强依法监管,推进法治建设,初步拟定《市属国有企业投资监督管理办法》《市属国有企业资产处置管理办法》等制度,强化产权管理,规范企业资产处置和并购行为。完善考核分配机制,加强企业财务监管,深化年报审计结果运用,初步建立差异化薪酬激励机制。

【国企党建】 贯彻落实全省国有企业党建工作会议精神,在国有企业中坚持中国共产党领导,加强党的建设,为改革发展提供保证。理顺党建工作管理体制,新建立国有企业党委2家,划入管理企业党委2家,划出原管理的非公企业党组织5家,至年底,有21家企业党组织(其中:重点国企党委8家、大宗尚未成立党组织)纳入市国资委党委统一管理,并明确相关企业党建工作管理规则。健全党组织参与重决策机制,把党的领导融入公司治理,市属企业已全部实现党建要求进公司章程,将党组织研究讨论作为董事会、经理层决策重大问题的前置程序,全面推行国有企业党委书记、董事长“一肩挑”,党员总经理全部兼任党委副书记。落实党建工作责任,建立“两张清单、双层述职”制度,集中开展市属企业党委书记抓国企党建述职评议考核,构建主体明晰、责任明确、有机衔接的党建工作机制;夯实党建基层基础工作,基层党组织基本实现“应建尽建”,按期换届基本实现“应换尽换”。推进党风廉政建设和反腐败工作,深化不敢腐不能腐不想腐体制机制建设,推进市属重点企业清廉国企建设工作,明确党委的主体责任、纪检机构的监督责任,开展企业党风廉政建设责任制落实情况检查考核,压紧压实“两个责任”。

(撰稿:郑舒悠)

2月,浙江盛海达公司上市签约(韩芝君 摄)

安全生产监督管理

【概况】 2017年,舟山市围绕贯彻落实《中共中央国务院关于推进安全生产领域改革发展的意见》(下称《意见》)和《中共浙江省委 浙江省人民政府关于深入推进安全生产领域改革发展的实施意见》(下称《实施意见》),推进安全生产综合治理三年行动,抓重点行

2017年全市行业领域事故情况

表45

类 别	事故起数	死亡人数
(合计)	73	78
工矿商贸企业	24	26
道路交通	28	24
水上交通	0	0
渔业船舶	14	19
农业机械	6	6
海上交通	1	3

2017 年全市按区域伤亡事故情况

表 46

区域	工矿企业		道路运输		渔业船舶		水上交通		合计	
	事故起数	死亡人数	事故起数	死亡人数	事故起数	死亡人数	事故起数	死亡人数	事故起数	死亡人数
(合计)	24	26	28	24	14	19	1	3	67	72
定海区	9	9	6	7	2	1	0	0	17	17
普陀区	7	7	5	4	6	7	1	3	19	21
岱山县	2	3	4	4	5	5	0	0	11	12
嵊泗县	1	2	4	1	1	6	0	0	6	9
市本级	5	5	9	8	0	0	0	0	14	13

业领域事故防范、基层安全监管能力提升等工作，推进和落实安全生产各项工作。全年全市发生各类事故 67 起，死亡(失踪)72 人，比上年分别下降 37.4%和 20.9%。

【推进综合治理三年行动】 市政府主要领导先后 4 次主持召开全市安全生产工作会议和政府常务会议；市政协主席会议成员组织开展“油品储运安全”专题调研并提出了政策建议。完善监管体制机制，出台《舟山市推进安全生产领域改革发展的实施意见》，明确党政同责、一岗双责和行业监管的要求；研究制定市《推进安全生产领域改革发展重点任务分工方案》，明确改革发展意见相关责任部门和完成时间节点。落实安全监管责任，加大过程考核力度，健全督促检查与目标绩效考核联动机制，实行网上动态督办；首次实行市长与分管副市长签订责任书制度，制定下发专委会工作制度，各县(区)、相关功能区管委会也建立 1+X 专委会工作制度，实现“1+X”体系全覆盖。

【健全事故预防控制体系】 制定下发《遏制重特大事故构建双重预防工作实施方案》，编制出台《舟山市船舶修造行业较大危险因素辨识与防范指导手册》，指导督促船舶修造、危险化学品、涉氨制冷、燃爆粉尘企业和喷涂作业、有限空间作业场所开展危险因素辨识和风险分级管控。强化重点监管工贸企业隐患排查治理系统运用，督促企业健全完善隐患排查治理制度，自觉开展隐患自查、分级分类、闭环管理，通过平台上报隐患 4 万余条。

【开展安全生产大检查】 全市上下自 7 月开始全面开展安全生产大检查，各地各部门开展安全检查 13000 家次，其中排查治理重大隐患 33 项，执法打击严重违法违规行为 569 起，停产整顿 89 家企业，实施行政罚款 875 万元，追究刑事责任 15 人。

6 月 30 日，举行安全生产事故应急演练(市安监局提供)

【推进重点领域专项整治】 在重点行业领域组织开展一系列安全生产专项整治。在渔业船舶领域,结合"一打三整治"和"伏休"工作,以帆张网、蟹笼等10人以上高危渔船为重点,开展渔业安全生产大检查大整治专项行动;在水路货运领域,继续加强全市水路货运船舶安全专项整治工作,强化陆海联动执法机制,统一执法标准,严厉打击违法违规行为;在住建领域,开展建筑工程预防坍塌、高处坠落事故、建筑起重机械专项治理,对燃气管道、瓶装燃气开展专项检查;在道路交通领域,建立道路安全隐患常态化排查机制,推进"创文明交通、治秩序乱象""两非"车辆整治等专项行动,严厉查处"三乱两驾一牌证";在旅游领域,开展星级宾馆、民宿、景区浴场、旅游包车等安全专项检查;在特种设备领域,组织娱乐设施、电梯、起重机械、油气管道、气瓶等生产使用环节安全专项检查;在工矿商贸领域,对涉氨制冷企业存在快速冻结装置未设置在独立作业间内、作业人员超过9人等两大隐患进行专项整治,通过国务院安委会组织的核查,省安委会下发文件要求各地参照舟山涉氨企业整治验收工作经验。开展危险化学品综合治理三年行动,开展危险化学品储存场所安全专项检查,市政协组织油品储运安全专题视察,组织专家对船舶修造企业开展专项隐患排查。

【加大安全生产执法力度】 是年,海洋渔业部门共执行海上和港口安全检查1982次,检查渔船5882艘,查扣涉渔"三无"船舶64艘,移交司法机关案件7起,移送55人;公安交警部门查处各类交通违法行为63万余起;质监部门出动特种设备安全监察人员2760人次;港航部门组织开展海上联合执法行动472次;海事部门出动执法船艇767艘次、执法人员3281人次;城建部门开展日常质量安全监督检查478个次;安监部门检查各类生产经营单位2491家次,发出整改指令书722份,现场处理措施决定书88份,整改各类事故隐患5182条,行政处罚立案167起,处理企业主要负责人37人,罚款720万元。

【开展消防安全隐患集中排查整治】 持续开展以高层建筑、人员密集场所、居住出租房等7大类场所为重点的专项整治。十九大安保期间,公安机关部署开展消防重点领域依法集中打击行动,对全市9.8万家10人以下出租房逐一排查整治,依法办理电动车违法案件2.6万起,全面执法压降火灾总量。根据国务院安委会办公室制定下发的《电气火灾综合治理自查检查要点》开展电气火灾综合治理,全市公安、安监、住建、城管、消防、电力等部门先后组织召开会议11次,开展联合检查14次。

【落实企业主体责任】 推行全员安全生产责任制,在工贸企业开展"千名班组长能力提升行动",开展企业班组安全管理工作研讨。健全企业安全诚信机制,增强安全生产标准化评审的实效性,强化标准化运行过程管控,以达标化复审为契机,指导帮助企业排查隐患、整改问题。推广社会化服务,推广政府购买服务、企业寻求服务等形式的安全生产社会化服务。至年底,全市1217家企业参加社会化服务,在重点行业领域27家企业试行安全生产责任保险制度,实现保险+服务模式,完成电梯责任保险600余台。加强对绿色石化基地的监管和服务,确保基地安全形势平稳。强化职业卫生管理,开展职业病危害项目申报、基础建设和尘毒治理示范企业创建、职业病危害严重行业领域专项治理及"回头看"。

【提升安全监管治理能力】 抓一线安全监管能力建设 以"五化"(即责任落实网格化、监管执法常态化、台账资料系统化、应急救援专业化、队伍建设规范化)为主要内容开展乡镇(街道)安监站规范化建设,将安全生产网格纳入平安综治网格,并实施推进,举办全市乡镇(街道)安全生产分管领导、安委会成员单位联络员,安监系统工作人员培训班。

提升应急保障能力 依托中化兴中和国储岙山基地,推进国家级危险化学品应急救援基地建设。开展重点企业岗位应急处置卡编制推广应用工作,组织危险化学品应急救援预案演练,指导27家单位开展应急救援演练。

强化科技兴安 推广"智慧用电"技术,全市安装智慧用电系统500套,防范电气火灾事故;启动危化企业"管控灭"综合平台建设,对企业日常管理、火灾预警、处置等进行实时监控;建设船

6月16日，“安全生产月”主题宣传日暨安全生产宣传教育进重点工程活动启动仪式在定海盐仓举行(市安监局提供)

舶安全动态点验平台，对失联渔船及时进行应急救援，完成4546艘渔船北斗船载设备更新，在全市1920艘10人以上渔船全部安装智能AIS终端；升级改造舟山市安全生产信息化平台，与省政府基层治理管理平台实现对接。

推进安全文化建设 利用安全生产月、职业病防治宣传周、安全生产法宣传周等载体加大安全宣传力度，普陀、定海安监局分获国家、省级安全生产月先进单位，推进“安全生产宣传教育七进”活动。组织开展全员安全培训、事故警示教育、红十字急救知识培训等，推动企业建设安全现场体验馆，组织培训一线员工11余万人次，员工安全意识和操作技能水平提高。

(撰稿：市安全生产监督管理局)

责任编辑：徐飞舟

杂记(八)

【一封来自韩国海警的感谢信】 7月3日下午,位于普陀东港沙田街的浙江永航海运有限公司(同茂船舶管理有限公司)收到了一封特别的感谢信。该信全文用韩文写成,寄信人是韩国济州海洋警备安全署。信件内容直译为:7月1日17时许,贵公司船舶“同茂1”号轮于大韩民国海域(北纬32° 52′ 91″,东经126° 40′ 21″),发现了大韩民国国籍渔船“德成号”因火灾落水漂浮于海面的6名船员。“同茂1”号轮积极应对事故并迅速实施了救助,使受灾人员全部得以生还,谨此表示深深的感谢,并祝愿贵公司繁荣发展。

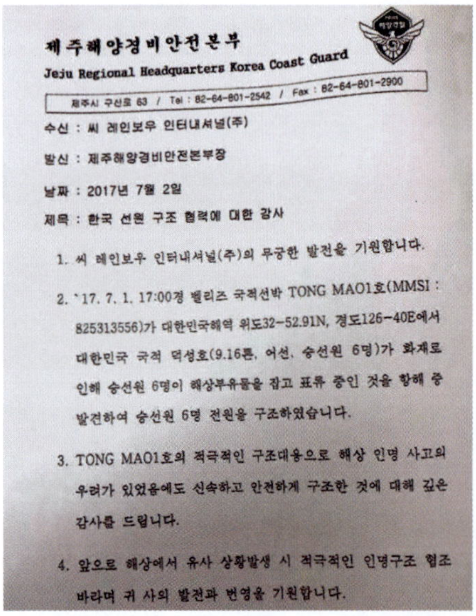
제주해양경비안전본부
Jeju Regional Headquarters Korea Coast Guard
제주시 구산로 63 / Tel : 82-64-801-2542 / Fax : 82-64-801-2900

수신 : 씨 레인보우 인터내셔널(주)

발신 : 제주해양경비안전본부장

날짜 : 2017년 7월 2일

제목 : 한국 선원 구조 협력에 대한 감사

1. 씨 레인보우 인터내셔널(주)의 무궁한 발전을 기원합니다.
2. '17. 7. 1. 17:00경 벨리즈 국적선박 TONG MAO1호(MMSI : 825313556)가 대한민국해역 위도32-52.91N, 경도126-40E에서 대한민국 국적 덕성호(9.16톤, 어선, 승선원 6명)가 화재로 인해 승선원 6명이 해상부유물을 잡고 표류 중인 것을 항해 중 발견하여 승선원 6명 전원을 구조하였습니다.
3. TONG MAO1호의 적극적인 구조대응으로 해상 인명 사고의 우려가 있었음에도 신속하고 안전하게 구조한 것에 대해 깊은 감사를 드립니다.
4. 앞으로 해상에서 유사 상황발생 시 적극적인 인명구조 협조 바라며 귀 사의 발전과 번영을 기원합니다.

【普陀山“雨花斋”素食餐厅开业】 9月28日,位于普陀山六峤路51号的“雨花斋”素食餐厅开业供斋,一个月有近千人前来就餐,而这里提供服务的志愿者,大部分来自外地。设立这个能容纳百余人的餐厅,是发起人杨成冲自掏腰包,装修费花了21万余元,还买了床铺供志愿者住宿。餐厅的日常运营,包括米、油、蔬菜等由寺院僧人提供或者爱心人士捐善款购买。国内外已相继开办了千余家雨花斋,他们没有组织关系,都是非营利性的。中午11点,开饭了,志愿者们站在门口迎宾。“欢迎家人回家吃素”,一个90度的鞠躬,朴素的仪式感让人感动。吃完饭,食客将没有一丝剩饭干净的碗放回去。“感恩吃素。”在这里,说的最多的是“感恩”。

教　育

概　述

2017年，全市有各级各类全日制学校和幼儿园237所，在校生13.74万人，教职工1.42万人。其中普通高校4所，含普通本科学院1所，本科学院下设独立学院1所，高职院校2所，在校生2.21万人，其中在校研究生963人，在校本科生1.51万人，在校专科和高职生6924人；普通高中15所，新增舟山绿城育华学校，在校生1.13万人；中等职业学校4所，在校生7964人；初中27所（含九年一贯制学校13所），比上年减少1所，新增定海区第三中学，撤除普陀区芦花中学、岱山县曙光学校，在校生2.06万人；小学57所，比上年增加1所，新增舟山第三小学、普陀区城北小学，撤除岱山县东沙小学，在校生4.82万人；幼儿园130所，比上年增加1所，其中教育部门、有关集体、其他部门及部队、企事业单位办72所，民办58所，在园幼儿2.72万人。特殊教育学校2所，另设特殊教育点1个，在校生249人，其中培智学校在校生73人。成人高校1所，在校生1534人；成人教育学校35所，结业学员12.97万人次。是年，511人次参加高等学历教育自学考试，全年本专科自考毕业生101人。

是年，全市小学招生8202人，初中招生7412人，义务教育入学率、巩固率均为100%；招收残疾学生44人，三残儿童少年入学率100%；新入园幼儿9002人，学前三年入园率99.97%；普通高中招生3811人，中职学校招生2291人，初中毕业生升高中段比率99.38%，高中段教育巩固率99.15%。普通高校招生6417人，其中本科招生3843人，专科和高职招生2574人，研究生招生456人。

全市有专任教师1.08万人。小学专任教师3521人，专科及以上学历教师比例99.03%，小学高级及以上职称比例61.66%，小学生师比13.7:1；初中专任教师1973人，本科及以上学历教师比例94.88%，中学高级职称比例36.64%，初中生师比10.44:1；普通高中专任教师1226人，学历合格率99.76%，其中研究生学历82人，占比6.69%，中学高级职称比例49.51%，普通高中生师比9.2:1；中等职业学校专任教师583人，学历合格率97.94%，其中研究生学历39人，占比6.69%，中学高级（含高级讲师）职称比例33.79%，职业高中生师比13.64:1；特殊教育学校专任教师23人，学历合格率100%，其中受过特教专业培训的教师10人；幼儿园专任教师2046人，学历合格率100%，专科及以上学历比例98.04%，幼儿高级职称及以上比例13.29%。普通高校专任教师1307人，其中正教授职称178人，占专任教师的13.62%，高校生师比17:1。

全市地方教育经费总投入41.49亿元，比上年增长14.23%。其中，国家财政性教育经费总收入34.79亿元，比上年增长16.12%，占总投入比例83.85%（公共财政预算拨款34.76亿元，占总投入的83.77%；政府性基金预算安排的教育经费0.02亿元，占总投入的0.05%）；事业收入4.09亿元，比上年增长8.28%；其他收入2.51亿元，比上年降低1.24%。全市幼儿园、普通小学、普通初中、普通高中、中等职业学校生均公共财政预算教育事业费全部增长，其中幼儿园12468元，比上年增长34.3%，普通小学22860元，比上年增长8.93%，普通初中28754元，比上年增长11.25%，普通高中33814元，比上年增长19.1%，中等职业学校25274元，比上年增长10.99%。全市各级各类学校生均公共财政预算日常公用经费支出,幼儿园679元,普通小学1316元,普通初中1538元,普通高中1748元,中等职业学校3215元。

教育信息化水平不断提高。出台《舟山市教育信息化"十三五"发展规划》。开展"互联网+"教育工程建设、"智慧校园""数字化校园"建设,校园网校数比例100%。小学每名学生拥有计算机18台,初中每百名学生拥有计算机32台,普高每百名学生拥有计算机29台。开展信息技术试点研究应用,以"全国现代教育技术实验学校""国家教育信息化试点学校"等为龙头,开展试点研究,推广应用"微录播""云教学""云教室"等多种模式的学习方式。全市中小学班级交互式多媒体设备配比率达到80%,义教学校建有拓展性课程实验室学校比例达到30%以上,高中学校建有学科教室或创新实验室比例达到100%。

提升教育发展综合实力。定海区通过省教育基本现代化区评估,舟山市率先成为全省全域实现教育基本现代化的地市。新城主城区学校建设"137"计划落地实施,《舟山市中心城区中小学(幼儿园)专项规划》批复出台。学前教育"服务区"覆盖面达64%,全市等级幼儿园比例92.86%,高于全省4个百分点,普惠化幼儿园比例87.67%,位居全省前列。全市标准化学校比例95.2%。金塘中学高中部停止招生,南海高中扩建工程抓紧推进,白泉高中改建工程基本完工。中职学校面貌全面改善,舟山航海学校和普陀职教中心通过省级示范校验收,舟山职业教育集团组建成立。健全老年教育体系,组建成立舟山老年开放大学。推进特殊教育项目工程,与宁波特教中心签订听障儿童委托培养协议。

加强育人模式改革,提高教育质量。加快培育学生综合素养。开展德育十大品牌项目评选活动,启动实施中小学生成长导师制,完善全市体艺和科技教育活动机制,开展各县(区)音体美育专项试点。高校新生体质健康测试成绩位居全省前列。

提高教育治理能力。加快"最多跑一次改革",所涉20个教育行政审批事项全部实现"最多跑一次"并实行网上受理。推动学校自主办学,出台《关于深化教育权力治理进一步推进中小学(幼儿园)治理体系和治理能力现代化的若干意见》,明确和扩大学校内部机构设置、干部选拔任用等七个方面办学自主权,激发学校办学活力。强化家校合力作用,实施《建设新型家校合作关系的指导意见》和《舟山市中小学家长委员会工作规程》,开展"万名家长进学校"与"优秀家长"评选活动,组织全市中小学家庭教育创新发展论坛。加强教育督导评价力量,完善教育督导组织机构,成立舟山市人民政府教育督导委员会,聘任7名市第六届特邀督学,50名市第六届兼职督学。

2017年全市各级各类学校概况

表47　　单位:人

学校类别	校数(所)	招生数	毕业生数	在校学生数	2018年预计毕业生数	教职工数							
						小计	其中						
							专任教师	行政人员	教辅人员	工勤人员	科研机构人员	校办工厂职工	编制数
普通高校	4	8108	7183	25285	7884	1938	1307	284	214	45	86	2	
普通中学	42	11223	10333	31888	10112	3752	3199	152	278	123			4003
普通高中	15	3811	3589	11281	3649	1490	1226	66	142	56			1827
普通初中	27	7412	6744	20607	6463	2262	1973	86	136	67			2176
中职学校	4	2291	2098	7964	2729	685	583	21	59	22			
小学	57	8202	7718	48222	7570	3685	3521	83	56	25			3062
幼儿园	130	9002	8442	27243	9586	3997	2046	138	991	822			882
特殊教育	2	10	10	86		28	23	3	2				
成人高等教育	1	587	789	1534		21		6	13	2			13
成人职技培训学校	35		129686	43142		125	84						

注:本表专任教师按照学校类别统计

教育行政

【舟山市率先迈入全域教育基本现代化行列】 12月，浙江省第四批教育基本现代化县(市、区)名单正式公布，舟山市定海区榜上有名，至此全市四县(区)均成功创建省教育基本现代化县(区)，舟山市和宁波市同步在全省率先实现市域教育基本现代化县(区)全覆盖。

【舟山市中心城区中小学(幼儿园)专项规划出台】 12月27日，舟山市人民政府批复同意《舟山市中心城区中小学(幼儿园)专项规划(2016—2030)》。该规划委托舟山市规划建筑设计研究院设计，分规划总纲、教育规模与建设标准、中小学(幼儿园)布局规划、近期建设规划和规划实施建议六章。规划结合舟山教育事业发展实际，能较好地指导舟山市中心城区中小学(幼儿园)建设，确保教育设施建设和城市建设协调有序同步发展。

【加快现代学校制度建设】 探索适应新时期教育发展与教学改革需求的以章程为核心的现代学校管理制度和管理体系建设，将章程建设从中小学向幼儿园拓展。至年底，99所公办中小学、2所民办高中及市本级8所公办幼儿园核准章程并发布，按照章程开展校内规章制度的立改废工作。维护教师合法权益，制发《中小学(幼儿园)教师合法权益受损申诉办法》，加快学校“依法办学、自主管理、民主监督、社会参与”的现代学校制度建设。

【召开全市中小学校党建工作现场会】 11月23日，全市中小学党建工作现场会在舟山职业技术学校召开，相关领导及人员近200人参加。会议展示了全市中小学校党组织党建工作成果，促进各级党组织的横向交流和学习。普陀区委教育工委、舟山职业技术学校党委、南海实验学校党委、田家炳中学党总支、舟山第二小学党支部、新城中心幼儿园党支部等6家单位交流党建工作经验。是年，与市委组织部联合印发《关于加强全市中小学校党的建设工作的通知》，规范执行党组织换届选举、发展党员、党务公开等各项党内政治生活。

【中国(浙江)自贸区研究院在浙江海洋大学成立】 10月24日，“中国(浙江)自由贸易试验区研究院”(下称“研究院”)成立暨揭牌仪式在浙江海洋大学举行。研究院由浙江大学与浙江海洋大学牵头，联合境内外高校、科研机构、金融机构、企业和省市相关部门协同建设，内设五个研究中心。研究院立足于自贸试验区发展中出现的实际问题，通过理论研究推动实务创新，加快推动中国(浙江)自贸试验区建设。

【舟山市人民政府教育督导委员会成立】 7月26日，舟山市人民政府教育督导委员会成立。副市长方维担任教育督导委员会主任，市政府副秘书长苗成武、市教育局局长祝幸安担任副主任，委员分别由相关市直职能部门分管领导担任。教育督导委员会下设办公室，办公室设在市教育局，承担委员会日常工作。委员会主要职责：统筹规划全市教育督导工作，研究制定全市教育督导政策措施，协调落实市政府有关职能部门教育职责，审议决定全市教育督导工作重要事项，指导全市教育督导工作，聘任市督学，发布舟山市教育督导报告等有关督导内容。

【实施基层党组织负责人列席观摩教育局重大决策会议制度】 3月20日，市教育局党组首次邀请舟山教育学院、舟山中学、南海实验学校等8个学校(单位)主要负责人列席观摩局党组会议，8位负责人全程参与市教育局党组对7个涉及教育系统改革发展重大事项的讨论和研究，并摘录局党组议事过程。是年，分批次安排市本级教育系统基层党组织负责人列席观摩局党组重大决策会议。

【浙江省首届专兼职督学培训班在舟山开班】 7月17日，首届省市专兼职督学培训班开班仪式在浙江海洋大学举行。省教育厅厅长郭华巍出席培训会议并讲话。教育部教育督导局副局长郭佳受邀为学员们讲课。省教育厅机关各处室长及部分高校领导和省市专兼职督学近百人参加培训会。

【两区一城主城区学校有效解决中小学生午餐问题】 市本级有中小学16所，所有学校均建有食堂，能满足所有学生就餐；普陀区有中小学23所，所有学校均建有食堂，能满足所有学生就餐；定海区有学校32所，其中城区5所学校无食堂，约200多名学生有午餐需求。10月16日起，定海区教育局落实餐饮公司，对城区5所无食堂学校有午餐需求的学生实行午餐配送。定海、普陀、临城城区学校基本满足中小学学生的午餐就餐需要，实现两区一城主城区中小学生午餐服务全覆盖。舟山市在全省率先实现中小学生午餐服务全覆盖。

【高考再创佳绩】 是年，全市参加普通高校招生考试的考生3603人，录取3533人，录取率98.1%，比上年高出1.4个多百分点。其中普通类录取3077人，艺术类录取432人，体育类录取24人。参加单考高职类招生的考生234人，录取209人，录取率89.3%，比上年高出27.8个百分点。普通高校和高职单考单招总录取率97.5%，比全省总录取率高出4个百分点，比全市上年总录取率（94.9%）高出2.6个百分点。

【舟山籍大学生在省高校新生体质健康测试中成绩提高】 是年，省教育厅公布全省高校新生体质健康测试数据，舟山籍新生体质健康测试总成绩平均分73.45分，合格率94.0%。在全省各县（市、区）总成绩合格率排名中，普陀区、舟山市本级跻身全省前20位，其中普陀区全省排名15位，创历史新高。在全省普通高中总成绩合格率排名中，舟山中学、普陀中学进入平均分前30位，其中舟山中学合格率名列全省第三。在全省中等职业学校总成绩排名中，普陀职教中心进入平均分全省前20位。全市中等职业学校无一所进入全省平均分与合格率排名倒数20位之列。

【99所中小学达到"美丽学校"标准】 是年，组织开展全市中小学"美丽学校"评选。认定舟山中学等22所中小学为2017年舟山市"美丽学校"优秀校，舟山航海学校等14所中小学为达标校。至年底，全市99所中小学达到市级"美丽学校"标准，达标率100%，其中64所为优秀校，优秀率64.65%，超额完成省定创建指标任务。

【"省义务教育标准化学校"创建率达教育现代化水平】 是年，舟山市明珠学校、定海区第三中学、普陀区城北小学、嵊泗县菜园镇第一小学等4所学校创建成省义务教育标准化学校，至此，全市"省义务教育标准化学校"达80所，创建率95.24%，达到教育现代化水平。其中，岱山县、嵊泗县创建率为100%。

【推进"最多跑一次改革"】 市级教育系统所涉29个行政审批事项全部实现"最多跑一次"，其中28项实现网上办理，5个事项实现全程在线办理，13个事项通过邮寄收件、主动上门、教育部门或学校代办等方式实现"零跑腿"。

【开展教育品牌孵化培育】 8月，出台《舟山群岛新区教育品牌项目孵化培育实施方案》，计划通过5年左右的教育品牌孵化培育工作，形成新区育人工作新气象，为全省乃至全国提供一批科学育人的舟山样本。形成教育科研新样态，使一些项目进入到省及国家级课题并获重要奖项；形成队伍建设新面貌，培养出一批充满思想活力和行动研究能力的新型校长、教育科研骨干；形成工作推进新机制，构建教育行政部门与教研、科研机构良性互动，合力推进教育改革发展格局。力争到2021年，创建十个左右在省内外有一定影响力的舟山教育品牌。

【中小学校心理健康教育示范点和标准化创建位居全省前列】 是年，全市有13所学校被列入浙江省中小学校心理健康教育示范点，市中小学心理健康教育标准化项目建设完成率达60.8%，超额完成全省"50%中小学心理咨询与健康教育机构标准化"的任务要求，位居全省前列。

【舟山蓉浦学院与舟山广播电视大学分离办学】 1月，舟山蓉浦学院与舟山广播电视大学分离办学。舟山电大划转至新区旅游与健康职业学院，回归高校序列。为支持舟山电大办学，市教育局将定海环城东路19号楼2～5楼和舟山职业技术学校名下的昌国路200号供其办学使用。重新调整舟山蓉浦学院的职能、内设机构和人员编制，增加全市中等职业学校教育教学管理、研究工作和教师培训工作。舟山蓉浦学院事业发展定位确定为"两个中心、两个基地"，即"全市职业教育、成人教育教研与教师培训中心""全市社区教育研究和指导中心""市本级社区教育主要基地"和"全市成人教育的示范基地”。

【加入中国教育学会安全教育实验区】 是年,舟山市加入中国教育学会安全教育实验区,建立舟山市学校安全教育信息化平台,全市所有中小学(幼儿园)在平台上开通安全教育学校账号、班级账号、学生个人账号,在平台上进行安全素养教育、安全专题教育、安全演练上传等。实现全市中小学(幼儿园)安全教育全覆盖。

【开展全市学校“生活垃圾分类”工作】 6月,联合市农林与渔农村委、市城市管理局制订下发《关于推进全市学校“生活垃圾分类”工作的实施意见》,并先后印发《中小学(幼儿园)“生活垃圾分类”工作评价标准》和《乡镇(街道)成校“生活垃圾分类”工作评价标准》,将“生活垃圾分类”工作评价结果列入各乡镇(街道)成校年度工作考核和县(区)人民政府教育发展年度考核。至年底,全市城区公办中小学(幼儿园)生活垃圾分类覆盖率100%,非城区学校幼儿园覆盖率78.5%,全市成校生活垃圾分类覆盖率100%,全市成校教师结对175个社区、1594户家庭,全市成校组织垃圾分类教育培训410场,培训人员31255人次。

【规范开展困难学生精准资助】 是年,全市13464人次学生受助,受助总额6620余万元。学前教育免收保教费。全市对家庭经济困难幼儿免除保教费129人次,累计资金24.88万元。实行义务教育阶段学生营养餐及“两免一补”政策。全市补助学生12980人次,累计资金730.85万元。对在义务教育学校寄宿的五类生,分别给予小学1000元/年、初中1250元/年的生活补助,全市补助学生60人次,累计资金3.63万元。免除城乡义务教育学校学生学杂费1661.51万元,免除教科书费1502.33万元。普通高中免收学杂费并发放国家助学金。对普通高中一类资助生(五类生)发放国家助学金,每生每年3000元,其余三类资助生(低保边缘、重大疾病或受灾、低收入家庭)每生每年2000元,全市补助学生2081人次,累计发放助学金226.55万元。对一类资助生(五类生)免除学杂费295人次,累计资金73.36万元。

基础教育

【概况】 是年,完善基础教育体系。公益普惠的学前教育模式基本建立。在全省率先建设学前教育公共服务体系,“服务区”覆盖面达64%,比上年提升16个百分点。完成薄弱幼儿园改造6所,新(改、扩)建幼儿园5所。全市等级幼儿园比例92.86%,普惠化幼儿园比例87.67%,位居全省前列。优质均衡的义务教育格局基本确立。完成南海实验小学等6所义务教育学校新(扩)建工程;加快推进新城学校等4所中小学建设;新增4所省级义务教育标准化学校,全市标准化学校比例达到95.2%,超过省级教育现代化创建标准。创新实行向普陀区购买义务教育学位,解决勾山区域小学资源不足问题。停办三所民工子弟学校,推行外来务工人员子女积分制入学管理办法,实行公办学校融合接纳。全市最大的民办民工子弟学校——明珠学校投入使用。全市首个高端教育品牌绿城育华(国际)学校投入运行。推进特殊教育项目工程,与宁波市特殊教育中心学校签订听障儿童委托培养协议。实质性启动小规模高中整合,金塘中学高中部停止招生,原招生计划由南海高中、定海一中、白泉高中共同承担。推进普通高中选修课选课走班教学、必修课分层走班教学。完成新高考改革试点工作,全市普通类上一段线人数过千,高出全省中位数近8个百分点。

启动初中外语听说能力人机对话工作,开展初中部分基础课程分层走班教学。落实中小学集体性教育实践活动指南,确定15所中小学为集体性教育实践活动试点学校。

是年,全市有民办中小学(幼儿园)64所,在校生15542人,占全市中小学(幼儿园)在校生的14.47%。其中民办中小学校6所,在校生6811人:含民办普通高中3所,在校生1684人,占全市普高在校生的14.93%;民办普通初中3所(含九年一贯制),在校生1507人,占全市初中在校生的7.31%;小学在校生3620人,占全市小学在校生的7.51%。民办幼儿园58所,在园幼儿8731人,占全市在园幼儿的32.05%。全市民办学校专任教师1084人,占全市专任教师总数的11.57%。

【出台《新城义务教育招生办法》】 12月22日,《新城义务教育招生办法》(下称《办法》)出台,《办法》延续2015年《舟山市教育局关于进一步明确新城义务教育招生政策(试行)的通知》,规定起始年级新生入学条件、新生入学安排顺序、统筹调剂对象安排顺序、非起始年级插班条件及安排办法等,保持新城义务教育招生政策总体稳定和连续性。同时,随着新的户籍制度政策的实施,外来务工人员随迁子女入学政策作相应的调整和完善。《办法》规定,从2018年起,符合新城管委会居住证量化管理条件的外来务工人员,随迁子女要求就读新城义务教育起始年级的,必须按《关于印发新城管委会居住证量化管理实施意见(试行)的通知》规定,申请参加新城管委会居住证量化管理。市教育局依据新城管委会居住证量化管理工作领导小组办公室提供的外来务工人员积分情况,按积分高低顺序,先在公办小学、初中学区学校起始年级视各校学额情况安排部分积分高者入学,再由政府向明珠学校购买学位,安排积分相对较低的外来务工人员子女免费入读。

【教育资源跨区域共享】 受市区两级行政区划和行政管理体制局限,勾山区域的小学教育资源出现严重的供给过度和供给短缺并存的问题。是年,市教育局多次与市财政局、普陀区委、区政府和普陀区教育局研讨协商,报请市政府同意并以专题会议纪要的形式明确,通过增量改革促存量优化的办法,打破现有行政区划和行政管理体制约束,创新教育公共服务供给方式,对该区域公办小学招生实行区域一体化统筹谋划。勾山小学逐步将办学规模控制到12班。勾山区域的小学阶段招生任务由勾山小学、普陀城北小学、舟渔学校共同承担,所需办学费用由市财政按市本级义务教育生均培养成本予以购买学位。

【新城义务教育实施“集团化办学”】 12月7日,出台《关于实施集团化办学推进新城义务教育优质均衡发展的意见》,立足“主导学校+新办学校”紧密型结合、一体式发展的运行模式,加快推动优质教育资源扩面提质,通过集团化办学让新办学校能够共享主导学校的管理、师资、文化、品牌等资源,有利于缩短新办学校的成长期,加速成长为新优质学校。意见对新城区域集团化办学作具体的规划布局:舟山第三小学作为南海实验学校长峙校区,舟山第五小学(筹)作为南海实验学校浙大校区,舟山第四小学作为舟山第二小学北校区,舟山第六小学(筹)作为舟山第一小学东校区,舟山第二初中(筹)作为南海实验学校北校区。

【舟山市明珠学校投入使用】 是年,占地37亩(2.47公顷)、投资近五千万的舟山市最大民办民工子弟学校——舟山市明珠学校于秋季正式投入使用,918名符合条件的新区外来务工人员子女报到入学。学校于年底通过浙江省义务教育学校标准化验评,成为全省首所通过义务教育标准化学校验评的民办民工子弟学校。

全市最大民办民工子弟学校——舟山市明珠学校正式投入使用(市教育局提供)

【舟山绿城育华(国际)学校秋季开学】 是年,位于长峙岛,占地181亩(12.07公顷)、投资8亿元的舟山绿城育华(国际)学校于秋季招生开学,首批在校学生13班266人,小学、初中、高中均有分布。绿城育华(国际)学校是舟山市引进的首家高端民办学校。

【科技创新大赛获佳绩】 是年,在全国第32届青少年科技创新大赛中,舟山市沈家门小学的科幻画获全国二等奖,东海中学和普陀小学的辅导员创新项目分获全国二、三等奖,普陀二中的科技创新项目和科技实践活动分获优秀创意奖和全国三等奖;在浙江省第31届青少年科技创新大赛中,舟山市获7个省一等奖,11个二等奖,22个三等奖。

【举办家庭教育创新与发展论坛】 6月2日,由市教育局、市妇联、市家庭教育学会主办,舟山蓉浦学院、舟山市家长学校总校承办的"2017年舟山市家庭教育创新与发展论坛"在新城举行。本次论坛收到大会交流材料76篇。演讲选手们以"家庭教育责任与挑战"为主题,结合自身经历和经验谈对孩子教育的做法和感受。论坛邀请两位全国家庭教育专家姚鸿昌、黄明作《幸福的起点——好家庭　好家教　好家风》和《以责任赢得挑战——家长一念　孩子一生》主旨报告。市及各县(区)妇联、全市各中小学、幼儿园的教师和家长代表130余人参加本次论坛。

【出台《舟山市中小学家长委员会工作规程(试行)》】 8月,出台《舟山市中小学家长委员会工作规程(试行)》(下称《规程》),规范家长委员会建设。《规程》包括总则、家长委员会组成、家长委员会职责、家长委员会权利与义务、家长委员会工作制度以及附则等六个部分,重点对家委会组成、家委会职责、权利与义务等作具体规范,明确家委会应严格遵守的"八个不得"。《规程》要求各级教育行政部门和学校加强对家长委员会工作的指导与监督,保障家长委员会实现沟通学校与家庭、参与学校管理和教育教学工作、支持学校建设发展的基本职能,形成家校共育合力。

【舟山中学85届校友张东辉当选中科院院士】 11月28日,中国科学院公布2017年中科院院士增选当选院士名单。舟山中学85届校友、中国科学院大连化学物理研究所研究员张东辉榜上有名。

职业成人教育

【概况】 2017年,中职学校面貌全面改善。舟山职业技术学校产教融合基地、航海学校一期综合改造工程和普陀职教中心新校区投入使用。舟山航海学校和普陀职教中心通过省级示范校验收。启动实施中职学校实训设施建设三年行动计划,投入2680万元新(改)建实训室36个,改善中职学校学生实训条件。组建成立舟山职业教育集团。

健全老年教育体系。组建成立舟山老年开放大学,各县(区)成立县区老年开放大学,乡镇(街道)挂牌成立老年开放教育学院,社区(村)建立老年开放教育学院社区教学点。全市各级老年开放教育机构实体化办班84期,招收学员2444人。舟山电大与舟山蓉浦学院分离办学。

【组建职业教育集团】 是年,组建成立舟山职业教育集团和普陀职业教育集团。集团设理事会、常务理事会和秘书处,实行"集团松散型、项目紧密型"运作管理模式。舟山职业教育集团由舟山市成职教协会牵头,由舟山技术学院(筹)、舟山航海学校2所中职学校和48家企业组成;普陀职业教育集团由普陀职教中心牵头,依托舟山市优质教育资源、旅游企业和媒体联盟共同组建,首批理事成员25家。

【推进中职教育校建工程】 是年,舟山航海学校完成校园整体改造一期工程、综合实训楼和运动场地建设,投入资金5640万元;舟山职业技术学校(舟山技师学院)产教融合大楼竣工交付,投入资金约1300万元;普陀职教中心芦花校区新建工程交付使用,投入资金8000余万元。是年,启动实施市本级中职学校实训设备改造三年行动计划(2017—2019年),完成新扩建实训室36个,投入资金2680万元。4月,舟山职业技术学校、舟山技师学院(筹)和舟山航海学校《实训设施建设三年行动计划(2017—2019)》获市教育局批复通过。三年内,两校预计投入资金8725.5万元,新建、扩建实训室84个。

【申报浙江省第二批"中等职业教育质量提升行动计划"】 7月,组织全市职成校开展浙江省第二批“中职教育质量提升行动计划”建设项目申报工作,舟山市获评15个项目,其中中职名师及名师工作室1个,大师及大师工作室1个,品牌专业1个,校企合作共同体2个,德育品牌项目1个,创新创业教育实验室1个,优秀毕业生典型2个,现代化成人学校3个,成教品牌项目3个。

【中职教育创造历史最好成绩】4月,组织参加全省中职学生技能竞赛17个项目的比赛,获一等奖1个,二等奖8个,三等奖18个,其中4个学生(团体)项目进入国赛,分获全国一等奖1个,二等奖3个。在中职学生职业素养大赛中,获全国一等奖1个,二等奖4个,三等奖1个;省一等奖3个、二等奖9个、三等奖14个。在“面向人人”竞赛项目中,获全省第一。

【启动中职学校教学诊断与改进工作】3月,出台《舟山市中等职业学校教学诊断与改进工作实施方案》,从2017学年起,全市所有中职学校均参与教学诊改工作。同时,由市职业教育教研室牵头,邀请教学诊改全国试点单位专家对全市中职学校相关负责人进行专项培训。11月,全市所有中职学校均完成人才培养工作数据采集工作。

【推进中职学校现代学徒制试点工作】6月,出台《关于推进中等职业学校现代学徒制试点工作的实施意见》。意见提出:从2017年开始,全市所有中职学校均开展现代学徒制试点,到2020年,实现凡适合现代学徒制培养的专业均开展试点的工作目标。是年,在省级试点基础上,舟山职业技术学校数控专业、舟山航海学校建筑装饰专业、岱山县职业技术学校汽修专业被列入首批现代学徒制市级试点。

【在全省率先实现民警专职驻点中职学校全覆盖】基于“中职学校始终处于高中段学校生源链下游”的特殊学情,以及高中段学生违法犯罪更容易集中发生在中职学校的现实问题,舟山市创新实行公安民警专职驻点中职学校,牵头负责校园内外治安环境和矛盾隐患排查处置,发挥出校园综治警务室保障师生安全的核心作用。是年,全市所有中等职业技术学校全部派驻民警进驻,在全省率先实现民警专职驻点职校的全覆盖。中职学校聘任驻点民警为法制副校长或法制辅导员,作为校园综治警务室的第一责任人,指导和参与学校的学生管理及安保工作。

【举办第三届职业教育活动周】5月,举办舟山市第三届职业教育活动周。职教周期间,全市7所职业院校651名教师、8372名学生和256家企业参加活动,观摩体验活动项目106个。启动仪式上表彰2017年全市职业院校“最美教师”“阳光学生”获得者和浙江省中职学校职业能力大赛学生技术技能类比赛获奖选手。各职业院校通过展板形式宣传学校的办学成果。

【举办2017年全民终身学习活动周】11月,舟山市全民终身学习活动周开幕式在嵊泗县海洋文化中心举行,700余人参加开幕式。活动周期间,全市组织361期教育培训活动,参与人数44130人次。

【“最美教师”和“阳光学生”】5月,舟山市成人教育与职业教育协会在全市各职业院校中发起寻找“最美教师”和“阳光学生”的活动。经过学校推荐、微信投票、专家评选、网上公示等程序,确认浙江国际海运职业技术学院何伟等5名教师为“最美教师”,舟山职业技术学校、舟山技师学院(筹)傅琛琛等10名学生为“阳光学生”。浙江省成人教育与职业教育协会同步在全省开展中职学校“最美教师”“阳光学生”评选活动。舟山职业技术学校、舟山技师学院(筹)徐文权和舟山航海学校施有根2名教师获“最美教师”称号,岱山县职业技术学校张央堂以及舟山职业技术学校嵊泗分校樊海霞教师获“最美教师”提名奖。舟山职业技术学校、舟山技师学院(筹)的李哲宁同学获“阳光学生”提名奖。

队伍建设

【概况】是年,健全学校(单位)干部选拔任用和监督管理机制,重点加强中层配备职数和提任程序管理。创新实行中小学(幼儿园)见习副校(园)长制度。实施“1252”人才强教工程。出台《舟山市中小学领军人才管理办法》,面向全国招引奥赛辅导及职业教育类紧缺高端人才5人;实施“浙江省特级教师”培养行动,遴选优秀教师赴华东师范大学开展个性化培育24人；建立健全名师工作室成员进出、研修、考核机制，实行市级挂牌名师"优进劣汰"动态调整。启动教师"县管校聘"。会同市编办、财政、人社部门联合下发《关于推进教师"县管校聘"工作实施意见》，加强县(区)域内中小学教师统筹管理。全市首批60所学校、5398名教职工完成竞聘工作。加强教师专业能力培养。组织国培、省培高端项目学员参训工作，分批选派校长、教师到海外进行研修。探索学校教育、岗位教育和自我教育有机结合的教师专业发展模式，推进新一轮"五年一周期"教师专业发展培训。深化师德师风建设。出台《关于进一步加强和改进中小学师德师风建设的若干意见》，实施《舟山市中小学教师师德考核办法》，开展教师师德师风正向、反向测评。组织实施寒暑假期间的"教育服务到基层　千名教师进社区"市民素质提升工程，全市组织开展1965场(次)社区教育培训，606人次中小学教师参与志愿服务活动，为92250人次社会人士提供技能培训、课业辅导和咨询服务。

【举行庆祝"身边优秀教师"先进事迹报告会】 9月8日，举行庆祝第33个教师节暨先进教师事迹报告会。报告会采用现场直播和全市同步收看的方式，5名报告团成员讲述身边5位优秀教师事迹。五位优秀教师分别是全国教书育人楷模和全国十大最美教师获得者张赛芬，全国优秀教师、中共十九大代表范群，省农村突出贡献奖贺苗、金伟智，以及省好人奖推荐人选王兴安。

【实施"1252"人才强教工程】 4月，市教育局与市人才办联合出台《舟山市"1252"人才强教工程实施方案》，明确"十三五"期间教育人才队伍建设工作目标，实施中小学领军人才建设、省特级教师培树、市教学名师提升、市教坛新秀培养评选等四大行动计划，在全市首次分层次、立体化、系统性对全市中小学教师队伍建设进行总体统筹规划。同时，配套出台《舟山市中小学领军人才管理办法》。

【首次在教育系统尝试市场化引才】 是年，委托猎头公司猎聘紧缺高端人才，首次在教育系统尝试市场化引才。由学校提出用人需求，市人才经费予以专项保障，市里搭建引才平台，通过"市场年薪、合同聘用、绩效考核"方式，在全国范围内引进急需的高层次人才。面向全国招引奥赛辅导及职业教育类紧缺高端人才5人。引进教师在专业设置、课程开发、学生培养等方面发挥专业优势，引领学校发展。

【加强名师工作室建设】 建立健全名师工作室考核机制，通过年度考核实现对名师工作室的动态管理，考核不合格的一律退出，压实名师工作责任；修订完善《舟山市名师工作室成员进出管理和考核办法》，做到入室有条件、研修有要求、出室有考核；每年安排200万元专项资金支持名师工作室建设；建立名师工作网，传播分享名师的教育理念和教育智慧，扩大影响力。是年，全市有名师工作室67个，挂牌名师68人，工作室研究员和学员876人，其中280余人来自渔农村学校。挂牌名师张赛芬是年被评为全国教书育人楷模、挂牌名师范群当选为十九大党代表，工作室研究员金可泽主持的课题获全国基础教育成果二等奖等。

【实施教育特殊支持人才培养计划】 是年，全市遴选24名师德

10月27日，中共十九大代表范群与妇女代表举行"畅谈十九大·共话新区发展"座谈会(沈磊　摄)

优良、育人工作业绩突出、初具独特教学风格的教师作为特殊支持人才,委托华东师范大学进行针对性培养。

【拓宽校长教师国际视野】 分批开展校长、教师海外研修。12名政治和业务素养高、工作责任心强的优秀校长(园长)、教师分赴美国、德国、英国、澳大利亚、新加坡等发达国家进行研修,学习借鉴成果经验,提升中小学校长的管理业务水平,拓宽教师的国际化视野。

【加大干部队伍管理培养力度】 加强"合金型"学校领导班子建设,加大年轻校(园)长选拔、培养、校际交流力度,新提任校(园长)19人,选派2名青年教师赴上海对口学校进行为期三个月的挂职锻炼。健全学校(单位)干部选拔任用和监督管理机制,出台《直属学校(单位)中层干部选拔任用及管理规程(试行)》,推进干部工作规范化、民主化、制度化建设。制发《舟山市教育局关于实行见习副校(园)长制度加强中小学(幼儿园)后备干部队伍建设的意见》,加大后备干部储备及培养力度。

【启动教师"县管校聘"】 4月,会同市编办、财政、人社部门联合下发《关于推进教师"县管校聘"工作实施意见》,加强县(区)域内中小学教师统筹管理。全市首批60所学校、5398名教职工完成竞聘工作。

【举办民工子弟学校教师综合素养提高培训班】 6月3日,举办舟山市首届民工子弟学校教师综合素养提高培训班,为全市7所民工子弟学校的200多名教师及学校中层以上领导开展培训。浙江海洋大学宋秋前教授和舟山教育学院心理健康张铮教研员分别为参训教师作《教学诊断与改进的框架》和《积极心理学视角下的心理健康教育——幸福与幸福的教育》的专题讲座。

【启动"希望之光"教育专家团支教服务】 8月25日,由5位优秀骨干教师组成的省"希望之光"教育专家团队选派工作对接暨履职服务启动仪式在嵊泗县举行。2年支教期内,专家团队成员将重点在教书育人、传经送宝、牵线搭桥、把脉问诊等方面发挥示范辐射作用,加快嵊泗优秀教育资源培育,实现专家团队受锻炼、基层人才有提升、人民群众得实惠的三赢效果。5位到嵊泗支教的"海兰花",分别为舟山市小学语文、数学、英语、科学、音乐骨干教师。此次支教驻点学校为嵊泗县菜园镇第三小学,同时辐射扩展到嵊泗县其他学校。

【中小学《名师教学艺术与成长经验》出版发行】 11月,由浙江海洋大学教授宋秋前等主编、汇集舟山市中小学(幼儿园)挂牌名师教育智慧和成长经验的专著——《名师教学艺术与成长经验》,由浙江大学出版社出版并向全国发行。该书收集全市现任55位教学名师的教学艺术与成长经验,上册包括学前、小学和初中各科28位教学名师的教学艺术与成长经验;下册包括高中、职高及中小学体育、美术各科27位教学名师的教学艺术与成长经验。全书近100万字。每位名师的教学艺术与成长经验介绍分人物档案、教学艺术、成长经验和经典课堂等四个模块。

【张赛芬入选2017"全国教书育人楷模"和"全国最美教师"】 第33个教师节期间,教育部公布2017年全国教书育人楷模名单,舟山职业技术学校教师张赛芬老师入选。同时,张赛芬还入选"全国十大最美教师"。教师节期间,张赛芬受到副总理刘延东的接见,并在首都师范大学作题为"情凝职教,潜心培育'蓝金领'"的事迹报告。

【多名教师获省级荣誉】 是年,普陀六横中学贺苗、岱山县怀慈小学金伟智获省农村教育突出贡献奖;田家炳中学王兴安老师获评省好人奖;浙江舟山群岛新区旅游与健康职业学院安桃艳、舟山中学李灵龙被评为省第五届师德标兵;定海二中教育集团顾海军、普陀中学刘建芬、衢山镇桂花中心小学贺小凯和嵊泗县黄龙小学顾燕美等4名教师获评省第五届中小学师德先进个人。

高等教育

【概况】 2017年,全市有普通高等学校4所,其中普通本科学院1所、普通本科学院下属独立学院1所、高职院校2所。研究生招生466人,在校生963人,毕业生299人。普通高考录取率98.1,比上年提高 1.39 个百分点。

全市高等教育全日制本专科学生 6417 人，比上年增长 0.86%，其中本科招生 3843 人，减少 0.49%；专科和高职招生 2574 人，增长 2.96%。在校生 2.21 万人，增长 1%，其中本科在校生 15135 人，增长 0.24%，专科和高职在校生 6924 人，增长 2.71%。毕业生 6103 人，增长 2.99%。全市普通本、专科招生比达 60:40，专科比例有所提高。

全市普通高等学校有教职工 1938 人，比上年增加 31 人。其中专任教师 1307 人，比上年增加 31 人。专任教师中博士研究生学历 338 人，硕士研究生学历 386 人，其中获博士学位 341 人，硕士学位 662 人；正教授职称 178 人，占专任教师的 13.62%，副教授职称 403 人，占 30.83%。

全市普通高校校舍建筑总面积 67.89 万平方米，生均校舍建筑面积 29.49 平方米；藏书 241 万册，生均图书 105 册；固定资产总值 28.75 亿元，仪器设备值 4.73 亿元，生均仪器设备值 20557 元。

【洪马纳到浙江海洋大学访问】

12 月 3 日，柬埔寨洪森亲王及夫人奖学金协会会长洪马纳、中国西促会理事长程路、中国诺信集团董事长杨玉斌等到浙江海洋大学访问。经友好协商，浙江海洋大学与柬埔寨洪森亲王及夫人奖学金协会、中国诺信集团三方达成共识并签署合作协议。

【浙江海洋大学教授主持项目入选国家重点研发计划】 6 月，科技部公示 2017 年度国家重点研发计划“海洋环境安全保障”重点专项拟立项的项目信息，浙江海洋大学教授郑红主持的“海岛及滨海湿地鸟类在线监测传感器研制”项目名列其中，获中央财政专项研究经费 588 万元。

【获评“全国高等学校创新创业教育改革特色典型经验高校”】 12 月 7 日，由中国高等教育学会创新创业教育分会主办的中国高等教育学会创新创业教育分会 2017 年工作年会暨第八届全国高校创新创业教育高峰论坛在太原召开，浙江海洋大学获“全国高等学校创新创业教育改革特色典型经验高校”称号，浙江海洋大学教师韩志获得“全国高校创业教育先进个人”。

12 月 3 日，柬埔寨洪森亲王及夫人奖学金协会会长洪马纳（中）到浙江海洋大学访问（市教育局提供）

【浙江海洋大学学生科技创新团队获“小平科技创新团队”称号】

11 月，浙江海洋大学“水产品冷链物流创新团队”获评由共青团中央、中国青少年发展基金会共同开展的 2017 年度全国大学生“小平科技创新团队”。

【浙江海洋大学学生获第十五届全国“挑战杯”竞赛“累进创新奖”金奖】 10 月，浙江海洋大学学生作品《空气冰——渔船用海水流化冰关键技术研究与设备创新》（指导教师：韩志）获第十五届“挑战杯”全国大学生课外学术科技作品竞赛“累进创新奖”金奖。

【8 个专业列入浙江省高校“十三五”优势特色专业建设项目】 5 月，浙江省教育厅文件公布，浙江海洋大学船舶与海洋工程、海洋渔业科学与技术、海洋技术等 3 个专业入选浙江省高校“十三五”优势专业建设项目；海洋资源与环境、药学、轮机工程、食品科学与工程、油气储运工程等 5 个专业入选浙江省高校“十三五”特色专业建设项目。

【5 部教材入选浙江省普通高校“十二五”优秀教材】 5 月，浙江省高教学会教材建设委员会公布浙江省普通高校“十二五”优秀教材评选结果，浙江海洋大学教

师主编的《船舶结构设计》《海岛野外生存生活拓展训练教程》《港口物流——理论、实务与技术》《语类—过程英语写作教程》《现代班级教育与管理》等5部教材入选。

【浙江海洋大学与英国思克莱德大学达成合作协议】 4月,浙江海洋大学与英国思克莱德大学就本科校际交流项目、博士联合培养项目、教师互访和合作科研达成合作协议。

【浙江国际海运职业技术学院岱山校区成立】 3月1日,浙江省教育厅、浙江省发展改革委联合发文《关于同意设立浙江国际海运职业技术学院岱山校区的批复》,浙江国际海运职业技术学院岱山校区获批。5月13日,举行岱山校区揭牌仪式。

【浙江国际海运职业技术学院获批优秀特色专业和示范性实训基地】 3月6日,省教育厅公布浙江省“十三五”高职高专院校特色专业的名单,浙江国际海运职业技术学院的航海技术专业被评为浙江省“十三五”优势专业,并被教育部列为全国职业院校示范专业点;轮机工程技术、船舶工程技术、港口与航运管理、国际邮轮乘务管理、报关与国际货运等5个专业列入浙江省“十三五”特色专业;航海技术、轮机工程技术、船舶工程技术、港口与航运虚拟仿真等4个实训中心列入浙江省“十三五”高职教育示范性实训基地项目。

【浙江国际海运职业技术学院协办第四届中国海员技能大比武】

6月25—29日,浙江国际海运职业技术学院作为第四届中国海员技能大比武基地,承担海员铁人三项、航线设计、瘫船启动、金工工艺、撇缆和航海知识竞赛预赛等6个项目的组织工作。学校代表队在全国25支本科和高职院校组成的赛队中取得团体总分第五名、全国海员技能大比武三等奖的好成绩,是浙江省唯一获奖的院校。

6月27日,浙江国际海运职业技术学校学生参加第四届中国海员技能大比武金工工艺比赛现场(市教育局提供)

【浙江国际海运职业技术学院发起成立“江海联运”产教联盟】 是年,浙江国际海运职业技术学院发起成立“江海联运”产教联盟的倡导,得到来自长江经济带6省2市38家行业企业的响应,12月28日,“江海联运”产教联盟成立大会暨第一届理事会议召开。会议选举浙江国际海运职业技术学院为联盟理事长单位,学校党委副书记、校长王捷任产教联盟首届理事长,并通过联盟章程和《关于深化产教融合推进合作发展的共识》。

【浙江舟山群岛新区旅游与健康职业学院承建波音员工培训中心】 1月13日,舟山市委市政府宣布由浙江舟山群岛新区旅游与健康职业学院负责承建波音737MAX亚太完工和交付中心员工培训中心。至年底,主体工程结顶完工。教员招聘经波音、商飞专家筛选、面试、考察后录用6人。

【旅游与健康职业学院学生导游资格考试通过率居全省前列】 是年,全国导游资格证考试,浙江舟山群岛新区旅游与健康职业学院学生通过率93.2%,连续两年在全省旅游类高职院校中名列第一。

(撰稿:徐红波)

责任编辑:李馨桐　童涵

科技与气象

科　技

【概况】 2017年，全市组织实施各级各类科技计划项目543项，其中，省级以上项目314项，市级项目161项，县(区)级项目68项。到位省部级以上科技项目经费8184万元。新增高新技术企业37家，重新认定12家；培育省级科技型中小微企业162家，扶持“科技创业企业”10家；新增省级企业研发机构18家，其中省级企业研究院3家、高新技术企业研发中心5家；新增专利示范企业18家，其中省级专利示范企业4家。获国家科技进步奖二等奖1项，省科技进步奖二等奖1项、三等奖3项，中国专利优秀奖1项；评选出2017年度舟山市技术发明奖10项、科技进步奖30项。至年底，全市有高新技术企业101家、省级科技型企业625家、省级农业科技企业90家、省级专利示范企业19家、省级重点实验室8家、省级企业研究院(含重点)20家、省级高新技术研发中心44家、省级农业科技企业研发中心38家；引进大院名校共建创新载体71家。

是年，舟山市被确定为“国家知识产权试点城市”，全市申请专利3649件，比上年增长2.96%，其中发明专利1778件，同比增长16.29%；授权专利1920件，同比增长4.58%，其中发明专利501件；全市每万人发明专利拥有量14.81件。据浙江省颁布的《2016年度设区市科技进步统计监测评价报告》显示，2016年舟山市科技进步变化情况综合评价跃居全省第3位，比上年度排名前移8位，多个单项指标增速居于全省首位。

【科技体制机制改革】 *启动“创新舟山”建设* 10月，出台《“创新舟山”建设三年(2017—2020年)行动计划》(下称《计划》)，计划到2020年，R&D(研究与发展)经费支出占国民生产总值的比重2.0%以上，科技进步对经济增长的贡献率65%以上，加快把舟山打造成为全国有影响力的海洋高新技术产业基地和海洋科技创新中心。“创新舟山”建设领导小组多次召开工作会议，对《计划》目标任务进行分解落实，制订《计划》2018年度实施细则和操作办法、《“创新舟山”建设工作考核评价办法》，拟定《舟山市优秀创新主体奖励办法》。《舟山市创新发展促进条例》列入2018年立法调研项目，“创新舟山”建设启动。

推进自贸区知识产权综合管理改革试点建设 是年，舟山市获批国家知识产权试点城市，特色主题是“提升海洋经济知识产权综合能力，支撑舟山群岛新区创新发展”，试点周期为2017年至2020年。试点期间，实施“绿色海洋产业知识产权优势打造工程”等“五大工程”和18项重点任务，建立具有舟山特色的知识产权综合管理体制和便民利民的知识产权公共服务体系，为新区发展和自由贸易试验区建设营造良好的营商环境。舟山市科技局增挂市知识产权局牌子，成立市知识产权维权援助中心，中国(浙江)自贸试验区知识产权综合服务平台试运行。是年，扬帆集团股份有限公司发明专利“一种围壁甲板拼装及火工工艺”获中国专利优秀奖。

探索科研人员长效激励机制 在浙江大学舟山海洋研究中心试点，制定出台《浙江大学舟山海洋研究中心促进科技成果转化实施办法(试行)》，明确职务科技成果转化净收益的70%用于对成果完成人的奖励和报酬；浙江省海洋开发研究院也制定相关办法，拟在浙江大学舟山海洋研究中心试点成熟后试行，并逐步在全市

推广试行。

全省首创科技统计监测　是年,建立《科技统计监测月报》,完善市科技统计监测体系和科技统计监测月报制度,强化科技统计专业队伍建设,首次实现科技创新发展状况的动态监测,为科学决策提供依据。

普陀区入选浙江省第一批全面创新改革联系点　是年,省科技体制改革和创新体系建设领导小组办公室批复,普陀区列入第一批全面创新改革联系点名单。2016年普陀区科技进步变化情况评价位列全省第31位,居全市四县(区)首位,连续3年获评浙江省“公众创业创新服务行动”优秀单位。

【科技创新平台与载体】　高新区创建取得重大进展　是年,舟山国家高新区创建纳入2017年全国14家调研评估名单。舟山国家高新区将整体构建“核心区＋延伸区＋联动区”三层次区域协同发展格局,根据区块资源优势,合理布局科技创新、创业孵化、产业发展、生活居住等功能区块,推动产城融合发展,打造生态智慧园区。

重大创新平台建设深入推进　舟山现代海洋产业创新服务综合体列入省产业创新服务综合体第一批17个创建名单。中国(舟山)海洋科学城五大主题产业园加快发展,新引进海洋电子信息等领域科技企业155家,入驻单位526家,注册资本52.1亿元。舟山省级高新区重点打造科技成果转化平台,面积3万平方米。舟山船舶装备高新区建成首个孵化平台,面积6000平方米。

科创园区建设全面展开　制定出台《关于进一步促进科创园区发展的若干意见》等政策,打造一批高品质科创园区。新区大学科技园开园,孵化面积1.5万平方米,在孵企业(团队)62家。以“一核多点”为空间布局的中国(舟山)海洋科学城定海园区开园,面积0.88平方千米,重点规划打造海洋电子信息高新技术产业园和军民融合高新技术产业园,引进科技企业41家;普陀大健康产业园作为全市首个以健康产业为主题的科技创新创业园区开园,面积2.26万平方米,集聚大健康领域院士、国家和浙江省“千人计划”人才、海归创业创新人才等高端人才,引进大健康产业项目20余项,打造一座集科研生产、产品体验、生活休闲、综合服务于一体的生命健康产业园区;舟山普陀海洋生态创新谷启动建设,规划面积8平方千米,以“港、产、城、旅”融合发展为主线,依托“孵化器＋加速器＋科创园区”的创新载体,集聚海洋科技、研发、创意等创新资源,重点培育发展海洋生物医药、海洋高端装备制造、海洋环保新材料等产业,引进科技企业42家。

众创空间等孵化器提质扩容　围绕新兴产业链培育,新增省级众创空间4家,省级星创天地1家,市级众创空间3家,构建一批低成本、便利化、全要素、开放式的众创空间。至年底,全市拥有众创空间12家,创业孵化面积近12万平方米,在孵企业(团队)568家,已孵企业404家,形成以国家级众创空间为龙头、省市级众创空间为主体、涵盖全市的众创空间网络。普陀湾众创码头被评为浙江省“十大小微企业集聚发展优秀平台”,成为全省县(区)级规模最大的创业园。普陀湾众创码头从2014年底成立以来,采取“一园多点”的建园模式,总面积3.1万平方米,入驻企业183家,园区产值约2亿元,集聚创业者

舟山国家高新区总体规划图

普陀湾众创码头(市科技局提供)

近800人,带动就业2300余人。

【科技攻关与成果转化】 舟山科技大市场建设取得进展 以科技大市场引领全新科技成果转化模式,完善"展示、服务、交流、交易、共享"五位一体的功能,探索科技成果转化新路径。强化技术"双向"服务,鼓励企业开展技术创新和成果转化,深入企业征求技术需求,根据企业订单式的需求,深入高校科研院所寻求技术资源。舟山科技大市场发布高校科研院所科技成果和企业技术需求200余项。强化技术"双线"交易,鼓励技术需求方和供应方在线上寻求匹配,在线下签约合作,运用网上技术市场和现场对接活动,推进技术交易线上、线下双活动。组织企业竞价(拍卖)成果12项,成交金额1338万元。至年底,全市企业通过舟山科技大市场完成竞拍技术成果46项,竞价金额5851万元。实现技术交易额22.88亿元,同比增长386.8%。向400多家科技企业发放创新券,兑现金额107.28万元。强化人员"双岗"培训,加强科技中介机构的技术经纪人和企业从事技术交易的科技专员岗位培训。全市400人获技术经纪人资质,舟山科技大市场获评中国浙江网上技术市场建设15周年"浙江省十大优秀技术市场"。是年,浙江增洲造船有限公司项目成果"6000方耙吸式挖泥船设计"被评为中国浙江网上技术市场建设15周年"十大优秀科技成果"。浙江增洲造船有限公司通过引进中国船舶工业集团公司第七〇八研究所设计的适用于"三高"特殊海况条件的特种挖泥船船型,进行产业化应用,实现产值2.6亿元。

重点领域科技项目攻关和科技成果转化取得成效 是年,组织实施省级以上科技项目309项,实施发明专利产业化项目24项,获国家科技进步奖二等奖1项,省科技进步奖二等奖1项、三等奖3项。由浙江舟山联合动能新能源开发有限公司承担的省重大科技专项"5兆瓦模块化大型海洋潮流能发电机组研究"通过专家验收,首套1兆瓦模块下海并网发电,至年底,并网发电60余万度,项目成果取得国际领先水平,成为全球第三个掌握潮流能发电并网技术的国家。该项目解决了海岛供电、远洋岛屿开发等海洋领域重大问题,开启了中国大规模开发利用海洋清洁能源新局面。该项目入选在北京举行的"砥砺奋进的五年"大型成就展。省首个国家科技惠民计划项目"舟山群岛网络医疗与网格化健康服务应用示范"在全市推广实施,创新建立"舟山群岛网络医院",基本实现全市远程医疗服务全覆盖,使海岛居民足不出岛就能享受到三级医院专家的优质服务。国务院办公厅发文通报表扬全国22个典型经验做法,"浙江省舟山市打造远程医疗协作网为海岛群众建设家门口的医院"位列其中。由浙江兴业集团有限公司、浙江海洋大学等单位共同参与完成的项目成果"鱿鱼贮藏加工与质量安全控制关键技术及应用"获国家科学技术进步奖二等奖。该成果针对鱿鱼原料保鲜难度大、肉质差、深加工和副产物利用率低、甲醛含量超标等瓶颈问题,进行13年的持续科技攻关,研发鱿鱼蒸煮保水剂、膨化加工技术、可控酶解技术等,开发饲料行业高端诱食剂,建立鱿鱼贮藏加工与质量安全控制技术体系和完善的鱿鱼产业链。

【创新主体培育】 引进培育一批领军人才企业　举办2017首届中国·浙江舟山群岛新区全球海洋经济创业大赛等活动，支持海外高层次人才(团队)、科技人员等创业主体带技术、带项目创办科技型中小微企业，征集800余个人才(团队)项目，优选出57个项目晋级总决赛，15个项目达成落户协议。组织"5313"行动计划，全年引进落户领军人才(团队)企业27个，注册资金2.5亿元，科技招商引资引进市外资金2.19亿元，集聚一批拥有核心技术、产品高端、产业新兴的领军人才企业落地。在第三届"创青春"中国青年互联网创业大赛总决赛中，舟山市科技创业领军人才企业中紫能源科技(舟山)有限公司的《基于公路无线充电技术的AI辅助驾驶》项目获创业组铜奖。

壮大一批科技型中小微企业　是年，落实《舟山市"科技创业企业"助飞计划实施方案》，新扶持"科技创业企业"10家；通过众创空间(孵化器)孵化一批、传统企业改造一批、小微企业提升一批等方式，推进科技型中小微企业快速成长，新培育省级科技型中小微企业162家。

浙江集速合芯科技有限公司"无线宽带数字相控阵集成芯片"生产线(市科技局提供)

浙江优众新材料科技有限公司国际领先的PSS图形化衬底技术生产线(市科技局提供)

升级一批高新技术企业　实施科技企业"双倍增"行动计划，构建"科技型中小企业－高新技术企业后备企业－高新技术企业"的梯次培育机制，推动人才、技术、资金等创新要素向企业集聚。重点从科技型中小微企业中，遴选有基础、有潜力企业纳入高新技术企业后备企业库，进行重点培育；动态管理高新技术企业后备企业库，定期充实更新。是年，落实企业研发费用加计抵扣、高新技术企业税收优惠等惠企政策。2016年，市科技企业享受研发费用加计抵扣税收优惠2.68亿元，高新技术企业享受税收优惠6205万元。全年新增高新技术企业37家，重新认定12家。

【提升创新创业服务能力】 “科技+‘五大会战’”行动计划全面展开 启动实施市“科技+‘五大会战’”行动计划，重点支撑舟山江海联运服务中心、舟山航空产业园、舟山绿色石化基地、剿灭劣Ⅴ类水等重点工程建设，采取主动设计和公开申报的方式，凝练12个重大科技支撑项目，破解一批“五大会战”中关键共性技术难题。针对“五大会战”中科技创新服务的需求，加强公共创新服务平台建设，新培育建设临港石油天然气储运产业科技创新服务平台等2家市级产业科技创新服务平台。建成3家省级科技创新服务平台和6家市级产业科技创新服务平台。推进“三重”项目工程建设的抗震设防服务，《甬舟铁路》地震安评咨询服务、舟山绿色石化项目后续跟踪服务、舟山鲁家峙—东港海底隧道抗震设防相关工作有序展开。

助力传统产业转型升级 强化研发机构建设，新增省级企业研发机构18家，其中省级企业研究院3家、高新技术企业研发中心5家；新增专利示范企业18家，其中省级专利示范企业4家。提升全市产业技术服务专家组服务水平，组织船舶与海工、海洋生物与水产品精深加工、水产健康养殖3个产业技术服务专家组，深入企业一线开展现场服务活动200余次，解决技术难题230余项。由金海智造股份有限公司承担的浙江省重点研发项目“万箱级超大型集装箱船制造关键技术研究”取得重大成果，交付5条9400TEU集装箱船、3条10800TEU集装箱船，刷新浙江省在建最大集装箱船及最大交付集装箱船纪录。由舟山市浙江欣海船舶设计研究院设计、浙江增洲造船有限公司承接建造的国内首艘2万吨级江海直达船“江海直达1”建造实现多项技术突破，成功下水。该船型通过特定航线结构强度研究和焊接设计优化等技术攻关，解决江海直达船型建造难点，较同类海进江船舶造价降低约10%，载重量增加13%，能效提高12%，具备宜江、适海、先进、经济等特性。

助力新兴产业培育 建立由知名企业家、天使投资人、专业学者组成的创业导师库，定期邀请导师开展以创业融资、财务管理、知识产权、高新技术企业、技术经纪人等为主题的创业沙龙和创新培训等活动，帮助企业了解更多的惠企政策，提高企业家职业素养和经营管理水平。由中信海洋(舟山)卫星通信有限公司承担的浙江省重点研发项目“面向现代渔业与航海安全的信息化装备技术与应用示范——现代渔业低成本宽带卫星通信装备技术应用示范”，开发建设卫星KU频段的海洋通信及数据传输的运营平台，将自主研发的VSAT卫星通信终端以免费使用权的形式安装到1200余艘渔船等船舶上，让渔民享受到快捷低廉的海上移动互联网服务，打破海上联网的“信息孤岛”。“舟山海洋大数据中心(一期)——舟山城市数据大脑基础平台”项目通过专家组验收。舟山城市数据大脑借鉴杭州市利用云计算、大数据技术建设智慧城市“数据大脑”的经验与实践，通过对数据的整合集成和分析利用，破解城市管理难题。全省首家省级产业计量测试中心——“浙江省大宗航运物流产业计量测试中心”成立。该中心围绕中国(浙江)自由贸易试验区油品、煤炭、矿砂、粮食等大宗商品航运物流产业的特点，探索建立舟山自贸区“保税燃料油第三方公证机构”，打造大宗散货计重、大宗液货计量、大容量检定及船舶与海洋环境等四个具有鲜明产业特色的计量实验室。

【创新人才引进与培育】 强化本土高端科技人才培养 省海洋开发研究院院长郑斌研究员入选“国家百千万人才工程”，并被授予“国家有突出贡献中青年专家”称号。郑斌长期从事海洋生物资源开发与利用领域的研究，在海产品精深加工、海洋源功能性食品开发、水产品质量安全等领域突破多项关键技术，领衔的科研成果获国家科技进步二等奖。由浙江海洋大学韩志博士带领的“水产品冷链物流创新团队”获2017年度全国大学生“小平科技创新团队”称号。该团队开展“海水冰制备技术创新研究”“切割冷冻水产品用水刀”“高附加值农产品跨国电商用低温箱”等12个创新项目研发，在各类学科竞赛中获国家级15项、省部级35项。

加快海外高端人才引进 引进加拿大皇家科学院和医学院双院士康斯坦汀教授，为首次引进外籍双院士海外高端人才。康斯坦汀教授领衔团队在普陀区大健康产业园创业注册成立

“浙江麦大基因科技有限公司”，主要搭建糖尿病诊断、分型、测序、风险评估和个性化治疗方案的服务平台，研制 T1D 风险基因检测试剂盒。

【打造创业创新环境】 加大创新创业宣传力度，开展 2017 年科技宣传十大行动，展示 2017 年度新区科技创新工作成果。组织开展“2017 年度新区科技十件大事”评选活动，精选 20 个候选事件在市科技局网站、舟山日报、舟山网等网络媒体上公众投票，“舟山国家高新区成功纳入 2017 年全国第一批调研评估名单”等 10 个科技事件入选“2017 年度舟山群岛新区科技十件大事”。开展“浙江最美科技人”林东、吴建国等先进事迹的宣传报道。

组织开展以“科技强国、创新圆梦”为主题的 2017 年舟山群岛新区科技（科普）活动周。围绕绿色石化、现代农业栽培、低碳节能、“五水共治”、健康生活、防震减灾等热点问题，向市民分发科普宣传手册书籍、科普类日用品，提供专家义诊、市民卡现场办理、防震减灾和食品安全咨询等服务，邀请企业、高校和科研院所，展示船模、蔬菜水培种植模式等创新产品和科技发明成果，普及科学知识和技术方法。活动周期间，组织报告会和讲座 57 场，参与群众 3 万余人次。

5 月 20 日，2017 年舟山群岛新区科技（科普）活动周在普陀开幕（市科技局提供）

【对外科技合作与交流】 实施引进大院名校共建创新载体战略，加快集聚国内外优质创新资源，与英国诺丁汉大学等国际名校院所开展多种形式科技合作，申报省国际合作项目 2 项。与上海海洋大学签约共建国家远洋渔业工程技术研究中心舟山分中心，与大连工业大学国家海洋食品工程技术研究中心签约共建舟山海洋食品产业创新研究院，与北航 VR/AR 创新研究院签约共建舟山定海 VR/AR 创新应用中心，推进清华长三院共建舟山海洋研究中心。推进军民融合工作，成立中国航天科工三一〇所舟山涉海研究院。至年底，引进大院名校共建创新载体 71 家。

【科技惠民富民】 惠及“三渔三

“东方蜜一号”甜瓜基地（市科技局提供）

农" 实施科技富民强县工程和新农村科技示范工程,提升渔农业科技创新能力。定海区南美白对虾产业提升工程、普陀区三疣梭子蟹养殖产业提升工程、岱山县海盐产业提升工程和嵊泗县贻贝产业提升工程等成效明显。推进渔农村科技特派员工作,派遣渔农村科技特派员33人,开展服务范围覆盖全市33个乡镇(街道)。科技特派员利用各自专业优势和特长,围绕入驻乡镇(社区)实际开展渔农业科技研究和科技成果的推广和应用,实施项目33个,推广新技术80余项,培训渔农民1.5万人次。中央电视台"服务三农"栏目和市电视台《渔农天地》栏目宣传报道全市科技特派员的优秀典型。

惠及"美丽海岛"建设　加强海洋生态环境保护和生态环境治理,实施"浙江近岸海域瓦氏马尾藻生态修复技术研究""海岛盐田垦造耕地改良技术集成研究与应用示范"等一批省市级科技支撑项目,提升海洋资源循环利用和海岛生态保护水平。开展以生活污水处理、生活垃圾处置和生态绿化为重点的科技支撑工程,实施"微污染饮用水源地水库水质提升生态治理技术研究、设计与工程示范""鱼粉生产废水中蛋白资源回收利用关键技术研究与示范"等一批省市级科技支撑项目,解决渔农村污水处理难题。

惠及"平安舟山"建设　组织筹办2017年第六届"平安中国"防灾宣导系列公益活动舟山站,组织放映14场16部防灾减灾影片,观看观众4600余人,巡回展出各类画板44幅,发放各种宣传资料4000余份,现场参与群众5000余人。参与全市2017社会应急管理暨防灾减灾主题宣传活动,接受FM97现场专题采访,播放公益视频总时长1620分钟。初步建成舟山地震台网速报综合服务平台,实时监测震情信息;组织市和县区相关人员参加预案演练培训,指导南海实验学校等在校学生逃生演练。舟山市获2017年第六届"平安中国"防灾宣导系列公益活动优秀组织奖。

"5·12"防灾减灾日2017社区应急管理暨防灾减灾主体宣传系列活动——公众专题宣传(市科技局提供)

2017年全市科技计划项目

表48　　单位:项

项目类别	项目数量(项)	分行业			
		工业	农业	渔业	其他
(合计)	543	322	25	62	134
国家级:小计	54	20	0	6	28
国家重点研发计划	16	9	0	0	7
国家自然科学基金	38	11	0	6	21
省级:小计	260	217	1	13	29
省重大科技专项	11	7	0	4	0

续表 48

项目类别	项目数量（项）	分行业			
		工业	农业	渔业	其他
省级公益性项目	20	9	0	7	4
省级公益性项目——分析测试项目	5	0	0	1	4
省级软科学研究计划	3	0	0	0	3
省自然科学基金项目	21	7	0	1	13
省级新产品试制计划	200	194	1	0	5
市级：小计	161	61	14	24	62
浙江海洋大学专项	20	8	0	9	3
浙江大学海洋学院专项	10	8	0	0	2
浙江大学舟山海洋研究中心专项	4	3	0	1	0
市科技计划项目	25	18	3	2	2
市科技合作项目	7	5	1	1	0
市公益类项目	69	9	7	6	47
市主动设计类项目	2	2	0	0	0
五大会战项目	12	5	0	2	5
市科技特派员项目	12	3	3	3	3
县级：小计	68	24	10	19	15
定海区					
普陀区	42	16	7	9	10
岱山县					
嵊泗县	26	8	3	10	5

2017年度舟山市技术发明奖获奖项目

表 49

项目名称	完成单位	完成人员
一等奖（1项）		
1600盖/分钟高速旋转式注胶机的研究开发	浙江金鹰食品机械有限公司	陈冠宝、夏巍、景慎文、王芬娣、裘涵洋、陈家乐、华力
二等奖（3项）		
发动机用耐热高强度锁紧螺栓	舟山市7412工厂	孟武功、王循明、赵萍丽、唐建良、张娜、林磊
基于物联网长效运行的新型农村污水一体化设施	浙江瀚邦环保科技有限公司	徐甦、冒岩林、沈皇洁、鲍观记、史蓉

续表 49

项目名称	完成单位	完成人员
39000DWT 散货船冰区加强新船型开发	浙江舟山博斯特船舶设计研究院有限公司、浙江增洲船舶设计研究院有限公司、浙江增洲造船有限公司	范和平、万伟、郁惠民、王森波、陈运好、李从钢、韩方
三等奖(6 项)		
25 万吨大型矿砂船建造关键技术研究及应用	舟山长宏国际船舶修造有限公司	陈昌权、汪家政、李川江、干兆辉、王世道、李吉军、瞿连忠
环保利废型蒸压粉煤灰砖关键技术研究及产业化	舟山弘业环保材料有限公司、舟山市质量技术监督检测研究院、浙江海洋学院	王全省、杨芳芳、邱从军、梅艳枝、邹海江、余思铁、邹银华
船用柴油机排放尾气污染物降解技术研究	舟山嵊泗海光明电器有限公司、上海集能化工有限公司、吴建国技能大师工作室、舟山市技师工作站	吴建国、林敏海、张跃平、秦王勇、吴佳琪、邵敏杰、于旭涛
海捕金丝鳗高值化冷冻调理产品开发关键技术研究	舟山市泓辰海洋食品有限公司	陈红安、王蜜蝶、余苗增、许春芬、沈燕萍、何春飞、马琼洁
高品质安康鱼片加工关键技术开发及产业化	浙江正龙食品有限公司、浙江海洋大学	郭岳龙、陈小娥、梅海平、方旭波、高斌丰、余辉、王霖军
一种速冻切蟹包装机、一种速冻切蟹的包装方法	浙江新泰水产有限公司	郭宇峰

2017 年度舟山市科学技术进步奖获奖项目

表 50

项目名称	完成单位	完成人员
一等奖(2 项)		
5600m^3 超低温冷藏远洋运输船关键技术研究及产业化	浙江增洲造船有限公司、浙江海洋大学、武汉理工大学、舟山万达船舶设计有限公司	范和平、徐宏勋、万伟、谢仕红、卢金树、温小飞、龚希武
曼氏无针乌贼增养殖关键技术集成与提升	浙江省海洋水产研究所、浙江省海洋水产研究所试验场	史会来、余方平、张涛、平洪领、孙忠、王跃斌、邢雪金
二等奖(10 项)		
基于物联网技术的水产品冷链物流仓储及供应链配送管理系统应用与开发	舟山陆港物流有限公司、浙江师范大学、浙江名捷物流有限公司	傅良岳、徐慧英、朱信忠、章守龙、俞承永、张寅、洪亮
储能用高性能水性导电黏结剂材料的研发及产业化	浙江中科立德新材料有限公司	张灵志、何伟东、仲皓想、焦书仁、刘俊杰、周峰、麦永津
海产品主要危害因子关键检测技术研究与应用	舟山市食品药品检验检测研究院、舟山市质量技术监督检测研究院、浙江大学海洋研究中心、浙江海洋大学	王萍亚、赵巧灵、黄朱梁、赵华、戴意飞、郑刚、夏松养
渔业生物增殖放流及智能化标志技术	浙江省海洋水产研究所、浙江海洋大学、象山港湾水产苗种有限公司、舟山市普陀兴海养殖优质种苗选育研究所	徐开达、梁君、周永东、朱文斌、王伟定、卢占晖、张洪亮

续表 50

项目名称	完成单位	完成人员
蔬菜病虫害绿色防控技术集成研究与推广	岱山县农业工作站、岱山县长涂镇农办、岱山县高亭镇农办、岱山县衢山镇农办、岱山县岱东镇农办	毛天丰、童永久、柴忠雪、孙泽豪、沈海旺、高小海
舟山海域海雾精细化客观预报方法研究	舟山市气象局	陈梅汀、张伟红、徐哲永、唐跃、李弈茗、傅娜、范其平
海产品中有机氯农药的人群暴露研究	舟山市疾病预防控制中心、国家食品安全风险评估中心、浙江大学环境与资源学院、浙江省舟山海洋生态环境监测站	余新威、严剑波、王婕妤、李敬光、唐梦龄、尚晓虹、徐晨烨
鱼皮寡肽的制备关键技术及抗癌机制研究	舟山医院、浙江海力生集团有限公司	张国强、吴丽萍、胡晓斐、彭敏霞、续力云、王婕、张英杰
RT-PCR 技术在基层疾病预防控制中的应用研究	岱山县疾病预防控制中心	虞吉寅、任宜、王素萍、高翠、夏仕军、叶凌
抗原致敏 DC-CIK 细胞治疗晚期肺癌、胃癌及肝癌的基础和临床研究	舟山医院	张永奎、续力云、刘晓光、乐涵波、张国强、陈志军、何剑营
三等奖(18 项)		
16500DWT 二类化学品船关键技术研发与建造	舟山大神洲造船有限公司	张济、叶步永、刘在良、廖国森、鲍治积、高辉
船舶制造虚拟空间仿真验证实操平台研究与应用	浙江省海洋开发研究院、上海船舶工艺研究所、扬帆集团股份有限公司	郑斌、杨润党、杨凯盛、季建、甄希金、王维伦、刘在良
智慧普陀山旅游服务平台	舟山市普陀山旅游集团有限公司、普陀山风景名胜区管理委员会、浙江大学、浙江大学舟山海洋研究中心、银江股份有限公司	李莹、吴健、李如君、蔡勇、洋红文、孙昊、陈冲
超宽频电磁波吸收材料研制及其应用	浙江原邦材料科技有限公司、中南大学	邓联文、顾广新、高原、黄生祥、李阳
考虑地基影响时自升式平台的结构强度研究	浙江海洋大学	张兆德、李强、张晓君、王立军、王伟、李俊来、郭欣
桥区通航水域水动力学特性及航道优化布置设计研究	浙江海洋大学	艾万政、淦学甄、池弘福、丁天明、黄柏刚、周琦
石斑鱼循环水智能化设施养殖关键技术研究及产业化	浙江华兴水产科技有限公司、浙江省舟山市水产研究所、中国水产科学研究院黄海水产研究所	罗海忠、柳敏海、傅荣兵、雷霁霖、李伟业、彭志兰、马爱军
双重 LAMP 技术快速检测水产品中副溶血性弧菌和霍乱弧菌的方法学研究	舟山出入境检验检疫局综合技术服务中心、浙江省海洋开发研究院	周向阳、相兴伟、周秀锦、江玲丽、邵宏宏、万婧
海岛园林绿化植物耐盐性评价及改土措施研究	舟山市农林科学研究院	陈闻、吴海平、王晶、费行海
舟山黑油筒种质创新和蔬菜品种资源多样化搜集研究	舟山市农林科学研究院	李元梅、张琪晓、朱家骝、姚金晓、彭红坤、林林、张国良
舟山海上交通高影响天气预报服务技术研究	舟山市气象局	陈淑琴、徐哲永、王坚侃、屠方吉、唐跃、周昊、范其平

续表 50

项目名称	完成单位	完成人员
新型布尼亚病毒感染影响因素研究	舟山市疾病预防控制中心	严剑波、唐安、仝振东、李科峰、李鹏、王虹玲、戴亚欣
应对岱山食品安全监测技术研究与应用	岱山县食品安全检验检测中心	陈伟、邱凤梅、虞吉寅、高翠、胡国忠
静脉留置导管周围血栓形成的临床因素分析	舟山医院	袁惠萍、潘海燕、陆丽娜、张维珍、郑笑娟、邹丽芳、郑小君
新布尼亚病毒实验动物模型的建立及其致病机制研究	舟山医院、舟山市妇幼保健院	李世波、王秋景、谢海波、杨喆娟、黎运呈、方汉波、钱立勇
海岛地区居民代谢综合征及其相关慢性病的前瞻性研究	普陀医院	刘成国、阮连生、林韩立、郑海斌、孙展杭、戴晨
海产品食品安全风险指数模型的建立及其在食品风险监测中的应用研究	舟山市疾病预防控制中心、舟山市卫生监督所、舟山海洋医学研究院	楼江红、王衡、吴铭宇、陈艳、王恒、顾仲朝、仝振东
普陀山僧尼中医体质流行病学调查	普陀山社区卫生服务中心、舟山市疾病预防控制中心、浙江普陀医院	余晴、顾舟霞、钟素亚、姜华、林永红、乐维君、张芬娜

（撰稿：王雷）

气　象

【概况】 2017年，推进“平安浙江”“新农村”“生态省”“美丽海岛”等气象工作考核，依法履行气象社会管理职责，助力“五大会战”，成立舟山市港航气象台，同时挂舟山市突发公共事件预警信息发布中心牌子。组建舟山防雷安全检测有限公司承担各部门委托的防雷行政审批相关的技术服务。加强防雷安全监管，开展易燃易爆危险化学品场所（企业）排查，建立完善易燃易爆危险化学品场所（企业）防雷检测信息库，公布全市2017年度防雷安全重点单位，告知企业防雷安全主体责任。建立双随机检查机制，开展易燃易爆危险化学品场所（企业）防雷检查。公布2017年新增气象灾害防御重点单位名单，建立完善气象灾害预警信息接收人员信息库。

【人才与科技创新】 加强人才队伍建设和科技创新。是年，提拔任用科级干部5人，招录（调入）硕士研究生5人、本科生4人。1人入选浙江省气象局“百人工程”科技骨干人才。成立气象创新团队，获中国气象局预报员专项项目1项，省局青年项目1项，省局预报员专项1项。是年，浙江省优秀气象预报技术论文二等奖1篇。核心期刊发表论文4篇。获省技术能手称号3人。

【气象依法行政】 推进“最多跑一次”、联合图审、竣工测验合一改革，制定“最多跑一次”标准化服务指南，在全省率先推出气象行政审批服务“全城通”，所有“最多跑一次”项目实行就近受理、内部流转、邮件送达服务，行政审批较法定提速94%以上。开展《浙江省气象灾害防御条例》宣传贯彻工作，市、县政府召开专题会议研究部署。加强防雷安全监管，建立“双随机”“红黑名单”等制度。组织开展防雷安全大检查和易燃易爆场所防雷安全排查，与市安监局联合做好气象安全工作，与市旅游委联合做好AAA以上景区气象安全工作。

【气象现代化建设】 综合观测能力建设　建设海上加注油气象观测设施，完成虾峙门外锚地海洋气象浮标站建设，在原虾峙门6号航标的基础上，增加风向风速、海流、波浪监测等设备，6个自动气象站和8个能见度站进入设备安装阶段。配合环保部门开展清新空气（负氧离子）监测及网络体系建设。

预报预警能力建设　中国（舟山）海洋气象研究中心即将投入运行，市级气象业务服务平台、港航气象业务服务平台、高清电视天气预报制播系统提档升级。建设“智慧气象”，舟山港航气象网站、微信专项气象服务平台、国内两类航线APP上线服务,启动舟山港航气象APP研发,开展舟山海洋气象广播电台远程语音广播试验。

基层气象台站建设 推进气象业务基础设施建设,中国(舟山)海洋气象研究中心、山洪气象保障工程、公共气象服务均等化工程等重点工程实施,基层气象台站基础设施得到加强。

【气象服务工作】 灾害性天气预报服务 全年发布决策服务材料507期,其中呈阅件4期、重要天气报告29期、天气公报6期、一周专题预报73期;发布各类预警信号25次;发布灾害性天气警报215次;发送决策气象服务短信896条,受众179万多人次;举行跨部门联合会商2次。

海上加注油气象服务 是年,推出虾峙门、绿华、秀山东、马峙、条帚门外锚地油品加注专项气象服务,发布预报时效5天的风力、风浪、能见度逐3小时精细化预报产品,风力精细到米/秒,风浪精细到0.5米,能见度精细到米。9—12月,开展五大锚地的油品加注专项服务,增加作业天数16天。

重大工程气象服务 为绿色石化基地、波音完工和交付中心、朱家尖城乡规划、小干岛CBD等重大战略和重大项目建设开展气候评价、灾害性天气预警、防雷安全检查和气象安全培训,开展宁波舟山港疏港大通道、鱼山大桥等重大工程气象保障服务。

渔农气象服务 制定农业气象服务周年方案,为全市343家农业合作社、30家农业企业、20个家庭农场、165户种养大户开展"点对点"服务,开展金塘李气候品质认证工作。

重大社会活动和公共气象服务 做好节假日和市"两会"、香会节、中高考、省第三届体育大会、岱山"休渔谢洋大典"等重大社会活动气象保障,服务2017国际海岛旅游大会。舟山气象微博粉丝超16万人,舟山气象微信在新区首届新媒体盛典中获评2016年度"十佳双微号",全年关注人数17685人。

(撰稿:林丰富 谢蕾)

责任编辑:李馨桐 童涵

文化体育

概　述

2017年，全市文体系统落实民生实事项目，以体制机制改革促进文体发展，以完善服务体系保障文体权益，满足人民对美好生活的文化体育期待，推进各项工作。是年，全市基本公共文化服务均等化实现度位列全省第二。市体育局被国家体育总局评为“全国群众体育先进单位”。

抓重点难点，各项主要工作成效明显　4—10月，承办省第三届体育大会（下称“三体会”），完成44个大项的比赛和开闭幕式工作。舟山市代表团获12金、13银、22铜，创历届最好成绩。市政府被授予“浙江省第三届体育大会特别贡献奖”。

申报国家艺术基金。以国家级非遗项目舟山锣鼓为基础，融合休渔谢洋、渔歌号子、岑氏木船等多种非遗表演形式的大型锣鼓打击乐舞台剧《鼓舞大海》于7月入围国家艺术基金2017年度大型舞台剧和作品创作资助项目名单，成为舟山首个获国家艺术基金扶持的文艺作品。

9月29日，浙江省第三届体育大会新闻发布会在舟山新城举行（沈磊　摄）

推进为民实事项目。按期完成5家“城市书房”建设和6个小城镇文体休闲广场（公园）建设。完成新城70千米登山健身步道建设、定海61千米国家级登山步道升级改造、普陀登山步道三期工程建设，本岛登山健身步道实现全面贯通，总长400千米。

深化体制机制改革。推进政府职能转移工作，启动政府部分管理职能向市级体育社团和文化行业协会转移，拟定转移试点意见和协会实体化改革方案。启动政府向社会力量购买农村电影放映服务工作。探索竞技体育发展新模式，依托社会力量办运动队。创新体育场馆管理体制和运营机制，4月，舟山体育场、体育馆与浙江黄龙体育发展有限公司签订战略合作协议，实现大型场馆委托运营管理。

参与“五大会战”相关工作。以“海上花园城市”及剿灭劣V类水为主题，启动“两百、两一”行动，全市百名文艺干部和百支文艺团队进行文艺节目创排演出，完成19件表演艺术类作品及27件视觉艺术类作品创作；开展巡演活动59场，受众数4.9万人次；组织放映宣传片《剿灭行动》120场。完成文体设施的标识标牌整改工作，协调推进三线入地、通信线箱归并等工作。

抓基层基础，健全现代公共文体服务体系　逐步完善文体设施网络。舟山市青少年体校综合训练馆主体工程基本竣工；海洋文化艺术中心二期、东沙海产品(大黄鱼)加工作坊文化展示馆扩建工程、嵊泗县洋山镇钥匙路群众文化休闲广场等项目已在施工建设中。舟山市图书馆朱家尖分馆、舟港公司分馆建设完成，定海图书馆开工建设。上影联和影城开业，完成本岛自西向东“一条线”的多厅影院拓展布点。投资3.38亿元的市体育场竣工并交付使用。省级小康体育提升工程100个建设完成。农村文化礼堂建成171个，覆盖70%的社区。

充实基本公共文体产品和服务供给。加大文体惠民力度，全年超过300万人次参与各类文化体育活动。发布各类文化惠民活动427场次，送戏下乡405场，送书下乡9.2万册，开展培训、辅导班1050期，举办讲座、展览110场，开展文化走亲35场，放映公益电影6237场，确保低保户100%享受免费安装收看有线电视。做好三馆免费开放，市图书馆接待读者65.5万人次，开展各类阅读推广活动200场次；市博物馆提供免费讲解400场，参观人次突破20万人。抓好公共体育设施和学校体育场地免费或低收费向社会开放工作，接待健身居民总数超过100万人次。开展各类群众体育活动比赛200余项，约10万人次参赛。

抓特色精品，扩大海洋文体品牌影响力　文艺精品创作获佳绩。原创现代越剧《海兰花》、京剧《东极英雄》入选浙江省迎接中共十九大优秀作品展演，在杭州大剧院演出。“中国现代民间绘画——舟山渔民画展”在香港文化中心展览馆举行，扩大“海派画风”影响力。举办首届“三毛散文奖”评选。群舞作品《船上的日子》获全省群众舞蹈大赛兰花金奖，音乐作品《农庄小娘》获浙江省第十五届音乐新作演唱大赛兰花金奖。展示舟山独特地域风情的系列群文作品被中央电视台《群英汇》专题节目采录并播出。

品牌文化活动精彩纷呈。是年，举办“2017舟山群岛·中国海洋文化节暨休渔谢洋大典”、东海音乐节、第三届舟山群岛新区越剧节。打造家庭亲子阅读指导服务项目“燕子亲子课堂”，引导未成年人读好书。启动“书香定海”“欢乐海洋”“运动休闲岛”“全民乐和”等群众文体品牌示范活动。“市民大舞台”“市民大展厅”“市民大讲堂”“艺术大讲堂”等“市民”系列文化品牌量质并举。

精品体育赛事亮点突出。围绕舟山群岛·中国第三届海岛户外运动休闲季举办“神行定海山”——第二届东海大峡谷越野赛、2017JEEP极致酷跑4×4全地形环岛接力赛、女子国际公路自行车赛、2017中国·岱山岛国际运动风筝邀请赛暨全国风筝锦标赛、舟山群岛马拉松、国际海钓精英赛、全国沙滩足球锦标赛、2017年全国沙滩排球巡回赛(嵊泗站)等20余项大型赛事，吸引国内外2万余名专业运动员和户外运动爱好者参加，其中舟山群岛马拉松获2017年中国马拉松“金牌赛事”，提升新区海洋体育品牌知名度。

抓保护利用，文化遗产基础工作有效夯实　加强文物保护与管理。推进全国重点文保单位法雨寺九龙殿、省级文保“海岸牌坊”“三忠祠”等文保单位修缮保护工作。开展定海区白泉镇平湖社区顾家自然村瓷片堆积和窑炉遗址的考古发掘工作。

开展非遗保护与传承。创建开展非遗传承人工作室，打造东沙古渔镇“东海渔文化”非遗展示基地，探索非遗融入“特色小镇”建设举措，推进非遗保护传承工作。

抓平台项目，增强文体产业驱动力　拓展“淘文化”平台建设。“淘文化”网已有注册用户2.2万余个，提供文艺演出、培训、展览、电影放映等项目2000余个(场)。全年点单325次，参与服务人数2万余人。

推进项目建设。定海伍玖文化创意产业园区项目竣工，双桥影视创作基地项目有序推进，定海中大街海洋文化一条街成功申报省文化创意街区，普陀海洋文化创意产业园区基本完成整体工程综合验收。浙江舟山群岛新区淘体育大数据服务平台等7个项目入选省体育产业发展资金项目库。2017舟山群岛马拉松、“神行定海山”海岛户外系列活动等2项赛事入选浙江省品牌体育赛事项目库。

发展系统内文体产业。全市电影市场票房总收入突破5000万元；市艺术剧院剧场票房收入133万元；体育彩票总销量超过7.5亿元，飞鱼升级改版后销量5.17亿元，同比增幅10.12%。

抓依法行政，规范社会文体环境和市场　文体市场健康有序。联合公安破获利用手机APP“快鱼云播”传播淫秽物品牟利案，该案在全国“扫黄打非”官方平台被点名表扬，央视专程赴舟山对此案进行录制报道。在文化部和省文化厅的指导下，破获网易博乐公司涉嫌提供载有宣言赌博内容的网络游戏一案，市文化体育市场综合执法支队因此案被省文化厅报送文化部记集体二等功。围绕保障十九大开展专项行动，日常巡查出动2750人次，检查文化市场各类经营单位5124家次，处理重大案件3起。

行政审批工作提速增效。81大项审批事项100%实现“最多跑一次”改革目标。全年办理各类业务238件，其中行政许可143件，办结率100%。

强化新闻出版广电监管。加大对全市广电安全播出和网络安全工作保障力度，十九大保障期间，严格执行24小时值班制度和“零报告”制度。

文体社团管理日趋成熟。至年底，全市有1000余支业余文化团队；500余个各类体育社团，人均拥有社会体育组织数位居全省第一。加大对社团的检查和考核评估，以“星级评定”的形式进行管理，发挥其社会服务功能。广场舞指导中心实践获2016年度全市宣传思想文化工作创新奖，舟山市广场舞指导中心志愿项目被评为2016年度浙江省优秀志愿服务项目。

抓发展保障，完善文体基础工作机制　加强文体队伍建设。成立“王海舞蹈工作室”“鲁凯数字技术工作室”和“包丽霞摄影工作室”，通过“传帮带”逐步形成人才梯队。举办全市业余文保员培训班。加强社会体育指导员队伍建设，全年培训、复训社会体育指导员1038人。市少体校被省体育局命名为浙江省重点高水平体育后备人才基地（2017—2020周期）。

投入保障机制有效运行。多渠道筹措文体经费，全市收到省级基本公共文化服务补助专项资金3331万元、省体育类专项资金4168万元，筹措体彩公益金6004万元。

抓党建、党风廉政建设，贯彻落实从严治党工作　开展文体党建品牌创建活动，推进支部规范化建设。机关党委协同工会、团委等群团组织，开展形式多样的学习教育活动，密切党群、干群关系。

加强党风廉政建设。局机关纪委对系统重大建设工程项目全面过问、全程跟踪、全力参与，制订出台局系统公开招投标实施细则，参与监督局系统自行组织的20余个项目的招投标会，涉及经费约700万元。委托第三方机构对市体育中心、市博物馆、市体彩中心、市电影发行放映公司等主要负责人进行离任审计，对省三体会开展项目进行审计。

（撰稿：尹蓉　邵雪诗）

艺术创作

【美术】 2017年，全市有79件美术作品获省级以上奖项。中国画《守望海岛》获“深入生活　扎根人民——美术书法摄影创作成果展”一等奖；姜东波的中国画《立冬》入选“陆俨少奖”第二届全国中国画展；张海虹的油画《乡村》、姜声慧的水彩画作品《夏日系列之三》、芮海峰的水彩作品《来自7号船厂的信号之二》入选浙江省第五届“群星”视觉艺术大展；朱国安的渔民画作品《上洋夏至祠旺风》获中国美术家协会主办“二十四节气”柯城全国农民画作品展优秀奖（最高奖）；吴章夫《捕蟹季节》、孙跃国《船歌》作品在“日本·浙江文化年——美丽浙江农民渔民画展”中展出；陈士定剪纸作品《渔神》参加2017浙江省剪纸艺术展获得最高荣誉奖，作品《渔夫的爱》入选全国“剪不断的乡愁”民间剪纸艺术展。

【书法】 全市有40余件（组）书法作品入展省级以上相关展览，部分获奖。胡炳华的楷书条幅《新区建设梦想飞》获浙江省五水共治群星书法大展入围奖，傅世风的草书作品《正岩湖心亭同诸子晚眺》入展全国第四届青年书法篆刻展，王忠军的行书作品《苏轼赠别王文甫》获浙江省第五届群星视觉艺术展书法银奖，陈伟楷书《苏轼前后赤壁赋》入展浙江书法200家、浙江书坛精英50家作品展。

【文学】 全市有17件文学作品获省级以上奖项。组诗《海犟》获由海南省文学联盟主办的2017年“面向大海——一千个海的故事”原创诗歌有奖大赛第三名；郑吉闪小说《珍珠》获首届金凤凰闪小说大赛银奖，小小说《玻璃》

发表于《小小说选刊》,《洛华小小说三题》发表于《当代文学》海外版 2017 年 May B 版;林明忠诗歌“林明忠的诗”9 首发表于人民文学出版社出版的大型诗刊《星河》“星河浮雕”栏目。

【摄影】 全市有 26 件摄影作品获省级以上奖项。包丽霞的摄影作品《船韵》入选浙江省第五届群星视觉艺术大展,刘引华的《古镇韵味》《梦里水乡》《古镇一角》入展第四届中国好风光全国摄影大展,柯军的摄影作品《炼火》获浙江省首届手机摄影大赛优秀奖,摄影作品《蓝之印记》获中国时代文艺名家代表作典籍一等奖。刘昌明《重任在肩》在 2017 年底十九届全国艺术摄影大赛中荣获人像类优秀奖。

【戏剧小品】 全市有 3 件戏剧小品作品获省级以上奖项。沈佳维的戏剧小品《幸福快递》,吕红军、顾颖、金哲慧的小品作品《电梯》获浙江省第 28 届戏剧小品邀请赛银奖。

【音乐舞蹈】 全市有 25 件音乐舞蹈作品获省级以上奖项。孙琪的群舞作品《船上的日子》,孙岚的舞蹈作品《嬉莲图》,费佳凤、刘蔚然、杨晓梅的舞蹈作品《不停不弃》分获 2017 群众舞蹈大赛 2 金 1 银;男女声对唱《连心桥》获 2017 浙江省第十六届音乐新作演唱演奏大赛铜奖;吕红军作词、王娅君作曲的音乐作品《蓝色的梦》入选《2016—2017 年度中国优秀原创歌曲百首》专辑并获一等奖;周志金的音乐作品《阿拉抲渔人》获浙江省原生态民歌大赛兰花银奖;吴筱作词的音乐作品《风情不老沈家门》《禅悟》分获浙江省新农村建设特色小镇题材歌词大赛银、铜奖;舒信虎词曲,沈利兵、张弦、王平良、姜继兵、项波、刘东琦、唐娜、夏群娜、郑方圆演唱的《靠海吃海千百年》获浙江省新民歌演唱创作大赛创作优秀奖、演唱银奖。

群众文化

【群文机构设施】 2017 年,全市有文化馆 5 个,乡镇(街道)综合文化站 35 个,在职人员 263 人,设施面积 7.23 万平方米。全市建成并通过验收 172 家渔农村文化礼堂。建成城市书房 10 家,并投入使用。

【重大活动】 市级机构策划组织舟山市庆祝中国人民解放军建军 90 周年文艺晚会、2017 年舟山市文艺创作作品展演、“学习宣传十九大 助力新区‘五大会战’”主题文艺巡演、舟山市文学艺术界 2017 年迎新春茶话会、“新区景·元宵情”2017 舟山群岛新区元宵游艺活动、第三届舟山群岛新区越剧节、首届越剧大赛、“同心”文化艺术团送戏下乡活动,以及党代会、人代会、政协会议专场演出等活动 13 场,参与 26500 人次。县(区)级机构举办定海区匈牙利国际广场启用典礼、首届三毛散文奖颁奖典礼、第九届中国普陀佛茶文化节、“最潮海洋风”系列文化活动,赛飞、赛丽携越剧姐妹故乡义演,2017 中国岱山·休渔谢洋大典等大型活动百余场次,受益群众数十万余人次。

【群文活动】 淘文化平台“市民大舞台”系列全年举行演出 81 场,10.09 万人次参与。市民大展厅完成 2017 第 16 届环太平洋国家艺术展、中卡文化年两国摄影家作品联展、浙江画院 2017 山水

1 月 10 日,举办舟山市文学艺术界 2017 年迎新春茶话会(沈磊 摄)

迎新作品巡回展等展览15场次，1.70万人次参观。艺术大讲堂全年举行美好训练营广场舞培训、2017年全市舟山渔民画创作理论培训班、全市文化馆业务干部摄影培训等5期，举行各类社会培训20期。“艺术大讲堂”免费开放旧馆排练厅及新馆排练厅，方便越情工作室、市民爱乐合唱团、OWN人声清唱团、天浪乐队、旗袍会等10支馆办业余文艺团队开展日常排练。2017“唱响定海”围绕“心飞扬·梦启航”主题，力推梦想启航综艺show，“快乐、幸福、激情”三大篇章九项活动组织20场赛事。定海区举办迎新春美术作品展、“诗咏定海”历代定海诗歌书法展、山水画沙龙师生作品展、三人摄影联展等多个展览，全年布展20期。普陀区举办人文大讲堂、文化大展厅系列活动42场次，参与2.8万人次；举办“百年渔港　幸福渔都”沈家门街道2017年“渔港小镇”主题年活动、“书香之春　幸福六横”广场书市活动、虾峙镇首届沙滩艺术节、第四届群众文化艺术节暨十四届邻里节开幕式、海岬艺术节暨祭海大典等“最潮海洋风”系列文化活动144场次，受益群众22万余人次。岱山县举办2017百姓春晚，以“美好新区梦　幸福岱山人”为主题，上演14个具有浓郁本土特色的节目，共300余人次参加，浙江卫视《新闻深一度》栏目专题报道；举办2017年岱山县百姓文化节，以“港口花园城　幸福岱山人”为主题，策划推出39项活动，其中大中型文化活动15场，各类展览16场；开展“文化进鱼山”活动，推动“港口花园城”建设。开展“送文化”活动，全年组织送戏下乡63场，农村电影放映1188场，图书流通19532册。提升“三月海”微信公众号，有“粉丝”6.50万余人，全年图文阅读总数超过43万次。嵊泗县开展以传统节日、主题宣传、文化品牌为主的群众文体活动，主办、承办、协办各类大中型群众文化活动60余场次。全县送戏下乡44场，观众1.3万余人次；送书下乡1万余册计12.5万余元；开展培训、辅导班39期，有3000余人次参加；举办讲座、展览21场，有8000余人次参与；开展文化走亲12场，有观众6000余人次。开设文化微信公众号及头条号“嵊泗文体”，挖掘嵊泗的文化信息，做好活动前预报和实时新闻，采集新闻材料。

【文化辅导】 开展下基层公益辅导。市文化馆业务干部在“美丽浙江”浙江省第三届群众声乐大赛获辅导铜奖，辅导的节目在浙江省第八届残疾人艺术汇演、省国税系统大合唱比赛、省第八届十大城市戏曲演唱联赛、2017年第十五届俄罗斯“歌唱世界”国际合唱艺术节暨第十三届“福林卡”国际合唱比赛中获多个金、银、铜奖项，市文化馆有3人获“浙江省文化志愿服务工作优秀志愿者”称号。1人获“2017年浙江省音乐考级优秀辅导教师”称号。做好“馆校联动”活动，对浙江海洋大学、国际海运学院、舟山中学、岱山职业技术学校的学生进行辅导，举行花语画痕——徐锋美术工作室走进浙江海洋大学作品展，推进“戏曲进校园”活动。组织文艺骨干参加2017年浙江省农村文化礼堂排舞培训班、全省wow世界排舞培训班，完成全省第十一届排舞大赛以及全省第四届文化礼堂创作曲目展演曲目的排练、比赛以及评委工作，协助举行全省“舞比快乐”广场舞大赛舟山赛区两场海选，举行全市展演4场，5000余人参与。是年，舟山市广场舞(健身舞)协会成立，并组建“特聘辅导员”队伍，20名特聘辅导员在全市范围内进行辅导培训。至年底，培训50余场次，参与600余人次。舟山市广场舞指导中心志愿项目被评为2016年度浙江省优秀志愿服务项目、2017年度浙江省“十佳文化志愿服务项目”。定海区的“百姓课堂”文化公益培训全新改版，除书法、国画、传统文化经典诵读等长期培训，增办葫芦丝、太极等长期班，全年8516人次受惠。“海尚艺苑”艺术沙龙启幕，为定海百姓提供“名家讲座”“千岛茶叙”“百姓有约”“周五客厅”四大版块的公共文化精准服务，开设各类活动15期。普陀区实施全局干部综合素质提升工程，通过邀请专家授课、交流学习心得、工作经验交流、外出培训等形式每周集中学习，组织集中学习17次，工作交流55人次。开展全区基层文体队伍素质提升工程，对基层文体骨干、文化志愿者等进行培训，全年组织文体培训4026人次，文化志愿者服务1.10万人次。岱山县多渠道、多形式组织乡镇文化站、社区文化员、文化礼堂管理员参加学习培训，提高培训的针对性和实效性。在浙江职业艺术学院继续教育学院举办全县基层文化干部培训班,来自全县各乡镇文化站、社区(文化礼堂)管理员40人参训。举办岱山县基层文化人才技能大比武,22名基层文化人才参加。县文化馆开展岱你“艺”+“益”公益性活动,开设模特、少儿美术、声乐、葫芦丝、健身舞、中国结艺、剪纸等十余种课程,授课867课时,学员5163人次。开展“百姓讲堂”,举办7期,群众反响较好。嵊泗县深化“两馆一站”免费开放力度,继续规范和拓展服务功能,开展声乐、表演唱、剪纸、渔民画、排舞、拉丁舞等方面的辅导培训,举办各门类长期、短期艺术培训班39班次,受训人员1000余人次,同时开展对基层及业余文体团队的培训辅导。於佳、韩菊珍、叶兰萍、唐娜辅导排练的《激情探戈》参加浙江省体育大会排舞大赛,获第四名。

【人才队伍】 全市有专业文化干部600余名,专兼职基层文化员近800名,各类业余文艺团队1000余支,舟山舞指导中心登记广场舞队伍208支,文化志愿者队伍40余支8000余人。

【文艺理论研究成果】 包丽霞的论文《浅谈鉴赏优秀摄影作品对创作的启迪》获浙江省摄影论文征文二等奖,姜东波的美术论文获2017年浙江省首届群文美术论文三等奖,徐益男的论文《浙江传统音乐的传承与创新》获“非遗薪传”——浙江传统音乐理论征文三等奖,吴筱的论文《诗韵悠悠彰显普陀乡愁——浅析沈家门渔港诗歌朗诵会品牌建设》获浙江省第十九届公共文化论坛论文评奖三等奖,王莹的论文《岱山县渔农村文化礼堂发展问题浅析》在浙江省第十九届公共文化论坛上获三等奖,沈利兵撰写的论文《凌波路短梦无际·渔歌勿唱喉咙痒》在浙江省文化月刊上发表。

【业余社团】 全市有定海美之声演唱团、七彩舞蹈队、夕阳红艺术团、海沙沙艺术团、越情工作室、天狼乐队、青年越剧团、岛城合唱团、浪花乐团、戏迷沙龙团队等1000余支业余文艺团队。

文化交流

【赴外地演出】 2017年,精选7个优秀节目,近百名来自全市各行各业、不同年龄层次的参演人员,发挥“全市一盘棋”的精神,做好央视《群英汇》舟山专场演出录制工作。赴上海崇明、江苏启东开展“江风海韵·一脉相亲”江苏启东、上海崇明、浙江嵊泗三地优秀群文舞台作品展演活动。市艺术剧院先后赴温州玉环、温岭、绍兴等地演出,并受邀赴武汉参加“戏码头·全国戏曲名家”系列演出。

【文化交流】 组织60幅舟山渔民画在香港文化中心展览馆举行“中国现代民间绘画——舟山渔民画展”。香港大公报、文汇报专版刊登介绍,香港电台普通话台直播助推画展。开展“我们的春晚”第三届浙江省农村文化礼堂文艺演出暨舟山·宁波文化走亲活动,普陀区与温州鹿城、丽水景宁等县区开展文化走亲活动。全年组织具有岱山浓郁海岛特色的“文化走亲”8场次:北仑、建德各2场次,临安、苍南、定海、普陀各1场次。文化艺术研究中心编剧刁兰兰赴英国伦敦参加境外编剧培训班。

(撰稿:谢索宇 朱炜 刁兰兰)

文物、博物

【新增2处省级文物保护单位】 2017年1月13日,浙江省人民政府公布第七批省级文物保护单位,舟山市普陀山短姑码头和普陀山潮音洞摩崖石刻2处文物保护单位列入其中。至年底,舟山市省级文物保护单位有12处。

【普陀山文化景观之海岸牌坊修缮工程立项】 2016年11月,立项申报省级文物保护单位普陀山文化景观之海岸牌坊修缮工程,2017年2月,立项批复。7月向省文物局提交要求补助2017年省级文保单位专项保护资金的请示,10月省文物局下达文化遗产专项资金海岸牌坊保护专项资金补助23万元。12月省级文物保护单位海岸牌坊修缮工程开始施工。

【开展六横双屿港遗址田野考古调查】 2月下旬至3月底,组织开展六横双屿港遗址田野考古调查。此次考古调查通过田野考古人工钻探方式,历时1个月,对六横岛上几块重点疑似区域进行钻探调查,涵盖五星、龙山、双塘、台门等四个社区的多个自然村岙，钻探调查面积达数平方千米，采集到一批实物标本；并清理一处重要古遗迹，核实部分区域的水下文化遗产线索。

【“唐三彩特展”在舟山博物馆开展】 4月1日至6月30日，由舟山博物馆、洛阳市文物考古研究院、天子驾六博物馆共同主办的“釉光溢彩——洛阳市考古研究院唐三彩特展”在舟山博物馆开展。该次展览分为“洛阳——唐三彩的故乡”“唐三彩中的镇墓神物”“唐三彩中的丝路胡风”“釉光异彩的唐三彩”四个单元，共展出文物68件(组)。其中，三彩骆驼俑、龙首杯等三级文物31件，三彩镇墓兽、天王俑等二级文物36件，一级文物(三彩马)1件。

【开展不可移动文物保存现状专项排查工作】 4—5月，各县(区)对不可移动文物保存状况进行专项排查工作，排查范围为2007—2010年第三次全国文物普查全市正式登记录入849处不可移动文物。许多文物因年深日久、长期遭受风雨剥蚀，及城乡基本建设、年久失修、维护不善等因素影响，全市不可移动文物保存状况和保存质量需完善。

【举行全市业余文保员培训班】 4月19—21日，全市业余文保员培训班在新城举行，全市各乡(镇、街道)业余文保员和各县(区)、功能区管委会文物行政、监察及业务部门60余人参加。培训班从文物法律法规、水下文物考古与调查、不可移动文物巡查和文物保护与管理等不同角度，就加强文物安全保护工作进行授课。

【开展全市文物安全状况大排查行动】 5月17日，舟山市召开专题会议部署落实全国文物安全状况大排查行动。重点排查各级各类文物单位存在的安全隐患和管理漏洞，地方各级党委、政府履行文物安全保护主体责任情况，地方文物部门文物保护监督和制度建设、安全执法队伍建设情况，文物安全应急预案、事故处置及文物安全防护设施设备情况。大排查行动范围的文物单位主要有各级文物保护单位149处(其中全国重点文物保护单位4处，省级文物保护单位12处，市县级文物保护单位133处)，文化文物系统内国有博物馆3家。

【举行“5·18国际博物馆主题周”活动】 5月16—21日，“5·18国际博物馆日”主题周活动在舟山博物馆举行，主题为“博物馆与有争议的历史——博物馆讲述难以言说的历史”。主要活动有有奖竞猜——找找我们的祖屋、土家族苗族自治州摆手舞欣赏与互动、“城市·记忆·未来”——小小讲解员走进舟山博物馆、萌娃绘舟博(少儿绘画比赛)、民族娃娃进舟博、十指灵动——插画艺术、翁山雅集——土家族与戚继光等。

【舟山博物馆非标准工程通过竣工验收】 5月24日，舟山博物馆非标准工程竣工验收会议举行，5名文博专家、参建各方责任主体代表人员及博物馆相关人员参加。专家组同意非标准工程验收合格。舟山博物馆新馆建设工程分为标准工程和非标准工程，非标准工程主要包括展柜、场景、艺术、雕塑、模型、高科技、互动软件、节目制作、高科技、互动硬件、文物库房文物安保储藏设备部分、展具、托台、版面部分、智能语音导览控制系统及翻译、录音部分。

【全国重点文物保护单位法雨寺九龙殿修缮工程立项】 6月，向国家文物局提交全国重点文物保护单位法雨寺九龙殿修缮工程计划书，8月9日，国家文物局立项批复。8月29日，向国家文物局提交全国重点文物保护单位法雨寺九龙殿专项保护资金申请。10月10日，向省文物局提交全国重点文物保护单位法雨寺九龙殿修缮项目技术方案。11月20日，省文物局下达国家文物保护法雨寺九龙殿前期专项资金补助10万元。

【舟山博物馆获全省十大陈列展览精品奖】 6月10日，第十一届(2016年)全省博物馆十大陈列展览精品项目公布，舟山博物馆“美丽家园——舟山自然陈列”获“陈列展览精品奖”，为全省范围博物馆陈列展览的最高奖。作为舟山博物馆新馆的基本陈列之一，以海岛的资源和环境作为展览起点，分为群岛由来、野性舟山、蓝色宝库三个单元。

【舟山市业余文保员管理办法出台】 6月，舟山市文化广电新闻出版局制订出台《舟山市业余文保员管理办法》，明确业余文保员的定位、基本条件、选聘、职责、工作要求及管理,加强全市文物保护工作,建立健全文物保护体系,规范业余文保员队伍的管理和建设。

【推进数字博物馆建设】 舟山博物馆通过完善博物馆多媒体导览、信息化服务、“网上展厅”建设、藏品管理系统建设等内容,通过建设展馆语音导览系统,实现博物馆智慧游览;建设“网上展厅”亮点,实现线上展示;推进藏品管理系统建设,夯实数字博物馆建设基础等,发挥舟山博物馆馆藏文物的服务价值,让文化服务走进百姓生活。6月30日,《舟山博物馆数字博物馆项目建设方案》通过市经信委可行性评审和技术评审,数字博物馆建设工作迈入新阶段。

【“海淘之路——王挺个人收藏展”开展】 7月15日,“海淘之路——王挺个人收藏展”在舟山博物馆开展,由舟山博物馆、舟山市观音佛像美术馆主办。舟山市观音佛像美术馆创立人王挺自上世纪80年代开始涉足文物收藏,多年来在海外参加艺术品拍卖,将一件件文物拍回国内。展览设置宫廷陈设、御窑遗珍、宋元翠色、文房雅玩、梵尘秒像、黄杨木雕五个版块,展品有家具、佛像、瓷器、玉器、文玩等百余件。

【首次参加环球自然日总决赛获奖】 7月20—24日,第六届环球自然日——青少年自然科学知识挑战活动全球总决赛在重庆举行,舟山博物馆两支队伍参加,表演组《穿越时空的鱼憋屈》以及展览组《鱼鳞的奥秘》分获全球总决赛一、二等奖,舟山博物馆获环球自然日2017年度组织奖。

【“中国寻根之旅”夏令营走进舟山博物馆】 7月30日,参与海外华裔青少年“中国寻根之旅”夏令营浙江营活动的30余名营员和工作人员来到舟山博物馆参观学习。该次“中国寻根之旅”夏令营舟山营活动由舟山市人民政府外事与侨务办公室、舟山市教育局、舟山南海实验学校联合承办。

【舟山市文物保护专家库成立】 9月22日,舟山市文物保护专家库成立,公布20名专家库专家名单,颁发舟山市文物保护专家库专家证书。成立后的文物保护专家主要职责是对全市文物保护的相关项目提供决策咨询意见和建议,参与文物保护单位保护工程的方案审核、咨询和保护工程检查、验收等工作,参与市文物保护单位、文物保护点的评审和省、国家级文保单位的申报,开展或参与文物保护相关的调查研究和培训等相关工作。

【省级文物保护单位三忠祠抢险加固工程立项】 9月,省级文物保护单位三忠祠抢险加固工程立项申报。10月10日,立项批复。11月,省级文物保护单位三忠祠抢险加固工程开始施工。

【舟山市文物工作会议召开】 10月26日,舟山市文物工作会议在市政府行政中心召开。市文物管理委员会成员单位负责人,四个县(区)、两个管委会文物行政部门负责人和科室负责人,各乡镇(街道)文物工作分管领导和综合文化站负责人参加会议。会议总结回顾近年来全市文物事业发展情况,对今后全市文物工作提出要求。

【定海区白泉镇顾家路窑址抢救性考古发掘】 9月初至12月初,配合省文物考古研究所,对定海区白泉镇平湖社区顾家自然村发现的瓷片堆积和窑炉遗址开展系列考古发掘工作。该次考古发掘为配合329国道舟山段改建工程(白泉段竹尖岗隧道)施工的抢救性发掘,此前施工中发现有大量碎瓷片,堆积层位较厚。经勘查,该遗址沿山坡呈西北—东南走向分布,面积约2000平方米,瓷片堆积厚度达到3~7米。可辨器物以韩瓶为主,另有少量盆、罐、壶、盏等,烧成温度较高;窑炉为南方地区常见的龙窑,窑壁以土坯垒砌,被炉渣填充。根据窑炉特征和器物形制,初步判断为宋代窑址,烧造时间较长,为舟山地区继青龙山遗址后再次发现的宋代窑址,对研究本地陶瓷烧造技术发展、舟山对外贸易和港口开埠历史等都具有重大考古价值。

【新城发现一处清代乾隆年间夫妇合葬墓】 12月25—27日,在新城发现一处清代乾隆年间夫妇合葬墓。该墓地位于临城千岛街道荷花村拆迁片区,考古人员进场前,墓主遗骨已由其后人进行迁葬,墓碑转移至一侧,墓室正面完全暴露。此次清理工作主要了解墓葬整体结构,清理墓室内部遗物。该墓位于前后民居之间,平地起茔,同坟异穴砖室墓,有三个墓室,墓门朝西南。该墓为清乾隆三十一年(1766)所建,墓主名苗振如,为一名庠生,与其配偶周氏、毛氏合葬。经清理,三个墓室中均发现有残存的少量有机质和无机质遗物。通过对周边的走访,了解该墓主为当地苗姓望族的祖先,苗姓先祖清代从定海县城迁移至此,繁衍至今,附近保留有苗姓的家族祠堂,为不可移动文物。

【舟山博物馆研究与保护工作获突破】《舟山地区馆藏铁质文物保护修复》项目申报国家重点文物保护专项补助经费,获国家补助资金100万元。该项目由舟山博物馆与国家文物局水下文化遗产保护中心合作开展,旨在对舟山博物馆馆藏的56件铁质文物进行保护与修复,项目规划时间为2017年8月至2019年8月。本批舟山博物馆馆藏铁质文物56件,以铁质火炮、铁质火枪等战争兵器为主,与明末清初张煌言在舟山抗击清军以及鸦片战争期间定海保卫战有密切关系,是舟山历史的见证,对舟山地方史、明末抗清史、鸦片战争史等的研究都有一定价值。依据项目规划,将视铁器的保存现状、保存环境等实际情况,按照文物保护与修复工作的专业流程,对相关文物进行资料建档、清洗除锈、脱盐、加固、修复、缓蚀、封护、建立保护修复档案等。

【舟山博物馆开设"纸上博物馆"专栏】 12月13日,舟山博物馆与舟山晚报代表在舟山博物馆举行"纸上博物馆"栏目合作签约仪式。"纸上博物馆"栏目以科普、趣味为原则,以拥有一定读者为基础的纸媒为载体,实时刊登通读性强的内容,旨在打造全民互动的文博平台,提高博物馆影响力。

【舟山博物馆"流动展览"逐渐成形】 为扩大文化受益群体,延伸博物馆文博服务,首创"舟山博物馆流动展览"。上半年"张苍水个人生平事迹展""鏖战东海——舟山解放67周年图片展"相继走进校园;下半年,走进军营、社区文化礼堂、岱山海洋文化艺术中心、普陀博物馆、嵊泗海洋公园等,受众人数近万人。

(撰稿:曾燕 任记国 程颖)

非物质文化遗产保护

【开展服务非遗传承人活动】 春节期间,全市各级文化部门组织开展走访慰问、发放非遗传承人传习补助金、召开传承人座谈会、组织专题采访报道、开展传承人名师带徒活动、制订年度传习计划等形式多样的服务传承人活动。

【非遗融入"特色小镇"建设调研活动】 2—3月,对第二批省级特色小镇普陀沈家门渔港小镇、定海远洋渔业小镇、朱家尖禅意小镇开展非遗融入特色小镇建设工作调研。

【舟山金华非遗保护"山海合作"】 是年,开展两地非遗项目的互动展示活动,推进两地非遗交流。在岱山举办2017年舟山·金华山海合作非遗联展暨第八届东沙古渔镇弄堂节活动和祭海活动。在金华举办两地"山海合作"非遗业务培训班和非遗项目展演展示展销活动。

【创建非遗传承人工作室】 市文化部门2016年启动非遗传承人工作室的创建工作,于2017年5月前完成两个国家级代表性传承人工作室的创建和验收。6月,文化和自然遗产日期间,市文化部门为两个国家级非遗传承人工作室举行授牌仪式。

【文化和自然遗产日】 6月10日,中国首个"文化和自然遗产日",全市各级文化部门以"非遗保护——传承发展的生动实践"为主题,组织开展系列宣传活动。在定海文化广场,举办舟山市暨定海区"文化和自然遗产日"广场宣传活动,内容包括:向国家级非遗项目代表性传承人工作室授牌、举办舟山曲艺"三进"活动启动仪式、非遗书籍首发赠送式、非遗表演类项目展演、非遗保护知识灯谜竞猜活动、非遗传承保护工作图片展、文物保护工作成果图片展、传统手工技艺展示及产品展销活动、《中国传统工艺振兴计划》和文化遗产保护法律法规宣传咨询活动。文化遗产日期间,在舟山美术馆举办传统技艺和传统美术作品展——省级传承人夏雨缀个人作品展。在岱山,举办2017年舟山·金华山海合作非遗联展暨第八届东沙古渔镇弄堂节活动和祭海活动。在舟山博物馆举办“中国文化遗产及本土文化遗产宣讲——‘舟博课堂’”系列活动。

【非遗宣传展示活动】 是年,市文化部门在海洋文化艺术中心举办“新区景·元宵情”2017舟山群岛新区元宵游艺活动,灯谜、木偶戏、剪纸等非遗项目亮相。

4月底,组织渔民画、木雕、贝雕、船模等多种海洋特色文化产品参加第12届中国(义乌)文化产品交易博览会。展会期间,舟山天运工艺美术厂的贝雕《大唐公主入藏》获金奖,舟山彼岸文化传播有限公司的作品获银奖,红钳蟹、藤壶美术、邵氏烙画、岱山渔民画协会、嵊泗田岙渔文化等企业的作品获铜奖,舟山彼岸文化传播有限公司被组委会评为优秀参展企业。

6月11日,由省文化厅主办,省非遗保护中心、浙江音乐学院和省非遗保护协会承办的“非遗薪传”——浙江传统音乐展评展演活动在浙江音乐学院大剧院举行。舟山锣鼓《海乡鼓韵》获薪传奖,普陀渔工号子《阿拉掮鱼人》获最具人气奖和薪传奖双料奖项。《舟山锣鼓》的国家级代表性传承人高如丰被授予“浙江传统音乐传承特别贡献奖”。

6—10月,市非遗保护部门开展全市曲艺“三进”活动,即进校园、进社区(企业)、进农村文化礼堂,并于文化和自然遗产日期间,举行曲艺“三进”活动的启动仪式。活动期间,全市上演24场,每个县(区)各5场,新城管委会和普陀山－朱家尖管委会各2场。

9月21—25日,普陀山观音文化、传统木船制造技艺在第九届浙江·中国非物质文化遗产博览会的非遗生态保护区成果馆、非遗生产性保护基地成果馆中亮相。

9—10月,市文化部门在全市开展“浙江好腔调·海天情缘”——2017舟山传统戏剧展演活动。展演活动期间,统筹安排两支表演团队分赴全市各地进行演出。其中,定海区、普陀区、岱山县各安排8场演出,其中2场安排下小岛;嵊泗县安排4场演出;普陀山－朱家尖管委会、新城管委会各安排3场。

【非遗图书“十佳百优”评选活动】

6月,由浙江省文化厅和浙江省新闻出版广电局共同发起的,评选首届浙江省非物质文化遗产图书“十佳百优”活动中,岱山县非遗保护中心推荐的《岱山渔风系列》入选“十佳”图书名单,舟山市非遗保护中心推荐的《舟山锣鼓作品精选集》《舟山海产传统加工技艺》《舟山海洋文化系列丛书之舟山婚俗文化》和普陀区推荐的《中国 普陀渔民画集》等入选“百优”图书名单。

【第四届中国非遗保护(德清)论坛征文活动】 6月,由中国文化报社、浙江省文化厅、湖州市人民政府主办的第四届中国非遗保护(德清)论坛征文活动中,舟山市非遗研究基地——浙江海洋大学人文学院的倪侬水撰写的论文《培育地域特色文化与构建乡土精神家园》获一等奖。

【省级非遗名录“八个一”督查回头看活动】 7—8月,按照省文化厅要求和市局的省遗项目“八个一”保护措施落实情况(回头看阶段)工作要求,组成市局调研督查组,对第五批省级非遗名录3个项目“八个一”保护方案的制定和35个前四批省遗项目“八个一”保护措施落实情况自查整改情况、省级非遗传承人工作室的创建工作落实情况、市级及以上非遗传承人抢救性记录工作开展情况等重点工作推进情况进行督促检查,完成全市省遗项目“八个一”保护方案的总体落实情况书面总结。

【承办全省两个非遗业务培训班】

11月27—29日,全省非遗处长、非遗中心主任培训班和传承人抢救性记录工作培训班在舟山举行。来自全省11个市和90个县(市、区)的非遗处长、非遗中心主任、抢救性记录工作骨干、传承人代表、项目单位负责人代表、相关非遗专家和省文化厅、省非遗中心领导参加。舟山市作为省非遗数据库建设试点在培训班上作经验介绍。

【岱山县岱东镇沙洋村入选第四批省级非遗旅游景区】 12月27日,省文化厅、省旅游局公布第四批浙江省非物质文化遗产旅游景区(民俗文化村)入选名单,舟山市岱山县岱东镇沙洋村入选省非遗旅游景区(民俗文化村)。

【4人入选第五批省级非遗传承人】 12月29日,省文化厅公布

第五批浙江省非物质文化遗产项目代表性传承人，舟山市定海区的程琦(跳蚤会)、夏雨缀(舟山贝雕)，普陀区的缪祥伦(跳蚤会)、朱萍(舟山船拳)等4人入选，涉及传统舞蹈，传统美术和传统体育游艺和竞技等3大门类。

【非遗成果编纂】 2月，完成《舟山传统饮食品》出版发行，并在文化遗产日期间举行首发仪式。《舟山传统饮食品》通过口述记录、调查等形式介绍舟山传统菜式菜品、糕饼糖果、传统面食点心、传统酒酱类、传统饮料及海盐晒制的生产原理、生产工艺及工艺控制方法，图文并茂地反映本土传统饮食品制作技艺，旨在抢救舟山传统饮食文化记忆工程。

【举办“全市非遗传承保护工作创新研究”征文大赛】 市文化部门会同浙江海洋大学非遗研究基地开展“全市非遗传承保护工作创新研究”征文活动，联合举办征文专题研讨会，根据全市非物质文化遗产保护工作实际，结合浙江舟山群岛新区建设的新形势新状况，对非物质文化遗产的创新性传承保护、非遗项目开发进行创新性设计和构想、利用现代科学技术进行非遗传承保护等议题进行探讨和研究。

(撰稿：魏健萍)

新闻出版与广播电视管理

【安全播出保障】 2017年，做好中共十九大期间全市广电安全播出和网络安全工作。3月，协同各相关单位分阶段组织开展全市新闻出版广电系统安全大检查，严查安全播出、网络安全、安全保卫和消防安全各个环节，坚持边查边整改，消除隐患完善人防、技防、联防一体化安全播出保障措施。国庆节前夕，组织开展保障十九大广电安全播出和网络安全应急演练活动。十九大召开之前，持续加大对全市广电安全播出、网络安全和电影、户外LED大屏安全播映工作的督查力度，督促各相关单位和各县(区)局、台、网，完善应急预案，加强与当地网信办、610办、公安等相关部门的沟通协调，做严、做细、做深、做实安全保障各项准备。十九大重要保障期期间，督促各相关单位加强关键部门、关键岗位、重要节目和重点时段的值班值守，严格执行24小时值班制度和“零报告”制度，完成十九大期间全市广电安全播出和网络安全保障任务。

【完善舟山市图书馆服务功能】 全年接待读者65.50万人次，借阅书刊137.26万册次(其中图书外借60.73万册次)，实际办理新证5871张；流通配送图书2.24万册次，赠送书刊9017册次；开展各类阅读推广活动200场次，参与读者逾6.28万人次。

【加强地方文献工作】 是年，征集到舟山地方文献1072种，1926册。其中联络员呈缴407种1023册，其中图书310种504册，期刊97种519册。收到捐赠图书10批次147种344册。通过孔夫子旧书网和亚马逊网站购入地方文献类书籍63种84册，包括1853年版《两访中国的茶乡》1册，1929年版《普陀山游记》1册，1983年版《丁治磐日记》1套6册，《岱山镇志》复印件1套4册20卷，及三毛文献21种21册。6月，舟山市社科联课题《舟山家谱书目提要》结题。9月，课题《舟山家谱中的耕读世家寻踪》入选“浙江省图书馆学会2017年学术研究立项课题”。

【延伸服务进基层】 推进图书流通站建设，拓展市民阅读空间，新建馆外流通站10家：舟山市审招委、临城街道桃湾六区金鸡社区、舟山市特警大队、西码头边防派出所、舟山医院、宁波舰、市交通局、市妇联、芸台书房，普陀山公路与运输管理局图书流通站。接待馆外流通站139次，流通图书2.24万总册次。在定海北蝉开展文化下乡活动，活动形式包括(图书、过刊)赠送、灯谜竞猜，参与人数300人。

【全民阅读推广】 组织开展各种形式全民阅读推广活动。共建共享，办好农家书屋。将农家书屋纳入当地文化礼堂建设与管理，纳入当地公共图书馆服务体系，组织开展各类主题阅读活动。至年底，全市建有农家书屋274家，其中纳入当地文化礼堂共建共享124家，占全市文化礼堂总数的82%，占全市农家书屋总数的45%。引导社会力量，参与全民阅读。“4·23”世界读书日期间，联合舟山市新华书店开展全民阅读系列活动，包括：精选百种优秀图书，设置专柜向市民优惠销售；

组织送书进民工子弟学校,关注特殊人群;开展“阅读伴我成长活动”,引导未成年人多读书、读好书、善读书。加强指导服务,推广亲子阅读。会同舟山市新华书店制定并实施家庭亲子阅读指导服务项目“燕子亲子课堂”,利用当地图书馆、新华书店、城市书房和幼儿园等场所,通过绘本亲子阅读分享、亲子阅读游戏等活动,开展亲子阅读专业指导。

7月6日,位于定海柳永文化广场,刚开业的三毛书吧(沈磊　摄)

【广电惠民服务】 开展各类广电惠民服务,推进广电公共服务建设。建立政府购买农村电影放映服务机制。推进政府向社会力量购买农村电影放映服务。全年放映农村电影5120场,观众81.70万人次。新建农村电影室内固定放映点18个,改善农村群众观影条件。至年底,全市已建农村电影室内固定放映点59个。实施广电低保惠民服项目。确保低保户100%享受免费安装、免费收看有线电视,并对城乡贫困残疾人、特困户、五保户实行免收主终端基本收视维护费,对低保边缘户、爱心帮扶对象、困难职工实行减半收取主终端基本收视维护费。提升广电“村村通”“村村响”工程。规范有线广播电视运行服务,提升服务质量,确保广播电视“长期通”“优质通”“安全通”,督促完善农村应急广播运行维护管理机制,确保运行正常。督促抓好广电对农服务节目建设。督促各级广电播出机构加强广电对农节服务目建设,提升对农节目服务质量,协同做好广电对农节目考核工作和通用性电视对农节目的征集。

【强化行业监管】 坚持管理与服务并重,日常管理和专项整治相结合,履行行政监管职责,促进新闻出版广电行业健康有序发展。推进软件正版化工作。研究制订《舟山市政府机关使用正版软件工作考核细则》,修订完善《舟山市政府机关软件正版化工作管理制度》,加大对全市政府机关软件正版化工作的服务指导和督查力度。抓好视听评议和报刊审读。突出“五大会战”,组织开展广播电视节目视听评议工作,加强报刊审读阅评,促进节目质量提升,强化新闻舆论引导。完成编发《舟山视听评议》和《报刊审读管理》各11期,合计视听评议文章27篇,报刊审读文章36篇。加强印刷业和内部资料性出版物管理。抓好印刷企业、连续性内部资料出版物和报刊年度核验工作,重申《内部资料性出版物管理办法》,加强对内部资料性出版物的监督管理。规范广播电视广告管理。组织开展广播电视医疗养生类节目和医药广告专项整治、食品保健食品广告欺诈和虚假宣传整治工作,及时处理舟山市电视台涉嫌发布违法虚假商业广告误导群众投诉相关事宜。

(撰稿:郑燕历)

文化体育市场

【文化体育市场综合执法】 2017年,建立健全全市文化体育市场日常巡查制度,对各类文化体育市场经营场所,根据重大节庆、事件的时间节点和相关监管对象的具体情况,提早谋划,统筹安排。是年,全市日常巡查出动检查2779人次,检查场所5125家次,查处违规105家次;受理举报3起,行政处罚案件立案55件,结案55件,罚款及没收非法所得294069元,其中重大案件2起,停业整顿6家次,吊销许可证1家次。全市收缴非法出版物品 48.25 万件(其中非法书籍及音像制品出版物 1276 册,淫秽色情包装 13.59 万件,侵权盗版商标 34.54 万件);收缴非法电子游艺(戏)机主板 9 件,卫星电视接收设施 122 套(只)(自行拆除 20 套),取缔流动地摊 20 家次,非法演出 9 起。

【建立事中事后管理机制】 推行“双随机一公开”监管机制,建立全市经营主体和执法检查人员名录库,向社会公开。全年开展“双随机”抽查 30 次,包括交叉执法 2 次,暗访 4 次,跨部门联合检查 2 次,检查结果及时上挂局网站向社会公布。健全文化市场信用监管体系。制定出台市级《文化市场黑名单管理办法》,全面试行文化市场黑名单管理制度,并以浙江省政务服务网、局网站等平台为依托实行网上政务公开、处罚结果公示、举报信息公开,形成社会监管全覆盖、执法透明化。

【启用网吧远程视频监管系统】 规范网吧市场经营秩序,使监管不留死角,市文化体育市场综合执法支队投资 30 万元建设本岛城区网吧远程视频监管平台,是年投入使用。

【开展净化校园周边文化环境专项行动】 2 月下旬,结合“护苗”行动,开展净化校园周边文化市场专项检查。以中小学校周边和车站码头的杂货店、书店、音像店、网吧、娱乐场所为重点,主要查缴各类政治性非法出版物、盗版教材教辅读物以及各种危害青少年健康成长的有害卡通画册、淫秽“口袋本”等非法出版物和盗版音像制品,打击非法经营行为。

【开展扫黄打非进基层工作】 落实网格化管理要求,将“扫黄打非”工作纳入基层社会综合治理管理平台,按照统一创建标准,坚持典型示范,按照“八个有”的要求,基本形成乡镇、村(社区)“扫黄打非”工作管理机制。是年,全市有 5 个社区被省评为“扫黄打非”示范标兵。

【开展人员密集型场所安全生产专项整治行动】 2—3 月底,市文化体育市场综合执法支队开展人员密集型场所安全生产专项整治行动,对辖区内网吧、娱乐场所、印刷企业开展地毯式检查,重点检查安全生产制度、生产责任、应急预案、消防设施、疏散通道等情况,采取边检查、边整治的措施,确保横到边、纵到底,不留死角,严厉打击各类违规经营行为。

【开展侵权盗版及非法出版物集中销毁活动】 4 月 24 日,在定海文化广场开展侵权盗版及非法出版物集中销毁活动,销毁盗版音像制品 9700 盘,非法出版物 560 册,违规电子游戏机 6 台,赌博机 3 台,非法地面卫星接收设备 50 套。

【开展海岛文化市场专项检查行动】 针对所属辖区外岛经营单位多、交通不方便、检查频次偏少等特点,5 月中旬组织开展海岛文化市场专项检查,先后对衢山、泗礁等岛屿的文化市场经营单位进行巡查。重点检查有无违规现象,网吧有无擅自停止经营措施,娱乐场所有无违禁歌曲,经营单位是否按时年检换证,有无亮证上墙,文化场所有无落实巡查制度,灭火器等消防设施是否齐全等。

【组织开展“以案施训”活动】 6 月 5—9 日,舟山市文化体育市场综合执法支队承办舟山市网易博乐科技(舟山)有限公司经营性互联网文化单位提供载有宣扬淫秽、赌博、暴力或者教唆犯罪的内容的文化产品案“以案施训”活动。针对全市的网络企业涉嫌宣扬赌博进行远程网络取证和远程检查(勘验)工作,固定制作了相应证据材料和笔录,完成取证检查(勘验)工作任务。

【开展安全应急演练活动】 7 月 14 日,开展文化市场经营单位及公共文化服务单位消防安全教育培训暨安全应急演练活动,提高文化经营单位从业人员安全生产消防意识,掌握突发火灾时的应变、逃生能力,学会如何在火灾事故前疏散自救,增强火灾事故的应急处置能力,强化责任意识和安全意识。

【开展中西部地区文化市场综合执法能力提升行动】 与陕西省杨凌示范区文广新局建立协作关系,从两地文化执法工作和队伍建设实际出发,以“相互交流、相互学习、取长补短、共同提高”为目标,通过对口交流,促进两地文化市场综合执法机构执法人员道德素质和依法行政能力。

【开展互联网低俗色情信息专项整治活动】 开展打击利用互联网传播低俗色情信息行动。9月初,联合网信、公安等部门开展网上巡查,重点打击非法弹窗广告、色情图片引诱点击等网上违法行为,主要对舟山论坛、大舟山论坛、108社区等几个舟山地区焦点论坛开展不间断巡查,督促相关企业加强账号管理、增加审核人员、采用技术措施及时屏蔽有害信息等,确保网络干净。

【开展服务保障十九大"百日攻坚"行动】 7月1日至十九大召开期间,围绕文化内容、文化生产、文化活动等安全进行全面整治,全市出动745人次,检查1218家次,受理举报3起,行政立案15件,结案13件。9月16日始,全市各级文化执法机构进入全天候值勤和24小时"零"报告,全时段警戒。

【开展夜间文化市场检查】 12月3—5日,每天派出一组执法力量对辖区内网吧、娱乐场所、电子游戏等场所开展夜间执法巡查工作,确保"第四届互联网"大会期间舟山文化市场安全稳定。

【"净网"行动卓有成效】 开展"扫黄打非"净网、清源、秋风、护苗、固边等专项行动。联合公安查处特大利用手机APP传播淫秽物品牟利案,被列为全国"扫黄打非"领导小组办公室督办案件。11月16日,中央电视台新闻记者到舟山,对此案进行专题采访,并在中央电视台新闻频道播出。

【市文化体育市场综合执法支队获奖】 是年,舟山市文化体育市场综合执法支队承办的"舟山市网易博乐科技(舟山)有限公司经营性互联网文化单位提供载有宣扬淫秽、赌博、暴力或者教唆犯罪的内容的文化产品案"被文化部列为2017年度重大案件,市文化体育市场综合执法支队立集体二等功,被省文化厅评为"2017年度全省文化市场综合执法先进集体",被省扫黄打非领导小组评为"2017年度全省扫黄打非先进集体"。

【推进网吧行业转型升级】 是年,市网吧行业协会与喜虫网络科技有限公司合作,以网吧经营为主体,一店多营,打造O2O泛娱乐生活体验广场。第一阶段完成布局定海城区,至年底旗下有网吧13家。

(撰稿:张雷)

文化体育产业

【文化产业扶持力度加强】 召开全市文化产业发展大会,加强行业指导管理。制定印发《关于进一步推进海洋文化产业融合发展的实施意见》,重点推进文化和旅游、科技、互联网、自贸试验区、金融等领域融合发展。印发《舟山市文化产业发展专项资金使用管理暂行办法》,规范专项资金的使用,提高资金使用绩效。

【文化产业调研与统计】 完成2016年全市文化产业数据分析工作。2016年全市文化及相关特色产业增加值54.57亿元,增速15.3%,占GDP比重4.40%。

【淘文化产业平台建设】 丰富淘文化平台功能,完成浙江舟山群岛新区淘文化科技公司项目国资委审批,淘文化平台下属公司和团队的洽谈工作,组建会展公司、技术公司、电子商务公司、体育公司。开展各项服务活动,组织开展全市文体企业金融服务日工作,开展浙江舟山群岛新区文创产品设计大赛;完善淘文化公共文化服务,完成舟山市淘文化全媒体信息资讯中心、电子商务中心建设;完成淘文化众筹平台和网上文化礼堂建设。组织市内文化企业参加义乌文交会、深圳文博会、丝绸之路(敦煌)国际文化博览会文化产品展览交易会等相关文化展会,推进渔民画产业发展,寻求各方合作,在香港、义乌等地举办渔民画展,并洽谈合作。

【建立舟山市中小企业"文创贷"合作平台】 市委宣传部、市经信委、市财政局、市金融办等部门联合制定《舟山市中小企业"文创贷"合作平台管理办法(试行)》,构建多层次的贷款风险分担和补偿机制,设立"文创贷"政府风险补偿金,由市经济担保有限责任公司提供保证担保,对符合条件的文创企业发放"文创贷"贷款,拓宽文创企业融资渠道。

【组织参加文博会】 组织全市文化企业参加第十二届中国(义乌)文化产品交易会。全市40余家文化企业参展,产品涵盖渔民画、佛教文化产品、动漫、贝雕、木雕、石雕、船模等多种海洋特色文化产品，展位以海岛古街店铺为设计原型精心打造，以“淘文化馆”的形式整体展示，通过静态产品展示、宣传资料发放、工美奖参评、面对面洽谈等形式对外推介。展会期间举行的工艺美术奖评比活动中，天运工艺美术厂的贝雕《大唐公主入藏》，舟山彼岸文化传播有限公司的作品红钳蟹、藤壶美术、邵氏烙画，岱山渔民画协会、嵊泗田岙渔文化等企业的作品分别获金银铜奖，舟山彼岸文化传播有限公司获优秀参展企业奖。组织5家单位参加第十三届深圳文博会，除展示文创产品外，首次以“互联网＋文化”形式展示“淘文化”、艺术云集互联网拍卖等平台，吸引多个省、市代表团及客商前来洽谈。举办第二届舟山市海洋文化衍生品展示会，组织全市110余家文化单位参展，展示海洋文化衍生品上千种，吸引游客万余名，市外采购商30余家，现场完成交易额115.6万元，意向协议1020万元。

【体育产业统计】 完成2016年体育产业数据分析工作。2016年全市体育及相关产业总产出22.83亿元；实现增加值10.52亿元，同比增长12.7%；体育及相关产业增加值占地区生产总值的比重为0.847%，与上年持平。

【体育产业项目】 是年，淘体育——浙江舟山群岛新区淘体育大数据服务平台、普陀国际游艇会运动休闲项目、舟山市洛克运动馆、东极后沙滩海洋运动休闲项目、全国沙滩（海岛）露营大会、“神行定海山”海岛户外系列活动、2017舟山群岛马拉松等7个项目入选浙江省体育产业专项资金项目库，获资金补助。2017舟山群岛马拉松、“神行定海山”海岛户外系列活动两项赛事入选浙江省品牌体育赛事项目库。

【体育彩票】 是年，体育彩票总销量超过7.5亿元，较上年增长8.5%。其中飞鱼升级改版后销量5.17亿元，同比增长10.12%。全年新增36家体彩销售网点，总数量254家。

（撰稿：孔奕）

电　影

【城市电影】 2017年，上影联和影城开业，完成“定海文化广场—定海城东—新城—东港”自西向东“一条线”的现代化多厅影院拓展布点，完善新区文化设施。以直营影院舟山影城为中心点，提高品牌效应和票房，全年舟山影城票房692.6万元，上影联和1306.4万元，临城大光明巨幕影院866.5万元，东港时代金球影城1025.7万元。四家影院票房占全市电影市场64.7%，占本岛电影市场69.7%。

【农村电影】 市新农村数字电影院线有限公司注重服务、突出公益、提升质量、强化监管，落实农村电影公益放映任务。全年放映公益电影5202场，观看817000人次，市本级放映416场。放映任务全部通过“淘文化”公共服务平台操作完成，结合“农村文化礼堂”设施，将农村电影放映搬入室内，实现雨天、冬季照常放映。通过渔农村电影放映工程监管平台、制度管理等多种方式加强对电影放映情况的监管，针对GPS监控平台中所出现的一些无效放映场次提出目标要求，落实放映任务。

【公益电影】 舟山影城扩大公益电影的覆盖面和受众面，做好“和谐社区公益电影放映活动”和“阳光电影专场”放映活动两大城市公益品牌，全年完成公益专场60场，发放阳光电影卡2000张，向戒毒所干警及家属赠送180张公益观影券。两大公益性电影惠民品牌全部通过“淘文化”公共服务平台操作完成，再借助各受众单位网格化管理平台进行宣传。

【业务扩展】 是年，市电影发行与放映公司与上海盛约投资管理有限公司、舟山悠悠文化传播有限公司共同筹建的舟山市上影联和影城于1月21日正式营业，内设8个厅，1060个座位，3000余平方米，是全市规模最大设施设备最好的五星影城，项目总投入资金约1500万元，其中市电影发行与放映公司占股34%。

（撰稿：姚琼玲）

文化信息化

【基础信息建设】 加强文化体育网站建设，规范局门户网站的信息发布流程，发布政府网站工作年度报表。2017年，局政务网站设栏目7个，发布信息897条，其中概况类信息更新512条,政府动态信息更新382条,信息公开目录信息更新3条,独立用户访问总量11.68万,网站总访问量145.27万次。

【信息应用】 丰富海洋数字图书馆资源。通过对资源类别和实用性多次删选保留成人电子资源:期刊论文类的知网数据库,电子杂志类的博看数据库,参考咨询类的国研网,考试教育类维普考试库四个资源库;少儿电子资源:学习益智类的中少快乐阅读平台和贝贝国学数据库。完善数据结构,继续保持维普元数据的采购。至10月底,镜像资源总量105T。"淘文化"平台运营良好。至10月底,淘文化网注册用户2.20万余个,社会组织、服务团队180余家,150余个文化礼堂入驻。全年点单325场,参与服务人数两万余人,提供文艺演出、培训、展览、电影放映等项目2000余个(场)。做好淘文化互联网+科技创新服务平台建设。全市有文体企业2000余家,进驻淘文化平台的600余家。全媒体中心建设和运营方案完成模块和界面的初步设计工作,处于试运营阶段。体育大数据平台通过与浙商银行、联通公司多次洽谈,完成平台建设资源嫁接和建设功能的探讨,与金蛹科技公司合作,组建技术开发团队,完成相关功能的开发和完善。

【信息安全】 根据信息系统等级测评报告和整改建议书,堵塞漏洞,落实安全保护,实现信息系统的完整性、保密性和可用性。加强人员管理,对网络安全负责人和关键岗位人员进行安全背景审查,重点岗位人员签订《舟山市文化广电新闻出版局(体育局)信息网络安全保密协议》。加强账号管理,按照权限最小化原则,严格控制各级各类人员的账号权限,强化账号密码设置,杜绝弱口令、默认口令、通用口令,及时清理过期账号、测试账号。强化资产管理,健全覆盖资产采购、领用、使用、报废全流程的管理制度,严格管理联网设备。加强应急管理,按照《浙江省网络安全事件应急预案》要求,组织开展演练,迅速妥善处置网络安全事件。

(撰稿:林霁)

群众体育

【全民健身】 1月3日,舟山市文化广电新闻出版局(体育局)(下称"市文体广电局")参加由市委宣传部组织的2017年春节期间集中性"三下乡"活动,赠送定海区北蝉乡星马社区价值5000余元的体育用品,并为社区居民开展国民体质测试活动,200余人参加体质测试。

2月11日(正月十五),市文体广电局在新城舟山体育馆举办"新区景 元宵情"舟山群岛新区元宵趣味体育游艺活动,2000余人参加活动。

2月15—17日,市文体广电局在定海市老年体育活动中心举办全市健身气功新功法(缩短版)辅导员培训班,全市各健身气功站点辅导员63人参加培训班。

3月17—19日,2017年舟山市二级社会体育指导员(山地户外运动与救护)培训班在浙江海洋大学举行,全市户外运动爱好者100余人参加培训班。

3月24—26日,2017年舟山市幼儿体育项目师资(教练员)提高班在舟山体育馆举行,60余名幼儿老师参加培训班。

3月28日下午,舟山市第三届市级机关群体联赛启动仪式暨集体徒步活动在新城举行,市级各行政机关、事业单位,部省属在舟单位干部、职工400余人参加活动。

4月15—16日,舟山市体育局、定海区政府联合承办2017年第四届长三角运动休闲体验季活动。来自上海、江苏、安徽以及浙江省的代表队在舟山市南洞艺谷、定海古城、定海登山健身步道开展古城定向、徒步以及民俗活动。

4月21—23日,2017年舟山市柔力球教练员提高班在岱山体育馆举行。各县(区)柔力球团队骨干45人参加本次培训班,培训班特邀请国家柔力球推广中心杨金星前来授课。

5月13日,普陀山-朱家尖管委会、舟山市体育局、克莱斯勒(中国)销售有限公司在朱家尖共同举办2017JEEP极致酷跑4×4全地形环岛接力赛,来自全国各地500余名跑者参加本次活动。

5月21日,赴岱山县长涂镇开展市政协专家服务团"医卫、体育"为民服务活动。舟山市体育局赠送体育用品,并开展体育趣味活动。

6月14—16日,舟山市第三届市级机关群体联赛乒乓球比

7月22日，2017年全国沙滩（海岛）露营大会暨海岛“铁人三项”赛在岱山鹿栏晴沙举行（沈磊　摄）

赛在市乒乓球俱乐部举行，舟山广电总台、市海洋与渔业局、市委统战部分获男女混合团体前三名，阮侠波、王明黄分获男、女单打冠军。

7月5—8日，舟山市运动员戴离离代表浙江省参加在天津举行的第十三届全运会国际象棋决赛，获女子快棋第六名。

7月10日，浙江省三体会筹委会在新城市政府广场举行“迎三体会”百日倒计时“彩虹泡泡跑”活动，吸引近千名市民参加。

7月14—23日，舟山市国民体质监测与健康指导中心在临城舟山体育场开展为期10天的3～69周岁体质测试工作。

7月22日，2017年全国沙滩（海岛）露营大会暨海岛“铁人三项”赛在岱山鹿栏晴沙举行，300余名健身爱好者分别参加竞技组和挑战组的比赛。

8月8日，2017年浙江省全民健身日舟山主会场活动在普陀东港举行，浙江省体育局副局长胡国平、副市长方维出席启动仪式。

8月22—25日，委派普陀区小学小连娃青少年体育俱乐部，参加在浙江师范大学附属衢州白云学校举行的2017年浙江省青少年体育俱乐部竞赛。

9月6—10日，组队参加2017香港赛马会助力全民健身公益系列活动——全国社会体育指导员健身技能培训（温州站）。7人参加培训，其中跆拳道3人、健身排舞4人。

9月21—25日，2017年一级社会体育指导员（山地户外运动与救护）培训班在浙江海洋大学体育馆举行，来自各县（区）山地户外运动的爱好者75人参加本次培训。

9月22日，舟山市第三届市级机关群体联赛齐心协力趣味比赛在舟山体育馆举行，56个市级机关单位400余人参加比赛。

9月22—24日，组队参加在横店举办的2017年浙江省首届体操嘉年华暨浙江省健身秧歌展示大会，获（青年组）规定套路一等奖、（青年组）自选套路一等奖。

10月13—15日，2017年舟山市第三批优秀社会体育指导员复训班在定海举行，来自各县（区）、管委会90名优秀社会体育

10月14日，2017中国·岱山岛国际运动风筝邀请赛暨全国风筝锦标赛在岱山鹿栏晴沙开赛（沈磊　摄）

指导员参加本次复训。

10月13—15日,2017中国·岱山岛国际风筝节国际运动风筝赛暨全国风筝锦标赛在岱山鹿栏晴沙举行,来自全国各地30支和境外国家和地区15支风筝代表队参赛。

11月10—13日,舟山市普陀麒麟山青少年户外体育活动营地代表舟山参加在温州永嘉书院的2017年浙江省青少年户外体育活动营地展示大会,获探索奖和团体第二名。

11月12日,由中国登山协会、定海区政府、舟山市体育局主办的"神行定海山"2017年国家登山健身步道联赛总决赛在定海南洞艺谷举行,来自国内外1600余名选手及登山运动爱好者在南洞艺谷激情开跑。开幕式上国家体育总局登山运动管理中心向定海区授予"国家登山健身步道示范工程"铜匾,标志着全国首条海岛国家登山健身步道正式建成。

11月22日,舟山市第三届机关群体联赛集体跳长绳比赛在舟山体育馆举行,市级机关40余支代表队400人参加活动。

12月1—3日,2017年第三期一级社会体育指导员(健身排舞)培训班在浙江海洋大学体育馆(长峙校区)举行,全市健身排舞爱好者60余人参加本次培训。

12月9—10日,组队参加在嘉兴举行的浙江省第三届社会体育指导员技能展示大会。在跆拳道、太极拳、健身排舞、航空模型共四个项目比赛中获团体总分二等奖,个人健身排舞第四名,个人跆拳道第五名的较好成绩。

12月22—25日,组队参加在天台县举行的2017年浙江省第三届木球锦标赛暨浙江省第六届大学生木球锦标赛,获男子成年组团体第七名。

【群众体育先进集体、先进个人】

2013—2016年度全国群众体育先进单位　舟山市文化广电新闻出版局(体育局)、舟山市羽毛球协会、舟山市青少年体校、舟山市定海区足球协会、舟山市定海区老年人体育协会、舟山市普陀区文化广电新闻出版局、舟山市普陀区武术协会、岱山县文化广电新闻出版局、岱山县老年人体育协会、国网浙江省电力公司岱山县供电公司

2013—2016年度全国群众体育先进个人　王骏涛、谢志宏、潘国锋、蔡敏波、黄伟宏、罗武华、胡平国

2017年中国田径协会金牌赛事称号　舟山群岛马拉松

2017年全国千村健身气功交流展示活动优秀展示单位　舟山市文化广电新闻出版局(体育局)

2017年浙江马拉松品牌赛事称号　舟山群岛马拉松

2017年省级"四提升四覆盖"县(区)　普陀区、岱山县

2017年省级"四提升四覆盖"乡镇　普陀区六横镇、岱山县高亭镇

2017年省级体育先进社区　普陀区沈家门街道西河社区、普陀区沈家门街道鲁家峙社区、普陀区沈家门街道泗湾社区

2017年省级现代化体育乡镇、街道　定海区岑港街道、普陀区沈家门街道、嵊泗县五龙乡

2017年省级体育强县复评　岱山县

浙江省第五批体育特色乡镇　定海区白泉镇(舞龙)、普陀区虾峙镇(渔俗特色)、普陀区东极镇(海上休闲运动)、岱山县岱西镇(水上运动)、嵊泗县黄龙乡(舞龙)、普陀山－朱家尖管委会朱家尖街道(农渔俗特色)

2017年省级幼儿体育示范幼儿园　定海区城西幼儿园、普陀山－朱家尖管委会朱家尖中心幼儿园

2017年省级社区体育健身俱乐部　新城管委会临城街道桃湾社区、新城管委会临城街道甬金社区、普陀区沈家门街道西河社区、普陀区沈家门街道鲁家峙社区、普陀区东港街道安康社区

2017年省级体育先进社团　舟山市门球协会、舟山市健身气功协会、舟山市羽毛球协会、舟山市乒乓球协会、舟山市体育摄影学会、舟山市钓鱼协会、舟山市传统弓箭协会

2017年省级老年体育活动中心(俱乐部)　定海区双桥街道桥头施社区、干磁镇双庙社区、白泉镇柯梅社区,新城管委会临城街道金鸡山社区、临城街道绿岛社区,普陀区虾峙镇灵和社区、沈家门街道蚂蚁村、东港街道安康社区,岱山县衢山镇鼠浪社区、高亭镇枫树社区、岱东镇龙头社区,嵊泗县洋山镇圣港社区、菜园镇基湖社区,普陀山－朱家尖管委会普陀山镇龙沙社区

2017年浙江省优秀青少年体育俱乐部　舟山市普陀区东港青少年体育俱乐部

浙江省首届钱江源国家公园体育节团体总分二等奖　舟山市

体育总会

2013—2017年浙江省百名优秀社会体育指导员称号　朱良杰、刘云态、任才良、沈爱芬、王裕桂

【社团体育】 市体育总会　3月30日至4月1日，市体育总会组织市篮球协会、市羽毛球协会、市足球协会、市武术协会、市健身气功协会赴温州市、台州市学习考察，促进市体育社团社会化、实体化、规范化建设，学习“协会+公司+俱乐部”的体育社团发展模式和党组织建设经验，提高新时期承接政府购买体育公共服务的能力，推进体育社团科学、健康、有序发展；4月6—7日，市体育总会根据市委领导批示精神，组织全市市级协会开展社会团体收费和机关事业单位干部在社会团体兼职情况清查工作的相关资料填报；4月12—14日，市体育总会、市武术协会组队参加在普陀体育馆举行的省三体会太极拳项目比赛；4月14—16日，市体育总会组织岱山县风筝队参加在岱山鹿栏晴沙举行的省三体会风筝项目比赛；4月19—21日，市体育总会、市钓鱼协会组队参加在定海海军4806工厂农场举行的省三体会钓鱼项目比赛；4月24—26日，市体育总会、市飞镖协会组队参加在定海市全民健身中心举行的省三体会飞镖项目比赛；4月25—27日，市体育总会、市木兰拳协会组队参加在普陀体育馆举行的省三体会木兰拳项目比赛；4月25—27日，市体育总会、市广场舞服务中心组队参加在嵊泗望海广场举行的省三体会健身排舞项目比赛；5月4—5日，市体育总会、市黑水社体育运动俱乐部组队参加在定海举行的省三体会登山项目比赛；5月12—15日，市体育总会、浙江国际海运职业技术学院、城东小学组队参加在岱山举行的省三体会健美操项目比赛；5月12—15日，市体育总会、市黑水社体育运动俱乐部、舟职技校组队参加在浙江海洋大学举行的省三体会定向项目比赛；5月15—19日，市体育总会、市气排球协会组队参加在舟山体育馆举行的省三体会气排球项目比赛；5月19—20日，市体育总会在朱家尖举办2017年二级社会体育指导员培训班，来自各县(区)体育总会及市属各协会30余个协会的领导、财务人员等60余人参加本次培训班；5月22—27日，市体育总会、市足球协会组队参加在普陀全民健身中心举行的省三体会笼式足球项目比赛；5月25—27日，市体育总会、定海区体育总会组队参加在嘉兴举行的省三体会轮滑项目比赛；6月5—11日，市体育总会、洛克篮球俱乐部组队参加在普陀体育馆举行的省三体会三人制篮球项目比赛；6月12—14日，市体育总会、市健身气功协会组队参加在新城举行的省三体会木球项目比赛；6月20—23日，市体育总会、市体育中心组队参加在普陀全民健身中心举行的省三体会壁球项目比赛；6月21—23日，市体育总会、市健身气功协会组队参加在岱山体育馆举行的省三体会健身气功项目比赛；6月26—29日，市体育总会、领尚体育组队参加在定海凯虹广场保龄球馆举行的省三体会保龄球项目比赛；7月5—7日，市体育总会组队参加在开化举行的浙江省首届钱江源国家公园体育节农耕大赛，获得团体一等奖；7月10—13日，市体育总会、市棋类协会组队参加在定海金鹰大酒店举行的省三体会象棋项目比赛；7月17—19日，市体育总会、浙江国际海运职业技术学院组队参加在浙江海洋大学揽月湖举行的省三体会龙舟项目比赛；7月19—21日，市体育总会、市围棋协会组队参加在岱山举行的省三体会围棋项目比赛；7月24—28日，市体育总会、市桥牌协会组队参加在金鹰大酒店举行的省三体会桥牌项目比赛；8月2—3日，市体育总会组织，市钓鱼协会、市健身气功协会、市传统弓箭协会组队参赛在温岭市石塘镇举行的2017年浙江省全民健身浙东片区活动；8月7—9日，市体育总会组队参加在开华举行的浙江省首届钱江源国家公园体育节户外亲子比赛；8月7—11日，组队参加在定海举行的省三体会台球项目比赛；8月8—10日，组队参加在普陀举行的省三体会健美健身项目比赛；8月14—17日，组队参加在普陀举行的省三体会国际象棋项目比赛；8月21—25日，组队参加在定海举行的省三体会国际跳棋项目比赛；9月16—17日，市体育总会、舟山报业集团联合在长峙岛揽月湖举办2017舟山群岛新区全民休闲皮划艇赛，200余人参赛；9月20—22日，组队参加在开化举行的浙江省首届钱江源国家公园体育节稻田拔河比赛；9月21—23日，组队参加在普陀举行的省三体会水上救生项目比赛；9月26—29日，组队参加在浙江海洋大学举行的省三体会攀岩项目

比赛;9月27—29日,组队参加在岱山举行的省三体会航空模型项目比赛;9月27—29日,组队参加在舟山体育馆举行的省三体会拔河项目;10月13—15日,组队参加在定海东海科技学院举行的省三体会车辆模型项目比赛;10月20日,市体育总会在舟山体育馆举行"体育彩票杯"舟山市体育社团趣味体育比赛,26支队伍80余人参赛;10月16—20日,市体育总会队参加在海山门球场举行的省三体会门球项目比赛;10月19—21日,组队参加在普陀体育馆举行的省三体会舞龙项目比赛;10月19—24日,组队参加在市体育公园举行的省三体会地掷球项目比赛;10月19—24日,组队参加在定海城北健身中心举行的省三体会嗒嗒球项目比赛;10月20—22日,组队参加在浙江海洋大学揽月湖举行的省三体会航海模型项目比赛;10月22—24日,组队参加在普陀体育馆举行的省三体会体育舞蹈项目比赛;10月26—27日,市门球协会、市体育摄影学会组队参加在嘉兴市秀洲区举行的2017年浙江省全民健身浙中片区活动;11月11—13日,由省钓鱼协会、市体育总会主办2017年浙江省首届海钓锦标赛暨"两岸四地"海钓邀请赛在普陀浪岗海域举行,海峡两岸及港澳地区的23个代表队、69名钓手参赛本次比赛;11月18—20日,市体育总会组队参加在开化举行的2017年长三角体育圈全民健身大联动暨浙江省首届钱江源国家公园体育节开幕式;12月16—18日,市体育总会组队参加浙江省首届钱江源国家公园体育节闭幕式暨休闲登山比赛。

市老年人体育协会　3月30日至4月1日,2017年舟山市老年人象棋比赛在市老年体协二楼会议室举行,14个代表队60余名运动员参加比赛;4月8日,2017年舟山市老年人垂钓比赛在新城高云鱼塘举行,14个代表队、50余名运动员参加比赛;4月18—20日,2017年舟山市中老年人气排球比赛在市老年体育活动中心5楼球类馆举行,6支代表队、73人参加比赛;4月18—21日,组队参加在杭州举行的浙江省第七届老年人运动会太极拳(剑)比赛,获团体代表队优胜奖(第一名),石燕君获个人金奖(第一名);4月25日,省老年体协秘书长王元旦一行到舟山市老年体协进行工作调研;5月8日,组队参加浙江省第七届老年人运动会开幕式和省第七届老年人柔力球比赛,获团体优胜奖(第一名);5月9—12日,浙江省第七届老年人运动会象棋、围棋比赛在岱山县举行,19个代表队参赛;5月16—19日,组队参加在温州乐清市虹桥镇阿鹏垂钓中心举行的浙江省第七届老年人运动会钓鱼比赛,获个人重量第三名;5月16—19日,2017年舟山市老年人乒乓球比赛在市老年体育活动中心乒乓球馆举行,11支代表队参赛;5月23—26日,2017年舟山市老年体育旅游工作会议以外出考察+座谈会的形式召开,来自市、县(区)老年体协主席、秘书长和市假日旅行社负责人12人参加会议;5月23—26日,组队参加在丽水市举行的浙江省第七届老年人运动会男子气排球比赛;6月8—10日,2017年舟山市老年人地掷球比赛在市老年体育活动中心举行,全市有6支代表队参加比赛;6月14—16日,2017年舟山市中老年人门球比赛在定海海山门球场举行,9个代表队近百名运动员参加比赛;6月20—22日,组队参加在宁波余姚市举行的浙江省第七届老年人运动会兜球比赛;6月27—30日,

5月13日,为期2天的浙江省第三届体育大会健美操比赛在岱山体育馆开赛(沈磊　摄)

组队参加在台州市老干部活动中心运动馆举行的浙江省第七届老年人运动会乒乓球比赛；7月4—7日，组队参加在嘉兴新洲国际大酒店举行的浙江省第七届老年人运动会桥牌比赛；7月12—13日，舟山市县（区）老年体协主席、秘书长会议在嵊泗县召开；7月17—18日，2017年舟山市老年人麻将比赛在市老年体育活动中心三楼棋牌室举行，12支代表队48名运动员参加比赛；8月8日，举行2017年舟山市老年人健身项目展示活动，来自四个县（区）的13支代表队300余名老年人展示健身球操、柔力球、排舞、经络操等项目；8月22—23日，市老年体协与市红十字会在舟山市老年大学举办全市老年人科学健身宣传急救员培训班；9月19—20日，市老年体协与舟山假日国际旅行社在杭州市临安区联合举办舟山市老年体育旅游联络员培训班，来自33个健身站、辅导站的40余名老年体育旅游联络员参加本次培训班；10月13—16日，组队参加在衢州市电力园区职工文化活动中心举行的2017年浙江省第七届老年人运动会气排球（女子）比赛，普陀区女子气排球队参加比赛；10月18—20日，组队参加在杭州市富阳区举行的2017年浙江省第七届老年人可乐球竞赛，岱山县可乐球队参加比赛；10月30日—11月3日，组队参加在嘉兴市举行的2017年浙江省第七届老年人门球比赛，获团体第二名；11月3—6日，组队参加在湖州市德清县举行的2017年浙江省第七届老年人地掷球比赛；11月7—10日，组队参加在金华市举行的2017年浙江省第七届老年人健身秧歌比赛，普陀区健身秧歌队代表市参加比赛，获得团体第四名；11月8—10日，参加在金华市举办的2017年浙江省第七届老年人运动会闭幕式；11月11日，2017年全国老年人健步走大联动舟山分会场活动在定海海山公园举行，近千名老年人参加活动；11月13—15日，舟山市2017年老年人柔力球（竞技）比赛在市老年体育活动中心五楼球类馆举行，5个代表队、50余名运动员参加比赛；12月16日，市老年体协科研委员会组织送健康下渔村、社区活动；12月18—21日，市老年体协组织县（区）老年体协主席、秘书长一行13人赴衢州市交流考察老年体育工作。

市棋类协会　2月2日，市棋类协会在定联谊中心举行特级大师于幼华返乡新春棋类活动，岛城近百位象棋棋友参加经典对决活动；2月11日，2017年"闹元宵"顺炮王象棋比赛在新城绿岛社区举行，全市30余名棋手参加，蔡茂学、贾海波、虞合军获甲组前三名，王国君、陈和平、朱亚国获乙组前三名，陈骋、蒲星哲、余中天获少儿组前三名；3月11—12日，2017年舟山象棋等级赛在舟山市政协联谊中心举行，全市80余名棋手参加，傅万国、刘幼治、贾海波获前三名；3月20日—4月1日，舟山市老年象棋比赛在市老年体育活动中心举行；5月9—12日，浙江省第七届老年运动会棋类比赛在岱山高亭举行；5月27—30日，组队参加在嘉兴举行的"高琪杯"全国象棋公开赛，裘启宇获10岁组冠军，陈骋获12岁组亚军；7月10—13日，承办浙江省三体会象棋比赛，来自全省各地市300余名教练员、运动员参赛，舟山市代表队获青少年组女子个人第三名，青少年组团体第六名，并获"体育道德风格奖"；9月22—24日，组队参加在江苏淮安市举行的"第九届长三角（沪浙苏皖）城市象棋公开赛"；10月7—8日，第二届"新城杯"象棋比赛在新城社区教育学院举行，全市40余人参加该项赛事；12月2—3日，举行舟山市职工象棋比赛，全市60名职工象棋爱好者参加本次比赛；12月2—3日，全市少年少儿象棋交流赛在舟山市政协联谊中心举行，全市60名少年少儿棋手参加本次比赛。

市足球协会　1月6—8日，浙江省沙滩、五人制足球教练员培训班在舟山党校开班，来自省内55名学员接受了亚足联五人制足球精英讲师、原沙足国家队教练凌鹭辉的现场培训；2月1日、2日、5日，市体育局、市体育总会、市足球协会联合在定海区城西小学举办2017年舟山市军警民迎春足球联谊赛，来自驻舟山部队、公安系统和地方6支队伍近120人报名参赛，普陀盛安达足球俱乐部获得冠军。2月19日，市足球协会召开协会成立20周年大会；2—4月，举办2017年浙超联赛舟山市选拔赛暨舟山市第二十二届足球联赛，有15支球队50多场比赛，最终建扬敖翔足球俱乐部队以冠军身份代表舟山参加浙超联赛；2月11日，2017年"葆春杯"舟山市中老年元中老年足球比赛在舟山市南海学校体育场举行；5月22—27日，浙江省三体会笼式五人制足球赛在普陀全民健身中心举行,舟山队获得第六名;7月16日,2017年浙超联赛舟山赛区第五轮在舟山体育场举行,市联赛冠军舟山翱翔队对阵台州鸵鸟队;9月1—3日,承办在黄龙体育中心舟山分中心沙滩足球场举行的2017年全国沙滩足球锦标赛预赛暨浙江省第十届沙滩足球锦标赛,8支球队参赛,杭州三普名典足球队、93BS队(舟山)、嵊泗沙滩足球队分获前三名;9月22—24日,由市体总、市农民体协、市足协共同主办,舟山市第四届渔农村足球(沙滩足球)锦标赛在黄龙体育舟山有限公司沙滩足球场举行,6支球队参赛;10月14—18日,“普陀山杯”2017全国沙滩足球锦标赛总决赛分别在舟山朱家尖南沙、大连举行,15支队伍、180名运动员参加本届沙足赛,舟山“93BS”队获第五名;11月3—6日,2017年舟山市第四届中小学生阳光体育运动会沙滩足球比赛在浙江黄龙体育舟山有限公司沙滩足球场举行,17支球队170名运动员参赛,经过30场循环赛。最终朱家尖小学、沈家门小学、南海实验初中一队、航海学校分获小学男子组、小学女子组、初中组、高中组冠军;11月23—27日,2017年舟山市第四届中小学生阳光体育运动会校园足球比赛暨浙江省第九届中小学生校园足球联赛在南海学校和舟山中学两个赛场同时展开,小学男子10支队、小学女子3支队、初中和高中各6支队共25支球队参加。经过两个阶段共61场比赛、292名运动员参与角逐后,普陀小学、沈家门小学、普陀二中、普陀三中分获小学男子组、小学女子组、初中组、高中组冠军;12月8—10日,普陀小学、沈家门小学、舟山市第一小学参加2017年舟山市青少年校园足球冬令营活动;12月,协会成功获得AAAA等级认证。

市桥牌协会　1月15日,召开舟山市桥牌协会第八届委员代表大会;1月23日,“中浪杯”迎春桥牌赛在定海市桥协活动室举行;2月2日,舟山市第二十二届“兴中杯”桥牌比赛在定海市桥协活动室举行,26对牌手参加比赛;2月22日,在定海举行第二届浙江义海杯桥牌邀请赛;2月25—26日,在岱山举行舟山市精英杯桥牌赛;3月10—12日,组队参加浙江省锦江杯桥牌赛,获第四名;3月16日,舟山技师学院、舟山航海学校桥牌培训班开课;3月17—19日,组队参加2017浙江省体育系统腾飞杯桥牌赛,岱山队获冠军;2—3月,协助电力公司举办桥牌培训班;4月15—16日,举办舟山市第十三届海洋与渔业杯桥牌比赛,12个队参赛;4月22—23日,举办浙江海洋大学杯桥牌赛;5月13—14日,组队参加在绍兴举行的全国B类俱乐部桥牌比赛;5月,组队参加2017年“米果果”杯浙江省县级桥牌赛;5月20—21日,组织参加在杭州举行的省桥协会长、秘书长桥牌联谊赛;5月21日,举办中昌杯全国桥牌通讯赛;5月28—29日,组队参加浙江绍兴羲之杯桥牌赛,获第一名;5月30日,举办舟山市端午桥牌联谊赛;6月6—9日,组队参加在上海举行的全国华夏杯桥牌赛;6月10—11日,舟山青年队组队参加杭州市青年桥牌联赛;6月14—16日,组队参加在厦门举行的海峡两岸桥牌赛;6月18日,举办中昌杯全国桥牌通讯赛;6月24—25日,举办舟山市第五届助残爱心杯桥牌赛,有14个队参赛;7月15—16日,举办舟山市首届财保杯桥牌赛;7月24—31日,承办浙江省三体会桥牌比赛,舟山市代表队获1金1银2铜及1个第五名2个第六名;8月9—11日,组队参加在嘉兴举行的浙江省青年桥牌赛;8月18—20日,组队参加浙江省桥牌等级赛(获乙级队第一名并晋升为甲组队);8月20日,举行中昌杯全国桥牌通讯赛;8月25—27日,组队参加在义乌举行的省桥协杯比赛;9月10日,组队参加在杭州举行的浙江省桥牌超级联赛;9月11日,组队参加在丽水举行的省百龄杯桥牌比赛;9月19—21日,组队参加在嘉兴举行的浙江省老干部桥牌赛,获得亚军;9月22—24日,组队参加浙江省第十三届“中国梦、梦圆杯”桥牌赛,获季军;9月27日,举办第三届新禾杯桥牌比赛;9月28日,在定海举办迎国庆启明电力杯桥牌赛;10月10—13日,组队参加在南京举行的华东地区老干部桥牌赛;10月22日,举办中昌杯全国桥牌通讯赛;10月28—29日,举行舟山市第二十二届“启明电力杯”桥牌锦标(等级)赛,有22个代表队参赛;11月2—5日,在临城举行全国海洋杯桥牌赛;11月20日,举办全国桥牌通讯赛;12月9—13日,组队参加在杭州举行的黄龙杯全国桥牌锦标赛,获全国B组第六名;12月18—20日,参加浙江省桥牌裁判员培训班;12月24—27日,组队参加在厦门举行的华东地区第二届老年干部桥牌比赛;12月30日,举办舟山市首届新人桥牌赛。

市乒乓球协会 1月31日,在市乒乓球俱乐部(市老年体协活动中心)举行"迎春杯"舟山市春节城际乒乓球联谊赛;3月11日,参加浙江省乒乓球协会在杭州召开的2016年年会,获省乒协先进集体;3月18—19日,举行"华业杯"全市乒乓球俱乐部联赛;5月1—3日,举行舟山市第六届舟山晚报乒乓球大奖赛,170余名运动员参赛;5月11日,组队参加在绍兴体奥中心举行的2017年中国乒乓球协会会员联赛;5月16日,协办2017年舟山市老年人乒乓球比赛;6月5—9日,承办浙江省三体会乒乓球比赛;6月14日,承办舟山市第三届市级机关群体联赛乒乓球比赛;7月5—7日,组队参加浙江省首届钱江源国家公园体育节;8月23日,协办"浙检杯"乒乓球比赛;10月5日—7日,市体育总会、市乒乓球协会在舟山市乒协训练基地举行舟山市乒协第十八届乒乓球比赛;11月11—12日,市体育总会、市乒乓球协会在舟山体育馆举办2017年中国乒乓球协会会员积分赛暨浙江省第六届乒乓球等级积分赛(团体总决赛),来自全省80支参赛球队的300余名运动员分五个组别进行比赛;11月24—26日,参加"鸿翔杯"浙江省乒乓球协会副秘书长以上成员联谊赛;11月25日,协办2017年小镇首届邻里节运动会乒乓球比赛;12月14—17日,协办2017年舟山市第四届中小学生阳光体育运动会乒乓球比赛暨浙江省第九届中小学生乒乓球联赛(舟山赛区市级赛)。

市飞镖协会 2月18日,组队参加在台州天台举办的浙江省第二届飞镖锦标赛;3月18日,在定海举办浙江省三体会飞镖运动员选拔赛;4月26日,承办浙江省三体会飞镖比赛,来自全省11个地市代表队和8个行业系统代表队近200名领队、教练员和运动员参加比赛,舟山市代表队获2金1铜的优异成绩;6月4日,协会在定海举行二届一次会员代表大会,夏红光当选新一届会长;10月20日,组队参加"体育彩票杯"舟山市体育社团趣味体育比赛;12月8—10日,组队参加2017中国飞镖公开赛;12月16—18日,组队参加在台州玉环举行的2017年浙江省老年人飞镖比赛,获团体第五名;12月29—31日,承办2017年全国硬式飞镖邀请赛,来自北京、上海、山东等省市近150名选手参赛,舟山市代表队获成年组双人赛第一名和第三名;协会全年举办2017年"舟山飞镖协会杯"硬式飞镖积分赛(让分制)、2017年舟山"镖客杯"软式飞镖争霸赛、2017年舟山飞镖团体联赛、2017年舟山市飞镖交流赛。是年,协会被评为浙江省第三届体育大会执行委员会授予参赛单位"特殊贡献奖",林宏、刘志民被浙江省第三届体育大会执行委员会授予"优秀运动员"称号,周世军被授予"优秀教练员"称号,谢志宏被授予"承办工作先进个人"称号。

市门球协会 1月1日,举办迎新春(元旦)门球赛;3月7—8日,在定海举办"迎三八"女子单打门球锦标赛;3月17—19日,在定海举办2017年《门球竞赛规则与裁判法·2015》二、三级裁判员培训班;4月8—9日,举行舟山市女子单打门球邀请赛;4月,参加2017年"红船杯"中冠赛(浙江赛区)门球赛;5月10—11日,2017年男子单打门球赛在定海海山门球场举行;6月22—23日,举行"迎七一"门球赛;7月,组队参加浙江省青少年门球锦标赛;9月,参加"德丰利达"杯中冠赛(浙江赛区)比赛,获亚军;同月,举办全市"迎国庆"门球赛;10月,参加省"三体会"门球赛,舟山市代表队获女团亚军,女双分获第三和第六名,女单第四和男双第四名,总积分列全省第四名;同月,组队参加"德丰利达"杯全国总决赛,进入全国16强;11月27—29日,舟山市第十四届乡(镇)、村门球联谊赛在岱山举行;12月19—21日,参加省门球协会举办的第十一届"大成杯"杭州赛区门球比赛,获第四名;12月28—29日,在定海举行迎新年全市门球赛。协会获评浙江省2017年全省先进体育社团称号。

市直属老年体育协会 1月7日,舟山市直属单位老年人体育协会(下称"市直老年体协"),召开四届四次理事会会议,协会副会长、秘书长和理事会成员16人出席会议,会议总结2016年协会工作,研究部署2017年协会工作;3月15日,举办小篮球投篮比赛活动,市直属机关、企事业单位的74个代表队220名老年人参加;3月30日至4月1日,市直老年体协组队参加市老年体协举办的2017年老年人象棋比赛,获男、女团体第三名;4月26日,在市老年体协活动中心举办保龄球比赛,市直属机关、企事业单位的75个代表队223名老年人参加;5月10日,在市老年体协活动中心举办飞镖比赛,市直属机关、企事业单位的74个代表队222名老年人参加;6月7日,在市老年体协活动中心举办投沙包比赛,市直属机关、企事业单位的72个代表队216名老年人参加;6月28日,在市老年体协活动中心举办夹弹子比赛,市直属机关、企事业单位的74个代表队222名老年人参加;8月8日,在市老年体协活动中心举办摸球比赛,市直属机关、企事业单位的74个代表队222名老年人参加;9月6日,在市老年体协活动中心举办嗒嗒球比赛,市直属机关、企事业单位的72个代表队288名老年人参加;10月11日,在市老年体协活动中心举办趣味乒乓球比赛,市直属机关、企事业单位的73个代表队292名老年人参加;10月25日,在定海举办2017年市直单位老年人重阳节登山活动,市直属机关、企事业单位的75个代表队1000余名老年人参加;11月11日,市直老年体协组织协会所辖的37个会员单位300名老年人,参加由市老年体协举办的2017年全国老年人健步走大联动活动;11月15日,举办趣味羽毛球比赛,市直属机关、企事业单位的71个代表队284名老年人参加;11月26日,市直老年体协召开表彰大会,对2014—2017年度的14个先进会员单位、17个优秀领队人员进行表彰奖励,对参加市直老年体协举办的各项竞赛中获团体和个人名次的运动员进行奖励;12月12—13日,举办"夕阳乐"系列活动乒乓球竞赛活动,12个男子团体代表队、7个女子代表队、28名男子单打和16名女子单打的120余人参加。

市健身气功协会 2月17日,召开2017年年会;同月,完成2016年度舟山市健身气功站点年检工作,对全市34个(新增2个)健身气功站点进行年度检查,全市在站点习练健身气功人员有1667人;4月22日,协办在新城舟山体育馆举行的舟山市第三届健身气功站点联赛,来自全市13个健身气功站点126人参加本次健身气功站点联赛;5月8—9日,组织参加浙江省健身气功站点联赛(象山县体育馆),4个站点44人组队参赛,舟山新城绿岛众乐站点代表队获体育道德风尚奖,在参加的5个集体项目中,舟山市参赛队获2个一等奖,5个二等奖,1个三等奖,个人项目中获1个第一名,2个第二名,1个第三名,舟山岱山蓝天站点代表队获团体总分一等奖;7月14—15日,在定海举办2017年舟山市健身气功社会体育指导员精英培训班,52人参加本次培训班;8月18—19日,在定海举办首届舟山市健身气功协会会员交流联谊会;9月4—7日,组队参加第三届中国(亳州)国际健身气功博览会暨2017年国际健身气功五禽戏交流比赛,获集体五禽戏二等奖,集体八段锦一等奖,邓亚君个人易筋经银牌,王铭个人五禽戏第四名;9月11—12日,组队参加在临海举办的浙江省健身气功站点联赛总决赛,获团体总分二等奖,宋萍娟获个人大舞第一名;9月15—17日,参加在丽水庆元县举办的2017年浙江省健身气功新功法培训提高班,6人参加;11月9—10日,参加在龙游举行的第十届浙江省健身气功交流比赛,临城桃湾社区健身气功站点组队参赛,获集体健身气功·八段锦二等奖、集体健身气功·五禽戏二等奖;11月18日,2017年全国百城千村健身气功交流展示活动舟山大会在新城举行,来自全市各健身气功站点400余人参加展示健身气功·八段锦、健身气功·五禽戏、健身气功·六字决、健身气功·易筋经和自选项目健身气功·导引养生功十二法等九套功法展示;协会获2017年浙江省先进体育社团称号。

市卫生计生体育协会 1月18日,举办卫生计生系迎春硬式飞镖比赛,来自各县(区)卫生计生局、市卫生计生直属单位近100人参加;10月20日,组队参加"体育彩票杯"舟山市体育社团趣味体育比赛;11月9日,召开市卫生计生体协理事会,选举周跃蝶为新一届市卫生计生体协会会长;11月11日,组队参加2017年舟山重阳节老年人登山活动,有近40名机关离退休干部参加;11月19日,组队参加2017舟山群岛马拉松比赛,31人参加半程马拉松,全部在3小时内到达终点,其中1人跑出1小时21分最好成绩。

市篮球协会 4月23日,完成新一届篮协换届工作,选举产生舟山市第五届篮球协会领导班子和理事;6月3日,举办岱山中美篮球对抗赛;6月4日—7月8日,举办舟山市企业青年职工公益篮球赛;8月4—6日,浙江省第二届“鼎凯化纤杯”美好家庭篮球赛在舟山举行,来自全省以家庭(家族)为单位组队的18支球队130余人参加,省篮协主席楼国华出席开幕式,今日头条、浙江在线、舟山电视台等多家媒体对赛事进行报道;10月中下旬,组织定海干礁队和普陀沈家门队参加全省美好乡村篮球赛,分别以小组第二名成绩进入决赛阶段,定海干礁队获第四名;10月14—15日,在临城举办全市篮球裁判员、教练员培训班,8人获国家二级裁判证书,34人获国家三级裁判证书。

6月3日,CBA职业联赛浙江广厦队与NBA发展联盟队在岱山体育馆展开篮球对抗赛(沈磊　摄)

市围棋协会　1月1日,舟山市少儿围棋定级赛在市海洋艺术中心举行,来自定海、临城相关培训机构的80名在训学员参加;2月10—11日,举行舟山市少儿围棋春季升级升段赛,来自定海、普陀、临城各家培训机构178名在训学员参加;3月5日,召开舟山市围棋协会2016年年会暨一届二次理事会议,郑金友等20名协会理事参加;4月30日,举行第十三届全运会暨省三体会舟山代表团成人组选拔赛,各县(区)推荐的12人参加比赛,杨欣、张良、陆富康获前三名,并获省三体会舟山成人队代表资格;5月19—21日,承办第四届浙江省业余围棋联赛首站分站赛,来自省直机关及各市12个代表队的80人参加;7月17—20日,在岱山承办浙江省三体会围棋比赛,舟山市代表队获青少年组团体第七名、成人组团体第九名;8月21—23日,举行2017年舟山市少儿围棋夏季系列赛,212人参加;11月17—21日,举行2017年舟山市围棋天元赛暨城市围棋邀请赛,来自市内外的52名围棋高段选手参加本次比赛。

市传统弓箭协会　2月25日—3月25日,在浙江海洋大学东海科技学院开设第一期传统射艺培训班,培训学员12人;3月18—19日,组队参加在象山举办的2017“ACAC”国际传统弓象山论箭大赛,协会会员李友华获女子个人排名赛第三名,宋国邦、李冰、洪晓舟组队获团体第三名;4月16日,在普陀全民健身中心ADC箭馆举办全市首届传统弓箭交流赛,45人参加,葛佳骁、宋国邦、杨善康获个人排名赛前三名,葛佳骁、邓明亮、胡伟获淘汰赛前三名;4月22—23日,组队参加安徽阜阳“阿利弓箭杯”传统射艺全国公开赛,协会会员葛佳骁、宋国邦、李冰组队获团体赛第四名;6月24日—7月1日,协会在浙江海洋大学东海科技学院开设第二期传统射艺培训班,培训学员18人;8月3日,组队参加2017年浙江省全民健身浙东片区活动(温岭石塘)休闲健身运动会,获团体第三名;9月22—24日,组队参加“2017国际传统弓冠军联赛(南京站)暨APCC积分赛”,会员宋国邦获个人淘汰赛第五名;10月28—29日,组队参加第三届西塘传统射箭全国邀请赛,会员葛佳骁获个人淘汰赛第六名;11月18—19日,承办浙江舟山群岛新区传统射箭全国精英赛,116人参加个人排名赛、个人淘汰赛和团体赛,陈孟后、张华丹、韩大向获男子个人排名赛前三名,韩大向、陈孟后、陈燕庆获男子个人淘汰赛前三名,吴晓莉、邢薇、郭晓蓉获女子个人排名赛前三名,邢薇、吴晓莉、郭晓蓉获女子个人淘汰赛前三名,浙江金华队、安徽阿利队、上海习射馆队获团体前三名;11月18—19日,组队参加2017“港益杯”晋江传统弓射箭全国公开赛,协会会员岩虹宇、陆红获女子个人淘汰赛第八名和第十六名;12月14日,协会被省体育总会评为2017年浙江省先进体育社团。

市武术协会　1月16日,在浙大舟山海洋研究中心会议室召开各县(区)武协负责人和辅导点负责人会议;2月18日,在市全民健身中心举行浙江省三体会太极拳项目选拔赛,30人参赛;2月28日,在浙大舟山海洋研究中心会议室召开理事会议;4月3—5日,浙江省三体会太极拳、剑比赛在普陀举行,获1金和1个第四名;4月18—22日,在精武体育俱乐部举办武当太极走进舟山公益培训,50余人参加;7月15日,在浙大舟山海洋研究中心会议室召开秘书长扩大会议;4—6月,举办武术走进学校培训10期,810人参加培训;4—10月,举办舟山船拳培训班12期,245人参加培训;6月3日,在普陀体育馆举办“众乐杯”全市武术邀请赛,460名运动员参加;9月19日,委派海山英姿队参加香港回归20周年庆典活动,获二等奖。

市新城乒乓球协会　1月10日,新城乒乓球协会在新城乒协基地(市残联七楼活动室)与普陀东进俱乐部、金塘管委会乒协等单位举行“迎新春”乒乓球友谊赛;7月8—9日,新城管理委员会、市新城乒乓球协会在新城举办“共建海上花园城　唱响五大会战曲”新城首届乒乓球俱乐部联赛,全市10支队50余名选手参加。

市气排球协会　1月14—15日,举办“迎春杯”全市气排球大奖赛,有180人参赛;5月,浙江省沿海四城市中老年气排球比赛在岱山举行,150人参赛,舟山女子中年组获第一名;5月16日,承办省三体会气排球比赛,来自全省200余名运动员参加;6月,协办浙江省人民银行2017年气排球比赛;7月28日—8月1日,在岱山举行浙江省气排球教练员、裁判员培训班,来自全省各地200余名气排球爱好者参加培训;8月,组织举办舟山市移动系统职工气排球比赛;9月,组织举办舟山市国家电网系统职工气排球比赛;10月,协办交通系统气排球比赛;11月,举办基层裁判培训班;组队参加中国临海首届“天天乐杯”沙滩气排欢乐营交流活动;组队参加“目标光优杯”浙江省首届气排球节(老年组、中年组)比赛;组队参加2017年浙江省气排球协会“飞剑杯”比赛;组队参加浙江省2017年气排球邀请赛(乐清站)中年组的比赛;11月19日,参加浙江省国家公园体育节在衢州举办的气排球比赛,获二等奖。

市网球协会　6月26—30日,协办浙江省三体会网球比赛;12月2—3日,在新城举办2017舟山市业余网球公开赛,80人参加比赛。

市击剑运动协会　1月7日,2017年舟山市首届“迎春杯”击剑邀请赛在定海举行,来自全市8所小学的90余人参赛;1月22日,组队参加澳门2017“培正杯”击剑邀请赛,获1银2铜的佳绩;3月,协会与舟山市体育局、舟山市青少年体校三方签订《舟山市社会力量举办竞技体育项目合作协议》,促进全市市青少年击剑竞技工作的有效开展;4月,“寻找骑士”青少年、儿童击剑培训项目入围浙江舟山群岛新区第五届公益创投大赛,协会每周都给启智学校、彩虹堂、明珠学校的弱势群体的孩子们上击剑公益课;5月27—28日,举行舟山市青少年击剑联赛(第一站),来自全市九所小学130名运动员参赛;6月3日,组织参加在江苏南通举办的“锋度杯”华东区青少年击剑俱乐部大奖赛,徐佳欣获女子花剑丙组第一名,李梦茹获女子重剑乙组第一名,刘友涵获男子获重剑乙组第二名;7月1日,组织参加江苏苏州金鸡湖击剑联赛第一站,孔艺霖获女子佩剑丙组第一名,李梦茹获女子重剑乙组第一名,徐佳欣获女子花剑丙组第三名,何烨华获女子佩剑甲组第三名;8月21—23日,2017舟山群岛新区·华东区青少年击剑俱乐部邀请赛在普陀举行,来自全国、全省的16支代表队300余人参加比赛,舟山市代表队获2金2银4铜;9月29日,组织参加浙江省三体会开幕式击剑操表演;10月27—29日,组队参加宁波市青少年击剑邀请赛,获得1金1银3铜;11月9—12日,组队参加在长兴举行的2017年浙江省青少年击剑锦标赛,获男子丙组重剑个人第一,女子佩剑丙组个人第一,女子佩剑甲组个人第二,女子佩剑甲组团体第二,男子佩剑甲组团体第二,女子重剑丙组个人第三,女子花剑丙组个人第三;12月15日,参加组队参加在金华举行的2017年浙江省击剑运动协会总决赛,获得5金3银3铜。

市毽藤球协会　3月4日,舟

山市毽藤球协会第一届理事会暨协会成立大会在新城举行；4月28—29日，舟山市首届毽球交流赛在舟山体育馆举行，比赛设团体三人赛、团体双人赛、个人计数赛（精英组、体验组、少儿组）；5月22—25日，组队参加在岱山体育馆举办的省三体会毽球比赛，来自全省各地市的8支代表队150余人参赛，舟山市代表队获混合接力赛第三名，女子接力赛第四名，并获“体育道德风尚奖”；9月15—18日，组队参加在临海举行的省毽球精英赛，获男子三人赛第一名、女子三人赛第一名、男女混合接力赛第一名、男子接力赛第二名、女子接力赛第二名，并获“体育道德风尚奖”；11月24—26日，“体育彩票杯”2017年浙江省毽球邀请赛在舟山全民健身中心举行，来自全省的8支代表队100余名运动员、裁判员参赛。舟山市代表队获女子接力计数赛第二名，女子三人赛、男子接力计数赛、混合接力计数赛第三名。

市信鸽协会 11月5日，承办浙江省信鸽协会秋季幼鸽大奖赛（舟山赛区），司放地江西省景德镇市，五号上午7时放飞2000羽幼鸽，经过500千米飞行，第一羽鸽子在下午1:45飞回舟山。舟山会员获舟山赛区幼鸽大奖赛前五名。是年，举行春季四百千米幼鸽赛，秋季市成、幼鸽年度总决赛。

市钓鱼协会 3月18日，在定海举行舟山市第十八届淡钓赛暨省三体会运动员预选赛；4月19—21日，承办省三体会淡钓赛，获团体第五名及个人手竿重量第三名；8月2—3日，组队参加浙东片区的休闲运动会；11月13—15日，浙江省首届海钓锦标赛暨“两岸四地”海钓邀请赛在浪岗山海域举行，舟山一队获对象鱼团体总重量第一名，舟山一队吴跃康获综合鱼个人单尾重量第一名，舟山二队何洪清获对象鱼个人总重量第三名。

舟山群岛新区太极拳协会 6月3日，组队参加在普陀体育馆举行的2017年全市武术邀请赛，获团体拳术第一名和个人4金；7月7—9日，组队参加中国金华国际武术节，获金牌12枚，银牌3枚；10月14日，举办首届太极拳裁判员培训班，16人参加培训并全部通过考核测试；11月4日，中国武术九段钱源泽教授率全国武术冠军到协会指导工作；11月5日，组3支队伍65人参加第二届普陀国际传统武术比赛，获金牌95枚，银牌20枚；11月6—7日，承办舟山群岛新区首届太极拳交流大会，来自各县（区）10支队伍113名运动员参赛；12月，中国武术协会举办晋升武术中段位考核，协会会长倪春澜考取中国武术五段，常务副会长兼秘书长周旭光考取中国武术四段。

市羽毛球协会 2017年度被省羽毛球协会评为“突出贡献奖”；8月，被国家体育总局评为2013—2016年群众体育先进单位；12月，被评为浙江省先进体育社团；3月，舟山市首届“义海杯”羽毛球对抗赛在定海城区健身馆举行；5月13—14日，舟山市第二届“沃尔克”杯羽毛球俱乐部团体赛在定海举行，20支队伍200余人参加；6月24—25日，舟山群岛新区首届职工羽毛球比赛在定海举行，24支队伍250余人参加；6月，启动长岗山羽毛球俱乐部球友义捐活动，41名球友捐资12.6万元，重新铺设塑胶场地600多平方米，建观鱼池10平方米，种红叶石楠、法国冬青260余株；7月，成立市羽协竞赛委员会，裁判员委员会；8月，组队参加在开化举行的浙江省首届钱江源公园体育节户外亲子活动，获团体二等奖；9月，市羽协成立临时党支部；10月13—14日，举行2017年舟山市银行业“舟银杯”羽毛球比赛；10月19—23日，组队参加在定海举行的浙江省三体会嗒嗒球比赛，获女子团体第五名，男子团体第六名；10月27—29日，组织市羽协及各县（区）羽协9人参加在海宁举办的全省羽毛球编排长培训班；10月29—30日，2017年羽毛球俱乐部联赛在普陀举行；11月4—5日，举行2017年舟山市“宋都柏悦府”杯羽毛球公开赛，18支队伍近200人参加；11月18—19日，“富力特杯”2017年浙江省第十五届羽毛球俱乐部联赛在舟山市体育馆举行，18支队伍234名运动员参加，定海羽协获中年组男团第四名；12月22—24日，组队参加在宁波大榭举行的2017年浙江省第二届羽毛球联谊赛，获中年组第五名，青年组第七名；组队参加“开游杯”2017年浙江省羽毛球业余联赛（宁海站）比赛，获中年组第三名；组队参加2017年浙江省羽毛球协会交流赛（海宁站）比赛，获中年组第四名；组队参加在湖州德清举行的2017年浙江省羽毛球业余联赛总决赛，获中年组第七名。

市体育舞蹈协会 5月28

日,2017第10届浙江省青少年体育舞蹈锦标赛(浙北赛区)比赛在舟山体育馆举行,来自全省各地48个代表队1400余名运动员参加127个项目的比赛,舟山市11支代表队、488名选手参加,获金牌135枚,银牌133枚,铜牌100枚;8月19日,组队参加"春晖杯"体育舞蹈(国标舞)国际公开赛;9月13日,举行2017首届浙江舟山体育舞蹈公开赛舟山区域选拔赛;9月,开展全市体育舞蹈等级达标考核和裁判、教师培训考核、注册工作。

市水上救生协会 5—6月,协会与市红十字会到民工子弟学校作暑期防溺水等宣传安全教育活动;6月16—18日,举行2017年社会体育指导员(游泳)职业技能培训;6月20日,举办全市游泳救生员复训班;6月22—27日,举行舟山市水上救生员和游泳教练员培训与职业鉴定;9月20—22日,组队参加省三体会水上救生比赛,获1金3铜;12月,协会获省三体会体育贡献奖。

市体育摄影学会 4—12月,举办省三体会名家摄影大赛,收到来自省内外参赛作品1200余幅,其中60余幅优秀作品出版成省三体会摄影大赛作品集;6—10月,举办"体育馆杯"舟山市摄影大奖赛,收到参展作品800余幅,出版大奖赛摄影作品集;10月26—27日,组队参加在嘉兴市秀洲区举行的2017年浙江省全民健身浙中片区活动,获团体二等奖。

市残疾人体育协会 8月10日,在定海城东健身中心举办2017年全市残疾人羽毛球锦标赛,全市5个代表队70名残疾运动员参加;10月20日,组队参加舟山市体育社团趣味体育比赛,获团体第二名;10月20—29日,舟山市聋人运动员姜鑫新参加2017年全国围棋锦标赛,获女子混合残疾组第二名;11月6—7日,组织人员参加浙江省残疾人体育协会换届会议;11月19日,在2017舟山群岛国际马拉松赛事活动中,组织50名残疾人参与"爱的民益 梦想一千米"公益活动;11月29日,在定海城北健身馆举办2017年舟山市残疾人趣味运动会;12月20日,为新城的13户重度残疾人开展康复体育"三进"活动。

市木兰拳协会 4月15—16日,在普陀举办木兰拳培训班,40人参加培训;4月25—27日,组队参加省三体会木兰拳比赛,获集体单扇项目铜牌;5—6月,组织老师前往泰国开展为期1个月木兰拳及太极拳教学交流活动;8月8—9日,举办普陀区木兰拳培训班,60人参加本次培训班;9月28—29日,组队参加在建德举办的浙江省木兰拳(扇剑)邀请赛,获团体一等奖;9月30日,组织人员参加浙江省木兰新拳培训班;11月17—18日,在市老年体育活动中心举办舟山市木兰拳培训班,40人参加本次培训班;11—12月,组织老师前往泰国开展为期1个月木兰拳及太极拳教学交流活动。

市户外运动协会 以雅力运动、虎行天下、BB9自行车、爱尚海洋、普陀活水码头、海汇户外、黑水社等俱乐部为龙头,组织开展普陀山迎新年祈福转山、迎端午节虾峙岛徒步游、舟山本岛绿道穿越、"全省十大古道"穿越、自行车夜骑、越野跑、皮划艇培训、体育+旅游体验等户外活动几百余次,活动人员2万余人。雅力俱乐部组织普陀进香古道越野赛、岱山鹿栏晴沙全国铁人三项赛、神行定海山等活动,BB9自行车俱乐部举办"山海骑观"环舟山骑游大会,黑水社组织东海大峡谷越野赛等活动。9月16—17日,在长峙岛揽月湖举办2017舟山群岛新区全民休闲皮划艇赛,来自全国200余人参赛。12月30日,在浙江大学舟山校区协办"全民健身 健康中国"——"中国体育彩票"迎2018全国登高健身大会舟山分会场活动。

市前卫体育协会 3—11月,组队参加舟山市第三届市级机关群体联赛,在集体徒步、乒乓球比赛、齐心协力趣味比赛、集体"8"型跳绳等4个比赛项目中表现突出,获年团体总分第一名;4—10月,协会代表省前卫体育协会组队参加省三体会飞镖、田径等项目,获行业组2金1银1铜;5月4—12日,组织开展全市公安机关警体基本技能比武,全市各县(区)6支代表队抽选59名民警参加警体项目比武,定海区公安分局、普陀区公安分局代表队分获团体总分前两名;6月,市公安局成立"市局机关警官俱乐部",分设篮球、足球、羽毛球等九大俱乐部;9月9日,组队参加市政法系统羽毛球比赛暨省政法系统羽毛球比赛舟山选拔赛,获团体总分排名第一;11月13—24日,市局警官俱乐部(台球)举办2017年度市局机关中式台球比赛,来自市局机关的民警、职工和辅警16人参加比赛,周怀逸、郑勇、孙杰获本次比赛前三名；12月23日，市局机关足球俱乐部组织开展2017年“前卫杯”5人制足球比赛，5支球队参赛，市局老年队获冠军。

市农民体育协会　6月11日，舟山群岛新区“美丽乡村杯”象棋、钓鱼比赛在定海新城毛竹山社区喜果农场举行；9月15—17日，舟山市第四届渔农村足球（沙滩足球）锦标赛在浙江省黄龙体育中心舟山分中心沙足场举行；10—11月，组队参加浙江省第三届“美丽乡村杯”篮球赛。

普陀山体育协会　3月18—19日，组队参加在金塘举办的舟山群岛新区“华业杯”乒乓球俱乐部联赛；4月22日，组队参加市第三届健身气功站点联赛；9月23日，举办普陀山－朱家尖全民健身季活动象棋比赛；9月23—24日，举办普陀山－朱家尖全民健身季活动门球比赛；9月27—28日，举办普陀山－朱家尖全民健身季活动乒乓球比赛；9月29—30日，举办普陀山－朱家尖全民健身季活动羽毛球比赛；10月21日，代表舟山市参加省三体会舞龙比赛；10月24日—11月3日，举办普陀山－朱家尖全民健身季活动篮球比赛。

（撰稿：方金军　王艳芳　李基相）

竞技体育

【强化、做好全市竞技体育基础工作】　完成2017年度舟山市参加全省青少年运动员注册工作，向省局上报首次注册330人，重新注册81人，年度确认589人，完成1000名运动员的数据审核、提交工作。拟定《舟山市竞技体育贡献奖励办法》修改方案，7月，调整印发舟山市竞技体育贡献奖励办法。

【参加全国及亚洲比赛成绩】　8月27日至9月8日，舟山籍7名运动员代表浙江省参加比赛。陆文博获U18男子篮球第三名，鲍芸芸、蒋虞晓获成年女子排球第五名，林琼洁获U21女子排球第八名，王益获男子四人双桨第七名。在全国级各项比赛中蒋虞晓获全国女排锦标赛第三名，贝家辉获全国摔跤青年赛第八名。

【运动员输送、引进竞技体育人才】　全年全市向省队输送长期集训运动员5名（田径项目许笑菡、王彦博、俞佳燕，摔跤项目柳俊宇、张哲宁），转正运动员1人（摔跤项目贝家辉），　转正运动员2人（女排项目林琼洁、摔跤项目田均元）。做好2名引进运动员（篮球项目马俊豪、侯焱博）的相关工作。

【浙江省第三届体育大会的各项竞赛工作】　4月，承办省三体会，完成三体会44项竞赛项目的组织工作。确定发挥资源、管办分离的办赛格局，做好场地设施建设工作，做好管理、统筹及赛前各项准备工作，后勤保障服务到位，加大舆论宣传力度。

【参加省级青少年锦标赛冠军赛】

3月29—31日，组队参加2017年浙江省射击冠军赛，张航获10米男子甲组气步枪60发比赛第六名。

4月13—17日，组织85名运动员参加浙江省青少年田径锦标赛，获5金、6银、2铜。

4月19—23日，组队参加在绍兴举行的2017浙江省青少年沙滩排球冠军赛（甲、乙组）。舟山二队获女子乙组第一，舟山一队获女子乙组第二名。

5月24—28日，组队参加2017年浙江省青少年阳光体育运动会跆拳道比赛，获3金2银6，在全省36所学校中舟山二小获小学乙组团体第五名，舟山小学获“体育道德风尚奖”。张超教练被评为浙江省“优秀教练员”。

7月10—13日，组队参加2017年浙江省少年儿童短式网球锦标赛，获男子甲组团体第八名，女子乙组双打第八名。

7月11—13日，参加浙江省青少年（儿童）短式网球锦标赛，获男子甲组团体第五名，男子甲组双打第六名，女子甲组双打第八名。

7月12—16日，在组队参加浙江省青少年沙滩排球锦标赛，获女子乙组第三、四名。

7月15—21日，参加浙江省女子排球锦标赛，获女子甲组第八名，女子乙组第七名。

7月20—27日，参加浙江省青少年男子甲组篮球锦标赛，获男子甲组第五名。7月12—18日，参加浙江省青少年（男子）篮球锦标赛，获男子乙组第五名。

7月28—30日，组队参加2017年浙江省青少年摔跤锦标赛，获3金、2银、2铜。

8月5—11日，组队参加在嘉兴国际网球中心举行的“2017年浙江省少年儿童网球锦标赛”，获男子乙组团体第八名，女子丙组团体第八名。

8月，参加2017年浙江省青少年射击锦标赛，获金牌1枚。

11月9—12日，组队参加在湖州长兴举行的2017年浙江省青少年击剑锦标赛。获男子丙组重剑个人第一名，女子佩剑丙组个人第一名，女子佩剑甲组个人第二名，女子佩剑甲组团体第二名，男子佩剑甲组团体第二名，女子重剑丙组个人第三名，女子花剑丙组个人第三名。

12月4—9日，首次组队参加2017年浙江省青少年空手道锦标赛，获2金、4银、1铜及2个第五。

【全市青少年各类赛事】 举办全市中小学生田径运动会、羽毛球、篮球、排球、跆拳道、健美操等9个项目的比赛。

5月18—20日，举办舟山市第三届中小学生阳光体育运动会(田径比赛)暨舟山市第三十二届中小学生田径运动会。来自全市学校的50个代表队652名运动员参加122个项目的角逐。比赛期间有2人2次打破市田径最高纪录，另有25人打破25项市中小学田径运动会同龄组纪录。岱实小学获小学甲组、乙组团体总分第一，定海五中获初中组团体总分第一，田家炳中学获高中甲组团体总分第一，舟职技校获高中乙组团体总分第一，岱山县获团体总分第一，岱山县获团体生均第一。

6月16—18日，举行2017年舟山市第四届中小学生阳光体育运动会(羽毛球比赛)，全市13所学校、124名运动员参加。南海初中获初中男子、女子团体第一名，南海小学获小学甲组男子、女子团体第一名，檀枫小学获小学乙组男子团体第一名，舟嵊小学获小学乙组女子团体第一名，舟嵊小学获丙组男子团体第一名，舟山一小获小学丙组女子团体第一名。

7月3—5日，举行2017舟山市第四届中小学生阳光体育运动会(小学组篮球比赛)，全市12所学校185名运动员参加。沈家门四小获小学男子第一名，岱山实验小学获小学女子第一名。

7月13—14日，举行2017年舟山市第四届中小学生阳体育运动会女子排球，全市6所学校60名运动员参加。高亭小学获小学第一名，朱家尖中学获初中组第一名。

8月3—4日，举行2017年舟山市第四届中小学生阳光体育运动会游泳比赛暨ZSSL浙江省第三届中小学生游泳联赛(舟山赛区市级赛)，来自全市10所学校的85名运动员参加。定海小学、蛟头中学分获小学、初中组团体第一名。

11月3—6日，举行2017年舟山市第四届中小学生阳光体育运动会沙滩足球比赛。来自小学、初中、高中及高校的17支代表队参赛。朱家尖小学获小学男子组冠军，沈家门小学获小学女子组冠军，南海实验初中一队获初中组冠军，航海学校获高中组冠军。

11月23—27日，举行2016年舟山市第四届中小学生阳光体育运动会校园足球比赛暨浙江省第九届中小学生校园足球赛联赛(舟山赛区市级赛)。来自全市的25支学校200余名运动员参加比赛。普陀小学获小学男子组第一名，沈家门小学获小学女子组第一名，普陀二中获初中组第一名，普陀三中获高中组第一名。

12月14—17日，2017年舟山市第四届中小学生阳光体育运动会乒乓球比赛暨浙江省第九届中小学生乒乓球联赛(舟山赛区市级赛)在舟山市体育中心举行。全市20所小学、中学、高中，200余名运动员参加。海山小学获小学男子甲组第一名，定海小学获小学女子甲组第一名，沈家门小学荣获小学男子乙组第一名，定海小学荣获小学女子乙组第一名，定海小学获小学男子丙组第一名，菜园三小获小学女子丙组第一名，定海二中获初中男子第一名，普陀二中获初中女子第一名，普陀中学获高中男子第一名，舟山中学获高中女子第一名。

12月15—17日，举行2017年舟山市第四届中小学生阳光体育运动会男子篮球比赛暨浙江省第十一届中学生篮球联赛(舟山赛区市级赛)。全市7所初中、7所高中学校，169名运动员参加此次比赛。定海五中、普陀二中获初中组并列第一名，田家炳中学获高中组第一名。

【举办精品赛事】 5月10—12日，由国家体育总局自行车击剑运动管理中心、浙江省体育局、舟山市人民政府主办，舟山市文化广电新闻出版局(体育局)、嵊泗县人民政府承办，嵊泗县文化广电新闻出版局、福建邱基金体育科技有限公司协办的2017年环浙江舟山群岛新区女子国际公路自行车赛在嵊泗县举行。起终点设于嵊泗县海洋文化中心,全程长约251.26千米。赛程分别为84.3千米、82.66千米和84.3千米。赛程途经基湖、石柱、高场湾、五龙等地,来自挪威高科技产品队的26号选手莫伯格·艾米丽获第一、三赛段冠军,同队的21号选手贝克尔·夏洛特获第二赛段冠军。挪威高科技产品女子职业自行车队获团体总冠军,中国崇明－丽以芙女子职业自行车队获亚洲团体第一名。该赛是继环崇明岛女子国际公路自行车赛后亚洲唯一的一项女子国际公路自行车赛,为国际自行车联盟(UCI)2.2级的亚洲顶级赛事,来自欧洲、亚洲等女子职业队和国内女子专业队15支队伍、134名运动员参赛。

10月25—28日,由国家体育总局排球运动管理中心、浙江省体育局、舟山市人民政府主办,舟山市文化广电新闻出版局(体育局)、嵊泗县人民政府承办,嵊泗县文化广电新闻出版局协办的2017年全国沙滩排球巡回赛嵊泗站比赛在嵊泗县南长涂沙滩举行。本次巡回赛有10余站分赛事,包括重庆云阳、福建平潭、甘肃敦煌、云南曲靖、江苏南京、江苏南通、宁夏吴忠、江苏启东等地。来自全国13个省市的48支沙排队伍参加。

11月19日,以"生态·智慧·健康"为主题的2017舟山群岛马拉松在普陀区开赛,来自国内外的11000余名运动员参加。此次赛事由中国田径协会、浙江省体育局、舟山市人民政府主办,舟山市文化广电新闻出版局(体育局)、舟山市旅游委员会、舟山市普陀区人民政府承办,浙江省体育竞赛中心指导,与阿里巴巴集团、人民网特别合作,舟山中迹文体发展有限公司独家运营,新浪体育全程网络直播。比赛设置半程马拉松、6.5千米群英健身跑和2千米家庭欢乐跑三个项目,同时,融入公益理念,设置残疾人跑者"梦想1千米"、聋哑人"为爱发声"赛道环保公益活动以及赛事废弃水瓶回收再利用"好瓶计划"三个公益项目。来自肯尼亚的科图特·杰克逊·基普科赫(Kotut Jackson Kipkoech)以1小时3分42秒的成绩获半程男子组冠军,中国运动员李芷萱以1小时13分07秒的成绩获得半程女子组冠军。

【运动员技术等级情况】 是年,审批1人为国家一级运动员称号,31人为国家二级运动员称号。

【舟山市少体校被命名为省重点高水平体育后备人才基地】 是年,舟山市少体校被省体育局命名为浙江省重点高水平体育后备人才基地(2017—2020周期)。通过创建工作,发挥市少体校的引领和示范作用,提高市青少年体育训练质量和效益,推动全市竞技体育后备人才培养工作开展。

【裁判员、教练员培养情况】 委托市篮球协会举办2017年舟山市篮球等级裁判员培训班。参加浙江省局举办的全省反兴奋剂教育培训工作、2017年浙江省篮球项目体育教师培训工作、2017年暑假全国体育传统项目体育师资国家集中培训工作。选派3人参加2017年全国学生运动会田径测试赛裁判工作,选派3人参加2017年浙江省游泳项目裁判员晋级培训,选派3人参加2017年篮球项目体育师资培训班,选派5人参加2017年浙江省空手道教练员、裁判员培训班,通过各类培训和考核提高舟山市教练员和裁判员的业务水平与执裁能力。

(撰稿:郑光　邱莉)

责任编辑:李馨桐　童涵

杂记(九)

【全市首家智能无人超市】 12月11日，全市首家智能无人超市——欧尚1分钟无人便利店，在东港杉杉·普陀天地亮相，全天营业，为市民打造"互联网+购物需求"的崭新体验。据了解，整个店面积有18平方米，商品种类有500种，主要以零食和日用品为主。工作人员通过后台，随时了解便利店运行状态，并及时补货。店里还安装了恒温空调和新风系统，为顾客打造更加舒适的购物环境。

【首个警银亭正式"上岗"】 3月2日上午，沈家门半升洞码头，一座蓝白相间的警银亭正式揭牌投用。它由沈家门派出所和普陀农村商业银行联合建设，是全市首个集公安警务、银行业务于一体的升级版警务亭。警银亭面积近40平方米，隔成3个小间，一间用来接待民众报警和咨询，一间用来办理临时身份证明，还有一间装了ATM机，可以自助取款。同时，警银亭里还置办了饮水机、座椅、手机充电插座等硬件设施，并配备了治疗中暑、腹泻、创伤的常用急救药品。跟别的警务亭的最大区别是，这个警银亭主要面向各方游客。警银亭每天有一名民警和两三名辅警值班巡逻，大大震慑了不法分子。

新闻媒体

舟山日报社

【概况】 2017年,舟山日报社主办、承办《舟山日报》《舟山晚报》《舟山乡音报》和舟山网,组织“五大会战、四个舟山”等重大主题报道,提升媒体服务水平。统筹推进“改革、融合、转型”三大工作主线,实现报业发展大转折,体制改革方案获市委通过,建设新型党报集团迈出关键一步。新报业传媒大楼竣工,具有舟报特色的媒体融合传播矩阵建成,确立移动端主流媒体地位。是年,举办第三届习近平海洋思想学术论坛。获浙江新闻奖二等奖2篇,三等奖6篇。全年舟山日报发行量3.8万份,舟山晚报发行量3.6万份。

【舟山日报】 “市民巡访团”围绕剿灭劣Ⅴ类水、城乡环境综合整治、最多跑一次改革等问题,开展6期18次巡访活动。第二期巡访聚焦城乡环境,反映各地环境乱象,掀起推动城乡环境整治大会战。刷新版面,改进内容。《海山观察》加强言论性舆论监督,对社会热点问题进行引导;《新区城事》在精准新闻、深度报道等方面有新探索,扩大品牌效应;《海潮·文艺》增强新闻性时效性,副刊呈现新面貌;“党报大篷车”开展“夏日清凉”“感恩建设者幸福回家路”“春风行动”等公益活动,全年组织社会力量向困难群体捐款捐物近百万元。

【重大报道】 “五大会战　四个舟山”宣传报道　把握市委机关报的政治定位,以言论为先导,推出10篇“论全力打好五大会战”系列评论。在市委市政府发出《举全市之力开展五大会战》的当天,日报在头版开出《激情创业拼搏赶超　全力打好五大会战》通栏,开设“聚焦系列国家战略落地大会战”“聚焦城乡环境综合整治大会战”“聚焦招商引资大会战”“聚焦综合交通建设大会战”“聚焦五水共治大会战”5个专栏,新媒体相继跟进,全年推出报道560余篇。《首单保税燃油加注完成》《垃圾场变身滨水公园》《普陀万名党员投身五大会战》等报道全方位、多层次、多角度反映市民投身五大会战的奋斗精神。市委七届二次全会后,日报刊发以“四个舟山”为主题的10篇系列评论,《创新,贵在首创》《开放舟山是加快发展的必由之路》《品质舟山从城市管理细节抓起》等评论全面阐析市委建设“四个舟山”的理念思路。

市“三会”报道　推出《五年回眸》《聚焦政府重要工作》《关注民生实事项目》三组系列报道,加强新媒体融合报道,在“掌尚舟山”APP和报社官方微信等新媒体矩阵推出舟小新看两会、全媒体直播、VR全景看三会、基层党员风采微视频等。

内参与舆情专报　激励广大记者带着问题、思考深入基层一线,当好市委市政府的“眼睛耳朵”。是年,上报内参39期,舆情信息专报65期,书记市长批示52件次。其中《舟山海洋经济创新资金使用成效的调查报告》上报国家海洋局领导,市政府领导给予批示肯定。

中心工作报道　做好学习贯彻十九大、世界油商大会、国际海岛旅游大会、“两非”整治、“最多跑一次”改革等各项报道,媒体融合贯穿全过程。《首届世界油商大会在杭开幕》《提升细节营造氛围确保办好旅游盛会》《全市141个住人岛办事不出岛全覆盖》等报道发挥主流舆论作用。“东西南北　问道自贸”融媒体新闻行动刊发的《上海“单一窗口”促国际贸易便利化》《“渝新欧”:铁轨上的“丝绸之路”》多篇报道在新华社客户端浏览量超过 90 余万次。

【舟山晚报】 调整出版机制,从下午出版改为早上出版,延长读者看报时间,把握新闻时效性。以“亲民友善新锐主流”为宗旨,关注民生热点,传播新区正能量。不间断推出“菜篮子建设进行时”报道、连线 12345、“晚报 120”等帮办服务新闻。推出“新区·好人”版以及“德耀中华”“道德模范”等专版,报道各类好人好事。加强舆论监督,推出“创建全国文明城市·点评台”,曝光文明城市创建中的薄弱环节及各类问题。关于“后岸新村住户争挖地下室”的报道,市委书记批示要求各职能部门立即制止。与市治水办联手,推出“寻找‘民间河长’大型新闻行动”。在全市推出 50 条河道,62 名市民和 4 个团队成为“民间河长”,开展巡河工作。举办“晚报下乡送年味”活动,继续办好“爱心桥”栏目。创办《新区教育》《生活家》等周刊,推出“就知道吃”“舟山记忆”等特色专版,探索都市类媒体采编经营融合发展新路子。围绕中心工作,推出关注小城镇环境综合整治、最多跑一次改革、市政府实事项目、将新区改革进行到底、聆听十九大等报道。

【舟山乡音报】 是年,半月刊《舟山乡音报》重新整合版面,推出《聚焦自贸区》《创新故事》《舟山记忆》《新区聚焦》专版,介绍重点项目和“四个舟山”建设。发行范围为美国、英国、德国、法国、日本、新加坡、马来西亚、泰国、加拿大、西班牙、挪威、丹麦、澳大利亚、墨西哥、韩国、朝鲜、瑞典、奥地利等 36 个国家和港、澳、台地区及内地各地。发行量6000余份。

【舟山网】 组织中共十九大会议网上宣传报道工作,先后开设《砥砺奋进 勇立潮头 贯彻党代会 迎接十九大》《贯彻十九大精神 加快建设四个舟山》《新时代 新征程——党代表在身边》等专题。通过专题、全媒体现场报道、线下活动、视频访谈等形式报道“五大会战”和“四个舟山”建设。发挥全媒体优势,推出“建设海上花园城市”领导干部系列直播访谈,11 个市属部门领导与市民对话,收集建议 2105 条。举办 2017 网络文化季活动,开展指尖公益、指尖写意、指尖聚力三大活动,线上线下融合,为舟山发展凝聚网络正能量。市网络问政平台全年受理投诉咨询 3001 个,回复率 99.6%。自主开发“舟山论坛”APP,实现掌上沟通,指尖问政,打造舟山社交门户客户端和报业人气新集聚地。推出微公益新项目“舟论微爱”,鼓励网友在舟山论坛发帖、签到获“舟论微爱”积分,筹集爱心物品用于帮扶活动。“舟山海洋文化专栏”入选首批省级网上文化家园,在省网信办举办的“网络强国这五年”活动中获三等奖。探索移动互联网产业赢利新模式,网络经营连续 10 年保持增长。

【媒体融合】 对“掌尚舟山”APP 进行二次迭代升级,打造集新闻、视频、互动、电商、微矩阵、活动等多元聚合平台和分发平台,确立舟山新闻门户客户端的地位。在完善“全媒体快报”基础上,推出“全媒体直播”融媒体发布平台,实现对重大新闻第一时间滚动式发布。建成覆盖新闻、生活、服务的二微矩阵和舟山直播、大眼微电影、城市电视等视频渠道,全年发布各类视频作品 30 余部。举办首届新区大学生微视频大赛,出品舟山外宣 MV。增强在新媒体领域的引导力、覆盖面。作品在市直机关工委微视频大赛中获一等奖,在中央网信办和全国总工会主办的“网聚职工正能量 争做中国好网民”主题活动中,成为 100 篇获奖作品之一。

【产业经营】 以“全媒体营销、全方案策划、全过程执行、全社会共享”的经营理念,把握报业资源特点和新区发展新机会,形成 1 个集团公司 +6 个子公司 +4 个二级公司的产业发展总布局,全年实现 10%增长。建设物流配送中心,推进报业物流专业化。抓住教育培训的市场需求,打响“创智教育”“行走的课堂”等品牌。提高政务服务水平,更多单位与报社建立深度合作关系。向县(区)、功能区延伸服务,普陀、岱山、六横分社的经营规模快速扩张。推进传统印刷向舟报会展转型,成为舟山市主流会展企业,参与市里多个大型活动。“舟报易购”电商平台在各地建立地标产品专销基地,打造不落幕的会展中心。处理好分媒体经营的各自竞争力和系统竞争力的关系,对舟报户外等一批新兴产业建立单独考核激励政策,业绩大增。与沈家门街道联合建设“红岛登步”项目,与保利大剧院探索媒体+艺术模式,全年举办小荧星艺术团选拔赛、市级机关节能周、旅游嘉年华等50余场活动。整合资源成立文创办,谋划文创产业。

【队伍建设】 学习贯彻十九大精神,推进"两学一做"学习教育常态化制度化,加强基层党支部建设。重视新闻精品建设,制定出台《舟山日报社新闻宣传精品工程实施意见》,修订《集团新媒体发布管理及差错责任追究规定》,经常性编发采编提示。客服热线标准化处理社会投诉咨询,树立媒体良好社会形象。举办以"全民阅读、全民学艺、全民行善"为主题的第二届读者节,弘扬核心价值观,开展全社员工捐赠书刊助力五大会战、"我是你的眼"公益助盲、慈善义卖等50余项线上线下活动。"第二届读者节"获中国报业十九大融合传播优秀作品奖。

(撰稿:雷旭海)

广播电视总台

【概况】 2017年,舟山广播电视总台以内容建设为本,提升舆论引导能力;以融合发展为要,增强信息传播实力;以"八大工程"为机,激发广电发展动力。

开展建设"四个舟山"、打好"五大会战"系列宣传。以"激情创业拼搏赶超全面打好大会战"为总栏目,运用航拍、短视频、音频、H5、VR等新技术和"舟山时刻"融媒体直播平台,在广电传媒矩阵开出20余个子栏目,推出"五大会战""最多跑一次""四个舟山建设""将新区改革进行到底""五水共治""打赢城中村改造攻坚战""两非车辆整治"等专栏、专题,全年播出相关新闻1000余篇。承接全市重大宣传活动,参与策划组织"波音737完工和交付中心项目开工仪式""舟山江海直达首制船开建暨江海直达运输发展论坛""远洋渔业基地招商签约大会""维和英雄报告会""全市道德模范表彰活动""全市新媒体年度盛典""罗家岙边防派出所授称五周年暨全市党支部规范化建设推进会""第七届微型党课大赛""'工匠的力量'社会主义核心价值观进企业、进校园"等宣传活动。是年,总台19件作品获浙江新闻奖、浙江广播电视奖,其中舟山广播电视总台《用新闻的力量助推浙江自贸区建设——"东西南北问道自贸"融媒体新闻行动总结》、广播《为了渔民兄弟"老有所依"》分获重大主题报道奖(策划创新奖)、服务类节目奖一等奖。广播《舟山市人大重点督办建议,半年内让八万渔民有了养老保险》获全国人人新闻奖一等奖。舟山广播在中央人民广播电台及浙江之声发稿量位居全省市级台第一名,蝉联全省广播电视新闻协作一等奖。舟山电视列入上送央视《新闻联播》稿件全省十强,获二等奖。

注重整体策划,创新报道形式,策划组织"十九大"重大主题报道。广播、电视联合推出"逐梦蓝海""追寻总书记的足迹""一把手访谈"等系列报道,与其他地市台合作推出"潮起杭州湾""义甬舟大联播"特别报道,展示舟山践行习近平总书记系列讲话精神、落实系列国家战略的举措与成就。"无限舟山·舟山时刻"新媒体直播平台加强与新华社、今日头条、网易、腾讯等大平台合作,重点拓展以新闻为主体的直播行动。先后举办250场以新闻活动为主体的各类直播。"舟山广电"微信号在全市微信公众号排行榜中位居第一。

抓安全播出生命线,加强值班力量,开展应急演练,确保中共十九大、全国"两会""一带一路高峰论坛""金砖国家领导人峰会""互联网大会"等重要保障期的安全播出和网络安全。全年广播新闻综合频率、交通经济频率、城市生活频率分别安全播出6760小时、6100小时、6100小时,电视新闻综合频道、公共生活频道、群岛旅游频道安全播出均为6954小时。

【节目调改】 广播新闻综合频率 3月20日始,《舟广早新闻》节目实行男女主播全程直播、对播,记者参与"论坛""聚焦"撰写,加强新闻评论力度;在多档整点新闻中新推出《新闻纵贯线》,以记者连线播报形式介绍当天新闻采访行进态势;新开设《身边这些事》《美食来了》《开心一点》等与主持人互动节目;在整半点新推出《先锋主播小贴士》《小先锋来了》《舟山小娘外地小歪》插件音频。

广播交通经济频率 新开设专题节目《汽车时代》《听游天下》《健康大管家》,利用"无限舟山"平台开通在线视频直播;《房了那些事儿》节目新增《快乐那些事儿》《旅游那些事儿》《路上那些事儿》《汽车那些事儿》线性插件播出内容。

广播城市生活频率 新开设《汽车音乐榜》专题节目,在原3档音乐类线性节目的基础上,新增9档娱乐、养生和文艺类的线性插件内容。

电视社教 5月1日始,《渔农天地》栏目原每周一档15分钟改为每周六档,内设"犁海耕田""我要抱抱""村里那些事""新农堂""舟山老话头"等小板块,开设《新渔农天地》微信公众号。

【重大宣传报道】 市党代会报道 市党代会期间,广播、电视各大新闻栏目推出"这五年,听新区变奏曲——市第七次党代会"专栏,以"跨越发展看舟山""风景这边独好""谁持彩练当空舞"等版块,集中展示舟山五年来的发展成就。"开发开放,先行先试,推进浙江舟山群岛新区建设——聚焦市第七次党代会特别报道"以"大会聚焦""代表心声""百姓期盼""报告解读""大会花絮""我谈新区建设""我想问问党代表"等版块形式,对党代会进行全方位深入报道。

浙江自贸试验区挂牌成立报道 4月1日,中国(浙江)自由贸易试验区在杭州挂牌。舟山广电总台及早谋划,多方位呈现、全过程报道进行宣传。挂牌前,联系采访相关部门负责人及业界专家,了解浙江自由贸易试验区情况,3月下旬在新闻节目中预告。挂牌当日,广播、电视、"无限舟山"APP均推出特别报道,直播挂牌仪式全过程。派出多路记者到杭州会场等进行现场采访,实况展现杭州自由贸易试验区挂牌现场、大宗商品交易中心保税燃料油上线交易仪式现场、舟山海洋产业集聚区的企业服务大厅、鼠浪湖岛矿石中转码头等。广播安排与上海同行连线,介绍上海自贸区建设的成果和经验,并第一时间在频率微信端推送消息。

深化五水共治 剿灭劣五类水报道 4月始,在各大新闻栏目开设"深化五水共治 剿灭劣五类水"专栏。参加"百名记者治水行"活动,报道"河长带你去治水"等新闻,推出"寻找最美治水人"系列报道;组织"媒体小先锋"志愿行动,推出小记者采访活动;组织"看看我家那条河"线下活动等。

打好"五大会战"报道 5月,全市先后召开系列国家战略、海上花园城市建设等动员大会。广播、电视从5月18日始,推出"激情创业、拼搏赶超,全力打好五大会战"重点主题报道,播出相关报道近百篇。

礼让斑马线及两非车辆整治报道 6月1日,全市"文明礼让斑马线、共建海上花园城"活动正式开展,全市启用主干道路的所有高清探头,全时段抓拍不礼让斑马线的交通违法行为。

新闻栏目开设专栏。《舟广早新闻》《全市新闻联播》《舟山新闻》及"无限舟山"APP等主要新闻栏目,联合推出"文明礼让斑马线,共建海上花园城"专栏,全方位报道全市礼让斑马线工作开展情况及社会各界反响。通过新闻评论、邀请嘉宾座谈等方式,剖析点评不礼让行为,起到舆论引导作用。6月1日,《舟山新闻》《汪大姐来了》以电视新闻的形式向全市驾驶员发出"文明礼让斑马线"倡议。

专业频率重点关注。6月1日始,交通97全天节目统一口播语,主持人滚动播报活动内容,包括斑马线前如何车让人、人礼车,营造双方礼让的良好氛围。早、晚高峰路况播报、小鱼儿重点关注等节目中,曝光不礼让斑马线车辆、点赞礼让车辆。制作"礼让斑马线"不同版本的音频片花,在节目中穿插播放。

曝光台形成震慑力。除了交通97全天候节目曝光不礼让斑马线车辆外,6月2日始,《舟山新闻》推出"不礼让斑马线行为曝光台",公开曝光交警部门通过高清摄像头拍下的斑马线前不让行的车辆及相关信息,震慑违规驾驶员。

国际海岛旅游大会、世界油商大会报道 9月初,广播电视联合推出"新丝路、新机遇、新旅程——聚焦2017国际海岛旅游大会"专栏。会议期间派出多路记者对大会进行采访报道,先后播出相关报道50多篇。9月15日始,广播电视主要新闻栏目推出"聚焦首届世界油商大会,开启自贸港区时代新征程"专栏,对首届世界油商大会进行全方位追踪报道。播发"首届世界油商大会四大论坛亮点纷呈""世界油商期待'舟山机遇'""国家部委领导鼓励世界油商积极投身浙江自贸区油品开发大舞台"等系列报道。

喜迎十九大报道 广播三大

频率携手推出喜迎十九大之“广播人看品质舟山”系列报道；新闻综合频率联合浙江之声及全省各地市电台，推出“喜迎十九大，‘潮起钱江’”系列，“喜迎十九大，‘打好五大会战’”系列；十九大开幕当天，推出“潮涌筑梦义甬舟，一带一路谱新篇”特别节目。联合宁波、郑州等地新闻广播对“一带一路”国家战略的推进情况及取得的可喜成绩宣传报道。

8月，电视新闻综合频道推出“喜迎十九大·打好五大会战”“喜迎十九大·追寻总书记的足迹”等专栏。结合舟山“五大会战”行动，推出系列成就报道。通过重访习总书记在舟山考察调研时的点位，反映习总书记对舟山的关心和要求，播出“新建社区：总书记的指引让我们大步走上小康路”等报道；联合杭州、宁波、嘉兴、绍兴等四地广电集团，推出大型融媒体新闻行动“喜迎十九大·潮起杭州湾”，播出《活力浙江拥抱大湾区时代》《努力打造“一带一路”建设综合试验区“排头兵”》等报道20余篇。十九大召开期间，《舟山新闻》推出“十九大时光”主题报道，开设“献礼十九大”“聆听十九大”“我是党员——我为十九大接力”“范群·我的参会日记”子栏目，播出各种报道60余篇。

学习贯彻十九大精神报道　11月，进入全国学习贯彻十九大精神时期，广电各大媒体做好相关方面的宣传报道工作。广播、电视主要新闻栏目联合推出“掌心贯彻十九大精神，加快建设四个舟山”系列报道，结合全市推进“四个舟山”建设热潮，全面介绍全市各级学习贯彻十九大精神的扎实举措。记者采访党务工作者及相关理论研究专家，对十九大精神进行准确、深入解读。记者深入重大项目、民生工程等一线采访，用生动的语言、详实的数据讲好学习贯彻十九大精神故事。电视《舟山新闻》推出“一把手话四个舟山建设”子栏目，邀请各县（区）、经济功能区的主要负责人根据十九大精神，结合各地实际，畅谈建设自由贸易港区和海上花园城市的区域路径。至12月底，“学习贯彻十九大精神　加快建设‘四个舟山’”专栏播出相关报道100多篇。

创建全国文明城市主题报道　运用动态新闻报道、系列专题报道、典型人物报道等多种宣传形式和手法，综合宣传文明城市创建工作，重点报道市整治城市硬环境、提升发展软环境的创建动态，介绍各区块、各行业、各窗口的创建经验，宣传创建典型，加强示范引导。7—8月，《舟山新闻》舆论监督子栏目《新区聚焦》连续推出8期相关报道，为创建文明城市营造氛围。《舟山新闻》《汪大姐来了》等栏目开设“道德模范”“践行社会主义核心价值观”“我们的节日”等专栏，全年播出相关报道300余篇。

城中村改造报道　是年，舟山启动历年最大规模的城中村改造行动。电视《舟山新闻》“打赢城中村改造攻坚战”板块、《汪大姐来了》“城中村改造攻坚进行时”板块，以政策解读、进度报道、典型人物、新闻故事等多个视角关注各个区块的城中村改造工作，播出相关报道近130篇。

强化舆论监督　3月始，广电总台电视舆论监督栏目《新区聚焦》原每周一期增加为每周两期，内容包括三改一拆、五水共治行动中的短板扩展到城乡环境综合整治、文明城市创建中存在的不足以及重大项目推进慢等情况，全年播出81期。《电视问政》栏目发挥建设性舆论监督平台作用，聚焦“最多跑一次”“全域旅游”“城中村改造”“重大项目推进”等热点话题。广播《阳光热线》节目全年播出248期，上线单位57家，上线人数660多位，受理咨询建议案例约1300个。

【对外宣传】 是年，对外宣传取得突破，广播电视在中央台播发稿件量明显提升，广电总台邀请全国20余家媒体与影视制作机构开展“岛语蓝海”微视频大赛，提升新区的知名度和美誉度。

广播新闻《浙江（舟山）自贸试验区揭牌成立，推动大宗商品贸易自由化》《波音737完工和交付中心在浙江舟山朱家尖航空产业园正式开工》《宁波舟山港成世界首个货物吞吐量破10亿吨港口》等在中央台《全国新闻联播》《新闻和报纸摘要》播出；《舟山海域一渔船沉没，搜救在紧张进行中》在中央人民广播电台《新闻纵横》栏目头条播出；舟山广播报送的人物报道《舟山社区好书记余金红》《为渔民说话叮咚响的夏永祥》在中央台《难忘的中国人》栏目播出。舟山广播在中央人民广播电台及浙江之声发稿量位居全省市级台第一名，蝉联全省广播电视新闻协作一等奖。广播交通经济频率采写的《舟山航空产业园对接波音项目》《东海寻欢自驾联盟成立》等50多篇稿件分别被上海文广SMG第一财经、浙江之声、交通91.8以及中广联合会交宣委等播刊。

全年在中央电视台《新闻联播》播出稿件15篇,跻身上送央视《新闻联播》稿件全省十强。在浙江卫视播出稿件402篇,总得分全省市级台排名第五。有数件作品获浙江卫视新闻年度重大项目协作奖、最佳人物报道奖,上送或与浙江卫视记者合作的稿件累计播出突破300条次。

新媒体重点向新华社、今日头条、网易、腾讯等新媒体平台发稿,全年外发稿件5000余篇,总阅读量超1500万。

【重大活动】 “新区新声音——我们一起读好书”大型文化公益行动 4月,舟山市委宣传部、市教育局、市文化广电新闻出版局(体育局)、舟山广播电视总台联合主办“新区新声音——我们一起读好书”大型文化公益行动。舟山广电总台5位主持人分别带领市属、定海、普陀、岱山、嵊泗5个队,上船头、下海岛、进军营、到校园,开展15场朗读线下分享会,5000余人参与。广播、电视播出相关新闻50余条。无限舟山APP对每场活动进行现场视频直播或图文直播,发布直播图文报道150余篇,15场线下活动及最后的分享盛会,网络点击量10余万。

2017舟山广电观众听众节暨舟山广播60周年听众回馈活动 11月11日,举办“2017舟山广电观众听众节暨舟山广播60周年听众回馈活动”。本次“欢乐嘉年华”与广播60周年回馈听众活动相结合,以“新时代,新舟山,新广电,新传播”为主题。活动从上午9时延续到下午6时,地点分别在定海文化广场(主场)和普陀东港杉杉广场(分会场)。舟山广电观众听众节已举行五届。

“舟山魅力2017年度最具影响力人物”评选 由市委宣传部、舟山广电总台、舟山日报社共同主办的“最美舟山人——舟山魅力年度最具影响力人物”进入第七年,产生10名(组)获奖人物和10名提名人物。《汪大姐来了》栏目主持人汪明儿因12年专心公益,获“舟山魅力2017年度最具影响力人物”称号。

新区首届新媒体年度盛典 由舟山市委宣传部、舟山市网信办主办,舟山市网络文化协会、舟山广播电视总台承办的新区首届新媒体年度盛典3月21日在总台一号演播厅举行颁奖典礼。活动以“融合·发展·跨越”为主题,围绕媒体内容传播创新、技术革新等开展“四个十佳”项目评选大赛,传播舟山特色人物,弘扬社会主义核心价值观和当代舟山人共同价值观。

“声动舟山”全民好歌曲原创音乐盛典活动 6月17日,广播中心主办的“声动舟山”全民好歌曲原创音乐盛典在普陀保利大剧院举行。活动历时一年多,两季14场分赛。盛典当晚,第一季6位K歌之星和第二季6首原创佳作总决赛。活动聚焦新区的原创音乐作品,提供新区的好歌曲创作展示平台,吸引全市音乐爱好者参赛。

出租车“十佳服务之星”、公交文明之星评选活动 广播交通经济频率策划、组织历时近4个月的出租车“十佳服务之星”评选活动。平安小鱼儿对30名候选对象进行专访,通过节目访谈、新闻报道、微信微博专版等形式进行全媒体展示。评选活动在全市出租车行业掀起“开文明车、做文明出租车驾驶员”的新热潮。公交文明之星评选涵盖途径新城区域的28条公交线、338辆公交车和460名公交驾驶员。评选活动历时5个月。平安小鱼儿多次参与职能部门对驾驶员的明查暗访,对20名入围“文明之星”候选驾驶员做专访,多位“文明之星”候选驾驶员走进直播间。

【经营创收】 广电总台广告收入及其他经营创收情况 是年,广电总台抓经营创收,对外挖掘市内广告,开拓市外广告,对内建立健全总台经营创收大数据库,强化内部流程管理,总台所属广播各频率、全媒体等部门超额完成年度创收指标,总台总营销收入与上年持平。总台广告合同的备案率90%以上。

广电网络公司网络与数字电视经营情况 是年,舟山广播电视网络经营业务以稳住基本有线数字电视用户、拓宽多产业增值业务发展为目标,做好广播电视产品宣传推介工作,推出“喜迎新春放价送礼”“约会春天暖价全城”“夏季大派送”和浙江华数创收行动开展的“付费频道－创收行动”等活动。全年实现营业收入6548万元,同比减少1.52%;利润总额128万元,同比增长 20.75%。

是年，舟山网络传输有线数字电视频道节目 176 套，其中标清基本频道节目 70 套、标清付费频道节目 44 套、高清付费频道节目 34 套、电视测试节目 17 套、广播节目 11 套。至年底，舟山市本级有线数字电视用户 141469 户，同比减少 7226 户；付费频道用户 58298 户，互动用户 25275 户，宽带用户 10059 户。

广播电视网络建设　启动建设定海小城镇交通科技应用项目，应用变频高速摄像和智能视频触发技术，对特定地点的车辆进行全天候连续监控、抓拍，通过互联网直接传输到监控中心。首批马岙、白泉、干礁、金塘、岑港、定海长途客运站点基本建设完毕，其中干礁与定海长途客运中心已投入使用，6 个项目共计 54 个点位。

做好定海社会治安监控项目，开发项目 27 个，合计监控点约 600 个，治安监控网络基本覆盖定海区所有镇、街道的社区。完成新建主干光缆 15 千米、1068 芯千米。新建小区光缆 80 千米，新建主干管道 53 孔千米。完成双向分配网改造近万户。实施有线数字电视“广电低保”工程项目，做好市本级低保家庭的核对工作，为新增低保户落实免费收视政策，是年 1964 户低保家庭免费享用有线数字广播电视基本服务。

【舟山广播电视报】　报纸改版　根据报纸现状和读者阅读需求调整版面，将 32 版调整为 28 版，推出全新版面《新区少年》，主打《幸福爸妈》专刊。

宣传报道　采用形式多样的主题报道、系列报道、跟踪报道和深度报道，关注民生，体现特色。先后推出“我的新时代”专栏，宣传中共十九大精神；“党代会”专刊，反映全市五年来的民生巨变及未来五年舟山的发展；“春之声”专刊，以春天的邀约喜迎自贸区启航，以春天的褒奖庆祝市获平安金鼎，以春天的盛会反映人大代表、政协委员履职；“激情创业拼搏赶超全力打好五大会战”，呈现五大会战战果及目标；“首届世界油商大会”，关注舟山机遇、舟山指数、舟山价格；2017 国际海岛旅游大会，聚焦舟山热点，展示舟山旅游未来；浙江省第三届体育大会，交出“绿色休闲、海岛特色，氛围浓郁、服务优质”的答卷。

推进就业服务频道品牌建设　注重策划，做到周周有亮点，月月有重点。开设“2017 创业新星”“创新创业大赛项目展播”等专栏，跟踪报道第四届中国海员技能大比武全过程和 2017 舟山市职业技能大比武活动，配合报道市有关部门开展的“春风行动”，推出系列报道“舟山市成长型文化企业”及“舟山市文化产业创新人才”，播发“创业创新千岛行”系列报道，播发各类新闻稿件 313 篇；建全合作机制，与市 12333 咨询中心联办“政策解答”，与市就业局合作举办“创业听诊会”和“资本零距离”节目录制，成为全市集中发布权威招聘求职信息的重要平台。

报纸创收　落实全员营销制度，创新活动模式和思路，超额完成 2017 年度创收指标。策划举办《平安舟山法制宣传》《第四届舟山群岛新区创新创业大赛》《定海区创新创业大赛》《春秋房交会》等 16 场次大型活动，创收超过 150 万元。主攻政务宣传市场，数量和收入双突破。依托就业服务频道，先后与多家单位合作承接宣传片（视频）拍摄制作业务，创收 1001 万元。

报纸发行　推出报纸全员征订目标和考核办法，与年终评优和年终奖挂钩。以单位征订为目标，以活动促进征订。建立发行档案，实行规范管理。定期抽查报纸到户率，确保投递质量。

舟山广电总台广播电视作品（节目）2017 年度省级获奖名单

一等奖：

重大主题报道奖（策划创新奖）：用新闻的力量助推浙江自贸区建设——“东西南北问道自贸”融媒体新闻行动总结　舟山广播电视总台

服务类节目奖（广播）：为了渔民兄弟“老有所依”　广播中心

二等奖:

新闻奖(广播长消息):宁波舟山港年货物吞吐量再破纪录成为全球首个 10 亿吨大港　广播中心

新闻奖(电视长消息):舟山:建立全国首个公海流动服务基地　电视新闻中心

新闻奖(电视新闻专题):问诊渔民心理健康　电视新闻中心

纪录片奖(微纪录片):遇见自己　电视社教中心

报刊新闻与专稿奖(通讯):舟山广电特派记者首赴秘鲁实地踏访远洋渔业:9000 海里外,有股热情自舟山来　舟山广电报社

三等奖:

重大主题报道奖:潮涌筑梦义甬舟"一带一路"谱新篇　广播中心

重大主题报道奖:逐梦新蓝海　电视新闻中心

新闻奖(广播短消息):首艘环中国海邮轮靠泊舟山 1400 多名中外游客无法下船　广播中心

新闻奖(广播新闻专题):一场特殊的海上婚礼　广播中心

新闻奖(广播社教专题):追蜂的人　广播中心

新闻奖(电视长消息):杨世钗:出巨资建环保船守碧海不求回报　电视新闻中心

新闻奖(电视新闻节目编排):2017 年 7 月 9 日《舟山新闻》　电视新闻中心

服务类节目奖(电视):高温来袭如何"打响防暑保卫战"　电视广告中心

对外传播节目奖(电视):舟山人在海外　电视社教中心

少儿节目奖(广播栏目):小螺号　广播中心

播音主持奖(广播新闻类):新区对话——舟山,困在山里的鸟,还是搏击风浪的海燕?　广播中心

播音主持奖(电视服务类):我要抱抱:雷达网带鱼　电视社教中心

舟山人民广播电台节目时间表

表 51　　新闻综合频率　中波:684 千赫　调频:99.8 兆赫　　(2017 年 3 月实行)

<table>
<tr><th>时间段</th><th>固定概念</th><th>周一至周五</th><th colspan="2">周六、日</th><th>插件</th></tr>
<tr><td>5:25—6:30</td><td rowspan="9">整点资讯
9:00—17:00

整点气象
9:00—20:00</td><td>早安舟山(6:20 气象)</td><td colspan="2">东海渔农 6:00—6:20</td><td rowspan="9">先锋主播
小贴士</td></tr>
<tr><td>6:30—7:00</td><td colspan="3">《新闻和报纸摘要节目》</td></tr>
<tr><td>7:00—8:00</td><td colspan="3">舟广早新闻</td></tr>
<tr><td>8:00—9:00</td><td>阳光热线</td><td colspan="2">音乐客栈</td></tr>
<tr><td>9:00—10:00</td><td>身边这些事</td><td>周末欢乐秀</td><td>998 会客厅</td></tr>
<tr><td>10:00—11:00</td><td>晨阳帮你忙</td><td>小螺号</td><td>金色夕阳</td></tr>
<tr><td>11:00—12:00</td><td>音乐沙发(11:45 气象)</td><td colspan="2">定海之声 + 千岛时空</td></tr>
<tr><td>12:00—13:00</td><td>美食来了</td><td colspan="2">998 故事会</td></tr>
<tr><td>13:00—14:00</td><td>开心一点</td><td colspan="2">养生乐园</td></tr>
</table>

续表 51

时间段	固定概念	周一至周五	周六、日		插件
14:00—16:00		998 风景线	空中歌会		
16:00—17:00	定海之声 11:00 17:00	社会与法	蜻蜓空中音乐榜	周末欢乐秀	
17:00—18:00		远山说新闻	定海之声＋（17:30）东海渔农		
18:00—18:30		全市新闻联播（18:20 气象）			小先锋 来了
18:30—19:00		《全国新闻联播》			
19:00—20:00		998 风尚金曲			
20:00—21:00	气象服务站 6:20 11:45 18:20	广播剧场			舟山小娘 外地小歪
21:00—22:00		央视《中国新闻》 全市新闻联播（重播）			
22:00—23:00		十点读书			
23:00—24:00		央视《24 小时》			

舟山人民广播电台节目时间表

表 52　　交通经济频率　调频:97 兆赫　　（2017 年实行）

时间段	线性插件	周一至周五	周六、日	
5:55—6:00		开始曲		
6:00—6:30		资讯早餐		
6:30—7:00		中国之声新闻和报纸摘要		
7:00—8:00	新闻加油站 9:00—18:00	97 早高峰		
8:00—9:00		阳光热线	蜻蜓明星直播间	蜻蜓空中音乐榜
9:00—10:00	平安小鱼儿 9:30\10:30\15:30\ 16:30	听游天下	海味舟山 9:00—11:00	逻辑思维 9:00—10:00
10:00—11:30		交通姐妹花		空中律师 10:00—11:00
			音乐爱上车 11:00—12:00	
11:30—13:00	股市最新报 9:30\11:30\13:00\ 15:00	汽车时代	爱车俱乐部 12:00—14:00	魔力配音秀 12:00—13:00
13:00—14:00	97 新观察 7:00\18:30	97 真音乐		音乐私享家 13:00—14:00
14:00—15:00		住在新区	97 朋友圈	
15:00—16:00	汽车那些事儿 旅游那些事儿 健康那些事儿 路上那些事儿 快乐那些事儿 快乐英语 97 真音乐	健康大管家		
16:00—16:30		爱车天天汇	爱车天天汇	
16:30—18:30		快乐晚高峰	假日晚高峰	
18:30—20:30		乐听乐动听	社会档案 18:30—19:00 音乐星空	
20:30—21:00		汪大姐来了	城市夜航	中国长三角 20:00—21:00
21:00—23:00		城市夜航		城市夜航
23:00—24:00		重播阳光热线		

舟山人民广播电台节目时间表

表 53　　城市生活频率　调频:91 兆赫　　(2017 年 12 月实行)

<table>
<tr><th>时间段</th><th>线性插件</th><th>周一至周五</th><th colspan="2">周六\周日</th></tr>
<tr><td>05:55—06:00</td><td rowspan="16">《城市气象站》
7:00—20:00
《91 新歌榜》
7:05
《91 新经典》
21:35
《91 汽车音乐榜》11:05
《91 飞讯》
12:03\14:03\
16:03
《最好的时光》
11:32\22:03
《我不是大医生》8:35\18:20
《童言萌萌答》
7:35\13:32\
20:03
《嘻哈》
9:33\16:30
《天哥脱口秀》
10:35\18:32
《古语新说》
8:05\15:03
《车谈》
14:35\19:05</td><td colspan="3">城市序曲</td></tr>
<tr><td>06:00—06:30</td><td colspan="3">音乐早晨宇晖、晟卉</td></tr>
<tr><td>06:30—07:00</td><td colspan="3">转播中国之声《新闻和报纸摘要》</td></tr>
<tr><td>07:00—9:00</td><td colspan="3">音乐早班车宇晖、晟卉</td></tr>
<tr><td>09:00—10:00</td><td>唱片街 91 号雅囡</td><td colspan="2">音乐假日萧涵\雯洁</td></tr>
<tr><td>10:00—12:00</td><td>汽车音乐派　珅珅</td><td>音乐假日</td><td>为你朗读
10:00—11:00</td></tr>
<tr><td rowspan="2">12:00—14:00</td><td rowspan="2">全城热点天天</td><td colspan="2">城市唱游 12:00—13:00
雅囡\珅珅</td></tr>
<tr><td colspan="2" rowspan="2">音乐假日 13:00—15:00
雅囡\珅珅</td></tr>
<tr><td rowspan="2">14:00—16:00</td><td rowspan="2">丁源淘音乐　丁源</td></tr>
<tr><td colspan="2" rowspan="2">音乐假日 15:00—17:00
依宁\贝可</td></tr>
<tr><td>16:00—18:00</td><td>就要好听萧涵、雯洁</td></tr>
<tr><td>18:00—19:00</td><td>汽车音乐榜雅囡</td><td>有音乐的房子
17:00—18:00
依宁</td><td>小螺号
17:00—18:00
贝可</td></tr>
<tr><td>19:00—21:00</td><td>这些年我们听过的歌
依宁</td><td colspan="2">音乐假日 18:00—21:00
贝可\天天</td></tr>
<tr><td>21:00—21:30</td><td colspan="3">转播中央电视台中文国际频道《中国新闻》</td></tr>
<tr><td>21:30—23:00</td><td colspan="3">相约九点半黄琪\贝可</td></tr>
<tr><td>23:00—24:00</td><td colspan="3">音乐浓情　黄琪\贝可</td></tr>
</table>

舟山电视台节目时间表

表 54　　新闻综合频道　　(2017 年 5 月实行)

播出时间	节目长度	节　　目
6:30	0:05:00	晨曲、节目导视
6:35	0:30:00	《讲拨侬听》重播
7:05	0:10:00	广告
7:15	0:25:00	《舟山新闻》重播(定时)
7:40	0:05:00	广告
7:45	0:20:00	《汪大姐来了》重播
8:05	1:00:00	《电视购物》
9:05	0:08:00	广告
9:13	0:27:00	纪录片:人文中国(一)
9:40	0:08:00	广告
9:48	0:27:00	纪录片:人文中国(二)

续表 54

播出时间	节目长度	节目
10:15	1:00:00	《电视购物》
11:15	0:05:00	广告
11:20	0:15:00	《渔农天地》重播 《平安舟山》重播(周一)
11:35	0:05:00	广告
11:40	0:15:00	《有啥说啥》重播 《科学时刻》重播(周日) 《生活我做主特别节目》重播(周一)
11:55	0:05:00	广告
12:00	0:25:00	《舟山新闻》重播(定时)
12:25	0:05:00	广告
12:30	0:20:00	《汪大姐来了》重播
12:50	1:00:00	《电视购物》
13:50	0:15:00	广告
14:05	0:45:00	经典剧场(一)
14:50	0:15:00	广告
15:05	0:45:00	经典剧场(二)
15:50	0:15:00	广告
16:05	1:00:00	《电视购物》
17:05	0:15:00	广告
17:20	0:15:00	《健康享生活》周二——周三 《生活我做主》周四——周六 《好孩子》周日 《红绿灯》周一
17:35	0:15:00	广告
17:50	30″	节目导视
17:50	0:10:00	广告
18:00	0:25:00	《汪大姐来了》首播 (定时)
18:25	0:05:00	广告
18:30	0:25:00	《舟山新闻》首播 (定时)
18:55	0:05:00	广告
19:00	0:30:00	转播中央电视台《新闻联播》(定时)
19:30	0:05:00	广告
19:35	0:15:00	《渔农天地》首播(周一——周六) 《平安舟山》首播(周日)
19:50	0:05:00	广告
19:55	0:15:00	《有啥说啥》首播(周一至周五)《科学时刻》首播(周六) 《生活我做主特别节目》首播(周日)
20:10	0:05:00	广告
20:15	0:50:00	《舟视剧场》(一)
21:05	0:05:00	广告
21:10	0:50:00	《舟视剧场》(二)
22:00	0:05:00	广告
22:05	0:20:00	《汪大姐来了》重播

舟山电视台节目时间表

表 55　　公共生活频道　　(2017 年 5 月实行)

播出时间	节目长度	节　　目
6:25	0:05:00	节目导视
6:30	0:15:00	广告
6:45	0:15:00	周一《红绿灯》,周二《健康享生活》,周三《健康享生活》,周四《生活我做主》,周五《生活我做主》,周六《生活我做主》,周日《好孩子》(重播)
7:00	0:15:00	广告
7:15	0:20:00	《定海新闻》重播
7:35	0:10:00	广告
7:45	1:00:00	电视购物
8:45	0:10:00	广告
8:55	0:45:00	时光剧场(一)
9:40	0:10:00	广告
9:50	0:45:00	时光剧场(二)
10:35	0:15:00	广告
10:50	1:00:00	电视购物
11:50	0:10:00	广告
12:00	0:30:00	《讲拨侬听》重播(定时)
12:30	0:05:00	广告
12:35	0:20:00	《定海新闻》重播
12:55	0:05:00	广告
13:00	0:15:00	周一《红绿灯》,周二《健康享生活》,周三《健康享生活》,周四《生活我做主》,周五《生活我做主》,周六《生活我做主》,周日《好孩子》(重播)
13:15	1:00:00	电视购物
14:15	0:10:00	广告
14:25	0:25:00	《纪录片》(一)
14:50	0:10:00	广告
15:00	0:25:00	《纪录片》(二)
15:25	0:10:00	广告
15:35	0:25:00	《纪录片》(三)
16:00	0:10:00	广告
16:10	0:25:00	《纪录片》(四)
16:35	0:05:00	广告
16:40	1:00:00	电视购物
17:40	0:05:00	广告
17:45	0:50:00	养生堂(首播)
18:35	0:05:00	广告
18:40	0:20:00	《定海新闻》首播　(相对定时)
19:00	0:05:00	广告

续表 55

播出时间	节目长度	节目
19:05	0:30:00	《讲拨依听》首播(定时)
19:35	0:05:00	广告
19:40	0:15:00	周一《健康享生活》(首播),周二《健康享生活》(重播),周三《生活我做主》(首播),周四《生活我做主》(重播),周五《生活我做主》(首播),周六《好孩子》(二套版),周日《红绿灯》(首播)
19:55	0:05:00	广告
20:00	0:42:00	《生活剧场》(一)
20:42	0:05:00	广告
20:47	0:42:00	《生活剧场》(二)
21:29	0:05:00	广告
21:34	0:42:00	《生活剧场》(三)
22:16	0:04:00	广告
22:20	0:20:00	《定海新闻》重播
22:40	0:05:00	广告
22:45	0:30:00	《讲拨依听》重播
23:15	0:05:00	广告
23:20	0:15:00	周一《健康享生活》(首播),周二《健康享生活》(重播),周三《生活我做主》(首播),周四《生活我做主》(重播),周五《生活我做主》(首播),周六《好孩子》(二套版),周日《红绿灯》(首播)

舟山电视台节目时间表

表 56　群岛旅游频道　(2017 年实行)

播出时间	节目长度	节目
6:30	0:05:00	晨曲、节目导视
6:35	0:25:00	《中国旅游》重播
7:00	0:05:00	广告
7:05	0:20:00	《旅游天天看》重播
7:25	0:10:00	广告
7:35	0:45:00	《连播剧场》(一)
8:20	0:10:00	广告
8:30	0:45:00	《连播剧场》(二)
9:15	0:10:00	广告
9:25	2:00:00	电视购物
11:25	0:10:00	广告
11:35	0:30:00	《奇趣大自然》重播(周二至周六) 《好孩子》重播(周日、周一)
12:05	0:10:00	广告
12:15	0:10:00	《普陀新闻》重播(定时)
12:25	0:20:00	《旅游天天看》重播(定时)
12:45	1:00:00	电视购物

续表 56

播出时间	节目长度	节　　　　目
13:45	0:10:00	广告
13:55	0:45:00	《午后剧场》(一)
14:40	0:05:00	广告
14:45	0:45:00	《午后剧场》(二)
15:30	0:05:00	广告
15:35	0:45:00	《午后剧场》(三)
16:20	0:05:00	广告
16:25	0:30:00	《第一首映》重播
16:55	0:05:00	广告
17:00	0:25:00	《动画城》
17:25	0:05:00	广告
17:30	0:25:00	《奇趣大自然》首播(周一至周五)　《好孩子》首播(周六)重播(周日)(定时)
17:55	0:05:00	广告
18:00	0:45:00	《黄金剧场》(一)(相对定时)
18:45	0:05:00	广告
18:50	0:45:00	《黄金剧场》(二)
19:35	0:05:00	广告
19:40	0:45:00	《黄金剧场》(三)
20:25	0:05:00	广告
20:30	0:20:00	《旅游天天看》首播(定时)
20:50	0:10:00	广告五
21:00	0:10:00	《普陀新闻》首播　(定时)
21:10	0:05:00	广告
21:15	0:50:00	《寰宇地理》首播
22:05	0:05:00	广告
22:10	0:30:00	《第一首映》首播
22:40	0:05:00	广告
22:45	0:20:00	《旅游天天看》重播
23:05	0:05:00	广告
23:10	0:25:00	《中国旅游》首播
23:35	0:05:00	广告
23:40	0:50:00	《寰宇地理》重播
0:30	0:05:00	广告
0:35	0:05:00	导视
0:40	0:00:00	关机

(撰稿:王少星)

责任编辑:李馨桐　童涵

卫生和计划生育

概述

2017年，全市卫生和计划生育部门贯彻落实《健康舟山2030行动纲要》和全市卫生与健康大会精神，制定健康舟山2030行动任务及其责任分解，全面推进健康舟山建设。是年，舟山群岛新区入选国家首批13家健康旅游示范基地之一，普陀大健康产业园开园。加强卫生基础设施项目建设，市中心血站和急救指挥中心业务用房建成并搬迁新址，市第二人民医院迁建项目完成投资5856万元，完成工程量30.66%。全市新增民营医疗机构29家，上海瑞金医院舟山分院基本完成建设，普陀仁济医院、岱山广华骨伤医院开业运行。医疗卫生保障能力提升，舟山医院在上年通过JCI评审后，成立国际医疗保健中心并于9月投入运行，可满足国际友人、海内外侨胞以及部分市民的医疗保健服务需求；是年完成国际海岛旅游大会、首届世界油商大会、舟山群岛国际马拉松赛等重大活动的医疗保障任务。

深化医改。健全“双下沉、两提升”长效机制，岱山、嵊泗各有市级三甲医院派驻的10名副主任医师以上职称医务人员实施帮扶。舟山医院挂牌浙江大学舟山医院，市妇保院挂牌上海市红房子妇产科医院技术协作单位，市中医院挂牌浙江中医药大学附属舟山中医院。严控医疗费用不合理增长，全市公立医院门诊均次费用和住院均次费用分别比上年同期增加3.58%和3.56%，保持在省定范围。推进分级诊疗制度建设，全市三级医院均开放普通号源预约，县级以上医院预约挂号覆盖率100%。提升基层卫生服务能力，新城、普陀山两家社区卫生服务中心评为全国“百强”社区卫生服务中心。全面开展责任医生签约服务，全市规范签约率31.5%，重点人群签约率62.82%。有注册全科医生402人，配比率3.44人/万人，提前达到国家2020年目标。

6月29日，全市卫生与健康大会在新城召开（王楷　摄）

是年，全市有医疗卫生机构700家，其中医院30家（含综合医院10家，中医医院10家，专科医院10家），专业公共卫生机构21家，基层医疗卫生机构645家，其他卫生机构4家。有卫生技术人员9234人，其中执业医师（助理医师）3581人，注册护士3512人；每千人口执业（助理）医师、注册护士数分别达3.07人、3.01人。医疗卫生机构编制床位6282张，实际开放床位5723张,每千人床位数4.9张。有社会办医院15家,开放床位1215张,占全市总床位数的21.23%。有社区卫生服务中心(乡镇卫生院)36家,社区卫生服务站134家,村卫生室120家;社区卫生服务站(村卫生室)基本型一体化管理率99.21%,紧密型一体化管理率98.43%。是年,户籍人口基本公共卫生服务项目经费人均50.58元。

全市未发生突发公共卫生事件。全年报告法定传染病2707例,报告发病率233.77/10万,控制在全省平均水平以下。全面实施中盖结核病防治三期项目,探索艾滋病"三位一体"防控新模式,是全省唯一一个乙肝监测范围全覆盖的地级市。在国内率先探索建立发热伴血小板减少综合征的社区综合防控措施,全年新增海岛偏远地区犬伤门诊5家,成功处置3起登革热输入性疫情,是全省唯一的无人感染H7N9禽流感病例的地级市。推进"数字卫监·阳光执法"工程,建立重点场所卫生质量监测(控)点176个,被列为医疗机构高压灭菌效果在线监测应用工作国家试点。巩固国家卫生城市创建成果,国家、省、市级卫生乡镇创建率分别达18.2%、63.6%、100%。

实施计划生育"全面两孩"政策,落实计划生育奖励扶助、特别扶助、公益金"三项制度"和辅助生育政策,全年发放扶助资金近3000万元。完善生育登记服务制度,加强流动人口婚育证明电子化管理,在省内率先实现"生育服务平台"在线异地办理生育登记服务。推进母婴设施建设,加强孕产妇健康管理,市妇保院成功创建国家级"母婴友好医院"和"出生缺陷干预救助基地",全市超额完成城乡适龄妇女免费"两癌"检查任务。是年,户籍出生人数6760人,其中二孩2327人,同比增加290人,增幅14.24%,男女出生人口性别比105:100。全市人口自然增长率-2.09‰,计划生育率99.29%,综合节育率81.78%。

6月30日,市政府与浙江大学举行"浙江大学舟山医院"签约揭牌仪式(王江伟　摄)

医药卫生体制改革

【基本医疗保障制度】 全市基本医疗保险参保人数966452人,其中职工基本医疗保险参保人数405566人,城乡居民基本医疗保险参保人数560886人,综合参保率稳定在98%以上。城乡居民基本医疗保险人均筹资水平1024元,财政补助标准人均665元,政策范围内住院费用报销比例稳定在75%以上,全年全市大病保险支出1764万元。继续推行以总额预付为主的复合型医保支付方式及差别化医保支付政策(与上年同)。开展城乡居民健康体检,重点做好0~6岁儿童、中小学生及60岁以上老年人的体检工作,全市完成参保居民健康体检总数258177人,其中0~6岁儿童、中小学生105505人,60岁以上老年人102114人,检出异常数176873人。

【基本药物使用政策】 全市医疗机构全部执行浙江省新版基本药物制度,允许基层医疗机构使用中标目录内金额不超过本单位药品采购总金额50%的按非基本药物管理的药品,可基本满足基层医疗机构对药品使用的需求。

【基层医疗卫生机构绩效改革】 贯彻落实市政府《关于进一步深化基层医疗卫生机构运行机制改

革的实施意见》，鼓励基层医疗卫生机构提高服务质量，重点推进绩效工资改革，建立激励机制与惩戒机制。基层医疗卫生机构经考核优秀，绩效工资总额可上浮20%，奖励性绩效工资占绩效工资总额比例调整为不低于70%，实行优绩优酬。鼓励普陀区探索基层医疗卫生机构财政补偿机制改革，初步拟订普陀区机构补偿机制实施方案，明确建设发展等非经常性支出主要由财政专项安排，日常运行等经常性支出主要通过提供基本医疗卫生服务，由政府或医保（个人）按标准付费购买。

【责任医生签约服务】 以“深化签约服务内涵，提升百姓感受度”为主题，推进责任医生签约服务。签约对象可免费获得八项基本医疗和基本公共卫生服务，优先获得与疾病相关的五项个性化健康管理服务，享受慢性病连续处方和差别化医保报销特殊政策。参加职工基本医疗保险人员到签约医生所在基层医疗机构就诊，普通门诊费用报销比例在原来基础上提高3个百分点；参加城乡居民基本医疗保险人员到签约责任医生所在基层医疗机构就诊发生的普通门诊和特殊病门诊费用报销比例在原来基础上提高3个百分点。落实残疾儿童、精神残疾人、“三瘫一截”等成年重度残疾人和计划生育特殊家庭优惠政策。是年，全市签约30.59万人，规范签约率31.5%，重点人群签约率62.82%。

【基层医疗机构体系建设】 健全基层医疗卫生服务网络，加强基层医疗卫生机构“建设标准化、服务规范化、管理一体化”的标准化建设。对居住人口在1000人以下、当地无医疗机构的悬水小岛或“20分钟卫生服务圈”以外的偏远渔农村，由辖区基层医疗卫生机构提供“四加一”（落实一名保健员、配备一个免费药箱、开通一条24小时健康咨询热线、落实一名社区责任医生）卫生服务，实现全市基层医疗卫生服务全覆盖。至年底，全市有社区卫生服务中心（乡镇卫生院）36家、社区卫生服务站134家、村卫生室120家。

【公立医院综合改革】 强化对公立医院的医疗行为监管，开展医疗质量安全和风险防范大排查。加强抗菌药物临床应用管理，三乙医院（除儿科外）全面停止门诊患者静脉输注抗菌药物。严格控制医疗费用不合理增长，全市公立医院门诊均次费用和住院均次费用分别同比增长3.58%和3.56%，控制在省定目标内。是年全市公立医院药品收入占医疗收入的36.22%，同比下降0.46%。推进分级诊疗制度，县级以上医院预约挂号覆盖率100%。是年，舟山通过公立医院综合改革效果省级评查。

【健康产业发展】 是年，舟山群岛新区入选国家首批13家健康旅游示范基地之一，将以中国健康旅游先行区和浙江健康服务业示范区建设为载体，打造具有海岛特色的健康医疗旅游品牌。普陀区把健康产业打造成新的经济增长点，利用旧厂房改造成大健康产业园，5月正式开园，11月16日，在园内举办大健康产业高峰论坛，至年底，有13家企业以拎包入驻形式落户，涵盖基因测序、海洋保健品、养老辅具等领域。鼓励扶持民营医疗机构发展。9月10日，岱山广华骨伤医院开业试运行；12月23日，普陀区与上海九悦医疗集团合作打造的普陀仁济医院开业，总运营面积3万多平方米，总床位400多张；上海瑞金医院舟山分院基本完成建设。是年，全市新增民营医疗机构29家，至年底，全市有民营医疗机构277家，开放床位总数2252张，占全市医疗机构床位的28.86%。

【基本公共卫生服务均等化】 按项目免费为城乡居民提供基本公共卫生服务，并根据国家、省2017年基本公共卫生服务项目要求，强化各县（区）、各单位主体责任，落实工作任务，提高项目绩效和服务水平。规范资金使用管理，各级卫生专项经费及时足额下拨，专款专用，无违规冲抵和挪用等现象发生。是年，户籍人口基本公共卫生服务项目经费人均50.58元。全市建立居民健康档案88.95万份，建档率90.69%；管理高血压患者94385例，血压控制率54.95%，规范管理率66.86%；管理糖尿病患者24382例，血糖控制率49.44%，规范管理率65.7%；管理严重精神障碍患者4630例，规范管理率81.75%，病情稳定率88.62%；老年人健康管理101294例，健康管理率69.32%。

3月28日,健康舟山公众服务平台上线启动仪式在舟山医院举行(王楷 摄)

任医师以上职称医务人员进行帮扶,全年累计服务门急诊病人5148人次,开展手术248人次,教学查房和业务培训40多次,培训医务人员1000多人次。

【网络医院建设】 深化"舟山群岛网络医院"应用,健全运行机制、拓展服务内容、规范操作流程,推进区域医疗服务协同协作,创新上线"健康舟山"公众服务平台,启动远程居家健康监测试点工作。是年,开展远程医疗服务25.2万人次。8月,"舟山海岛医疗服务联盟"获第四届浙江省公共管理创新案例十佳创新奖;9月,作为国务院第四次大督查发现的典型经验做法获国务院办公厅通报表扬,国内各大媒体也进行了专题报道。

医疗事业

【"双下沉、两提升"工作】 深化省级医疗卫生单位对口支援新区项目,17家省级医疗卫生单位累计派遣专家534人次到受援医院开展工作,接诊患者9093人次,培训医务人员4833人次。6月30日,舟山医院挂牌"浙江大学舟山医院",8月10日,市妇保院挂牌"上海市红房子妇产科医院技术协作单位",12月18日,市中医院挂牌"浙江中医药大学附属舟山中医院"。岱山、嵊泗各有市级三甲医院派驻的10名副主任医师以上职称医务人员进行帮扶,全年累计服务门急诊病人5148人次,开展手术248人次,教学查房和业务培训40多次,培训医务人员1000多人次。

【中医药事业】 推进县级中医医院标准化建设,强化综合性医院和妇幼保健机构中医药服务能力,推进各县(区)社区卫生服务中心(乡镇卫生院)中医馆建设。组织开展省中医药适宜技术示范基地检查,推广中医药新技术、新疗法,分层分类开展基层中医药适宜技术培训。加强中医药人才培养培训,举办"西学中"培训班,3名第二批浙江省基层名中医培养对象完成结业考核,3名青年中医师列入省中医药传承与创新"百十千"人才工程("杏林工程")省级中青年临床名中医项目培养对象,1名推荐人员列入浙江省第六批全国老中医药专家学术经验继承工作指导老师,"李飞泽

12月18日,市中医院挂牌"浙江中医药大学附属舟山中医院"(王楷 摄)

名老中医专家传承工作室”列入2017年省名老中医专家传承工作室建设计划。12月18日,在市中医院举行中医中药中国行——中医药健康文化推进行动(舟山站)暨浙江省中医药养生保健旅游基地(舟山基地)启用仪式,发挥舟山市中小学校中医药实践基地作用,促进中医药文化知识“进学校、进社区、进乡村、进家庭”,普及中医药知识。同日,浙江中医药大学附属舟山中医院揭牌,浙江中医药大学将与市中医院进行双向人才培养,通过教学相长,帮助市中医院进行内涵建设,提高医疗服务水平。是年,全市65岁以上老年人中医药基本公共卫生服务率50.95%,0～3岁儿童中医药服务率57.53%。

【行政审批制度改革】 实施“最多跑一次”改革,制定《舟山市卫生计生行政审批服务“最多跑一次”改革实施方案》,成立“最多跑一次”改革工作领导小组,公布市本级审批事项主项29项(含子项64项),列入“最多跑一次”事项28项,“跑一次”和“跑零次”项数占总数96.55%。推进“最多跑一次”办事标准化,对办事指南、审批流程、所需材料等在浙江政务服务网进行更新,消除兜底条款和模糊表述,公共场所卫生许可实行承诺制审批,取消村(社区)16项无谓证明、医疗机构审批提供资金证明、消毒产品生产企业延续提供健康证明、医疗美容人员备案、母婴保健技术从业人员资格证;取消公共场所卫生许可复核和集中式供水单位复核,改为日常管理;取消职业健康检查机构资质许可、变更和注销;取消乡村医生首次注册;取消母婴保健技术机构校验。实现数据资源共享,完成“浙江省乡村医生执业注册管理系统”与舟山市“一窗受理”平台的“受办分离”对接。实行“双随机一公开”监管制度,随机抽取被检查对象、随机选派卫生监督执法人员,抽查情况及查处结果及时向社会公开,规范卫生监督执法行为,提升综合监管水平。

全年全市受理各类行政许可3831件,涉及公共场所、医疗机构、医护注册变更、医师多点执业、食品生产企业标准备案等14类,所有行政审批事项均在承诺时限内办结,办结率100%。

【基层医疗机构等级评审】 开展乡镇卫生院等级评审和群众满意的乡镇卫生院创建活动,是年,普陀虾峙、东极及岱山岱西、嵊泗洋山镇中心卫生院4家单位被评为全国群众满意的乡镇卫生院。实施中心镇卫生院医疗服务能力提升项目,重点改善医疗卫生硬件设施条件,加强人才队伍建设、管理水平、服务质量与能力,是年,新城卫生服务中心再次获评全国“百强”社区卫生服务中心,普陀山社区卫生服务中心成功创建全国“百强”社区卫生服务中心。

【卫生人才队伍建设】 全市招录卫技人员178人,其中县(区)122人,市本级54人;定向委培招录66人,有70名定向委培生毕业分配走上卫生专业技术岗位。开展高层次人才引进,引进紧缺学科高级职称专业人才2人。加强人才培养培训,4名医务人员评为省“医坛新秀”。实施基层卫技人员素质提升工程,培养选拔20名基层卫生青年骨干,培训各类在职卫技人员1000多人次,出国培训7人。开展2017年度“卫生与健康”十件大事评选活动,弘扬全市卫生计生系统先进典型,市卫生监督所和吴静雅、邵伟2人分获全国卫生计生系统先进集体和个人。做好援外医疗工作,分别派遣1名医务人员赴新疆和远洋渔业基地。

【卫生职称评审改革】 12月,市人力社保局、市卫生计生局联合出台《舟山市县及以下卫生高级专业技术职务任职资格评价条件(试行)》,规范县级以下卫生高级职称评审工作。是年,县级以下医疗卫生单位127名卫生人员向市高级职称评审委员会申报高级专业技术职务任职资格,通过85人,通过率66.93%;74名市本级医疗卫生单位人员向省高级职称评审委员会申报高级专业技术职务任职资格,67人通过,通过率90.54%。

【医疗卫生行业廉政风险防控】 开展局直属单位党风廉政建设巡察,重点对落实主体责任、完成重点工作、集体民主决策、“三公”经费使用、选人用人、作风建设、利益输送等内容开展巡察。开展医疗机构医药回扣专项治理,通过分发廉政专户账号、签订廉洁行医承诺、廉政谈话、个别约谈等方式,打击药品购销领域的商业贿赂和不正之风,消除各类风险隐患。是年,开展廉政谈话108

人次，诫勉谈话2人次，5名人员受到处理。

【医养结合】 是年，完成《关于推进医疗卫生与养老服务相结合的实施意见》的编写，重点推进医疗卫生与养老服务相结合，扶持结合型养老设施建设。引导各级医疗机构转变服务方式，建立健全公办养老机构健康巡诊制度，推进基层卫生服务机构与周边公办养老机构开展签约服务，全市90%以上医疗机构开设了为老年人提供挂号、就诊等便利服务的绿色通道。舟山医院脑卒中早期筛查中心、市中医院、市老年康复医院(市二院)、定海区康复医院、普陀医院等公立医院设立老年康复病区，增加老年康复床位。舟山广安骨伤医院、定海广华医院、普西医院、舟山顾鹤传骨伤医院等民营医院均开设老年康复病区或护理院，与公立医院形成产业互补。年末，全市医疗机构共设置医养结合床位800多张，基本满足健康养老服务需求。

医政管理

【医疗安全监管】 2017年，全年市医学会医疗事故鉴定办公室受理完成鉴定委托10起。开展医疗执业管理，完成520名卫技人员参加国家医师资格技能考核和335名参加理论考试工作；完成市本级医护人员首次注册309人，各类变更注册997人。通过开展医疗机构医疗安全隐患排查、大型医院巡查，设立医疗质量控制中心以及举办各类培训、演练、技能竞赛等举措，提高医疗行为监管水平。严格控制医疗费用不合理增长，全市公立医院出院均次费用8566.27元，比上年增长3.56%；门诊均次费用195.94元，同比增长3.58%，保持在省定范围。

【药品和医用耗材采购管理】 实行药品和医用耗材网上集中采购机制，做好采购新旧平台切换工作，严格禁止线下采购行为。是年，全市各级医疗机构药品采购金额98098.42万元，实际配送金额80395.90万元，配送率81.95%，最终入库金额80167.77万元，入库率99.72%；医用耗材采购金额12291.12万元，配送金额10261.07万元，配送率83.48%，入库金额9913.02万元，入库率96.6%；完成药品备案134例，其中长期备案98例、临时备案36例。

【血液安全管理】 健全用血单位考核制度，推动临床用血信息管理系统及用血报销管理系统的应用，指导临床合理用血，保障采供血安全。实行血液核酸检测，降低血液窗口期风险。是年，采集血液12339人次，全血血液3477.17升，机采血小板1412单位，100%来自无偿献血；用血量(红细胞类)3580.3升，同比下降2.13%，血液报废率控制在2.6%，未发生血液安全事件。

【院前急救服务】 新增定海区康复医院急救点和普陀朱家尖社区卫生服务中心急救点，调整普陀医院急救点设置，做好岱山、嵊泗两县院前急救机构建设指导工作。开展突发公共事件医疗救援应急演练，提高突发事件应对处置能力。是年，全市有急救点14个，有市急救指挥中心指挥调度的24小时运行当班救护车14辆。全年接受110应急联动任务3476次，联动派车3616车次；市急救指挥中心呼入量49196个，平均等待受理用时1.8秒，平均有效受理用时41.41秒，平均接处警用时39.83秒，派车20915次，出车20244次。

【体检工作】 全年完成干部职工(由市财政支付体检费用)健康体检人数11231人。做好招生和征兵体检工作，组建高校招生体检站4个，抽调医务人员82人，受理体检3823人，体检合格281人，体检查出专业可不录3541人，学校可不录2人；组建征兵体检站6个，抽调医务人员125人，完成体检1304人，体检合格629人。

【住院医师规范化培训】 加强住院医师规范化培训基地建设管理和师资队伍，举办全市住院医师规范化培训管理培训班，提升住院医师培训质量。是年，招录新学员62人，其中西医学员51人，中医学员11人；参加结业考核学员117人，合格105人，合格率89.74%；参加年度考核学员133人，合格124人，合格率93.23%。

【干部保健】 完成首届世界油商大会、国际海岛旅游大会、中国海员技能大比武、2017舟山群岛国际马拉松等各类医疗保障任务，共选派医务人员270人次，救护车辆21车次。日常开展中医养生保健,通过健康咨询、短信平台、健康知识宣讲、健康报刊订阅、健康讯息发送等形式开展健康教育。做好各类保健对象相应待遇的落实。

疾病防控

【甲乙类传染病】 2017年,全市无甲类传染病报告;乙类传染病报告12种2707例,报告发病率233.77/10万,与上年比较,增加流行性出血热1种,减少狂犬病1种。其中,呼吸道传染病类报告麻疹、猩红热、肺结核3种计273例,占甲乙类传染病总病例数的10.09%;肠道传染病类报告病毒性肝炎(不含乙肝、丙肝)、痢疾、伤寒副伤寒3种计61例,占甲乙类传染病总例数的2.25%;血源及性传播传染病类报告艾滋病、淋病、梅毒、病毒性肝炎(乙肝、丙肝)4种计2364例,占甲乙类传染病总例数的87.33%;虫媒及自然疫源性传染病类报告出血热、登革热、疟疾3种共9例,占甲乙类传染病总例数的0.33%;无新生儿破伤风报告。

【重点传染病】 流感 重点开展流感疫情监测、住院重症发热流感样病例监测和聚集性疫情防控,落实学校、幼托机构晨检、因病缺课登记报告、日常消毒、健康教育等。全年,全市报告流行性感冒病例1291例,发病率111.5/10万,发病数比上年上升211.8%,其中临床诊断病例123例,实验室确诊病例1168例。报告流感样病例聚集性疫情1起、流感样病例25例,无重症、死亡病例。流感监测哨点医院登记门(急)诊就诊病例24.61万例,其中流感样病例2.38万例;采集标本1040份,检出流感病毒阳性366份,其中甲型H1N1流感37份,季节性甲3型流感238份,乙型流感91份。报告SARI监测病例1220例,采集标本440份,核酸检测440份,检出阳性标本63份,其中甲型H1N1流感7份、甲3型流感37份,乙型流感19份。

手足口病 开展以学校、幼托机构为重点的疫情防控和医疗机构手足口病病原监测,对重症病例和部分网络报告病例进行个案调查。全市报告手足口病940例,比上年上升66.96%,无重症、危重及死亡病例报告;实验室采样送检262份,检出肠道病毒阳性138份,其中EV-71病毒阳性39份、Cox A16病毒阳性35份、EV-71病毒和Cox A16病毒混合阳性2份、Cox A6病毒阳性45份,其他肠道病毒阳性17份。报告手足口病聚集性疫情1起、手足口病例26例。

霍乱 全市连续12年无霍乱疫情发生。全年全市肠道门诊监测登记腹泻病人3151例,采样检测2321例,采检率73.66%,未检出阳性。5—10月,县(区)级以上综合性医院专科门诊和重点乡镇(中心)卫生院肠道门诊监测点的腹泻病人监测登记1843例,采样检验1709例,均阴性;外环境监测采样检测1110份,其中水体820份、海水产品290份,未检出阳性;重点人群监测15296人份,均阴性。

肠出血性大肠杆菌(O157:H7)感染性腹泻 全市检测腹泻病例3151例,均阴性。采样检测469份,其中水体362份、海水产品107份,均阴性。

伤寒、副伤寒 全市报告副伤寒实验室确诊病例3例,其中伤寒临床诊断病例2例,副伤寒实验室确诊病例1例,报告发病率0.26/10万,无暴发疫情发生。全市监测发热病人550例,其中采便培养318份,未检出阳性;采血培养176份,检出副伤寒阳性1份。5—10月,外环境监测采样检测464份,其中水体321份、海水产品143份,均阴性。

细菌性痢疾监测 全市报告细菌性痢疾9例,比上年下降50%。外环境监测采样检测464份,均阴性。

艾滋病 是年,新确证艾滋病感染者和病人数62例,其中艾滋病感染者42例,艾滋病人20例;死亡7例。全市13家VCT门诊(各级疾病预防控制中心成立的艾滋病自愿咨询检测门诊)开展检测前咨询2781人次,HIV(艾滋病毒)抗体检测2771例,HIV抗体确诊阳性17例;梅毒检测2771例,查出梅毒阳性数223例。完成重点人群监测22757人,检测发现初筛HIV抗体阳性23例,确诊HIV抗体阳性22例。对五类高危人群开展干预710975人次,累计进行HIV抗体检测14623人次,检出HIV抗体阳性17例。至年底,全市登记存活的艾滋病感染者和病人375人,其中332人接受治疗;完成CD4(艾滋病病毒攻击对象)检测342人。会同公安部门做好美沙酮维持治疗工作,接受美沙酮治疗人数319例,正在接受治疗36例,治疗保持率94.7%。

结核病　全市网络直报系统报告肺结核病例297例,其中新涂阳肺结核病人59例,复治涂阳病人11例,涂阴病人197例,结核性胸膜炎24例,其他肺外结核6例。涂阳与涂阴比为1∶2.81。全市非网络报告肺结核患者505例,其中应转诊368例,转诊到位359例,总体到位率97.55%。做好2016年全市登记的310例肺结核病人治疗与管理工作,治疗满一年后,系统管理病人302例,系统管理率97.42%,其中新涂阳肺结核病人79例,治愈69例,治愈率87.34%。

狂犬病　全市发生一犬伤多人事件8起,咬伤24人,无狂犬病病例报告。全年报告犬伤暴露人数17934人,其中犬伤15166人,猫伤1998人,其他动物伤770人。按犬伤暴露等级分类,其中Ⅰ级1006人,Ⅱ级9662人,Ⅲ级7266人。

人感染H7N9禽流感　开展人感染H7N9禽流感职业暴露人群调查,采集血样36份,检出2份阳性。每月开展外环境监测,采集样本784份,检出阳性70份。全市无人感染H7N9禽流感病例。

发热伴血小板减少综合征　是年,实行发热伴血小板减少综合征社区综合防控措施,全年报告发热伴血小板减少综合征14例,发病数比上年下降46.15%,其中男性5例,女性9例,死亡1例。

布鲁氏病　全年监测兽医、畜牧养殖、屠宰等行业人员200人,全部血清经实验室检测,均为阴性,全市未发生布鲁氏病疫情。

【虫媒寄生虫病】　全市血检疟疾"三热病人"2310人,血检率2.0‰,检出疟疾病例5例,其中4例恶性疟,1例间日疟,均为输入性病例。

【免疫规划】　全市有预防接种门诊40家,规范化预防接种门诊覆盖率100%。10月始,开展疫苗接种率抽样调查和流动儿童接种率调查,舟山本地儿童建卡(证)率100%,单苗全程接种率分别为卡介苗100%、糖丸100%、百白破疫苗100%、麻苗100%、乙肝疫苗100%、乙肝疫苗首剂及时率98.57%,全程接种率98.57%。开展预防接种安全注射和疑似预防接种异常反应(AEFI)监测,全市监测覆盖、个案完整率、48小时调查及时率均为100%。是年,报告AEFI 86例,其中9例异常反应,76例一般反应,1例偶合。

【慢性非传染性疾病】　出生、死因和慢性病监测　全年全市户籍人口报告死亡7307例,死亡疾病前五位是恶性肿瘤、脑血管病、呼吸系统疾病、心脏病、损伤和中毒,占总死亡数的86.75%;全市居民出生率6.95‰,死亡率751.46/10万,其中婴儿死亡率1.20‰,5岁以下儿童死亡率2.25‰。报告糖尿病新发病例2122例,发病率218.23/10万;冠心病急性事件新发病例263例,发病率218.23/10万;脑卒中新发病例2804例,发病率288.37/10万;恶性肿瘤新发病例4501例,发病率462.89/10万,发病顺位前五位是肺癌(1213例)、甲状腺癌(514例)、胃癌(444例)、肝癌(422例)和肠癌(380例),总和占所有部位肿瘤的66.05%。居民期望寿命79.82岁,男性77.32岁,女性82.45岁。

社区慢性病综合防治　全年累计管理高血压患者94385人,规范管理63106人,血压控制51866人,管理率43.33%,规范管理率66.86%,血压控制率54.95%;管理糖尿病患者24382人,规范管理16018人,血糖控制12054人,管理率40.65%,规范管理率65.7%,血糖控制率49.44%。

【碘缺乏病监测】　全市收集8~10周岁非住校学生尿碘849份,碘盐849份,尿碘中位数144.2,合格碘盐食用率49.35%;收集孕妇尿碘846份,碘盐423份,尿碘中位数117.6微克/升,合格碘盐食用率55.32%。开展33个乡镇生活饮用水水碘调查,水碘中位数9.7微克/升,其中12个乡镇水碘中位数10微克/升。

【学生健康监测】　是年调查学校109所,学生74119人,其中小学59所,学生4260人;中学15所,学生17042人;高中7所,学生9100人;中专技校2所,学生6717人。结果显示,视力不良占55.0%,肥胖率占7.9%,沙眼占1.3%,贫血占1.6%,恒牙龋齿占29.9%,营养不良占4.5%。与上年相比,沙眼、贫血、营养不良变化趋势有所下降,恒牙龋齿、肥胖、视力不良仍保持相同水平。

【职业卫生监测】 制定《2017年舟山市重点职业病监测与职业健康风险评估项目实施方案的通知》,对全市存在煤工尘肺、矽肺、电焊工尘肺、苯中毒及苯所致白血病、正己烷中毒、噪声聋、中暑等多种职业病相关信息进行监测,收集职业病危害项目申报表224张,尘肺病报告卡8张,职业病报告卡1张,职业病健康检查个案卡8342张。针对全市临港工业发展现状,拓展职业卫生服务领域,完成5家企业的职业病危害因素监测及评价。

【放射卫生监测】 完成对79家单位406人放射卫生个人剂量监测,1个监测周期内无剂量超过十分之一年剂量当量(2mSv)的人员,未超标率100%。完成对全市各放射诊疗单位8个放射卫生工作场所的放射卫生防护检测,均符合国家相关标准。开展对舟山医院、普陀医院、嵊泗县人民医院、市新城社区卫生服务中心、定海区金塘镇中心卫生院的机构放射防护情况、放射工作人员职业健康管理的调查和放射工作人员的个人剂量监测,并将结果录入全国放射卫生信息平台。

【健康教育】 *健康促进场所建设* 实施"健康细胞"培育工程,加强对健康社区(村)、健康单位、健康家庭的创建指导。至年末,已建成市级健康促进示范场所68家,其中健康示范社区24家,健康示范单位25家,健康示范食堂7家,健康示范餐厅2家,健康步道9条,健康主题公园1个,建成健康家庭235户。

健康知识普及 加强与媒体合作,在新闻媒体经常播放健康教育类新闻和专题节目。在舟山电视台设立《健康享生活》专题栏目,每周播出1期,每期15分钟,每周重播4次。在舟山广播电台FM99.8设立卫生与健康专题栏目,每周播出1期,每期15分钟,每周重播2次;并在舟山广播电台FM97开展"健康大管家"系列宣教行动,全年开播12期。通过"健康舟山"微信平台群发健康教育短信120万条,放置户外健康教育广告牌60多块,在快速公交1号线播放各类宣传短片和公益广告。改版升级"健康舟山"微信公众平台,增添预约挂号、服务查询等功能,全年发布351期378篇稿件,微信关注人数12006人。

健康教育课题研究 是年,市疾控中心承担的《糖尿病膳食治疗适宜技术》获省卫生计生委和市卫生计生局立项,《结合微信群开展社区医生健康教育技能培训的实践研究》完成结题,承担的省科技厅项目《糖尿病人平衡膳食快速估算和手测量应用研究》获2017年省医药卫生科技奖三等奖、省科技进步三等奖。市疾控中心完成的《膳食指南营养科普符号形式意义一致性探讨》获中华预防医学会第五届学术年会优秀论文奖,《营养科普中计量单位孤岛问题探讨与对策》获第十届中国健康教育与健康促进大会优秀论文三等奖,设计的"糖尿病健康餐盘"获国家实用新型专利。

【精神障碍患者健康管理】 完善市、县(区)、乡镇(街道)、社区四级管理网络,依照医疗救助政策,开展精神障碍患者救治救助,特别规范严重精神障碍患者社区管理,重点加强精神障碍患者的排查、评估和管控。是年,全市登记确诊的严重精神障碍患者4616人,管理确诊的严重精神障碍患者4108人,管理率88.99%,规范管理率79.22%;全年精神障碍患者门诊免费服药补助148.43万元,住院补助182.11万元。

【窝沟封闭宣教管理】 组织医护人员进学校开展义诊宣教,引导儿童养成科学的护牙习惯,营造全社会关爱口腔健康的良好氛围。是年,完成5198名2015学年小学生窝沟封闭预防龋齿项目,封闭率96.79%。舟山市儿童口腔疾病综合干预项目获中国牙病防治基金会"口腔健康教育强化推广工作"三等奖。

卫生应急

【突发事件公共卫生风险评估】 全年开展重大活动保障和突发事件公共卫生风险评估12期,针对疫情基线、发生风险等进行分析评估,提出应对措施建议。开展重点疾病专题评估5期,发布预警公告12期,提出需要重点关注的内容、风险等级和风险管理建议,并通过《舟山晚报》、市卫生计生局门户网站、"健康舟山"微信公众号等途径对外公布。

【卫生应急培训演练】 开展"杭-

舟双城拉练”“服务新区建设、保障重大项目”等医疗卫生应急救援演练、突发中毒事件卫生应急处置培训、卫生应急技能竞赛、“应急管理日”等活动,完善工作协调和信息沟通机制,提高卫生应急处置能力和水平,实现卫生应急管理工作常态化。

7月4日,2017年舟山市卫生应急技能竞赛总结表彰会在新城召开(王楷 摄)

【突发公共卫生事件应对】 登革热疫情 全年成功处置输入性登革热疫情3起,2起为本地户籍,1起为外籍。输入国家为斯里兰卡、印度、泰国。接到疫情报告后,及时开展病例搜索、密切接触者追踪、疫源地消杀、媒介应急监测、健康教育等工作,防止本地疫情出现。

人感染H7N9禽流感疫情 加强人感染H7N9禽流感疫情防控,加强明查暗访和防控知识宣传,强化部门协作,督促各项防控措施落实到位,规范疫情监测、诊疗流程。舟山市仍是全省唯一无人感染H7N9禽流感病例的地级市。

【海上紧急医学救援基地建设】 加强人员队伍建设,制定《应急机动队队员遴选方案》,海上紧急医学救援队达到6组71名队员,其中先遣队员23人。加强装备配置,制定《海上紧急医学救援队伍装备方案》,省拨建设资金执行率81%。探索空中救援机制,加入浙医二院空中急救联盟,舟山医院急诊大楼建设项目增设直升机停机坪的建设内容,推动空中救援向规范化、常态化发展。是年,与交通运输部东海救助局、市海洋与渔业局、市海上搜救中心等部门联合实施海上紧急医学救援16起,患者岸边转运1100多次;推进舟山国家海上紧急医学救援基地申报工作。

【卫生应急基础知识宣传普及】 利用电视、广播、报刊、互联网等途径开展卫生应急基础知识宣传普及,预防和控制突发公共卫生事件,消除群众恐慌心理,维护突发公共卫生事件发生时期的社会稳定。是年,通过“健康舟山”微信公众平台上载传染病防控宣传页面28期次,并针对热点传染病增设更新传染病流行病学史模块,便于临床医生及时查询参考及诊断;与《舟山晚报》合作,开设传染病防控知识宣传12期次;与舟山广播电台FM99.8生活服务栏目《晨阳帮你忙》合作开展艾滋病、乙肝、登革热等传染病防控知识宣传;在全市公交汽车候车亭投放艾滋病、结核病等疾病预防控制公益广告宣传30个点位60个版面。

妇幼保健

【围产保健及高危妊娠管理】 重点加强高危妊娠、危重孕产妇管理,做好重度高危孕产妇集中救治,确保孕产妇安全。是年,全市户籍产妇6597例,剖宫产率44.16%;全市无孕产妇死亡,围产儿死亡率2.99‰;孕早期检查率93.83%,系统管理率93.68%,孕期保健覆盖率100%,高危管理和高危住院分娩率100%。

【流动孕产妇管理】 落实流动人口基本公共卫生服务均等化,加大流动孕产妇宣教工作,提高保健意识。利用卫生与计生整合后的网络资源,加强辖区内流动孕产妇排摸,及时掌握孕产动态信息,确保流动孕产妇安全。是年,流动孕妇保健覆盖率99.22%,

产前检查率98.44%，产后访视率99%，早孕建卡率45.08%，系统管理率44.86%；无流动孕产妇死亡。

【产前诊断】 规范产前筛查产前诊断工作管理程序，加强质量控制评价和产前随访。全年，全市产前筛查6774人，查出高风险290人，其中21-三体高风险262人，18-三体高风险4人，NTD高风险24人；羊水培养515例，异常25例，其中21-三体综合征7例，18-三体综合征4例；产前诊断B超2082例，异常79例；胎儿MRI检查83例，阳性54例。

【婚前医学检查和孕前优生检查】 优化免费婚前医学检查和孕前优生检查流程，制定《舟山市推广母子健康手册工作实施方案》，提高服务能力。是年，全市完成婚前医学检查8032人，检查率87.13%；检出疾病人数2774例，疾病检出率39.64%，其中检出指定传染性疾病130例；完成孕前优生健康检查7087人，检查覆盖率75.14%，对561例高风险对象进行重点关注，为84名服务对象提供风疹成分疫苗接种服务。

【儿童系统管理】 规范0~6岁儿童健康管理服务，对高危儿及营养性疾病等实行专病管理。强化分级管理，早发现、早诊断、早干预儿童营养性疾病和高危儿，做好相关转诊、催诊工作。推进儿童早期综合发展工作，完善儿童生长发育监测、儿童智能测试、儿童早期发展训练、认知语言评估训练等诊疗服务，对早产儿、高危儿建立完整、系统的诊治方案，促进患儿早期康复。是年，全市7岁以下儿童保健管理40257人，保健管理覆盖率99.10%；3岁以下系统管理17259人，系统管理率97.26%；重点监测管理营养性疾病儿童4597例，心脏出生缺陷儿童518例；专案管理高危儿2144例，确诊全面发育迟缓27例，语言发育迟缓68例，运动发育迟缓37例，脑瘫2例，其他39例。全市7岁以下流动儿童保健覆盖13269人，覆盖率90.83%；3岁以下流动儿童系统管理3539人，覆盖率68.16%。

【新生儿疾病筛查】 实施新生儿疾病筛查和听力筛查项目，推广实行新生儿疾病筛查APP，实现筛查点与患者的信息无障碍沟通。是年，全市新生儿遗传代谢病筛查7751人，筛查率99.82%；可疑病例171例，确诊甲状腺功能低下19例，红细胞葡萄糖6磷酸脱氢酶缺乏症8例，苯丙酮尿症1例，高苯丙氨酸血症1例，均及时得到正规的干预治疗。新生儿听力筛查7746人，筛查率99.76%，确诊听力异常15例，均进行干预治疗和定期随访。

【托幼机构卫生保健管理】 加强集居儿童膳食管理，规范开展带量食谱制定和应用，做好营养性疾病矫治工作。是年，全市有建制镇幼托机构134所，达到卫生保健合格单位131所，卫生保健合格率97.76%；托幼机构工作人员体检4116人，受检率100%，体检合格率99.85%；4~6岁集居儿童体检24895人，受检率99.75%，对患有龋齿、视力问题和营养性疾病的集居儿童均建立专案管理，由辖区儿保医生和托幼机构保健人员共同监管，提高矫治和随访率。

【出生缺陷监测】 落实出生缺陷三级预防措施，加强出生缺陷监测管理，减少严重致畸致残出生缺陷的发生，全市县级以上医院监测围产儿出生缺陷发生率35.72‰，发生率最高为先天性心脏病，143例，发生率18.38%；其次为指趾畸形、隐睾、耳部畸形、唇腭裂、泌尿系统其他畸形等。结合全国出生缺陷预防宣传周活动，开展"防控出生缺陷，启航健康生命"主题宣传，倡导预防出生缺陷等科学孕育理念。9月，市妇保院获批第二批国家级出生缺陷救助基地，对符合救助条件的遗传代谢性出生缺陷患儿的诊断和治疗提供救助，降低致死致残等严重并发症的发生。

【重大公共卫生妇幼卫生项目】 全面开展参加城乡居民基本医疗保险的35~64周岁妇女免费"两癌"检查工作，确定"两癌"初筛机构和接诊机构。是年，全市宫颈癌检查14767人，乳腺癌检查12949人，发现宫颈癌9例，乳腺癌4例。深化农村育龄妇女增补叶酸预防神经管畸形项目，全年新增叶酸服用人数2996人。做好渔农村孕产妇住院分娩补助工作，全年补助渔农村孕产妇2853例，减免费用142.65万元。

【妇女健康促进工程】 全年完成全市妇女病普查97173人，

查治率96.75%,达到全省目标80%。普查显示,妇女常见病患病率23.05%,其中阴道炎患病率4.89%,宫颈炎患病率4.40%,子宫肌瘤患病率10.39%,尖锐湿疣患病率1.03/10万。查出妇女宫颈癌5例,患病率7.39/10万;乳腺癌2例,患病率3.72/10万;卵巢癌1例,患病率1.03/10万。

【艾滋病、梅毒、乙肝母婴阻断项目】 重点做好孕期监测及规范化治疗,加大临床和保健的配合,确保艾滋病母婴零传播。是年,全市发现HIV抗体阳性孕产妇6例,其中3例分娩,3例终止妊娠;梅毒阳性产妇60例,先天梅毒1例;乙肝高效免疫球蛋白注射率100%。

【计划生育技术服务】 推进计划生育技术服务和妇幼健康工作有机结合,利用各类节日开展宣传咨询活动和健康讲座。全年,查孕环情32996人次,接受优生优育、生殖健康咨询33661人次,提供各类随访8877人次,完成计划生育手术16662例。加强避孕药具管理,完善乡、村级(社区)药具发放网点标准化建设,健全避孕药具服务管理制度,实行避孕药具批号追踪管理,保证避孕药具安全有效。是年,全市设有避孕药具发放网点1007个,其中自助发放点60个;发放避孕药具180028人次,药具报损率低于5‰。

2017年度舟山市妇幼保健主要指标

表57

项目	指标
孕妇建册率	100%
孕早期检查率	93.83%
产后访视率	98.61%
孕产妇系统管理率	93.68%
新法接生率	100%
住院分娩率	100%
出生体重低于2500克比率	3.49%
婚检疾病检出率	39.64%
3岁以下儿童系统管理	97.26%
产前筛查率	89.98%
7岁以下儿童保健覆盖率	99.1%
新生儿疾病筛查率	99.82%
出生缺陷发生率(县级以上医院监测数据)	35.72‰
母乳喂养率	91.63%
孕产妇死亡率	0/10万
围产儿死亡率	2.99‰
新生儿死亡率	0.45‰
婴儿死亡率	1.20‰
婚前医学检查率	87.13%
孕妇建册率	100%

医教科研

2017年,完成省级医疗卫生单位对口支援市和局级医学重点学科、民营医疗机构重点学科的第二年度考核,普陀医院消化内科确定为省中医药管理局重点学科。开展各层次科研计划项目申报推荐确认,经评审立项的省医药卫生科技计划项目6项,省中医药科技计划项目2项;市医药卫生科技计划项目37项,市卫生计生局医药卫生科技计划项目49项。开展省、市级医药科技奖和优秀医学论文评选,获省、市级以上医药科研成果奖11项、第七届青年科技奖2人,舟山医院被评为省卫生健康实用新技术和适宜技术培育推广中心;获市医药科技创新奖14项、青年医学科技人才奖1项,评选市优秀医学论文29篇,有93项医学新技术项目通过局级认定。

2017 年度舟山市医药科技创新奖获奖项目

表 58

等次	获奖成果	完成单位	完成人员	协作单位
一等奖	发热伴血小板减少综合征新发传染病的病原学和传播机制研究	市疾病预防控制中心	王建跃等	岱山县疾病预防控制中心、普陀区疾病预防控制中心、中国疾病预防控制中心
二等奖	基于流式细胞术的肛瘘浸润或外周 Th17/IL-17 检测方法的建立及临床应用	舟山医院	林湘涛等	
	海产贝类病原微生物谱监测研究	市疾病预防控制中心	王虹玲等	中国科学院上海生命科学研究院
	显微切割结合 qRT-PCR 技术检测肺腺癌微乳头结构 EMT 相关标识基因的研究	舟山医院	乐涵波等	
三等奖	齿龈间充质干细胞——一种新的间充质干细胞生物学特性及其大规模培养技术研究	舟山医院	竺王玉等	
	缺血性脑梗死患者外周血单核细胞亚型 Tim-4 分子表达水平与疾病预后的相关性研究	舟山医院	王斌达等	
	中西医结合治疗背景下脑卒中康复期患者临床护理路径的应用与研究	市中医院	胡剑华等	
	益气振心汤治疗慢性心力衰竭的临床疗效观察	市中医院	李飞泽等	
	十二指肠乳头小切开及球囊扩张术在 ERCP 治疗胆总管结石中的应用研究	舟山医院	张玉惠等	
	山竹提取物治疗阿尔茨海默型痴呆的药效学研究	舟山医院	吴飞跃等	
	循证护理在新布尼亚病毒感染者临床护理中的应用研究	市妇幼保健院	王叶飞等	岱山县第一人民医院
	帕金森病睡眠障碍的神经心理学及电生理研究	舟山医院	何松彬等	
	发热伴血小板减少综合征实验室诊断的漏诊与误诊研究	岱山县疾病预防控制中心	任　宜等	
	甲状腺乳头状微小癌的超声造影临床应用	舟山医院	郑笑娟等	市中医院、普陀医院、岱山县第一人民医院、嵊泗县人民医院

2017 年度舟山市医学新技术项目

表 59

项　目　名　称	主持人	单　位
冠状动脉血流储备测量在冠脉介入中实用技术	陈国雄	舟山医院
血栓抽吸术在急性心肌梗死中冠脉内大量血栓负荷介入治疗中的应用	方　波	舟山医院
瑞替普酶针溶栓后早期 PCI 在急性 ST 段抬高型心肌梗死中的应用	王红娜	舟山医院
内镜下胃肠道黏膜下肿瘤挖除术	邱冰峰	舟山医院
STAF 评分和 LADS 评分联合应用诊断隐源性卒中	管姝轶	舟山医院
取栓治疗在急性缺血性脑卒中的临床应用	周　琳	舟山医院

续表 59

项目名称	主持人	单位
急性缺血性脑卒中桥接治疗	唐维国	舟山医院
肝穿术后精准的病理检查在复杂肝炎治疗中的临床应用	黎运呈	舟山医院
应用简套式荧光 RT-PCR 法检测新布尼亚病毒感染患者脑脊液病毒核酸的临床应用	李世波	舟山医院
单膜血浆置换对高胆红素血症的治疗	张浙恩	舟山医院
支气管镜超声小探头引导下肺外周结节活检术	李　略	舟山医院
自发性荧光支气管镜检查技术在气管支气管新生物鉴别诊断中的应用	李　略	舟山医院
DSA 联合超声下内瘘血管经皮腔内球囊血管成形术	陈学波	舟山医院
动静脉内瘘原位血栓切开取栓术	陈学波	舟山医院
信息流闭环技术在医院药品供应链管理中的应用	吴飞跃	舟山医院
基于 PASS 合理用药系统和 PharmAssist 的医嘱 / 处方审核与点评的临床应用	陈卢臻	舟山医院
亚低温脑保护技术在急诊心肺复苏后及重度颅脑损伤患者的应用	林　华	舟山医院
新型敷料联合凸面底盘治疗肠造口周围皮炎	娄海飞	舟山医院
思维导图在低年资护士培训带教中的应用	袁惠萍	舟山医院
主动温湿化的经鼻高流量氧疗	王　琴	舟山医院
自制呼吸操应用于肺癌术后早期康复	潘海燕	舟山医院
经闭孔无张力性尿道中段悬带术(TOT)	陈　炳	舟山医院
显微镜下精索静脉结扎术	姜应传	舟山医院
肺结节术中体表定位在胸腔镜手术中的临床应用	张斌杰	舟山医院
中药超声雾化洗肺术	张永奎	舟山医院
腹横肌平面阻滞用于腹部手术的术后镇痛	张　燕	舟山医院
自主设计的智能药品柜管理系统在手术麻醉部药房的应用	李翃斌	舟山医院
超声引导下胸部椎旁神经阻滞在胸腔镜手术患者术后多模式镇痛中的应用	傅海青	舟山医院
声带息肉等离子切除术	张兆焕	舟山医院
鼻内窥镜下经下鼻道上颌窦病变切除术	胡光维	舟山医院
腹腔镜胆囊切除联合术中 ERCP 治疗胆囊合并胆总管结石	董金良	舟山医院
B 超引导经皮经肝胆囊穿刺引流术在高危急性胆囊炎患者应用	李方华	舟山医院
牙体微创修复程序(MIPP)技术	李　丽	舟山医院
磨牙截根术	夏章平	舟山医院
腹腔镜经腹会阴联合直肠癌根治术(Mile 术)	金锡尊	舟山医院
超声造影对早期睾丸扭转的临床价值探讨	吕明顺	舟山医院
胃肠道间质瘤 c-kit、PDGFRA 基因突变标准化检测体系的建立	马海洁	舟山医院
应用荧光定量 PCR 技术检测 EGFR 及其配体表达建立肺腺癌预后评估模型	续力云	舟山医院

续表 59

项　目　名　称	主持人	单　位
肩关节腔灌注技术联合功能锻炼治疗粘连性肩关节囊炎	刘书华	舟山医院
针刺配合耳穴按压辅助分娩镇痛	侯海静	舟山医院
PiCCO2 在血流动力学监测中的应用	谢海波	市妇幼保健院
水交换结合 CO2 气泵辅助结肠镜检查	曹春宇	市妇幼保健院
尼可地尔在左心相关性肺动脉高压中的应用	杨海燕	市妇幼保健院
刃针治疗肩周疾病	王宏南	市妇幼保健院
头针联合体针治疗腹泻型肠易激综合征	王　磊	市妇幼保健院
非药物性分娩镇痛技术	丁海燕	市妇幼保健院
桡动脉 1/4 定位法在护理临床带教中的应用	顾军养	市妇幼保健院
胎盘植入的 MR 诊断	张文奇	市妇幼保健院
双侧髂总动脉球囊阻断术在植入型凶险性前置胎盘中的临床应用	方金忠	市妇幼保健院
中药透皮技术在小儿腹泻中的运用	张　苗	市妇幼保健院
早产儿综合救治技术在超早产儿救治中的应用	黄烈平	市妇幼保健院
小儿推拿在新生儿黄疸中的应用	徐　巧	市妇幼保健院
腹主动脉旁淋巴结清扫术(肠系膜下动脉水平)	李海洋	市妇幼保健院
悬吊式免气腹腹腔镜子宫肌瘤剔除术	孙运明	市妇幼保健院
腹腔镜子宫瘢痕妊娠取胚术加子宫瘢痕修补术	於　军	市妇幼保健院
生长激素宫腔灌注术在治疗薄型子宫内膜中的应用	曹文丽	市妇幼保健院
囊胚培养技术	夏邦世	市妇幼保健院
捏脊疗法配合三伏贴防治小儿哮喘	应海舟	市中医院
针刺辅助麻醉在老年骨质疏松性胸腰椎骨折经皮穿刺球囊扩张椎体后凸成形术(PKP)中的临床应用	王　磊	市中医院
止痛消炎软膏药物超声导入联合远红外贴阿是穴贴敷治疗扭挫伤	邵海燕	市中医院
SuperPATH 微创全髋关节置换术	吴旭东	市中医院
耳穴压豆联合腹部灸法干预腰麻术后患者排尿困难	张志君	市中医院
髌上入路髓内钉固定在复杂胫骨骨折治疗中的应用	明文义	市中医院
养络透毒汤外洗(联合)治疗含氟尿嘧啶化疗引起手足综合征	石惠燕	市中医院
闭合复位穿针邻掌骨间接固定治疗新鲜闭合单一掌骨骨折	李大为	市中医院
消炎止痛膏结合留置气泡技术减轻鼠神经生长因子肌肉注射后疼痛	朱文儿	市中医院
聚多卡醇泡沫硬化剂在静脉曲张中的应用	林江明	市中医院
ProAQT 技术在危重症患者围手术期的应用	李清平	市中医院
情景模拟法对缓解无抽搐电休克治疗患者术前焦虑的影响	傅芬芬	市第二人民医院
DTT 示教法在发育障碍儿童康复护理中的应用	庄妙红	市第二人民医院

续表 59

项　目　名　称	主持人	单　位
应用行为分析疗法(ABA)在儿童孤独谱系障碍的应用	基燕平	市第二人民医院
听觉统合训练在血管性痴呆认知功能中的运用	王岳锋	市第二人民医院
刺激控制疗法结合渐进性肌肉放松训练在老年慢性失眠患者中的护理干预观察	戎　燕	市第二人民医院
临床护理路径在精神分裂症患者标准化管理中的探讨	刘　彦	市第二人民医院
牙周成形手术在前牙美观恢复中的应用	杨　岚	市口腔医院
婴儿尿液中 BDCPP 和 DPP 的检测方法建立	王　恒	市疾病预防控制中心
海产贝类中 10 种贝类毒素液相色谱串联质谱法检测技术	方　力	市疾病预防控制中心
副溶血性弧菌快速检测试纸的研制	王虹玲	市疾病预防控制中心
督脉铺灸扶正虚寒体质的社区适宜技术	周珊红	市新城社区卫生服务中心
骨质疏松社区综合防治技术	吴静雅	市新城社区卫生服务中心
超声 BI-RADS 评估分类系统在乳腺癌筛查中的应用探查	杨丽萍	普陀山社区卫生服务中心
髋关节镜下关节清理头颈成形治疗髋臼撞击综合征	罗　军	舟山广安骨伤医院
反置式肩关节置换治疗巨大不可修复性肩袖	李展振	定海广华医院
踝关节镜下 Brostrom-Gould 法治疗慢性踝关节不稳	李展振	定海广华医院
颈椎前路椎间盘镜技术	李展振	定海广华医院
腹腔镜解剖性左肝切除术	丁　琼	普陀医院
细针穿刺结合洗脱液检查在分化型甲状腺癌术后颈部可疑淋巴结中的应用	李飞波	普陀医院
小切口内镜辅助甲状腺癌根治及侧方颈淋巴清扫术	李飞波	普陀医院
ECMO 在严重心肺功能衰竭抢救中的应用	张立群	普陀医院
中频电刺激内关穴对失眠症的治疗	王　明	普陀医院
药物球囊处理冠脉边支血管狭窄	王文娜	普陀医院
可载药栓塞微球在介入中的应用	邵　伟	普陀医院
醋酸染色联合 NBI 在早期胃癌筛查中的作用	王　伟	普陀区第二人民医院

卫生监督执法

【公共场所监督】 2017 年，全市有住宿场所 2190 家(其中星级宾馆 53 家，普通旅馆 2137 家)，游泳场所 76 家，沐浴场所 243 家，美容美发场所 1680 家，其他场所 319 家，均持有效卫生许可证，持证率 100%。全年监督检查住宿场所 1573 家，沐浴场所 179 家，美容美发场所 1110 家，营业游泳场所 76 家，其他场所 216 家，监督检查覆盖率 69.96%。

“双随机”执法　是年，对公共场所、医疗机构、传染病防控单位、餐饮具集中消毒单位等 15 类被监管对象，随机抽取被检查对象和执法检查人员，按照国家、省卫生计生委抽取比例要求，抽取被检查对象 689 家，抽检对象 223 家。其中被检查对象中国家级任务 353 家，省级任务 336 家，抽检对象全部为国家任务，抽检合格率 76.68%；立案查处从业人员未经体检上岗、公共用具未消毒保洁、游泳池水质不符合卫生要求等违法行为94起,占监管任务总数的13.6%。全市办理卫生行政处罚案件424件,主要类别为公共场所、医疗卫生(含非法行医)、学校卫生等,办结案件422件,罚没款总额142.3万元,没收非法药品和医疗器械31起共5吨余。

卫生监督专项行动 开展游泳场所夏季保健康专项行动和第二届游泳场所"你点我测"突击检查活动,推行人工游泳场所游泳者健康承诺制度,严格查处未按规定开展水质检测结果公示和推行游泳者健康承诺制度、水质抽检不合格等违反《公共场所卫生管理条例》《浙江省游泳场所管理办法》等行为,确保开放期间水质符合卫生要求。全市76家游泳场所卫生监督覆盖率100%,检查114户次,监测133户次,合格122户次,监测合格率91.73%,行政处罚案件20起。加强民宿卫生管理,以岱山、嵊泗、朱家尖为重点区域,规范证照发放和监管,全市树立民宿样板村10个,样板房30家。开展星级宾馆互评互查,采取听、看、查、问等方式实施跨区飞行评查,检查结果较好。

【饮用水卫生监督】 全市有集中式供水单位30家,其中市政水厂3家,县城水厂5家,乡镇水厂21家,企业自建水厂1家,均持有有效卫生许可证。有制供水从业人员259人,是年体检259人,持证率100%,无"五病"禁忌调离人员。有二次供水单位71家,无学校自备水单位。19家应量化供水单位均实行分级管理,其中A级5家,B级8家,C级6家,信息公示率100%。监督检查集中式供水单位128次,二次供水单位76次。完成24家集中供水单位国家级"双随机"检查和水质抽检,完成1家涉水产品生产企业省级"双随机"检查。对供应水质不符合国家卫生标准的4家水厂实施处罚,罚款4500元。全年抽检各类水样303件,合格率91.42%,其中水源水44件,合格率93.18%,不合格项目主要是总氮、粪大肠菌;出厂水50件,合格90.00%,不合格项目主要是铝、浑浊度、菌落总数等;管网末梢水159件,合格率91.82%,不合格项目主要是菌落总数、浑浊度、铝等;二次供水50件,合格率90.00%,不合格项目主要是浑浊度、菌落总数等。在全市16个社区开展社区生活饮用水卫生检测示范项目,检测水样124次647件,合格率100%。开展涉水产品生产经营单位监督检查,检查辖区内营业生产企业3家,对1家进行责令整改;对6个许可批件中检测报告和42家涉水产品销售单位175件批件抽查,均符合要求。

【学校卫生监督】 全市有各类学校119所(住宿制学校31所,宿舍8363间)。其中,小学65所,中学49所,高校5所;有内设游泳场所的11家;有市政(乡镇)集中式供水的113所,二次供水的6所,无自建设施供水,饮水方式以直饮开水为主,个别学校提供桶装水。开展学校卫生安全保障专项检查,监督检查学校107家,监督覆盖率90.68%,出具卫生监督意见书96份。对41家学校开展卫生综合监督评价,其中优秀18家,合格23家。抽检学校管网水4件,均合格;抽检学校二次供水6家,合格率83.33%;抽检18家学校121份直饮水,合格率81%;排除学校饮水安全隐患1起。开展全市中小学校教学环境专项监测,随机抽取27所学校的79间教室进行教学环境卫生检测,黑板照度合格率65.82%,课桌面照度合格率93.67%,课桌椅设置合格率56.96%。

【爱国卫生监督】 全市有备案病媒生物预防控制服务单位10家,持有培训合格证从业人员57人。"双随机"抽取6家病媒生物预防控制服务单位,检查结果总体良好,要求限期整改1家。开展病媒生物预防控制情况专项检查,检查宾馆114家,要求限期整改3家。

【职业卫生监督】 全年全市9家职业健康检查机构开展各类职业健康检查53795人次,检出疑似职业病15例,其中市本级3例,定海区1例,普陀区3例,岱山县6例,嵊泗县2例;职业禁忌916例,其中市本级30例,定海区299例,普陀区250例,岱山县335例,嵊泗县2例。舟山医院、普陀医院诊断职业病7例,其中尘肺6例,职业中毒1例;市鉴定办收到职业病鉴定申请5例,维持诊断结果4例,变更诊断结果1例。

【放射卫生监督】 全市有放射诊疗机构75家,其中放射卫生技术服务机构1家,放射治疗机构1家,介入放射3家,影像诊断70家,无开展核医学的放射诊疗机构。对各放射诊疗机构的工作场所开展放射卫生防护检测，对从业人员开展个人剂量监测，均符合国家相关标准要求。全年办理放射诊疗案件11件，案件查处比例在全省处于较高水平。

【医疗卫生监督】 全市有医疗机构700家，均持有有效“医疗机构执业许可证”；采供血机构1家，持合格有效“血站执业许可证”，从业人员均有上岗证，并经过系统培训。是年，开展打击非法行医联合行动，立案52起，其中罚款5万元以上案件13起，全年未发生因非法行医引起的致残致死事件。开展打击非法医疗美容服务行动，查处非法医疗美容窝点13个，罚款25.15万元。举办以“美丽，从拒绝非法医疗美容开始”为主题的户外宣传活动，与6家医疗美容机构签订《医疗机构依法执业承诺书》，接受咨询300多次。开展医疗安全专项整顿活动，重点检查二级以上医疗机构12家次，未发现有违反医疗技术管理规范的情形。

【传染病监督】 健康卫士三号（口腔专项整治）行动 对全市33家口腔诊疗机构开展消毒隔离监测，项目包括物体表面、室内空气、医护人员手卫生、口腔科用水等，对照相应整治标准进行督查并提出建议，对7家存在违法行为的予以立案查处。

集中消毒餐饮具治理行动 根据《浙江省餐桌安全治理行动三年计划》要求，对全市7家餐饮具消毒单位抽检产品306份，合格率99%，洗消剂残留量指标检测均合格，企业重点生产环节电子监控探头安装率100%。开展消毒产品卫生安全评价专项监督检查，全市4家消毒产品生产企业均取得卫生许可证；指导需上报产品卫生安全评价报告的1家企业2个产品进行网上备案。

传染病防治分类监督综合评价试点 试点工作内容包括医疗卫生机构传染病防治分类监督、综合评价、结果干预等，根据不同级别、不同类别医疗卫生机构传染病防治工作特点及“分类监督、动态监管”原则，实施医疗卫生机构传染病防治分类监督检查。全市选取12家医疗卫生机构作为试点单位，其中二级医院2家，一级医院3家，其他医疗机构5家，疾病预防控制中心1家，采供血机构1家，主要开展综合管理、预防接种、传染病疫情报告、疫情控制、消毒隔离、医疗废物处置和病原微生物实验室生物安全管理等方面的监督检查，其中8家被评为优秀单位，4家为合格单位。

基层院感防控消毒隔离水平提升项目 针对基层医疗机构消毒隔离操作水平相对薄弱的情况，全市自2015年开始启动基层医疗机构院感防控规范化提升三年专项行动。到2017年，全市34家基层医疗单位列入院感防控规范化提升工程的试点单位，接受省、市级专家8次下乡评估指导，对口腔诊疗管理、安全注射、消毒供应室管理、医疗废物管理等重点环节以及院感管理基础措施进行察看和了解，对存在的相关问题予以现场指正或情况反馈，并及时整改；举办基层医疗机构院感防控工作实践培训2期。

医疗机构压力蒸汽灭菌在线监测试点项目 根据国家卫生计生委卫生和计划生育监督中心部署，在浙江等六省市开展医疗机构高压灭菌在线监测应用试点工作，舟山市被列为浙江省医疗机构高压灭菌效果在线监测应用工作国家试点。6月，正式启动，选取20家医疗机构作为试点单位，采用“视频盯”“仪器测”模式开展规范灭菌消毒工作。至12月底，试点项目工作基本结束，完成计划要求的30批次以上消毒灭菌数据收集任务，试点单位灭菌合格率提高到93.5%。

【食品安全风险监测】 4月，与市经信委等八部门联合下发《2017年舟山市食品安全风险监测实施方案》，全年完成污染物监测量1235件，完成率100%，其中微生物470件，理化765件，食品安全风险监测样品数1.07件/每千人。依据国家食品安全风险监测设备参考目录，新增4台实验仪器，设备配置率提高到95%。

食品中微生物及其致病因子监测 采集生畜肉、熟肉制品、双壳贝类、熟制米面制品、烧烤类即食食品、灭菌乳、再制干酪、生食蔬菜、冷制作糕点面包以及鲜、活海鱼等10大类470份样品，检测项目涉及11项微生物及其致病因子指标，合计1680项次。采集的40份生畜肉样本中，菌落总数检出率100%，其中沙门氏菌检出率45%，致泻大肠埃希氏菌检出率40%。采集的40份熟肉样本中，菌落总数检出率65%，其中大肠菌群检出率67.5%，金黄色葡萄球菌、蜡样芽孢杆菌、沙门氏菌均有检出。采集的60份双壳贝类样本中，副溶血性弧菌检出率80%。采集冷制作糕点面包80份中，金黄色葡萄球菌检出率16.25%，同时存在不同程度的蜡样芽孢杆菌和沙门氏菌的污染。

食品中化学污染物和有害因素监测　采集蔬菜、水果、藻类及其制品、谷物及其制品、焙烤食品、植物油及其制品、淀粉及其制品、肉及肉制品、蛋及其制品、水产及其制品、茶叶及其制品、蜂蜜、街头流动餐饮等15大类765份样品，检测项目涉及150项化学污染物和有害因素指标，合计4740项次。采集的30份海洋贝类中，麻痹性贝类毒素检出率13.33%。焙烤食品含铝食品添加剂检出率42.86%，超标率2.86%。

特定病原体的食源性疾病病例监测　市、县(区)5家疾控中心均参与特定病原体的食源性疾病病例监测工作，新增4家哨点医院。是年，累计上报特定病原体食源性疾病监测病例1718例，其中0~5岁年龄段病例数最多，占20.1%；季节分布以5—10月为主；可疑致病食物分布方面，海水产品占39.2%，蔬菜及其制品(包括薯类)占7.3%，水果及其制品占16.9%，蛋及蛋制品占4.1%，肉及肉制品占8%，其他产品类占4.8%；病原体分布方面，副溶血性弧菌占48.4%，沙门氏菌占29.3%，诺如病毒占19.1%，致泻性大肠埃希氏菌占3.2%。

食品安全风险隐患排查与结果运用　完善风险评估预警制度机制，开展食品安全风险会商，通报监测异常结果。针对6月浙江省部分海域发生赤潮，6月下旬在农贸菜场采集贻贝13份进行麻痹性贝类毒素检测，结果显示其中10份贻贝有检出麻痹性贝类毒素；7月中旬在农贸菜场、养殖场采集食用贝类等40份相关海产品进行麻痹性贝类毒素检测，结果显示其中14份贻贝有检出麻痹性贝类毒素。

食物消费量调查　食物消费量调查主要在新城区域开展，完成对3个乡镇、60个村(居委会)300户900位居民的入户膳食调查，获取居民对蔬菜类、水果类、菌类、蛋类、豆制品、饮料酒、坚果及薯类及制品的食物的消费量、消费频率、消费地点、食物来源、包装材料等内容，通过对基础数据的收集，促进全省食品安全风险评估工作网络建设。

食品安全事故流行病学调查　全年全市上报食物中毒事件4起，事件病例主要为外来游客，涉及中毒人数32人，无住院及死亡病例发生，现场处置率100%。通过现场流行病学调查及实验室检测表明，均为疑似由副溶血性弧菌引起的食物中毒。

【食品标准管理】　全年完成食品安全企业标准备案279份；举办培训班、微信宣传、上街咨询等形式的食品安全宣传活动3次，受众超300人次；完成标准跟踪评价8份/类，收集意见251条；召集"顾老师工作室"的特邀食品安全专家26人举办专家咨询座谈会，在QQ交流群上，发布跟踪评价标准文本，公开意见反馈方式，主动收集意见，全部录入至国家食品安全标准跟踪评价意见反馈平台。

爱国卫生

【巩固国家卫生城市创建成果】　2017年，规范国家卫生城市常态化管理，促进城市卫生管理制度化、规范化。结合爱国卫生月、卫生乡镇创建、"四害"灭杀等活动，对城区内大街小巷、农贸市场、建筑工地等重点区域重点部位进行突击检查，督促要求各地、各单位及时整改存在问题。是年，拍摄问题照片571张，反馈督查单20份，多数问题得到解决。

【各级卫生单位创建】　围绕舟山市国家卫生城市创建，全市各地、各部门深入开展爱国卫生运动，改善环境卫生面貌，强化卫生防疫基础，推进卫生创建活动，提高人民群众的健康水平和文明卫生意识，形成全民创卫的良好氛围。7月14日，全国爱国卫生运动委员会发布国家卫生城市名单，岱山县通过国家卫生县城考核，普陀山镇、嵊泗县五龙乡通过国家级卫生乡镇考核，嵊泗县通过2016年国家卫生县城复审。至此，全市四县(区)全部跻身国家卫生城市(县城)行列。是年，新创省级卫生乡镇(街道)8个，定海区白泉镇、普陀区桃花镇、岱山岱西镇和秀山乡、嵊泗县花鸟乡启动国家级卫生乡镇创建工作，国家、省、市级卫生乡镇创建率分别达到18.2%、63.6%、100%；新增市级卫生单位10家，星级卫生社区8家，市级无烟单位12家，市级控烟积极分子7人。

【病媒生物防制】 贯彻落实《全国爱卫会关于印发全国城乡环境卫生整洁行动方案(2015—2020年)的通知》,定期召开病媒生物防制工作会议,按季开展“四害”灭杀,预防控制蚊虫等病媒生物危害,全年无一例登革热本地病例发生,“四害”密度继续巩固在国家病媒生物密度控制水平标准C级要求。

【农村改厕】 围绕农村生活污水治理目标,及时部署改水改厕及劣五类水治理工作。是年,投入改厕资金1196.1万元,农村卫生厕所普及率97.23%,无害化卫生厕所普及率94.16%,城乡环境改善。

人口与计划生育

【概况】 2017年,计划生育“全面两孩”政策有效实施落地,鼓励按政策生育的支持环境日趋浓厚。年末户籍人口数97.15万人,育龄妇女数22.64万人。户籍出生人数6760人,其中一孩出生4381人,一孩率64.81%,一孩率同比下降7.19个百分点;二孩出生2327人,二孩率34.42%,二孩率同比增长6.93个百分点;多孩出生52人,多孩率0.77%,多孩率同比增长0.26个百分点。出生男婴4385人,女婴4176人,男女出生人口性别比105。全市人口自然增长率-2.09‰,计划生育率99.29%,综合节育率81.78%,各地各部门均全面完成年度计划生育目标管理责任书确定的目标任务。是年,基本完成计生村级月报告单电子化建设,全市实现出生、怀孕等信息与省全员平台每日定时交换下发,计生手术信息、公安“四变”等信息每月定时上传下发,增强了信息互联共享的实效性,全年出生人口信息完整率和准确率均达95%以上。全市35个乡镇(街道)中有25个设置卫生计生办,其中7个乡镇(街道)单独设置卫生计生办,18个乡镇(街道)设置卫生计生办并挂靠在社会发展办;卫生、计生工作为同一个领导分管的有31个乡镇(街道)。

【计划生育政策调整跟进】 制定《关于实施全面两孩政策改革完善计划生育服务管理的实施意见》,并由市委、市政府名义下发,推动建立完善包括生育支持、幼儿养育等在内的有利于鼓励政策内二孩生育、构建生育友好型城市的政策制度。开展生育意愿调查,做好出生人口监测,落实出生人口预警预报制度,为政策实施推进提供参考依据。落实《浙江省人口与计划生育条例》,加强对企业的教育引导和监管,完善举报投诉处理机制。制定《舟山市生育登记服务实施细则》,实行再生育审批主动核查制,依法废除凭证取环和凭证引产制度,推进怀孕、分娩、儿童预防接种、婚姻登记、新生儿入户等部门信息共享。全面推行网上生育登记服务,在省内率先实现“浙江·舟山生育服务平台”在线生育登记、任意乡镇(街道)即时办理生育登记、军人可在驻地进行生育登记。是年,全市开展生育登记服务5232人次,其中在线登记1560人次,累计为海岛群众节省“来回跑”费用约85万元,生育登记服务群众满意率90%以上。

【流动人口服务管理】 至9月底,全市流入人口35.68万人,其中跨省流入32.02万人,省内

5月28日,“健康舟山　爱在流动”新市民健康城市行活动在定海举行(王楷　摄)

流入3.66万人；流出人口42427人。全市流入育龄妇女135905人，其中跨省流入120591人，省内流入15314人。育龄妇女在流入期间生育1604人，男女性别比100:107。是年，全员流动人口信息准确率和完整率明显提高，全市核查完成率99.87%，省内流动育龄妇女生孕信息反馈率80%以上，流动人口计生均等化服务目标人群覆盖率90%以上。加强流动人口区域协作，11月26日，安徽省驻舟山市流动人口卫生计生区域协作服务站（计生协联合会）揭牌成立，为皖籍流动人口提供信息交流、均等化服务落实、劳务维权、就医、就业、就学、困难家庭救助等多方位服务，促进两地流动人口卫生计生工作的协作交流。推进流动人口电子婚育证明查验（证明内容包括身份、婚姻和生育状况、节育措施状况、计划生育奖罚情况等），全年查验电子婚育证明18930条。推动流动人口基本公共卫生计生服务均等化，开展健康教育进学校、进企业和“健康舟山　爱在流动”新市民健康行活动，成立区域流动人口志愿者服务队7支，创建省级流动人口规范化服务中心10家。

【公共场所母婴设施建设】　贯彻落实省卫生计生委等15个厅局《关于加快推进母婴设施建设的指导意见》，11月，市卫生计生局、市文明办等12个部门联合制定下发《关于加强母婴设施建设的实施意见》，明确舟山医院、市妇保院等50个公共场所为母婴设施规范化建设点，要求到2017年底全市应配置母婴设施的公共场所设施配置率达65%，到2018年底达80%以上，到2020年底所有应配置母婴设施的公共场所和用人单位基本建成标准化的母婴设施，保障母婴权益，支持母乳喂养，满足群众对母婴设施的公共服务需求。

【性别比治理】　加强与公安、市场监管等部门的协作联动，从市、县（区）、乡镇（街道）三个层面，严密关注并分析出生人口性别比数据，并在重要部门和重点部位开展经常性走访和检查。建立健全生育全过程管理和B超管理等制度，严把“孕期服务关、B超检查关、术前查验关、销售使用关、出生登记关”，强化人工终止妊娠手术管理。开展“关爱女孩行动”，因地制宜建设生育园区，宣传“生男生女一样好”生育观念，引导群众自觉抵制性别选择。是年，全市出生人口性别比105:100，连续三年出生人口性别比保持在正常范围。

【计划生育利益导向政策】　加大计划生育特殊家庭关怀扶助，健全计划生育特殊家庭“双岗”联系制和基本信息档案，规范奖励扶助和特别扶助操作流程，严格对资格对象的确认与资金审核发放，是年，计划生育特殊家庭关怀扶助率、资格确认准确率、资金发放满意率均达100%。落实计生并发症人员生活补助实行省、市、区三级共享政策，在执行省级补助标准基础上，实行市级生活补助动态调整机制，市级生活补助标准每人每月617元，并将独生子女伤残、死亡的父母失能、失智等生活不能自理对象全部纳入每人每月700元扶助范围予以重点关怀。全年确认奖励扶助对象14164人，发放资金1359.74万元；特别扶助对象2266人，发放资金1577.04万元。

【计划生育宣传】　广泛宣传计划生育“全面两孩”政策，倡导树立合法理性生育理念，引导群众按政策生育。实施优生促进工程，特殊再生育夫妇经病残儿医学鉴定，对其生育行为提供出生缺陷干预，报销医药费用60%，最高报销额度2000元。同时面向渔农村特定人群开展优生咨询指导，并提供营养素、产前筛查与产前诊断等出生缺陷干预项目等服务，实行麻腮风疫苗免费接种和高危人群免费咨询，遏制全市出生人口缺陷上升趋势。加强“三优”促进工作，开展“孕前、孕期、孕后”及婴幼儿护理、宝宝成长发育等方面知识的宣传教育，各类讲座和宣传涵盖全市80%以上基层社区、幼儿早教基地、“三优”培训中心等；全市1/5以上乡镇卫生院设有“三优”服务指导中心。

【计划生育协会活动】　计生宣传　组织开展“5·29会员活动日”等活动，并以此为载体集中开展计划生育“全面两孩”政策宣传及政策解读，引导群众按政策生育。全年开展主题宣传活动1812场次，举办生育关怀大讲堂53场次，发放宣传资料11.8万多份，发放常用药2000多份，为群众免费义诊1.2万多人次，参与群众7万多人次。

生育关怀　是年，争取国家、

省级计划生育特殊家庭帮扶项目5个,项目资金55万元;确立市、县级计划生育特殊家庭帮扶项目45个,落实资金24.6万元。元旦、春节、“5·29”期间开展生育关怀行动,各级计生协慰问困难计划生育家庭1412户,发放慰问资金95.5万元。鼓励市计生协各理事单位支持生育关怀工作,市农林与渔农村委提供善款30万元为渔农村“失独”和伤病残老人开展“情暖夕阳”帮扶服务,市慈善总会出资5万元专门用于“5·29”期间生育关怀慰问,市财政局为计生家庭系列保险落实经费,市教育局面向各中小学高年级段学生开展青春健康教育工作,市文广新闻出版局结合“文化走亲”活动在各社区文化大礼堂宣传现行生育政策等。发挥计生协生力军作用,为全市2146名计划生育特殊家庭人员购买重大疾病和住院补助保险,新城管委会计生协和普陀山镇计生协为14709户独生子女家庭购买独生子女平安保险;各级计生协与中国人寿舟山分公司、县(区)支公司开展“生育关怀 圆梦微心愿”活动,投入资金7.13万元,完成困难计划生育家庭“微心愿”205个。倡导志愿者结队帮扶,全市有205名志愿者通过生产帮扶、生活照料、心理慰藉、临终关怀等形式,结对帮扶323名60周岁以上“失独”和伤、病残三级以上对象。

青春健康教育　是年,面向全市中小学高年级段学生开展青少年性与生殖健康教育教学活动,举办讲座培训271场,受教育青少年1.3万多人次;举办面向家长的讲座培训160场次,受教育家长7493人次。加强青春健康专业师资队伍建设,举办青春健康教育师资提高班,全市有省级青春健康师资2人,市级师资32人,县级师资60人。推进青春健康同伴教育工作,与市教育局联合开展“全市职业教育周暨青春健康文艺汇演”等活动,宣传青春期知识、预防艾滋病知识等,鼓励家长与孩子多沟通。

(撰稿:王楷)

责任编辑:刘娟芬

人力资源和社会保障

概　述

2017年，全市人力社保部门贯彻落实省、市决策部署，围绕服务打好“五大会战”、建设“四个舟山”大局，以“清单管理、挂图作战”为抓手，全面开展人才引育，稳定就业形势，推进社会保险扩面提质。全年新引进高校毕业生6200多人，新引进紧缺专业人才652人，并在全省首创建立以“舟山籍在外人才分布图、新区紧缺行业人才需求分布图、新区现有人才分布图、舟山籍在读高校人才分布图和新区高端智库”为主要内容的人才信息“四图一库”，形成近28万人的人才大数据。全年引进外国人才智力204人次；新增高技能人才6040人，专业技术人才2677人，在全省首创建立“职业能力一体化服务平台”。就业创业形势稳中向好，全市举办和参加各类公益性人力资源招聘会、人才交流会132场，参会单位逾4700家次，提供岗位7.6万个，登记求职25067人次，达成初步就业意向8634人；组织创业培训1302人，扶持创业429人，发放创业担保贷款7468万元，比上年增长58%；全年新增城镇就业1.65万人，引导和帮助4811名失业人员实现再就业，其中就业困难人员2324人，城镇登记失业率控制在2.62%，零就业家庭保持“动态归零”。社会保险持续扩面提质，全市养老、医疗、失业、工伤、生育保险参保人数分别达83.08万人、96.65万人、22.33万人、35.78万人、21.99万人，养老和医保参保率分别达86.72%和98.87%，其中医保参保率列全省首位。劳动关系保持和谐稳定。

人才引进与培养

【概况】 2017年，围绕新区发展重点产业和重点领域，继续加快各类人才特别是紧缺高端人才（2017年起，“紧缺高端人才”特指海洋类、高端技术类等年薪高于30万元的技术人才）的引进、培养和开发。引进国外人才智力的同时，还在全国范围内开展校园优秀人才招聘、高层次人才洽谈引进等。全年引进紧缺高端人才51人，其中引自机关事业单位13人，院校4人，国企5人，民企29人。组织赴宁波、南京、哈尔滨等市外引才活动10场次，引进各类高校毕业生6200多人，其中帮助浙江石油化工有限公司引进高校毕业生等专业人才1170多人。自2014年新区紧缺高端人才引进计划启动以来，至2017年底，累计引进紧缺高端人才269人，其中全职引进252人，柔性引进（新区顾问）17人；机关事业单位71人，国企14人，民企138人，科创人才29人；按薪酬待遇分，除17名新区顾问和29名科创人才外，引进的紧缺高端人才年薪49万元以下的193人，50万～99万元20人，100万元以上的10人。与知名人力资源机构合作开展的靶向猎寻适岗人选，至2017年底共猎聘68人，占全职引进总数的26.98%，累计补助猎聘费用380多万元。

【国外人才智力引进】 4月，市人社局会同市委组织部、市财政局联合出台《舟山市鼓励企业引进“海外工程师”暂行办法》（“海外工程师”是指受聘于舟山企业及企业开办的研发机构，在专业技术、经营管理、国际合作等方面具有独特优势，且在舟山工作并担任中层及以上职位，或为研发、技术团队主要成员的外籍人才）。该计划的发布，标志舟山的引智工作将连同“外专千人计划”“海外引智555计划”，逐步形成三大高低搭配、规模效益兼顾的立体化海外引智体系。8月,市编委办批准单独设立舟山市外国专家局,为舟山市人力社保局正科级内设机构,负责全市国(境)外人才智力引进工作。同月,与市委组织部、市公安局、市财政局出台《关于深化引智园区创建全力服务保障自贸试验区建设的实施意见》,提出今后(2017年)五年将围绕引才聚才、平台建设、路径模式、出国培训和人才服务五大板块,大力引进急需海外高层次人才,引进外国人才和智力每年递增20%以上,累计总量达3000多人次,力图在关键技术研发、核心领域突破、新兴产业培育和重点项目推进等方面取得新成效。10月,与市海洋与渔业局联合出台《舟山市远洋捕捞行业引进外籍船员申请来华工作许可工作流程》,进一步规范流程、优化材料,确保外籍船员有序引进,全力保障新区远洋渔业发展。12月,与市财政局出台《舟山市引进国外智力专项经费使用管理暂行办法》,明确引智经费的使用范围、资助标准和拨付程序,提高资金使用效益。是年,新聘任中国国际人才交流协会为舟山市引才引智特别支持单位,聘任协会6名驻外代表为高级顾问。

是年,全市围绕重点战略、重点项目、重点行业发展,组织实施引智项目30个,其中国家、省重点引智项目15个;引进外国人才智力578人次,其中高层次外国专家95人次,3人入选省、市海外工程师;引进加拿大皇家科学院和加拿大医学科学院两院院士康斯坦汀教授项目落户舟山,其创办的浙江麦大基因科技有限公司11月在普陀区大健康产业园开业运营,成为舟山市首个投运的由发达国家院士领衔的"5313"领军团队企业,所推行的I型糖尿病基因诊疗技术填补了国内糖尿病诊断预防领域的空白。

【推进博士后工作站建设】 5月,与市委组织部、市财政局印发《关于加强博士后工作站建设的若干意见》,引导和鼓励重点产业、重点领域和重点项目特别是绿色石化、港贸物流、船舶海工、海洋生物、海洋电子等方面的各类企业和研究机构建立特色鲜明、符合产业发展导向的博士后工作站,提升企业创新能力。创新推行"先建站、后挂牌"的建站模式,并鼓励合作建站,组织设站单位参加国内外人才招聘活动,有计划、有重点地引进相关专业的博士后人才。是年开始,企业新建立的博士后工作站可以申请一次性20万元专项补助,博士后工作站招收非在职博士后研究人员的,在国家、省补助基础上,设站单位可申请每人每年7.5万元的经费资助,企业博士后工作站从高校、科研院所招收在职博士后研究人员,设站单位可以申请每人每年2万元的经费资助。

【"智汇聚才·同舟共话"人力资源系列主题活动】 组织"智汇聚才·同舟共话"人力资源系列主题活动2期。6月,举办"相约人社·同舟共话"暨第九期人力资源系列主题培训班,邀请曾任中国人民银行党校副校长、经济学博士许健,到舟山举办《经济金融形式与热点问题解析》主题讲座,舟山50多家企业80多人参加培训。11月29日至12月1日,举办"相约人社·共话发展"人力资本创新发展主题培训班,邀请浙江大学科教发展战略研究中心副主任张炜和上市公司高管钟熳分别讲授《智能化时代下人力资源的发展趋势人力资本发展理念的创新升级》和《不断被颠覆的人力资源技术创新发展》课程,全市100多名企业人力资源负责人和管理人

11月29—12月1日,举办"相约人社·共话发展"主题培训班。图为12月1日培训现场(市人力社保局提供)

员参训，并就人才供需开展研讨，与参训学员互动分享。

【专业技术人员管理】 是年，浙江海洋开发研究院郑斌入选国家百千万人才，并被授予“有突出贡献中青年专家”荣誉称号；南海实验学校金可泽等8人入选省151人才工程第三层次培养人员。年末，全市有专业技术人员96056人，其中高级职称专业技术人员6504人，中级职称专业技术人员35312人，初级职称专业技术人员54240人。

【举行高层次人才洽谈会】 全年组团赴北京、上海、宁波开展高层次人才交流洽谈会3场，累计参加单位30家次，推出岗位281个，需求人数550人；现场累计接待1325人，登记709人，其中博士67人，硕士561人，现场达成初步就业意向53人。

【重庆、成都、武汉招聘会】 4月21—22日，组织16家单位参加重庆大学校园专场招聘会、四川大学2017年浙江-成都人才招聘会，推出岗位331个，主要涉及教研、通信电子、信息工程、化学生产等，收到简历174份，其中博士2人，硕士55人，达成初步意向31人。10月27日，组织11家企事业单位参加浙江-武汉人才招聘会，推出岗位155个，当天现场接待150多人，登记求职136人次，其中博士12人次，硕士48人次，达成初步就业意向17人。11月11日，组织9家企事业单位赴哈尔滨工业大学参加浙江-哈尔滨人才招聘活动，推出岗位133个，主要涉及教育科研、软硬件工程师、土建工程（城市规划）、机械工程、船舶工程等专业，收到简历139份，达成初步意向57人。

【舟山群岛新区高校毕业生专场大型招聘会】 全年举办舟山群岛新区高校毕业生专场大型招聘会2场，参会单位355家次，招聘岗位1545个，需求人数5160多人，登记1922人，达成初步就业意向276人。

【职业能力建设】 围绕江海联运、绿色石化、临港制造等重点领域的发展，完善技能人才培养、引进、使用、评价、激励政策体系，加快培育一支与新区海洋产业发展相匹配的高技能人才队伍。12月，与市委组织部、市财政局印发《关于进一步加强高技能人才队伍的若干政策》，鼓励企业和职业院校从市外引进高技能领军人才，对新引进的国家级、省部级高技能人才参照国家奖励额度给予配套奖励；加强高技能人才培训，在企业推行以“招工即招生、入企即入校、企校双师联合培养”为主要内容的企业新型学徒制，并对企业给予培训补贴；对各级各类优秀高技能人才，根据其在新区社会发展中作出的突出贡献和社会影响，给予不同奖励；加大示范性培训平台建设，根据高技能人才培养数量、稳定就业率、组织管理能力、培训成效等考核结果，对公共实训基地、高技能人才培训基地、专业培训机构、技能大师工作室等各类培训平台给予最高不超过50万元的奖励。该政策2018年1月1日起实施。是年，全市新增高技能人才6040人，其中高级工5397人，技师643人。

【技能人才多元评价体系建设】 启动实施以“5152”为主要内容的“千岛工匠”培育计划，开展企业自主评价工作，对规模以上企业人力资源管理人员进行培训，指导企业依据国家职业标准结合自身产业特点和技能需求进行企业技能人才自主评价。年末，全市有430家企业开展了企业培训师、油品储运调和操作工等50多个工种10194名职工的技能人才评价工作，超额完成省厅321行动计划指标。

【职业技能比武】 是年，开展港贸物流、海工船舶、城市建设、旅游健康、现代服务5大行业板块16个职业（工种）的市级一类比武，有500多名选手参加。大比武项目多贴近新区重点战略，其中“集装箱堆场吊车司机”“港口起重机司机”“船舶起重工”“船舶焊工”等项目服务自由贸易港区建设，“智能楼宇管理师”“钢筋工”“砌筑工”“公路养护工”等项目服务海上花园城市建设；奖项从原来的前十名压缩为前六名，涉及领域有所拓宽，首次举办了“集装箱堆场吊车司机”“智能楼宇管理师”“保健按摩师”“出租车驾驶员”“美发师”等项目。通过大比武活动产生技师51人，高级工160多人，有6名工人被命名为浙江省技术能手，47名工人被命名为舟山市技术能手，36名工人被命名为舟山市青年岗位能手。

【第四届中国海员技能大比武】 6月25—29日在舟山举行，比武项目为海员铁人三项、驾驶台资源管理、瘫船起动、航线设计、动力管系故障排除、金工工艺、海上操艇、撇缆操作和知识竞赛等9项,共46个参赛队、525名选手,其中香港、澳门和台湾的5家航海院校共34人首次组队参赛。中远海运散货运输有限公司、中远海运集装箱运输有限公司、江苏远洋运输有限公司、山东海运船舶管理有限公司等4家航运企业和大连海事大学、青岛远洋船员职业学院、南通航运职业技术学院、江苏海事职业技术学院等4家海运院校分获航运企业组和航海院校组团体前4名。活动期间,还举行2017中国船舶技术高峰论坛、中国江海联运服务圆桌会议和国际海员技能嘉年华等多项配套活动。

【职业能力建设一体化服务平台试运行】 为实现让“数据跑腿”,方便群众办事,提高内部工作效率,方便培训机构培训开班信息和劳动者培训需求的信息互通,设计开发职业能力建设一体化服务平台,通过完善平台功能实现职业能力建设“培训供求互动化、日常管理信息化、质量督导全程化、鉴定管理标准化、资金补贴可视化”目标,9月平台上线,自运行以来效果良好。

【人力资源培训和技能鉴定】 是年,全市开展职业技能鉴定22798人次,其中高级工及以上职业资格等级鉴定获证6207人。全年累计开展10个批次的全国专业技术人员计算机应用能力考试,考试报名人数合计4449人次。全市专业技术人员继续教育完成选课1.3万人,完成不具备学历职称培训300多人。

【国家职业资格鉴定】 先后完成5月、7月和11月开展的全国全省职业资格统考工作,全市有1321名(含技师、高级技师)考生参加企业人力资源管理师、心理咨询师、电工、钳工等7个职业(工种)统一鉴定,其中高级工及以上1308人,占统考总人数99%。加大对院校学生的就业支持,鼓励院校学生通过职业技能培训和鉴定掌握相应职业技能,是年全市院校开展养老护理员、食品检验工、港口理货员、维修电工、焊工、中式烹调师等10多个工种的职业技能鉴定,鉴定院校学生7140人。

人事管理

【公务员管理】 2月,市委组织部、市委宣传部、市人力社保局、市司法局、市委党校、舟山行政学院等六部门印发《关于实施全市公务员“学法用法三年轮训行动”计划的通知》,启动全市公务员“学法用法三年轮训行动”工作,集中利用39天,分13期、每期3天,组织全市2386名科级及以下公务员完成专题轮训和考试,轮训成绩与单位年度考评和个人年度考核挂钩;组织781名科级以上领导干部参加公务员面试考官培训和理论测试,为其中750名考试合格者制发公务员面试考官资格证书。是年,全市公开招考录用公务员248人,并对86名市本级和定海区新录用公务员进行初任培训。完成全市符合公务员(参照)登记条件的288人进行公务员(参照)登记。

【事业单位人事管理】 5月,贯彻落实浙江省关于鼓励支持事业单位科研人员离岗创业创新实施办法(试行),明确全市事业单位在编在岗科研人员携带科研项目、成果或技术到市内企业从事科技研究、科技开发和科技服务工作或在市内创办企业可保留人事关系。7月,与市委组织部联合印发

6月14日,全市市属单位2017年度公务员“学法用法”轮训开班(市人力社保局提供)

《关于加强医疗卫生机构专业技术岗位结构比例管理的通知》,对三级甲等、三级乙等、二级甲等、二级乙等医院、社区卫生服务中心(乡镇卫生院)等医疗机构和疾控机构分别调整高中级比例,并通过岗位结构比例调控,引导医疗卫生机构加快人事制度改革,建立健全竞争择优、能上能下的用人机制。10月,与市委组织部联合下发《关于加强事业单位专业技术岗位结构比例调控的实施办法》,明确对承担新区"三重"项目、五大会战建设管理任务单位的支持办法、特设岗位政策、评聘结合程序要求、主管部门统筹设置、专技中初级与不担负领导职责管理八级岗位打通等政策,通过岗位动态调控引导事业单位建立健全内部考核、竞聘择优机制,调动工作人员积极性。是年,有5名事业单位专家被省人力社保厅核准获聘专业技术二级岗,全市获聘人数累计10人。

全年市本级各类事业单位公开招聘33次,推出招聘计划437人,办理新进人员聘用手续271人,其中博士7人,硕士研究生96人;完成市本级33家事业单位的岗位设置或调整,办理2679人次岗位变更;办理市本级事业单位人员调配149人次。

【工资福利】 根据新区党工委管委会《功能区绩效薪酬实施办法(试行)》,指导各功能区结合实际制定绩效薪酬分配方案并批复。根据人社部《关于法官、检察官和司法辅助人员工资制度改革试点实施办法》,落实法官、检察官待遇,并指导各县(区)做好基层法、检两院的工资套改、工改保留津贴审核等工作。贯彻人社部《关于开展公立医院薪酬制度改革试点工作的指导意见》,指导普陀区结合医药卫生体制改革情况制定薪酬改革方案,7月,《舟山市普陀区公立医院薪酬制度改革实施办法》正式出台实施。

是年,全市机关工作人员4568人晋升级别工资,事业单位23853人增加薪级工资。办理机关事业单位正常职务(岗位)变动、交流调动等3615人次;办理市直机关事业单位临时退休费154人,连续工龄认定252人。调整机关事业单位精减退职工、遗属和计划外长期临时工生活困难补贴标准,调整后标准分别为1370元/月、1145元/月、990元/月。

【军队转业干部安置】 9月,落实市委办、市政府办印发的《关于做好深化国防和军队改革期间舟山市军队转业干部安置工作的通知》,对全市军转干部安置政策进行适当调整,将岱山县纳入全市统一安置范围,探索实施军转干部分类安置。是年全市安置军队转业干部139人,其中计划安置107人,自主择业32人。计划安置的军转干部中,安置到机关(含参照《中华人民共和国公务员法》管理事业单位)85人,安置到事业单位22人,均完成上岗培训。

就业创业

【举办第四届创新创业大赛】 4月,启动第四届舟山群岛新区创新创业大赛,历时近5个月,首次实行分赛制,在全市设5个赛区,经初赛、复评、决赛三轮选拔,126个项目进入初赛,17个项目进入复评,10个项目进入大赛总决赛。参赛项目涵盖科技研发、电子商务、休闲旅游、渔农种养殖、机械加工等各个行业;创业团队有残疾人、在校大学生、高校毕业生、"40、50"人员、返乡大学生等群体。嵊泗赛区创业项目"变废为宝,贝壳综合利用技术开发"获一等奖。

【创业服务系列活动】 4月起,由

9月28日,2017年舟山群岛新区第四届创新创业大赛总决赛颁奖(市就业局提供)

市就业局组织开展2017年舟山群岛新区“助力创客、创赢新区”系列活动，陆续在舟山市伍邦大学生创业园、舟山市富丽岛大学生创业园、浙江海洋大学大学生众创空间、普陀湾众创码头等大学生创业园开展专项创业服务活动，举办2期“导师连连看”、3期“创业听诊会”、1期“资本零距离”和1期“创业大讲堂”，为创业者分享创业经验，解决企业运行过程中的问题。

【创业孵化基地建设】 1月起，规范市本级创业孵化基地（大学生创业园）的入驻条件、入驻程序、园区管理，确保日常工作有序高效开展。是年，全市建成大学生创业园10家，其中市级大学生创业园7家，在园企业486家，带动就业2456人，创业项目涉及网络科技、电子商务、音乐制作、影视文化、旅游服务、教育咨询、财务咨询、广告设计等多个行业，全年产值6.76亿元。年底，普陀湾众创码头被认定为省级创业孵化示范基地。

【2017“创业新星”评选】 4月，启动2017年舟山市“创业新星”评选，通过创业者自荐、组织推荐、县（区）初审，16名创业典型人物进入市级评审阶段。经典型人物VCR播放、项目介绍、专家组提问、综合评述等环节，刘科岑、王小军、周伯翰等10名优秀创业创新人才入选舟山市“创业新星”。

【残疾人创业就业扶持】 协助残联开展残疾人创业就业帮扶活动，全年开展残疾人专场招聘会2场，举办国有企业残疾人专场招聘会1场，首次推出在编合同制职工岗位13个。协助残联推进、实施电商就业助残计划，引导408人次残疾人参加电商培训。同时通过落实创业扶持政策、灵活就业社保补贴、鼓励企业吸纳就业、残联集中就业帮扶等方式，全市共促进帮扶465名残疾人实现创业就业。

【举办新春公益性人力资源招聘洽谈会】 2月11日，在舟山市人力资源市场举办。124家用人单位参加现场设摊，推出就业岗位2587个，进场2600多人次，求职登记1679人次，657人与用人单位达成初步就业意向。从招聘岗位需求看，主要以营业员、销售导购、保安、保洁员等一线服务性岗位为主，推出服务性岗位1184个，占需求总量的46%，与上年同期相比增加13.4%；生产性岗位543个，占需求总量的21%；技术性岗位582个，占需求总量的22%；管理性岗位278个，占总需求的11%。

【举办浙江省第四届海洋类毕业生专场招聘会】 11月25日，在浙江海洋大学体育馆举行，由省高校毕业生就业指导服务中心、市人力社保局和浙江海洋大学共同承办。上海、江苏、山东等10个省（市）的510家企业参会，提供各类就业岗位1.2万多个。来自吉林大学、东南大学、宁波大学、浙江国际海运职业技术学院等省内外相关专业的高校毕业生前来应聘，现场投递自荐材料3131份，1119人达成初步就业意向。

【实行社会保障卡与“就业创业证”合一工作】 5月，市人力社保局下发《关于社会保障卡与〈就业创业证〉合一有关问题的通知》，明确从2017年6月起，在全市范围内推行社会保障卡与《就业创业证》合一工作，不再发放纸质“就业创业证”，实现卡证合一。劳动者可以凭社会保障卡在常住地乡镇（街道）、社区（村）就近办

11月4日，举行浙江省第四届海洋类毕业生专场招聘会（市就业局提供）

理各项业务，实现公共就业服务数据的一点录入、全市共享通用，避免纸质证明的相互传递，高效快捷地完成各项业务的受理，在全省率先实现社会保障卡在就业领域的应用。

【建成全省首个失业职工数字档案信息库】 1月，市本级及定海区失业职工档案电子扫描工作全面完成，标志着舟山市正式建成全省首个失业职工数字档案信息库，率先实现传统纸质人事档案到数字化档案数据的转化，完成从档案接收、影像采集到档案管理、借阅管理、查阅利用一体化平台的搭建。至年底，扫描档案38308卷，材料总数140万页；数字档案信息平台受理电子查阅申请3041条，纸质档案的查阅次数从每月72次减少到每月12次，降低83.33%。

劳动保障

【劳动关系】 7月，舟山市构建和谐劳动关系工作领导小组出台《关于进一步构建和谐劳动关系的实施意见》，在全市范围内开展舟山市"双爱"活动综合试验区创建活动。是年，全市企业劳动合同签订率97.3%。12月1日起，全市最低月工资标准从1660元调整为1800元，非全日制工作的最低小时工资标准从15.2元调整为16.5元。

【劳动保障监察】 4月，印发《舟山市劳动保障监察工作目标管理量化评分标准》，强化劳动保障监察目标管理，推进全市劳动保障监察"机构标准化、人员专业化、执法规范化"建设。6月，推行劳动保障监察行政执法全过程记录，并出台《舟山市劳动保障监察行政处罚裁量权适用标准》，规范劳动保障监察行政执法程序，提高劳动保障监察依法行政水平。7月，印发《舟山市劳动保障监察案件集体讨论制度》，规范劳动保障监察行政执法行为，提高案件办理质量。8月，规范劳动保障监察建议书制度，加强劳动保障监察机构与用人单位之间工作沟通，寓服务于监管，引导企业守法诚信。同月，根据全省统一部署，在全市范围内全面开展"浙江无欠薪"行动；10月，市防范和处置企业拖欠工资工作领导小组抽调市人力社保局、市发改委、市住建局、市总工会等单位人员，开展实体化办公，推动各地各部门抓好"无欠薪"县(区)建设工作。是年，全市劳动保障监察机构监察用人单位1252家，受理劳动举报投诉案件416件，其中欠薪案件389件，追回欠薪2670.19万元，涉及劳动者1724人；处置因欠薪引发的突发性事件8起，涉及劳动者108人，涉及金额158.84万元；作出行政处罚案件11件，涉及金额5.95万元。年末，全市筹集工资支付保证金32870万元，筹集欠薪应急周转金5151.54万元。

【调解仲裁】 是年，根据地域、行业等特点，先后建立市劳动人事争议仲裁委员会仲裁派出庭4个。7月12日，定海区金塘派出庭建立；9月11日，普陀山派出庭和远洋渔业行业派出庭建立；9月27日，岱山县衢山镇派出庭建立。其中，在舟山国家远洋渔业基地成立的远洋渔业行业仲裁派出庭为全国首家远洋渔业仲裁庭，主要负责远洋渔业劳动纠纷案件的仲裁及劳动监察处理等，其他仲裁派出庭负责区域内劳动争议处理。全年全市各级仲裁机构立案受理劳动争议案件1370件，上年未结134件，涉案人数1573人，涉及金额8875.63万元；审理结案1408件，调解撤诉1153件，调解率81.89%，结案金额4840.39万元，结案率93.62%。

【劳动保障电话咨询】 全年全市12333电话咨询服务专线来电总数95475个，其中市本级(含定海)74240个，占全市来电总量的77.76%。来电总量中人工服务电话38001个，自动语音29271个，放弃量28203个。内容涉及社会保险、就业创业、劳动合同、劳动标准、工资福利、劳动监察争议等方面，人工接听咨询均按时回复完毕，办结率100%。12月26日，舟山市12333咨询服务中心并入浙江舟山群岛新区社会公共服务与监督中心。

社会保障

【概况】 2017年，全市养老保险参保人员83.08万人，比上年新增1.94万人。其中，职工基本养老保险56.49万人，同比新增2.7万人；机关事业单位养老保险5.65万人，同比新增0.1万人；城乡居民基本养老保险20.95万人，同比减少0.85万人。全市医疗保险参保人员96.65万人,同比新增1.09万人,其中城镇职工基本医疗保险参保人数40.56万人,同比新增1.65万人,城乡居民基本医疗保险参保人数56.09万人,同比减少0.56万人。全市失业保险参保人数22.3万人,工伤保险参保人数35.78万人,生育保险参保人数21.99万人,同比分别新增0.89万人、1.79万人、0.86万人。被征地农民基本生活保障人数3.07万人,同比减少0.43万人。全市养老保险和医疗保险户籍法定人员参保率分别达86.72%和98.87%。

【社会保险基金运行情况】 是年,全市收缴职工基本养老保险基金49.69亿元,支付57.81亿元,当年收支出现赤字8.12亿元,历年结余32.42亿元;收缴机关事业养老保险基金12.24亿元,支付12.32亿元,当年收支出现赤字0.08亿元,历年结余3.03亿元;收缴城乡居民基本养老保险基金2.75亿元,支付2.57亿元,当年结余0.18亿元,历年结余3.60亿元;收缴城镇职工基本医疗保险基金12.78亿元,支付10.55亿元,当年结余2.23亿元,历年结余18.43亿元;收缴城乡居民基本医疗保险基金6.71亿元,支付6.45亿元,当年结余0.26亿元,历年结余2.08亿元;收缴失业保险基金1.47亿元,支出2.11亿元,当年收支出现赤字0.64亿元,历年结余8.8亿元;收缴工伤保险费1.56亿元,支付1.02亿元,当年结余0.54亿元,历年结余5.39亿元;收缴生育保险费0.48亿元,支付0.44亿元,当年结余0.04亿元,历年结余0.71亿元。

【医疗保险制度改革】 在普陀区沈家门街道蚂蚁岛管理处开展按人头付费支付方式改革试点。5月,普陀区人力社保局及区财政局、区卫生计划局印发《舟山市普陀区城乡居民基本医疗保险普通门诊按人头付费改革实施办法(试行)》,试点区域均次医保费用下降3%,医保基金支出增幅趋于合理。推进总额预算管理和医保支付方式改革,12月,与市卫生计生局、市财政局出台《舟山市基本医疗保险特殊(慢性)病种门诊医疗管理办法》和《舟山市基本医疗保险按病种付费管理办法(试行)》,在全省率先实施特殊(慢性)病种的门诊医疗管理,病种从18种增加到25种,并确定106个"按病种付费管理"病种。同月,与市财政局、市卫生计生局、市民政局印发《关于进一步完善大病保险制度的通知》,将企业职工首次纳入大病保险平台,进一步提高全市大病保险保障水平。

【推行失业保险金领取人员临时价格补贴】 根据《浙江省人民政府办公厅转发省物价局等部门关于完善困难群众基本生活价格补贴机制的通知》,规定,1月起,当月全省城镇低收入居民基本生活费用价格指数(SCPI)单月同比涨幅达到3%或全省居民消费价格指数(CPI)中的食品价格单月同比涨幅达到6%时,启动价格补贴机制,其中,领取失业保险金人员的价格补贴标准,按全省SCPI月度同比涨幅乘以当地现行失业保险金标准确定;价格补贴机制启动时,全省SCPI月度同比涨幅达到或超过3%的,月度补贴金额按照实际涨幅计算;涨幅低于3%的,按照3%计算。原则上月度价格补贴发放金额不低于每人每月18元。当月以上条件均不满足时,则中止价格补贴机制,停止发放价格补贴。是年,全省CPI中的食品价格指数和SCPI均未达到启动条件。

【市区社保一体化改革】 8月,市人民政府印发《舟山市市、区社会保险管理体系一体化改革实施方案》,提高社会保险基金统筹层次,实行市级统收统支、统一管理,实现"基金一个池子、收入一个级次、支出一个口子、管理一个模子";同月,市政府办公室配套出台《舟山市市级多渠道筹措社会保障风险金管理办法(试行)》,9月,市人力社保局与市地方税务局、市财政局联合出台《关于调整企业社会保险费行业最低申报比例的意见》等一系列社保一体化配套政策,建立市、区两级政府社保基金风险共担机制,提高企业社会保险费最低申报比例,构建可持续发展的社保基金支付风险防范机制。8月底,实现市、区社保待遇由市局统一支出。10月初,定海区开始运行"五险"经办业务,定海、普陀两区与市本级经办服务项目互通。

【提高社会保险待遇水平】 1月1日起,全市城乡居民基本养老保险基础养老金标准从每人每月145元提高到160元,企业退休人员基本养老金调整为人均2278.47元/月。是年,全市重选缴费档次的2680名传统海洋捕捞渔民和9512名遗孀待遇全部发放到位。全市城乡居民医保年度基金最高支付限额从26.9万元提高到29.05万元，纳入大病保险支付范围的特殊药品年度支付最高限额从35.33万元提高到41.56万元。12月起，全市失业保险金标准调整为每人每月1440元，增幅8.43%，是年，全市为8032名失业人员发放失业保险金5821.9万元。

【减轻企业社会保险负担】 对“小升规”企业养老保险、医疗保险单位缴费比例实行临时性下浮，全年减征社会保险费114万元。2月，市人力社保局制定出台《舟山市工伤简易程序认定暂行办法》，推行工伤认定简易程序，简化企业办事程序。是年，调整工伤保险行业费率浮动办法，加强工伤预防宣传，开展工伤预防培训1760多人次，发放宣传品7300多份。落实省人力社保厅、省财政厅、省地税局《关于阶段性降低失业保险费率有关问题的通知》，从2017年5月1日至2018年12月31日对失业保险费率进行阶段性下调，单位费率由1%降至0.5%。6月起，启动2017年企业稳定岗位补贴受理工作，全市共受理2266家企业申请，补贴资金3004.37万元。

【社会保险经办管理】 推进企业网上申报，完善网上申报系统功能应用，统一整合“舟山市社会保险网上服务系统”和“舟山市就业外网申报系统”，实现参保登记与就业备案同步，无缝对接政务服务与阳光政务网，全市有1102家企业开通企业网上申报功能，占比70%以上，全年办理业务3.5万笔。推进机关事业单位养老保险业务网上经办，纳入参保范围的单位全部实现网上申报，网上办理业务占可申报业务的82%。是年，实现个人社保信息网上查询和参保证明网上打印。提前完成老农保遗留问题清零任务。全市企业退休人员社区管理率97.28%。

【社会保险基金安全监管】 根据社保经办风险情况，制定出台《内部稽核办法》及《内部控制实施细则》，重新梳理和评估各经办岗位的风险状况与风险等级，推动事先稽核主动介入。完善医保智能监管系统，增加医保审核规则至35条，实行中药饮片分类管理，推进医保医师库的动态管理，充实医保审核的基础数据，全年剔除不合理医疗费用913万元，追回违规医疗费用47万元。加强稽核检查，完成对普西医院等3家定点医疗机构的第三方审计、城乡居民保险经办机构内控制度自查和省内互查、本市定点医疗机构中民营医疗诊所和门诊部专项检查及养老保险重点指标专项稽核，全市社保稽核面达24.52%，按规定补缴社会保险费478.6万元并全部入库。

【实现人力社保业务“一窗受理、集成服务”】 10月，市人力社保综合服务大厅启用，内集聚社保、就业、人力资源和人才公共服务等综合功能，所有服务窗口均实行“一窗受理、集成服务”。市本级系统145个事项全部统一进驻窗口，其中142项实现“最多跑一次”，覆盖率97.93%。在全省率先实现“一窗受理、集成服务”的就业、社保业务经办，并有16个事项实现“一卡通办”，46个事项实现“服务下沉”，38个事项实现“跑零次”。据全省抽样评估显示，舟山市“人力社保类”事项的“最

8月23日，社保经办人员在项目工地宣传讲解工伤保险有关政策（市社保局提供）

多跑一次”实现率97%、满意度99%,两项指标均排名全省首位。

【推进社保经办业务全市互通联办】 4月10日起,在不改变参保地归属的前提下,参保人员可以在市内各社保经办机构享受“医疗费用报销”“社保卡重置”“参保证明开具”等互通联办服务。至年末,全市联办报销医疗费3750人次、1155多万元,为1330多人次在非参保地办理社会保障卡重置,为非本地参保人员出具参保证明5720多份。协调地税和银行工作人员进驻综合服务窗口集中办公,实现灵活就业人员缴费登记、地税扣款协议签订、社保费扣缴、退费受理等一站式服务。

【开展标准化试点创建】 按照城乡一体化社保服务综合标准化国家级试点创建总体要求,推进政策集成,梳理经办业务事项,优化流程设计,完成《服务依据标准》《服务项目标准》和《服务要求标准》等标准手册的编制,形成经办标准。结合经办实际,规范经办服务,调整优化综合服务窗口柜员制经办模式,实现标准化经办。

【实现跨省异地住院就医直接刷卡结算】 是年,舟山市列入浙江省跨省异地就医住院费用直接结算试点,6月整体接入国家异地就医直接结算平台,正式上线运行异地就医结算系统,实现全市所有统筹区及异地定点医疗机构接入国家异地就医结算系统联网运行,全年联网结算321人,基金支付503万元。

退休干部管理

【完善老干部活动中心硬件设施】 在市退休干部活动中心增设两处医疗咨询室,并配备血压机、体重秤、医疗床及常用必备药品。在定海昌东活动中心增设书画室,丰富退休干部活动内容。对市退休干部活动中心和定海昌东活动中心的硬件设备进行更新和修缮,更新乒乓桌,增设卫生间安全扶手及警示铃,停车棚增设充电桩等。开展消防安全大检查,对活动中心所有消防器材进行统一检查及更换。

【为退休干部服务】 全年接待来中心休闲学习娱乐及健身的退休干部10多万人次。订有退休老同志喜爱的报刊30多种,为退休干部提供日常休闲学习。春节、重阳等节日期间,开展送温暖活动,走访慰问退休干部,召开茶话会、座谈会等,增进与退休干部的沟通与交流。为201名年满70、80、90周岁的市本级行政事业单位的退休干部赠送生日蛋糕,为22对结婚满50周年的退休干部免费拍摄金婚纪念照。

【老干部活动】 免费为老同志举办二十四式太极拳、健身气功马王堆、柔力球、健身操等6项健身辅导。近300名退休干部参加集邮协会、桥牌队、“九九”合唱团、时装队、戏曲队、舞蹈队等老年团队,并开展各类活动,其中合唱团、舞蹈队等自编自排节目,定期开展活动;退休干部集邮协会每月组织集邮知识讲座,12月16—17日在东管庙活动中心组织开展喜庆十九大邮展,展出邮集20部。

(撰稿:安佳媚)

责任编辑:刘娟芬

新启用的人力社保综合服务大厅(市社保局提供)

民　政

概　述

2017年，坚持以保障基本民生、优化社会服务、创新社会治理、促进军民融合为主线，做好兜底保障和社会服务，履行社会救助职能，提升养老服务水平，推进幸福社区建设，深化双拥共建，保障新区建设顺利推进和百姓生活幸福安宁。

完善最低生活保障制度，落实低保边缘对象救助、贫困群体医疗救助、临时救助等各项政策。全年支出低保金9864.13万元，低保边缘补助金1247万元，贫困群体医疗救助专项资金4745.89万元，临时救助金1340.23万元，惠及低保对象10089户13103人，低保边缘对象3333户6131人，实施贫困群体医疗救助47.33万人次、临时救助1.39万人次。开展救灾安置场所建设和救灾物资储备库建设，全市救灾物资储备仓库达31家，避灾安置场所覆盖到所有城区、重要乡镇（街道）和外来务工人员聚集较多的厂区、工地，可避灾面积29.5万平方米。

加强养老服务设施建设及养老服务机构安全管理，实施养老服务补贴，探索实践海岛特色居家养老服务新模式，完善社会福利制度。全市新增社区居家养老服务照料中心20家，城乡社区覆盖率100%；新增机构床位766张，每百名老人拥有养老床位数4.2张；全市护理型床位4645张，占机构总床位44.6%；为老志愿服务团队283个，志愿者近6000人。

推进“美丽群岛　幸福社区”示范区建设，以“三社联动”工作模式，探索社区服务项目化运作。推进村务公开标准化、规范化，全面推行“民主决策五步法”和民情走访、民情恳谈、民情工单“三民”工作制度；加强村规民约、社区公约的宣传推广和执行落实。是年平稳完成新一届村级组织的换届选举。

完善社会组织分类登记，加强社会组织党建工作，市社会组织综合党委进入实质性运转。完成行业协会商会脱钩首批任务，全面开展社会团体规范清理。在全省率先实施社会组织试点“焕新乐园”公益项目工作，开展公益项目推介和为老志愿服务。

开展双拥传统教育，支持国防建设和军队改革，解决驻军官兵在“三后”方面存在的突出困难，开展社会化拥军优抚服务。深入推动军民融合发展，加大与市外企业合作力度，对“民参军”取得“四证”企业实行奖励。落实重点优抚对象抚恤补助，妥善安置退役士兵与军休人员。

落实行政区域界线管理措施，推进平安边界建设，优化地名公共服务，加强地名文化建设。落实殡葬基本服务费用减免工作，倡导节地型生态葬法和文明祭扫，推进惠民殡葬建设。依法开展婚姻收养登记，规范弃婴收养登记。做好大中型水库移民后期扶持，落实小型水库移民解困项目。

双拥工作

【概况】 2017年，全市双拥工作主要围绕创建军民融合示范区、推开社会化拥军优抚服务、服务保障国防军队建设改革等工作任务，在全社会开展国防和双拥传统教育、创新双拥共建载体、加大服务保障等，推进双拥工作的创新发展。

【双拥传统教育】 利用清明节、烈士纪念日、建军90周年等时机，开展光荣传统教育，弘扬爱国主义主旋律。组织指导学校、企业、社区建立专题橱窗，张贴宣传广告，扩大宣传覆盖。市及县（区）利用城市展览馆、双拥展览馆、爱国主义教育基地，开展国防知识和双拥传统宣传，全年接待参观学习民众3万多人次。组织做好学生、中青年干部和社会群众等各群体的军训、参观舰艇（军营）、举办专题讲座等国防教育活动，其中全市中青年干部和党外科级干部到部队基层连队进行军训接受专题国防教育130人次，组织《中华人民共和国兵役法》《中华人民共和国军事设施保护法》等国防法规宣传活动3次，并先后组织西安舰、和平方舟医院船等举行舰艇开放日活动，向市民普及国防知识，强化爱国拥军意识。

【纪念建军90周年系列活动】该活动作为年度双拥工作主线，市及各县（区）政府（含双拥成员单位）均筹划开展了举办一次走访慰问、一次军地座谈、一场文艺晚会、一次军民联谊、一次共建活动、一次解难帮困、一次优抚服务的“六个一”活动，其中市委办、市委宣传部、市双拥办、市文广局、共青团市委、市红十字会和舟山警备区、92118部队、413医院等，分别承办或联合组织了庆祝建军90周年军政座谈、专题文艺晚会、主题演讲赛、“和平方舟群岛行”义务诊疗等系列活动，四县（区）政府分别组织军政座谈、拥军慰问、军民共建、复退军人座谈会、“爱心献功臣”等系列庆祝活动，取得较好社会反响。

【支持部队建设改革】做好部队编制调整改革后的支持保障，市政府先后两次组织发改委、信访、工商、法院、民政等部门与驻军10多支部队召开专题协调会议，针对部队全面停止有偿服务后存在的困难，部署提供行政、司法等方面的服务保障，确保610多个停偿项目如期落实。针对新组建部队暂无干部公寓房、随军家属无住房等困难，市房管局首次将随军家属纳入全市公共租赁房保障范围，面向驻军部队已婚干部和高级士官随军家属定向提供保障，首批推出60套（68平方米/套）专用公租房源；利用人才公寓调剂支持部队解决公寓房短缺矛盾，共为部队提供人才公寓11套。开展随军家属就业培训，全年举办舟山方言、育婴师、中式烹调师

8月14日，在新城高云佳苑小区举行驻舟山部队官兵（家属）公共租赁房交接仪式（市民政局提供）

7月31日，市长温暖在建军90周年晚会上，为官兵代表授“献身海防 驻守舟山30周年纪念”荣誉奖牌（市民政局提供）

等职业技能培训班6期，264名随军家属参训均获职业技能证书；举办随军家属专场招聘会2场，为随军家属就业提供岗位选择，并向1600多名未就业随军家属发放地方生活补助金1367.95万元。继续实施现役军人子女中考、就学等方面的优待措施，中考成绩按照录取分值5%的标准予以降分录取，有30多名干部子女受益；办理跨区入学、随迁就读630多人次，解决驻军官兵在“三后”方面存在的困难。落实军转退役安置政策，是年全市接收军转干部139人（自主择业32人，计划分配107人），接收2016年秋冬退役士兵357人（自主就业299人，符合政府安排工作58人），接收军休干部7人，均妥善安置到位，其中符合政府安排工作的退役士兵全部落实在事业单位和国有企业岗位。按照15%比例定向招收退役大学生士兵政策，是年录取3人进入事业单位。

【部队拥政爱民活动】 围绕全市“五大会战”建设“四个舟山”目标，各驻舟部队积极参与生态治理、五水共治、三改一拆等政府中心工作，助推“海上花园城市”建设。全年出动兵力3600多人次，车辆80多台次，参与绿化植树、污水治理、河道疏淤；出动和平方舟等医疗船艇6个航次，组织海军413医院、和平方舟医院船等专家诊疗组12批次，下小岛进渔村，为退役军人、老党员老干部和困难群众进行义诊，接待诊治1.8万多人次，免费发放药品价值3万多元。10月，第20号台风“卡努”影响舟山，致普陀展茅大片民居、农田受淹，武警、消防、驻舟山部队官兵共1300多人次参与抢险救灾，出动车辆、皮划艇230多台（辆）次，填装沙袋1200多个，清理道路塌方320多吨，转移群众270多人次。

【深化军民融合创建】 2016年11月，浙江省军民融合产业联盟成立，重点开展与军民融合密切相关的信息与数据共享服务、军民双向交流活动，承接政府职能转移，助力军民融合产业创新发展，舟山市海洋科学城、舟山长宏国际船舶修造有限公司、浙江增洲造船有限公司等16家单位加入该联盟组织；同年12月，舟山市海洋科学城被授予浙江省军民融合示范基地。2017年，进一步推进军民融合创新示范区创建，5月，市委组织部组织市直属相关单位负责人及部分省部属单位、驻舟部队分管领导共56人在全国首个国家级军民融合创新示范区山东青岛古镇口举办专题研修班，重点学习从军事需求角度看舟山贯彻军民融合发展战略、深入实施军民融合发展战略、地方党政领导干部军民融合工作实务、世界军民融合发展趋势等内容，学习汲取“军地共商、产业共融、科技共兴、设施共建、后勤共保”军民融合发展先进经验。加大产业融合扶持，创新军民融合途径，10月，市政府印发《关于推进“中国制造-2025”进一步发展壮大工业经济的若干意见》，规定对“民参军”取得“四证”企业给予奖励，对新获相关资质、承制单位资格证书、武器装备科研生产许可证、国军标体系认证企业，给予每个资质10万元的奖励，对四证齐全企业再予50万元奖励；对企业首获军工装备总体、关键分系统研制项目企业，按合同金额给予百分之十（不超过100万元）奖励。加大市外企业引进，发展军工产业，市政府分别与中国船舶工业集团有限公司、中国船舶重工集团公司就海洋电子信息产业和军民融合发展签订战略合作协议，与中国电子科技集团有限公司、中国航天科工集团有限公司等军工集团在资本、技术、项目等方面开展多领域、深层次合作，其中中国电子科技集团有限公司在舟山设立嘉蓝海洋电子有限公司，开展无人艇、应急示位标、中高频电台、网位仪等船用电子信息和安全设备研制。

优抚安置

【优待抚恤】 2017年，全市享受优抚金和困难补助的优抚对象732人（户），其中“三属”49人，伤残人员315人，在乡复员军人59人，带病回乡退伍军人84人，“两参”人员170人，部分烈士子女和部分平反人员子女55人。元旦、春节、八一期间，各级党委、政府、部门、社会单位走访慰问个人及重点优抚对象1089人次，发放慰问经费90.7万元。落实退役士兵、“两参人员”定期生活补助及“三属”定期抚恤金城乡一体化标准政策，完成重点优抚对象抚恤补助标准调整，全年全市发放优抚金和定期生活补助1230.7万元。落实重点优抚对象短期疗养制度，组织40名重点优抚对象参加在嘉兴荣军医院的短期疗养。为全市符合条件的3192人农村籍退役士兵发放生活补助450.7万元;发放义务兵优待及大学生入伍奖励金2939.3万元。开展“关爱功臣健康行”主题活动,在全市四县(区)、两个管委会的8个乡镇为400多名优抚对象及老年人义务医疗巡诊和免费送药3万多元。

【退役士兵与军休人员安置】 是年,全市接收退役士兵357人,其中自主就业退役士兵299人、符合需要政府安排工作的退役士兵58人。发放安置补助金1593.83万元。对符合政府安排工作要求的58名退役士兵与大学生退役士兵实行安置前“公开、公正、公平”考试考核,通过“一人一岗”妥善安置。依托舟山职业技术学校、舟山航海学校为退役士兵职业技能教育培训基地,开展职业技能教育培训,全市报名参训231人,其中职业培训171人,高职教育5人,高等教育55人,投入培训经费116.7万元,培训工作人员知晓率100%。接收安置军队退休干部7人。

【烈士褒扬】 贯彻《浙江省军人军属权益保障条例》,健全烈士遗属、因公牺牲军人遗属和病故军人遗属统计登记资料,做好“三属”优待证的发放和年检。严格落实《烈士公祭办法》,在清明节、烈士公祭日,全市各地陵园做好祭扫烈士陵墓仪式的保障工作,是年接待保障到陵园祭扫悼念革命先烈的党政军领导、烈士家属及社会各界群众4000多人次。

社会救助

【最低生活保障标准城乡一体化】

2017年底,全市有城镇和农村低保对象10089户13103人。全年支出低保金9864.13万元,其中农村低保对象8632户11191人,支出低保金8417万元;城镇低保对象1457户1912人,支出低保金1447.12万元。是年,低保城镇月人均补差为631.03元,农村月人均补差为605.34元。2018年1月1日起,将提高全市低保标准,由原来664元/月调整为720元/月,增幅8.43%。

【低保边缘对象救助】 落实低保边缘对象助困工作,按不低于城乡低保标准的20%向低保边缘对象发放生活补助金。至年底,全市有低保边缘对象3333户6131人,其中城镇465户901人,农村2871户5233人。全年发放补助金(含重残低边对象补助金)1247万元。

【贫困群体医疗救助与临时救助】

全年全市地方财政安排贫困群体医疗救助资金2650万元;支出医疗救助专项资金4745.89万元,救助困难群众47.33万人次,其中住院支出3167.47万元,救助7.29万人次,门诊支出1578.42万元,救助40.04万人次。全市支出临时救助金1340.23万元,救助困难群众1.39万人次。

【开展申请救助家庭经济状况核对】 全市审核低保户12178户,低保边缘户3071户,核对新申请公共廉租房1333户,新申请困难残疾人生活补贴1646人,新申请临时救助13837人,新申请贫困家庭大学生救助706人,新申请支出型贫困家庭救助342户360人。

【流浪乞讨人员救助】 全市各救助管理站救助求助人员820人次,完成跨地护送流浪乞讨人员44人;15名长期滞留人员寄养于宁波市海曙区凤龙养老院(自2013年5月起),均为精神或智力障碍患者,身体状况均良好。加强对站外托养机构的监管和对滞留人员的探视,对托养机构的设施条件、服务质量、安全管理进行巡查,看望慰问托养人员,确保救助管理和托养工作安全高效。开展“寒冬送温暖”“酷暑送清凉”专项救助行动,专门安排人员和救助车辆到汽车站、广场、公园等流浪乞讨人员较集中地段巡视,主动开展救助,发放矿泉水、方便面、棉衣、棉被等物品以及救助引导卡,劝导其进站接受救助,全市救助各类受助人员167人次,发放救助物资170多份。

【防灾减灾】 开展避灾安置场所改扩新建和救灾物资储备库建设,新增避灾安置场所25家,其中新建15家,改扩建10家,全市累计避灾安置场所255个,可避灾面积29.5万平方米,可容纳人员约7.2万多人,避灾安置场所覆盖所有城区、重要乡镇(街道)和外来务工人员聚集较多的厂区、工地;避灾安置场所标志牌和指示牌设置率100%。全市有救灾物资储备仓库31家,仓储面积

7196平方米，其中离岛乡镇救灾物资储备库23处，实现离岛乡镇、离岛社区（村）全覆盖。

开展防灾减灾宣传。“5·12”防灾减灾日期间，分别在新城和岱山县开展大型主题宣传教育活动，通过报纸、短信、微信、APP等媒介宣传，提高全民防灾减灾意识和应急处置能力。是年，全市新增全省综合减灾示范社区9个，国家级综合减灾示范社区4个。

【发布新版自然灾害救助应急预案】 8月，发布实行新版《舟山市自然灾害救助应急预案》。新预案在原预案基础上进行修订，明确舟山市减灾和防震工作领导小组为指挥机构，成员单位由原32家调整为35家，新增市旅游委、市港航管理局、市应急办；充实各成员单位在灾害救助工作中的具体职责；新增自然灾害预警响应等级，灾害预警依次用红色、橙色、黄色和蓝色表示Ⅰ级、Ⅱ级、Ⅲ级和Ⅳ级四个预警级别。调整应急响应的启动条件，对市级层面4个响应等级的核心指标（包括紧急转移安置人数或需紧急生活救助人口、倒塌或严重损坏房屋数量等）均作相应调整和完善。

社会福利

【福利制度完善】 2017年，相继出台《舟山市养老服务业发展工作联席会议办公室关于开展养老机构服务质量建设专项行动的通知》《舟山市养老服务体系建设市级专项资金补助实施细则》《关于规范民办非营利养老机构运营补贴的通知》等，进一步完善社会福利制度，全面实施养老服务补贴制度，是年全市享受养老服务补贴对象7339人，占老年人总数的2.9%。

【养老服务设施建设】 新增社区居家养老服务照料中心20家，总数达298家，城乡社区覆盖率100%；新增机构床位766张，全市85家养老机构共有床位10416张，每百名老人拥有养老床位数达到4.2张（按2016年老年人口计算），超额完成省、市为民实事考核指标。民办养老机构床位总数5712张，占机构总床位数的54.8%。加强养老机构消防安全整治，在上年敬老院消防改造基础上，集中对全市养老机构开展消防安全隐患排查整治行动，完成全部养老机构的消防整治，消除存在的安全隐患。

【舟山市新百叶颐养院开业】 10月28日（重阳节），舟山市新百叶颐养院（纯民办的养老机构）开业，一期总建筑面积11960平方米，总投资8800万元，共300多张床位，是一家具备养老、托老、康复等全日制服务功能的五星级养老院。年底有入住老人200多人。

【城乡居家养老服务】 深化打造“银龄互助”“博爱家园”“乐龄幸福公社”等多种海岛特色居家养老服务模式，发展“互联网＋养老”——“互联网＋平台＋综合服务”新模式，并优先保障特困老人及低收入的高龄、独居、失能等养老困难老年人的服务需求。完善智慧养老平台建设，为全市80周岁以上老年人发放老年一键通终端，发放人群覆盖全市所有社区。

【医养融合发展】 完善医疗机构与社区居家养老服务照料中心的合作机制，社区卫生服务中心与居家养老服务照料中心全年签约服务达50%，市、县（区）级养老机构及乡镇敬老院实现医养结合机制全覆盖。加强对市、县（区）社会福利院及民办养老机构实施养老护理员岗前培训及复训，养老护理员持证上岗率保持在90%以上，逐步配备专职或兼职的心理咨询师、营养师、康复师等专业化人才。民营医院开展护理型床位建设，至年末，全市护理型床位4645张，占机构总床位的44.6%。

【养老人才队伍建设】 开展养老护理员工的专业培训，提高护理技能水平，培养专业化养老护理骨干队伍。8月14—18日，举办舟山市养老护理员骨干集训班暨全省养老护理技能大赛选拔，全市养老机构30名骨干护理员参训。培训采用小班教学，分A（护士）、B（护理员）两组，培训内容主要有养老护理概论以及生活照料、饮食排泄、应急处理等方面，培训学习后选拔A、B组前两名选手组成舟山市养老护理员参赛队参加全省养老技能大赛。全年培训持证养老护理员249人。建立养老服务行业专家数据库，21名来自各县（区）的民政系统、院校专家、养老服务机构、省养老服务领军人才、法律服务等五类人才资料入库。加强为老志愿服务队伍建设，建立五级联动的为老志愿服务团队，开展契约化、点对点、常态化的为老志愿服务，是年全市有为老志愿服务团队283个，志愿者近6000人。

【孤儿和困境儿童福利体系】 是年，全市有孤儿和各类困境儿童873人，其中孤儿34人(机构养育15人、散居孤儿19人)，各类困境儿童839人。为确保孤儿和困境儿童基本生活保障标准与经济社会发展水平相一致，按照孤儿和困境儿童基本生活水平不低于当地平均生活水平和城乡一体化的原则，1月1日起，调整全市孤儿和困境儿童基本生活保障标准，市本级福利机构养育孤儿的基本生活保障标准从1758元/(人·月)提高到1794元/(人·月)，社会散居孤儿的基本生活保障标准从1055元/(人·月)提高到1076元/(人·月)，困境儿童基本生活保障标准从211~844元/(人·月)提高到215~861元/(人·月)。各县(区)也相应提高孤儿和困境儿童基本生活保障标准，定海区全市最高，为1844元/(人·月)，普陀区1505元/(人·月)，岱山县1406元/(人·月)，嵊泗县1549元/(人·月)，社会散居孤儿基本生活保障标准按机构养育孤儿基本生活保障标准的60%确定，困境儿童基本生活保障标准按社会散居孤儿基本生活保障标准的20%~70%确定。

社会组织管理

【社会组织登记】 2017年，根据分类登记(对行业协会商会类、科技类、公益慈善类、城乡社区服务类社会组织实行直接登记，公益慈善类、城乡社区服务类社会组织实行简化登记，对与全市经济发展紧密相关的海洋经济类社会组织实行优先登记)原则，至12月底，全市有社会组织1267家(市本级432家)，其中新成立社会组织105家(社会团体41家，社会服务机构63家，基金会1家)；依法登记的枢纽型、支持型社会组织112家，76.7%的街道(乡镇)和城市社区建立依法登记的枢纽型、支持型社会组织。加强乡镇(街道)、社区社会组织备案工作，全市备案社区社会组织2145家，每个城市社区平均拥有数12个以上、农村社区3.2个以上。

【社会组织党建】 是年，市社会组织综合党委完成党委换届工作，并调整由市直机关工委隶属管理，综合党委共有直接管理的党支部27家，其中正式党支部10家，临时党支部17家。9月起，市社会组织综合党委试行基层党组织主题党日活动轮值制，活动内容主要围绕党员志愿服务、“党旗领航、会员企业谋发展”现场学习、参观红色教育基地、党员联系群众等方面，由综合党委隶属的各党支部每月轮值主持、策划、组织开展一次主题党日活动，作为党支部活动的基本载体，从而激发党组织活力，解决社会组织党组织“活动难”问题，促成基层党组织“活动共搞、组织共建、成果共享”。此党日活动制度被市委组织部评为2017年全市组织工作创新项目。实施社会组织党建提升工程，确定定海夕阳红书画摄影协会的“红帆引航墨香远”项目、定海美之声演唱团的“党旗红　夕阳美”项目、舟山市百叶颐养院的“红色引领党群公益　夕阳添彩”项目等10个社会组织党建提升年度项目并开展实施。是年，舟山市银行业协会党支部、舟山市装饰装修协会党支部、舟山市社会组织党群服务中心等3家为“蓝海红帆”社会组织党建示范点。

【社会组织年检】 首次启用社会组织登记管理信息系统网上年检，全市应年检社会组织1158家，参与年检1132家，年检率98%。对未年检的10家社会组织予以公告，实行黑名单管理，纳入信用舟山征信系统。

【行业协会商会脱钩与社会团体清理规范】 按照机构、职能、人员、党建、外事等方面“五分离、五规范”要求，全市行业协会商会脱钩88家，注销9家，完成全部既定任务。推进社会团体清理整顿，全年清理排摸社会团体854个，合并注销社会团体74个，清退兼职干部467个，退领各类报酬14.3万元，基本实现干部兼职应批尽批，违规取酬应退尽退，会费收取应减尽减，整合提升应销尽销。

【社会组织培育与扶持】 试行政府向社会组织购买服务。为老志愿服务、社会组织评估和社会组织培育发展服务等3个项目纳入政府购买服务项目，共投入资金165.74万元。编制公布《2017年社会组织承接政府转移职能和购买服务推荐性目录》，至12月底，全市有121家社会组织编入推荐性目录，较上年新增31家(其中市本级11家)。

开展浙江舟山群岛新区第五届社会组织公益创投大赛，入围68个公益创投项目，确定67个公益创投项目，协议资助福利彩票公益金176.05万元。实施社会组织能力提升工程，全年举办社会组织信息员培训班、公益项目规范运作实务培训班、社会组织党组织书记培训班、社会组织能力提升培训班等各类培训班5期，培训学员500多人次。加强志愿者保障体系，首次为全市34家社会组织中的328名优秀志愿者提供免费人身意外伤害保险，保障志愿者权益。推进社会组织品牌工程建设，开展2017年社会组织品牌建设公益项目认定，确定舟山市品牌公益项目10个，给予社会组织品牌建设扶持资金30万元。

【社会组织宣传推介】 3月，出版《手把红旗潮头立——舟山市社会组织发展侧记》，并向各社会组织推介。全书摘录全市43家各领域的优秀社会组织的发展历程、经验做法以及优秀成果等，共20多万字，为其他社会组织提供借鉴。与广电交通97合办“蓝色公益直播间”，安排社会组织参与节目录制，向社会展示全市各领域社会组织特别是公益组织的风采，并就社会组织发展进行探讨和交流。开发并正式上线千手公益基金会微官网、舟山市社会组织微官网，在网上开展公益宣传、“好人团队和好人”展示宣传等；社会组织服务中心、千手公益基金会、市千手公益爱心联盟、为老服务志愿者总队等社会组织通过微信公众号开展实时信息推送，多方位推介和宣传社会组织，全年在《浙江民政》《舟山日报》《舟山晚报》以及舟山电视台、网站等发布社会组织各类信息500多条。

【社会组织等级评估】 坚持分类分评，发动全市社会组织参与等级评估，提高参评率。是年新聘社会组织评估专家14人，专家库累计24人。委托市公信社会组织评估服务中心评估委员会开展社会组织等级评估、公益项目绩效评估等各类评估92次。至12月底，全市有AAAAA级社会组织19个，AAAA级社会组织54个，AAA级社会组织19个。

【提供社会服务的社会组织实行分级管理】 根据《舟山市社会组织公益项目管理办法》和《舟山市社会组织公益创投项目评估办法》，1月，市民政局发文规定，提供社会服务的社会组织实行分级管理，按照社会组织的不同规模和基础条件(已在民政部门登记注册，具有健全的法人治理机构和法人治理机制；单独建账，独立核算；按规定参加年检，年检合格，近两年或自成立以来无违法违规记录)，划分为A级、B级和C级，经综合评定，A级7家，B级2家，C级30家，A级、B级、C级的社会组织申请公益项目最高限额分别为15万元、10万元、5万元。

【发挥千手公益基金会社会效益】 是年，千手公益基金会平台推出“情暖环卫工人”“漂洋过海来看你　情暖孤独‘守望者’”“舟山市首届公益荧光跑”“您是好人，我们爱您，我们助您”等大型公益捐赠活动，发起“爱心接力·衣旧情深”“心系环卫工，温情年夜饭”等众筹项目10个，筹得资金30多万元，所得资金均用于需要帮助或救助的社会贫困群体。

【举办舟山市第二届公益伙伴日活动】 12月2日，由市委两新工委、市民政局主办，市社会组织综合党委、千手公益爱心联盟、社会组织服务中心等联合在定海文化广场举行，以“幸福舟山·益路相伴”为主题，展示社会组织在建设幸福舟山、参与社区治理中的作用和成果。活动期间有上千爱心市民参与。

【社会组织为老志愿服务】 深化为老志愿服务工作，2月，市为老服务志愿者总队与浙江省妇女儿童基金会签订合作协议，启动实施“焕新乐园”项目，开展为6～16周岁儿童的低保家庭进行家庭环境改造，通过项目实施提升家庭综合发展能力，促进孩子养成良好的生活习惯，引导家庭追求健康的生活品质。是年完成21户家庭的环境改造，473位志愿者参与。进一步建立与各养老机构的供需对接机制，保障服务的可持续性和有效性，至12月底，市为老志愿服务总队已完成57家养老机构与100家为老服务团队之间的供需对接。年末全市有为老志愿服务团队283个，志愿者近6000人，自2014年成立以来共开展服务3600多次，累计服务时间

4285小时,直接受益老人近6万人次。是年,市为老志愿者服务总队获浙江省志愿服务先锋队荣誉称号。

基层政权和社区建设

【社区换届选举】 2017年,新一届村级组织换届选举,为舟山市首次实行村(居)民委员会统一换届,根据村和社区同步换届的有关任期规定,全市应换届村委会296个,社区居委会84个。285个村党组织一次性选举成功,党员参选率91.6%;252个村委会选举一次性选举成功,选民参选率97.5%。并基本实现"六增一减一确保"的目标,即年轻干部增加,选举产生的2258名村两委成员中,35岁以下398人,比上届提高4.61%,70名优秀大学生村干部进入村社党组织班子;女性干部增加,共978人,比上届提高7.9%;大专以上学历增加,共1107人,较上届提升14.72%;村两委交叉兼职人数增加至596人,较上届提升11.17%;服务能力强、带富能力强的"双强型"干部增至1761人,较上届提升26.14%;党员在村民代表中的比例增至42.49%,较上届提升15.13%;村两委班子总职数下降113人;全市没有发生一起恶性刑事案件、群体性事件或去省进京规模集体上访等重大负面舆情,没有一例不符合任职资格条件的人员当选,确保了村社组织换届保持平稳。11月,举办全市社区村(居)民委员会主任培训班,提高新任社区(村)主要领导的理论水平和工作能力。

【社区体制改革】 根据市委农渔村社区体制调整工作要求,全市撤销农渔村社区管委会194个,以多村合并和适当拆分原社区两种形式,新设立"社区、村一体化"的社区村民委员会。调整后,全市共有社区居民委员会(即通常所说的城市社区)111个,社区村民委员会253个,保留村民委员会43个。

【社区治理与服务创新】 以"美丽群岛 幸福社区"示范区建设为引领,推进"三社联动"工作,探索社区服务项目化运作。5月,市政府印发《关于推进"美丽群岛 幸福社区"示范区建设的意见》,成立"美丽群岛 幸福社区"示范区建设领导小组;5月23日,组织召开全市"美丽群岛 幸福社区"示范区建设推进会,部署推进"美丽群岛 幸福社区"示范区建设,确定定海昌国街道北园社区、城东街道桔南社区,普陀沈家门街道大蒲湾社区、东港街道莲安社区,岱山高亭镇嘉和社区,嵊泗菜园镇东海社区,新城管委会临城街道星岛社区,普陀山-朱家尖管委会朱家尖街道莲花社区等8个社区为首批市级城乡社区示范点,并委托全市首家专业性社工督导机构青洋社工研究发展中心对首批8个幸福社区示范点试点服务项目进行设计督导和评估验收,11月,通过第一阶段验收。

完成征集城乡社区协商示范经验、村规民约和社区公约优秀案例和村级组织换届先进做法,上报上级有关部门;指导定海区新建社区申报全国农村社区建设示范单位,指导定海区昌国街道建设首批省级城乡社区治理与服务创新实验区并完成中期评估。

【基层民主自治】 推进村务公开

5月23日,举行"美丽群岛 幸福社区"首批市级示范区授牌仪式(市民政局提供)

标准化、规范化工作，重点检查《舟山市村务公开实施细则》落实情况，全市各级未发生因村务不公开、管理不民主造成的突发事件和越级上访。全面推行“民主决策五步法”和民情走访、民情恳谈、民情工单“三民”工作制度，探索设立村（居）协商、网格协商、楼宇协商、居民小组协商等分层分类的协商机制。加强村规民约、社区公约的宣传推广和执行落实，营造全民参与的良好氛围，全市村规民约、社区公约宣传教育覆盖率100%。

区划地名工作

【行政区划与界线管理】 2017年7月，经市政府批准同意，定海区原临城街道以“千岛路西侧—329国道南侧—临长路、尖峰岗隧道西侧”为界析分为新的临城街道和千岛街道，完善新城区域管理体制。开展行政区划调整后政府驻地迁移核查工作，摸清开发区与行政区交叉管理情况，指导新城管委会完成行政区划调整后两街道分界线的勘定工作，临城、千岛两街道办事处签订《联合勘定行政区域分界线协议书》。部署开展“定普线”联合检查和边界纠纷隐患排查处置工作，妥善处置边界纠纷隐患，边界线走向完整清晰，界桩完好无损。扎实推进平安边界建设，全面重新签订“平安边界共建协议书”和“界线界桩管理委托书”，完善落实各项制度，边界双方社会稳定，未发生涉界恶性事件和上访事件。

【第二次全国地名普查】 按照《第二次全国地名普查成果数据入库验收办法》的通知要求，组织开展舟山市第二次全国地名普查自查、核查、验收及报审工作，根据验收意见完善普查成果，进行复验报审，按时完成地名普查第二阶段任务。开展地名普查成果转化应用，完成国家、浙江省标准地名词典舟山市部分初稿编纂任务。6月，联合城管、市场监管等部门开展保护地名文化清理整治不规范地名专项检查，主要针对各建设开发单位的地名命名、更名和使用情况，地名在广告、地图、媒体等上面的使用情况，各类地名标牌中的地名使用情况和各交通运输单位、交通设施的地名使用情况进行现场排查，清理整治各类不规范地名10多个，对个别单位仍然存在擅自命名、使用不规范汉字书写地名以及用英文拼写地名等违规现象要求限期整改。建立出台舟山市地名文化遗产保护名录和机制，规范地名命名、更名、发布和使用，提升全市地名法治化、科学化、标准化水平。

【地名公共服务】 编制出版2017版《浙江舟山群岛新区地图》《舟山新城城区图》和领导参考用图《浙江舟山群岛新区自贸区地图》等。落实“最多跑一次”改革要求，梳理、规范行政权力清单和服务事项，“地名核准”事项列入“全市第一批全城通办事项清单”；完善舟山市地名管理系统建设，完成与省厅地名系统、市政务服务网对接。严格实施《舟山市地名管理办法》，加强舟山千岛中央商务区、海洋产业集聚区等地名规划建设。配合全市城乡环境综合整治大会战，开展户外广告和路牌标识规范化整治行动，全年全市命名更名地名81条，新增设路牌129块，制作安装门楼牌15304块，维护路牌256块，全年编制门牌号4087个，印发门牌证9546本。

【地名文化建设】 组织开展“阿拉舟山地名”征文和最美地名评选活动，举办地名文化进校园、社区、军营、机关等系列活动，每周在“无限舟山app”推送“王教授的课”，多方位宣传地名文化。编纂出版《舟山市新旧地名对照录》《海上丝绸之路浙江段地名考释》等。全市地名文化工作获得民政部、省民政厅的充分肯定，是年，“海上丝路与海岛地名文化宣讲项目”获国务院地名普查办立项。

殡葬工作

【惠民殡葬】 2017年，全市有殡仪馆7个，殡仪服务中心1个，经营性公墓5个，公益性公墓259个，骨灰纪念堂（塔）51个。全年全市实施遗体火化减免7235具，减免基本殡葬服务费用423.87万元，船只租用费用265万元，平均每具减免952.14元。

【殡葬基础设施建设】 是年完成岱山县殡仪服务中心和普陀区桃花、岱山秀山等一批乡镇殡仪服务中心建设，为丧户提供集中办丧守灵服务，解决城区办丧影响市容及扰民的问题。5月，嵊泗县殡仪服务中心开工。

【推行节地生态安葬】 全市节地生态安葬奖补政策实行全覆盖,倡导以骨灰存放设施为主要形式,海葬、树葬、壁葬、草坪葬多种葬法相结合的节地型生态葬法。全市实施骨灰存放安葬728起;实施海葬163起,其中本市户籍16起,外省市户籍147起。

【殡葬文化宣传】 在清明节期间举办以"生态环保、绿色清明"为主题的首届清明文化宣传周活动,开展首届公益生态树葬安放仪式,举办"清明文化进广场""殡仪馆开放日"活动,倡导文明绿色生态的殡葬新风尚。

婚姻收养登记

贯彻国务院"放管服"改革精神,减轻群众负担。4月1日起,全市停征婚姻和收养登记费,至此全市民政行政事业性收费全部取消。加强县(区)婚姻登记中心颁证和婚姻家庭辅导工作,推进婚姻登记历史档案数据化,全面梳理检查历史数据,查漏补缺,完成1970年以来历史数据的系统纠错修改。

是年,全市办理结婚登记6439件,其中国内结婚登记6368件,涉外(港澳台)结婚登记71件;办理离婚登记3115件,其中国内离婚登记3101件,涉外(港澳台)离婚登记14件;办理收养登记41件,办理私自收留清理22件。

水库移民工作

【大中型水库移民后期扶持】 2017年,全市有大中型水库移民后期扶持人口1957人,全年发放大中型水库移民后期扶持直补资金117.42万元。全市向省移民办争取到大中型水库移民后期扶持结余资金156万元,组织实施盐仓街道新螺头社区村民委员会路灯安装工程、新螺头社区海新村股份经济合作社综合楼项目、颂河社区明胜公园工程、颂河社区美丽宜居示范村邻里中心一期工程等项目4个。

【小型水库移民解困】 按照"创新思路,精准扶持"原则,做好厅市合作的移民解困项目,加快项目实施进度,提高移民资金绩效,推进移民创业致富工作,使水库移民能在水库移民项目中得到更多的获得感和幸福感。是年,全市向省移民办争取到小型水库解困资金1134万元,实施解困项目37个,包括定海区城东街道双拥路海防执勤道路工程和大沙社区三东股份经济合作社下庵休闲农庄一期工程、普陀区六横镇西浪嘴经济合作社综合市场项目和桃花镇盐厂村虾塘修理改造工程、岱山县高亭镇浪激渚一村公园基础绿化工程和岱东镇涂口社区旅游观光大棚项目等,涉及全市15个镇(街道)。

(撰稿:刘识灏)

责任编辑:刘娟芬

居民生活

【城乡居民收入与消费支出】2017年，全市常住居民人均可支配收入45195元，比上年增长8.7%。其中城镇常住居民人均可支配收入52516元，同比增长8.5%；城镇常住居民人均生活消费支出32218元，同比增长4.7%。渔农村常住居民人均可支配收入30791元，同比增长8.8%；渔农村常住居民人均生活消费支出20472元，同比增长5.2%。城镇、渔农村居民收入比为1.71:1。城镇居民恩格尔系数为30.8%，比上年下降0.3个百分点；渔农村居民恩格尔系数为33.5%，比上年下降0.5个百分点。年末，城镇居民人均现住房建筑面积35.34平方米，渔农村居民人均现住房建筑面积52.18平方米。

【医疗、社会保障】 年末，全市有卫生机构700个(含村卫生室)，其中医院30个，社区卫生服务中心(卫生院)39个，社区卫生服务站138个。卫生技术人员9232人，比上年末增长4.1%，其中执业医师3581人，注册护士3512人，分别增长4.6%和4.9%。医疗卫生机构开放床位5723张，增长3.9%。全年累计报告传染病(甲乙丙类)7179例，报告发病率619.95/10万。5岁以下儿童死亡率2.25‰，同比下降0.62个千分点，婴儿死亡率1.20‰，同比下降0.55个千分点，均低于全省平均水平。免费婚检率87.13%，孕产妇住院分娩率100%，一孩率64.81%，二孩率34.42%。

年末全市参加基本养老保险人数(包括职工和城乡居民)83.1万人，基本医疗保险参保人数(包括职工和城乡居民)96.7万人，失业保险参保人数22.3万人，工伤保险参保人数35.8万人，生育保险参保人数22.0万人。

年末全市有敬老院31所，社会福利院10所，有床位数4704张。城镇“三无”对象集中供养率100%，渔农村“五保”老人集中供养率98.74%，比上年提升0.66个百分点。城乡居民得到政府最低生活保障人数13144人，比上年增长1.4%；其中城镇低保对象1912人，渔农村低保对象11232人。城乡低保对象最低生活补助标准每人每月664元(其中普陀山镇低保对象最低生活补贴标准为每人每月700元)。

【居住环境】 全市生态环境持续改善，居住环境总体良好。PM2.5年平均浓度为25微克/立方米，日空气质量(AQI)优良天数比例92.1%，列全国各大城市第三位。全市县级以上集中式饮用水源水质达标率100.0%，水环境功能区水质达标率95%。区域环境噪声平均等效声级51.9分贝。全年有效灌溉面积15600公顷，节水灌溉面积7900公顷。全市新植珍贵树41.84万株，建设珍贵彩色健康森林2.32万亩(1546.67公顷)，实施平原绿化1695亩(113公顷)，人工造林1589亩(105.93公顷)，均超额完成省定目标任务；是年，嵊泗县创建省级森林城市，定海区金塘镇、岱山县长涂镇省级森林城镇和6个省级森林村庄。

全年全市达到一、二类海水水质标准的海域面积占34.0%，比上年下降4.4个百分点；四类和劣四类海水海域面积占57.2%，与上年持平；近岸海域环境功能区达标率14.6%，比上年提升4.6个百分点。舟山海域发生赤潮15次，累计面积605平方千米。

(撰稿:郑倩)

民族宗教工作

【概况】 2017年，全市民宗工作

以“规范管理、教育引导、服务帮助、文化提升”为着力点，提高民族宗教工作水平和各类团体的自我管理能力，为新区发展营造团结稳定的社会环境。

【贯彻中共十九大精神】 组织收看中共十九大开幕式，聆听习近平总书记的报告，并进行专题学习讨论。通过全市基层民宗干部培训班、市佛教界中青年骨干培训班、全市宗教界学习十九大精神专题学习会等以会代训、办培训班的形式，引导全市宗教界学习十九大精神，各宗教团体制定学习计划，开展学习活动，普陀山佛协坚持每季度执事会学习中共十九大的精神。

【坚持“三统一”的管理模式】“三统一”即“人事上统一调配，经济上统一核算，修建上统一规划”，实行一个法人(佛协)、二级(佛协、寺院管理)统分结合的僧团内部管理体制。探索“三三制”(一部分僧众精严佛事，弘法利生；一部分僧众安心办道，信解手持；一部分僧众护持常住，庄严道场)的发展理念和建设路径。调整相关寺院的功能，开展禅修、阅藏、闭关和观音文化研究等功能活动，增强观音文化内涵等建设。

【做好清静道场建设】 持续发挥佛教弘法利生的社会教化功能，抵御商业化侵蚀。以“五名”(名山、名寺、名僧、名园、名校)建设为目标，从佛教团体和寺院管理文化、人事管理、财务收支管理及僧才培养、僧团道风、公益慈善和文化保护等方面制定系列标准，提升整体规范化管理，促进工作的制度化，压缩和减少商业化的操作空间。

【加快普陀山佛教文化设施建设】 普陀山继续实施佛教文化项目及工程。至年底，腾退归还老庵堂23处，其中修复5处。继续推动佛教佛像法器征集工作和筹建普陀山佛教造像研究院；11月22日，在舟山美术馆举办“法界莲舟——金铜佛像艺术摄影展”，来自国内的知名人士、普陀山佛协负责人等及全市各界群众300余人观看展览。11月中旬，举办主题为“自在人生，慈悲为怀”观音文化节暨南海观音开光20周年庆典活动；4月，开始对普陀山印顺图书馆(位于福泉禅林)等系列佛教文化项目及工程进行改建工作。

【打造中国佛学院普陀山学院品牌】 5月，中国佛学院普陀山学院举办全国佛教院校联席会暨第六届全国汉传佛教院校学生论文联合发表会，38所佛教院校的百余位代表参加会议。指导中国佛学院普陀山学院制定学院五年规划的实施方案，全面、科学、合理的规划学院硬件、师资打造、教学改革、教研推进、交流合作等。11月底，中国佛学院普陀山学院以地方高校合作办学的经验代表浙江省在国家宗教局举办的全国宗教院校座谈会进行交流。

【推进观音文化园观音法界建设】 以弘扬中华文化、观音精神为主题，紧扣特色小镇和文化旅游设施布局的大格局，将观音文化园建设成为主题性的公共文化项目。协助普陀山佛协做好策划，开展具有中国传统文化特色的各种活动，环境打造和公益性相结合，淡化宗教色彩，凸现中国文化，体现时代价值，稳步推进工程建设。是年观音法界工程总进度完成率34.1%。观音圣坛实现主体结构封顶；正法讲寺工程已完成场地的地基处理和桩基施工；居士学院开工建设，并启动桩基工程和内部道路施工。通过探索

3月28日，位于朱家尖观音文化园内的观音圣坛举行上梁工程仪式(市民宗局提供)

项目设计、协调推进外围配套、强化推动软件的建设，按计划推进观音文化园观音法界项目整体建设，预计2019年6月竣工。

【加强民间信仰事务管理】 4月，下发民间信仰点管理工作提纲，开展规范性、文化性、公益性探索实践，走访调研民间信仰活动场所，制订完成《舟山市民宗局关于深化民间信仰事务管理的三年行动方案》，确定2017—2019年三年工作目标，出台《舟山市民间信仰场所考核细则》，实现民间信仰事务管理从规范化提高质量。与浙江海洋大学合作成立"舟山群岛民间信仰与和谐社会建设研究"课题研究小组，形成《舟山群岛民间信仰与和谐社会建设研究》的方案，经发放调查表及田野调查等方式进行普查，基本完成一庙一篇的文体撰写、图片规范及整理等工作。

【全方位巡查重点领域和重点场所】 建立健全县(区)(管委会)、乡(镇)、村三级巡查网络工作，及时发现宗教(民间信仰)违法建筑及民族宗教(民间信仰)领域不安全不稳定情况并进行处置，确保全市宗教(民间信仰)领域和谐稳定。落实(民族)宗教领域相关信息每月报送制度。对所辖范围内宗教违法建筑及其他情况建立工作台账(包括巡查人员、时间、区域及处置情况)实行零报告制度，每月上报至市民宗局。定海、岱山相继建立宗教(民间信仰)活动场所巡查制度。

【做好视频联网建设及排查整治宗教领域危房】 继续做好视频联网建设及排查整治宗教领域危房，采取集中动员，分批入点宣传，逐片施工安装，推进全市宗教活动场所视频联网应用。提前完成195处宗教活动场所视频联网工作，完成市级视频网平台系统分控中心平台建设。年初起，开展"除隐患、保安全、促转型"治危拆违攻坚战，排查出危房20处，其中完成原址重建或局部维修民间信仰场所9处，另11处宗教活动场所停止使用2处，其他9处分别采取修复加固、搬迁、楼道封闭等。落实宗教活动场所建设审批制度，督促普陀区城北天主教堂完成立面改造任务。

【提高宗教工作规范化】 实施新修订的《宗教事务条例》，提高民族宗教事务规范化、法治化管理。组织召开专题学习会，举办基层民宗工作座谈会，围绕新修订的《宗教事务条例》进行学习，交流基层宗教工作碰到的难点及措施；印制新修订的《宗教事务条例》小册子，发放到各县(区)民宗局及市级各宗教团体。组织开展全市宗教工作交流会，贯彻《宗教事务条例》。定海区制定《宗教(民间信仰)人士轮训工作实施方案》，计划通过两年时间，对全区1500余名宗教(民间信仰)人士分9期开展教育轮训。

【完成团体换届工作】 指导市佛协召开第五次代表会议和基督教第四次代表大会，完成市佛教、基督教两教负责人考察、个别谈话及推荐工作，10月，市佛协召开第五次代表会议，选举产生新的一届领导班子，净旻法师为市佛教协会会长；12月，基督教召开第四次代表大会，选举产生新的一届领导班子，贺师定为市基督教协会会长，刘声为市基督教三自爱国运动委员会主席。

【引导宗教界参与社会慈善事业】 指导普陀山佛协完善公益事业运作机制，探索建立慈善公益活动的新模式和新平台，发挥佛协自身作用，建立慈善公益基金。召开慈善工作座谈会，传播现代慈善理念；聚焦重点项目，开展公益慈善活动。6月，召开全市宗教界助力"五大会战"座谈会，提出融入"五大会战"，围绕市委市政府的中心决策，服务新区建设大局，发挥全市宗教界的担当，指导普陀山佛协出资支持剿灭劣Ⅴ类水工作，捐助善款800万元。2017年度普陀山佛协确定20项社会慈善项目，涉及资金2150万元。市佛协以普济慈善功德会为平台，联合各寺院和居士，开展助学活动，为舟山66名贫困学子捐赠善款，解决其上学难题。

【民族工作精准服务见成效】 结合全市民族工作特点，创建"六进"活动，即进机关、进乡镇(街道)、进村(社区)、进学校、进企业、进宗教场所开展民族团结进步活动。继续完成省委统战部下达的"少数民族低收入群众增收帮扶行动"计划(2013—2017)，自2013年起，普陀山佛教协会每年捐助30万元，5年内，捐助给浙江省衢州市衢江区湖南镇破石村、大洲镇外焦村、举村乡洋坑村三个少数民族村150万元，建设公共交通、旅游等项目。做好民

9月22日,全国少数民族参观团访问参观市博物馆(市民宗局提供)

族文化遗产的保护工作,协助有关部门妥善处理非国有市级文物保护点——蓝理故居所涉财产事项。9月下旬,接待全国少数民族参观团,270多名代表先后参观舟山国际水产城、舟山海洋文化艺术中心、博物馆、城市发展馆、美术馆。9—10月,“多城联创”做好民族团结进步工作,先后在市政府大厅、定海基督教慕恩堂展出全市民族团结进步宣传画板。重视少数民族群众来信来访,为外来少数民族流动人口,包括穆斯林群众,解决生产经营、宗教生活、子女入学等问题5件。

(撰稿:张建军)

老龄工作

【概况】2017年,全市老龄工作贯彻落实中央和省重大决策部署,围绕市委、市政府的中心任务,坚持把老龄事业发展和养老体系建设作为保障和改善民生的重要内容,不断强化政策创新,优化服务供给,完善服务体系,激发社会活力,实施“美丽群岛、幸福养老”工程,不断提升全市老年人的幸福感和满意度。至年底,全市救助经济困难老年人7507人(含纳入“低保”5440人),其中城镇618人,渔农村6889人。救助金额4313万元。政府出台老年人优待政策8个,补贴落实优待政策资金2041.23万元。全年累计补贴落实优待政策资金16981.23万元。

【老年人口基本状况】按户籍人口统计,至年底,全市老年人口继续快速激增,老龄化、高龄化趋势明显。全市60周岁及以上老年人口25.69万人,占总人口的26.44%,比上年净增11885人,增长4.85%。65周岁及以上老年人口15.85万人,占总人口的16.32%。70周岁及以上老年人口10.52万人,占总人口的10.82%,比上年净增4816人,增长4.80%。80周岁及以上高龄老年人口37083人,占老年人口总数的14.44%,比上年净增1251人,增长3.49%。90周岁及以上高龄老人4345人,占老年人总数的1.69%,比上年净增169人。全市老龄化水平仍居全省前三位,各县(区)按老龄化系数依次

全市60周岁及以上老年人口情况

表60

地区	老年人口数(人)	占总人口比例(%)	与上年同期相比	
			增加老年人口数(人)	老年人口增长比例(%)
(总计)	256853	26.44	11885	4.85
定海区	84229	26.33	3384	4.19
普陀区	83183	26.48	4274	5.42
岱山县	55561	30.54	2820	5.35
嵊泗县	20458	26.83	658	3.32
市本级	13422	16.95	749	5.91

舟山市百岁老人状况

表61

地区	总人数(人)	按性别分类	
		男性(人)	女性(人)
总计	48	23	25
定海区	25	12	13
普陀区	13	6	7
岱山县	5	2	3
嵊泗县	3	2	1
市本级	2	1	1

全市纯老家庭、失能和半失能老年人情况

表 62

地区	纯老家庭人口数(人)	失能老人人数(人)	半失能老人人数(人)
(总计)	99206	4734	9649
定海区	20966	1012	1760
普陀区	32515	1469	3149
岱山县	37560	1338	2805
嵊泗县	4510	307	615
市本级	3655	608	1320

注:纯老家庭是指家庭户成员均为 60 岁以上的老年人

排列为:岱山县 30.54%,嵊泗县 26.83%,普陀区 26.48%,定海区 26.33%,市本级 16.95%。

全市纯老年人家庭人口 99206 人,占老年人口总数的 38.62%。失能、半失能老年人口数 14383 人,占老年人口总数的 5.60%,其中失能老人 4734 人,半失能老人 9649 人,分别占老年人口总数的 1.84%和 3.76%。

至年底,全市有百岁及以上老年人 48 人。其中男性 23 人,女性 25 人;定海区居多,有 25 人。年龄最大 106 周岁。全市 65 周岁及以上老年人口数量占总人口数量比例达 16.3%,按国际标准,舟山已深度进入老龄化的第二阶段"老龄社会"。

【老年文化事业】 老年活动中心 提高全市各类各级老年活动中心(室)建设和管理水平,安排专项资金 200 万元,升级改造偏远海岛老年活动室 33 家。至年底,全市建有各类各级老年活动中心(室)681 个,其中"四星级"老年活动中心 1 个,"三星级"老年活动中心(室)32 个,"二星级"老年活动中心(室)327 个,"一星级"老年活动中心(室)206 个。

老年教育 至年底,全市建有老年电大分校及教学点 300 个(所),在校学员 18208 人,毕(结)业学员 91941 人(次);老年大学 5 所,在校学员 2967 人,毕(结)业学员 29275 人(次);老年学校 32 所,在校学员 1452 人,毕(结)业学员 19040 人(次)。各类老年文艺团体 738 个,参加活动人数 21588 人;老年体协 523 个,会员人数 83853 人;老年体育团队 694 个,参加人数 38697 人。

开展"敬老月"活动 10 月,在舟山剧院举办以"海山红叶为主题的舟山市第十七届老年文化艺术周开幕式暨文艺晚会,启动"敬老月"系列活动,并以重阳节(老人节)为契机,搭平台,抓载体,开展各类敬老活动,做好"文化养老"大文章。"敬老月"活动期间,全市慰问老年人数 7 万余人,慰问金达 600 余万元,组织送戏下乡 28 场次,举办体育竞技类活动 43 场次,开展医疗保健、法律知识、人文艺术等各类讲座 60 余场次,老年人参加人数约 8 万余人(次)。

【基层老龄工作】 加强老年协会建设。全市有老年协会 582 个,民办非企业单位登记备案率达 75%,开展"银龄互助"的有 453 个,占 78%。全市 95%以上的老年协会实行备案管理;整合渔农村基层老年活动中心、渔农村"星光老年之家"等为老服务设施资源,开辟"银龄互助"活动场所。开展"邻帮邻、亲帮亲""一帮一、多帮一牵手"等互助活动,为独居、空巢、高龄和失能老人无偿提供生活起居方面服务。结合老年宜居环境建设,组织城乡基层老年协会和广大老年人投身"五水共治",组织老年志愿者认领河段,开展日常巡视、沿河植绿护绿、清理漂浮物、清扫垃圾等工作。增强广大老年人治水护水节水的责任意识,养成健康文明、绿色环保的生活方式。

【为老服务】 引导社会力量参与为老服务,全市启动"老年一键通",依托市民政局建立舟山市为老服务志愿者总队,打造"没有围墙"的养老院和"撤不走"的为老志愿服务队。组织各县(区)老龄部门和社会慈善部门开展"送温暖、送光明、送文化"活动,慰问生活困难的高龄、孤寡、失能、空巢等老人 7.5 万余人,发放慰问金 720 多万元。根据《浙江省老龄工作委员会办公室关于实施"圣奥·独居老人暖巢行动"的通知》,在白泉镇河东社区、六横镇龙山社区、东沙镇泥峙社区和菜园镇马关社区等 20 个社区实施"圣奥·独居老人暖巢行动"。对独居老人情况进行摸查,掌握独居空巢老人动态,落实关爱政策。

开展《中华人民共和国老年人权益保障法》和老年人优待政策的宣传,维护老年人正当合法权益。至年底,各级人民法院受理涉老案件385起,其中审结案件373起,占受理案件总数的96.88%;执行329起,占审结案件总数的88.20%。全市建立老年法律援助中心6个,提供咨询、援助涉老案件76起;建立老年维权机构112个,从事老年维权的专(兼)职法律工作人员224人。全市各老龄办和基层老年组织收到涉老群众来信70件,妥善处理的69件;接待涉老来访633人(次),反映问题得到妥善解决的604人(次),占总数的95.42%。

(撰稿:刘志栋)

关心下一代工作

【概况】 2017年,全市各级关工委以培养“四有”新人为目标,依托学校思想教育阵地、爱国主义教育基地、史迹陈列馆、农村文化礼堂等教育基地,发挥自身优势,坚持服务青少年的正确方向,组织“五老”(老党员、老干部、老军人、老模范、老教师)人员,加强青少年思想道德建设,参与创新社会治理,教育引导和关心爱护青少年健康成长。

【建设特色教育品牌】 发挥“五老”优势,搞好“传帮带”作用,联合浙江海洋大学东海科技学院青年志愿者协会,以“大手牵小手 讲红色故事”的形式,开展“抗日战争在舟山”主题教育,传递红色力量。邀请离休干部为机关、社会各界团体、学校授课7次,受教育5000余人次,举办舟山群岛游击支队革命史迹展,接待学生暑期实践团队6个。7月,定海“爱心奶奶工作室”举办首期“情暖童心 生态环保”社区夏令营,开展“生态环保知识讲座”“安全自护小课堂”等活动,开阔学生眼界。5月,岱山县关工委组织学生讲家乡革命故事和“五老”讲历史传统,增强“两史”教育的感染力,帮助青少年树立正确的社会主义价值观。

开展追忆革命历史主题教育(市关工委提供)

【关爱青少年】 市关工委组织青少年以集中学习和分散学习相结合,开展“学普法教育 读系列丛书”活动;组织“普法先行 关爱明天”系列活动5次,其中赴学校等地送法制教育4次。4月,普陀区关工委组织“五老”走进舟山市戒毒所开展帮教活动,帮助失足青年重新树立正确的人生观、价值观。嵊泗县关工委开展廉政教育进校园活动,由学生向家长致“廉政公开信”,让家庭成为廉洁教育的第一堂课。全市关工委聚焦贫困、残疾、外来务工人员子女等青少年群体,帮助克服困难,解决实际问题,促进健康成长。

【开展扶贫助学活动】 市关工委以“帮困助学关心桥”为平台,筹集61.5万元,帮扶青少年73人。其中联合市福彩中心开展“福彩暖万家·助圆大学梦”——困难大学新生专项资助,给予受助者每人补助8000元,50名困难大学新生步入校园;发挥“福彩暖万家”公益品牌,开展“福彩牵手·点亮梦想”——贫困少年儿童专项资助,对全市100名贫困少年儿童给予每人帮扶资助2000元,帮助孩子生活、就学健康成长;通过市慈善总会资助3名困难大学生给予每人每年5000元。

(撰稿:吴建清)

责任编辑:叶贞海

县（区）综情

定海区

【概况】 定海区总面积1444平方千米，其中海域面积875.2平方千米，陆域面积568.8平方千米（含滩涂面积37.74平方千米）。境内有大小岛屿127.5个，其中有居民岛23.5个，无居民岛104个，呈西南—东北排列，由低山、高丘向低丘、平原延伸，属海岛丘陵地貌。海岸线总长428.07千米，其中水深10米以上深水岸线68.70千米，水深20米以上深水岸线43.10千米。东部黄杨尖山，海拔503.6米，为舟山岛最高峰。

2017年8月，经舟山市人民政府批准同意，由舟山群岛新区新城管理委员会代为定海区管理的临城街道，分为两个街道，以“千岛路西侧—329国道南侧—临长路、尖峰岗隧道西侧”为界，界线以东区域命名为千岛街道，街道办事处驻海天大道1555号。区域面积约36.3平方千米，常住人口约7.9万。至年底，全区下辖昌国、环南、城东、临城、千岛、盐仓、小沙、岑港、马岙、双桥10个街道（其中临城街道、千岛街道委托舟山市新城

2017年末定海区行政区划一览

表63

街道（镇）名称	下辖社区、行政村
昌国街道	13个城市社区： 东管庙社区、西安社区、留方社区、西管庙社区、西山社区、虎山社区、翁山社区、金寿社区、北园社区、香园社区、合源社区、开源社区、文昌社区； 2个农村社区：城北社区、东湾社区； 2个行政村：茅岭村、义桥村
城东街道	14个城市社区： 东园社区、港北社区、港南社区、阳光园社区、昌东社区、檀香社区、檀树社区、鸿毛湾社区、桔北社区、桔南社区、畚金社区、紫竹社区、檀东社区、颐景园社区； 1个农村社区：洋岙社区； 4个行政村：小碶村、洞桥村、胜利村、长岗山村
环南街道	10个城市社区： 利民社区、海滨社区、卫海社区、东山社区、蓬莱社区、海山社区、西园社区、晓峰社区、竹山社区、南珍社区； 3个农村社区：盘峙社区、大猫社区、五联社区； 1个行政村：庆丰村
盐仓街道	2个城市社区： 塔山社区、惠舟社区； 5农村社区： 颂河社区、虹桥社区、兴舟社区、昌洲社区、新螺头社区
马岙街道	6个农村社区： 三江社区、五一社区、马岙社区、团结社区、三星社区、北海社区
小沙街道	10个农村社区： 光华社区、庙桥社区、青岙社区、大沙社区、增辉社区、毛峙社区、东风社区、三龙社区、前湾社区、后岸社区

续表 63

街道(镇)名称	下辖社区、行政村
双桥街道	6 个农村社区： 石礁社区、桥头施社区、南山社区、浬溪社区、紫微社区、临港社区
岑港街道	9 个农村社区： 桥头社区、司前社区、涨次社区、烟墩社区、坞丘社区、马目社区、南岙社区、册北社区、桃夭门社区
临城街道	11 个城市社区： 金鸡山社区、南海社区、锦湾社区、舟中社区、甬金社区、田螺峙社区、丹枫社区、吴榭社区、瀛州社区、桃湾社区、王家墩社区； 17 个农村社区(含行政村)： 东蟹峙社区、中湾社区、三官堂社区、黄土岭社区、甬庆社区、长峙社区、毛竹山社区、甬东社区、惠民桥村、永华村、海防村、横塘村、长升村、西荡村、长峙村、马鞍村、岙山渔业村
*千岛街道	10 个城市社区： 星岛社区、桂花城社区、海宇社区、富都社区、绿岛社区、怡岛社区、合兴社区、红茅山社区、泽普社区、浦西社区； 3 个农村社区： 曙光社区、浦东社区、蒲岙社区
金塘镇	12 个农村社区： 河平社区、柳行社区、仙居社区、东堠社区、西堠社区、山潭社区、和建社区、大观社区、沥平社区、大浦社区、新丰社区、穆岙社区
白泉镇	1 个城市社区：万金湖社区； 13 个农村社区： 白泉社区、金山社区、繁强社区、柯梅社区、河东社区、平湖社区、米林社区、皋泄社区、星塔社区、星马社区、洪家社区、小展社区、新港社区
干磁镇	1 个城市社区：滨港社区； 6 个农村社区： 东升社区、新建社区、龙潭社区、青龙社区、双庙社区、西码头社区

*注：千岛街道的浦西社区、曙光社区、浦东社区、蒲岙社区地属普陀区

管理委员会管理)，金塘、白泉、干磁 3 个镇，并设有小沙街道长白管理处、岑港街道册子管理处、白泉镇北蝉管理处，分别为小沙街道、岑港街道、白泉镇派出机构。至年末，全区有城市社区 41 个，行政村 80 个(其中 73 个农村社区，7 个城中村)。

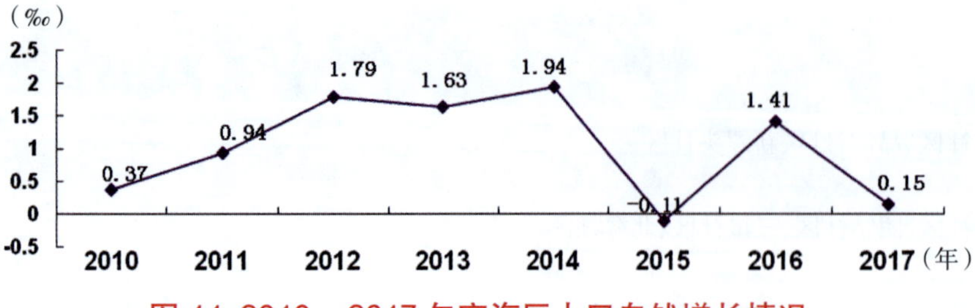

图 11：2010—2017 年定海区人口自然增长情况

全区家庭总户数 15.06 万户，户籍人口 39.40 万人，其中城镇人口 23.36 万人。按性别分，男性 19.39 万人，女性 20.01 万人。全年出生人数 3498 人，死亡人数 3439 人，自然增长 59 人，自然增长率为 0.15‰。

全年全区实现地区生产总值 508.71 亿元，按可比价计算，比上年增长 8.5%。其中，第一产业增加值 13.50 亿元，同比增长 1.0%；第二产业增加值 229.78 亿元，同比增长 9.3%；第三产业增加值 265.43 亿元，同比增长 8.2%。三次产业比例为 2.6:45.2:52.2。按户籍人口计算，人均地区生产总值 129805 元，约 19225 美元，同比增长 7.7%。

全年全区实现海洋经济增加值 282.54 亿元，按可比价计算，同比增长 8.7%。海洋经济增加值占全区 GDP 的比重为 55.5%，比上年提高 0.4 个百分点。全年全区实现财政总收入 53.00 亿元，

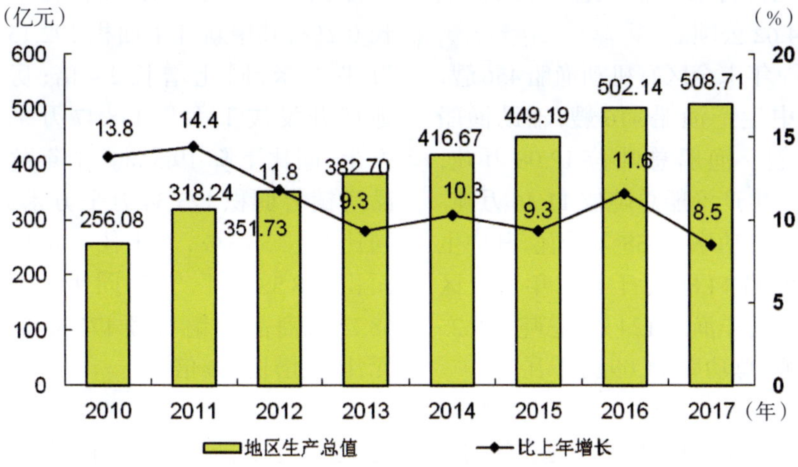

图 12:2010—2017 年定海区地区生产总值及其增长速度

同比增长 2.7%;实现一般公共预算收入 32.65 亿元,同比增长 3.4%,其中区本级实现一般公共预算收入 18.03 亿元,同比增长 5.0%。在区本级一般公共预算收入中,增值税 5.73 亿元,同比增长 3.3%;企业所得税 1.51 亿元,同比下降 3.2%;契税 0.98 亿元,同比增长 1.3 倍;个人所得税 0.79 亿元,同比增长 40.0%。一般公共预算支出为 36.26 亿元,同比下降 0.5%。其中,一般公共服务支出 3.49 亿元,同比增长 12.4%;教育支出 6.24 亿元,同比增长 2.2%;社会保障和就业支出 3.58 亿元,同比增长 45.3%;医疗卫生与计划生育支出 3.69 亿元,同比增长 17.3%。

全年全区新增城镇就业人员 9884 人,城镇登记失业率为 2.53%。年末农渔村从业人员 17.96 万人,比上年末减少 0.05 万人。

【工业和建筑业】 全年全区 144 家规模以上工业企业产值同比增长 13.5%,其中重工业同比增长 17.8%,轻工业同比下降 3.5%。年末有工业产值上亿企业 65 家,工业总产值同比增长 17.8%,占全部工业总产值的比重为 94.1%。全区规模以上工业增加值按可比价计算同比增长 11.3%。全区战略性新兴产业产值同比增长 27.3%,装备制造业产值同比增长 26.5%,高新技术产业产值同比增长 23.1%。

全年规模以上工业企业资产总计同比下降 1.8%;主营业务收入同比增长 16.3%;利税总额同比下降 26.4%,其中利润总额同比下降 13.7%。

全年规模以上工业企业综合能源消耗量 71.31 万吨标准煤(等价值),同比下降 2.0%,单位工业增加值能耗同比下降 12.0%。全区工业用电量 11.65 亿千瓦时,同比增长 11.2%。

全年全区实现建筑业总产值 190.16 亿元,同比增长 9.7%。年末区本级具有资质等级的总承包和专业承包建筑业企业 76 家,实现总产值 166.04 亿元,同比增长 13.1%;房屋施工面积 738.84 万平方米,同比下降 2.7%,其中新开工面积 190.36 万平方米,同比增长 17.0%。

【农林牧渔业】 全年农林牧渔业总产值 23.93 亿元,同比增长 1.6%。其中渔业总产值 16.31 亿元,同比增长 5.1%;农业总产值 5.46 亿元,同比增长 3.1%;畜牧业总产值 1.82 亿元,同比下降 27.7%;林业总产值 0.05 亿元,同比增长 1.8 倍。

全年农作物总播种面积 9483 公顷,与上年持平。其中,粮食作物播种面积 3921 公顷,同比下降 1.2%,粮食产量 2.22 万吨,同比下降 2.7%;蔬菜播种面积 3679 公顷,同比增长 2.2%,蔬菜产量 8.35 万吨,同比增长 4.9%。有果园面积 3807 公顷,与上年持平,全年水果产量 3.49 万吨,同比增

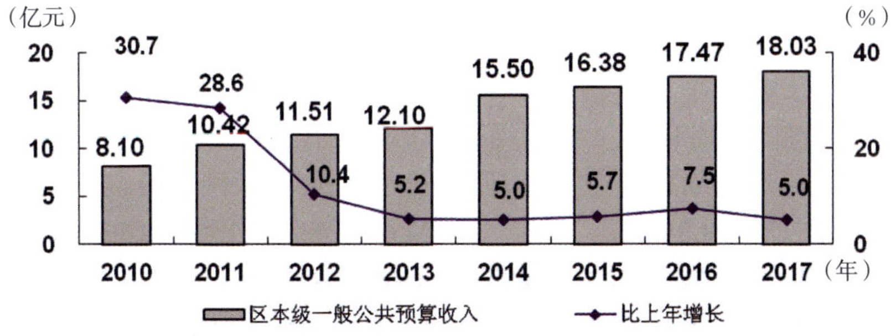

图 13:2010—2017 年定海区一般公共预算收入及其增长速度

长1.8%;茶园面积132公顷,同比下降5.0%,全年茶叶产量8吨,同比下降33.3%。

年末生猪存栏2.76万头,同比下降27.2%;全年生猪出栏5.36万头,同比下降44.3%。年末家禽存栏14.35万只,同比下降51.7%;全年家禽出栏38.08万只,同比下降38.9%。全年肉类总产量0.57万吨,同比下降39.4%,其中,猪肉产量0.46万吨,同比下降40.8%。全年鸡鸭鹅蛋产量1077吨,同比下降48.8%。

全年水产品总产量16.11万吨,同比下降9.1%。其中,近海捕捞产量4.00万吨,远洋捕捞产量11.50万吨,同比分别下降17.0%和5.9%。全区海水养殖面积642公顷,产量3819吨,同比分别下降4.6%和1.0%;淡水养殖面积712公顷,产量2245吨,同比分别下降21.2%和19.8%。

年末全区有无公害农产品36个(国家级),无公害养殖水产品12个(国家级),绿色食品6个。省级无公害农产品产地21个,面积4.91万亩(3273.33公顷);省级无公害水产品产地13个,面积294.62公顷。

年末全区有机动渔船456艘,其中生产渔船416艘,辅助渔船40艘。渔船总吨位12.08万吨,其中生产渔船总吨位11.46万吨。渔船总功率16.58万千瓦,其中生产渔船14.88万千瓦。年末全区拥有远洋渔船124艘,总吨位9.25万吨,总功率11.09万千瓦。

2017年定海区农渔业主要产品产量

表64

农畜产品	产量(吨)	比上年增长(%)	水产品	产量(吨)	比上年增长(%)
粮食	22210	-2.7	海水产品	161143	-9.1
油料	1543	-2.2	近海捕捞	40040	-17.0
中草药材	2102	9.1	#鱼类	20971	-18.1
蔬菜	83495	4.9	甲壳类	17228	-16.1
茶叶	8	-33.3	海水养殖	3819	-1.0
水果	34900	1.8	远洋捕捞	115039	-5.9
肉类	5697	-39.4	#鱿鱼	79512	-26.6
鸡鸭鹅蛋	1077	-48.8	淡水产品	2245	-19.8

【固定资产投资和房地产业】全年区本级固定资产投资同比增长5.1%,其中建筑安装工程投资、基础设施投资、民间投资同比分别增长1.5%、0.9%、23.0%。从三次产业看,第一、二、三产业投资同比分别增长2.5倍和7.6%、2.1%,其中水利、环境和公共设施管理业投资同比下降18.2%,交通运输、仓储和邮政业投资同比增长35.9%,工业投资同比增长9.1%,工业技改投资同比增长8.8%。

全年全区房地产开发投资同比增长19.8%,其中区本级同比下降23.2%。年内房地产开发施工面积513.49万平方米,同比增长0.2%,其中新开工面积192.15万平方米,同比增长2.4倍;房地产开发竣工面积148.47万平方米,同比下降19.5%。全年商品房销售面积125.34万平方米,同比增长58.5%,其中住宅销售面积118.58万平方米,同比增长68.7%;商品房销售额171.55亿元,同比增长1.0倍。

【交通邮电旅游业】年末,全区海上货物运输船舶664艘,海运总运力达251.84万载重吨,其中万吨级以上船舶73艘,比上年增加2艘,运力147.95万载重吨,同比增加3.46万载重吨。年末全区集装箱运输车辆数1660辆,总吨位5.06万吨。年末,全区民用汽车拥有量8.98万辆,同比增长14.1%,其中私人汽车拥有量7.31万辆,同比增长15.7%。全年定海港域港口货物吞吐量1.46亿吨,同比增长5.3%。从主要品种看,石油及天然气吞吐量5846.22万吨,同比增长9.6%;矿建材料3584.26万吨,同比下降4.1%;金属矿石吞吐量2020.50万吨,同比增长9.7%;粮油类吞吐量756.66万吨,同比下降3.5%;煤炭及制品吞吐量586.92万吨,同比增长5.4%。全年集装箱吞吐量104.11万标箱,同比增长19.8%。

年末,全区固定电话用户13.25万户,比上年末下降17.2%;移动电话用户94.99万户,同比增长19.1%;互联网宽带接入用户24.63万户,同比增长16.3%。年末全区有线电视用户数13.02万户,有线电视入户率86.4%。

全年全区接待国内外游客

1157.34万人次,同比增长20.2%,其中国内游客1148.53万人次,国际游客8.80万人次,同比分别增长20.3%、6.2%。旅游总收入164.80亿元,同比增长20.1%,其中国内旅游收入161.37亿元,国际旅游收入5013.50万美元,同比分别增长20.3%、6.2%。年末全区有星级宾馆(饭店)6家,旅行社38家,AAA级旅游景区2个,AA级旅游景区6个,A级旅游景区6个,农(渔)家乐项目72家。

【对内商业】 全年全区全社会消费品零售总额205.00亿元,同比增长10.3%,其中限额以上消费品零售额69.50亿元,同比增长10.5%。分地区看,城镇地区实现零售总额177.43亿元,农村地区实现零售总额27.56亿元,同比分别增长11.1%、5.2%。全年批发零售业商品销售额1773.93亿元,同比增长21.2%;住宿餐饮业营业额30.83亿元,同比增长11.9%。

限额以上批发零售业零售额中,汽车类商品实现零售额23.77亿元,同比增长6.1%;石油及制品类商品零售额10.82亿元,同比增长12.0%;粮油、食品类商品零售额6.20亿元,同比增长11.0%;中西药品类商品零售额6.35亿元,同比增长17.2%;服装、鞋帽、针纺织品类商品零售额3.84亿元,同比增长27.3%;家用电器和音像器材类商品零售额3.76亿元,同比增长14.7%;金银珠宝类商品零售额0.93亿元,同比增长20.5%。

年末,全区有商品交易市场59个,其中消费品市场52个,生产资料市场7个;全年商品交易市场成交额98.24亿元。年末全区有亿元市场16个,全年实现成交额117.61亿元。

【对外贸易】 全年全区完成外贸进出口总额31.03亿美元,同比下降3.5%。其中,进口总额22.02亿美元,同比增长14.3%;出口总额9.01亿美元,同比下降30.1%。从出口产品分品种看,油品实现出口额1.91亿美元,同比下降53.5%;机电产品实现出口额3.21亿美元,同比下降37.1%,其中船舶实现出口额1.95亿美元,同比下降52.0%;水产品实现出口额2.34亿美元,同比增长43.2%;纺织品实现出口额0.28亿美元,同比下降17.4%。分出口国别(地区)看,对日本的出口额为1.50亿美元,同比下降47.3%;对欧盟的出口额为1.16亿美元,同比增长68.5%;对美国的出口额为0.39亿美元,同比下降42.7%;对韩国的出口额为0.85亿美元,同比下降38.7%。

全年批准外资项目2个,协议利用外资金额0.14亿美元,实际利用外资金额0.65亿美元。全年实际利用市外资金116.5亿元,浙商回归省外到位资金40.50亿元。

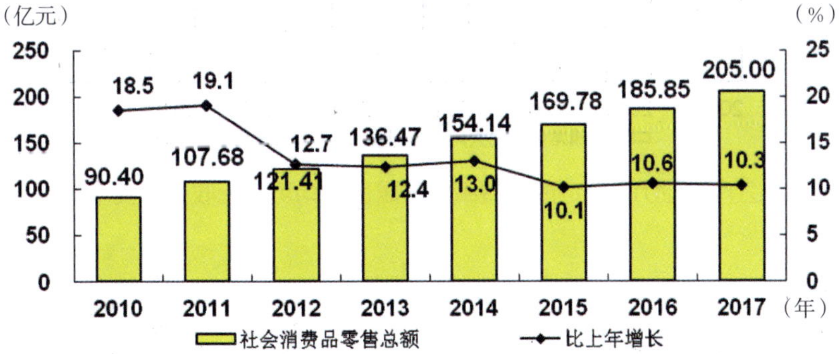

图14:2010—2017年定海区社会消费品零售总额及其增长速度

【金融和保险业】 年末市级及定海金融机构本外币存款余额1291.30亿元,其中,金融机构人民币存款余额1239.40亿元,比上年末增长9.0%。年末市级及定海金融机构本外币贷款余额1159.37亿元,其中,金融机构人民币贷款余额1143.45亿元,比上年末增长16.7%。全年全区保险公司保费收入20.42亿元,同比增长10.3%。其中,财产保险费收入9.24亿元,同比增长9.4%;人身保险费收入11.18亿元,同比增长11.1%。保险公司赔款支出6.36亿元,同比增长1.0%;给付支出1.35亿元,同比下降13.0%。

【科学技术与教育】 全年全区申报各类科技项目171项,已立项139项,其中省级90项,市级11项;受理专利申请2266项,授权1332项,其中授权发明365项;获奖科技成果18项,其中市级8项。年末全区有国家高新技术企业34

家,比上年增长11家;省级科技型中小企业157家,比上年增长43家;省级企业院士工作站1家,省级企业研究院6家,省级高新技术企业研发中心17家,省级创新型试点、示范企业3家,省级农业科技企业研发中心8家。年末全区有浙江名牌11个,其中工业名牌7个,农业名牌2个,服务名牌2个。年末全区有各类注册商标2964件,其中,国际注册商标176件,中国驰名商标5件,省著名商标41件,市著名商标63件,地理标志证明商标2件。年末全区有普通高中3所,全年招生456人,在校学生1457人;普通初中(含一贯制)11所,全年招生2612人,在校学生7311人;普通小学20所,全年招生2774人,在校学生17375人;幼儿园38所,全年招生2623人,在园幼儿8223人。全区小学毕业生升学率100%,初中毕业生升高中段率99.55%。

【文化体育卫生】 年末全区有文化艺术表演团体16个,艺术表演场所4个,文化馆1个,文化站11个。举办群众文化活动280场,开展送戏下乡、文化走亲活动102场,农村电影放映1500场,送书下乡1万册,百姓课堂培训562期次。建成城市书房2家,新增图书流通点14家。

全年举办体育活动与赛事85次,参加活动人数5.1万人次。定海国家登山健身步道61千米,均通过国家体育总局登山运动管理中心验收;新建全民健身路径30套,建成农民健身工程10个,新增体育场地2万平方米。年内建中心村全民健身广场1个、市级中心村体育休闲公园1个、创建小康体育村30个。

年末全区有医疗卫生机构(含村卫生室)161家,其中医院6家;卫生机构开放床位2713张。卫生技术人员(含村卫生室)3784人,其中执业(助理)医师1432人,注册护士1670人。全区有社区卫生服务中心(卫生院)13个,社区卫生服务站68个,社区卫生服务人口覆盖率97.14%。全年报告传染病3981例,报告发病率831.97/10万。全区免费婚检率81.96%,产前检查率98.72%,孕产妇住院分娩率100%,孕产妇死亡率0,计划生育率99.10%,5岁以下儿童死亡率1.25‰。

【人民生活与社会保障】 全年全区全体居民人均可支配收入49181元,同比增长8.8%,其中城镇常住居民人均可支配收入57519元,农渔村常住居民人均可支配收入30879元,同比分别增长8.5%、8.8%。全体居民人均生活消费支出28687元,同比增长5.4%,其中城镇常住居民人均生活消费支出33257元,农渔村常住居民人均生活消费支出18655元,同比分别增长5.2%、4.7%。城镇、农渔村居民收入比为1.86:1。城镇居民恩格尔系数为34.87%,农渔村居民恩格尔系数为37.36%。年末城镇居民人均住房面积43平方米,农渔村居民人均住房面积61.1平方米。

年末全区参加城乡居民基本医疗保险人数21.36万人,参

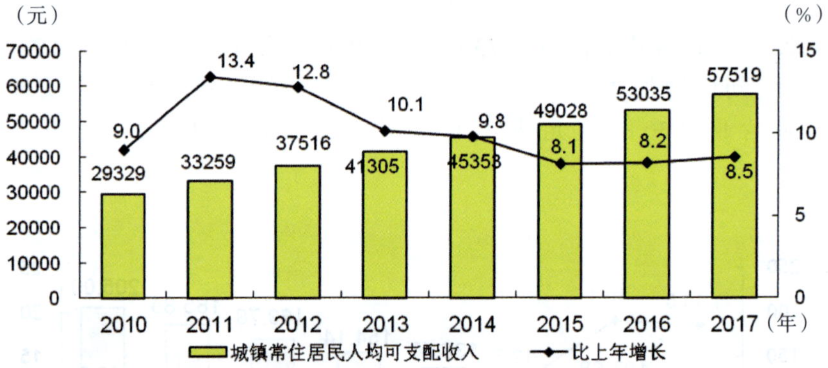

图15:2010—2017年定海区城镇常住居民人均可支配收入及其增长速度

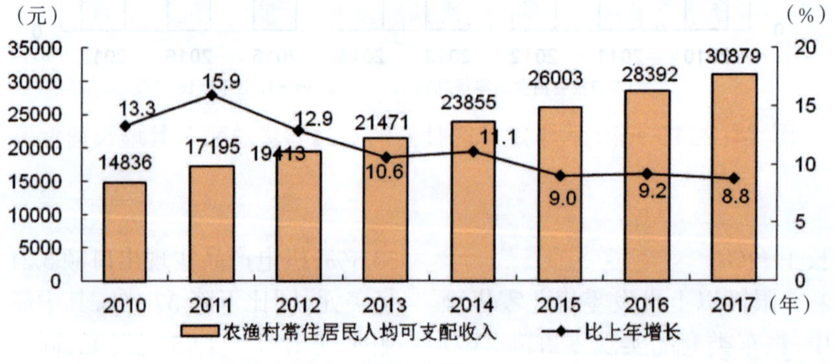

图16:2010—2017年定海区农渔村常住居民人均可支配收入及其增长速度

保率98.78%;参加城乡居民基本养老保险人数4.37万人,参保率96.56%。全区被征地农民参加养老保险人数1.27万人。

年末全区有敬老院11所,社会福利院4所,总收养人数744人。城镇"三无"对象集中供养率92.9%,农渔村"五保"老人集中供养率97.4%。城乡居民得到政府最低生活保障人数3815人,其中农渔村低保对象3159人;城乡低保对象最低生活补助标准均为每人每月664元。

【新农渔村建设】 是年,全区创建"美丽海岛"社区5个、省级重点历史文化保护与利用村落2个,建成美丽风景示范线25千米、彩色健康森林2200亩(146.67公顷)。推进渔农村困难群众危房改造,全年完成改造103户;城中村改造全面铺开,竹山门、小洋岙工业区等13个区块征迁签约率达100%,完成改造44.8万平方米。

【环境与公共安全】 年末,全区集中式饮用水源水质达标率100%,城区区域环境噪声平均等效声级49.1分贝,烟尘控制区总面积23.11平方千米,全区累计建成生态公益林21.3万亩(14200公顷),森林覆盖率50.0%。全面推进"五水共治"工程,建设污水管网32.5千米;推进强排系统建设24个,完成河库清淤37.6万立方米。

全年全区发生各类生产安全事故16起,各类生产安全事故死亡(失踪)17人;亿元GDP生产安全事故死亡人数0.033人。全年发生道路交通事故6起,死亡人数7人。

【定海匈牙利国际广场启用】 1月19日,定海匈牙利国际广场启用仪式在盐仓街道举行。广场坐落于盐仓街道盐纬三路和盐经五路交叉口,总用地面积10956平方米,总建筑面积8196.7平方米,是一个以显示异域风情进行国际文化交流的开放式广场,分为科技展示区、文化创意区、体验互动区三大功能区块。广场中心的匈牙利馆是从上海世博会"移植"而来,由匈牙利建筑大师汤姆森设计。

【中国(舟山)海洋科学城定海园区建设】 2月16日,区委区政府办公室印发《中国(舟山)海洋科学城定海园区建设实施方案》通知,启动海洋科学城建设。

定海海洋科学城位于盐仓街道,紧靠兴舟大道,与长三角主要城市宁波、杭州、上海等构成三小时经济圈。园区以"一城三园"(军民融合产业园、海洋信息科技产业园、海洋文创产业园)为功能定位和发展目标,其核心区域是定海科技大楼及周边区域,总占地面积0.88平方千米,包括金鹰鸭蛋山工业园、盐仓工业园、电子商务产业园、文化创意产业园等。园区重点发展海洋电子信息、海洋工程装备及设计研发、海洋生物技术、海洋大数据与云计算、海洋电子商务、海洋文化创意、海洋新材料新能源等海洋战略性新兴产业。入驻企业包括科研机构、科技型企业、文化创意企业、电子商务企业、科技金融企业和科技中介服务机构等。至10月底,园区累计注册企业41家,企业注册资金合计4.8亿元,企业总产值5200万元。入驻企业19家,其中海洋电子信息类企业6家,军民融合类企业6家。入驻企业中,浙江省科技型中小企业5家,高

10月18日,浙江易航海信息技术有限公司正式入驻舟山海洋科学城定海园区(定海区史志办提供)

新技术企业1家;拥有软件著作权27个,发明专利13项,实用新型专利67项。创客邦孵化器引进双创团队16家。对接组织11个项目申报全市"5313"科技创业领军人才项目。

【首届评选定海"三毛散文奖"】该奖项由《人民文学》杂志社、浙江省作家协会、定海区委区政府主办,是以定海籍当代女作家三毛命名的散文类文学奖项,与富阳"郁达夫小说奖"、海宁"徐志摩诗歌奖"并列为浙江省三大文学奖项。每2年评选一次,征集范围不受地域限制。奖项的设立旨在扩大三毛作品的影响力,弘扬三毛文学的精神,提升散文文学的创作水平,同时打造定海名人文化品牌,提高定海知名度和影响力。

首届"三毛散文奖"参评作品为2014年至2015年期间公开出版的汉语散文作品集和公开发表的单篇散文作品(不含网络发表)。至截稿日期(2017年1月15日),奖项评委会收到参评作品590件,其中散文集229部,单篇散文361篇。4月6日,首届"三毛散文奖"终评会议在北京举行。评委会由张炜、袁敏、洪治纲、陆春祥、来其等7名作家、资深编辑、评论家组成,中国作协副主席张炜任评委会主任,著名作家贾平凹及陈杰(三毛之弟)、陈田心(三毛之姐)任评委会顾问。评选出获奖散文集9部,单篇散文9篇,其中杨献平的《沙漠里的细水微光》获散文集一等奖,王宗仁的《十八岁的墓碑》获单篇散文一等奖。4月20日,首届"三毛散文奖"颁奖典礼在定海举行。著名作家、中国作协副主席叶辛,省作协党组副书记曹启文,《人民文学》杂志社副编审杨海蒂及市、区领导等出席。

【《舟山市定海区志(1988~2007)》首发】4月20日,《舟山市定海区志(1988~2007)》首发式在定海区行政中心举行。市、区领导和定海区志编辑部成员,定海区文史专家代表,区委宣传部、区教育局、区人武部、区民政局等20余家单位的代表出席。区图书馆、舟山名人馆、定海小学等机构代表接受赠书。

该志书于2007年6月启动编修,2011年7月完成初稿,2013年5月和2014年9月,先后通过区志编委会、省市地方志办公室组织的初审、复审。2015年11月,通过区委区政府办公室组织的终审,2016年3月付梓印刷,11月出版。该志书为1994年出版的《定海县志》的续志,是定海撤县改区后的第一部城市区志。全书约260万字,分上下两册,由照片、地图、序、凡例、综述、大事记、专志、专记、丛录和索引等组成,包含专志34编、87章、643节,专记6篇,丛录45条,入志人物504人,以及人名等4种索引。客观全面地反映1988年至2007年定海经济、政治、文化、社会、生态等各方面的发展状况,重点突出定海作为舟山群岛新区的政治、经济、文化中心所在地,在经济社会文化发展中的海洋特色、海岛特点及时代特征。

【柳永文化广场建成开放】7月31日,由区旅游局与团区委主办的舟山鸦片战争纪念馆建馆20周年暨柳永文化广场开馆仪式在柳永文化广场举行。该活动是2017国际海岛旅游大会的配套活动之一,旨在凸显定海特有的古城文化、名人文化、战争文化。2013年12月20日,柳永文化广场地面建筑部分开建,总投资

4月20日,举行《舟山市定海区志(1988~2007)》首发式(王英伟 摄)

2942万元,总用地面积8748平方米,由柳永纪念馆、三毛纪念馆、三毛书吧三个展馆组成,免费向市民和游客开放,记录和展现定海特色历史文化和名人风采。

【全国首艘超低温金枪鱼冷藏运输船投入运营】 8月15日,全国首艘超低温金枪鱼冷藏运输船"平太荣冷1"号在舟山惠群远洋渔业冷链物流基地1号万吨级码头举行启航仪式。该运输船由平太荣远洋渔业集团有限公司投资建造,船体总长116米,水线长110.9米,吨位6000吨级,船舶单艘造价6500万元,是国内自主研发的最大吨位超低温冷藏运输船,主要用于金枪鱼等水产品冷藏及运输,冷藏舱最低设计温度为零下55摄氏度。

【"神行定海山"2017年国家登山健身步道联赛总决赛举行】 由中国登山协会,定海区委、区人民政府,舟山市体育局主办,11月12日,在定海南洞艺谷举行,包括国内知名户外运动员在内的1600余名选手参加。比赛分竞速组、团队接力组、徒步体验组、家庭亲子组4个组别,采用专业比赛和群众性体育活动相结合的形式;同时设计网红直播、微信、微博发送有奖活动等,宣传定海旅游资源。来自甘肃兰州的邱旺东以2小时7分零1秒的成绩获男子竞速组冠军,云南昆明的郑文荣以2小时45分54秒的成绩获得女子竞速组冠军,团队接力组的冠军由贵州世纪跑友队以1小时52分52秒的成绩夺得。

【舟岱跨海大桥开工建设】 11月28日,宁波舟山港主通道舟岱跨海大桥施工作业许可证批准,标志着舟岱跨海大桥建设工程正式启动。大桥起于定海区岑港互通,路线向北延伸,在马目山入海后转向东北,依次跨越长白西航道、舟山中部港域西航道和岱山南航道,在岱山双合登陆。海中设置长白互通,连接长白岛。路线终点设置双合互通,近期与本项目鱼山支线、规划的岱山环岛公路连接,远期与上海至大洋山规划通道衔接。大桥全长16.34千米,整个施工期约为45个月,预计2021年建成通车。

【"江海直达1"号货船下水】 12月8日,浙江增洲造船有限公司承担建造的"江海直达1"号货船正式下水。该船由舟山市政府、中国船级社和长江航务管理局联合设计研发,4月19日开工建设。"江海直达1"号船长154米、宽24米、吃水9.1米,是中国开建的首艘江海直达船,具备宜江、适海、先进、经济四大特性。与传统海船相比,该船造价降低10%,载重量增加13%,能效提高12%,是中国水陆运输发展史上的重大突破。

(撰稿:王英伟)

普陀区

【概况】 普陀区位于舟山群岛东南部,总面积6728平方千米,其中海域面积6269.4平方千米,陆域面积458.6平方千米(含潮间带69.77平方千米)。岛屿444个(含舟山岛),其中有居民海岛45个,无居民海岛399个,自西南向东北呈带状分布。海岸线总长824.4千米。低山丘陵占陆地面积约2/3,港湾平原占陆地面积约1/3。海拔最高为桃花岛对峙山(又名安期峰)544.4米。

2017年初,全区域有六横、桃花、虾峙、东极、普陀山5个镇(其中普陀山由新区普陀山－朱家尖管委会管理),东港、沈家门、朱家尖、展茅4个街道办事处,辖农村社区管委会52个(其中普陀山2个),行政村108个(其中普陀山4个),居委会(属农村社区)6个,城市社区居委会26个。年底经渔农村社区体制调整,全区域有六横、桃花、虾峙、东极、普陀山5个镇(其中普陀山由新区普陀山－朱家尖管委会管理),东港、沈家门、展茅、朱家尖4个街道办事处(其中朱家尖由新区普陀山－朱家尖管委会托管),白沙、蚂蚁岛2个管理委员会,辖渔农村社区村民委员会84个(其中普陀山4个,朱家尖街道8个,由新城托管的东港街道勾山管理处所辖3个),城市社区居民委员会31个(其中普陀山1个,勾山管理处1个),居民委员会4个(其中朱家尖1个)。年末全区家庭总户数110856户,户籍人口319275人,其中男158095人,女161180人,性别比为98.09∶100。区内有普陀山国家级重点风景名胜区(含朱家尖岛东部28.8平方千米)和省级风景区桃花岛风景区。

是年,区委、区政府围绕"开放活力的幸福普陀"奋斗目标、自由贸易先行区和海上花园会客厅两大定位,巩固基础,加快转型升级,调整优化经济结构,主要经济指标增速全市领先,生态环境和人民生活持续改善。全年实现地区生产总值408.15亿元,按同口径计算(有修订),比上年增长9.0%。分产业看,第一产业实现增加值56.80亿元,增长6.4%;第二产业实现增加值113.33亿元,增长8.7%;第三产业实现增加值238.02亿元,增长9.7%。三次产业结构比例调整为13.9:27.8:58.3。按户籍人口计算,人均GDP12.78万元,约1.96万美元,比上年增长9.3%。

2017年普陀区主要经济指标完成情况

表65

指标名称	单位	绝对值	比上年增长%
地区生产总值	亿元	408.15	9.0
城镇常住居民人均可支配收入	元	51416	8.4
渔农村常住居民人均可支配收入	元	30355	9.0
水产品产量	万吨	97.11	7.7
规模以上工业总产值	亿元	327.70	15.0
规模以上工业增加值	亿元	59.20	11.3
固定资产投资	亿元	344.24	5.1
工业技改投入	亿元	45.00	18.7
商品房销售面积	万平方米	67.66	30.1
港口货物吞吐量	万吨	10001	5.5
水路货运周转量	亿吨千米	978.14	12.4
社会消费品零售额	亿元	187.71	10.8
批发业销售额	亿元	802.46	26.8
零售业销售额	亿元	195.38	14.4
住宿业营业额	亿元	20.71	11.2
餐饮业营业额	亿元	45.49	17.9
外贸进出口总额	亿美元	53.06	5.5
出口总额	亿美元	33.46	−10.2
旅游接待人数	万人次	3281.29	18.3
旅游总收入	亿元	411.47	26.7
财政总收入	亿元	37.52	4.7
一般公共预算收入	亿元	25.91	7.1
一般公共预算支出	亿元	58.79	6.4
实际到位市外资金总额	亿元	146.53	4.2
人民币存款余额	亿元	409.55	5.1
人民币贷款余额	亿元	422.96	13.2

注:地方生产总值、工业、商贸数据有修订

2017年财政总收入37.52亿元(不含普陀山、朱家尖),比上年同口径增长4.7%,其中公共财政预算收入25.91亿元,同比增长7.1%。一般公共预算支出58.79亿元,同比增长6.4%。其中,一般公共服务、教育、社保就业等八项财政民生支出合计34.98亿元,同比增长12.4%。

【渔业】 全区渔业总产值116.1亿元(不含渔业服务业),比上年增长6.4%。全年水产品总产量97.11万吨,比上年增长7.7%。其中国内捕捞产量43.06万吨,减少7.5%;远洋渔业49.97万吨,增长25.4%;水产养殖产量4.08万吨,增长8.7%。

年末有机动渔业船舶2663艘,总吨位64.13万吨,总功率85.06万千瓦。其中捕捞渔船2109艘,总吨位43.51万吨,62.39万千瓦。远洋生产渔船366艘。

区海洋与渔业局获农业部"2017年度渔业文明执法窗口单位"和"'亮剑2017'系列渔政专项执法行动工作成绩突出集体"称号。

【农林牧业】 全区实现农林牧业总产值4.66亿元(含农林牧渔服务业),比上年减少1.9%。其中,农业总产值3.70亿元,增长1.3%;林业总产值0.09亿元,减少6.7%;牧业总产值0.53亿元,减少22.0%。渔农村常住居民人均可支配收入30355元,增长9.0%。

全年农作物总播种面积5091公顷,比上年减少2.1%。其中,粮食播种面积1650公顷,同比增长1.0%,产量8251吨,同比增长

0.92%;油菜种植面积571公顷,同比减少19.8%,产量1254吨,同比减少17.6%;蔬菜种植面积1891公顷,同比减少1.4%,产量25541吨,同比减少3.3%;果用瓜种植面积695公顷,同比减少1.28%,产量11467吨,同比增长5.70%。

据区农林水利围垦局统计,2017年底生猪存栏3718头,能繁母猪1099头,生猪出栏8946头,分别比上年减少36%、增长147%和减少35.6%;羊存栏2231头,出栏2568头;家禽存栏63343羽,同比减少11.1%;家禽出栏83190羽,同比减少37.3%;蜜蜂存栏142箱;獐存栏1049只,同比增长51.3%。全年肉类总产量952吨,禽蛋产量324吨。

【工业和建筑业】 全区实现工业总产值534.42亿元,比上年增长13.2%。规模以上工业企业实现工业总产值327.70亿元,同比增长15.0%。高新技术产业、战略性新兴产业和装备制造增速分别为14.9%、17.2%和20.0%。完成工业投资78.4亿元,其中工业技改投资45亿元,同比增长18.7%;实现规模以上工业增加值增速11.3%,装备制造业和战略新兴产业的增加值增速分别达13.4%、9.3%。

年末全区有工业企业2000余家,其中规模以上企业129家。有船舶修造企业44家,其中规模以上船舶修造企业11家。2017年全区造船完工量108.1万载重吨,修理船舶1478艘,修船行业规模占全国四分之一,船舶修造业产值占全区工业总产值31%。水产加工企业200余家,其中规模以上水产加工业71家,有水产品冷库150余座,生产线150多条,年加工能力70多万吨。

全年原盐总产量3000吨,同比增加57.2%;销售各类盐产品12141吨,同比减少46.6%。

全年建筑业产值78.11亿元,比上年增长28.9%,其中市外产值21.01亿元,同比增长50.7%;全年平均从业人员2.4万人,上缴税金1.62亿元。工程项目一次交验合格率100%。

【固定资产投资和房地产业】 全区完成固定资产投资344.2亿元,比上年增长5.1%。全年生产性服务业和高新技术产业分别完成投资104.4亿元和21.5亿元,分别增长67.6%和66.1%。波音完工及交付中心等36个重大项目分季集中开工,完成投资30亿元以上。国电海上风电等22个“三重”项目完成投资77.7亿元。房地产业完成投资63.4亿元,增长15.6%。其中,住宅投资37.77亿元,增长5.3%。民间资本投资139.6亿元,比上年下降25.7%。

全年商品房施工面积152.14万平方米,比上年下降33.3%,竣工面积24.99万平方米,下降17.4%,商品房销售面积67.66万平方米,增长30.1%;商品房待售面积45.42万平方米,减少13.1%。

【交通邮电业】 全区水陆交通基础设施建设投资3.61亿元,其中公路建设投资2亿元,水运工程建设投资1.01亿元,建设站场投资0.6亿元。年末有客(渡)运航线27条,客(渡)船51艘11972客位。陆上营运城区公交车班线17条,有城市公交155辆,农村公交81辆,出租车248辆,客运班车83辆,旅游包车65辆;营运汽车拥有量为1717辆,其中营运货车1292辆。全年完成客运总量1313.43万人次,其中水运533.43万人次,陆运780万人次;客运周转量4亿人千米,其中水运1.18亿人千米,陆运2.92亿人千米。完成陆上货运总量2007万吨,货运周转量41.66亿吨千米;水路货运量8379万吨,货运周转量978.14亿吨千米。年末全区有货物运输船舶467艘,比上年末增长8.9%,总运力167.59万载重吨,增长12.8%。

全年港口货物吞吐量10001万吨,比上年增长5.5%。主要货物种类:煤炭吞吐量1889万吨,下降7.5%;铁矿石吞吐量2635万吨,减少12.8%;油品吞吐量608万吨,增长20.5%。

全年完成邮政业务总收入5290.64万元,比上年增长9.4%;利润469.51万元,增长1.19倍。全区有196家邮乐购站,其中小超商型144家;有99个村邮站,其中45个信息化村邮站;邮政信筒信箱63个,其中城区16个,农村47个;建有E邮站(智能投递服务柜)52个。

【旅游业】 全年接待国内外游客3281万人次,比上年增长18.3%,其中接待海外游客20.70万人次,增长1.0%。普陀山、朱家尖、桃花岛分别接待游客857.86万人次、764.93万人次和280.86万人次,分别增长14.4%、18.1%和

10.6%。沈家门、东港游客接待人次分别增长20.0%和40.6%。全年实现旅游总收入411.47亿元，增长26.7%。限额以上住宿业营业收入增长11.8%，限额以上餐饮业营业收入增长37.7%，增速均居全市首位。

4月30日，舟山朱家尖至东极的直升机试通航(沈磊 摄)

【2017国际海岛旅游大会】 由国家旅游局、省政府主办，省旅游局、市政府承办，以"海岛愿景:新丝路 新机遇 新旅程"为主题，对接"一带一路"倡议，探索建立新型友好合作关系，9月22日在朱家尖开幕。大会有12项主体活动和4项配套活动，包括国际海岛旅游大会开幕式、"一带一路"国际海岛旅游发展舟山论坛、2017国际海岛旅游博览会、国际海岛旅游发展论坛暨浙江省旅游业投融资促进大会、国际旅游投资与海岛发展论坛、"数说海岛"旅游产业及大数据共享论坛、"航空+旅游"圆桌会议、全国游艇旅游发展研讨会、国际精品海岛体验游、"世界海岛·Family"舟山国际邮轮嘉年华和"在海上相遇"——缘起舟山激情月等。9月21—24日，2017国际海岛旅游博览会在普陀全民健身中心举行。展会4天共吸引2.8万余人进场参观，线上线下海岛旅游产品交易额达1.215亿元，其中现场实际交易额450万元。展会现场促成专业买家配对2800个，意向成交额达3000万元。展会期间博览会协议酒店入住率平均达85%以上。展会期间，香港卫视、环球时报、中国旅游报、新浪、浙江日报等50余家媒体进行现场报道。

【2017中国(舟山群岛)国际游艇展】 由市政府、中国船舶信息中心、省游艇行业协会主办，普陀区政府、市旅游委员会承办，11月17—19日在普陀会展中心开幕。延续"美丽群岛·自在舟山"主题，结合普陀海洋文化创意产业集聚地、文化传承地、旅游目的地概念，展示海洋旅游新元素。展会包含三个单元。以海钓艇为主，商务艇和帆船为辅，以游艇码头、俱乐部等为补充的游艇交易展区；以海钓配套产业为主，海洋运动休闲装备、游艇旅游等为辅的时尚海洋交易展区；以新能源车、豪车、房车、收藏艺术品、生活方式等为主的品质生活交易展区。以海钓艇为主，提供船艇上牌、上证、保险等全流程一站式服务。展会设标准展位7个、特装展位20个，约40家企业参展，展出雅马哈、青岛昊运、重庆金穗、上海巧合等知名品牌游艇60余艘。

【2017海浪音乐榜暨侠侣爱情文化节】 由普陀区政府主办，浙江音乐广播联盟、普陀区文体广电新闻出版局、普陀区旅游局、桃花镇政府承办，5月20—21日在桃花岛塔湾金沙景区举行。5000余人现场感受"海浪音乐榜"热烈气氛。省内11家音乐电台集合各自区域的媒介资源，宣传覆盖到全省约5000万受众。除音乐会外，还有烟火大会、星空派对暨"爱在桃花岛"露营大会、"桃花撞大运"相亲会、安期峰侠侣马拉松、魔岛爱情·创意集市等侠侣爱情文化节配套活动。

【国内贸易】 全区实现社会消费品零售总额187.71亿元，比上年增长10.8%。其中限额以上企业消费品零售总额增长16.3%。限额以上分行业看，商品零售额增长14.4%，餐费收入增长22.3%，宾馆客房收入增长14.2%。限额以上批发零售业销售额459.52亿元，增长50.6%。其中批发业435.63亿元，增长54.2%；零售业23.89亿元，增长6.0%。限额以上住宿餐饮业营业额17.86亿元，增长19.5%。其中住宿业11.72亿元，增长11.8%；餐饮业6.14亿元，增长37.7%。

【进出口贸易】 全区进出口贸易总额53.06亿美元，比上年增长5.5%，其中出口总额33.46亿美元，下降10.2%；进口总额19.60亿美元，增长51.6%。按出口类别分：船舶出口8.28亿美元，下降34.0%；油品出口13.68亿美元，增长52.5%；水产品出口6.93亿美元，增长4.1%。出口贸易额前五位是巴拿马、中国香港、日本、利比里亚和马绍尔群岛。

外商投资势头较好，全年批准外资项目11个，比上年增加8个，合同外资金额1.6亿美元，比上年增长6.5倍，实际利用外资0.8亿美元，增长4.9倍。其中市外注册资金64.95亿元，市外资金投资额81.58亿元。

【金融和保险业】 至年末，金融机构本外币存款余额414.54亿元，比上年末增长5.6%。其中单位存款余额179.70亿元，比年初增加31.51亿元；个人存款余额231.16亿元，比年初增加21.60亿元。年末金融机构本外币贷款余额423.38亿元，比上年增长12.7%。其中短期贷款余额170.90亿元，比年初减少17.71亿元；中长期贷款余额251.44亿元，比年初增加3.56亿元。全年新增贷款47.6亿元。年末金融机构不良贷款余额10.7亿元，比年初减少9.2亿元，不良贷款率2.53%，比年初下降2.81个百分点。

全年保险公司保费收入6.92亿元，比上年增长10.3%。其中，财产保险费收入2.10亿元，增长5.2%；人身险保费收入4.82亿元，增长12.7%。保险公司赔款支出2.04亿元，增长19.5%，保险公司给付支出0.67亿元，减少7.3%。

【城乡建设】 至年末，普陀区建成区总面积24.95平方千米，城市道路面积427.04万平方米。全区绿地面积9483.69公顷，其中公园绿地面积246.63公顷，建成区绿地率29.63%，建成区绿化覆盖率34%。城镇生活垃圾无害化处理率100%。

是年新开工保障性住房、城市旧住宅区改造1666套，面积19.57万平方米。其中安置房1100套，面积16.5万平方米；城市棚户区改造566套，面积3.07万平方米。全年竣工保障性安居住房1829套，总建筑面积18.26万平方米。

继续实施“三改一拆”“四边三化”等专项整治。全年拆除违法建筑57.88万平方米，实施“三改”（改造城区规划内旧住宅区、旧厂区、城中村）160.15万平方米；拆后土地利用累计80.66万平方米，利用率92.52%。“三改一拆”获评省级“基本无违建区”，D级危房解危全面完成。开展集中攻坚日专项行动，完成违建歼灭战点位423个，“四边三化”问题点位92个。

【环境保护】 城区环境空气质量优良，全年AQI指数优良率92.1%。常规地表水监测断面地表水质达标率100%。区域环境噪声达到国家控制要求。节能降耗成果明显，全区规模以上工业万元增加值能耗比上年下降5.4%。

启动小城镇环境整治工作。全区6个乡镇整治项目开工161

11月7日，普陀拆迁点新塘村签约现场（沈磊 摄）

个,完工105个,完工率为65%。加强小城镇垃圾分类和垃圾减量化,城区生活垃圾分类覆盖率88.6%,全市首座绿色环保压缩式垃圾中转站——东港二期垃圾中转站正式投用。全面启动省级生态文明建设示范区创建,开展集镇区内河道环境整治。成功创建省级"清三河"达标县(区)。桃花、蚂蚁岛、白沙岛成功创建省级卫生乡镇,展茅、东极、虾峙成功创建市级卫生乡镇。

【科学技术与教育】 全区财政投入科技经费1.055亿元,比上年增长7.8%。组织实施各类科技计划项目共122项,其中省级77项,市级9项,区级36项。17个项目通过专家鉴定验收。3个项目获市科学技术进步奖,2个项目获市技术发明奖。培育国家级高新技术企业8家、省级科技型中小企业46家,发明专利申请量825件。跻身全省最具经济发展潜力县(区)十二强。海洋生态创新谷正式启动,吸引彩虹鱼深海科技、腾宇航天新材料等20多家高精尖科技型企业入驻。

年末全区有中小学校25所。其中,普通高中3所,75个班,在校学生2916人;职业高中1所,38个班,在校学生1416人;初中9所,154个班,在校学生5603人;小学12所,404个班,在校学生15064人。幼儿园40所,312个班,在园幼儿8546人。

全区3~5周岁幼儿入园率99.7%,学前一年入园率、小学入学率、初中入学率均为100%。19周岁人口高校毛入学率88.91%。全年普通高校录取人数991人,自学考试报名143人。年末全区中小学教职工总数2924人(其中在编2547名,编外非外包377名)。高中专任教师307人,职中专任教师114人,初中专任教师574人,小学专任教师1093人,幼儿园专任教师618人。

【文化与体育】 全区有文化馆(站)8个,影剧院数7个。全区各文化礼堂开展各类活动1100多场次,惠及25万余人次。展茅街道干施岙文化礼堂被评为2017年度全省五星级文化礼堂。成功举办2017舟山群岛马拉松、2017海浪音乐榜暨侠侣爱情文化节、佛茶文化节、2017中国(舟山群岛)国际游艇展等大型赛事节会活动。

【2017舟山群岛国际马拉松赛】

由中国田径协会、省体育局、市政府主办,市文化广电新闻出版局、市旅游委员会、普陀区政府承办,舟山网为合作单位,11月19日上午在东港开跑。本届赛事共设置半程马拉松、6.5公里群英健身跑和2公里家庭欢乐跑3个项目。约1.2万名选手参加。肯尼亚选手科图特·杰克逊·基普科赫(Kotut Jackson Kipkoech)以1小时3分42秒成绩获半程男子组冠军,中国选手李芷萱以1小时13分7秒成绩蝉联半程女子组冠军。

【史志工作】 加强党史二卷编纂工作,3月承办全市党史二卷编纂业务交流会。为纪念周山烈士诞辰100周年,普陀区史志办与市史志办、江苏省高邮市周山镇党委合作编写《周山纪念文集》,8月由中共党史出版社出版。完成《普陀年鉴2016》校对、出版发行工作和《舟山市普陀年鉴2017》总纂工作。《普陀年鉴2015》获评第四届全国地方志优秀成果(年鉴类)二等奖。推进部门(专业)志、镇(街道)志编纂。《普陀教育志》《普陀医院志》出版,《六横镇志》《普陀地名志》《朱家尖志》进入出版阶段,《虾峙镇志》完成总纂,《桃花镇志》开始编纂。

【卫生与计划生育】 至年末,全区有各类医疗卫生机构268家。其中公立医院3家,公共卫生单位4家,基层医疗机构115家,民营医院6家,个体诊所113家,门诊部10家,舟渔职工医院(浦西医院)及企事业单位医务室17家。有三级乙等综合性医院、二级甲等中医院、二级甲等中医骨伤医院、二级乙等综合性医院各1家。新增2家国家级"群众满意的乡镇卫生院"。全区有卫生人员3504人,其中卫技人员2753人。卫生系统编制职工中,正高职务42人,副高职务121人,中级职务546人。执业(助理)医师1082人,注册护士862人。每千人拥有执业(助理)医师3.35人,注册护士2.67人。全区总床位1734张,每千人拥有床位5.39张。

全年出生2195人,其中二孩703人,计外出生25人,计生率99.32%,出生率6.87‰,人口自然增长率−1.96‰。全区孕产妇死亡率为0,婴儿死亡率1.04‰,孕产妇系统管理率92.39%,3岁以下儿童系统管理率97.32%,婚前医学检查率90.07%,国家免费孕前优生健康检查率80.60%,区妇计中心达到省级国免实验室质控全优,出生缺陷率10.91‰。全区甲乙丙传染病发病1818例,发病率463.71/10万,比上年上升34.97%,无甲类传染病报告。

【人民生活与社会保障】 据抽样调查:2017年,全区常住居民人均可支配收入44045元,比上年增长8.7%;人均生活消费支出25224元,比上年增长5.7%。城镇、渔农村常住居民人均可支配收入分别为51416元和30355元,分别增长8.4%和9.0%。渔农村居民收入增速快于城镇,收入差距缩小,城乡居民人均收入倍差为1.69,比上年缩小0.01。居民消费价格总指数为101.7。

民生支出扩大。全年一般公共服务、教育、社保就业等八项财政民生支出合计34.98亿元,比上年增长12.4%,占一般公共预算支出59.5%。其中,社保就业、教育、医疗卫生、节能环保、科技等支出分别增长60.0%、17.6%、22.1%、43.1%和7.8%。就业形势向好。全区城镇新增就业岗位7250个,城镇登记失业率为2.88%,比上年下降0.38个百分点。东港街道兴普社区被人力资源和社会保障部评为第四批国家级充分就业社区。

城乡居民养老保险参保率86.5%,城乡居民医疗保险参保率99.3%,比上年提高0.8个百分点。新开工保障性住房1666套、交付2258套。发放最低生活保障等各类困难救助资金5624万元。

(撰稿:胡永久)

岱山县

【概况】 2017年,全县地区生产总值比上年增长9.3%。其中第一产业增加值增长4.6%,第二产业增加值增长10.9%,第三产业增加值增长9.0%。按平均户籍人口计算,人均地区生产总值比上年增长11.2%。海洋经济增加值增长9.7%,占全县地区生产总值比重为65.8%。全年居民消费价格比上年上涨1.7%,其中食品类价格下降0.3%。服务项目价格上涨1.9%,消费品价格上涨1.6%。商品零售价格上涨1.7%。工业生产者出厂价格上涨3.1%。全年新建住宅销售价格上涨5.0%。全年财政总收入23.19亿元,比上年增长11.9%。一般公共预算收入15.52亿元,增长10.0%,其中,增值税、营改增、企业所得税和个人所得税分别为3.60亿元、1.79亿元、1.02亿元和0.51亿元,分别增长6.1%、12.4%、52.8%和18.9%。一般公共预算支出41.60亿元,比上年增长9.0%,其中社会保障与就业支出增长38.4%,城乡社区事务支出增长38.9%,医疗卫生与计划生育支出增长13.9%,科学技术支出增长6.6%,节能保护支出增长6.3%。全年新增城镇就业人数2622人,城镇失业人员再就业1024人,城镇登记失业率2.62%,比上年降低0.29个百分点。全年全县出生1041人,死亡人口1886人,自然减少率4.60‰。全县迁入人口509人,其中省内迁入211人,省外迁入298人;迁出人口2879人,其中迁往省外250人,迁往省内2629人,人口机械减少率12.91‰。全县重人注销2人。因人口自然减少、机械减少及重人注销,至11月底,全县总户数77228户,总人口数181930人(男性89754人,女性92176人),与上年末相比,减少3217人,人口年减少率17.53‰。

【渔业】 全年渔业总产值85.62亿元,比上年增长5.1%。水产品总产量46.25万吨,比上年增长5.1%,其中国内捕捞37.20万吨,下降6.7%。年末有渔业专业合作社35家。巩固深化“一打三整治”,拆解“三无”渔船41艘。引导渔民转产转业,全年减船转产30艘,渔民双转技能培训105人。年末有无公害农产品产地和产品认证企业5家,水产健康养殖示范场5家。全年实际水产养殖面积1387公顷,产量7.37万吨,分别比上年增长9.9%和184.5%,其中海水养殖面积1299公顷,产量6.77万吨,分别增长13.2%和194.4%。年末有机动渔船1945艘,比上年减少94艘,总吨位35.02万吨,总功率51.27万千瓦,分别比上年下降5.6%和5.8%;其中捕捞渔船1628艘,比上年减少109艘,总吨位29.95万吨,总功率37.43万千瓦,分别比上年下降7.2%和9.7%。

【农林畜牧业】 全年农业总产值1.90亿元,比上年增长2.8%;林业总产值0.09亿元,增长0.7%;牧业总产值0.37亿元,下降37.4%。全年农作物总播种面积3166公顷,与上年持平;其中粮食作物播种面积994公顷,下降1.0%,产量0.51万吨,增长6.1%;水果播种面积473公顷,下降3.4%,产量1.08万吨,增长4.6%;蔬菜播种面积1472公顷,下降0.1%,产量2.23万吨,增长1.5%;油料播种面积363公顷,产量0.10万吨,分别增长0.8%和0.7%;茶叶播种面积81公顷,产量37.4吨,分别下降16.5%和6.7%。全年造林面积20公顷,零星植树4万株,封山育林面积233公顷。森林覆盖率45.6%。全年生猪饲养量0.72万头,比上年下降66.1%。家禽饲养量7.95万只,比上年下降59.6%。肉类产量545吨,比上年下降71.2%,其中猪肉产量371吨,下降74.2%。禽蛋产量78吨,比上年下降72.0%。年末生猪存栏0.25万头,比上年末增长10.1%。年末有国家级无公害农产品45个、绿色食品9个。省级无公害农产品产地23个,面积1023公顷。年末有生态循环示范主体4个,省级农业科技示范基地6个。全年水利总投入8.13亿元。农田有效灌溉面积2499公顷,比上年增长2.9%,其中节水灌溉面积1369公顷,比上年增长5.3%。水土流失综合治理面积14680公顷,比上年减少0.7%。年末拥有农业机械总动力3.64万千瓦,比上年减少38.4%。当年机耕面积1480公顷,比上年增长1.4%。农村用电量1.5亿千瓦时,全年化肥施用量(折纯)1188吨。

【工业、盐业、建筑业】 全年全县规模以上工业总产值比上年增长3.4%,工业销售产值比上年增长3.8%。规模以上工业企业六大主导行业总产值比上年增长0.6%。规模以上工业增加值增长11.8%。规模以上工业中,高新技术产业增加值增长5.3%,装备制造业增加值增长13.6%,战略性新兴产业增加值增长9.7%。全年规模以上工业企业资产总计499.99亿元,比上年下降1.5%。新产品产值6.32亿元,比上年增长3.5%,新产品产值率3.7%,与上年持平。

全年全县盐业生产仅存双峰、桂花2个盐场,火箭盐场区域集中垦造耕地后,岱西片盐田全部废转。全县生产原盐1.80万吨,平均亩产2.37吨。全年全县批发销售各类盐产品212.52吨。

年末全县具有资质的总承包和专业承包建筑业企业15家,实现总产值35.36亿元,增长27.7%;实现利润2178万元,下降24.2%;房屋建筑施工面积125.36万平方米,下降22.9%;房屋竣工面积13.31万平方米,下降5.8%。

【固定资产投资】 全年全县固定资产投资295.11亿元,比上年增长78.3%,其中建筑安装工程投资176.73亿元,增长31.7%;基础设施投资86.36亿元,增长27.7%;民间投资224.21亿元,增长139.7%,占固定资产投资的比重从上年的56.5%提高到76.0%。分产业看,第二产业投资188.72亿元,增长147.7%。其中工业技术改造投资46.06亿元,增长26.1%。第三产业投资106.36亿元,增长22.6%。其中交通运输仓储邮政业投资30.72亿元,增长6.9%;水利环境和公共设施管理业33.83亿元,增长10.2%。全年全县安排重点建设项目45个,其中10个项目完成,在建项目32个。重点项目完成投资424.63亿元。房地产开发投资7.68亿元,比上年增长4.2倍。商品房开发面积56.07万平方米,比上年增长50.1%;商品房销售面积19.83万平方米,增长30.3%;年末商品房待售面积4.08万平方米,下降64.2%。

【物流通信】 全年全县有集装箱运输企业65家,比上年增加9家;车辆825辆,总吨位2.60万吨,分别比上年增长5.8%和6.1%。年末全县民用汽车拥有量17222辆,比上年末增长14.3%;其中私人汽车拥有量14113辆,比上年末增长17.8%。有海运企业45家,在册营运货运船舶282艘,比上年末减少11艘,运力107.69万载重吨,比上年末增长14.8%。其中万吨级船舶29艘,比上年末增加3艘,运力65.85万载重吨,比上年末增长26.9%。全年港口货物吞吐量9644万吨,比上年增长23.3%。其中金属矿石吞吐量3023.96万吨,增长153.7%;矿建材料5420.66万吨,增长2.7%;钢铁335.83万吨,下降10.8%;石油64.83万吨,增长10.8%。全年旅客吞吐量652.39万人,比上年增长10.1%。年末全县有生产性泊位44个,其中万吨以上深水泊位7个。全年邮政电信业务收入1.44亿元,比上年下降0.4%。其中邮政业务收入0.26亿元,下降9.3%;电信业务收入1.18亿元,增长1.8%。年末全县固定电话用户3.51万户,下降21.4%;年末移动电话用户23.91万户,增长

9.9%；年末互联网宽带接入用户数10.29万户，增长51.9%；完成代理速递业务量1.32万件，比上年增长16.8%，其中国际及港澳台特快专递0.08万件，比上年增长3倍。

【消费与贸易】 全年全县社会消费品零售总额77.22亿元，比上年增长10.7%。其中城镇消费品零售额40.65亿元，增长14.6%；农村消费品零售额36.57亿元，增长6.7%。分行业看，批发业零售额5.84亿元，增长5.8%；零售业零售额63.24亿元，增长10.1%；住宿业零售额1.85亿元，增长5.7%；餐饮业零售额6.29亿元，增长24.9%。全年批发和零售业商品销售总额161.28亿元，比上年增长18.7%，其中限额以上批发和零售业商品销售额9.45亿元。全年住宿和餐饮业营业额11.32亿元，增长14.7%，其中限额以上住宿和餐饮业营业额1.72亿元。年末全县有商品交易市场19个。全年商品交易市场成交额9.27亿元，其中水产品类市场成交额1.16亿元。全年成交额超亿元的市场3个，比上年增加1个，实现成交额6.81亿元，增长20.3%。全年全县外贸进出口总额14.21亿美元，比上年下降0.2%。出口额11.56亿美元，增长12.8%。其中船舶10.34亿美元，增长16.0%；水产品0.36亿美元，增长9.6%；汽配、微电机0.73亿美元，增长160.8%；玩具0.05亿美元。进口额2.65亿美元，下降33.6%。年末有自营进出口权的企业152家，其中自营进出口额超200万美元的企业13家。全年引进市外招商项目48个，实际引进市外资金148.84亿元，浙商回归省外到位资金27.77亿元，实际利用外资5663万美元。年末有旅行社9家。星级宾馆4家，客房407间，床位732张，星级宾馆客房入住率为39.0%，比上年提高0.6个百分点。有AAA级景区3个。全年接待国内外游客552万人次，实现旅游总收入78.77亿元，分别比上年增长20.3%和20.8%。

【金融与保险】 年末金融机构各项存款余额223.03亿元，比年初新增10.74亿元。其中单位存款余额107.97亿元，增加9.56亿元；住户存款余款110.25亿元，增加3.18亿元。各项贷款余额100.87亿元，比年初增加4.51亿元。其中短期贷款余额47.13亿元，减少10.28亿元；中长期贷款余额52.25亿元，增加13.53亿元。金融机构融资总量余额303.14亿元，比年初新增29.03亿元，其中县内银行融资总量余额101.62亿元，比年初增加4.46亿元。全年保险机构实现保费收入3.29亿元，比上年增长6.7%。其中财产险保费收入1.14亿元，下降2.6%；人寿险保费收入2.15亿元，增长12.3%。全年赔款支出10239万元，比上年增长20.0%；给付支出3030万元，下降7.0%。

【科学与教育】 全年组织实施各级各类科技计划项目32项，其中省级新产品20项，省级重点项目1项，市级重点科研项目2项。“万箱级超大型集装箱船制造关键技术研究”项目被省科技厅列为省重点研发项目，“基于水解释放可控技术的无锡自抛光防污涂料产业化”项目，被列入市科技支撑“五大会战”行动计划项目。年末全县高新技术企业17家、省级科技型企业30家、省级高新技术研发中心1家、省级农业科技企业研发中心1家。发放创新券234万。全年申请专利429件，授权专利249件。年末全县有浙江名牌2个，其中工业名牌1个，农业名牌1个；各类注册商标706件，其中省著名商标9件，市著名商标10件，地理标志(包括证明、集体)商标2件。浙江制造团体标准1个。

年末有小学12所，小学在校生6594人；初中3所，初中在校生2857人，初中升高中段比例99.9%；高中3所，高中在校生1685人，毕业生564人；职业技校在校生489人，毕业生136人；幼儿园21所，在园幼儿3430人。全县高中段学校高考考生561人，录取人数555人。全县有34人报名参加79课次自学考试，合格率50.5%。全县义务教育标准化学校通过率100%。年末各学校配置计算机3490台，图书藏量51.06万册，认定为浙江省教育技术装备规范管理示范县。2683人外来民工子女在本县公办学校就读，流动儿童少年入学率达100%。

【文化与体育】 全县有文化礼堂37家，新建7家。体育场所508个，总场地面积129.10万平方米。新建小康体育提升工程12个，省级村体育俱乐部4个。创建省级中心村体育休闲公园8个、市级12个。全年举办群众体育活动29次，参加人数12.01万人次，举办2017年舟山市“迎春杯”篮球精英邀请赛、浙江省第三届体育大会系列赛事、UCC杯第三届环蓬莱仙岛自行车挑战赛暨骑聚绩溪国际马拉松骑行积分赛(岱山站)、2017年“仙岛岱山”中美国际篮球对抗赛及2017中国·岱山岛国际风筝节等大型体育赛事活动20场。全年销售体育彩票5428万元,比上年下降3.4%;其中飞鱼体育彩票销量3962万元,增长0.7%。

【医疗卫生】 全县有医疗卫生机构115个,其中医院3家,乡镇卫生院(社区卫生服务中心)7个,诊所医务室52家,村卫生室14家,社区卫生服务站34个。医疗机构开放床位560张。卫生技术人员1025人,其中执业(助理)医师411人,注册护士363人。全年总诊疗188.14万人次,其中接待医疗门急诊164.87万人次。报告传染病573例。全年孕产妇1009人,保健覆盖率100%,孕产妇早孕建卡率92.9%,孕产妇死亡率为零。0~7岁儿童的保健覆盖率99.2%。免费婚检率93.4%。完成城乡居民健康体检4.51万人。计划生育率99.5%,综合节育率81.6%。

【人民生活】 全年居民人均可支配收入40838元,比上年增长8.6%。城镇常住居民人均可支配收入46553元,比上年增长8.4%;城镇常住居民人均生活消费支出25848元,增长5.1%,恩格尔系数为33.3%,比上年下降0.1个百分点。全年渔农村常住居民人均可支配收入30851元,比上年增长8.8%;渔农村常住居民人均生活消费支出22260元,比上年增长4.1%,恩格尔系数为35.0%,比上年下降0.1个百分点。城镇、渔农村居民收入比为1.51∶1。城镇居民人均住房建筑面积44.25平方米,渔农村居民人均住房建筑面积50.34平方米。全县参加职工基本养老保险单位1912家,参保人数93175人,分别比上年增长24.8%和3.0%;参加城镇职工基本医疗保险单位1790家,参保人数53230人,分别比上年增长7.4%和3.4%;参加失业保险的单位1670家,增长7.1%,参保人数26523人,下降3.4%;工伤保险参保人数为49252人,比上年增长5.0%,参加生育保险的人数为27078人,增长2.2%;参加城乡居民养老保险人数51559人,下降5.1%;参加被征地农民基本养老保险25957人;参加城乡居民医疗保险人数11.94万人,参保率为98.5%。全县有敬老院7所,社会福利院2所,床位2215张;各类社会福利企业12家,残疾职工就业人数436人。有2827人纳入政府最低生活保障,其中城镇居民最低生活保障家庭户209户、273人,渔农村居民最低生活保障家庭户1972户、2554人,农村“五保”供养人数134人。城乡低保对象最低生活补助标准每月每人664元。全年发放纯低保金2246万元,比上年增长23.0%。城镇“三无”人员和渔农村“五保”对象集中供养率均达100%。为困难群体医疗救助96387人次,救助金906.4万元,分别比上年增长34.8%和33.7%。

【市政建设】 全年建成区面积8.36平方千米,实有城市道路面积165.46万平方米,排水管道长度130.55千米,供水总量505万吨,液化石油气供气总量0.55万吨。城市生活垃圾无害化处理率100%。全年全县完成“五水共治”投资4.8亿元,完成各类治水项目28项,清除劣V类水体61处。河道综合治理5.02千米,清淤河、湖、库、塘32.2万立方米,城市污水处理率达86.0%。全年投入“森林岱山”建设资金2459万元,完成绿化面积372公顷,其中彩色健康森林352公顷,平原绿化扩面20公顷。年末有园林绿地面积351.36公顷,其中公园绿地面积127.02公顷;建成区绿化覆盖率41.4%,绿地率37.0%,人均公园绿地面积19.66平方米。推动农村土地承包经营权确权登记颁证,完成土地测绘村数47个,签订土地承包合同村42个。完成市级美丽海岛示范线建设2条。投入村庄整治建设资金580万元,完成生活污水提标改造渔农村22个,受益农户5861户。19个渔农村完成生活垃圾分类处理,建成4个垃圾处理终端。全县农村自来水普及率达99.7%,卫生厕所覆盖率达96.5%。开展“三改一拆”行动,全年拆除违法建筑30.96万平方米,完成“三改”(旧住宅区、旧厂区、城中村改造)76.95万平方米。创成省级“基本无违建县”。全年新开工保障性安居工程住房(含货币化安置)465套,竣工保障性安居工程住房(含货币化安置)437套。新增公共租赁住房保障家庭273户。启动12个城中村改造,完成6个,涉及671户。完成农村危房治理225户,1.93万平方米;完成渔农村困难群众危旧房改造77户,0.36万平方米。新建改造城市道路1.09千米,新增公共停车位200个,有公共自行车租赁站点24个。

【环境与公共安全】 全年单位GDP能耗比上年下降4.0%,规模以上单位工业增加值能耗比上年下降18.3%。全县用电量8.99亿千瓦时,比上年增长9.1%。其中工业用电5.23亿千瓦时,下降3.5%;城乡居民生活用电1.43亿千瓦时,增长3.6%。全年环境空气质量优良率96.8%。县级以上集中式饮用水源水质达标率100%,水环境功能区水质达标率80%。区域环境噪声平均等效声级53.9分贝,环境噪声达标区总面积3.9平方千米,烟尘控制区总面积8.01平方千米。全年全县发生各类生产安全事故11起,死亡(失踪)12人,亿元GDP生产安全事故死亡率0.06。发生交通事故4起,死亡4人;发生火灾事故0起。根据2017年度建设"平安浙江"群众安全感满意率调查,岱山县群众安全感满意率为96.9%,知晓率85.3%,参与率50.0%。

【国内首对6000吨级超低温金枪鱼运输渔船赴水】 2月11日,由平太荣远洋渔业集团有限公司投资1.3亿元的2艘姊妹船"平太荣冷1""平太荣冷2"金枪鱼冷藏运输船在岱山蓬莱船舶修造有限公司下水,该对姊妹船由浙江欣海船舶设计所自主研发设计完成,并在本地船厂建造,其设施工艺国内外领先,且制冷、电器、轮机等主要船用设备都实现了国产化。船型宽16.60米,长116米,总吨位6419吨,可在零下55摄氏度的超低温冷藏运输,填补国内行业空白,为舟山市乃至全国金枪鱼产业更好角逐国际竞争,提供坚实的配套保障。

【黄泽山岛油品储运贸易基地开工】 2月22日,黄泽山岛油品储运贸易基地开工,2017—2020年间,将围垦陆域面积约42公顷,新建储油罐库容约1300万立方米,其中地下洞库约750万立方米;新建30万吨级及以上油品泊位1至2个,12万吨级以下油品泊位若干;新建黄泽山至舟山绿色石化基地(鱼山岛)单向海底输油管线150千米,总投资约180亿元。至年底,完成工程投资额14030万元,其中围堤1430万元,洞库12600万元。

【220千伏岱山输电线路改造工程完成】 4月,省重点项目——220千伏岱山输电线路改造工程完成,该工程起点于岱山岛蓬莱220千伏变电站,途经官山岛、秀山岛、青山岛,海域跨越高亭航道、龟山航道、灌门航道后,终点定海侧开接点,线路总长22.57千米,总投资5.42亿元。

【山外风景湾隧道工程】 项目南起沿港东路,北至人民路,道路设计全长762米、宽18米,其中隧道305米、宽15米,涉及征收房屋总建筑面积4500平方米,总投资额为5000万元。由浙江良和交通建设有限公司承建,4月,工程进场施工,至年底,完成隧道二次支护。

【高亭镇环城北路(三期)通车】 5月1日,始建于2011年4月的高亭镇环城北路(三期)通车,该道路东起新区环卫中转站,西至白峰路段,全长3.5千米,路宽25米,总投资3.43亿元。

【浙海运学院岱山校区揭牌】 5月13日,浙江国际技术海运学院岱山校区揭牌仪式在岱山职教园区举行,岱山校区的石油化工学院和浙江石化公司职工培训学院同时揭牌成立。从2011年起岱山职业技术学校与浙江国际技术海运学院开展"校校合作",开展中高职一体化办学模式探索。2016年9月13日,与浙江国际海运职业技术学院签订合作办学协议,合作共建浙江国际海运职业技术学院岱山产学研基地,实现高职办学合作。2017年3月1日,浙江省教育厅和省发改委联合发文,批复同意设立浙江国际海运职业技术学院岱山校区。重点做好对接绿色石化基地,把石化专业办好,培养应用型人才。

【举办第八届东沙弄堂节】 6月15日晚,第八届东沙古渔镇弄堂节暨2017年舟山·金华山海协作非遗联展在东沙古渔镇开幕,本次活动分渔家盛情迎宾朋、弄堂品酒尝海鲜、山歌海舞汇群英、巧夺天工亮绝活、琳琅满目忆乡愁、珍馐美馔又横街、山海协作系根魂、古镇俗艺尽欢颜、百年老街觅旧影九大版块。用舞龙、锣鼓、渔民号子、马灯等表演,欢迎五湖四海的宾客。此外还有婺剧《小和

6月15日，第八届东沙弄堂节开幕(沈磊　摄)

尚下山》表演，金华火腿的传统腌制技艺、义务红糖制作技艺及金华传统糕点和浦江竹编、永康锡雕、婺城棕编等，展示金华的非遗文化。另外，还开设手工文创、文身手绘、汉服游园会、唱片等30余个创意市集。

【举办2017全国沙滩(海岛)露营大会】 7月22日，举办全国沙滩(海岛)露营大会暨岱山听海节，活动以“听HIGH吧·KEEP HAPPY”为主题，安排海岛铁人三项赛、风筝冲浪表演、水枪大战、欢乐西瓜节、啤酒烧烤嘉年华、听海音乐节、挑战海鲜君等特色沙滩互动，是集沙滩、露营、海鲜、音乐、体育等元素融一体倾情打造的大型活动，更是岱东镇“鲜游晴沙”品牌的一次推广。

7月22日，岱山鹿栏晴沙海坛上演“听HIGH吧KEEP HAPPY”主题音乐节(沈磊　摄)

【美丽乡村·环浙骑游岱山站开赛】 9月10日上午，“美丽乡村·环浙骑游”舟山岱山站正式开启，健身骑游组从鹿栏晴沙景区出发，经海岬公园、台风博物馆，抵达东沙古渔镇，全程45.1千米。

【宁波舟山港主通道岱山侧标段工程】 项目主线路长29.3千米，跨海段线路长约17千米，起于定海区富翅岛，跨越灰鳖洋、连接舟山绿色石化基地后于岱西双合登陆岱山岛。其中岱山侧标段长度8.685千米，涉海段约8千米，里程设计速度每小时100千米，桥涵设计荷载为公路－Ⅰ级，合同额为16.23亿元，9月19日，宁波舟山港主通道岱山侧标段项目开工建设，标志着舟山至岱山大桥主线开始施工。至年底，年度完成投资2.77亿元。

【岱山片区首家油品储运企业落户衢山】 9月27日，浙江海港黄泽山油品储运有限公司落户衢山黄泽山岛，该公司作为黄泽山油品储运贸易基地项目配套项目，注册资本为10亿元，主要从事石油储运设施、输油管道设施建设，综合物流服务及增值服务等业务，为中国(浙江)自由贸易试验区岱山片区首家油品储运企业。

【“蓬莱仙岛”轮首航】 国庆前夕，由岱山蓬莱客运轮船有限公司投资建造的客滚轮“蓬莱仙岛”轮首航，该轮以新区民生交通与旅游交通融合发展，定位为“旅游观光”，船长82.42米，船宽16.00米，型深5.50米，总吨位3828吨，

"蓬莱仙岛"轮内部(沈磊　摄)

可装载5T(吨)标准货车33辆,有客位452座。船舶内外装饰均以豪华游轮标准定制,拥有多功能厅、休闲餐厅、接待室等。每天发船4个航次,从衢山发班,途经岱山新城码头,最后到达三江。该轮的建造是舟山交投集团开展"水陆客运提升改造"三年大行动的举措。

【岱山县规划展览馆开馆】 12月1日,岱山县规划展览馆开馆,对外开放。该馆位于县广电文化中心一楼内,总建筑面积约1100平方米,集城市规划展示、科普教育、特色旅游、商务休闲等功能于一体的专业规划展示馆。

【秀山大桥秀山侧主塔顺利封顶】 12月30日,经过连续7个小时不间断的混凝土浇筑,中交二公局承建的秀山大桥秀山侧主塔浇筑完成,至此大桥两侧主塔全部封顶,为下一步猫道、主缆架设、钢梁吊装奠定基础。此次主塔的顺利封顶,是秀山大桥建设的关键控制性节点,标志着秀山大桥项目正式转入上部结构安装阶段。秀山大桥主桥为主跨926米的双塔三跨钢箱梁结构悬索桥,全长1.557千米,是浙江省第二大海上悬索桥。该桥2015年10月28日开工,计划于2019年4月完工。

(撰稿:虞迪燕)

12月30日,秀山大桥秀山侧主塔封顶(沈磊　摄)

嵊泗县

【概况】 2017年末,全县辖3镇4乡,8个居民委员会,38个村民委员会。总户数30225户,户籍总人口76246人。全县计划生育率99.8%。全年全县实现地区生产总值107.78亿元,按可比价计算,比上年增长8.5%,其中第一产业增加值31.08亿元,第二产业增加值15.91亿元,第三产业增加值60.79亿元,同比分别增长5.9%、8.2%和9.7%。三次产业结构为28.8∶14.8∶56.4。按户籍人口计算,人均地区生产总值141352元。实现财政总收入8.77亿元,一般公共预算收入6.67亿元,同比分别增长4.0%和11.1%。全年民生事业支出17.35亿元,占一般公共预算支出的比重为72.1%,其中社会保障和就业、医疗卫生、教育、节能环保支出分别增长8.4%、16.3%、0.4%和6.9%。

渔业和农林牧业。全县渔

业总产值47.10亿元,同比增长6.0%。水产品总产量41.30万吨,同比增长7.5%,其中海洋捕捞产量24.21万吨,减少8.0%。年末有养殖专业合作社30家,深水网箱养殖企业4家。海水养殖总面积2.38万亩(1586.67公顷),产量17.09万吨,同比分别增长5.3%和41.1%,其中贻贝养殖面积2.32万亩(1546.67公顷),产量17.04吨,同比分别增长14.3%和41.7%。继续实施增殖放流,全年投入450万元放流黑鲷、赤点石斑鱼、黑鮸等8个品种2.9亿尾(只、粒)。推进"减船转产"工作,全县上交拆解渔船35艘,发放补助资金6714.9万元,惠及渔民330人。年末全县有各种机动渔船2269艘,其中捕捞渔船1359艘,养殖渔船718艘;渔船总吨位12.70万吨,总功率19.66万千瓦。全县种植业总产值1430万元,比上年增长2.2%;林业总产值87万元,减少23.7%;畜牧业总产值762万元,减少10.8%。全年生猪出栏5110头,家禽出栏0.80万只,分别比上年减少19.8%和11.1%。

工业。全县实现工业总产值34.42亿元,同比增长10.4%,其中规模以上工业总产值12.07亿元,规模以下工业总产值22.35亿元,同比分别增长10.0%、10.6%;个私工业产值26.17亿元,增长6.9%。工业销售产值26.17亿元,下降6.8%,产销率88.0%。年末,具有资质等级的总承包和专业承包建筑企业10家,实现建筑业总产值7.60亿元,同比增长26.5%。房屋施工面积39.86万平方米,下降12.9%,其中新开工面积4.72万平方米,增长4.9倍。

固定资产投资和房地产业。全年完成固定资产投资额88.01亿元,同比增长5.0%,其中建筑安装工程投资额为74.74亿元,增长2.6%。基础设施建设投资79.28亿元,增长6.4%;民间投资8.18亿元,减少0.3%;房地产开发投资3.94亿元,同比增长16.2%。商品房销售面积4.86万平方米,销售额5.32亿元,同比分别增长1.5倍和1.8倍。

市政和新渔农村建设及环境保护。年末实有城市道路长度15.59千米、面积26.51万平方米,排水管道44.30千米,供水总量309.55万吨。建成区绿化覆盖率37.4%,人均公园绿地面积39.6平方米。城市污水集中处理率87.7%,城市生活垃圾无害化处理率100%。完成城农网升级改造工程,新建(改造)10千伏配电线路23.56千米。投入800万元实施"再造绿岛"工程,完成菜园镇彩化林工程1149亩(76.6公顷)、枸杞黄龙沿海防护林工程170亩(11.33公顷)以及基湖村省级森林村庄建设等工程,并通过省级森林城市验收。开展城乡环境整治,全年改造城镇危旧房3幢、散楼5幢,"腾、控"农村C、D级危旧房247户,完成72处小微水体整治和9个库塘清淤。全县环境空气质量优良率93.3%,县城区域环境噪声52.9分贝,水环境功能区水质达标率100%。是年获首批省级生态文明建设示范县。

交通港口和邮电业。全县水、陆货运量2638.92万吨,水、陆货物周转量174.24亿吨千米,同比分别增长12.6%和22.8%;水、陆客运量774.49万人,水、陆旅客周转量1.71亿人千米,分别增长11.0%和11.6%。开通沈家湾至大洋航线、泗礁至三江车客渡航线、沈家湾至上海迪士尼和沈家湾至宁波交通班线,新(改)建公路25.09千米,陆岛码头1个,新增客运场站2个、客车10辆、客轮4艘。年末有货运船舶111艘,总运力79.55万载重吨;客运船舶25艘,载客量6947客位。有各种机动车辆保有量5929辆,其中营运性车辆425辆。有公共汽车营运车辆19辆,公共汽车客运量270万人次。全年港口货物吞吐量11651万吨,同比增长1.1%,占舟山港的25.4%,其中县本级和嵊泗绿华海上散货减载平台实现港口货物吞吐量3016.11万吨和2100.56万吨,分别增长11.0%和11.6%;马迹山矿石中转基地和洋山申港国际石油储运有限公司实现货物吞吐量6089.18万吨和445.15万吨,分别减少5.0%和14.2%。年末全县有港口泊位37个,其中生产性泊位29个,万吨级以上深水泊位9个。有本地电话用户1.43万户,城乡移动电话用户10.39万户,其中3G及以上用户6.22万户,宽带接入用户4.26万户。

内外贸易和旅游业。全年全社会消费品零售总额35.76亿元,同比增长10.1%。有各类商品交易市场13个,商品交易成交额4.38亿元。加大招商引资力度,全年新引进签约项目6个;实际利用市外资金48.45亿元,浙商回归项目实际到位资金32亿元,分别完成市考核目标任务的105.3%和188.2%。推进省级全域旅游示范县创建,"离岛·十里金滩"特色小镇入围第二批省级特色小镇培育名单，五龙乡列入第一批全省旅游风情小镇创建名单，田岙村、花鸟村成为全省首批AAA级景区村庄。年末全县有旅行社29家，宾馆978家，其中渔家民宿861家。全年接待国内外游客596.70万人次，旅游总收入84.28亿元，同比分别增长20.0%和20.2%。

金融和保险业。年末全县金融机构各项存款余额78.92亿元，其中单位存款余额33.53亿元，分别比上年末增长4.0%和5.6%。各项贷款余额37.96亿元，比上年末增长3.7%，其中短期贷款14.36亿元，减少6.9%，中长期贷款23.21亿元，增长9.6%。全年保费收入14960.72万元，比上年增长6.9%，其中财产险保费收入6349万元，增长5.2%；人身险保费收入8611.72万元，增长5.8%。给付支出1852.23万元，减少41.6%。

科教文体卫事业。全年组织实施各类科技项目29项，其中市级6项，县级23项。专利申请量和授权量分别为71件和34件，其中发明专利21件，授权2件。完成中小学教师“县管校聘”改革试点。年末有幼儿园9所，其中民办1所，在园幼儿1263人；普通小学7所，在校学生2552人；普通初级中学2所，在校学生1135人；高级中学1所，在校学生780人；中等职业技术学校毕业87人；电大在校生442人，毕业148人。参加成人高等教育自学考试17人次。年末有各类专业技术人员3281人，其中高级237人，中级1332人。有文化馆1个，乡镇文化站7个，全年举办各类文艺活动69次、文艺培训班39次。有公共图书馆1个，藏书13.63万册，图书流通量2.89万人次。拥有剧场、影剧院各1个，放映电影591场次。有文化礼堂23个，全年开展送戏下乡35场，送书下乡11042册。年末有广播站、有线电视台(站)8个，广播转播台1个，县城有线电视转播频道1个，县城数字电视转播频道72个。有线电视用户3.10万户，入户率93.1%，其中99.5%的用户完成数字电视整转，广播和电视节目综合覆盖率均为100%。全年组织开展2017年嵊泗县健身气功展示活动、嵊泗县全民健身活动启动仪式暨“旅投杯”全民“悦”骑大会等活动16场，参加3000余人次，并完成承办2017浙江舟山群岛新区女子国际公路自行车赛(嵊泗站)、浙江省第三届体育大会(健身排舞)、全国沙滩排球巡回赛(嵊泗站)等国内外重大体育赛事。加强省卫生重点县建设，率先在全市实现省卫生乡镇全覆盖。年末有医疗卫生机构45个，其中医院2个，乡镇卫生院7个，卫生机构3个，门诊部(诊所类)8个，社区服务站9个，村卫生室16个。城乡社区卫生服务人口覆盖率100%。实有医疗床位326张，卫生技术人员564人，其中执业医师193人，注册护士194人。

居民生活与社会保障。全年城镇常住居民人均可支配收入46928元，人均生活消费支出27735元，同比分别增长8.7%和4.5%；渔村常住居民人均可支配收入29794元，人均生活消费支出17830元，同比分别增长8.7%和5.3%。创新精准扶贫精准脱贫模式，加强就业创业支持，全年发放各类就业创业补助款1053.04万元，惠及3173人次，全县城镇新增就业1425人，城镇失业人员再就业369人，年末城镇登记失业人数556人，登记失业率2.54%。推进全民参保计划，实现医保跨省异地联网结算，全县基本养老保险参保率90.38%，基本医疗保险参保率99.26%。年末全县有低保户691户，低保对象967人，其中城镇低保对象187户262人，渔农村低保对象504户705人。有敬老院4所，社会福利院2所，共有床位443张，收养95人。农村“五保”和城镇“三无”对象集中供养率分别为96.4%和100%。

【水陆交通持续发展】 1月18日，“洋盛7号”投入大洋—滩浒—金汇港航线试运行。每星期开2班(星期二和星期五)，开船时间随潮水定。整个航线单程时间为2小时40分钟，其中大洋至滩浒100分钟，滩浒至金汇港60分钟。该轮于2016年4月动工，总投资500万元，总长36米、宽7.2米、抗风力等级7级，载客48人。

1月23日，新建的“碧海8”高速客轮投入嵊泗至定海三江航线营运。该轮总投资2600万元，总长51.65米，宽8米，型深3.55米，抗风等级8级，设计航速30.5节，内设WiFi无线信号，并在每个位置设有USB充电接口。主要营运嵊泗至三江航线，实行两种票价(中舱125元，上舱145元)。嵊泗至三江为直达航线，航行时间约1小时50分钟，返回时新增航线，中途停靠岱山新城码头(竹屿新区)，总航行时间约2小时15分钟。

10月10日上午,“嵊翔10号”替代“嵊翔2号”投入嵊泗东部乡镇的海上客运。该轮总投资1708万元,船长44.75米、宽8.2米,设计航速16.5节,抗风等级8级,335个客位,其中床铺28张。主要营运菜园—嵊山—枸杞—花鸟—绿华—菜园(7:50分单日开航)、菜园—绿华—花鸟—菜园(每天12:20分开)、菜园—绿华—花鸟—枸杞—嵊山—菜园(7:50分双日开航)航线,“嵊翔10号”航速比“嵊翔2号”提高4节,菜园—嵊山、嵊山—菜园航行时间由原来的100分钟减少到70分钟。

6月1日,新增301旅游公交专线,线路由(碧海金沙)基湖浴场始发,途经高场湾、灵音寺、老鼠山景区、东海渔村(田岙)、黄沙岙、色彩艺术村(边礁岙)和原生态景区(六井潭景区)。该专线班车单程票价5元,每年5—10月实行定时发班,每日往返21班。原有始发站为东海渔村、基湖景区,终点站为六井潭一条线路除终点站由六井潭景区变为和尚套景区外其余不变。每年11月至次年4月间每日4班。乘客可随车购买交通旅游套票。

6月28日,首批3辆油电混合新能源公交车投运于菜园至李柱山城乡公交李柱山专线,核载25~52人,设25个座椅,具尾气排放低、噪音小、行驶平稳、安全性高、乘坐舒适等优点。

【创建省级全域旅游示范县】 1月19日,嵊泗县被列入首批省级全域旅游示范县创建行列之一,从“景点旅游”迈向“全域旅游”。全县提升创建意识,制定创建工作实施方案,从创新旅游体制机制、衡量旅游业发展指标、编制以旅游引领的多规合一的全域旅游总体规划、建立便捷旅游交通咨询服务和旅游大数据中心、建设旅游厕所、创建省级旅游风情小镇、加强旅游行业安全管理、设立旅游专项资金等方面入手,争取两年内创建成功,培育成景城一体、彰显“四美”(美景、美食、美宿、美购)个性、错位发展、宜居宜游、主客共享的省级全域旅游示范县,实现区域资源有机整合、产业融合发展、社会共建共享,以旅游业带动和促进经济社会协调发展。

【大悲山景区综合改造工程竣工】 1月20日,历时2年、总投资300万元的大悲山景区综合改造工程竣工。一期为基础施工,对原有茶室和仓库进行维修、场地平整及铺装,另建设休闲广场、涂鸦墙、攀爬游乐区等配套设施;二期为设备采购,建设迷宫区、蹦极区,购置游乐器械、茶室设备及周边环境治理。建成后分积木城(互动区)、儿童拓展区、迷宫区、烧烤区、蹦极区、休闲区等,成为集游乐、休闲、餐饮为一体的主题乐园,丰富旅游产品项目,缓解旅游需求对旅游季节性影响。

【电动汽车充电站投运】 1月21日,嵊泗首座电动汽车充电站——基湖停车场汽车充电站建成投运,共设10个车位,可同时为10辆电动汽车进行充电,普通家用电动汽车一般10个小时内可充满。

【“12345微帮助”开通】 2月6日,开通嵊泗“12345微帮助”,将12345热线功能延伸到微端。8:00—22:00在线受理居民咨询、诉求,实行一对一服务受理。及时发布便民信息(包括方便居民生活与出行等)、经典问答诉求、权威发布政府相关信息和政策,弥补微信公众号限时发布信息、发布错误信息无法删除和居民诉求记录保存时间短等缺陷。

【城区公共自行车项目投入使用】 推动县慢行系统建设,倡导绿

城区公共自行车停靠站(嵊泗县史志办提供)

色低碳出行,缓解城区交通压力。3月20日,首批城区公共自行车投入使用。共设11个站点,投放公共自行车220多辆,主要分布在城区主街道、公园、小区门口等公共区域。本县居民可携带身份证或市民卡复印件,到指定的服务岗亭(工商银行站)申请办理租车卡。

【推行涉土保证金银行保函缴纳制度】 为减轻受让、竞买企业(个人)负担,促进实体经济健康发展。3月21日起,县国土资源局推行涉土保证金银行保函缴纳制度。按规定凡是需要缴纳土地竞买保证金、出让土地开竣工保证金的,即日起可采用银行保函方式缴纳,保函方式为国内银行开具的见索即付保函。用地单位和个人以银行保函方式缴纳开竣工保证金的,保函有效期应与出让合同约定开竣工期限相对应。经批准后开竣工日期延期的,保函应相应延期或重新出具。已缴纳开竣工保证金的用地单位和个人,可申请以银行保函替换原缴纳的现金。

【启动行政事业单位公共交通意外保险】 鼓励公务出行乘坐公共交通,加强工作人员公务出行交通安全保障。3月,启动行政事业单位公共交通意外保险,确定中国人民财产保险股份有限公司浙江省分公司嵊泗子公司和中国人寿保险股份有限公司浙江省分公司嵊泗子公司为全县定点服务机构。参保对象为全县行政事业单位工作人员(在编在职、挂职锻炼、与参保单位建立劳动关系、劳务关系、劳务派遣人员)。参保交通工具范围及种类(不含国际航线)为飞机、火车(含地铁、轻轨等其他轨道交通工具)、轮船(含其他水上公共交通工具)、汽车(含客运汽车、旅游客车、公共汽车、出租车、网约车)。投保时间从投保日起至当年12月31日,首次投保按月计算保费,月保费标准2.5元/人,即30元/(人·年)。保险金额最高320万元(飞机意外身故/残疾)。投保后,各单位工作人员不得再报销公务出行乘坐飞机、火车、轮船和汽车的交通意外险保费。

【乡镇部门联动完成户外广告牌整治】 3月,舟山市整治办开展户外广告专项整治行动,嵊泗县对菜园城区兴海路、云龙路、沙河路、海滨路、东海路5条主干道及各乡镇主街道两侧的灯杆、墙面、屋顶、商铺周边等未经审批、非法设置的广告进行拆除,同步推进拆后修复工作。至5月21日,拆除户外广告910处,其中灯杆广告297处,屋顶广告15处,墙面商业广告251处,支架广告77处,指路牌、指示牌10处,其他商业广告260处。推进"美丽海岛""海上花园微城"建设,扩大整治范围,提高整治要求,统一拆除沿街商铺店面招牌以下的小广告、小张贴。加强日常巡查监管,杜绝户外广告牌"回潮"。对需要设置广告的企业或部门,按照《嵊泗县户外广告设置审批管理办法》和《嵊泗县户外广告专项规划》进行审批,规范户外广告设置。

【承办体育赛事】 4月26日,由省政府主办的浙江省第三届体育大会排舞比赛在嵊泗举行,全省地市组11支代表队及行业组4支代表队共260多人参加。比赛分规定套路与自选套路两个项目进行,规定套路比赛中,衢州市、台州市、宁波市代表队分别列地市组前三甲,浙江省交通体育协会、省前锋体育协会、省前卫体育协会分别列企业组前三甲;在自选套路比赛中,宁波市、温州市、台州市代表队分别获地市组前三甲,浙江省部属企事业文体协会、省交通体育协会、省前锋体育协会分别获企业组前三甲。嵊泗县代表舟山市组队参赛,获规定套路与自选套路地市组第四名及地市组团体体育道德风尚奖。

5月10—12日,2017年环浙江舟山群岛新区女子国际公路自行车赛在嵊泗开赛,来自12个国家和地区的15支车队134名选手在泗礁岛开展三天三个赛段的角逐,赛程分别为85.35千米、83.7千米和85.35千米,路段为菜园城区的望海广场、基湖核心景区、五龙东海渔村沿线的沿海公路,展开历时两个多小时的环岛骑行。

10月25—28日,2017年全国沙滩排球巡回赛(嵊泗站)在嵊泗县高场湾村南长涂沙滩开幕。各省、市49支沙排队参赛。赛期4天,分两个阶段进行,第一阶段为小组内单循环比赛,第二阶段男女组别进入16强的32支代表队通过抽签形式展开淘汰赛。来自浙江队、山西队、上海队、福建队及西部战区陆军队、八一队的8支代表队进入争夺冠亚季军对决。全国沙滩排球巡回赛共10站,包括重庆、福建、江苏、海南等地。

【"渔乡春韵　乐和岛城"2017年全民乐和节】 全民乐和节由中共嵊泗县委宣传部、嵊泗县文体广电新闻出版局主办，中共菜园镇委员会、菜园镇人民政府等承办。由春雅·焕发四季活力、夏趣·挥洒激情汗水、秋韵·品鉴文化美景、冬颂·走进渔家年味四个季度项目组成，搭建"百姓爱演，百姓爱看"文化平台，构建乐和之家。4月27日晚6时，全民乐和节开幕式在望海广场举行，正式拉开活动序幕。整个活动从2月持续到2018年1月，每个季度都有文艺类活动、体育类赛事、技艺展示等活动，其间举办"淘文化"下乡活动，开展各乡镇文化节、军民篮球赛、职工羽毛球赛、青年歌手大赛、象棋赛和全民"悦"骑大会等体验性活动。

【文化走亲活动】 将本土海洋文化播种于省内外，外部优秀文化播种于离岛微城，以文化走亲为桥梁，让渔村百姓共享文化盛宴，实现城乡及地域之间文化优势互补、互动，共同发展。5月25日，主题为"美丽海岛　山水同脉"的嵊泗－普陀山朱家尖文化走亲文艺演出在朱家尖文化广场上演。

8月28日晚7时，由嵊泗县委宣传部、金华市金东区委宣传部、嵊泗县文体广电新闻出版局、金华市金东区教育(文化体育)局主办，嵊泗县文化馆、金华市金东区文化馆承办的"在希望的田野上——美丽幸福金东"走进嵊泗文化走亲专场演出在县海洋文化中心举行。

12月4日，由嵊泗县文体广电新闻出版局，丽水市莲都区文化广电新闻出版局(体育局)联合主办，由嵊泗县文化馆、丽水市莲都区文化馆共同承办，以"砥砺前行　继往开来　文化自信　携手共进"为主题的嵊泗·莲都文化走亲文艺晚会在丽水莲城剧场演出。

【县交通运输局马鞍列岛分局挂牌运作】 5月27日上午，嵊泗县交通运输局马鞍列岛分局举行揭牌仪式，县交通运输局、嵊山镇、枸杞乡党政领导出席。嵊泗县交通运输局马鞍列岛分局于2016年批复成立，是县交通运输局股级派出机构，负责马鞍列岛区域综合交通运输管理工作，承担公路路政、道路运政、港政、航政管理职能。

【马鞍列岛国家级海洋牧场(人工鱼礁)建设项目启动】 人工鱼礁能改善沿海水域的生态环境，为鱼、虾类聚集、栖息、生长和繁殖创造条件。5月，启动马鞍列岛国家级海洋牧场(人工鱼礁)建设项目，年底完成。项目总投资3250万元，建设单层十字鱼礁375个，双层十字鱼礁550个，人工藻礁350个，形成藻礁带2500米，共4.875万空方。人工鱼礁投放在嵊山、枸杞、上下三横山周围海域，藻礁带设在嵊山后头湾附近海域。

【"跳岛游"试运营】 基于游客在较短时间内一次性达到区域内诸岛旅游的目的，6月16—30日，嵊泗开展"跳岛游"试运营。线路为菜园—黄龙—花鸟—菜园、菜园—花鸟、菜园—黄龙，票价分别为620元、400元、350元，票价包括交通、景点、渔家乐、餐饮、休息点饮品、服务费等。跳岛游作为海岛旅游的升级，花费时间少，组合度高，成为海岛旅游的热门产品。

【住房保障出新政】 6月20日，县住建局发布2017年公共租赁住房受理通告，扩大保障范围，再度降低准入门槛，纳入更多优先配租对象。该政策是在中等偏低收入家庭以货币租金补贴作为保障方式的基础上，增加对中等偏低收入家庭、新就业大学生和技能型职工、外来务工人员的实物分配(房屋出租)。内容包括放宽可支配收入额，将中等偏低收入家庭上年度人均可支配收入低于3.2万元调整为3.46万元；放宽户籍，中等偏低收入家庭所在户籍由原先的菜园城区东海、海滨、沙河、菜圃4个社区放宽至5个，增加绿华社区；新增技能型职工申请，具有助理级及以上专业技术资格，或具有高级工、技师、高级技师职业资格证书符合条件也可申请。

【新屠宰场启用】 位于金平乡金鸡岙村金湾路5号(油库旁)。2014年4月筹建，2016年5月完成土建施工。2017年6月完成搬迁，6月19日，市政府颁发屠宰许可证，27日投入运行。新屠宰场总投资848.07万元，总用地面积2000平方米，建筑总面积942.97平方米，设计屠宰能力为每日30

头。内有屠宰车间、办公楼、待宰栏等主体设施,拥有集屠宰、刨毛、切割、清洗于一体的全自动屠宰和热水系统、污水处理系统等设备,采用太阳能与空气能相结合的绿色能源系统,达到《生猪屠宰管理条例》的相关规定,提高生猪产品质量安全水平。

【直达宁波长途班车开通】 6月28日上午8:20,嵊泗直达宁波的一辆核载50座高二级客车投入运营,该班线每日一班,与宁波汽车南站实行对开,嵊泗汽车站发车时间8:20,宁波汽车南站发车时间7:20,在途时间约5小时,其中轮渡时间约90分钟,途经杭州湾跨海大桥、东海大桥、沈家湾码头,中途无停靠站,实行实名制售票,票价130元(不含船票)。

【嵊泗县花鸟灯塔陈列室获批省级爱国主义教育基地】 6月29日,省委省政府公布第十批省级爱国主义教育基地名单,嵊泗县花鸟灯塔陈列室名列其中,成为全县首家省级爱国主义教育基地。

【渔农村生活污水治理运管监控平台建成】 健全全县渔农村污水治理运维监管机制,更好管理各类污水处理终端设施,保障污水治理成效。6月下旬,委托第三方专业运维公司建设的运管监控平台完成设备调试。全县36个污水处理终端安装出水流量计和实时监控设备,每个区域配备专门巡查员,并在菜园城区建立150平方米的运维管理平台基地。

【开通上海就医刷卡结算】 7月1日,开通与上海跨省异地就医联网结算,至年底,嵊泗居民在上海市住院就医刷卡结算71笔,涉及医疗费金额129.12万元,统筹支付68.47万元。涉及参保人员有公务员退休人员、企业在职人员、企业退休职工和城乡居民医疗保险参保人员,结算涉及上海市胸科医院、上海市仁济医院、上海第九人民医院、上海市龙华医院等多家上海市三级甲等医院。

【海上风电场和"渔光互补"养殖示范基地项目签约】 7月6日,嵊泗县政府与省水利水电投资集团有限公司就浙江省2号海上风电场项目和大洋山"渔光互补"生态高效养殖示范基地建设项目举行签约仪式,签订《大洋山"渔光互补"生态高效养殖示范基地建设项目》《浙江省嵊泗县2号海上风电场项目》和《关于浙江省嵊泗县1、3、4号海上风电场项目合作开发备忘录》。浙江省嵊泗县2号海上风电场项目选址崎岖列岛西南侧王盘洋海域,该风电场的总容量拟定为40万千瓦,规划总投资为72亿元,预计2019年开工建设。大洋山"渔光互补"生态高效养殖示范基地建设项目位于洋山镇大洋岛西南部,项目利用渔业养殖与光伏发电相结合,在鱼塘水面上方架设光伏板阵列,光伏板下方水域可以进行鱼虾养殖。"上可发电、下可养殖"的发电新模式并导入旅游业态,可实现综合开发,三产融合。项目规划用地面积33公顷,规划投资5.08亿元,12月开工,建设工期18个月。

【嵊泗沈家湾薄刀嘴防波堤工程开工】 位于沈家湾与薄刀嘴之间海域,西侧、北侧以沈家湾、薄刀嘴山体为边界,南临沈家湾防波堤,东侧朝大海。7月10日开工建设,计划投资3.1亿元,采用抛石斜坡堤型式,结构安全等级为二级,堤顶整体稳定及堤顶高程等按重现期50年一遇设计,护面结构按一百年一遇校核,工期24个月。

【氧气包活大黄鱼技术研制成功】 7月23日,嵊泗蓝天水产有限公司经几年研制推出氧气包活大黄鱼袋子。氧气包活大黄鱼就是用氧气包打包的活大黄鱼,先从养殖的深水网箱里捞起鲜活的大黄鱼放入事先装好水的氧气包里,随即密封袋口,再用专用工具向水袋里充入一定量的氧气。活大黄鱼按条出售,0.5千克左右每条售价80元,最长存活时间30小时。

【十里金滩小镇列入省级特色小镇培育】 8月2日,全省特色小镇规划建设工作现场推进会上公布了省级特色小镇第三批35个创建名单和第二批18个培育名单,嵊泗县"十里金滩小镇"被列入第二批培育名单。十里金滩特色小镇位于菜园镇东南部的金沙社区,由基湖、高场湾、石柱三个村组成,总面积6.71平方千米,其中"小镇"规划面积3.81平方千米,有居民1221户,总人口3520人。辖区内有基湖、南长涂沙滩两个核心景区,渔家民宿342家,床位8051张，小镇年接待游客30万余人次，具备集产业集聚、旅游度假、文化体验和生活样板于一体的特色小镇的雏形。11月，十里金滩特色小镇通过浙江省AAAA级旅游景区景观质量评价，列入AAAA级旅游景区创建名单。

【出台《废旧物品回收网点布局规划》】 加强再生资源回收利用管理，推进再生资源回收体系建设。8月，县政府出台《嵊泗县废旧物品回收网点布局规划（2017—2020）》。规划结合各乡镇经济发展水平、社区人口密度、环境和资源等情况，明确全县废旧物品回收网点数的控制数量由2016年底的68家控制到2020年的25家以内。

【嵊泗出租车实行计价器收费】 9月1日起，泗礁本岛出租车开始实行计价器收费。出租车起步价里程设定为2千米（含），起步基价10元，超过起步里程后5千米（含）内3.5元/千米，5千米以上4.5元/千米。李柱山线路实行淡旺季运价，5月1日至10月31日，最高可加收10元/车次。晚上10时至次日早上5时，起步里程内每车次加收2元，超过起步里程的每千米加收1元。此次计价器系统由政府出资免费安装，增加车载摄像头、车载高度屏、智能顶灯、服务评价器等功能设备。

【"嵊山杯"第七届全国海钓精英赛开幕】 9月23日在嵊山箱子岙码头拉开帷幕。大赛由中国休闲垂钓协会、浙江省钓鱼协会、嵊泗县海洋与渔业局、嵊泗县嵊山镇人民政府联合举办，赛事2天，来自全国各省（区、市）的27个钓鱼（海钓）协会81名精英钓手持证参赛。大赛设综合鱼（非鲷类）个人单尾重量奖、对象鱼（鲷类）个人单尾重量奖、对象鱼（鲷类）个人总重量赛以及团体（鲷类）总重量奖四个奖项，奖金总额10万元。海钓规则遵守《舟山市国家级海洋特别保护区海钓管理暂行办法》，对长度在25厘米以下的鱼全部放生，提倡绿色环保文明钓鱼。经过激烈角逐，江苏昆山长腾队詹欣恭以1.31千克的成绩夺得对象鱼（鲷类）个人单尾重量冠军，福建平潭无极限海钓队林小龙以积分4分夺得对象鱼（鲷类）个人总成绩第一名，温州海钓委队叶林义以0.85公斤夺得综合鱼（非鲷类）个人单尾重量第一名，台州一钓沙龙队以总积分25分夺得对象鱼（鲷类）团体总成绩第一名。24日晚闭幕，中国休闲垂钓协会秘书长王昊授予嵊山镇"中国嵊山休闲海钓基地"牌匾。

【举办首届国际烹饪邀请赛】 9月27日在枸杞举行。大赛围绕"健康品海鲜，欢乐游海岛"主题，邀请杭州西子国宾馆西餐总厨葛志军带领的G20国宴烹饪团队和布鲁诺·法拉利主厨带领的国际米其林主厨团队展开角逐，共有8位烹饪高手同场竞技。比赛要求两个团队分别以嵊泗特色海鲜——贻贝、大黄鱼、带鱼、马鲛鱼为原料，现场制作5款海鲜产品，以观感、味感、造型、创新作为评分标准。经品鉴，国宴烹饪团队获最佳人气奖和最具特色奖，米其林主厨团队获最佳创意奖，布鲁诺和葛志军分别成为枸杞贻贝的形象代言人。

【颁发舟山市首本林权类不动产权证书】 是年，确定嵊泗县为全市林权统一登记试点县。6月始开展林权历史登记情况调查，选择洋山镇薄刀嘴岛国有林地作为林权不动产统一登记工作试点。期间历时两个多月，制定工作实施方案，建立起"山、图、簿、证"四统一的不动产（林权）信息管理系统，实现不动产权籍调查成果一体化管理。9月，颁发全市首本林权类不动产权证书。该权利证书为洋山镇薄刀嘴岛国有林地，总面积152.59亩（10.17公顷），配有空间位置图，界限更加明晰，并赋予山林多功能"身份证"。

【嵊泗入选浙江省农产品质量安全放心县】 10月15日，省农业厅联合省林业厅、省食品药品监管局和省海洋与渔业局对第二批省级农产品质量安全放心县创建单位进行考核，嵊泗入选第二批省级农产品质量安全放心县。自2015年以来，嵊泗县围绕保障海岛县农产品质量安全总体要求，产管并重，落实主体责任，各相关部门及乡镇各司其职，形成县－镇（乡）－村（社区）三级联动、各部门齐抓共管、社会公众积极参与的农产品质量安全管控体系。强化源头管理，完善监管平台建设。全县17家规模农产品生产者纳入追溯平台主体信息库，其中应开展农产品追溯的生产主体1家，可追溯率100%。2家农药经营单位开展应用农资监管与服务信息化平台,对农资进销和库存情况实现网络监管,覆盖率67%,基本达到“生产有记录、流向可追踪、质量可追溯、责任可界定”的追溯管理目标,实现基地到餐桌的全程管控。强化农产品监管,健全监督抽检机制。建立县乡两级快速检测室,并全部对公众免费开放,全年针对农产品及畜产品开展重点抽检和快速检测,开展定性检测600批次,合格率100%,定量检测400批次,合格率100%。12月10日,经多家企业单位的主体申请和市场监督管理部门的行政审核、消费体验、省级专家评估等环节的筛选、审核与测评,嵊泗县24家(县来客食品超市五龙东海渔村店等8家放心商店、县贞元电子商务公司等3家放心网店和县远东长滩旅游开发有限公司天悦湾度假酒店等13家放心餐饮店)企业单位入选“2017年度浙江省示范型放心商店、放心网店和放心餐饮店建设单位公示名单”的榜单。

【旅游推介】 10月20—30日,以“休闲——让生活更美好”为主题的第三届世界休闲博览会在杭州国际博览中心举行。嵊泗以“离岛·微城·慢生活”的旅游品牌形象走进休博会,展位顶棚设计是嵊泗列岛地图形态,突出其作为全国唯一的国家级列岛型风景名胜区、岛屿资源丰富的特点及海与岛相连的地理环境,渔民画彩条的运用和花鸟灯塔的模型展示凸显海岛渔俗文化和灯塔文化。展位分为渔俗创意产品、海鲜干货、宣传资料三大展示区,展出各类产品26种,宣传嵊泗旅游文化,分发各类宣传资料并进行线路产品的现场销售。

11月3—5日,由浙江省旅游局主办的“千万浙江人百日游浙江”惠民活动暨乡村旅游嘉年华活动在杭州西溪印象城举办。嵊泗旅游现场推出面向浙江全省职工疗休养优惠政策。期间,向市民提供原汁原味的嵊泗海鲜免费试吃、宣传品赠送和提供咨询服务。

同月17日,由国家旅游局、中国民用航空局、云南省人民政府主办的2017年中国国际旅游交易会在昆明滇池国际会展中心拉开帷幕,嵊泗围绕海岛旅游资源及线路,展开为期三天的旅游文化推介活动。其间,发放各类旅游宣传资料和明信片500余份,开展扫二维码送礼物等活动。

12月下旬,2017浙江(上海)旅游交易会暨“美景、美食、美宿、美购”特卖会在上海光大会展中心举办。嵊泗县旅游委员会组织五龙乡风情小镇、思·想家等企业代表参加。期间,开展嵊泗渔俗沙画、“船长女儿”海鲜干货销售等一系列活动,发放资料1000余份,旅游纪念品500余份。主办方评选“特殊贡献奖、最佳展台奖、最佳组织奖、最受欢迎奖”四大奖项。嵊泗县旅游委员会获“最佳组织奖”,思·想家获“最受欢迎美宿”,五龙乡获“最受欢迎小镇”。

【举办电商扶贫暨移动互联网创业培训】 着眼于“精准扶贫、就业先行”思路,以残疾人、贫困家庭成员、渔农村富余劳动力等群体为重点对象,开展就业培训,提高创业就业技能,提升脱贫能力。10月30日—11月1日,由县人社局、经信局、残联、妇联和团县委联合举办电商扶贫暨移动互联网创业培训班,各乡镇电商从业人员、意向电商创业人士等140多人参训。培训方式为“室内培训+电商实操+交流研讨”的模式,以嵊泗地域产业结构为基础,店铺开设、网店经营、Photoshop等使用技能为重点,着重普及电商基础知识,引导拓宽营销渠道,研究和解决实际操作中存在的问题和难点,让学员切实掌握电商创业的策略和技巧。

【县级海域动态监管能力建设项目通过验收】 10月31日,省海洋与渔业局在普陀区召开“嵊泗县县级海域动态监管能力建设项目”验收会。国家海洋局项目办、省海洋与渔业局管理处、省海洋技术信息中心、市海洋勘测院、普陀区海洋与渔业局、六横管委会、嵊泗县海洋与渔业局等单位和专家出席验收会,听取嵊泗县项目建设情况的汇报,查阅台账资料,检查项目的常规监测能力、应急监测能力、信息处理能力、基础数据体系、专线传输网络、视频会商系统、运行保障环境和机构队伍等内容,认为项目建设管理规范,经费使用合理,同意通过验收。11月,该项目的设备及系统投入试运行,初步构建起海域管理信息化、申请审批网络化、工作交流视频化及决策分析科学化的综合业务平台,海域动态监视监测管理水平进一步提升。

【“三无”船舶改建人工船礁试验】 自嵊泗马鞍列岛海域被评为首

批国家级海洋牧场示范区后，在原有鱼礁区的基础上，加大对人工鱼礁的建设。2017年，首次尝试将涉渔"三无"船舶改建人工船礁试验。11月25日，"三无"船舶在指定船厂经过拆除机器船舱去污清洗、设置甲板构架等改建处理后，通过县海洋与渔业局等部门检查、验收。12月初，投放到绿华三横山人工鱼礁区海域。船礁的改建既增加鱼礁的类型，又达到养护海区渔业资源的效果，并有效解决了部分"三无"船只去向，起到双赢的作用。

【洋山深水港四期自动化码头开港试生产】 12月10日，历时近三年建设，经过18个月的设备及系统调试，对完成调试的10台桥吊、40台轨道吊、50台自动导引车(AGV)投入上海洋山深水港四期(简称洋山四期)自动化码头开港试生产。根据规划，最终将配置26台桥吊、120台轨道吊、130台自动导引车。洋山四期位于东海大桥以南，地处整个洋山深水港最西侧，依托颗珠山岛及大、小乌龟岛围海填筑形成，总用地面积223万平方米，共建设7个集装箱泊位，集装箱码头岸线总长2350米，设计年通过能力初期为400万标箱，远期为630万标箱。

【年鉴与志书编纂】 12月，由中共嵊泗县委、嵊泗县人民政府主办，嵊泗县地方志编纂委员会编纂的《嵊泗年鉴2016》由中国言实出版社出版，精装16开，40万字。全书采用分类编辑法，设类目、分目、条目三个层次，以条目为主要载体，卷首设彩页、地图、中英文目录、特载、嵊泗概貌和大事记，卷尾设重要文件目录和索引。设类目30个，分目165个，条目941个，统计表格20张，彩图14张。全面记载2015年嵊泗自然、政治、经济、文化、社会等基本面貌和发展状况。

至年底，《嵊泗交通港航志》进入评审阶段。正在开展编纂的有《嵊泗县公安志》《嵊泗县卫生志》和《嵊泗县教育志(2001—2015)》。

洋山四期自动化码头(嵊泗县史志办提供)

(撰稿:陆燕君)

责任编辑:叶贞海

先进集体与先进人物

全国五一劳动奖状获得者

中化兴中石油转运(舟山)有限公司
舟山引航站

全国五一劳动奖章获得者

蒋海云　国网舟山供电公司朱家尖供电所东极站站长
程　斌　浙江华业塑料机械有限公司生产总监

全国工人先锋号获得者

浙江金达电机电器有限公司模具车间

浙江省五一劳动奖状获得者

浙江华之友商贸有限公司定海店

浙江省五一劳动奖章获得者

韩海东　浙江舟山中集国际集装箱货运有限公司总经理
陈　闻　浙江欧华造船股份有限公司单船总监
冀新慧(女)　岱山县疏港公路工程建设管理办公室副部长
罗海芳(女)　嵊泗县嵊山镇幼儿园园长

浙江省工人先锋号获得者

舟山港海通轮驳有限责任公司舟港拖 23 号
舟山市普陀建设投资有限公司工程二部
大昌建设集团有限公司鱼山工程项目部
国网嵊泗县供电公司嵊山供电所

舟山群岛新区五一劳动奖状获得者

宁波舟山港主通道项目工程建设指挥部
舟山海华客运有限公司
舟山市国家税务局
中国移动通信集团浙江有限公司舟山分公司
弘业建设集团有限公司
舟山市汇邦建材有限公司
东港投资发展集团有限公司
浙江炜驰机械集团有限公司
舟山绿色石化基地建设鱼山现场指挥部
嵊泗县公安局交通警察大队

舟山群岛新区五一劳动奖章获得者

祁志坤　中交舟山千岛中央商务区开发有限公司副总经理、高级工程师
梅磊落　舟山市港航管理局发展研究处处长
张国敬　舟山市公共交通有限责任公司驾驶员
周峥军　舟山市公安局交通警察支队定海大队副大队长

徐林儿(女)　普陀山社区卫生服务中心护师
刘　磊　神华国华(舟山)发电有限责任公司检修工、技师
袁良红　舟山职业技术学校高级教师,高级技师
娄　敏(女)　舟山幼儿园园长、中学高级
孙勤霞(女)　普陀山环卫管理服务有限公司书记、总经理
曾　媛(女)　海力生集团公司食品技术检测中心副主任
甘伟东　新城管委会综合执法大队(分局)大队长(局长)
徐宇波　舟山市住房和城乡建设局(规划局)规划编审处处长
林　芬(女)　森森集团股份有限公司行政和人力资源总监
黄胜海　舟山中天重工有限公司行政部部长
陈本平　舟山市东海电机实业有限公司总经理
周佳永　舟山市龙山船厂有限公司机电工区副主任、技师
方　娜(女)　舟山市普陀区人民检察院公诉局局长
林　娜(女)　岱山县通衢水产食品有限公司品管部主任兼办公室主任
赵仕波　岱山县电工工作室、技师
林旭辉　嵊泗县同舟客运轮船有限公司“舟桥3”船长、船舶中级

(撰稿:蒋海凤)
责任编辑:刘娟芬

索　引

说　明：

1. 本索引分主题索引、人物索引、随文照片（图片）索引、表格（图表）索引和补白索引。主题索引与人物索引首字按数字、字母、汉字先后排列，首字为标点的按第二字排列。其中数字按从 0 ～ 9 升序排序，字母按国际字母表升序排列，不区分大小写；汉字按拼音（同音字按声调）升序排列，首字相同，按第 2 字排列，依次类推。

2. 索引搜索范围为正文（补白）及随文图照、图表。特载、大事记不列入主题索引检索范围。历史人物不列入人物索引。杂记图片不列入图照索引范围。

3. 标引词后的阿拉伯数字表示页码，数字后的字母（a、b、c）表示自左向右的栏别，没有字母表示在通栏内。

4. 条目等省略的主题词，在主题索引中加以补充调整。

主题索引

数字（0—9）

字母（a—z）

A

B

C

D

E

F

J

T

W

Z

人物索引

A

B

C

D

E

F

J

K

L

M

N

O

P

Q

R

T

W

Z

随文照片(图片)索引

表格(图表)索引

补白索引

舟山新城城区图

定海城区街巷地图

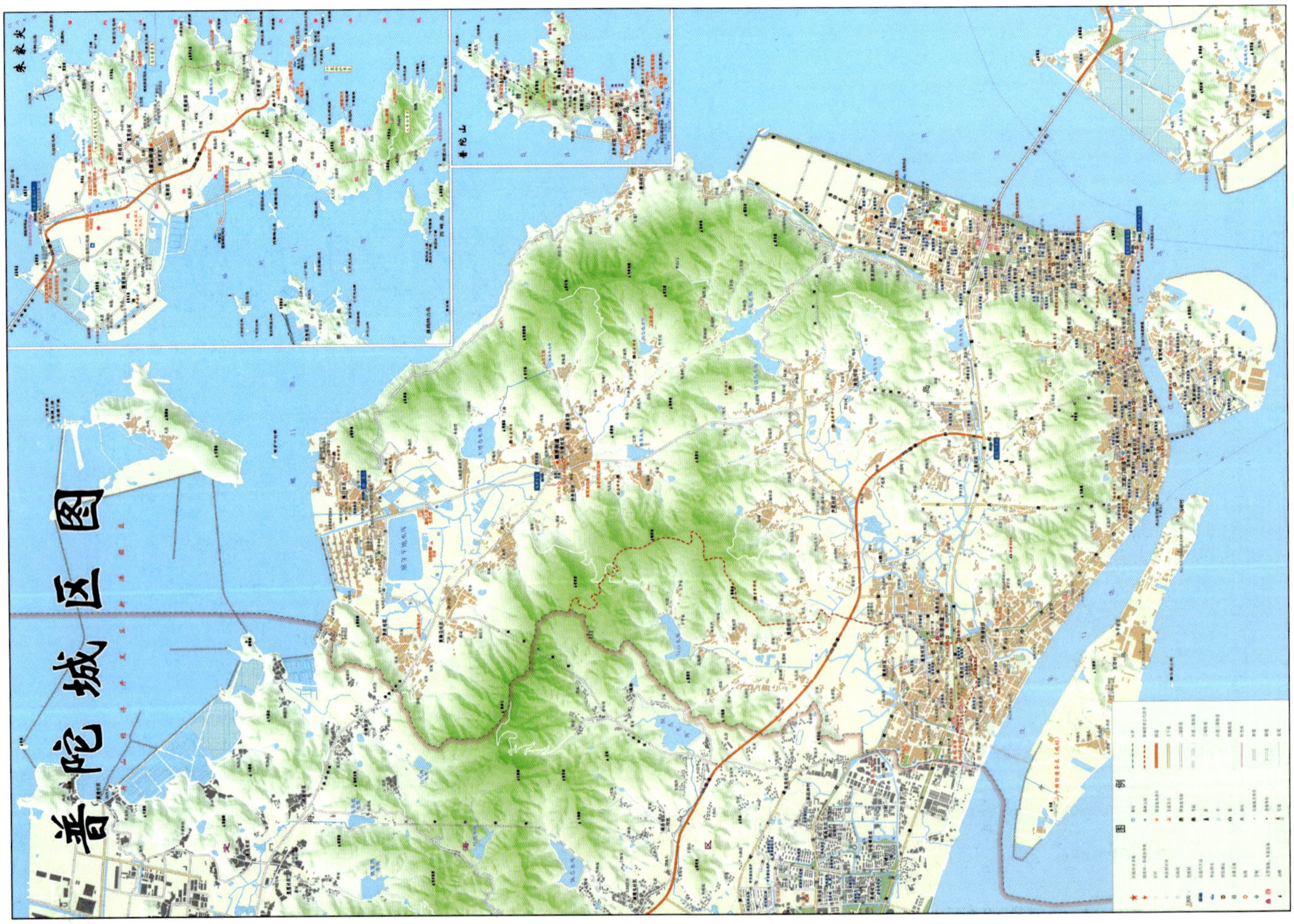
普陀城区图